Modificación de Conducta

Principios y Procedimientos

SEXTA EDICIÓN

Raymond G. Miltenberger

University of South Florida

DIRECCIÓN DE LA EDICIÓN EN ESPAÑOL

Javier Virués Ortega
Universidad Autónoma de Madrid

ABA España
Publicaciones

Publicaciones

Modificación de conducta:
Principios y procedimientos.
Sexta edición
Raymond G. Miltenberger

Editor: **Javier Virués Ortega**

Asistente técnico: Jesús Alonso Vega
Maquetación: Florentina Lúpiz
Foto de cubierta: Ambrose Chua
Traductores: Javier Virués Ortega,
Jesús Alonso Vega, Ana Calero
Elvira, María Xesús Froján Parga,
Luis Valero Aguayo, Rocío Luque,
François Tonneau, Katerina
Dounavi, Ana Moreno Eusse,
Stephanie Navarro, Belén Castillo
Blasco, Brisa Reina Marín,
Margalida Maldonado Mayol, Celia
Nogales González, María Dolores
Romera, Manuel Alpañés Freitag,
Montserrat Montaño Fidalgo,
Agostina Curatelli, Patricia Durán.

© 2020 ABA España

Edición original: *Behavior Modification: Principles and Procedures*, Sixth
Edition, Raymond G. Miltenberger. Library of Congress Control Number:
2014943046 ISBN: 978-1-305-10939-1 © 2016, 2012 Cengage Learning

ABA España es una organización dedicada a la difusión, enseñanza
e investigación del análisis aplicado de conducta en el mundo de
habla hispana con iniciativas educativas, editoriales, tecnológicas y
científicas, visítanos en **www.aba-elearning.com**

Miltenberger, R. G. (2020). *Modificación de conducta:*
Principios y procedimientos (6ª ed., J. Virues-Ortega ed.).
https://doi.org/10.26741/2020.Milt

ISBN-13: 978-84-09-20289-8 (Edición impresa)
DOI: 10.26741/2020.Milt
Año de publicación: 2020

A mi mujer, Nasrin,
y a mis niños, Ryan, Roxanne y Steven

Raymond G. Miltenberger

Raymond G. Miltenberger se doctoró en psicología clínica en 1985 en Western Michigan University. Actualmente es profesor y director del programa de maestría en análisis aplicado de la conducta en University of South Florida. El Dr. Miltenberger realiza investigación en análisis de conducta con sus estudiantes y ha publicado ampliamente en trastornos por hábitos, evaluación funcional y tratamiento de problemas de conducta, y entrenamiento de habilidades de auto-protección. El Dr. Miltenberger utiliza el análisis de conducta en su trabajo clínico con niños y personas con discapacidad intelectual. También le gusta pasar tiempo con su familia, correr, jugar al golf y al baloncesto, y viajar.

RESUMEN DE LA TABLA DE CONTENIDOS

TABLA DE CONTENIDOS

Capitulo 3   Medida y Representación Gráfica del Cambio de Conducta   43

PARTE 2   Principios Básicos

Capitulo 4   Reforzamiento   65

Capitulo 5   Extinción   91

PARTE 3   Procedimientos para Establecer Nuevas Conductas

Capítulo 9   **Moldeamiento   163**

Capítulo 10   **Transferencia del Control de Estímulo y Ayudas   181**

Capítulo 11   **Encadenamiento   201**

Capitulo 17   Castigo, Tiempo Fuera y Coste de Respuesta   353

Capitulo 18   Procedimientos de Castigo Positivo y Aspectos Éticos Relacionados   373

Capitulo 22   **Economía de Fichas   447**

Capitulo 23   **Contratos Conductuales   469**

Capitulo 24   **Procedimientos para la Reducción del Miedo y la Ansiedad   487**

Capitulo 25   Modificación de la Conducta Cognitiva   509

PREFACIO A LA EDICIÓN EN ESPAÑOL

Estoy muy contento de ver la publicación de la traducción al español de mi manual, *Modificación de conducta: Principios y procedimientos (6ª edición)*. Es gratificante que un grupo de analistas de conducta tan cualificado, con el Dr. Javier Virues Ortega a la cabeza, hayan servido como traductores. Conocer las capacidades de los traductores me aporta la certeza de que la versión en español es fiel al original. Mi objetivo al escribir este libro de texto fue el difundir la modificación de la conducta (o análisis aplicado de conducta) a tantos estudiantes como fuera posible a fin de que nuestro campo continúe creciendo y prosperando. Con la traducción al español, este objetivo se hace aún más alcanzable. El español es el idioma, además del inglés, con un número mayor de personas interesadas en el aprendizaje, práctica, enseñanza e investigación en análisis aplicado de conducta. Esto es cierto no solo para los países de habla hispana, sino también en los Estados Unidos, donde hay más de 52 millones de hispanohablantes según un informe del Instituto Cervantes de 2019. Con la reciente aparición de numerosos programas de postgrado en análisis aplicado de conducta y cursos de formación para técnicos conductuales registrados (RBT) impartidos en español en países hispanohablantes, así como con la oferta de cursos para RBT en español en Estados Unidos, la necesidad de traducciones al español de libros de análisis aplicado de conducta sigue creciendo. No podría estar más feliz de que esta traducción al español del presente manual contribuya a satisfacer esta necesidad, ayudándome a lograr mi objetivo inicial de difundir el análisis aplicado de conducta en los Estados Unidos y en todo el mundo.

Raymond G. Miltenberger
28 de abril de 2020

Me complace que las ediciones previas de Modificación de conducta: Principios y procedimientos hayan recibido críticas positivas de estudiantes y profesores. Esta sexta edición ampliada ha mantenido las características positivas de las ediciones anteriores siendo además corregida de acuerdo a las sugerencias recibidas de numerosos lectores y revisores. También se ha actualizado el texto para reflejar las últimas investigaciones en modificación de conducta.

El objetivo de esta edición es describir los principios básicos de conducta a fin de que el estudiante que se acerca por primera vez a este campo aprenda cómo los eventos ambientales influyen en el comportamiento humano. En segundo lugar, el libro pretende describir los procedimientos de modificación de conducta a fin de que el estudiante aprenda las estrategias mediante las cuales el comportamiento humano puede modificarse. El texto está dividido en 26 capítulos relativamente cortos, cada uno de los cuales cubre una cantidad manejable de información (p.ej., un principio o procedimiento).

Este texto puede ser utilizado como guía para un curso anual de modificación de conducta o análisis aplicado de la conducta, y cubre tanto los principios conceptuales como los procedimientos aplicados.

El texto es de un nivel introductorio y puede ser entendido por estudiantes que no tengan conocimientos previos sobre modificación de conducta. Este libro está dirigido a estudiantes de los primeros cursos universitarios de psicología, educación o ciencias de la salud. También puede ser útil para personas que trabajan en servicios sociales, educativos o de rehabilitación y que con frecuencia deben utilizar los procedimientos de modificación de conducta con las personas que están bajo su cuidado.

Se ha hecho un esfuerzo para que el texto sea neutro en términos de género. Los ejemplos que se usan a lo largo del libro incluyen tanto a hombres como a mujeres casi con la misma frecuencia.

Características de Ediciones Previas Mantenidas en la Edición Actual

Los siguientes aspectos del texto se han desarrollado para facilitar el aprendizaje del lector.

Organización del texto. Tras una introducción general del campo en el Capítulo 1, los Capítulos 2 y 3 presentan información sobre el registro del comportamiento, su representación gráfica, y la medida del cambio de conducta. Esta información será necesaria para la comprensión de los capítulos siguientes. A continuación, los Capítulos 4 a 8 se centran en los principios básicos de la conducta operante y respondiente. La aplicación de estos principios constituye el objeto de los restantes 17 capítulos. Los procedimientos para establecer nuevas conductas se describen en los capítulos 9 a 12, y los procedimientos para aumentar conductas objetivo y disminuir comportamientos no deseados se consideran en los capítulos 13 a 19. Los capítulos 20 a 25 analizan otros procedimientos importantes de modificación de conducta. Por último, el Capítulo 26, que es una adición especial a esta cuarta edición ampliada en castellano, ofrece un resumen sobre el análisis funcional de la conducta verbal recogiendo tanto aspectos conceptuales como de procedimientos aplicados. El texto se cierra con una serie de apéndices finales que deben servir como herramientas de consulta durante el uso del texto. Algunos de estos apéndices se describen en las secciones siguientes.

Principios y procedimientos. Los distintos procedimientos que existen para la modificación del comportamiento se apoyan en los principios fundamentales de conducta establecidos en la investigación experimental de los últimos 70 años. Los principios fundamentales del comportamiento operante y respondiente se examinan en los Capítulos 4 a 8 con la idea de que el estudiante comprenderá mejor los procedimientos aplicados después de un contacto inicial con las bases conceptuales. La aplicación de dichos principios en procedimientos de modificación de conducta se describe en los capítulos 9 a 26.

Ejemplos de la vida diaria. En cada capítulo se usan multitud de ejemplos reales, algunos más relevantes a estudiantes universitarios y otros escogidos de la experiencia clínica del autor en un intento de dar vida a los principios y procedimientos presentados en el libro.

Ejemplos de estudios de investigación. Además, integramos en el texto ejemplos procedentes tanto de estudios clásicos como de investigaciones recientes sobre principios y aplicaciones analítico-conductuales.

Cuestionarios al final de cada capítulo. Al final de cada capítulo se presentan tres cuestionarios en blanco de 10 preguntas cada uno para que el estudiante los rellene. Los cuestionarios dan al estudiante la oportunidad de evaluar el conocimiento que ha adquirido después de leer el capítulo.

Test prácticos. Las test prácticos al final de cada capítulo contienen preguntas de respuesta corta o de ensayo, e indican las páginas en las que pueden encontrarse las respuestas.

Ejemplos de aplicación. Al final de los capítulos en los que se presentan procedimientos aplicados (Capítulos 2, 3 y 9 a 26) se incorporan varios ejemplos de aplicación. Cada ejemplo presenta un caso real en el que se aplica un procedimiento descrito en el capítulo. Estos ejercicios dan al estudiante la oportunidad de apreciar cómo se aplican los procedimientos en cuestión en la vida real.

Ejemplos de aplicaciones inadecuadas. Los ejemplos de aplicación son seguidos por ejemplos de aplicaciones inadecuadas. En cada uno de ellos se presenta el ejemplo de un caso en el que algún procedimiento presentado en el capítulo se aplica de manera incorrecta o inadecuada. A continuación se pide al estudiante que analice el caso y dictamine qué está mal en la aplicación descrita. Estos ejemplos requieren que el estudiante piense de forma crítica acerca de la aplicación del procedimiento. Esta sección puede ser usada por los instructores como una valiosa herramienta para evaluar los conocimientos y habilidades adquiridos por los estudiantes.

Aproximación paso a paso. En cada capítulo en el que se enseña un procedimiento de modificación de conducta, la aplicación del procedimiento se describe paso a paso para facilitar su comprensión.

Cuadros de resumen. Periódicamente a lo largo del texto, la información de un capítulo se resume en cuadros que se presentan fuera del texto. Estas cajas están destinadas a ayudar al estudiante a organizar el material del capítulo.

Resúmenes de los capítulos. Al final de cada capítulo se presenta un resumen en el que se proporciona información consistente con las preguntas iniciales de cada capítulo.

Ejemplos para evaluarse. En los capítulos iniciales relativos a los principios básicos (capítulos 4 a 7) se presentan tablas con ejemplos de los principios descritos en el capítulo. En una parte posterior del capítulo (o en un capítulo posterior), se sugiere al estudiante que regrese a una tabla específica y aprecie nuevamente los ejemplos a la luz de la nueva información ya presentada hasta ese punto.

Preguntas para evaluarse. A intervalos regulares a lo largo del texto, se presentan preguntas para evaluarse. Para responder a estas preguntas, los estudiantes deberán utilizar la información ya presentada en el capítulo. Estas preguntas ayudarán al estudiante a evaluar su comprensión del material. En la mayoría de los casos, las respuestas se presentan en el texto inmediatamente después de la pregunta.

Figuras. La mayoría de los capítulos incluyen figuras procedentes de la literatura que pretenden ilustrar principios o procedimientos importantes. Los estudiantes deben utilizar la información de los capítulos previos sobre registro, representación gráfica y medida de la conducta para analizar los gráficos correctamente.

Glosario. Al final del texto se incluye un glosario con términos importantes de modificación de conducta utilizados en el texto. Cada término es seguido por una definición breve y precisa. Como elemento especial de esta edición en castellano añadimos un glosario traducido castellano-inglés de términos conductuales. Este glosario debe servir como herramienta de trabajo para lectores avanzados que deseen recurrir a la literatura original.

Banco de preguntas. Las preguntas con las que se confronta al lector en las distintas secciones de cada capítulo incluyen preguntas de opción múltiple, preguntas en las que se debe rellenar un espacio en blanco, preguntas de verdadero-falso, preguntas de respuesta corta y preguntas de ensayo.

Lecturas para ampliar. En cada uno de los capítulos sobre los principios de conducta (Capítulos 4 a 8) y sobre procedimientos de modificación de conducta (Capítulos 9 a 26) se ha agregado un cuadro con un tema de lectura adicional. En este apartado se identifican y describen brevemente temas de interés que son relevantes al contenido del capítulo. Estos cuadros hacen referencia con frecuencia a estudios publicados en las revistas Journal of Applied Behavior Analysis o Journal of the Experimental Analysis of Behavior y puede accederse a ellos de forma gratuita por internet (http://seab.envmed. rochester.edu/jaba/). Los instructores pueden asignar los artículos citados en esta sección como ejercicio para subir nota o como recurso para estudiantes avanzados.

Palabras-clave. Después de la sección de resumen se presenta una lista con los términos nuevos más importantes introducidos en ese capítulo. Las palabras-clave están acompañadas por el número de página en el que se presentó el concepto en cuestión. Aunque estos términos están también en el glosario, la sección de palabras-clave facilitará al estudiante una referencia rápida de los términos al leer el capítulo o a la hora de estudiar para un examen.

Novedades de la Sexta Edición

Destacado Hay una nueva forma de resaltar la información importante en cada capítulo para llamar la atención de los estudiantes sobre la información. Además, las preguntas en el texto se resaltan con un signo de interrogación "?". Finalmente, se proporcionan más cuadros de texto que destacan información importante.

Operaciones motivadoras El término operación motivadora se introdujo en la última edición. En esta edición, se proporcionan más detalles sobre los dos tipos de operaciones motivadoras (OE y OA) en los Capítulos 4 y 6 para ayudar a los estudiantes a comprender mejor el concepto aplicado al reforzamiento y al castigo. Una tabla en el Capítulo 6 proporciona un conciso resumen.

Relaciones funcionales Se proporcionan más detalles sobre cómo se evalúan las relaciones funcionales entre las variables ambientales y el comportamiento. Se enfatiza cómo se establecen las relaciones funcionales en cada tipo de diseño de investigación (Capítulo 3) y cómo los procedimientos de análisis funcional identifican las relaciones funcionales (Capítulo 13).

Análisis funcional Se proporciona más información sobre el análisis funcional en el Capítulo 13. Se aclara la distinción entre evaluación funcional, análisis funcional y aplicaciones clínicas de la metodología de análisis funcional.

Registro del comportamiento Se agrega una figura que resalta la diferencia entre la grabación de intervalo y la grabación de muestra de tiempo (Capítulo 2). Se discute el uso de la tecnología para el registro del comportamiento, incluida la información sobre aplicaciones de grabación de comportamiento para móviles y tabletas, acelerómetros y dispositivos habilitados para GPS para grabar ejercicio y actividad física, y programas web para grabación y autogestión (Capítulos 2 y 23).

Práctica profesional, certificación y ética Se discute la práctica profesional, la certificación y la ética en el Capítulo 1. Se proporciona información sobre el analista de conducta certificado como el profesional que utiliza los procedimientos de modificación de comportamiento presentados en este texto. Se discuten los principios éticos en los capítulos 1 y 6.

Conseguir aceptación Se discute la importancia de trabajar con los cuidadores para obtener su aceptación sobre los procedimientos que se les pide que realicen. Se destaca la importancia de la aceptabilidad del tratamiento para promover la aceptación y la importancia de ésta para mejorar la fidelidad del tratamiento.

Tiempo fuera Se agregó más información sobre el uso efectivo del tiempo fuera. Se agregó un cuadro de texto que analiza los procedimientos para aumentar el cumplimiento del tiempo fuera.

Generalización Se agregó una discusión sobre otra estrategia para promover la generalización; Proporcionando señales para la conducta en el entorno natural.

Otras nuevas características

- Se agregan más preguntas de autoevaluación en el texto
- Se actualiza la definición de modificación de comportamiento (Capítulo 1)
- Se agregó una breve discusión sobre el conductismo (Capítulo 1)
- Se destaca que el diseño AB no es un verdadero diseño de investigación (Capítulo 3)
- Se introducen los términos evocar y disminuir en la discusión de EO y AO (Capítu-

4) y evocar en la discusión del control de estímulo (Capítulo 7)

▪ Se traslada la discusión de las instrucciones antes de la discusión del modelado en el entrenamiento de habilidades conductuales (Capítulo 12)

▪ Se aclaran las dos funciones de retroalimentación (Capítulo 12)

▪ Se distingue entre evaluación de preferencias y de reforzadores (Capítulo 15) Se

▪ agrega una breve discusión sobre el marco de respuestas en competencia (Capítulo 16)

▪ Se agrega una breve discusión sobre la toma de decisiones del equipo (Capítulo 16)

▪ Se habla sobre el uso de la restricción física como procedimiento de emergencia (Capítulo 18)

▪ Se discute el uso de las redes sociales para el apoyo social (Capítulo 20)

▪ Se agrega información sobre nuevos usos de la reversión de hábitos (Capítulo 21)

▪ Se agrega una definición más sucinta de una economía simbólica (Capítulo 22)

▪ Se agrega un cuadro de texto que describe tres componentes esenciales de los procedimientos de relajación (Capítulo 24)

▪ Se agrega un cuadro de texto que presenta el tratamiento de activación conductual para la depresión (Capítulo 24)

▪ Se agregaron numerosas referencias nuevas a lo largo del texto

▪ Se introducen y definen varios términos nuevos en el texto. Estos nuevos términosse agregaron al glosario.

Agradecimientos

Quisiera agradecer los comentarios recibidos de revisores anónimos que me han ayu-dado a mejorar la presente edición y las ediciones precedentes de este manual: Judith Rauenzahb, Kutztown University ofPennsylvania; Paul Ginnetty, St. Joseph's College, Patchogue; Veda Charlton,University of Central Arkansas; Robert W. Allan, Lafayette College; Viviette Allen, Fayetteville State University; Cynthia Anderson, West Virginia University; Jennifer Austin, Florida State University; Charles Blose, MacMuny Colle-ge; Kristine Brady, California School of Professional Psychology; James Carr, Western Michigan University; Carl Cheney, Utah State University; Darlene Crone-Todd, Delta State University; Paula Davis, Southern Illinois University; Richard N. Feil, Mansfield University; Deirdre Beebe Fitzgerald, Eastern Connecticut State University; Stephan Flanagan, The University of North Carolina at Chapel Hill; Roger Harnish, Roches-ter Institute of Technology; Gerald Harris, The University of Houston; Robert Heifer, Texas A&M University; Stephen W. Holborn, University of Manitoba; Dorothea Ler-man, Louisiana State University; Tom Lombardo, University of Mississippi; John Ma-louff, Nova Southern Eastern University; Guenn Martin, Cumberland University; Kay McIntyre, University of Missouri-St. Louis; Ronald Miller, Brigham Young University-Hawaii; Robert W. Montgomery, Georgia State University; Charles S. Peyser, University of the South; Brady Phelps, South Dakota State University; Joseph J. Plaud, University of North Dakota; Robyn Rogers, Southwest Texas State University; Johannes Rojahn, Geor-ge Mason University; Paul Romanowich, Mesa College; Alison Thomas-Cottingham,

Rider University; J. Kevin Thompson, University of Southern Florida; Bruce Thyer, University of Georgia; James T. Todd, Eastern Michigan University; Sharon Van Leer, Delaware State University; Timothy Vollmer, University of Florida; Robert W. Wildblood, Northern Virginia Community College; Kenneth N. Wildman, Ohio Northern University; Douglas Woods, University of Wisconsin-Milwaukee; and Todd Zakrajsek, Southern Oregon State College. Quisiera agradecer en especial a Marianne Taflinger, editor de Wadsworth, por su orientación y apoyo durante el desarrollo del desarrollo inivial de este texto.

Para el Estudiante de Modificación de Conducta

A fin de sacar el mayor provecho posible de este texto dentro y fuera de tu asignatura de modificación de conducta, te sugiero tener presentas las recomendaciones siguientes.

1. Leer los capítulos que se vayan a tratar antes de clase. Aprenderás más durante la clase si has tenido primero la oportunidad de leer el texto.

2. Responder a cada una de las preguntas de auto-evaluación en el capítulo para ver si entiendes el material.

3. Responder a las preguntas del test práctico al final de cada capítulo. Si puedes contestar estas preguntas, puedes tener la certeza de que comprendes el material del capítulo.

4. Realizar los cuestionarios que se presentan al final de cada capítulo para así evaluar tu conocimiento del contenido de los capítulos (a menos que el profesor planee utilizar los cuestionarios en clase).

5. Contestar a las preguntas de los ejemplos de aplicación inadecuada al final de los capítulos de procedimiento. Ello te ayudará a entender mejor el material del capítulo y especialmente la aplicación de los procedimientos, ya que podrás identificar las posibles formas de aplicación indebida.

6. La mejor manera de estudiar para un examen es probarse a uno mismo. Después de leer y releer el capítulo y tus notas de clase, puedes ponerte a prueba haciendo lo siguiente:

   ■ Mirar las palabras-clave del capítulo y ver si las puedes definir sin mirar el texto.

   ■ Contestar las preguntas del test práctico al final del capítulo y ver si puedes contestarlas correctamente sin mirar las respuestas en el texto.

   ■ Imaginar ejemplos nuevos relativos a los principios y procedimientos presentados en el capítulo.

   ■ Hacer tarjetas con términos o preguntas en un lado y la definición o respuesta correspondiente al otro lado. Primero estudia leyendo ambos lados de la tarjeta.

   ■ A medida que estudies verás que necesitas darle la vuelta a la tarjeta con menos frecuencia para dar con la definición o respuesta correcta. Una vez que puedas proporcionar la respuesta o la definición que está en la parte posterior de la tarjeta sin mirar, habrás aprendido el material correctamente.

   ■ Siempre estudiar en un lugar que esté en la medida de lo posible libre de distracciones e interrupciones.

   ■ Empieza siempre a estudiar para una prueba con al menos un par de días de antelación. Date más días para estudiar en función del número de capítulos que entren en la prueba.

Los siguientes sitios web ofrecen información sobre diferentes aspectos del análisis aplicado de la conducta.

ABA España	https://www.aba-elearning.com
APA Division 25 (Behavior Analysis)	https://www.apa.org/about/division/div25
Association for Behavior Analysis International	http://www.abainternational.org
Association for Behavioral and Cognitive Therapy	http://www.abct.org/Home/
B.F. Skinner Foundation	http://www.bfskinner.org/
Behavior Analysis Certification Board	http://www.bacb.com/
Berkshire Association for Behavior Analysis and Therapy	http://www.babat.org/
California Association for Behavior Analysis	http://www.calaba.org/
Cambridge Center for Behavioral Studies	http://www.behavior.org
European Association of Behaviour Analysis	http://www.europeanaba.org
European Journal of Behaviour Analysis	http://www.ejoba.org
Florida Association for Behavior Analysis	http://fabaworld.org
Journal of Applied Behavior Analysis	https://onlinelibrary.wiley.com/journal/19383703
Journal of the Experimental Analysis of Behavior	https://onlinelibrary.wiley.com/journal/19383711
Texas Association for Behavior Analysis	http://www.unt.edu/behv/txaba/
The Behavior Analyst Online	http://www.baojournal.com/

Raymond G. Miltenberger

Introducción a la modificación de conducta

- ¿Cómo se define la conducta humana?
- ¿Cuáles son las características definitorias de la modificación de conducta?
- ¿Cuáles son las raíces históricas de la modificación de conducta?
- ¿De qué manera la modificación de conducta ha mejorado la vida de las personas

En este manual aprenderás sobre modificación de conducta, o lo que es lo mismo, sobre los procedimientos utilizados para entender y cambiar el comportamiento humano. Los procedimientos de modificación de conducta pueden adoptar muy diversas formas. Consideremos los siguientes ejemplos:

Teo y Joana tenían algunas dificultades en su matrimonio debido a sus frecuentes discusiones. Su consejero matrimonial estableció un contrato conductual con ambos según el cual cada uno de ellos se comprometía a realizar varias cosas agradables para el otro cada día. Gracias a este contrato, las interacciones positivas entre ellos aumentaron al tiempo que disminuían las negativas (las discusiones).

Karen se tiraba del pelo continuamente y acabó haciéndose una calva en la parte superior de la cabeza. A pesar de que estaba avergonzada por la calva, que medía dos centímetros y medio, continuaba tirándose del pelo. Su psicólogo diseñó y aplicó un programa de tratamiento según el cual Karen tenía que poner en práctica una acción de competencia que implicara el uso de sus manos (p.ej., bordar), cada vez que comenzaba a tirarse del pelo o sentía el impulso de hacerlo. Con el tiempo, los tirones de pelo desaparecieron y su cabello volvió a crecer.

Francisco estaba engordando y decidió hacer algo al respecto, así que se apuntó a un grupo de tratamiento para perder peso. El programa exigía el depósito de una cantidad de dinero y fijarse una meta de realización de ejercicio físico diario; cada vez que un participante cumplía sus metas se adjudicaba una serie de puntos, de manera que al final de la semana, si había conseguido la cantidad de puntos establecida por el programa, recuperaba parte del depósito monetario. Por el contrario, si los puntos eran insuficientes, perdía una parte del dinero. Con este procedimiento, Francisco empezó a hacer ejercicio físico regularmente y a perder peso.

Los residentes de Cincinnati hacían miles de llamadas telefónicas innecesarias a números de asistencia que obstruían las líneas telefónicas y que costaban mucho dinero a la compañía de teléfonos; ésta decidió establecer un coste por llamada y el número de estas disminuyó drásticamente.

El lector se dará cuenta fácilmente de que cada uno de estos ejemplos se centra en algún aspecto de la conducta humana y describe una manera de cambiar el comportamiento. Debido a que la modificación de conducta se centra en la conducta y en el cambio conductual, consideramos adecuado comenzar con una introducción a la definición de conducta.

Definición de la conducta humana

La conducta humana es el objeto de la modificación de **conducta**. La conducta es lo que la gente hace y dice. Las características que definen la conducta son las siguientes:

■ La conducta implica las acciones de una persona (lo que hace o dice), por lo tanto, se describe con verbos que denotan acción. La conducta no es una característica estática de la persona. Si dices que alguien está enfadado, no has identificadola conducta de esa persona, simplemente la hasetiquetado. Si describes lo que la persona dice o hace cuando está enfadada, entonces estás identificando su conducta. Por ejemplo, "Jenifer le gritó a su madre, corrió escaleras arriba y cerró la puerta de su habitación". Ésta es una descripción de una conducta que podría ser etiquetada como ira.

■ Las conductas tienen dimensiones que se pueden medir. Podemos medir la **frecuencia de una conducta**, es decir, se puede contar el número de veces que se produce (p.ej., Sara se mordió las uñas 12 veces durante la clase). Podemos medir la **duración** de una conducta, esto es, el tiempo transcurrido desde que se inicia hasta que se detiene (p.ej., Rita estuvo corriendo durante 25 minutos). También podemos medir la **intensidad** de una conducta o fuerza física implicada en la misma (p.ej., Guillermo levantaba pesas de 110 kilos). Podemos medir la **velocidad** del comportamiento o la latencia desde la ocurrencia de un evento hasta el inicio de la conducta. Frecuencia, duración, intensidad y latencia son todas dimensiones de la conducta. Una dimensión es un aspecto medible de la conducta.

■ Las conductas pueden ser observadas, descritas y registradas por otros o por la misma persona que las ejecuta. Debido a que una conducta es una acción, podemos observar

observar su ocurrencia. La gente puede ver la conducta (o detectarla a través de los sentidos) cuando ésta ocurre, de manera que un observador puede describirla y registrar su ocurrencia. (Véase el Capítulo 2 para una descripción de los métodos para el registro de conductas).

■ Las conductas tienen un impacto sobre el ambiente, tanto físico como social, sobre los demás y sobre nosotros mismos. Debido a que una conducta es una acción que implica movimiento en el espacio y en el tiempo (Johnston y Pennypacker, 1981), la aparición de una conducta tiene algún efecto sobre el ambiente en el que ocurre. A veces, dicho efecto es evidente: encender el interruptor de la luz e iluminar la habitación (efecto sobre el ambiente físico); levantar la mano en clase y conseguir la atención del profesor (efecto sobre otras personas); repetirse un número de teléfono de una página web, que hace más probable su recuerdo y que se marque el número correcto (efecto sobre uno mismo). Otras veces, el efecto de una conducta sobre el ambiente no es obvia e incluso sólo actúa sobre la propia persona que ejecuta la conducta. A pesar de ello, toda conducta humana incide de alguna manera sobre el ambiente físico o social, independientemente de que nos demos cuenta o no de su impacto.

■ La conducta no es azarosa,sino que está regulada por leyes; es decir, su ocurrencia está sistemáticamente influida por los sucesos del ambiente. Los principios básicos de la conducta describen las relaciones funcionales entre nuestra conducta y los eventos ambientales. Podemos describir cómo los eventos del ambiente influyen en una conducta o, lo que es lo mismo, como la conducta es función de los eventos ambientales (véanse los Capítulos 4-8). La modificación de conducta está basada en los principios de conducta básicos. Una vez que conocemos los eventos ambientales que son la causa de una determinada conducta, podemos cambiar dichos eventos para modificar la misma. Observa el gráfico de la Figura 1-1, que muestra el comportamiento disruptivo de un

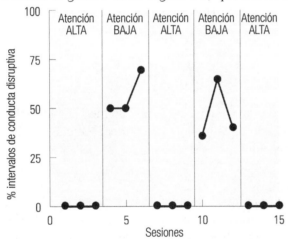

FIGURA 1-1   Este gráfico, adaptado de un estudio de Durand y Carr (1992), muestra la influencia de la atención del profesor sobre el comportamiento molesto (definido como tirar los materiales de trabajo, gritos fuertes, gemir, llorar y golpear o tirar al suelo los objetos) de un niño (Pablo) en un aula de educación especial. El gráfico muestra que la conducta disruptiva no se produce cuando Pablo recibe frecuente atención del profesor (alta ATT) Sin embargo, cuando recibe baja atención del profesor (baja ATT), ejecuta conductas disruptivas en torno al 50% del tiempo. Este gráfico muestra la relación funcional entre la atención del profesor y la conducta molesta de Pablo (según Durand, V. M., y Carr, E. G. [1992]. An analysis of maintenance following functional communication training. Journal of Applied Behavior Analysis, 25, 777-794. Copyright © 1992 UniversityofKansasPress. Reproducido con permiso del autor).

un niño con autismo en el aula. Cuando el maestro dispensa un alto nivel de atención al niño, la conducta disruptiva raramente aparece; por el contrario, cuando el nivel de atención disminuye, la conducta disruptiva aparece con mayor frecuencia. Se puede concluir que la conducta disruptiva está relacionada funcionalmente con la atención del profesor.

■ Las conductas pueden ser manifiestas o encubiertas. En la mayoría de los casos, los procedimientos de modificación de conducta se utilizan para analizar y cambiar las conductas manifiestas. Una **conducta manifiesta** es una acción que puede ser observada y registrada por una persona distinta de la que la ejecuta. Sin embargo, algunas conductas son encubiertas. Las **conductas encubiertas**, también llamadas eventos privados (Skinner, 1974), no son observables a los demás. Por ejemplo, el pensamiento es una conducta encubierta, no puede ser observado y registrado por otra persona distinta a la que está pensando. Pensar sólo puede ser observado por la persona que ejecuta la conducta. El campo de la modificación de conducta se centra principalmente en las conductas manifiestas u observables, como lo hace este manual; sin embargo, en los Capítulos 8, 24 y 25 vamos a presentar las conductas encubiertas y los procedimientos para modificarlas.

Carácteristicas de las conductas

La conducta es lo que la gente hace y dice.
Las conductas tienen dimensiones que pueden ser medidas.
Las conductas pueden ser observadas, descritas y registradas.
Las conductas tienen un impacto sobre el ambiente.
Las conductas están determinadas por las leyes del aprendizaje.
Las conductas pueden ser visibles o encubiertas.

Ejemplos de conducta

Ahora vamos a ilustrar las características que definen la **conducta** con algunos ejemplos, que incluyen tanto conductas cotidianas como conductas problemáticas y procedimientos para su modificación.

Marta se sienta al ordenador y escribe un e-mail a sus padres.

Es una conducta porque presionar las teclas en el teclado mientras se escribe es una acción, tiene dimensiones físicas (la frecuencia de pulsar las teclas, la duración del periodo de escritura), es observable y medible, tiene un impacto sobre el ambiente (aparición de las letras en la pantalla) y está determinada por unas leyes de aprendizaje (se produce por el establecimiento de la relación entre la presión de las teclas y la aparición de las letras en la pantalla).

Amanda está en su cuna llorando a gritos. Su madre le toma en brazos y le da el pecho.

Esta conducta tiene todas lascaracterísticas descritas en el ejemplo anterior (es una acción con dimensionesmedibles, es observable por otros, produce un efecto sobre el ambiente y está regulada por las leyes del aprendizaje). Una diferencia es que llorar actúa sobre el ambiente social: ante el llanto, la madre le toma en brazos y la alimenta. Cada vez que Amanda llora en su cuna, su madre le toma y le da el pecho, de modo que

Amanda llorará cuando tenga hambre. Existe una relación funcional entre el llanto y la conducta de la madre de darle de mamar.

José entrega a su profesor los ejercicios de modificación de conducta con una semana de retraso, poniendo la excusa de que tuvo que ir a visitar a su abuela; el profesor acepta la justificación sin ningún tipo de penalización. José tampoco hizo el examen de historia, e igualmente se disculpó con el profesor achacando la falta a la enfermedad de su abuela; también en este caso el profesor le permite hacer el examen con una semana de retraso.

La conducta de José de mentir acerca de las visitas a su abuela enferma tiene las mismas cinco características de toda conducta. Se trata de una acción (algo que él dijo) que se produjo en dos ocasiones (frecuencia), fue observado por sus profesores y tuvo un efecto sobre su ambiente social (sus profesores le dejaron hacer el examen y le recogieron el trabajo fuera de plazo sin ningún tipo de consecuencia negativa para él); no es azarosa porque hay una relación funcional entre la conducta (mentir) y el resultado (hacer el examen y entregar el trabajo).

Samanta es una niña de 6 años con una leve discapacidad intelectual, que asiste a clases de educación especial. Cuando la maestra está ayudando a otros alumnos y no le presta atención, grita o golpea su cabeza contra la mesa o el suelo. Siempre que Samanta se golpea la cabeza, la maestra deja lo que está haciendo, le toma en brazos y le consuela. Le dice a Samanta que se calme, le asegura que todo está bien, le da un abrazo, y muchas veces le deja sentarse en su regazo.

Vamos a identificar cada una de las cinco características de la conducta de Samanta.

Golpearse la cabeza es una conducta. Es una acción que Samanta repite varias veces cada día. La maestra puede observar y registrar el número de veces que ocurre diariamente. Los golpes que se da en la cabeza alteran el entorno social, ya que la profesora deja lo que está haciendo y le presta atención cada vez que tal conducta se produce. Por último, la conducta no es azarosa, ya que se mantiene porque hay una relación funcional entre golpearse la cabeza y la conducta de atención de la profesora.

Definición de modificación de conducta

La **modificación de conducta** es la ciencia aplicada y la práctica profesional interesada en el análisis y el cambio de la conducta humana.

■ Analizar significa identificar la relación funcional entre los acontecimientos del ambiente y una conducta particular, para entender por qué la conducta ocurre o para determinar por qué una persona se comporta como lo hace.

■ Modificar significa desarrollar y aplicar procedimientos para ayudar a las personas a cambiar su conducta. Ello implica alterar los eventos ambientales con el objetivo de influir sobre la conducta. Los procedimientos de modificación de conducta son desarrollados por profesionales(p.ej., analistas de conducta certificados,BoardCertifiedBehavior Analysts)y se utilizan para cambiar conductas socialmente significativas, con el objetivo de mejorar algún aspecto de la vida de una persona. A continuación, se señalan algunas características que definen la modificación de conducta (Gambrill, 1977; Kazdin, 1994).

Caracteristicas de la modificación de la conducta

Se centra en la conducta. Los procedimientos de modificación de conducta están diseñados para cambiar el comportamiento, no una característica personal o un rasgo. Por lo tanto, la modificación de conducta insiste en el no etiquetado. Por ejemplo, no se utiliza para cambiar el autismo (una etiqueta), sino el comportamiento autista; es decir, la modificación de conducta se utiliza para cambiar los problemas de comportamiento presentados por los niños con diagnóstico de autismo.

■ Los procedimientos de modificación de conducta se dirigen a cambiar los posibles excesos o déficits conductuales. En modificación de conducta, el comportamiento que se quiere modificar se denomina **objetivo conductual**. **Un exceso conductual** es una conducta inadecuada que la persona quiere disminuir en frecuencia, duración o intensidad. Fumar es un ejemplo de exceso conductual. **Un déficit conductual** es una conducta deseable que la persona quiere aumentar en frecuencia, duración o intensidad. El ejercicio físico y el estudio son ejemplos de posibles déficits conductuales.

■ *Es guiada por la teoría y filosofía del conductismo.* El marco teórico que guía la modificación de conducta es el **conductismo**. Inicialmente desarrollado por B. F. Skinner (1953a, 1974), los principios básicos del conductismo establecen que la conducta está regulada por las leyes del aprendizaje y es controlada por los eventos ambientales que suceden en una relación temporal cercana a la conducta (ver también Baum, 1994; Chiesa, 1994).

■ *Procedimientos basados en los principios de conducta.* La modificación de conducta es la aplicación de los principios básicos originalmente derivados de la investigación experimental en laboratorio con animales (Skinner, 1938). El estudio científico de la conducta se llama **análisis experimental de la conducta** o análisis de conducta (Skinner, 1953b, 1966). El estudio científico de la conducta humana que ayuda a las personas a cambiar la conducta de manera significativa se llama análisis aplicado de la conducta(Baer, Wolf y Risley, 1968, 1987). Los procedimientos de modificación de conducta están basados en la investigación desarrollada durante más de 50 años por el análisis aplicado de la conducta (Ullmann y Krasner, 1965; Ulrich, Stachnik y Mabry, 1966).

■ *Énfasis en los eventos ambientales presentes.* La modificación de conducta implica evaluar y modificar los eventos ambientales presentes que están funcionalmente relacionados con la conducta. La conducta humana está controlada por los eventos presentes en el ambiente siendo el objetivo de la modificación de conducta es identificar tales eventos. Una vez que estas **variables controladoras** han sido identificadas, podemos alterarlas para modificar la conducta. Los procedimientos de modificación de conducta eficaces alteran las relaciones funcionales entre la conducta y las variables ambientales que la controlan, con el objetivo de producir el cambio conductual deseado. A veces se comete el error de considerar las etiquetas como las causas de la conducta. Por ejemplo, una persona puede decir que un niño con autismo presenta determinadas conductas problemáticas (como gritar, golpearse a sí mismo, negarse a seguir instrucciones), porque el niño es autista. En otras palabras, al decir esto se está sugiriendo que es el autismo el causante de que el niño realice estas conductas disruptivas. Sin embargo, el autismo es simplemente una etiqueta que describe el patrón de conductas que el niño realiza. La etiqueta no puede ser la causa de la conducta, porque la etiqueta no existe como una entidad física o un evento. Las causas de la conducta deben buscarse en el ambiente (incluidos los elementos orgánicos o biológicos).

Modificación de conducta y Análisis aplicado de la conducta

La modificación de conducta (como se describe en este manual) y el análisis aplicado de la conducta son dos términos utilizados para identificar campos prácticamente idénticos. Aunque la investigación sobre la aplicación de los principios conductuales para ayudar a la gente a cambiar su conducta (modificación de conducta), se empezó a publicar a partir de finales de los años 50, el término análisis aplicado de la conducta se introdujo en1968en el primer número de la revista JournalofAppliedBehaviorAnalysis, con la publicación del artículo de Baer, Wolf y Risley definiendo el análisis de la conducta. En su artículo, Baer et al. (1968) identificaron una serie de características del análisis aplicado de la conducta, incluyendo: (a) la focalización en conductas socialmente relevantes, (b) la demostración de las relaciones funcionales entre los eventos ambientales y la conducta; (c) una descripción clara de los procedimientos utilizados; (d) la base en los principios básicos de conducta, y (e) la producción de cambios conductuales significativos, generalizables y duraderos. Estos rasgos definitorios del análisis aplicado de la conducta también lo son de la modificación de

■ *Descripción precisa de los procedimientos de modificación de conducta* (Baer et al., 1968). Los procedimientos de modificación de conducta implican cambios específicos en los eventos ambientales que tienen una relación funcional con el comportamiento. Para que los procedimientos sean eficaces en todas las ocasiones que se utilicen, esos cambios específicos deben producirse en cada una de ellas. La descripción precisa de los procedimientos utilizados por parte de los investigadores y otros profesionales hace más probable el uso correcto de los mismos.

■ *Tratamientos que aplican las personas en su vida cotidiana* (Kazdin, 1994). Los procedimientos de modificación de conducta son desarrollados por profesionales (BoardCertifiedBehaviorAnalysts, BoardCertifiedAssistantBehaviorAnalysts, u otros profesionales como Psicólogos licenciados específicamente entrenados en modificación de conducta). Sin embargo, la aplicación de tales procedimientos recae en muchas ocasiones en otras personas, tales como profesores, padres, supervisores, etc. que los ponen en marcha para ayudar a los demás a cambiar su comportamiento. Cualquier persona que vaya a aplicar procedimientos de modificación de conducta debe recibir un entrenamiento específico en los mismos y contar con la supervisión de profesionales; entrenamiento, supervisión y una descripción precisa de los procedimientos, garantizan la aplicación correcta de éstos.

■ *Medición del cambio conductual.* Una de las características de la modificación de conducta es su énfasis en la medición de la conducta antes y después de la intervención para poder valorar el cambio conductual resultante. Además, la evaluación de la conducta continua una vez finalizada la intervención para determinar si el cambio se mantiene a largo plazo. Por ejemplo, un supervisor de una fábrica que quisiera aumentar la productividad de los trabajadores (p.ej., el número de unidades empaquetadas) aplicando procedimientos de modificación de conducta, debería registrar previamente durante cierto tiempo la conducta de los trabajadores, esto es, la cantidad de unidades que empaquetan. Con este registro inicial, el supervisor puede poner en marcha el procedimiento de intervención y continuar registrando la conducta de empaquetado, de modo que se podría concluir si, tras la aplicación del procedimiento, el número de unidades empaquetadas ha aumentado. Y si tal incremento ocurriese, habría que continuar registrando la conducta durante un periodo de tiempo; este registro serviría para comprobar si el aumento de unidades empaquetadas se mantiene a largo plazo o si es necesaria una nueva intervención.

■ *Desenfatiza el pasado como causa de la conducta.* Como se dijo antes, la modificación de conducta pone énfasis en los eventos ambientales recientes para explicar la conducta. Sin embargo, conocimiento del pasado también proporciona información

conducta. Sin embargo, el conocimiento del pasado también proporciona información útil acerca de los eventos ambientales relacionados con la conducta actual. Por ejemplo, las experiencias de aprendizaje pasadas influyen en la conducta actual, por lo que el conocimiento y comprensión de esas experiencias ayudará a analizar la conducta actual y a elegir los procedimientos de modificación de conducta adecuados. A pesar de su indudable utilidad, el conocimiento del pasado no es tan relevante para el desarrollo de intervenciones eficaces de modificación de conducta como el de las variables ambientales actuales, ya que éstas últimas se pueden cambiar.

■ *Rechazo de hipotéticas causas subyacentes de la conducta.* Aunque algunos campos de la psicología, tales como los enfoques psicoanalíticos, podrían estar interesados en hipotéticas causas subyacentes de la conducta (p.ej., un complejo de Edipo no resuelto) la modificación de conducta rechaza completamente tales explicaciones. Skinner (1974) denominó "ficciones explicativas" a este tipo de hipótesis porque nunca se pueden probar o refutar y por lo tanto son poco científicas. Estas supuestas causas subyacentes no podrán nunca manipularse o medirse para demostrar su relación funcional con el comportamiento que se quiere explicar.

Carácteristicas de la modificación de conducta

Se centra en la conducta
Se basa en los principios conductuales
Pone el énfasis en los eventos actuales del ambiente
Descripción precisa de los procedimientos de aplicación
Aplicada por la gente en su vida cotidiana
Medición de los cambios conductuales
No enfatiza los acontecimientos del pasado como causas de la conducta
Rechazo de hipotéticas causas subyacentes de la conducta

Raíces históricas de la modificación de la conducta

Una serie de acontecimientos históricos han contribuido al desarrollo de la modificación de conducta. Vamos a hacer una breve revisión de algunas de las principales figuras, publicaciones y organizaciones en este campo.

Grandes figuras

Las siguientes son algunas de las principales figuras que fueron determinantes para el desarrollo de los principios científicos en los que se basa la modificación de conducta. (Figura 1-2) (Michael, 1993a).

Ivan P. Pavlov(1849-1936)

Pavlov realizó experimentos que descubrieron los procesos básicos de condicionamiento respondiente (véase el Capítulo 8). Demostró que un reflejo (la salivación ante la comida) podría condicionarse a un estímulo neutro. En sus experimentos, Pavlov presentó el estímulo neutro (el sonido de un metrónomo), al mismo tiempo que presentaba comida a un perro. Más tarde, el perro salivaba ante el sonido del metrónomo sin la presencia de la comida. Pavlov llamó a esta respuesta reflejo condicionado (Pavlov, 1927).

FIGURA 1-3   Cuatro figuras principales que fueron fundamentales para el desarrollo de los principios científicos en los que se basa la modificación de conducta. De izquierda a derecha arriba: Ivan P. Pavlov, Edward L. Thorndike, B.F. Skinner, John B. Watson (Foto: SOV; Archivos de Historia de la Psicología Americana, cortesía de Julie Vargas y la Fundación B.F. Skinner; Archivos de la Historia Psicología de la Americana, Universidad de Akron).

Edward L. Thorndike(1874-1949)   La principal contribución de Thorndike fue la descripción de la **ley del efecto**. Dicha ley establece que una conducta que produce un efecto favorable sobre el ambiente es más probable que se repita en el futuro. En su famoso experimento, Thorndike puso a un gato en una jaula y colocó comida fuera de ésta, donde el gato podía verla. Para abrir la puerta de la jaula, el gato tenía que golpear una palanca con la pata. Thorndike demostró que el gato aprendía a golpear la palanca y a abrir la puerta de la jaula. Con el tiempo, el gato aprendió a golpear la palanca con mayor rapidez debido a que su conducta, golpear la palanca, tenía un efecto deseable sobre el ambiente: alcanzar la comida (Thorndike, 1911).

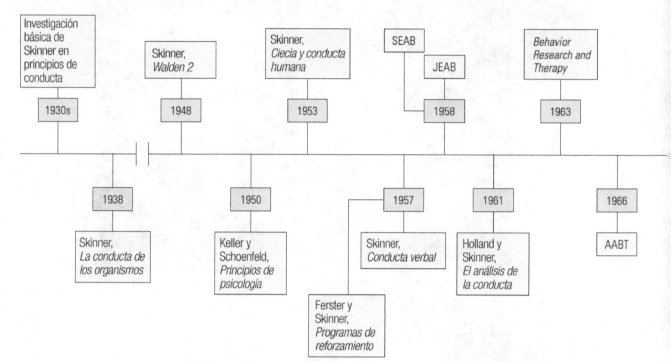

Este esquema cronológico muestra los acontecimientos más importantes en el desarrollo de la modificación de conducta. Comenzando en la década de los 30 con la investigación básica de Skinner sobre los principios de la conducta, el esquema incluye los libros más importantes, revistas y organizaciones profesionales. SEAB, Societyforthe Experimental AnalysisofBehavior (Sociedad para el Análisis Experimental de la Conducta); JEAB, Journalofthe Experimental AnalysisofBehavior (Revista de Análisis Experimental de la Conducta); AABT, AssociationforAdvancementofBehaviorTherapy (Asociación para el Avance de la Terapia de Conducta); JABA, JournalofAppliedBehaviorAnalysis (Revista de Análisis Aplicado de la Conducta).

mayor rapidez debido a que su conducta, golpear la palanca, tenía un efecto deseable sobre el ambiente: alcanzar la comida (Thorndike, 1911).

John B. Watson (1878-1958) En el artículo "La psicología desde el punto de vista conductista" publicado en 1913, Watson afirmaba que la conducta observable es el objeto de estudio de la psicología y que toda la conducta está controlada por los acontecimientos del ambiente. En particular, Watson describió una psicología estímulo-respuesta según la cual los eventos ambientales (estímulos) provocan las respuestas de un organismo. Watson es considerado el fundador del conductismo (Watson, 1913, 1924).

B. F. Skinner (1904-1990) Skinner amplió el campo del conductismo inicialmente descrito por Watson. Este autor explicó la diferencia entre condicionamiento respondiente (los reflejos condicionados descritos por Pavlov y Watson) y condicionamiento operante, en el cual las consecuencias de una conducta controlan la aparición futura de la misma (como afirmaba la ley del efecto de Thorndike). La investigación de Skinner desarrolló los principios básicos de la conducta operante (véanse los Capítulos 4-7). Además de sus investigaciones en el laboratorio, que demuestran los principios conductuales básicos, Skinner escribió varios libros en los que se aplican tales principios al análisis de la conducta humana. La obra de Skinner es el fundamento de la modificación de conducta (Skinner, 1938, 1953a).

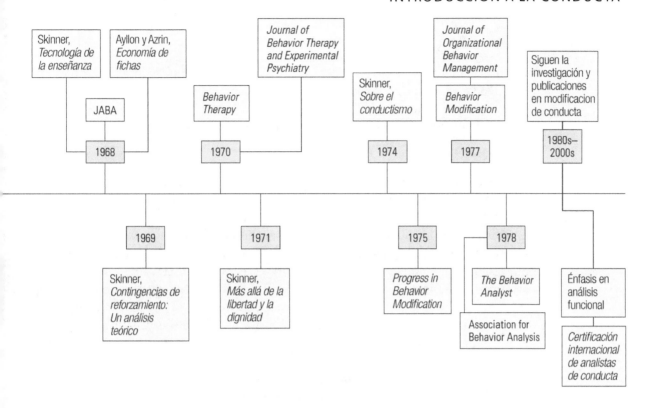

Primeros investigadores de conducta

Una vez que Skinner estableció los principios del condicionamiento operante, distintos investigadores continuaron estudiando la conducta operante en el laboratorio (Catania, 1968; Honig, 1966). Además, en la década de 1950, los investigadores comenzaron a aplicar los principios conductuales y a evaluar los procedimientos de modificación de conducta en las personas. Estos primeros investigadores estudiaron el comportamiento de niños (Azrin&Lindsley, 1956; Baer, 1960; Bijou, 1957), adultos (Goldiamond, 1965; Verplank, 1955; Wolpe, 1958), pacientes diagnosticados de enfermedades mentales (Ayllón y Azrin, 1964; Ayllon y Michael, 1959), y personas con discapacidad intelectual (Ferster, 1961; Fuller, 1949; Wolf, Risley y Mees, 1964). Desde los inicios de la investigación con humanos en la década de los 50, miles de estudios han establecido la eficacia de los principios y procedimientos de la modificación de conducta.

Principales publicaciones y acontecimientos

Hay una serie de libros que han tenido una enorme influencia en el desarrollo de la modificación de conducta. Además, se han editado diversas revistas científicas dedicadas a publicar los resultados de la investigación en análisis y modificación de conducta, al mismo tiempo que las organizaciones profesionales empezaban a apoyar tanto la investigación como la actividad profesional en este campo. Los libros, revistas y organizaciones a las que nos referimos se enumeran cronológicamente en la Figura 1-3. (Para una descripción más completa de estas publicaciones y organizaciones, véase Cooper, Heron y Heward [1987, 2007] y Michael [1993a].)

Areas de aplicación

Los procedimientos de modificación de conducta se han utilizado en múltiples áreas para ayudar a las personas a cambiar una amplia gama de conductas problemáticas (Carr y Austin, 2001; Gambrill, 1977; Lutzker y Martin, 1981; Vollmer, Borrero, Wright, Van Camp y Lalli, 2001). En este apartado se examinan brevemente estas áreas de aplicación.

Trastornos de desarrollo

La modificación de conducta ha investigado en el ámbito de las discapacidades probablemente, más que en cualquier otro (Iwata et al., 1997). Las personas con trastornos del desarrollo presentan a menudo importantes déficits conductuales; los procedimientos de modificación de conducta se han utilizado para enseñar habilidades funcionales que permiten superar estas deficiencias (Repp, 1983). Por otra parte, las personas discapacitadas pueden presentar problemas de conducta graves, como conductas autolesivas, conductas agresivas y conductas destructivas. Hay una gran cantidad de evidencia empírica y experimental que demuestra que estas conductas, con frecuencia pueden ser controladas o eliminadas con intervenciones conductuales (Barrett, 1986; Beavers, Iwata, y Lerman, 2013; Repp y Horner, 1999; Van Houten y Axelrod, 1993; Whitman, Scibak y Reid, 1983;Williams, 2004). Los procedimientos de modificación de conducta también se utilizan para la formación y entrenamiento de los miembros de los equipos de atención profesional de personas con trastornos del desarrollo (Reid, Parsons y Green, 1989, 2012).

Diagnóstico psiquiatrico

Uno de los primeros trabajos de investigación en modificación de conducta, demostró su eficacia en personas con diagnóstico psiquiátrico en un entorno institucional (Ayllón, 1963; Ayllon y Michael, 1959). La modificación de conducta se ha aplicado a pacientes con diagnóstico psiquiátrico para modificar sus habilidades para la vida diaria, conducta social, conducta agresiva, adhesión al tratamiento, conductas psicóticas y habilidades laborales (Dixon &Holcomb, 2000; Scotti, McMorrow, &Trawitzki, 1993; Wilder, Masuda, O'Connor, &Baham, 2001). Una contribución especialmente importante de la modificación de conducta fue el desarrollo de un procedimiento motivador para pacientes institucionalizados llamado economía de fichas (Ayllón y Azrin, 1968). Las economías de fichas siguensiendo ampliamente utilizada en una gran variedad de contextos de tratamiento (Kazdin, 1982).

Educación y educación especial

Los procedimientos de modificación de conducta son usados ampliamente en educación (Alverto y Troutman, 2003), además, se hanrealizado grandes avances en este campo gracias a la investigación en modificación de conducta (Bijou y Ruiz, 1981). Los investigadores han analizado las interacciones estudiante-profesor en el aula, los métodos de mejora de la enseñanza y han desarrollado procedimientos para la reducción de los problemas de conducta en el aula (Bambara y Kern, 2005; Becker y Carnine, 1981; Madsen, Becker, y Thomas, 1968; Sugai y Horner, 2005; Thomas, Becker, y Armstrong, 1968). Los procedimientos de modificación de conducta también se han utilizado en educación superior para mejorar las técnicas de instrucción y así favorecer el aprendizaje del estudiante (Michael, 1991; Saville y Zinn, 2009).

En educación especial, es decir, educación de personas con trastornos del desarrolloy otras necesidades especiales, la modificación de conducta ha desempeñado un papel principal (Rusch et al., 1988) en el desarrollo de métodos de enseñanza, el control de problemas de conducta en el aula, la mejora de los comportamientos sociales y las capacidades funcionales, la promoción de habilidades de autonomía personal y el entrenamiento del profesorado.

Rehabilitación

La rehabilitación es el proceso que se sigue para ayudar a la gente a recuperar un funcionamiento normal después de una lesión o trauma, como puede ser una lesión en la cabeza debido a un accidente o un daño cerebral tras un infarto. La modificación de conducta se utiliza en la rehabilitación para favorecer el cumplimiento de las rutinas de rehabilitación fisioterapeútica, así como para la adquisición, recuperación y/o entrenamiento de habilidades afectadas o perdidas a consecuencia de la lesión o trauma, la disminución de posibles problemas de conducta, el control del dolor crónico y la mejora del rendimiento de la memoria (Bakke et al., 1994; Davis y Chittum, 1994; Heinicke, Carr, y Mozzoni, 2009; O'Neill y Gardner, 1983; Tasky, Rudrud, Schulze, y Rapp, 2008).

Psicología comunitaria

En el ámbito de la psicología comunitaria, se han diseñado intervenciones conductuales que permiten actuar sobre el comportamiento de un gran número de personas, de manera que todas resultan beneficiadas. Algunas intervenciones conductuales comunitarias se han dirigido a reducir la producción de basura, aumentar el reciclaje, reducir el consumo energético, reducir la conducción peligrosa, reducir el consumo de drogas ilegales, aumentar el uso del cinturón de seguridad, disminuir el estacionamiento ilegal en los espacios reservados para minusválidos y reducir el exceso de velocidad en las carreteras (Cope yAllred, 1991; Cox yGeller, 2010; Geller y Hahn, 1984; Ludwig y Geller, 1991; Van Houteny Nau, 1981; Van Houten, Van Houten, y Malenfant, 2007).

Psicología clínica

En psicología clínica, la aplicación de los principios conductuales se realiza para ayudar a personas con problemas personales. Por lo general, esta aplicación terapéutica la hace un psicólogo en formato individual o de grupo. La modificación de conducta en psicología clínica, a menudo llamada terapia de conducta, se ha aplicado al tratamiento de una amplia gama de problemas humanos (Herseny Bellack, 1985; Herseny Rosqvist,2005; Herseny Van Hasselt, 1987; SpiegleryGuevremont, 2010; Turner, Calhoun, y Adams, 1981). Los procedimientos de modificación de conducta también se han utilizado para el entrenamiento de psicólogos clínicos (Veltum y Miltenberger, 1989).

Empresa, industria y recursos humanos

El uso de la modificación de conducta en el ámbito de la empresa, la industria y los recursos humanos se denomina modificación o manejo de conducta de las organizaciones(Bailey y Burch, 2010; Daniels, 2000; Frederickson, 1982; Luthans y Kreitner, 1985; Reid et al., 1989, 2012; Stajkovic y Luthans, 1997). Los procedimientos de modificación de conducta han sido utilizados para mejorar el rendimiento y la seguridad en el trabajo y seguridad y reducir la morosidad, el absentismo y los accidentes laborales. Además, los procedimientos de modificación de conducta han sido utilizados para mejorar la actuación de los supervisores.El uso de la modificación de conducta en el campo empresarial ha revertido en una mayor productividad y beneficios para las organizaciones y en una mayor productividad y beneficios para las organizaciones y en una mayor satisfacción laboral de los trabajadores.

Promoción de la autonomia personal

Las personas utilizan procedimientos de modificación de conducta para dirigir sus propios comportamientos, ya sea para el control de los hábitos personales, como las conductas relacionadas con la salud, el comportamiento profesional o los problemas personales (Brigham, 1989; Epstein, 1996; Stuart, 1977; Watson y Tharp, 1993; 2007; Yates, 1986). El Capítulo 20 trata de la aplicación de los procedimientos de modificación de conducta en la promoción de la autonomía personal.

Manejo de la conducta infántil

Existen numerosas aplicaciones de la modificación de conducta para el manejo de la conducta infantil (Durand y Hieneman, 2008; Hieneman, Childs, y Sergay, 2006; Miller, 1975; Patterson, 1975; Miltenberger y Crosland, 2014; Schaeffer y Millman, 1981). Los padres y maestros pueden aprender a utilizar los procedimientos de modificación de conducta para corregir la conducta enurética, el hábito de morderse las uñas (onicofagia), las rabietas, la conducta desobediente, las conductas agresivas, los malos modales, el tartamudeo y otrosproblemas muy comunes (Christopherseny Mortweet, 2001; Gross yDrabman, 2005;Watson y Gresham, 1998).

Prevención

Los procedimientos de modificación de conducta han sido aplicados a la prevención de problemas en la infancia (Roberts y Peterson, 1984) y en otros muchos ámbitos: prevención de abuso sexual infantil, accidentes domésticos, abuso y abandono de menores, envenenamiento, infecciones yenfermedades de transmisión sexual (Beck &Miltenberger, 2009; Carroll, Miltenberger, & O'Neill, 1992; Dancho, Thompson, &Rhoades, 2008; Miltenberger et al., 2013; Montesinos, Frisch, Greene, & Hamilton, 1990; Poche, Yoder, &Miltenberger, 1988).La prevención de problemas que afectan a la comunidad con técnicas de modificación de conducta forma parte de la psicología comunitaria.

Rendimiento deportivo

La modificación de conducta se utiliza frecuentemente para mejorar el rendimiento deportivo(Martin y Hrycaiko, 1983). Los procedimientos de modificación de conducta han sido utilizados para mejorar el rendimiento del deportista en una gran variedad de deportes, tanto durante el entrenamiento como en competición (Boyer, Miltenberger, Batsche, & Fogel, 2009; Brobst& Ward, 2002; Hume & Crossman, 1992; Kendall, Hrycaiko, Martin, & Kendall, 1990; Luiselli, Woods, & Reed, 2011; Wack, Crosland, & Miltenberger, 2014; Wolko, Hrycaiko, & Martin, 1993; Zeigler, 1994). Los procedimientos de modificación de conducta han obtenido mejores resultados sobre el rendimiento del deportista que los procedimientos de entrenamiento tradicional.

Conductas saludables

Los procedimientos de modificación de conducta se utilizan para promover la salud a través del aumento de los comportamientos relacionados con los hábitos de vida saludables (como el ejercicio y una alimentación adecuada) y la disminución de conductas no saludables (tales como fumar, beber y comer en exceso). También se utilizan para promover conductas que pueden tener una influencia positiva sobre problemas físicos o o médicos, como la disminución de la frecuencia e intensidad de los dolores de cabeza, disminución de la presión sanguínea y disminución de los trastornos gastrointestinales (Blumenthal & McKee, 1987; Dallery, Raiff, &Grabinski, 2013; Dallery, Meredith, & Glenn, 2008; Gentry, 1984; Reynolds, Dallery, Shroff, Patak, & Leraas, 2008; Van Camp & Hayes, 2012; Van Wormer, 2004) y para aumentar la adherencia a un tratamiento (Levy, 1987). La aplicación de la modificación de conducta al ámbito de la salud se denomina medicina conductual o psicología de la salud.

Gerontología

Los procedimientos de modificación de conducta se aplican en residencias y otros centros de atención para modificar la conducta de las personas mayores (Hussian, 1981; Hussian y Davis, 1985). La aplicación de tales procedimientos facilita a los mayores el hacer frente a la disminución de sus capacidades físicas, la adaptación a los entornos institucionalizados, la realización de conductas saludables y de interacciones sociales apropiadas, así como la disminución de posibles problemas conductuales consecuencia de las demandas institucionales o del padecimiento de la enfermedad de Alzheimer u otros tipos de demencia (Carstensen& Erickson, 1986; Dwyer-Moore & Dixon, 2007; Moore, Delaney, & Dixon, 2007; Stock & Milan, 1993).

Práctica profesional, certificación y ética

A medida que se publicaron investigaciones a lo largo de los años estableciendo la eficacia de los procedimientos de modificación de conducta para cambiar un amplio rango de conductas socialmente significativas, la practica de la modificación de conducta se ha expandido y se ha convertido en sinónimo de la disciplina emergente conocida como análisis aplicado de conducta(Baer et al., 1968). Con más y más personas trabajando como analista de conducta aplicado, la disciplina comenzó a centrarse en la práctica profesional, certificación y éticas para regular el uso de los procedimientos de modificación de conducta (Bailey y Burch, 2011; Shook, 1993; Starin, Hemingway y Hartsfield, 1993). La BehaviorAnalystCertificationBoardTM (BACB) se estableció para dar una certificación para las personas que practican análisis de conducta como profesión. La BCBA estableció estándares educativos y de entrenamiento y desarrollo una evaluación que las personas tienen que pasar para convertirse en un Analista de Conducta certificado por la BACB o en un Analista de Conducta Ayudante certificado por la BACB (ver BACB.com para más detalles). Además, la AssociationforBehaviorAnalysisInternationalTM desarrolló un conjunto de pautas éticas para la práctica del análisis del comportamiento (Bailey & Burch, 2011). Hoy en día, las personas que utilizan procedimientos de modificación de conducta para ayudar a las personas a cambiar su comportamiento deben estar certificadas por el BACB para garantizar que se involucren en la práctica ética y competente del análisis de comportamiento aplicado.

Estructura de este libro

Este libro se divide en cinco grandes apartados. En ellos se abordan los siguientes temas:

- La medición de la conducta y el cambio conductual
- Principios básicos de la conducta

■ Procedimientos para establecer nuevas conductas
■ Procedimientos para reducir conductas indeseables y aumentar las conductas deseables
■ Otros procedimientos de cambio conductual

El libro está diseñado de manera que la información que se presenta en los primeros apartados se aplica en los posteriores.

La medición de la conducta y el cambio conductual

La parte 1 de este manual consta de dos capítulos. En el Capítulo 2 se enseña a observar y registrar aquellas conductas que serán el objetivo de un programa de modificación de conducta. En el Capítulo 3 se muestra cómo construir gráficos y evaluar los datos del mismo para analizar el cambio conductual resultante de la aplicación de un programa de intervención.

Principios básicos de la conducta

Los cinco capítulos que constituyen la parte 2 de este manual se dedican a presentar los principios básicos de modificación de conducta derivados de la investigación científica en análisis de la conducta. Todos los procedimientos revisados en el resto del libro se basan en los principios que se presentan en esta parte, que incluyen el reforzamiento, la extinción, el castigo, el control de estímulo y el condicionamiento respondiente. Una vez que se entienden estos principios básicos, es más fácil comprender y aplicar los pro-cedimientos de modificación de conducta descritos en capítulos posteriores.

Procedimientos para establecer nuevas conductas

Uno de los objetivos de la modificación de conducta es establecer nuevas habilidades o conductas deseables. Los cuatro capítulos de la parte 3 versan sobre este objetivo, presen-tándose los procedimientos utilizados para establecer nuevas conductas: moldeado, insti-gación y transferencia del control estimular, ayuda y transferencia del control de estímulo, encadenamiento y procedimientos de entrenamiento en habilidades conductuales.

Procedimientos para reducir las conductas indeseables y aumentar las deseables

Otro de los objetivos de los procedimientos de modificación de conducta es disminuir la aparición de conductas indeseables y aumentar la aparición de conductas deseables que no se están produciendo con suficiente frecuencia. Se denomina exceso conductual a la ocurrencia de conductas indeseables mientras que aquellas que son deseables, pero no ocurren con la frecuencia adecuada, se denominan déficits de conducta. Los siete capítulos de la parte 4 describen cómo analizar eventos que influencian la conducta y la forma en que hay que aplicar el reforzamiento, la extinción, el control de estímulo y el castigo para reducir los excesos conductuales y aumentar los comportamientos deseables.

Otros procedimientos de cambio conductual

Los seis capítulos de la parte 5 de este texto describen procedimientos de modificación de conducta más complejos. El Capítulo 20 aborda los procedimientos conductuales aplicados para la promoción de la autonomía personal. El Capítulo 21 trata los problemas relacionados con hábitos conductuales y los procedimientos para reducir tales excesos. El Capítulo 22 presenta la economía de fichas y el Capítulo 23 los contratos conductuales, que son procedimientos basados en el reforzamiento y el castigo descritos en capítulos anteriores. En el Capítulo 24 se exponen los procedimientos basados en el condicionamiento respondiente dirigidos a reducir el miedo y la ansiedad. En el Capítulo 25 se presentan los procedimientos de modificación de conducta dirigidos al cambio de la conducta cognitiva, ésta es, un tipo de conducta encubierta.

RESUMEN DEL CAPITULO

1. La conducta humana se define como una acción con una o más dimensiones que permiten su observación y registro. Tiene un impacto sobre el ambiente físico y/o social. Está determinada por leyes y su aparición está influida por los acontecimientos del ambiente. Puede ser manifiesta o encubierta.

2. Los procedimientos de modificación de conducta implican el análisis y la manipulación de los eventos presentes en el ambiente para conseguir un cambio conductual. Tanto los excesos como los déficits conductuales pueden ser el objetivo de los procedimientos de modificación de conducta. Los procedimientos de modificación de conducta se basan en principios de conducta derivados de la investigación científica. B.F. Skinner inició la investigación que permitió sentar las bases para los procedimientos de modificación de conducta. También publicó una serie de obras que muestran la aplicación de los principios conductuales en la vida cotidiana. Los procedimientos de modificación de conducta son ejecutados, a menudo, por personas no profesionales en la vida cotidiana. La conducta se mide antes y después de la aplicación de los procedimientos de

cambio conductual para comprobar la eficacia de los mismos. La modificación de conducta enfatiza la influencia de los eventos pasados y rechaza la consideración de hipotéticas causas subyacentes de la conducta.

3. Las raíces históricas de la modificación de conducta se pueden encontrar en los trabajos de Pavlov, Thorndike, Watson, y, especialmente, de B. F. Skinner, quienes identificaron una serie de principios básicos del análisis de la conducta y escribieron sobre la aplicación de los mismos sobre el comportamiento humano.

4. Los procedimientos de modificación de conducta se han aplicado con éxito en todos los aspectos de la conducta humana, incluyendo discapacidades del desarrollo, enfermedad mental, educación y educación especial, rehabilitación, psicología comunitaria, psicología clínica, empresa, industria y recursos humanos, promoción de la autonomía personal, manejode la conductainfantil, prevención, rendimiento deportivo, comportamientos relacionados con la salud y gerontología.

PALABRAS CLAVE

Análisis aplicado de la conducta, 5	Déficit conductual, 5	Intensidad, 2
Análisis experimental de la conducta, 5	Dimensión de la conducta, 2	Latencia, 2
Conducta, 2		Ley del efecto, 9
Conducta encubierta, 3	Duración, 2	Modificación de
Conducta manifiesta, 3	Exceso conductual, 5	conducta, 5
Conducta objetivo, 5	Frecuencia, 2	Variable de control, 5

TÉST PRÁCTICO

1. ¿Qué es conducta? (pág. 2).
2. Da un ejemplo de una descripción de una conducta y la etiqueta que se aplica a ésta. (pág. 2).

3. Identifica y describe las cuatro dimensiones de la conducta que pueden ser observadas y registradas. (pág.2).

4. Da un ejemplo de cómo una conducta influye sobre el ambiente físico. Da un ejemplo de cómo una conducta influye sobre el ambiente social. (pág. 2).

5. ¿Qué significa decir que la conducta no es azarosa, sino que está regulada por leyes? ¿Qué es una relación funcional? (pág. 2).

6. Describe las diferencias entre conducta manifiesta y conducta encubierta. Proporciona un ejemplo de cada una de ellas. ¿En qué tipo de conducta se centra este libro? (pág. 3).

7. Identifica las seis características de la conducta humana. (pág. 3).

8. ¿Qué significa decir que los procedimientos de modificación de conducta se basan en principios de conducta? (pág. 5).

9. ¿De qué depende la conducta humana? Describe cómo una etiqueta comportamental puede, erróneamente, ser identificada como causa de una conducta. (págs. 5-6).

10. ¿Por qué es importante describir con precisión los procedimientos de modificación de conducta? (pág. 6).

11. ¿Quién puede aplicar los procedimientos de modificación de conducta? (pág. 6)

12. ¿Por qué es importante medir la conducta antes y después de que se apliquen los procedimientos de cambio conductual? (págs. 6-7).

13. ¿Por qué la modificación de conducta no se centra en el pasado como la causa de la conducta? (pág. 7).

14. Señala nueve características que definen la modificación de conducta. (pág. 7).

15. Describe brevemente las contribuciones de Pavlov, Thorndike, Watson y Skinner en el desarrollo de la modificación de conducta. (págs. 8-9).

16. Señala, al menos, una aplicación de la modificación de conducta a cada una de las siguientes áreas: discapacidad del desarrollo, educación, psicología comunitaria, empresa, industria y recursos humanos, promoción de la autonomía personal, prevención, conductas saludables, enfermedad mental, rehabilitación, psicología clínica, manejo de la conducta infantil, rendimiento deportivo y gerontología. (págs. 10-14).

La observación y el registro del comportamiento

- ¿Cómo se define una conducta de interés en un programa de modificación de conducta?
- ¿Qué métodos se pueden utilizar para registrar una conducta de interés?
- ¿En qué se diferencia el registro continuo del registro de intervalos y del registro de muestreo temporal?
- ¿Qué es la reactividad del registro conductual y cómo se puede minimizar?
- ¿Qué es el acuerdo entre observadores y por qué es importante?

Un aspecto fundamental de la modificación de conducta es la medición del comportamiento que se pretender cambiar. La medición de la/s conducta/s objetivo en modificación de conducta, se denomina evaluación conductual. La evaluación conductual es importante por una serie de razones:

- La medición de la conducta antes del tratamiento proporciona información que puede ayudarnos a decidir si el tratamiento es o no necesario.

FIGURA 2-1   Supervisor recoge datos sobre el número de trabajadores que llegan tarde.

■ La evaluación conductual puede proporcionar información que nos ayude a elegir cuál es el mejor tratamiento.

■ La medición de la conducta objetivo o conducta de interés antes y después del tratamiento le permite establecer si se produjo o no un cambio de comportamiento después de aplicar el tratamiento.

Veamos el siguiente ejemplo:

Un supervisor de una planta industrial pensaba que la empresa tenía un problema con los empleados que llegaban tarde al trabajo. Antes de intentar poner remedio, el supervisor comenzó a tomar nota de las horas de llegada de los trabajadores durante varios días (Figura 2-1). La evaluación mostró que había pocos casos de retrasos. En este ejemplo, la evaluación conductual demostró que no existía un problema y que la intervención no era necesaria.

Si la medición de las horas de llegada de los trabajadores hubiera mostrado que había un problema, el supervisor habría elaborado un plan de modificación de conducta para cambiar el comportamiento de los trabajadores. En este caso, el supervisor continuaría registrando las horas de llegada mientras se aplicara la intervención. La medición de las horas de llegada de los empleados antes, durante y después de la intervención, demostraría si éstos llegaban tarde con menos frecuencia una vez que la intervención se había llevado a cabo.

Evaluación directa e indirecta

Hay dos tipos de evaluación conductual: directa e indirecta (Iwata, Vollmer y Zarcone, 1990; Martin y Pear, 1999; O'Neill et al., 1997). La **evaluación indirecta** implica el uso de entrevistas, cuestionarios y escalas de valoración para obtener información sobre el objetivo conductual, bien a través de la persona que presenta el comportamiento o bien a través de otros (p.ej., los padres, profesores o empleados). La evaluación indio bien a través de otros (p.ej., los padres, profesores o empleados). La evaluación indirecta no se produce cuando ocurre la conducta objetivo, pero se basa en el recuerdo de la persona sobre la conducta objetivo.Con la **evaluación directa**, una persona observa y registra la conducta objetivo al tiempo que ésta tiene lugar. Para observar el objetivo conductual, el observador (o una cámara de vídeo en algunos casos) debe situarse cerca de la persona que presenta el comportamiento, de manera que éste pueda ser visto (u oído). Además, el observador debe contar con una definición precisa del objetivo conductual, de modo que su ocurrencia pueda distinguirse de la de otros comportamientos. Para registrar el objetivo conductual, el observador debe tomar nota de la ocuocurrencia de la conducta mientras la está observando; más adelante en este capítulo, se describen diferentes métodos de registro. Cuando un psicólogo educativo observa a un niño socialmente retraído en el patio y registra cada interacción social con otro niño, el psicólogo está utilizando la evaluación directa. Cuando el psicólogo entrevista al profesor y le pregunta cuántas veces suele interactuar con otros niños en el patio, el psicólogo está utilizando la evaluación indirecta.

Se prefiere la evaluación directa. La evaluación directa, por lo general, es más precisa que la evaluación indirecta. Esto se debe a que en la evaluación directa el observador está entrenado específicamente para observar la conducta objetivo y registrar su ocurrencia inmediatamente. En la evaluación indirecta, la información sobre la conducta objetivo depende del recuerdo de las personas. Más aún, las personas que proporcionan información pueden no haber sido entrenadas para observar la conducta objetivo, y pueden no haber detectado todas las ocurrencias del comportamiento. A consecuencia de ello, la evaluación indirecta puede estar basada en información incompleta sobre la conducta objetivo. Por lo tanto, la mayoría de la investigación y de las aplicaciones en modificación de conducta se basan en la evaluación directa.

En el resto del capítulo se tratarán los métodos de evaluación directa para observar y registrar la conducta objetivo en un programa de modificación de conducta y, específicamente, se hablará de los pasos necesarios para desarrollar un plan de registro de la conducta. Estos pasos son los siguientes:

1. Definición del objetivo conductual
2. Establecimiento de la organización del registro
3. Elección de un método de registro
4. Elección de un instrumento de registro

Evaluación directa e indirecta

El primer paso en el desarrollo de un plan de registro de conducta es definir la conducta objetivo o conducta específica que se quiere registrar. Para definir la conducta objetivo para una persona concreta, se debe identificar qué es exactamente aquello que la persona dice o hace que constituye el exceso o déficit conductual que se pretende cambiar. Una definición conductual incluye verbos activos que describen comportamientos específicos que una persona presenta. Es objetiva y está exenta de ambigüedades. Como ejemplo de definición de una conducta de interés, se podría definir la conducta antideportiva de un jugador de fútbol en particular como aquella que consiste en gritar obscenidades, quitarse la camiseta y dar una patada al suelo cuando vuelve al banquillo después de haber fallado.

Nótese que el ejemplo no incluye ninguna referencia a estados internos como estar enfadado, disgustado o triste. Tales estados internos no pueden ser observados ni registrados por otra persona. La definición conductual no hace inferencias acerca de las intenciones de una persona. Las intenciones no pueden ser observadas y las inferencias sobre las intenciones son a menudo incorrectas. Por último, no se utiliza una etiqueta "mal perdedor" para definir el comportamiento porque no identifica las acciones de la persona.

Las etiquetas no son conducta. Las etiquetas para las conductas son ambiguas, ya que pueden tener diferentes significados para distintas personas. Por ejemplo, para una persona la conducta antideportiva puede significar pelearse con un miembro del otro equipo, mientras que para otra persona significa utilizar palabras malsonantes, quitarse la camiseta y dar patadas al suelo. Las conductas específicas pueden ser observadas y registradas; las etiquetas para el comportamiento no. Por otra parte, las etiquetas se pueden utilizar de forma incorrecta como explicaciones de la propia conducta. Por ejemplo, si se observa que una persona repite sílabas o palabras cuando habla, podríamos definirla como tartamuda. Si después decimos que la persona repite sílabas o palabras porque es tartamudo, ello supone un uso incorrecto de la etiqueta como causa de la conducta. La repetición de palabras o sílabas no está causada por la tartamudez, sino que es un comportamiento llamado tartamudez. El principal valor de las etiquetas es que se pueden utilizar a modo de abreviatura para referirse a una conducta objetivo. Sin embargo, el comportamiento siempre debe definirse antes de que pueda observarse y registrarse.

¿Podrán dos observadores llegar a un acuerdo? Una de las características de una buena definición conductual es que, después de verla, diferentes personas pueden observar la misma conducta y estar de acuerdo en que la conducta está teniendo lugar. Cuando dos personas observan la misma conducta de forma independiente y ambas registran que ocurrió, se llama **acuerdo entre observadores (AEO)** (Bailey, 1977; Bailey y Burch, 2002). El AEO, del que normalmente se informa en la investigación en modificación de conducta, se discutirá con más detalle más adelante en este capítulo.

La Tabla 2-1 incluye un listado de definiciones conductuales para conductas de

TABLA 2-1   Definiciones conductuales y etiquetas para problemas comunes

Definición conductual	Etiqueta
Cuando Miguel grita y solloza, se tumba en el suelo y golpea el suelo o las paredes, o da golpes a los juguetes o a otros objetos en el suelo, se define como una rabieta.	Rabieta
Estudiar, en el caso de Ramón, implica leer páginas de un libro de texto, subrayar frases en el texto, hacer ejercicios del libro de trabajo de matemáticas o física, leer los apuntes de clase y resumir capítulos del texto.	Estudiar
Cuando Patricia dice que no a alguien que le pide hacer algo que no es parte de su trabajo, cuando pide a sus compañeros de trabajo que no fumen en su oficina y cuando pide a sus compañeros que llamen a la puerta antes de entrar en su oficina, se define como asertividad.	Asertividad
Tartamudear se define, en el caso de Joel, como repetir una palabra o un sonido de una palabra, prolongar el sonido cuando dice una palabra o dudar más de 2 segundos entre palabras en una frase, o entre sílabas en una palabra.	Tartamudear
Cualquier caso en que Marcos tiene un dedo en su boca y sus dientes están cerrados sobre una uña, una cutícula o sobre la piel alrededor de una uña, se define como morderse las uñas.	Morderse las uñas

drían ser observadas por dos observadores independientes que mostrarían acuerdo. En cambio, las etiquetas son nombres comunes que se utilizan frecuentemente para este tipo de comportamientos. Estas etiquetas se podrían utilizar también para referirse a otras conductas diferentes de las aquí definidas. Por ejemplo, en contra de la definición dada por Miguel en la Tabla 2-1, una rabieta puede ser una etiqueta para el comportamiento de gritar, insultar a los padres, dar portazos y tirar los juguetes al suelo. Por tanto, es importante que desarrolle una definición conductual específica que se ajuste a la conducta de interés de la persona que está observando.

Los investigadores en modificación de conducta definen cuidadosamente las conductas de interés de las personas a quienes proporcionan tratamiento. Por ejemplo, Iwata y colaboradores (Iwata, Pace, Kalsher, Cowdery y Cataldo, 1990) utilizaron procedimientos de modificación de conducta para reducir comportamientos autolesivos en niños con discapacidad intelectual. Sus definiciones para tres tipos de comportamientos autolesivos fueron las siguientes: "morder el brazo- cierre de los dientes superiores e inferiores es sobre cualquier fragmento de piel que comprenda desde los dedos de la mano hasta el codo; pegar en el rostro- contacto audible de una mano abierta o cerrada contra la cara o la cabeza; golpearse la cabeza- contacto audible de cualquier parte de la cabeza contra un objeto inmóvil (p.ej., un escritorio, el suelo, la pared). En otro ejemplo, Rogers-Warren, Warren y Baer (1977) utilizaron procedimientos de modificación de conducta para aumentar la frecuencia de compartir en niños de edad preescolar. Definieron compartir como "cuando una persona le pasa un material a una segunda persona, cuando varias personas se intercambian materiales o cuando dos o más personas utilizan simultáneamente el mismo material (p.ej., dos personas colorean el mismo papel)" (pág. 311).

LECTURAS PARA AMPLIAR

Validez social

Cuando usamos los procedimientos de modificación de conducta para ayudar a la gente a cambiar su comportamiento, es importante dirigir nuestros esfuerzos hacia conductas que sean socialmente significativas, conductas que el cliente reconozca como importantes objetivos de cambio. Una forma de asegurarnos de que hemos elegido conductas importantes y socialmente significativas es consultar las opiniones del cliente y de las personas de su entorno (padres, maestros, etc.). Si están de acuerdo en que las conductas objetivo seleccionadas son importantes y aceptables, la validez social de las mismas quedará más firmemente establecida. Kazdin (1977) y Wolf (1978) presentan en detalle la importancia de la validez social en modificación de conducta y hacen referencia a los métodos disponibles para evaluarla.

La organización del registro

El Observador

Por el momento hemos definido la conducta objetivo que ha de registrarse para un cliente, es decir, la persona que presenta ese comportamiento y con la que se implementará el programa de modificación de conducta. El siguiente paso es determinar quién observará y registrará el comportamiento. En un programa de modificación de conducta, la conducta objetivo es típicamente observada y registrada por una persona diferente de aquella que presenta el comportamiento (p.ej. un observador independiente). El observador puede ser un profesional, como un analista de conducta o un psicólogo, o una persona que se relacione habitualmente con el cliente en su ambiente natural, como un profesor, un padre, un empleado o un supervisor. El observador debe estar cerca del cliente para observar la conducta objetivo cuando ésta se produzca. Se haría una excepción cuando el comportamiento se observa a través de vídeo. El observador debe estar entrenado para identificar la ocurrencia de la conducta objetivo y para registrar el comportamiento inmediatamente. También debe disponer de tiempo para observar y registrar el comportamiento y debe estar dispuesto a ejercer de observador. Por ejemplo, podemos pedir a un profesor que observe y registre una conducta objetivo en uno de sus alumnos, pero éste puede no querer hacerlo porque sus tareas como profesor no le permiten tener el tiempo suficiente para ejercer de observador. En la mayoría de los casos es posible desarrollar un plan de registro conductual tal que una persona pueda observar y registrar el comportamiento del cliente sin demasiadas interrupciones en su rutina habitual.

En algunos casos, el observador es la propia persona que presenta el comportamiento. Cuando es el cliente quien observa y registra su propio comportamiento, se habla de auto-observación. La **auto-observación** es útil cuando no es posible que otro observador registre la conducta de interés, así como cuando este comportamiento ocurre con poca frecuencia o cuando tiene lugar solamente cuando no hay nadie más presente (Stickney y Miltenberger, 1999; Stickney, Miltenberger y Wolff, 1999). La auto- observación también se puede combinar con la observación directa por parte de otro observador. Por ejemplo, un psicólogo puede observar y registrar directamente el comportamiento de una persona que recibe tratamiento para un hábito nervioso, tal como la tricotilomanía (tirarse del pelo). Además, se puede pedir al cliente que realice una auto-observación de la conducta de interés fuera de las sesiones de terapia. Si se hace uso de la auto-observación en un programa de modificación de conducta, se debe entrenar al cliente en el registro de su propio comportamiento del mismo modo que se entrenaría a un observador.

¿Cuándo y dónde registrar?

El observador registra la conducta objetivo en un periodo de tiempo específico denominado **periodo de observación**. Es importante elegir un periodo de observación en un momento en el que sea probable que la conducta objetivo ocurra. La información derivada de la evaluación indirecta por parte del cliente o de otros (p.ej., a partir de una entrevista) puede indicar cuáles son los mejores momentos para programar el periodo de observación. Por ejemplo, si el personal de plantilla informa de que en torno a la hora de la comida es más probable que un paciente en un hospital psiquiátrico emita comportamientos disruptivos (definidos como gritar, andar de un lado para otro e insultar a los demás residentes), el periodo de observación deberá ser programado durante las comidas. La programación de los periodos de observación también se establece en función de la disponibilidad del observador o de los observadores y de las limitaciones impuestas por las actividades del cliente o sus preferencias. Téngase en cuenta que el cliente o sus padres o tutores deben dar su consentimiento antes de que pueda observar y registrar su conducta. Esto es especialmente importante cuando la observación tiene lugar sin el conocimiento del cliente. En tales casos, el cliente debe dar su consentimiento para realizar las observaciones teniendo en cuenta que algunas de ellas podrán ocurrir en momentos en los que no lo sepa(p.ej. Wright y Miltenberger, 1987).

La observación y el registro de la conducta pueden realizarse en ambientes naturales o análogos. Un **ambiente natural** es aquél en el que la conducta objetivo tiene lugar normalmente. Un ejemplo de un ambiente natural para un estudiante es la observación y registro de la conducta objetivo en su clase. La observación de una conducta objetivo en una sala de juegos en la clínica es un ambiente análogo porque estar en la clínica no es parte de la rutina diaria habitual del niño. Es probable que la observación en un ambiente natural proporcione una muestra más representativa de la conducta objetivo.

La conducta de interés puede estar influida por el **ambiente análogo** y la observación este entorno puede proporcionar una muestra no representativa de la conducta que tiene lugar en circunstancias normales. Sin embargo, la observación en ambientes artificiales o análogos tiene algunos beneficios: es más controlada que aquella que se realiza en un ambiente natural y es más fácil manipular las variables que influyen el comportamiento.

La observación de la conducta objetivo puede ser **estructurada o no estructurada.** Cuando las observaciones son estructuradas, el observador fija eventos o actividades específicas que se producirán durante el periodo de observación. Por ejemplo, cuando se observan problemas de conducta infantil, el observador puede pedir a los padres que hagan peticiones específicas al niño durante el periodo de observación. Cuando se realizan observaciones no estructuradas, no se dan eventos, actividades o instrucciones específicas durante el periodo de observación.

Cuando se utiliza la auto- observación, el cliente puede observar y registrar la conducta objetivo durante todo el día y puede no limitarse a un periodo de observación concreto. Por ejemplo, los clientes que están realizando una auto observación del número de cigarros que fuman cada día, pueden registrar cada cigarro consumido independientemente de cuándo lo fumen. Sin embargo, algunas conductas pueden ocurrir con tanta frecuencia que el cliente no puede registrar continuamente a lo largo de todo el día; por ejemplo, un cliente que tartamudea puede hacerlo cientos de veces al día. En casos como éste, se le pediría al cliente que registrara el comportamiento durante periodos de observación acordados de antemano con el psicólogo.

En la investigación en modificación de conducta, las personas que observan y registran las conductas de interés, suelen ser ayudantes de investigación entrenados. Estas personas analizan la definición conductual de la conducta objetivo y después practican el registro bajo la supervisión del investigador. Cuando los ayudantes consiguen registrar la conducta de manera fiable durante las sesiones de práctica (después de que alcancen un buen AEO con el investigador), pasarán a registrar la conducta objetivo durante los periodos de observación reales que son parte del estudio. Los periodos de observación que se utilizan en la investigación en modificación de conducta son a menudo breves (p.ej., 15-30 minutos). Cuando las observaciones tienen lugar en ambientes naturales, los investigadores suelen elegir periodos de observación que sean representativos de la ocurrencia habitual de la conducta objetivo. Por ejemplo, las observaciones pueden realizarse en una clase, en un lugar de trabajo, en un hospital o en otro contexto en el que el comportamiento ocurra habitualmente. En un estudio en el que se utilizó la modificación de conducta para mejorar el comportamiento de los niños durante las visitas al dentista, Allen y Stokes (1987) registraron el comportamiento disruptivo de los niños (definido como movimientos de la cabeza y el cuerpo, llorar, tener arcadas y quejarse) mientras estaban en la silla del dentista y éste les realizaba algún procedimiento dental. En otro estudio, Durand y Mindell (1990) enseñaron a los padres a utilizar procedimientos de modificación de conducta para reducir las rabietas por la noche (definidas como gritar alto y golpear los muebles) en sus hijos. En este estudio, los padres registraron la conducta durante la hora previa a que los niños se acostaran porque éste era el periodo en el que las rabietas ocurrían.

Cuando las observaciones se realizan en ambientes análogos (también llamados ambientes artificiales), los investigadores suelen simular eventos que pueden producirse en los ambientes naturales. Por ejemplo, Iwata, Dorsey, Slifer, Bauman y Richman (1982) observaron y registraron el comportamiento autolesivo de niños con discapacidad intelectual en las salas de terapia de un hospital. Durante los periodos de observación simularon diferentes eventos o actividades que era probable que los niños experimentaran en casa o en la escuela. Por ejemplo, los investigadores observaban a los niños mientras jugaban con juguetes y mientras los profesores les daban instrucciones. Iwata y colaboradores encontraron que para cada niño la conducta autolesiva se producía con una tasa diferente en periodos de observación que simulaban distintos eventos o

Elección de un método de registro

Se pueden medir diferentes aspectos de la conducta objetivo, utilizando distintos métodos de registro. Estos métodos incluyen el registro continuo, el registro de productos, el registro de intervalos y el registro de muestreo temporal. Se describe aquí cada uno de estos métodos.

Registro continuo

En el **registro continuo**, el observador observa al cliente de manera continua durante el periodo de observación y registra cada ocurrencia de la conducta. Para ello, el observador debe poder identificar la aparición y desaparición (o el principio y el final) de cada ocurrencia de la conducta. En el registro continuo el observador puede registrar varias dimensiones de la conducta de interés, en particular, su frecuencia, duración, intensidad y latencia.

La **frecuencia** de una conducta se define como el número de veces que ésta se produce en un periodo de observación. La frecuencia se mide, simplemente, contando cada vez que la conducta se produce. Una ocurrencia se define como una aparición y desaparición de la conducta. Por ejemplo, se puede contar el número de cigarros que una persona fuma. En el caso de esta conducta objetivo, la aparición se puede definir como encender el cigarro y la desaparición como apagarlo. Se usará una medida de frecuencia cuando el número de veces que el comportamiento se produce es la información más importante que se tiene acerca del comportamiento. Se puede informar de la frecuencia en forma de tasa, que es la frecuencia dividida por el tiempo que dura el periodo de observación.La tasa normalmente presenta como respuestas por minuto.

La **duración** de una conducta es la cantidad total de tiempo que ocupa el comportamiento de principio a fin. La duración se mide calculando el tiempo que transcurre desde la aparición de la conducta hasta su desaparición. Por ejemplo, se puede registrar el número de minutos que un alumno estudia cada día, el número de minutos que una persona dedica a hacer ejercicio o el número de segundos que un paciente que ha sufrido un accidente cerebrovascular permanece en pie sin ayuda durante las sesiones de rehabilitación en el hospital. Se utilizará una medida de duración cuando el aspecto más importante de la conducta es el tiempo que ésta dura. Se puede informar de la duración como porcentaje de tiempo, que es la duración dividida por el tiempo que dura el periodo de observación (Miltenberger, Rapp y Long, 1999).

Algunos investigadores utilizan un **método de registro en tiempo real** con el que se registra el momento exacto de cada inicio y finalización de la conducta objetivo (Miltenberger et al., 1999; Miltenberger, Long, Rapp, Lumley y Elliott, 1998). Por medio del registro en tiempo real, los investigadores obtienen un registro de la frecuencia y duración de la conducta objetivo, así como del momento exacto de cada ocurrencia de la conducta. El registro en tiempo real puede llevarse a cabo después de grabar en vídeo la conducta de interés en el periodo de observación. Entonces el observador reproduce el vídeo y registra la hora indicada en el reloj en el momento de inicio y de finalización de cada ocurrencia de la conducta en una hoja de datos elaborada para el registro en tiempo real (Rapp, Carr, Miltenberger, Dozier y Kellum, 2001). También

También pueden usarse para los registros en tiempo real los ordenadores de mano o portátiles con programas quepermitan registrar el momento exacto en que ocurren los eventos (Kahng e Iwata, 1998).

La **intensidad** de una conducta es la cantidad de fuerza, la energía o el esfuerzo implicados en ella. La intensidad, también denominada magnitud, es más difícil de medir que la frecuencia o la duración, ya que no consiste simplemente en contar el número de veces que la conducta ocurre o registrar la cantidad de tiempo durante la cual tiene lugar. La intensidad a menudo se registra con un instrumento de medición o usando una escala de valoración. Por ejemplo, se podría usar un medidor de decibelios para medir el volumen del discurso de alguien. Un fisioterapeuta puede medir la fuerza de agarre de una persona para valorar la recuperación de una lesión. Unos padres pueden utilizar una escala de valoración de 1 a 5 para medir la intensidad de una rabieta de un niño. Los padres tendrían que definir el comportamiento asociado con cada punto de la escala de valoración para que sus puntuaciones fueran fiables. Estas puntuaciones serían fiables si ambos observaran una rabieta y registraran el mismo número en la escala de valoración. La intensidad no se usa tan a menudo como la frecuencia o la duración, pero es una medida útil cuando el interés se encuentra en la fuerza o magnitud de la conducta (Bailey, 1977; Bailey y Burch, 2002).

La **latencia** de la conducta es el tiempo que transcurre desde la aparición de un estímuloo un eventohasta el inicio del comportamiento. La latencia se mide mediante el registro del tiempo que le lleva a la persona iniciar el comportamiento después de que ocurra un evento específico. Por ejemplo, se puede registrar cuánto tiempo tarda un niño en recoger los juguetes después de que se le pida. Cuanto menor es la latencia, antes ha empezado el niño a realizar el comportamiento tras la petición. Otro ejemplo de latencia es el tiempo que tarda una persona en contestar al teléfono después de que empieza a sonar.

¿En qué se diferencian la latencia y la duración?

La latencia es el tiempo que transcurre desde la aparición de un estímulo hasta el inicio de la conducta, mientras que la duración es el tiempo que transcurre desde el inicio hasta la finalización de la conducta. Es decir, la latencia es el tiempo que se tarda en iniciar la conducta y la duración es el tiempo que ésta dura.

Cuando se utiliza el registro continuo, se pueden elegir una o más dimensiones para medir. La dimensión que se elija dependerá de qué aspecto de la conducta es más importante y qué dimensión es más sensible a los cambios en el comportamiento después del tratamiento. Por ejemplo, si se desea registrar el tartamudeo de una persona, la frecuencia podría ser la dimensión más importante porque estás interesado en el número de palabras en las que tartamudea. A continuación se puede comparar el número de palabras en las que se tartamudea antes, durante y después del tratamiento. Si el tratamiento tiene éxito, debe haber menos palabras en las que se tartamudee. Sin embargo, la duración puede ser también una dimensión importante en el tartamudeo si hay bloqueos largos del discurso o prolongaciones. En este caso se esperaría que la duración del tartamudeo disminuyera después del tratamiento.

Si estuviera registrando una rabieta de un niño (gritar, tirar juguetes, dar portazos), ¿qué dimensión de la conducta mediría?

El ejemplo de la rabieta de un niño es menos claro. Puede que estés interesado en el número de rabietas por día (frecuencia), pero también puedes tener interés en el tiempo que dura cada rabieta (duración). Por último, puedes estar interesado en el volumen de los gritos del niño o en la fuerza con que tira los juguetes o da portazos (intensidad) que esperamos es que después del tratamiento las rabietas disminuyan en frecuencia, duración e intensidad; es decir, éstas no ocurrirían tan a menudo, no durarían tanto y no tendrían tanto volumen ni serían tan violentas.

A menos que se mida la dimensión correcta de una conducta, es probable que no se pueda valorar la efectividad del tratamiento. Si se tienen dudas o si hay múltiples dimensiones de la conducta que parecen relevantes, la mejor manera de proceder es medir más de una dimensión. Vayamos de nuevo al ejemplo de las rabietas del niño. En la Figura 2-2 se muestra que, partiendo de una media de más de seis por día durante la línea de base, la frecuencia de rabietas se redujo a menos de dos por día durante el tratamiento (la línea de base es el periodo durante el cual se registra la conducta objetivo antes de llevar a cabo el tratamiento). Parece que el tratamiento fue efectivo. Sin embargo, la Figura 2-3 muestra la duración de las rabietas antes y durante el tratamiento. Antes del tratamiento, cada una de las cinco a ocho rabietas por día duró alrededor de 1 minuto, lo cual suponía un total de 5 a 8 minutos de rabietas por día. Durante el tratamiento, la duración de cada rabieta era mucho mayor, lo que suponía más minutos de rabietas por día. Por lo tanto, teniendo en cuenta la medida de duración, las rabietas empeoraron durante el tratamiento. Esto pone de relieve la importancia de medir más de una dimensión de una conducta objetivo, porque puede cambiar más de una dimensión después del tratamiento.

Téngase en cuenta también que, para demostrar la efectividad del tratamiento, se deben utilizar métodos de investigación sólidos y un diseño experimental. Simplemente midiendo el comportamiento antes, durante y después del tratamiento se demuestra si la conducta objetivo cambió, pero no se demuestra si fue el tratamiento el que provocó el cambio conductual (véase el Capítulo 3).

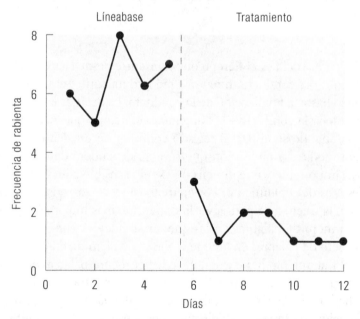

FIGURA 2-2   La frecuencia de rabietas durante las fases de líneabase y tratamiento. Durante la fase de líneabase, la conducta de interés se registra, pero el tratamiento todavía no se ha implementado. Las rabietas se redujeron desde un promedio de más de seis por día en la líneabase a menos de dos por día durante el tratamiento.

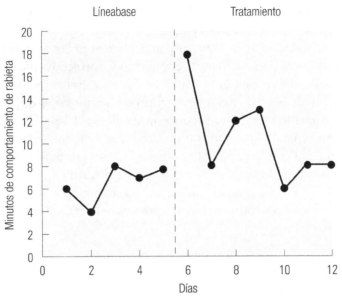

FIGURA 2-3 La duración de las rabietas durante las fases de línea de base y tratamiento. Las rabietas aumentaron desde una duración media de 1 minuto cada una o un total de 5 a 8 minutos por día durante la líneabase hasta aproximadamente 6 minutos cada una o un total de 6 a 18 minutos por día durante el tratamiento. Por lo tanto, la duración de las rabietas por día no se redujo, aunque sí lo hizo la frecuencia de las mismas.

Porcentaje

Un último método que se puede utilizar para llevar a cabo el registro de eventos, es el porcentaje de ensayos o el porcentaje correcto. Con este método el observador registra la ocurrencia de una conducta en relación con algún otro evento, como un ensayo de aprendizaje o una oportunidad de respuesta, e informa del resultado como el porcentaje de ocasiones en las que la conducta tuvo lugar. Decir que un estudiante cumplió con las peticiones de un profesor 11 veces durante el periodo de observación o que acertó 13 palabras en una prueba de ortografía, supone una información insuficiente porque no se hace ninguna mención a las ocasiones de respuesta. Informar de los resultados como el número de veces que el comportamiento se produjo dividido entre el número de ocasiones de respuesta ofrece una información más útil. Si el maestro hizo 12 peticiones y el estudiante cumplió 11 de ellas, el porcentaje de cumplimiento es 11/12 ó 92%. Sin embargo, si los profesores hicieron 25 peticiones y el estudiante cumplió 11 de ellas, el porcentaje es sólo del 44%, un nivel mucho menos aceptable de conducta.

Registro de productos

Otro aspecto de una conducta que se puede registrar es su producto. El **registro de productos**, también llamado registro de productos permanentes (Marholin y Steinman, 1977), es un método de evaluación indirecta que se puede utilizar cuando una conducta da lugar a un cierto resultado tangible en el que se tiene interés. Esta es una medida indiracta ya que no estamos observando ni registrando la conducta cuando esta ocurre. Por ejemplo, un supervisor podría contar el número de unidades montadas en una fábrica como una medida del producto del desempeño laboral de un trabajador, o un profesor podría registrar el número de problemas que se han completado correctamente en casa o las páginas del libro de trabajo, como una medida del rendimiento académivo de los estudiantes (Noell et al., 2000). En su investigación sobre los problemas de conducta de los estudiantes y su rendimiento académico, Marholin y Steinman (1977) analizaron las hojas de trabajo de matemáticas de los alumnos y registraron el número de problemas de matemáticas completados correctamente, a modo de productos permanentes, del rendimiento académico de los estudiantes.

Uno de los beneficios del registro de productos es que el observador no necesita estar presente cuando se produce la conducta. El profesor probablemente no estará presente cuando los estudiantes realicen sus deberes, pero aún así puede medir el producto de su conducta (problemas completados en casa). Un inconveniente del registro de productos es que no siempre se puede determinar quién participó en la conducta que derivó en el producto que se registra. Por ejemplo, el profesor no puede determinar si los estudiantes completaron sus propios deberes, si alguien los ayudó o si alguien lo hizo por ellos.

Registro de intervalos

Otro método para registrar conducta es hacerlo es si ésta ocurre durante periodos de tiempo consecutivos. Esto se conoce como **registro de intervalos.** Cuando se utiliza el registro de intervalos, el observador divide el periodo de observación en un determinado número de periodos de tiempo o intervalos más pequeños, observa al cliente a lo largo de cada intervalo consecutivo y luego registra si la conducta se produjo en ese intervalo. Al finalizar el periodo de observación, el observador muestra el tanto porciento de intervalos en los cuales la conducta fue observada (el numero de intervalos en los cuales la conducta ha ocurrido entre el numero de intervalos en el periodo de observación).

Hay dos tipos de registro de intervalos: el registro de intervalos parcial y el registro de intervalos completo. Con el **registro de intervalos parcial**, el interés no se encuentra en el número de veces que el comportamiento se produce (frecuencia) o en cuánto dura (duración). No se tiene que identificar el inicio y el final de la conducta, sino simplemente registrar si la conducta ocurrió durante cada intervalo de tiempo. El término "registro de intervalo" es sinónimo de "registro de intervalos parcial".

Supongamos que un profesor está registrando si un niño interrumpe la clase durante cada intervalo de 15 minutos en el periodo de clase. El profesor establece un temporizador para que suene cada 15 minutos. Cuando el comportamiento perturbador se produce, el profesor señala el intervalo correspondiente en una hoja de datos. Una vez que se ha señalado un intervalo, el profesor no tiene que observar al niño o registrar su conducta hasta que empieza el siguiente intervalo. Así, uno de los beneficios del registro de intervalos parcial es que requiere menos tiempo y esfuerzo: el observador registra la conducta sólo una vez durante el intervalo, sin importar cuántas veces se produce o cuánto tiempo dura.

Con el **registro de intervalos completo**, la ocurrencia de la conducta se señala en un intervalo sólo cuando ésta se produce durante todo el intervalo. Si el comportamiento se produce solamente en una parte del intervalo, no se señala que haya ocurrido en ese intervalo. Por ejemplo, si un analista de conducta ha estado registrando una tarea conductual en el aula utilizando registro de intervalos completo con intervalos de 10 segundos, el analista de conducta podría registrar la ocurrencia de la conducta solamente si esta ocurre a lo largo de los 10 segundos de intervalo. El registro de intervalos completo normalmente se utiliza para conductas de las que se espera que tengan una ocurrencia de larga duración. El registro de intervalos completos no es comúnmente utilizado ni en investigación ni en la práctica profesional.

Cuando los investigadores utilizan el registro de intervalos, a menudo eligen intervalos cortos, como de 6 ó 10 segundos (Bailey, 1977; Bailey y Burch, 2002). De esta manera, realizan muchos registros de conducta durante el periodo de observación y obtienen una muestra más representativa de la conducta objetivo de lo que podría derivarse de intervalos más largos. Por ejemplo, Iwata, Pace, Kalsher, Cowdery y Cataldo (1990) utilizaron intervalos de 10 segundos para registrar la aparición de conductas autolesivas (p.ej., golpearse la cabeza, pegar una bofetada a alguien o arañar) en niños con discapacidad intelectual. Miltenberger, Fuqua y McKinley (1985) utilizaron intervalos de 6 segundos para registrar la aparición de tics motores (p.ej., sacudidas de la cabeza o de los músculos faciales, parpadeos rápidos) en adultos. En este estudio los investigadores grabaron en vídeo a los adultos durante las sesiones de observación y después registraron el número de intervalos en los que aparecían tics motores a partir de los vídeos. Cada 6 segundos los investigadores registraban si había o no tics.

En algunos casos, el registro de frecuencia y el registro de intervalos se pueden combinar para dar lugar a **registros de frecuencia dentro de los intervalos**. Con este método, el observador registra la frecuencia de la conducta objetivo, pero lo hace dentro de intervalos de tiempo consecutivos en el periodo de observación (Bailey, 1977; Bailey y Burch, 2002). Los registros de frecuencia dentro de los intervalos informan de la frecuencia de la conducta y de los intervalos específicos en los que ésta tuvo lugar.

Registro de muestreo temporal

Cuando se utiliza el registro de muestreo temporal, se divide el periodo de observación en intervalos de tiempo, pero se observa y registra la conducta sólo durante una parte de cada intervalo. Los periodos de observación están separados por periodos sin observación. Por ejemplo, se puede registrar determinada conducta durante sólo 1 minuto en cada intervalo de 15 minutos o se puede registrar el comportamiento sólo si se produce al final del intervalo. Imagínese un observador que está utilizando el registro de muestreo temporal para registrar una mala postura de un cliente (definida como estar encorvado, doblando la espalda hacia delante). El observador programa un temporizador para que suene cada 10 minutos y registra una ocurrencia de mala postura sólo si la postura del cliente es mala cuando suena el temporizador al final del intervalo. Esta variación de tiempo de registro se conoce como **registro de muestreo temporal momentáneo** o MTM. Con el MTM, la conducta se registra solamente si ocurre en el momento en el que el intervalo termina. El registro de muestreo temporal es útil porque la persona no tiene que observar la conducta durante todo el intervalo. En lugar de ello, el observador registra el comportamiento que tiene lugar durante sólo una parte del intervalo o en un momento específico del intervalo.

En el registro de intervalos o en el registro de muestreo temporal se informa del nivel de conducta como el porcentaje de intervalos en los que la conducta ocurrió. Para calcular el porcentaje de intervalos, se divide el número de intervalos marcados por el número total de intervalos durante el periodo de observación. Un intervalo marcado es aquél en el que la conducta se registró.

La siguiente ilustración muestra la diferencia entre el registro de muestreo temporal y el registro de intervalos. El periodo de observación es de un minuto de cada barra vertical indica una respuesta. Los datos muestran que respuestas ocurrieron en el minuto de observación. En el registro de muestreo temporal hay intervalos de 10 segundos, pero la conducta se registra solo si esta ocurre al final del intervalo (p. ej. in los tres segundos al final de cada intervalo de 10 segundos). Si la conducta ocurre en los primeros 7 segundos del intervalo de 10 segundos no se registra. En el registro de intervalos, la conducta es registrada si ocurre en cualquier momento durante el intervalo de 10 segundos. En este ejemplo la conducta fue registrada en un 40% de los intervalos con el registro por muestreo temporal, pero fue registrada el 90% de los intervalos con el registro de intervalos.

Comparación de tiempo de...

Respuestas: velocidad: 20 respuestas por minuto

Grabación de muestra de tiempo: 4 intervalos marcados con ocurrencia dividido en 10 intervalos (4/10) = 40% de intervalos

Intervalo de grabación: 9 intervalos marcados con ocurrencia dividido por 10 intervalos (9/10) = 90% de intervalos

Desvanecimiento de ayudas

Registro continuo	Se registra cada ocurrencia de la conducta que tiene lugar durante el periodo de observación. Se puede registrar la frecuencia, la duración, la intensidad o la latencia.
Registro de productos	Se registra el resultado tangible o el producto permanente de la ocurrencia de la conducta.
Registro de intervalos	Se registra la ocurrencia o no ocurrencia de la conducta en intervalos de tiempo consecutivos durante un periodo de observación.
Registro de muestreo temporal	Se registra la ocurrencia o no ocurrencia de la conducta en intervalos de tiempo discontinuos (muestras de tiempo) durante un periodo de observación.

Elección de un método de registro

El último paso en el desarrollo de un plan de registro de la conducta es la elección de un instrumento de registro. El instrumento de registro es aquello que el observador utiliza para registrar o hacer un producto permanente de la ocurrencia de la conducta. Muy frecuentemente se utilizan el papel y el lápiz para registrar el comportamiento. En pocas palabras, en estos casos el observador anota en el papel cada vez que observa la conducta. Para registrar el comportamiento de una manera más efectiva, el observador utiliza una hoja de datos preparada de antemano para la conducta en particular. La hoja de datos ayuda a organizar el proceso de registro dejando claro lo que el observador tiene que escribir cuando el comportamiento tiene lugar.

La hoja de datos que aparece en la Figura 2-4 se utiliza para registrar la frecuencia de una conducta objetivo. Cada vez que el comportamiento se produce en un día determinado, el observador escribe una X en una de las casillas para ese día. El número de casillas con X, indica la frecuencia o el número de veces que el comportamiento se

Hoja de Datos de Frecuencia

Nombre: _____

Observador: _____

  Definición de la conducta a registrar: _____

_____

_____

Fecha	Frecuencia												Totales diarios
	1	2	3	4	5	6	7	8	9	10	11	12	

FIGURA 2-4 Esta hoja de datos se utiliza para registrar la frecuencia de una conducta. Se pone una X en una casilla cada vez que la conducta se produce. Si hubiera más de 12 ocurrencias de la conducta por día, se continuaría registrando en la línea siguiente.

produjo en ese día.

La hoja de datos que aparece en la Figura 2-5 se utiliza para registrar la duración de la conducta de interés. En cada día hay espacios para registrar los momentos en los que la conducta empieza (inicio) y termina (final). Cuando se registra el inicio y el final de cada ocurrencia de la conducta, finalmente hay un registro de cuánto tiempo ocurrió la conducta (duración), así como de cuántas veces ocurrió (frecuencia).

En la Figura 2-6 se muestra un ejemplo de una hoja de datos utilizada para un registro de intervalos de 10 segundos. Observe que hay 6 casillas en cada fila y 15 filas de casillas. Cada casilla representa un intervalo de 10 segundos y hay un total de 90 intervalos en 15 minutos. Para poner en práctica el método de registro de intervalos de 10 segundos, el observador escucha una grabación que señala el inicio de cada intervalo. Cuando la conducta de interés tiene lugar, el observador pone una marca en la casilla del intervalo correspondiente. Si la conducta de interés no tiene lugar durante un intervalo, el observador deja en blanco la casilla del intervalo. Como alternativa, cada casilla de intervalo podría tener uno o más códigos. El observador señalaría o pondría una marca en el código que representa el comportamiento observado en ese intervalo. Por ejemplo, los códigos AT y RP se podrían utilizar para indicar conductas de atención y reprimenda, respectivamente, cuando se observa el comportamiento de un padre interactuando con un hijo. Si el padre presta atención al niño o lo reprende en un intervalo, el observador señalaría AT o RP, respectivamente, en ese intervalo.

Otros procedimientos para registrar el comportamiento implican anotarlo por escrito cada vez que aparece. Por ejemplo, una persona que quiere contar el número de cigarros que fuma cada día puede meter una tarjeta en el envoltorio de celofán del paquete de tabaco. Cada vez que fuma un cigarro, la persona hace una marca en la tarjeta y al final de cada día cuenta las marcas que hay. Asimismo, una persona que está registrando su comportamiento maleducado, podría guardar un pequeño bloc de notas

Hoja de Datos de Duración

Nombre: _____

Observador: _____

Definición de la conducta a registrar: _____

_____

Fecha	Duración						Duración Diaria
	Inicio	Fin	Inicio	Fin	Inicio	Fin	

FIGURA 2-5 Esta hoja de datos se utiliza para registrar la duración de una conducta. Se registra el momento de inicio y de final para cada ocurrencia de la conducta. Si hubiera más de tres ocurrencias de la conducta por día, se continuaría registrando en la línea siguiente.

en el bolsillo de su camisa; cada vez que esta persona hace un comentario grosero, saca la libreta y hace una marca.

No todos los instrumentos para registrar la conducta se basan en el papel y lápiz. Cualquier cosa que se pueda utilizar para registrar cada ocurrencia de una conducta, puede ser considerada como un instrumento de registro del comportamiento. A continuación, se exponen algunos ejemplos comunes:

■ Utilizar un contador de golpes de golf para registrar la frecuencia de una conducta. Estos contadores se llevan en la muñeca como un reloj de pulsera. Cada vez que el comportamiento se produce, se pulsa el botón del contador (Lindsley, 1968).Un contador manual pequeño puede ser utilizado de la misma forma.

■ Utilizar un cronómetro para registrar la duración acumulada de una conducta. Se tendría que activar y detener el cronómetro cada vez que el comportamiento empieza y termina. Los corredores y las personas que hacen footing suelen usar relojes con una función de cronómetro que les permite registrar la duración de sus sesiones de ejercicio.

■ Utilizar un portátil, un móvil para registrar la frecuenciao otros aparatos electrónicos portátiles con una aplicación para registro de datos para registrar la frecuencia y la duración de muchas conductas al mismo tiempo. Se presionarían diferentes teclas en el aparato cada vez que ocurran distintas conductas; mientras se mantenga presionada la tecla, se registra la duración del comportamientoDixon, 2003; Fogel, Miltenberger, Graves, y Koehler, 2010; Iwata, Pace, Kalsher, Cowdery, y Cataldo, 1990; Jackson & Dixon, 2007; Kahng y Iwata, 1998). Utilizar smartphones para registrar la conducta es más popular y numerosas aplicaciones han sido desarrolladas

---

Hoja de datos de intervalo

Nombre:_____

Observador:_____

Fecha y hora de la observación:_____

Definición de la conducta registrada:_____

_____

_____

Intervalos de 10 segundos

	1	2	3	4	5	6
1						
2						
3						
4						
5						
6						
7						
8						
9						
10						
11						
12						
13						
14						
15						

Minutos de observación

FIGURA 2-6 Ésta es una hoja de datos para registro de intervalos. Cada casilla corresponde a un intervalo y se pone una marca en la casilla cuando la conducta se produce durante ese intervalo. Cuando la conducta no se produce durante un intervalo, la casilla se deja en blanco.

---

con este propósito (Whiting y Dixon, 2012). Por ejemplo, dos apps populares permiten tanto el registro de la frecuencia y la duración como el registro de intervalos son la Direct Assessment Tracking Application (D.A.T.A., Behaviorscience.org) y la BehaviorTracker Pro (Behaviortrackerpro.com).

■ Usar tecnología de código de barras para registrar conducta. Cada conducta registrada se le da un código de e barras único y el investigador hace una hoja de papel en al que aparecen todos los códigos. Cuando una conducta ocurra, el observador escanea el código de barras de esa conducta para registrar su ocurrencia.

■ Cambiar una moneda de un bolsillo a otro para registrar la frecuencia de una conducta. Cada vez que se observa el comportamiento, se cambiaría una moneda del bolsillo derecho al bolsillo izquierdo. El número de monedas en el bolsillo izquierdo al final del día es igual a la frecuencia de la conducta (suponiendo que no se gasta ninguna moneda de ese bolsillo).

■ Hacer pequeños rasgones en un papel cada vez que una conducta se produce. Al final del periodo de observación, la frecuencia de la conducta sería igual a la cantidad de trozos en el papel (Epstein, 1996).

■ Utilizar cuentas de guardabosques. Las cuentas de guardabosques (de las que tuve conocimiento gracias a Jason Hicks, un estudiante de mi clase de modificación de conducta, que las utilizó por primera vez cuando era un guardabosques del ejército), consisten en una tira de cuero o nylon que se pasa a través de cuentas. Tienen dos secciones, cada una con nueve cuentas. Con las cuentas de una sección, la persona puede contar de 1 a 9; con las cuentas de la otra sección, la persona puede contar decenas, hasta un recuento máximo de frecuencia de 99. Cada vez que una conducta de interés tiene lugar, la persona mueve una cuenta de un lado de la tira a la otra. Al final del día o del periodo de observación, el número de cuentas que se han movido a un lado indica la frecuencia de la conducta objetivo. Un sistema de registro similar es el que se hace con cuentas en un trozo de cuero o cuerda que se pone alrededor de la muñeca.

■ Usar un aparato de registro de actividad física(podómetro, acelerómetro o un aparato GPS). El podómetro es un dispositivo automático que se lleva en el cinturón y que registra cada paso que da una persona al caminar o correr. De forma similar, un acelerómetro es un aparato que se pone una persona y registra varios aspectos de su actividad física, incluidos los pasos (por ejemplo Fitbit [Fitbit.com], Nike Fuelband [Nike.com]). Un aparato GPS que se pone en la muñeca registra la distancia como medida de lo que una persona ha andado en bici, caminado o corrido.

El registro debe de ser inmediato y práctico. Independientemente del instrumento utilizado, la característica común de todos los procedimientos de registro de la conducta es que la persona observa el comportamiento y lo registra inmediatamente (la excepción es cuando el aparato registra automáticamente el comportamiento). Cuanto antes registre el observador el comportamiento después de que se produzca, es menos probable que lo registre de forma incorrecta. Una persona que espera un tiempo para registrar una observación se puede olvidar totalmente de registrarla.

Otra característica de un procedimiento de registro conductual es que debe ser práctico. La persona responsable de registrar la conducta de interés debe ser capaz de utilizar el procedimiento de registro sin mucha dificultad o interrupción de las actividades en curso. Si un procedimiento de registro es práctico, será más probable que la persona pueda llevar a cabo el registro (o auto observación) con éxito. Un procedimiento de registro que implica mucho tiempo o esfuerzo no es práctico. Además, no debe implicar mucha atención de la persona que se está ocupando de la observación y registro. Si esto ocurre, la persona puede ser menos capaz de llevarlo a cabo.

Reactividad

A veces, el proceso de registro de una conducta conlleva que ésta cambie, incluso antes de que se aplique cualquier tratamiento. Esto se conoce como **reactividad** (Foster, Bell-Dolan y Burge, 1988; Hartmann y Wood, 1990; Tryon, 1998). La reactividad puede ocurrir cuando un observador está registrando el comportamiento de otra persona o el suyo propio. La reactividad puede ser indeseable, especialmente con fines de investigación, porque el comportamiento registrado durante el periodo de observación no es representativo del nivel de comportamiento que tiene lugar en ausencia del observador o en ausencia de la auto observación. Por ejemplo, cuando un niño que se porta mal se da cuenta de que alguien está registrando su conducta en el aula, puede disminuir su mal comportamiento cuando el observador está presente. Normalmente este cambio en la conducta es temporal y el comportamiento vuelve a su nivel original cuando el niño se acostumbra a la presencia del observador.

Se puede reducir la reactividad. Una forma de reducir la reactividad es esperar hasta que las personas que están siendo observadas se acostumbren al observador. Otra, es que el observador registre la conducta sin que la gente sepa que están siendo observados. Esto se puede lograr utilizando espejos unidireccionales o con observadores participantes. Un observador participante es una persona que habitualmente está en el escenario donde la conducta tiene lugar, como un ayudante de un profesor en el aula. Otra forma de reducir la reactividad es usar registro por video. No es probable que la reactividad sea un problema una vez que la persona se acostumbre a la cámara o si la camara esta oculta.

La reactividad puede ser deseable. Del mismo modo, cuando una persona comienza a registrar su propia conducta como parte de un proyecto de autonomía personal, a menudo, la conducta cambia en la dirección deseada como efecto de la auto-observación (Epstein, 1996). Por esta razón, la auto- observación a veces se utiliza como un tratamiento para cambiar el objetivo conductual. Por ejemplo, Ollendick (1981) y Wright y Miltenberger (1987) encontraron que la auto- observación de tics motores conducía a una reducción en su frecuencia. Ackerman y Shapiro (1984) informaron de que cuando personas adultas con discapacidad intelectual auto-registraban su productividad en el trabajo, ésta aumentaba. Winett, Neale y Grier (1979) demostraron que la auto- observación del consumo de electricidad por parte de las personas en sus propias casas, llevaba a un descenso en el consumo. Las estrategias de auto-observación y auto-control se discuten con mayor detalle en el Capítulo 20.

Acuerdo entre observadores (AEO)

Se calcula el AEO para determinar si la conducta de interés se está registrando de forma consistente. Para evaluar el AEO, dos personas observan y registran la misma conducta objetivo, del mismo sujeto y de forma independiente durante el mismo periodo de observación. Entonces, se comparan los registros de los dos observadores y se calcula el porcentaje de acuerdo entre observadores. Cuando el porcentaje de acuerdo es alto, ello indica que hay consistencia en los registros de los dos observadores. Esto sugiere que la definición de la conducta objetivo es clara y objetiva y que los observadores están utilizando el sistema de registro correctamente. Cuando se informa de un AEO alto en una investigación, ello sugiere que los observadores del estudio registraron la conducta de interés de manera consistente. El AEO se debe comprobar al menos de vez en cuando al utilizar la observación directa y el registro en contextos distintos de la investigación. En estudios de investigación, el valor de AEO mínimamente aceptable es habitualmente 80%, aunque es preferible un valor de 90% o superior.

El AEO se calcula de manera diferente según el método de registro utilizado. En el caso del registro de frecuencia, el AEO (expresado en forma de porcentaje) se calcula dividiendo la frecuencia más pequeña por la frecuencia más grande. Por ejemplo, si el observador A registra diez casos de comportamiento agresivo en un periodo de observación y el observador B registra nueve, el AEO es igual a 90%. En el caso del registro de duración, el AEO se calcula dividiendo la duración más corta por la duración más larga. Por ejemplo, si el observador A registra 48 minutos de ejercicio y el observador B registra 50 minutos, el AEO es igual a 48/50 ó 96%. En el caso del registro de intervalos, se comprueba el acuerdo entre los dos observadores en cada intervalo. A continuación, se divide el número de intervalos con acuerdo por el número total de intervalos. El acuerdo se define como el caso en que los dos observadores registraron que la conducta objetivo ocurría o no ocurría en un intervalo concreto. La Figura 2-7 muestra los datos del registro de intervalos de dos observadores independientes que registraron el comportamiento de un mismo cliente al mismo tiempo. Hubo 20 intervalos de observación y los dos observadores estuvieron de acuerdo sobre la ocurrencia o no de la conducta 17 veces. Por lo tanto, se divide 17 por 20, lo que es igual a 0,85 ó 85%. El AEO, en el caso del registro de muestreo temporal se calcula de la misma manera que para el registro de intervalos.

Existen dos métodos para el cálculo del AEO en registros de intervalos: AEO de ocurrencia y AEO de no ocurrencia. En el AEO de ocurrencia, solo se contabilizan como acuerdos aquellos intervalos en los que ambos observadores estuvieron de acuerdo en la ocurrencia de la conducta. Por el contrario, no entran en el cálculo del acuerdo aquellos intervalos en los que ambos observadores no registraron la ocurrencia de la conducta. En el AEO de no ocurrencia, solo se contabilizan como acuerdos aquellos intervalos en los que ambos observadores estuvieron de acuerdo en la ausencia de la conducta. Por el contrario, no entran en el cálculo aquellos intervalos en los que ambos observadores registraron la presencia de la conducta. El AEO de ocurrencia es una medida más conservadora cuando se aplica a conductas de baja tasa, ya que en estos casos por mero azar es fácil obtener un elevado nivel de acuerdo relativo a la ausencia de la conducta. Por otra parte, el AEO de no ocurrencia es una medida más conservadora cuando se aplica a conductas de elevada tasa, ya que en estos casos por mero azar es fácil llegar a un nivel elevado de acuerdo sobre la ocurrencia de la conducta. Las Figuras 2-8 y 2-9 ilustran respectivamente el cálculo de AEO de ocurrencia y de no ocurrencia.

	A	A	A	A	A	D	A	A	A	A	A	D	A	A	D	A	A	A	A	A
Observador A	X	X	X		X		X	X			X		X		X	X		X		

Observador B	X	X	X		X	X	X	X		X	X	X			X		X			

FIGURA 2-7   Una comparación del registro de intervalos por dos observadores. Una A indica que los observadores acordaron que el comportamiento ocurrió o no en un intervalo. D indica que los observadores no estuvieron de acuerdo: un observador registró la ocurrencia de la conducta en un intervalo, y el otro no

	A	D						A				A			A	
Observador A	X	X						X				X			X	

Observador B	X							X				X			X	

$$A/(A + D) = 4/5 = 80\%$$

FIGURA 2-8   Cálculo del AEO de ocurrencia. El número de intervalos con acuerdo en la ocurrencia de la conducta se divide por la suma de los intervalos en los que hubo acuerdo y de los intervalos en los que hubo desacuerdo. Los intervalos en los que ambos observadores no registraron la ocurrencia de la conducta no se incluyen en el cálculo.

		D		A	A	A							A		A
Observador A	X	X	X		X	X		X		X		X	X	X	X	X		X	X	

| Observador B | X | X | X | X | X | X | | X | | X | | X | X | X | X | X | | X | X | |

FIGURA 2-9 Cálculo del AEO de no ocurrencia. El número de intervalos con acuerdo en la ausencia de la conducta se divide por la suma de los intervalos en los que hubo acuerdo y de los intervalos en los que hubo desacuerdo. Los intervalos en los que ambos observadores coincidieron en la ocurrencia de la conducta no se incluyen en el cálculo.

Observador A	XXX	X	XX		XXXX	XXX		X	XX	XXX

Observador B	XXX	X	XXX		XXX	X		X	XXX	XXX

| 3/3 | 1/1 | 2/3 | 0/0 | 3/4 | 1/3 | 0/0 | 1/1 | 2/3 | 3/3 |

100% + 100% + 67% + 100% + 75% + 33% + 100% + 100% + 67% + 100% = 842%
842% dividido por 10 (el número de intervalos) = 84.2%

FIGURA 2-10 Una comparación de registro de intervalos por parte de dos observadores. Una A indica que los observadores coincidieron en que la conducta ocurrió o no en un intervalo. Una D indica que los observadores no tuvieron acuerdo: uno de ellos registró la ocurrencia de la conducta en un intervalo y el otro no.

Para calcular el AEO en el caso de los registros de frecuencia dentro de los intervalos, se calcula un porcentaje de acuerdo entre observadores para cada intervalo (frecuencia más baja dividida entre frecuencia más alta), se suman los porcentajes para todos los intervalos y se divide por el número de intervalos en el periodo de observación. La Figura 2-10 muestra el cálculo del AEO para dos observadores independientes utilizando registros de frecuencia dentro de los intervalos.

RESUMEN DEL CAPITULO

1. Una conducta objetivo se define a partir de la identificación de qué es exactamente lo que la persona dice o hace que constituye el exceso o déficit conductual que se pretende cambiar. La definición conductual debe incluir verbos activos que describan el comportamiento que la persona presenta.

2. Los diferentes métodos que se pueden utilizar para registrar la conducta objetivo, incluyen el registro continuo de la frecuencia, duración, latencia o magnitud de la conducta; el registro de porcentaje de ocasiones; el registro de productos; el registro de intervalos; o el registro de muestreo temporal.

3. En el caso del registro continuo, el observador observa al cliente continuamente durante el periodo de observación y registra cada ocurrencia de la conducta. En el caso del registro de intervalos y del muestreo temporal, el periodo de observación se divide en una serie de intervalos más cortos y se registra si el comportamiento ocurre o no ocurre dentro de cada intervalo. En el caso del registro de intervalos, los in-

tervalos son periodos de tiempo consecutivos y, en el caso del registro de muestreo temporal, los intervalos están separados por periodos sin observación.

4. La reactividad tiene lugar cuando el proceso de registro de la conducta provoca que ésta cambie, incluso antes de que se aplique cualquier tratamiento. La reactividad se puede minimizar esperando hasta que la persona que está siendo observada se acostumbre a la presencia del observador. Otra forma de reducir

la reactividad es observar a las personas sin que éstas sepan que están siendo observadas.

5. El acuerdo entre observadores (AEO) se calcula teniendo dos observadores que registran la conducta de una persona de forma independiente durante el mismo periodo de observación y después comparando los registros de los dos observadores. El AEO se calcula para establecer si la conducta de interés se está registrando de forma consistente.

PALABRAS CLAVE

Acuerdo entre observadores, 19
Ambiente natural, 22
Ambiente artificial, 22
Auto-observación, 21
Duración, 23
Evaluación conductual, 17
Evaluación directa, 18
Evaluación indirecta, 17
Fiabilidad entre observadores, 19

Frecuencia, 23
Intensidad, 24
Latencia, 24
Línea de base, 25
Observación estructurada, 22
Observación no estructurada, 22
Periodo de observación, 21
Reactividad, 32
Registro continuo, 23

Registro de frecuencia dentro de los intervalos, 28
Registro de intervalos, 27
Registro de muestreo temporal, 28
Registro de productos, 27
Registro en tiempo real, 24
Tasa, 23

TÉST PRÁCTICO

1. ¿Por qué es importante registrar la conducta que se intenta cambiar cuando se utiliza la modificación de conducta? (pág. 21).

2. Identifica los cuatro pasos que forman parte de un plan de registro conductual. (pág. 23).

3. ¿Qué es una definición conductual? ¿En qué se diferencia de una etiqueta para una conducta? (pág. 23).

4. Proporciona una posible definición conductual de la cortesía.

5. ¿Por qué es importante identificar quién va a registrar una conducta? (pág. 25).

6. ¿Qué quiere decir el término "periodo de observación"? (pág. 25).

7. Identifica y define cuatro dimensiones de una conducta que pueden ser registradas cuando se utiliza un método de registro continuo (págs. 27-28).

8. Proporciona un ejemplo de registro de frecuencia, duración, intensidad y latencia (págs. 27-28).

9. ¿Qué es el registro en tiempo real? Proporciona un ejemplo (pág. 27).

10. ¿Qué es el registro de productos? Proporciona un ejemplo (pág. 30).

11. ¿Qué es el registro de intervalos? Proporciona un ejemplo (pág. 31).

12. ¿Qué es el registro de frecuencia dentro de los intervalos? Proporciona un ejemplo (pág. 31).

13. ¿Qué es el registro de muestreo temporal? Proporciona un ejemplo (págs. 31-32).

14. Proporciona ejemplos de tres instrumentos de registro diferentes (págs. 32-35).

15. ¿Por qué es importante registrar una conducta inmediatamente después de que ocurra? (pág. 36).

16. ¿Qué es la reactividad? Describe dos maneras de reducir la reactividad durante la observación directa (pág. 36).

17. ¿Qué es el acuerdo entre observadores y por qué se calcula? (pág. 37).

18. Describe cómo se calcula el acuerdo entre observadores en el caso del registro de frecuencia, de duración y de intervalos (pág. 37).

19. Describe cómo calcularías el acuerdo entre observadores en el caso del registro de frecuencia dentro de los intervalos (págs. 37-38).

APLICACIONES

1. Cuando las personas quieren cambiar su propia conducta, pueden diseñar y aplicar un programa de autonomía personal. Un programa de autonomía personal implica la aplicación de la modificación de conducta al propio comportamiento. Se pueden señalar cinco pasos en un programa de promoción de la autonomía personal:

    i. Auto observación. Definir y registrar la conducta de interés que se pretende cambiar.

    ii. Representación gráfica. Realizar un gráfico y trazar el nivel diario de la conducta de interés en él.

    iii. Establecer objetivos. Fijar una meta para el cambio deseado en la conducta de interés.

    iv. Intervención. Desarrollar y aplicar estrategias específicas de modificación de conducta para cambiar el comportamiento.

    v. Evaluación. Continuar registrando la conducta y representándola en el gráfico para determinar si la conducta de interés cambió y se alcanzó la meta.

    En este ejercicio trata de dar el primer paso para empezar tu propio programa de autonomía personal. Define una conducta objetivo que quieras cambiar y elabora un plan de registro conductual para medirlo. A medida que realizas este primer paso, ten en cuenta las siguientes cuestiones:

    a. ¿Has definido la conducta objetivo en términos claros y objetivos?

    b. ¿Has seleccionado una dimensión apropiada de la conducta objetivo para registrar (p.ej., frecuencia o duración)?

    c. ¿Has elegido un método práctico de registro?

    d. ¿Serías capaz de registrar tu conducta de interés inmediatamente cada vez que se produce?

    e. ¿Qué problemas podrías encontrar cuando registres tu conducta objetivo y cómo los solucionaría?

    Buena suerte con el comienzo del componente de auto-observación de tu programa de autonomía personal. En los siguientes capítulos podrás consultar la información que necesites para llevar a cabo los pasos restantes de tu programa.

2. Imagina que tienes un amigo, Julio, que está estudiando para ser profesor de escuela de primaria. Julio está haciendo sus prácticas este semestre en una clase de segundo curso en un colegio público. Te ha mencionado que una de sus alumnas tiene problemas para permanecer sentada en su asiento, prestar atención durante la clase y participar en las actividades. Esta alumna, Sara, se levanta de su asiento y habla con otros niños o se burla de ellos. Cuando no está en su asiento, no presta atención a Julio, no participa en las actividades y molesta a los otros niños.

    Su amigo cree que, si simplemente pudiera conseguir que Sara permaneciera en su asiento, podría conseguir que prestara atención y participara. De lograrlo, Sara rendiría más en clase y también lo harían los otros alumnos. Julio decide consultar a un analista de conducta certificado (BCBA) para pedirle ayuda.

    El analista de conducta le informa de que, si va a utilizar la modificación de conducta con Sara, el primer paso que debe dar es desarrollar un plan de registro para medir su comportamiento. Desarrolla en este ejercicio un plan que Julio podría utilizar para registrar la conducta de Sara de estar fuera de su asiento. Considera las siguientes preguntas:

    a. ¿Cuál es la definición conductual de la conducta de estar fuera del asiento?

    b. ¿Qué método de registro recomendarías a Julio para registrar la conducta de Sara de estar fuera del asiento?

    c. ¿Qué instrumento recomendarías a Julio para registrar la conducta? ¿Este instrumento sería práctico para Julio, para utilizarlo como profesor?

3. Eva está planeando empezar un programa de levantamiento de pesas. Quiere registrar su conducta una vez que empiece el programa para poder medir los cambios en su comportamiento según avanza el programa. Describe cómo podría Eva utilizar el registro de frecuencia, duración e intensidad para medir su conducta de levantamiento de pesas.

APLICACIONES INADECUADAS

1. Gloria está asistiendo a clases de modificación de conducta y tiene que hacer un proyecto de autonomía personal. La conducta que ha elegido para modificar es la de enroscar sus mechones de pelo en los dedos. Ha definido esta conducta como cualquier momento en el que llega a la parte de atrás de su cabeza y envuelve su pelo alrededor de su dedo. El primer paso en su proyecto de autonomía personal es desarrollar un plan de registro conductual. Debido a que habitualmente realiza esta conducta en sus clases, decide registrar el comportamiento inmediatamente después de cada periodo de clase. Guardará una nota de 3x5 centímetros en el bolso y, tan pronto como salga de clase, sacará la nota del bolso y anotará el número de veces que se enroscó el pelo en la clase.

    a. ¿Qué está mal en este plan de registro conductual?

    b. ¿Qué cambios harías para mejorarlo?

2. Rafa va a poner en marcha un proyecto de autonomía personal para ayudarle a reducir el número de cigarros que fuma por día. Ha definido la conducta de fumar un cigarro como cualquier momento en el que saca un cigarro del paquete que está en su bolsillo, lo enciende y fuma cualquier parte de él. Registrará el número de cigarros que fuma cada día contando los que quedan en el paquete al final del día y restando este número al número de cigarros que había en el paquete al principio del día.

    a. ¿Qué está mal en este plan de registro conductual?

    b. ¿Qué harías para mejorarlo?

3. A continuación se presentan ejemplos de definiciones conductuales de conductas objetivo de programas de autonomía personal de estudiantes. ¿Qué es incorrecto en cada una de estas definiciones conductuales?

    a. Perder los estribos se define como enfadarme con mi marido y gritarle, caminar por la habitación y dar portazos o decirle que "se calle" cuando dice algo que me frustra.

    b. Comer en exceso se define como cada vez que como más de lo que me gustaría en una comida o cada vez que como tanto que me siento hinchada o el cinturón me queda demasiado apretado.

    c. Estudiar se define como cada vez que tengo mis libros abiertos delante de mí en la biblioteca o en mi escritorio, la televisión está apagada y no hay otras distracciones presentes.

Medida y representación del cambio de conducta

- ¿Cuáles son los seis componentes esenciales de un gráfico de modificación de conducta?
- ¿Cómo se elabora un gráfico a partir de datos conductuales?
- ¿Qué dimensiones del comportamiento pueden representarse en un gráfico?
- ¿Qué es una relación funcional?, ¿cómo podemos demostrar una relación funcional en modificación de conducta?
- ¿Qué diseños de investigación podemos usar en la investigación analítico-conductual?

Como vimos en el Capítulo 2, las personas que utilizan procedimientos analítico-conductuales deben definir el comportamiento en estudio, y observar y registrar el comportamiento directamente. Solo así se puede documentar si el comportamiento efectivamente cambia cuando se aplica un procedimiento de modificación de conducta. La herramienta principal que se utiliza para documentar el cambio de comportamiento es la representación gráfica de los datos.

Un **gráfico** es una representación visual de la ocurrencia de un comportamiento en el tiempo. Después de que hayamos registrado la conducta de interés (mediante una hoja de tomas de datos o con otro método), la información se transfiere a un gráfico. Los gráficos presentan la información relativa a la ocurrencia del comportamiento de manera eficiente ya que muestran de manera concisa los resultados de múltiples periodos de observación.

Los analistas de conducta usan gráficos para identificar el nivel de comportamiento antes y después de aplicar una intervención. De este modo los gráficos ayudan a documentar los cambios en el comportamiento durante el tratamiento y tomar decisiones sobre la necesidad de continuar o no con la intervención. El gráfico, al presentar los niveles de conducta visualmente, facilita la comparación de la conducta antes, durante y después del tratamiento. En la Figura 3-1, por ejemplo, es fácil ver que la frecuencia de la conducta es mucho más baja durante el tratamiento (instauración de una respuesta competitiva) que antes (línea de base). Este gráfico particular representa el plan de un estudiante dirigido a controlar su conducta mientras estudiaba. La conducta de interés era morderse la parte interior de la boca mientras estaba estudiando. La estudiante debía registrar el comportamiento en una hoja de datos cada vez que este se producía. Después de diez días de registro en ausencia de tratamiento (línea de base), se aplicó un plan de modificación de conducta que consistió en instaurar una respuesta competitiva para ayudarle a controlar su conducta de morderse. La respuesta competitiva fue un comportamiento incompatible con morderse la boca y que interrumpía su ocurrencia. Después de la aplicación de este procedimiento el registro continuó durante veinte días más. A continuación, se realizaron registros en cuatro ocasiones más, concretamente, una, cinco, diez y veinte semanas después. Este periodo prolongado de tiempo en el que se continúa el registro después de la conclusión del tratamiento se denomina seguimiento. Podemos concluir del gráfico que la conducta de morderse la boca registrada por la propia estudiante se redujo sustancialmente cuando se aplicó la intervención. También podemos ver que el comportamiento seguía manteniéndose a un nivel bajo hasta veinte semanas después de que terminase el tratamiento.

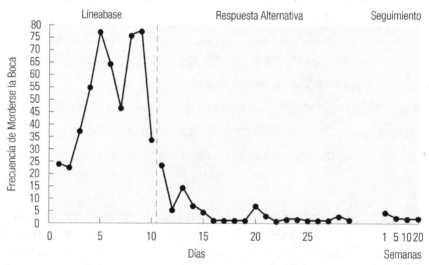

FIGURA 3-1 Este gráfico muestra la frecuencia con la que un cliente se muerde la mano durante las fases de líneabase, tratamiento, y seguimiento. La intervención consistió en la adquisición de una respuesta competitiva.

Componentes de un gráfico de modificación de conducta

En un gráfico típico de modificación de conducta se representan el tiempo y el comportamiento. Cada punto de datos en un gráfico ofrece dos tipos de información. En primer lugar, indica el momento en que se observó el comportamiento (tiempo) y, en segundo lugar, el nivel de conducta presente en ese momento. El tiempo se representa sobre el eje horizontal, también llamado eje x o eje de **abscisas,** mientras que el nivel de conducta se representa en el eje vertical, también llamado eje y o eje de **ordenadas.** En la Figura 3-1, la frecuencia de la conducta de morderse la boca se representa sobre el eje vertical y los días y semanas están representados en el eje horizontal. Al ver este gráfico se puede determinar la frecuencia de la conducta de morderse la boca antes o después de la aplicación del tratamiento. La fase de seguimiento permite ver la frecuencia de la conducta en momentos ulteriores con una separación de hasta veinte semanas entre las observaciones.

Un gráfico complete requiere de la presencia de seis elementos:

■ *El eje y, y el eje x.* El eje vertical (eje y) y el eje horizontal (eje x) convergen en la parte inferior izquierda del gráfico. En la mayoría de los gráficos el eje x es entre una y dos veces más largo que el eje y (Figura 3-2).

■ *Nombres del eje x y del eje y.* La etiqueta del eje y generalmente identifica el comportamiento y la dimensión de la conducta que se registra. En el eje x se suele indicar la unidad de tiempo usada para representar los datos. En la Figura 3-3, la etiqueta del eje y es "horas de estudio" y la etiqueta del eje x es "Días". Esto nos informa que para esta persona particular las horas de estudio serán registradas por días.

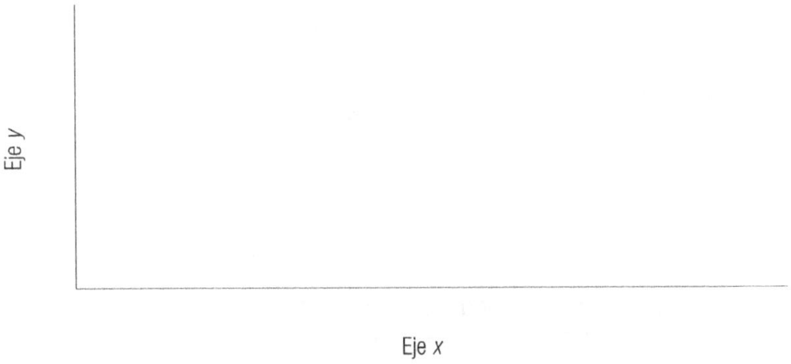

Eje x

FIGURA 3-2   El eje y, y el eje x.

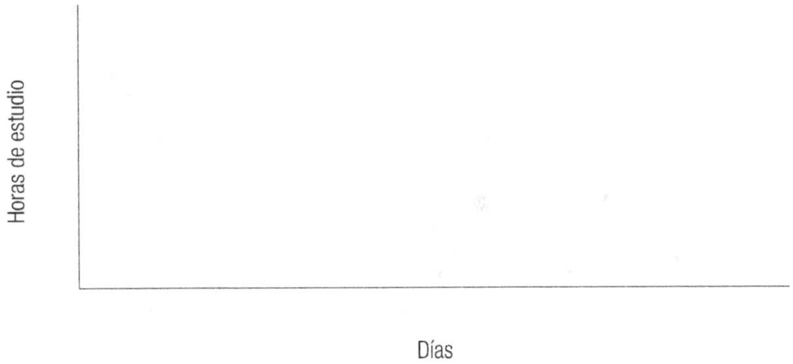

Días

FIGURA 3-3   Etiquetas del eje y, y del eje x.

■ *Numeración del eje y, y del eje x.* En el eje y los números indican la unidad con la que se mide la conducta, mientras que en el eje x indican la unidad de medida del tiempo. A ambos ejes se añaden unas breves líneas perpendiculares que corresponden a cada número. Los números del eje y de la Figura 3-4 indican el número de horas de estudio que ocurrieron, mientras que en el eje x indican los días durante los cuales se midió el nivel de estudio.

■ *Puntos de datos.* Los puntos de datos deben representarse correctamente para indicar el nivel de conducta correspondiente a cada periodo de tiempo particular. La información trasladada al gráfico sobre el nivel de conducta y los periodos de tiempo en que la conducta sucede procede de hojas de registro de datos o de otros instrumentos de registro. Cada punto de datos se conecta con los puntos adyacentes mediante una línea (Figura 3-5).

■ *Líneas de separación de fases.* Una línea de separación de fase es una línea vertical que indica la aplicación de un cambio en el tratamiento. El cambio puede ser de una fase en la que no se interviene a una fase de intervención, o desde una fase de tratamiento a una fase en la que se aplica otro tratamiento. Una fase es un período en el que se está aplicando un mismo tratamiento (o la ausencia de él). En la Figura 3-6, la línea de separación de fases marca la transición desde una fase de línea de base (no tratamiento) hacia otra de tratamiento. Los puntos de datos entre fases no están conectados, ello permite apreciar con más facilidad las diferencias en nivel de conducta entre una fase

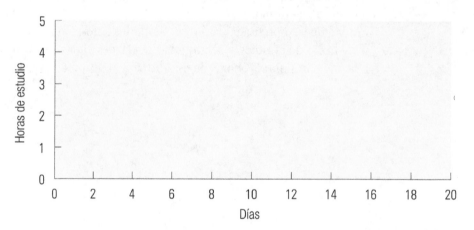

FIGURA 3-4   Numeración del eje y, y del eje x.

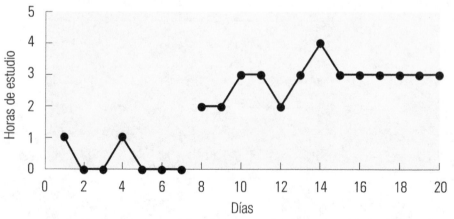

FIGURA 3-5   Puntos de datos representados en un gráfico.

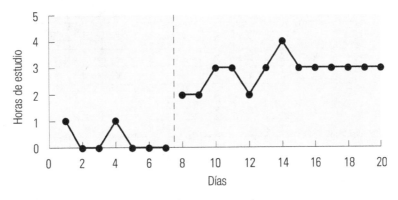

FIGURA 3-6   Gráfico con línea de cambio de fase.

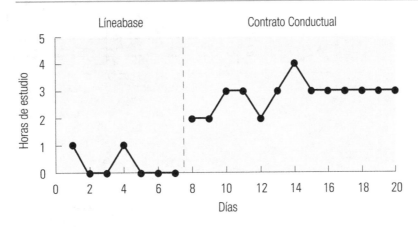

FIGURA 3-7   Gráfico con etiquetas identificando cada fase.

■ *Nombre de las fases.* En el gráfico deben aparecer los nombres de las fases en la parte superior, justo encima de la cada fase en cuestión (Figura 3-7). La mayoría de los gráficos de modificación de conducta tienen al menos dos fases que deben estar adecuadamente identificadas, una fase de tratamiento, y otra en la que el tratamiento cuyo efecto se desea analizar no está presente. El término "Línea de base" o "líneabase" es el nombre que suele darse a la fase en la que el tratamiento de interés no está presente. El nombre de la fase de tratamiento debe identificar la intervención particular que se ha utilizado. En la Figura 3-7, las fases se han identificado como "línea de base" y "contrato conductual". El contrato conductual es el tratamiento particular que el estudiante utilizó para incrementar su conducta de estudio. También puede darse el caso de gráficos que tengan más de una fase de tratamiento o más de una línea de base.

Confección de gráficos conductuales

Como vimos en el Capítulo 2, los datos se toman mediante observación directa usando una hoja de datos u otro instrumento para registrar la conducta. Una vez que el comportamiento se ha registrado en la hoja de datos los resultados pueden ser transferidos a un gráfico. Por ejemplo, la Figura 3-8a es una hoja de datos de frecuencia que muestra un registro del comportamiento realizado durante dos semanas. La Figura 3-8b muestra esos mismos datos una vez transferidos a un gráfico. Nótese que los días 1 a 14 en la hoja de datos corresponden a los 14 días representados en el gráfico. Fíjate como la frecuencia de la conducta que figura en la hoja de datos para cada día corresponde a la

(a)

Frecuencia

Días	1	2	3	4	5	6	7	8	9	10	11	12	Total Diario
1	X	X	X	X	X	X	X	X					8
2	X	X	X	X	X	X	X	X					8
3	X	X	X	X	X	X	X						7
4	X	X	X	X	X	X	X						7
5	X	X	X	X	X	X	X	X	X				9
6*	X	X	X	X	X	X	X	X					8
7	X	X	X	X	X								5
8	X	X	X	X	X								5
9	X	X	X	X									4
10	X	X	X	X									4
11	X	X	X										3
12	X	X	X										3
13	X	X											2
14	X	X											2

*El día 6 fue el último de la líneabase y el día 7 el primero de tratamiento.

(b)

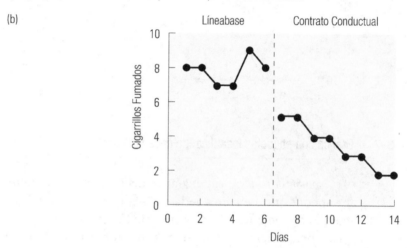

FIGURA 3-8 En la sección (a) del gráfico se muestra una hoja de registro de datos de frecuencia relativa al número de cigarrillos fumados diariamente. En la sección (b) se presenta el gráfico correspondiente a la hoja de datos. El tratamiento consistió en un contrato de conducta en el que el cliente se comprometía a fumar un cigarrillo menos cada dos días (los contratos de conducta se describen en el Capítulo 23).

frecuencia registrada en el gráfico para ese día. Al observar el gráfico puedes comprobar inmediatamente que la frecuencia de la conducta durante la fase de tratamiento es mucho menor que durante la línea de base. Por el contrario, hay que mirar con mucha más atención la hoja de datos para poder detectar la diferencia entre la línea de base y la fase de tratamiento. Por último, observa como los seis componentes esenciales de un gráfico que hemos mencionado más arriba están presentes en este gráfico.

Consideremos un segundo ejemplo, una hoja de datos en la que se ha registrado la duración de la conducta (Figura 3-9a). La Figura 3-9b es una tabla que resume la duración diaria de la conducta registrada en la hoja de datos. Nótese que la duración de

(a)

Días	Inicio	Fin	Inicio	Fin	Inicio	Fin	Duración Diaria
1							0
2	7:00	7:15					15
3							0
4							0
5	7:10	7:25					15
6							0
7*							0
8	7:00	7:15					15
9	7:30	8:00					30
10	7:30	8:00					30
11	6:30	6:45					15
12	6:45	7:15					30
13							0
14	7:00	7:30					30
15	6:30	6:45	7:00	7:30			45
16	6:45	7:15					30
17	6:30	7:15					45
18	7:00	7:30	7:45	8:00			45
19							0
20	6:45	7:15	7:30	8:00			60

*La líneabase terminó el dia 7. El día 8, el sujeto implemento el tratamiento que implicaba un contrato conductual.

(b)

Días	1	2	3	4	5	6	7	8	9	10	11	12	13	14	15	16	17	18	19	20
Duración (minutos)	0	15	0	0	15	0	0	15	30	30	15	30	0	30	45	30	45	45	0	60

(c)

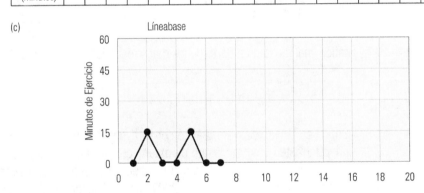

FIGURA 3-9 La sección (a) de la figura muestra una hoja de datos en la que se registra el tiempo dedicado diariamente a hacer ejercicio. La sección (b) presenta estos datos resumidos en una tabla. La sección (c) debe ser rellenada usando los datos conductuales resumidos en (b).

la conducta indicada en la Figura 3-9b para cada uno de los 20 días se corresponde con la duración total que fue registrada cada día en la hoja de datos (Figura 3-9a).

Debajo de la tabla de resumen (véase la Figura 3-9b) se presenta un gráfico que no está aun concluido (véase la Figura 3-9c). Puedes completar el gráfico usando la información proporcionada en la tabla de resumen. Al hacerlo asegúrate de que el gráfico incluye los seis componentes analizados anteriormente.

Para completar la Figura 3-9c debes agregar cuatro componentes. En primer lugar, debes agregar los puntos de datos correspondientes a los días 8 a 20 y conectarlos con una línea. En segundo lugar, incluye la línea de separación de fases entre los días 7 y 8. Los puntos de datos de los días 7 y 8 no se deben conectar ya que coinciden con el último punto de la línea de base y el primero de la fase de tratamiento. En tercer lugar, añade la etiqueta con el nombre del tratamiento ("contrato conductual") a la derecha de la línea de fase. En cuarto lugar, añade la etiqueta "días" al eje x. Una vez se han añadido estos cuatro componentes, el gráfico incluye los seis componentes esenciales (Figura 3-10).

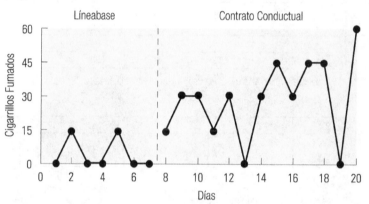

FIGURA 3-10   Gráfico final realizado a partir de los datos resumidos en la Figura 3-9b.

LECTURA PARA AMPLIAR   Confección de gráficos en excel

Aunque es fácil realizar un gráfico con la ayuda de un pliego de papel milimetrado, una regla y un lápiz, existen programas que permiten confeccionar gráficos de forma más cómoda. Mencionaremos dos programas de amplia difusión: Microsoft Excel y Microsoft PowerPoint. Carr and Burkholder (1998) y Dixon et al. (2007) han publicado sendos artículos en el JournalofAppliedBehaviorAnalysis aportando instrucciones que permiten construir gráficos conductuales paso a paso usando Microsoft Excel. Recomendamos a los estudiantes interesados en aprender a realizar gráficos con Excel que recurran a estos documentos.

Representación gráfica de diferentes dimensiones del comportamiento

Las Figuras 3-8 y 3-10 son ejemplos de gráficos que representan frecuencia y duración del comportamiento respectivamente. Debido a que otros tipos de datos pueden ser registrados, existen tantos tipos de gráficos como dimensiones de conducta. No obstante, independientemente de la dimensión de la conducta o tipo de datos que se representen en el gráfico, los mismos seis componentes de un gráfico que hemos mencionado deben estar presentes. Los aspectos que cambian cuando usamos diferentes dimensiones de la conducta son el nombre y numeración del eje y. Por ejemplo, si registramos el porcentaje de problemas de matemáticas que un estudiante realiza correctamente en clase etiquetaremos el eje como "Porcentaje de problemas correctos" y lo numeraremos de 0% a 100%. Como puede verse, el nombre del eje y identifica el comportamiento ("problemas de matemáticas correctos") y la dimensión de la conducta que se registra ("porcentaje").

Veamos otro ejemplo. Un investigador está estudiando el síndrome de Tourette, un trastorno neurológico en el que ciertos músculos del cuerpo se contraen de forma repentina e involuntaria causando tics motores. El investigador utiliza un sistema de registro de intervalos mediante el cual consigna la presencia o ausencia de tics en cada intervalo de 10 segundos que componen los periodos de observación de 30 minutos cada uno. Al final de cada período de observación el investigador calcula el porcentaje de intervalos en los que se produjeron tics. A la hora de trasladar los datos a un gráfico, el investigador numera el eje y de 0% a 100% y lo denomina "porcentaje de intervalos con tics". Siempre que se utilice un sistema de registro de intervalos el eje y se etiquetará como "porcentaje de intervalos de" seguido del comportamiento en cuestión. Por otra parte, la etiqueta del eje x indica los períodos de tiempo durante los que se registró el comportamiento (p.ej., "sesiones" o "días") que deben también ser numerados adecuadamente. Una sesión es un período de tiempo en el que un comportamiento de interés es observado y registrado. Cuando se inicia el tratamiento se continúa usando el mismo tipo de sesiones o unidades de tiempo.

También puede registrarse y representarse gráficamente otros aspectos de la conducta, tales como la intensidad o los productos conductuales. En cada caso, la etiqueta del eje y debe reflejar claramente el comportamiento y la dimensión o aspecto de la conducta que se registra. Por ejemplo, como medida de la intensidad o gravedad de las rabietas de un niño podemos indicar en el nombre del eje "escala de intensidad de la rabieta" y numerar el eje y de acuerdo al rango de valores de dicha escala de evaluación. Si lo que nos interesa es una medida del volumen o intensidad del habla podríamos denominar al eje y "decibelios del habla" numerando el eje con una escala de decibelios. Por otra parte, para representar gráficamente productos conductuales denominaremos el eje y de acuerdo a las unidades de medida de la conducta. Por ejemplo, si estamos estudiando el rendimiento en el trabajo de una persona que se dedica al montaje de bicicletas, el "número de frenos instalados" sería una posible etiqueta del eje y.

Diseños de investigación

Cuando se realizan actividades de investigación en modificación de conducta se utilizan diseños de investigación acompañados de gráficos un poco más complejos. El objetivo de un **diseño de investigación** es determinar si el tratamiento (variable independiente) es responsable de los cambios observados en el comportamiento de interés (variable dependiente). El diseño también permite descartar la posibilidad de que el cambio de conducta esté causado por variables extrañas. En investigación, una **variable independiente** es lo que el investigador manipula para producir un cambio en el comportamiento, que es la **variable dependiente**. En tercer lugar, una variable extraña es cualquier evento no planeado por el investigador que puede estar afectando a la conducta. Para alguien que tiene un problema, el saber que la conducta cambió a mejor después de aplicar un procedimiento de modificación de conducta puede ser suficiente. No obstante, en un contexto de investigación es importante también demostrar que el procedimiento de modificación de conducta fue lo que causó el cambio

Cuando un investigador demuestra que el procedimiento de modificación de conducta es la causa de los cambios observados, está demostrando una **relación funcional** entre el procedimiento y el comportamiento de interés. En otras palabras, demuestra que la conducta cambia en función del procedimiento aplicado. Una relación funcional se establece cuando

(a) la conducta cambia cuando la variable independiente es manipulada, es decir, cuando se aplica el procedimiento, mientras otras variables se mantienen constantes, y si

(b) el proceso puede replicarse una o más veces y la conducta cambia cada vez.

En modificación de conducta se usan diseños de investigación a fin de demostrar relaciones funcionales de este tipo. Un diseño de investigación implica tanto la aplicación del tratamiento como su replicación. Si el comportamiento cambia cada vez que se introduce el procedimiento y solo cuando el procedimiento está presente habremos logrado demostrar una relación funcional.

En este caso diríamos que el investigador ha demostrado tener control experimental sobre el comportamiento de interés. Es poco probable que una variable extraña sea la causa del cambio de conducta si esta cambia únicamente cuando se está aplicando el tratamiento. En esta sección revisaremos los diseños de investigación utilizados en la modificación de conducta (para mayores detalles sobre diseños de investigación se refiere al lector a Bailey, 1977; Barlow y Hersen, 1984; Gast, 2009; Hayes, Barlow y Nelson-Gray, 1999; Kazdin, 2010; y Poling y Grossett, 1986).

Diseño AB

El diseño AB es la forma más simple de diseño de investigación que se usa en modificación de conducta y está compuesto únicamente por dos fases: A, línea de base y B, tratamiento. Las Figuras 3-1, 3-7, 3-8b y 3-10 ilustran casos de **diseño AB.** Este diseño permite comparar líneabase con tratamiento a fin de determinar si el cambio de comportamiento sucede de la manera esperada una vez introducida la intervención. No obstante, el diseño AB no demuestra una relación funcional ya que el tratamiento no se introduce por segunda vez como prueba de control experimental. Por lo tanto, el diseño AB no es un diseño de investigación propiamente dicho debido a que no excluye la posibilidad de que alguna variable extraña sea responsable del cambio de conducta. Por ejemplo, aunque la conducta de morderse la boca disminuyese al instaurar la respuesta alternativa (Figura 3-1), también es posible que algún otro evento (variable extraña) se produjese en el momento mismo que se inició el tratamiento. En tal caso, la disminución de la conducta de morderse la boca podría ser el resultado de otro evento o del efecto combinado de ese evento junto con el tratamiento. Por ejemplo, la persona puede haber visto un programa de televisión sobre el control de hábitos nerviosos y haber aprendido una forma de controlar la conducta de morderse.

El diseño AB no es en realidad un diseño de investigación. Debido a que el diseño AB no descarta otras posibles causas, raras veces lo utilizan los investigadores de modificación de conducta. No obstante, es el diseño más utilizado en la práctica clínica donde es más importante demostrar que el cambio de conducta ha ocurrido y no tanto certificar que el cambio fue causado por el procedimiento utilizado. Si usas un procedimiento de modificación de conducta para cambiar tu propio comportamiento, es probable que uses un diseño AB y su gráfico correspondiente mostrando si la conducta cambia después de la introducción del procedimiento de modificación de conducta.

Diseño de Reversión ABAB

El diseño de reversión ABAB es una variación del diseño AB simple (A = línea de base, B = tratamiento), en el que las fases de línea de base y tratamiento se aplican dos veces. Se denomina diseño de reversión, porque después de la primera fase de tratamiento el investigador vuelve nuevamente a la fase de líneabase. Esta segunda línea de base es seguida por una fase de replicación del tratamiento. La Figura 11 muestra un ejemplo de diseño ABAB.

El gráfico de la Figura 3-11 corresponde a un diseño ABAB y muestra el efecto de las instrucciones de un maestro sobre el comportamiento agresivo de Roberto, un adolescente con discapacidad intelectual. Carr y sus colaboradores (Carr, Newsom y Binkoff, 1980) estudiaron la influencia de la presentación de instrucciones relativas a la realización de tareas (demandas) sobre la conducta agresiva de Roberto mediante la alternancia de fases en las que se presentaban instrucciones frecuentes frente a fases en las que no se hacía demanda alguna. En la Figura 3-11 se puede observar que el comportamiento cambió en tres ocasiones. En la fase de línea de base ("fase de demandas") el comportamiento agresivo se dio con frecuencia. Cuando la fase de tratamiento ("sin demandas") se inició por primera vez, el comportamiento disminuyó. Cuando se introdujo la segunda fase de "demandas" el comportamiento volvió a los niveles observados durante la líneabase inicial. Por último, cuando la fase "sin demandas" se introdujo por segunda vez, el comportamiento volvió a disminuir. El hecho de que el comportamiento cambiase en tres ocasiones diferentes y siempre coincidiendo con el inicio de una nueva fase sugiere que la presentación de demandas, y no alguna variable extraña, causó el cambio de conducta observado. En otras palabras, la conducta cambió de forma paralela a la introducción y retirada de las demandas. Es altamente improbable que una variable extraña se iniciase y retirase coincidiendo exactamente con los momentos en los que las demandas fueron introducidas y retiradas. Ello hace muy improbable que cualquier otra variable que no sea el cambio en la presencia o ausencia de demandas haya causado el cambio de conducta observado.

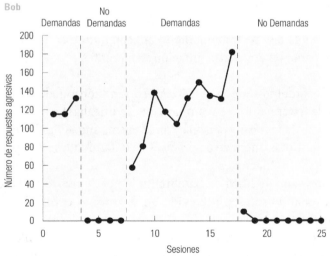

FIGURA 3-11   Este gráfico ABAB muestra la frecuencia de conducta agresiva de un adolescente con discapacidad intelectual. Durante las fases de línea de base (demanda) no se presentan demandas de realización de tareas, mientras que en la fase de tratamiento (sin demandas) no se presenta instrucción alguna (Según Carr, E. G., Newsom, C. D., y Binkoff, J. A. [1980]. Escape as a factor in the aggressive behavior of two retarded children. Journal of Applied Behavior Analysis, 13, 101-117. Copyright © 1980 University ofKansasPress. Reproducido con permiso del autor y el editor).

Existen adaptaciones del diseño de reversión ABAB que permiten evaluar más de un tratamiento. Supongamos por ejemplo que aplicamos un tratamiento B que no resulta eficaz, por lo que a continuación aplicamos un segundo tratamiento C que si produce resultados positivos. A fin de replicar los efectos de este tratamiento y demostrar control experimental podríamos seguir un diseño ABCAC. En la medida en que el tratamiento C produzca un cambio considerable en la conducta de interés cada vez que se aplica, estaríamos demostrando una relación funcional entre el tratamiento y la conducta.

Antes de usar el diseño ABAB debemos tener en cuenta una serie de consideraciones. En primer lugar, puede no ser éticamente adecuado eliminar el tratamiento en la segunda línea de base si esta entraña algún peligro para el individuo (p.ej., conducta autolesiva). En segundo lugar, debemos de estar razonablemente seguros de que el nivel de la conducta se invertirá cuando se retire el tratamiento. En caso de que el comportamiento no llegue a cambiar cuando el tratamiento se retira no será posible demostrar una relación funcional. Otra consideración a tener presente es si realmente podemos retirar el tratamiento después de que haya sido aplicado. Por ejemplo, si el tratamiento es un procedimiento de enseñanza y el sujeto aprende un nuevo comportamiento, no será posible eliminar el aprendizaje que ha tenido lugar (pueden consultarse más detalles sobre el uso del diseño ABAB en Bailey, 1977; Bailey y Burch, 2002; Barlow y Hersen, 1984; Gast, 2009; y Kazdin, 2010).

Diseño de líneabase múltiple

Existen tres tipos de diseños de líneabase múltiple.
- En un **diseño de línea de base múltiple con varios sujetos** se aplica una línea de base y una fase de tratamiento para el mismo comportamiento objetivo de dos o más participantes.
- En el **diseño de líneabase múltiple con varias conductas** la línea de base y la fase de tratamiento se aplican a dos o más comportamientos diferentes presentados por el mismo participante.
- Finalmente, en un **diseño de línea de base múltiple con varios contextos**, la línea de base y la fase de tratamiento se aplican a un mismo comportamiento de un mismo participante en dos o más situaciones diferentes.

Recordemos que el diseño ABAB también puede tener dos líneas de base y dos fases de tratamiento, pero ambas fases de líneabase y tratamiento se dan para la misma conducta de la misma persona y en la misma situación. En el diseño de líneabase múltiple las distintas líneas de base y fases de tratamiento se dan para diferentes participantes, conductas o situaciones.

Un diseño de línea de base múltiple puede usarse en las circunstancias siguientes:
- (a) cuando se está interesado en un mismo comportamiento exhibido por varios sujetos,
- (b) cuando se desea evaluar más de un comportamiento en un mismo sujeto, y
- (c) cuando se desea medir un mismo comportamiento de un mismo sujeto en varias situaciones o contextos.

Un diseño de líneabase múltiple es particularmente útil cuando no se puede utilizar un diseño ABAB por los motivos mencionados anteriormente. El diseño de líneabase múltiple y las circunstancias bajo las que es apropiado usarlos están descritos con más detalle en Bailey (1977), Bailey y Burch (2002), Barlow y Hersen (1984), Gast (2009), y Kazdin (2010).

La Figura 3-12 muestra un ejemplo de diseño de la líneabase múltiple con varios sujetos. El gráfico procede del estudio de DeVries, Burnette y Redmon (1991) y muestra el efecto de una intervención que consistía en dar retroalimentación sobre el porcentaje

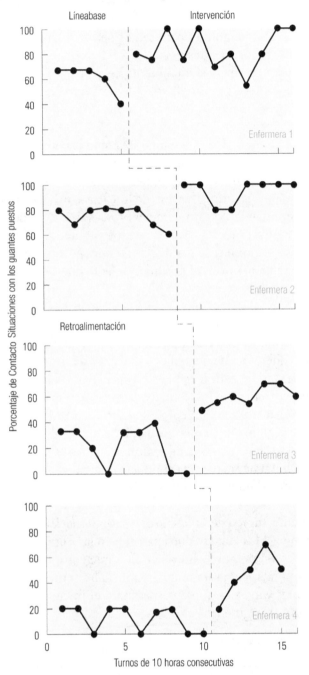

| **FIGURA 3-12** | Este gráfico corresponde a un diseño de líneabase múltiple con varios sujetos y representa el porcentaje del tiempo en que varios enfermeros de urgencias llevaban puestos guantes de látex mientras estaban en contacto con pacientes. La intervención consistió en recibir retroalimentación por parte de su supervisor. Como puede observarse el inicio de la intervención está escalonado en el tiempo. Los resultados mostraron un incremento de la conducta de interés en todos los casos (según DeVries, J. E., Burnette, M. M., y Redmon, W. K. [1991]. AIDS Prevention: Improving nurses' compliance with glove wearing through performance feedback. Journal of Applied Behavior Analysis, 24, 705-711. Copyright © 1991 University ofKansasPress. Reproducido con permiso del autor y el editor). |

de tiempo que los enfermeros de urgencias usaban guantes de látex mientras estaban en contacto con los pacientes. El gráfico presenta las líneas de base y las fases de tratamiento de cuatro participantes, en este caso cuatro enfermeros. La figura también ilustra una característica esencial del diseño de líneabase múltiple: las líneas de base tienen diferentes longitudes para cada sujeto. Observa que cuando comienza el tratamiento para el sujeto 1, los sujetos 2, 3 y 4 aún permanecen en la fase de línea de base. A continuación, se inicia el tratamiento del sujeto 2, mientras los sujetos 3 y 4 siguen en línea de base; luego se introducirá el tratamiento para el sujeto 3 y finalmente para el sujeto 4. Cuando decimos que el tratamiento se lleva a cabo en diferentes momentos, queremos decir que en los momentos de inicio de la intervención se hallan escalonados a lo largo del tiempo. El gráfico muestra como el comportamiento aumentó después de que la fase de tratamiento comenzase para ese sujeto. Cuando el tratamiento se aplicó al sujeto 1 su conducta aumentó, pero el comportamiento de los participantes 2, 3 y 4, que permanecían aun en la fase de líneabase, no aumentó en absoluto. El hecho de que el comportamiento cambiase para cada sujeto sólo después de que el tratamiento se iniciase es una prueba a favor de que fue el tratamiento, y no alguna variable extraña, lo que causó el cambio de conducta. Es muy poco probable que una variable extraña ocurriese exactamente en el mismo momento que se iniciaba el tratamiento para cada uno de los cuatro sujetos.

La Figura 3-13 ilustra un *diseño de líneabase múltiple con varias conductas*. El gráfico procede de un estudio de Franco, Christoff, Crimmins y Kelly (1983) y muestra el efecto del tratamiento, en este caso entrenamiento en habilidades sociales, en cuatro conductas sociales diferentes de un adolescente con excesiva timidez: hacer preguntas, responder a comentarios realizados por otras personas, mantener contacto ocular y mostrar expresiones afectivas (p.ej., sonreír). Observa como el gráfico muestra que las transiciones de líneabase a tratamiento están escalonadas de una conducta a otra y que cada una de ellas cambia únicamente cuando se aplica el tratamiento para esa conducta en particular. Gracias a que el cambio de conducta solo sucedía después de que se hubiese iniciado el tratamiento de cada conducta particular, los investigadores demostraron que el tratamiento, y no alguna otra variable extraña, era el factor responsable del cambio de conducta.

Un gráfico típico de un *diseño de líneabase múltiple con varios contextos* tendría una apariencia similar a los gráficos que aparecen en las Figuras 3-12 y 3-13. La diferencia radica en que en un diseño de líneabase múltiple con varios contextos la misma conducta del mismo sujeto se registra tanto durante la línea de base como durante el tratamiento en dos o más contextos diferentes, estando el inicio del tratamiento escalonado entre un contexto y el siguiente.

Te sugerimos que dibujes un gráfico representando un diseño de línea de base múltiple con varios contextos usando datos hipotéticos. Asegúrate de incluir los seis componentes que deben estar presentes un gráfico completo. Puedes suponer, por ejemplo, que estás registrado los problemas de conducta de un estudiante en dos clases diferentes usando un registro de intervalos. Añade al gráfico las fases de líneabase y tratamiento en ambos contextos.

El gráfico que aparece en la Figura 3-14 ha sido tomado del estudio de Dunlap, Kern-Dunlap, Clarke y Robbins (1991) y muestra el porcentaje de intervalos por sesión en los que un estudiante mostró problemas de conducta durante la línea de base y la fase de tratamiento, que consistió en una adaptación curricular. También se presentan datos del problema de conducta en dos contextos diferentes: por la mañana y por la tarde. Durante la fase de seguimiento los investigadores recogieron datos una vez por semana durante 10 semanas. Tengamos en cuenta que el tratamiento se aplicó en primer lugar en un contexto y luego en la otro, y que la conducta problema del alumno cambiaba sólo después de que el tratamiento se llevara a cabo en cada contexto. Tu gráfico de un diseño de lineabase múltiple con varios contextos debe ser parecido al que se muestra en la Figura 3-14.

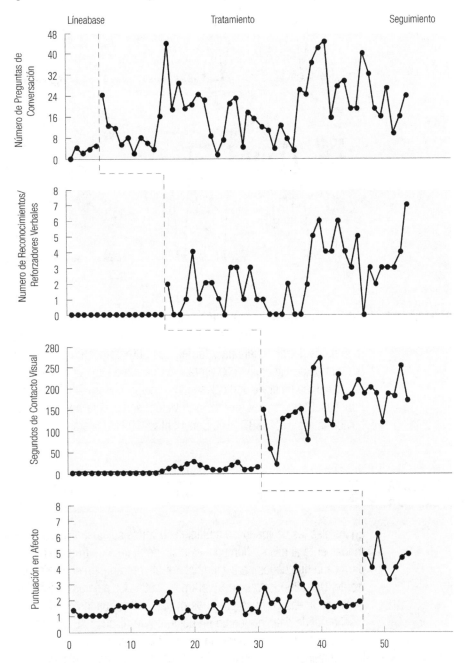

FIGURA 3-13   Este gráfico de un diseño de líneabase múltiple con varias conductas muestra cuatro comportamientos sociales exhibidos por un adolescente excesivamente tímido. Se aplicó un entrenamiento en habilidades sociales para incrementar cada una de estas cuatro conductas. Puede observarse un incremento en las cuatro conductas después del inicio de la intervención (según Franco, D. P., Christoff, K. A., Crimmins, D. B., y Kelly, J. A. [1983]. Social skills training for an extremely shy young adolescent: An empirical case study. BehaviorTherapy, 14, 568-575. Copyright © 1983. Reproducido con autorización de Jeffrey Kelly).

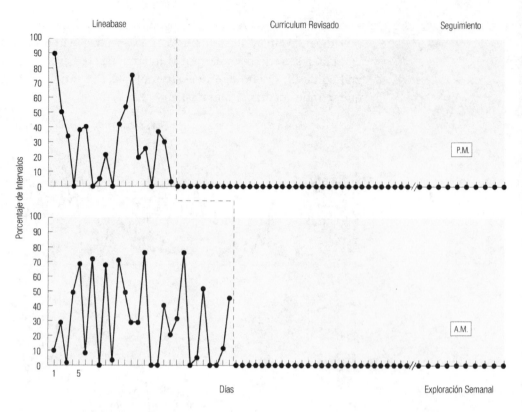

FIGURA 3-14   Este gráfico de un diseño de líneabase múltiple con varios contextos muestra el efecto de la adaptación curricular en los problemas de conductas en el aula de un adolescente en distintos momentos del día (mañana y tarde). Los autores usaron un registro de intervalos obteniendo el porcentaje de intervalos con problemas de conducta como variable dependiente la cual aparece representada en el eje vertical (según Dunlap, G., Kern-Dunlap, L., Clarke, S., y Robbins, F. [1991]. Functional assessment, curricular revisión, and severe behavior problems. Journal of Applied Behavior Analysis, 24, 387-397. Copyright © 1991 UniversityofKansas Press.)

LECTURA PARA AMPLIAR   Diseño de linea base múltiple no concurrente con varios sujetos

En los diseños de líneabase múltiple con varios sujetos, el inicio de la líneabase tiene lugar aproximadamente al mismo tiempo y el inicio de la fase de tratamiento presenta una demora diferente para cada uno de los participantes. Por el contrario, en el diseño de líneabase múltiple no concurrente (Carr, 2005; Watson &Workman, 1981) los sujetos no forman parte del estudio a la vez, es decir, las líneas de base para dos o más de los sujetos comienzan en distintos momentos. Este diseño puede definirse como un conjunto de diseños AB en los que cada participante tiene una líneabase de diferente duración. El escalonamiento típico de los diseños de líneabase múltiple se logra manipulando la longitud de la líneabase y no manipulando la demora del inicio del tratamiento con respecto a un momento inicial común. La ventaja de este diseño es que los participantes pueden ser evaluados en distintos momentos o ser admitidos al estudio de forma consecutiva, en lugar de a la misma vez, lo que hace que su uso sea más práctico que un diseño concurrente (Carr, 2005).

Diseño Alternante

El diseño alternante, también llamado **multi-elemento**, difiere de los diseños de investigación que acabamos de revisar en que las condiciones de líneabase y tratamiento o tratamientos se intercalan en rápida sucesión siendo comparadas unas con otras. Por ejemplo, el tratamiento se lleva a cabo en un día, la línea de base el día siguiente, el siguiente día nuevamente el tratamiento, luego una vez más la líneabase, y así sucesivamente. En los diseños AB, ABAB y de líneabase múltiple, la línea de base siempre antecede a la fase de tratamiento, es decir, líneabase y tratamiento se producen de forma secuencial. En estos diseños la líneabase o fase de tratamiento es llevada a cabo hasta que cierto numero de datos sea obtenido (normalmente al menos tres) y los datos no muestren ninguna tendencia.Por el contrario, en el diseño alternante ambas condiciones, líneabase y tratamiento, se producen durante días o sesiones alternas lo que permite que ambas condiciones se puedan comparar en el mismo período de tiempo. Ello es significativo ya que cualquier variable extraña tendría un efecto similar en ambas condiciones y por lo tanto uno podría ser la causa de las diferencias entre las condiciones.

Consideremos el siguiente ejemplo de diseño alternante. Un maestro quiere determinar si los dibujos animados violentos conducen a la conducta agresiva en los niños de edad preescolar. Para ello decide utilizar un tratamiento alternante a fin de demostrar una relación funcional entre ver dibujos animados violentos y comportamiento agresivo. El primer día el maestro registra el comportamiento agresivo de los estudiantes sin haberles mostrado dibujos animados (línea-base). Al día siguiente, los niños ven dibujos animados violentos mientras el maestro continúa el registro de la conducta agresiva. El profesor sigue alternando la presentación de dibujos animados un día si y otro no hasta que después de algunas semanas pueda determinar si existe o no una relación funcional. Si se observa consistentemente más conducta agresiva durante los días en los que hubo dibujos animados y menos conducta agresiva los días que no los hubo, se habrá establecido una relación funcional entre dibujos animados violentos y conducta agresiva en niños preescolares. La Figura 3-15 ilustra el gráfico de este estudio hipotético propio de un diseño alternante.

En este gráfico se representa el número de conductas agresivas que tienen lugar los días en los que los niños vieron dibujos animados violentos (días impares) y durante

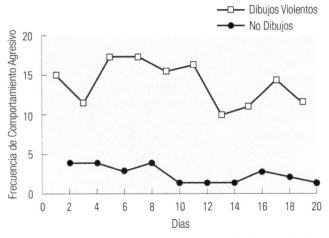

FIGURA 3-15   Este gráfico de un diseño alternante muestra la frecuencia de conducta agresiva en niños durante los días en los que vieron dibujos animados violentos en comparación a los días en los que no los vieron. Puede observarse que el nivel de conducta agresiva es mayor en los días en los que vieron dibujos animados violentos.

días en los que no los vieron (días pares). Puede apreciarse como el comportamiento agresivo se produce con más frecuencia los días en los que los niños vieron los dibujos animados. Podríamos decir que hay una separación en los datos cuando los registros son constantemente más altos en una condición que en la otra. Debido a que la conducta agresiva es siempre más elevada en los días de dibujos (hay una separación en los datos), los investigadores han demostrado una relación funcional y concluyen que la conducta agresiva ocurre como función de ver dibujos violentos.

Diseño de Criterio Variable

El **diseño de criterio variable** incluye una línea de base y una fase de tratamiento. A diferencia del diseño AB, en el diseño de criterio variable se especifican en secuencia sucesivos criterios de comportamiento. En otras palabras, la fase de tratamiento establece unos niveles o metas que van variándose sucesivamente especificando el nivel de la conducta objetivo que debe ser modificado durante cada momento del tratamiento. La efectividad del tratamiento se establece en función de si los cambios en la conducta del sujeto se acomodan a los cambios en los criterios de conducta. Es decir, la conducta del sujeto cambia cada vez que cambia el nivel de conducta establecido como meta. El gráfico que se usa en un diseño de criterio variable debe mostrar el nivel de cada criterio de conducta, de manera que cuando se representa la conducta podamos determinar si el nivel de conducta observada coincide o no con el nivel de cada criterio.

Consideremos la Figura 3-16 extraída de Foxx y Rubinoff (1979). Los autores querían ayudar a un grupo de personas a que redujesen el consumo excesivo de cafeína mediante el uso de reforzamiento positivo y coste de respuesta (consultar los Capítulos 15 y

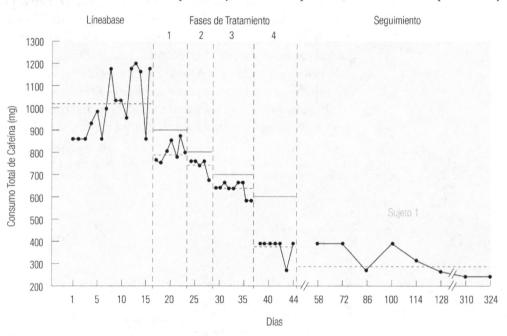

FIGURA 3-16 Este gráfico de un diseño de criterio cambiante muestra como el consumo de cafeína se redujo por debajo del criterio aplicado siempre en todas las ocasiones en las que se estableció un nuevo criterio. Las líneas horizontales continuas marcan los criterios aplicados en cada fase. Las líneas horizontales intermitentes indican el nivel medio de la conducta en cada fase (según Foxx, R. M., y Rubinoff, A. [1979]. Behavioral treatment of caffeinism: Reducing excessive coffee drinking. Journal of Applied Behavior Analysis, 72, 335-344. Copyright © 1979 UniversityofKansasPress. Reproducido con permiso de Richard Foxx y el editor).

diante el uso de reforzamiento positivo y coste de respuesta (consultar los Capítulos 15 y 17 para mayores detalles sobre estos procedimientos). Como se puede ver en el gráfico, los autores establecieron cuatro criterios o niveles de consumo de cafeína siendo cada uno inferior al anterior. Los participantes ganaban dinero si consumían una cantidad de cafeína inferior al nivel establecido por el criterio que se estuviese aplicando. Si por el contrario bebían más, se les penalizaba con la pérdida de dinero. El gráfico muestra que el tratamiento tuvo éxito con este sujeto ya que su nivel de consumo de cafeína estuvo por debajo de cada uno de los niveles de conducta establecidos como criterio. Es poco probable que los cambios de conducta puedan atribuirse a una variable extraña debido a que los investigadores demostraron una relación funcional, ya que la conducta del sujeto cambió cada vez que se modificó el criterio de conducta. DeLuca y Holborn (1992) utilizaron un diseño de criterio variable en un estudio en el que se pretendía incrementar el ejercicio físico de niños con obesidad. Los niños que participaron en el estudio recibían puntos en función de la cantidad de pedaleo realizado en una bicicleta estática. Los puntos podían luego intercambiarse por juguetes u otros premios. Cada vez que el criterio de rendimiento se elevaba, es decir, cada vez que tenían que pedalear más para ganar puntos, el nivel de ejercicio aumentó en la misma medida, demostrándose así la una relación funcional entre el tratamiento y la cantidad de pedaleo.

RESUMEN DEL CAPITULO

1. Las características esenciales de un gráfico de modificación de conducta son presentar un eje y, y un eje x correctamente identificados y cada uno con su correspondiente unidad y numeración. Además, el gráfico debe tener puntos de datos, líneas uniendo dichos puntos y líneas de separación de fases.

2. Los datos conductuales se representan gráficamente sobre el eje vertical o eje y, que corresponde al nivel de conducta, y sobre el eje horizontal o eje x, que corresponde a la unidad de tiempo.

3. Las diferentes dimensiones del comportamiento que pueden mostrarse en un gráfico son frecuencia, duración, intensidad y latencia de la conducta. Un gráfico también puede mostrar el porcentaje de intervalos en los que sucede la conducta obtenidos a partir de un registro de intervalos o de muestreo de tiempo o el porcentaje de oportunidades en el cual la conducta ha ocurrido (p.ej. porcentaje correcto)

4. Decimos que existe una relación funcional entre un tratamiento (variable independiente) y un comportamiento (variable dependiente) cuando el tratamiento hace que el comportamiento cambie. El control experimental o relación funcional se demuestran cuando una conducta de interés cambia con la aplicación del tratamiento y cuando al repetirse o replicarse el procedimiento de tratamiento una o más veces se modifica la conducta en cada una de estas ocasiones.

5. Los diseños de investigación que pueden utilizarse en la investigación en modificación de conducta son los siguientes:

   ■ En el diseño AB se presentan una líneabase y una fase de tratamiento para un solo sujeto. No es un verdadero diseño de investigación.

   ■ El diseño ABAB incorpora dos líneas de base y dos fases de tratamiento que se repiten en un mismo sujeto.

   ■ Un diseño de líneabase múltiple está formado por varios conjuntos de líneas de base y tratamiento que pueden pertenecer a varios comportamientos de un mismo sujeto, a un mismo comportamiento en múltiples sujetos, o a un mismo comportamiento de un solo sujeto en contextos diferentes. En todas las variaciones del diseño de líneabase múltiple el inicio de la fase de tratamiento se va escalonando entre conductas, sujetos o contextos.

   ■ En el diseño alternante se incorporan datos de dos o más condiciones experimentales que se alternan rápidamente. La alternancia puede ser entre líneabase y tratamiento o entre líneabase y varios tratamientos.

   ■ Por último, en el diseño de criterio cambiante, una líneabase es seguida por una fase de tratamiento en la que se especifican de forma secuencial los criterios o niveles de conducta que deben ser alcanzados.

Todos los diseños de investigación mencionados, salvo el diseño AB, controlan el posible influjo de variables extrañas lo que permite evaluar la efectividad de los tratamientos.

PALABRAS CLAVE

Diseño AB, 47
Diseño de criterio cambiante, 55
Diseño de la investigación, 47
Diseño de líneabase múltiple con varias conductas, 49
Diseño de líneabase múltiple con varios contextos, 49

Diseño de líneabase múltiple con varios sujetos, 49
Diseño de reversión ABAB, 48
Diseño de tratamientos alternantes, 53

Eje x, horizontal o de abscisas, 40
Eje y, vertical o de ordenadas, 40
Gráfico, 39
Líneabase, 42
Relación funcional, 47

TÉST PRÁCTICO

1. ¿Por qué en modificación de conducta se usan gráficos para evaluar los cambios que se dan en el comportamiento? (pág. 47).
2. ¿Qué dos variables se hallan representadas en un gráfico de modificación de conducta? (pág. 48).
3. ¿Qué representa el eje y? ¿Y el eje x? (pág. 48).
4. ¿Qué se indica en la leyenda del eje y? ¿Y en la del eje x? (pág. 48).
5. ¿Qué es una fase? (pág. 50).
6. ¿Por qué no se conectan con una línea los puntos de datos al pasar de una fase a otra? (pág. 50).
7. Dibuja un gráfico hipotético que ilustre los seis componentes esenciales de los gráficos que se usan en modificación de conducta. Identifica los seis componentes en tu gráfico (págs. 48-51).
8. ¿Cómo etiquetarías el eje y de un gráfico cuyos datos se hayan obtenido mediante un registro de intervalos? (pág. 54).
9. ¿Qué es un diseño AB? ¿A qué se refieren la A y la B? (pág. 55).
10. ¿En qué consiste un diseño de reversión ABAB? Dibuja un gráfico hipotético típico de este diseño. Asegúrate de que los seis componentes básicos están presentes (pág. 56).
11. ¿En qué consiste un diseño de líneabase múltiple? Enumera los tres tipos de diseños de líneabase múl-

tiple que existen. Dibuja un gráfico hipotético de un diseño de líneabase múltiple con varios sujetos. Asegúrate de incorporar los 6 componentes esenciales (págs. 57-59).
12. ¿Qué es una variable extraña? ¿De qué modo permite el diseño ABAB descartar variables extrañas como posibles causas del cambio de conducta? (págs. 55-57).
13. En un diseño de líneabase múltiple, ¿qué quiere decir que el tratamiento está escalonado? (pág. 59).
14. ¿En qué consiste el diseño alternante? Dibuja un gráfico hipotético de un diseño alternante asegurándote de incluir los seis componentes básicos de que hemos hablado (págs. 59-62).
15. ¿Cómo se evalúa la efectividad del tratamiento en un diseño alternante? (pág. 62).
16. Describe el diseño de criterio cambiante y dibuja un gráfico hipotético incluyendo los seis componentes ya citados (págs. 62-63).
17. ¿De qué modo se determina la efectividad del tratamiento en un diseño de criterio cambiante? (pág. 62).
18. ¿Qué es una relación funcional? ¿Cómo se determina que existe una relación funcional entre un comportamiento de interés y un procedimiento de tratamiento? (pág. 55).

APLICACIONES

1. En los ejercicios de la sección de aplicaciones del Capítulo 2 planteamos el desarrollo de un plan de autorregistro como el primer paso de un programa de promoción de la autonomía personal. Una vez que comiences a registrar tu propio comportamiento objetivo, el siguiente paso es realizar un gráfico y representar tu propio comportamiento diariamente.

2. Hay quien prefiere generar los gráficos con un programa informático, no obstante, una hoja de papel grama informático, no obstante, una hoja de papel cuadriculado, un lápiz y una regla son suficientes para hacerlo. A medida que vayas realizando el gráfico asegúrate de seguir las siguientes reglas:
    a. Etiqueta correctamente el eje y, y el eje x.

	Líneabase				Intervención				
Meses	1	2	3	4	5	6	7	8	9
Kilovatios (redondeado a la centena)	4100	3900	4100	4200	3100	3000	2900	3000	2900

	Líneabase			Intervención			
Meses	10	11	12	13	14	15	16
Kilovatios (redondeado a la centena)	3800	3900	3800	2900	2900	2800	2900

FIGURA 3-17   Estas tablas muestras de forma resumida el consumo mensual de electricidad en kilovatios en dos líneas de base y en dos fases de tratamiento diferentes.

a. Numera de manera apropiada el eje y, y el eje x.

b. Asegúrate de que el período de tiempo cubierto por el eje x es de al menos 3 o 4 meses a fin de que podamos usar el gráfico por un periodo prolongado.

c. Ve trasladando los datos al gráfico diariamente a medida que vayas registrando la conducta.

d. La líneabase debe mantenerse al menos un par de semanas a objeto de que la posible reactividad al autoregistro se estabilice.

2. La tabla de resumen que se presenta en la Figura 3-17 muestra el total de kilovatios mensuales de electricidad consumidos por una residencia de estudiantes. Durante ambas líneas de base no se llevó a cabo intervención alguna. En ambas fases de intervención el director de la residencia recordó diariamente a los estudiantes durante el desayuno que apagasen las luces y desconectasen los electrodomésticos cuando no los estuvieran utilizando. Elabora un gráfico usando los datos que se presentan la Figura 3-17. El gráfico mostrará el efecto de los recordatorios diarios sobre el número de kilovatios de electricidad consumidos mensualmente.

3. Guillermina está trabajando con Manuel y Ruth, dos niños con autismo que presentan conductas autolesivas que consisten en golpearse fuertemente la cara con la mano abierta. Una vez registrada la frecuencia del comportamiento autolesivo durante la líneabase en ambos niños, se aplicó un tratamiento que consistió en reforzar conductas alternativas (ver Capítulo 15). La toma de datos continuo durante un algún tiempo. La frecuencia de la conducta autolesiva de Manuel fue de 25, 22,19, 19, 22, 22 y 23 durante la líneabase y de 12, 10, 5, 6, 5, 2, 1, 1,1 ,1, 0, 0, 1, 1, 0, 0 y 0 durante la fase de tratamiento.La frecuencia de Ruth fue de 12, 12, 15, 14, 13, 12, 12, 13, 10, 12, 14, y 17 durante la lineabase y de 5, 3, 4, 2, 0, 2, 0, 0, 0, 2, 0, 0, y 0 durante tratamiento. Dibuja el gráfico adecuado con los datos de Manuel y Ruth. ¿Qué tipo de diseño usó Guillermina durante el tratamiento de estos dos casos?

APLICACIONES INADECUADAS

1. La compañía ACME se dedica a la fabricación de reproductores digitales y se encuentra al borde de la bancarrota por lo que solicitaron la asistencia de unos consultores. Estos recopilaron datos sobre la productividad de los empleados durante cuatro semanas concluyendo que construían reproductores la mitad de rápido de lo que podían. Acto seguido aplicaron un sistema de incentivos que duplicó la productividad de los empleados. Después de ocho semanas la productividad de la fábrica se duplicó permitiendo a

1. la compañía sanear su cuenta de resultados. En este momento, los consultores decidieron retirar el sistema de incentivos temporalmente y regresar a la línea de base durante cuatro semanas para luego volver a implementar los incentivos (diseño ABAB). Ello permitiría demostrar que el sistema de incentivos fue la causa del aumento en productividad y no alguna variable extraña.

   a. ¿Qué te parece inadecuado con relación al uso de un diseño de investigación ABAB en este caso?
   b. ¿Qué habrías hecho de ser tu uno de los consultores?

2. Aliciaha comenzado un plan personal para incrementar la cantidad de ejercicio físico que realiza a la semana. Para ello se ha propuesto registrar su comportamiento durante dos o tres semanas para disponer de una línea de base antes de aplicar la intervención. El registro consiste en medir la distancia recorrida cada vez que sale a correr trasladando la distancia recorrida semanalmente a un gráfico personal. Para ello guarda el registro diario en su escritorio y los domingos suma la distancia recorrida esa semana y la traslada al gráfico que ha pegado en la puerta de su habitación. ¿Crees que Alicia puede estar haciendo algo incorrectamente?

El Dr. Pérez está investigando una intervención para mejorar las habilidades sociales de los estudiantes universitarios con ansiedad social. Para ello identificó tres categorías generales de conducta social deseaba aumentar: iniciar conversaciones, responder preguntas y sonreír. Decidió utilizar un diseño de líneabase múltiple con varias conductas. Dicho diseño requería que se registrase la línea de base de cada uno de los tres comportamientos antes de la intervención. A continuación, se llevaría a cabo la intervención propiamente dicha y que afectaría a los tres comportamientos de una sola vez. El registro de los comportamientos continuaría para ver si estos se incrementaban después de iniciada la intervención.

   a. ¿Qué error ha cometido el Dr. Pérez al plantear su diseño de líneabase múltiple?
   b. ¿Qué debe modificar?

Reforzamiento

- ¿En qué consiste el principio de reforzamiento?
- ¿En qué se diferencia el reforzamiento positivo del negativo?
- ¿En qué se diferencian los reforzadores incondicionado de los condicionados?
- ¿Qué factores influyen en la efectividad del reforzamiento?
- ¿En qué consisten los programas de reforzamiento intermitente, y cómo afectan al comportamiento?

Este capítulo se centra en el principio básico del comportamiento conocido como reforzamiento. La investigación científica ha establecido una serie de principios básicos que explican el comportamiento de personas y animales. El reforzamiento fue uno de los primeros principios básicos en ser investigado sistemáticamente, siendo un componente central de muchas de las aplicaciones en modificación de conducta que se describen en este texto. El reforzamiento es el proceso mediante el cual una conducta es fortalecida por las consecuencias que le siguen. Estas consecuencias deben seguir a la conducta de manera inmediata y fiable. Cuando una conducta es reforzada por sus consecuencias es más probable que ocurra de nuevo en el futuro.

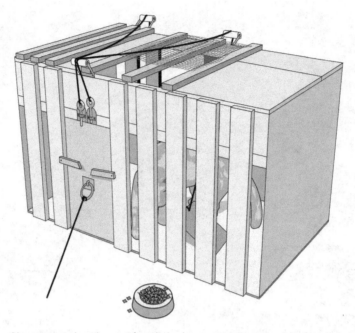

FIGURA 4-1   Un gato con hambre está en la jaula con comida a la vista fuera de la jaula. Cuando el gato acciona la palanca, la puerta de la jaula se abre y el gato se come la comida. A consecuencia de ello, el gato tiene más probabilidades de accionar la palanca cuando se le pone en la jaula.

La primera demostración del proceso de reforzamiento fue descrita por Thorndike en 1911. Thorndike puso a un gato hambriento en una caja y depositó alimentos fuera a la vista del animal. La caja disponía de una palanca que abría la puerta de la caja si el gato la pisaba. El gato fue arañando y mordiendo los barrotes de la jaula, introduciendo sus patas a través de las aberturas que había entre las barras y tratando de introducirse por ellas. Finalmente, golpeó accidentalmente la palanca, la puerta se abrió, salió y se comió la comida depositaba fuera de la jaula. Thorndike repitió la experiencia observando que cada vez que ponía al gato hambriento dentro de la jaula, este tardaba menos tiempo en accionar la palanca y abrir la puerta. Finalmente, el gato manipulaba la palanca tan pronto se le ponía en la jaula (Thorndike, 1911). Thorndike llamó a este fenómeno ley del efecto.

El ejemplo muestra que cuando el gato era puesto nuevamente en la jaula (Figura 4-1) tenía cada vez más probabilidades de accionar con éxito la palanca ya que el comportamiento de apretar la palanca daba acceso a una consecuencia inmediata: escapar de la jaula y obtener alimentos. El acceso a comida fue la consecuencia que reforzó (fortaleció) el comportamiento de accionar la palanca con la pata.

Reforzamiento

Respuesta ──► Consecuencia

Resultado: es más probable que la conducta ocurra en el futuro.

Respuesta   Consecuencia

El gato toca la palanca con la garra   e inmediatamente   la puerta se abre y la comida está disponible

Resultado: es mas probable que el gato toque la palanca cuanto se le ponga en la caja.

A partir de la década de 1930, B. F. Skinner comenzó a realizar numerosos estudios sobre reforzamiento en ratas y palomas (Skinner, 1938, 1956). Por ejemplo, Skinner colocaba un a rata que había sido privada de comida en una caja experimental y daba una bolita de comida cada vez que presionaba una palanca instalada en una de las paredes de la caja. Al principio, la rata exploraba la caja moviéndose, husmeando y alzándose sobre sus cuartos traseros. Cuando por casualidad lograba presionar la palanca con una de sus patas, aparecía una bolita en el comedero situado en una de las paredes de la caja. Cada vez que la rata presionaba la palanca recibía una bolita de comida. A consecuencia de ello, se incrementó la probabilidad de que la rata presionara la palanca cada vez que era colocaba en la caja experimental. De entre todos los comportamientos mostrados por la rata al entrar inicialmente en la caja, presionar la palanca fue el único que se reforzó por haber sido seguido inmediatamente por la recepción de alimento. En otras palabras, el comportamiento de presionar la palanca se incrementó en frecuencia con relación al resto de conductas exhibidas inicialmente por la rata en la caja experimental.

Respuesta   Consecuencia

La rata presiona la palanca   e inmediatamente   se presenta la comida.

Resultado: es más probable que la rata presione la palanca en el futuro.

Definición de reforzamiento

Los ejemplos del gato de Thorndike y la rata de Skinner ilustran claramente el principio de reforzamiento. Cuando un comportamiento provoca un resultado favorable (contribuye al bienestar o la supervivencia del animal), dicho comportamiento es más probable que se repita en el futuro en circunstancias similares. Aunque el principio de reforzamiento ha sido explorado sistemáticamente en animales de laboratorio, el reforzamiento es un proceso natural que también afecta al comportamiento humano. En el libro Ciencia y Conducta Humana (1953a), Skinner examinó el papel del reforzamiento en la determinación de una amplia variedad de comportamientos humanos. Como señalan Sulzer-Azaroff y Mayer (1991), el reforzamiento puede producirse naturalmente como resultado de nuestras interacciones diarias con el medio social y físico, o puede ser el resultado planificado de un programa de modificación de conducta diseñado para cambiar el comportamiento de una persona. La Tabla 4-1 presenta algunos ejemplos de reforzamiento.

Como se puede ver en cada uno de los ejemplos en la Tabla 4-1, el reforzamiento es un proceso que reúne los siguientes elementos:

1. La ocurrencia de un comportamiento específico.
2. La ocurrencia de una consecuencia inmediatamente posterior a dicho comportamiento.
3. El fortalecimiento de la conducta, es decir, el individuo tiene una mayor probabilidad de realizar esa conducta en el futuro.

TABLA 4-1 EJEMPLOS DE AUTOEVALUACIÓN (REFORZAMIENTO)

1. Unniño llora en la noche después de que lo pongan en la cama y sus padres llegan a su habitación para consolarle y calmarle. A consecuencia de ello el niño llora más a menudo a la hora de acostarse.
2. Unamujer que esperaba el autobús abre su paraguas cuando llueve. El paraguas evita que la lluvia le moje. A consecuencia de ello siempre abre el paraguas cuando llueve.
3. Cuando un chef hace filetes muy hechos y se crea humo acciona el extractor y el humo es absorbido. Ello hace que sea más probable encender el ventilador cuando cocina carne muy hecha.
4. Unestudiante de universidad responde a preguntas para su asignatura de modificación de conducta. Cuando no entiende alguna de las preguntas pide ayuda a un compañero que ya dio l   a asignatura y este le da la respuesta correcta. A consecuencia de ello es más probable que vuelva a pedir consejo a su compañero para contestar las preguntas que no entiende.
5. Unmaestro sonríe y alaba a Juan por quedarse sentado en su pupitre y prestar atención en clase. A consecuencia de ello es más probable que Juan permanezca sentado prestando atención cando su maestro está explicando en clase.
6. Cuando Patricia se va a la cama mientras su marido se queda viendo la televisión el ruido le impide conciliar el sueño. En estos casos se pone unos tapones para eliminar el ruido y conseguir dormirse. Ello hace que sea más probable que use tapones para los oídos cuando se va a la cama y la televisión sigue encendida.
7. Una empresa de fabricación de bicicletas comienza a pagar a sus trabajadores a destajo, en lugar de pagarles por hora, es decir, los operarios de la cadena de montaje ganaban una cierta cantidad por cada bicicleta que ensamblan. A consecuencia de ello, los trabajadores lograron ensamblar diariamente más bicicletas y ganar más dinero.
8. Un niño de dos años tiene una rabieta (llora y grita) en el supermercado cuando pide a su madre que le compre unas chucherías y esta le dice que no. Finalmente, su madre accede a comprarle las golosinas y el berrinche concluye. Ello hace que sea más probable que la madre le de chucherías al niño si vuelve a tener una rabieta. Además, el niño tiene más probabilidades de tener una rabieta en el supermercado, ya que la rabieta hace posible que su madre le de chucherías.

Se puede determinar que una conducta ha sido reforzada cuando hay un aumento en su frecuencia, duración, intensidad o velocidad (disminución de la latencia). La conducta que se refuerza a través de un proceso de reforzamiento recibe el nombre de **conducta operante**. La conducta operante actúa sobre el entorno para producir una consecuencia, estando a su vez controlada por las consecuencias inmediatas que la siguen. En otras palabras, la ocurrencia futura de la conducta operante está controlada por las consecuencias inmediatas que la siguen. La consecuencia que refuerza una conducta operante recibe el nombre de **reforzador.**

El primer ejemplo en la Tabla 4-1 describe el caso de una niña que se pone a llorar cuando sus padres la llevan a la cama. Puedes ver las respuestas en el Apéndice A al final de este capítulo.

El gráfico de la Figura 4-2 presenta datos hipotéticos de un efecto de reforzamiento en una conducta. Observa como la frecuencia de la conducta en la línea-base es baja, incrementándose durante la fase de reforzamiento. Como se ilustra en la Figura 4-2, cuando la ocurrencia de una conducta es reforzada, su frecuencia aumenta. Otras dimensiones de la conducta, tales como duración, intensidad o velocidad también pueden aumentar a consecuencia del reforzamiento.

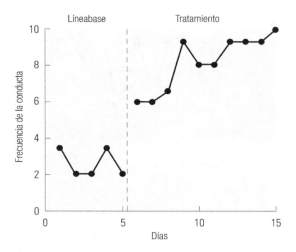

FIGURA 4-2   Este gráfico con datos hipotéticos muestra el efecto del reforzamiento en la frecuencia de un comportamiento. Cuando aplicamos reforzamiento observamos incrementos en la frecuencia de la conducta con respecto a la línea de base.

El gráfico de la Figura 4-3 muestra el efecto de un proceso de reforzamiento en la duración de un comportamiento. El gráfico procede de un estudio de Liberman, Teigen, Patterson y Baker (1973) en el que se muestra la duración del discurso racional (no delirante) de pacientes con esquizofrenia antes y después de una intervención. Los autores midieron la duración del habla racional durante conversaciones con las enfermeras. Liberman quería reforzar el habla racional para que esta se incrementase, y así que los pacientes diagnosticados con esquizofrenia tuviesen un comportamientomás normalizado. En este estudio el habla racional fue reforzada con atención y charlas individuales con una enfermera durante la merienda. Al mismo tiempo, el habla delirante no fue reforzada, es decir, las enfermeras no daban atenciónni ningún tipo de interacción socialcuando los pacientes hablaban de forma irracional o delirante. En la Figura 4-3 se observa como el habla racional aumentó en duración durante la fase de tratamiento como consecuencia del uso de reforzamiento social.

¿Qué tipo de diseño experimental se ilustra en la Figura 4-3?

La Figura 4-3 presenta un diseño de línea-base múltiple a través de varios sujetos. Hay una línea-base y una fase de tratamiento (reforzamiento) para cada uno de los cuatro pacientes. El momento en el que se inicia el procedimiento de reforzamiento en cada paciente se ha escalonado entre un paciente y el siguiente.

Términos: Se refuerzan las conductas, no las personas

■   Es correcto decir que reforzamos una conducta o respuesta, es decir, fortalecemos la conducta mediante reforzamiento. Por ejemplo, sería correcto decir: "el maestro reforzó con felicitaciones el permanecer en fila sin armar ruido".

■   Es incorrecto decir que reforzamos a una persona, ya que no fortalecemos a la persona, sino a su conducta. Por ejemplo, no sería correcto decir: "el maestro reforzó a Sara por estar en la fila sin armar ruido".

Ahora que ya estás familiarizado con la definición básica de reforzamiento es importante comprender la distinción entre reforzamiento positivo y reforzamiento negativo.

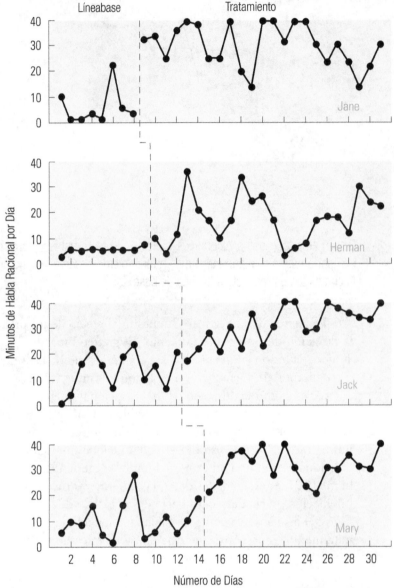

Línea de base | Tratamiento

Minutos de Habla Racional por Día

Número de Días

Reforzamiento positivo y negativo

Hay dos tipos de reforzamiento: reforzamiento positivo y reforzamiento negativo. Es muy importante recordar que tanto el reforzamiento positivo como el reforzamiento negativo son procesos que refuerzan la conducta, es decir, ambos aumentan la probabilidad de que el comportamiento se produzca en el futuro. El reforzamiento positivo del negativo solo por naturaleza de la consecuencia que sigue a la conducta.

El reforzamiento positivo reúne los siguientes elementos:

1. La ocurrencia de una conducta.
2. Dicha conducta es seguida por la un estímulo reforzante o por un aumento en la intensidad de un estímulo reforzante.
3. La presentación del reforzador fortalece la conducta.

El reforzamiento negativo, por el contrario, está definido por los siguientes aspectos:

1. La ocurrencia de una conducta.
2. Dicha conducta es seguida por la eliminación de un estímulo aversivo o por la disminución en intensidad de un estímulo aversivo
3. La retirada del estímulo aversivo fortalece la conducta.

Un **estímulo** es un objeto o acontecimiento que puede ser detectado por uno de los sentidos, y tiene, por lo tanto, el potencial de influir en el individuo. El objeto o suceso puede ser una característica del medio físico o el entorno social (p.ej., la conducta del propio individuo o de otros).

En el reforzamiento positivo, el estímulo que se presenta o aparece después del comportamiento se llama **reforzador positivo**. Un reforzador positivo normalmente es visto como algo agradable o deseable de lo cual una persona intentará tener. En el reforzamiento negativo, el estímulo que se retira o se evita después de realizar el comportamiento recibe el nombre de **estímulo aversivo.** Un estímulo aversivo normalmente es visto como algo incómodo, doloroso o molesto de lo cual una persona intentará escapar o evitar. La diferencia esencial, por lo tanto, es que en el reforzamiento positivo, la respuesta produce un estímulo (un reforzador positivo), mientras que en el reforzamiento negativo, una respuesta elimina o impide la aparición de un estímulo (un estímulo aversivo). Ambos procesos incrementan la probabilidad de que el comportamiento ocurra en el futuro.

Consideremos el ejemplo 8 que aparece en la Tabla 4-1. Cuando la madre compra chucherías al niño, la rabieta (estímulo aversivo) desaparece. Ello hace más probable que la madre le compre chucherías cuando vuelva a presentar una rabieta otro día que salgan a comprar. Este es un ejemplo de reforzamiento negativo. Por el contrario, desde el punto de vista del niño, gritar y patalear es seguido por la recepción de chucherías (reforzador positivo) haciéndose más probable que las rabietas vuelvan a ocurrir cuando salga otro día a comprar con su madre. Este sería un ejemplo de reforzamiento positivo.

Reforzamiento negativo no es castigo. Hay quien confunde el reforzamiento negativo con el castigo (véase el Capítulo 6). Debemos tener presente que son procesos diferentes. El reforzamiento negativo, al igual que el reforzamiento positivo, aumenta o refuerza una conducta, mientras que el castigo disminuye o debilita una conducta. La confusión proviene del uso de la palabra "negativo" para describir el reforzamiento negativo. En este contexto, la palabra negativo no hace referencia a nada malo o desagradable, sino a la retirada del estímulo aversivo después de la ocurrencia de la conducta.

Existen numerosos ejemplos de reforzamiento positivo y negativo en la vida cotidiana. De los ocho ejemplos que se presentan en la Tabla 4-1, cinco ilustran casos de reforzamiento positivo y cuatro ilustran casos de reforzamiento negativo. El ejemplo 8 ilustra ambos procesos.

Lee cada ejemplo de la Tabla 4-1 e identifica cuáles son ejemplos de reforzamiento positivo y cuáles son ejemplos de reforzamiento negativo razonando tus respuestas. Puedes encontrar las respuestas en el Apéndice B al final de este capítulo.

El reforzamiento positivo y negativo fortalecen la conducta. El aspecto más importante que debemos recordar acerca del reforzamiento positivo y el reforzamiento negativo es que ambos procesos fortalecen la conducta. El reforzamiento se define funcionalmente, es decir, siempre viene definido por su efecto en el comportamiento (Skinner, 1958). Pensemos en el siguiente ejemplo, un niño termina una tarea escolar solo, su maestro se acerca a su pupitre y le dice "Buen trabajo" dándole una palmadita en la espalda.

¿Sería este un ejemplo de reforzamiento positivo?

En este caso, no podríamos afirmarlo a ciencia cierta ya que la información que se nos ha presentado es insuficiente. Esta situación sería un ejemplo del reforzamiento positivo sólo en el caso de que las palabras y la palmadita del maestro hiciesen más probable que el niño termine sus tareas solo en el futuro. Recordemos la definición funcional del proceso de reforzamiento: la consecuencia de una conducta aumenta la probabilidad de que dicha conducta se repita en el futuro. Para la mayoría de los niños, los elogios y la atención del maestro refuerzan la conducta de hacer tareas escolares, no obstante, hay casos (p.ej., niños con autismo) en los que la atención del maestro no funciona como reforzador. La alabanza y una palmadita en la espalda no reforzaría la conducta en estos casos (Durand, Crimmins, Caufield y Taylor, 1989). Durand y sus colegas demostraron que para determinar si una consecuencia dada funcionaba como reforzador para una persona particular debían comprobarlo midiendo su efecto en el comportamiento. A este fin compraron el efecto de dos consecuencias diferentes sobre el rendimiento en tareas escolares de niños con trastornos generalizados del desarrollo. Algunas veces les elogiaban por hacer bien la tarea, mientras que en otras ocasiones les daban un breve descanso de la tarea. Durand y sus colegas hallaron que el elogio producía mayor incremento en el rendimiento en algunos niños, pero no en otros, y que los descansos producían un mayor rendimiento para algunos niños, pero no para otros. Los resultados de Durand llaman la atención sobre la importancia de identificar potenciales reforzadores midiendo directamente su efecto en el comportamiento.

Siempre que tengas que analizar una situación y determinar si se trata de un caso de reforzamiento positivo o negativo, hazte las siguientes preguntas:

1. ¿Cuál es el comportamiento?
2. ¿Qué sucedió inmediatamente después de la conducta? (¿Apareció un estímulo [reforzamiento positivo] o se retiró un estímulo que estaba presente previamente [reforzamiento negativo]?).
3. ¿Qué pasó con el comportamiento posteriormente? (¿Fue reforzado? es decir, ¿incrementó la probabilidad de que ocurriera?).

Si puedes contestar cada una de estas preguntas, podrás identificar si un ejemplo dado es o no un caso de reforzamiento, y en caso de ser un caso de reforzamiento si se trata de reforzamiento positivo o negativo.

Reforzamiento Social y Reforzamiento Automático

Como ya hemos visto, durante el reforzamiento la conducta puede ser seguida por la aparición de un reforzador en casos de reforzamiento positivo, o la eliminación de un estímulo aversivo en casos de reforzamiento negativo. En ambos casos la conducta es fortalecida. Tanto durante el reforzamiento positivo como durante el reforzamiento negativo la consecuencia reforzante puede ser el resultado de las acciones de otra persona o el resultado de la interacción directa con el entorno físico (p.ej., Iwata, Vollmer y Zarcone, 1990; Iwata, Vollmer, Zarcone y Rodgers, 1993). Cuando un comportamiento produce una consecuencia reforzante a través de las acciones de otra persona hablamos de un proceso de reforzamiento social. Un ejemplo de reforzamiento social sería pedirle a nuestro compañero de piso que nos pase la bolsa de patatas fritas. Un ejemplo de reforzamiento social negativo sería que le pidiésemos a nuestro compañero de piso que baje el volumen de la televisión cuando está demasiado alto. En ambos casos, la consecuencia de la conducta se produce a través de las acciones de otra persona. Por el contrario, cuando el comportamiento produce una consecuencia reforzante que resulta del contacto directo con el entorno físico, el proceso se denomina reforzamiento automático. Un ejemplo de reforzamiento automático positivo sería ir uno mismo a la cocina a traer las patatas fritas. Un ejemplo de reforzamiento automático negativo sería el bajar uno mismo el volumen de la televisión usando el mando a distancia. En ambos casos, la consecuencia reforzante no fue producida por otra persona.

Un tipo de reforzamiento positivo especial consiste en la posibilidad de realizar un comportamiento muy probable, es decir, un comportamiento preferido, como consecuencia de realizar un comportamiento poco probable o poco preferido. Este procedimiento recibe el nombre de **principio de Premack** (Premack, 1959) y permite aumentar la baja frecuencia con la que ocurre el comportamiento poco probable (Mitchell y Stoffelmayr, 1973). Por ejemplo, cuando unos padres piden a su hijo que termine la tarea antes de salir a jugar con sus amigos estarían aplicando el principio de Premack. La oportunidad de jugar (un comportamiento muy probable) después de la finalización de la tarea (comportamiento poco probable) refuerza la conducta de hacer la tarea, es decir, hace más probable que el niño termine la tarea.

Términos: Se refuerzan las conductas, no las personas

Hay estudiantes que se confunden entre reforzamiento positivo y negativo. Ambos son tipos de reforzamiento y ambos fortalecen la conducta. La única diferencia consiste en que después de la conducta puede presentarse un estímulo, en cuyo caso hablaríamos de reforzamiento positivo, o puede retirarse un estímulo, en cuyo caso hablaríamos de reforzamiento negativo. Si representamos el carácter positvo del castigo con un signo más (+) y el negativo como un signo menos (-), podríamos decir que en el reforzamiento + sumamos un estímulo (el reforzador) después de la conducta, mientras que en el reforzamiento − restamos un estímulo (el estímulo averisivo) después de la conducta. El pensar en ambos tipos de reforzamiento en términos de sumar o restar un estímulo después de la conducta debería ayudarnos a aclarar la diferencia.

Conductas de escape y evitación

Cuando definimos el reforzamiento negativo distinguimos entre escape y evitación. En el caso de la **conducta de escape**, la ocurrencia de la conducta hace que finalice la estimulación aversiva que estaba presente. En otras palabras, el comportamiento permite escapar del estímulo aversivo siendo por ello reforzado. Por otra parte, en la conducta de evitación, la ocurrencia de la conducta impide que el estímulo aversivo llegue a presentarse. Es decir, el individuo evita el **estímulo aversivo** al realizar la conducta y en consecuencia esta se fortalece.

En una situación de evitación generalmente se presenta un estímulo de advertencia antes de que aparezca el estímulo aversivo como tal, ello permite realizar la conducta de evitación antes de que el estímulo aversivo se presente. Tanto el escape como la evitación son dos tipos de reforzamiento negativo, por lo tanto, ambos dan lugar a un aumento en la tasa de la conducta que permite eliminar o evitar el estímulo aversivo.

Distinguiendo entre conductas de escape y evitación. La siguiente situación permite diferenciar claramente la distinción entre escape y evitación. Una rata de laboratorio se coloca en una caja experimental dividida en dos espacios separados por una barrera, la rata puede saltar por encima de la barrera para ir de un lado a otro. En el suelo hay una malla electrificada que permite presentar descargas eléctricas en ambos espacios de la caja experimental. Cada vez que la descarga se presenta en el lado derecho de la cámara, la rata salta al lado izquierdo, y viceversa, escapando así de la descarga. En esta caso saltar a la parte izquierda de la caja es una conducta de escape ya que la rata escapa de un estímulo aversivo (la descarga eléctrica). La rata aprende la conducta de escape rápidamente saltando de un lado al otro de la caja tan pronto como se aplica la descarga.

Por el contrario, en una situación de evitación, se presenta un tono, que sirve de estímulo de advertencia, justo antes de aplicar la descarga. Suele usarse un estímulo auditivo porque la audiciónde las ratas es superior a su sentido de la vista.

¿Qué aprende la rata cuando se presenta el tono?

Después de una serie de ensayos en los que el tono se presenta justo antes de la descarga, la rata comienza a ir al otro lado de la caja tan pronto oye el tono, de este modo, la rata evita la descarga saltando al otro lado tan pronto como el estímulo de advertencia se presenta.

Escape

Respuesta		Consecuencia
Cuando se da un calambrazo, la rata salta al otro lado	e inmediatamente	la rata escapa del calambrazo.

Resultado: es más probable que la rata salte al otro lado cuando haya calambrazo.

Evitación

Respuesta		Consecuencia
Cuando el tono se presenta, la rata salta al otro lado	e inmediatamente	la rata evita el calambrazo.

Resultado: es más probable que la rata salte al otro lado cuando el tono esté presente.

Ejemplos cotidianos de conductas de escape y evitación

Escape | Una persona pisa descalzo sobre el asfalto caliente y de inmediato salta para pisar sobre la hierba. De pisar la hierba en los resultados de escapar del calor del asfalto caliente.

Evitación | Una persona se pone zapatos la próxima vez que camina sobre el asfalto caliente. Los zapatos permiten evitar el calor del asfalto caliente.

Escape | Enciendes el coche y la radio se enciende a gran volumen porque la última persona que usó el coche dejó el volumen al máximo. Bajas el volumen para escapar de ese sonido tan fuerte.

Evitación | Bajas el volumen de la radio del coche antes de arrancar. En este caso se evita el ruido de la radio.

Escape | Te sientas en un cine cerca de un grupo de niños que hacen ruido durante la película, de modo que te cambias a otro sitio lo suficientemente alejado para escapar del ruido.

Evitación | Entras en una sala de cine y elijes un asiento alejado de un grupo de niños de cuya presencia te has percatado. De esta manera logras evitar el ruido que hacen.

Conductas de escape y evitación

El reforzamiento es un proceso natural que afecta el comportamiento de seres humanos y animales. A través de la evolución, hemos heredado algunas características biológicas que contribuyen a nuestra supervivencia. Una de ellas es la capacidad de aprender nuevas conductas a través de procesos de reforzamiento. Ciertos estímulos son reforzantes de forma natural sin mediar aprendizaje alguno. Ello parece deberse a que la capacidad de que nuestra conducta sea reforzada por estos estímulos ha tenido un efecto en la supervivencia de la especie (Cooper, Heron y Heward, 1987, 2007). Por ejemplo, el consumo de alimentos y agua, o la estimulación sexual, son reforzadores naturales positivos porque contribuyen a la supervivencia del individuo y de la especie. De igual modo, el escape de la estimulación dolorosa o de niveles extremos de otras formas de estimulación (frío, calor u otras formas de estimulación aversiva) son reforzadores naturales negativos porque el escape o de evitación de estos estímulos también contribuye a la supervivencia. Estos reforzadores naturales reciben la denominación de **reforzadores incondicionados** o primarios, ya que en la mayoría de los individuos funcionan como reforzadores la primera vez que se presentan sin necesidad de que medie experiencia previa. Como decimos, su carácter incondicionado parece deberse a que tienen importancia biológica (Cooper et al., 1987, 2007).

Otra clase de reforzadores son los **reforzadores condicionados** o reforzadores secundarios. Un reforzador condicionado es un estímulo que fue inicialmente neutral, es decir, que no funcionaba como reforzador y no tenía influencia sobre el comportamiento, pero que ha llegado a establecerse como reforzador al ser emparejado con un reforzador incondicionado o con un reforzador condicionado ya establecido. Por ejemplo, la atención de los padres es un reforzador condicionado para la mayoría de los niños por haberse emparejado en numerosas ocasiones con el acceso a alimentos, calor y otros muchos reforzadores en el transcurso de la vida de un niño. El dinero es otro reforzador condicionado muy común, ya que permite comprar bienes y servicios, y por tanto se presenta conjuntamente con una amplia variedad de reforzadores incondicionados y condicionados durante la vida de una persona. Si no pudiésemos comprar cosas con dinero, este dejaría de ser un reforzador condicionado, por ejemplo, dejaríamos de trabajar o de realizar cualquier conducta que tenga como fin conseguir dinero en el caso de que no pudiéramos usarlo para acceder a otros reforzadores. Esto ilustra un aspecto importante de los reforzadores condicionados; los reforzadores condicionados siguen siendo reforzadores siempre y cuando continúen siendo emparejados, al menos periódicamente, con otros reforzadores.

Casi cualquier estímulo puede convertirse en un reforzador condicionado si se empareja con un reforzador ya establecido. Por ejemplo, cuando enseñan a un delfín a hacer trucos y acrobacias en un parque acuático, se usa como reforzador el clic que emite un pequeño aparato portátil (clicker) cuando es accionado. Antes de poder usar el clic como reforzador condicionado, el entrenador habrá ofrecido pescado como reforzador emparejando la presencia de los pescados con el clic. Después de repetir este proceso varias veces, el clic llega a convertirse en un reforzador condicionado. Una vez el clic se ha establecido como reforzador condicionado, el entrenador emparejará el sonido con el reforzador incondicionado esporádicamente, en este caso el pescado, a fin de que el clic continúe funcionando como reforzador condicionado (Pryor, 1985). Un estímulo inicialmente neutro, como un disco de plástico o una tarjeta de cartón, puede utilizarse como reforzador condicionado (**fichas**) para modificar la conducta en un programa de reforzamiento que use una economía de fichas. En una economía de fichas, se da la ficha después de que se haya realizado una conducta deseada. Posteriormente, la persona intercambiará la ficha por otros reforzadores, llamados **reforzadores recuperables**. El emparejamiento de las fichas con los reforzadores recuperables hace que estas se conviertan en reforzadores de la conducta (véase una revisión de los programas de reforzamiento con fichas en Kazdin [1982]). El Capítulo 22 explica los programas de reforzamiento con fichas en mayor detalle.

Cuando un reforzador condicionado se empareja con una amplia variedad de reforzadores recibe el nombre de **reforzador condicionado generalizado** o simplemente reforzador generalizado. El dinero es un reforzador generalizado ya que se ha emparejado, o intercambiado, con una variedad casi ilimitada de reforzadores. Ello hace que el dinero sea un reforzador potente cuyo valor tiene una menor probabilidad de saciarse a pesar incluso de que se acumule en cantidades considerables. Es otras palabras, la saciedad, definida como la disminución o pérdida del efecto reforzante de un reforzador, es menos probable que se produzca con reforzadores generalizados tales como el dinero. Las fichas que se usan en una economía de fichas serían otro ejemplo del uso de reforzadores condicionados generalizados, ya que las fichas son intercambiables por múltiples reforzadores haciendo que puedan acumularse sin riesgo a que se produzca una rápida saciedad (pérdida de efectividad del reforzador por exposición repetida o continuada). El reconocimiento social es también un reforzador condicionado generalizado por haberse emparejado con numerosos reforzadores durante la vida del individuo.

Factores que afectan a la efectividad del reforzamiento

La efectividad del reforzamiento está influida por una serie de factores tales como la inmediatez y la consistencia con la que se presenta la consecuencia, las **operaciones motivadoras**, la magnitud del reforzador y las diferencias individuales.

Inmediatez

La inmediatez hace referencia al tiempo que transcurre entre la ocurrencia de un comportamiento y la aparición de la consecuencia reforzante. A objeto de maximizar la efectividad de una consecuencia como reforzador esta debe ocurrir inmediatamente después de que la respuesta se produzca. Una ocurrencia específica de una conducta se conoce como **respuesta**. Cuanto más larga sea la demora entre la respuesta y la consecuencia tanto menor será el efecto reforzante de la consecuencia por haberse debilitado la contigüidad o conexión entre ambos eventos. Si el tiempo entre la respuesta y la consecuencia se hace demasiado prolongado y no hay contigüidad, la consecuencia no afectará al comportamiento. Por ejemplo, si queremos enseñarle a un perro a que se siente cuando se lo ordenamos y le damos una galleta 5 minutos después de que haya realizado la conducta, la galleta no reforzará la conducta de sentarse. En este ejemplo la demora de la consecuencia sería demasiado larga como para ejercer control sobre la conducta. Lo que podría ocurrir en el ejemplo es que la galleta reforzase cualquier conducta que el perro resultase estar haciendo inmediatamente antes de recibir la galleta, por ejemplo, la conducta de merodear o mendigar que suelen ser las conductas reforzadas cuando se dan chucherías a los animales de compañía. Por el contrario, si le hubiésemos dado la galleta justo después de que se sentase estaríamos reforzando la conducta de sentarse y por tanto se incrementaría la probabilidad de que el perro se siente en el futuro cuando se le da la orden correspondiente.

Consideremos por un momento la importancia de la inmediatez de los reforzadores en el comportamiento social. Cuando hablamos con alguien recibimos de inmediato respuestas sociales por parte del oyente, por ejemplo, sonrisas, gestos de asentimiento, contacto visual, o risas, respuestas estas que refuerzan nuestra conducta de hablar. Estos reforzadores fortalecen conductas sociales apropiadas. Aprendemos qué es apropiado decir y qué no es apropiado decir, en función de las respuestas inmediatas que recibimos del oyente. Imaginemos por ejemplo que cuentas un chiste y la gente se ríe, ello incrementará la probabilidad de que cuentes este chiste en el futuro. Si, por el contrario, la gente no se ríe inmediatamente después de haber contado el chiste será menos probable que lo contemos en el futuro.

Contingencia

Si una respuesta va seguida siempre de manera inmediata por una misma consecuencia, es más probable que dicha consecuencia refuerce la respuesta. Cuando la respuesta produce la consecuencia y esta no se produce a menos que la respuesta haya ocurrido previamente, decimos que existe una **contingencia** entre la respuesta y la consecuencia. Cuando existe una relación de contingencia entre respuesta y consecuencia es más probable que la consecuencia refuerce la respuesta (ver por ejemplo Borrero, Vollmer y Wright, 2002). Consideremos como ejemplo el girar la llave de un coche para arrancarlo. Este sería un caso de contingencia ya que siempre que se gira la llave el coche arranca. La conducta de girar la llave sería reforzada por el encendido del motor. Si el motor se encendiese solo algunas veces después de haber girado la llave, o si se hubiese encendido en otras ocasiones sin haber girado la llave, no se fortalecería el comportamiento de girar la llave en este coche particular. En resumen, es más probable que repitamos un comportamiento si este produce una respuesta reforzante de manera consistente. En otras palabras, una conducta se fortalece cuando un reforzador se presenta de manera contingente: el reforzador se produce sólo si el comportamiento se produce.

Operaciones Motivadoras

Ciertos eventos pueden hacer que una consecuencia concreta sea máso menos reforzante en algunos momentos que en otros. Estos eventos antecedentes, denominados **operaciones motivadoras**, alteran el valor del reforzador. Existen dos tipos de operaciones motivadoras: operaciones de establecimiento y operaciones de abolición. Una **operación de establecimiento** hace que un reforzador sea más intenso, en otras palabras, establece la efectividad del reforzador. Por otra parte, una **operación de abolición** hace que el reforzador pierda intensidad, en otras palabras, reduce la efectividad del reforzador.

Las operaciones motivadoras tienen dos efectos:

a. alteran el valor del reforzador
b. hacen que la conducta que produce ese reforzador altere temporalmente su probabilidad de ocurrencia.

■ En el caso de la operación de establecimiento, el reforzador se hace más potente y la conducta que lo produce se vuelve más probable.

■ En el caso de la operación de abolición, el reforzador pierde potencia y la conducta que permite acceder al mismo se vuelve menos probable.

Consideremos algunos ejemplos de operaciones de establecimiento. La ingesta de alimento es un reforzador más poderoso para una persona que no ha comido recientemente que para otra que acaba de ingerir una copiosa comida. Del mismo modo, el agua es un reforzador más potente para alguien que no ha bebido en todo el día o que acaba de correr 10 kilómetros. Análogamente, el agua u otras bebidas serán más reforzantes para una persona que acaba de comer palomitas de maíz saladas que para alguien que no lo hizo (ello explica por quéen algunos bares den aperitivos salados gratuitamente). En estos ejemplos, quedarse sin agua o comida (privación de alimentos), correr 10 kilómetros, o comer palomitas saladas son casos de operaciones de establecimiento, ya que (a) incrementan temporalmente la efectividad de un reforzador y (b) hacen que la conducta que permite acceder a dicho reforzador se produzca con mayor probabilidad.

Una operación de establecimiento evoca una conducta

■ Decir que una operación de establecimiento evoca una conducta, es lo mismo que decir que una operación de establecimiento hace que sea más probable que la conducta ocurra.

■ Esto se conoce como el efecto evocativo de una operación de establecimiento.

La **privación** es un tipo de operación de establecimiento que incrementa el efecto reforzante de la mayoría de los reforzadores incondicionados y de algunos de los condicionados. Un reforzador dado, por ejemplo, agua o comida, se hace más poderoso si una persona no ha tenido acceso a él por algún tiempo. La atención, por ejemplo, puede ser un reforzador más poderoso para un niño que la ha recibido durante un tiempo. Del mismo modo, el dinero, aunque es casi siempre un reforzador, puede ser más poderoso para alguien que no tenga dinero o no disponga del suficiente. Además de la privación, cualquier circunstancia que incremente la necesidad de dinero por parte del individuo, por ejemplo, debido a un gasto inesperado, incrementa el valor del dinero como reforzador.

Consideremos ahora algunos ejemplos de operaciones de abolición. La ingesta de alimentos puede no ser reforzante justo después de concluir una copiosa comida. El haber comido mucho es una operación de abolición que devalúa temporalmente la comida como reforzador y que hace que las conductas que permiten obtener alimentos tengan una menor probabilidad. De igual modo, el agua u otras bebidas no reforzarán la conducta de alguien que acaba de beber una cantidad considerable de agua. El beber gran cantidad de agua hace que esta pierda su capacidad reforzante temporalmente haciendo que elas conductas que facilitan la obtención de agua sean menos probables. Todos estos son son ejemplos de operaciones de abolición ya que(a)reducen la efectividad del reforzador en un tiempo o situación particulares y (b) hacen que la conducta que permite obtener dicho reforzador se dé con menor probabilidad.

Una operación de abolición abate una conducta

- ■ Decir que una operación de abolición abate una conducta, es lo mismo que decir que la operación de abolición hace que sea menos probable que la conducta ocurra.

- ■ Esto se conoce como el efecto de abatimiento de una operación de abolición.

Los ejemplos anteriores ilustran un tipo de operación de abolición conocido como saciedad. La **saciedad** se da cuando una persona ha consumido recientemente una cantidad notable de un reforzador particular (p.ej., comida o agua) o ha estado expuesta en cantidades considerables a dicho estímulo reforzante. A consecuencia de ello, estos reforzadores pierden potencia temporalmente. Por ejemplo, las canciones de tu cantante favorito se harán menos reforzantes si has estado escuchándolas cinco horas seguidas. Análogamente, la atención de un adulto puede ser poco reforzante para un niño que acaba de recibir atención individual por parte de su maestra durante un buen rato. Pese a que la exposición prolongada o el consumo de reforzadores reduce su efectividad, los efectos de la saciedad decaen con el paso del tiempo. Cuanto más tiempo transcurra desde que el reforzador fue consumido, tanto más poderoso se hará dicho reforzador y menor será la probabilidad de observar efectos de saciedad.

Las instrucciones o las reglas también pueden funcionar como una operación de establecimiento y afectar el valor reforzante de un estímulo (Schlinger, 1993). Por ejemplo, las monedas de céntimo no son reforzadores potentes para la mayoría de la gente, sin embargo, si te dijeran que hay escasez de monedas de cobre y que ahora valen 50 céntimos cada una, el valor reforzante de estas monedas aumentaría, y se incrementaría la probabilidad de que realizases conductas que permitan adquirir más monedas de céntimo.

El ejemplo previo, ¿es un caso de operación de establecimiento o de operación de abolición?

El ejemplo constituyeun caso de operación de establecimiento ya que se incrementó el valor reforzante de las monedas de céntimo.

Consideremos otro ejemplo. Supongamos que un amigo tiene entradas para un parque de atracciones al que tenías planeado ir. Si te dijesen que las entradas de tu amigo han caducado, su valor reforzante desaparecería y sería menos probable que le pidieras las entradas a tu amigo.

El ejemplo previo, ¿es un caso de operación de establecimiento o de operación de abolición?

Es un caso de operación de abolición ya que el valor reforzante de las entradas se redujo.

Consideremos un ejemplo más, imagina que acabas de comprar una nueva mesa para el ordenador y la impresora y cuando lees las instrucciones de montaje caes en la cuenta de que necesitas un destornillador para montarla. Esta circunstancia aumentaría el valor reforzante del destornillador requerido y se haría probable que fueras a buscar uno. Buscar el destornillador estaría reforzado por encontrarlo y poder montar la mesa.

> *El ejemplo previo, ¿es un caso de operación de establecimiento o de operación de abolición?*

Es un caso de operación de establecimiento debido a que el valor reforzante del destornillador se incrementó.

Las operaciones de establecimiento y las operaciones de abolición también afectan la efectividad del reforzamiento negativo. Cuando un evento incrementa el carácter aversivo de un estímulo, se incrementa el valor reforzante de eliminar el estímulo o escapar de él (operación de establecimiento). Cuando un evento reduce el carácter aversivo de un estímulo, el escape de dicho estímulo o su retirada se hacen menos reforzantes (operación de abolición). Por ejemplo, un dolor de cabeza puede ser una operación de establecimiento que incremente el carácter aversivo de la música alta haciendo el silencio más reforzante bajo esta circunstancia (p.ej., es más probable que apaguemos la música alta si tenemos dolor de cabeza). Por otra parte, pasar un fin de semana en compañía de un grupo de amigos, sin tener dolores de cabeza, reduce el carácter aversivo de la música altea y hace que el apagar la música sea menos reforzante. Consideremos otro ejemplo. Un día soleado probablemente no es aversivo para la mayoría de la gente, sin embargo, si una persona sufre quemaduras en la piel a consecuencia de una exposición excesiva a la luz solar, el escapar de la luz directa del sol se hace más reforzante. La quemadura funcionaria como una operación de establecimiento para permanecer bajo techo o sentado a la sombra más reforzante ya que estas conductas eliminan la posibilidad de estar expuesto al sol (estímulo aversivo). Por otra parte, aplicar protector solar podría ser una operación de abolición que reduce el carácter aversivo de estar expuesto a la luz solar y hace que el escape de la luz directa del sol sea menos reforzante (ver Michael [1982, 1993b] y Laraway, Snycerski, Michael, y Poling, [2003], para una discusión completa sobre las operaciones de estableciminto y abolición).

LECTURA PARA AMPLIAR

Operaciones Motivadoras

Usamos el término operación de establecimiento para describir cualquier acontecimiento que hace que un reforzador sea más potente y que incrementa la probabilidad de los comportamientos que producen tal reforzador. Este concepto fue descrito inicialmente con detalle por Jack Michael en 1982 y se ha escrito acerca mucho sobre él desde entonces (p.ej., de McGill, 1999). En su artículo de 1982, Michael se define las operaciones de establecimiento y las distingue del concepto de estímulo discriminativo que es otro tipo de evento antecedente (ver Capítulo 7). En un artículo más reciente, Laraway y sus colaboradores (Laraway, Snycerski, Michael y Poling, 2003) perfeccionaron el concepto presentándolo en el contexto más amplio de la motivación. También introdujeron el concepto de operación de abolición. Tanto las operaciones de establecimiento como las operaciones de abolición son importantes debido a su influencia sobre la efectividad del reforzamiento y debido a que ambas pueden manipularse en procedimientos de modificación de conducta para ayudar a las personas a cambiar su conducta (ver Capítulos 13 y 16).

Diferencias Individuales

La probabilidad de que una consecuencia sea un reforzador varía de una persona a otra, por ello es importante determinar si una consecuencia particular funciona como reforzador para una persona particular. No debemos presuponer que un determinado estímulo funciona como reforzador para una persona sólo porque el mismo estímulo parece ser un reforzador para la mayoría de la gente. Por ejemplo, los elogios pueden carecer de sentido para algunas personas, a pesar de ser un reforzador para la mayoría de la gente. Los dulces de chocolate suelen ser reforzadores para la mayoría de los niños, aunque no lo serán para un niño que sea alérgico al chocolate y se enferme cuando los tome. El Capítulo 15 presenta varias formas de identificar qué consecuencias funcionan como reforzadores.

Magnitud

La otra característica de un estímulo que se relaciona con su poder como reforzador es su cantidad o magnitud. Generalmente, cuando se presentan las operaciones de establecimiento adecuadas, el efecto de un estímulo como reforzador es mayor si la cantidad o magnitud del estímulo es mayor, siendo ello cierto tanto para el reforzamiento positivo como para el negativo. Una mayor cantidad de reforzador fortalece el comportamiento que lo produce en mayor medida que una cantidad igual o más pequeña del mismo reforzador. Por ejemplo, una persona trabajaría más tiempo y con más intensidad para obtener una gran suma de dinero que para obtener una pequeña cantidad. Asimismo, hacer desaparecer un estímulo aversivo muy intenso fortalecería más la conducta que permita acabar con dicho estímulo de lo que se fortalecería con una versión de menor magnitud o intensidad del mismo estímulo. Por ejemplo, una persona haría más cosas y más intensamente para reducir o eliminar un estímulo muy doloroso que para reducir o eliminar un estímulo doloroso leve. Igualmente, haríamos mucho más por escapar de un edificio en llamas de lo que lo haríamos para evitar que nos dé elcalor del sol.

Factores que influyen en la efectividad del reforzamiento

Inmediatez	Un estímulo es un reforzador más efectivo cuando se presenta inmediatamente después de la conducta.
Contingencia	Un estímulo es un reforzador más efectivo cuando su presentación depende de la conducta.
Operaciones motivadoras	Las operaciones de establecimiento hacen que un estímulo sea más efectivo como reforzador durante un momento determinado. Las operaciones de abolición hacen que un estímulo sea menos potente como reforzador durante un momento determinado.
Las diferencias individuales	Los reforzadores varían de persona a persona.
Magnitud	En general, un estímulo más intenso es un reforzador más efectivo.

Programas de reforzamiento

El **programa de reforzamiento** de una conducta particular especifica si cada respuesta es seguida por un reforzador o si en cambio sólo algunas de las respuestas van seguidas de un reforzador. En un **programa de reforzamiento continuo** se refuerza cada aparición de una respuesta, por el contrario, en un **programa de reforzamiento intermitente** no se refuerza cada aparición de la respuesta siendo solo reforzadas ocasionalmente o intermitentemente. Consideremos el siguiente ejemplo, María trabaja desde hace poco en una fábrica de muebles, su trabajo consiste en atornillar los pomos de las puertas de varios tipos de muebles. El primer día que acudió al trabajo el supervisor le mostró cómo atornillar los pomos. A continuación, el supervisor observaba a María realizando el trabajo durante unos minutos elogiándola cada vez que atornillaba un pomo de forma correcta. El ejemplo describe un programa de reforzamiento continuo ya que cada respuesta (atornillar un pomo correctamente) era seguida por la consecuencia reforzante (elogio del supervisor). Después de los primeros minutos de María en el trabajo, el supervisor se fue y luego volvió en varias ocasiones durante el día. Cuando lo hacía observaba a María hacer su trabajo y la elogiaba cuando atornillaba un pomo correctamente. Este sería un caso de programa de reforzamiento intermitente ya que la conducta de atornillar pomosha sido reforzada solamente alguna de las veces que ha ocurrido.

En el ejemplo podemos observar el uso inicial de un programa de reforzamiento continuo cuando María estaba aprendiendo el comportamiento. Una vez que María aprendió el comportamiento (era capaz de atornillar pomos correctamente en todas las ocasiones), el supervisor pasó a un programa de reforzamiento intermitente. Un programa de reforzamiento continuo se utiliza cuando se está aprendiendo una conducta o se realiza el comportamiento por primera vez. Esto proceso se llama la **adquisición** ya que el individuo está adquiriendo un nuevo comportamientocon el uso de un programa de reforzamiento continuo. Una vez que la persona ha adquirido o aprendido la conducta, se uti-liza un programa de reforzamiento intermitente a fin de que el individuo siga realizando el comportamiento. Este proceso se llama **mantenimiento** ya que el comportamiento se mantiene en el tiempo gracias al uso del reforzamiento intermitente. El supervisor de María no podría alabarle todos los comportamientos correctos realizados cada día. Esto no sólo es imposible sino también innecesario. El reforzamiento intermitente es más eficaz que el reforzamiento continuo para el mantenimiento de un comportamiento.

Describe cómo una máquina expendedora de refrescos sería un ejemplo de programa de reforzamiento continuo, mientras que una máquina tragaperras sería un ejemplo de programa de reforzamiento intermi-tente.

El comportamiento de poner dinero en una máquina expendedora y pulsar el bo-tón de selección se refuerza cada vez que se produce porque la máquina te da el artículo que has pagado y seleccionado. El comportamiento de poner dinero en una máquina tragaperras y accionar la palanca se ve reforzada en un programa intermitente debido a que la máquina tragaperras nos devuelve dinero sólo de vez en cuando (Figura 4-4).

Ferster y Skinner (1957) estudiaron distintos tipos de programas de reforzamien-to intermitente. En sus experimentos ponían palomas dentro de cajas experimentales permitiendo que picotearan teclas en forma de disco instaladas delante del animal en la pared de la caja. La tecla podía iluminarse y la caja permitía registrar cada vez que la paloma picotease en la tecla. Como reforzadores de la conducta usaban pequeñas cantidades de alimento que se entregaban a través de una abertura en la pared debajo de la tecla. Ferster y Skinner describen cuatro tipos básicos de programas: razón fija, razón variable, intervalo fijo e intervalo variable. Aunque estos programas de reforza-miento se estudiaron originalmente con animales de laboratorio, también se aplican a la conducta humana.

Razón fija

En los programas de reforzamiento de razón fija y de razón variable la entrega del re-forzador depende del número de respuestas que se hayan producido. En el caso de los **programas de razón fija**, este puede ser un número específico o fijo de respuestas que después de un cierto número de respuestas. Por ejemplo, en un programa de razón fija 5 (RF 5), el reforzador se presentará después de la quinta respuesta. En estos programas el número de respuestas necesarias antes de la presentación del reforzador no cambia.

FIGURA 4-4   La máquina tragaperras funciona según un programa de reforzamiento intermitente pues no obtenemos dinero de la máquina cada vez que introducimos una moneda en la ranura y accionamos la palanca. Por el contrario, las máquinas de refrescos funcionan de acuerdo a un programa de reforzamiento continuo: cada vez que introducidnos dinero obtenemos una bebida de la maquina.

Ferster y Skinner (1957) hallaron que las tasas de respuesta de palomas bajo programas de razón fija era elevada. También observaron que a menudo se producía una breve pausa en las respuestas después de la entrega del reforzador. Replicaron esta análisis con programas de razón fija que requerían de 2 a 400 respuestas para obtener el reforzador observándose generalmente que la tasa de respuestas se incrementaba de forma paralela al incremento de la razón del programa.

Podemos ver ejemplos de programas de reforzamiento de razón fija en el ámbito académico o de trabajo con el propósito de mantener un comportamiento adecuado. Consideremos el ejemplo de Pablo, un joven de 26 años con discapacidad intelectual grave que trabaja en una fábrica embalando piezas. Como las piezas llegan a través de una cinta transportadora, Pablo los recoge y las mete en cajas. El supervisor de Pablo le da una ficha (reforzador condicionado) después de cada 20 piezas empaquetadas. Este sería un caso de programa de reforzamiento de razón fija 20 (RF 20). Durante el y después del trabajo, las fichas pueden intercambiarse por reforzadores recuperables (p.ej., aperitivos, palomitas de maíz o refrescos). Programas parecidos pueden usarse en el entorno escolar dando a los estudiantes reforzadores (p.ej., estrellas, pegatinas, buenas notas) para la correcta realización de un número fijo de problemas u otras tareas escolares. Otro ejemplo de programa de reforzamiento de razón fija se da en el trabajo a destajo cuando se paga a los trabajadores una cantidad determinada de dinero por cada número fijo de respuestas (p.ej., 5 € por cada 12 piezas ensambladas).

Razón Variable

Al igual que en los programas de razón fija, en los **programas de razón variable** la entrega del reforzador depende del número de respuestas que se producen, solo que en este caso, el número de respuestas necesarias para obtener el reforzador varía en torno a un número promedio de respuestas. Es decir, el reforzador se presenta después de que una media de X respuestas se han emitido. Por ejemplo, en un programa de razón variable 10 (RV 10), el reforzador se proporciona después de un promedio de 10 respuestas. El número de respuestas necesarias para obtener cada reforzador podrá variar de entre 2 o 3 hasta 20 o 25, no obstante, el número promedio de respuestas será igual a 10. Ferster y Skinner (1957) evaluaron programas de razón variable en palomas y hallaron que estos programas generan una tasa de respuestas elevada y constante. A diferencia de los programas de razón fija, en los programas de razón variable la pausa tras la entrega del reforzador es mínima. Ferster y Skinner evaluaron programas de razón variable incluyendo algunos que requerían un gran número de respuestas para obtener el reforzador (p.ej., la RV 360).

Algunos programas de reforzamiento existen de forma natural, mientras otros pueden ser creados deliberadamente. Consideremos de nuevo el ejemplo de Pablo, el hombre con discapacidad intelectual que empaquetaba piezas en una fábrica.

Describe cómo un programa de reforzamiento de razón variable 20 se podría aplicar con la remuneración que Pablo recibe por su trabajo.

El supervisor podría reforzar su desempeño en el trabajo de acuerdo a un programa de razón variable 20 entregando una ficha después de un promedio de 20 piezas empaquetadas. A veces el número de respuestas necesarias sería inferior a 20 y en otras ocasiones superior. El número de respuestas necesarias para cualquier entregar una ficha no sería previsible para Pablo, por el contrario, con un programa de razón fija 20 el reforzador se proporciona regularmente después de cada 20 respuestas (piezas empaquetadas). Las máquinas tragaperras ofrecen otro ejemplo, la respuesta de colocar una moneda en la máquina y tirar de la palanca es reforzada por un programa de razón variable. El jugador nunca sabe cuántas respuestas se necesitan para obtener un premio importante (reforzador). Sin embargo, cuantas más respuestas hace el jugador, mayor será la probabilidad de obtener un premio ya que los programas de razón variable dependen del número de respuestas, no del tiempo u otros factores. Por lo tanto, el programa de razón variable de una máquina tragaperras produce una tasa de respuestas elevada y estable. Por supuesto, el casino se asegura de que el programa de reforzamiento haga que los jugadores depositen más dinero más dinero en la máquina del que reciben de ella. Un vendedor que debe hacer múltiples llamadas para vender un producto proporciona otro ejemplo de programa de programa de razón variable. El número de llamadas que debe ocurrir antes de que el vendedor logro vender un producto (reforzador) es variable. Cuantas más llamadas haga el vendedor, más probable será que realice una venta. Sin embargo, no puede predecirse qué llamada particular dará lugar a una venta.

En los programas de razón fija y de razón variable la entrega del reforzador depende del número de respuestas que se producen, por ello en ambos casos el acceso al reforzador será tanto más frecuente cuanto más frecuentes sean las respuestas. Por este motivo los programas de razón son los programas de reforzamiento intermitente más utilizados en los procedimientos de modificación de conducta.

Intervalo fijo

Durante un programa de intervalo, ya sea de intervalo fijo o intervalo variable, una respuesta se ve reforzada si se produce después de que haya transcurrido un intervalo de tiempo. No importa cuántas respuestas se produzcan, tan pronto como el intervalo de tiempo haya transcurrido, la primera respuesta que se produzca será reforzada. En un **programa de intervalo fijo**, el intervalo de tiempo es fijo, es decir, es el mismo cada vez. Por ejemplo, en un programa de reforzamiento de intervalo fijo de 20 segundos, la primera respuesta que se produce después de transcurridos 20 segundos produce la aparición del reforzador. Las respuestas que se producen antes de que transcurran los

20 segundos no son reforzadas y no tienen efecto sobre la entrega posterior del reforzador (no hacen que el reforzador se presente antes). Una vez que los 20 segundos han transcurrido, el reforzador está disponible, y la primera respuesta que se produce es reforzada. Luego, 20 segundos más tarde, el reforzador está disponible de nuevo, y la primera respuesta que se produzca provocará la aparición del reforzador. Consideremos de nuevo el ejemplo de Pablo y su trabajo en la fábrica.

Describe cómo un programa de reforzamiento de intervalo fijo de 30 minutos se llevaría a cabo con el trabajo de Pablo.

Un programa de intervalo fijo de 30 minutos estaría operando si el supervisor acudiera cada 30 minutos y diera una ficha a Pablo después de la primera respuesta (empaquetar una pieza) que se produjera. El número de piezas que Pablo lograse empaquetar durante los 30 minutos anteriores sería irrelevante. El supervisor proporcionará la ficha (reforzador) por la primera pieza que viese empaquetar a Pablo después del periodo de 30 minutos. Mientras que en los programas de razón fija y razón variable Pablo recibe las fichas dependiendo del número de piezas que logre empaquetar, en un programa de intervalo fijo, se necesita una única respuesta para acceder al reforzador, siempre y cuando esta se produzca después del descanso.

Ferster y Skinner (1957) observaron que los programas de reforzamiento de intervalo fijo producen un cierto patrón de respuesta. Las palomas respondían a un ritmo creciente al final del intervalo, tendencia que se interrumpía cuando recibían el reforzador, momento en el que se producía una pausa en las respuestas. A continuación, a medida que el final del intervalo se acercaba la paloma comenzaba a responder de nuevo con mayor rapidez hasta que se entregaba el reforzador. El trabajo de Pablo en la fábrica podría seguir este mismo patrón de respuestas. Después de recibir una ficha por parte del supervisor y de que el supervisor se marche para observar a otros trabajadores, Pablo podría reducir el ritmo de su actividad o dejar de trabajar por un tiempo, para empezar a trabajar otra vez hacia el final de los periodos de 30 minutos. Debido a que Pablo recibe una ficha por empaquetar piezas solo después del intervalo de 30 minutos, su comportamiento comenzaría a ocurrir con más frecuencia hacia el final de la duración del intervalo. Por otra parte, dado que nunca se reciben fichas por embalar piezas durante el intervalo de 30 minutos, de forma natural su comportamiento comenzaría a ser menos frecuente durante la primera parte del intervalo. Este patrón de comportamiento (mayor tasa de respuesta al final del intervalo) es característico de los programas de reforzamiento de intervalo fijo. Por esta razón, estos programas rara vez se utilizan en enseñanza o durante el entrenamiento de habilidades. Por el contrario, los programas de razón fija y razón variable se usan más frecuentemente, ya que producen tasas de respuesta más altas y estables. Pablo aprendió a embalar más piezas y a recibir más fichas bajo programas de razón fija y razón variable. Por el contrario, bajo el programa de intervalo fijo, Pablo aprendería a embalar piezas en un período limitado en torno al final de cada intervalo de 30 minutos.

Intervalo variable

Análogamente a los programas de intervalo fijo, en un **programa de reforzamiento de intervalo variable (IV)** el reforzador se entrega coincidiendo con la primera respuesta que se produce después de transcurrido un intervalo de tiempo. A diferencia de los programas de intervalo fijo, en los programas de intervalo variable la duración de cada intervalo varía en torno a un tiempo promedio. Por ejemplo, en un programa de intervalo variable de 20 segundos (IV 20) el intervalo durará más de 20 segundos algunas veces y menos de 20 segundos en otras ocasiones, no siendo predecible su duración en un intervalo particular, no obstante, la duración media será de 20 segundos. Ferster y Skinner (1957) investigaron diversos programas de reforzamiento de intervalo variable y hallaron que el patrón de respuesta era diferente que el observado en un programa de intervalo fijo. En el Anexo VI el comportamiento de la paloma (picotear una tecla) se produjo a un ritmo constante, mientras que en el programa de intervalo fijo se observó una disminución en la frecuencia durante la primera parte del intervalo y un aumento de frecuencia hacia el final del intervalo. Dado que la duración del intervalo, y por tanto la disponibilidad del reforzador, es imprevisible en un programa de intervalo variable, esta bimodalidad en el patrón de respuesta no se desarrolló. Una vez más, consideremos el caso de Pablo y el embalaje de piezas.

Describe cómo el supervisor llevaría a cabo un programa de intervalo variable de 30 minutos con Pablo. Describe en qué se diferencia el comportamiento de Pablo durante un programa de intervalo variable de 30 minutos con respecto de su comportamiento en un programa de intervalo fijo de 30 minutos.

Bajo un programa de intervalo variable de 30 minutos (IV 30), el supervisor pasaría a ver a Pablo a intervalos de tiempo de duración impredecible (p.ej., después de 5 minutos, 22 minutos, 45 minutos, 36 minutos) y le daría una ficha después del primer paquete que le observara empaquetar. Los intervalos tendrían diferente duración pero oscilarían en torno a un promedio de 30 minutos y el reforzador (ficha) se daría por la primera respuesta tras el intervalo. Bajo este programa es probable que Pablo empaquetase piezas de manera constante durante todo el día. La ralentización y la aceleración de su ritmo de trabajo observadas en el programa de intervalo fijo no ocurrirían porque la longitud de los intervalos es impredecible.

Programas de reforzamiento

Razón fija	El reforzador se presenta después de un cierto número de respuestas. Este programa produce una tasa elevada de conducta con una pausa después de que se presente el reforzador.
Razón variable	El reforzador se presenta después de un promedio x derespuestas. Este programa produce una tasa elevada y constante de conducta, sin pausas después del acceso al reforzador.
Intervalo fijo	El reforzador se presenta por la primera respuesta que se produce después de un intervalo fijo de tiempo. Este programa produce una baja tasa de comportamiento patrón de respuesta bimodal (respuestas presentes o ausentes). La tasa de respuesta se incrementa hacia el final del intervalo.
Intervalo variable	El reforzador se entrega por la primera respuesta que se produce después de un intervalo de tiempo variable. Produce un patrón de respuesta constante con una tasa de baja a moderada sin patrón bimodal.

Reforzamiento de diferentes aspectos del comportamiento

Pese a que el reforzamiento a menudo se utiliza para aumentar la tasa de un comportamiento, también puede influir en otras dimensiones de la conducta tales como la duración, la intensidad o la latencia. Si un reforzador depende de que el comportamiento tenga una duración determinada, es probable que la conducta adquiera esa duración. Por ejemplo, si le permitimos a un niño jugar después de la escuela sólo después de hace deberes durante una media hora, será más probable que trabaje en su tarea durante 30 minutos. Asimismo, si el reforzador está supeditado a una intensidad particular de un comportamiento, es probable que el comportamiento ocurra con esa intensidad. Por ejemplo, si una puerta se queda atascada por el frío y hay que empujar con más fuerza para abrirla, se reforzará una intensidad creciente de la respuesta hasta que la puerta se abra. Análogamente, si un reforzador es contingente a la disminución de la latencia de una respuesta, se fortalecerá una disminución de la latencia (aumento de la velocidad). Por ejemplo, si un niño recibe un reforzador por hacer inmediatamente lo que sus padres le dicen, la inmediatez de la respuesta (latencia corta) se fortalecerá y el niño tendrá más probabilidades de responder de inmediato cuando sus padres le piden que haga algo.

Reforzamiento de diferentes aspectos del comportamiento

En la mayoría de las situaciones un individuo tiene la posibilidad de realizar más de un comportamiento. Para cada uno de estos posibles comportamientos que una persona puede realizar en un determinado momento existe un programa específico de reforzamiento. El conjunto de programas de reforzamiento que controlan las conductas de una persona en un momento dado se llaman **programas concurrentes de reforzamiento**. En otras palabras, los programas concurrentes controlan los comportamientos u opciones de opciones de respuesta diferentes que están disponibles para el individuo al mismo tiempo. Estas son llamadas **operantes concurrentes**. Por ejemplo, alzar la mano en clase y hacer ruidos de animales son operantes concurrentes para un estudiante de primaria. Es probable que las dos sean reforzadas por la atención de la profesora siguiendo algún programa de reforzamiento. Los programas concurrentes de reforzamiento o castigo asociados a las diferentes opciones de respuesta disponibles en un momento determinado afectan a la probabilidad de que un comportamiento particular se producirá en ese momento. La persona generalmente se dedicará a una u otra opción de respuesta en función del programa de reforzamiento, la magnitud del reforzador, la inmediatez del reforzador, y el **esfuerzo de respuesta** asociado a las diferentes opciones de respuesta disponibles (Neef, Mace, y Shade, 1993; Neef, Mace, Shea y Shade, 1992; Neef, Shade y Miller, 1994). Por ejemplo, si Raimundo puede cortar el césped del jardín de un amigo por 10 € por hora o ayudar a su primo en la ferretería por 8 € por hora, es probable que ayude al amigo, ya que la magnitud del reforzador asociado a esa opción de respuesta es mayor. Si los dos puestos de trabajo se pagan a 10 € por hora, pero uno de los trabajos es considerablemente más fácil que el otro probablemente elegirá el trabajo más fácil. Sin embargo, si tuviera la oportunidad de pasar la tarde haciendo esquí acuático con su novia es posible que eligiese esta opción por encima de las otras dos, ya que permite el acceso areforzadoresmás poderosos que la cantidad de dinero obtenido por realizar un trabajo.

La investigación sobre programas concurrentes de reforzamiento pone de manifiesto que la mayoría de la gente realiza con frecuencia comportamientos que maximizan la tasa de reforzamiento, la magnitud o inmediatez del reforzador, o que minimizan el esfuerzo de respuesta necesario para acceder al reforzador (Friman y Poling, 1995; Hoch, McComas, Johnson, Faranda y Guenther, 2002; Hoch, McComas, Thompson y Paone, 2002; Neef et al., 1992, 1993, 1994; Piazza, Roane, Keeney, Boney,yAbt, 2002). Los programas concurrentes son de interés para la aplicación de procedimientos de modificación de conducta. Por ejemplo, un comportamiento no deseado controlado por un programa de reforzamiento determinado puede coexistir junto con un comportamiento que se desea incrementar y que está bajo el control de otro programa de reforzamiento. Cuando utilizamos reforzamiento para aumentar la conducta deseable también se debe tener en cuenta, y en algunos casos modificar, el programa, la magnitud y la inmediatez del reforzamiento y el esfuerzo de respuestade la conducta que se desea reducir (Mace y Roberts, 1993).

RESUMEN DEL CAPITULO

1. El reforzamiento es un principio básico de la conducta que ocurre cuando un comportamiento es seguido de una consecuencia inmediata que fortalece la conducta o aumenta la probabilidad futura del comportamiento. El reforzamiento es el proceso responsable de la aparición de la conducta operante.

2. Tanto el reforzamiento positivo como el negativo refuerzan la conducta. La diferencia entre ambos radica en que en el reforzamiento positivo la conducta va seguida por la adición de un estímulo, mientras que en el reforzamiento negativo la conducta va seguida de la eliminación de un estímulo.

3. Los reforzadores incondicionados son estímulos que refuerzan de forma natural por tener importancia biológica o favorecer la supervivencia. Los reforzadores condicionados son originalmente estímulos neutrales que se han establecido como reforzadores por haber sido emparejados con reforzadores incondicionados u otros reforzadores condicionados.

4. Varios factores afectan la eficacia del reforzamiento. A fin de incrementar la eficacia de un reforzador, este debe ser presentado inmediatamente después de que ocurra la conducta. Un reforzador es más eficaz cuando depende de la conducta, es decir, cuando se entrega sólo si el comportamiento se produce. Los reforzadores son más eficaces cuando existe un estado de privación o alguna otra operación de establecimiento. En general, un reforzador es más eficaz cuanto mayor sea su cantidad o magnitud.

5. El reforzamiento puede ser programado para ocurrir cada vez que se produce el comportamiento (reforzamiento continuo) o puede ocurrir de forma intermitente. Los programas de reforzamiento continuo se usan durante la adquisición, es decir, durante el aprendizaje de un nuevo comportamiento. Los programas intermitentes se utilizan para mantener la conducta, una vez que esta ha sido aprendida. Hay cuatro programas básicos de reforzamiento intermitente. En los programas de razón se requieren varias respuestas para que se presente el reforzador. En un programa de razón fija, el número de respuestas es fijo o constante, mientras que, en un programa de razón variable, el número de respuestas necesarias para acceder al reforzador varía en torno a un número promedio. En los programas de intervalo, debe transcurrir un intervalo de tiempo antes de que se refuerce una respuesta. En un programa de intervalo fijo, el intervalo es fijo; en un programa de intervalo variable, el intervalo varía en torno a un tiempo medio. Los programas de razón producen una tasa de respuestas más elevada que los programas de intervalo, aunque a menudo hay una pausa después de la presentación del reforzador en los programas de razón fija. Los programas de intervalo producen tasas de respuesta más bajas que los programas de razón. El programa de intervalo variable produce un ritmo constante de respuestas, mientras que el programa de intervalo fijo produce un patrón de respuesta bimodal en el que la mayoría de las respuestas se producen hacia el final de los intervalos.

PALABRAS CLAVE

Adquisición, 77
Conducta de escape, 69
Conducta de evitación, 69
Conducta operante, 63
Consecuencia, 61
Contingencia, 72
Esfuerzo de respuesta, 82
Estímulo, 66
Estímulo aversivo, 66
Ficha, 71
Mantenimiento, 77
Operación de abolición, 73
Operantes concurrentes, 82
Operación de establecimiento, 73

Operación motivacional, 73
Principio de Premack, 68
Principio de Premack, 68
Privación, 73
Programa de reforzamiento, 76
Programa de intervalo fijo, 79
Programa de intervalo variable, 80
Programa de razón fija, 78
Programa de razón variable, 78
Programa de reforzamiento continuo 76
Programa de reforzamiento intermitente, 76

Programas concurrentes de reforzamiento, 82
Reforzador, 63
Reforzador condicionado generalizado, 71
Reforzador condicionado, 71
Reforzador incondicionado, 71
Reforzador positivo, 66
Reforzador recuperable, 71
Reforzamiento, 61
Reforzamiento negativo, 66
Reforzamiento positivo, 66
Respuesta, 72
Saciación, 74

TÉST PRÁCTICO

1. ¿Cuál es la definición de reforzamiento? (págs. 73, 75).
2. ¿Cuál era el reforzador del gato de Thorndike? ¿Qué comportamiento permitía acceder al reforzador? ¿Qué efecto tuvo el reforzador sobre el comportamiento del gato? (pág. 74).
3. ¿Qué quiere decirse cuando se afirma que "un comportamiento se refuerza"? (pág. 75).
4. ¿Qué es una conducta operante? ¿Qué conducta operante reforzaba Skinner en sus experimentos con ratas? (pág. 75).
5. Dibuja un gráfico que muestre un efecto de reforzamiento en la duración de la conducta de juego cooperativo en un niño.
6. Define reforzamiento positivo (pág. 78).
7. Define reforzamiento negativo (pág. 78).
8. Proporciona un ejemplo de reforzamiento positivo diferente de los presentados en el capítulo.
9. Proporciona un ejemplo de reforzamiento negativo diferente de los presentados en el capítulo.
10. ¿En qué se parecen el reforzamiento positivo y negativo? ¿En qué se diferencian? (pág. 78).
11. ¿En qué se diferencia el reforzamiento negativo del castigo? (pág. 78).
12. Define estímulo aversivo y proporciona un ejemplo (pág. 78).
13. ¿Qué es un reforzador condicionado? Da ejemplos de reforzadores incondicionados tanto positivos como negativos (pág. 82).
14. ¿Qué es un reforzador condicionado? Da ejemplos. Indica para cada uno de tus ejemplos cómo los estímulos llegaron a convertirse en reforzadores condicionados (pág. 82).
15. Identifica los cinco factores que influyen en la efectividad del reforzamiento (págs. 83-86).
16. ¿Qué se entiende por contigüidad entre respuesta y reforzador? ¿Cómo influye la contigüidad a la efectividad del reforzador? (pág. 83).
17. ¿Qué es una contingencia de reforzamiento? ¿Cómo afecta la contingencia a la efectividad del reforzamiento? (pág. 84).
18. ¿Qué es una operación de establecimiento? Da algunos ejemplos (págs. 85-86).
19. ¿Cómo podemos saber si un estímulo dado es un reforzador para una persona particular? (pág. 85).
20. Indica qué diferencias hay entre los programas de reforzamiento continuo e intermitente (pág. 86).
21. Los programas de reforzamiento continuo su usan para la adquisición, mientras que los programas intermitentes se utilizan para el mantenimiento de la conducta. Describe lo que esto significa (pág. 87).
22. ¿Qué es un programa de razón fija? ¿y un programa de razón variable? Describe un ejemplo que ilustre cada programa (págs. 88-89).
23. ¿Qué es un programa de intervalo fijo? ¿y un programa de intervalo variable? Describe el patrón de respuestas típico de un programa de intervalo fijo (págs. 89-91).
24. ¿En programas de enseñanza o entrenamiento es más probable usar programas de intervalo o de razón? ¿Por qué? (pág. 89).
25. ¿Qué son los programas concurrentes de reforzamiento? Proporciona un ejemplo (págs. 91-92).
26. Indica si cada uno de los siguientes casos es un ejemplo de reforzamiento positivo o negativo.

   a. Alicia interrumpe a sus padres y estos le regañan cada vez que lo hace. Pese a ello, Alicia continúa interrumpiéndoles.
   b. Ricardo insulta a su maestra cada vez que esta le pide que haga sus ejercicios de matemáticas. Cuando esto ocurre la maestra lo envía fuera de clase 15 minutos. En el tiempo que esta fuera se libera de tener que realizar los ejercicios. No obstante, Ricardo sigue insultando cuando regresa y la maestra le pide nuevamente que haga sus ejercicios.
   c. Máximo tiene una irritación en la piel que le causa picores. Cada vez que se rasca, la comezón desaparece brevemente, pero cuando le pica otra vez, vuelve a rascarse.
   d. Jorge entregó su tarea a tiempo y su maestro le sonrió. A consecuencia de ello, Jorge sigue entregando su tarea a tiempo.
   e. Guillermo esta conduciendo su camioneta a gran velocidad por un carril. En una curva con mucho barro pierde el control del vehículo y empieza a dar vueltas sin control. A consecuencia de ello se hace más probable que conduzca la camioneta a gran velocidad cuando va por carriles de tierra.
   f. La madre de María le grita cuando no limpia su cuarto los sábados. Ello hace más probable que permanezca en casa de un amigo el sábado a fin de evitar los gritos de su madre.

APÉNDICE A

Conductas operantes y reforzadores correspondientes a los ejemplos de la Tabla 4-1.

Conducta Operante	Reforzador
1. Llanto de un niño.	Atención de los padres.
2. Abrir un paraguas.	Evitar que le moje la lluvia.
3. Encender el extractor.	Eliminar el humo de la cocina.
4. Preguntar a su amigo la respuesta a una pregunta de clase.	El amigo da la respuesta correcta.
5. Juan se sienta en su sitio.	El maestro le sonríe y le elogia.
6. Patricia se pone tapones para los oídos.	Se eliminar el ruido de la televisión.
7. Los empleados fabrican bicicletas.	Ganan dinero.
8. La madre le da un caramelo al niño cuando tiene una rabieta.	La rabieta para.

APÉNDICE B

Ejemplos de reforzamiento positivo y negativo de la Tabla 4-1.

1. Reforzamiento positivo. La atención de los padres es un reforzador positivo para el llanto de un niño. El cese del llanto también refuerza negativamente el comportamiento de los padres de prestar atención a su hijo cuando llora.
2. Reforzamiento negativo. Abrir el paraguas impide que la lluvia moje la cabeza de la mujer (elimina el estímulo aversivo).
3. Reforzamiento negativo. Encender el extractor de aire elimina el humo.
4. Reforzamiento positivo. Cuando el estudiante pregunta a su amigo la respuesta a la pregunta, este te da la respuesta correcta.
5. Reforzamiento positivo. La sonrisa y el elogio del maestro son reforzadores positivos para la conducta de Juan de permanecer sentado prestando atención.
6. Reforzamiento negativo. Ponerse los tapones hace que termine el ruido de la televisión.
7. Reforzamiento positivo. El dinero es un reforzador positivo para la conducta de ensamblar bicicletas.
8. Reforzamiento positivo (niño). Para el niño los caramelos que le da la madre refuerzan la rabieta. Conseguir dulces de su madre, refuerza el comportamiento rabieta del niño. Reforzamiento negativo (madre). Para la madre la terminación de la rabieta del niño refuerza su conducta de darle un caramelo

Extinción

- ¿En qué consiste el principio de extinción?
- ¿Qué ocurre durante un incremento de respuesta asociado a la extinción?
- ¿En qué se diferencia la extinción después de un reforzamiento positivo y de un reforzamiento negativo?
- ¿Cuál es un error común al aplicar extinción?
- ¿Qué factores influyen en la extinción?

Tal y como hemos visto en el Capítulo 4, el reforzamiento es responsable de la adquisición y el mantenimiento de la conducta operante. Este capítulo trata de la extinción, un proceso que debilita la conducta operante. Consideremos los dos ejemplos siguientes.

Todos los lunes, miércoles y viernes, Rita va a su clase de modificación de conducta a las ocho. Justo antes de cada clase se detiene en la máquina de café, pone un euro en la máquina, pulsa el botón y recibe su café. Un día se acerca a la máquina, pone el dinero y presiona el botón, pero no pasa nada. Vuelve a pulsar el botón y no pasa nada. Pulsa el botón cada vez con más fuerza, pero la máquina sigue sin dispensar el café. Finalmente, se da por vencida y se va a clase sin su café. Durante una semana no saca café de la máquina y pasados esos días lo vuelve a intentar. Continúa sucediendo lo mismo, sigue sin salir el café. Desde entonces, no compra más el café de la máquina, sino que pasa por una cafetería que está de camino a la facultad y lo compra allí.

Respuesta	Consecuencia
Mete dinero a la máquina de café	No sale cafe de la máquina.

Resultado: es menos probable que en el futuro ella meta dinero en la máquina de café.

Cada noche, cuando Gregorio llega a casa del trabajo entra a su edificio por la salida de emergencia porque la puerta está más cerca de su apartamento y no tiene que caminar todo el trayecto hasta la puerta principal. La administradora del edificio no quiere que la gente utilice esa puerta salvo en casos de emergencia, por lo que le instala un nuevo candado. Ese día, cuando Gregorio llega a casa del trabajo, gira el pomo de la puerta pero ésta no se abre. Gira el pomo nuevamente y no pasa nada. Comienza a girar el pomo cada vez con más fuerza, pero continúa todo igual. Finalmente se detiene y camina hasta la puerta principal. Gregorio intenta abrir la puerta dos días más seguidos cuando llega a casa del trabajo, pero continúa sin poder abrirla. Finalmente desiste y deja de intentar entrar por la puerta de emergencia.

Respuesta	Consecuencia
Gira el pomo de la puerta de emergencia.	La puerta no se abre.

Resultado: es menos probable que intente abrir la puerta de emergencia.

Definición de extinción

El principio básico de comportamiento que se ilustra en los ejemplos anteriores es la **extinción.** En cada ejemplo, un comportamiento que fue reforzado durante un período de tiempo deja de ser reforzado y, por tanto, la conducta deja de ocurrir. El comportamiento de Rita de poner dinero en la máquina de café y pulsar el botón se vio reforzado por conseguir el café. El comportamiento de Gregorio de girar el pomo y abrir la puerta de emergencia se vio reforzado por entrar en el edificio desde un punto más cercano a su apartamento. Estos comportamientos se reforzaron de manera inmediata. Una vez que el reforzamiento se detuvo, Rita y Gregorio realizaron las conductas cada vez menos hasta que finalmente, dejaron de hacerlas.

La extinción es un principio básico de la conducta cuya definición conductual se cumple cuando se dan los siguientes elementos:

1. Un comportamiento ha sido previamente reforzado
2. ya no se producen las consecuencias que reforzaban las conductas
3. y, por lo tanto, la conducta deja de producirse en el futuro.

Mientras una conducta sea reforzada, al menos de forma intermitente, seguirá produciéndose. Si un comportamiento ya no es seguido por una consecuencia reforzante, la persona dejará de comportarse de esa manera. Cuando una conducta deja de producirse porque ya no está siendo reforzada, se dice que el comportamiento ha sido objeto de extinción o que el comportamiento ha sido extinguido.

Skinner (1938), y Ferster y Skinner (1957) demostraron el principio de extinción en animales de laboratorio. Cuando una paloma que ha sido reforzada por picotear una tecla en una cámara experimental deja de recibir comida como reforzador la conducta de picoteo se detiene. Cuando la rata deja de recibir comida por presionar la palanca, la conducta de presionar la palanca disminuye poco a poco y desaparece.

Numerosas investigaciones han demostrado también el principio de extinción con el comportamiento humano (véase Lerman y Iwata, 1996). Williams (1959) en uno de los primeros estudios sobre el uso de extinción en la disminución de los problemas de comportamiento humano, ilustra la eficacia de la extinción en la disminución de las rabietas nocturnas de un niño pequeño. Debido a que Williams había determinado que el comportamiento de rabietas del niño se veía reforzado por la atención de los padres, el procedimiento de extinción consistió en que los padres se abstuvieran de darle atención cuando su hijo presentaba dicho comportamiento por las noches.

Numerosas investigaciones han demostrado también el principio de extinción con el comportamiento humano (véase Lerman y Iwata, 1996). Williams (1959) en uno de los primeros estudios sobre el uso de extinción en la disminución de los problemas de comportamiento humano, ilustra la eficacia de la extinción en la disminución de las rabietas nocturnas de un niño pequeño. Debido a que Williams había determinado que el comportamiento de rabietas del niño se veía reforzado por la atención de los padres, el procedimiento de extinción consistió en que los padres se abstuvieran de darle atención cuando su hijo presentaba dicho comportamiento por las noches.

Respuesta	Consecuencia
Rabietas infantiles a la hora de acostarse.	Los padres no le prestan atención al niño.

Resultado: en el futuro, es menos probable que el niño tenga un comportamiento de berrinche antes de acostarse

Numerosos estudios han demostrado la eficacia de la extinción para disminuir los problemas de comportamiento en niños y adultos (Ayllon y Michael, 1959; Ducharme y Van Houten, 1994; Holz, Azrin y Ayllon 1963; Lerman y Iwata, 1995; Mazaleski, Iwata, Vollmer, Zarcone y Smith, 1993; Neisworth y Moore, 1972; Rincover, 1978, Wright, Brown y Andrews, 1978). En cada uno de estos estudios, el reforzador de un problema fue eliminado o retirado tras la ocurrencia de la conducta, y el comportamiento disminuyo en el futuro. Hasazi y Hasazi (1972), realizaron un estudio en el que se utilizó extinción para reducir los errores aritméticos de un niño de 8 años. Cada vez que el niño tenía que sumar dos dígitos (con dos respuestas) tenía problemas para resolverlos. El niño invertía los dígitos (p.ej., escribía 21 en lugar de 12 como respuesta a 7 + 5). Los investigadores determinaron que la atención proporcionada por el profesor a sus respuestas incorrectas fue reforzando la conducta del niño de revertir las cifras. El procedimiento de extinción requirió que el profesor no le diera ningún tipo de atención a las respuestas incorrectas del niño y además, el profesor tenía que felicitar al niño por sus respuestas correctas (Este es el reforzamiento diferencial, véase el Capítulo 15 para una discusión más detallada). El comportamiento del niño de invertir los dígitos disminuyó radicalmente cuando el profesor comenzó a aplicar el procedimiento de extinción (Figura 5-1). Este estudio es particularmente interesante porque muchos profesionales han considerado la inversión de dígitos como signo de un problema de aprendizaje, mientras que los autores demostraron que la inversión de dígitos en realidad era una conducta operante reforzada por la atención del maestro.

En otro ejemplo, Lovaas y Simmons (1969) utilizaron extinción para reducir el comportamiento autolesivo de un niño con discapacidad intelectual. Estos consideraban

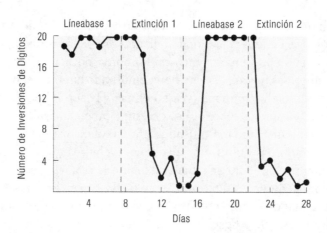

FIGURA 5-1   Este gráfico muestra el efecto de extinción en el comportamiento de un niño de 8 años. El gráfico ilustra un diseño de inversión ABAB. Durante la línea de base, el comportamiento de hacer inversiones de dos dígitos en sus respuestas a los problemas es reforzado por la atención del profesor. Cuando el realizar las inversiones de dos dígitos ya no estaba siendo reforzado por la atención del profesor, la frecuencia de la conducta disminuyó notablemente (según Hasazi, J.E, y Hasazi, S.E [1972]. Effects of teacher's attention on digit reversal behavior in an elementary school child. Journal of Applied Behavior Analysis, 5,157-162. Copyright © 1972 University of Kansas Press. Reproducido con autorización de Joseph E. Hasazi y el editor).

el comportamiento del niño de golpearse la cabeza estaba siendo reforzado por las consecuencias sociales (atención) de los adultos. La extinción haría disminuir los golpes que el niño se daba en la cabeza haciendo ver que a los demás no les llamaba la atención. Los resultados mostraron que la frecuencia de golpes en la cabeza se redujo de más de 2.500 veces, en un período de una hora, a cero veces por sesión. Se necesitaron diez sesiones de extinción para que la frecuencia de la conducta se redujera a cero veces por sesión.

Respuesta	Consecuencia

El niño golpea su cabeza   Los padres no le prestan atención al niño.

Resultado: es menos probable que el niño se golpee en la cabeza porque el comportamiento ya no se ve reforzado por atención adulta

Terminos: hablar sobre extinción con propiedad

Cuando hablamos sobre la extinción y sus efectos:
- Es correcto decir que has extinguido una conducta, pero NO es correcto decir que la conudcta está "extinta".

- Es correcto decir que has puesto una conducta en extinción o bajo una contingencia de extinción, pero NO es correcto decir que has puesto a una persona en extinción o que has extinguido a una persona.

- Es correcto decir que un comportamiento se extingue; NO es correcto decir que un comportamiento está extinto.

Incremento de respuesta asociado a la extinción

Una de las características del proceso de extinción, es que una vez que el comportamiento ya no es reforzado, a menudo aumenta la frecuencia, la duración o la intensidad de ese comportamiento que se pretende eliminar antes de que disminuya y finalmente se detenga (Lerman y Iwata, 1995). En el primer ejemplo, cuando Rita no recibió su café, apretó el botón en la máquina de café en varias ocasiones (aumento de la frecuencia) y luego presionó el botón más y más fuerte (aumento de la intensidad), pero acabó abandonando. Cuando Gregorio intentó abrir la puerta de atrás de su edificio, para llegar más rápido a su casa, como no se abrió, tiró del pomo de la puerta varias veces (aumento de la frecuencia) y apretó el pomo con más fuerza (aumento de la intensidad), pero acabó abandonando. El aumento en la frecuencia, la duración o la intensidad de la conducta no reforzada durante el proceso de extinción se denomina **incremento de respuesta asociado a la extinción.** A continuación, proponemos dos ejemplos

Cuando Carlos presiona el botón de "encender" en el mando de su televisión y ésta no se enciende (ya que las pilas no funcionan), vuelve a apretar el botón con más fuerza (mayor intensidad) y durante un tiempo más largo (mayor duración), pero al ver que no funciona y que lo que hace no tiene ningún efecto, se da por vencido. Su comportamiento de presionar el botón de "encender" no se está viendo reforzado por ver la televisión encendida, por lo tanto deja de intentarlo, pero no hasta que trata de presionar con fuerza (incremento de respuesta asociado a la extinción).

Amanda, una niña de 4 años, gritaba cada noche antes de irse a dormir durante 10-15 minutos. Cada vez que la niña tenía este comportamiento, sus padres acudían a su habitación para hablar con ella hasta que se durmiera. Al hacerlo, sus padres fueron accidentalmente reforzando su llanto. Después de hablar con el pediatra, los padres decidieron no ir a la habitación y no hablar con ella cuando lloraba antes de acostarse. La primera noche Amanda lloró durante 25 minutos antes de dormirse. Al final de la semana dejó de llorar al ir a dormirse. Cuando los padres dejaron de ir a su habitación cuando lloraba estaban aplicando extinción. El aumento de la duración del llanto la primera noche es un incremento de respuesta asociado a la extinción. La Figura 5-2

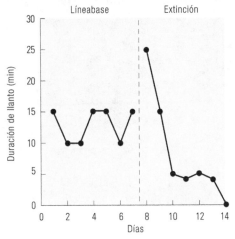

FIGURA 5-2   El gráfico muestra los datos hipotéticos sobre la duración del llanto durante la línea de base y la fase de extinción.En el primer día en el que se aplicó extinción, se produjo un incremento de respuesta asociado a la extinción: el comportamiento aumentó en duración. En los días posteriores, disminuyó y finalmente se detuvo.

padres aplicaran extinción. El comportamiento aumentó brevemente poco después de que los padres comenzasen a aplicar el procedimiento, pero luego disminuyó hasta que finalmente se detuvo por completo.

Otra característica de este incremento de respuesta es que cuando un comportamiento ya no es reforzado pueden ocurrir comportamientos nuevos (comportamientos que suelen producirse en una situación particular) durante un breve período de tiempo (Bijou, 1958; Lalli, Zanolli, y Wohn, 1994). Por ejemplo, cuando los padres de Amanda ya no reforzaban su llanto por la noche, ella lloraba más y más fuerte (aumentando la duración e intensidad), pero también gritaba y golpeaba la almohada (nuevas conductas). En el primer ejemplo, Rita no sólo pulsó el botón de la máquina de café en varias ocasiones cuando el café no salía, sino que también presionó el botón del cambio de las monedas y movió la máquina (conductas nuevas, Figura 5-3).

En ocasiones, respuestas emocionales pueden ocurrir durante el incremento de respuesta asociado a la extinción (Chance, 1988). Por ejemplo, Rita puede actuar de una manera enfadada y maldiciendo a la máquina de café o pegarle patadas. Azrin, Hutchinson y Hake (1966) manifestaron que el comportamiento agresivo con frecuencia se observa cuando se utiliza extinción. No es raro que los niños pequeños presenten respuestas emocionales cuando su comportamiento ya no es reforzado. El niño que quiere caramelos y se los niegan puede gritar y llorar. Los padres pueden, sin saberlo, reforzar que el niño se ponga a gritar y a llorar al darle el caramelo. Como recordarás, en el Capítulo 4, el comportamiento de los padres de dar caramelos a los niños se ve negativamente reforzado en el momento en que el niño para de llorar y gritar.

El incremento de respuesta asociado a la extinción, que implica un aumento en la conducta no reforzada o la aparición de una nueva conducta (a veces emocional) durante un breve período de tiempo es una reacción natural a la terminación del reforzador. El aumento de la frecuencia, la duración o la intensidad de la conducta no reforzada o de los comportamientos nuevos que se producen durante la extinción pueden ser reforzados, por lo que el incremento de respuesta asociado a la extinción sirve como un propósito útil. Por ejemplo, cuando Gregório tiraba muy fuerte del pomo de la puerta y le daba golpes a la puerta, la habría abierto si no fuera porque estaba cerrada con llave. Cuando Amanda gritaba y lloraba más fuerte, sus padres podrían haber entrado en la habitación y darle la atención que ella no estaba recibiendo por el simple

FIGURA 5-3   Cuando Rita no recibe su café de la máquina expendedora, presiona el botón repetidas veces y zarandea la máquina. Este es un ejemplo de un incremento de respuesta asociado a la extinción.

El incremento de respuesta asociado a la extinción no es necesariamente un proceso consciente. Amanda probablemente no está pensando, "Voy a llorar más fuerte, gritar y golpear la almohada para llamar la atención de mis padres". El incremento de respuesta asociado a la extinción es, simplemente, una característica natural de una situación de extinción.

Incremento de respuesta asociado a la extinción

Cuando un comportamiento ya no está siendo reforzado, estas tres cosas pueden ocurrir:

- El comportamiento aumenta brevemente en frecuencia, duración o intensidad
- Pueden aparecer nuevos comportamientos
- Pueden aparecer respuestas emocionales o conductas agresivas.

LECTURA PARA AMPLIAR   ## Incremento de respuesta asociado a la extinción

El incremento de respuesta asociado a la extinción es un fenómeno de gran relevancia y con implicaciones en el modo en que aplicamos el procedimiento de extinción para disminuir problemas de comportamientos (véase el Capítulo 14). Ha sido estudiado por varios investigadores, por ejemplo, Lerman e Iwata (1995) revisaron los estudios publicados que evaluaban la extinción y encontraron que el incremento de respuesta se observaba en el 24% de los estudios. Los autores identificaron el incremento de respuesta asociado a la extinción como un aumento inicial del comportamiento durante la extinción. Lerman, Iwata y Wallace (1999) examinaron el uso de la extinción en 41 casos de comportamiento autolesivo durante más de 9 años en su propio programa de tratamiento. Se encontró evidencia de un incremento de respuesta asociado a la extinción (aumento inicial en el comportamiento) en el 39% de los casos y un aumento en el comportamiento agresivo en el 22% de los casos. Curiosamente, el incremento de respuesta asociado a la extinción se daba con más probabilidad cuando se extinguía una conducta mantenida por reforzadores negativos que en la extinción de una conducta mantenida por un reforzador positivo. En ambos estudios, el incremento de respuesta asociado a la extinción era más probable cuando la extinción se utilizó sola que cuando se utilizó con otros procedimientos.

Recuperación espontánea

Otra característica de la extinción es que el comportamiento puede volver a ocurrir incluso después de que no se haya producido durante algún tiempo. Esto se llama **recuperación espontánea.** La recuperación espontánea es la tendencia natural de la conducta a producirse de nuevo en situaciones que son similares a aquellas en las que se produjo y fue reforzadaantes de la extinción (Chance, 1988; Lerman, Kelly, Van Camp y Roane, 1999; Zeiler, 1971). Si la extinción sigue aplicándose cuando se produce una recuperación espontánea, es decir, si no hay reforzador, el comportamiento no continuará por mucho tiempo. De vez en cuando, Amanda puede llorar durante la noche después de haber aplicado extinción, pero si no recibe atención por el llanto no va a ocurrir con frecuencia o durante mucho tiempo. Sin embargo, si se produce una recuperación espontánea y el comportamiento se refuerza, el efecto de la extinción se perderá. Por ejemplo, Gregorio todavía puede intentar de vez en cuando abrir la puerta de atrás de su edificio. Si se abriera la puerta algún día, su comportamiento de utilizar esa puerta se reforzaría y sería más probable que tratara de utilizarla otras veces. Encontrar la puerta abierta de vez en cuando sería un ejemplo de reforzador intermitente, lo que aumentaría la persistencia del comportamiento o la resistencia a la extinción en el futuro.

Variaciones en el procedimiento de extinción

Como se discutió en el Capítulo 4, hay dos variantes en el procedimiento o dos tipos de reforzador: el reforzador positivo y el reforzador negativo.

Define reforzamiento positivo. Define reforzamiento negativo.

Como recordaras, el reforzamiento positivo se da cuando una conducta es seguida por la aparición de un estímulo (reforzador positivo) y se aumenta la probabilidad de ocurrencia de esa conducta. El reforzamiento negativo se da cuando una conducta es seguida por la retirada de un estímulo (estímulo aversivo) y se aumenta la probabilidad de ocurrencia de esa conducta. Un comportamiento puede someterse a extinción independientemente de si se mantiene por un reforzador positivo o negativo. El resultado de la extinción es el mismo: el comportamiento disminuye y deja de producirse. Sin embargo, el procedimiento de extinción es sutilmente diferente en los dos casos. Si una conducta está reforzada positivamente, aparece una consecuencia después del comportamiento, por lo tanto, la extinción de una conducta reforzada positivamente implica la retención de la consecuencia que se daba después de la conducta. En otras palabras, cuando el comportamiento no recibe consecuencias reforzantes no vuelve a ocurrir.

Si el comportamiento se refuerza negativamente, lo que se consigue con el comportamiento es eliminar o evitar estímulos aversivos. La extinción de una conducta reforzada negativamente implica eliminar el escape o la evitación de la conducta que se estaba reforzando. Cuando el comportamiento ya no da lugar al escape o a la evitación de un estímulo aversivo, el comportamiento se para. Por ejemplo, supongamos que alguien usa tapones para los oídos en el trabajo para reducir el ruido que hacen las máquinas (en una fábrica). El uso de tapones para los oídos se refuerza negativamente por escapar del ruido. Si con los tapones para los oídos no disminuye el ruido, debería dejar de usarlos. El comportamiento de llevar tapones para los oídos se eliminará cuando no llevarlos puestos le produzcan escapar del ruido. Esto puede ser un concepto difícil de entender. Consideremos los siguientes ejemplos.

Variaciones del procedimiento de extinción

- El reforzador positivo no se entrega después de la conducta.
- El estímulo aversivo no se quita después de la conducta

Sandra tiene toque de queda a las 11 de la noche. Si viene después de esa hora, sus padres la regañan y la ponen un castigo durante una semana. Debido a que sus padres se van a la cama a las 10 pm, no se enteran de la hora a la que llega su hija a casa. A la mañana siguiente, le preguntan a su hija por la hora a la que llegó la noche anterior. Si llegó a su casa después de las once, estaría mintiendo diciéndoles que llegó a casa más temprano. La mentira se está reforzando negativamente por la evitación de las consecuencias de sus padres. La extinción de la mentira se produciría si ésta no le ayudara a evitar consecuencias desagradables. Si uno de sus padres se levantara de la cama sabría en qué momento llega su hija a casa y Sandra dejaría de mentir cuando llega tarde a casa.

Veamos otro ejemplo. José es un estudiante universitario que trabaja a tiempo parcial de vigilante en una obra. A veces le toca limpiar los baños de la oficina del vigilante y odia hacerlo. Cada vez que el supervisor le dice que tiene que limpiar los baños, pone

Reforzamiento

Respuesta	Consecuencia

Sandra miente a sus padre cuando llega tras la hora de llegada   Sandra consigue no ser regañada.

Resultado: es más probable que Sandra mienta sobre su hora de llegada en el futuro.

Extinción

Respuesta	Consecuencia

Sandra miente a sus padre cuando llega tras la hora de llegada   Los padres la regañan.
Ella no elude las consecuencias aversivas.

Resultado: es menos probable que Sandra mienta sobre su hora de llegada en el futuro.

excusas sobre por qué no puede limpiar el baño, y el supervisor le permite salirse con la suya, diciéndole a otra persona que lo haga. El comportamiento de José de inventar excusas le ayuda a evitar la limpieza de los baños. Inventar excusas, por lo tanto, se refuerza negativamente.

¿Cómo utilizarías la extinción si fueses el supervisor para detener las excusas que dice José cuando le toca limpiar los baños?

Cada vez que José pusiera excusas, el supervisor tendría que decirle que limpiara los baños de todos modos. Por lo tanto, como José no puede evitar la limpieza de estos y las excusas no funcionan, dejaría de inventarlas.

Reforzamiento

Respuesta	Consecuencia

Crea excusas cuando se le pide limpiar el baño.   El evita limpiar el baño.

Resultado: Es más probable que cree excusas cuando se le pide limpiar el baño.

Extinción

Respuesta	Consecuencia

Crea excusas cuando se le pide limpiar el baño.   El supervisor no le permite eludir limpiar el baño.

Resultado: Es menos probable que cree excusas cuando se le pide limpiar el baño.

La investigación realizada por Brian Iwata y colaboradores (Iwata, Pace, Cowdery y Miltenberger, 1994) ha demostrado que la extinción procede de manera diferente cuando una conducta ha sido mantenida por reforzadores positivos que por reforzadores negativos. Iwata y colaboradores estudiaron conductas autolesivas (p.ej., golpearse la cabeza) en niños con discapacidad intelectual. Cuando se dieron cuenta de que las autolesiones se reforzaban positivamente por la atención de los adultos, extinguieron la conducta retirando la atención que daban los adultos después de producirse la conducta. Sin embargo, para algunos niños las autolesiones eran negativamente reforzadas: la conducta les permitía zafarse (escapar) de las tareas académicas que debían realizar. Es decir, un educador dejaba de pedirle al niño que realizase tareas cuando este comenzaba a realizar comportamientos autolesivos. En estos casos de reforzamiento negativo, la extinción requiere que el maestro no elimine la exigencia académica después de la autolesión. Por lo tanto, el comportamiento autolesivo ya no da lugar a escapar de la situación de enseñanza. Iwata y colaboradores demostraron que para que la extinción ocurra el reforzador de la conducta debe identificarse y ser eliminado. A menos que el reforzador sea identificado y eliminado, el procedimiento no funcionará como extinción.

Edward Carr y colaboradores (Carr, Newsom y Binkoff, 1980) estudiaron los trastornos de la conducta de niños con discapacidad intelectual. Demostraron que el comportamiento agresivo en los dos niños se produjo sólo en situaciones de demanda y funcionó como conducta de escape. Es decir, el comportamiento agresivo se vio negativamente reforzado por las demandas.

¿Cómo podríamos utilizar la extinción con el comportamiento agresivo de estos dos niños?

Carr y colaboradores demostraron que cuando el niño no podía escapar de la situación de la demanda realizando la conducta agresiva, el comportamiento agresivo disminuía. Debido a que la fuga era reforzada por el comportamiento agresivo, el impedir la conducta de escape funcionó como extinción.

Ideas erroneas comunes sobre la extinción

A pesar de que el procedimiento de extinción es diferente según el tipo de reforzamiento de cada comportamiento, el resultado es siempre el mismo: se elimina, se para ese comportamiento. Un error común es pensar que la extinción consiste en ignorar la conducta. Esto no es correcto en la mayoría de los casos. Extinción significa eliminar el reforzador de un comportamiento. Ignorar el problema de conducta funciona como extinción solamente cuando la atención es el reforzador. Por ejemplo, cuando una persona roba en una tienda, se ve reforzada por la mercancía que consigue. Si los vendedores de la tienda ignoran el comportamiento del robo, esto no hará que el comportamiento de robar se detenga. Una vez más, supongamos que un niño se va corriendo de la mesa cuando se le dice que tiene que comerse su plato de verduras y el resultado es que no se las come. Si los padres ignoran este comportamiento, no se detendrá. Salir corriendo de la mesa es reforzado por evitar comer las verduras. Ignorar esta conducta no elimina el reforzador y por lo tanto, no funcionará como extinción.

Considera cada ejemplo de reforzamiento de la Tabla 4-1 y conviértelo en un ejemplo de extinción. Las respuestas se encuentran al final de este capítulo en el Apéndice A.

Ideas erroneas comunes sobre la extinción

Dos factores importantes influyen en el proceso de extinción: el programa de reforzamiento antes de la extinción y la ocurrencia del reforzamiento después de la extinción. El programa de reforzamiento, en parte, determina si la extinción va a suponer una rápida disminución del comportamiento o una disminución más gradual (Bijou, 1958; Kazdin y Polster, 1973; Lerman, Iwata, Shore y Kahng, 1996; Neisworth, Hunt, Gallop y Madle, 1985). Recuerda que en el Capítulo 4, decíamos que en el reforzamiento continuo cada aparición de un comportamiento es seguido por un reforzador. En el reforzamiento intermitente no todos las conductas van seguidas de un reforzador, sino que el comportamiento será reforzado sólo ocasionalmente. Cuando una conducta se refuerza de manera continua, una vez que el reforzador se ha retirado ésta disminuye rápidamente. Sin embargo, cuando una conducta se refuerza de manera intermitente, una vez se retira el reforzador disminuye de manera más gradual. Esto ocurre porque el cambio de reforzamiento a extinción es más fácil de discriminar (la diferencia es mayor), cuando una conducta se refuerza cada vez que ocurre que cuando sólo algunos casos del comportamiento son reforzados.

Por ejemplo, si pones dinero en una máquina expendedora y pulsas el botón siempre obtendrás el objeto que deseas. Este es un caso de reforzamiento continuo, y la disminución en el comportamiento durante la extinción sería bastante rápido. No continuarías metiendo dinero en la máquina expendedora si no obtuvieras el artículo por el que has pagado, ya que la ausencia de reforzamiento sería inmediatamente evidente. Comparemos esto con lo que sucede cuando pones dinero en una máquina tragaperras o una máquina de videojuegos. Este es un caso de reforzamiento intermitente: poner dinero en la máquina sólo es reforzado de vez en cuando, cuando ganamos un premio (ganar dinero de la máquina). Si la máquina se rompe y nunca consigues el premio, podrías continuar poniendo más monedas en la máquina, pero acabarías abandonando el juego porque nunca conseguirías el reforzador. Se necesita un período de tiempo más largo para detener el comportamiento del juego porque es difícil determinar que no volverá a aparecer un reforzador por realizar la conducta.

El reforzamiento intermitente antes de la extinción produce **resistencia a la extinción,** es decir, el comportamiento persiste una vez que se lleva a cabo la extinción. El reforzamiento continuo antes de la extinción produce mucha menos resistencia a la extinción (la persistencia del comportamiento es menor). Al aplicar extinción, debemos tener presente el programa de reforzamiento previo, ya que este mediará la resistencia de la conducta a la extinción y por tanto el éxito de la aplicación (véase el Capítulo 14).

Un segundo factor que influye en la extinción es la aparición del reforzador después de la extinción. Si se produce reforzamiento al mismo tiempo en el que se está aplicando extinción el comportamiento tardará más en desaparecer. Ello se debe a que el reforzamiento de la conducta una vez que se ha iniciado el proceso de extinción, supone un reforzamiento intermitente, lo que hace al comportamiento más resistente a la extinción. Además, si el comportamiento se refuerza durante un episodio de recuperación espontánea, este puede aumentar al nivel que tenía antes de la extinción. Retomemos el caso de Amanda. Observamos en la Figura 5-2 que su llanto por la noche se redujo a cero a los 14 días, 7 días después de iniciarse el proceso de extinción ¿Qué habría sucedido si el día 13, la niñera entra en su habitación y le habla cuando ella llora? Esto reforzaría la conducta de llorar que podría continuar durante muchos días más (Figura 5-4). La reacción de la niñera (Figura 5-5) de reforzar de manera intermitente, aumentaría la conducta de la niña produciendo resistencia a la extinción.

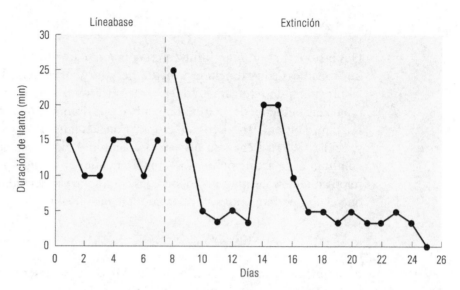

FIGURA 5-4   El gráfico muestra los datos hipotéticos que ilustran la duración del llanto durante la línea de base yel peligro de la extinción si el comportamiento fuera reforzado por accidente el día 13. Después del día 13, la duración de la conducta ha aumentado, y la extinción fue prolongada.

En el caso de la extinción de rabietas a la hora de acostarse de un niño realizado por Williams (1959), las rabietas se habían casi detenido después de que sus padres utilizaran el procedimiento de extinción durante unos días. Sin embargo, cuando una noche la tía prestó atención a dichas rabietas, éstas aumentaron en intensidad. Sólo cuando los padres volvieron a utilizar extinción sistemáticamente, las rabietas finalmente se detuvieron.

FIGURA 5-4   Cuando Amanda llora por la noche, la niñera entra en la habitación y habla con ella. De este modo, la niñera, accidentalmente, refuerza el llanto. Esta circunstancia hará que se necesite más tiempo para disminuir la conducta cuando los padres utilicen extinción.

RESUMEN DEL CAPITULO

1. La extinción es un principio básico del comportamiento. Se produce cuando una conducta que previamente ha sido reforzada deja de serlo y, a consecuencia de ello, el comportamiento disminuye y deja de producirse.

2. La extinción conlleva a menudo un incremento de respuesta en el que la conducta, al no ser reforzada, aumenta temporalmente en frecuencia, intensidad o duración, dando lugar a que aparezcande forma temporalnuevos comportamientos o respuestas emocionales.

3. El procedimiento de extinción es diferente para las conductas que se refuerzan positivamente que para aquellas que estén negativamente reforzadas. Sin embargo, en cada caso, el reforzador se determina para cada comportamiento y el resultado es la eliminación de la conducta.

Durante la extinción de una conducta reforzada positivamente, el reforzador positivo deja de presentarse después de la conducta. Con la extinción de una conducta reforzada negativamente, el estímulo aversivo ya no es retirado después de la conducta.

4. Un error común acerca de la extinción es que esta consiste en ignorar la conducta. Ignorar la conducta funciona como extinción sólo si la atención es el reforzador de la conducta.

5. El comportamiento disminuye más rápidamente durante la extinción si se ha reforzado de manera sistemática antes de aplicarla y si la conducta no es reforzada durante el proceso de extinción.

PALABRAS CLAVE

Extinción, 88
Incremento de respuesta asociado a
la extinción, 90

Recuperación espontánea, 93

Resistencia a la extinción, 97

TÉST PRÁCTICO

1. ¿Cuál es la definición conductual de la extinción? (pág. 102).

2. Proporciona un ejemplo de extinción (págs. 101-103).

3. ¿Qué es el incremento de respuesta asociado a la extinción (qué tres cosas ocurren durante el incremento de respuesta asociado a la extinción)? (pág. 104).

4. Proporciona un ejemplo de un incremento de respuesta asociado a la extinción (págs. 104-106).

5. Dibuja un gráfico que muestre un efecto de extinción. Asegúrate de mostrar el incremento de respuesta asociado a la extinción (pág. 105).

6. ¿Qué es el reforzamiento negativo? Explica la extinción de una conducta reforzada negativamente (págs. 107-109).

7. Proporciona un ejemplo de la extinción de una conducta reforzada negativamente (págs. 107-109).

8. La extinción no es lo mismo que ignorar. Explica esta afirmación (pág. 109).

9. Explica cómo influye el programa de reforzamiento (continuo o intermitente) en la extinción de la conducta (pág. 110).

10. ¿Qué sucede cuando un comportamiento es accidentalmente reforzado durante el proceso de extinción? (págs. 110-111).

11. Dibuja un gráfico de extinción que muestre lo que sucede cuando un comportamiento es accidentalmente reforzado (pág. 111).

12. ¿En qué consiste la recuperación espontánea durante la extinción? (págs. 106-107).

APÉNDICE A

Aplica extinción en cada ejemplo de reforzamiento de la Tabla 4-1

1. Si los padres dejaran de ir a la habitación del niño cuando llora por la noche, el niño dejará de llorar en el futuro.

2. Si el paraguas no se abre correctamente cada vez que la mujer trata de abrirlo y en consecuencia no le tapa, dejará de usarlo en el futuro.

3. Si el extractor no responde a los intentos de la cocinera para encenderlo o si no es efectiva la salida de humo de la habitación, finalmente dejará de intentar encenderlo.

4. Si a la compañera de habitación de una estudiante ya no le da las respuestas a las preguntas, dejará de preguntar a su compañera de habitación.

5. Si el maestro ignoró a Juan cuando lo miró en la clase, será menos probable que vuelva a mirarlo en el futuro.

6. Si los tapones para los oídos ya no eliminan el ruido de la televisión, Patricia dejará de usarlos.

7. Si los trabajadores no ganan dinero para el montaje de bicicletas (porque la empresa estaba en quiebra), dejarán de hacerlo.

8. Si la madre no le da un caramelo a su hico cuando llora en la tienda, el niño lloraría con menos probabilidad en la tienda. Si el niño no deja de llorar cuando su madre le da caramelos en la tienda, será menos probable que la madre le de caramelos cuando llora, porque el darle un caramelo no se está viendo reforzado con la terminación del llanto.

Castigo

- ¿Cuál es el principio del castigo?
- ¿Qué error común existe sobre la definición de castigo en la modificación de conducta?
- ¿En qué se diferencia el castigo positivo del castigo negativo?
- ¿Qué diferencias hay entre un castigo condicionado e incondicionado?
- ¿Qué factores influyen en la eficacia del castigo?
- ¿Cuáles son los problemas del castigo?

En los Capítulos 4 y 5 hemos presentado los principios básicos de reforzamiento y extinción. El reforzamiento positivo y negativo son procesos que fortalecen la conducta operante, y la extinción es un proceso que debilita la conducta operante. En este capítulo, nos centraremos en el castigo, otro proceso que debilita la conducta operante (Lerman y Vorndran, 2002). Consideremos los siguientes ejemplos.

Carolina, una alumna de secundaria, se ha trasladado a un nuevo piso cerca del instituto. Camino a clase, se encuentra con un perro que está dentro de un recinto vallado. Un día, cuando el perro estaba cerca de la valla, Carolina se acercó a él, tocó al perro, éste le enseñó sus dientes, le gruñó y le mordió. Después de esto, nunca más volvió a acercarse a un perro.

éste le enseñó sus dientes, le gruñó y le mordió. Después de esto, nunca más volvió a acercarse a un perro.

En el Día de la Madre, Octavio decidió levantarse temprano y hacer el desayuno para su madre. Puso una sartén de acero al fuego y luego puso unos huevos y un poco de leche en un bol para hacer huevos revueltos. Al cabo de unos 5 minutos, pasó los huevos del bol a la sartén. Los huevos empezaron a quemarse y empezó a salir humo. Octavio agarró el mango de la sartén para quitarla del fuego de la cocina. Tan pronto como tocó el mango, se quemó, gritó y dejó caer la sartén al suelo. Después de ese episodio, Octavio nunca volvió a coger el mango de una sartén caliente. Desde entonces utiliza siempre una manopla para evitar quemarse al agarrar cosas que estén calientes.

Ideas erroneas comunes sobre la extinción

Los dos ejemplos anteriores ilustran el principio de conducta conocido como castigo. En cada ejemplo, se observa que cada una de esas personas realizó una conducta cuya consecuencia provocó que dicha conducta se repitiera con menor probabilidad en situaciones futuras similares. Carolina se acercó a la valla para tocar al perro y éste le mordió. A consecuencia de ello, se hizo poco probable que volviese a acercarse a una valla para tocar a ese perro u otros perros desconocidos. Octavio agarró el mango caliente de una sartén, lo que le produjo mucho dolor al quemarse la mano. Este evento redujo la probabilidad de que Octavio volviese a agarrar el mango de una sartén caliente (al menos si no contaba con una manopla).

Respuesta		Consecuencia
Carolina salta la valla	e inmediatamente	un perro la muerde.

Resultado: Es menos probable que Carolina salte más la valla en el futuro.

Respuesta		Consecuencia
Octavio toca una sartén caliente	e inmediatamente	el se quema la mano (un estímulo doloroso).

Resultado: es menos probable que Octavio coja una sartén caliente de hierro fundido en el futuro.

Como se demuestra en estos ejemplos, hay tres elementos en la definición del **castigo:**

1. Se produce un comportamiento particular.
2. Hay consecuencias inmediatas después del comportamiento.
3. Estas consecuencias hacen que el comportamiento se haga menos probable en el futuro (el comportamiento se debilita).

Un **castigo** (también llamado estímulo aversivo o punitivo) es una consecuencia que hace que una conducta en particular tenga menos probabilidad de repetirse en el futuro. Para Carolina, que el perro le mordiera castigó su conducta de acercarse y tocar al perro. Para Octavio, el hecho de quemarse la mano castigó su conducta de coger el mango de la sartén. Un castigo se define por el efecto que tiene, como consecuencia, sobre el comportamiento. Es decir, hablamos de castigo cuando el estímulo punitivo disminuye la frecuencia de la conducta a la que sigue.

Consideremos el caso de agresividad de un niño de 5 años de edad. Juan se burla y golpea a sus hermanas hasta que estas lloran. Su madre le regaña y le da un cachete cada vez que lo hace. Pese a que Juan deja de molestar y golpear a sus hermanas en el momento en que su madre le regaña, continúa realizando estas conductas día tras día.

La regañina y los azotes que le da su madre, ¿son un castigo para el comportamiento agresivo y perturbador de Juan? Indica por qué sí o por qué no.

No, la regañina y los cachetes no funcionan como castigos, ya que no se han traducido en una disminución de la conducta problemática de Juan en el tiempo. Este ejemplo ilustra en realidad un caso de reforzamiento positivo. El comportamiento de Juan (burlas y golpes), la consecuencia que le da su madre (le regaña y le da un cachete) y el llanto de sus hermanas, hacen que Juan continúe realizando el comportamiento día tras día. Estas son los tres elementos que definen un caso de reforzamiento positivo.

Respuesta		Consecuencia
Juan molesta y pega a su hermana	e inmediatamente	su madre le riñe y le pega un cachete.

Resultado: Juan sigue pegando y molestando a su hermana.

Esto plantea un punto importante acerca de la definición del castigo, y es que no se puede definir el castigo en función de que aparezca una consecuencia desfavorable, desagradable o aversiva. Se puede concluir que una consecuencia particular está castigando sólo si disminuye el comportamiento en el futuro. En el caso de Juan, la regañina y el cachete parecen ser consecuencias desfavorables, sin embargo, el niño continúa golpeando y burlándose de sus hermanas. Si la regañina y el cachete funcionaran como un castigo, Juan dejaría de golpear y molestar a sus hermanas con el tiempo. Cuando definimos castigo (o reforzamiento) en función de si la conducta disminuye (o aumenta) en el futuro en función de las consecuencias, estamos adoptando una definición funcional. Ver la Tabla 6-1 para consultar algunos ejemplos de castigo.

Otro punto a considerar es si una conducta disminuye o se detiene temporalmente cuando aparece una consecuencia, o si disminuye el comportamiento en el futuro. Juan dejó de golpear a sus hermanas en el momento en que recibió una regañina y un cachete por parte de su madre, pero no dejó de golpear a sus hermanas posteriormente. Algunos padres regañan o pegan a sus hijos para detener de inmediato la conducta problema. Esto detiene la conducta en el momento, pero a pesar de ello no hace que los problemas de comportamiento tengan menos probabilidad de repetirse en el futuro. Los padres creen que están utilizando el castigo. Sin embargo, si el comportamiento sigue produciéndose en el futuro, la regañina y el cachete no estarían funcionando como castigos sino, en todo caso, como reforzadores.

TABLA 6-1   EJEMPLOS DE AUTOEVALUACIÓN (CASTIGO)

1. Eduardo estaba manejando su bicicleta por la calle y mirando al suelo mientras pedaleaba. De repente se chocó con la parte trasera de un coche aparcado, salió volando de la bici, y golpeó el techo del coche con su cara. Durante el golpe, se rompió los dientes. En el futuro, es mucho menos probable que Eduardo mire hacia el suelo cuando conduzca su bici.
2. Cuando Alma estaba en el programa de día, a veces pegaba a los otros niños si le cogían sus juguetes. Cada vez que Alma golpeaba a alguien, el profesor no le dejaba jugar y hacía que se sentase sola dos minutos en una silla. A consecuencia de ello, Alma dejó de golpear a los otros niños.
3. Carlos ha ganado dinero durante el verano por cortar el césped de su vecino. Un día, Carlos pasó por encima de la manguera del jardín con la cortadora de césped y rompió la manguera. Su vecino hizo que Carlos pagara por la manguera. Desde entonces, cada vez que Carlos corta el césped, nunca pasa por encima de la manguera o de cualquier otro objeto tirado en la hierba.
4. Sara estaba conduciendo por la autopista para ver a un amigo que vivía a pocas horas de distancia. Sintiéndose un poco aburrida, cogió el periódico del asiento de al lado y comenzó a leerlo. A medida que leía, su coche poco a poco se desvió a la derecha sin que ella se diera cuenta. De repente, el coche se deslizó sobre la grava y chocó contra una señal de límite de velocidad. Esto hizo que Sara dejase de leer cuando conduce por la autopista.
5. Elena va a una clase de educación especial para niños con trastornos de conducta. Sus profesores utilizan fichas como reforzadores condicionados por su desempeño académico. Los maestros colocan una ficha en un recipiente para reforzar sus respuestas correctas. Sin embargo, cada vez que Elena se escapa de su asiento sin permiso, el maestro retira una ficha. Ello hace que Elena deja de levantarse de su asiento sin permiso.
6. En las fiestas, Fermín suele hacer bromas acerca de cómo cocina su mujer lo que causa la risa de sus amigos. Al principio, su esposa se ríe de sus bromas, pero en un momento dado se enfada y cada vez que Fermín hace un comentario sobre sus habilidades culinarias ella le dirige una mirada furiosa. Las miradas de su esposa hacen que Fermín deje de bromear acerca de la forma de cocinar de su mujer.

 ¿Qué refuerza la conducta de los padres de regañar y pegar a sus hijos?

El niño deja de realizar esa conducta temporalmente después de la reprimenda o los cachetes, lo que refuerza negativamente el comportamiento de los padres, por lo que continúan regañando o dando cachetes a sus hijos cuando se portan mal.

Errores comunes sobre la idea de castigo

En modificación de conducta, el castigo es un término técnico con un significado específico. Cada vez que los analistas de conducta hablan de castigo, se refieren a un proceso en el que la consecuencia de un comportamiento causa una disminución futura en la ocurrencia de ese comportamiento. Esto es muy diferente de lo que mucha gente piensa que es el castigo. Comúnmente, el castigo puede significar muchas cosas diferentes, la mayoría de ellas desagradables.

Mucha gente define el castigo como algo impuesto a una persona que ha cometido un delito o un comportamiento inapropiado. En este contexto, el castigo no sólo implica la esperanza de que cese el comportamiento, sino que tiene también una connotación represiva o vindicativa, y parte de la intención es hacer "sentir dolor" a la persona que ha cometido el crimen. El castigo tiene también connotaciones morales o éticas. Por ejemplo, las figuras de autoridad como los gobiernos, la policía, las iglesias, o los padres imponen castigos para inhibir la conducta inapropiada, es decir, evitar que la gente viole leyes o reglas. Algunas formas de castigo pueden ser pasar un tiempo en prisión, la pena de muerte, las multas, la amenaza de ir al infierno, los cachetes, las reprimendas, etc. Sin embargo, el significado cotidiano de castigo es muy diferente a la definición técnica de castigo utilizada en modificación de conducta.

Las personas que no están familiarizadas con la definición técnica del castigo pueden creer que el uso del castigo en modificación de conducta es incorrecto o peligroso. Como estudiante, es importante que entiendas la definición técnica de castigo y seas consciente de que esta es muy diferente del concepto cotidiano de castigo que existe en la sociedad.

Términos: Castigar la conducta, no las parsonas

- Es correcto decir que has castigado una conducta o una respuesta. En otras palabras, has debilitado la conducta castigándola. Por ejemplo, sería correcto afirmar que "el maestro castigó la conducta disruptiva de Sara con tiempo fuera".

- Es incorrecto decir que has castigado a una persona, ya que no pretendes debilitar a la persona, sino a su conducta. Por ejemplo, sería incorrecto decir "el maestro castigó a sara por su conducta disruptiva".

Castigo positivo y negativo

Las dos variantes básicas del procedimiento de castigo son el castigo positivo y el castigo negativo. La diferencia entre ambos está determinada por las consecuencias de la conducta.

El castigo positivo se define como:
1. La aparición de un comportamiento
2. seguido por la presentación de un estímulo aversivo
3. y, a consecuencia de la presentación del estímulo aversivo, la reducción de la probabilidad de ocurrencia de la conducta en el futuro.

El castigo negativo se define como:
1. La aparición de un comportamiento
2. seguido por la eliminación de un estímulo reforzante
3. y, a consecuencia de ello, la reducción de dicho comportamiento en el futuro.

Tenga en cuenta que estas definiciones son paralelas a las definiciones de reforzamiento positivo y negativo (véase el Capítulo 4). La diferencia fundamental es que el reforzamiento fortalece una conducta o hace más probable que ocurra en el futuro, mientras que en el castigo se debilita un comportamiento o se hace menos probable que se produzca en el futuro.

Muchos investigadores han examinado los efectos del castigo en el comportamiento de animales de laboratorio. Azrin y Holz (1966) analizaron investigaciones en animales con el procedimiento del castigo. Desde entonces, los investigadores han estudiado los efectos del castigo positivo y negativo en el comportamiento humano (Axelrod y Apsche, 1983). Por ejemplo, Corte, Wolf y Locke (1971) ayudaron a institucionalizar a adolescentes con discapacidad intelectual y conductas autolesivas mediante el uso del castigo. Uno de los sujetos se golpeaba a sí mismo en la cara. Cada vez que lo hacía, los investigadores le aplicaban de inmediato una breve descarga eléctrica en la mano (aunque la descarga era dolorosa, no producía ninguna lesión ni implicaba riesgo alguno). Gracias a este procedimiento, el número de veces que esta persona se autolesionaba en la cara disminuyó inmediatamente de 300-400 veces por hora a casi cero (tengamos en cuenta que este estudio es de 1971). La descarga eléctrica se utiliza raras veces como castigo a día de hoy debido a consideraciones éticas. Citamos este estudio para ilustrar el principio básico de castigo positivo, no para apoyar el uso de descargas eléctricas como castigo.

¿Por qué este caso es un ejemplo de castigo positivo?

Este es un ejemplo de castigo positivo porque el estímulo doloroso se presentó cada vez que la persona se autolesionaba y a consecuencia de ello su comportamiento disminuyó. Sajwaj, Libet y Agras (1974) también utilizaron el castigo positivo para disminuir una conducta muy grave y peligrosa para la vida de un niño de 6 meses de edad, la regurgitación. La regurgitación consiste en traer la comida de nuevo a la boca desde el estómago y tragársela otra vez. Puede provocar deshidratación, desnutrición, e incluso la muerte. En este estudio, cada vez que el bebé regurgitaba la comida, los investigadores le ponían una pequeña cantidad de zumo de limón en la boca. Esta intervención hizo que el comportamiento de regurgitar la comida disminuyese inmediatamente y el niño empezara a ganar peso.

Una forma de castigo positivo se basa en el principio de Premack, que establece que cuando una persona realiza una conducta poco probable contingentemente a un comportamiento altamente probable, el comportamiento de alta probabilidad disminuirá su frecuencia (Miltenberger y Fuqua, 1981). Es decir, si, después de realizar una conducta problemática, una persona tiene que hacer algo que él o ella no quiere hacer, la persona realizará la conducta con menor frecuencia en el futuro. Luce, Delquadri y Hall (1980) utilizaron este principio para ayudar a un niño de 6 años con problemas en el desarrollo a dejar de realizar un comportamiento agresivo. Cada vez que el niño agredía a alguien en la clase, estaba obligado a levantarse y sentarse en el suelo diez veces. Como se muestra en la Figura 6-1, este procedimiento de castigo, llamado ejercicio contingente, disminuyó inmediatamente las agresiones.

Como podemos observar en la Figura 6-1, los resultados del castigo deben provocar una disminución inmediata en el comportamiento de interés. A pesar de que la extinción también disminuye un comportamiento, por lo general tarda más tiempo y va acompañada del incremento de la tasa de conducta debido a la extinción, en el cual el comportamiento se incrementa brevemente antes de que disminuya. Con el castigo, la disminución del comportamiento normalmente es inmediata y no hay un incremento del comportamiento. Sin embargo, el uso del castigo tiene otros efectos secundarios que se describen más adelante en este capítulo.

El castigo negativo también ha sido objeto de una extensa investigación. Dos ejemplos comunes de castigo negativo son el **tiempo fuera de reforzamiento positivo** y el **coste de respuesta** (véase el Capítulo 17 para una discusión más detallada). Ambos procedimientos implican la pérdida de un estímulo o reforzador después de la aparición de un problema de conducta. Algunos estudiantes pueden confundir el castigo negativo y la extinción ya que ambos debilitan la conducta. La extinción implica la retirada del reforzador que mantiene el comportamiento, mientras que en el castigo negativo, se elimina o retira un reforzador positivo después de la conducta. El reforzador que se elimina no es necesariamente el mismo reforzador que mantiene el comportamiento. Por ejemplo, Jonás interrumpe a sus padres y la conducta se ve reforzada por la atención de los mismos (le regañan cada vez que los interrumpe). En este caso, la extinción

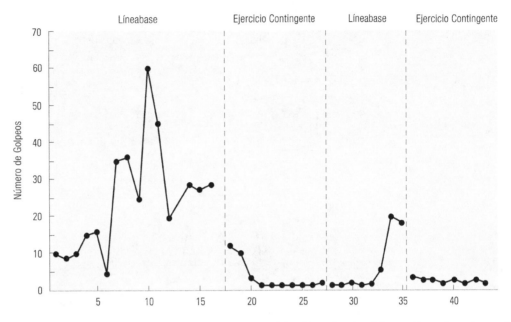

FIGURA 6-1 En este gráfico, un procedimiento de castigo positivo llamado ejercicio contingente reduce el comportamiento agresivo de un niño de 6 años. Este es un diseño de investigación ABAB, en el que la línea de base y las condiciones de tratamiento se aplican dos veces. (según Luce, S., Delquadri, J., y Hall, RV [1980]. Ejercicio contingente: un procedimiento suave pero de gran alcance para eliminar la conducta inapropiada tanto verbal como agresiva. Journal of Applied Behavior Analysis, 13,583-594. Copyright © 1980 University ofKansasPress. Reproducido con permiso del editor).

consistiría en retirar la atención de los padres cada vez que Jonás los interrumpe. El castigo negativo conllevaría la pérdida de algún reforzador como penalización por dicha interrupción (p.ej., dinero, la oportunidad de ver la televisión). Ambos procedimientos disminuirían la frecuencia con la que Jonás interrumpe a sus padres.

Clark, Rowbury, Baer y Baer (1973) utilizaron tiempo fuera para disminuir la conducta agresiva y disruptiva de una niña de 8 años de edad con síndrome de Down. En el tiempo fuera, se retira a la persona de una situación de reforzamiento durante un breve período de tiempo después de la conducta problema. Cada vez que la niña realizaba una conducta inadecuada en el aula, tenía que sentarse sola en el área de tiempo fuera durante 3 minutos. Gracias al tiempo fuera sus problemas de comportamiento disminuyeron inmediatamente (Figura 6-2). Mediante el uso del tiempo fuera, el problema de conducta fue seguido de la pérdida de acceso a la atención (reforzador social) de los maestros y otros reforzadores del aula (Figura 6-3).

En un estudio de Phillips, Phillips, Fixsen y Wolf (1971), unos jóvenes con historial de delincuencia que participaban en un programa de tratamiento residencial ganaban puntos por realizar conductas apropiadas obteniendo premios como bocadillos, dinero y ciertos privilegios. Los puntos eran reforzadores condicionados. Luego, los investigadores utilizaron un procedimiento de castigo negativo llamado coste de respuesta para disminuir la conducta de llegar tarde a la hora de la cena. Cuando los jóvenes llegaban tarde, perdían algunos de los puntos que ya había ganado. Esto hizo que los jóvenes fueran cada vez más puntuales hasta que al final todos llegaban a la hora.

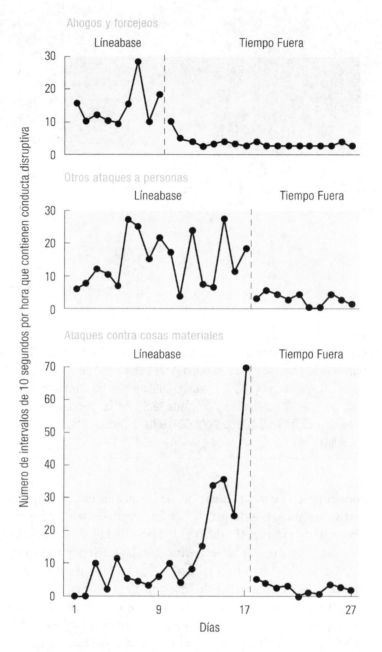

FIGURA 6-2   Se muestra el efecto de un procedimiento de castigo negativo (tiempo fuera) sobre la conducta agresiva y perturbadora de una niña con síndrome de Down. Este gráfico muestra un diseño de línea de base múltiple a través de comportamientos. El tiempo fuera se aplicó en tres comporta-mientos diferentes de un mismo sujeto, y el uso de tiempo fuera se escalona en el tiempo. (De Clark, H., Rowbury, T, Baer, A., y Baer, D. [1973]. Time out as a punishing stimulus in continuous and intermitent schedules. JournalofAppliedBehaviorAnalysis, 6, 443-455. Reproducido con per-

El castigo positivo y castigo negativo a veces se llaman con otros nombres que son más descriptivos. Sin embargo, es más sencillo hablar de castigo positivo y castigo nega-tivo, y estos términos son paralelos con el reforzamiento positivo y negativo.

 FIGURA 6-3   Esta niña de 8 años tiene que estar en una pequeña sala de "tiempo fuera" cada vez que tiene conductas agresivas en el aula. Estando en esta habitación, pierde el acceso a los reforzadores, tales como la atención del profesor, la atención de otros compañeros, y los juguetes. Como consecuencia, disminuye la conducta agresiva.

Veamos los ejemplos de castigo en la Tabla 6-1. ¿Cuáles son ejemplos de castigos positivos y cuáles son ejemplos de castigo negativo? Las respuestas se encuentran al final del capítulo en el Apéndice A.

En todos estos ejemplos disminuyó la ocurrencia futura de la conducta. Por lo tanto, la presentación o eliminación de un estímulo como consecuencia de la conducta estaba funcionando como castigo en estos casos.

Términos: Distinción entre castigo positivo y negativo

Hay estudiantes que se confunden entre castigo positivo y negativo. Ambos son tipos de castigo y ambos debilitan la conducta. La única diferencia consiste en que después de la conducta puede presentarse un estímulo, en cuyo caso hablaríamos de castigo positivo, o puede retirarse un estímulo, en cuyo caso hablaríamos de castigo negativo. Si representamos el carácter positvo del castigo con un signo más (+) y el negativo con un signo menos (-), podríamos decir que en el castigo + sumamos un estímulo después de la conducta (el estímulo aversivo), mientras que en el castigo – restamos un estímulo después de la conducta (el reforzador). El pensar en ambos tipos de castigo en términos de sumar o restar un estímulo después de la conducta debería ayudarnos a aclarar la diferencia.

Castigo condicionado e incondicionado

Como el reforzamiento, el castigo es también un proceso natural que afecta la conducta humana. Algunos eventos o estímulos son castigos naturales porque evitar o minimizar el contacto con estos estímulos tiene un valor de supervivencia (Cooper et al., 1987). Los estímulos dolorosos o niveles extremos de estimulación son a menudo peligrosos. Los comportamientos que producen estimulación dolorosa o extrema son

litados, y los comportamientos de huida o la evitación de estimulación son naturalmente reforzados. Por esta razón, los estímulos dolorosos o los niveles extremos de estimulación tienen importancia biológica. Estos estímulos se llaman castigos incondicionados. No se necesita un condicionamiento previo para que un castigo incondicionado funcione como castigo. A través del proceso de la evolución, los seres humanos han desarrollado la capacidad de ser castigado por estos acontecimientos aversivos de forma natural, sin ningún tipo de formación previa o experiencia. Por ejemplo, el calor o frío extremos, los niveles extremos de estimulación auditiva o visual o de cualquier estímulo doloroso (p.ej., una descarga eléctrica, un objeto punzante o un golpe fuerte), debilitan de forma natural el comportamiento que lo produce. Si estos no fueran **castigos incondicionados**, tendríamos una mayor probabilidad de realizar comportamientos peligrosos que podrían causarnos lesiones o la muerte. Nosotros rápidamente aprendemos a no poner las manos en el fuego, mirar directamente al sol, tocar objetos afilados o ir descalzos en la nieve o sobre el asfalto caliente porque el resultado de cada uno de estos comportamientos es una consecuencia en forma de castigo.

Un segundo tipo de castigo se denomina **castigo condicionado**. Los castigos condicionados son estímulos o eventos que funcionan como castigo sólo después de haber sido emparejados con castigos incondicionados u otros castigos condicionados ya existentes. Cualquier estímulo o evento puede convertirse en un castigo condicionado si se le empareja con un castigo previamente establecido.

La palabra "no" es un castigo condicionado común. Debido a que a menudo se combina con muchos otros estímulos de castigo, generalmente se convierte en un castigo en sí. Por ejemplo, si un niño llega a un enchufe y el padre dice "no", es menos probable que el niño toque el enchufe en el futuro. Cuando el niño deletrea una palabra incorrecta en el aula y el profesor dice "no", será menos probable que el niño en el futuro deletree de manera incorrecta esa misma palabra. La palabra "no" se considera un **castigo condicionado generalizado** porque ha sido emparejada con multitud de castigos incondicionados y condicionados durante el curso de la vida de una persona. Van Houten y sus colaboradores (Van Houten, Nau, MacKenzie-Keating, Sameoto y Colavecchia, 1982) encontraron que, si se realizaban reprimendas firmes a los estudiantes en el aula durante una conducta disruptiva, su comportamiento disruptivo disminuía. En este estudio, las reprimendas fueron castigos condicionados del comportamiento perturbador de los estudiantes. Las amenazas de daño son a menudo castigos condicionados. Dado que las amenazas han sido a menudo asociadas con estimulaciones dolorosas en el pasado, pueden ser castigos condicionados.

Los estímulos asociados con la pérdida de reforzadores pueden ser también castigos condicionados. Una multa de aparcamiento o de exceso de velocidad está asociada con la pérdida de dinero (pagar la multa con dinero), por lo que la multa es un castigo condicionado para muchas personas. En realidad, tanto si el exceso de velocidad o las multas de aparcamiento funcionan como castigos condicionados o no, depende de una serie de factores, incluyendo el plazo de la pena y la magnitud del castigo. Estos y otros factores que influyen en la eficacia del castigo se discuten más adelante en este capítulo.

Una advertencia de un padre puede convertirse en un castigo condicionado si se ha emparejado con la pérdida de reforzadores tales como la paga semanal, privilegios o actividades preferidas. Así, si un niño se porta mal y el padre le da una advertencia, esta puede hacer menos probable que el niño siga comportándose mal. Una expresión facial o gesto de desaprobación puede ser un castigo condicionado cuando se asocia con la pérdida de atención o de aprobación de una persona significativa (p.ej., un padre o un maestro). Una expresión facial también puede estar asociada con un evento adverso como una reprimenda o un azote, y por lo tanto puede funcionar como un castigo condicionado (Doleys, Wells, Hobbs, Roberts y Cartelli, 1976, Jones y Miller, 1974).

Una vez más, es importante recordar que un castigo condicionado debe definirse funcionalmente. Se define como un castigo sólo si se debilita el comportamiento al que sigue. Si una persona excede el límite de velocidad, recibe una multa y, a consecuencia de ello, disminuye la velocidad con la que conduce en el futuro, podemos afirmar que la multa ha funcionado como un castigo. Sin embargo, si la persona continúa excediendo el límite de velocidad después de haber recibido una multa, la multa no habrá funcionado como un castigo. Consideremos el siguiente ejemplo.

Respuesta →————————————————————————————→ Consecuencia

| Un niño eructa en la mesa | e inmediatamente | su madre lo mira enfadada. |

Resultado: el niño continúa eructando en la mesa en el futuro.

? *¿Es la mirada enfadada de la madre un castigo condicionado en esta situación? ¿Por qué o por qué no?*

La mirada no es un castigo condicionado porque la conducta del niño de eructar en la mesa no disminuyó, el niño no dejó de realizar el comportamiento de eructar. La mirada de la madre puede haber funcionado como un reforzador positivo, o tal vez otros miembros de la familia se rieron cuando el niño eructó, reforzando así el comportamiento. Otra posibilidad es que el eructo fuese un reforzador natural ya que éste evita una sensación desagradable en el estómago.

Comparando reforzamiento y castigo

Existen importantes similitudes y diferencias entre el reforzamiento positivo y negativo, y entre el castigo positivo y negativo. Cada principio puede diferenciarse en función de si la conducta es seguida o no por una consecuencia, y de si la consecuencia influye en la aparición futura de la conducta. Las similitudes y diferencias entre los dos tipos de reforzamiento y castigo pueden resumirse de la manera siguiente:

Resultado	Consecuencia de la conducta	
	Se persenta un estímulo	Se retira un estímulo
La conducta se fortalece (incrementa en el futuro)	Reforzamiento positivo	Reforzamiento negativo
La conducta se debilita (disminuye en el futuro)	Castigo positivo	Castigo negativo

■ Tengamos en cuenta que cuando un estímulo se presenta después de una conducta (columna izquierda), el proceso puede conducir a un reforzamiento positivo o a un castigo positivo, dependiendo de si la conducta aumenta (reforzamiento) o disminuye (castigo) en el futuro.

- Cuando un estímulo se retira después de la conducta (columna derecha), el proceso puede ser reforzamiento negativo o castigo negativo. Sería reforzamiento negativo si la conducta aumenta y castigo negativo si la conducta disminuye.

- Cuando la conducta es fortalecida el proceso es reforzamiento (positivo o negativo).

- Cuando la conducta es debilitada el proceso es castigo (positivo o negativo).

Un estímulo en concreto puede estar implicado en el reforzamiento y el castigo de diferentes conductas en la misma situación, dependiendo de si el estímulo es presentado o retirado después de la conducta. Consideremos el ejemplo de Carolina y el perro. Cuando Carolina llegó a la valla, esta conducta fue inmediatamente seguida por la presentación de un estímulo aversivo (el perro la mordió). El mordisco del perro fue un castigo: hizo que fuera menos probable que Carolina se acercara a la vaya en el futuro. Sin embargo, cuando Carolina retiró su mano con rapidez, se terminó el mordisco del perro. Debido a que retiró su mano, el dolor de ser mordida cesó, esta conducta fue reforzada. Este es un ejemplo de reforzamiento negativo. Como se puede ver, cuando el mordisco del perro se presentó después de una conducta, esta conducta disminuyó; cuando el perro dejó de morderla al retirar la mano, es decir, después de realizar otra conducta, la conducta fue reforzada.

Reforzamiento positivo

Respuesta		Consecuencia
Carolina salta la valla	e inmediatamente	un perro la muerde.

Resultado: Es menos probable que Carolina salte más la valla en el futuro.

Reforzamiento Negativo

Respuesta		Consecuencia
Carolina retira su mano	e inmediatamente	consigue que el mordisco termine.

Resultado: es más probable que Carolina retire su mano cuando se presente un estímulo doloroso similar.

En el ejemplo de Octavio y la sartén caliente, la consecuencia inmediata de coger la sartén fue un estímulo doloroso que disminuyó la probabilidad de que Octavio volviese a coger una sartén caliente en el futuro. Este sería un caso de castigo positivo.

¿Dónde está el reforzamiento negativo en este ejemplo?

Cuando Octavio utilizó un guante protector, evitó el estímulo doloroso. A consecuencia de ello se hacía más probable que Octavio utilizase un guante protector al coger una sartén caliente en el futuro (reforzamiento negativo). Tocar la sartén caliente se castiga con la presentación de un estímulo doloroso, utilizar el guante protector es reforzado por la no aparición de los estímulos dolorosos.

Considerémos ahora cómo el mismo estímulo puede estar involucrado en el castigo negativo de una conducta y en el reforzamiento positivo de otra. Si un estímulo reforzante se retira después de un comportamiento, la conducta disminuirá en el futuro (castigo negativo), pero si un estímulo reforzante se presenta después de un comportamiento, la conducta se incrementará en el futuro (reforzamiento positivo). Ya sabemos que un estímulo funciona como un reforzador positivo cuando, una vez presentado, la conducta aumenta o cuando una vez retirado, ésta disminuye. Por ejemplo, los padres de Federico le retiran su bicicleta durante una semana cada vez que lo ven montando en ella por la noche. Esto hace menos probable que Federico vaya en bicicleta por la noche (castigo negativo). Sin embargo, después de unos días, Federico ruega a sus padres que le permitan ir en bicicleta de nuevo y promete que nunca la usará por la noche. Los padres de Federico ceden y le devuelven la bicicleta. Esto hace más probable que en futuras ocasiones Federico ruegue a sus padres que le devuelvan la bicicleta cuando ésta haya sido retirada (reforzamiento positivo).

Reforzamiento positivo

Respuesta		Consecuencia
Federico va en bicicleta por la noche	y entonces	se le retira la bicicleta durante 1 semana.

Resultados: es menos probable que Federico vaya en bicicleta por la noche.

Reforzamiento Positivo

Respuesta		Consecuencia
Federico suplica a sus padres que le devuelvan la bicicleta	y entonces	sus padres se la dan.

Resultados: es más probable que Federico suplique a sus padres cuando la bicicleta le sea retirada.

Factores que influyen en la eficacia del castigo

Los factores que influyen en la eficacia del castigo son similares a los que influyen en el reforzamiento. Estos incluyen inmediatez, contingencia, operaciones de establecimiento, diferencias individuales, y magnitud.

Inmediatez

Cuando un castigo sigue de forma inmediata a una conducta, o cuando la pérdida de un reforzador se produce inmediatamente después de la conducta, es más probable que la conducta disminuya. Es decir, para que el castigo sea más efectivo la consecuencia de la conducta debe ser inmediata. A medida que la demora entre la conducta y el castigo aumenta, la eficacia del castigo disminuye. Para ilustrar este punto, consideremos lo que ocurriría si un castigo se aplicase tiempo después de haber sucedido una conducta. Un estudiante hace un comentario sarcástico en la clase y el maestro le dirige de inmediato una mirada furiosa. Ello reduce las posibilidades de que el estudiante vuelva a hacer comentarios sarcásticos en clase. Si el maestro hubiera mirado al estudiante 30 minutos después de que el estudiante hubiera hecho el comentario sarcástico, la mirada no podría haber funcionado como un castigo por el comportamiento de hacer comentarios sarcásticos. En cambio, la mirada de enfado del maestro probablemente habría funcionado como un castigo para cualquier conducta que el estudiante hubiera realizado inmediatamente antes de dicha mirada.

Contingencia

Para que el castigo sea más efectivo, el estímulo debe ocurrir cada vez que la conducta se produce. Podríamos decir que la consecuencia del castigo es contingente sobre la conducta cuando el castigo se aplica cada vez que la conducta ocurre y cuando el castigo no se aplica cuando la conducta no ocurre. Un castigo es más probable que disminuya una conducta cuando éste es contingente con la conducta. Esto significa que el castigo es menos eficaz cuando se aplica de manera poco consistente, es decir, cuando el castigo se presenta sólo en algunos casos ante la aparición de una conducta o cuando el castigo se presenta cuando esta misma conducta no aparece. Si un programa de reforzamiento sigue estando en vigor ante una conducta, y el castigo se aplica de manera inconsistente, algunas veces la conducta puede ser seguida por un castigo y otras veces reforzada. En este caso, la conducta está siendo influenciada por un programa de reforzamiento intermitente y, al mismo tiempo, un programa de castigo intermitente. Cuando un programa de reforzamiento compite concurrentemente con un programa de castigo, los efectos del castigo probablemente disminuyan.

Si una rata presiona una barra en una cámara experimental y recibe bolitas de comida, la rata seguirá presionando la barra. Sin embargo, si el castigo se aplica y la rata recibe una descarga eléctrica cada vez que presiona la barra, la conducta de presionar la barra se detendrá. Ahora supongamos que la rata sigue recibiendo alimentos por presionar la barra y recibe un choque sólo ocasionalmente cuando se presiona la barra. En este caso, el estímulo aversivo no sería eficaz porque se aplica de manera intermitente. El efecto del castigo en este caso depende de la magnitud del estímulo (cómo de fuerte es el choque eléctrico), la frecuencia con que sigue a la conducta y la magnitud de la operación de establecimiento de la comida (cuanta hambre tiene la rata).

Operaciones Motivadoras (OM)

Así como las operaciones de establecimiento y las operaciones de abolición pueden influir en la efectividad de los reforzadores, también pueden influir en la efectividad de los castigos. Una operación de establecimiento es un evento que hace que una consecuencia sea más eficaz como castigo (o como reforzador). Una operación de abolición es un evento o condición que reduce la efectividad de una consecuencia punitiva o reforzante.

En el caso del castigo negativo, la deprivación sería una operación de establecimiento que haría que la pérdida de reforzadores fuese más efectiva como castigo, mientras que la saciedad sería una operación de abolición que haría que la pérdida de reforzadores fuese menos efectiva como castigo. Por ejemplo, decirle a un niño que si se porta mal en la mesa se le retirará el postre, (a) será un castigo más eficaz si el niño no ha tomado postre y aún tiene hambre (operación de establecimiento), o (b) no será un castigo efectivo si el niño ya se ha tomado dos o tres porciones de postre y ya no tiene hambre (operación de abolición). Perder la paga por mal comportamiento (a) será un castigo efectivo si el niño no dispone de otro dinero y planea comprar un jugyete con el dinero de la paga (operación de establecimiento), o (b) será un castigo menos eficaz si el niño ha recibido dinero recientemente de otras fuentes (operación de abolición).

En el caso de castigo positivo, cualquier condición que incremente el carácter aversivo hacia un evento hará que ese evento sea un castigo más eficaz (operación de establecimiento), mientras que cualquier condición que minimice el carácter aversivo de un evento, hará que este sea menos eficaz como castigo (operación de abolición). Por ejemplo, algunos fármacos (como la morfina) reducen la efectividad del dolor como castigo. Otros fármacos (p.ej., alcohol) pueden reducir la eficacia de los estímulos sociales (p.ej., la desaprobación de sus compañeros) como castigos.

¿Son estos ejemplos operaciones de establecimiento u operaciones de abolición?

Estos son ejemplos de operaciones de abolición ya que en cada uno de estos casos las drogas reducen la efectividad del castigo. Las instrucciones o las reglas pueden mejorar la eficacia de ciertos estímulos como castigos. Por ejemplo, un carpintero le dice a su aprendiz que cuando la sierra eléctrica empieza a vibrar puede dañarse o romperse la hoja. Esta instrucción hace que la vibración de la sierra eléctrica se establezca como castigo condicionado. En otras palabras, los comportamientos que producen la vibración (p.ej., cortar en ángulo, presionar demasiado en la sierra) se debilitan.

¿Es este un ejemplo de operación de establecimiento o de operación de abolición?

Este es un ejemplo de operación de establecimiento ya que la instrucción hace que la presencia de vibración sea más aversiva e incremente el carácter punitivo del uso incorrecto de la sierra. Además, usar la sierra correctamente evita el humo y por tanto se mantiene por reforzamiento negativo.

Efectos de las OM sobre el reforzamiento y el castigo

Una operación de establecimiento:
Hace un reforzador más potente por lo que incrementa:

- la eficacia del reforzamiento positivo.
- la eficacia del castigo negativo.

Hace un estimulo aversivo más potente por lo que incrementa:

- la eficacia del reforzamiento negativo
- la eficacia del castigo positivo

Una operación de abolición:
Hace un reforzador menos potente por lo que disminuye:

- la eficacia del reforzamiento positivo
- la eficacia del castigo negativo

Hace un estimulo aversivo menos potente por lo que disminuye:

- la eficacia de un reforzamiento negativo
- la eficacia de un castigo positivo

Factores que influyen en la eficacia del castigo

Inmediatez	Un estímulo es más eficaz como castigo cuando se presenta inmediatamente después de la conducta.
Contingencia	Un estímulo es más eficaz como castigo cuando se presenta contingentemente con la conducta.
Operaciones de establecimiento	Algunos eventos antecedentes hacen que un estímulo sea más efectivo como castigo en un momento determinado.
Diferencias individuales y magnitud	Los castigos varían de persona a persona. En general, cuanto más intenso es el estímulo aversivo, más eficaz es el castigo.

Las diferencias individuales y la magnitud del castigo

Otro factor que influye en la eficacia del castigo es la naturaleza de la consecuencia punitiva. Los acontecimientos que funcionan como castigos varían de persona a persona (Fisher et al., 1994). Algunos eventos pueden ser establecidos como castigos condicionados para algunas personas y no para otras gracias a diferentes experiencias o historias de condicionamiento. Del mismo modo, el que un estímulo cumpla la función de castigo depende de su magnitud o intensidad. En general, un estímulo aversivo más intenso tiene más probabilidades de funcionar como castigo. Esto también varía de persona a persona. Por ejemplo, una picadura de mosquito es un estímulo aversivo pequeño para la mayoría de las personas, por lo que el comportamiento de llevar pantalones cortos en el bosque puede ser castigado por las picaduras de mosquitos en las piernas, y usar pantalones largos puede ser reforzado negativamente por la prevención de las picaduras de mosquitos. Sin embargo, algunas personas se niegan a salir en absoluto cuando los mosquitos pican, mientras que otras salen y no parecen molestos por las picaduras de mosquitos. Esto sugiere que las picaduras de mosquitospueden ser un estímulo aversivo para algunas personas pero no para otras. Por el contrario, el dolor de una picadura de abeja, que es más intenso, probablemente sea un castigo para la mayoría de la gente. La mayor parte de las personas no realizarían conductas que diesen lugar a recibir una picadura de abeja, y si realizasen conductas que evitasen las picaduras de abeja. Debido a que la picadura de abeja es más intensa que la picadura de un mosquito es más probable que sea un castigo eficaz.

LECTURA PARA AMPLIAR

Factores que influyen en el castigo

El castigo, como principio de modificación de conducta, ha sido estudiado por los investigadores durante años. Una recomendación importante cuando se utiliza el castigo consiste en utilizar un procedimiento de reforzamiento conjuntamente. Por ejemplo, Thompson, Iwata, Conners, y Roscoe (1999) demostraron que el castigo de conductas autolesivas era más eficaz cuando un procedimiento de reforzamiento diferencial se utilizaba con el castigo. Igualmente, Hanley, Piazza, Fisher, y Maglieri (2005) demostraron que cuando el castigo se añadía a un procedimiento de reforzamiento diferencial, el procedimiento de reforzamiento era más eficaz. Curiosamente, los niños de este estudio preferían el procedimiento que incluía reforzamiento y castigo sobre el reforzamiento solo. Estos dos estudios demuestran la importancia de combinar el reforzamiento y el castigo. En una investigación en la que se usaban diferentes intensidades de castigo, Vorndan yErman(2006) demostraron que un procedimiento de castigo menos intrusivo no era efectivo hasta que se emparejó con un procedimiento de castigo más intrusivo. Por último, Lerman, Iwata, Shore y De León (1997) mostraron que el castigo intermitente era menos eficaz que el castigo continuo, aunque el castigo intermitente fue eficaz para algunos participantes, cuando seguía al uso del castigo continuo. Juntos, estos dos estudios sugieren que el castigo contingente y la intensidad, son factores importantes en la eficacia del castigo.

Problemas con el castigo

Deben considerarse una serie de problemas o cuestiones relacionadas con el uso del castigo, especialmente el castigo positivo que conlleva el uso de estímulos dolorosos o desagradables.

- El castigo puede producir respuestas agresivas u otros efectos secundarios emocionales.

- El uso del castigo puede dar lugar a conductas de escape y evitación de la misma persona cuyo comportamiento está siendo castigado.

- El uso del castigo puede ser un reforzador negativo para la persona que implementa el castigo, y por lo tanto, puede haber un mal uso o un uso excesivo del mismo.

- Cuando se utiliza el castigo, se modela su uso y los observadores o personas cuyo comportamiento es castigado pueden ser más propensos a usar el castigo en el futuro.

- Por último, el castigo se asocia con una serie de cuestiones éticas y cuestiones de aceptabilidad. Estos temas se tratan en detalle en el Capítulo 18.

Reacciones emocionales al castigo

Investigaciones sobre el comportamiento con sujetos no humanos han mostrado que la exposición a estímulos dolorosos usados como castigo puede producir comportamientos agresivos y otras respuestas emocionales. Por ejemplo, Azrin, Hutchinson, y Hake (1963) mostraron que la presentación de un estímulo doloroso (un golpe) se traducía en un comportamiento agresivo en animales de laboratorio. En este estudio, cuando un mono recibía un golpe, atacaba de inmediato a otro mono que estaba presente. Estos comportamientos agresivos se reforzaban negativamente si a consecuenca de los mismos se detenía la exposición a los estímulos dolorosos o desagradables. La tendencia de realizar comportamientos agresivos (especialmente cuando se dirigen a la fuente del estímulo aversivo) puede llegar a tener un valor de supervivencia.

Escape y evitación

Cada vez que un estímulo aversivo se utiliza en un procedimiento de castigo, se crea una oportunidad para realizar una de conducta de escape o evitación. Cualquier comportamiento que sirva para evitar o escapar de la presentación de un estímulo aversivo se fortalece mediante reforzamiento negativo. Por lo tanto, si bien un estímulo aversivo puede presentarse después de un comportamiento objetivo para reducirlo, cualquier conducta que la persona haga para poner fin al estímulo aversivo será reforzada (Azrin, Merluza, Holz y Hutchinson, 1965). Por ejemplo, un niño puede huir o esconderse de un padre que está a punto de pegarle. A veces las personas aprenden a mentir para evitar el castigo o aprenden a evitar a la persona que proporciona el castigo. Cuando se aplica un procedimiento de castigo, hay que tener cuidado de que no se desarrollen conductas inapropiadas de escape y evitación.

Reforzamiento negativo y uso del castigo

Algunos autores sostienen que puede hacerse fácilmente un mal uso o un uso excesivo del castigo, porque durante su uso se refuerza negativamente a la persona que lo implementa (Sulzer-Azaroff y Mayer, 1991).

Describe como puede ser el uso del castigo un reforzador negativo

El castigo reduce de inmediato la conducta problema. Si el comportamiento que se disminuye mediante castigo es aversivo para la persona que lo aplica, la utilización del castigo se reforzaría negativamente por la desaparición de un estímulo aversivo (la conducta castigada). Ello hará más probable que la persona utilice el castigo en el futuro en situaciones similares. Por ejemplo, la Dra. Hernández odiaba cuando sus alumnos hablaban en clase mientras ella estaba explicando. Cada vez que alguien hablaba en clase, la Dra. Hernández dejaba de hablar y miraba mal al alumno que estaba interrumpiendo. Cuando lo hacía, el estudiante de inmediato dejaba de hablar en clase. Esto reforzó la conducta de la Dra. Hernández de mirar a los estudiantes por el hecho de que estos dejaban de hablar en clase. La Dra. Hernández utilizaba la mirada con frecuencia y era conocida por ello en toda la universidad.

Castigos y modelos

Las personas que observan a alguien haciendo un uso frecuente del castigo pueden ser más propensos a usarlo cuando se encuentran en situaciones similares. Esto es especialmente cierto con los niños, para quienes el aprendizaje por observación desempeña un papel importante en el desarrollo de comportamientos adecuados e inadecuados (Figura 6-4). Por ejemplo, los niños a los que se les dan bofetadas frecuentemente u observan conductas agresivas tienen más probabilidad de realizar conductas agresivas (Bandura, 1969; Bandura, Ross y Ross, 1963).

Cuestiones éticas

Existe un cierto debate entre los profesionales acerca de si es ético utilizar los castigos, especialmente los estímulos dolorosos o desagradables, para cambiar el comportamiento (Repp y Singh, 1990). Algunos argumentan que el uso del castigo no puede justificarse (Meyer y Evans, 1989). Otros sugieren que el uso del castigo puede ser justificado si el comportamiento es perjudicial o lo suficientemente grave como para que los beneficios potenciales para el individuo sean significativos (Linscheid, Iwata, Ricketts, Williams yGriffin, 1990). Evidentemente, las cuestiones éticas deben ser consideradas antes de que el castigo sea utilizado como unprocedimiento de modificación de conducta. El código ético que un analista de conducta certificado debe de seguir establece que (a) el

FIGURA 6-4   Uno de los posibles problemas del castigo es el aprendizaje por observación, como se ilustra aquí. Para castigar el mal comportamiento de su hija, una madre da un cachete a su hija. A consecuencia de la observación del comportamiento de su madre, la niña realiza el mismo comportamiento con su muñeca.

código ético que un analista de conducta certificado debe de seguir establece que (a) el reforzamiento debe de ser usado antes de considerar el uso de castigo y (b) si el castigo es necesario, este debe de ser utilizado junto con el reforzamiento de una conducta alternativa (véase Capítulo 15) (Bailey y Burch, 2011). Los estudios muestran que los procedimientos de castigo resultan mucho menos aceptables para los profesionales que los procedimientos de modificación de conducta que utilizan reforzamiento u otros principios (Kazdin, 1980; Miltenberger, Lennox, y Erfanian, 1989). Los profesionales deben considerar una serie de cuestiones antes de decidirse a utilizar procedimientos de modificación de conducta basados en el castigo. Además, los procedimientos de castigo se utilizan siempre conjuntamente evaluación funcional e intervenciones funcionales que enfatizan la extinción, estrategias para prevenir conductas problema y procedimientos de reforzamiento positivo para fortalecer conductas deseables (véase el Capítulo 13 y 18 para más información sobre estos temas).

RESUMEN DEL CAPITULO

1. El castigo es un principio básico de la conducta. Su definición tiene tres componentes básicos: La aparición de un comportamiento que esseguido de una consecuencia inmediata y la reducción de la probabilidad de ocurrencia del comportamiento en el futuro.

2. Unerror común sobre el castigo es que requiere inflingir daño a otra persona o que es una represalia por el mal comportamiento de esa persona. En cambio, el castigo es una etiqueta para un principio de comportamiento que carece de las connotaciones jurídicas o morales que por lo general están asociadas con la palabra.

3. Hay dos variantes del procedimiento de castigo: el castigo positivo y negativo. En el castigo positivo, un estímulo aversivo se presenta después de la conducta mientras que, en el castigo negativo, un estímulo reforzador se retira pués de la conducta. En ambos casos, el comportamiento es menos probable que ocurra en el futuro.

4. Los dos tipos de estímulos de castigo son castigos incondicionados y castigos condicionados. Un castigo incondicionado castiga de forma natural. Un castigo condicionado se desarrolla emparejando un estímulo neutro con un castigo incondicionado u otro castigo condicionado.

5. Los factores que influyen en la eficacia del castigo son la inmediatez, la contingencia, las operaciones motivadoras, las diferencias individuales, y la magnitud.

6. Los problemas potenciales asociados al uso del castigo incluyen reacciones emocionales, desarrollo de conductas de evitación y escape, reforzamiento negativo por el uso del castigo, imitación del castigo y consideraciones éticas.

PALABRAS CLAVE

Estímulo aversivo o punitivo, 102
Castigo, 102
Castigo condicionado, 110
Castigo condicionado generalizado, 110

Castigo incondicionado 110
Castigo negativo, 105
Castigo positivo, 105

Coste de respuesta, 107
Tiempo fuera de reforzamiento positivo, 107

TÉST PRÁCTICO

1. Define castigo (pág. 120).
2. En eluso cotidiano, ¿Qué significa castigo?¿En qué se diferencia este significado de la definición de castigo que se usa en la modificación de conducta? (pág. 122).

3. (a) Proporciona un ejemplo de castigo de tu propia vida, (b) ¿Es un ejemplo de castigo positivo o negativo?¿Por qué? (c) ¿El ejemplo implica un castigo condicionado o incondicionado? ¿Por qué?

4. La definición de modificación de conducta del castigo es una definición funcional. ¿Qué se entiende por definición funcional? (pág. 121).

5. Define el castigo positivo. Proporciona un ejemplo. ¿Qué otros términos se utilizan a veces en lugar de castigo positivo? (págs. 122-126).

6. Define el castigo negativo. Proporciono un ejemplo. ¿Qué otros términos se utilizan a veces en lugar del castigo negativo? (págs. 123-127).

7. (a) ¿Qué es un castigo incondicionado? (b) ¿Qué significa decir que un estímulo de castigo tiene importancia biológica? (c) proporciona algunos ejemplos de castigos incondicionados (pág. 127).

8. (a) ¿Qué es un castigo condicionado? (b) ¿Cómo se convierte un estímulo neutro en un castigo condicionado? (c) proporciona algunos ejemplos de castigos condicionados de tu propia vida (págs. 127-128).

9. Describe cómo un estímulo aversivo puede estar implicado tanto en el castigo positivo como en el reforzamiento negativo. Proporciona un ejemplo (pág. 129).

10. Describe cómo un estímulo reforzante puede estar implicado tanto en un castigo negativo como en un reforzamiento positivo. Proporciona un ejemplo (pág. 130).

11. Describe cómo la inmediatez influye en la eficacia del castigo (pág. 131).

12. ¿Cómo influye la consistencia o la regularidad del castigo en la efectividad del mismo? (pág. 131).

13. ¿Qué es una operación de establecimiento? Proporciona un ejemplo de una operación de establecimiento que influya en la eficacia de un estímulo de castigo. ¿Qué es una operación de abolición? Proporciona un ejemplo de una operación de abolición que influencia la efectividad del castigo.

14. ¿Cómo se relaciona la intensidad de un estímulo con su efectividad como castigo? (págs. 132-133).

15. Describe los cinco problemas que pueden estar asociados con el uso del castigo (págs. 133-135).

16. Identifica cada una de las siguientes como ejemplo de castigo positivo, castigo negativo, o extinción.

Al analizar cada ejemplo, asegúrese de hacerse tres preguntas:

■ ¿Cuál es la conducta o comportamiento?

■ ¿Qué ocurre inmediatamente después de la conducta? (¿Se ha añadido un estímulo o se ha eliminado, o el reforzador para la conducta fue retenido?)

■ ¿Qué pasó con la conducta en el futuro? (¿Se debilitó el comportamiento? ¿Es menos probable que ocurra?)

a. Raquel se levanta temprano cada mañana y asalta el bote de las galletas. Su madre se dio cuenta de lo que estaba pasando y dejó de poner galletas en el frasco. Después de esto, cuando Raquel consigue el bote de galletas, no las encuentra. Como resultado, Raquel ya no asalta el bote de galletas.

b. Estela tiró huevos en el colegio en la fiesta. El director la pilló y le hizo lavar todas las ventanas del colegio. Estela nunca más tiró huevos en el colegio.

c. Dani tiró huevos contra la casa de sus vecinos durante las fiestas. Sus padres lo pillaron y le hicieron dar a sus vecinos 50 euros para que le limpiaran la casa. Dani nunca más tiró huevos contra la casa de los vecinos.

d. Rafael se portó mal en clase y su maestro le miró enfadado. Después de esto, Rafael nunca se portó mal en clase de nuevo.

e. Susi miraba mucha televisión y utilizaba el mando para encender la TV y cambiar de canal. Un día el mando a distancia no funcionaba. Susi lo intentó varias veces y, finalmente, lo dejó de usar.

f. Benito golpeó a su hermana y su madre le retiró la paga de esa semana. Gracias a lo cual no agredió más a su hermana.

g. Amanda intentó saltar la valla de un huerto de manzanas. La valla estaba electrificada y recibió una descarga eléctrica. Ello hizo que no volviese nunca más a escalar la valla.

APENDICE A

Ejemplos de castigo positivo y castigo negativo de la Tabla 6-1.

1. Castigo positivo. El comportamiento de Eduardo de mirar hacia abajo mientras va en bici tuvo la consecuencia de que se presentara un estímulo doloroso cuando Eduardo se golpeó contra un coche.
2. Castigo negativo. El comportamiento de pegar tuvo la consecuencia de la prohibición de jugar con sus juguetes y sus amigos.
3. Castigo negativo. Destrozar el césped con la manguera tuvo la consecuencia de perder dinero.
4. Castigo positivo. Leer mientras conduces puede terminar en un accidente.
5. Castigo negativo. Cada vez que Elena se levantó de su asiento, la consecuencia fue la retirada de una ficha de póquer.
6. Castigo positivo. Kevin cuenta chistes sobre cómo cocina su mujer. La consecuencia es un estímulo aversivo: una mirada "asesina" de su mujer.

Control de estímulo:
Discriminación y generalización

- ¿Qué es un estímulo antecedente y cómo participa en el control de estímulo de la conducta operante?
- ¿Cómo se desarrolla el control de estímulo a través del entrenamiento en la discriminación de estímulos?
- ¿Qué es la contingencia de tres términos?
- ¿Qué es la generalización y en qué se diferencia de la discriminación?

A l hablar del reforzamiento, la extinción, y el castigo, vimos la importancia de las consecuencias en el control de la conducta operante. La conducta operante se fortalece cuando es seguida por una consecuencia reforzante, por el contrario, se debilita cuando la consecuencia reforzante ya no sigue al comportamiento (extinción). Una consecuencia de castigo también debilita el comportamiento. Estos principios básicos de la conducta, reforzamiento, extinción y castigo explican por qué aumentan los comportamientos y se siguen produciendo o disminuyen y dejan de ocurrir. Debido a que la conducta operante está controlada por sus consecuencias, los analistas de conducta analizan los eventos que siguen el comportamiento para entender por qué está ocurriendo, y manipulan las consecuencias de la conducta para modificarla.

En este capítulo se amplía el análisis de la conducta operante y se muestra la importancia de los **antecedentes**, los acontecimientos que preceden a una respuesta operante. Los antecedentes de la conducta son los estímulos, eventos, situaciones o circunstancias que están presentes cuando se produce la conducta, o estaban presentes inmediatamente antes de la conducta. Para entender y modificar la conducta operante, es importante analizar los antecedentes, así como las consecuencias de la conducta. Por lo tanto, este capítulo se centra en los antecedentes, la conducta y las consecuencias, el ABC de la conducta operante.

¿Por qué es importante comprender los antecedentes de la conducta operante?

Cuando entendemos los antecedentes de la conducta operante, tenemos información sobre lascircunstancias en las que el comportamiento fue reforzado y las circunstancias en que el comportamiento no fue reforzado o fue castigado. Un comportamiento sigue ocurriendo en situaciones en las que se ha reforzado en el pasado, y deja de producirse en situaciones en las que no se ha reforzado o ha sido castigado en el pasado. Como puede verse, los efectos del reforzamiento, de la extinción, y del castigo son una situación específica. Consideremos los siguientes ejemplos.

Ejemplos de control de estímulo

Cada vez que Juan quiere algo de dinero extra para gastar, le pregunta a su madre, que por lo general le suele dar algo de dinero. Cuando se lo pregunta a su padre, por lo general se niega a darle dinero y le dice que debe conseguir un trabajo. Esta circunstancia hace que, por lo general, sea a su madre a quien le pide dinero en lugar de a su padre.

Como puedes observar, el comportamiento de pedir dinero ha sido reforzado en una situación (con su madre), pero no ha sido reforzado en otra situación (con su padre). Por lo tanto, el comportamiento se sigue produciendo en la situación en la que fue reforzado y ya no ocurre en la situación en la que no se reforzó: Juan sólo le pide dinero a su madre. La presencia de su madre es un antecedente para el comportamiento de Juan de pedir dinero en efectivo. Diríamos que la presencia de su madre tiene el control de estímulo sobre la conducta de Juan de pedir dinero.A su vez, es importante fijarse en que Juan solamente pide dinero a su madre cuando lo necesita, es decir, cuando una operación de establecimiento está presente. Si no hay operación de esta-blecimiento (si no hay nada que comprar), el no le pedirá a su madre dinero.

Antecedente	Conducta	Consecuencia
Mama está presente.	Juan pide dinero.	Mamá le da dinero.
Papá esta presente.	Juan pide dinero.	Papá no le da dinero.

Resultado: Juan le pide dinero a su madre en el futuro y no le vuelve a pedir dinero a su padre.

Veamos otro ejemplo. Gema sale a recoger fresas de su huerto. Cuando elige una fresa de color rojo brillante y se la come, está dulce y jugosa y sabe muy bien. Sin embargo, cuando escoge una que todavía está un poco verde el sabor le resulta amargo y la textura de fresa es dura. Mientras Gema sigue recogiendo las fresas y se las come, va eligiendo sólo las rojas. Una fresa roja es un estímulo antecedente. El comportamiento de recoger y comer una fresa roja es un reforzador. Por lo tanto, está más motivada para tomar y comer las rojas. El comportamiento de comer fresas verdes no es reforzado, por lo que deja de recoger las fresas de este color. Comer sólo fresas rojas y no verdes es un ejemplo de control de estímulo. Diríamos que la presencia de las fresas rojas adquiere control de estímulo sobre el comportamiento de Gema de recoger y comer fresas. También, es importante fijarse que Gema solamente recoge fresas rojas cuando una operación de establecimiento está presente (p. ej. está hambrienta, necesita fresas para cocinar, alguien le pide fresas, etc.). Si la operación de establecimiento no está presente ella no recogerá fresas.

Antecedente	Conducta	Consecuencia
Fresa roja.	Gema la toma y se la come.	Le gusta mucho.
Fresa verde.	Gema la toma y se la come.	No le gusta.

Resultado: Es más probable que Gema recoja y se coma las fresas rojas y que deje de comer las verdes.

Defnición de control de estímulo

Los dos ejemplos anteriores ilustran el principio de control de estímulo. En cada uno, un comportamiento era más probable que ocurriese cuando un estímulo antecedente específico estaba presente. Para Juan, el estímulo antecedente que estaba presente cuando preguntaba por el dinero, era su madre. Para Gema, el estímulo antecedente cuando estaba recogiendo y comiendo fresas fue la presencia de fresas rojas. Un com-portamiento se dice que está bajo control de estímulo cuando hay una mayor probabi-lidad de que el comportamiento se produzca en presencia de un estímulo antecedente específico o un estímulo de una clase de estímulos específico. (Fresas rojas son una clase de estímulos. Cualquier fresa roja en particular es un miembro de esta clase de estímulos.)

¿Cuáles son algunos de los comportamientos que están bajo control de estímulo en tu caso?

Para responder a esta pregunta, pregúntate cuáles de tus comportamientos se producen solamente en situaciones concretas o en determinadas circunstancias (pág. ej., cuando un estímulo antecedente específico está presente). Lo que encontrarás es que casi todos tus comportamientos están bajo control de estímulo. Los comportamientos usualmente no ocurren al azar, sino que se producen en las situaciones o circunstan-cias específicas en las que fueron reforzadas en el pasado. La Tabla 7-1 enumera ejem-plos de conductas que están bajo control de estímulo.

Cada ejemplo de la Tabla 7-1 muestra un estímulo antecedente, un comporta-miento, y una consecuencia. En cada ejemplo, el comportamiento es más probable que ocurra cuando el estímulo antecedente está presente. ¿Por qué? El comporta-miento se produce cuando el antecedente está presente porque es la única vez que el comportamiento ha sido reforzado. Considere estos ejemplos.

TABLA 7-1   Ejemplos de autoevaluación (castigo)

Antecedente	Comportamiento	Consecuencia
1. Un hombre dice "Te amo" a su esposa, pero no a toda la gente donde trabaja.		
Su mujer está presente	Él dice "te amo"	Ella le dice lo mismo a él
2. Cuando el semáforo se pone rojo, te detienes, cuando está en verde, te pones en marcha.		
Luz verde	Presionas el acelerador	Sigues tu viaje y evitas chocar con la gente
Luz roja	Presionas el pedal de freno	Evitas un accidente o una multa de tráfico
3. Le cuentas chistes subidos de tono a tus amigos, pero no a tus padres o maestros.		
Tus amigos están presentes	Le cuentas chistes subidos de tono	Se rén y dicen bromas
4. Cuando suena el teléfono, respondes y hablas con la persona que llama.		
El teléfono suena	Contestas el teléfono	Hablas con la persona que llama
5. Cuando la luz está encendida en el taladro eléctrico recargable, usas el taladro.		
La luz en el taladro recargable está encendida	Coges el taladro y lo utilizas para perforar un agujero	El taladro funciona bien

■ Decir "Te amo" es reforzado si se lo dices a tu pareja. Si dijeras "Te amo" a un compañero de trabajo, esta conducta no sería reforzada (les parecería cuanto menos extraño). Por ello, decimos: "Te amo" sólo a nuestra pareja.

■ Parar en un semáforo en rojo es reforzado por evitar un accidente y una multa de tráfico (reforzamiento negativo). Sin embargo, detenerse en una luz verde daría lugar a que la gente te pitara y te hiciera gestos de enfado (castigo positivo). Por lo tanto, paramos en semáforos en rojo y no cuando las luces están en verde.

■ Contar un chiste sucio o hacer una broma a tus amigos es reforzado por las risas y la atención de tus amigos. Sin embargo, hacerles esas bromas a tus padres no se vería reforzado y podría incluso ser castigado con la mirada o con reprimendas. Por lo tanto, le contamos chistes subidos de tono sólo a nuestros amigos.

■ Responder al teléfono cuando suena es reforzado por hablar con la persona que llama, mientras que responder al teléfono cuando no suena, no es reforzado porque no hay nadie al otro lado. En consecuencia, respondemos al teléfono sólo cuando suena (a menos que estemos haciendo una llamada).

■ Cuando la luz del cargador está encendida, nos anuncia de que el taladro puede funcionar eficazmente, y es, por lo tanto, un reforzador. Cuando la luz del cargador no está encendida, el taladro no va a funcionar, por lo tanto, no será reforzante usarlo. Por ello, se utiliza el taladro solamente cuando la luz está encendida.

Desarrollo del control de estímulo: entrenamiento en discriminación de estímulos

Como se puede ver en los ejemplos anteriores, el control de estímulo se desarrolla debido a que un comportamiento es reforzado por la sola presencia de un estímulo antecedente particular. Por lo tanto, el comportamiento se sigue produciendo en el futuro sólo cuando el estímulo antecedente está presente. El estímulo antecedente que está presente cuando un comportamiento va seguido de reforzamiento, se conoce como **estímulo discriminativo** (ED). El proceso de reforzamiento de un comportamiento sólo cuando un estímulo antecedente específico (ED) está presente, se llama **entrenamiento en discriminación de estímulos.**

El entrenamiento en discriminación de estímulos consta de dos componentes:

1. Cuando el ED está presente, se refuerza la conducta.

2. Cuando algún otro antecedente está presente, excepto el ED, el comportamiento no se refuerza. Durante el entrenamiento de la discriminación, cualquier estímulo antecedente que está presente cuando el comportamiento no se refuerza se denomina estímulo delta (EΔ).

Gracias al entrenamiento en discriminación, se hace más probable que un comportamiento dado ocurra en el futuro cuando el ED está presente y menos probable cuando un estímulo delta está presente. Esta es la definición de control de estímulo. Es importante recordar que la presencia de un ED no causa que un comportamiento se produzca, sino que aumenta la probabilidad de que ocurra (o se evoque) ese comportamiento en la situación presente porque se ha asociado con un reforzador en el pasado. El reforzamiento es lo que causa que el comportamiento se produzca cuando el ED está presente.

Términos: Un estimulo discriminativo evoca una conducta

- Cuando una conducta esta bajo control de estímulo, el estímulo discriminativo evoca la conducta.

- Decid que un estímulo discriminativo evoca la conducta es lo mismo que decir que es más probable que la conducta ocurra en presencia del estímulo discriminativo.

- Para que un estímulo discriminativo evoque una conducta, una operación de establecimiento debe de estar presente.

Entrenamiento en Discriminación en el Laboratorio

En el experimento de Holland y Skinner (1961), una paloma hambrienta se encontraba en una pequeña cámara experimental. En la pared en frente de la paloma había instalado un disco o tecla circular y dos luces, una de color verde y otra roja. Las palomas tienen una tendencia natural a picotear objetos, cuando picoteaban la tecla, una pequeña cantidad de comida caía a través de una abertura en la cámara experimental. De esta forma la comida refuerza el comportamiento de picotear la tecla.

¿Cómo consiguieron Holland y Skinner poner el comportamiento de picotear la tecla bajo el control de estímulo de la luz roja?

Algunas veces encendieron la luz roja (ED) y cuando la paloma picoteaba la tecla, le daban comida (reforzamiento). Otras veces, encendían la luz verde (EΔ) y si la paloma picoteaba la tecla, no le daban comida (extinción). Este proceso de entrenamien-

discriminación incrementó la probabilidad de que la paloma picoteara la tecla cuando se encendía la luz roja y redujo la probabilidad de que lo hiciese cuando estaba encendida la luz verde. La luz roja indicaba cuando el comportamiento de picotear la tecla sería reforzado, mientras que la luz verde indicaba que el picoteo de la tecla no sería

Antecedente	Conducta	Consecuencia
Luz roja (E^D)	La paloma picotea la tecla	Se presenta el alimento.
Luz verde (E$^\Delta$)	La paloma picotea la tecla	No se presenta alimento.

Resultado: La paloma picotea la tecla, sólo cuando la luz roja está encendida.

En experimentos similares, una rata aprendió a apretar una palanca en una cámara experimental cuando la respuesta de apretar la palanca fue reforzada por los alimentos. A través del entrenamiento en discriminación, la rata aprendió a presionar la palanca cuando se presentaba un sonido determinado y a no presionarla cuando se le presenta un tono diferente (Skinner, 1938).

Antecedente	Conducta	Consecuencia
Tono agudo (E^D)	La rata presiona la palanca.	Se presenta el alimento.
Tono grave (E$^\Delta$)	La rata presiona la palanca.	No se presenta alimento.

Resultado: la rata presiona la palanca únicamente cuando el tono agudo está presente.

Del mismo modo, la campana del recreo desarrolla el control de estímulo sobre la conducta de los niños en la escuela primaria. Tan pronto como suena el timbre, los estudiantes van a levantarse y salir al recreo. Este comportamiento es reforzado por jugar y divertirse. Si los estudiantes se levantan antes de que suene la campana, el comportamiento no se verá reforzado (el profesor no les permita salir a jugar). La campana del recreo es un ED para salir del aula, porque sólo cuando se sale del aula después de haber sonado la campana, la conducta de salir se ve reforzada.

Identifca los ED y los EΔ de los ejemplos de control de estímulo de la Tabla 7-1.

Las respuestas se muestran en la Tabla 7-2.

TABLA 7-2   Los estimulos discriminativos (ED) y estimulos delta (EΔ) para los ejemplos de la tabla 7.1

Ejemplo	Comportamiento	ED	EΔ
1.	Decir "Te quiero"	Esposa	Los compañeros de trabajo
2.	Detenerse	Luz roja	Luz verde
3.	Contar chistes subidos de tono	"Amigos"	Los padres, maestros…
4.	Descolgar el teléfono	El teléfono suena.	Sin sonido
5.	Usar el taladro	La luz está encendida	La luz está apagada

Desarrollo de Lectura y Deletreo con el Entrenamiento en Discriminación.

La lecturaes un comportamiento que se desarrolla a través de un procedimiento de entrenamiento en discriminación de estímulos. Nuestro comportamiento de lectura está bajo el control de estímulo de las letras y palabras que vemos en la página. Si vemos las letras PERRO, decimos "perro". Si hemos dicho "perro" después de ver cualquier otra combinación de letras, nuestra respuesta sería incorrecta. Aprendemos a dar las respuestas de lectura correctas a través del entrenamiento en discriminación, por lo general, cuando somos niños.

Antecedente	Conducta	Consecuencia
Perro (E^D)	El nio dice "perro"	Felicitaciones del maestro o padre.
Otra palabra (E$^\Delta$)	El niño dice "perro".	No hay felicitaciones y el profesor dice : "¡Incorrecto!"

Resultado: Cuando las letras "Perro" son presentadas, el niño dice "perro", pero el niño no dice "perro" cuando se presente cualquier otra combinación de letras.

Ten en cuenta que, en este ejemplo, la respuesta del adulto "Incorrecta" es un castigo condicionado.

A medida que aprendemos a leer, somos capaces de discriminar el sonido de cada letra en el alfabeto y aprendemos a leer miles de palabras. En cada caso, una letra en particular se asocia con un sonido, y una cadena particular de letras se asocia con una sola palabra. Cuando vemos una letra y hacemos el sonido correcto, o vemos una palabra escrita y decimos la palabra correcta, nuestra conducta se ve reforzada por las felicitaciones de los profesores o los padres. Así, la letra o la palabra escrita desarrolla el control de estímulo en nuestro comportamiento de la lectura.

Describe cómo se desarrolla la conducta de deletrear a través del entrenamiento en discriminación de estímulos.

En el caso de deletrear, la palabra hablada es el ED, y nuestra respuesta consiste en escribir o decir las letras que forman la palabra. Cuando escribimos o decimos las letras correctamente, se refuerza nuestra conducta de deletreo.

Antecedente	Conducta	Consecuencia
El maestro dice, "deletrea árbol" (E^D)	Deletrear "árbol"	Felicitaciones del maestro.
El maestro dice, "deletrea pescado" (E$^\Delta$)	Deletrear "árbol"	El maestro dice "mal".

Resultado: Es más probable deletrear árbol cuando el profesor dice "árbol" y no cuando el niño oye cualquier otra palabra.

A consecuencia del entrenamiento en discriminación, el control de estímulo desarrolla nuestro comportamiento de deletrear. Cada palabra que escuchamos se asocia con una correcta ortografía que se ve reforzada. Una ortografía incorrecta no se refuerza o se castiga, por lo que no se produce.

Entrenamiento en Discriminación de estímulos y el Castigo.

El entrenamiento en la discriminación de estímulos también puede ocurrir con el castigo. Si un comportamiento es castigado en la presencia de un estímulo antecedente, el comportamiento disminuirá y dejará de ocurrir en el futuro cuando ese estímulo está presente. El comportamiento puede persistir cuando otros estímulos antecedentes estén presentes. Por ejemplo, supongamos que, cuando la sopa está hirviendo, te pones una cucharada en la boca para saborearla. El quemarte la boca reduce la probabilidad de que te pongas una cucharada de sopa hirviendo en la boca en el futuro. Sin embargo, aún podrías seguir comiendo sopa cuando no esté hirviendo, sin quemarte.

Antecedente	Conducta	Consecuencia
La sopa está hirviendo.	probar una cucharada	Estímulo aversivo (quemarse la boca).
La sopa no está hirviendo.	probar una cucharada	No hay estímulo aversivo.

Resultado: Es menos probable que pruebe la sopa, cuando está hirviendo.

La sopa hirviendo es un ED, es la señal de que probar la sopa será castigado. Se ha desarrollado un control de estímulo cuando ya no intentas probar la sopa hirviendo. Veamos otro ejemplo. Al hablar y reír en voz alta en una biblioteca, el bibliotecario te pedirá que te calles o que te vayas. Sin embargo, hablar y reírse a carcajadas no se castiga en muchas otras situaciones (p.ej., en una fiesta o en un partido de fútbol). Por lo tanto, el comportamiento de hablar y reír a carcajadas es menos probable que ocurra en la biblioteca, pero sigue ocurriendo en otras situaciones en que el comportamiento no es castigado.

La biblioteca es un EDpara el castigo porque indica que hablar en voz alta y reír será castigado. Nuestro comportamiento está bajo control de estímulo, cuando ya no reímos y dejamos de hablar en voz alta en la biblioteca.

Antecedente	Conducta	Consecuencia
En una biblioteca	reír y hablar en voz alta	Reprimenda.
En una fiesta	reír y hablar en voz alta	No reprimenda.

Resultado: Es menos probable reír y hablar en voz alta cuando se está en la biblioteca.

La contingencia de tres términos

Según Skinner (1969), El entrenamiento en discriminación de estímulos, implica una **contingencia de tres términos**, en la que la consecuencia (reforzamiento o castigo) está supeditada a la ocurrencia de la conducta sólo en la presencia del estímulo antecedente específico denominado ED. Como puede verse, una contingencia de tres términos implica una relación entre un estímulo antecedente, un comportamiento, y la consecuencia de la conducta. Los analistas de conducta a menudo lo llaman el

conducta, y consecuencias) de un comportamiento (Arndorfer y Miltenberger, 1993; Bijou, Peterson y Ault, 1968). La notación utilizada para describir una contingencia de tres términos, incluyendo el reforzador es el siguiente:

$$ED - R - ER$$

donde el ED = Estímulo discriminativo, R = Respuesta (una instancia de la conducta), y ER = Reforzador (estímulo reforzante). La notación para una contingencia de tres términos relacionados con el castigo es la siguiente:

$$ED - R - EC.$$

En este caso, EC = castigo (o estímulo aversivo).

Como puede verse, un estímulo antecedente desarrolla el control estimular de un comportamiento porque el comportamiento es reforzado o castigado sólo en la presencia de ese estímulo antecedente en particular. Lo mismo ocurre con la extinción. Cuando un comportamiento ya no es reforzado en una situación particular (en la presencia de un estímulo antecedente en particular), disminuye la conducta en el futuro sólo en esa situación en particular.

Investigación sobre control de estímulo

La investigación ha establecido el principio de control de estímulo y ha explorado su aplicación para ayudar a las personas a cambiar su comportamiento. Por ejemplo, Azrin y Powell (1968) realizaron un estudio para ayudar a los fumadores empedernidos a reducir el número de cigarrillos fumados por día. Los investigadores desarrollaron una pitillera que se bloqueaba automáticamente durante un período de tiempo (digamos, de una hora), después de que el fumador sacara un cigarrillo. Al final de ese período, la caja de cigarrillos hacía un sonido para indicar que se abrirá para tomar otro cigarrillo. El sonido (señal auditiva) es un ED que indica que tratar de conseguir un cigarrillo de la caja, será reforzado. El control de estímulo se ha desarrollado porque la única forma de que el fumador pueda conseguir un cigarrillo es cuando la señal auditiva (ED) está presente. Cuando la señal no estaba presente, el intentar conseguir un cigarrillo, no se refuerza porque la cajetilla está cerrada.

Schaefer (1970) demostró que podía enseñar a golpearse la cabeza a monos Rhesus y poner la conducta bajo control de estímulo. Schaefer estaba interesado en la conducta de golpearse la cabeza porque esta forma de comportamiento autolesivo, a veces se observa en personas con discapacidad intelectual. A través de un procedi-miento llamado moldeamiento (ver Capítulo 9), Schaefer consiguió que los monos se entretuvieran golpeándose la cabeza y reforzaba esta conducta con comida. El entre-namiento en discriminación tuvo lugar de la siguiente manera: Schaefer se colocaba de pie, frente a la jaula. A veces decía algo ante el mono (ED) y otras veces permanecía callado (ED). Cuando Schaefer decía: "¡Pobre muchacho! No hagas eso. ¡Te vas a hacer daño! " y el mono se golpeaba la cabeza, le entregaba una porción de comida. Cuando no proporciona el estímulo verbal y el mono se golpea la cabeza, no reforzaba la conducta con comida. A consecuencia de este procedimiento, se estableció un control de estímulo y el mono se golpeaba solo cuando Schaefer decía algo (cuando el EDestaba presente). Las declaraciones verbales utilizadas por Schaefer son simila-res a las respuestas verbales emitidas frecuentemente por cuidadores de personas con discapacidad intelectual con conducta autolesiva. Por lo tanto, el estudio con monos tiene consecuencias para el control de estímulo de la conducta autolesiva en los seres humanos. Otros investigadores han evaluado el control de estímulo de conductas au-tolesivas (Lalli, Mace, Livezey y Kates, 1998; Pace, Iwata, Edwards y McCosh, 1986), de otros comportamientos en personas con discapacidad intelectual (Conners et al., 2000; Dixon, 1981, Halle, 1989; Halle y Holt, 1991; Kennedy, 1994; Oliver, Oxener, Hearn y Hall, 2001; Striefel, Bryan y Afkens, 1974) y de comportamientos académicos y problemas de comportamiento en niños (p.ej., Asmus et al., 1999; Birnie y Selwyn-Guerin, 1997; Geren, Stromer y Mackay, 1997; McComasetal., 1996; Richman et al, 2001; Ringdahl y Sellers, 2000; Stromer, Mackay, Howell, McVay y Flusser, 1996 ; Stromer, Mackay y Remington, 1996; Tiger y Hanley, 2004; Van Camp et al., 2000). La investigación de control de estímulo también se ha llevado a cabo con otras poblacio-nes y comportamientos objetivo (Cooper, Heron y Heward, 1987; 2007; Sulzer-Azaroff y Mayer, 1991). El Capítulo 16, trata de la aplicación del control de estímulo para ayudar a las personas a cambiar su comportamiento.

LECTURA PARA AMPLIAR   ## Control de estímulo y normas

El control de estímulo se desarrolla cuando un comportamiento en particular es reforzado con la presencia de un ED y, por lo tanto, es más probable que el comportamiento ocurra en la presencia del ED. Normalmente, el comportamiento debe ser reforzado en la presencia del EDvarias veces antes de que el control de estímulo se desarrolle. A veces, el control de estímulo se puede desa-rrollar más rápidamente cuando se explican las normas. Una norma es una declaración verbal que especifica la contingencia, es decir, diciendo a los participantes cuándo (en qué circunstancias) la conducta se va a ver reforzada. Tiger y Hanley (2004) investigaron la influencia de las normas sobre el comportamiento de los niños preescolares de pedir atención. En este estudio, los niños preescolares sólo podían llamar la atención de su maestro, cuando la maestra llevaba un collar de flores alrededor de su cuello, pero no podían conseguir la atención del profesor cuando no llevaba el collar. El Collar de flores era el ED, solicitar atención era el comportamiento, y conseguir llamar la atención de la maestra era el reforzador. Tiger y Hanley demostraron que cuando a los niños en edad preescolar se les dio una regla o norma ("Cuando estoy usando el collar rojo ... Puedo responder a tu pregunta ...".), se desarrollaba un mayor grado de control de estímulo que cuando la norma no estaba presente. Es decir, cuando se les daba una norma, era más probable que los estudiantes solicitasen atención solo cuando la maestra usaba el ED(collar de flores).

Generalización

En algunos casos, las condiciones antecedentes en la que una conducta se fortalece (a través de reforzamiento) o se debilita (a través de la extinción o castigo) son bastante es-pecíficas. En otros, las condiciones antecedentes son más amplias o variadas. Cuando el control de estímulos de la conducta es más amplio, es decir, cuando el comportamiento se produce en una serie de situaciones antecedentes, se dice que la generalización de estímulos se ha producido.

La **generalización** se desarrolla cuando un comportamiento se produce en presencia de estímulos que son similares en algunos aspectos al EDque estuvo presente durante el entrenamiento en discriminación de estímulos (Stokes y Osnes, 1989). Según Skinner (1953a, pág. 134), "La generalización es ... un término que describe el hecho de que el

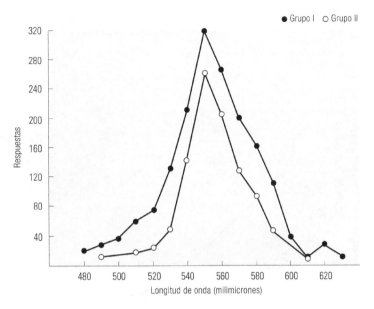

FIGURA 7-1   Este gráfico muestra dos gradientes de generalización de estímulos, en el que el picoteo de la tecla por las palomas fue reforzado cuando se encendía una luz de 550 milimicras (estímulo discriminativo [ED]). Posteriormente, picoteaban la tecla cuando se presentaron similares longitudes de onda de luz. Cuanto más similares a la luz del ED original, más probable es que las palomas vayan a picotear la tecla (según Guttman, N., y Kalish, HI [1956].Discriminability and stimulus generalization. Journal of Experimental Psychology, 51, 79-88. Reproducido con permiso del autor).

control adquirido por un estímulo es compartido por otros estímulos con propiedades comunes". Cuanto más similar es otro estímulo al ED, más probable es que el comportamiento se produzca en la presencia de ese estímulo. Cuanto menos similar sea el estímulo al ED, el comportamiento es menos probable que ocurra en la presencia de estos estímulos. Esto se llama gradiente de generalización (Skinner, 1957). La Figura 7-1 presenta un ejemplo de un gradiente de generalización a partir de un estudio realizado por Guttman y Kalish (1956). Guttman y Kalish reforzaron el picoteo de las palomas cuando la tecla que debían picar se iluminaba con una cierta longitud de onda de luz. La luz funcionaba por tanto como ED: las palomas picoteaban la tecla cuando la luz estaba encendida. El gráfico muestra que las palomas también picoteaban la tecla cuando se presentaron luces de longitudes de onda similares. A medida que la longitud de onda se distanció de la del EDoriginal, se produjo una disminución de la conducta de picoteo creando un gradiente de generalización. El gradiente de generalización demuestra que el comportamiento se generaliza a los estímulos que son similares al ED.

Otro tipo de gradiente de generalización fue demostrado por Lalli y colaboradores (1998). Demostraron que la conducta de golpearse la cabeza, de una niña con discapacidad intelectual de 10 años de edad, se vio reforzada por la atención de los adultos. La presencia de un adulto fue el ED para el comportamiento. En este caso, el gradiente de generalización era la distancia entre el adulto y la niña. Cuando el adulto estaba junto a la niña, era más propensa a realizar la conducta de golpearse la cabeza. Cuanto más lejos estaba el adulto respecto a la niña, menos probabilidades de que se golpeará la cabeza. La Figura 7-2 muestra el gradiente de generalización del estudio de Lalli y colaboradores (1998). Otra investigación de Oliver y colaboradores (2001), demostró que la proximidad del terapeuta se relaciona con el incremento de la agresividad mostrada por una chica con discapacidad intelectual.

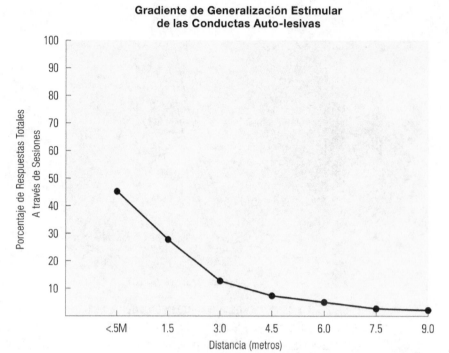

**Gradiente de Generalización Estimular
de las Conductas Auto-lesivas**

Porcentaje total de respuestas dadas en las sesiones durante unas pruebas de generalización. Cuanto más cerca estaba el niño del adulto que reforzaba el problema de conducta, más probable era que el niño realizase ese comportamiento(Extraído de Lalli, Mace, Livezey, & Kates [1998], copyright ©1998 Society for the Experimental Analysis of Behavior. Reimpreso con permiso de Society for the Experimental Analysis of Behavior.)

Ejemplos de Generalización

Enrique, un niño primaria, está aprendiendo a leer con el uso de tarjetas de memoria. Cuando ve la tarjeta con la palabra "HOMBRE" en ella, dice " hombre" y se le refuerza por ello. La tarjeta de memoria de el "hombre" es un ED para decir " El hombre". En el centro comercial con sus padres, un día,Enriqueve el signo de hombres en la puerta del cuarto de baño de los hombres y dice " hombre". Debido a que la señal de los hombres en el cuarto de baño es similar a la tarjeta de "hombre" del ED original, se dice que la generalización se ha producido, ya que la respuesta se produjo en presencia de un estímulo distinto que compartía las mismas propiedades que la tarjeta ED original. Ahora bien, siEnriquelee la palabra "hombre" en cualquier lugar donde ve las letras "HOMBRE" (p.ej., en un libro, en una puerta, en letras de imprenta, o en cartas escritas a mano), podemos decir que se ha producido la generalización a todos los estímulos pertinentes. La generalización de estímulos en este caso, es un resultado deseable del entrenamiento. Enrique ha aprendido a distinguir las diferentes formas en que la palabra "HOMBRE" puede ser escrita.

La generalización de estímulos también se produce cuando una respuesta se produce en circunstancias diferentes,en un contexto diferente, en un momento diferente o con personas diferentes, desde aquellos en los que fue adquirida. Por ejemplo, los padres pueden enseñar a sus niños pequeños a seguir sus instrucciones o cumplir con sus peticiones. Cuando los padres hacen una solicitud (ED), el niño cumple con la solicitud (R), y recibe la alabanza de los padres del niño (R+). Cuando el niño cumple con las peticiones de los padres la generalización de estímulos se ha producido. La solicitud específica puede ser nueva, pero comparte las características relevantes del ED que se utilizó, durante el entrenamiento de la discriminación: Se trata de una solicitud o instrucción hecha por los padres. Las solicitudes efectuadas por los padres son parte de una clase de estímulo: los estímulos antecedentes que comparten características similares y tienen el mismo efecto funcional en una conducta en particular. La generalización de estímulos también se ha producido cuando el niño cumple con la petición o instrucción de otro adulto (p.ej., un profesor), en otro contexto o en otro momento. Si el niño cumple con las peticiones de otros adultos, la clase de estímulo que ha adquirido el control de estímulo para la obediencia del niño, le hace compren-der las peticiones hechas por los adultos (en lugar de sólo las peticiones de los padres).

Como podemos ver, el control de estímulo puede ser muy específico o puede ser más amplio. Si el comportamiento es reforzado en la presencia de un solo estímulo antecedente específico, el control de estímulo es específico, el comportamiento es más probable que ocurra sólo cuando el estímulo está presente en el futuro. Si el comportamiento es reforzado con la presencia de una serie de estímulos antecedentes que comparten las mismas características (que forman parte de la misma clase de es-tímulos), el control de estímulo es más amplio y el comportamiento es más probable que ocurra cuando alguno de los estímulos antecedentes de esa clase de estímulos esté presente en el futuro (**cada estímulo de la clase de estímulos evoca la conducta**). La generalización se asocia con el control de estímulo generales y con el control de estí-mulos nuevos o estímulos antecedentes no entrenados.

Consideremos el ejemplo Mila, una niña de 4 años con discapacidad intelectual grave, que exhibe un comportamiento autolesivo. En concreto, cuando su madre está en la habitación, ella se arrodilla y golpea su cabeza contra el suelo. Cuando Mila se golpea la cabeza, su madre se acerca a ella y le impide realizar la conducta parándola y hablando con ella (le presta atención).

Describamos la contingencia de tres términos (el ABC) que participa en la conducta autolesiva de Mila.

El estímulo antecedente o ED es la presencia de su madre. El comportamiento es golpear su cabeza contra el suelo, y la consecuencia de reforzamiento es la aten-ción de su madre (Bloqueo y hablar con ella). Golpearse la cabeza se encuentra bajo el control de estímulo de la presencia de su madre. Cuando sus hermanas están en la habitación, pero su madre no está presente, Mila no se golpea la cabeza porque el comportamiento no es reforzado por sus hermanas.

Cuando Mila fue al hospital recientemente, se golpeó la cabeza cuando estaba con la enfermera. Este es un ejemplo de generalización. La presencia de la enferme-ra es un estímulo antecedente nuevo, pero es similar al ED (su madre, un adulto). Cuando Mila se golpeó la cabeza en presencia de la enfermera, la enfermera la abrazó y habló con ella, como hacía su madre. De esta forma, la enfermera reforzó su com-portamiento. Mientras estuvo en el hospital, Mila también se golpeó la cabeza cuando otros adultos entraron en su habitación, estos adultos también reforzaron la conducta. Sin embargo, cuando Mila estaba en la sala de juegos del hospital con otro niño, pero ningún adulto estaba presente, no se golpeó la cabeza.

?   *¿Por qué no se golpea la cabeza cuando la única persona en la habitación es otro niño?*

Mila no se golpea la cabeza cuando un niño está presente, porque los otros niños no refuerzan la conducta, hacen caso omiso cuando se golpea la cabeza. Por lo tanto, un niño es un estímulo delta para el comportamiento. El comportamiento está bajo el control de estímulo de la presencia de un adulto porque los adultos están reforzando el comportamiento.

Antecedente	Conducta	Consecuencia
Adultos en la habitación	se golpea en la cabeza	atención.
Otro niño sin adultos	se golpea en la cabeza	no atención.

Resultado: Mila se golpea la cabeza cuando un adulto está presente.

Algunos ejemplos de la generalización de estímulos se presentan en la Tabla 7-3.

?   *En cada ejemplo de la Tabla 7-3, se identifca la contingencia de tres términos utilizados para desarrollar inicialmente el control de estímulo, y determinar la clase de estímulo que controla el comportamiento después de que la generalización se haya producido.*

Las respuestas se dan en el Apéndice A.

?   *Mira el cómic de la Figura 7-3. Describe cómo este cómic es un ejemplo de generalización.*

TABLA 7-3   Ejemplos de autoevaluación (generalización de estímulos)

1. Anita está aprendiendo a identificar el color rojo. Cuando su maestro le muestra un bloque rojo, puede decir "rojo". La generalización se ha producido cuando dice también "rojo" cuando el maestro le muestra una bola roja, un libro rojo o cualquier otro objeto rojo.
2. Sergio dejó de poner los pies sobre la mesa de café después de que su esposa le gritara por hacerlo. La generalización se produjo cuando dejó de poner los pies sobre la mesa de café, aun cuando su esposa no estaba en casa.
3. El perro de Sara, Blas no le pide comida porque ella nunca le dio comida a Blas cuando se la pidió. Sin embargo, cuandoSara visitó a sus familiares durante las vacaciones, estos reforzaron el comportamiento de Blas al darle comida cuando la pedía. Después de las vacaciones, cuando estaban de vuelta a casa, Blas también le pidió comida a Sara y a sus amigos. Se había producido generalización.
4. Saraentrenó a su perro Blas a no ir por las calles alrededor de su casa mediante el uso del castigo. Saco a Blas con una correa cerca de la carretera y cada vez que Blas se salía a la carretera, Sara le tiraba del collar. Finalmente, Blas ya no se salió a la carretera, incluso cuando salía sin correa, la generalización se había producido. El perro también dejó de caminar por las calles alrededor de las casas de otras personas, lo que fue otro ejemplo de generalización.
5. Aprendes a conducir el coche de tu hermano (que es manual) con tu hermano presente. El comportamiento se generaliza a la mayoría de los vehículos con una transmisión manual.

FIGURA 7-3 En esta tira cómica podemos ver un ejemplo de generalización. El ED fue el periódico en el jardín de Dani, pero el comportamiento (traer el periódico) se generalizó a los periódicos de los jardines de los vecinos. (Reproducido con permiso especial de King Features Syndicate.)

Inicialmente, Dani enseñó a Daisy a traer el periódico usando la siguiente contingencia de tres términos:

Antecedente	Conducta	Consecuencia
El periódico está en el patio delantero	Daisy trae el periódico a la casa	Dani lo recompensa.

Resultados: En el futuro, Daisy llevará el periódico y lo recogerá en la parte delantera del patio.

El periódico en el jardín de Dani es el ED. La generalización se produjo cuando Daisy también llevó los periódicos de los patios delanteros de los vecinos. La clase de estímulos que controla la respuesta fue un periódico en el jardín de cualquier casa. Dani quería que la clase de estímulos del periódico funcionara sólo en el patio de su casa.

Describamos como tendría que hacer Dani el entrenamiento en discriminación con Daisy para establecer el control de estímulo correcto.

Dani debe felicitar a Daisy sólo cuando trae su periódico y no felicitarla ni agradecerle (y tal vez dar un castigo) cuando le trae el periódico de un vecino.

Antecedente	Conducta	Consecuencia
El periódico está en frente de la casa Dani (E^D)	Daisy lleva el periódico	Daisy recive un regalo.
El periódico de la casa de un vecino (E^△)	Daisy lleva el periódico	Dani dice, "No hay regalo".

Resultado: Daisy lleva el periódico de Dani, pero no lleva el periódico a los vecinos.

Los investigadores de la modificación de conducta y los profesionales que trabajan en este ámbito están muy interesados en la generalización de estímulos. Cuando se utilizan procedimientos de modificación de conducta para ayudar a las personas a mejorar los déficits conductuales o para disminuir un exceso de comportamiento, quieren que el cambio de comportamiento se generalice a todas las situaciones de estímulo relevantes. Muchos investigadores han discutido estrategias para promover la generalización del cambio de comportamiento (Edelstein, 1989; Kendall, 1989; Stokes y Baer, 1977; Stokes y Osnes, 1989). Estas estrategias se revisan en el Capítulo 19.

RESUMEN DEL CAPITULO

1. Un estímulo antecedente es un estímulo que precede a la aparición de la conducta. Una conducta operante está bajo el control de estímulo cuando es más probable que ocurra en la presencia de un estímulo antecedente específico o un miembro de una clase de estímulos específico.

2. El control de estímulo se desarrolla a través de un proceso de entrenamiento en discriminación de estímulos, donde el comportamiento es reforzado con la presencia de un estímulo (o de una clase de estímulos), pero no se refuerza cuando otros estímulos no están presentes. El estímulo antecedente que está presente cuando se refuerza una conducta se llama estímulo discriminativo (ED), un estímulo antecedente que está presente cuando el comportamiento no se refuerza se denomina estimulo delta. El entrenamiento en la discriminación de estímulos puede ocurrir mediante el reforzamiento, el castigo o la extinción, por lo tanto, la ocurrencia o no de una conducta puede estar bajo control de estímulo. Sin embargo, no es el EDla causa de que un comportamiento se produzca o deje de ocurrir. El reforzamiento, la extinción, y el castigo son los procesos responsables de la ocurrencia o no de un comportamiento en situaciones de antecedentes específicos.

3. Una contingencia de tres términos implica un estímulo discriminativo (ED), una respuesta que se produce en presencia del ED, y una consecuencia que sigue reforzando la respuesta en la presencia del **ED(ED -> R -> RS)**.

4. Cuando el control de estímulo es amplio o cuando el comportamiento se produce en presencia de estímulos antecedentes nuevos que son similares al EDinicial, decimos que la generalización se ha producido. El control de estímulo se generaliza a una clase de estímulos que comparten una característica o características específicas.

PALABRAS CLAVE

Antecedente, 123
Clase de estímulo, 134
Contingencia de tres términos, 130

Control de estímulo, 125
Estímulo delta, 126
Entrenamiento en discriminación de estímulos, 126

Estímulo discriminativo (ED), 126
Generalización, 132

TÉST PRÁCTICO

1. ¿Qué es un estímulo antecedente? Proporciona un ejemplo (págs. 143-144).
2. ¿Qué significa cuando decimos que los efectos del reforzador se da en situaciones específicas? (pág.
3. 143).
4. ¿Qué es el control de estímulo? (pág. 144). Proporciona un ejemplo de control de estímulo (págs. 144-146).
5. ¿Qué es un ED? ¿Qué es un estimulo delta? (pág. 146).
6. Describe el entrenamiento en discriminación de estímulos. ¿Cuál es el resultado del entrenamiento en discriminación de estímulos? (págs. 146-147).
7. Proporciona un ejemplo del entrenamiento en discriminación de estímulos con reforzamiento y un ejemplo con el castigo (págs. 147-149).
8. ¿Puede un ED provocar la ocurrencia de un comportamiento? Explícalo, (pág. 146).
9. ¿Qué es una contingencia de tres términos? Proporciona un ejemplo (págs. 149-150).
10. Una rata aprieta una palanca y consigue comida sólo cuando la luz verde está encendida. ¿Qué es la luz verde? ¿Qué pasará con el comportamiento de la rata de presionar la palanca en el futuro? (pág. 147).
11. ¿Qué es la generalización de estímulos? (pág. 151).
12. Proporciona un ejemplo de la generalización de estímulos (págs. 151-153).
13. ¿Qué es una clase de estímulos? Proporciona un ejemplo (pág. 153).
14. Proporciona un ejemplo en el que la generalización de estímulos sería deseable. Proporciona un ejemplo en el que la generalización no sería deseable (págs. 154-156).
15. Describe cómo utilizar el entrenamiento en discriminación de estímulos para hacer que la generalización sea más o menos probable que ocurra (págs. 154-156).

APÉNDICE A

La contingencia de tres términos y el resultado de la generalización en cada ejemplo de la tabla 7-3

antecedente	comportamiento	consecuencia
1. Bloque rojo ———	Anita etiqueta el color rojo. ———	Anita recibe elogios
Resultado: bloque rojo	Anita etiqueta el color rojo.	
Después de la generalización: Cualquier objeto rojo	Anita etiqueta el color rojo.	
2. La esposa está presente ———	Sergio pone los pies en la mesa de café. ———	Sergio consigue que le griten.
Resultado: la esposa está presente	Sergio **no** pone los pies sobre la mesa.	
Después de la generalización: la esposa no está presente	Sergio **no** pone los pies sobre la mesa.	

3. Alrededor de los familiares ———— Blas busca comida. ———— Los familiares le dan comida a Blas.

   Resultados: Alrededor de los familiares   Blas mendiga comida.

   Después de la generalización: Alrededor de Sara y sus amigos   Blas mendiga comida.

4. Con la correa cerca de la casa de Sara ———— Blas se mete en la carretera. ———— Sara le tira del collar al perro.

   Resultado: Con la correa cerca de la casa de Sara   Blas no pasa a la carretera.

   Después de la generalización: Sin la correa, cuando se encuentra cerca de la casa de Sara   Blas no pasa a la carretera.

   Sin correa y cerca de las casas de otras personas   Blas no paso a la carretera.

5. En el coche de tu hermano (con transmisión manual) con tu hermano presente ———— Conduces el coche correctamente. ———— Recibe felicitaciones.

   Resultado: En el coche de tu hermano con tu hermano presente   Conduces el coche correctamente.

   Después de la generalización: En otro coche con cambio manual, sin su hermano presente   Silvia conduce el coche correctamente.

Condicionamiento respondiente

- ¿Qué es el condicionamiento respondiente?
- ¿Qué son las respuestas emocionales condicionadas?
- ¿Cómo ocurre la extinción de la conducta respondiente?
- ¿Qué factores influyen en el condicionamiento respondiente?
- ¿En qué se diferencia el condicionamiento respondiente del condicionamiento operante?

Los Capítulos 4 a 7 describen los principios del condicionamiento operante: reforzamiento, extinción, castigo y control de estímulo. Este capítulo trata sobre un tipo diferente de condicionamiento: el **condicionamiento respondiente.** Las conductas operantes están controladas por sus consecuencias; el condicionamiento operante implica la manipulación de las consecuencias. En contraste, las conductas respondientes son controladas (provocadas) por los estímulos antecedentes, y el condicionamiento respondiente implica la manipulación de los estímulos antecedentes. Consideremos los siguientes ejemplos.

Ejemplos de condicionamiento respondiente

Carla trabaja en una fábrica de juguetes. Su labor consiste en manejar una máquina que moldea piezas de plástico para los juguetes. Las piezas de plástico se introducen en la máquina a través de una cinta transportadora. Cuando cada pieza entra en la máquina, esta hace un ruido de "clic" y a continuación un troquel de metal baja y estampa el plástico. Cuando la máquina estampa el plástico, una breve ráfaga de aire procedente de una de las mangueras neumáticas golpea la cara de Carla. No resultaba peligrosa, pero la ráfaga de aire le hacía parpadear cada vez que la máquina estampaba una pieza. Carla descubrió que empezaba a parpadear tan pronto como la máquina hacía el "clic", justo antes de sentir el golpe de aire en su cara. Después de unos días, el equipo de mantenimiento ajustó la máquina de forma que el chorro de aire ya no volvió a salir de la manguera neumática. Carla notó que seguía parpadeando cada vez que sonaba el clic de la máquina, pero que el parpadeo desapareció después de unos días. El parpadeo de Carla es un ejemplo de conducta respondiente, elicitada por el estímulo antecedente, en este caso, una ráfaga de aire en la cara. Debido a que el "clic" precedía inmediatamente a la ráfaga de aire cada vez que esta se producía, el parpadeo de Carla quedó condicionado a dicho sonido. Este es un ejemplo de condicionamiento respondiente.

Julio salió de su última clase a las 9:30 PM tomó el autobús a las 9:40 PM y llegó a su casa a las 10:00 pm. Cuando se bajó del autobús, tuvo que caminar a través de un túnel bajo las vías del tren para llegar a su casa. Como la mayoría de las luces del túnel estaban rotas, por lo general estaba oscuro mientras caminaba a través de él. Desde el comienzo del semestre, una serie de incidentes ocurridos en el túnel le habían sorprendido o asustado: una rata grande corrió delante de él; unos adolescentes le dirigieron frases amenazantes; y una persona sin hogar, que parecía estar durmiendo, se levantó repentinamente y empezó a insultarlo. En cada ocasión, Julio se dio cuenta de que su corazón se aceleraba, sus músculos se tensaban, y que respiraba rápidamente. Estas respuestas corporales continuaron hasta que Julio salió del túnel. Después de estos incidentes, Julio notó estas mismas respuestas corporales cada vez que caminaba hacia el túnel: su corazón empezaba a acelerarse, sus músculos se tensaban, y su respiración era más rápida. Estas respuestas no disminuían hasta que llegaba al otro lado del túnel. Una vez dentro de este, por lo general caminaba rápido o corría para salir lo antes posible. El aumento de la frecuencia cardiaca, la tensión muscular, y la respiración rápida son ejemplos de comportamiento respondiente. Los acontecimientos amenazantes en el túnel elicitaron inicialmente respuestas corporales que denominamos respuestas de miedo o ansiedad. Debido a que estos eventos ocurrieron en el túnel, la proximidad del túnel ahora provoca las mismas respuestas corporales en Julio. La proximidad del túnel es un estímulo antecedente que elicita una respuesta condicionada (RC) que llamamos

Definición de condicionamiento respondiente

Ciertos tipos de estímulos típicamente elicitan determinados tipos de respuestas corporales. Los bebés realizan respuestas de succión cuando un objeto tal como un pezón toca sus labios. Una persona parpadea cuando un soplo de aire es dirigido a sus ojos. La pupila del ojo se contrae ante la exposición a la luz brillante. La salivación ocurre cuando la comida está en la boca. Una persona tose o da arcadas cuando un objeto extraño se aloja en su garganta. Estas y otras respuestas (Tabla 8-1) se denominan **respuestas incondicionadas** (RI). Estas respuestas son elicitadas por estímulos antecedentes, aunque no se haya producido ningún condicionamiento o aprendizaje. La RI se produce

TABLA 8-1   Ejemplos de respuestas incondicionadas en los seres humanos.

Estímulo incondicionado	Respuesta incondicionada
Estímulo incondicionado	Respuesta incondicionada
Un objeto toca los labios de un bebé	Reflejo de succión
Alimento en la boca	Salivación
Objeto extraño en la garganta	Reflejo de arcada
Estimulación en la garganta	Tos
Soplo de aire en el ojo	Parpadeo
Luz brillante en el ojo	Constricción pupilar
Estimulación dolorosa en el cuerpo	Retirada rápida (de la mano de una estufa caliente, por ejemplo) y activación autonómica (respuesta de lucha o de huida)
Estimulación intensa y repentina (ruido)	Reflejo de sobresalto (aumento del ritmo cardíaco, la respiración, la tensión muscular)
Estimulación sexual (post-pubertad)	La erección o la lubricación vaginal
Un golpe en el tendón rotuliano	Reflejo rotular

(De Prierce, W. D., y Epling, W. F. [1995]. Behavior Analysis and Learning. p.65. Copyright© 1995 Prentice-Hall, Inc. Reimpreso con el permiso del autor.)

en todas las personas sanas cuando se presenta un estímulo incondicionado (EI). Decimos que un estímulo incondicionado elicita una respuesta incondicionada. Los seres humanos han evolucionado para responder a los EI porque las RI tienen un valor de supervivencia (Skinner, 1953a; Watson, 1924).

Identifica las formas en que cada una de las RI enumeradas en la Tabla 8-1 pueden tener un valor de supervivencia.

■ La tendencia natural a chupar permite a un niño comer cuando el pezón es colocado en su boca.

■ La salivación contribuye a masticar y digerir los alimentos.

■ Dar una arcada cuando un objeto extraño se aloja en la garganta puede evitar que una persona se ahogue.

■ Toser limpia la garganta de cuerpos extraños.

■ La tendencia natural a parpadear cuando el aire u otras materias inciden sobre los ojos puede evitar que entren en los ojos cuerpos extraños y así prevenir la pérdida de la vista.

■ La constricción de la pupila en respuesta a la luz brillante ayuda a proteger los ojos, y así evitar la pérdida de la vista.

■ La retirada rápida de la estimulación dolorosa puede ayudar a una persona a evitar daños (quemaduras, cortes, etc.).

■ La activación del sistema nervioso autonómico afecta a sistemas corporales que preparan a una persona para la acción (la respuesta de lucha o de huida), facilitando de esta forma el escape de una situación peligrosa o la realización de conductas de protección (Asterita, 1985). Las respuestas corporales implicadas en la activación autonómica se enumeran en la Tabla 8-2.

■ La respuesta de sobresalto incluye los componentes de la activación autonómica que preparan al cuerpo para la acción en una situación que puede ser peligrosa.

TABLA 8-2 Respuestas corporales involucradas en la activación del sistema nervioso autónomo

Aumento de la frecuencia cardíaca
Aumento de la respiración
Aumento de la tensión muscular
Aumento del flujo sanguíneo a los músculos principales
Disminución del flujo sanguíneo a la piel
Secreción de adrenalina al torrente sanguíneo
Aumento de la sudoración
Sequedad de boca
Dilatación de la pupila
Disminución de la actividad gastrointestinal

■ Las respuestas implicadas en la excitación sexual no tienen valor de supervivencia para el individuo, pero facilitan el comportamiento sexualque es necesario para la supervivencia de la especie humana.

■ Aunque el reflejo patelar puede no tener valor para la supervivencia en sí mismo es un componente de un grupo más grande de reflejos que participan en el control postural y la coordinación muscular que contribuyen al funcionamiento motor normal.

La RI es una acción refleja del organismo que se produce cuando está presente un EI. Las RI son comunes a todas las personas. El condicionamiento respondiente se produce cuando un estímulo previamente neutro (EN) se asocia con un EI cuando ambos se presentan conjuntamente. A consecuencia de este emparejamiento, el EN se convierte en un estímulo condicionado (EC) y elicita una respuesta condicionada (RC), similar a la RI. Tanto la RI como la RC reciben el nombre de *conducta respondiente*.

Al condicionamiento respondiente se le denomina también *condicionamiento clásico* (Rachlin, 1976) o *condicionamiento pavloviano* (Chance, 1988). El científico ruso IvanPavlov (1927) fue el primero en demostrar este fenómeno. En sus experimentos, Pavlov puso de manifiesto que los perros salivaban cuando se colocaba en su boca polvo de carne. Ello constituía una demostración de un EI que elicitaba una RI. A continuación, Pavlov presentó un EN (el sonido de un metrónomo) justo antes de poner la carne en polvo en la boca del perro. Presentó conjuntamente el sonido del metrónomo y el polvo de carne en numerosas ocasiones. Después de ello, presentó únicamente el sonido del metrónomo y observó que el perro ahora salivaba ante el sonido del metrónomo, sin que se colocara polvo de carne en su boca. El sonido del metrónomo se convirtió en un EC gracias a ser emparejado en varias ocasiones con el polvo de carne.

Proceso	EI (polvo de carne)	RI (salivación) →
	EI es emparejado con un estímulo neutro (metrónomo)	
Resultado	CS (metrónomo)	RC (salivación) →

Fíjate que el proceso requiere de emparejar el EI con un estímulo neutro muchas veces.
El resultado del emparejamiento es que el estímulo neutro se convierte en EC y elicita una RC.

Casi cualquier estímulo puede convertirse en un EC si es asociado en varias ocasiones con un EI. Consideremos el caso de Julio. La proximidad del túnel se convirtió en un EC debido a su asociación con un EI (los acontecimientos inesperados en el túnel). A consecuencia de ello, la proximidad del túnel provocó la RC de activación vegetativa (comúnmente denominada miedo o ansiedad) que previamente fue elicitada por los acontecimientos sorprendentes y aterradores.

Identificar los EI, RI, EC y RC en el ejemplo de Carla en la fábrica de juguetes.

El EI es el chorro de aire en la cara. Este elicita la RI de parpadeo. Debido a que el sonido de clic de la máquina fue emparejado con cada ráfaga de aire, el sonido de clic se convirtió en un EC. Ahora el sonido de clic elicita el parpadeo, que se ha convertido en una RC. Ten en cuenta que el parpadeo es una conducta respondiente. Es RC cuando es elicitado por el EC, pero fue inicialmente una RI cuando era provocado por el EI.

Condicionamento Respondiente

La sincronización del estímulo neutro y del estímulo incondicionado

La sincronización del EN y del EI es importante para que pueda ocurrir el condicionamiento respondiente. Idealmente, los EI deberían ocurrir inmediatamente después de la aparición del EN (Pavlov, 1927). En el caso de los perros de Pavlov, el metrónomo sonaba, y dentro de aproximadamente medio segundo, el polvo de carne era colocado en la boca del perro. Esta sincronía aumenta la probabilidad de que el metrónomo sea acondicionado como EC. Si Pavlov hubiera puesto polvo de carne en la boca del perro y entonces sonara el metrónomo, es improbable que se produjera condicionamiento. Las posibles relaciones temporales entre el EN y el EI se muestran en la Figura 8-1 (adaptado de Pierce y Epling, 1995).

En el **condicionamiento de huella** el EN precede al EI, pero el EN termina antes de que se presente el EI. En el ejemplo del parpadeo, se presentaría el clic y, después de que el sonido haya desaparecido, se presentaría el soplo de aire.

En el **condicionamiento demorado,** se presenta el EN y antes de que este acabe se presenta el EI. Tomemos el ejemplo del condicionamiento del parpadeo o palpebral. El condicionamiento demorado se produce si se presenta el clic y el soplo de aire ocurre antes de que el sonido haya terminado.

En el **condicionamiento simultáneo,** el EN y el EI se presentan al mismo tiempo. El sonido de clic y el soplo de aire ocurren simultáneamente.

En el **condicionamiento retroactivo,** el EI se presenta antes que el EN. En nuestro ejemplo, el soplo de aire se dirige hacia el ojo y a continuación se presenta el sonido

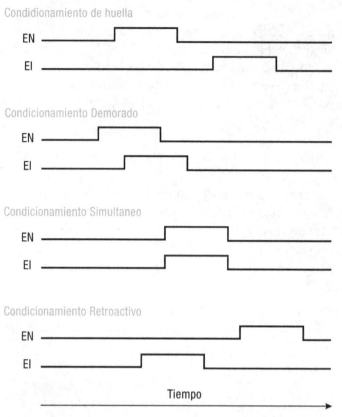

Condicionamiento de huella

EN

EI

Condicionamiento Demorado

EN

EI

Condicionamiento Simultaneo

EN

EI

Condicionamiento Retroactivo

EN

EI

Tiempo

FIGURA 8-1   Estas líneas de tiempo muestran la relación temporal entre el estímulo neutro (EN) y el estímulo incondicionado (EI) para cuatro tipos de condicionamiento respondiente. La parte elevada de cada línea de tiempo indica cuándo se presenta el estímulo (EI o EN). Ten en cuenta que el estímulo etiquetado como EN se convierte en un estímulo condicionado sólo después de su emparejamiento con el estímulo incondicionado. (Extraído de Pierce, W. D., y Epling, W. F. [1995]. Behavior Analysis and Learning, pág. 65. Copyright © 1995 Prentice-Hall, Inc. Reproducido con permiso del autor).

de clic. En estas circunstancias, es improbable que el clic provoque una respuesta de parpadeo.

De entre estos tipos de condicionamiento respondiente suelen ser más efectivos aquellos en los que el EN se presenta en primer lugar, concretamente, el de huella y el de demora. El condicionamiento retroactivo es el menos efectivo. Tal vez el único caso en que el condicionamiento respondiente puede ocurrir sin la proximidad temporal del EN y del EI es la aversión al sabor. Consideremos el siguiente ejemplo.

Mauricio bebió un vaso de leche en mal estado. Aunque el sabor de la leche era normal, experimentó náuseas y vomitó 15 minutos después de beber. Desde este episodio, la leche no tiene un sabor agradable para Mauricio. La presencia de leche en mal estado en el estómago fue un EI seguido de una RI que consistió en náuseas y vómitos. Debido a que el EI fue emparejado con el sabor de la leche, este se convirtió en un EC que provocó una RC similar a las náuseas que experimentadas inicialmente. Mauricio, en realidad no enferma cuando bebe leche de nuevo, pero la leche no le sabe bien y puede producirle una versión más suave de la náusea inicial. A este tipo de condicionamiento respondiente se le denomina aversión al sabor o condicionamiento o aprendizaje aversivo-gustativo (García, Kimeldorf y Koelling, 1955).

Condicionamiento de orden superior

Hasta ahora hemos visto como el EN puede convertirse en un EC cuando se empareja con un EI y como, a consecuencia de ello, el EC elicita una RC. Este es el proceso básico del condicionamiento respondiente. El **condicionamiento de orden superior** se produce cuando un EN es emparejado con un EC ya establecido y el EN se convierte en un EC. Consideremos el ejemplo de la respuesta de parpadeo de Carla. Una vez que el sonido de clic fue emparejado con el chorro de aire varias veces, el sonido de clic se convirtió en un EC para la respuesta de parpadeo de Carla. Si otro EN es emparejado con el clic, puede convertirse también en un EC. Por ejemplo, si se encendiera una luz cada vez que se produjera el sonido de clic, la luz se convertiría en un EC y elicitaría el parpadeo, incluso en ausencia del clic. El condicionamiento de orden superior depende de lo bien establecido que esté el EC cuando se empareja con el EN.

Condicionamiento de primer orden

Proceso | Chorro de aire (EI) ——————————————→ Parpadeo (RI)

El EI es emparejado con el clic.

Resultado | El sonido de clic (EC) ——————————————→ Parpadeo (RC)

Condicionamiento de Orden Superior

Proceso | Sonido del clic (EC) ——————————————→ Parpadeo (RC)

El EC se empareja con un destello de luz.

Resultado | Destello de luz (EC) ——————————————→ Parpadeo (RC)

Respuestas emocionales condicionadas

Algunos tipos de RC producidas a través de condicionamiento respondiente se llaman **respuestas emocionales condicionadas.** Este término fue propuesto por Watson y Rayner (1920), que utilizaron procedimientos de condicionamiento respondiente para condicionar una respuesta de miedo en un niño de un año de edad llamado Albert. Inicialmente el pequeño Albert no mostraba miedo a una rata blanca de laboratorio; no lloró o trató de escapar ante ella. La rata era un EN. Watson y Rayner presentaron la rata a Albert e inmediatamente golpearon una barra de metal con un martillo detrás de la cabeza de Albert (Figura 8-2). El sonido fuerte e inesperado producido por el martillo sobre el metal fue un EI que dio lugar a una respuesta de sobresalto (RI) en Albert. La respuesta de sobresalto implica una activación autonómica, el mismo tipo de respuestas involucradas en el miedo o la ansiedad. Después de que emparejaron la presencia de la rata y el ruido siete veces en dos sesiones separadas por una semana, la rata se convirtió en un EC. La visión de la rata ahora provocaba respuestas emocionales condicionadas que podríamos llamar miedo (p.ej., llanto, activación autonómica).

FIGURA 8-2   Watson golpea la barra para hacer un ruido fuerte cuando Albert toca la rata. Después de que el ruido alarmante y la rata se aparean varias veces, Albert muestra una respuesta de miedo cuando, más tarde, se le presenta la rata.

Hay que tener en cuenta que el experimento de Watson y Rayner con Albert probablemente implicó también condicionamiento operante. Inicialmente, Albert trató de alcanzar la rata y los experimentadores hicieron un ruido fuerte y sorpresivo. A consecuencia del emparejamiento del ruido y la rata blanca, la rata se convirtió en un estímulo aversivo condicionado. El comportamiento de tratar de alcanzar la rata fue debilitado por medio del castigo, y el comportamiento de arrastrarse lejos de la rata se fortaleció mediante el reforzamiento negativo (escape). También debe tenerse en cuenta que este tipo de investigación, en la que una respuesta de miedo se induce intencionalmente, no se consideraría ética bajo los estándares actuales.

El proceso de condicionamiento respondiente puede desarrollar EC para respuestas emocionales condicionadas positivas (deseables) o negativas (indeseables) (Watson, 1924). El miedo desarrollado en el pequeño Albert por Watson y Rayner es un ejemplo de una respuesta emocional condicionada negativa; otras serían la ira, el asco y los prejuicios. De la misma manera, las respuestas emocionales condicionadas positivas (p.ej., sentimientos agradables, la felicidad, el amor) pueden ser provocadas por EC. En un principio, una respuesta emocional es una RI elicitada por un EI, como la respuesta de un bebé al contacto físico de la madre. La madre acaricia la cara del bebé y este sonríe, balbucea, y realiza otras respuestas que indican una emoción positiva. Estas respuestas pueden condicionarse a la voz de la madre o la visión de su cara. Otro ejemplo sería cuando un joven huele el perfume que generalmente usa su novia y este elicita una respuesta emocional positiva. Las interacciones positivas y cariñosas y el contacto físico con la novia serían los EI que provocan la respuesta emocional positiva; el perfume es el EC, ya que se empareja con el EI. Por tanto, incluso si la novia no está presente, el olor del perfume puede provocar los mismos sentimientos (respuesta emocional condicionada positiva) que el joven experimenta cuando está con ella.

Identifica las respuestas emocionales condicionadas positivas y negativas que ocurren en tu vida y los EC que provocan esas respuestas emocionales.

Para responder la cuestión, piensa en eventos reforzadores y en personas o en cosas que en tu vida que te hacen sentir contento, satisfecho o a gusto y en las interacciones aversivas o eventos que te dirigen a sentimientos desagradables. Aunque la noción de respuesta emocional condicionada es intuitivamente atractiva, puede haber algunas dificultades en la operacionalización o la medición de las respuestas emocionales. Algunas de las respuestas emocionales son evidentes y, por tanto, fácilmente observables; entre ellas figuran el llanto, la sonrisa, otras expresiones faciales y posturas indicativas de activación autonómica o de calma. Del mismo modo, las respuestas fisiológicas que participan en la activación autonómica (p.ej., la frecuencia cardiaca, la tensión muscular, la respuesta electrodérmica), aunque encubiertas, se pueden medir con los instrumentos adecuados. Por ejemplo, la tensión muscular puede ser medida mediante un registro electromiográfico a través de electrodos colocados en la piel del sujeto. Análogamente, es posible registrar los cambios en la actividad electrodérmica que acompañan a la activación autonómica y que es causada por el aumento de actividad de las glándulas sudoríparas. La activación autonómica también se puede detectar mediante el registro de la temperatura de la piel en la punta de los dedos. Debido a que el flujo de la sangre se aleja de la superficie de la piel durante la activación del sistema nervioso autónomo, la temperatura de las manos y los dedos disminuye.

Sin embargo, otras reacciones emocionales no son observables o mensurables; entre ellas se incluirían los sentimientos como la felicidad o el amor. No hay duda de que las personas experimentan emociones positivas y negativas que no pueden observarse directamente. La dificultad radica en que al no poderse observar de forma independiente, no está claro cuáles son las respuestas que forman parte de las emociones que las personas describen. Muy probablemente, los informes de las personas sobre las respuestas emocionales son una función conjunta de la respuesta emocional condicionada real, la situación en que se produce, su interpretación de los acontecimientos y la forma en que han aprendido a etiquetar eventos públicos y encubiertos.

Extinción de las respuestas condicionadas

La extinción de una RC, denominada extinción respondiente, implica la presentación repetida del EC sin la presentación del EI. Si el EC sigue ocurriendo en ausencia del EI, finalmente la RC disminuye en intensidad y cesa. Si Pavlov hubiera continuado presentando el sonido del metrónomo (EC), pero nunca hubiera emparejado el metrónomo con la entrega de carne en polvo (EI), el perro habría salivado cada vez menos ante el sonido del metrónomo; y finalmente, el perro no habría salivado en absoluto cuando al escucharlo.

En el caso del pequeño Albert, la rata blanca era un EC que elicitaba una respuesta de miedo (RC), debido a que esta había sido emparejada con un ruido fuerte y sorprendente (EI). En este caso, la extinción respondiente podría ocurrir si le hubiesen presentado la rata a Albert en ausencia del EI en repetidas ocasiones hasta llegar al punto de que la rata no elicitaría respuesta de miedo alguna.

Describe cómo se produjo la extinción respondiente ocurrida a Carla en la fábrica de juguetes.

Cuando el equipo de mantenimiento fijó la manguera neumática, el chorro de aire ya no volvió a producirse inmediatamente después del sonido de clic que hacía la máquina cuando estampaba una pieza de plástico. Debido a que el EC (el sonido de clic) continuó siendo presentado en la ausencia del EI (chorro de aire), la RC (parpadeo en los ojos) dejó de ocurrir cuando ante la presentación del EC

¿Cómo podrías aprovechar la extinción condicionada para ayudar a Julio a eliminar el miedo a caminar de noche por el túnel?

Tendrías que presentar el EC y prevenir la aparición del EI. En otras palabras, debido a que la proximidad del túnel es el EC, tendría que pasar por el túnel sin que ocurriera ningún tipo de acontecimiento aterrador o sorprendente. Si no ocurre nada malo de nuevo en el túnel, este dejará de provocar la activación autonómica (respuesta de miedo). Esto no sería fácil de lograr porque no se puede controlar quién está en el túnel o lo que en él sucede. Una posibilidad sería solicitar al ayuntamiento de la ciudad de que reponga las luces del túnel. Si el túnel estuviera iluminado, sería menos probable que ocurrieran acontecimientos sorprendentes y que gente amenazante deambulara por él.

Recuperación espontánea

Después de un período de extinción condicionada, en el cual el EC se presenta en repetidas ocasiones en ausencia del EI, el EC deja de elicitar la RC. Sin embargo, si el EC se presenta en un momento posterior, la RC podría ocurrir de nuevo. Por ejemplo, Pavlov presentó el sonido del metrónomo varias veces sin poner polvo de carne en la boca del perro. Finalmente, el perro dejó de salivar ante el sonido del metrónomo. Sin embargo, cuando Pavlov presentó el metrónomo más tarde, el perro salivó de nuevo, aunque en menor medida que antes de la extinción. Cuando el EC elicita la RC después de la extinción haya tenido lugar, decimos que se ha producido una **recuperación espontánea.** Por lo general, la magnitud de la RC es menor durante la recuperación espontánea, y la RC debería volver a desaparecer si durante la recuperación espontánea no se presenta el EI junto con el EC.

Discriminación y generalización de la conducta respondiente

La discriminación en el condicionamiento respondiente es la situación en la que la RC es elicitada por un estímulo único o por un estrecho rango de EC. La generalización se produce cuando varios EC parecidos o un amplio rango de EC elicitan la misma RC. Si una persona tiene miedo de un perro específico o una raza de perro, por ejemplo, se habría dado discriminación. Si una persona tiene miedo de cualquier tipo de perro, se habría producido generalización.

Consideremos cómo se desarrolla la discriminación en el condicionamiento respondiente. Cuando un estímulo concreto (E1) es emparejado con un EI pero otros estímulos similares (E2, E3, E4, etc.) se presentan sin el EI sólo el E1 elicitará una RC. Esto constituye un ejemplo de entrenamiento en discriminación. Consideremos el ejemplo de Magdalena, que fue atacada por un pastor alemán. Desde el ataque, cada vez que camina por el patio, la visión del perro (CS) provoca una activación autonómica o una respuesta de miedo (RC). Sin embargo, cuando pasa junto a otras casas con perros diferentes, no experimenta la respuesta. La visión del pastor alemán se convirtió en un EC, debido a su asociación con el ataque (EI). La visión de los otros perros no se estableció como EC porque nunca fueron asociados con ataques. Ahora sólo la visión de un pastor alemán provoca la respuesta de miedo (RC).

Consideremos ahora cómo puede desarrollarse la generalización. La generalización es la tendencia a que la RC ocurra en presencia de estímulos similares al EC que inicialmente fue emparejado con el EI. Si el E1 es emparejado con el EI, pero estímulos similares (E2, E3, E4, etc.), nunca se presentan en ausencia del EI, es más probable que la RC se generalice a estos otros estímulos. Si Magdalena es atacada por un pastor alemán, pero nunca tuvo encuentros con perros amistosos, resulta más probable que su respuesta de miedo se generalice a otros perros que son similares en cierto modo a los pastores alemanes (perros de similar tamaño, color, forma). En este caso, no hubo entrenamiento en discriminación porque los estímulos similares (otros perros) no se presentaron en ausencia del EI.

La generalización puede ser potenciada si una serie de estímulos similares se emparejan inicialmente con el EI durante el condicionamiento respondiente. Si Magdalena tuvo la mala suerte de ser atacada por un pastor alemán, un goldenretriever, un schnauzer y un terrier, su temor probablemente se generalizará a casi todos los perros. En tal caso, la generalización será mayor debido a que multitud de EC similares (diferentes razas de perros) fueron emparejados con el EI (ser atacado).

Factores que influyen en el condicionamiento respondiente

La fuerza de condicionamiento respondiente depende de varios factores (Pavlov, 1927) incluyendo las siguientes:

- La naturaleza del EI y del EC
- La relación temporal entre el EC y el EI
- La contingencia entre el EC y el EI
- El número de emparejamientos
- La exposición previa al EC

La naturaleza del estímulo incondicionado y del estímulo condicionado

La intensidad de un estímulo influye en la efectividad de ese estímulo como EC o EI. En general, un estímulo más intenso es más eficaz como EI (Polenchar, Romano, Steinmetz y Patterson, 1984). Por ejemplo, una bocanada fuerte de aire en el ojo es más eficaz que un soplo de aire débil como EI para una respuesta de parpadeo. Asimismo, un estímulo muy doloroso es más eficaz que un estímulo menos doloroso como EI para la activación autonómica. Un estímulo más intenso también funciona más eficazmente como EC; decimos que el estímulo más intenso es más saliente.

La relación temporal entre el estímulo condicionado y el estímulo incondicionado

Para que el condicionamiento sea más eficaz, el EC debe preceder al EI. Por lo tanto, el condicionamiento demorado y el de huella son los más eficaces. Es imposible decir qué intervalo de tiempo entre el EC y EI es óptimo, sin embargo, el intervalo debería breve (p.ej., menos de 1 segundo). Una excepción sería la aversión al sabor: las náuseas y los vómitos provocados por una comida en mal estado (EI) pueden ocurrir varios minutos después de la ocurrencia del EC (el sabor de los alimentos) en el condicionamiento aversivo-gustativo.

Contingencia entre el estímulo condicionado y el incondicionado

La contingencia entre el EC y el EI significa que el EC y el EI se presentan conjuntamente en cada ensayo. Cuando esto ocurre, el condicionamiento es mucho más probable que si el EI no se presenta después del EC en algunos ensayos o si este ocurre en algunos ensayos sin el EC. Si la máquina siempre hace clic antes de enviar una ráfaga de aire a la cara de Carla, el clic tendrá más probabilidades de convertirse en un EC que si fuera seguido sólo ocasionalmente por la ráfaga (p.ej., una de cada diez veces). Asimismo, si el la ráfaga de aire que acompaña al estampado de una pieza de plástico por la máquina fuera precedida sólo ocasionalmente por el clic, sería improbable que este se convierta en un EC.

El número de emparejamientos

Aunque un emparejamiento entre un EN y un EI es a menudo suficiente para establecer el EN como EC, más emparejamientos del EC y el EI producirán, en general, un condicionamiento más fuerte. Consideremos el caso de un estudiante en un experimento que recibe una breve descarga eléctrica en el brazo (EI) después de que suene un timbre (CS). La descarga es dolorosa, pero, como en cualquier experimento sobre el comportamiento, no lo suficientemente fuerte como para producir daño alguno. Después del emparejamiento, el timbre probablemente provocará una activación autonómica (RC). Sin embargo, si el timbre y la descarga se aparean varias veces, la activación autonómica será más fuerte y la extinción tardará más en producirse; es decir, cuando el EI no sea presentado, el EC elicitará la RC más veces antes de que la RC deje de ocurrir. Pese a que un número mayor de emparejamientos producen condicionamientos más fuertes, Rescorla y Wagner (1972) demostraron que los primeros emparejamientos son los que producen el condicionamiento más fuerte; el condicionamiento adicional causado por cada emparejamiento posterior disminuye de forma continua. Por ejemplo, supongamos que un gran cuervo negro grazna con fuerza mientras vuela sobre la cabeza de un niño pequeño y ello induce en el niño una reacción de miedo cada vez que ve a un cuervo. El primer emparejamiento del cuervo (EC) y el graznido (EI) establece al cuervo como un estímulo que elicita la respuesta de miedo (CR). Si un cuervo vuela en picado y grazna de nuevo al niño, ello puede intensificar la respuesta de miedo en este, pero el aumento no será tan grande como la respuesta de miedo producida por el primer ataque. Cada ataque adicional aumentaría el temor del niño en una magnitud cada vez menor.

Exposición previa al estímulo condicionado

Resulta menos probable que un estímulo se convierta en un EC al ser emparejado con un EI si la persona ha estado expuesta a ese estímulo en el pasado sin el EI. Por ejemplo, una niña de 2 años llamada Graciela pasa mucho tiempo junto al perro de la familia, Tito, y nunca pasa nada malo. A consecuencia de esta exposición a Tito, es poco probable que el perro se convierta en un EC de miedo para Graciela si un día accidentalmente este le hiciera caer al suelo. Sin embargo, imaginemos que Paula, la amiga de Graciela, se acerca y ve a Tito por primera vez. Si Tito la tirase a Paula accidentalmente al suelo, es más probable que el perro se convierta en un EC para una respuesta de miedo porque Paula no se ha expuesto previamente a Tito.

En el ejemplo de Tito y Paula, identifica el EI, el EC, la RI y la RC.

Ser derribada por Tito es un EI que elicita una RI de activación autonómica (respuesta de miedo) en Paula. Tito es el EC, porque su presencia fue emparejada con el EI. A consecuencia de ello, Tito provocará una respuesta de miedo (RC) en Paula la próxima vez que lo vea.

LECTURA PARA AMPLIAR

Condicionamiento respondiente y castigos condicionados

El condicionamiento respondiente es el proceso de emparejar un estímulo neutro (EN) con un estímulo incondicionado. Los reforzadores condicionados y los castigos condicionados se establecen a través de un proceso de condicionamiento respondiente. Un EN se empareja con un reforzador para producir un reforzador condicionado o un EN se empareja con un aversivo para producir un castigo condicionado. Investigaciones realizadas en la década de 1960 demostraron una serie de factores relacionados con el establecimiento de castigos condicionados. Por ejemplo, Evans (1962) demostró que cuando un tono se emparejaba con una descarga, el tono funcionaba como un estímulo aversivo condicionado que castigaba la conducta de presionar un manipulando en ratas de laboratorio. Evans demostró que, cuando el tono precedió a la descarga (condicionamiento de huella), funcionaba como un castigo más eficaz (condicionamiento retroactivo). En otro estudio, Hake y Azrin (1965) demostraron que cuando un tono se emparejaba con una descarga, el sonido funcionaba como un castigo condicionado para la conducta de unas palomas de picotear en una tecla. Hake y Azrin mostraron además que cuando el sonido fue emparejado con una descarga más intensa, éste se convirtió en un estímulo aversivo condicionado más eficaz.

Distinción entre condicionamiento operante y respondiente

De la discusión anterior debería quedar claro que el condicionamiento respondiente y el operante son procesos distintos y que las conductas respondientes y operantes incluyen diferentes tipos de respuestas (Michael, 1993a). Una conducta respondiente es una RI o RC elicitada por un estímulo antecedente. Las conductas respondientes son respuestas corporales que tienen una base biológica. La conducta operante está controlada por sus consecuencias. Aunque puede estar bajo el control de un estímulo discriminativo (ED), una respuesta operante no es elicitada por un estímulo antecedente. Las respuestas operantes son emitidas por el individuo en situaciones antecedentes específicas por haber sido reforzadas en situaciones iguales o similares.

Términos: Diferencia entre elicitar y evocar

Decimos que la conducta respondiente es elicitada por el estímulo antecedente.

- Un EI elicita una RI como reflejo incondicionado.
- Un EC elicita una RC debido a que el EC fue presentado conjuntamente con el EI.

Decimos que la conducta operante es evocada por un estímulo o evento antecedente.

- Un ED evoca una conducta porque la conducta ha sido reforzada en su presencia.
- Una operación de establecimiento evoca una conducta debido a que esta incrementa el valor del reforzador producido por la conducta.

El condicionamiento respondiente se produce cuando un EN adquiere la capacidad de provocar una RC porque el EN ha sido emparejado con un EI. El condicionamiento respondiente implica simplemente el emparejamiento de dos estímulos: el EN y el EI. El resultado del condicionamiento respondiente es el desarrollo de una RC a partir de un estímulo previamente neutro. El condicionamiento operante se produce cuando una respuesta específica en una situación estimular particular es seguida de manera fiable por una consecuencia reforzante. Esto es, el condicionamiento operante implica una contingencia entre una respuesta y un reforzador. El resultado del condicionamiento operante es que resulta más probable que la conducta ocurra en el futuro en circunstancias similares a aquellas en las que fue reforzada. Para describir este proceso, decimos que las circunstancias en las que la conducta fue reforzada han adquirido control de estímulo sobre la misma.

La extinción respondiente se produce cuando el EC ya no es emparejado con el EI. A consecuencia de ello, el EC deja de elicitar la RC. La extinción de una conducta operante se produce cuando deja de resultar en una consecuencia reforzante haciendo que el comportamiento deje de ocurrir en el futuro.

Conductas operantes y respondientes pueden ocurrir juntas en la misma situación. Cuando el cuervo negro y grande se abate sobre los niños pequeños en el patio y grazna con fuerza, es probable que ocurran tanto conductas operantes como respondientes. El ataque del cuervo provoca una activación autonómica, y el niño grita y corre junto a su padre, que está sentado en el patio leyendo el periódico (Figura 8-3). Aunque la excitación autonómica es un comportamiento respondiente provocado por el cuervo, gritar y salir corriendo hacia el padre son conductas operantes que son seguidas por la recepción de consuelo y atención (reforzamiento positivo) y por escapar del cuervo (reforzamiento negativo).

FIGURA 8-3   Cuando el cuervo se abate sobre el niño ocurren dos tipos de comportamiento. La respuesta de miedo (activación autonómica) es un comportamiento respondiente; correr hacia su padre es una respuesta operante.

Consideremos el ejemplo de Carla en la fábrica de juguetes. El sonido de "clic" de la máquina antes del chorro de aire es un estímulo que provoca una respuesta de parpadeo (RC), porque el sonido de clic fue emparejado con el chorro de aire. Esto es condicionamiento respondiente. Después de un rato, Carla aprendido a mover la cabeza hacia un lado en cuanto oyó el clic. De esta manera, evitó la ráfaga de aire en la cara. Mover la cabeza hacia un lado es una conducta operante que se ve reforzada por sus consecuencias (evitar el chorro de aire). El clic es un ED que adquiere un control de estímulo sobre el comportamiento de volver la cabeza. El comportamiento es reforzado cuando se produce el sonido de clic. En ningún otro momento hay ráfagas de aire, y girar la cabeza no se vería reforzado.

Condicionamiento respondiente

Proceso   EI (visión de un cuervo, el cuervo vuela en picado hacia el niño).   RI (activación autonómica)

EI EI es emparejado con la visión del cuervo

Resultado   EC (la visión del cuervo)   RC (activación autonómica)

Condicionamiento operante

Antecedente	Conducta	Consecuencia
El cuervo vuela en picado y grazna.	El niño corre hacia su padre.	El padre proporciona consuelo.
		El niño escapa del cuervo.

Resultado: Es más probable que el niño corra hacia su padre cuando vea a un cuervo en el patio trasero.

Una vez que ha aprendido a girar la cabeza cada vez que oye el clic, se produce la extinción respondiente. Carla todavía escucha el clic, pero no vuelve a sentir el chorro de aire en su cara. Pasado un tiempo, Carla deja de parpadear (RC) cuando escucha el clic (EC).

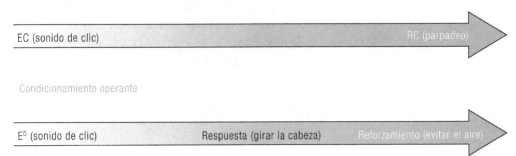

Condicionamiento respondiente

EC (sonido de clic)   RC (parpadeo)

Condicionamiento operante

E^D (sonido de clic)   Respuesta (girar la cabeza)   Reforzamiento (evitar el aire)

Identificar el comportamiento operante y el comportamiento respondiente en el ejemplo de Julio y el túnel oscuro.

El comportamiento respondiente es la activación autonómica provocada por la proximidad del túnel. La proximidad del túnel se convirtió en un EC debido a los acontecimientos sorprendentes y aterradores (EI) ocurridos en el túnel. La conducta operante es caminar rápido o correr por el túnel. Este comportamiento es reforzado por el escape más rápido del túnel; en otras palabras, esto es reforzamiento negativo. Una vez que Julio está fuera del túnel, la activación autonómica decae. Por tanto, la conducta es también reforzada negativamente por la terminación del estado fisiológico aversivo de activación autonómica.

Condicionamiento respondiente

| EC (visión de túnel) | ───────────────────► | RC (activación autonómica, respuesta de miedo) |

Condicionamiento operante

| E^D | R | S^R |
| Entrada del túnel | Correr a través del túnel | Escape de túnel y escape de la activación autonómica |

Condicionamiento respondiente y modificación de conducta

La mayoría de los procedimientos de modificación de conducta están diseñados para cambiar conductas operantes porque las conductas operantes constituyen la mayoría de los comportamientos que la gente se plantea cambiar. Sin embargo, algunos tipos de comportamientos respondientes también son molestos para las personas y por lo tanto objetivo de cambio. Muy a menudo, los tipos de comportamientos respondiente que la gente desea cambiar son RC que interfieren con el funcionamiento normal.

Así, algunas personas experimentan molestias importantes a consecuencia de la ansiedad (p.ej., ansiedad a hablar en público o ante situaciones sexuales). A veces, la activación autonómica provocada por el estímulo temido es tan intensa que la persona cambia su vida para evitarlo; por ejemplo, una persona con miedo a las alturas puede negarse a pasar por encima de un puente en particular. El Capítulo 24 describe procedimientos de modificación de conducta para ayudar a las personas a cambiar conductas respondientes que implican miedo y ansiedad.

RESUMEN DEL CAPITULO

1. En el condicionamiento respondiente, un estímulo previamente neutro (EN) se convierte en un estímulo condicionado (EC) cuando es emparejado con un estímulo incondicionado (EI).El EC provoca una respuesta condicionada (RC) similar a la respuesta incondicionada (RI) provocada por el EI. El condicionamiento respondiente es más eficaz cuando el EN precede inmediatamente al EI. El condicionamiento de orden superior puede ocurrir

cuando un EN es emparejado con un EC ya establecido. Las conductas respondientes implican respuestas corporales que tienen un valor para la supervivencia.

2. Un tipo de conducta respondiente es una respuesta emocional condicionada. Las respuestas emocionales condicionadas pueden ser negativas (como el miedo y la ansiedad) o positivas (como la felicidad).

3. La extinción respondiente se produce cuando el EC se presenta varias veces en ausencia del EI y, por consiguiente, el EC deja de provocar la RC.

4. Los factores que influyen en el condicionamiento respondiente incluyen la intensidad del EI o del EC, la relación temporal entre el EC y el EI, la contingencia entre el EC y el EI, el número de emparejamientos, y la exposición anterior de la persona al EC.

5. El condicionamiento respondiente se produce cuando un EN se empareja con un EI y el EN se convierte en un EC capaz de provocar una RC. El condicionamiento operante se produce cuando una conducta es reforzada en presencia de un ED y entonces el comportamiento es más probable que ocurra en el futuro cuando el ED esté presente.

PALABRAS CLAVE

TÉST PRÁCTICO

1. Identifique los términos correspondientes a las siguientes abreviaturas: EI, RI, EC y RC (págs. 166-167).

2. ¿Qué es un estímulo incondicionado? Proporciona ejemplos (pág. 166).

3. ¿Qué es una respuesta condicionada? Proporcionar ejemplos (pág. 166).

4. Describa cómo un estímulo neutro (EN) se convierte en un estímulo condicionado. ¿Cómo se llama este proceso? (pág. 167).

5. ¿Cuál es el resultado del condicionamiento respondiente? (pág. 167).

6. La relación temporal entre el EN y el EI es importante en condicionamiento respondiente. Hay cuatro posibles relaciones temporales entre el EN y el EI: condicionamiento demorado, condicionamiento de huella, condicionamiento simultáneo condicionamiento hacia atrás. Describe cada tipo de condicionamiento (pp. 169-170)

7. Identificar los más eficaces y menos eficaces de los cuatro tipos de condicionamiento que figuran en la pregunta 8 (págs. 169-170).

8. Describir el condicionamiento de orden superior. Proporcionar un ejemplo (pág. 170).

9. ¿Qué es una REC? Dar ejemplos de REC positivas y negativas (págs. 171-172).

10. Describir la extinción respondiente y ofrecer un ejemplo (pág. 173).

11. ¿Qué es la recuperación espontánea? Proporcionar un ejemplo (pág. 173).

12. ¿En qué se diferencia la aversión al sabor de otros tipos de condicionamiento respondiente? (pág. 170).

13. ¿Cómo se desarrolla la discriminación de la conducta respondiente? Proporcionar un ejemplo (pág. 174).

14. ¿Cómo se desarrolla la generalización de la conducta respondiente? Proporcionar un ejemplo (pág. 174).

15. Identificar y describir los cinco factores que influyen en el condicionamiento respondiente (págs. 174-176).

16. Describe cómo la conducta respondiente y operante pueden ocurrir juntas en el caso del miedo de un estudiante a hablar en público (pág. 177).

17. ¿Cómo aplicarías la extinción respondiente para ayudar a un niño a superar el miedo a los perros? ¿Cómo usarías el reforzamiento positivo en este mismo caso?

Moldeamiento

- ¿Cómo utilizaríamos el moldeamiento para conseguir que ocurra un comportamiento nuevo?
- ¿Qué son las aproximaciones sucesivas a una conducta objetivo?
- ¿Cómo se relacionan los principios de reforzamiento y extinción con el moldeamiento?
- ¿Cómo podría utilizarse el moldeamiento de manera accidental para desarrollar un problema de conducta?
- ¿Qué pasos forman parte del uso efectivo del moldeamiento?

Como se detalla en el capítulo 4, el reforzamiento es un procedimiento útil para incrementar la frecuencia de una conducta deseada. Para utilizar el reforzamiento, la conducta deseada debe estar ocurriendo al menos de vez en cuando. Si la persona no muestra una conducta objetivo en particular, necesitaremos otras estrategias para generar la conducta. El moldeamiento es una de estas estrategias.

Un ejemplo de moldeamiento: enseñar a un niño a hablar

En los niños el moldeamiento ocurre de manera natural continuamente. Un niño que aún no ha aprendido a hablar balbucea, es decir, hace sonidos vocales que imitan el

En los niños el moldeamiento ocurre de manera natural continuamente. Un niño que aún no ha aprendido a hablar balbucea, es decir, hace sonidos vocales que imitan el lenguaje de los padres. Al principio, los padres se emocionan y prestan atención a estos balbuceos del niño. Los padres sonríen, hablan con el niño, imitan los sonidos que hace y le acarician; esta atención refuerza la conducta de balbuceo. A consecuencia de ello, el niño balbucea cada vez más. Con el tiempo, el niño hace sonidos como "pa", "ma" o "da" que se asemejan a palabras conocidas ("papá", "mamá" o "tata"). Una vez más los padres se emocionan y prestan atención a estos sonidos reconocibles lo que hace que el niño comience a realizar estos sonidos con más frecuencia. Al mismo tiempo, una vez que el niño comienza A emitir sonidos parecidos a palabras, los padres ya no responden tanto a los balbuceos. A medida que este proceso continúa, el niño empieza a repetir los sonidos para hacer palabras, como "papá" o "mamá", y los padres se emocionan y proporcionan más atención, prestando mucha menos atención a los sonidos aislados que el niño realizaba anteriormente. Ello hace que el niño diga palabras con mayor frecuencia y emita sonidos sueltos o balbucee con menos frecuencia. Durante todo el proceso de desarrollo del lenguaje, a lo largo de muchos meses, los padres refuerzan las aproximaciones cada vez más similares a las palabras reales. El proceso de moldeamiento comienza cuando los padres refuerzan el balbuceo. Los sonidos producidos al azar en el balbuceo son aproximaciones hacia las palabras como tales. Cada vez que el niño emite un sonido que es una aproximación cercana a una palabra, el niño recibe más atención (reforzamiento) de los padres, y recibe menos atención por las aproximaciones anteriores.

También es importante reconocer que no sólo los padres moldean el lenguaje de sus hijos, sino que también lo ponen bajo control de estímulo adecuados. Los padres refuerzan "ota" o "pelota" cuando se muestra al niño una pelota. Refuerzan "pa" o "papá" en ocasiones en las que el niño está mirando o señalando a su padre. A través del proceso de moldeamiento, el niño aprende a decir palabras; a través del entrenamiento en discriminación, el niño aprende a decir las palabras correctas, es decir, las palabras

Definición de moldeamiento

El **moldeamiento** se utiliza para desarrollar una conducta objetivo que una persona no muestra actualmente. El moldeamiento se define como el **reforzamiento diferencial** de aproximaciones sucesivas a una conducta final que se prolonga hasta que la persona muestre dicha conducta. El reforzamiento diferencial incluye los principios básicos de reforzamiento y extinción, y se produce cuando, en una situación concreta, una determinada conducta es reforzada y todas las demás no lo son. A consecuencia de ello, la conducta que es reforzada aumenta y las conductas que no lo son disminuyen por un proceso de extinción (véase el Capítulo 15 para una discusión más detallada sobre los procedimientos de reforzamiento diferencial.)

Cuando se utiliza el moldeamiento para desarrollar el lenguaje, las **aproximaciones sucesivas** o los pasos del moldeamiento que van ocurriendo son: el balbuceo, sonidos aislados, trozos de palabras, palabras enteras, frases de dos o tres palabras, y oraciones completas. Para comenzar el moldeamiento, debemos identificar una conducta que esté ya presente en el repertorio y que se asemeje en la medida de lo posible a la conducta objetivo. Esta conducta se conoce como conducta inicial, o primera aproximación. Si reforzamos esta conducta, observaremos que la persona comienza a presentar este comportamiento más a menudo. Si a continuación dejamos de reforzar esa con-

comportamiento más a menudo. Si a continuación dejamos de reforzar esa conducta, comenzarán a aparecer nuevas conductas como parte del consiguiente proceso de extinción. En este momento seleccionaremos y reforzaremos una nueva conducta más cercana a la conducta objetivo. A consecuencia de ello, la persona comenzará a presentar la nueva conducta cada vez más y a mostrar la conducta anterior cada vez menos. Este proceso de reforzamiento diferencial (reforzamiento de una aproximación más cercana y extinción de la aproximación previa) continúa hasta que la persona finalmente presenta la conducta objetivo.

Skinner (1938) utilizó el moldeamiento para conseguir que las ratas de laboratorio presionaran una palanca dentro de una caja experimental de 30 x 30 cms. La palanca era como una barra que sobresalía de una de las paredes de la caja. La rata podía empujar fácilmente la palanca poniendo su pata sobre ella. La caja tenía también una pequeña abertura en la pared por donde se suministraba comida. Cuando se metió la rata en la caja por primera vez se dedicó a dar vueltas y a explorar.

Describamos cómo se podría utilizar el moldeamiento para hacer que la rata presione la palanca.

En primer lugar, elegimos un comportamiento inicial o una primera aproximación. Podríamos decidir suministrar una bolita de comida a la rata cada vez que estuviese andando cerca de donde estaba situada la palanca. Ello haría que la rata pasase la mayor parte del tiempo en ese lado de la caja. Ahora podemos reforzar la siguiente aproximación y extinguir la aproximación previa: podríamos dar una bolita de comida sólo cuando la rata se encuentre de cara a la palanca. A consecuencia de ello, la rata se colocará muy a menudo frente a la palanca. Ahora, cuando la rata se acerque o se mueva más cerca de la palanca, le daremos otra bolita de comida. A continuación, podríamos suministrarle otra bolita de comida sólo cuando la rata esté cerca de la palanca y se levante sobre sus cuartos traseros. Una vez que la rata presente este comportamiento de forma consistente, podemos poner la conducta en extinción y ofrecer la bolita de comida sólo cuando la rata haga un movimiento hacia la palanca. Una vez que este comportamiento se produzca con frecuencia, podríamos pasar a la siguiente aproximación y darle una bolita de comida sólo cuando la rata toque la palanca con sus patas. Puesto que esta conducta es reforzada, la rata tocará con frecuencia la palanca. Finalmente, pasaríamos al último paso que consistiría en proporcionar una bolita de comida cuando la rata presione la palanca. Ahora, siempre que esta rata se introduzca en la caja experimental (si está hambrienta), buscará y presionará la palanca con sus patas, porque ese es el comportamiento que ha sido reforzado. El moldeamiento nos permite comenzar reforzando un comportamiento que la rata realiza frecuentemente (estar en un lado de la caja) y terminar consiguiendo que la rata tenga un comportamiento que nunca había realizado (presionar la palanca).

Aproximacíon sucesivas a la conducta de presionar la palanca

1. La rata se mueve hacia el lado donde se encuentra la palanca.
2. La rata se coloca frente a la palanca.
3. La rata se acerca a la palanca.
4. La rata se levanta sobre sus cuartos traseros.
5. La rata hace un movimiento hacia la palanca con una pata.
6. La rata toca la palanca.
7. La rata presiona la palanca.

Aunque hemos resumido en siete los pasos o aproximaciones sucesivas de este proceso de moldeamiento, se pueden incluir muchos más pasos al moldear la respuesta de presionar la palanca. Por ejemplo, el paso 3, en el que la rata se acerca a la palanca, podría dividirse a su vez en dos o tres pasos. Lo principal es que cada paso debería ser una aproximación más cercana a la conducta objetivo que la del paso anterior.

¿Te has preguntado alguna vez cómo los delfines y otros mamíferos marinos aprenden a realizar complejas piruetas en los parques acuáticos? Sus entrenadores usan el moldeamiento para conseguir que realicen esas conductas (Pryor, 1985). Usando como reforzador incondicionado pescado y el sonido de un clicker de adiestramiento como un reforzador condicionado, los entrenadores de delfines pueden moldear complejos comportamientos partiendo de conductas naturales que los delfines realizan frecuentemente. Reforzando sucesivas aproximaciones pueden conseguir que los delfines realicen conductas que nunca habían mostrado con anterioridad como saltar fuera del agua y levantar aros con el morro.

 ¿Cómo consiguen los entrenadores que el sonido del clicker sea un reforzador condicionado y por qué necesitan utilizarlo?

Los entrenadores pulsan el clicker y emiten un chasquido o clic cada vez que le dan al delfín un pescado como reforzador. Puesto que el clic se empareja con este reforzador incondicionado, se convierte en un reforzador condicionado. Usan el reforzador condicionado porque los entrenadores pueden presentar el clic rápida y fácilmente, de forma tal que el comportamiento de los delfines puede ser reforzado inmediatamente, sin la interrupción que requeriría el parar a comer el pescado. Al aplicar moldeamiento, debemos de ser muy conscientes del tiempo a fin de entregar el reforzador en el momento exacto en que se produce la aproximación correcta. De lo contrario, podríamos reforzar un comportamiento diferente de forma accidental. Además, el reforzador condicionado se utiliza para que los delfines no terminen saciados con el pescado. Utilizar el pescado como un reforzador podría saciar a los delfines y dejaría de funcionar como un reforzador, hasta que los delfines tengan hambre de nuevo. Para más información sobre el moldeamiento con animales, ver Pryor (1985) y Skinner (1938, 1951, 1958).

Aplicaciones del moldeamiento

O'Neill y Gardner (1983) dan algunos ejemplos interesantes de moldeamiento del comportamiento humano relativos a pacientes en rehabilitación.

Cómo hacer que Francisca camine de nuevo.

Uno de los casos era Francisca, una mujer de 75 años de edad que se sometió a una operación de cadera artificial. Para andar de nuevo, necesitó fisioterapia. Tenía que caminar entre dos barras paralelas mientras se sujetaba apoyando sus brazos en las barras. Sin embargo, Francisca se negaba a participar en la fisioterapia y por tanto no mostraba la conducta objetivo. O'Neill y Gardner (1983) decidieron utilizar el moldeamiento para establecer el caminar de forma independiente con su andador como conducta final. Para que hubiese al menos un comportamiento inicial, necesitaban que Francisca fuese a la sala donde estaban colocadas las barras paralelas. Cuando Francisca llegó a esta sala en su silla de ruedas, el terapeuta habló con ella de forma muy amable y le dio un masaje (una experiencia agradable para ella). A consecuencia de ello, se reforzó el ir a la sala de fisioterapia, y Francisca iba ya voluntariamente cada día. Después de unos días, y antes de que recibiese su masaje, el terapeuta le preguntó si podría ponerse de

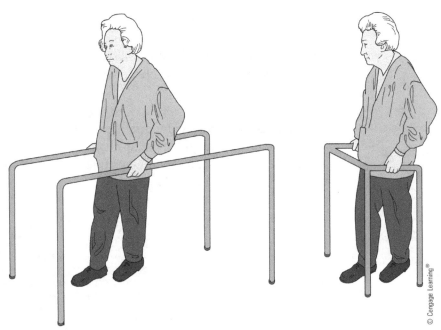

FIGURA 9-1 Francisca se sitúa entre las barras paralelas, como una de las aproximaciones sucesivas en el proceso de moldeamiento, para lograr la conducta objetivo de caminar con su andador.

pie entre las barras paralelas durante 1 segundo (una aproximación sucesiva para andar) si lo lograba entonces recibía el masaje. Al día siguiente, el terapeuta aumentó la duración a 15 segundos, y Francisca se mantuvo en las barras paralelas durante 15 segundos antes de recibir el masaje (Figura 9-1). Después de que Francisca ya se mantuviese perfectamente de pie entre las barras paralelas, el terapeuta le pidió dar unos pasos un día, y otro día otros pocos pasos más, hasta que estuvo caminando todo el recorrido de las barras paralelas. Poco después, Francisca estaba caminando de forma independiente con su andador y fue dada de alta del hospital. Debido a que el moldeamiento implica empezar con un comportamiento simple que la persona ya realiza e ir construyendo la conducta final en pequeños pasos o aproximaciones sucesivas, la persona puede conseguir realizar una conducta totalmente nueva, o que anteriormente se había negado a realizar.

Cómo hacer que Sara aumente el tiempo entre visitas al baño

Otro caso del que informaron O'Neill y Gardner (1983) fue el de Sara, de 32 años y con esclerosis múltiple. En el hospital, Sara interrumpía a menudo su programa de terapia para ir al baño porque había tenido una vez incontinencia en público (pérdida de control de la vejiga) y estaba preocupada por que le pudiera ocurrir de nuevo. Iba al baño más de una vez cada hora. O'Neill y Gardner decidieron, en colaboración con Sara, utilizar el moldeamiento para ayudarle a incrementar el tiempo entre las visitas al baño. La conducta objetivo fue esperar 2 horas entre viajes al baño. Decidieron que el comportamiento inicial sería esperar 1 hora, porque a veces, en ocasiones anteriores, Sara esperaba durante 1 hora antes de ir al baño. Sara consiguió tener éxito en este objetivo en pocos días y recibió como reforzador la aprobación y felicitación de los terapeutas. La siguiente aproximación fue esperar 70 minutos. Una vez que Sara ya esperaba perfectamente 70 minutos durante unos cuantos días, se incrementó la duración a 90, 105 y 120 minutos al final. Conseguir esta conducta objetivo de esperar 120

del hospital, el tiempo medio entre visitas al baño era de 130 minutos. Meses después de abandonar el hospital, Sara informó que estaba manteniendo lo conseguido y que su vida había mejorado gracias al tratamiento.

Como podemos ver en estos ejemplos, el moldeamiento se puede utilizar de las siguientes formas:

1. Generando un nuevo comportamiento (p. ej., lenguaje en un niño pequeño, presionar la palanca en la rata de laboratorio, cabriolas en los delfines).
2. Restableciendo un comportamiento que se había perdido (p. ej., andar, actividad a lo que Francisca se negaba).

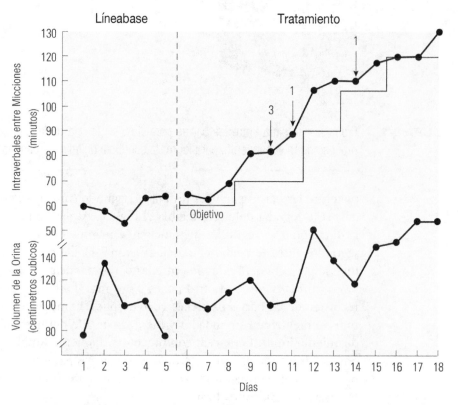

FIGURA 9-2   Este gráfico muestra el promedio de minutos transcurridos entre micciones (arriba) y el volumen de orina (abajo) de cada día en el caso de Sara. La línea escalonada indica el objetivo (aproximación sucesiva) que se fijó cada día para Sara. Se observa que el tiempo entre micciones aumenta durante el moldeamiento, y está siempre por encima de la línea objetivo. También se observa que el volumen de orina por micción aumenta conforme lo hace el tiempo entre micciones. Los números encima de los puntos indican el número de veces que Sara tuvo incontinencia (según O'Neill, G. W, y Gardner, R. [1983]. Behavior principles in medical rehabilitation: A practical guide, p. 49. Springfield, IL: Charles C. Thomas. Reproducido con permiso del autor.)

3. Cambiando alguna dimensión de una conducta ya existente (p. ej., el tiempo entre visitas al baño en el caso de Sara)

En estos casos, la conducta objetivo es nueva en el sentido de que la persona no realizaba ese comportamiento concreto antes de la intervención.

Investigación sobre moldeamiento

La investigación muestra que el moldeamiento se ha utilizado para generar una conducta objetivo en una amplia variedad de poblaciones, incluidos los atletas de alto rendimiento (p.ej., Scott, Scott y Goldwater, 1997), terapia para el control del dolor de cabeza (Fitterling, Martin, Gramling, Cole y Milán, 1988), ir al baño en los niños pequeños (Smeets, Lancioni, Ball y Oliva, 1985), adhesión al tratamiento médico en personas con discapacidad intelectual (Hagopian y Thompson, 1999; Slifer, Koontz y Cataldo, 2002) y uso de lentes de contacto en niños (Mathews, Hodson, Crist y Roche, 1992).

Estudios como los de Jackson y Wallace (1974) y Howie y Woods (1982) informan sobre el uso del moldeamiento para modificar una dimensión de un comportamiento ya existente. Jackson y Wallace trabajaron con una chica de 15 años de edad que presentaba discapacidad intelectual leve y retraimiento social. Hablaba con un volumen de voz que apenas se podía oí, por ello, la conducta objetivo fue hablar en un tono de voz normal. Jackson y Wallace utilizaron un aparato para medir la intensidad del habla en decibelios y reforzaron aproximaciones sucesivas (una intensidad cada vez alta) por medio de fichas hasta que la niña estuvo hablando con un volumen de voz normal. Los autores atribuyeron el éxito del programa de moldeamiento al uso del aparato para medir la intensidad del habla, que les permitió detectar y, por tanto, reforzar aumentos muy ligeros (aproximaciones sucesivas) en la intensidad del habla (Figura 9-3). Otros investigadores utilizaron un procedimiento de moldeamiento para aumentar el volumen de voz de dos niños con discapacidad. El diseño de líneabase múltiple del que formaron parte los participantes en este estudio (Fleece et al., 1981) muestra un aumento del volumen de la voz en ambos participantes (Figura 9-4).

Howie y Woods (1982) utilizaron el moldeamiento para aumentar la frecuencia de palabras correctamente articuladas en adultos que recibían tratamiento para el tartamudeo. Como parte de su tratamiento, los participantes disminuyeron la velocidad del habla y aprendieron a hablar sin tartamudear. Una vez que el habla de los participantes ya estuvo asociada al tartamudeo, los autores utilizaron moldeamiento para aumentar la velocidad del habla (sílabas por minuto) para llegar a un nivel más normal. En su estudio, los pasos del moldeamiento o las sucesivas aproximaciones suponen un aumento de cinco sílabas por minuto. Usando moldeamiento, todos los participantes incrementaron su ritmo verbal a los niveles normales en unas 40-50 sesiones.

Numerosos estudios han mostrado el uso del moldeamiento para establecer nuevas topografías o formas de conducta (Horner, 1971; Isaacs, Thomas y Goldiamond, 1960; Lovaas, Berberich, Perdoff y Schaeffer, 1966; Wolf, Risley y Mees, 1964). En un estudio clásico, Wolf et al. (1964) utilizaron el moldeamiento para conseguir que un niño preescolar con discapacidad aprendiese a llevar sus gafas. Antes de iniciar el pro-

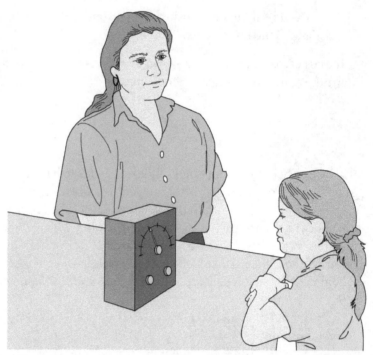

FIGURA 9-3 La psicóloga utilizó un sonómetro (medidor de decibelios de sonido) en el proceso de moldea-miento para incrementar el volumen de voz en un niño. Cada paso del proceso de moldeamiento requería hablar más fuerte cada vez, aspecto éste que era monitorizado a través de las mediciones del sonómetro.

cedimiento, el niño se negaba a llevar las gafas; y si alguien trataba de hacérselas llevar, tiraba las gafas al suelo. Los investigadores utilizaron comida para reforzar aproxima-ciones sucesivas a la conducta objetivo de llevar las gafas. Las aproximaciones sucesivas incluyeron tocar las gafas, ponérselas delante de la cara y, finalmente, apoyarlas sobre las orejas y la nariz. Al final del estudio, el niño llevaba las gafas con regularidad.

Horner (1971) trabajó con Daniel, un niño de 5 años de edad con discapacidad intelectual. Dennis tenía una enfermedad llamada espina bífida, en la que la médula espinal está dañada antes de nacer, lo que le causaba dificultades en las piernas. Daniel podía gatear, pero nunca había caminado. Horner llevó a cabo dos procedimientos de moldeamiento con Daniel. En el primer procedimiento, la conducta objetivo era que el niño diese diez pasos manteniéndose agarrado entre las barras paralelas. Este proce-dimiento de moldeamiento incluyó seis etapas. La primera aproximación fue conse-guir que se apoyase en las barras paralelas con ambas manos mientras estaba sentado en un taburete. Conforme iba completando con éxito cada etapa del procedimiento, Horner empleó un refresco de cola como reforzador para Daniel. Una vez que podía ya caminar apoyándose en las barras paralelas, se inició el segundo procedimiento del moldeamiento. La conducta objetivo ahora fue que Daniel diese 12 pasos utilizando muletas. La primera aproximación a esta conducta objetivo fue que mantuviese las mu-letas en la posición correcta; la segunda levantarse usando las muletas con la ayuda del experimentador; la tercera ponerse de pie sin ayuda; y así sucesivamente. Después de 10 pasos de moldeamiento durante 120 sesiones de entrenamiento, el niño consiguió

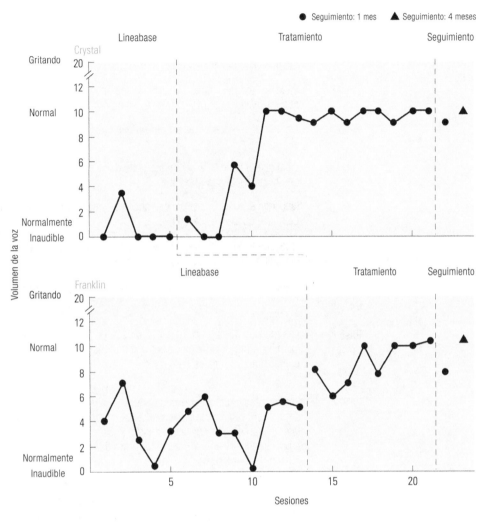

Este gráfico muestra el aumento en el volumen de voz en dos estudiantes al aplicar un tratamiento mediante moldeamiento. En ambos niños, el volumen de la voz se incrementó hasta conseguir niveles normales y se mantuvieron así durante 1 y 4 meses después del moldeamiento. Este gráfico muestra un diseño de investigación de líneabase múltiple a través de sujetos. Obsérvese que el tratamiento (moldeamiento) se llevó a cabo en un momento diferente para cada participante, y que el comportamiento de cada uno sólo cambió tras la introducción del tratamiento (según T., Kistner, J., Rothblum, E., y Drabman, R. [1981]. Elevation of voice volumen in young developmentally delayed childen via an operant shaping procedure. *Journal of Applied Behavior Analysis*, 74, 351-355. Copyright © Society for the Experimental Analysis of Behavior. Reproducido con el permiso de Society for the Experimental Analysis of Behavior.)

la conducta objetivo. Después de haber aprendido a usar las muletas perfectamente, Daniel iba andando a todas sus actividades en la institución donde vivía. Gracias a los procedimientos de moldeamiento llevados a cabo por Horner, el niño aprendió una conducta, andar, que le hizo más independiente y mejoró su calidad de vida. En la Tabla 9-1 aparece el listado de las aproximaciones sucesivas implicadas en los dos procedimientos de moldeamiento de Horner (1971).

TABLA 9-1   Aproximaciones sucesivas en los dos procedimientos de moldeamiento utilizados por Horner (1971).

Paso 1.   Sentarse en un taburete y agarrar la barra paralela a la izquierda con la mano izquierda y la barra paralela a la derecha con la mano derecha.

Paso 2.   Paso 1 y además comenzar a levantarse apoyado en las barras paralelas y mantenerse de pie el tiempo suficiente para tomar un trago de refresco.

Paso 3.   Los pasos 1 y 2, además de dar un paso usando las barras paralelas de apoyo antes de recibir el reforzador.

Paso 4.   Igual que el paso 3, excepto que debe dar tres pasos apoyándose en las barras paralelas antes que la conducta sea reforzada.

Paso 5.   Igual que el paso 3, excepto que debe dar cinco pasos apoyándose en las barras paralelas antes de que la conducta sea reforzada.

Paso 6.   Igual que el paso 3, salvo que debe dar diez pasos utilizando las barras paralelas de apoyo antes de reforzar la conducta.

Los pasos incluidos en la secuencia de aproximaciones sucesivas para establecer el uso de las muletas, fueron los siguientes.

Paso 1.   Las muletas se sujetan a las manos con gomas elásticas. El experimentador se coloca detrás del niño. EL reforzador se da por imitar el modelo de la respuesta de colocar las muletas en los puntos marcados en el suelo (medio metro delante y medio metro a cada lado de la línea central del punto de partida).

Paso 2.   Las muletas están sujetas a las manos con gomas elásticas. El experimentador se sitúa detrás del niño. El reforzador se da de forma contingente justo al dar el paso 1 y mantenerse sobre las muletas en una posición erguida. El experimentador le proporciona una ayuda completa al sujetarlo por las axilas. Esa posición erguida debe mantenerse durante 15 segundos antes de entregarle el reforzador.

Paso 3.   Las muletas están sujetas a las manos con gomas elásticas. El experimentador se coloca detrás del niño. El reforzador se da de forma contingente después de dar el paso 1 y mantenerse sobre las muletas en una posición erguida. El experimentador le proporciona ayuda por debajo de los brazos sólo para sujetarle en los movimientos iniciales.

Paso 4.   Las muletas ya no están sujetas a las manos. El experimentador también deja de ayudarle y sujetarle. El reforzamiento es contingente al hecho de sostenerse sobre las muletas en una posición erguida.

Paso 5.   El reforzamiento es contingente a terminar por completo el paso 4, el niño se mantiene en equilibrio sólo con la ayuda de la mano en la espalda por parte del experimentador, y coloca una muleta hacia delante.

Paso 6.   El reforzamiento es contingente a completar el paso 5, además de avanzar los pies hacia una línea imaginaria que uniría la punta del pie con la muleta, manteniendo el equilibrio sólo con ayuda de la mano del experimentador en su espalda y avanzando la otra muleta hacia delante.

Paso 7.   El reforzamiento es contingente a completar el paso 6, y además un movimiento adicional de colocar la otra muleta hacia delante, manteniendo el equilibrio sólo con la ayuda de la mano del experimentador en su espalda, y avanzando la otra muleta de nuevo hacia delante.

Paso 8.   El reforzamiento es contingente a completar cuatro ciclos de colocación hacia adelante de la muleta, paso adelante, avanzar la otra muleta, otro paso, y así sucesivamente. Se utilizaría un desvanecimiento gradual de la ayuda del experimentador para que el niño mantenga el equilibrio.

Paso 9.   El reforzamiento es contingente a completar ocho ciclos de colocación de las muletas hacia delante y los pasos correspondientes, manteniendo el equilibrio sin ayuda del experimentador, y volviendo a la posición de tener las muletas hacia delante.

Paso 10.   El reforzamiento es contingente a completar 12 ciclos de colocación de las muletas hacia delante, dar los pasos, manteniendo el equilibrio, y así sucesivamente, usando ahora muletas con abrazaderas en el antebrazo (tipo Lofstrand) en lugar de las muletas de apoyo axilar.

Moldeamiento y adhesión a procedimientos médicos

Los procedimientos médicos a menudo requieren que el paciente soporte pruebas diagnósticas o intervenciones médicas que pueden llevar bastante tiempo (p.ej., procedimientos de Imagen por Resonancia Magnética). Además, los tratamientos médicos actuales para controlar las enfermedades a menudo requieren que el paciente realice comportamientos específicos, a veces todos días (p.ej., prueba de glucosa para los diabéticos). La investigación ha mostrado que el moldeamiento puede promover el comportamiento que se necesita para completar con éxito los procedimientos o regímenes médicos. Por ejemplo, Slifer, Koontz y Cataldo (2002) utilizaron el moldeamiento para ayudar a que los niños adquiriesen la conducta necesaria para someterse a una prueba de resonancia magnética. En este estudio, los investigadores utilizaron el moldeamiento para reforzar periodos de inmovilidad cada vez más y más largos dentro del escáner. Hagopian y Thompson (1999) utilizaron el moldeamiento para ayudar a un niño con discapacidad intelectual y autismo a participar en un régimen de tratamiento para la fibrosis quística. El niño necesitaba respirar durante 20 segundos a través de una mascarilla conectada a un inhalador para recibir su medicación, pero se negaba a hacerlo. En el procedimiento de moldeamiento, el niño recibía un reforzador (elogio, dulces y pequeños juguetes) por respirar a través de la máscara durante 5 segundos al principio, para luego ir incrementando paulatinamente la independencia

Cómo utilizar el moldeamiento

Como se puede ver en los ejemplos anteriores, los artículos de investigación recogen muchas aplicaciones del moldeamiento. Es conveniente utilizar el moldeamiento cuando nuestro objetivo terapéutico es desarrollar una conducta objetivo que la persona no exhibe actualmente. El moldeamiento es uno de los numerosos procedimientos que se pueden utilizar para lograr este objetivo (véanse los Capítulos 10 a 12).

Los pasos siguientes aseguran el uso apropiado del moldeamiento (véase también Cooper, Heron y Heward, 1987, 2007; Martin y Pear, 1992; Sulzer-Azaroff y Mayer, 1991; Sundel y Sundel, 1993).

1. Definir la conducta objetivo. Al definir la conducta objetivo, podemos determinar si el programa de moldeamiento tiene éxito y cuándo lo tiene.

2. Determinar si el moldeamiento es el procedimiento más apropiado. Si al menos en alguna ocasión la persona realiza la conducta objetivo, no necesitamos utilizar el moldeamiento, simplemente podemos utilizar reforzamiento diferencial para aumentar la frecuencia de la conducta deseada. El moldeamiento se utiliza para la adquisición de una nueva topografía, o bien de una dimensión nueva de un comportamiento, o bien para rehabilitar una conducta que la persona no exhibe actualmente. Sin embargo, podría ser preferible utilizar otras estrategias más eficaces para la adquisición de conductas (tales como utilizar ayudas, modelos o instrucciones). No necesitamos utilizar el moldeamiento si simplemente podemos decirle a una persona cómo hacer una conducta objetivo, si podemos mostrarle un modelo de cómo se hace, o simplemente podemos ayudarle físicamente a realizar la conducta correctamente. Véanse los Capítulos 10 a12 para una discusión sobre estas otras estrategias.

3. Identificar el comportamiento inicial. La conducta inicial o primera aproximación debe ser un comportamiento que la persona ya realice, al menos ocasionalmente. Además, el comportamiento inicial debe tener alguna relevancia respecto a la conducta objetivo. En todos los ejemplos de este capítulo, se eligió el comportamiento inicial porque ya estaba ocurriendo y porque era una aproximación que podría llegar a convertirse en la conducta objetivo.

4. Elegir los pasos del moldeamiento. En el moldeamiento, la persona debe dominar cada uno de los pasos antes de pasar al siguiente. Cada paso debe ser una aproximación más cercana a la conducta específica que el paso previo (aproximaciones sucesivas). Sin embargo, el cambio en la conducta de un paso al siguiente no debe ser tan grande como para que se detenga el progreso de la persona hacia la conducta objetivo. Resulta más apropiado un cambio moderado de conducta desde un paso al siguiente. Si los pasos del moldeamiento son demasiado pequeños, también el progreso será lento y laborioso. No hay una regla sencilla para elegir los pasos del moldeamiento. Simplemente debemos elegir los pasos esperando de forma razonable que una vez que se domine un paso en particular, se facilitará la conducta específica del próximo paso.

5. Elegir el reforzador a utilizar en el procedimiento de moldeamiento. Hemos de elegir una consecuencia que funcionará como reforzador para la persona que participa en el procedimiento de moldeamiento. El profesional debe ser capaz de administrar ese reforzador de forma inmediata y contingente a la conducta apropiada. La cantidad de reforzador debe ser tal que la persona no se sacie fácilmente. A menudo los reforzadores condicionados (tales como las fichas o los elogios) son útiles para evitar la saciedad.

6. Reforzar de manera diferencial cada aproximación sucesiva. Empezando con el comportamiento inicial, hemos de reforzar cada ocasión en que se produzca la conducta hasta que estemos seguros. Entonces comenzamos a reforzar la siguiente aproximación a la vez que dejamos de reforzar la aproximación anterior. Una vez que esta aproximación se produce de manera constante, dejamos de reforzar este comportamiento y comenzamos con la siguiente aproximación. Hemos de continuar este proceso de reforzamiento diferencial con aproximación sucesivas hasta que ocurra la conducta objetivo y comience a ser reforzada también.

7. Seguir un ritmo adecuado al avanzar de una aproximación a la siguiente. Tenga en cuenta que cada aproximación es un paso hacia la conducta final. Una vez que una persona domine una de las aproximaciones, es decir, realiza con éxito el comportamiento al menos unas cuantas veces, es el momento de pasar a la siguiente aproximación. Reforzar una aproximación demasiadas veces, puede dificultar movernos hacia el siguiente paso; la persona podría continuar realizando la aproximación anterior. Al mismo tiempo, si la persona no domina una de las aproximaciones, puede ser imposible, o al menos difícil, avanzar al paso siguiente. Se puede facilitar el paso de una aproximación a otra diciéndole a la persona lo que se espera, dándole indicaciones o ayudas sobre el comportamiento adecuado (O'Neill y Gardner, 1983; Sulzer-Azaroff y Mayer, 1991). Por ejemplo, O'Neill y Gardner le dijeron a Francisca que tenía que estar utilizando las barras paralelas durante 1 segundo antes de que le diesen su masaje. De hecho, le dijeron lo que esperaban que ella hiciera para que pudiese obtener el reforzador en cada paso

---

Pautas de moldeamiento

1. Definir el objetivo conductual.
2. Determinar si el moldeamiento es el procedimiento más apropiado.
3- Identificar el comportamiento de partida.
4. Elegir los pasos del moldeamiento.
5- Elegir el reforzador.
6. Reforzar de manera diferencial las aproximaciones sucesivas.
7. Avanzar a través de los pasos del moldeamiento a un ritmo adecuado.

Moldeamiento de problemas de conducta

En ciertas circunstancias, y de forma inadvertida, los problemas de comportamiento pueden establecerse a través de un proceso de moldeamiento. En tales casos, se refuerzan las aproximaciones sucesivas de un comportamiento que no es beneficioso para la persona.

Veamos el siguiente ejemplo. La señora Pérez estaba teniendo problemas con su hijo Tomás de 4 años de edad, quien presentaba comportamientos molestos. La señora Pérez llevaba un negocio online desde su casa. Cuando estaba ocupada, a menudo Tomás la interrumpía y le pedía o exigía que jugase con él. Debido a la persistencia de Tomás, la señora Pérez generalmente dejaba lo que estuviese haciendo para jugar con

Antecedente	Conducta	Consecuencia
Mamá está trabajando.	Tomás le interrumpe y le pide que juegue con él.	La madre juega con él.

Resultado: Se fortalece el comportamiento de Tomás de interrumpir a su mamá cuando está trabajando.

La señora Pérez preguntó al pediatra de Tomás qué podía hacer al respecto. Le sugirió que cuando Tomás le exigiera jugar con él, le dijese, "jugaré más tarde, Tomás", y continuara trabajando. En otras palabras, se disponía a ignorar los próximos intentos de Tomás por interrumpirla.

¿Cuál es el principio conductual involucrado en este consejo?

El pediatra estaba sugiriendo que la Sra. Pérez usara extinción y aprendiera a no reforzar las frecuentes demandas de Tomás. La primera vez que la señora Pérez utilizó la extinción, Tomás se enfadó. Corrió a la otra habitación y gritó (ocurrió un incremento de respuesta asociado a la extinción). Preocupada por su hijo, la señora Pérez le siguió, lo calmó, y luego jugó con él durante unos minutos. Trató de utilizar la extinción la vez siguiente que Tomás le pidió que jugara con él. Una vez más, éste gritó y corrió hacia la otra habitación. La señora Pérez le siguió, lo tranquilizó y jugó con él, para que dejase de gritar.

¿Qué reforzarías el comportamiento de una madre cuando su niño grita?

El comportamiento de la señora Pérez de jugar con Tomás cuando éste gritaba se reforzaba negativamente porque él dejaba de gritar.

La señora Pérez comenzó a notar que Tomás estaba gritando con frecuencia para conseguir que jugasen con él. Decidió seguir el consejo del pediatra y tratar de ignorar este nuevo comportamiento. La vez siguiente que el niño gritó se quedó en su despacho e ignoró el comportamiento. Tomás gritó durante 3 minutos seguidos y entonces se oyó un golpe. Corrió a la otra habitación y vio que Tomás había lanzado su camión de juguete contra la pared (nuevo caso de incremento de respuestas asociado a la extinción). El niño seguía gritando y sollozando. La señora Pérez lo sentó y le dijo que no debía tirar sus juguetes y que jugarían más tarde. También le ayudó a recoger los trozos del camión y a volverlo a armar mientras le hablaba hasta que se calmó.

Para bien o para mal. (FUENTE: Lynn Johnston)

FIGURA 9-5 Este cómic muestra un ejemplo de un comportamiento problemático que probablemente se desarrolló a través de la configuración. El niño tiene que repetir su pedido de refrigerios varias veces antes de que su madre ceda y le compre la merienda. Es probable que, con el tiempo, el niño tenga que pedir cada vez más bocadillos en la tienda hasta que su madre ceda. De esta manera, su madre reforzó una frecuencia cada vez mayor del comportamiento a través del moldeamiento.

La señora Pérez regresó a su trabajo y, poco tiempo después, Tomás comenzó a gritar de nuevo. Cuando vio que su madre no iba a la habitación, tiró de nuevo sus juguetes. La señora Pérez creía que no podía ignorar esta conducta, así que corrió a la habitación y le regañó severamente. Le hizo sentarse en el sofá mientras le daba una charla sobre su mal comportamiento. Cuando la señora Pérez volvió a visitar al pediatra dos semanas después, el niño gritaba y tiraba sus juguetes muy a menudo; el comportamiento había empeorado notablemente. Sin saberlo, la señora Pérez había utilizado moldeamiento para desarrollar un problema de conducta peor que el anterior.

 Describamos cómo se utilizó moldeamiento inadvertidamente para desarrollar los problemas de conducta de Tomás de gritar y tirar sus juguetes.

La Sra. Pérez utilizó reforzamiento diferencial de aproximaciones sucesivas. El comportamiento inicial de Tomás de interrumpir y exigir fue reforzado por la atención de su madre cuando jugaba con él. Después, comenzó a ignorar estas interrupciones y exigencias (extinción) y reforzó la conducta de correr en la otra habitación y gritar. A continuación, ignoró el que corriese y gritase (extinción) y reforzó la conducta de gritar y tirar los juguetes. Sin quererlo, la señora Pérez estaba reforzando con su atención cada nueva conducta problemática. De una forma muy parecida, muchos de los problemas graves de comportamiento que presentan las personas, especialmente niños, se desarrollan a través de un proceso similar de moldeamiento.

 Pensemos en algunos ejemplos de problemas de comportamiento que pueden haberse desarrollado a través del moldeamiento.

Un posible ejemplo es la conducta de pavonearse delante de los amigos. En este caso, la persona tiene que seguir luciéndose más y más haciendo cosas cada vez más arriesgadas para continuar recibiendo la atención de su audiencia (Martin y Pear, 1992). Otro ejemplo es el comportamiento autolesivo, por ejemplo, darse golpes en la cabeza con la mano de forma repetitiva. Esta conducta podría haber comenzado como un comportamiento leve y posteriormente ir haciéndose más grave por moldeamiento, veámoslo. Al principio, cuando el niño se enfadaba y se golpeaba la cabeza con la mano, los padres respondían con preocupación (atención), lo que habría reforzado el comportamiento. Dado que el comportamiento seguía, los padres habrían trataron de ignorarlo. Sin embargo, el niño se golpeaba cada vez con más fuerza, y los padres respondieron de nuevo preocupándose y prestándole atención. Ello reforzaría golpes progresivamente más intensos, repitiéndose el proceso hasta que la conducta llegue a causar lesiones. El moldeamiento puede también desempeñar un papel importante en las discusiones de pareja. En el transcurso de muchas discusiones, uno de los cónyuges tiene que discutir más fuerte, más alto y durante más tiempo antes de que el otro cónyuge finalmente cede reforzando, por tanto, el discutir cada vez con mayor intensidad. El moldeamiento es responsable de numerosos tipos de problemas de conducta, no obstante, las personas implicadas generalmente no son conscientes de que con sus propias acciones están moldeando los problemas de conducta que desean combatir.

La duración de los lloros de un niño durante la noche puede ser cada vez más larga por moldeamiento. Los lloros del niño a menudo son reforzados por los padres en cuanto entran en la habitación para calmarlo. De vez en cuando, los padres pueden tratar de ignorar los lloros, pero cuando persisten, finalmente entran en la habitación, reforzando así una mayor duración de la conducta. Después de intentarlo sin lograr ignorar el llanto en varias ocasiones, se van reforzando tiempos de lloro cada vez más largos, hasta que finalmente el niño puede estar llorando una hora o más cada noche.

Existen muchos ejemplos cotidianos que indican que el moldeamiento puede establecer problemas de conducta en la gente. Sin embargo, no hay investigaciones que documenten esta conclusión, puesto que no sería ético que de forma intencionada se moldeen problemas de conducta en personas que antes no los tenían. No obstante, si existen estudios que muestran que el moldeamiento puede usarse para crear problemas de conducta en animales de laboratorio.

Por ejemplo, Schaefer (1970) utilizó el moldeamiento con dos monos rhesus para desarrollar la conducta de golpearse la cabeza con la pata utilizando comida como reforzador. Schaefer moldeó el golpearse la cabeza reforzando de manera diferencial tres aproximaciones sucesivas. En la primera aproximación, entregaba una pequeña cantidad de comida cada vez que el mono levantaba la pata. Una vez que el mono levantaba la pata consistentemente, puso esta conducta en extinción y comenzó a reforzar la segunda aproximación, levantar la pata por encima de su cabeza. Cuando el mono lo hacía de manera consistente, dejó de reforzar este comportamiento y reforzaba sólo la conducta objetivo, que era poner la pata sobre su cabeza. En uno de los monos le llevó 12 minutos moldear el golpearse la cabeza y 20 minutos con el otro. La conducta objetivo era bastante parecida a la conducta autolesiva que a veces presentan las personas con retraso en el desarrollo. Este estudio muestra que tales conductas se pueden producir como efecto del moldeamiento, al menos en los monos rhesus. Por lo tanto, es posible que también el moldeamiento sea el responsable del desarrollo de conductas autolesivas en algunas personas con retraso.

Éste y otros estudios (Rasey y Iversen, 1993) demuestran experimentalmente que el moldeamiento puede producir problemas de conducta en el laboratorio. La experiencia clínica sugiere también que a veces el moldeamiento lleva a problemas de comportamiento en la vida cotidiana. Por ejemplo, imaginemos una madre que a menudo le grita a su hijo para que le obedezca cuando le pide que haga algo en casa. La madre tenía que repetir la orden de cinco a diez veces, e iba levantando la voz hasta que terminaba gritándole. Parece que este comportamiento podría haberse desarrollado por moldeamiento.

Describamos cómo la conducta de la madre de repetir las órdenes y regañar a su hijo se fue desarrollando a través del moldeamiento.

Al principio, cuando le pedía a su hijo hacer algo, obedecía de inmediato. Después de un tiempo, el niño ignoraba la primera petición y obedecía sólo después de que la madre volviera a pedírselo. Al poco tiempo, ignoraba dos o tres órdenes de la madre, y sólo le obedecía a la cuarta o quinta vez. Finalmente, no hacía caso a las reiteradas peticiones y obedecía sólo cuando la madre se lo ordenaba levantando la voz. Por último, le tenía que gritar y repetirle la orden varias veces antes de que obedeciese. El hijo había moldeado el comportamiento de su madre reforzando de manera diferencial la conducta de repetir las órdenes una y otra vez, y cada vez más y más alto, hasta que ella terminaba gritando. Es importante reconocer el poder del moldeamiento, de forma que la gente pueda utilizarlo correctamente para desarrollar conductas beneficiosas, y también para evitar el moldeamiento accidental de problemas de conducta.

RESUMEN DEL CAPITULO

1. El moldeamiento es un procedimiento conductual en el que las aproximaciones sucesivas hacia una conducta objetivo son reforzadas de manera diferencial, hasta conseguir que la persona realice esa conducta objetivo. El moldeamiento se utiliza para desarrollar una conducta objetivo que la persona no exhibe actualmente.

2. Las aproximaciones sucesivas (o pasos del moldeamiento) son comportamientos cada vez más similares a la conducta objetivo.

3. El reforzamiento y la extinción están implicados en el moldeamiento cuando se refuerzan las aproximaciones sucesivas a la conducta objetivo y se ponen en extinción las aproximaciones anteriores.

4. El moldeamiento puede utilizarse de forma inadvertida para desarrollar problemas de comportamiento. Cuando un problema leve de conducta se pone en extinción y el problema empeora porque se produce una ráfaga de extinción, entonces los padres podrían reforzar una conducta aún peor. Si este proceso se repite en varias ocasiones, la conducta problemática podría empeorar progresivamente a través de un proceso de reforzamiento diferencial de pasos cada vez peores de esa conducta (más intensos, más frecuentes, o de mayor duración).

5. Los pasos siguientes son los que están implicados en el uso adecuado del moldeamiento.
   a. Definir la conducta objetivo.
   b. Determinar si el moldeamiento es el procedimiento más apropiado.
   c. Identificar la conducta inicial.
   d. Elegir los pasos del moldeamiento (aproximaciones sucesivas).
   e. Elegir el reforzador a utilizar en el procedimiento de moldeamiento.
   f. Reforzamiento diferencial de cada aproximación sucesiva.
   g. Moverse con un ritmo adecuado a través de los pasos del moldeamiento.

PALABRAS CLAVE

Aproximaciones sucesivas, 160   Moldeamiento, 160   Reforzamiento diferencial, 160

TÉST PRÁCTICO

1. ¿Qué es el moldeamiento? (pág. 186).
2. ¿Cuándo es apropiado utilizar el moldeamiento? ¿Cuándo no se debería utilizar el moldeamiento? (págs. 186, 194).
3. ¿Cuáles son los dos principios de comportamiento implicados en el moldeamiento? Explícalos (pág. 186).
4. ¿Qué son aproximaciones sucesivas? (pág. 186).
5. Pon un ejemplo de reforzamiento diferencial con aproximaciones sucesivas (págs. 185-187).
6. Escribe dos ejemplos (no los del capítulo), de moldeamiento en la vida cotidiana.
7. Escribe un ejemplo (no el del capítulo) sobre cómo puede desarrollarse una conducta problemática a través del moldeamiento (págs.196-198).
8. La conducta inicial (o primera aproximación) en el moldeamiento tiene dos características básicas. ¿Cuáles son? (pág. 194).
9. ¿Por qué podría ser útil utilizar reforzadores condicionados al llevar a cabo un procedimiento de moldeamiento? (págs. 187, 195).
10. Describe cómo se utilizan el moldeamiento y el entrenamiento en discriminación para desarrollar el lenguaje en niños pequeños (págs. 185-186).
11. El moldeamiento puede utilizarse para establecer una nueva topografía o una nueva dimensión de una conducta. Explica esta afirmación. Escribe un ejemplo de moldear una nueva dimensión de una conducta (págs. 190-191).
12. Describe cómo una ráfaga de extinción (incremento de respuesta asociado a la extinción) puede desempeñar un papel en el moldeamiento. Escribe un ejemplo (págs. 186, 196-197).

APLICACIONES

1. Imagina que vives en una casa con un patio trasero. La puerta del patio trasero está en el cuarto de estar. Permites que tu perro Félix salga al patio trasero varias veces al día. Decides que te gustaría enseñar a Félix que diese con la nariz en el pomo de la puerta antes de dejarlo salir. Actualmente, cada vez que Félix quiere salir, camina alrededor de la sala de estar y a menudo pasa por la puerta de atrás. Describe cómo utilizarías el moldeamiento para enseñar a Félix dar en el pomo de la puerta con la nariz.

   a. ¿Cuál es su comportamiento inicial?
   b. ¿Cuál es el objetivo conductual?
   c. ¿Qué se va a utilizar como reforzador durante el moldeamiento?
   d. ¿Cuáles serían las aproximaciones sucesivas?
   e. ¿Cómo utilizarías el reforzamiento diferencial con cada aproximación?
   f. ¿Qué usarías como reforzador natural para la conducta objetivo una vez que la consigas?

2. Según una de las muchas historias que se han contado de B.F.Skinner, los estudiantes de una de sus clases utilizaron el moldeamiento para conseguir que Skinner se situase en la esquina delantera del aula cuando daba la clase. Digamos que quieres hacer un truco similar con uno de tus profesores. Suponiendo que el profesor se mueva alrededor de la parte delantera del aula, al menos ocasionalmente cuando esté dando la clase, y suponiendo que la atención de los estudiantes en clase sea un reforzador para ese profesor, ¿cómo utilizarías el moldeamiento para conseguir que tu profesor se quede de pie en una esquina del aula mientras da la clase?

3. Otra de las aplicaciones del moldeamiento es un juego que puede ser a la vez educativo y divertido. Podemos elegir una persona que será el entrenador. Elegiremos otra persona cuyo comportamiento será moldeado por el entrenador. Llamaremos a esta persona "estudiante". El entrenador debe tener un clicker de mano. El sonido de cliker será el reforzador. El entrenador y el estudiante no pueden hablar nada durante el juego de moldeamiento. El entre-

nador decide una conducta objetivo, pero no le dice al estudiante cuál es. El juego comienza cuando el estudiante realiza cualquier comportamiento y, a continuación, el entrenador trata de reforzar aproximaciones sucesivas a la conducta objetivo hasta que el estudiante exhiba dicha conducta. El estudiante debe responder de acuerdo al principio de reforzamiento, es decir, el estudiante comienza a realizar más a menudo las conductas que son seguidas por el

sonido del clicker. El éxito del entrenador depende de lo bien que pueda escoger y reforzar las sucesivas aproximaciones en el preciso momento en que ocurran. Este juego es similar al juego infantil de "cliente-frío", en el que el niño dice, "caliente" cuando uno se acerca al lugar donde hay algo escondido y "frío" a medida que se aleja de él.

APLICACIONES INADECUADAS

1. Julia le pidió a su padre que le enseñase a conducir. Su padre había estado recientemente en una clase sobre modificación de conducta y pensó queconducir era una conducta nueva para Julia y, por lo tanto, podría enseñársela con el procedimiento de moldeamiento. ¿Cuál es el problema de esta aplicación del moldeamiento?

2. Cada día, la Sra. Mercado les da a los estudiantes de secundaria una hoja de ejercicios de matemáticas para realizar. La hoja de ejercicios consiste en cinco problemas de sumas o restas. La Sra. Mercado se da cuenta de que Joaquín completa los cinco problemas en la hoja de ejercicios, pero sólo una vez o dos veces a la semana. Ella quiere que Joaquín termine los cinco problemas todos los días. Por ello, decide utilizar el moldeamiento para lograr este objetivo. ¿Cuál es el problema de esta aplicación del moldeamiento?

3. El Dr. Guillén, un psicólogo educativo, estaba trabajando con Cristina, una adolescente muy retraída

socialmente y decidió utilizar el moldeamiento para ayudarle a desarrollar habilidades sociales. Identificó conductas objetivo tales como mantener contacto ocular, sonreír, mantener la postura erguida, hablar con un tono de voz normal, y asentir con la cabeza y parafrasear cuando otra persona dijese algo. El Dr. Guillén iba a reforzar las aproximaciones sucesivas a estas conductas durante las sesiones de terapia, en las que él interpretaba el papel de un compañero de clase y mantenían conversaciones. En cada sesión, el Dr. Guillén y Cristina realizaban cuatro o cinco conversaciones cortas en forma de role-playing. Antes de cada sesión, le recordaba a Cristina las conductas en las que debía trabajar. Como reforzador de las conductas adecuadas le compraba un cucurucho de helado en la cafetería de la escuela una vez a la semana. ¿Cuál es el problema con esta aplicación del moldeamiento?

Transferencia del control de estímulo y ayudas

- ¿Qué es la ayuda, y por qué se utiliza?
- ¿Qué es el desvanecimiento, y por qué se utiliza?
- ¿En qué se diferencian las ayudas asociadas a las respuestas de las ayudas asociadas al estímulo?
- ¿Cuáles son los diferentes tipos de ayudas asociadas a la respuesta?
- ¿En qué consiste la transferencia del control de estímulo y cómo se lleva a cabo?

Una vez aprendido qué es el moldeamiento, un procedimiento para establecer la conducta deseada. En este capítulo hablaremos sobre el uso de ayudas y sobre la transferencia del control de estímulo que son procedimientos usados para establecer comportamientos deseados y para desarrollar un control de estímulo adecuado de las conductas que deseamos establecer (Billingsley y Romer, 1983).

Un ejemplo de ayuda y desvanecimiento: enseñar a un niño a batear la pelota

Miguel es un entrenador que enseña a niños de primaria a batear en béisbol. Inicialmente, los jugadores noveles batean sólo desde la posición inicial del terreno de juego. Lucas era un buen jugador y aprendía rápido por lo que Miguel le dijo que se colocase en la zona de bateo sosteniendo el bate por su parte inferior y simulase un golpe balanceando el bate en el aire antes de que llegase la pelota. Luego le indico que mantuviese el balanceo mientras prestaba atención al recorrido que hacía la pelota hasta llegar hasta el bate. David, el ayudante del entrenador, hizo algunos lanzamientos a Lucas estando cerca del entrenador mientras este elogiaba al niño cada vez que bateaba la pelota y le daba instrucciones cuando tenía que corregir algo. Conforme Lucas iba bateando cada vez mejor, el entrenador dejó de darle instrucciones, pero continuó elogiándolo por cada golpe.

El siguiente aprendiz fue Tomás. Éste escuchó exactamente las mismas instrucciones que Lucas, pero no conseguía batear la bola. Para ayudarle, Miguel le proporcionó más instrucciones indicándole dónde debía ponerse e indicándole por señas cómo vendría la pelota hacia él y cómo debería mover el bate. Gracias a esta ayuda adicional, Tomás comenzó a batear la pelota y el entrenador lo elogiaba en cada golpe. Finalmente, Tomás llegó a batear la bola sin ningún tipo de ayuda o instrucciones.

Mientras, Matías también observaba y escuchaba al entrenador, pero aún no lograba batear la bola. Para ayudar a Matías, el entrenador decidió enseñarle con exactitud cómo se batea. David realizó algunos lanzamientos al entrenador Miguel, que describía los aspectos importantes de su propia conducta al tiempo que bateaba las pelotas que le lanzaban. Después de escuchar las instrucciones y observar al entrenador golpear la bola, Matías fue capaz de batear por sí solo. Una vez que comenzó a batear bien, el entrenador ya no necesitó darle más ayudas (instrucciones o modelado), pero mantuvo el elogio cada vez que golpeaba la bola correctamente.

El último fue Tristán. Éste observaba y escuchaba todo lo que el entrenador hacía y decía, pero simplemente no podía hacerlo. Dado que Tristán necesitaba más ayuda, el entrenador se puso detrás suyo cuando bateaba. Puso sus manos sobre las de Tristán con el bate y le ayudó a balancearlo y acertar a la bola (Figura 10-1). Tras haberlo repetido en varias ocasiones, el entrenador retrocedió un poco, dejó a Tristán en la posición adecuada y comenzó a realizar el movimiento de bateo con él, pero después le dejó que terminase solo. Poco a poco el entrenador retrocedió un poco más: dejó a Tristán en su posición y le indicó cuándo batear, pero le dejó hacerlo solo. Tras unos minutos, Tristán estaba bateando perfectamente sin ayuda, y todo lo que el entrenador tenía que hacer ahora era elogiarlo.

Hasta ese momento, el ayudante David había estado realizando lanzamientos fáciles para que los jugadores consiguiesen batear. Los lanzamientos eran lentos y se realizaban justo hacia la posición del bateador. Una vez que todos podían batear lanzamientos fáciles, David empezó a realizar lanzamientos cada vez más difíciles. Primero los lanzaba más rápidos y luego desde posiciones más difíciles. Aumentó la dificultad de los lanzamientos poco a poco durante las siguientes cuatro o cinco sesiones de entrenamiento, pese a ello los bateadores noveles continuaron golpeando la bola correctamente.

FIGURA 10-1   El entrenador utiliza ayudas físicas (apoyo con contacto mano sobre mano), para facilitar que Tristán golpee la pelota de béisbol. Posteriormente desvanecerá y eliminará gradualmente las ayudas físicas hasta que Tristán batee la pelota por sí mismo.

Este ejemplo ilustra los procedimientos de modificación de conducta denominados moldeamiento y desvanecimiento. Las estrategias que empleó el entrenador para enseñar a los jugadores se denominan **ayudas.** Con Lucas, el entrenador empleo una tiempo **ayuda verbal y gestual:** le dio instrucciones y le indicó cómo batear. Con Matías utilizó ayuda verbal y **modelado:** le dijo cómo golpear la pelota y le mostró la conducta adecuada. Por último, con Tristán, el entrenador proporcionó ayuda verbal y física. **La ayuda física** consistió en guiar directamente los movimientos hasta que consiguió realizarlos por sí mismo.

¿A qué llamamos ayudas?

Como podemos observar, las ayudas se usan para incrementar la probabilidad de que una persona desarrolle la conducta correcta en el momento adecuado. Se utilizan durante el entrenamiento en discriminación para facilitar la conducta correcta en presencia del estímulo discriminativo (ED) para que la conducta pueda ser reforzada. "Las ayudas son los estímulos que, presentados antes o durante la ejecución de una conducta, favorecen su ocurrencia, de forma que el maestro pueda proporcionar reforzamiento" (Cooper, Heron y Heward, 1987, p. 312).

En este ejemplo, el ED es la pelota acercándose al bate. La respuesta correcta es balancear el bate hasta alcanzar la pelota de un golpe, y el reforzador es golpear la pelota y recibir los elogios del entrenador.

Antecedente	Conducta	Consecuencia
Lanzador lanza la pelota.	Tomás balancea correctamente el bate.	Tomás golpea la pelota y consigue elogios

Resultado: es más probable que el bateador se balancee correctamente y golpee la pelota lanzada por el lanzador

Sin embargo, si la conducta correcta no se produce (si el jugador no balancea correctamente el bate para golpear la pelota), el comportamiento tampoco puede ser reforzado. La función de las ayudas es producir al menos una vez la conducta correcta para que pueda ser reforzada. En eso precisamente consiste enseñar: el profesor proporciona estímulos suplementarios (ayudas) junto con el ED para facilitar que el alumno muestre la conducta correcta. Después, el profesor refuerza esa conducta de modo que en las próximas ocasiones sea más probable que la conducta se produzca cada vez que el ED esté presente (Skinner, 1968).

Antecedente	Conducta	Consecuencia
El lanzador lanza la bola (ED). Se dan instrucciones (pronta).	Lucas balancea correctamente el bate.	Lucas golpea la pelota y el entrenador ofrece elogios.

El uso de ayudas hace que la enseñanza o el entrenamiento sea más eficaz. Miguel simplemente podría haber esperado a que sus jugadores golpeasen la pelota sin ningún tipo de ayuda y elogiarles cuando lo consiguieran. Sin embargo, este proceso de aprendizaje por ensayo y error habría sido muy lento; y puede que algunos jugadores nunca hubiesen dado una respuesta correcta. Una vez que Miguel utilizó ayudas, se incrementaron las posibilidades de que sus jugadores diesen una respuesta correcta. Para conseguir esa respuesta correcta en presencia del ED (la pelota lanzada por el asistente), empleó distintos tipos de ayudas para cada jugador (instrucciones, gestos, modelado y guía física).

¿Qué es el desvanecimiento?

Una vez que los jugadores ya golpeaban la pelota correctamente, el entrenador disminuyó las ayudas. El **desvanecimiento** es la eliminación gradual de la ayuda mientras que la conducta continúa ocurriendo en presencia del estímulo discriminativo. El desvanecimientoes un procedimiento para transferir el control de estímulo desde las ayudas al ED. En el ejemplo anterior miguel eliminó las ayudas progresivamente hasta que la conducta se produjo en presencia del ED sin ningún tipo de estímulo adicional. Es decir, dejó de dar instrucciones, de modelar la conducta y de proporcionar apoyo físico para ayudar a los jugadores a batear la pelota. Una vez que se suprimieron las ayudas, la conducta quedó bajo el control de estímulo del ED. Cuando Miguel empleó guía física con Tristán, la conducta adecuada estaba bajo control de estímulo de esa ayuda física. Es decir, el niño podía batear la pelota porque el entrenador le estaba ayudando. Obviamente Tristan no podría tener al entrenador tras él ayudándole cuando jugase un partido, tenía que batear la pelota por sí solo. Por lo tanto, el proceso de enseñanza no se dará por terminado hasta que no se hayan desvanecido (eliminado) por completo las ayudas y la conducta esté únicamente bajo el control de estímulo del ED natural.

Antecedente	Conducta	Consecuencia
El lanzador lanza la bola (ED). No más indicaciones.	Tristán balancea el bate correctamente.	Tristán golpea la pelota y el el entrenador le elogia.

Veamos otro ejemplo de ayuda y desvanecimiento. Natalie, una inmigrante recién llegada, está estudiando español en una clase de educación para adultos. La clase de Natalie está en este momento aprendiendo a leer palabras sencillas. Por ejemplo, la profesora muestra una tarjeta con la palabra CARRO, si Natalie no responde, la profesora dice "carro", y Natalie repite "carro". La profesora muestra la tarjeta de nuevo, y si Natalie dice "carro" correctamente le elogia ("¡Bien!"). Luego se repite este proceso con diez tarjetas correspondientes a diez palabras diferentes.

Antecedente	Conducta	Consecuencia
La tarjeta de memoria flash se muestra con las letras CAR (SD). El maestro dice "auto" (aviso).	Natalia dice "auto".	Shifu elogia a Natalia.

¿Qué tipo de ayuda está usando la profesora?

Cuando la profesora dice la palabra de la tarjeta, se trata de una ayuda verbal. En este caso, la ayuda verbal es también una ayuda de modelado. La palabra escrita en la tarjeta es el ED y decir o leer la palabra es la respuesta correcta que Natalie debe realizar. La ayuda verbal contribuye a que Natalie dé la respuesta correcta en presencia del ED. Obviamente Natalie debe llegar a ser capaz de dar la respuesta correcta sin ayuda con la sola presencia de la palabra escrita. Para lograrlo, la profesora comienza por desvanecer la ayuda verbal la segunda vez que muestra el conjunto de tarjetas, dando solo una ayuda parcial, es decir, diciendo solo parte de la palabra en caso de que Natalie no responda correctamente. Si esto sucede, la profesora muestra la tarjeta una segunda vez para que Natalie lea la palabra esta vez sin ayuda. La profesora le elogia cada respuesta correcta. Si la próxima vez que se muestren las tarjetas Natalie no puede leer una palabra, la profesora hace esta vez solo el sonido de la primera letra de la palabra como ayuda verbal y espera a que Natalie diga la palabra completa. Si esto sucede, la maestra presenta la tarjeta a continuación una vez más y espera a que Natalie lea la palabra sin ayudas. Al final de todo este proceso Natalie debe ser capaz de leer las palabras de las tarjetas sin ningún tipo de ayuda. Llegados a este punto, su conducta de leer se encontraría bajo el control de estímulo de las palabras escritas y no de la ayuda verbal (Figura 10-2).

El objetivo de la ayuda y el desvanecimiento es llegar a realizar la conducta adecuada sin ningún tipo de ayuda. Al final, el ED debe conseguir tener control de estímulo sobre la conducta. Las ayudas y el desvanecimiento contribuyen al establecimiento del control de estímulo adecuado. Las ayudas pueden conseguir que se produzca la conducta correcta en presencia del estímulo discriminativo; mientras que el desvaneci-miento transfiere el control al estímulo discriminativo.

FIGURA 10-2 El profesor muestra a los estudiantes una tarjeta con una palabra sobre ella (ED). Si los estudiantes no pueden dar la respuesta correcta (leer la palabra), se les proporcionará una ayuda verbal (decirles la palabra). Finalmente, se desvanecerán las ayudas y los estudiantes leerán la palabra de la tarjeta de forma independiente.

Antecedente	Conducta	Consecuencia
AUTO (ED) Sin aviso	Natalia dice "auto".	Shifu elogia a Natalia.

Resultado: cada vez que Natalia ve las letras AUTO, ella dice "auto".

En este ejemplo, la profesora realizó el desvanecimiento de las ayudas en tres pasos. En primer lugar, mostró la tarjeta y dijo la palabra completa. A continuación, dijo la primera parte de la palabra. Seguidamente, mostró la tarjeta y pronunció la primera letra de la palabra. Por último, presentó la tarjeta y no dijo nada. Cada paso constituye una eliminación gradual de la ayuda. Eliminando gradualmente la ayuda, la profesora consiguió transferir el control de estímulo desde la ayuda hacia el ED (palabra escrita). En el desvanecimiento la transferencia de control de estímulo es posible gracias a que el ED está siempre presente cuando se emite y refuerza la respuesta correcta, mientras que las ayudas se eliminan poco a poco. Las ayudas y el desvanecimiento facilitan el entrenamiento en discriminación de estímulos. En nuestro ejemplo, las ayudas y el desvanecimiento permitieron que la respuesta de leer ocurriese en presencia del ED adecuado (palabra escrita en la tarjeta) y fuese reforzada.

Tipos de ayudas

Como hemos visto, una ayuda es un evento o estímulo antecedente utilizado con el fin de evocar la conducta adecuada en una situación concreta. En modificación de conducta se emplean diversos tipos de ayudas; las dos categorías principales son las **ayudas asociadas a la respuesta** y las **ayudas asociadas al estímulo** (Alberto y Troutman, 1986; Cooper et al., 1987).

Ayudas asociadas a las respuestas

Una ayuda asociada a la respuesta es la conducta de otra persona que evoca la respuesta deseada en presencia del ED. Las ayudas verbales, gestuales, físicas y el modelado son todas ellas ayudas asociadas a la respuesta.

Ayudas Verbales. Se trata de una ayuda verbal cuando la conducta verbal de otra persona lleva a la respuesta correcta en presencia del ED. Hablamos de una ayuda verbal cuando decimos algo que ayuda a la persona a desarrollar la conducta correcta. Cuando Natalie estaba aprendiendo a leer, la profesora le mostró la tarjeta con la palabra CARRO y dijo "carro" (una ayuda verbal). Al decir "carro", ayudó a Natalie a dar la respuesta correcta. Cuando Miguel, el entrenador, indicó a Lucas cómo debía batear la pelota, estaba proporcionando una ayuda verbal (instrucción). La ayuda verbal lleva a la conducta deseada (manejar el bate correctamente) en presencia del ED (la bola lanzada por el asistente). Cualquier enunciado verbal de otra persona puede actuar como una ayuda verbal si hace que, en el momento adecuado, la conducta correcta ocurra con mayor probabilidad. Las ayudas verbales pueden incluir instrucciones, reglas, consejos, recordatorios, preguntas, o cualquier otra ayuda verbal. Las ayudas verbales pueden ser efectivas debido a que las personas tienen una historia de reforzamiento por seguir instrucciones (reglas, recordatorios, etc.), y como resultado, desarrollan un repertorio de seguimiento de instrucciones generalizado. Por lo tanto, las instrucciones tienen control de estímulos sobre la conducta de seguir instrucciones.

Ayudas Gestuales. Se considera ayuda gestual cualquier movimiento o gesto físico de otra persona que facilita la conducta correcta en presencia del ED. Sin embargo, si la persona demuestra la conducta completa o modela la conducta, se considera una ayuda de modelado (véase el siguiente apartado). Cuando Miguel señalaba el lugar del inicio del bateo donde Tomás debía permanecer, eso era una ayuda gestual. Cuando el entrenador Miguel le mostró el movimiento que seguiría la pelota y en qué momento justo batear, estaba usando ayudas gestuales que le ayudaron a golpear bien la bola. Veamos otro ejemplo. Un profesor de educación especial muestra a un estudiante dos tarjetas; una tiene la palabra SALIDA y la otra la palabra ENTRADA. El profesor le pide al estudiante que señale la palabra SALIDA. Dado que el estudiante no conoce la palabra (nunca ha realizado la discriminación correcta), el profesor le proporciona una ayuda para conseguirlo para ello dirige su mirada hacia la tarjeta que pone SALIDA. Si este gesto hace más probable que el estudiante elija la tarjeta SALIDA, entonces se consideraría una ayuda gestual. Las ayudas gestuales pueden ser efectivas debido a la historia de reforzamiento para respuestas correctas a esas ayudas. Por lo tanto, las ayudas gestuales tienen un control de estímulo sobre la conducta indicada por los gestos.

Ayudas de Modelado. Hablamos de ayuda de modelado cuando otra persona realiza una demostración de la conducta correcta y esto hace más probable que la conducta correcta se produzca en el momento adecuado. Esta demostración también se denomina modelamiento o modelado. Una persona observa al modelo e imita la conducta modelada (realiza la respuesta correcta) en presencia del ED. Cuando el entrenador batea la pelota para mostrar a Matías cómo hacerlo estaba modelando la conducta correcta (proporcionando una ayuda de modelado). Matías imitó la conducta del entrenador y consiguió batear con éxito la pelota por sí mismo. Para que la ayuda de modelado tenga éxito, la persona debe ser capaz de imitar la conducta del modelo (Baer, Peterson y Sherman, 1967). Puesto que la imitación es un tipo de conducta que la mayoría de las personas aprenden a una edad muy temprana, la mayoría de la gente se beneficia en se aprendizaje de la observar modelos (Bandura, 1969). Las ayudas de modelado pueden ser efectivas debido las personas tenemos una historia de reforzamiento de imitar modelos, por lo tanto, desarrollamos un repertorio de imitación generalizado. Por lo tanto, las ayudas de modelado tienen control de estímulos sobre la conducta de imitar.

Ayudas Físicas. En la ayuda física una persona ayuda físicamente a otra para que realice la conducta correcta en el momento adecuado. Por ejemplo, el entrenador sujetaba el bate junto con Tristán y le ayudó físicamente a moverlo y golpear la bola. La persona que utiliza una ayuda física realiza toda o parte de la conducta junto con el alumno. Una ayuda física a menudo implica una guía directa mano sobre mano, en la que el entrenador guía las manos de la persona para realizar la conducta. Por ejemplo, un profesor de arte puede guiar la mano de un estudiante cuando le enseña cómo moldear la arcilla. El entrenador de beisbol coloca los dedos del lanzador en la posición correcta cuando le enseña cómo agarrar la pelota correctamente para realizar un determinado tipo de lanzamiento. Cuando se le enseña a un estudiante con discapacidad a cepillarse los dientes, el profesor pone su mano sobre la mano del estudiante con el cepillo de dientes y la mueve haciendo el gesto del cepillado. En cada uno de estos ejemplos, cuando la persona no podía ejecutar correctamente la conducta con una ayuda verbal, gestual o de modelado, se empleó una ayuda física para guiar a la persona hacia la conducta adecuada. Según Sulzer-Azaroff y Mayer (1991), las ayudas físicas son adecuadas cuando no se obtiene respuesta al decir o mostrar la conducta a la persona (p.ej., cuando las ayudas verbales, gestuales y de modelado no evocan la conducta). A menos que la persona se resista, la ayuda física se puede aplicar a la mayoría de las conductas. La ayuda física también es conocida como guía física.

Los cuatro tipos de ayudas asociadas a la respuesta están mediadas por la conducta de una persona que trata de influir en la conducta de otra (utilizando instrucciones, modelado, etc.), son por tanto ayudas intrusivas que requieren que una persona ejerza control sobre otra. En una situación educativa pueden ser necesarias y aceptables, sin embargo, siempre se debe optar por el tipo de ayuda menos intrusiva que sea posible, y recurrir a ayudas más intrusivas sólo cuando sean necesarias para conseguir que la persona desarrolle la conducta apropiada. Como se muestra en la Tabla 10-1, las ayudas verbales son las menos intrusivas y las ayudas físicas son las más intrusivas.

Ayudas asociadas al estímulo

Las ayudas asociadas al estímulo son generalmente variaciones de un estímulo original al que se añade o quita alguna característica para aumentar la probabilidad de que se produzca la respuesta correcta. Una ayuda asociada al estímulo puede implicar un cambio en el ED o el estímulo delta (EΔ) que hace más llamativo al ED, por ejemplo, más visible o evidente, y menos llamativo al EΔ, de forma tal que sea más probable que la persona responda al ED y no al EΔ logrando hacer la discriminación correcta. De igual forma, pueden utilizarse otros estímulos junto al ED o EΔ para hacer que el ED destaque más, consiguiendo con mayor probabilidad una discriminación correcta. El

TABLA 10-1 Jerarquía de ayudas a la respuesta según su grado de interferencia con la conducta del cliente

Tipo de ayuda a la respuesta	Nivel de interferencia
Verbal	Mínimo (más débil)
Gestual	Moderadamente bajo
Modelado	Moderadamente alto
Física	Elevado (más fuerte)

hecho de cambiar el ED recibe el nombre de ayuda intra-estímulos. Añadir otra pista u otro estímulo al mismo tiempo que el ED, se denomina ayuda extra-estímulo (Schreibman, 1975).

Ayudas intra-estímulo. Podemos enfatizar un ED (o E∆) de varias formas. Por ejemplo, podemos cambiar su posición o aspectos como el tamaño, la forma, el color o la intensidad (Terrace, 1963a,b). Miguel, el entrenador, utilizó una ayuda asociada al estímulo (además de otras ayudas asociadas a la respuesta) cuando enseñaba a sus jugadores a golpear una pelota de béisbol. El ED es una pelota de béisbol acercándose al bate a velocidad normal desde una distancia normal. La respuesta es balancear el bate correctamente, y la consecuencia reforzante es conseguir golpear la bola y ser elogiado por el entrenador.

¿Qué aspecto del ED cambió Miguel para que les resultase más fácil a los niños golpear la bola?

El entrenador utilizó una ayuda asociada al estímulo cuando pidió al ayudante realizase al principio lanzamientos fáciles (lanzamientos lentos desde una distancia corta de los bateadores y fáciles de golpear). El lanzamiento fácil es una ayuda asociada al estímulo ya que el cambio en la intensidad del ED hace más probable que los niños puedan batear la pelota correctamente. Consideremos otro ejemplo, un profesor intenta que un estudiante señale la palabra SALIDA escrita en una tarjeta cuando a la vez tiene delante otra tarjeta con la palabra ENTRADA. Para hacerlo podría utilizar una ayuda asociada al estímulo si, por ejemplo, cambiase la posición de las tarjetas y colocase la palabra SALIDA más cerca del estudiante que la tarjeta con la palabra ENTRADA. También podría cambiar el tamaño incrementando el tipo de letra en la tarjeta con la palabra SALIDA en comparación al tipo de letra de la tarjeta con la palabra ENTRADA. El hecho de cambiar el tamaño o la localización de las tarjetas haría más probable que el estudiante señalase la palabra correcta. Otro ejemplo es el de los cables de conexión de los altavoces en un equipo estéreo. La diferencia de color entre ambos cables sería una ayuda asociada al estímulo que hace más probable que los dos cables se coloquen en las conexiones correctas de los altavoces. En cada uno de estos ejemplos, se cambia el ED de alguna forma para hacer más probable que ocurra la respuesta correcta (ayuda intra-estímulo).

Ayudas extra-estímulo. A veces las ayudas asociadas a los estímulos implican añadir un estímulo para ayudar a una persona a realizar una discriminación correcta, en estos casos hablamos de ayuda extra-estímulo. La línea dibujada en la tierra por el entrenador cerca de la base ayuda al jugador principiante a colocarse en el lugar adecuado para batear. Wacker y Berg (1983) utilizaron dibujos para ayudar a los adolescentes con retraso a realizar complejas tareas profesionales correctamente. Las tareas consistían en el montaje o embalaje de artículos. Los dibujos o ayudas visuales indicaban a los adolescentes cómo montar o embalar la parte correcta en el momento adecuado. Alberto y Troutman (1986) hacen referencia a un uso interesante de las ayudas asociadas a los estímulos por parte de un profesor que quería enseñar a niños pequeños a identificar su mano derecha. El profesor pintó una X en el dorso de la mano derecha de cada niño para ayudarles a hacer la discriminación correcta. Con el tiempo la X se fue borrando, pero los niños seguían haciendo la discriminación correcta. La eliminación progresiva de la X funcionó como un desvanecimiento de la ayuda asociada al estímulo facilitando la transferencia del control de estímulos al ED natural (la mano derecha). Cuando un estudiante está aprendiendo las tablas de multiplicar utilizando tarjetas, el problema presentado en la tarjeta es el ED (p.ej., 8 x 2), mientras la respuesta en el dorso es la ayuda asociada al estímulo. Se trata de un estímulo adicional que ayuda al estudiante a dar la respuesta correcta en presencia del ED.

Tipos de ayudas

Ayudas asociadas a la respuesta: la conducta de otra persona evoca la respuesta correcta en presencia del ED.

- Ayudas verbales
- Ayudas gestuales
- Ayuda de modelado
- Ayudas físicas

Ayudas asociadas al estímulo: requieren de un cambio en algún aspecto del ED o EΔ y también de la adición o eliminación de otro estímulo. Dichas manipulaciones hacen más probable que se produzca la respuesta correcta en presencia del ED.

- Ayudas intra-estímulo
- Ayudas extra-estímulo

Transferencia del control de estímulo

Una vez que se ha producido la respuesta correcta, las ayudas deben eliminarse a fin de que se transfiera el control de estímulos al ED (Billingsley y Romer, 1983). El entrenamiento no estaría completo hasta que Tristán pueda batear la pelota sin ningún tipo de ayuda, hasta que Natalie pueda leer las palabras de las tarjetas sin ayuda verbal, o hasta que un niño pueda identificar su mano derecha sin la ayuda de una X que la identifique. Como sugieren estos ejemplos, el resultado final de la **transferencia del control** de estímulos es que la conducta correcta se produzca en el momento oportuno sin ningún tipo de ayudas.

Hay diversas formas de transferir el control de estímulos. Los procedimientos más habituales son el desvanecimiento de la ayuda, la demora de la ayuda, y el desvanecimiento del estímulo. El objetivo de cada método es pasar el control desde el estímulo artificial de las ayudas hacia el estímulo natural del ED específico.

Desvanecimiento de la ayuda

El **desvanecimiento de la ayuda** es el método más utilizado para transferir el control de los estímulos. Con el desvanecimiento, la ayuda asociada a la respuesta se elimina gradualmente a través varios ensayos de aprendizaje hasta que deja de proporcionarse esa ayuda (Martin y Pear, 1992). Cuando Miguel daba cada vez menos instrucciones a Lucas sobre cómo batear la pelota, estaba desvaneciendo la ayuda verbal. Cuando daba cada vez menos apoyo físico a Tristán conforme acertaba a batear bien la pelota, estaba desvaneciendo la ayuda física.

?   *¿Cómo hizo la profesora para desvanecer las ayudas verbales cuando estaba enseñando a Natalie a leer las palabras en las tarjetas?*

Inicialmente, la profesora decía la palabra como ayuda verbal; luego decía parte de la palabra; posteriormente la primera letra de la palabra; y, finalmente, no decía nada cuando presentaba el ED. En resumen, fue desvaneciendo la ayuda verbal diciendo cada vez menos sonidos de la palabra. Fíjate que en cada uno de estos ejemplos se desvanece un solo tipo de ayuda a través de sucesivos pasos dentro de una misma dimensión (p.ej., sonidos de una palabra). Un estudio realizado por Berkowitz, Sherry y Davis (1971) ilustra el uso de ayuda física seguida de desvanecimiento para enseñar a comer con cuchara a jóvenes con discapacidad intelectual profunda. Al principio, los investigadores sujetaban la mano del niño con la cuchara ayudándoles físicamente durante la realización de la conducta completa de tomar la comida con la cuchara y meterla en la boca. A continuación, desvanecieron la ayuda física en siete pasos hasta que el niño llegó a usar la cuchara sin ayuda. Cada paso del desvanecimiento involucraba cada vez menos apoyo físico conforme la ayuda física se iba eliminando gradualmente.

Transferencia del control de estímulo

- ■ Desvanecimiento de la ayuda: la ayuda asociada a la respuesta se elimina gradualmente mientras la conducta ocurre en presencia del ED.

- ■ Demora de la ayuda: después de que se presente el ED, la ayuda se retrasa para dar la oportunidad de que la respuesta se dé de forma independiente sin ninguna ayuda.

- ■ Desvanecimiento del estímulo: la ayuda asociada al estímulo se elimina gradualmentemientras la conducta ocurre en presencia del ED.

A veces la ayuda se puede eliminar de una sola vez. Por ejemplo, podemos decirle a una persona en una sola ocasión cómo llevar a cabo una conducta, y que ésta la realice correctamente sin más ayuda verbal. De igual forma, podríamos modelar la conducta sólo una vez y que ello sea suficiente para que ocurra la conducta sin ninguna ayuda adicional. También es posible que, con sólo con la ayuda física ofrecida en un solo ensayo la persona pueda desarrollar la conducta correcta.

El desvanecimiento no necesariamente se da dentro de una forma particular de ayuda, sino que puede requerir una secuencia de distintos tipos de ayudas. Consideremos el siguiente ejemplo, Lucía es una mujer con discapacidad intelectual grave, que trabaja en el departamento de zapatería en unos almacenes de venta al por mayor. Su trabajo consiste en quitar el papel de relleno de los zapatos para que se puedan exhibir en las estanterías del almacén. En su lugar de trabajo se sienta en una mesa alargada cubierta de zapatos mientras otro trabajador pone los zapatos en la mesa. Una vez los zapatos se han seleccionado, otra persona los lleva a los estantes de la tienda. El encargado está enseñando a Lucía cómo hacer el trabajo correctamente. La contingencia de tres términos sería la siguiente:

Antecedente	Conducta	Consecuencia
Relleno de papel en el zapato (ED).	Lucia saca el relleno.	El entrenador laboral elogia a Lucy.

Puesto que Lucía no puede realizar la conducta correcta, el encargado utilizaría ayudas para conseguirlo y luego desvanecerlas. Un método de desvanecimiento a través de pruebas es el de ayudas demenos-a-más (también llamado sistema de las ayudas mínimas). En primer lugar, el encargado le proporcionaría la ayuda menos intrusiva posible usando ayudas más intrusivas sólo si fuese necesario. Si Lucía no saca el papel de los zapatos por sí misma, el encargado primero le diría: "Lucía, saca el papel del zapato". Esta sería la ayuda verbal menos intrusiva posible. Si Lucía no responde pasados 5 segundos, el encargado le repetiría la ayuda verbal y señalaría el papel dentro del zapato (proporcionaría una ayuda gestual). Si Lucía no responde en 5 segundos, el encargado mostraría él mismo (modelado) la conducta correcta y además la ayuda verbal. Si Lucía sigue sin responder, el encargado utilizaría guía física además de la ayuda verbal. Para hacerlo, tomaría la mano de Lucía, le ayudaría a sacar el papel, y luego le felicitaría por ello. En el siguiente ensayo, el encargado realizaría la misma secuencia hasta que Lucía respondiese correctamente. Después de varios ensayos, Lucía realizará la respuesta correcta antes de necesitar ayuda física, posteriormente sucedería lo mismo con la ayuda de modelado y la gestual, hasta que finalmente no necesitase ningún tipo de ayuda para sacar el papel del zapato. En este caso, las ayudas se fueron desvaneciendo a medida que los apoyos que requería Lucía fueron menores. Las ayudas de menos a más, o ayudas regresivas, se emplean cuando el educador considera que el alumno no necesita ayuda física para realizar la conducta correcta, y quiere darle la oportunidad de realizar la tarea con el mínimo apoyo posible.

Otro método de desvanecimiento entre diferentes tipos de ayudas son las ayudas de más a menos o ayudas regresivas. En este procedimiento, se utilizan inicialmente ayudas más intrusivas que luego se sustituyen por ayudas lo menos intrusivas posible. Las ayudas de regresivas se utilizan cuando el educador cree que el alumno necesitará ayuda física para poder realizar la conducta. Si el encargado hubiera usado ayudas regresivas en el caso de Lucía empezaría por proporcionar una ayuda física junto con una ayuda verbal. Seguidamente, empezaría a desvanecer la ayuda física hasta que Lucía ejecutase la conducta correctamente. Una vez que se ha desvanecido la ayuda física, se le proporcionarían sólo ayudas verbales y gestuales. Conforme Lucía siguiese haciéndolo bien, se desvanecería la ayuda gestual y sólo se le proporcionaría la ayuda verbal. Por último, se desvanecería la ayuda verbal tan pronto como Lucía quitase correctamente el papel de los zapatos por sí sola. Ya sea con el desvanecimiento dentro de la misma ayuda o el desvanecimiento entre diferentes ayudas, el objetivo final es transferir el control de estímulos al ED, de forma que las ayudas no se tengan que utilizar volver a utilizar.

Desvanecimiento de ayudas

Desvanecimiento dentro de la misma ayuda
Desvanecimiento entre diferentes ayudas

- Ayudas de menos a más o progresivas
- Ayudas de más a menos o regresivas

Demora de la ayuda

Otro método para transferir el control de estímulos desde una ayuda asociada a la respuesta hacia el ED consiste en **demorar la ayuda.** En este procedimiento se presenta el ED y se espera un determinado número de segundos. Si la respuesta correcta no se produce, entonces se proporciona la ayuda. El tiempo transcurrido entre la presentación del ED y la ayuda puede ser constante o progresivo (Handen y Zane, 1987; Snell y Cast, 1981).

Cuvo y Klatt (1992) enseñaron a adolescentes con discapacidad a leer palabras de uso común (p.ej., HOMBRES, MUJERES, SALIDA, ENTRADA). Para hacerlo, utilizaron un procedimiento de demora constante de la ayuda: presentaban una palabra en una tarjeta (ED), y si el estudiante no respondía después de 4 segundos, le decían la palabra (ayuda verbal). El objetivo era que el estudiante leyese la palabra antes de que transcurriesen los 4 segundos y se proporcionase la ayuda. Aplicado el procedimiento, todos los estudiantes lograron leer las palabras antes de que pasaran los 4 segundos y, por tanto, las ayudas ya no fueron necesarias. En resumen, el control de estímulos se transfirió desde la ayuda verbal a la palabra escrita.

Matson, Sevin, Fridley y Love (1990) utilizaron una demora progresiva o gradual para enseñar a niños con autismo a dar respuestas sociales apropiadas (p.ej., decir "por favor", "gracias" y "de nada"). Para enseñar a un niño a decir "gracias", el experimentador le daba un juguete (ED), y si el niño decía "gracias", le daba un snack como reforzador y le felicitaba.

Antecedente	Conducta	Consecuencia
El niño recibe un juguete (ED).	El niño dice "gracias".	El niño recibe elogios y un snack

Resultado: es más probable que el niño diga "Gracias" cuando recibe un juguete de otra persona.

No obstante, los niños con autismo no decían "gracias", por lo que el educador les daba una ayuda verbal (decir "gracias") dos segundos después de darles el juguete. Ello facilitaba que el niño imitase la ayuda verbal. Los niños del estudio habían demostrado tener la habilidad de imitar ayudas verbales, por lo que el autor sabía que una ayuda verbal evocaría la conducta correcta. Una vez que los niños ya decían "gracias" cuando la demora de la ayuda era de 2 segundos, ésta se fue aumentándose gradualmente en intervalos de 2 segundos hasta llegar a 10 segundos. Con el tiempo, conforme se aumentaba la demora de la ayuda de 2 a 10 segundos, el niño empezaba a decir "gracias" justo antes de que se le diera la ayuda. Una vez que esto ocurría de forma habitual, se retiró la ayuda, puesto que el control de estímulos se había transferido al ED natural (Figura 10-3).

Tanto si la ayuda demorada es constante como si es gradual, el primer ensayo siempre comienza con 0 segundos de retraso entre el ED y la ayuda. En ensayos posteriores, se inserta una demora de esa ayuda para permitir a la persona dar la respuesta correcta antes de que se proporcione la ayuda. Si la persona no puede dar la respuesta correcta, se proporciona la ayuda para provocar la respuesta en presencia del ED. Finalmente, tras haber provocado y reforzado la respuesta correcta en varios ensayos, la respuesta ocurrirá después de que se presente el ED, pero antes de que se proporcione la ayuda. Una vez que esto ocurre de forma constante, se asume que el control de estímulos se ha transferido desde la ayuda hasta el ED.

Desvanecimiento de estímulo

Siempre que se utiliza una ayuda asociada a un estímulo para obtener una respuesta correcta, se cambia algún aspecto del ED o se modifica su situación para ayudar al individuo a realizar la discriminación correcta. En un momento dado, las ayudas asociadas al estímulo deben desaparecer mediante un proceso de desvanecimiento a fin de transferir el control de estímulos al ED natural. Si la ayuda asociada al estímulo requiere de la adición de una ayuda extra-estímulo para que se dé la respuesta correcta, el desvanecimiento implicará eliminar gradualmente ese estímulo adicional conforme la respuesta comience a ocurrir de manera fiable en presencia del ED. Una vez que este estímulo adicional se elimina por completo y la respuesta continúa ocurriendo en presencia del ED, podemos decir que el control de estímulos se ha transferido al ED. En el ejemplo en que los estudiantes usaban tarjetas para aprender las tablas de

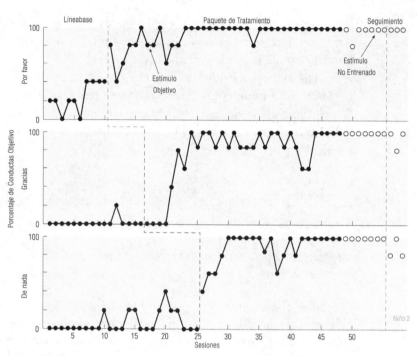

FIGURA 10-3 Este gráfico muestra la adquisición de tres conductas sociales en un niño con autismo tras emplear un procedimiento de ayuda demorada. Se ha utilizado para la investigación un diseño de líneabase múltiple con varias conductas.(En Matson, J. L., Sevin, J. A., Fridley, D., y Love, S. R. (1990). Increasing spontaneous language in three autistic children. Journal of Applied Behaviour Analysis, 23,227–233. Copyright© 1990 Society for the Experimental Analysis of Behavior. Reproducido con el permiso de Society for the Experimental Analysis of Behavior.)"

multiplicar, la respuesta en el dorso de la tarjeta era una ayuda asociada al estímulo. Los estudiantes estaría utilizando el desvanecimiento de estímulos cuando, conforme avanzan, miran cada vez menos las soluciones que vienen por detrás. Una vez que realizan todos los problemas correctamente sin mirar las soluciones, el control de estímulos se ha transferido desde las respuestas escritas (ayuda asociada al estímulo) a las multiplicaciones que deben resolver (ED). En el ejemplo en el que un niño tenía una X pintada para facilitar la identificación de su mano derecha. A medida que la X desaparecía con los días, se producía el desvanecimiento de estímulos. Cuando el niño identificaba su mano derecha sin la X, el control de estímulos se había transferido desde la ayuda al ED natural.

El desvanecimiento de estímulos también se utiliza cuando la ayuda asociada al estímulo implica un cambio en algún aspecto del ED en sí mismo (ayuda intra-estímulo). En este caso, el desvanecimiento del estímulo implicaría el cambio gradual desde el ED en su forma modificada hacia su forma natural. Cuando Miguel, el entrenador, hacía que su ayudante realizase lanzamientos fáciles para que los jugadores diesen a la bola estaba usando una ayuda asociada al estímulo. En este caso, el desvanecimiento de estímulos implicaba el incremento gradual de la velocidad de los lanzamientos hasta que éstos se lanzasen a una velocidad y distancia normales. El hecho de aumentar gradualmente la distancia y la velocidad mientras los niños continuaban bateando bien la pelota, sería una forma de desvanecer las ayudas relacionadas con el estímulo, y con la transferencia del control de estímulos al ED, es decir, un lanzamiento a una velocidad normal.

El profesor que estaba enseñando al estudiante a señalar la palabra SALIDA estaba usando una ayuda asociada al estímulo al hacer el tipo de letra de la palabra SALIDA más grande que el de la palabra ENTRADA.

¿Cómo haría el profesor para desvanecer el estímulo en este caso?

Emplearía el desvanecimiento de estímulos reduciendo poco a poco el tamaño de la palabra SALIDA hasta que fuese del mismo tamaño que la palabra ENTRADA. Una vez que fuesen del mismo tamaño, la ayuda asociada al estímulo se eliminaría y el control de estímulos se transferiría desde el tamaño grande de la palabra (la ayuda) a la palabra en sí (el ED).

Tengamos en cuenta que algunos autores distinguen entre el desvanecimiento de estímulos y el moldeamiento de estímulos (Cooper et al., 1987; Etzel, LeBlanc, Schilmoeller y Stella, 1981). Aunque existe una diferencia técnica entre los dos procedimientos, ambos son muy similares (Deitz y Malone, 1985) e implican la eliminación progresiva de una ayuda asociada al estímulo para facilitar la transferencia del control. Por esta razón, y para evitar la confusión entre el moldeamiento (ver el Capítulo 9) y el moldeamiento de estímulos, el término desvanecimiento de estímulos se utiliza aquí para referirse a todos los procedimientos que implican la supresión progresiva de una ayuda asociada al estímulo. (Para más detalles sobre la distinción entre el desvanecimiento de estímulos y el moldeamiento de estímulos, véanse Cooper et al., 1987, 2007; Etzel y LeBlanc, 1979) o Etzel et al., 1981).

LECTURA PARA AMPLIAR

Diferentes aplicaciones de las ayudas y el desvanecimiento

El uso de ayudas y el desvanecimiento han sido ampliamente utilizados en el análisis aplicado de la conducta para enseñar una amplia gama de habilidades a estudiantes de muy diversas características. Un área en la que se utilizan ampliamente las ayudas y el desvanecimiento es en la enseñanza de habilidades a niños con autismo. Por ejemplo, varios autores han demostrado que podrían utilizarse los guiones escritos como ayudas para facilitar que los niños con autismo inicien interacciones sociales. Posteriormente, los guiones se desvanecerían a medida que los niños vayan mostrando un comportamiento social más adecuado (p.ej., Krantz y McClannahan, 1993,1998; Sarokoff, Taylor y Poulson, 2001). Otra aplicación de las ayudas y el desvanecimiento podemos encontrarla en el área de dirección de personal. En un estudio llevado a cabo por Petscher y Bailey (2006), los miembros del personal de una escuela para estudiantes con discapacidad recibieron ayudas para participar en actividades educativas específicas gracias a un busca que vibraba y que llevaban siempre consigo. Si el personal no participaba en una actividad educativa en el momento oportuno, el busca vibraba a modo de ayuda para que lo hiciesen. Una vez que realizaban la conducta correcta en el momento adecuado, seguían haciéndolo incluso aunque las ayudas se hubiesen eliminado. Otra área de aplicación de la ayudas y el desvanecimiento es el rendimiento deportivo. Por ejemplo, Osborne, Fiudrud y Zezoney (1990) utilizaron ayudas asociadas al estímulo para mejorar los lanzamientos con efecto de jugadores de béisbol. En otro ejemplo, Luyben, Funk, Morgan, Clark y Delulio (1986) utilizaron las ayudas y el desvanecimiento para mejorar el pase del balón en jugadores de fútbol con discapacidad intelectual grave.

Cómo utilizar las ayudas y transferir el control deestímulos

Cuando nuestro objetivo se centra en desarrollar un control de estímulos adecuado sobre una conducta, es decir, queremos asegurarnos de que una nueva conducta, o una ya existente, se produce en las circunstancias y en el momento adecuado, recurriremos

transferencia del control de estímulos y al uso de ayudas. Antes de decidir qué procedimiento utilizar, es importante determinar si estamos tratando con un problema de control de estímulos o con un problema de negativismo. Es decir, si el problema consiste en "no poder hacerlo" o "no querer hacerlo". Si la persona no ha aprendido la conducta o no ha aprendido a desarrollar la conducta en la situación correcta ("no puedo"), el procedimiento adecuado se basará en el uso de ayudas y transferencia del control de estímulos. Sin embargo, si la persona ha mostrado la conducta correcta en el pasado, pero ahora se niega a realizarla ("no quiero"), el problema es de incumplimiento, y el uso de ayudas y la transferencia del control de estímulos no serían apropiados en tal caso. Referimos al lector a los Capítulos 13 a 19 si desea conocer los procedimientos disponibles para el negativismo y otros problemas de comportamiento. Respecto a las ayudas y la transferencia del control de estímulos, deberían tenerse en cuenta las siguientes pautas (véanse también Alberto y Troutman, 1986; Martin y Pear, 1992; Rusch, Rose y Greenwood, 1988; Sulzer-Azaroff y Mayer, 1991).

1. *Elegir la estrategia de ayuda más apropiada.* Existen numerosas ayudas asociadas a la respuesta y al estímulo. Deberemos de elegir la que mejor se adapte al alumno y a la tarea de aprendizaje en cuestión. Si estamos enseñando una conducta nueva, las ayudas asociadas a la respuesta son las más adecuadas, ya que pueden utilizarse para generar una nueva conducta en la situación adecuada. Si el alumno tiene capacidades limitadas (p.ej., las personas con trastornos del desarrollo o niños muy pequeños), las ayudas más intrusivas, tales como las ayudas físicas, serían más apropiadas. Las ayudas menos intrusivas, tales como las ayudas verbales, son las que deberían utilizarse si el alumno es capaz de beneficiarse de ellas (p.ej., el alumno es capaz de seguir instrucciones). Si no estamos seguros del nivel de ayuda que se necesitara, podemos recurrir a ayudas graduales, tales como las ayudas progresivas, también conocidas como ayudas mínimas o ayudas de menos a más, en las que primero se intentan ayudas menos intrusivas, y se recurre a las más intrusivas a medida que sean necesarias. Las ayudas asociadas al estímulo son las más apropiadas cuando queremos ayudar a una persona a que realice una discriminación correctamente. Su efecto consiste en realzar el ED aumentando la probabilidad de que el alumno responda.

2. *Captar la atención del alumno.* Antes de presentar el estímulo instruccional (el ED o la ayuda), debemos asegurarnos de que el estudiante está prestando atención. Hemos de reducir o eliminar las distracciones y estímulos distractores y, si es necesario, procurar y reforzar la atención del alumno antes de comenzar los ensayos de aprendizaje. Por ejemplo, para captar la atención de Matías antes de que se le proporcionase una ayuda de modelado, el entrenador podría haber dicho: "Matías, mira cómo muevo el bate".

3. *Presentar el ED.* Los ensayos de aprendizaje siempre comienzan con la presentación del ED que es el estímulo que debería evocar la respuesta correcta en el alumno cuando el proceso de entrenamiento haya terminado. Si el alumno realiza la respuesta correcta en presencia del ED, entonces las ayudas no serían necesarias.Puede haber varias excepciones en el cual una ayuda o modelado verbal se presenta antes del ED, como las instrucciones que da un entrenador o el modelado de cómo mover el bate antes de que el lanzamiento sea efectuado (ED). Sin embargo, este ejemplo es una excepción. En la mayor parte de los casos, el ensayo de aprendizaje empieza con la presentación del estímulo discriminativo.

4. *Ayudar a que se produzca la respuesta correcta.* Si el ED no evoca la respuesta correcta, deberíamos proporcionar ayuda. Cuando usamos una ayuda asociada al estímulo, modificares algunos aspectos o la posición del ED. Por otra parte, cuando usamos una ayuda asociada a la respuesta, habremos de presentar el ED y proporcionar inmediatamente la ayuda apropiada.

5. *Reforzar la conducta correcta.* Cuando el alumno realiza la conducta correcta en presencia del ED (con ayuda o sin ella), hemos de proporcionar un reforzador inmediatamente. Puesto que el objetivo es que el alumno desarrolle la conducta correcta sin ayudas, debemos de incrementar la magnitud del reforzamiento cuando se produzcan las respuestas por si solas. Por ejemplo, deberían darse los elogios con más entusiasmo o se deberían dar mayor cantidad de reforzadores.

6. *Transferencia de control de estímulos.* Tan pronto como sea posible, deberían eliminarse las ayudas para conseguir que el control de estímulos se transfiera desde esas ayudas hacia el ED natural. Si se están utilizando ayudas asociadas a la respuesta, podrían utilizarse los procedimientos de desvanecimiento o de demora de la ayuda, para conseguir esa transferencia del control de estímulos. Si se están utilizando ayudas asociadas al estímulo, la transferencia se llevaría a cabo mediante los procedimientos de desvanecimiento de estímulos. En este caso, los pasos llevados a cabo en dicho desvanecimiento deben ser pequeños (el proceso debe ser gradual) de tal modo que la persona siga mostrando la conducta correcta conforme se desvanecen las ayudas. Si un paso del desvanecimiento es demasiado grande, puede que no se dé la conducta correcta o se produzcan errores. Si esto ocurre, deberemos retroceder al paso anterior en el desvanecimiento y proporcionar más cantidad de ayuda o una ayuda más intensa, es decir, más intrusiva. Cuando se está utilizando un procedimiento de ayuda demorada, podemos mejorar la transferencia del control de estímulos proporcionando más reforzamiento para las respuestas que se producen durante el lapsus de demora, previamente a la presentación de la ayuda.

7. Continuar reforzando respuestas independientes. Si, tras haber eliminado las ayudas, la conducta correcta se sigue produciendo en presencia del ED, deberemos de seguir reforzando la conducta. A medida que el alumno sigue desarrollando la conducta correcta, debemos pasar de un programa de reforzamiento continuo a un programa de reforzamiento intermitente. Esto ayudará a que la conducta correcta se mantenga con el paso del tiempo. El objetivo final es que la conducta quede bajo control de las contingencias de reforzamiento naturales. Por ejemplo, una vez que Lucas aprenda a batear la pelota, el hecho de conseguir darle debería ser el reforzador natural.

Directrices para el uso de ayudas y transferencia del control de estímulo

1. Elegir la estrategia de ayuda más apropiada.
2. Captar la atención del alumno.
3. Presentar el ED.
4. Ayudar a que se produzca la respuesta correcta.
5. Reforzar la conducta correcta.
6. Transferir el control de estímulos mediante desvanecimiento o demora de la ayuda.
7. Continuar reforzando las respuestas independientes.

Ayudas y transferencia del control de estímulo en el tratamiento del autismo

Una aplicación frecuente de las ayudas y la transferencia del control de estímulo es la enseñanza de habilidades a niños con autismo. Los niños con autismo reciben con frecuencia intervención conductual temprana e intensiva durante la cual los analistas de conducta y otros profesionales con formación conductual les enseñan habilidades académicas importantes a fin de que puedan adquirir las miasmas habilidades que sus compañeros de desarrollo típico y alcanzar el funcionamiento escolar esperado para su edad. Antes de iniciar la intervención conductual el analista de conducta realiza una evaluación que permite identificar la secuencia de habilidades que deben ser entrenadas. El uso de ayudas y del desvanecimiento (transferencia de control de estímulo) se utilizan para entrenar cada habilidad en secuencia. Por ejemplo, una secuencia inicial de habilidades para un niño pequeño con autismo podría incluir: (1) contacto ocular, (2) imitación motora gruesa, (3) imitación de acciones con objetos, (4) seguimiento de instrucciones simples, etc. (Taylor &McDonough, 1996 presentan un ejemplo de secuencia curricular de un niño pequeño con autismo). Cada una de estas habilidades es importante para aprender otras mas avanzadas que a su vez se sustentan sobre repertorios básicos.

Consideremos como ejemplo el uso de ayudas y desvanecimiento en la enseñanza de habilidades de imitación de movimientos motores gruesos. Comenzaríamos teniendo al niño sentado en una mesita con el maestro en frente para evitar distracciones. Una vez que obtenemos la atención del niño presentamos el ED (decir "haz esto" mientras damos una palmada), a continuación, presentamos la ayuda (ayuda física tomando las manos del niño y haciendo que de una palmada), e inmediatamente presentamos un reforzador, por ejemplo, elogio social junto con una porción de reforzador comestible. Esta secuencia, en la que se presenta el ED y la ayuda a la respuesta seguida del reforzador, se conoce como **ensayo de aprendizaje**. Repetiremos ensayos de aprendizaje en numerosas ocasiones y progresivamente iremos reduciendo la cantidad de ayuda que se ofrece en cada ensayo (desvanecimiento) hasta que el niño realice la palmada de manera independiente cuando decimos "haz esto" y el maestro da la palmada. Llegará un momento en que el niño imitará cualquier movimiento que realicemos cuando digamos "haz esto" y realicemos un movimiento. En este momento podemos decir que el niño ha aprendido a imitar movimientos gruesos y podremos progresar hacia la siguiente habilidad en la secuencia curricular. Dependiendo del nivel de habilidades del niño puede tomar días o semanas hasta que el niño desarrolle la habilidad de imitar movimientos y podamos pasar a la siguiente habilidad. La toma de datos, generalmente porcentaje de respuestas correctas por bloque de ensayos nos indicará el momento en el que el niño ha logrado dominar la habilidad.

RESUMEN DEL CAPITULO

1. Una ayuda es la conducta dada por otra persona tras la presentación del ED, bien mediante un cambio en el ED, o bien mediante la adición de un estímulo presentado junto con el ED. Las ayudas se utilizan para aumentar la probabilidad de que se produzca una conducta correcta en la situación adecuada (en presencia del ED).

2. El desvanecimiento es la eliminación progresiva de una ayuda mientras la conducta ocurre en presencia del ED. El desvanecimiento se utiliza para conseguir que la conducta se produzca en presencia del ED sin ningún tipo de ayuda.

3. Las ayudas asociadas a la respuesta se producen cuando la conducta del alumno es evocada por otra persona. Las ayudas asociadas al estímulo implican,

un cambio en algunos aspectos del ED, o bien otros cambios de estímulos, que hacen más probable que se produzca una discriminación correcta.

4. Las ayudas asociadas a la respuesta incluyen ayudas verbales, ayudas gestuales, ayudas físicas y el modelado.

5. La transferencia de control de estímulos consiste en la eliminación de ayudas para dejar la conducta bajo control del ED relevante. Los procedimientos de transferencia de control de estímulos implican el desvanecimiento y la demora de la ayuda. En el desvanecimiento, las ayudas asociadas a la respuesta o asociadas al estímulo son eliminadas gradualmente, hasta que la respuesta se produce en presencia del ED sin ninguna ayuda. En un procedimiento de demora de la ayuda, transcurre un periodo de tiempo entre la presentación del ED y la presentación de la ayuda.

PALABRAS CLAVE

Ayuda, 178
Ayuda asociada a la respuesta, 182
Ayuda asociada al estímulo, 182
Ayuda de modelado, 179
Ayuda extra-estímulos, 184

Ayuda física, 179
Ayuda gestual, 179
Ayuda intra-estímulo, 184
Ayuda verbal, 178
Demora de la ayuda, 188

Desvanecimiento de la ayuda, 186
Desvanecimiento del estímulo, 189
Desvanecimiento, 180
Guía física, 183
Transferencia del control de estímulo, 185

TÉST PRÁCTICO

1. ¿Qué es una ayuda? ¿Cuándo se utiliza una ayuda en modificación de conducta? (pág. 207).

2. ¿Qué es una ayuda asociada a la respuesta? Identifica y describe los cuatro tipos de ayudas asociadas a la respuesta (págs. 210-211).

3. Sugiere ejemplos de los cuatro tipos de ayudas asociadas a la respuesta (págs. 210-211).

4. ¿Qué es una ayuda asociada al estímulo? Sugiere dos tipos de ayudas asociadas al estímulo (págs. 211-213).

5. Sugiere ejemplos de los dos tipos de ayudas asociadas al estímulo (págs. 211-213).

6. ¿Qué es una ayuda progresiva? ¿con qué otro términos también se conoce? Sugiere un ejemplo (pág. 214).

7. ¿Qué es una ayuda regresiva o ayuda de más a menos? Sugiere un ejemplo (pág. 215).

8. Las luces intermitentes de una valla publicitaria son un tipo de ayuda que facilitan su lectura. ¿Qué tipo de ayuda se utiliza en este ejemplo?

9. ¿Qué es la transferencia del control de estímulos? ¿Por qué es importante? (pág. 213).

10. Describe en qué consiste el desvanecimiento de ayudas asociadas a la respuesta. Sugiere un ejemplo (págs. 213-215).

11. Describe el desvanecimiento de ayudas progresivas y regresivas (págs. 214-215).

12. Describe el desvanecimiento de ayudas asociadas al estímulo. Sugiere un ejemplo del desvanecimiento de ayuda intra-estímulo y extra-estímulo (págs. 216-218).

13. Describe el procedimiento de ayuda demorada. Pon ejemplos de demora constante y progresiva (págs. 215-216).

14. Supongamos que se están llevando a cabo unos ensayos de aprendizaje con un estudiante con autismo y que deseas incrementar la atención que te presta el estudiante. ¿Cómo usarías una ayuda verbal y una ayuda física asociada a la respuesta para mejorar la atención del estudiante?

15. Describe cómo podríamos utilizar las ayudas asociadas al estímulo y el desvanecimiento para aprender las definiciones de los procedimientos de modificación de conducta descritos en este capítulo (pág. 216).

APLICACIONES

1. Describe cómo deberíamos utilizar las ayudas y el desvanecimiento para enseñar a nuestro cachorro de 6 meses a que venga hacia nosotros cuando le decimos "Ven". Supongamos que durante el entrenamiento disponemos de una correa de 6 metros y un bolsillo lleno de galletitas para perros.

2. Queremos jugar al golf, pero nuestros golpes son tan malos que nos da vergüenza jugar con algún amigo delante y decidimos utilizar una ayuda asociada al estímulo y el desvanecimiento para mejorar nuestra tirada. Suponiendo que tenemos acceso a un campo de golf, describe tres formas diferentes en las que podríamos utilizar las ayudas asociadas al estimulo y al desvanecimiento para mejorar nuestro rendimiento. Intenta ser creativo; considera la posibilidad de manipular el palo, el campo, la pelota de golf, o incluso el hoyo.

3. Su sobrina de 16 años, Elena, ha estado insistiendo a Nasrin para que le enseñe cómo leer el menú de un restaurante persa que está escrito en Farsi. Suponiendo que hay 20 platos en el menú escritos en Farsi y que Nasrin puede pegar ayudas encima del menú, describe cómo utilizará Nasrin el procedimiento de demora constante de las ayudas para enseñar a leer las palabras a Elena.

APLICACIONES INADECUADAS

1. La pequeña Gloria estaba empezando a balbucear y hacer sonidos de palabras reconocibles y sus padres estaban encantados. Su padre, que había recibido una clase de modificación de conducta, decidió utilizar las ayudas y el desvanecimiento para hacer que Gloria dijese "mamá" y "papá". ¿Qué está mal en esta aplicación de las ayudas y el desvanecimiento? ¿Qué procedimiento conductual sería más adecuado para Gloria?

2. Roberto debe poner la mesa para la cena diariamente. Aunque lo ha hecho sin falta durante semanas, hace poco empezó a interesarse por un concurso que daban en la televisión, y que se emitía justo en el momento en que se suponía que debería poner la mesa y ahora se dedica a ver la tele en lugar de poner la mesa. Su padre, que se lo recuerda todos los días sin éxito, ha decidido utilizar las ayudas y el desvanecimiento para conseguir que Roberto ponga la mesa. ¿Qué está mal en esta aplicación de las ayudas y el desvanecimiento? ¿Qué procedimiento sería el más adecuado para Roberto?

3. Miriam es una joven con autismo que escribe a máquina con guía física de su profesor. La ayuda consiste en sostenerla las manos mientras que pulsa las teclas. Miriam ha estado escribiendo palabras y frases en el teclado para comunicarse durante más de un año. Su profesor sigue proporcionándole las ayudas físicas cuando escribe a máquina. Si el profesor no coloca su mano sobre las de Miriam, ésta no escribe ni una palabra; así que su profesor sigue proporcionándole las ayudas físicas y Miriam continúa comunicándose mediante el teclado. ¿Qué deficiencia identificas en esta aplicación de las ayudas y la transferencia de control de estímulos?

Encadenamiento

- ¿Qué es una cadena estímulo-respuesta?
- ¿Por qué es importante realizar un análisis de tareas de una cadena estímulo-respuesta?
- ¿Cómo se utilizan el encadenamiento hacia adelante y el encadenamiento hacia atrás para enseñar una cadena de conducta?
- ¿Qué es el encadenamiento con ayuda total, y en qué se diferencia de los procedimientos de encadenamiento hacia adelante y hacia atrás?
- ¿Cuáles son las otras tres estrategias para enseñar cadenas conductuales?

Como vimos, las ayudas se utilizan para provocar una conducta; la transferencia de control de estímulo permite eliminar las ayudas y lograr que dicha conducta ocurra en la presencia del estímulo discriminativo pertinente (ED). En la mayoría de los casos, estos procedimientos se utilizan para desarrollar discriminaciones simples, en las cuales una respuesta ocurre en la presencia de un ED. Por ejemplo, un jugador de fútbol levanta el pie para golpear la pelota, un alumno lee una palabra correctamente, enchufas el cable del altavoz en la toma correcta, dices "gracias" cuando un amigo te regala algo, etc. Cada uno de estos ejemplos implica una conducta que ocurre en la situación correcta. Sin embargo, muchas situaciones involucran conductas complejas

201

que están compuestas de múltiples respuestas. Una conducta compleja formada por varios componentes o respuestas que se producen secuencialmente se denomina cadena de conducta.

Ejemplos de cadenas conductuales

Cuando quieres un chicle, tienes que emitir una secuencia específica de respuestas, para ello realizas las acciones siguientes: (1) llevar la mano al bolsillo, (2) sacar el paquete de chicles, (3) sacar un chicle del paquete, (4) quitar el papel del chicle, y (5) llevar el chicle a la boca. Por tanto, mascar chicle conlleva la realización de al menos cinco conductas, las cuales tienen que ocurrir en la secuencia correcta. Puedes emitir tal o cual conducta en la secuencia sólo si la conducta anterior se llevó a cabo. Por ejemplo, no puedes llevarte un chicle a la boca a menos que hayas quitado el papel (en realidad podrías, pero ¿qué sentido tendría hacerlo?), o no puedes quitar el papel a menos que hayas sacado un chicle del paquete, no puedes sacar un chicle del paquete a menos que hayas sacado el paquete de tu bolsillo.

Veamos otro ejemplo. Roberto trabaja en un servicio de lavandería industrial. Su trabajo consiste en doblar toallas y ponerlas en cajas para mandarlas a los clientes (que pueden ser hoteles, gimnasios u hospitales). Cuando las toallas salen de la secadora, otro empleado se las lleva a Roberto en una canasta. Su trabajo consiste en la siguiente cadena de conducta: (1) sacar una toalla de la canasta, (2) extenderla sobre la mesa, (3) tomar un extremo y doblarla por la mitad, (4) tomar un extremo de la toalla doblada y doblarla otra vez, (5) repetir el paso 4, (6) recoger la toalla doblada, y (7) ponerla en la caja. Cuando la caja está llena, un tercer empleado carga la caja de toallas en una furgoneta. El trabajo de Roberto con las toallas es una cadena de conducta de siete pasos, ya que cada conducta en la cadena se emite sólo después de que las conductas anteriores se hayan realizado en la secuencia correcta y cada componente de la cadena depende de la ocurrencia de la conducta anterior.

Este capítulo explica cómo analizar los componentes de una cadena de conducta y cómo utilizar varios métodos para enseñar a una persona a realizar una cadena de conductas.

El análisis de cadenas estímulo-respuesta

Cada cadena de conducta consiste en un conjunto de componentes estímulo-respuesta individuales que ocurren en una secuencia determinada. Por esta razón, una cadena de conducta se puede también llamar **"cadena estímulo-respuesta"**. Cada conducta o respuesta en la cadena produce un cambio de estímulo que actúa como ED para la respuesta siguiente. La primera respuesta, por ejemplo, produce un ED para la segunda respuesta en la secuencia. La segunda respuesta produce un ED para la tercera respuesta, y así sucesivamente hasta que todas las respuestas de la cadena hayan sido emitidas por orden. Obviamente, la cadena entera se encuentra también bajo control de estímulos, de tal modo que la primera respuesta de la cadena ocurre cuando un ED determinado se presenta. El paquete de chicles en el bolsillo es un ED para la primera respuesta de la cadena: llevar la mano al bolsillo y asir el paquete. Una canasta llena de toallas es un ED para la primera respuesta de Roberto: agarrar una toalla. Por supuesto, una cadena de conducta sigue siendo emitida sólo si tras la última respuesta de la cadena se obtiene un reforzador. Masticar el chicle es un reforzador para la cadena de conducta que consiste en llevarse un chicle a la boca. La toalla doblada en la caja es un reforzador condicionado para la cadena de conducta que consiste en doblar la toalla. La toalla doblada es un reforzador condicionado, ya que está asociada con otros reforzadores como un salario o recibir los elogios del jefe.

La secuencia de componentes de estímulos y respuestas involucrados en la cadena de conseguir un chicle es la siguiente:

1. ED1 (tener un paquete de chicles en el bolsillo) ->Rl (llevar la mano al bolsillo)
2. ED2 (tener la mano en el bolsillo) -> R2 (sacar el paquete de chicles)
3. ED3 (tener el paquete de chicles en la mano) -> R3 (sacar un chicle)
4. ED4 (tener un chicle en la mano) -> R4 (quitar el papel)
5. ED5 (tener en la mano el chicle sin papel) -> R5 (llevar el chicle a la boca) -> reforzador (masticar el chicle)

Como puedes ver, cada respuesta crea una situación estimular que sirve de ED para la siguiente respuesta. Por lo tanto, la respuesta siguiente en la cadena depende de la ocurrencia de la respuesta anterior.

Una cadena estímulo-respuesta de cinco componentes se puede ilustrar de la siguiente manera:

ED1 -> R1
    ED2 -> R2
        ED3 -> R3
            ED4 -> R4
                ED5 -> R5 -> reforzador

Analicemos los siete componentes estímulo-respuesta involucrados en el trabajo de Roberto (doblar una toalla y ponerla en la caja).

1. ED1 (ver una canasta llena de toallas) -> R1 (coger una toalla de la canasta)
2. ED2 (tener una toalla en la mano) -> R2 (extender la toalla sobre la mesa)
3. ED3 (tener la toalla sobre la mesa) -> R3 (doblar la toalla por la mitad)
4. ED4 (tener la toalla doblada por la mitad) -> R4 (doblar la toalla otra vez)
5. ED5 (tener la toalla doblada dos veces) -> R5 (doblar la toalla otra vez)
6. ED6 (tener la toalla totalmente doblada) -> R6 (coger la toalla doblada)
7. ED7 (tener la toalla doblada en la mano) -> R7 (poner la toalla en la caja) -> reforzador (tener la toalla doblada en la caja)

Cada vez que el empleado lleva a Roberto una canasta llena de toallas, la canasta llena es el primer ED que ejerce el control de estímulos sobre la primera respuesta de la cadena. Cada respuesta adicional en la cadena se debe a que la respuesta anterior creó un ED ejerciendo el control de estímulos sobre la respuesta actual.

Antes de continuar, examinemos más de cerca el inicio de la cadena estímulo-respuesta. Podemos hacer que el resultado final de la cadena sea más reforzante mediante una operación de establecimiento. En nuestro primer ejemplo, una operación de establecimiento hace que el chicle sea más reforzante en un momento determinado y esto aumenta la probabilidad de que se inicie la cadena de conducta de llevar la mano al bolsillo y agarrar el paquete de chicles. La operación de establecimiento podría consistir en tener un mal sabor en la boca, masticar un chicle duro y sin sabor, acabar de fumar un cigarrillo o cualquier circunstancia que haga reforzante un aliento fresco (como el hecho de hablar con tu pareja). En tales circunstancias, probablemente podrías decir que "quieres" un chicle, pero esta afirmación no nos ayuda a entender por qué un chicle se vuelve más reforzante precisamente en este momento. Es mejor buscar los eventos estimulares que puedan funcionar como operaciones de establecimiento.

Análisis de tareas

El proceso de analizar una cadena de conducta dividiéndola en sus componentes estímulo-respuesta se llama **"análisis de tareas"**. Cada vez que intentas enseñar una tarea compleja con dos o más componentes de respuesta (una cadena de conducta), el primer paso consiste en identificar todas las conductas necesarias para realizar dicha tarea y apuntarlas en el orden correcto. Después tienes que identificar el ED asociado a cada conducta que compone la tarea. Enseñar la tarea implica un entrenamiento en discriminación de cada componente estímulo-respuesta de la cadena de conducta. Por lo tanto, necesitas un análisis de tareas detallado que de una idea precisa de cada uno de estos componentes.

Un análisis de tareas que identifique la secuencia correcta de conductas en una cadena puede hacerse de varias maneras (Cooper, Heron y Heward, 1987; Rusch, Rose, y Greenwood, 1988). Una primera forma consiste en observar a una persona participar en la tarea y registrar cada uno de los componentes estímulo-respuesta. Por ejemplo, Horner y Keilitz (1975) hicieron un estudio en el cuál enseñaron a adolescentes con discapacidad intelectual a cepillarse los dientes. Los autores desarrollaron su análisis de tareas mediante la observación de miembros del personal cepillándose los dientes. Otro método consiste en pedir a una persona con mucha experiencia en la tarea (un experto) que describa todos sus componentes. Finalmente, podemos desarrollar un análisis de tareas al realizarla nosotros mismos y registrar la secuencia de respuestas que emitimos. Según Bellamy, Horner e Inman (1979), la ventaja de realizar la tarea nosotros mismos, es que proporciona la información más detallada sobre cada respuesta involucrada y los estímulos asociados. Es decir, a partir de nuestra propia experiencia podemos obtener el máximo de información sobre dicha tarea.

Las diferentes formas de realizar un análisis de tareas

- Observar a una persona competente realizando la tarea.
- Preguntar a un experto (alguien con mucha experiencia en la tarea).
- Realizar la tarea nosotros mismos y registrar cada una de las respuestas que la componen.

Después de desarrollar tu análisis inicial, es posible que tengas que revisarlo durante el entrenamiento. Quizás tengas que dividir algunas conductas en componentes más pequeños aun, o al contrario, combinar dos o más respuestas en una sola conducta. El hecho de revisar o no un análisis de tareas depende de cómo avance el entrenamiento. Si el alumno tiene dificultades con una conducta en la cadena, podría ser útil dividir esta conducta en dos o más componentes más elementales. Sin embargo, si el alumno puede dominar unidades mayores de conducta, dos o más componentes pueden combinarse en uno solo. Consideremos el siguiente ejemplo.

Quieres enseñar a un niño con discapacidad intelectual profunda a comer con una cuchara. Has establecido el siguiente análisis de tareas:

1. ED1 (un tazón de comida y una cuchara están sobre la mesa) -> R1 (coger la cuchara)
2. ED2 tener la cuchara en la mano) -> R2 (poner la cuchara en el tazón de comida)
3. ED3 (tener la cuchara al nivel de la comida) -> R3 (coger comida con la cuchara)
4. ED4 (tener la cuchara llena de comida) -> R4 (levantar la cuchara del plato)
5. ED5 (tener la cuchara llena en la mano) -> R5 (llevar la cuchara a la boca) -> reforzador (comer).

Este análisis de tareas tiene cinco pasos o componentes. Cada paso consta de un estímulo (ED) y una respuesta. Este análisis de tareas podría ser perfecto para que algunos niños aprendan a comer con una cuchara. Sin embargo, en el caso de personas que dominan pasos largos con mayor facilidad, podríamos combinar algunos pasos entre ellos. El análisis de la misma tarea con algunos pasos combinados podría ser el siguiente:

1. ED1 (el tazón de comida y la cuchara están sobre la mesa) -> R1 (coger la cuchara y ponerla en el tazón)
2. ED2 (tener la cuchara al nivel de la comida) -> R2 (coger comida con la cuchara)
3. ED3 (tener la cuchara llena) -> R3 (llevar la cuchara a la boca) -> reforzador (comer)

Como puedes ver, la única diferencia entre este análisis de tareas en tres pasos y el de cinco pasos es que este último divide la conducta en unidades más pequeñas. Cada paso sigue siendo caracterizado por un estímulo (ED) y una respuesta, pero el tamaño de la respuesta es diferente. Para algunos alumnos, el análisis de tareas en cinco pasos podría ser más apropiado, para otros, el análisis en tres pasos podría ser mejor. No hay en sí mismo un número "correcto" o "incorrecto" de pasos para un análisis de tareas. La única manera de saber si el número de pasos es correcto consiste en evaluar cómo funciona el análisis de tareas para cada alumno en particular.

Varios investigadores han desarrollado análisis de tareas complejas y han entrenado a sujetos para realizar las tareas correspondientes. Por ejemplo, Cuvo, Leaf y Borakove (1978) desarrollaron un análisis de tareas para seis competencias de limpieza, que luego enseñaron a personas con discapacidad intelectual. Había entre 13 y 56 pasos en el análisis de tareas de estas seis competencias conductuales. Alavosius y Sulzer-Azaroff (1986) enseñaron al personal de una clínica a levantar a los residentes discapacitados de sus sillas de ruedas de manera segura. Emplearon un análisis de tareas de 18 pasos. Otras habilidades complejas que se han sometido al análisis de tareas incluyen habilidades para el cuidado menstrual (Richman, Reiss, Bauman y Bailey, 1984), habilidades de mantenimiento de un apartamento (Williams y Cuvo, 1986), habilidades peatonales para caminar seguro por la calle (Page, Iwata y Neef, 1976), lavandería (Horn et al., 2008), habilidades de ocio (Schleien, Wehman y Kiernan, 1981), rendimiento deportivo (Boyer, Miltenberger, Batsche, y Fogel, 2009; Quinn, Miltenberger, y Fogel, en prensa) y cómo escribir manuales de instrucción para voluntarios en una comunidad (Fawcett y Fletcher, 1977). La Figura 11-1 muestra una hoja de datos de análisis de tareas que puede ser utilizada para registrar el progreso del alumno en una tarea compleja. En la parte izquierda, la hoja de datos nombra todos los estímulos discriminativos (ED) y respuestas involucrados en la tarea. En la parte derecha, cada línea vertical describe un ensayo diferente. El número correspondiente a cada paso en la tarea se marca con un círculo cuando el alumno domina este paso (es decir, cuando puede hacerlo sin ayuda).

Una vez que el análisis de tareas de una habilidad compleja está hecho, la siguiente etapa consiste en escoger una estrategia para la enseñanza de esta habilidad. Los procedimientos de encadenamiento son estrategias para la enseñanza de tareas complejas (**cadenas conductuales**). Estos procedimientos involucran la aplicación sistemática de estrategias de ayuda y su desvanecimiento para enseñar cada componente estímulo-respuesta de la cadena. Se describen a continuación tres procedimientos de encadenamiento: el encadenamiento hacia atrás, el encadenamiento hacia adelante y el encadenamiento con ayuda total.

E^D	Respuesta	Ensayos sucesivos
1 Piezas almacenadas	Poner el rodamiento en la mesa	1 1 1 1 1 1 1 1 1 1 1 1 1 1 1 1 1 1 1 1
2 Rodamiento en la mesa	Poner tuerca en arista de rodamiento	2 2 2 2 2 2 2 2 2 2 2 2 2 2 2 2 2 2 2 2
3 Tuerca en la arista	Poner tuerca en la segunda arista	3 3 3 3 3 3 3 3 3 3 3 3 3 3 3 3 3 3 3 3
4 Tuercas en dos aristas	Poner tuerca en la tercera arista	4 4 4 4 4 4 4 4 4 4 4 4 4 4 4 4 4 4 4 4
5 Tuercas en tres aristas	Poner la leva en el rodamiento	5 5 5 5 5 5 5 5 5 5 5 5 5 5 5 5 5 5 5 5
6 Leva en rodamiento	Poner el rodillo en el rodamiento	6 6 6 6 6 6 6 6 6 6 6 6 6 6 6 6 6 6 6 6
7 Rodillo en rodamiento	Poner el resorte rojo	7 7 7 7 7 7 7 7 7 7 7 7 7 7 7 7 7 7 7 7
8 Resorte rojo colocado	Rotar rodamiento y leva 180°	8 8 8 8 8 8 8 8 8 8 8 8 8 8 8 8 8 8 8 8
9 Rodamiento rotado	Poner rodillo en rodamiento	9 9 9 9 9 9 9 9 9 9 9 9 9 9 9 9 9 9 9 9
10 Rodillo en rodamiento	Poner resorte verde en rodamiento	10 10 10 10 10 10 10 10 10 10 10 10 10 10 10 10 10 10 10 10
11 Resorte verde colocado	Limpiar el rodamiento	11 11 11 11 11 11 11 11 11 11 11 11 11 11 11 11 11 11 11 11
12 Rodamiento limpio	Meter el rpdamiento en una bolsa	12 12 12 12 12 12 12 12 12 12 12 12 12 12 12 12 12 12 12 12
13 Rodamiento en la bolsa	Poner la bolsa en una caja	13 13 13 13 13 13 13 13 13 13 13 13 13 13 13 13 13 13 13 13
14		14 14 14 14 14 14 14 14 14 14 14 14 14 14 14 14 14 14 14 14
15		15 15 15 15 15 15 15 15 15 15 15 15 15 15 15 15 15 15 15 15
16		16 16 16 16 16 16 16 16 16 16 16 16 16 16 16 16 16 16 16 16
17		17 17 17 17 17 17 17 17 17 17 17 17 17 17 17 17 17 17 17 17
18		18 18 18 18 18 18 18 18 18 18 18 18 18 18 18 18 18 18 18 18
19		19 19 19 19 19 19 19 19 19 19 19 19 19 19 19 19 19 19 19 19
20		20 20 20 20 20 20 20 20 20 20 20 20 20 20 20 20 20 20 20 20
21		21 21 21 21 21 21 21 21 21 21 21 21 21 21 21 21 21 21 21 21
22		22 22 22 22 22 22 22 22 22 22 22 22 22 22 22 22 22 22 22 22
23		23 23 23 23 23 23 23 23 23 23 23 23 23 23 23 23 23 23 23 23
24		24 24 24 24 24 24 24 24 24 24 24 24 24 24 24 24 24 24 24 24
25		25 25 25 25 25 25 25 25 25 25 25 25 25 25 25 25 25 25 25 25

FIGURA 11-1 Esta hoja de datos para análisis de tareas tiene dos columnas, una para describir el estímulo discriminativo (ED) y otra para describir la respuesta de cada componente de la cadena. Los investigadores utilizan este tipo de hoja de datos para registrar el progreso del alumno cuando enseñan una tarea compleja mediante encadenamiento (tomado de Bellamy, G. T., Horner, R. H. y Inman, D. P. [1979]. *Vocational habilitation of severely retarded adults*. Austin, Texas: Pro-Ed. Reproducido con permiso del autor).

Encadenamiento hacia atrás

El **encadenamiento hacia atrás** es un procedimiento intensivo de entrenamiento que se suele utilizar con alumnos con capacidades limitadas. En el encadenamiento hacia atrás, utilizas las ayudas y su desvanecimiento para enseñar en primer lugar la última conducta de la cadena. Al iniciar su entrenamiento con la última respuesta de la cadena, el alumno completa la cadena en cada ensayo de aprendizaje. Una vez que el alumno domina la última respuesta (una vez que emite dicha respuesta en presencia del ED correspondiente y sin ayuda), enseñas la penúltima respuesta. Una vez que domina esta respuesta y emite las dos últimas conductas de la cadena sin ayuda, enseñas la tercera respuesta a partir del fin de la cadena. Este proceso sigue hasta que el alumno pueda emitir la cadena completa sin ayuda al presentarse el primer ED. Como ejemplo, consideremos el uso del encadenamiento hacia atrás para enseñar a Juan, un joven con discapacidad intelectual grave, a lanzar una flecha a una diana. El análisis de tareas (adaptado de Schleien y cols., 1981) incluye los siguientes componentes:

1. ED1 (un miembro del personal dice: "Juan, vamos a jugar con las flechas") ->Rl (Juan se acerca a la diana)
2. ED2 (Juan está de pie, cerca de una línea en el suelo a tres metros de la diana) -> R2 (Juan se acerca a la línea y mira la diana con los pies tocando la línea)
3. ED3 (Juan está de pie en la línea, con una flecha en la mesa de al lado) -> R3 (Juan agarra la flecha entre el pulgar y el dedo índice, con la punta hacia la diana)
4. ED4 (Juan está de pie en la línea, con la flecha entre el pulgar y el dedo índice) -> R4 (Juan dobla el codo, de modo que su antebrazo forme un ángulo de 90 grados)
5. ED5 (Juan está de pie en la línea, con la flecha en la mano y el codo doblado) -> R5 (Juan lanza el antebrazo y la mano hacia la diana y suelta la flecha) -> reforzador (la flecha alcanza la diana)

Para iniciar el procedimiento de encadenamiento hacia atrás, presentas el último ED (ED5), ayudas a Juan a emitir la respuesta correcta y proporcionas un reforzador:

$$ED5 + ayuda -> R5 -> reforzador$$

En este ejemplo, llevas a Juan cerca de la diana, le ayudas a poner los pies sobre la línea, pones la flecha en su mano y doblas su codo hasta que su antebrazo forme un ángulo de 90 grados. Esta posición es el ED para el último paso en la cadena (ED5). Ahora ayudas físicamente a Juan a emitir la respuesta correcta. Sostienes la mano de Juan con la tuya, empujas su mano hacia adelante, y sueltas la flecha cuando Juan extiende el brazo. Cuando la flecha alcanza la diana, le felicitas (El elogio es un reforzador para él). Sigues guiando físicamente esta respuesta de ensayo en ensayo, pero cuando comienza a emitir la respuesta por sí mismo, empiezas a desvanecer la ayuda. Le das menos y menos ayuda, hasta que lance la flecha por sí mismo tan pronto como le pones la flecha en la mano y le doblas el codo. Pueden utilizarse ayudas gestuales o modelos en lugar de la ayuda física, si ejercen algún control de estímulos sobre la conducta de Juan. Siempre tienes que usar la ayuda menos intrusiva que sea necesaria para que la conducta ocurra. Una vez que Juan domina el quinto componente de la cadena (una vez que lanza la flecha por sí mismo, tan pronto como se la pones en la mano y le doblas el codo), puedes ir un paso atrás y enseñar el cuarto componente.

Para enseñar el cuarto componente de la cadena, presentas ED4, ayudas a Juan a emitir la respuesta correcta (R4), y como reforzador le felicitas. Presentas el ED4 poniendo la flecha en la mano de Juan ahora que está de pie en la línea. Una vez que la flecha está en su mano, le ayudas físicamente a doblar el codo (R4). Cómo tendrá el codo doblado (ED5), Juan lanzará la flecha (R5) rápidamente, porque ya aprendió a lanzar la flecha cuando la tiene en su mano con el codo doblado. Es decir, lanzar la flecha (R5) ya está bajo el control del estímulo ED5.

ED4 + ayuda -> R4 -> elogio
ED5 -> R5 -> reforzador

Poco a poco desvaneces la ayuda, dando a Juan menos ayuda para doblar el codo hasta que lo haga él mismo, sin ayuda y tan pronto como se presenta el ED4. Una vez que domina el cuarto y el quinto componente de la cadena es hora de enseñarle el tercer componente.

Para enseñar el tercer componente de la cadena presentas ED3, ayudas a Juan a emitir la respuesta correcta (R3), y le felicitas. Presentas el ED3 al tener a Juan con los pies tocando la línea. Entonces le ayudas físicamente a recoger la flecha entre el pulgar y el dedo índice (R3). Una vez que la flecha está en su mano (ED4), Juan dobla el codo (R4) y lanza la flecha (R5) porque ya aprendió estas conductas. (Ya están bajo el control del estímulo ED4.)

ED3 + ayuda -> R3 -> elogio ED4 -> R4
ED5 -> R5 -> reforzador

Desvaneces la ayuda física y, al mismo tiempo que Juan recibe menos ayuda, empieza a recoger la flecha por sí mismo. Juan domina este paso una vez que toma la flecha sin ayuda y tan pronto como toca la línea con los pies. (R3 está bajo el control del estímulo ED3.) Ahora es el momento de enseñarle el segundo paso de la cadena.

Para enseñarle el segundo paso, presentas el ED2, le ayudas a emitir la respuesta correcta (R2) y le felicitas. Presentas el ED2 trayendo a Juan cerca de la línea y de la diana y ayudándole físicamente a que avance hasta la línea (R2). Una vez de pie en la línea (ED3), Juan agarrará la flecha (R3), doblará el codo (R4) y lanzará la flecha (R5). Ya aprendió estas tres últimas conductas, por lo que las emitirá tan pronto como se presenta el ED pertinente.

ED2 + ayuda -> R2 -> elogio
ED3 -> R3
ED4 -> R4
ED5 -> R5 -> reforzador

A medida que desvaneces las ayudas, Juan empieza a caminar hasta la línea por si solo cuando se le presenta el ED2. Ahora viene el momento de enseñarle el primer paso de la cadena.

Para enseñar el primer paso, presentas el ED1 (dices por ejemplo: "Juan, vamos a jugar con las flechas"), le ayudas a emitir la respuesta Rl (caminar hasta la línea), y le felicitas. Una vez que Juan camina hasta la línea, recoge una flecha, dobla el codo y lanza la flecha, porque estas cuatro conductas están bajo el control del estímulo ED2 (estar cerca de la diana), el cuál es el resultado de Rl, la conducta que provocas con tu ayuda.

$$ED1 + \text{ayuda} \rightarrow R1 \rightarrow \text{elogio } ED2 \rightarrow R2$$
$$ED3 \rightarrow R3$$
$$ED4 \rightarrow R4$$
$$ED5 \rightarrow R5 \rightarrow \text{reforzador}$$

Una vez que se desvanecen las ayudas, Juan camina en dirección a la diana por sí solo tan pronto como dices "Juan, vamos a jugar con las flechas" (ED1). Ahora toda la cadena de conducta se encuentra bajo el control del estímulo ED1. En cuanto dices, "Juan, vamos a jugar con las flechas", se acerca hasta llegar al nivel de la línea, recoge una flecha, dobla el codo y lanza la flecha hasta la diana.

En el encadenamiento hacia atrás con Juan, cada ensayo terminaba con la flecha en la diana. Debido a que se le felicitaba cada vez que la flecha tocaba la diana, esta situación se volvió un reforzador condicionado para lanzar la flecha. Debido a que a lo largo del entrenamiento, recibía elogios cuando emitía la conducta adecuada, cada ED generado por su propia conducta también empezó a funcionar como reforzador condicionado. Por ejemplo, ya que Juan recibía elogios cuando caminaba hasta la línea, estar de pie en la línea fue asociado con el elogio y por tanto se estableció como reforzador condicionado. Debido a que recibía elogios por recoger la flecha, tener la flecha en su mano también se volvió un reforzador condicionado. Es importante utilizar reforzadores a lo largo de todo el proceso de encadenamiento hacia atrás, porque hace del resultado de cada paso un reforzador condicionado, así como un ED para la respuesta siguiente.

Una vez que Juan juega con las flechas sólo, puedes felicitarle de forma intermitente para mantener esta conducta. También puedes felicitarle cuando consiga más puntos en la diana, para reforzar la precisión. Finalmente, divertirse con las flechas y con sus amigos debería volverse un reforzador natural. En este caso, el uso del elogio

Encadenamiento hacia adelante

El **encadenamiento hacia adelante** es similar al encadenamiento hacia atrás en que se enseñan los componentes de la cadena uno por uno antes de asociarlos en conjunto y en que se utilizan las ayudas y su desvanecimiento para enseñar la conducta asociada con un ED en cada paso de la cadena. La diferencia entre el encadenamiento hacia adelante y el encadenamiento hacia atrás es el punto en que comienzas el entrenamiento. Como vimos, en el encadenamiento hacia atrás enseñas primero el último componente, después el penúltimo componente y así sucesivamente; el entrenamiento va desde el final de la cadena hasta el principio. En el encadenamiento hacia adelante, enseñas primero el primer componente, después el segundo, y así sucesivamente; el entrenamiento va del principio de la cadena hasta el final.

Para utilizar el encadenamiento hacia adelante, presentas el primer ED, ayudas al alumno a emitir la respuesta correcta, y proporcionas un reforzador después de la respuesta:

$$ED1 + \text{ayuda} \rightarrow R1 \rightarrow \text{reforzador}$$

Después desvaneces las ayudas hasta que el alumno emite la primera respuesta sin ayuda cuando se le presenta el ED.

Para enseñar el segundo componente, presentas el primer ED y el alumno emite la primera respuesta. Debido a que la primera respuesta produce el segundo ED, en seguida ayudas al alumno a emitir la segunda respuesta y proporcionas un reforzador al final.

$$ED1 \rightarrow Rl$$
$$ED2 + \text{ayuda} \rightarrow R2 \rightarrow \text{reforzador}$$

Desvaneces las ayudas hasta que el alumno emite la segunda respuesta sin ayuda. Ahora, cada vez que presentas el primer ED, el alumno emite las dos primeras respuestas de la cadena.

Cuando estás listo para entrenar la tercera respuesta de la cadena, presentas el primer ED y el alumno emite las dos primeras respuestas. La segunda respuesta produce el tercer ED y tan pronto como aparezca, ayudas al alumno a emitir la tercera respuesta y proporcionas un reforzador al final

$$ED1 \rightarrow R1$$
$$ED2 \rightarrow R2$$
$$ED3 + \text{ayuda} \rightarrow R3 \text{ reforzador}$$

Una vez más, desvaneces las ayudas hasta que el alumno emite la tercera respuesta sin ayuda y en presencia del tercer ED. Ahora, cada vez que presentas el primer ED, el alumno emite las tres primeras respuestas, porque estas tres han sido encadenadas en el orden correcto.

Este proceso de enseñar cada uno de los componentes continúa hasta que hayas entrenado el último componente de la cadena y que todos los pasos del análisis de tareas hayan sido encadenados en el orden correcto.

Veamos una descripción de cómo usaríamos el encadenamiento hacia adelante para entrenar el análisis de tareas de comer con una cuchara en tres pasos, que vimos anteriormente en este capítulo.

Comienzas por poner un tazón de comida (p. ej. de compota de manzana) y una cuchara en la mesa en frente del alumno. Se trata del primer ED. Ahora, ayudas el alumno a emitir la primera respuesta en la cadena. Tomas su mano, tomas la cuchara, la pones en la compota de manzana, y proporcionas un reforzador (algún elogio y, en ocasiones, un pequeño bocado de alimento). Cuando sientes que el alumno empieza a emitir la conducta por sí mismo, desvaneces las ayudas hasta que esta conducta sea emitida sin ninguna ayuda.

Ahora añades el paso dos. Empiezas por la presentación del primer ED. Tan pronto como el alumno emite la primera respuesta y la cuchara llega al nivel del tazón (el segundo ED), ayudas físicamente al alumno a emitir la segunda respuesta: tomas comida con la cuchara y proporcionas inmediatamente un reforzador. A continuación, desvaneces la ayuda hasta que el alumno pueda usar la cuchara para comer por si solo.

Finalmente, añades el paso tres. Una vez más, comienzas por la presentación del primer ED. En cuanto el alumno emite las dos primeras respuestas y toma comida con la cuchara (el tercer ED), le ayudas a llevar la cucharada de comida a su boca (tercera respuesta). El sabor de los alimentos funcionará como reforzador natural para la tercera respuesta. Desvaneces tus ayudas. Ahora, el alumno podrá emitir esta secuencia de tres respuestas y comer compota de manzana con una cuchara y sin ayuda.

Debido a que durante el entrenamiento proporcionas un reforzador después de cada respuesta en la cadena, el resultado de cada respuesta (el ED para la respuesta siguiente) se convierte en un reforzador condicionado. Esto es particularmente importante en el caso del encadenamiento hacia adelante, porque el reforzador natural (al final de la cadena) no ocurre hasta que el último componente se ha entrenado. Al igual que con el encadenamiento hacia atrás, una vez que el alumno emite toda la cadena, pasas finalmente de un programa de reforzamiento continuo a un programa de reforzamiento intermitente para mantener la conducta. El objetivo final es que la conducta se mantenga por sus reforzadores naturales.

Semejanzas entre el encadenamiento hacia adelante y el encadenamiento hacia atrás

- Ambos se usan para enseñar una cadena de conductas.

- Para poder usar ambos procedimientos, primero tienes que llevar a cabo un análisis de tareas que divide la cadena en componentes estímulo-respuesta.

- Ambos procedimientos enseñan una conducta (un componente de la cadena) a la vez y encadenan las conductas entre ellas.

- Ambos procedimientos usan la ayuda y su desvanecimiento para enseñar cada componente.

Diferencias entre el encadenamiento hacia adelante y el encadenamiento hacias atrás

- En el encadenamiento hacia adelante se enseña el primer componente primero, mientras que en el encadenamiento hacia atrás se enseña el último componente primero.

- Con el encadenamiento hacia atrás, debido a que el último componente se entrena primero, el alumno completa la cadena y por lo tanto recibe su reforzador natural en cada ensayo de aprendizaje. En el encadenamiento hacia adelante, el alumno no completa la cadena en cada ensayo de aprendizaje, sino que utilizas reforzadores artificiales hasta que el último componente de la cadena haya sido entrenado. El reforzador natural ocurre después de la última conducta de la cadena.

Encadenamiento con ayuda total

Los procedimientos de encadenamiento hacia adelante y hacia atrás dividen una cadena de conducta en componentes estímulo-respuesta individuales, enseñan los componentes uno por uno, y encadenan los componentes. Sin embargo, en el **encadenamiento con ayuda total**, la cadena de conductas se entrena como una sola unidad. Cómo el nombre del procedimiento lo indica, la totalidad de la cadena se lleva a cabo en cada ensayo de aprendizaje.

Los procedimientos de encadenamiento con ayuda total emplean ayudas para que el alumno emita la cadena de conducta entera a lo largo de todo el entrenamiento. Puedes utilizar cualquier tipo de ayuda para que el alumno se involucre en la tarea entera. En muchos casos, las ayudas físicas se emplean para guiar al alumno a través de la cadena de conducta. Una vez que complete la tarea exitosamente, pero con ayudas, éstas se desvanecen hasta que pueda realizar la tarea por sí mismo. Por supuesto, tienes que proporcionar un reforzador cada vez que el alumno completa la tarea independientemente de que las ayudas estén o no presentes.

La guía graduada es un tipo de ayuda física con desvanecimiento usada comúnmente el encadenamiento con ayuda total (Demchak, 1990; Foxx y Azrin, 1972; Sulzer-Azaroff y Mayer, 1991). Con la **guía graduada**, inicialmente tomas la mano del alumno con la tuya para guiarle físicamente en su ejecución de la tarea. A lo largo de los ensayos, prestas cada vez menos asistencia física, pero sigues la mano del alumno como sombra mientras realiza la tarea. En este contexto, "sombra" significa mantener tu mano cerca de la del alumno (como si fueras su sombra) mientras emite la cadena de conducta. Esto te permite ayudar al alumno de inmediato si deja de emitir uno de los componentes de la cadena. El seguimiento de la mano como sombra permite evitar errores; se tiene que usar muchas veces aun cuando el alumno emite la cadena de conducta sin ayuda física directa. Por ejemplo, consideremos el uso encadenamiento con ayuda total con guía graduada para enseñar a un niño, Alex, a comer con una cuchara (usamos el mismo ejemplo usado anteriormente para ilustrar el uso del encadenamiento hacia adelante.)

Para utilizar encadenamiento con ayuda total junto con guía graduada, empiezas presentando el primer ED. Dispones el tazón de compota de manzana y la cuchara en la mesa en frente del niño. Después, usas la guía graduada y ayudas físicamente a Alex a través de toda la cadena de conducta. Te quedas detrás de Alex, tomas su mano con la tuya, cierras sus dedos sobre el mango de la cuchara, mueves su mano hasta el tazón, colocas la cuchara en la compota, guías su mano físicamente para tomar un poco de compota en la cuchara, y le ayudas a llevar la mano a la boca con la cuchara llena de compota. Guías físicamente la cadena de conducta de principio a fin. El reforzador en cada ensayo de aprendizaje es la compota que Alex come con la cuchara. Es el resultado natural de su conducta.

Después de algunos ensayos en los cuales guías la mano de Alex mientras come un poco de compota, comenzará a hacer algunos de los movimientos por sí mismo. Cuando sientas que empieza a participar, sueltas su mano, pero todavía sigues sus movimientos como sombra. Si en algún momento no consigue ejecutar el movimiento correcto, usas de nuevo la guía física. Si sientes otra vez que emite el movimiento correcto por sí mismo, dejas la ayuda física y sigues su mano con la tuya.

Por ejemplo, mientras le guías de la mano para que agarre la cuchara, sientes que empieza a llevar la cuchara al tazón él solo. Dejas de guiarle físicamente y empiezas a seguir su mano como sombra. Una vez que tiene la cuchara en el tazón, si no logra llenar la cuchara con un poco de compota, inicias la guía física de nuevo. Una vez que tiene compota en la cuchara, si empieza a levantarla del tazón, dejas de guiar físicamente su mano y la sigues de nuevo como sombra. Mientras el proceso se desarrolla, sigues su mano como sombra cada vez más y usas la asistencia física cada vez menos. Con el tiempo, puedes dejar totalmente la ayuda física. Pasas progresivamente de la guía física al seguimiento de la mano, y después desvaneces el seguimiento hasta que Alex use la cuchara por sí solo.

¿Cuándo se usa la tarea total?

■ El procedimiento de la tarea total requiere que el alumno sea guiado a través de toda la cadena de conducta; por lo tanto, es conveniente para la enseñanza de una tarea que no sea demasiada larga o compleja. Si la tarea es demasiada larga o difícil, los procedimientos de encadenamiento hacia adelante o hacia atrás pueden ser más adecuados porque se centran en un componente cada vez y encadenan los componentes solamente después de que cada uno haya sido aprendido de forma individual.

■ El nivel de habilidad del alumno tiene que tomarse en cuenta. El encadenamiento hacia adelante o hacia atrás puede ser más apropiado en el caso de alumnos con capacidades limitadas.

■ Por último, también debe tomarse en cuenta el nivel de habilidad del maestro. Aunque se necesita alguna formación para usar con éxito el encadenamiento hacia adelante y hacia atrás, el encadenamiento con ayuda total puede ser más difícil de aplicar. Esto se debe a que suele implicar el uso de la guía graduada, un procedimiento en el cual el maestro debe guiar o simplemente seguir como una sombra al alumno (según sea necesario) de manera sincronizada durante toda la cadena de conducta. Hecha incorrectamente, la guía graduada puede forzar al alumno a realizar la conducta deseada sin llegar nunca a emitirla de manera autónoma.

Para proporcionar la guía graduada correctamente, tienes que seguir los movimientos de Alex con cuidado y responder con el nivel de guía física que sea necesario en cada momento. Si proporcionas tu ayuda física durante demasiado tiempo y no la desvaneces para pasar al seguimiento nivel de ayuda, Alex puede volverse dependiente de la ayuda física y nunca aprenderá a emitir las conductas por sí mismo. Dicho de otra manera, si haces algo en lugar de él, no aprenderá a hacerlo sin ti. El objetivo de cualquier procedimiento de ayuda consiste en desvanecer las ayudas una vez que dejan de ser necesarias. Sin embargo, puedes desvanecer la ayuda física y pasar al seguimiento como sombra sólo cuando sientes que el alumno produce los movimientos correctos. Y tienes que regresar a la guía física tan pronto como el alumno deja de hacer los movimientos correctos. Es importante también felicitar al alumno cuando dejas de guiarle físicamente y comienzas el seguimiento como sombra. De esta manera, proporcionas un reforzador cuando el alumno emite la conducta sin ayuda; refuerzas diferencialmente movimientos independientes en lugar de movimientos pasivos. Esto refuerza la conducta correcta y te permite desvanecer la ayuda física más rápidamente.

En algunos casos, otras estrategias de ayuda, además de la guía graduada, pueden ser utilizadas en el encadenamiento con ayuda total. Por ejemplo, Horner y Keilitz (1975) utilizaron el encadenamiento con ayuda total para enseñar a niños y adolescentes con discapacidad intelectual a cepillarse los dientes. Desarrollaron un análisis de tareas del cepillado de dientes en 15 pasos y utilizaron 3 tipos de ayuda para entrenar las conductas: la guía física acompañada de ayuda verbal, la demostración de la conducta deseada y ayuda verbal y la ayuda verbal por sí sola. En cada ensayo de aprendizaje, los investigadores ayudaron a los alumnos a emitir cada paso identificado en el análisis de tareas. Usaron las ayudas más intrusivas sólo cuando eran necesarias y desvanecieron las ayudas hasta que no se proporcionó ninguna. La Figura 11-2 muestra los gráficos de los ocho participantes en el estudio de Horner y Keilitz.

Semejanzas entre el encadenamiento hacia adelante y el encadenamiento con ayuda total

- Todos estos procedimientos son utilizados para enseñar tareas complejas o cadenas de conducta.

- Con los tres procedimientos, un análisis de tareas tiene que ser llevado a cabo antes de empezar el entrenamiento.

- Las ayudas y su desvanecimiento se utilizan en los tres procedimientos.

Diferencias entre el encadenamiento hacia adelante, hacia atrás y con ayuda total

- En el encadenamiento con ayuda total, ayudas al alumno a emitir toda la cadena en cada ensayo. En los dos procedimientos de encadenamiento, el maestro enseña un componente de la cadena cada vez y luego encadena los componentes.

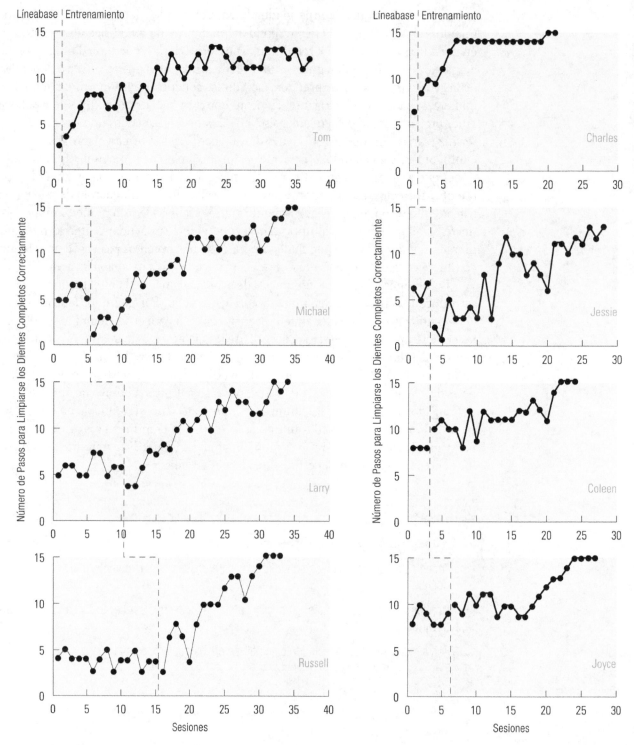

FIGURA 11-2 Este gráfico muestra el número de pasos para cepillarse los dientes completados correctamente por ocho niños y adolescentes con discapacidad intelectual. Se utilizó encadenamiento con ayuda total para enseñar esta tarea. El gráfico corresponde a un diseño experimental de línea de base múltiple a través de varios sujetos. La aplicación del tratamiento se escalonó a lo largo del tiempo para cada sujeto; el número de pasos completados por cada sujeto sólo aumentó tras la implementación del tratamiento (tomado de Homero, R. H. y Keilitz, I. [1978]. Training mentally retarded adolescents to brush their teeth. Journal of Applied Behavior Analysis, 5, 301-309. Reproducido con permiso del autor).

Otras estrategias para la enseñanza de las cadenas conductuales

La enseñanza de tareas complejas mediante encadenamiento hacia adelante, encadenamiento hacia atrás, o encadenamiento con ayuda total, implica un tiempo sustancial por parte del maestro en guiar al alumno y después desvanecer sus guías. Otras estrategias para enseñar tareas complejas exigen menos tiempo y participación por parte del maestro. Estas estrategias (el análisis de tarea por escrito, el uso de ayudas visuales, el videomodelado y las autoinstrucciones) implican el uso autónomo de ayudas para facilitar la ejecución adecuada de una cadena de conducta.

Análisis de Tareas por Escrito

Si el alumno sabe leer, el **análisis de tareas por escrito** puede ser usado para guiar su desempeño en una cadena de conducta. En esta estrategia, el maestro presenta al alumno una lista de las conductas en el orden adecuado y el alumno utiliza la lista para realizar la tarea correctamente. Por ejemplo, cuando compras una cadena de música, el manual de instrucciones te ayuda a montarlo. En este caso, el manual de instrucciones funciona como un análisis de tareas por escrito. Un análisis de tareas por escrito sólo es eficaz si el alumno puede leer las instrucciones, comprenderlas, y emitir la conducta descrita en las instrucciones. Para ser más eficaz, el análisis de tareas por escrito tiene que enumerar de forma clara cada componente de la cadena.

Cuvo y colaboradores (Cuvo, Davis, O'Reilly, Mooney y Crowley, 1992) utilizaron el análisis de tareas por escrito (también llamados "guías textuales") para enseñar a jóvenes con discapacidad mental leve y problemas de aprendizaje a limpiar aparatos electrodomésticos como una estufa o una nevera. Dieron a los alumnos una lista detallada de todos los pasos involucrados en cada tarea (análisis de tareas por escrito). Los alumnos emplearon la lista detallada para guiar su propia conducta durante la limpieza de los aparatos. Cuando terminaron, fueron felicitados por hacer la tarea correctamente o, en el caso de haber cometido algún error, recibieron retroalimentación correctiva (instrucciones que explicaban cómo mejorar su ejecución). Los investigadores mostraron que todos los alumnos realizaron las tareas correctamente mediante el uso del análisis de tareas por escrito y del reforzamiento por la ejecución correcta.

Ayudas Visuales

Otra estrategia utilizada para guiar el desempeño apropiado en una cadena de conductas consiste en usar ayudas visuales (imágenes). En este caso, haces **fotografías de los resultados** de cada conducta o de alguien emitiendo cada una de las conductas que forman parte de la tarea. Las fotografías o imágenes resultantes se utilizan luego para ayudar al alumno a emitir las conductas deseadas en el orden correcto. Para que este procedimiento sea efectivo, el alumno tiene que mirar las imágenes en el orden correcto y cada imagen debe ejercer el control de estímulos sobre la conducta que describe. Consideremos el siguiente ejemplo.

Saúl, un empleado con discapacidad intelectual, trabaja en una empresa de envíos promocionales. El trabajo de Saúl consiste en meter folletos en sus sobres respectivos. La compañía envía por correo 20 folletos diferentes y dependiendo del día, Saúl tiene que meter entre 3 y 6 de ellos en un sobre grande. El psicólogo tiene fotografías de los 20 folletos. Al inicio de cada día, recoge las fotografías de los folletos que Saúl tiene que meter en los sobres y las pega en una pizarra en el cuarto donde Saúl trabaja. Saúl las

FIGURA 11-3   Saúl realiza una tarea de su trabajo con ayudas visuales pegadas en la pizarra en frente de él. Cada imagen actúa como una ayuda para emitir un componente de la tarea.

examina para poder meter los folletos correctos en el sobre (Figura 11-3). Cada imagen lleva el control de estímulos sobre la elección del folleto correcto. Después de pegar las imágenes en la pizarra, el psicólogo no tiene que pasar más tiempo ayudándole o enseñándole la tarea.

Wacker y colaboradores (Wacker, Berg, Berrie y Swatta, 1985) utilizaron ayudas visuales para enseñar a adolescentes con discapacidades severas a ejecutar tareas complejas de la vida cotidiana, como montar piezas industriales o doblar ropa. Los investigadores pusieron imágenes de cada paso de cada tarea en un cuaderno y enseñaron a los adolescentes a mirar las páginas del cuaderno para ver las ayudas visuales. Los tres adolescentes del estudio aprendieron a utilizar las ayudas visuales presentes en los cuadernos para guiar su propia conducta. Una vez que aprendieron a utilizar las ayudas visuales, no necesitaron más intervención para realizar las tareas.

Videomodelado

Otra estrategia para la enseñanza de cadenas de conducta el elvideomodelado o ayudas de video. Esta estrategia consiste en presentar al estudiante un video en el que alguien realiza la cadena de conductas justo antes de que el propio estudiante deba realizarla. Gracias al visionado de la tarea en video, el estudiante podrá ser capaz de realizar la cadena de conductas. El videomodelado se ha utilizado para enseñar a estudiantes con discapacidad intelectual diversas habilidades, tales como realizar la colada (Horn et al., 2008), preparar comidas (Rehfeldt, Dahman, Young, Cherry, & Davis, 2003), limpiar los platos (Sigafoos et al., 2008) y usar el microondas (Sigafoos et al., 2005).

El videomodelado puede realizarse de dos maneras diferentes. En unos casos, el estudiante observa el video completo justo antes de intentar realizar la tarea (p.ej., Rehfeldt et al.). En otros casos, el estudiante observa solo un paso de la tarea, lo realiza, observa el siguiente paso, le lleva a cabo, y así sucesivamente hasta que se completa la tarea (e.g., Horn et al.). En el estudio de Horn et al., tres perosonas con discapacidad intelectual debían realizar la colada en 10 pasos. No obstante, los autores debieron subididr la tarea en subconjuntos de pasos para que los partcipantes pudieran realizarla. Por ejemplo, para uno de los participantes fue necesario presentar los pasos de uno en uno en cada video para que los pudiese seguir. Por el contrario, otro de los participantes pudo realizar la tarea correctamente cuando los pasos se presentaban de cinco en cinco en cada toma del video. El estudio ilustra la necesidad de adaptar el video a cada estudiante a fin de que muestre una secuencia de pasos que el estudiante pueda ir siguiendo hasta realizar la cadena completa.

Autoinstrucciones

Los alumnos también pueden ser guiados en una tarea compleja por medio de ayudas verbales autogeneradas (las llamadas "**autoinstrucciones**"). En este procedimiento, los alumnos están entrenados a darse ayudas verbales o instrucciones que les permitan emitir la secuencia correcta de conductas presentes en una cadena. Para utilizar este procedimiento, los alumnos deben ser capaces de recordar las autoinstrucciones, repetirlas en el momento apropiado y seguirlas correctamente. (Cada autoinstrucción debe ejercer control estimular sobre la conducta.) El alumno está entrenado para, primero repetir las autoinstrucciones en voz alta cómo ayuda de la conducta correcta. Cuando el alumno domine la repetición de las autoinstrucciones, puede empezar a repetirlas de manera encubierta. Tal vez pienses que cualquier persona capaz de aprender autoinstrucciones tendría que ser capaz también de aprender una cadena de conducta sin autoinstrucciones. Aunque este suele ser el caso, algunos alumnos que tienen dificultades con tareas complejas pueden beneficiarse de la autoinstrucción. Además, debido a que las autoinstrucciones pueden ser repetidas rápidamente y son en general fáciles de recordar, ayudan a emitir la conducta deseada en muchas situaciones.

Considera algunos ejemplos cotidianos de autoinstrucción: cada vez que vas a tu casillero y dices la combinación de la cerradura para abrirla, estás usando autoinstrucciones. Al recitar los dígitos de un número de teléfono al mismo tiempo que marcas el número, estás usando autoinstrucciones. Cuando te dices a ti mismo los diferentes pasos de una receta ("Tengo que agregar dos tazas de harina, una taza de avena, una taza de pasas, y una cucharadita de levadura en polvo"), utilizas las autoinstrucciones para ayudarte a emitir cada componente de la cadena de conducta.

Varios estudios han demostrado que los alumnos pueden utilizar autoinstrucciones para guiarse a través de tareas complejas de tipo ocupacional o educativo. Por ejemplo, Salend, Ellis y Reynolds (1989) enseñaron a adultos con discapacidad intelectual grave a decirse autoinstrucciones para llevar a cabo la secuencia correcta de respuestas en una tarea ocupacional (poner peines de plástico en cajas). Se decían cuatro autoinstrucciones sencillas: "Peine arriba, peine abajo, peine en la bolsa, peine en la caja". Al decir cada una de ellas, realizaban la acción correspondiente. El uso de autoinstrucciones llevaba a una ejecución correcta de la tarea. Whitman, Spence y Maxwell (1987) enseñaron a adultos con discapacidad intelectual a usar autoinstrucciones para poder distribuir cartas correctamente en diferentes cajas. Albion y Salzburg (1982) enseñaron a alumnos con discapacidades mentales a usar autoinstrucciones para resolver problemas de matemáticas. En cada caso, las autoinstrucciones hicieron que las conductas correctas fueran emitidas en la cadena en el orden correcto.

Aunque el análisis de tareas por escrito, las ayudas visuales, y las autoinstrucciones se usen frecuentemente para enseñar una cadena de conductas, también pueden ser usados para enseñar respuestas individuales. Estos procedimientos se describen en el presente capítulo para ilustrar su uso en el caso de cadenas conductuales.

Prpcedimientos de encadenamiento

- Encadenamiento hacia atrás: entrenas el último componente de la cadena primero, y luego entrenas las otras conductas, yendo del final de la cadena hasta el principio.

- Encadenamiento hacia adelante: entrenas el primer componente de la cadena y luego entrenas las otras conductas yendo del principio de la cadena hasta el final.

- Encadenamiento con ayuda total: ayudas al alumno a emitir la totalidad de la cadena en cada ensayo de aprendizaje.

- Análisis de tareas por escrito: utilizas como ayudas, descripciones escritas de cada paso de la cadena.

- Ayudas visuales: empleas como ayudas, imágenes de cada paso en el análisis de tareas.

- Videomodelado: usar un video de la tarea (o partes de la tarea) como ayudas para completar la tarea.

- Auto-instrucciones: el alumno repite instrucciones verbales para ayudarse a sí mismo a emitir cada componente de la cadena de conducta.

LECTURA PARA AMPLIAR

Aplicaciones de los procedimientos de encadenamiento

Muchas tareas y actividades cotidianas se componen de cadenas conductuales, y la investigación ha demostrado la eficacia de los procedimientos de encadenamiento para enseñar una gama amplia de tales actividades. Por ejemplo, Thompson, Braam, y Fuqua (1982) utilizaron un procedimiento de encadenamiento hacia adelante para enseñar habilidades de lavandería a personas con discapacidad intelectual. Realizaron un análisis de tareas de las conductas implicadas en hacer funcionar una lavadora y una secadora y mostraron que tres personas aprendieron a emitir cadenas conductuales compuestas por 74 respuestas individuales. En otro estudio, Macduff, Krantz y McClannahan (1993) utilizaron ayudas visuales para facilitar actividades complejas de ocio y tareas escolares en cuatro niños con autismo. Los niños aprendieron a usar una carpeta con tres anillas que contenía imágenes de las actividades a realizar. Cada niño miraba la secuencia de imágenes y realizaba las actividades descritas en las fotografías. Aunque los niños eran capaces de realizar estas actividades al inicio del estudio, no siempre lo hacían hasta que fueron entrenados a usar las ayudas visuales. Vintere, Hemmes, Brown y Poulson (2004) demostraron la eficacia de el encadenamiento con ayuda total para enseñar pasos complejos de baile a niños de edad preescolar. En este estudio, los autores utilizaron instrucciones y el modelado de respuestas para ayudar a los niños a emitir la cadena de conducta deseada; también elogiaron el desempeño correcto. Además, algunos niños emplearon la autoinstrucción. Los autores mostraron que ambos procedimientos fueron eficaces, pero que la adición de autoinstrucciones produjo un aprendizaje más rápido de los pasos de baile.

Cómo usar los procedimientos de encadenamiento

Si quieres enseñar a una persona una tarea compleja, puedes utilizar cualquiera de las estrategias descritas en este capítulo. Todos los procedimientos descritos aquí son considerados como procedimientos de encadenamiento porque se utilizan para enseñar una cadena de conducta. Por lo tanto, en el presente capítulo, "El encadenamiento" término inclusivo que se refiere al encadenamiento hacia atrás y hacia adelante, al encadenamiento con tarea total, el análisis de tareas por escrito, las ayudas visuales, y las autoinstrucciones. Los pasos siguientes son particularmente importantes para un uso eficiente de los procedimientos de encadenamiento (véase también Cooper y cols., 1987; Martin y Pear, 1992; Sulzer-Azaroff y Mayer, 1991):

1. Determinar si el procedimiento de encadenamiento es apropiado. ¿Tiene que ver el problema con la adquisición de la conducta o con algún tipo de "desobediencia"? Si el alumno no realiza una tarea compleja porque no puede, un procedimiento de encadenamiento es adecuado. Por el contrario, si el alumno es capaz de hacer la tarea pero se niega a participar, el procedimiento de enseñanza tendría que enfocarse en este último problema.

2. Desarrollar un análisis de tareas. El análisis de tareas divide la cadena de conductas en sus componentes estímulo-respuesta individuales.

3. Obtener una línea de base de la capacidad del alumno. Cooper y colaboradores (1987) describen dos métodos para evaluar el nivel de dominio de la tarea por los alumnos. En el **método de oportunidad única**, el alumno tiene una sola oportunidad para realizar la tarea; registras los componentes que el alumno emite en el orden correcto y sin asistencia. O sea, presentas el primer ED en la cadena y evalúas las respuestas del alumno. En el método de oportunidad única, el primer error por parte del alumno suele resultar en errores adicionales entodos los pasos siguientes de la cadena o en que el alumno no pueda completar ningún paso más de la cadena. En el **método de oportunidades múltiples,** evalúas la capacidad del alumno en emitir cada componente individual en la cadena (p.ej., Horn et al., 2008). Presentas el primer ED y esperas a que el alumno responda. Si no responde correctamente, presentas el segundo ED y evalúas la respuesta del alumno. En ausencia de respuesta correcta, presentas el tercer ED, y así sucesivamente hasta que el alumno haya tenido la oportunidad de responder a cada ED en la cadena.

4. Elegir el método de encadenamiento que se utilizará. Para los alumnos con habilidades más limitadas, los métodos de encadenamiento hacia adelante o hacia atrás son más apropiados. Si la tarea es menos compleja o si el alumno es más capaz, el encadenamiento con ayuda total puede ser más apropiada. Otros procedimientos como el análisis de tareas por escrito, las ayudas visuales o las autoinstrucciones pueden ser apropiados, dependiendo de las capacidades del alumno y de la complejidad de la tarea.

5. Llevar a cabo el procedimiento de encadenamiento. Cualquiera que sea el procedimiento, el objetivo final es conseguir que el alumno emita la secuencia conductual correcta sin ayuda. Por lo tanto, el uso adecuado de ayudas y su desvanecimiento son aspectos importantes en cualquier procedimiento de encadenamiento. Tienes que seguir recogiendo datos sobre el desempeño del alumno mientras aplicas el procedimiento.

6. Seguir usando el reforzamiento después de que la tarea haya sido aprendida. Si sigues proporcionando reforzadores, por lo menos de manera intermitente, una vez que el alumno sea capaz de realizar la tarea sin ayuda, su conducta persistirá a lo largo del tiempo.

RESUMEN DEL CAPITULO

1. Una cadena de conducta, también llamada "cadena estímulo-respuesta", es una conducta compuesta por dos o más componentes estímulo-respuesta.

2. Un análisis de tareas identifica el estímulo y la respuesta para cada componente de la cadena. Es importante realizar este análisis para que todos los componentes de la cadena (ED y respuestas) sean claramente identificados.

3. Los procedimientos de encadenamiento se utilizan para enseñar a una persona a emitir una cadena de conducta. Estos procedimientos involucran ayudas y su desvanecimiento al nivel de cada componente de la cadena. En el encadenamiento hacia atrás, el último componente estímulo-respuesta se entrena primero. El penúltimo componente se entrena luego, y así sucesivamente hasta que toda la cadena haya sido aprendida. En el encadenamiento hacia adelante, el primer componente estímulo-respuesta se entrena primero. El segundo componente

se estrena luego, y así sucesivamente hasta que toda la cadena haya sido aprendida.

4. En el encadenamiento con ayuda total, se pide en cada ensayo de aprendizaje la cadena de conducta entera. La guía graduada se utiliza frecuentemente en conjunto con el encadenamiento con ayuda total.

5. En el análisis de tareas por escrito, el alumno utiliza ayudas textuales para cada componente de la cadena. En el procedimiento de ayuda visual, el alumno usa imágenes como ayudas para cada componente de la cadena de conducta. En el procedimiento de video-modelado el alumno mira un video en el cual se está realizando la tarea, el video sirve de ayuda para completar los pasos de la tarea. Con la autoinstrucción, el alumno repite autoinstrucciones (ayudas verbales) para evocar cada componente de la cadena.

PALABRAS CLAVE

Análisis de tareas por escrito, 210
Análisis de tareas, 199
Autoinstrucciones, 212
Ayudas visuales, 210
Cadena de conducta, 197

Cadena estímulo-respuesta, 198
Encadenamiento con ayuda total, 206
Encadenamiento hacia adelante, 205

Encadenamiento hacia atrás, 202
Guía graduada, 207
Procedimientos de encadenamiento, 202
Videomodelado, 211

TÉST PRÁCTICO

1. ¿Qué es una cadena estímulo-respuesta? Da dos ejemplos de cadenas estímulo-respuesta que no estén en este capítulo (pág. 228).

2. Identifica cada estímulo y respuesta de cada cadena en los ejemplos de la pregunta 1.

3. ¿Qué es un análisis de tareas? ¿Por qué es importante realizar un análisis de tareas? (pág. 229).

4. Proporciona un análisis de tareas de la conducta de verter agua de una jarra a un vaso. Se supone que la jarra de agua y el vaso ya están puestos en la mesa.

5. Describe el encadenamiento hacia atrás (pág. 232).

6. Describe el uso del encadenamiento hacia atrás para enseñar la tarea de la pregunta 4.

7. Describe el encadenamiento hacia adelante (págs. 234-235).

8. Describe cómo usar el encadenamiento hacia adelante para enseñar la tarea de la pregunta 4.

9. 9. ¿En qué se parecen el encadenamiento hacia

atras y el encadenamiento hacia adelante? ¿En qué se diferencian? (pág. 236).

10. Describe el procedimiento de encadenamiento con ayuda total (págs. 236-237).

11. Describe la guía graduada (págs. 236-237).

12. Describe cómo usarías el procedimiento de encadenamiento con ayuda total para enseñar la tarea de la pregunta 4.

13. ¿En qué difiere la presentación total de la tarea del encadenamiento hacia atrás y del encadenamiento hacia adelante? ¿En qué se parecen estos procedimientos? (pág. 238).

14. Describe cómo utilizarías el análisis de tareas por escrito para conseguir que una persona lleve a cabo una tarea compleja. ¿Cuál es el otro nombre para un análisis de tareas por escrito? (pág. 240).

15. Describe el uso de ayudas visuales (pág. 240). Describe el uso del videomodelado (págs. 210-212).

16. Describe el uso de autoinstrucciones. ¿Cuál es el otro nombre para la autoinstrucción? (pág. 241).

17. ¿Cuándo se puede utilizar un procedimiento de encadenamiento? ¿Cuándo no? (pág. 243).

18. Describe brevemente las pautas para el uso de un procedimiento de encadenamiento en enseñar una tarea compleja (pág. 243).

APLICACIONES

1. Te ha contratado una agencia que ofrece servicios de rehabilitación a personas que sufren daño cerebral. Muchas veces estas personas tienen que aprender habilidades básicas de nuevo y una habilidad que tienes que enseñarles es hacer la cama. El primer paso consiste en desarrollar un análisis de tareas. Proporciona tu análisis de tareas para hacer la cama. Asegúrate de incluir todos los componentes

2. estímulo-respuesta.
   Después de desarrollar el análisis de tareas para hacer la cama, debes elegir un procedimiento de el encadenamiento hacia adelante. Describe el uso del encadenamiento hacia adelante para enseñar la tarea de hacer la cama.

3. Una de las personas con daño cerebral tiene un grave deterioro de la memoria. Un día después de aprender la tarea, no puede recordar las conductas de hacer la cama. Decides utilizar ayudas o bien visuales o bien textuales (análisis de tareas por escrito) para ayudar a esta persona a hacer su cama todos los días. Describe cómo usarías ayudas visuales y cómo usarías ayudas textuales con esta persona.

APLICACIONES INADECUADAS

1. Tu sobrina está inscrita en un programa de preescolar. Antes de que empiece, quieres enseñarle a recitar el alfabeto. Debido a que recitar el alfabeto es una cadena de conducta, eliges el encadenamiento con ayuda total. ¿Cuál es el problema con el encadenamiento con ayuda total? ¿Qué procedimiento sería mejor para enseñar a tu sobrina a recitar el alfabeto?

2. Tomás, un joven con discapacidad intelectual grave, empezó recientemente un trabajo en el que arma piezas de frenos de bicicleta. La tarea tiene siete pasos. Los miembros del personal le proporcionaron ayudas visuales para ayudarle a aprender la tarea y utilizaron fichas para reforzar su conducta. Al final de cada mes, Tomás recibe un pago basado en el número de piezas que armó. Una vez que aprendió la tarea, el personal quitó las ayudas visuales y dejó de utilizar las fichas. Ahora dejan a Tomás hacer su trabajo sólo y esperan que el pago mensual mantenga su conducta. ¿Qué problema hay con esta estrategia? ¿Qué estrategia sería mejor?

3. Néstor, un estudiante universitario, regresa a casa durante el verano y empieza a trabajar en una tienda. Trabaja en el turno de tarde y por la noche tiene que cerrar la tienda bajo llave. Esta tarea involucra una secuencia de 20 pasos. El administrador piensa usar el encadenamiento hacia adelante para enseñarle la tarea a Néstor. ¿Qué problema hay con esta estrategia? ¿Qué estrategia sería mejor?

Procedimientos de entrenamiento de habilidades conductuales

- ¿Cuáles son los cuatro componentes de un procedimiento de entrenamiento de habilidades conductuales?
- ¿Cuándo es el momento adecuado para usar procedimientos de entrenamiento de habilidades conductuales?
- ¿Cómo se usan los procedimientos de entrenamiento de habilidades conductuales en grupos?
- ¿Cómo se relaciona el concepto de la contingencia de tres términos con los procedimientos de entrenamiento de habilidades conductuales?

Ya hemos visto procedimientos de ayuda y desvanecimiento que pueden utilizarse para enseñar a una persona a mostrar la conducta correcta en el momento adecuado (para determinar el control de estímulos sobre la conducta). También hemos aprendido acerca de los procedimientos de encadenamiento, en los que las ayudas y el desvanecimiento se usan para enseñarle a una persona una tarea compleja. En este capítulo aprenderemos otros procedimientos para enseñar habilidades. Los **procedimientos de entrenamiento de habilidades conductuales**, que consisten en el uso de las instrucciones, el modelado, los ensayos conductuales y la retroalimentación, se usan generalmente juntos en sesiones de entrenamiento, para ayudar a una persona a adquirir habilidades útiles (tales como habilidades sociales o habilidades relacionadas con el trabajo). Los procedimientos de entrenamiento de habilidades conductuales se usan normalmente para enseñar habilidades que pueden ser simuladas en un role-play.

223

Ejemplos de procedimientos de entrenamiento de habilidades conductuales

Cómo enseñarle a Marcia a decir "No" a los profesores

Marcia es secretaria en la universidad. Cree que los miembros de la facultad en su departamento le piden cosas excesivas, pero no ha sido capaz de rechazar estas peticiones poco razonables (p.ej., trabajar durante su hora del almuerzo y hacer recados personales). Marcia está viendo a un psicólogo, el Dr. Mingo, quien está utilizando procedimientos de entrenamiento de habilidades conductuales para ayudarle a desarrollar habilidades de asertividad. En la consulta del psicólogo hacen juegos de rol sobre las situaciones difíciles que Marcia afronta en el trabajo. El Dr. Mingo utiliza role-play para evaluar e incrementar la asertividad de Marcia. En primer lugar, el Dr. Mingo crea una situación en el trabajo en la que Marcia se interpreta a sí misma y él interpreta el papel de un compañero de trabajo. En ese papel, le hace una petición poco razonable, como "Marcia, tengo una reunión esta tarde. Necesito que vayas a buscar mi ropa de la lavandería en seco a la hora del almuerzo". A continuación, evalúa lo que ella dice y cómo lo dice (su conducta verbal y no verbal) en respuesta a esta petición. A continuación, el Dr. Mingo proporciona instrucciones y modelado, es decir, describe la forma de responder con mayor asertividad en esta situación y le muestra la conducta asertiva en otro role-play. Esta vez, Marcia interpreta el papel del compañero de trabajo que hace la petición poco razonable y el Dr. Mingo interpreta a Marcia respondiendo con asertividad. En el role-play, el Dr. Mingo dice "Lo siento pero no puedo hacer tus recados personales por ti".

Después de observar al Dr. Mingo modelando esta conducta asertiva, Marcia tiene la oportunidad de practicarla: se intercambian los papeles de nuevo y Marcia da la misma respuesta asertiva en el role-play. El Dr. Mingo luego le da retroalimentación sobre su rendimiento. Le felicita por los aspectos de la conducta que ha realizado bien y le da sugerencias sobre cómo mejorar. Después de recibir la retroalimentación Marcia practica la conducta de nuevo en otro role-play. Una vez más el Dr. Mingo le felicita por su actuación y hace las sugerencias necesarias para mejorar. Una vez que Marcia ha aprendido bien esta conducta asertiva, ensayarán otras situaciones que surgen con frecuencia en el trabajo. Marcia va a aprender varias habilidades de asertividad a través de este proceso de instrucciones, modelado, ensayo y retroalimentación.

Enseñar a los niños a protegerse del secuestro

Veamos otro ejemplo. Cheryl Poche utilizó el modelado, las instrucciones, el ensayo y la retroalimentación para enseñar habilidades de prevención del secuestro a niños de edad preescolar (Poche, Brouwer y Swearingen, 1981). Les enseñó cómo responder a los adultos que trataran de atraerlos para que se fueran con ellos. Poche creó role-play reales en los que un adulto se acercaba al niño en el patio y le pedía que se fuera con él. El adulto decía algo como "Hola, tengo un juguete en mi coche que creo que te gustaría. Ven conmigo y te lo daré". Las habilidades que aprendieron los niños eran decir "No, tengo que preguntarle a mi maestro" y volver corriendo a la escuela. En primer lugar, Poche utilizó los juegos de rol para evaluar las habilidades de los niños antes del entrenamiento. Después, aplicó el procedimiento de Entrenamiento de Habilidades Conductuales. El niño observaba cómo dos adultos actuaban en una escena en la que uno de los profesores con el rol del sospechoso, se acercaba y le pedía al otro profesor, con el rol del niño, irse con él. Así, el profesor que hacía de niño modelaba la respuesta correcta a esta tenta-

FIGURA 12-1   Después de recibir la tentación de secuestro del adulto, el niño dice "No, tengo que preguntarle a mi maestro" y vuelve corriendo a la escuela. El formador felicita al niño por mostrar la habilidad correctamente.

ción. Después de observar el modelo, el niño practicaba la habilidad de prevención del secuestro en otro role-play. Un profesor se acercaba al niño y presentaba la tentación de secuestro. Como respuesta, el niño decía: "No, tengo que preguntarle a mi maestro" y volvía corriendo a la escuela (Figura 12-1). El profesor felicitaba al niño por la ejecución correcta y, si la respuesta era sólo parcialmente correcta, le daba instrucciones y más modelado para inducir la conducta correcta.

El niño practicaba la conducta de nuevo en role-play hasta que fuera correcta. Después recibía entrenamiento con diferentes tipos de tentaciones de secuestro hasta que daba la respuesta correcta en diferentes situaciones. Los resultados de este estudio se ilustran en la Figura 12-2.

Componentes del procedimiento de entrenamiento de habilidades conductuales

Como se puede ver en estos ejemplos, normalmente se usan cuatro procedimientos (instrucciones, modelado, ensayos y retroalimentación) conjuntamente para enseñar habilidades. Examinémoslos con más detalle.

Instrucciones

Las **instrucciones** describen la conducta apropiada al alumno. Para ser más eficaces, las instrucciones deben ser específicas y deben describir la conducta exacta que se espera del alumno. Para una cadena de conductas, las instrucciones deben especificar cada componente de la cadena en la secuencia correcta y deberían también especificar las circunstancias apropiadas en las que se espera que el alumno muestre la conduc-

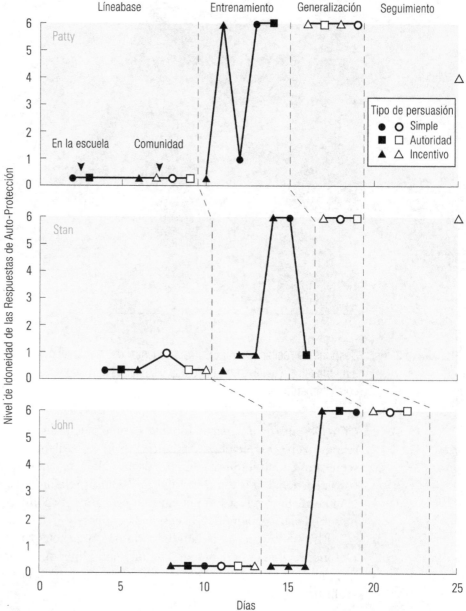

FIGURA 12-2 Este gráfico muestra el nivel de habilidades de autoprotección antes y después de que un procedimiento de entrenamiento de habilidades conductuales se llevara a cabo con tres niños de edad preescolar. Las habilidades de autoprotección fueron evaluadas en una escala de 0 a 6. Una puntuación de 6 significa que el niño dijo: "No, tengo que preguntarle a mi maestro" y volvió corriendo a la escuela cuando se le presentó una tentativa de secuestro. Una puntuación de 0 significa que el niño consintió irse con el adulto que presentó la tentativa de secuestro. Algunas veces el niño fue evaluado en el colegio y otras en la calle. Se usaron tres tipos de tentaciones: Con una tentación simple, el adulto se limitó a pedirle al niño que se fuera con él; con una tentación de autoridad, el adulto dijo que el maestro del niño dijo que estaba bien que el niño se fuera con él; con la tentación de incentivo, el adulto le ofreció al niño algo como un juguete, a condición de que se fuera con él. Este gráfico muestra un diseño de línea de base múltiple a través de sujetos en el que tres niños recibieron entrenamiento en diferentes momentos (según Poche, C., Brouwer, R., y Swearengin, M. [1981]. Teaching self-protection to young children. *Journal of Applied Behavior Analysis,* 14, 169-176. Reproducido con permiso de la Societyforthe Experimental AnalysisofBehavior.)

ta. Por ejemplo, cuando se enseñan habilidades de prevención del secuestro a niños pequeños, el maestro puede dar la instrucción: "Siempre que un adulto te pida que te vayas con él a alguna parte, debes decir "No, tengo que preguntarle a mi maestro" y volver corriendo a la escuela y decírmelo inmediatamente. Yo estaré muy orgulloso de ti". Esta instrucción especifica la situación antecedente, la conducta correcta y la consecuencia (la aprobación del maestro). Los siguientes factores pueden influir en la eficacia de las instrucciones:

- Las instrucciones deberían ser presentadas en un nivel que el alumno pueda comprender. Si son demasiado complejas, puede que el alumno no entienda la conducta. Si son demasiado simples, puede que el alumno se sienta indignado u ofendido.
- Las instrucciones deberían darse por alguien que tenga credibilidad ante el alumno (como un padre, maestro, jefe o psicólogo).
- El alumno debería tener la oportunidad de ensayar la conducta tan pronto como sea posible después de recibir las instrucciones.
- Emparejar las instrucciones con el modelado cada vez que se observa la conducta mejorará el potencial de aprendizaje de la conducta.
- Las instrucciones deberían darse sólo cuando el alumno está prestando atención.
- El alumno debería repetir las instrucciones para que el maestro pueda estar seguro de que las escuchó correctamente. Repetir las instrucciones durante el entrenamiento también aumenta la probabilidad de que el alumno sea capaz de repetírselas más adelante, ayudándose a sí mismo a ejecutar la conducta apropiada.
- El alumno debería tener la oportunidad de realizar la conducta tan pronto sea posible después de recibir las instrucciones.

Modelado

En el modelado, se le muestra al alumno la conducta correcta. El alumno observa la conducta del modelo y a continuación, la imita. Para que el modelado sea efectivo, el alumno debe tener un repertorio de imitación, es decir, debe ser capaz de prestar atención al modelo y de realizar la conducta que éste acaba de demostrar.

La mayoría de las personas tienen repertorios de imitación generalizados porque la imitación de la conducta de los demás ya se ha reforzado en una gran variedad de situaciones (Baer, Peterson y Sherman, 1967). El reforzamiento para la imitación normalmente comienza temprano en la vida de un niño. En el curso del desarrollo temprano, la conducta de un niño de imitar a modelos (proporcionados por los padres, maestros, hermanos y compañeros) se refuerza muchas veces en presencia de una amplia variedad de conductas modeladas por una o varias personas. A consecuencia de ello, la conducta de un modelo se convierte en un ED para la imitación y la imitación se convierte en una clase de respuesta generalizada, lo que significa que la imitación es probable que ocurra en el futuro, cuando una conducta se modele (Baer y Sherman, 1964; Bijou, 1976; Steinman, 1970).

El modelado puede ser en vivo o simbólico. En el modelado en vivo, una persona muestra la conducta adecuada en la situación adecuada. En el modelado simbólico, la conducta correcta se muestra en vídeo, audio, en dibujos animados o en una película. Por ejemplo, en otro estudio de Poche, Yoder y Miltenberger (1988), niños de primaria vieron un video en el que las habilidades de prevención del secuestro las mostraban niños actores. El video mostraba a un adulto acercándose a un niño y presentando una tentación de secuestro. El niño entonces realizaba la conducta correcta en respuesta al intento de secuestro. La conducta del modelo en el vídeo era la misma que la del modelo en vivo en el estudio anterior de Poche. Sin embargo, en este estudio toda la clase vio a la vez el modelo grabado en vídeo. El video también incluía instrucciones sobre la conducta correcta. Después de verlo, los niños ensayaron la conducta correcta y fueron felicitados o recibieron instrucciones adicionales, si las necesitaban. Otro grupo de niños vio el vídeo, pero no practicó la conducta.

Los investigadores encontraron que los niños que recibieron instrucciones, modelado, práctica y retroalimentación aprendieron las habilidades de prevención del secuestro mejor que los niños que recibieron instrucciones y modelado a través del video sin la posibilidad de practicar y recibir retroalimentación.

Hay una serie de factores que influyen en la eficacia del modelado (Bandura, 1977).

- Cuando el modelo muestra la conducta correcta debería dar lugar a un resultado positivo (un reforzador) para el modelo.

- El modelo debería parecerse a la gente que lo va a observar o tener un estatus alto. Por ejemplo, los modelos en el vídeo de Poche eran niños de la misma edad que la de los que veían el vídeo. A menudo, los maestros modelan la conducta correcta para los niños. Como los maestros tienen un estatus alto, es probable que los niños aprendan del modelo. En los anuncios de televisión, por lo general se muestran estrellas del deporte y otras celebridades utilizando el producto, gente con un estatus muy alto. La esperanza es que la gente imite el modelo y compre el producto.

- La complejidad de la conducta del modelo debería ser apropiada para el nivel de desarrollo o de capacidad del alumno. Si la conducta del modelo es demasiado compleja puede que el alumno no sea capaz de aprender de ella. Sin embargo, si la conducta del modelo es demasiado simple, puede que el alumno no preste atención.

- El alumno tiene que prestar atención al modelo para aprender la conducta que se está modelando. A menudo, el maestro centrará la atención del alumno en aspectos importantes de la conducta del modelo. Cuando modelaba habilidades de asertividad, el Dr. Mingo centró la atención de Marcia diciendo: "Ahora observa cómo establezco contacto ocular y uso un tono de voz firme". En el vídeo de Poche, el narrador les decía a los niños cuáles eran las conductas a observar cada vez que iba a presentarse un modelo.

- La conducta modelada debe ocurrir en el contexto adecuado (en respuesta al ED relevante). La conducta debe ser modelada en la situación real o en el contexto de role-play que simula la situación real. Por ejemplo, los niños vieron las habilidades de prevención del secuestro modeladas en respuesta a los intentos de secuestro de un adulto, es decir, en la situación en la que serían necesarias. Marcia observó al Dr. Mingo modelando conductas asertivas en el contexto de role-play, de las interacciones difíciles que afrontaba en el trabajo.

- La conducta modelada debería ser repetida las veces que fueran necesarias para que el alumno la imite correctamente.

- La conducta debería ser modelada de varias formas y en diferentes situaciones, para mejorar la generalización.

- El alumno debería tener la oportunidad de ensayar (imitar) la conducta tan pronto como fuera posible después de observar el modelo. La imitación correcta de la conducta modelada debería ser reforzada inmediatamente.

Ensayo conductual

El **ensayo conductual** es la oportunidad para el alumno de practicar la conducta después de recibir instrucciones o de observar a un modelo. El ensayo es una parte importante del procedimiento de entrenamiento de habilidades conductuales porque (a) el maestro no puede estar seguro de que el alumno ha aprendido la conducta hasta que lo vea mostrando la conducta apropiada, (b) proporciona una oportunidad para reforzar la conducta y (c) proporciona una oportunidad para evaluar y corregir los errores que pueden estar presentes en la realización de la conducta. Los siguientes factores pueden influir en la eficacia del ensayo como parte del procedimiento de Enseñanza de Habilidades Conductuales:

- La conducta debería ensayarse en el contexto adecuado (en presencia del estímulo discriminativo), ya sea en la situación en la que es apropiada o en un role-play que simula esa situación. Ensayar la conducta en el contexto adecuado facilitará la generalización cuando se complete el entrenamiento de las habilidades.

- Los ensayos deberían ser programados para tener éxito. Los alumnos deberían practicar primero conductas fáciles (o en situaciones fáciles en la que la conducta debería ocurrir) para que tengan éxito. Tras el éxito con las conductas fáciles, pueden practicar conductas más difíciles o complejas. De esta manera, realizar el ensayo es reforzante y los alumnos siguen participando.

- El ensayo de la conducta correcta debería ser siempre seguido inmediatamente por elogios u otros reforzadores.

- Los ensayos que son parcialmente correctos o que son incorrectos deben ser seguidos por retroalimentación correctiva.

- La conducta debería ensayarse hasta que se demuestre correctamente al menos algunas veces.

Retroalimentación

Tras el ensayo conductual del alumno, el profesor debería proporcionar retroalimentación inmediata. La **retroalimentación** (o feedback) implica el elogio u otros reforzadores por la realización correcta. Cuando sea necesario, también puede consistir en la corrección de errores o en dar más instrucciones sobre cómo mejorar la ejecución. La retroalimentación a menudo equivale al reforzamiento diferencial de algunos aspectos de la conducta y a la corrección de otros aspectos. En los procedimientos de entrenamiento en habilidades conductuales, la retroalimentación se define específicamente como el uso del elogio para el desempeño correcto y el uso de instrucciones adicionales para la actuación incorrecta. Por lo tanto, la retroalimentación tiene dos funciones. La primera como consecuente, ya que actúa un reforzador para la conducta correcta. La segunda como antecedente, ya que actúa como señal para que se produzca la conducta correcta en el próximo ensayo conductual. Hay algunos factores que pueden influir en la eficacia de la retroalimentación:

- La retroalimentación debe darse inmediatamente después de la conducta.

- La retroalimentación debe implicar siempre el elogio (u otros reforzadores) de algunos aspectos de la conducta. Si la conducta no ha sido correcta, el profesor debe felicitar al alumno al menos por intentarlo. Lo importante es hacer que el ensayo reforzante para el alumno.

- El elogio debería ser descriptivo. Debería describir lo que el alumno dijo e hizo de forma correcta y debería enfocarse en todos los aspectos de la conducta, verbales y no verbales (p.ej., lo que el alumno dijo e hizo y cómo lo dijo y lo hizo).

- Al proporcionar retroalimentación correctiva, no hay que hacerlo de forma negativa, no se debe describir el desempeño del estudiante como malo o incorrecto. Por el contrario, hay que proporcionar instrucciones que identifiquen lo que el alumno podría hacer mejor o cómo podría mejorar su ejecución.

- Hay que felicitar siempre algún aspecto de la actuación antes de proporcionar retroalimentación correctiva.

- Proporcionar retroalimentación correctiva de un solo aspecto de la conducta cada vez. Si el alumno hizo varias cosas de forma incorrecta, céntrate primero en una de ellas para que el alumno no se sienta abrumado o desalentado. Construye la ejecución correcta por pasos para que el alumno tenga más éxito en cada ensayo consecutivo.

Mejorar la generalización después del entrenamiento de habilidades conductuales

El objetivo de los procedimientos de entrenamiento en habilidades conductuales es que el alumno adquiera nuevas habilidades y que las utilice en las circunstancias adecuadas fuera de las sesiones de entrenamiento. Se pueden utilizar varias estrategias para promover la generalización después del entrenamiento en habilidades conductuales.

En primer lugar, la formación debería incluir varios role-play que simulen las situaciones reales que probablemente encontrará el alumno en la vida real. Cuanto más cercanos sean los escenarios de formación (role-plays) a las situaciones reales de la vida, más probable es que las habilidades se generalicen a las situaciones reales (Miltenberger, Roberts, et al., 1999).

En segundo lugar, es importante que se incorporen situaciones reales de la vida en la formación. El alumno podrá repasar las habilidades en role-play con sus compañeros reales o en situaciones reales (p.ej., en la escuela, en el patio). Por ejemplo, Olsen-Woods, Miltenberger y Forman (1998) enseñaron habilidades de prevención del secuestro a niños y llevaron a cabo algunos role-play en el patio de su escuela como una situación de la vida real en la que un intento de secuestro puede tener lugar.

En tercer lugar, proporciona tareas al alumno para que practique la habilidad que está aprendiendo fuera de la sesión de enseñanza de habilidades conductuales en una situación de la vida real. Después de practicar la habilidad fuera de la sesión de entrenamiento, el alumno puede comentar la experiencia en la próxima sesión de entrenamiento en habilidades conductuales y recibir retroalimentación sobre su desempeño. En algunos casos, el ensayo de las habilidades fuera de una sesión puede ser supervisado por un padre o un maestro que pueda proporcionar una retroalimentación inmediata.

En cuarto lugar, el profesor puede planificar la administración de reforzamiento en situaciones fuera de las sesiones de entrenamiento. Por ejemplo, podría hablar con un maestro o padre y acordar que proporcionen el reforzador cuando el alumno muestre la habilidad correcta en casa o en la escuela.

Evaluación in situ

El entrenamiento en habilidades conductuales con frecuencia se da en situaciones diferentes de aquellas en las que la habilidad es necesaria. Por ejemplo, el entrenamiento de niños para prevenir el contacto con extraños puede realizarse en el aula, pero la habilidad debe de utilizarse en la calle cuando el niño está solo. Por tanto, es importante evaluar las habilidades adquiridas mediante entrenamiento en habilidades conductuales en el contexto en el que dichas habilidades deben ocurrir. Además, es importante evaluarlas sin que el individuo sepa que está siendo evaluado. Cuando una evaluación de habilidades ocurre en el contexto natural en el que las habilidades son necesarias y el individuo no es consciente de la evaluación hablamos de evaluación in situ. Realizar una evaluación in situ es importante para establecer con precisión si el individuo, llegado el momento, hará uso de las habilidades entrenadas. La investigación disponible indica que si el individuo sabe que se está siendo evaluado, hará uso de las habilidades entrenadas con mayor probabilidad que si no sabe que está siendo evaluado (Gatheridge et al., 2004; Himle, Miltenberger, Gatheridge, &Flessner, 2004; Lumley, Miltenberger, Long, Rapp, & Roberts, 1998).

Por ejemplo, en el estudio de Gathridge et al. (2004), se enseñaron habilidades de prevención de accidentes con armas de fuego a niños de 6 y 7 años. Las habilidades debían usarse si encontraban un arma sin haber ningún adulto cerca e incluían tres elementos centrales: (1) no tocar el arma, (2) alejarse del arma, y (3) avisar a un adulto. Después del entrenamiento, cuando se preguntó a los niños qué hacer si encontraban un arma, estos aportaron la respuesta correcta. Igualmente, cuando se les pidió que mostrasen a los investigadores qué hacer si encontraban un arma, una vez más mostraron la conducta correcta. No obstante, cuando los niños encontraban un arma de verdad (en esta caso un arma inutilizada donada por la policía para realizar el experimento) sin saber que estaban siendo observados (evaluación in situ), no mostraron la conducta correcta. Los niños habían aprendido las habilidades, pero solo las usaban si el investigador estaba presente. En otras palabras, las habilidades no se generalizaron por estar bajo el control de estímulo de la presencia del investigador.

¿Por qué las habilidades pueden estar bajo control de estímulo del investigador? ¿Por qué el investigador era un ED para el uso de las habilidades de prevención?

El investigador estaría funcionando como un ED para el uso de habilidades por ser estas reforzadas solo cuando el investigador estaba presente durante el entrenamiento. A fin de conseguir la generalización de las habilidades se hace necesario reforzar las habilidades en el entorno natural en el que las habilidades deben usarse y sin que esté el investigador presente. Este procedimiento, conocido como entrenamiento in situ, se describe a continuación.

Entrenamiento in situ

La investigación reciente que evalúa los procedimientos de entrenamiento en habilidades conductuales para la enseñanza de habilidades de seguridad a niños y personas con discapacidad intelectual, ha demostrado que un procedimiento llamado entrenamiento in situ, a veces se necesita para promover la generalización después del entrenamiento (p.ej., Egemo, Helm et al., 2007; Himle, Miltenberger, Flessner y Gatheridge, 2004; Miltenberger, 2005; Miltenberger, Roberts et al., 1999). Con el **entrenamiento in situ,** el formador establece una evaluación en el entorno natural sin que el niño sepa que está siendo evaluado (llamada evaluación in situ). Si el niño no muestra las habilidades durante la evaluación in situ, el formador entra en la situación y de inmediato convierte la evaluación en una sesión de entrenamiento. El formador pone entonces al niño a ensayar varias veces las habilidades en la situación de evaluación para que sea más probable que las habilidades se muestren se enfrenta a una situación similar en el futuro.

Consideremos el ejemplo de un estudio de 2005 de Johnson y colaboradores que utilizan el entrenamiento en habilidades conductuales para la enseñanza de las habilidades de prevención del secuestro a niños de 4 y 5 años de edad. Después de que un niño de 5 años demostrara las habilidades de prevención del secuestro durante las sesiones de entrenamiento, Johnson llevó a cabo una evaluación in situ. Durante esta evaluación, un investigador ayudante (que el niño no conocía) se acercó al niño en el patio mientras estaba solo y le preguntó si le gustaría ir a dar un paseo. Cuando el niño no usó las habilidades de seguridad (no dijo "No" y no fue corriendo a decírselo a un adulto) durante la evaluación, un profesor salió en ese momento y le preguntó al niño: "¿Qué se supone que debes hacer cuando un extraño te pide que te vayas?" Después de que el niño diera la respuesta correcta, el profesor dijo: "Bueno, no hiciste eso. Vamos a tener que practicar para que lo hagas bien si esto vuelve a suceder". El profesor puso entonces al niño a practicar el decir "no", huir y decírselo a un adulto como respuesta en un role-play de la situación. Gracias a este procedimiento, la próxima ocasión en la que el niño fue evaluado sin su conocimiento, mostró la conducta correcta. A través de una serie de estudios, los investigadores han demostrado que la realización de entrenamiento in situ de esta manera, es eficaz para los niños que no usaron las habilidades después del Entrenamiento en Habilidades Conductuales (Gatheridge al., 2004; Himle, Miltenberger, Flessner y Gatheridge, 2004; Johnson et al., 2005, 2006; jostad et al. 2008; Miltenberger et al., 2004, 2005).

Entrenamiento de habilidades conductuales y la contingencia de tres términos

Combinando las instrucciones, el modelado, el ensayo y la retroalimentación, el procedimiento de entrenamiento en habilidades conductuales, utiliza los tres aspectos de la contingencia de tres términos. Una contingencia de tres términos, que incluye los antecedentes, la conducta y las consecuencias de la conducta, debería ser utilizada en cualquier situación de enseñanza. El modelado y las instrucciones son las estrategias de antecedentes usadas para evocar la conducta correcta. Como la mayoría de las personas han seguido instrucciones o han imitado modelos en el pasado con éxito, las instrucciones y el modelado son estímulos discriminativos efectivos para la conducta correcta. El ensayo consiste en la ejecución de la conducta que fue descrita y modelada. Cuando la conducta se ensaya correctamente, la retroalimentación supone una consecuencia reforzante que hace persistente la conducta correcta. Cuando la conducta es parcialmente correcta o incorrecta, la retroalimentación correctiva se proporciona en forma de instrucciones para mejorar la ejecución. La retroalimentación correctiva funciona como un antecedente que evoca la conducta correcta en el siguiente ensayo, de modo que pueda ser reforzada.

Antecedente	Conducta	Consecuencia

Role play, modelado e instrucciones   Práctica de la habilidad   Retroalimentación (felicitaciones por hacerlo bien)

Resultado: es más probable que el cliente utilice la habilidad correcta en el role-play.

La mejor manera de enseñar una habilidad, es proporcionando instrucciones o modelado y exigiendo que la persona ensaye la habilidad para que ésta pueda ser reforzada. Esto constituye un ensayo de aprendizaje en entrenamiento de habilidades conductuales. A pesar de que las instrucciones o el modelado por sí mismos pueden evocar la conducta correcta en la situación correcta, la conducta no es probable que siga ocurriendo al menos que sea posteriormente reforzada. Por ejemplo, supongamos que su amigo te dice que conduzcas en el carril de la izquierda al pasar un centro comercial porque los coches que están a punto de girar hacia el centro comercial ralentizan el tráfico en el carril derecho. Si sigues esta instrucción tu conducta es reforzada por evitar el tráfico lento será más probable que conduzcas en el carril de la izquierda al pasar el centro comercial en futuras ocasiones. Sin embargo, si sigues la instrucción y conduces en el carril izquierdo, pero el tráfico no es particularmente más rápido en ese carril, tu conducta no sería reforzada. Por lo tanto, a pesar de que la instrucción evoca la conducta en principio, esta no seguiría ocurriendo porque no fue reforzada después de que ocurriera. Al enseñar una habilidad, podríamos evocar la conducta correcta simplemente modelándola o dándole instrucciones al alumno. Sin embargo, para asegurarnos de que la conducta se ha aprendido, tenemos que debemos hacer que el alumno la ponga en práctica en la situación de entrenamiento y reforzarla en este contexto. Es mucho más probable que el alumno realice la conducta en la situación real si ya la ha realizado con éxito y se ha reforzado durante el entrenamiento.

Entrenamiento de habilidades conductuales en grupo

A veces se utilizan los procedimientos de entrenamiento de habilidades conductuales con grupos de personas que necesitan aprender habilidades similares. Por ejemplo, el entrenamiento de padres puede llevarse a cabo con un grupo de padres que todos están teniendo dificultades con sus hijos; el entrenamiento en asertividad podría llevarse a cabo con un grupo de personas que tienen déficits en las habilidades asertivas. El entrenamiento en habilidades conductuales en grupo es más efectivo con grupos pequeños en los que todos los miembros tienen la oportunidad de participar (Himle y Miltenberger, 2004). Aquí, el modelado y las instrucciones se presentan a todo el grupo. Después, cada miembro del grupo ensaya la habilidad en un role-play y recibe retroalimentación de los formadores y de otros miembros del grupo (Poche, et al., 1988). En el entrenamiento en grupo, como en el individual, cada persona ensaya la técnica hasta realizarla correctamente en diferentes situaciones simuladas.

El entrenamiento en habilidades conductuales en grupo tiene una serie de ventajas. En primer lugar, puede ser más eficiente que el individual porque las instrucciones y el modelado se presentan a todo el grupo. En segundo lugar, cada miembro del grupo aprende observando a otros miembros del grupo mientras ensayan las habilidades y reciben retroalimentación sobre sus actuaciones. En tercer lugar, los miembros del grupo aprenden evaluando el desempeño de otros miembros del grupo y proporcionando retroalimentación. En cuarto lugar, con diferentes miembros del grupo participando en role-play, la generalización puede mejorar. Por último, la magnitud del reforzamiento por un ensayo de éxito, es mayor cuando las felicitaciones vienen de otros miembros del grupo, además de las felicitaciones del formador.

Una desventaja del entrenamiento en habilidades conductuales en grupo es que cada persona no tiene toda la atención del formador. Un posible problema añadido es que algunos miembros puede que no participen activamente o que dominen y limiten la participación de otros miembros. El formador puede prevenir este problema tomando un papel activo y promocionando la participación de todos los miembros.

Aplicaciones de los procedimientos de entrenamiento de habilidades conductuales

Numerosos estudios han demostrado que los procedimientos de entrenamiento en habilidades conductuales son eficaces en la enseñanza de una gran variedad de habilidades (Rosenthal y Steffek, 1991). Estos procedimientos se han utilizado ampliamente con niños. Ya hemos hablado de los estudios de Poche y colaboradores. Otros investigadores han utilizado también los procedimientos de entrenamiento en habilidades conductuales para enseñar habilidades de prevención del secuestro y de prevención del abuso sexual a niños (Carroll y Miltenberger Rowan, 1994; Johnson et al, 2005, 2006; Miltenberger y Thiesse-Duffy, 1988; Miltenberger, Thiesse-Duffy, Suda, Kozak y Bruellman, 1990; Olsen-Woods et al., 1998; Wurtele, Marrs y Miller-Perrin, 1987; Wurtele, Saslawsky, Miller, Marrs y Britcher, 1986). En cada uno de estos estudios, los niños aprendieron las respuestas correctas ante las situaciones peligrosas a través las instrucciones y el modelado, ensayaron las habilidades de autoprotección en role-play de situaciones peligrosas y recibieron retroalimentación sobre su actuación. Estos investigadores encontraron que el uso de las instrucciones y el modelado sin ensayo y retroalimentación fue menos efectivo para enseñar a los niños habilidades de autoprotección. Los niños aprendieron mucho más cuando tuvieron la oportunidad de ensayar las habilidades y recibir retroalimentación sobre su actuación después de las instrucciones y el modelado. Las habilidades de prevención del secuestro y del abuso sexual también se han enseñado a adultos con discapacidad intelectual utilizando el mismo enfoque de entrenamiento de habilidades conductuales (Haseltine y Miltenberger, 1990; Lumley, Miltenberger, largo, Rapp y Roberts, 1998; Miltenberger, Roberts et al., 1999). En algunos casos, el entrenamiento in situ se utilizó después del entrenamiento en habilidades conductuales, para ayudar a los niños o a las personas con discapacidad intelectual a aprender las habilidades y a utilizarlas en situaciones naturales (Johnson et al, 2005, 2006).

En otras investigaciones, los procedimientos de entrenamiento en habilidades conductuales han sido utilizados para enseñar habilidades de emergencia contra incendios a los niños. Jones y Kazdin (1980) enseñaron a niños pequeños a hacer llamadas de emergencia al departamento de bomberos. Jones, Kazdin y Haney (1981) enseñaron a niños las habilidades necesarias para responder a los incendios en el hogar. Identificaron nueve casos distintos de emergencia de incendios en el hogar y las respuestas de seguridad contra incendios correctas para cada situación. En el entrenamiento, simularon un incendio en un dormitorio y usaron instrucciones, modelado, ensayo conductual y retroalimentación para enseñarles a los niños las respuestas correctas. El formador le dijo al niño cuáles eran las conductas correctas y le mostró lo que tenía que hacer. Cuando el niño ejecutó la conducta correctamente, el formador le felicitó y le dio otros reforzado-

FIGURA 12-3   El niño está ensayando una habilidad de seguridad contra incendios después de ver a un modelo y de recibir instrucciones del formador. Después del ensayo, el instructor proporcionará retroalimentación.

res. Si un niño ejecutaba cualquier parte de la cadena incorrectamente, el formador le daba retroalimentación sobre lo que podría hacer mejor y el niño lo intentaba de nuevo hasta hacer lo correcto (Figura 12-3). Cada vez que alguna parte de la actuación era incorrecta, antes de proporcionar la corrección, los investigadores siempre felicitaban al niño por cualquier parte de la conducta de seguridad contra incendios que el niño hizo correctamente. Los resultados se resumen en la Figura 12-4.

Los procedimientos de entrenamiento en habilidades conductuales también se han utilizado ampliamente con personas que tienen déficits de habilidades sociales. Por ejemplo, Elder, Edelstein y Narick (1979) enseñaron a adolescentes agresivos a mejorar sus habilidades sociales en un esfuerzo de reducir su conducta agresiva. Matson y Stephens (1978) enseñaron a pacientes con trastornos psiquiátricos crónicos a aumentar las conductas sociales adecuadas, lo cual resultó en una disminución de discusiones y peleas. Starke (1987) utilizó procedimientos de entrenamiento en habilidades conductuales para mejorar las habilidades sociales de adultos jóvenes con discapacidad física. Warzak y Page (1990) enseñaron a niñas adolescentes sexualmente activas cómo rechazar proposiciones sexuales no deseadas de chicos adolescentes. En cada estudio los sujetos aprendieron las habilidades sociales a través de las instrucciones y el modelado, el ensayo de las habilidades en role-play y retroalimentación (reforzamiento y corrección) sobre su ejecución.

Starke (1987) encontró que el procedimiento de entrenamiento en habilidades conductuales era más efectivo que la discusión en grupo para aumentar las habilidades sociales. Este hallazgo sugiere que el ensayo y la retroalimentación eran componentes importantes del procedimiento de entrenamiento de habilidades. En otras palabras, no es suficiente decir qué habilidades son importantes y observarlas. La mejor manera de aprender habilidades es teniendo también la oportunidad de ensayar y recibir retroalimentación de manera que estas habilidades puedan ser reforzadas en situaciones simuladas o reales.

Resultados similares muestran que las instrucciones y el modelado no son suficientes y que el alumno debe practicar las habilidades seguidas de retroalimentación para que el procedimiento sea exitoso (bECK . Por ejemplo, en el estudio de Beck y Miltenberger (2009) varios niños vieron un video, adquirido de internet, diseñado para enseñar habilidades de prevención de secuestro a niños (decir "no", huir, y contar a los

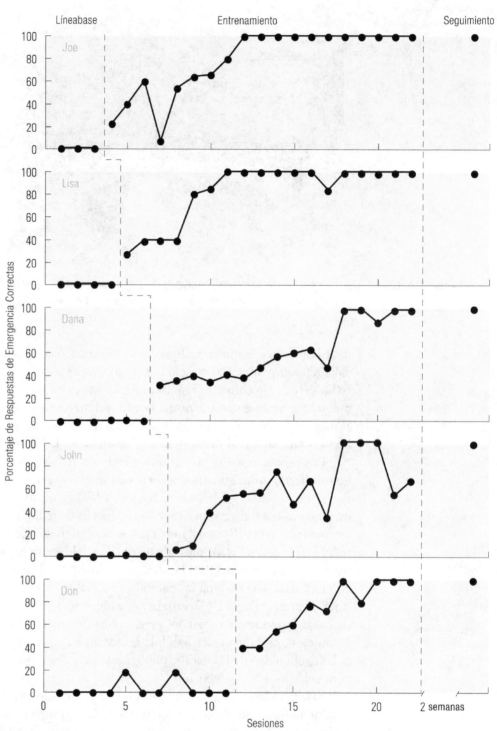

FIGURA 12-4   Este gráfico muestra el porcentaje de respuestas de emergencia en incendios correctas de cinco niños antes y después de que el entrenamiento de habilidades conductuales se llevara a cabo con cada niño. Todos los niños aprendieron las habilidades gracias al entrenamiento. Este gráfico es de un diseño de línea de base múltiple a través de sujetos. La ejecución de cada niño mejoró sólo después de que el niño recibiera entrenamiento (según Jones, R. T., Kazdin, A. E., y Haney, J. L. [1981]. Social validation and training of emergency fire safety skills for potential injury prevention and live saving. Journal of Applied Behavior Analysis, 14, 249-260. Copyright © 1981 University of Kansas Press. Reproducido con permiso del editor).

padres cuando un extraño se les haya aproximado). Aunque el video tuve buenas críticas y ganó varios premios por su calidad, después de que los niños viesen el video, no pusieron en práctica las habilidades de prevención de secuestro durante la evaluación in situ (por ejemplo, cuando se les aproxima un extraño en una tienda sin que ellos sepan que están siendo evaluados). Sin embargo, después de recibir un entrenamiento in situ, en el cual practicaron las habilidades de prevención de secuestro y recibieron retroalimentación, tuvieron éxito utilizando estas habilidades en evaluaciones posteriores. Este mismo resultado fue encontrado en Miltenberger et at. (2014). Este ha sido un resultado constante en la investigación, decir y mostrarles a los niños qué hacer no es suficiente. Ellos tienen que practicar las habilidades con retroalimentación (reforzamiento y corrección de errores) para que puedan utilizar las habilidades en situaciones en las que las habilidades son requeridas.

Por último, los investigadores han demostrado que los procedimientos de entrenamiento en habilidades conductuales, son eficaces en la enseñanza de habilidades a adultos. Forehand y colaboradores (Forehand et al., 1979) utilizaron estos procedimientos para enseñar a padres de niños desobedientes habilidades para manejar a sus hijos. Los padres aprendieron las habilidades necesarias para recompensar a sus hijos, hacer peticiones adecuadamente y usar el tiempo fuera cuando sus hijos eran desobedientes. Cuando los padres aprendieron estas habilidades, la conducta de sus hijos mejoró. Otros investigadores han demostrado que los procedimientos de entrenamiento en habilidades conductuales son eficaces para enseñar habilidades de modificación de conducta a los maestros o personal que trabajan con niños, enfermos residentes o personas con discapacidad intelectual (p.ej., Engelman, Altus, Mosier y Mathews, 2003; Lavie y Sturmey, 2002 ; Moore et al., 2002; Sarokof y Sturmey, 2004). Miltenberger y Fuqua (1985b) utilizaron las instrucciones, el modelado, el ensayo y la retroalimentación para enseñar a estudiantes universitarios la forma de realizar entrevistas clínicas. Los estudiantes aprendieron a hacer el tipo de preguntas correctas al realizar una entrevista a investigadores ayudantes, que simulaban los clientes con problemas de conducta. Dancer y colaboradores (Dancer et al., 1978) enseñaron habilidades de observación y descripción de conducta a parejas casadas que iban a gestionar hogares grupales para jóvenes delincuentes. Las parejas necesitaban estas habilidades para trabajar de una manera efectiva con los jóvenes, que mostraban diferentes problemas de conducta.

Las investigaciones citadas aquí son sólo una muestra de las aplicaciones de los procedimientos de entrenamiento de habilidades conductuales. Estos procedimientos se utilizan con personas que pueden aprender de las instrucciones y el modelado en situaciones simuladas y no necesitan el entrenamiento intensivo que se proporciona en los procedimientos de encadenamiento descritos en el Capítulo 11. Los procedimientos de encadenamiento se utilizan generalmente con personas que tienen una capacidad limitada y que necesitan una ayuda intensiva. Los procedimientos de entrenamiento en habilidades conductuales, por el contrario, a menudo se utilizan con niños y adultos con capacidades normales. Sin embargo, también se han utilizado con personas con discapacidad. Por ejemplo, Hall, Sheldon-Wildgen y Sherman (1980) utilizaron las instrucciones, el modelado, el ensayo y la retroalimentación para enseñar habilidades de entrevista de trabajo a adultos con discapacidad leve o moderada. Después de describir y modelar las importantes habilidades verbales y no verbales en una entrevista, Hall y colaboradores pusieron los alumnos a ensayar las habilidades en entrevistas simuladas.

¿Qué piensas que hizo Hall después de los ensayos en las entrevistas simuladas?

Después del ensayo, Hall les felicitó por las conductas apropiadas y describió las conductas que los alumnos tenían que mejorar.

Usando procedimientos de entrenamiento en habilidades conductuales, Bakken, Miltenberger y Schauss (1993) enseñaron a padres con discapacidad intelectual habilidades importantes para interactuar con sus hijos. Los padres aprendieron a felicitar a sus hijos y a prestarles atención de forma adecuada para facilitar el desarrollo normal. Un hallazgo interesante de este estudio fue que los padres aprendieron las habilidades cuando las instrucciones, el modelado, el ensayo y la retroalimentación fueron utilizados en las sesiones de entrenamiento, pero las habilidades no se generalizaron a las situaciones cotidianas en el hogar. Cuando Bakken llevó a cabo el entrenamiento en el hogar, los padres empezaron a mostrar las habilidades allí también. Este hallazgo subraya la importancia de evaluar la generalización de las habilidades en los escenarios naturales, donde estas habilidades serán necesarias, y de proporcionar entrenamiento adicional si la generalización no se produce. (Véase el Capítulo 19 para una continuación del debate de la generalización.)

LECTURA PARA AMPLIAR

Uso del entrenamiento de habilidades conductuales para la enseñanza de habilidades de seguridad para la prevención del juego con armas

Cuando un niño encuentra un arma que se ha dejado sin supervisión de un adulto, el niño a menudo juega con el arma (p.ej., Himle et al., 2004) con el riesgo de accidentes que ello conlleva. El juego no supervisado con armas puede producir heridas o la muerte si el arma se dispara. En respuesta a este problema, se ha evaluado en varias investigaciones el entrenamiento en habilidades conductuales para la enseñanza de habilidades de seguridad a niños a fin de prevenir el juego con armas (p.ej., Himle, Miltenberger, Flessner, y Gatheridge, 2004; Miltenberger et al., 2004, 2005). Las habilidades de seguridad que se le enseñan a un niño para cuando encuentre un arma son: (a) no tocar el arma, (b) alejarse inmediatamente y (c) decírselo a un adulto. Los investigadores han demostrado que el entrenamiento en habilidades conductuales, puede tener éxito en la enseñanza de estas habilidades a niños de 4 a 7 años, pero que en algunos casos es necesario el entrenamiento in situ. En estos estudios, los investigadores utilizaron evaluaciones in situ para la línea de base y después del entrenamiento y crearon situaciones en las que un niño encontraba un arma (una pistola real pero descargada) sin saber que estaba siendo evaluado. Para llevar a cabo el entrenamiento in situ, un investigador observaba la evaluación posterior al entrenamiento sin ser visto por el niño y si el niño no utilizaba las habilidades de seguridad al encontrar el arma, el investigador entraba en la habitación y le preguntaba al niño lo que debería haber hecho al encontrarla. Entonces, el investigador le pedía al niño que practicara las habilidades cinco veces en la situación en la que encontró el arma. Después de que el niño describiese las conductas correctas, los investigadores encontraron que todos los niños aprendieron las habilidades con el entrenamiento en habilidades conductuales y el entrenamiento in situ.

Cómo usar los procedimientos de entrenamiento de habilidades conductuales

Los siguientes pasos resumen el uso efectivo de los procedimientos de entrenamiento en habilidades conductuales:

1. Identifica y define las habilidades que quieres enseñar. Una buena definición conductual describirá claramente todas las conductas que están implicadas en la habilidad. Deberías definir todas las habilidades que pueden ser necesarias en las diversas situaciones y llevar a cabo un análisis de tareas de habilidades complejas (cadenas conductuales).

2. Identifica todas las situaciones estimulares relevantes (ED) en las que las habilidades deben ser utilizadas. Por ejemplo, en la enseñanza de habilidades de prevención del secuestro tienes que identificar todos los engaños de secuestro posibles que una persona puede utilizar para que el niño pueda aprender a responder con éxito ante cualquier situación de secuestro. Cuando enseñas habilidades de asertividad, tienes que identificar todas las posibles situaciones en las que una persona podría actuar de una manera no asertiva para que la persona pueda aprender a responder con asertividad en cada situación.

3. Evalúa las habilidades del alumno en las situaciones estimulares para establecer una línea de base. Para evaluar las habilidades del alumno, deberás presentar cada situación estimular (ya sea la situación real o una simulación) y registrar la respuesta del alumno a esa situación.

4. Comienza el entrenamiento con la habilidad más fácil o con la situación estimular más fácil. En estas circunstancias, el alumno tiene más probabilidades de tener éxito en el entrenamiento y es más probable que siga cooperando con el procedimiento de entrenamiento en habilidades conductuales. Si comienza con las habilidades o situaciones más difíciles, puede que el alumno no tenga éxito inicialmente y se desaliente.

5. Inicia una sesión de entrenamiento dando instrucciones y modelando la conducta. Asegúrate de modelar la conducta en el contexto adecuado (en respuesta al ED pertinente). Se puede crear el contexto adecuado simulándolo en un role-play. La simulación debería ser lo más real posible para el alumno. A veces las sesiones de entrenamiento se llevan a cabo en el ambiente real, por ejemplo, Poche y colaboradores (1981) modelaron las habilidades de prevención del secuestro en el patio, donde un niño realmente podría ser abordado por un secuestrador potencial.

6. Después de que el alumno haya escuchado las instrucciones y haya visto el modelo, ofrece la oportunidad de ensayar. Simula el contexto adecuado para la conducta y pon al alumno a practicar la conducta. A veces, la simulación o el role-play pueden ocurrir en la situación natural. Poche y colaboradores (1981) pusieron a los niños a ensayar las habilidades de prevención del secuestro en el patio.

7. Proporciona retroalimentación inmediatamente después del ensayo. Ofrece siempre elogio descriptivo por algunos aspectos correctos de la ejecución. Después, da instrucciones para la mejora según sea necesario.
Repite el ensayo y el proceso de retroalimentación hasta que el alumno haya ejecutado la conducta correctamente un par de veces.

9. Tras el éxito con una situación de entrenamiento, pasa a otra situación y continúa el proceso de instrucciones, modelado ensayos y retroalimentación hasta que el alumno domine cada habilidad en cada situación. Mientras añades situaciones nuevas, continúa poniendo a los alumnos a practicar las situaciones de entrenamiento que ya han perfeccionado para garantizar el mantenimiento.

10. Una vez el estudiante haya dominado todas las habilidades en todas las situaciones simuladas durante las sesiones de entrenamiento, programa la generalización a las situaciones naturales donde se necesitan las habilidades. La generalización es más probable que ocurra si las situaciones de entrenamiento son lo más similares posible a las situaciones naturales o si el entrenamiento ocurre en la situación natural (p.ej., Poche y cols., 1981). Otra forma de mejorar la generalización, es poner al alumno a practicar las habilidades en situaciones cada vez más difíciles. Por ejemplo, después del entrenamiento de habilidades sociales, se le da al alumno instrucciones para usar las habilidades sociales en situaciones reales con personas reales en la vida del alumno. Comienza con tareas fáciles y, a medida que el alumno

tenga éxito, trabajará hasta llegar a tareas más difíciles. El punto clave es mantener el éxito para que los esfuerzos del alumno se refuercen. Otras formas de promover la generalización se examinan en el Capítulo 19.

RESUMEN DEL CAPITULO

1. Los procedimientos de entrenamiento de habilidades conductuales consisten en cuatro componentes: las instrucciones, el modelado, el ensayo conductual y la retroalimentación. Estos componentes de entrenamiento han sido usados juntos para enseñar una gran variedad de habilidades importantes a personas con discapacidad y adultos y niños sin discapacidad. En primer lugar, el formador proporciona modelado directo o simbólico, de modo que el alumno vea la forma de ejecutar la conducta. El formador también proporciona instrucciones en las que se describen para el alumno los aspectos importantes de la conducta. En el siguiente paso el formador modela en vivo o de forma simbólica para que el estudiante vea cómo se ejecuta la conducta. El estudiante entonces tiene la oportunidad de ensayar la conducta en una situación simulada similar a la situación natural en la que la conducta es necesaria. Después del ensayo, el formador proporciona retroalimentación, que consiste en reforzar los aspectos correctos de la conducta y dar instrucciones sobre cómo mejorarla. Se llevan a cabo más ensayos y se proporciona retroalimentación, hasta que el alumno muestre la conducta correcta en diferentes contextos relevantes.

2. El momento adecuado para utilizar procedimientos de entrenamiento de habilidades conductuales es cuando el alumno puede beneficiarse las instrucciones y del modelado y no necesita procedimientos de entrenamiento más intensivos (como procedimientos de encadenamiento) para aprender las habilidades.

3. Realiza el entrenamiento en habilidades conductuales en grupos pequeños, ofreciendo instrucciones y modelado para todo el grupo y luego poniendo a cada miembro del grupo a ensayar individualmente las habilidades en role-play y a recibir retroalimentación. La retroalimentación puede provenir del formador, así como de otros miembros del grupo.

4. Los procedimientos de entrenamiento en habilidades conductuales implican una contingencia de tres términos para la habilidad que se está aprendiendo. Las instrucciones y el modelado son antecedentes para hacer que la conducta correcta ocurra, la conducta correcta ocurre en un ensayo y la retroalimentación se proporciona como consecuencia reforzante de la conducta en el ensayo. La retroalimentación puede implicar también instrucciones adicionales que actúan como un antecedente para la conducta en el siguiente ensayo.

PALABRAS CLAVE

Ensayo, 222
Entrenamiento in situ, 225
Evaluación in situ, 224

Instrucciones, 221
Modelado, 218

Procedimiento de Entrenamiento de Habilidades Conductuales, 217
Retroalimentación, 223

TÉST PRÁCTICO

1. ¿Qué cuatro procedimientos son los componentes del procedimiento de entrenamiento en habilidades conductuales? Describe cada componente del procedimiento (pág. 252-257).
2. Describe el uso del procedimiento de entrenamiento en habilidades conductuales (pág. 251-252).
3. Da dos ejemplos (no de este capítulo) de las habilidades que podrían ser enseñadas a través del procedimiento de entrenamiento en habilidades conductuales.
4. Para ambos ejemplos, describe cómo utilizaría el procedimiento de entrenamiento en habilidades

conductuales.
5. ¿Por qué el uso de instrucciones o modelado solos no son, por lo general eficaces a largo plazo? (pág. 259).
6. Describe los factores que influencian la eficacia del modelado. ¿Qué factores reducen la eficacia del modelado? (pág. 255).
7. Describe los factores que influyen en la eficacia de las instrucciones (pág. 256).
8. Cuando usas el ensayo, ¿por qué deberías empezar por las conductas o situaciones fáciles? ¿Qué podría suceder si practicaras primero las situaciones más

difíciles? (pág. 256).

8. Cuando usas el ensayo, ¿por qué deberías empezar por las conductas o situaciones fáciles? ¿Qué podría suceder si practicaras primero las situaciones más difíciles? (pág. 256).

9. Describe los factores que influyen en la eficacia del ensayo (pág. 256).

10. Describe los dos tipos de retroalimentación que puedes proporcionar después de un ensayo conductual (págs. 256-257).

11. Cuando proporcionas retroalimentación después de un ensayo conductual, ¿Por qué deberías siempre dar primero el elogio? ¿Qué deberías hacer si la conducta no fue correcta en el ensayo? (pág. 257).

12. Describe los factores que influyen en la eficacia de la retroalimentación (pág. 257).

13. Describe cómo la contingencia de tres términos está involucrada en el procedimiento de entrenamiento en habilidades conductuales (pág. 259).

14. Describe las directrices para el uso eficaz del procedimiento de entrenamiento en habilidades conductuales (págs. 264-265).

15. ¿En qué difiere el procedimiento de entrenamiento de habilidades conductuales de los procedimientos de encadenamiento descritos en el Capítulo 11? ¿En qué son similares?

16. ¿En qué circunstancias sería más adecuado un procedimiento de encadenamiento? ¿En qué circunstancias sería más apropiado el procedimiento de entrenamiento de habilidades conductuales? (pág. 263).

APLICACIONES

1. Eres un consultor escolar y se te ha pedido enseñar a un grupo de estudiantes de segundo de la ESO las habilidades que necesitarán para resistirse a la presión del grupo de iguales para empezar a fumar. Describe cómo vas a utilizar procedimientos de entrenamiento de habilidades conductuales para enseñar a estos niños estas importantes habilidades. Supón que trabajarás con grupos de 20-25 niños en cada aula.

   a. Define las habilidades que enseñarás.

   b. Identifica las situaciones en las que los niños necesitarán estas habilidades.

   c. Crea los role-play que vas a usar en el entrenamiento.

   d. Describe cómo vas a modelar la conducta y qué instrucciones darás.

   e. Describe los tipos de ensayo y retroalimentación que usarás.

   f. Describe lo que harás para aumentar las posibilidades de generalización de las habilidades que los niños aprenderán.

2. Tu hija pequeña está en primaria y quiere ir caminando(dos manzanas de distancia)con sus amigos a la escuela. Has decidido que debe aprender algunas habilidades de seguridad personal antes de que le permitas ir caminando a la escuela sin supervisión de un adulto. Quieres enseñarle cómo responderle a un adulto que le ofrece llevarla hacia o desde la escuela. No quieres que acepte un paseo de nadie sin tu permiso. Describe el procedimiento de entrenamiento en habilidades conductuales que usarás para enseñarle las habilidades que necesitará para responder de manera segura en una situación así. Contesta cada uno de los puntos planteados en la Aplicación Describe también, cómo va a evaluar sus habilidades después del entrenamiento para asegurarte de que éstas se han generalizado a la situación natural.

3. Estás enseñando a una clase de diez padres que tienen problemas con sus hijos. Todos los padres tienen un hijo que muestra conductas de búsqueda de atención como el lloriqueo, la queja o interrumpiendo. Una de las cosas que quieres enseñarles a los padres es cómo reforzar de manera diferencial las conductas apropiadas de sus hijos, como jugar o hacer una tarea. Describe cómo utilizarás el procedimiento de entrenamiento en habilidades conductuales para enseñarles a los padres cómo reforzar la buena conducta de sus hijos.

APLICACIONES INADECUADAS

1. El director de una escuela de primaria ha decidido que es hora de informar a los estudiantes sobre las drogas y a enseñarles cómo rechazar a alguien que les ofrece drogas o que trata de convencerles de probarlas o venderlas. El director consigue una película que habla de los peligros de las drogas y les dice

a los niños que no tomen o vendan drogas nunca. La película repite el mensaje de que los niños sólo deberían decir que no y alejarse de una persona que tiene drogas. La película muestra a unos cuantos niños diciendo que no y alejándose. El director muestra la película en cada aula y les pregunta a los niños si tienen alguna duda. ¿Cuál es el problema con el plan del director para enseñarles a los alumnos a decir que no a las drogas? ¿Cómo mejorarías este plan?

2. Todos los días después de la cena, los trabajadores de un hogar grupal para adolescentes con discapacidad intelectual se supone que llevan a cabo programas de entrenamiento de cepillado de dientes, aseo, limpieza de la casa y otras habilidades. El supervisor se va a casa a las 5 p.m. y los miembros del personal suelen sentarse y hablar después de la cena en lugar de entrenar a los residentes. Cada vez que el supervisor se pasa por ahí, el personal se levanta y hace su trabajo, pero de nuevo dejan de trabajar cuando se va. El supervisor decide llevar a cabo un entrenamiento de habilidades conductuales con el personal. Lleva a cabo algunas sesiones de entrenamiento en las que usa instrucciones, modelado, ensayo conductual y retroalimentación para enseñarle al personal las habilidades que necesita para trabajar con los residentes. El supervisor cree que, gracias al entrenamiento, el personal usará estas habilidades cuando él no esté

presente. ¿Qué está mal con este uso del procedimiento de entrenamiento de habilidades conductuales? ¿Qué procedimiento sería más adecuado?

3. En una nueva campaña, grandes estrellas del deporte les dicen a los niños, en los anuncios de televisión, que permanezcan en la escuela, estudien duro y obtengan buenas notas. Los anuncios tienen como objetivo a los niños de Educación Primaria y Secundaria de la ciudad. Las estrellas del deporte les dicen a los niños por qué deben estudiar y cómo eso mejorará sus vidas en el futuro. Los anuncios muestran a algunos niños estudiando y a niños mayores diciéndoles lo inteligentes que son por estudiar. Muestran a niños que se niegan a salir por la noche con otros niños porque tienen que estudiar. Después de que los niños modelan la conducta, la estrella del deporte les felicita y les dice lo inteligente que es estudiar y permanecer en la escuela. Por último, los anuncios muestran a niños graduándose y consiguiendo buenos empleos. Una vez más, la estrella del deporte aparece en pantalla y señala las cosas buenas que el estudiar y permanecer en la escuela les puede conseguir. ¿Qué está bien de esta estrategia para animar a los niños a estudiar? ¿Qué falta? ¿Cómo podrías mejorar esta estrategia?

Problemas de conducta y evaluación funcional

- ¿Qué es una evaluación funcional de un problema de conducta?
- ¿Cuáles son las tres formas de realizar una evaluación funcional?
- ¿Cómo se realiza una evaluación funcional usando métodos indirectos?
- ¿Cómo se usan los métodos de observación directa para llevar a cabo una evaluación funcional?
- ¿Qué es un análisis funcional de un problema de conducta? ¿Cómo se realiza un análisis funcional?

Los Capítulos 9 a 12 describen los procedimientos para establecer conductas deseables. En este capítulo pasamos a describir los procedimientos conductuales dirigidos a comprender las causas de problemas de comportamiento ya existentes, así como los procedimientos para su aumento y disminución. Cuando usamos procedimientos de modificación de conducta para ayudar a una persona a incrementar conductas deseables o reducir o eliminar conductas no deseables (problemas de conducta), el primer paso consiste en comprender porqué esa persona realiza la conducta. Con este propósito, debemos realizar una evaluación de la contingencia de tres términos que controla la conducta a objeto de establecer los eventos antecedentes que la

243

reforzantes que la mantienen. El procedimiento de identificación de estas variables, que se realiza de forma previa a la intervención sobre un problema de conducta, se denomina **evaluación funcional.**

Ejemplos de evaluación funcional
Santiago

Santiago, un niño de 2 años de edad, vive con su madre y su hermana de 4 años. Su madre trabaja en una guardería fuera de casa en la que cuida a un grupo de diez niños, además de a Santiago y a su hermana. Santiago presenta problemas de conducta tales como arrojar objetos, golpearse la cabeza en el suelo y lloriquear. La madre estaba preocupada por estos problemas y decidió participar en un experimento de modificación de conducta realizado por Ricardo, un alumno de doctorado. El experimento pretendía reducir los problemas de conducta de Santiago (Arndorfer, Miltenberger, Woster, Rortvedt y Gaffaney, 1994). El primer paso que tomó Ricardo fue realizar una evaluación funcional a objeto de determinar el motivo por el que Santiago realizaba estas conductas.

Para ello empezó preguntando a la madre de Santiago sobre los problemas de conducta, el entorno y las rutinas diarias del niño, las circunstancias antecedentes, las consecuencias que se producían en el ambiente cuando Santiago realizaba los problemas de conducta, qué otro tipo de conductas sucedían también durante estos episodios y, por último, las intervenciones que previamente se habían intentado con Santiago. Después de la entrevista, Ricardo observó a Santiago en la guardería y registró los antecedentes, conductas y consecuencias cada vez que el niño realizaba alguno de sus problemas de conducta. Ricardo observó a Santiago durante varios días hasta que pudo determinar qué antecedentes y consecuencias se asociaban con su comportamiento de manera fiable.

A partir de la información de la entrevista y las observaciones realizadas, Ricardo desarrolló una hipótesis sobre la función de los problemas de conducta. Según él, Santiago realizaba los problemas de conducta con más asiduidad cuando alguno de los otros niños de la guardería le quitaba sus juguetes o se ponían a jugar con ellos. Además, cuando Santiaga se golpeaba la cabeza, lloriqueaba, o arrojaba juguetes, era probable que dejasen de quitarle sus juguetes y se los devolvieran. Para Ricardo el reforzador del problema de conducta parecía ser que le devolviesen sus juguetes.

Para determinar si esta hipótesis era correcta, Ricardo llevó a cabo un breve experimento. Durante determinados días dio instrucciones a los otros niños de la guardería de no tocar los juguetes de Santiago. Durante otros días, dio instrucciones a los niños de jugar con los juguetes de Santiago, pero de devolvérselos inmediatamente en caso de que realizase un problema de conducta. Ricardo halló que era mucho más probable que Santiago realizase problemas de conducta los días en los que los otros niños jugaban con sus juguetes. Por otra parte, durante los días en los que los otros niños no tocaron sus juguetes, Santiago rara vez realizaba los problemas de conducta. Este breve experimento sirvió para confirmar que la presencia de otros niños jugando con los juguetes de Santiago era un antecedente importante de sus problemas de comportamiento. Además, confirmó que el reforzador de los problemas de conducta no era otro que conseguir que le devolviesen los juguetes que inicialmente le habían quitado.

Antecedente	Conducta	Consecuencia
Otros niños juegan con los juguetes de Santi	Santi se golpea la cabeza, se queja y tira los juguetes	Lo niños le devuelven los jugetes.

Resultado: es más probable que Santi se golpee la cabeza, se queje y tire los juguetes cuando otros niños jueguen con jus juguetes.

El tratamiento de Santiago consistió en enseñarle a pedir la devolución de sus juguetes. Pedir juguetes es una conducta funcionalmente equivalente a los problemas de conducta en el caso de Santiago, en otras palabras, pedir los juguetes produce el mismo resultado que realizar los problemas de conducta; en este caso la devolución de los juguetes. Paralelamente, la intervención también consistió en no darle sus juguetes de vuelta si presentaba alguno de los problemas de conducta.

Antecedente	Conducta	Consecuencia
Otros niños juegan con los juguetes de Santi	Santi pide que le devuelvan sus juguetes	Lo niños le devuelven los juguetes.

Resultado: Es más probable que Santi pida sus juguetes de vuelta cuando otros nuños juegen con ellos.

El tratamiento ayudo a Santiago a reemplazar las conductas no deseables (golpearse la cabeza, lloriquear, tirar juguetes) por una conducta deseable (pedir los juguetes). Esta estrategia de tratamiento (reforzamiento diferencial para incrementar unos conductas y reducir otras) esta descrita en el Capítulo 15. La evaluación funcional realizada por Ricardo fue de ayuda para decidir qué estrategia de tratamiento sería efectiva en su caso. La evaluación funcional es siempre el primer paso en la aplicación de procedimientos de modificación de conducta para reducir problemas de conducta.

Ana

Ana, una niña de 3 años de edad que vive con su madre y su hermana pequeña, presenta problemas de conducta en casa tales como golpear, dar patadas y gritar (Arndorfer et al., 1994). Para comprender la función de estos comportamientos, Ricardo llevó a cabo una nueva evaluación funcional. Se entrevistó con la madre de Ana y luego realizó una observación directa con el objeto de identificar la contingencia de tres términos relacionada con los problemas de comportamiento. A partir de los resultados de la entrevista y sus observaciones, Ricardo concluyó que los problemas de comportamiento de Ana estaban siendo reforzados por la atención de su madre. En otras palabras, Ana tenía más probabilidades de realizar los problemas de conducta cuando su madre no le estaba prestando atención (p.ej., cuando su madre estaba trabajando en la casa). Por otra parte, la consecuencia más común de los problemas de conducta parecía ser que la madre dejaba inmediatamente lo que estaba haciendo y le prestaba atención a la niña. Ricardo propuso un breve experimento para confirmar esta hipótesis.

¿Qué crees que hizo Ricardo en este experimento?

Ricardo y la madre de Ana manipularon el nivel de atención que la niña recibía con el propósito de determinar si la atención estaba funcionando como un reforzador de los problemas de conducta. En la primera condición, la madre se sentó a jugar con Ana dándole atención de forma continuada. Si Ana realizaba un problema de conducta la madre lo ignoraba. En una segunda condición experimental, la madre prestaba poca atención a Ana concentrándose en alguna tarea. Si Ana realizaba el problema de conducta, la madre dejaba inmediatamente de hacer lo que estuviese haciendo y le prestaba atención a Ana durante unos instantes. Ricardo halló que Ana exhibía una mayor frecuencia de problemas de conducta en esta segunda condición.

Este hallazgo confirma la hipótesis de que el reforzador de los problemas de conducta de Ana era la atención de su madre.

Antecedente	Conducta	Consecuencia
Ana no está recibiendo atención de su madre.	Ana golpea, da patadas y grita.	Su madre le presta atención.

Resultado: Es más probable que Ana de golpes, patadas y grite cuando su madre no le está prestando atención.

Ricardo aplicó un tratamiento similar al que hemos descrito para Santiago. La intervención consistió en enseñar a Ana cómo solicitar la atención de su madre cuando esta no le prestándole atención. También enseño a la mama de Ana a reforzar diferencialmente las peticiones de atención por parte de Ana. Por ejemplo, cuando Ana solicitaba atención, su madre inmediatamente le prestaba atención por un breve periodo tiempo, por el contrario, si Ana realizaba el problema de conducta, su madre no le daba atención a fin de extinguir la conducta.

Antecedente	Conducta	Consecuencia
Ana no está recibiendo atención de su madre.	Ana le pide a su madre atención.	Su madre le presta atención.

Resultado: Es más probable que Ana pida atención de su madre cuando esta no le está prestando atención.

Cuando Ana realizaba un problema de conducta, la única reacción por parte de la madre consistía en llevar a su hermana pequeña a otra habitación con ella de manera que la hermana no se viera afectada (recordemos que los problemas de conducta consistían en golpear y dar patadas). Ricardo halló que el uso de reforzamiento diferencial redujo los problemas de conducta e incrementó la conducta de pedir atención a la madre.

Una vez más, la elección del tratamiento de Ana se apoyó en la información obtenida a través de la evaluación funcional que se realizó como un primer paso en el proceso de tratamiento. Es importante recordar que cuando un niño aprende a pedir atención como forma de comunicación alternativa, las peticiones de atención pueden hacerse muy frecuentes, hasta el punto de que la respuesta deseable llegue a constituir un nuevo problema. Carr y sus colaboradores (1994) sugieren procedimientos para solventar este problema como por ejemplo pedir a los padres que introduzcan una demora de tiempo progresivamente más prolongado antes de responder a las peticiones de atención. Este procedimiento facilita que el niño pida atención con menos frecuencia.

Definición de evaluación funcional

Un principio básico de análisis de conducta es que la conducta está regida por las leyes del aprendizaje. Independientemente de si el comportamiento es deseable o no, su ocurrencia es controlada por variables ambientales, es decir, es una función de variables ambientales. La conducta respondiente está controlada por estímulos antecedentes, mientras que la conducta operante está controlada por antecedentes y consecuencias que componen contingencias de tres términos de reforzamiento y castigo. La evaluación funcional es el proceso de recopilación de información sobre los antecedentes y conse-

TABLA 13-1 Tipos de información obtenida en una evaluación funcional

- *Problemas de conducta:* una descripción objetiva de las conductas que constituyen el problema.

- *Antecedentes:* una descripción objetiva de los eventos del entorno que preceden al problema de conducta, incluyendo aspectos del ambiente físico y la conducta de otras personas.

- *Consecuencias:* una descripción objetiva de los eventos ambientales que siguen a los problemas de comportamiento, incluidos los aspectos del entorno físico y el comportamiento de otras personas.

- *Conducta alternativa:* información sobre conductas deseables en el repertorio de la persona que pueden ser reforzadas a fin de que compitan con el problema de conducta.

- *Variables de motivación:* información sobre eventos ambientales que puede funcionar como operación de establecimiento influyendo la eficacia de los reforzadores y castigos que mantienen la conducta problema y las conductas alternativas.

- *Posibles reforzadores:* información sobre los eventos del entorno, incluyendo los estímulos físicos y el comportamiento de otras personas, que pueden funcionar como reforzadores y ser usados en un programa de tratamiento.

- *Intervenciones previas:* información sobre las intervenciones que se han utilizado en el pasado y los efectos que tuvieron.

cuencias que se relacionan funcionalmente con la aparición de un problema de conducta. Esta forma de evaluación proporciona información que ayuda a determinar por qué un problema de conducta está ocurriendo (Drasgow, Yell, Bradley y Shiner, 1999; Ellis y Magee, 1999; Horner y Carr, 1997; Iwata, Vollmer y Zarcone, 1990; Iwata, Vollmer, Zarcone y Rodgers, 1993; Larson y Maag, 1999; Lennox y Miltenberger, 1989; Neef, 1994).

Además de aportar información sobre las consecuencias reforzantes o funciones de la conducta, la evaluación funcional también nos da información sobre los estímulos antecedentes tales como la hora y el lugar, las personas presentes, o los eventos que se dan en el entorno inmediatamente antes de la conducta. También aporta información sobre alguna de las dimensione de la conducta (p.ej., frecuencia). Toda ello ayudará a identificar los antecedentes que ejercen control de estímulos sobre la conducta y las consecuencias reforzantes que la mantienen.

La evaluación funcional aporta también información relevante para el desarrollo de tratamientos ajustados a los problemas de conducta. Por ejemplo, ayuda a determinar qué comportamientos alternativos pueden ser funcionalmente equivalentes al problema de comportamiento, qué variables motivacionales (operaciones de establecimiento y de abolición que afectan a la efectividad de los estímulos reforzantes y punitivos) pueden estar influyendo, qué estímulos pueden funcionar como reforzadores, y cuál ha sido historia de tratamientos previos y sus resultados (Tabla 13-1).

Funciones de los problemas de conducta

El objetivo principal de una evaluación funcional es identificar la función de la conducta problema. Se han identificado cuatro grandes clases de consecuencias reforzantes o funciones de los problemas de conducta (Iwata et al., 1993; Miltenberger, 1998, 1999).

Reforzamiento Social Positivo

Un tipo de consecuencia reforzante puede ser el reforzamiento positivo mediado por otra persona. Cuando una consecuencia reforzante es presentada después de la conducta y como resultado la probabilidad de que ocurra la conducta aumenta hablamos de **reforzamiento social positivo**. El reforzamiento social positivo frecuentemente conlleva el acceso a atención, actividades u objetos preferidos por mediación de una tercera persona. Por ejemplo, la atención que Ana recibía por parte de su madre funcionaba como un reforzador del problema de conducta. En el caso de Santiago, la devolución de sus juguetes por parte de sus compañeros funcionaba como un reforzador para sus problemas de conducta.

Reforzamiento Social Negativo

En algunos casos, la conducta está mantenida por reforzamiento negativo mediado por otra persona. Cuando la otra persona finaliza una forma de interacción, tarea o actividad que resulta aversiva después de la ocurrencia de la conducta y como resultado aumenta la probabilidad de ocurrencia de esa conducta decimos que la conducta está mantenida por **reforzamiento social negativo**. Por ejemplo, un niño que sigue las indicaciones de su padre cuando este le pide que haga los deberes, interrumpe la exposición a los deberes siguiendo las instrucciones que ha recibido. De manera similar, un estudiante que se golpea la cabeza cuando se le solicita que realice alguna tarea escolar también logra escapar de la tarea solicitada. En ambos casos, escapar de los deberes refuerza o aumenta la probabilidad de la conducta. Pedir a un amigo que no fume en el coche puede estar mantenido por el escape o la evitación del olor a tabaco si logramos que la persona apague el cigarrillo o prevenimos que llegue a encenderlo.

Reforzamiento Automático Positivo

En algunos casos, la consecuencia reforzante de una conducta no está mediada por otra persona, por el contrario, ocurre como un efecto directo de la propia conducta. Cuando la conducta produce sus propias consecuencias reforzantes y la probabilidad de que se de la conducta aumenta decimos que la conducta está mantenida por **reforzamiento automático positivo**. Por ejemplo, algunos comportamientos producen estimulación sensorial que pueden tener efectos reforzantes sobre la conducta. Un niño con autismo que hace girar objetos se balancea en su asiento, o menea de arriba a abajo los dedos delante de la cara puede estar haciéndolo debido a la estimulación sensorial reforzante que producen dichas conductas. En este caso, la consecuencia reforzante no está mediada por otra persona. Ir a la cocina para tomar agua es reforzado "automáticamente" al obtener la bebida, mientras que pedirle a otra persona que nos traiga agua es reforzado socialmente ya que la consecuencia es mediada por otra persona.

Reforzamiento Automático Negativo

El **reforzamiento negativo automático** se produce cuando el comportamiento reduce o elimina de forma automática un estímulo aversivo como consecuencia de la conducta y la conducta es fortalecida. En el reforzamiento negativo automático, el escape del estímulo aversivo no está mediado por las acciones de otra persona. Por ejemplo, cerrar la ventana para evitar una corriente de aire frío sería una forma de reforzamiento negativo automático. Por el contrario, pedirle a alguien que cierre la ventana para deshacerse de la corriente sería un caso de reforzamiento social negativo. Un ejemplo de problema de conducta que puede estar mantenido por reforzamiento negativo automático es la ingesta compulsiva de comida. Algunos estudios sugieren que comer de forma compulsiva puede estar mantenido por la reducción de las respuestas emocionales desagradables que estaban presentes antes de comer en exceso (Miltenberger, 2005; Stickney y Miltenberger, 1999; Stickney, Miltenberger y Wolff, 1999). Es decir, si la persona está experimentando emociones negativas intensas y logra reducirlas comiendo de forma compulsiva, el cambio en el estado emocional reforzaría negativamente los atracones.

Métodos de evaluación funcional

Los métodos utilizados para llevar a cabo evaluaciones funcionales se dividen en tres categorías: métodos indirectos, en los que la información procede de entrevistas y cuestionarios, métodos de observación directa, en los que un observador registra los antecedentes, la conducta y las consecuencias, y, por último, los métodos experimentales, en los que los antecedentes y las consecuencias son manipulados para observar su efecto sobre la conducta (Iwata, Vollmer y Zarcone, 1990; Lennox y Miltenberger, 1989). Estos últimos reciben la denominación de análisis funcional. Analicemos ahora cada uno de estos enfoques.

Métodos de evaluación funcional

- Métodos indirectos
- Métodos de observación directa
- Métodos experimentales (análisis funcional)

Métodos indirectos

Cuando usamos métodos indirectos pare realizar una evaluación funcional del comportamiento usaremos entrevistas o cuestionarios para obtener información de la persona que muestra el problema de conducta (el cliente) o de las personas que le conocen, por ejemplo, miembros de la familia, maestros o personal sanitario. Estos métodos también se conocen como métodos de evaluación a través de informadores debido a que el acceso a la información está mediado por una o más personas que responden a las preguntas que componen la evaluación (Miltenberger y Lennox, 1989). La ventaja de los métodos indirectos es que son fáciles de usar y pueden administrarse en poco tiempo. Además, existen numerosos formatos de entrevista y cuestionarios disponibles a este fin (Bailey y Pyles, 1989; Durand y Crimmins, 1988; Iwata, Wong, Riordan, Dorsey y Lau, 1982; Lewis, Scott y Sugai, 1994; Miltenberger y Fuqua, 1985b; O'Neill, Homer, Albin, Storey y Sprague, 1990, O'Neill et al., 1997). Por otra parte, una importante desventaja es que la fiabilidad de la información depende de la precisión con la que el informador puede describir los acontecimientos por los que se le pregunta. En otras palabras, la información de entrevistas y cuestionarios puede ser incorrecta como consecuencia del olvido o el sesgo al que está sujeto el informador.

No obstante, debido a su sencillez, estos métodos se usan con bastante frecuencia. No en vano, la entrevista es el más común de los métodos de evaluación utilizados por los psicólogos (Elliott, Miltenberger, Bundgaard y Lumley, 1996; Swan y MacDonald, 1978). Una buena entrevista conductual debe estar estructurada de modo que facilite que la información aportada por el informador sea clara y objetiva. Una forma de conseguirlo es que las preguntas describan en detalle el problema de conducta, los tes y las consecuencias haciendo referencia a lo que sucede en el ambiente del individuo (incluidos los comportamientos de otras personas), dejando el menor margen posible a deducciones o interpretaciones. Por ejemplo, consideremos dos posibles respuestas a la pregunta, "¿cuándo ocurren las rabietas de su hijo?" (suponga que las rabietas han sido previamente descritas por los padres). Si uno de los padres dice: "Juan Antonio tiene una rabieta cuando le digo que apague la tele y se siente a cenar", nos está proporcionando información objetiva acerca de los eventos ambientales que preceden inmediatamente a la conducta. Si por el contrario dice: "Juan Antonio tiene una rabieta cuando no se le deja hacer lo que quiere", el padre esta aportando una interpretación más que una descripción exacta de lo que sucede. Esta segunda respuesta no proporciona información objetiva sobre los antecedentes del problema ya que no describe acontecimientos específicos.

El objetivo de una entrevista conductual es el de generar información sobre los problemas de comportamiento, antecedentes, consecuencias, y otras variables que permitirán formar una hipótesis sobre las variables que controlan el problema de conducta. Una entrevista eficaz debe educar al informador sobre el proceso de evaluación funcional aclarando que es importante centrarse en los antecedentes y consecuencias para comprender y modificar el comportamiento y que para lograrlo los comportamientos, así como los eventos que lo rodean deben ser claramente identificados reduciendo las inferencias al mínimo. A continuación, presentamos una lista de preguntas que un entrevistador puede usar para generar información sobre los antecedentes y consecuencias del problema de conducta de un niño.

Antecedentes

- ¿Cuándo ocurre habitualmente el problema de conducta?
- ¿En dónde suele ocurrir la conducta problema?
- ¿Quién está presente cuando el problema de conducta se produce?
- ¿Qué actividades o acontecimientos preceden a la aparición de la conducta problema?
- ¿Qué es lo que dicen o hacen las personas del entorno inmediatamente antes de que se produzca la conducta problema?
- ¿Realiza el niño alguna otra conducta antes del problema de conducta?
- ¿Cuándo, dónde, con quién y en qué circunstancias se reduce el problema de comportamiento?

Consecuencias

- ¿Qué sucede después de que la conducta problema se produce?
- ¿Qué hacer cuando se produce la conducta problema?
- ¿Qué hacen otras personas cuando el comportamiento problema se produce?
- ¿Qué cambios se dan después de que el problema de conducta se produzca?
- ¿Qué obtiene el niño después de realizar el problema de conducta?
- ¿De qué consigue escapar o qué consigue evitar el niño mediante el problema de conducta?

Cada una de estas preguntas se relaciona con los eventos que inmediatamente preceden y siguen a los problemas de comportamiento. El entrevistador realiza estas preguntas con la esperanza de que el informador proporcione detalles objetivos. Si la información aportada no específica eventos ambientales, el entrevistador deberá pedir aclaraciones hasta que el entrevistado proporcione información que haga referencia claramente a los acontecimientos que preceden y siguen a la conducta problema. Una vez que el entrevistador puede discernir un patrón fiable de antecedentes y consecuencias, el entrevistador puede desarrollar una hipótesis acerca de los antecedentes que ejercen control de estímulos sobre la conducta problema y el reforzador que la mantiene.

Varios autores han elaborado listas de preguntas con el objetivo de generar información exhaustiva como parte de una evaluación funcional. La Tabla 13-2 muestra las secciones y algunos ejemplos del FunctionalAnalysis Interview Format desarrolla-

TABLA 13-2 Secciones y algunos ejemplos de preguntas del Functional Analysis Interview Format (Cuestionario de entrevista sobre análisis funcional)

A. Describir las conductas.

- ¿Cuáles son los problemas de conducta?
- Defina cómo se lleva a cabo, con qué frecuencia se produce, y cuánto tiempo dura cada comportamiento.

B. Definir los eventos y circunstancias del entorno que pueden estar afectando estas conductas.

- ¿Qué medicamentos está tomando el cliente, y cómo pueden estar afectando a los problemas de conducta?
- ¿Quienes están presentes en el lugar de trabajo/escuela/hogar cuando ocurre la conducta? ¿Cree que el número de personas presentes o las interacciones con estas personas pueden estar afectando la conducta?
- ¿Cómo funcionan los turnos de trabajo del personal? (caso de que el cliente resida en una institución) ¿En qué medida cree que el número, formación y las relaciones sociales del personal afectan los problemas de conducta?

C. Definir los eventos y situaciones que predicen la ocurrencia de las conductas (antecedentes).

- ¿Cuándo, dónde y en presencia de quién es más probable que sucedan las conductas? ¿Cuándo, dónde y en presencia de quién son menos probables?
- ¿Le parece que los comportamientos son más o menos probable cuando la persona está realizando alguna actividad particular?

D. Identificar la función de los comportamientos. ¿Qué consecuencias mantienen la conducta?

- ¿Qué recibe o evita la persona a consecuencia de realizar las conductas problema?

E. Definir la eficacia de los comportamientos no deseados.

- ¿Qué cantidad de esfuerzo físico se requiere para realizar los comportamientos?
- ¿Siempre se produce la consecuencia deseada cuando se realiza la conducta o solo algunas veces?

F. Definir los métodos principales que la persona usa para comunicarse.

- ¿Qué medios de comunicación expresiva usa la persona?

G. Identificar potenciales reforzadores.

- En general, ¿qué factores (eventos actividades/objetos/personas) parece disfrutar más la persona?

H. ¿Qué conductas alternativas puede hacer la persona?

- ¿Qué comportamientos que sean socialmente adecuados puede hacer la persona que puedan tener la misma función que las conductas problema?

I. Historia de conductas problema y programas que se han intentado en el pasado para reducirlas.

- Identifique programas de tratamiento que se hayan usado en el pasado y describa el grado de efectividad que tuvieron.

Fuente: Adaptado de O'Neill, Horner, Albin, Storey y Sprague (1990).

ser usado por personal cuidador, maestros y otros profesionales que trabajan con personas con discapacidad intelectual (O'Neill et al., 1990, 1997). Estas preguntas pueden ser respondidas en un formato de entrevista o de cuestionario (Ellingson, Miltenberger, Stricker, Galensky y Garlinghouse, 2000; Galensky, Miltenberger, Stricker y Garlinghouse, 2001). En un formato de entrevista, el entrevistador realiza cada pregunta al informante y anote la respuesta, mientras que en un formato de cuestionario, el informante lea cada pregunta y escriba la respuesta. En caso de que usemos el formato de cuestionario, el profesional debe revisar las respuestas y a continuación realizar una entrevista para clarificar las respuestas que, en su caso, no aporte información objetiva y completa.

Dado que los métodos indirectos dependen hasta cierto punto del recuerdo del informador, es recomendable usar múltiples métodos de evaluación funcional para producir la información más precisa posibles sobre antecedentes, consecuencias y el resto de las variables enumeradas en la Tabla 13-1 (Amdorfer y Miltenberger, 1993; Arndorfer et al., 1994; Ellingson et al., 2000). Amdorfer et al. sugieren que una entrevista conductual combinada con observación directa de antecedentes y consecuencias proporciona información útil para la formulación de hipótesis sobre la función de la conducta problema.

Métodos de Observación Directa

En los métodos de observación directa una persona observa y registra los antecedentes y las consecuencias que rodean a la conducta problema cada vez que esta ocurre. La persona que realiza la observación puede ser la propia persona que muestra los problemas de comportamiento, o un padre, maestro, cuidador, analista de conducta o psicólogo. Los antecedentes y las consecuencias se observan y registran en el entorno natural donde el problema de comportamiento sucede habitualmente. Una excepción a esta regla se da cuando las observaciones se realizan estando la persona en un contexto de tratamiento, por ejemplo, en un hospital. La evaluación mediante observación directa también se conoce como **registro ABC**. El objetivo de los registros ABC no es otro que de consignar los antecedentes y consecuencias inmediatas que se asocian habitualmente con el problema de comportamiento en condiciones normales (Anderson y Long, 2002; Bijou, Peterson y Ault, 1968; Lalli, Browder, Mace y Brown, 1993; Repp y Karsh, 1994; Vollmer, Borrero, Wright, Van Camp y Lalli, 2001).

El registro ABC presenta varias ventajas y desventajas cuando se usa como método de llevar a cabo evaluaciones funcionales de problemas de conducta. La ventaja principal de las observaciones de ABC sobre los métodos indirectos es que un observador registra los antecedentes y consecuencias y por tanto no se depende de la memoria de un informador, como es el caso en los métodos indirectos. Por tanto, la información generada suele ser más precisa cuando usamos observación directa. Por otra parte, una obvia desventaja es que el registro ABC requieren de una cantidad notable de tiempo y esfuerzo si lo comparamos con los métodos de entrevista o cuestionario. Además, a pesar de que el registro ABC puede producir información objetiva sobre los antecedentes y consecuencias asociados de forma fiable al problema de conducta, este método no demuestra una relación funcional, sino más bien una correlación de los antecedentes y consecuencias, con la conducta problema. Para demostrar que existe una relación funcional debemos usar métodos experimentales. Estos métodos se describen en la sección siguiente. No obstante, a pesar de que el registro ABC aporta solo evidencia correlacional, sus resultados pueden usarse parra proponer hipótesis acerca de los antecedentes que evocan la conducta y los reforzadores que la mantienen. El desarrollo de una hipótesis sobre los antecedentes y las consecuencias es el resultado que se persigue al realizar un registro ABC. Una hipótesis sólida sobre las variables de control de una conducta puede ser suficiente para desarrollar estrategias de tratamiento eficaces. Nuestras hipótesis acerca de las variables de control pueden fortalecerse cuando disponemos de información convergente generada mediante varios métodos, por ejemplo, evaluaciones indirectas y registro ABC.

Para poder llevar a cabo un registro ABC, el observador debe estar presente en el ambiente natural del cliente cuando la conducta problema es probable que ocurra. Por ejemplo, si un niño tiene problemas de comportamiento en una clase, pero no en todas las clases, el observador debe estar presente en esa clase en particular en el momento de realizar el registro ABC. Por lo tanto, para incrementar la eficiencia del registro ABC es útil saber de antemano cuando es más probable que ocurra el problema de conducta. Esta información puede obtenerse, por ejemplo, mediante una entrevista. También pueden usarse **gráficos de dispersión** para determinar en qué momento del día es más probable que ocurra el problema de conducta (Touchette, MacDonald y Langer, 1985). Para realizar un gráfico de este tipo se pide a una persona cercana al cliente que registre cada media hora si el problema de conducta ocurrió o no durante la media hora anterior. El registro basado en gráficos de dispersión es un método de registro de intervalos (Capítulo 2), pero no es un método de observación ABC, ya que los antecedentes y consecuencias no son observados ni registrados. Después de varios días de registro es posible que observemos en el gráfico de dispersión la hora del día en la que el problema de conducta ocurre con mayor frecuencia. Si el gráfico muestra que el problema de conducta ocurre habitualmente a ciertas horas del día, podemos a continuación realizar un registro ABC durante esos periodos de tiempo. Si el gráfico de dispersión no muestra un patrón en el momento de ocurrencia de la conducta (p.ej., Kahng et al., 1998), el registro ABC subsiguiente tendría que realizarse durante periodos más largos o frecuentes a objeto de poder capturar momentos en los que la conducta sucede. La Figura 13-1 muestra un gráfico de dispersión de este tipo.

Antes de realizar un registro ABC, el observador debe estar capacitado para identificar y registrar los antecedentes y consecuentes correctamente. Esto significa que el observador debe ser capaz de discriminar cada caso de problema de conducta a fin de poder registrar los eventos que inmediatamente precedieron y siguieron a la conducta. El observador debe estar capacitado para describir los eventos antecedentes y consecuentes de manera objetiva, es decir, en términos de las conductas que realizan otras personas cuando la conducta sucede, así como de los cambios precisos que se dan en los estímulos físicos del entorno. El observador debe registrar los antecedentes y las consecuentes de inmediato para depender lo menos posible de su habilidad para recordar lo sucedido.

Existen tres métodos para realizar los registros ABC: el método descriptivo, el método de listas de comprobación y el método de registro de intervalos.

■ En el *método descriptivo*, el observador describe brevemente por escrito cada conducta, antecedente y consecuente en cada episodio de conducta usando una hoja de registro compuesta de tres columnas similar a la mostrada en la Figura 13-2. Este método permite el registro de respuestas abiertas dando como resultado un conjunto de

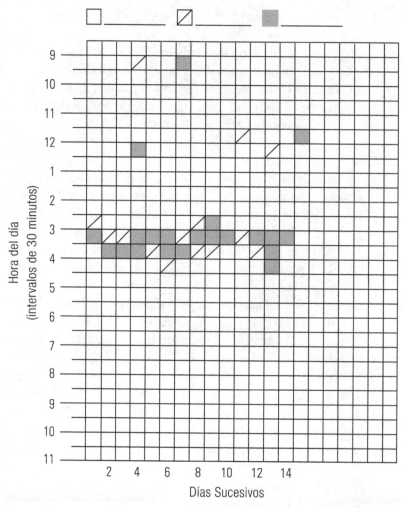

Este es un gráfico de dispersión que documenta los momentos del día en que ocurre la conducta problema. Cada celda de la rejilla representa un período de media hora en un día particular. Para realizarlo, un observador registraba cada media hora si el problema se había producido durante la media hora anterior. En las ocasiones en las que el comportamiento había ocurrido solo una vez durante la media hora previa, el observador trazaba una línea diagonal en la celda correspondiente. Si el comportamiento había ocurrido dos o más veces, el observador coloreaba toda la celda. Si el comportamiento no había sucedido ni una sola vez se dejaba la celda en blanco. Una vez se obtienen una o dos semanas de datos en el gráfico de dispersión podemos determinar si el comportamiento se da con más frecuencia en momentos determinados. Observa en el ejemplo que el comportamiento se produce con mayor frecuencia alrededor de las tres de la tarde. A partir de esta información el analista de conducta programará observaciones ABC a las tres de la tarde para identificar los antecedentes y consecuencias de la conducta. (tomado de Touchette, P. E., MacDonald, R. F. y Langer, S.N. [1985], A scatter plot for identifying stimulus control of problem behavior. Journal of Applied Behavior Analysis, 18, 343-351. Copyright© 1985 University of Kansas Press. Reproducido con permiso del editor).

descripciones de todos los eventos contiguos a la conducta. Dado que las respuestas son abiertas y el observador describe todos los antecedente y consecuentes observados, este método puede usarse antes de aplicar métodos indirectos de evaluación funcional y antes de establecer hipótesis sobre la función de la conducta.

REGISTRO DE OBSERVACIÓN

(1) Describe la conducta(s) _____

(2) Describe que ha pasado justo *antes* de que la conducta ocurriese (qué hiciste, qué hicieron ellos, etc.)

(3) Describe que ha pasado justo *después* de que la conducta ocurriese (qué hiciste, qué hicieron ellos, etc.)

Fecha, hora	¿Qué ha pasado justo *antes* de la conducta?	Conducta: ¿qué se ha hecho o dicho? Se específico.	¿Qué ha pasado justo *después* de la conducta?

FIGURA 13-2   En esta hoja de datos de un registro ABC las columnas permiten registrar antecedentes, comportamientos y consecuencias de la conducta. Cada vez que ocurre la conducta problema, el observador describe de inmediato los eventos antecedentes, la conducta y los eventos consecuentes. Este método de registro ABC requiere que el observador disponga del tiempo necesario para describir los acontecimientos que se produzcan.

■ En el *método de registro* ABC de listas de comprobación se usan rejillas de registro en cuyas columnas se pueden especificar los posibles antecedentes, comportamientos y consecuentes que deben observarse. La lista de comprobación normalmente se desarrolla después de haber identificado el problema de conducta y sus posibles antecedentes y consecuentes mediante observación. entrevista o cualquier otro método de evaluación indirecta. Durante un registro de este tipo, después de cada episodio de conducta el observador marca los antecedentes, conductas y consecuentes que hayan sucedido usando una de las opciones disponibles en la columna correspondiente. La Figura 13-3 muestra un ejemplo de registro ABC con listas de comprobación.

■ El *método de registro de intervalos*, o método de registro en tiempo real es la tercera forma de llevar a cabo observaciones ABC. Recordemos que en el registro de intervalos, se divide un período de observación en intervalos breves registrándose al final del intervalo si el comportamiento de interés se produjo o no en el intervalo correspondiente. Si el registro es continuo, registramos en tiempo real la hora exacta de cada ocurrencia de la conducta. En este caso usaremos el mismo procedimiento para registrar también antecedentes y consecuentes. Elaboraremos la lista de eventos específicos a registrar mediante observación, entrevista u otro método de evaluación indirecta.

Rortvedt y Miltenberger (1994) realizaron observaciones ABC utilizando registro de intervalo para identificar la función del rechazo a seguir instrucciones por parte de dos niños pequeños. La conducta se definió como la negativa a realizar una tarea solicitada por alguno de los padres. En primer lugar se realizó una entrevista para obtener información preliminar sobe la posible función del rechazo a seguir instrucciones. Los padres de ambos niños indicaron que solían responder con atención ante la negativa de sus hijos a seguir instrucciones o peticiones. Según los padres, cuando el niño se

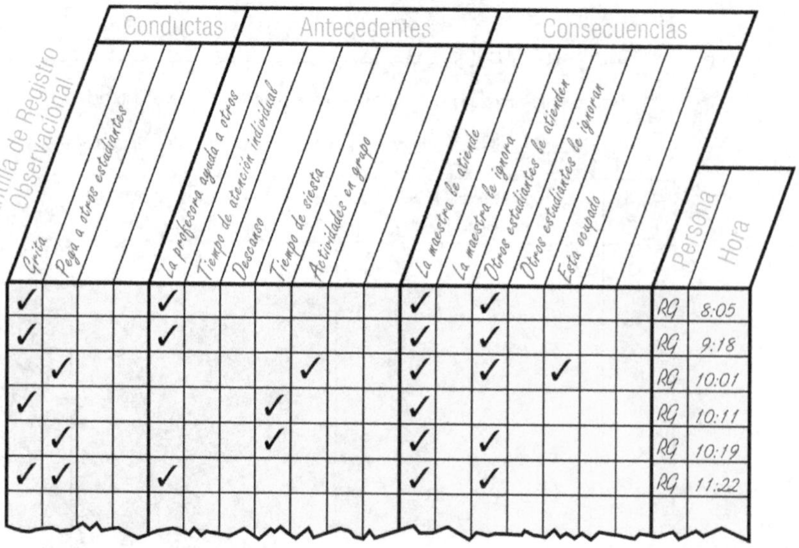

FIGURA 13-3 La figura muestra una plantilla de registro ABC con listas de comprobación. Las dos columnas de la derecha indican el momento en que sucedió cada conducta y la persona que registró el episodio. Hay columnas diferentes para cada antecedente, conducta y consecuente específicos. Cada vez que se produce el comportamiento, el observador registra el tiempo y marca las celdas de la columna que corresponda a la conducta que se haya observado, al antecedente que la precedió y a la consecuencia que la siguió. El observador puede registrar antecedentes, conducta y consecuencias con rapidez, sin que ello interfiera demasiado con las actividades que pueda estar realizando. Las conductas de interés, los antecedentes y las consecuencias deben de indicarse en la parte superior de las columnas. En este ejemplo se han especificado los eventos, la conducta y los consecuentes, y se han registrado algunos episodios de conducta problema.

negaba a realizar una actividad que le habían pedido, repetían la petición, le reñían o amenazaban con posibles castigos. A partir de esta información, los autores propusieron la hipótesis de que la atención de los padres estaba reforzando la conducta de negarse a seguir instrucciones. A continuación se realizaron observaciones ABC en el domicilio de los participantes registrando la conducta tanto de los padres como de los niños. Se pidió a los padres que hicieran peticiones y a continuación se registró la ocurrencia de negativas por parte de los niños, así como la atención subsiguiente dada por los padres. Se usó un registro de intervalo con intervalos de 10 segundos de duración. Los resultados de la observación mostraron que los niños no seguían las instrucciones presentadas por los padres en el 50%-80% de los casos. Además, en todas las ocasiones en las que los niños se negaban a seguir una instrucción los padres dieron alguna de las formas de atención descritas. Los resultados de las observaciones ABC fueron congruentes con la información obtenida en la entrevista y apoyando la hipótesis inicial de que la atención de los padres refuerza las negativas a seguir instrucciones. Se aplicó una intervención que resultó ser muy eficaz y que consistió en reforzar el seguimiento de instrucciones y aplicar tiempo fuera para eliminar la atención paterna contingente a la negativa a seguir instrucciones. El tratamiento nuevamente fue seleccionado de acuerdo a los resultados de la evaluación funcional. Este tratamiento fue elegido sobre la base de los resultados de la evaluación funcional.

Los métodos directos e indirectos de evaluación funcional se conocen como **evaluaciones descriptivas** debido a que tanto antecedentes como consecuentes son descritos durante la evaluación, ya sea a partir del recuerdo de un informador o mediante observación directa (Arndorfer et al., 1994; Iwata, Vollmer y Zarcone de 1990; Mace y

Lalli, 1991; Sasso et al., 1992). La evaluación funcional descriptiva permite desarrollar hipótesis sobre las variables antecedentes y consecuentes que controlan el problema de conducta, pero no prueba que dichas variables estén relacionadas funcionalmente con la conducta. A fin de demostrar una relación funcional, los antecedentes y consecuentes deben de manipularse directamente. Ello permite demostrar la influencia que los antecedentes y consecuentes tienen sobre el problema de conducta.

Métodos de evaluación de observación directa

- ■ Método descriptivo.
- ■ Método de listas de comprobación.
- ■ Método de registro continuo (en tiempo real) o de intervalos

Métodos Experimentales (Análisis Funcional)

Los métodos experimentales de evaluación funcional requieren de la manipulación de variables antecedentes y consecuentes para demostrar su influencia en la conducta problema. Esta estrategia es conocida cómoanálisis funcional. Se demuestra experimentalmente una relación funcional entre los antecedentes y consecuentes y el comportamiento problema. En un análisis funcional, el problema de conducta va seguido de la presentación de posibles reforzadores a fin de observar qué consecuencias incrementan o fortalecen la conducta. También presentamos varios eventos antecedentes (posibles operaciones de establecimiento) para ver cuáles evocan la conducta.

Métodos de evaluación de observación directa

- ■ La evaluación funcional se refiere al proceso de recopilación de información sobre antecedentes y consecuencias de un comportamiento para identificar qué antecedentes y consecuencias influyen en el comportamiento. Existen tres métodos para realizar una evaluación funcional. La evaluación funcional también es llamada evaluación funcional del comportamiento.

- ■ El análisis funcional es uno de los tres métodos de evaluación funcional. Involucra específicamente manipular antecedentes y consecuencias para demostrar una relación funcional entre el antecedentes y consecuencias y el comportamiento.

Varios investigadores han manipulado tanto antecedentes como consecuencias para evaluar las posibles funciones de un problema de conducta. Esta es la forma más directa para evaluar qué reforzador esta manteniendo el problema de conducta. Por ejemplo, Iwata, Dorsey, Slifer, Bauman y Richman (1982) llevaron a cabo experimentos para evaluar la función de la conducta autolesiva exhibida por personas con discapacidad intelectual. En las distintas condiciones experimentales Iwata introdujo tanto una posible operación de establecimiento como antecedente, como una posible consecuencia reforzante. Por ejemplo, para evaluar atención como posible consecuencia reforzante de la conducta autolesiva, Iwata estableció una condición en la que el niño no recibía atención alguna por parte del adulto que estaba presente (operación de establecimiento); tan pronto se producía la conducta autolesiva, el adulto daba atención en forma de comentarios verbales que desaprobaban la conducta que el sujeto había mostrado. Para evaluar el escape de tareas como posible reforzador, Iwata presentó tareas difíciles (operación de establecimiento) y tan pronto ocurría la conducta autolesiva, permitía al individuo escapar de la tarea brevemente. Iwata y sus colegas evaluaron

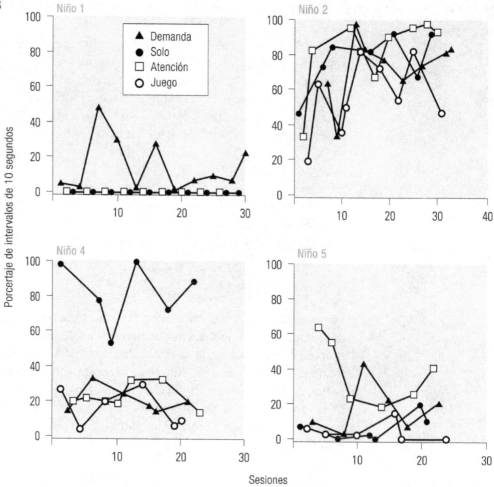

FIGURA 13-4 Estos gráficos muestran cuatro análisis funcionales realizados con diseños multielemento. El nivel de conducta autolesiva se registró en cuatro condiciones experimentales: demanda de tareas, atención social, solo y juego (tomado de Iwata, B. A., Dorsey, M. R., Slifer, K. J., Bauman, K. E., y Richman, G. S. [1994]. Toward a functional analysis of self-injury. Journal of Applied Behavior Analysis, 27, 197-209. Copyright © 1994 Society for the Experimental Analysis of Behavior. Reproducido con permiso).

cuatro condiciones usando un diseño multielemento (Figura 13-4) demostrando que la conducta autolesiva de algunos de los niños estaba mantenida por atención, en otros por escape y en otros casos por reforzamiento automático.

Aunque en el análisis funcional normalmente se manipulan tanto los antecedentes como las consecuencias, varios investigadores han llevado a cabo análisis funcionales en los que únicamente se manipularon los antecedentes y su influencia en la conducta. La función de la conducta era entonces inferida a partir de los cambios de comportamiento asociados a la manipulación de los antecedentes. Por ejemplo, Carr y Durand (1985) compararon dos condiciones experimentales en niños que presentaban problemas de conducta en el aula; una en la que el nivel de atención era bajo y otra en la que la dificultad de la tarea era elevada. Si se comprobaba que los problemas de conducta eran mayores en la condición de atención reducida, los autores deducían que el problema de conducta estaba mantenido por atención, ya que este fue evocado en presencia de una operación de establecimiento de atención. Si por el contrario el problema de conducta era mayor en la condición en la que la dificultad de la tarea era elevada, los autores deducían que la conducta estaba mantenida por el escape de tareas, ya que esta que evocada por la operación de establecimiento de escape. Carr y Durand demostró que los problemas de conducta eran más frecuentes en la condición de escasa atención en algunos casos, mientras que en otros casos los problemas de conducta eran mayores en la condición en la que la dificultad de la tarea era elevada.

Con frecuencia el análisis funcional está diseñado para evaluar una serie de funciones posibles de la conducta problema (Iwata, Dorsey, et al., 1982). En tales casos, el analista de conducta puede no tener una hipótesis acerca de la consecuencia reforzante que mantiene el problema de conducta pudiendo recurrir a esta modalidad de análisis funcional a fin de explorar varias variables de mantenimiento posibles. Consideraremos esta forma de análisis funcional un análisis funcional exploratorio. Un **análisis funcional exploratorio** generalmente incluye tres o cuatro condiciones de prueba y una condición de control. En cada una de las **condiciones de prueba** se presentan una operación de establecimiento y un posible reforzador de la conducta problema; en la **condición de control** se presenta una operación de abolición y se evita la presentación contingente de los posibles reforzadores. Por ejemplo, si no dispones de una hipótesis clara sobre la función del problema de conducta, puedes aplicar cuatro condiciones que permiten evaluar si la atención, los reforzadores lúdicos o comestibles (tangibles), el escape de estimulación social aversiva o la estimulación sensorial es la consecuencia reforzante de un problema de conducta dado (Iwata, Dorsey, et al., 1982; Ellingson, Miltenberger, Stricker, Garlinghouse, et al, 2000; Rapp, Miltenberger, Galensky, Ellingson y Long, et al., 1999). El análisis funcionalemexploratorio permite evaluar una serie de posibles consecuencias reforzantes está diseñadopara identificar la función específica que mantiene la conducta mientras se descartan las demás funciones.

En algunos casos, el análisis funcional puede estar compuesto de un número menor de condiciones experimentales debido a que el analista de conducta pretende probar una hipótesis específica acerca de la función de la conducta problema (Arndorfer et al., 1994). En tales casos, el objetivo del análisis funcional no es evaluar todas las funciones posibles, sino confirmar o refutar una hipótesis previa. Podríamos considerar esta forma de análisis funcional un **análisis funcional de evaluación de hipótesis.** En este tipo de análisis funcional hay una condición de prueba y una condición de control. En la condición de prueba se presenta la operación de establecimiento propuesta como hipótesis y cuando el problema de conducta ocurra, se presenta el reforzador hipotetizado. En la condición de control se presenta la operación de abolición propuesta como hipótesis y si el problema de conducta ocurre no se presenta el reforzador hipotetizado. Por ejemplo, si creemos que la conducta de interés está siendo reforzada por atención, podemos limitarnos a evaluar dos condiciones experimentales: una condición de prueba en la que inicialmente no hay atención, haciéndose esta contingente únicamente a la ocurrencia del problema de conducta, y una condición de control en la que se aporte un nivel elevado de atención a lo largo de la sesión retirándose únicamente cuando ocurra el problema de conducta. Si la conducta sucede a mayor frecuencia en la primera condición que en la segunda se confirmaría la hipótesis de que la consecuencia reforzante era el acceso a atención social.

¿Cómo procedió Ricardo para realizar un análisis funcional de la conducta de Santiago?

Manipulando la forma en que los otros niños de la guardería interactuaban con Santiago. Antes de realizar esta evaluación ya había propuesto la hipótesis de que el antecedente de los problemas de conducta de Santiago (golpearse la cabeza, tirar los juguetes y lloriquear) consistía en que otros niños tocasen o jugasen con sus juguetes. Para analizar si este evento antecedente tenía una relación funcional con los problemas de comportamiento, se presentaron condiciones manipulando la presencia (condición de prueba) o ausencia (condición de control) del antecedente. En segundo lugar, Ricardo planteó la hipótesis de que el reforzador que mantenía los problemas de conducta de Santiago no era otro que el que le devolviesen los juguetes. A fin de analizar si esta consecuencia estaba relacionada funcionalmente con los problemas de conducta se presentaron condiciones en las que dicha consecuencia estaba presente (condición de preuba) o ausente (condición de control). Los resultados mostraron que cuando el antecedente y la consecuencia se hallaban presentes, los problemas de comportamiento se produjeron a una mayor frecuencia. Cuando el antecedente y la consecuencia estaban ausentes, Santiago se golpeaba la cabeza, tiraba juguetes o lloriqueaba en muy contadas ocasiones. Por lo tanto, se logró demostrar una relación funcional entre los eventos antecedentes y consecuentes y los problemas de conducta de Santiago. Las hipótesis de Ricardo, planteadas inicialmente a partir de datos de entrevista y registros ABC, fueron apoyadas por los resultados del análisis funcional. El tratamiento aplicado tuvo éxito porque se basaba en los resultados de la evaluación funcional, en otras palabras, cuando el terapeuta entendió a qué se debían los problemas de Santiago, fue posible desarrollar un tratamiento apropiado.

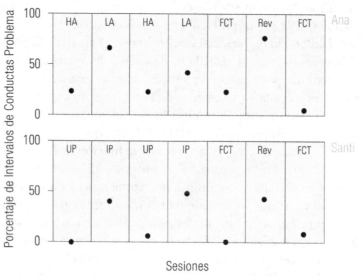

FIGURA 13-5 Estos gráficos muestran los datos del análisis funcional de Ana y Santiago. Ana presentó más conducta problema en la condición de baja atención (LA) y muy poca en la condición de atención elevada (HA). Esto demuestra que la atención de su madre estaba reforzando la conducta problema. Se usó entrenamiento en comunicación funcional (FCT) como procedimiento de tratamiento (ver Capítulo 15). Durante las sesiones en las que se aplicó el tratamiento el comportamiento disminuyó considerablemente. En el caso de Santiago, se compraron las condiciones de juego continuo (UP) y juego interrumpido (IP). El comportamiento problema fue más frecuente cuando alguno de sus compañeros le interrumpía tomando alguno de sus juguetes y el realizaba el problema de conducta para que se los devolviesen. Los resultados confirmaron la hipótesis de que el problema de conducta de Santiago estaba mantenido por que sus compañeros le devolviesen los juguetes. Cuando se introdujo el entrenamiento en comunicación funcional (FCT) el problema de conducta se redujo considerablemente. Durante la fase de reversión (Rev) no se utilizó comunicación funcional observándose un incremento en la conducta problema tanto de Ana como de Santiago. En la última fase volvió a instaurarse el tratamiento (tomado de Arndorfer, R. E., Miltenberger, R. G., Woster, S. H., Rortvedt, A. K., y Gaffaney, T. [1994], Home-baseddescriptive and experimental analysisofproblembehaviors in children. Topics in EarlyChildhoodSpecialEducation, 74, 64-87. Reproducido con permiso del autor).

Ricardo también llevó a cabo un análisis funcional de los golpes, patadas y gritos de Ana. La hipótesis de partida era que los problemas de comportamiento eran más probables cuando la madre no le prestaba atención, y que dichos comportamientos eran reforzados por la atención de la madre que seguía a la presentación de las conductas. A continuación, Ricardo manipuló los eventos antecedentes y consecuentes logrando apoyar su hipótesis. Por otra parte, el hecho de que el tratamiento basado en los resultados de la evaluación funcional fuera eficaz otorgó un apoyo adicional a los resultados. Los resultados del análisis funcional de los problemas de comportamiento de unase muestran en la Figura 13-5.

Tipos de análisis funcional

Exploratorio: En este tipo de análisis funcional se evalúan varios reforzadores posibles (p.ej., atención escape, juguetes) y se incorpora una condición de control en la que no están presentes las operaciones de establecimiento ni los posibles reforzadores del problema de conducta.

De evaluación de hipótesis: En este tipo de análisis funcional se evalúa una hipótesis relativa a una consecuencia reforzante particular, por lo tanto, solo se aplica una condición de prueba y una condición de control.

LECTURA PARA AMPLIAR

Aplicaciones clínicas de la metodología de análisis funcional

El uso de procedimientos de análisis funcional se ha generalizado en el campo del análisis de comportamiento aplicado y es la mejor práctica para comprender las variables que contribuyen a los comportamientos problemáticos y elegir los procedimientos de tratamiento más efectivos. Desde la investigación inicial sobre los procedimientos de análisis funcional (por ejemplo, Iwata et al., 1982), los investigadores y profesionales han desarrollado una variedad de diferentes formas de realizar un análisis funcional. Dozier e Iwata (2008) describen ocho enfoques diferentes. Aunque cada enfoque incorpora los componentes esenciales de un análisis funcional (por ejemplo, registrar el comportamiento durante las condiciones de prueba y control mientras demuestra un relación funcional entre uno o más reforzadores y el comportamiento), los enfoques difieren en términos del diseño de la investigación, la dimensión del comportamiento que se mide, el contexto en el que se lleva a cabo, o la duración del análisis. Por ejemplo, en un análisis funcional basado en ensayos, los procedimientos son colocados en rutinas de aula que ocurren naturalmente (Bloom, Lambert, Dayton y Samaha, 2013) y en un análisis funcional del comportamiento precursor, el análisis funcional se realiza en una forma más leve de la comportamiento problemático que precede sistemáticamente a una forma más severa del compotamiento problemático (Fritz, Iwata, Hammond y Bloom, 2013).

Investigación sobre análisis funcional

Se han realizado numerosas investigaciones sobre el uso del análisis funcional para identificar las variables de control de las conductas problemáticas de niños y otras personas con trastornos del desarrollo (Arndorfer y Miltenberger, 1993; Asmus et al., 2004, Hanley, Iwata y McCord, 2003; Iwata, Pace, et al., 1994, Kurtz et al., 2003; Lane, Umbreit y Beebe-Frankenberger, 1999; Mace, Lalli, Lalli y Shea, 1993; Repp y Horner, 1999; Sprague y Horner, 1995). Carr, Newsom y Binkoff (1980) llevaron a cabo un análisis funcional de la conducta agresiva de dos niños con discapacidad intelectual. Estos autores plantearon la hipótesis de que la presentación de tareas académicas era el antecedente del comportamiento agresivo y que escapar de dichas tareas académicas reforzaba los problemas de conducta. A fin de probar esta hipótesis se organizaron dos condiciones experimentales. En la primera condición, las exigencias académicas se presentaron a los dos niños, mientras que en la segunda condición no se presentó tarea alguna. Carr encontró que el comportamiento agresivo sucedía a una elevada frecuencia cuando se pedía a los niños que realizasen tareas. Por el contrario, los problemas de conducta disminuyeron sustancialmente cuando no se les pedía que realizasen tareas. Dado que los niños agredían con más frecuencia cuando se les pedía que realizasen tareas, los autores sugirieron que la conducta agresiva estaba mantenida por el escape de tareas escolares. Carr et al. confirmaron la hipótesis mostrando que cuando la conducta agresiva resultaba en escape esta se incrementaba. Por otra parte, existen estudios que demuestran que los problemas de comportamiento de los estudiantes con autismo y discapacidad intelectual pueden ser reforzados por la atención del profesor o por escapar de las exigencias académicas en el aula (Carr y Durand, 1985; Durand y Carr, 1987, 1991, 1992). En cada uno de estos estudios, se manipularon las variables antecedentes (atención del profesor y dificultad de la tarea) para mostrar una relación funcional entre estas variables y los problemas de conducta, y poder aplicar un tratamiento eficaz basado en la función de la conducta identificada en cada niño. La Figura 13-6 muestra los datos del análisis funcional de Durand y Carr (1987).

La investigación de Iwata y sus colegas ilustra la utilización de métodos de análisis funcional para identificar las variables de control de la conducta autolesiva. Iwata, Dorsey, et al. (1982) trabajaron con los niños y adolescentes con trastornos del desarrollo ingresados en un hospital para el tratamiento de la conducta autolesiva grave. Los investigadores planearon diferentes condiciones experimentales para determinar si el reforzamiento de la conducta autolesiva era la atención de los adultos, escapar de las demandas de tareas, o la estimulación sensorial producida por la propia conducta. En la condición de atención está presente un adulto que no le presta atención al niño (puede estar realizando alguna otra tarea) a menos de que este realice la conducta autolesiva, en tal caso le atiende inmediatamente. La atención del adulto puede consistir en algunas palabras de preocupación, solicitarle que deje de realizar la conducta y juegue con algún juguete o se involucre en alguna otra actividad. Esta condición fue diseñada para simular las respuestas que habitualmente dan los adultos a los episodios de conducta autolesiva. Por otra parte, en la condición de escape un adulto presenta tareas escolares de forma continua, dejando solo de presentarlas por un breve espacio de tiempo cuando sucede la conducta problema. Esta condición fue diseñada para simular la situación frecuentemente se da en el aula cuando el niño presenta conducta autolesiva. Por último, en la condición solo, el niño permanece solo y sin juguetes sin que haya disponible actividades que puedan resultar estimulantes.

Iwata comparó los niveles de conducta autolesiva en estas tres condiciones experimentales. Si la tasa de la conducta autolesiva era elevada en la condición de atención y baja en las otras condiciones, se demostraría que la atención mantenía la conducta autolesiva. Si por el contrario el nivel de conducta resultaba elevado solo en la condición en la que se demandaba la realización de tareas escolares, la conducta estaría mantenida por el escape de demandas de tareas. Si la tasa de conducta autolesiva era elevada en la condición solo, ello sugeriría que la conducta autolesiva estaba siendo mantenida por las consecuencias sensoriales producidas por el propio comportamiento. Debido a que el niño estaba solo, sin poder interactuar con adultos y sin poder realizar otras actividades estimulantes, la conducta autolesiva no puede estar siendo reforzada por atención o escape, por lo tanto, se presume que está mantenida por estimulación sensorial. Iwata llamó a este proceso reforzamiento automático debido a que la conducta produce la consecuencia reforzante automáticamente sin que medie la respuesta de otras personas del entorno.

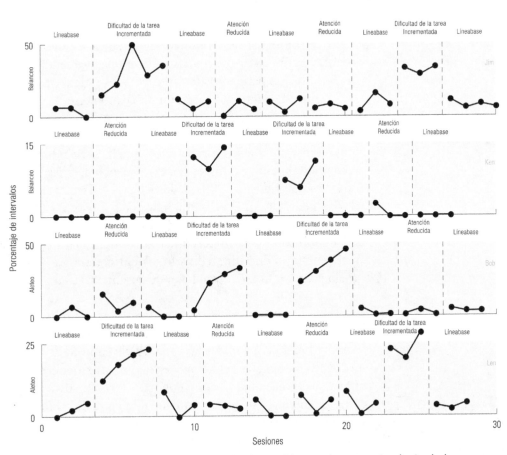

FIGURA 13-6 Este gráfico muestra el análisis funcional de dos problemas de comportamiento, balancearse y sacudir las manos, de un niño de cuatro años con trastornos del desarrollo. Durand y Carr (1987) incluyeron tres condiciones en su análisis funcional: línea-base, atención disminuida y una tercera condición en la que se incrementaba la dificultad de la tarea. Durante la líneabase los alumnos recibían mucha atención por trabajar en tareas fáciles. En la condición de atención disminuida trabajaban en una tarea fácil, pero recibían muy poca atención del profesor. Por último, en la condición de mayor dificultad de la tarea, recibían bastante atención, pero tenían que realizar tareas más difíciles. El gráfico muestra que los problemas de comportamiento fueron más frecuentes cuando se incrementaba la dificultad de la tarea. Ello sugiere que el escape de tareas difíciles, y no la atención del maestro, reforzaba el problema de conducta (tomado de Durand, V., M., y Carr, E. G. [1987]. Social influence of "self-stimulatory" behavior: Analysis and treatment application. Journal of Applied Behavior Analysis, 20, 119-132. Copyright © 1987 University of Kansas Press. Reproducido con permiso del editor).

Iwata y sus colaboradores demostraron que la conducta autolesiva tenía una función diferente según el niño. Para algunos niños, la conducta autolesiva estaba reforzada por atención, y para otros por escape o por estimulación sensorial (reforzamiento automático). La demostración de que la conducta autolesiva puede estar mantenida por reforzadores diferentes según el niño es tremendamente relevante. En trabajos posteriores, Iwata y sus colegas han realizado análisis funcionales de la conducta autolesiva exhibida por otras muchas personas con discapacidad mostrando también la aplicación de tratamientos eficaces para la conducta autolesiva de estas personas (Iwata, Pace, Kalsher, Cowdery y Cataldo, 1990; Iwata, Pace, Cowdery y Miltenberger, 1994; Lerman y Iwata, 1993; Pace, Iwata, Cowdery, Andrea y McIntyre, 1993; Smith, Iwata, Vollmer y Zarcone, 1993; Vollmer, Iwata, Zarcone, Smith y Mazaleski, 1993; Zarcone, Iwata, Hughes y Vollmer, 1993). Los hallazgos de Iwata, junto con el trabajo de Carr, Durand y otros, sugieren que necesitamos realizar una evaluación funcional de los problemas de comportamiento para entender sus funciones y elegir tratamientos eficaces.

Los investigadores han seguido trabajando en esta área para perfeccionar los métodos de evaluación funcional y establecer su utilidad en el diseño de intervenciones funcionales que hagan frente a los factores que contribuyen a la aparición de problemas de comportamiento. La investigación reciente ha abordado una gran variedad de problemas de comportamiento exhibidos por diversas poblaciones (p.ej., McKerchar y Thompson, 2004; Moore y Edwards, 2003; Ndoro, Hanley, Tiger y Heal, 2006; Wallace y Caballeros, 2003; Wilder, Chen, Atwell, Pritchard y Weinstein, 2006).

El uso de métodos experimentales (análisis funcional) para la evaluación funcional de los problemas de comportamiento conlleva ciertas ventajas y desventajas. La principal ventaja es que un análisis funcional demuestra una relación funcional entre las variables de control y el problema de conducta. El análisis funcional establece que un determinado antecedente evoca el comportamiento y un tipo particular de consecuencia reforzante lo mantiene de acuerdo a los estándares de evidencia científica. Los métodos descriptivos, por el contrario, ofrecen menos seguridad, a pesar de que nos permiten formular hipótesis acerca de las variables de control. El mayor inconveniente de realizar un análisis funcional es el tiempo, esfuerzo y experiencia profesional necesarios para manipular los antecedentes y consecuencias, así como para medir el cambio resultante en el comportamiento. Un análisis funcional es en realidad un experimento breve y por tanto su realización requiere cierto nivel de entrenamiento. La mayoría de las investigaciones sobre evaluación funcional y tratamiento de problemas de conducta se apoyan en métodos de análisis funcional, mientras que los profesionales que utilizan procedimientos de modificación de conducta en el contexto clínico suelen confiar con más frecuencia en métodos descriptivos de evaluación funcional (Arndorfer y Miltenberger, 1993).

LECTURA PARA AMPLIAR	Investigación sobre los métodos de análisis funcional

Una vez se demostró la utilidad de los procedimientos de análisis funcional, se comenzaron a investigar variaciones de esta metodología a fin de entender mejor las contingencias de reforzamiento que mantienen los problemas de comportamiento. Por ejemplo, algunos investigadores han estudiado el papel de las operaciones de establecimiento en los resultados del análisis funcional (p.ej., Call, Wacker, RingdahlyBoelter, 2005; McComas, Thompson y Johnson, 2003; O'Reilly et al., 2006). Por ejemplo, se ha evaluado la influencia de la duración de las sesiones (Wallace y Iwata, 1999) o la diferencia entre un análisis funcional breve y un análisis funcional típico (Kahng y Iwata, 1999) en los resultados de la evaluación. Otros investigadores han evaluado otras influencias sobre los resultados del análisis funcional, como el uso de instrucciones (Northup, Kodak, Grow, Lee y Coyne, 2004) o medicamentos (Dicesare, McCadam, Toner y Varell, 2005). En otra investigación se evaluó el uso de aplicaciones de telemedicina para realizar análisis funcionales en el medio rural. El estudio demostró que la evaluación puede ser realizada por padres y maestros con el apoyo de profesionales a través de una rea de video (Barretto, Wacker, Harding, Lee y Berg, 2006).

Cómo realizar un análisis funcional

Es muy importante llevar a cabo algún tipo de evaluación funcional antes de desarrollar el tratamiento de un problema de conducta. A fin de diseñar el tratamiento más adecuado debemos entender los eventos ambientales (antecedentes y consecuencias) que controlan el comportamiento. Esta información es importante ya que el tratamiento requiere de la manipulación de antecedentes o consecuencias para producir un cambio en el comportamiento (ver Capítulos 14 a 16). Conocer los antecedentes que evocan el problema de conducta es necesario para poder usar procedimientos de control de antecedentes. También debemos conocer las consecuencias reforzantes para poder aplicar eficazmente extinción y reforzamiento diferencial.

1. Comienza con una entrevista conductual. La evaluación funcional de un problema de comportamiento debe comenzar con una entrevista con el cliente u otros informadores que le conozcan bien para alcanzar un conocimiento específico de los problemas de comportamiento.

2. Desarrolla una hipótesis sobre los antecedentes y consecuencias del problema de conducta. El resultado de la entrevista debe ser una definición clara de los problemas de comportamiento y el desarrollo de hipótesis acerca de los antecedentes que provocan los comportamientos y las consecuencias reforzantes que los mantienen. En este capítulo presentamos información básica sobre variables de control, no obstante, la entrevista también puede aportar información valiosa sobre los comportamientos alternativos, variables relacionadas con el entorno, otros estímulos reforzantes, y tratamientos previos (ver Tabla 13-2).

3. Realiza una observación directa. Una vez que se ha establecido una hipótesis sobre las variables de control a partir de la información de la entrevista, el siguiente paso en la evaluación funcional es realizar observaciones ABC en el contexto natural. El registro ABC puede ser realizado por el cliente, un consultor profesional, o personas en el entorno del cliente que capacitadas por un profesional para llevar a cabo las observaciones. Por ejemplo, un psicólogo escolar puede observar a un niño con problemas de comportamiento en el aula, o entrenar al maestro a llevar a cabo las observaciones ABC. Es importante tomar medidas para reducir la reactividad de las observaciones a fin de que el registro ABC refleje el nivel típico de la conducta y los antecedentes y consecuentes habituales. Podemos reducir la reactividad haciendo la observación lo más discretamente posible, usando observación participante, o dejando pasar un período de tiempo para que las personas en el entorno natural se acostumbren a la presencia del observador. Si la información obtenida en las observaciones ABC es coherente con la información de la entrevista, se refuerza nuestra hipótesis.

4. Confirma tu hipótesis inicial sobre los antecedentes y consecuencias del problema de conducta. Con una hipótesis firme apoyada en múltiples fuentes de información (entrevista y observación directa) podrás desarrollar tratamientos funcionales dirigidos a los antecedentes y consecuencias identificados en la evaluación funcional.

5. Si fuera necesario, realiza evaluaciones adicionales. Si la información obtenida en las observaciones ABC no es coherente con la información de la entrevista, puede que sean necesarias entrevistas y observaciones adicionales a objeto de aclarar las inconsistencias. Si las evaluaciones descriptivas realizadas finalmente producen

información clara, suficiente para generar una hipótesis firme sobre el control que ejercen antecedentes y consecuencias sobre la conducta, entonces podemos dar por terminada la evaluación funcional.

6. Si fuera necesario, realiza un análisis funcional. Si la información de entrevistas y observaciones sigue siendo incoherente después de una nueva evaluación, o si la información de las evaluaciones descriptivas es coherente, pero no da lugar a una hipótesis firme, se hace necesario realizar un análisis funcional. Consideremos el siguiente ejemplo.

Fidel es in chico joven con síndrome de Down que ha empezado a trabajar como parte de un equipo de tres personas que limpian habitaciones en un hotel con la ayuda de un educador encargado de su supervisión. Al parecer, cuando alguien le pedía que quitase el polvo del escritorio o la cómoda de las habitaciones Fidel se sentaba en el suelo con la cabeza gacha negándose a trabajar. En estas ocasiones el supervisor intentaba hablar con Fidel para que se levantara y realizara las tareas asignadas repitiéndole lo que tenía que hacer y por qué era importante, y describiendo también las ventajas que tendría en caso de que realizase la tarea. No obstante, Fidel se quedaba en el suelo sin levantarse. Después de una semana durante la cual el problema ocurrió a diario, el supervisor decidió solicitar ayuda a un analista de conducta. Después de una entrevista con el supervisor y tras varias observaciones ABC, el consultor concluyó que Fidel realizaba el problema de conducta cada vez que le pedían que trabajase y que en todas estas ocasiones el supervisor reaccionaba intentado convencerle de que trabajase.

De acuerdo a esta información, ¿qué dos posibles reforzadores podrían estar manteniendo la conducta problema?

Una posibilidad es que la atención recibida por el del supervisor estuviera reforzando la conducta de Fidel. Una segunda posibilidad es que sea el escape de la tarea de quitar el polvo lo que este reforzando la conducta. La única manera de determinar qué consecuencia de la conducta problema tenía un efecto reforzante no era otro que realizar un análisis funcional manipulando los dos reforzadores posibles.

¿Cómo realizaríamos un análisis funcional de la conducta de Fidel para identificar el reforzador que mantiene el comportamiento?

Las dos variables que deseamos manipular son el escape de la tarea y la atención que se producen como consecuencia de la conducta. Para manipular estas dos variables debemos establecer dos condiciones: atención sin escapar y escape sin atención. En la primera condición el supervisor pedirá a Fidel que limpie el polvo. Cuando este se siente en el suelo recibirá ayudas verbales y guía física para facilitar que se levante y pase la bayeta. Si es necesario el supervisor guiará físicamente la mano de Fidel para que consiga limpiar el polvo. En esta condición, no hay escape de la tarea, no obstante se sigue recibiendo atención contingente a la negativa a trabajar. En la segunda condición, nuevamente le pedimos al supervisor que le pida a Fidel que limpie el polvo, no obstante indicamos que cuando se siente en el suelo no debe de tener ninguna reacción. Bajo esta condición Fidel logra escapar de la tarea pero no recibe atención. El supervisor aplica ambas condiciones en días alternos para ver cuál genera una mayor tasa de conducta problema. En caso de que Fidel se niegue a trabajar con más frecuencia en la primera condición, es posible que el problema de conducta este mantenido por atención.Si la tasa de la conducta es más alta en la segunda condición, el escape de la tarea debe ser el reforzador relevante. No obstante, si la tasa de la conducta problema es alta en ambas condiciones, es probable que la conducta esté mantenida tanto por la atención como por escape.

Los resultados indicaron que Fidel se negó a trabajar con más frecuencia en la segunda condición. Ello sugiere que el escape de la tarea reforzaba la negativa a trabajar. Una vez obtenidos estos resultados, se desarrolló un tratamiento para hacer frente a la función de escape de la conducta. Durante la intervención, el supervisor daba reforzadores por la realización del trabajo (bocadillos y descansos breves) y eliminó la posibilidad de escapar guiándole físicamente para que realizase la tarea cada vez que se negaba a realizarla (véanse los capítulos 14, 15 y 18 para obtener más detalles sobre estos procedimientos).

Como se puede ver en este ejemplo, el análisis funcional no tiene por qué ser complejo o difícil de aplicar. Las características esenciales del análisis funcional son el disponer de un método fiable de recolección de datos en las diferentes condiciones experimentales, la manipulación de antecedentes y consecuencias manteniendo constantes otras variables, y por último, la repetición de las condiciones experimentales utilizando un diseño de reversión, o de otro tipo, para demostrar control experimental sobre el comportamiento.

Intervenciones funcionales

Una vez que hemos finalizado el proceso de evaluación funcional, usaremos la información relativa a los antecedentes y consecuencias del problema de conducta para desarrollar intervenciones. Las intervenciones deben ser diseñadas para modificar los antecedentes y consecuencias del problema de conducta a fin de que este se reduzca y se facilite el incremento de conductas alternativas más apropiadas. Las **intervenciones funcionales** incluyen la extinción (Capítulo 14), el reforzamiento diferencial (Capítulo 15), y la manipulación de antecedentes(Capítulo 16). Estas intervenciones se consideran funcionales porque afectan directamente a los antecedentes y consecuencias identificados en la evaluación funcional. En otras palabras, la intervención busca neutralizar la función de la conducta. Por último, las intervenciones funcionales no son aversivas ya que no recurren al uso del castigo. En los capítulos 14, 15 y 16 se describen en más detalle las intervenciones funcionales para problemas de conducta.

RESUMEN DEL CAPÍTULO

1. La realización de una evaluación funcional de la conducta problema es el primer paso en el desarrollo de la intervención. La evaluación funcional ayuda a identificar los antecedentes que evocan el comportamiento y las consecuencias reforzantes que mantienen la conducta.

2. Una evaluación funcional puede realizarse mediante tres métodos: evaluación indirecta, observación directa y análisis funcional o experimental.

3. En una evaluación indirecta recopilamos información sobre los antecedentes y consecuentes de la conducta por medio de entrevistas o cuestionarios. La información se toma de personas que conocen bien al cliente y que están familiarizados con el problema de conducta.

4. En una observación directa (registro ABC) observamos y registramos los antecedentes, la conducta y las consecuencias de la conducta que se producen en el entorno natural. El registro ABC puede utilizarse de forma descriptiva, con listas de comprobación o mediante un registro de intervalos.

5. Los métodos experimentales para llevar a cabo una evaluación funcional implican la manipulación de los antecedentes o las consecuencias para determinar su influencia sobre el comportamiento. Los métodos experimentales, también conocidos como análisis

funcional o análisis experimental, permiten establecer una relación funcional entre los antecedentes y las consecuencias, y el problema de conducta.

PALABRAS CLAVE

Análisis experimental, 250
Análisis funcional, 237
Análisis funcional de contraste de hipótesis, 252

Análisis funcional exploratorio, 252
Evaluación funcional, 250
Evaluaciones descriptivas, 250

Gráfico de dispersión, 246
Intervención funcional, 260
Registro ABC, 246

TÉST PRÁCTICO

1. ¿Qué es una evaluación funcional de un problema de conducta? ¿Por qué es importante llevar a cabo una evaluación funcional? (pág. 276).
2. Identifica y describe las cuatro funciones posibles de los problemas de comportamiento (págs. 277-278).
3. Identifica y describe los tres métodos principales de que disponemos para llevar a cabo la evaluación funcional de un problema de conducta (págs. 278-
4. 289).
   Identifica y describe dos formas de realizar una eva-
5. luación indirecta (págs. 278-279).
   Sugiere una lista de preguntas que podrías hacer en una entrevista para determinar los antecedentes y las consecuencias de un problema de conducta
6. (págs. 279-280).
   Identifica y describe tres formas de realizar observa-
7. ciones ABC (págs. 282-284).
   ¿En qué consisten los métodos descriptivos de eva-
8. luación funcional? (pág. 285).
   Los métodos descriptivos de evaluación no demuestran una relación funcional entre antecedentes y consecuencias y el problema de conducta. Explica
9. porque (págs. 285-286).
   ¿Cuál es el resultado de los métodos descriptivos de evaluación funcional? (pág. 285).

10. Describe de qué forma un análisis funcional demuestra una relación funcional entre los antecedentes y consecuencias, y el problema de conducta (págs. 286-289).
11. ¿Cuál es la diferencia entre una evaluación funcional y un análisis funcional? (pág. 278).
12. ¿Cuál es el primer paso en la realización de una evaluación funcional? (pág. 292).
13. ¿En qué momento darías por concluida la evaluación funcional de un problema de conducta? Da un ejemplo (pág. 293).
14. ¿Bajo qué circunstancias es necesario llevar a cabo un análisis funcional del problema de conducta? Da un ejemplo (pág. 293).
15. Describe las tres características esenciales del análisis funcional (pág. 294).
16. Iwata y sus colaboradores identificaron tres tipos de reforzadores de la conducta autolesiva de niños y adolescentes con trastornos del desarrollo. ¿Cuáles son? (pág. 291).
17. Describe las tres condiciones experimentales presentes en el análisis funcional de la conducta autolesiva realizado por Iwata y sus colaboradores (págs. 290-291).

APLICACIONES

1. Imagina que estás desarrollando un programa para reducir un comportamiento no deseado. Describe cómo se llevaría a cabo una evaluación funcional de ese comportamiento. Describe cada uno de los métodos de evaluación funcional que usarías para identificar las variables que controlan la conducta.

2. Luis, de 80 años de edad, fue recientemente admitido en un hogar de ancianos por tener Alzheimer y porque su esposa ya no podía cuidar de él en casa. Luis había trabajado toda su vida en el campo siendo esta la primera vez que vivía en un lugar en el que su libertad de movimientos estaba limitada. No podía abandonar el hogar de ancianos por sí mismo y tuvo que aprender a adaptarse a la rutina diaria en su nuevo hogar. Aunque a consecuencia de la enfermedad tenía problemas de memoria, aún estaba en buena forma física, y le gustaba caminar alrededor del edificio y hablar con el personal y otros residentes. Poco después de trasladarse a la residencia de ancianos comenzó a exhibir un comportamiento peligroso: salir fuera del edificio solo. No le estaba permitido salir solo por razones de seguridad, aun así lograba escaparse varias veces al día. En pleno invierno salía a la calle sin abrigo. Cada vez que salía del edificio el personal debía traerlo de vuelta. La clínica tiene una puerta principal cerca de la sala de enfermería, otra cerca de las oficinas de administración, y tres salidas de incendios en los laterales y en la parte trasera del edificio. El edificio cuenta con cuatro alas que forman un cuadrado con un patio central cerrado al que dan dos puertas. Cuatro corredores, uno por cada ala del edificio, se unen para formar un cuadrado. Imagina que eres consultado sobre el problema de comportamiento de Luis. El personal al cargo no sabe si el problema se debe a la enfermedad de Alzheimer que puede causar confusión impidiendo que Luis sepa dónde está o a dónde va, o si por el contrario el problema de conducta es resultado de ciertas contingencias de reforzamiento. Tu primer paso para desarrollar una estrategia de tratamiento es realizar una evaluación funcional que determine por qué se está produciendo el problema. A tal fin has programado una entrevista con algunos de los miembros del personal que trabaja regularmente con Luis. Elabora un cuestionario con las preguntas que hará el personal para evaluar los eventos antecedentes, el problema de conducta, y las consecuencias del problema.

3. El cuestionario de la entrevista de la Aplicación 2 y sus respuestas se proporcionan a continuación.

Problemas de comportamiento

P: ¿Qué hace exactamente Luis cuando sale del edificio?

R: Camina hacia la puerta, la abre y se va o hace como si quisiera irse.

P: ¿Dice o hace algo al salir por la puerta?

R: A veces murmura consigo mismo diciendo que tiene que ir a ver a su esposa o a visitar a alguien, o dice simplemente que tiene que salir sin dar una razón concreta. A veces sale afuera sin más explicaciones. Por lo general mira a la enfermera que está en la sala de enfermería cuando camina hacia la puerta.

P: ¿Qué hace una vez que está fuera?

R: No suele estar fuera durante más de unos segundos, porque un miembro del personal va tras él y lo trae de vuelta. Normalmente sale y se queda de pie cerca de la puerta sin hacer nada. A menudo, se vuelve y mira hacia el interior del pasillo por el que ha salido. A veces, la enfermera lo ve ir a la puerta y le detiene antes de que llegue a salir.

Antecedentes

P: ¿Qué suele hacer justo antes de intentar salir?

R: Por lo general, deambula por los pasillos y se pasea cerca de la puerta.

P: ¿Cuando sale por la puerta suele estar solo o acompañado?

R: Le gusta hablar con la gente cuando se pasea por los pasillos, pero cuando sale por la puerta lo más habitual es que esté solo.

P: ¿Por qué puerta suele salir con más frecuencia?

R: Las ha probado todas, pero generalmente sale por la puerta que está junto a la sala de enfermería.

P: ¿Alguna vez sale por las puertas que dan al patio central?

R: No, casi nunca.

P: ¿A qué hora del día es más probable que salga?

R: Normalmente, a la hora en la que el personal está más ocupado: cuando están con rutinas programadas, antes de las comidas cuando están ayudando a otros residentes, y en los cambios de turno.

P: ¿Suele haber alguien en la sala de enfermería

3. cuando sale?

P: ¿Suele haber alguien en la sala de enfermería cuando sale?

R: Sí, casi siempre hay alguien en la sala de enfermería.

P: ¿Incluso durante las horas punta, cuando el personal se encuentra más atareado?

R: Sí, por lo general siempre hay alguna enfermera actualizando las historias clínicas o haciendo algún papeleo.

Consecuencias

P: ¿Qué sucede tan pronto como Luis sale por la puerta?

R: Alguien del personal corre tras él y se lo trae de vuelta. Normalmente es la enfermera o el auxiliar de enfermería que está en la sala quien lo ve irse.

P: ¿Qué pasa después?

R: La enfermera o el auxiliar vuelven al interior del edificio con él y le dicen que no puede salir solo. El miembro del personal por lo general lo lleva a la sala de descanso y se sienta con él durante unos minutos y le da un café o unas galletas. Normalmente tratan de que se entretenga con algo para que no intente volver a irse, esto puede tomar en torno a cinco minutos o más cada vez que intenta salir.

P: ¿Qué pasaría si Luis saliera por una de las puertas que dan al patio central?

R: Solo lo ha hecho una o dos veces. En esas ocasiones el personal lo dejó solo, ya que de allí no puede salir y no corre peligro alguno. En realidad ya nunca sale por las puertas del patio central.

A partir de esta información, ¿cuál sería tu hipótesis inicial sobre la función de los problemas de comportamiento de Luis? Describe el procedimiento de observación ABC que desarrollarías en colaboración con el personal del hogar de ancianos. Describe la hoja de datos que utilizarías y las instrucciones que le darías al personal para llevar a cabo el procedimiento de la observación directa.

4. 4. El procedimiento de observación ABC usado en el caso de Luis y la información derivada de esta evaluación se describen a continuación. Debido a que Luis casi siempre sale por la puerta de la sala de enfermería, la hoja de datos se guardará en este lugar. Después de haber reunido información sobre los antecedentes y las consecuencias probables, el consultor pedirá al personal que sigan un registro ABC de

listas de comprobación. En la lista se detallarán los antecedentes y las consecuencias probables.

3. El personal solo tendrá que marcar en la columna que corresponde los hechos relevantes y el momento en el que sucedieron. La hoja de datos tendrá una columna para el momento de la conducta, una columna en la que el personal que registre el episodio ponga sus iniciales y una columna para cada uno de los antecedentes y consecuencias (ver ejemplo a continuación).

Antecedentes

- Luis está solo y nadie habla con él.
- Luis camina por los pasillos.
- Luis mira a la enfermera en la sala de enfermería cuando se dirige a la puerta o sale por la puerta.

Consecuencias

- Alguien del personal sale detrás de él y lo trae de regreso.
- La persona que salió a por él le habla mientras caminan de regreso.
- El personal pasa tiempo con él después de que Luis esté de vuelta en el edificio.
- Se le da café o galletas.

Durante una semana el personal registra estos acontecimientos inmediatamente cada vez que la conducta problema se produce.

Los resultados de las observaciones ABC fueron los siguientes. Luis intentó salir una media de cinco veces al día. En él 100% de las ocasiones antes de que se produjese el problema Luis estaba solo y nadie estaba hablando con él. Estaba paseándose por los pasillos o merodeando cerca de la puerta el 100% de las veces y miró al personal que estaba en la sala de enfermería el 90% de las ocasiones antes de salir por la puerta. En todas las ocasiones en que Luis salió por la puerta un miembro del personal corrió tras él y le habló mientras lo traía de regreso. Luego pasaban unos minutos con el (esto pasó en todas las ocasiones menos una) y en el 50% de los casos le daban café y galletas.

¿Esta información apoya la información inicial desarrollada a partir de la entrevista? Explica tu respuesta. Describe qué procedimiento de análisis funcional aplicarías teniendo en cuenta la información generada durante la entrevista y el registro ABC. Describe las dos condiciones de análisis funcional que pedirías al personal de enfermería que aplicasen con Luis. Describe el tipo de resultados que esperas del procedimiento de análisis funcional.

APLICACIONES INADECUADAS

1. Juana, una estudiante de primer grado, presenta comportamientos que perturban el funcionamiento de la clase. Con frecuencia se levanta de su asiento, habla con otros estudiantes, fastidia a sus compañeros o se pone a hurgar en el armario donde se guardan los materiales de la clase. Para disminuir este comportamiento, el profesor ideó el siguiente plan. En primer lugar, decidió ignorar las conductas molestas de Juana y alabarle siempre que estuviese en su asiento prestando atención y sin presentar problemas de conducta. El plan del maestro creía que usando reforzamiento diferencial (extinción de la mala conducta y reforzamiento de la conducta apropiada) disminuiría los problemas de conducta de Juana, mientras que la conducta apropiada aumentaría. ¿Qué aspecto de este plan crees que es incorrecto?

2. Después de hablar con el psicólogo escolar, el maestro de Juana se enteró de que antes de tomar decisiones sobre el tratamiento de un problema de comportamiento debía realizar una evaluación funcional de dicho problema prestando atención a las variables ambientales que lo provocan. Pidió asistencia al psicólogo escolar quien le dijo que recogiese información sobre los antecedentes y consecuencias de la conducta problema mediante la realización de observaciones ABC en el aula. Para ello le dio una hoja de datos con tres columnas: una para los antecedentes, otra para el problema de comportamiento, y otra para las consecuencias. El maestro tendría que guardar la hoja de datos en su escritorio y cada vez que Juana presentase un problema de conducta debería describir los antecedentes, la conducta y los eventos consecuentes. En resumen, el psicólogo sugirió que obtendrían las causas de la conducta después de realizar el registro ABC durante una semana. ¿Qué posibles problemas presenta la evaluación funcional utilizada en esta situación?

3. El director de un programa residencial para personas con discapacidad intelectual grave pidió al personal al cuidado de los residentes que hiciese observaciones del comportamiento de los residentes que tenían problemas de comportamiento y que planteasen hipótesis sobre sus posibles causas. Un residente, Roberto, presentaba episodios de comportamiento agresivo en los que gritaba y golpeaba al personal cuando le pedían que participase en actividades de formación. Otro residente, Melgar, realizaba comportamientos molestos, por ejemplo, tamborileaba en la mesa con varios objetos o le quitaba materiales lúdicos a otros residentes (p.ej., juegos, revistas, utensilios de costura). El personal sugirió como hipótesis que sus propias expectativas con relación a Roberto y sus continuas peticiones para que se implicase en tareas y actividades le frustraban. También mencionaron como hipótesis que estaba comunicando sus sentimientos de insatisfacción a través de sus problemas de conducta. En el caso de Melgar, sugirieron que estaba aburrido y celoso de los otros residentes que estaban participando en actividades recreativas. Por lo tanto, sus comportamientos eran un signo de aburrimiento y también de sus celos. ¿Qué está mal con este enfoque de evaluación funcional para identificar las variables responsables de los problemas de comportamiento de Roberto y de Melgar? ¿De qué forma se podría mejorar la evaluación funcional realizada por el personal al cuidado de Roberto y Melgar?

Extinción

- ¿Por qué es importante llevar a cabo una evaluación funcional antes de utilizar un procedimiento de extinción?
- ¿Qué cinco preguntas debes abordar antes de utilizar un procedimiento de extinción?
- ¿Cómo influye el programa de reforzamiento previo a la extinción en la efectividad de esta?
- ¿Por qué es importante reforzar conductas alternativas al utilizar extinción?
- ¿Cómo puedes promover la generalización y el mantenimiento después del uso de extinción?

D espués de haber realizado una evaluación funcional de la conducta problema, se instaurarán uno o más procedimientos de tratamiento para modificar los antecedentes y/o consecuencias de la conducta problema. Este capítulo describe el uso de la extinción, uno de los tratamientos funcionales utilizados para eliminar problemas de conducta. Como se explica en el Capítulo 5, la extinción es un principio básico que consiste en la eliminación de las consecuencias reforzantes de una conducta a fin de disminuir su frecuencia. Antes de aplicar extinción debemos identificar el reforzador que mantiene la conducta para, a continuación, eliminarlo (que no aparezca tras la conducta). Una conducta que deje de ser reforzada disminuirá en frecuencia y cesará. Consideremos el siguiente ejemplo.

273

El caso de Guillermo

Guillermo, de 54 años y con discapacidad intelectual leve, se mudó recientemente a una vivienda tutelada debido a que a sus padres no les era posible cuidar de él. Antes de trasladarse había vivido toda su vida con sus padres. En la vivienda tutelada Guillermo comenzó a exhibir un problema de conducta: discutía cuando el personal del centro le pedía realizar alguna tarea como, por ejemplo, cocinar, limpiar, hacer la colada, o cualquier otra habilidad independiente de la vida diaria. La evaluación funcional y las observaciones ABC generaron la información siguiente sobre el problema de conducta, sus antecedentes y sus consecuencias. La situación antecedente consistía en la presencia de un miembro femenino del personal pidiéndole que realizase una tarea, mientras que, si era un hombre quien le solicitaba hacer algo, no se daba el problema de conducta. En los casos en los que se daba el problema de conducta, Guillermo se negaba verbalmente a hacer la tarea y hacía comentarios al respecto tales como: "Eso es trabajo de mujeres", "Que lo haga una mujer" o "Eso no es trabajo para hombres". Esta conducta se prolongaba durante unos 15 minutos, aunque, por lo general, Guillermo acababa por realizar la tarea.

La consecuencia de la conducta de Guillermo era que la trabajadora discutía con él, le decía que hacía comentarios sexistas, y trataba de convencerlo de que los hombres también tenían que hacer esas tareas. La trabajadora se ponía con frecuencia visiblemente molesta por los comentarios sexistas de Guillermo y normalmente discutía con él hasta que empezaba a realizar la tarea.

La evaluación, condujo a la hipótesis de que el estímulo antecedente era que el personal femenino le pedía a Guillermo completar una tarea y que la reacción de la trabajadora, es decir, discutir, dar explicaciones, enfadarse, etc., era la consecuencia reforzante. El reforzamiento negativo (escape), no parecía tener lugar ya que Guillermo finalmente completaba la tarea solicitada.

Antecedente	Conducta	Consecuencia
Personal femenino emite una demanda	Guillermo se niega a completar la tarea, hace comentarios sexistas	Personal ofrece atención (discutir, explicar).

Resultado: es más probable que Guillermo se niegue a hacer las tareas y haga comentarios sexistas cuando el personal femenino le haga una petición.

El personal quería disminuir la frecuencia de los comentarios sexistas de Guillermo y su negativa a realizar las tareas. Los resultados de la evaluación funcional indicaron que para disminuir el problema de conducta, los miembros del personal femenino tendrían que eliminar su atención después de la conducta. La directora del centro convocó una reunión del equipo con el fin de enseñarles cómo utilizar la extinción con Guillermo.

En primer lugar, les informó acerca de los resultados de la evaluación funcional: la atención del personal femenino parecía estar reforzando la conducta problema. Luego les dijo que tendrían que eliminar el reforzador del problema de conducta para así disminuir la conducta. Dio al personal las siguientes instrucciones: "Siempre que se le solicite a Guillermo completar una tarea y se niegue o haga comentarios sexistas, no se repetirá la solicitud y no se le responderá de ninguna manera. No discutáis con él. No tratéis de convencerle de que haga la tarea o de explicarle que sus comentarios son sexistas e inaceptables. Tampoco mostréis ningún tipo de reacción emocional. No expreséis una cara

aceptables. Tampoco mostréis ningún tipo de reacción emocional. No expreséis una cara de decepción o molestia. Cuando Guillermo empiece con el problema de conducta, simplemente iros y poneros a hacer otra cosa ".

Después de dar estas instrucciones para el uso de la extinción, la directora hizo una demostración sobre cómo usar extinción con Guillermo haciendo de modelo delante de sus empleados. Mediante un role-play, otra trabajadora hizo el papel de Guillermo negándose a hacer lo que se le pedía y haciendo comentarios sexistas y, en respuesta, la directora se alejó y no dio respuesta alguna. A continuación, hizo el papel de Guillermo e hizo que cada empleado ensayara el procedimiento de extinción en respuesta al problema de conducta. Después de que cada empleado hubiera demostrado el uso de la extinción mediante role-playing con las distintas variaciones de la conducta problema de Guillermo, les indicó que utilizaran el procedimiento con él cada vez que exhibiera el problema de conducta en respuesta a una demanda. Les advirtió de que todos debían utilizar el procedimiento de extinción de manera consistente pasando por alto los comentarios sexistas de Guillermo sin importar lo ofensivos que pudieran ser. Hizo hincapié en que, en caso de que continuasen respondiendo cuando surgiera el problema de conducta brindándole atención, Guillermo continuaría con sus comentarios sexistas y el procedimiento de extinción no tendría éxito. También advirtió a los miembros del personal que la conducta de Guillermo podría empeorar cuando comenzasen a utilizar extinción. Sus negativas podrían llegar a ser más intensas o duraderas, y podría hacer comentarios más ofensivos. El personal debería estar preparado para este incremento de respuesta asociado a la extinción y seguir ignorando la conducta.

Junto con el procedimiento de extinción, la directora indicó al personal que debían felicitar a Guillermo tan pronto como empezara a realizar la tarea asignada. Les dijo que debían reforzar la conducta de cooperación de Guillermo con respuestas de atención a fin de que esta conducta aumentara al mismo tiempo que su conducta problema disminuía. Debido a que Guillermo ya no recibiría la atención del personal ante sus negativas y comentarios sexistas, era importante seguir ofreciéndole atención, pero ahora, ante conductas apropiadas.

Extinción

Antecedente	Conducta	Consecuencia
Personal femenino emite una demanda	Guillermo se niega a completar la tarea, hace comentarios sexistas	Personal ofrece atención (discutir, explicar).

Resultado: es más probable que Guillermo se niegue a hacer las tareas y haga comentarios sexistas cuando el personal femenino le haga una petición.

Reforzamiento

Antecedente	Conducta	Consecuencia
Personal femenino emite una demanda	Guillermo hace la tarea	Recibe felicitaciones

Resultado: es más probable que Guillermo realice las tareas que le mandan miembros femeninos del personal.

TABLA 14-1   Pasos que seguir en el uso de la extinción

1. Recopilar datos para evaluar los efectos del tratamiento.
2. Identificar el reforzador de la conducta problema a través de la evaluación funcional.
3. Eliminar el reforzador después de cada muestra de la conducta problema.
   - ¿Has identificado el reforzador?
   - ¿Puedes eliminar el reforzador?
   - ¿Es seguro utilizar la extinción?
   - ¿Podemos tolerar el incremento de respuesta asociado a la extinción (intensificación del problema de conducta)?
   - ¿Puede mantenerse el procedimiento con consistencia?
4. Considera el programa de reforzamiento de la conducta problema.
5. Refuerza las conductas alternativas.
6. Promueve la generalización y el mantenimiento.

Para promover la generalización del cambio de conducta, la directora del grupo hizo hincapié en que todo el personal debía de utilizar el procedimiento de extinción (y el procedimiento de reforzamiento) en todo momento y en todas las situaciones. Esto significaba que se les debía enseñar a utilizar el procedimiento tanto al personal nuevo como a los suplentes. Además, se celebró una reunión con los padres de Guillermo solicitándoles su colaboración durante las visitas de fin de semana. A fin de evitar que el comportamiento se reforzara los fines de semana, se pidió a los padres de Guillermo que realizaran una de las siguientes opciones: podían abstenerse de pedirle hacer cualquier tarea cuando estaba en casa, o podían utilizar el procedimiento de extinción de la misma manera que el personal lo estaba usando. Si no le pedían hacer tareas, estarían utilizando un procedimiento de control de estímulo consistente en eliminar el antecedente para que la conducta no se de. En otras palabras, Guillermo no podía negarse a realizar una tarea si nunca se le había pedido hacerla. Como de todos modos la madre de Guillermo había hecho siempre todas las cosas por él, estaba más cómoda con esta opción.

El personal recogió datos sobre el porcentaje de veces que Guillermo se negaba a completar las tareas y vieron que sus negativas habían disminuido con el tiempo una vez que se puso en práctica el procedimiento de extinción. Continuó negándose de vez en cuando, pero el personal no reforzó la conducta y las negativas, cuando sucedían, no duraban mucho tiempo. La mayoría de las veces, Guillermo hacía las tareas que los empleados le habían pedido en el instante en que se lo solicitaban .

Este ejemplo ilustra los pasos a seguir en el uso de extinción para disminuir un problema de conducta (Cuadro 14-1).

Disminución de problemas de conducta usando extinción

La extinción es uno de los primeros enfoques que deben tenerse en cuenta para tratar un problema de conducta. Si el problema de conducta es frecuente, debe haber una consecuencia reforzante contingente que lo mantiene. Por lo tanto, para disminuir la conducta se debe identificar la consecuencia reforzante y eliminarla siempre que sea posible. Cuando la conducta problema deje de ser reforzada, se extinguirá. Examinemos los pasos a seguir para utilizar de manera efectiva procedimientos de extinción (Ducharme y Van Houten, 1994).

Recogida de datos y evaluación de los efectos del tratamiento

Como se trató en los Capítulos 2 y 3, la observación y el registro de la conducta son componentes centrales de cualquier programa de modificación de conducta. Se debe registrar el problema de conducta antes y después de la utilización del procedimiento de extinción para determinar si la conducta disminuyó a consecuencia de la intervención. Se necesitará una definición operacional del problema de conducta a disminuir, un método fiable de recogida de datos, una evaluación inicial para determinar el nivel de la conducta problema antes de la intervención, un plan de toma de datos en todos los ámbitos pertinentes después del tratamiento a fin de determinar si disminuyó la conducta y si el cambio se generalizo, y, por último, una fase de seguimiento para valorar el mantenimiento del cambio de conducta en el tiempo. Si se está llevando a cabo una investigación para evaluar experimentalmente los efectos del procedimiento de extinción, también serán necesarios un diseño de investigación aceptable (ver Capítulo 3) y una evaluación del acuerdo entre los observadores. El punto básico que hay que recordar es que si se va a utilizar un procedimiento de extinción (o cualquier otro procedimiento de modificación de conducta), es necesario tomar datos sobre el problema de conducta para documentar el cambio después de la utilización del procedimiento. Si los datos muestran que la conducta no cambió después del tratamiento, se puede evaluar de nuevo el problema o la aplicación del procedimiento de extinción y hacer los cambios necesarios para disminuir el problema de conducta.

Evaluación funcional e identificación del reforzador de la conducta problema

En la evaluación funcional, se identifican los antecedentes y consecuencias de la conducta problema (véase el Capítulo 13). Este es un paso crítico en la utilización de los procedimientos de extinción de manera eficaz. Se debe identificar el reforzador específico para el problema de conducta de modo que se pueda eliminar en un procedimiento de extinción. No se puede asumir que un reforzador en particular está mantenimiento una conducta problema. El mismo problema de conducta manifestado por diferentes personas puede estar mantenido por reforzadores diferentes. Por ejemplo, la conducta agresiva de un niño puede estar reforzada por la atención de los padres, mientras que la conducta agresiva de otro puede estar reforzada por conseguir los juguetes de sus hermanos. También es posible que la misma conducta exhibida por una persona en situaciones diferentes este mantenida por reforzadores diferentes (Romaniuk et al., 2002). Por ejemplo, una niña llora cuando tiene dificultades para atarse los zapatos y el llanto es reforzado cuando los padres le ayudan a atarse los cordones. Esta misma niña puede llorar cuando los padres le soliciten hacer algo (p.ej., lavarse los dientes), en este caso el llanto es reforzado cuando los padres le permiten escapar de la tarea que le habían solicitado. Una conducta puede tener diferentes funciones en diferentes contextos (Day, Homer y O'Neill, 1994; Haring y Kennedy, 1990). El éxito de un procedimiento de extinción depende de si se ha identificado el reforzador específico que está manteniendo el problema de conducta. Varios eventos estimulares pueden funcionar como reforzadores de problemas de conducta. Los problemas de conducta pueden estar mantenidos por un reforzamiento positivo cuando la conducta da lugar a la presentación de un evento estimular, o reforzamiento negativo,

TABLA 14-1 Ejemplos de auto-evaluación (problemas de conducta y reforzadores)

Conducta problema	Consecuencias reforzantes
1. Un niño se queja de estar enfermo cuando se le pide que haga tareas domésticas.	El padre hace las tareas domésticas.
2. Una persona con discapacidad intelectual corre hacia la calle y se niega a volver.	Un miembro del personal le ofrece una lata de refresco si vuelve.
3. Un cónyuge tiene un ataque de furia durante una discusión.	Su pareja deja de discutir y accede a sus demandas.
4. Un niño con autismo agita los dedos delante de sus ojos.	La conducta produce estimulación visual.
5. Una persona huye de un perro que encuentra por la calle.	La persona se aleja del perro y la reacción de miedo disminuye.
6. Un niño se niega a cumplir con la petición de los padres de que haga la tarea.	El niño evita hacer la tarea y continúa viendo la televisión.
7. Un niño se niega a cumplir con la petición de los padres de hacer una tarea.	El padre/madre repite la demanda, discute con el niño y le regaña.
8. Un paciente del hospital llama al puesto de enfermería varias veces al día.	Una enfermera acude a la habitación cada vez que llama para comprobar el estado del paciente, pero no encuentra ningún problema.
9. Un paciente con una lesión cerebral se desnuda cada vez que la enfermera entra en la habitación para la revisión matutina.	La enfermera reacciona con sorpresa e indignación y le ordena al paciente que se vista.
10. Un trabajador de una fábrica en una línea de montaje sabotea la línea para que se detenga.	El trabajador se sienta a tomar un café y fumar un cigarro cada vez que la línea se detiene.

cuando la conducta permite evitar o escapar del estímulo. La consecuencia reforzante puede ser tanto la conducta de otra persona como la modificación de un estímulo físico. La Tabla 14-2 describe varios ejemplos de problemas de conducta y los eventos estimulares que los refuerzan.

Para cada uno de los problemas de conducta en la Tabla 14-2, identifica si el ejemplo ilustra un caso de reforzamiento social positivo, reforzamiento social negativo, reforzamiento automático positivo, o reforzamiento automático negativo (las respuestas aparecen en el Apéndice A).

Eliminación del reforzador después de cada ocurrencia del problema de conducta

La extinción, por definición, requiere de la eliminación del reforzador después de cada ocurrencia de la conducta problema. Aunque esto pueda parecer sencillo, se deben de tener en cuenta una serie de consideraciones para que su uso sea efectivo.

¿Se ha identificado el reforzador? Obviamente, no se puede eliminar el reforzador de la conducta hasta que haya sido identificado por medio de una evaluación funcional. Si no eliminamos el evento estimular que funciona como reforzador del problema de conducta, no podremos aplicar extinción (Iwata, Pace, Cowdery y Miltenberger, 1994; Mazaleski, Iwata, Vollmer, Zarcone y Smith, 1993).

El procedimiento de extinción puede ser diferente en función del reforzador que esté manteniendo la conducta problema. Por ejemplo, en un estudio del grupo de Iwata en el que se evaluó a tres niños con trastornos de desarrollo y conductas autolesivas que consistían en golpearse la cabeza, se observó que el reforzador de la conducta autolesiva era diferente para cada niño (Iwata, Pace, Cowdery y Miltenberger, 1994). En un niño, la conducta autolesiva estaba reforzada por la atención de los adultos; en otro niño, por escapar de las demandas educativas; y en el tercero, por reforzamiento automático, es decir, por las consecuencias sensoriales de la conducta misma. Iwata demostró que el procedimiento de extinción óptimo era diferente para cada niño, porque el reforzador de la conducta autolesiva era diferente para cada niño.

En el estudio de Iwata et al., ¿cómo se extinguió la conducta autolesiva que estaba siendo reforzada por la atención de los adultos?

Debido a que la conducta autolesiva estaba mantenida por la atención recibida, la extinción implicaba la eliminación de la atención después de cada ocurrencia de la conducta autolesiva. En el caso de Millie, una niña de 8 años que se golpeaba la cabeza sobre superficies planas como la pared o el suelo, cuando realizaba la conducta, el adulto que estaba presente no respondía en modo alguno, sin importar el tiempo que estuviera golpeándose la cabeza (Figura 14-1). Es importante señalar que se tomaron precauciones para que Millie no se hiciese daño o se hiriese. Por otra parte, el adulto proporcionaba atención cuando Millie no se golpeaba la cabeza. Este procedimiento, en el que se entrega un reforzador ante la ausencia de la conducta problema, está descrito en el Capítulo 15.

¿Cómo extinguió Iwata la conducta autolesiva mantenida por el escape de tareas educativas?

Debido a que la conducta autolesiva estaba reforzada por escapar de las demandas educativas, la extinción implicaba la eliminación del escape después de la conducta autolesiva. Jack, tenía 12 años y exhibía la conducta autolesiva en situaciones de enseñanza cuando el maestro le pedía realizar tareas de aprendizaje, tales como la identificación de objetos o tareas motoras simples y su conducta autolesiva resultaba en dejar de hacer la tarea que se le había asignado (escape). Cuando tenía lugar la conducta autolesiva, el profesor utilizaba guía física de manera que no pudiese escapar de la tarea. Independientemente de cuánto tiempo durara la conducta autolesiva, el maestro seguía presentando las demandas educativas y utilizaba guía física para evitar el escape. El profesor también felicitaba a Jack cuando este accedía a realizar las tareas educativas.

Donnie, el tercer niño en el estudio de Iwata, era un niño de 7 años cuya conducta autolesiva se veía reforzada automáticamente. Como no había reforzamiento social al golpearse la cabeza, se presumió que se veía reforzada por las consecuencias sensoriales generadas por la conducta.

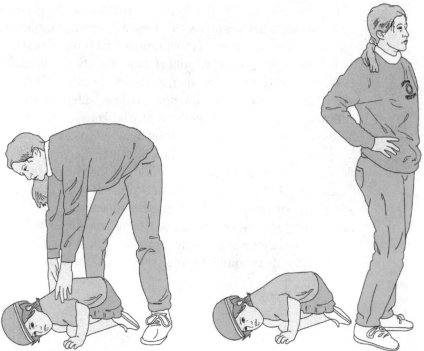

FIGURA 14-1 La conducta autolesiva del niño (golpearse la cabeza) está reforzada por la atención del adulto. Observa que el niño usa un casco por seguridad. El adulto elimina el reforzador al no prestar atención a la conducta. Al dejar de ser reforzada la conducta disminuirá.

¿Cómo crees que Iwata utilizó la extinción de la conducta autolesiva que estaba siendo reforzado de forma automática por sus consecuencias sensoriales?

Iwata y sus colegas utilizaron un procedimiento de extinción sensorial que consistió en ponerle un casco acolchado para que las consecuencias sensoriales de golpearse la cabeza se vieran alteradas. Si el golpearse la cabeza ya no producía el mismo reforzamiento sensorial, la conducta se extinguiría. Los resultados mostraron que la conducta autolesiva disminuyó cuando Donnie llevaba el casco.

El estudio de Iwata et al. (1994) ilustra de forma convincente que, para usar extinción, se debe identificar el reforzador de cada conducta problema y eliminarlo. Si no se identifica el reforzador de cada problema de conducta individualmente, no podemos utilizar extinción. Por ejemplo, imaginemos un padre cuyo niño de 3 años toma con frecuencia galletas de un bote que no debe abrir. A causa de una comprensión limitada de la extinción, el padre pasa por alto la conducta cada vez que aparece y cree que no prestando atención disminuirá la conducta del niño.

¿Qué es lo que falla en la acción del padre?

El problema es que el tomar galletas del bote está siendo reforzado por comer galletas, no por la atención del padre. Por lo tanto, la eliminación de la atención después de la conducta no elimina el reforzador de la misma. La conducta sigue siendo reforzada y, por tanto, se sigue produciendo (Martin y Pear, 1992).

?

¿Cómo harían los padres para aplicar extinción en este caso?

El padre llevaría a cabo la extinción mediante la eliminación del reforzador (las galletas), por ejemplo, retirando las galletas del bote. En este caso el abrir el bote ya no estaría reforzado por la obtención de galletas y la conducta cesaría.

Para cada uno de los problemas de conducta de la Tabla 14-2, describe cómo usarías extinción (ver las respuestas en el Apéndice B).

Variaciones funcionales de la extinción

■ **Extinción que sigue al reforzamiento positivo.** Cuando una conducta es reforzada positivamente, durante la extinción la persona deja de recibir el reforzador positivo con posterioridad a la conducta.

■ **Extinción que sigue al reforzamiento negativo.** Cuando una conducta es reforzada negativamente, durante la extinción la persona deja de escapar del estímulo aversivo con posterioridad a la conducta. Esta variación se denomina extinción de la **conducta de escape.**

¿Se puede eliminar el reforzador? Después de haber realizado una evaluación funcional para identificar el reforzador de la conducta problema, se debe determinar si la persona que aplica la intervención (padre, maestro, empleado, enfermera, cliente) puede controlar el reforzador. En caso de que no sea así, la extinción no puede ser aplicada. Por ejemplo, en el caso de la rebeldía y los comentarios sexistas de Guillermo, el reforzador de la conducta problema era la atención del personal. Este reforzador se encuentra bajo el control de las personas encargadas de aplicar la intervención: los miembros del personal. Pueden retener su atención después de la conducta problema, y pueden ofrecer su atención después de la conducta de cooperación de Guillermo. Por lo tanto, pueden aplicar con éxito el procedimiento de extinción.

Para algunos problemas de conducta, sin embargo, es difícil controlar el reforzador. Si un niño de la escuela primaria amenaza con hacerle daño a otros niños para quedarse con su dinero del almuerzo, el reforzador de esta conducta es la obtención del dinero (y quizás otras reacciones de sus víctimas). El profesor no tiene control sobre este reforzador debido a que la conducta problema ocurre cuando el maestro u otro adulto no están presentes y, por tanto, el maestro no puede utilizar extinción. El profesor puede instruir a sus alumnos para que no den su dinero del almuerzo cuando otro niño les amenaza, pero es probable que la conducta problema todavía se vea reforzada, por lo menos de vez en cuando, por los niños que siguen dando su dinero cuando se ven amenazados. Veamos otro ejemplo.

Una adolescente pone su equipo de música tan fuerte que molesta al resto de la familia. El reforzador de esta conducta es la música alta. Supongamos que se ha descartado la atención de los padres como el reforzador. A menos que los padres hayan instalado un dispositivo electrónico en el equipo de música que no permita subir el volumen más allá de un cierto nivel, los padres no tienen control sobre el reforzador. La conducta de la adolescente de subir el volumen en el estéreo está inmediatamente reforzada por un aumento en el volumen de la música. Los padres pueden pedirle que baje la música o aplicar otro procedimiento para disminuir la conducta, pero no pueden utilizar extinción debido a que el volumen de la música (el reforzador) no está bajo su control.

Al considerar el uso de extinción para disminuir una conducta problema, se debe determinar que la persona encargada de aplicar la intervención puede controlar el reforzador que mantiene la conducta. La extinción puede ser aplicada sólo si el personal al cargo puede evitar que se presenten las consecuencias reforzantes cada vez que ocurre la conducta problema.

¿Es seguro el uso de la extinción? Antes de decidir si utilizar extinción o no, es importante determinar si esta podría resultar perjudicial para la persona que muestra el problema de conducta o para las personas en su entorno. Consideremos los siguientes ejemplos:

Alberto es un joven con discapacidad intelectual grave que trabaja en un taller ocupacional durante el día. Se sienta en una mesa con otras tres personas y ensambla piezas para una fábrica local. A veces ataca a gente de su mesa de trabajo tirándoles del pelo o golpeándoles la cabeza contra la mesa. Cuando esto sucede, los miembros del personal intervienen inmediatamente y separan a Alberto de la otra persona. Se realizó una evaluación funcional que indicó que la atención del personal era el reforzador que mantenía este problema de conducta. La extinción requeriría que el personal no proporcionara ninguna atención después de cada presentación del problema. No obstante, sería extremadamente peligroso para la persona que está siendo atacada que el personal no interviniera inmediatamente. En este caso, por lo tanto, la extinción no es un procedimiento seguro y no puede utilizarse.

Ahora consideremos el caso de Ana, una niña de 4 años que corre a la calle cuando se encuentra jugando en el jardín de su casa. La niñera, que suele estar sentada en el jardín leyendo un libro o una revista, le grita para que no salga a la calle. Cuando Ana se niega, la niñera corre a la calle detrás de ella para hacer que regrese. El reforzador de esta conducta es la atención de la niñera, sin embargo, la extinción no se puede utilizar en este caso porque no sería seguro ignorar a un niño que se escapa a la calle. Otros procedimientos, tales como el reforzamiento diferencial o el control de antecedentes, se deben utilizar en su lugar (véanse los Capítulos 15-18).

Bruno es un joven de 18 años con discapacidad intelectual que participa en un programa de entrenamiento para vivir en un piso tutelado. El personal está tratando de enseñarle algunas habilidades básicas de higiene personal, tales como afeitarse y cepillarse los dientes. El problema es que Bruno muestra conductas agresivas (tirar del pelo, arañar y dar pellizcos) cuando se le intenta enseñar estas habilidades. Cuando Bruno tira del pelo a la persona que está a su cargo, le araña o le da pellizcos, se termina la sesión. Ello hace que la conducta agresiva de Bruno quede reforzada negativamente por el escape de la sesión de entrenamiento.

¿Cómo se podría implementar la extinción en el caso de Ben?

La extinción, en este caso, supondría seguir las sesiones de entrenamiento cuando Bruno agrede a fin de que el problema de conducta no facilite el escape de la sesión. Sin embargo, sería peligroso para el personal continuar la sesión cuando Bruno les agrede, por lo que sería difícil utilizar la extinción en este caso. No obstante, un procedimiento como el bloqueo de respuesta o una contención breve podría facilitar el uso de extinción (véase el Capítulo 18).

Como se ha podido ver, incluso si se ha identificado el reforzador de la conducta problema y la persona al cargo tiene control sobre el mismo, no se puede utilizar la extinción hasta que haya certeza de que es seguro eliminar el reforzador. La extinción puede ser particularmente insegura cuando el problema de conducta está negativamente reforzado, ya que la extinción requiere que se impida el escape cuando el problema de conducta ocurra. Para prevenir el escape normalmente se requiere una ayuda o guía física durante la tarea, la cual puede ser difícil o imposible si estas trabajando con un adulto que físicamente resiste esta ayuda. En estos casos otros procedimientos funcionales (manipulación de antecedentes, reforzamiento diferencial) podrían ser utilizados en lugar de la extinción.

¿Podemos tolerar el incremento de respuesta asociado a la extinción y la intensificación de la conducta problema que conlleva? Como se trató en el Capítulo 5, el uso de la extinción a menudo va acompañado de un incremento de respuesta, en el que la conducta aumenta en frecuencia, duración o intensidad, o se producen nuevas conductas o respuestas emocionales (Garcia y Iwata, 1994; Lerman, Iwata y Wallace, 1999; Vollmer et al., 1998). Antes de decidirse a utilizar la extinción, se debe anticipar el incremento de respuesta y tener la certeza de que las personas a cargo de aplicarla pueden tolerar la intensificación temporal de la conducta. Consideremos el caso de una paciente de 5 años de edad con berrinches a la hora de irse a la cama. Cuando se la lleva a dormir, grita y llora. Cuando sus padres salen de la habitación, la niña les llama. Cuando presenta estas conductas, los padres acuden a su cuarto para calmarla y hablar con ella hasta que se queda dormida. En este caso la atención de los padres está reforzando la conducta problema.

Los padres podrían utilizar extinción para reducir y eliminar el problema de conducta, pero deben darse cuenta de que tan pronto como dejen de responder a las rabietas, es probable que la niña muestre un incremento de respuesta asociado a la extinción durante el cual se intensifica el problema de conducta (p.ej., la niña realizará rabietas más intensas y de más duración). Si los padres no están preparados para dicha consecuencia, el uso de extinción puede no ser inapropiado. La primera vez que los padres ignoren los berrinches a la hora de acostarse y la conducta problema se intensifique, podrían preocuparse o frustrarse y entrar en la habitación de la niña, reforzando de ese modo las rabietas. Es probable que esto haga que el problema sea aún peor, porque los padres reforzarán una forma peor del problema de conducta (p.ej., más intenso, con mayor duración). Como se detalla en el Capítulo 9, a menudo los problemas de conducta graves se moldean de esta manera.

Cuando se utiliza un procedimiento de extinción, es importante seguir una serie de pasos. **Primero,** informar al personal al cargo de la intensificación que es probable que ocurra durante un incremento de respuesta asociado a la extinción. **Segundo,** se debe indicar al personal al cargo que persista en la retención del reforzador a medida que la conducta problema se intensifica. **Tercero,** si a consecuencia de la intensificación de la conducta, es probable que la persona se haga daño o a que dañe a otros, se debe elaborar un plan para eliminar o minimizar los posibles riesgos. Iwata puso un casco a la joven que se golpeaba la cabeza para que no se hiciese daño durante el procedimiento de extinción (Iwata et al., 1994). Los colaboradores de Carr llevaban prendas protectoras para evitar que la conducta agresiva de dos niños les afectase cuando aplicaban extinción (Carr, Newsom y Binkoff, 1980). También puede indicarse a los padres que retiren los objetos frágiles del cuarto cuando utilicen extinción para rabietas o conductas similares, y así evitar que el niño se haga daño o pueda romper algún objeto.

Si se prevé que el personal al cargo no será capaz de retener el reforzador durante el incremento de respuesta asociado a la extinción, o si no pueden evitar daños durante el mismo, deberemos plantearnos desistir en el uso de extinción. En estos casos, consideraríamos otros procedimientos para disminuir la conducta (véanse los Capítulos 15-18).

¿Puede mantenerse el procedimiento de forma consistente? Para aplicar correctamente extinción, la conducta problema nunca debe ir seguida del reforzador. Esto significa que todas las personas involucradas en el tratamiento deben ser constantes y eliminar la consecuencia reforzante cada vez que ocurra la conducta problema. Si el problema de conducta se refuerza, aunque sea de vez en cuando, no estaremos usando extinción sino reforzamiento intermitente. La falta de consistencia es una causa frecuente del fracaso de los procedimientos de extinción (Vollmer, Roane, Ringdahl y Marcus, 1999). Por ejemplo, si los padres están llevando a cabo la extinción de forma sistemática para las rabietas de su hija a la hora de dormir, pero los abuelos de vez en cuando refuerzan el problema cuando vienen de visita, las rabietas no se eliminarán. Del mismo modo, si la mayoría del personal aplica extinción ante las negativas y comentarios sexistas de Guillermo, pero uno o más de ellos sigue prestando atención a la conducta, la conducta no será eliminada.

Las personas al cargo deben estar capacitadas para utilizar el procedimiento correctamente a fin de garantizar un uso consistente del mismo. Para ello deben recibir instrucciones claras para ser constantes y recibir las explicaciones que sean necesarias para apreciar la importancia de la consistencia. Los mejores resultados se obtienen si el procedimiento de extinción se enseña por modelado dando la oportunidad de ensayar el procedimiento y recibir retroalimentación. En algunos casos, es beneficioso aplicar contingencias de reforzamiento para la correcta utilización del procedimiento por parte del personal al cargo, esto por supuesto es válido para cualquier otro procedimiento de modificación de conducta. Por ejemplo, si son varias las personas responsables de la aplicación del procedimiento, sería positivo disponer de un supervisor que controle su desempeño, al menos ocasionalmente, y proporcione retroalimentación (reforzamiento y corrección).

En resumen, para utilizar correctamente procedimientos de extinción se debe (1) identificar el reforzador específico que está manteniendo el problema de conducta en cuestión, (2) determinar que el personal responsable controla el reforzador y (3) puede aplicar el procedimiento de forma consistente, (4) debemos asegurarnos de que el uso del procedimiento no implica riesgos graves y (5) que podemos asumir una intensificación temporal del problema la conducta. Todas estas cuestiones deben tenerse presentes antes de utilizar un procedimiento de extinción para disminuir un problema de conducta.

Para mayor consideración: trabajar con los cuidadores

Al implementar la extinción, le está pidiendo a los cuidadores (padres, maestros, personal, etc.) que no presenten el reforzador cada vez que ocurre el comportamiento problemático. Para que la extinción sea efectiva, los cuidadores deben implementar el procedimiento de extinción con fidelidad (la fidelidad al tratamiento significa implementar un procedimiento exactamente como se planificó). Como se ha expuesto, el analista de conducta debe entrenar al cuidador para que use el procedimiento con éxito. Sin embargo, el analista de conducta también debe lograr que el cuidador "acepte" el procedimiento. Es decir, el procedimiento debe ser aceptable para el cuidador. Si el cuidador considera que el procedimiento es inaceptable, es más probable que el cuidador lo use con fidelidad (este hecho se puede emplear a cualquier procedimiento de modificación de conducta). El analista de conducta puede usar una serie de estrategias para aumentar la aceptación del procedimiento. El analista de conducta puede (y debe): (1) usar buenas habilidades interpersonales cuando interactúa con el cuidador para desarrollar una buena relación con el (es más probable que el cuidador siga las instrucciones si le gusta trabajar con el analista de conducta), (2) trabajar en colaboración con el cuidador durante el proceso de evaluación funcional (demuestre que valora la aportación del cuidador utilizando la información que proporciona) , (3) dar una buena justificación para el uso del procedimiento (describa la conexión entre los hallazgos de la evaluación y el procedimiento de extinción para que el cuidador entienda el propósito del procedimiento, describa cómo funciona el procedimiento, describa por qué es importante usar el procedimiento, obtenga la opinión del cuidador cuando describa los detalles de la implementación del procedimiento), (4) describa problemas comunes al implementar el procedimiento y cómo el cuidador puede evitar estos problemas (por ejemplo, lidiar con un aumento de la conducta por la extinción, mantener la consistencia, etc.) y (5) solicitar y responder preguntas.

Cinco preguntas que deben hacerse antes de aplicar extinción

- ¿Se ha identificado el reforzador?
- ¿Se puede eliminar el reforzador?
- ¿Es seguro utilizar la extinción?
- ¿Podemos tolerar un incremento de respuesta asociado a la extinción?
- ¿Puede aplicarse el procedimiento de manera consistente?

Hacerse cargo del programa de reforzamiento antes de la extinción

El programa de reforzamiento presente antes de que comience la extinción afecta a la velocidad con que disminuye la conducta una vez iniciado el procedimiento (Ferster y Skinner, 1957; Skinner, 1953a). Cuando el problema de conducta es reforzado en un programa continuo, la extinción es a menudo más rápida. Cuando la conducta problema está mantenida por un programa de reforzamiento intermitente, el problema de conducta probablemente disminuirá de manera más gradual (ver el Capítulo 5). Es importante determinar si el programa de reforzamiento de la conducta problema es continuo o intermitente, de manera que se pueda anticipar la velocidad con la que la conducta problema disminuirá una vez comience la extinción.

Kazdin y Polster (1973) demostraron que los efectos de la extinción pueden variar en función de que el reforzamiento previo sea continuo o intermitente. Los autores utilizaron economía de fichas para reforzar las interacciones sociales de dos hombres con discapacidad intelectual leve durante los descansos diarios en el trabajo en un centro ocupacional. Los sujetos presentaban poca interacción social antes de que se aplicara el reforzamiento por economía de fichas. Sin embargo, la tasa de interacción social aumentó considerablemente, para ambos sujetos cuando recibían una ficha por cada persona con la que hablaban durante los descansos. Cuando los autores dejaron de reforzar las interacciones sociales con fichas (extinción), las interacciones se redujeron a cero para ambos sujetos. Después de este período de extinción, los autores reforzaron nuevamente las interacciones sociales con economía de fichas. Sin embargo, un sujeto siguió recibiendo una ficha cada vez que hablaba con una persona (reforzamiento continuo) y el otro recibía fichas de acuerdo a un programa de reforzamiento intermitente, es decir, a veces recibía fichas por interactuar con la gente y, a veces no. Después de esta fase de reforzamiento, se aplicó extinción por segunda vez. Durante esta fase, el sujeto, cuya conducta de interactuar socialmente se había reforzado de forma continua, dejó de interactuar, mientras que el sujeto, cuya conducta se había reforzado de manera intermitente, continuó interactuando (Figura 14-2). El estudio demuestra que la conducta puede hacerse resistente a la extinción después de ser reforzada intermitentemente.

Los resultados de los estudios de Kazdin y Polster (1973), y Higbee, Carr y Patel (2002) sugieren que cuando un problema de conducta es reforzado en un programa de reforzamiento intermitente, puede ser beneficioso aplicar un programa de reforzamiento

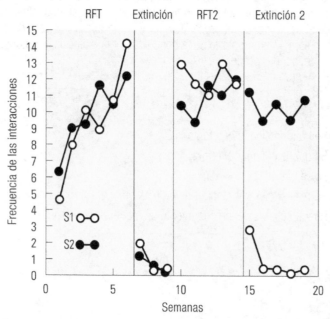

FIGURA 14-2 Este gráfico muestra la frecuencia de las interacciones sociales de dos hombres con discapacidad intelectual leve. Cuando las interacciones sociales se vieron reforzadas con fichas en la primera fase (RFT), estas se dieron con una alta frecuencia. Cuando los autores retiraron el reforzamiento en la segunda fase (extinción), las interacciones sociales se redujeron a cero. Los autores aplicaron reforzamiento por economía de fichas de nuevo en la tercera fase (RFT2), y las interacciones sociales aumentaron de nuevo. En esta fase, S1 recibió reforzamiento continuo y S2 recibió reforzamiento intermitente por las interacciones sociales. En la fase final (extinción), la extinción se llevó a cabo de nuevo. La conducta disminuyó para el sujeto que había recibido reforzamiento continuo en la fase anterior, pero no para el sujeto cuya conducta se había reforzado de manera intermitente. El reforzamiento intermitente antes de la extinción hizo la conducta resistente a la extinción (según Kazdin, AE, y Polster, R. [1973]. Intermittent token reinforcement and response maintenance in extinction. Behavior Therapy, 4, 386-391. Copyright © 1973 AcademicPress. Reproducido con permiso del editor. Todos los derechos reservados).

continuo durante un breve período justo antes de usar la extinción. Es decir, se reforzaría intencionadamente el problema de conducta por un breve período de tiempo cada vez que aparece antes de eliminar el reforzador en una posterior fase de extinción. Esta manipulación puede acelerar los efectos de una fase de extinción posterior (Neisworth, Hunt, Gallop y Madle, 1985).

Reforzamiento de conductas alternativas

La extinción debe utilizarse siempre en combinación con procedimientos de reforzamiento. La extinción disminuye la frecuencia del problema de conducta, mientras que el reforzamiento aumenta una conducta alternativa que sustituye a la conducta problema. Debido a que una conducta problema sirve un propósito para la persona (resulta en una consecuencia reforzante particular), el procedimiento de reforzamiento supondrá un incremento de la conducta deseable que cumple la misma función o que resulta en la misma consecuencia. Cuando una conducta alternativa produce la misma consecuencia reforzante que la conducta problema, es menos probable que la conducta problema ocurra de nuevo después de la extinción (recuperación espontánea). Ha habido numerosos estudios de investigación que han establecido la eficacia de la extinción combinada con el reforzamiento diferencial (p.ej., Anderson y McMillan, 2001; Fyffe, Kahng, Fittro y Russell, 2004; Rehfeldt y Chambers, 2003; Wilder, Masuda, O'Connor y Baham, 2001).

Recordemos el caso de Ana (Capítulo 13), cuyas conductas disruptivas estaban reforzadas por la atención de su madre (Arndorfer, Miltenberger, Woster, Rortvedt y Gaffaney, 1994). Los autores utilizaron la extinción para las conductas disruptivas y reforzamiento para una conducta alternativa deseable. Cuando Ana realizaba conductas disruptivas, su madre no le prestaba atención. Sin embargo, cuando le decía a su madre, "juega conmigo, por favor", esta le prestaba atención y pasaba un rato con ella. La conducta alternativa (pedirle a su madre que jugase con ella) aumentó y sustituyó al problema de conducta, que disminuyó gracias a la extinción. Si Ana no tuviera una conducta alternativa deseable que diera lugar a la atención de su madre, sería más probable que siguiese mostrando la conducta problema.

Los procedimientos de reforzamiento diferencial están descritos en el Capítulo 15. El punto más importante a recordar es que siempre se debe utilizar un procedimiento de reforzamiento acompañando al de extinción. Un objetivo primordial de la modificación de conducta es el desarrollo de conductas deseables que sean funcionales a fin de mejorar la vida del individuo de forma significativa (Goldiamond, 1974). A menudo es necesario el uso de extinción o de otros procedimientos para disminuir conductas problema que deterioran la calidad de vida del individuo. No obstante, ello no debe distraernos de enfatizar siempre el aumento de conductas deseables.

Promoción de la generalización y el mantenimiento

Una vez que se haya identificado y eliminado el reforzador que mantiene una conducta problema y se haya puesto en marcha un procedimiento de reforzamiento para aumentar una conducta alternativa deseable, se debería promover la generalización y el mantenimiento del cambio de conducta. La generalización del cambio de conducta después de la extinción requiere que el problema de conducta cese, y la conducta alternativa ocurra, en todas las circunstancias relevantes. Por otra parta, el mantenimiento hace referencia a que el cambio de conducta perdurará en el tiempo. Para promover la generalización, la extinción debe ser aplicada de manera consistente por todas las personas que interactúen con el individuo, y debe aplicarse en todas las circunstancias en las que se espera un cambio de conducta. Para promover el mantenimiento es importante aplicar el procedimiento de extinción después de la supresión inicial de la conducta siempre que la conducta problema vuelva a darse. El reforzamiento sistemático de una conducta alternativa funcionalmente equivalente a la conducta problema, promoverá también la generalización y el mantenimiento.

En el caso de Guillermo, todo el personal usó extinción en todas las circunstancias, por tanto, dejaron de reforzar sus negativas y comentarios sexistas, sin importar cuándo o dónde estos ocurrían. Además, reforzaron la realización de conductas alternativas funcionalmente equivalentes a fin de facilitar la sustitución de la conducta problema. Por último, planearon utilizar el procedimiento de extinción en el futuro si la conducta problema ocurría de nuevo.

LECTURA PARA AMPLIAR — Uso de la extinción en el tratamiento del rechazo a los alimentos

La extinción es un componente de las intervenciones conductuales utilizado en una gran variedad de problemas de conducta mantenidos por reforzamiento positivo y negativo. Un área en la que la extinción se ha utilizado es en el tratamiento de los trastornos de la alimentación. El rechazo de alimentos es frecuente en estos trastornos (p.ej., girar la cabeza, cerrar la boca, tirar la comida). El rechazo de alimentos se encuentra con frecuencia mantenido por reforzamiento negativo al permitir al niño escapar del alimento que se le presenta. Varios estudios han demostrado que la extinción es un componente importante de la intervención para reducir el rechazo (p.ej., Anderson y McMillan, 2001; Dawson et al., 2003; Piazza, Patel, Gulotta, Sevin y Layer, 2003). Por ejemplo, Dawson y sus colegas trabajaron con una niña de 3 años que se alimentaba a través de una sonda nasogástrica(un tubo de alimentación insertado directamente al estómago)debido a su negativa a comer. Cada vez que se le presentaba una cucharada de comida, ella volvía la cabeza, golpeaba la cuchara, o se tapaba la cara para escapar del alimento. Los investigadores aplicaron extinción poniendo la cuchara junto a la boca hasta que aceptara dar un bocado. En caso de que la niña tirase la comida, se le volvía a presentar una cucharada hasta que la aceptara. De esta manera, los problemas de conducta cesaron de ser una manera eficaz de evitar la comida. Los autores demostraron que el uso de extinción, en este caso extinción de la conducta de escape, fue efectivo para reducir los problemas de conducta mantenidos por escape. Al final de la intervención la niña aceptaba las cucharadas de comida que se le presentaban.

Investigación sobre extinción

Muchos estudios han demostrado la eficacia de los procedimientos de extinción para la disminución de una gran variedad de problemas de conducta socialmente significativos (p.ej., Cote, Thompson y McKerchar, 2005; Dawson et al., 2003; Kuhn, Lerman, Vorndran y Addison, 2006; Piazza et al., 2003; Thompson, Iwata, Hanley, Dozier y Samaha, 2003). La eficacia de los procedimientos de extinción ha sido demostrada en los problemas de conducta mantenidos por reforzamiento positivo y negativo, y para aquellos mantenidos por reforzadores sociales y no sociales (Iwata, Pace, Cowdery y Miltenberger, 1994). El siguiente resumen incluye sólo algunos de los muchos estudios que evalúan la efectividad de la extinción.

Rekers y Lovaas (1974) utilizaron la extinción para disminuir la conducta amanerada de un niño de 5 años de edad. Craig mostraba una serie de amaneramientos femeninos exagerados y jugaba con juguetes típicamente femeninos. A consecuencia de ello, Craig estaba estigmatizado y no era aceptado por sus compañeros. Sus padres querían que Craig adoptase conductas más propias de su género masculino, tales como jugar con juguetes masculinos, y usar gestos y expresiones más propias de su género. Los investigadores utilizaron extinción y reforzamiento, respectivamente, para reducir la conducta femenina de Craig y aumentar su conducta masculina. Craig y su madre participaron en sesiones de tratamiento en un cuarto experimental lleno de juguetes masculinos y femeninos. Su madre tenía un receptor en el oído (un audífono) para recibir instrucciones del investigador durante las sesiones. Cuando Craig jugaba con un juguete femenino, la madre utilizaba extinción. Debido a que su atención era un reforzador para Craig, no le miraba ni le hablaba mientras estuviera tocando un juguete femenino. Además, cuando cogía un juguete masculino, la madre le proporcionaba atención como reforzador. Los investigadores la guiaban a través del audífono para indicarle cuando prestar atención y cuando ignorar la conducta de Craig. Los resultados mostraron que la intervención hizo que se redujese la conducta amanerada y que se incrementase la conducta masculina.

Pinkston, Reese, LeBlanc y Baer (1973), y France y Hudson (1990) también utilizaron la extinción para disminuir los problemas de conducta que estaban mantenidos por reforzamiento positivo. Pinkston y sus colegas demostraron que la atención del profesor reforzaba la conducta agresiva en un niño, y que cuando el maestro retiraba la atención después de la conducta agresiva, la conducta disminuía. France y Hudson (1990) trabajaban con familias con niños pequeños (menores de 3 años de edad) que tenían problemas de sonambulismo y conductas disruptivas. Los investigadores enseñaron a los padres a usar extinción cada vez que el niño se levantaba por la noche y mostraba problemas de conducta. La extinción consistía en que los padres no entrasen en la habitación y no le prestaron atención después de la conducta problema. Se les indicó que entrasen en la habitación sólo si percibían signos de peligro o enfermedad, y en caso de que debiesen hacerlo, que lo hicieran en silencio, con la menor luz posible, solo para comprobar cómo estaba el niño. Después del uso de este procedimiento de extinción, el sonambulismo y la conducta disruptiva se redujeron a cero en todos los niños que participaron en el estudio.

Varios investigadores han utilizado la extinción con problemas de conducta mantenidos por reforzamiento negativo (Anderson y McMillan, 2001; Carr et al., 1980, Dawson et al., 2003; Iwata, Pace, Kalsher, Cowdery y Cataldo, 1990; Iwata, Pace, Cowdery y Miltenberger, 1994; Piazza et al., 2003; Steege et al., 1990; Zarcone, Iwata, Hughes y Vollmer, 1993). Como se ha descrito previamente, los investigadores impidieron el escape mediante la presentación de tareas educativas de manera continua sin importar que los problemas de conducta ocurriesen (conducta agresiva y conducta autolesiva). Cuando la conducta agresiva o autolesiva no permitía el escapar de la estimulación aversiva (tareas educativas) los problemas de conducta disminuyeron en todos los sujetos.

La extinción sensorial (Rincover, 1978) es una variación que se utiliza para extinguir comportamientos mantenidos por reforzamiento positivo automático, es decir, conductas que no están mantenidas por reforzamiento social. El reforzador de las conductas mantenidas por reforzamiento automático positivo es la estimulación sensorial producida por la propia conducta (Lovaas, Newsom y Hickman, 1987). La extinción sensorial requiere cambiar o eliminar la estimulación sensorial que refuerza la conducta. Cuando la conducta ya no produce la estimulación sensorial reforzante, esta se extingue (Rapp, Miltenberger, Galensky, Ellingson y Long, 1999). Rapp et al. trabajaron con una chica adolescente que se tiraba del pelo y observaron que la estimulación sensorial derivada de la manipulación del cabello reforzaba la conducta. Rapp aplicó extinción sensorial haciendo que la chica llevase unos guantes de látex a fin de que la manipulación del cabello dejase de generar el tipo de estimulación que producía habitualmente. Los resultados de la intervención mostraron que el llevar los guantes de látex eliminaba la conducta de tirarse del cabello.

Rincover et al. utilizaron extinción sensorial para disminuir los problemas de conducta exhibidos por niños con autismo y trastornos del desarrollo. Las conductas problema eran conductas repetitivas que no tenían ninguna función social. Por ejemplo, un sujeto, Reggie, hacía girar un plato u otro objeto en una mesa con superficie firme. Los investigadores hipotetizaron que el sonido del plato girando en la mesa era el reforzador sensorial de la conducta. Un segundo participante, Karen, tomaba pelusas o hilos de su ropa o de la de otra gente, y los lanzaba en el aire, aleteando con las manos enérgicamente mientras veía cómo flotaban. Karen miraba las pelusas o hilos intensamente mientras flotaban en el aire y al aletear conseguía que estuvieran suspendidos en el aire por más tiempo. Ello hizo suponer que estas conductas estaban mantenidas por la estimulación visual que producían.

¿Cómo podemos usar la extinción sensorial para conseguir que Reggie deje de girar platos en la mesa?

El procedimiento de extinción sensorial cambia o elimina la estimulación sensorial que refuerza la conducta. En el caso de Reggie, la estimulación auditiva derivada del sonido del plato al girar es el reforzador sensorial. Para utilizar la extinción, los investigadores cambiaron el sonido producido por la conducta. Cubrieron la superficie de la mesa de manera que cuando Reggie giraba el plato, no hacía el mismo sonido que producía en la superficie dura. La conducta se extinguió cuando dejó de producir la consecuencia reforzante auditiva (Figuras 14-3 y 14-4).

¿Cómo usar la extinción sensorial en el caso de Karen?

Para Karen, el procedimiento de extinción sensorial suponía la eliminación de la estimulación visual producida por la conducta. Los investigadores aplicaron el procedimiento de extinción sensorial apagando las luces cada vez que Karen cogía una pelusa o hilo y lo lanzaba. Aunque había suficiente luz procedente de las ventanas para poder ver, Karen no podía ver las pelusas flotar en el aire sin las luces encendidas. Este procedimiento de extinción sensorial redujo la conducta problema de Karen a cero.

Para aumentar las conductas deseables que podrían reemplazar los problemas de conducta en estos niños, los investigadores suministraron juguetes que producían la misma estimulación sensorial que las conductas problema. A Reggie se le dio una caja de música para jugar y a Karen se le dio un bote de pompas de jabón. Debido a que el giro

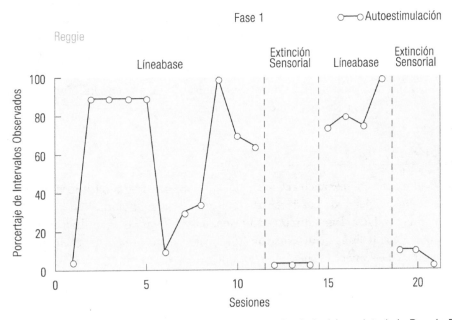

FIGURA 14-3   Este gráfico muestra el nivel de la conducta autoestimulada (girar platos) de Reggie Durante las fases de líneabase y extinción sensorial. Durante la extinción sensorial, la superficie de la mesa se cubrió para que el giro del plato no produjera la misma estimulación auditiva que producía durante la líneabase. Cuando se eliminó la estimulación auditiva, la conducta se redujo a cero (según Rincover, Cook, Peoples y Packard [1979]. Copyright © 1979 Society for the Experimental Analysis of Behavior. Reproducido con permiso de Society for the Experimental Analysis of Behavior).

FIGURA 14-4   La conducta de girar el plato estaba reforzada por el sonido que hacía el plato en contacto con la superficie de la mesa. Después de que se cubriera la mesa el plato dejó de hacer sonidos y la conducta se detuvo.

del plato de Reggie ya no producía una estimulación auditiva reforzante, la conducta disminuyó. La estimulación auditiva que producía la caja de pompas reemplazó la estimulación producida por el giro del plato. En el caso de Karen, la estimulación visual producida por las pompas sustituyó a la estimulación visual generada por el problema de conducta. En consecuencia, Karen jugaba con las pompas de jabón en lugar de levantar las pelusas y aletear las manos.

RESUMEN DEL CAPITULO

1. La extinción es un procedimiento en el que el reforzador que mantiene un problema de conducta es eliminado para disminuir la conducta. Para utilizar la extinción, en primer lugar se debe realizar una evaluación funcional para identificar las consecuencias que están reforzando la conducta problema.

2. Cinco preguntas deben abordarse antes de utilizar un procedimiento de extinción:
   - ¿Se ha identificado el reforzador?
   - ¿Se puede eliminar el reforzador?
   - ¿Es seguro utilizar la extinción?
   - ¿Podemos tolerar un incremento de respuesta asociado a la extinción?
   - ¿Puede aplicarse el procedimiento de manera consistente?

3. Se debe tener en consideración el programa de reforzamiento del problema de conducta antes de la extinción, puesto que la extinción se produce con más rapidez cuando la conducta está reforzada bajo un programa de reforzamiento continuo que cuando está reforzada bajo un programa intermitente antes de la aplicación de la extinción.

4. Cuando se utilice un procedimiento de extinción, siempre se deberían reforzar conductas alternativas que reemplacen a la conducta problema. Si se establecen firmemente conductas alternativas es más improbable que el problema de conducta siga ocurriendo.

5. Como con cualquier procedimiento de modificación de conducta, se debería programar la generalización y el mantenimiento del cambio de conducta producido con el procedimiento de extinción. La extinción debe ser aplicada de forma constante por todos las personas que interactúan con el individuo. Se debe utilizar de manera constante en el tiempo cuando sea y donde sea que tenga lugar la conducta problema. Por último, las conductas alternativas deben ser reforzadas para que sustituyan al problema de conducta cuando se utiliza la extinción.

PALABRAS CLAVE

Extinción de la conducta de escape, 272

Fidelidad del tratamiento, 279

TÉST PRÁCTICO

1. Define extinción. Pon un ejemplo que no esté en este capítulo (pág. 303).

2. El Sr. Robinson, un maestro de segundo de primaria, tiene una estudiante que muestra conducta disruptiva en el aula. El maestro la ignora cada vez que muestra la conducta disruptiva. ¿Sería este un ejemplo de extinción? Justifica tu respuesta (pág. 307).

3. El Sr Robinson también elogia a la alumna cada vez que se sienta en su mesa, sin mostrar la conducta disruptiva. ¿Es este un ejemplo de reforzamiento? Justifica tu respuesta (págs. 307-310).

4. ¿Por qué debes realizar una evaluación funcional antes de usar la extinción para disminuir un problema de conducta? (pág. 307).

5. ¿Por qué es importante recoger datos sobre el problema de conducta cuando se aplica extinción? (pág. 306).

6. Dibuja un gráfico con datos hipotéticos ilustrando los resultados de un procedimiento de extinción de un problema de conducta.

7. Antes de utilizar un procedimiento de extinción, debes preguntarte si el reforzador puede suprimirse.

Explica la importancia de esta pregunta y sus implicaciones para el uso de la extinción (págs. 310-311).

8. Antes de utilizar un procedimiento de extinción, debes preguntarte si la extinción es segura de utilizar.¿Cuándo sería peligroso usar la extinción? ¿Qué puedes hacer para hacer más seguro el uso de la extinción? (pág. 311).

9. ¿Qué es el incremento de respuesta asociado a la extinción? ¿Cómo afectará este incremento de respuesta a tu decisión sobre la posibilidad de aplicar la extinción en un caso particular? (pág. 312).

10. ¿Qué sucede si las personas que deben de aplicar la extinción no pueden ser consistentes en el uso del procedimiento? (pág. 312).

11. ¿Por qué es importante utilizar un procedimiento

de reforzamiento, acompañando al de extinción? Pon un ejemplo que no sea de este capítulo (pág. 315).

12. ¿Cómo afecta el programa de reforzamiento previo a la extinción a la eficacia de esta? (pág. 313).

13. ¿Qué es el reforzamiento sensorial? ¿Qué otro nombre existe para el reforzamiento sensorial? Proporciona un ejemplo de una conducta mantenida por reforzamiento sensorial (pág. 317).

14. ¿Qué es la extinción sensorial? Proporciona un ejemplo (pág. 318).

15. Describe cómo promoverías la generalización y el mantenimiento del cambio de conducta conseguido a través de un procedimiento de extinción (págs. 315-316).

APLICACIONES

1. Describe cómo podrías utilizar la extinción en un programa conductual para promover tu propia autonomía personal (p.ej., reducir las distracciones mientras estudias). Si el uso de un procedimiento de extinción no es apropiado para tu proyecto, describe por qué no.

2. En la Tabla 14-2 se presentan diez ejemplos de problemas de conducta junto con sus reforzadores. Para cada ejemplo, determina si la conducta está mantenida por reforzamiento positivo o negativo, y si el reforzador está mediado socialmente. Justifica tus respuestas.

3. Describe cómo utilizarías la extinción para cada ejemplo que se presenta en la Tabla 14-2.

4. El Sr. Pérez ha moldeado de forma inadvertida rabietas intensas y de larga duración en Joaquín, su hijo. El Sr. Pérez esta divorciado y trabaja desde su casa. Cuando Joaquín presentaba una rabieta, su padre trataba de ignorarlo y seguir trabajando, pero la mitad de las veces acababa dándole lo que quería. Las rabietas duraban de 20 a 30 minutos antes de que su padre parara de trabajar y le diera lo que quería. Las rabietas de Joaquín consistían en quejas, lloriqueos y suplicas para conseguir lo que quisiese en ese momento (p.ej., tomar un helado, jugar a algún juego, ir al parque). Describe de qué modo debería aplicar extinción el Sr. Pérez para eliminar la conducta de Joaquín.

APLICACIONES INADECUADAS

1. Los Suarez le pidieron consejo a su médico de familia acerca de su hija de 4 años de edad, Sara, ya que estaba exhibiendo rabietas cada vez que salían con ella a comprar. El doctor les hizo una serie de preguntas y determinó que las rabietas de Sara estaban reforzadas por chucherías u otros objetos que veía en la tienda. Por lo general, Sara veía un objeto y lo pedía. Cuando sus padres decían que no, ella empezaba a gritar y llorar hasta que finalmente le compraban el artículo. El médico les indicó cómo podían usar extinción para lograr detener las rabietas de Sara. La próxima vez que Sara presentase

una rabieta deberían ignorarla. Les aconsejó que no compraran el artículo que quería, sino que siguieran comprando como si no pasara nada. ¿Qué problema puede conllevar dicho consejo?

2. Joan se quejó de dolor de estómago y le pidió a su madre no ir al colegio. Estaba en cuarto de primaria y se había quejado de dolor de estómago alguna que otra vez anteriormente, quedándose en casa cuando esto sucedía. Su madre pensaba que el dolor de estómago en realidad no existía y que Joan se quejaba porque se libraba de ir a la escuela. La madre de Joan decidió utilizar extinción. Pensó que, si

casa para no ir a la escuela estaba reforzando las quejas de dolor de estómago, enviarle a la escuela eliminaría ese reforzado y Joan dejaría de quejarse del dolor. ¿Qué te parece incorrecto en este ejemplo de extinción?

3. Tomás, un joven de 18 años con discapacidad intelectual, se había mudado recientemente a una vivienda tutelada con otros siete residentes. Los demás residentes eran adultos mayores que él con discapacidad intelectual. Tomás fastidiaba a los otros residentes con frecuencia. Por ejemplo, les pellizcaba, escondía el mando a distancia o cambiaba de canal, les quitaba los materiales lúdicos, etc. Por lo general los otros residentes se enfadaban con él, se quejaban, lloraban, le regañaban, o le gritaban, pero Tomás parecía divertirse con las reacciones de sus compañeros, en otras palabras, las reacciones de los clientes parecían estar reforzando las burlas de Tomás. Consciente de que la conducta se estaba yendo de las manos, el personal decidió utilizar extinción para disminuir el problema de conducta. Cada vez que Tomás mostraba alguna conducta de provocación, los miembros del personal le ignoraban: apartaban la vista o discretamente salían de la habitación. Cada vez que Tomás interactuaba de una manera positiva con otro residente, el personal le felicitaba en un intento de reforzar conductas alternativas a la conducta de molestar. ¿Qué es lo que falla en este plan?

4. Tomás iba cada día a la escuela en una furgoneta que le recogía en la vivienda tutelada en la que vivía. Casi todas las mañanas, se negaba a subir al autobús. Los funcionarios hablaban con él y finalmente lo convencían para subirse, pero se tardaban un buen rato en lograrlo. El personal analizó la situación y decidió que estaban reforzando la conducta de negarse a subir al autobús con la atención que le prestaban al tratar de convencerle cada mañana. Decidieron utilizar un procedimiento de extinción en el que le pedían sólo una vez entrar en la furgoneta, y a continuación no le prestarían más atención si se negaba a montarse. Si se montaba en el autobús cuando se le pedía, el personal le brindaría atención y le felicitaría por ello. Con el consentimiento de la escuela, el conductor del autobús acordó esperar el tiempo que hiciera falta hasta que Tomás finalmente accediera a subir. La única excepción sería un día a la semana, cuando había eventos especiales en la escuela y no se podían admitir retrasos. Esos días, tendrían que convencerle de que subiera al autobús lo más rápido posible. ¿Qué es correcto en este plan? ¿Qué es lo que falla?

APÉNDICE A

Reforzamiento ilustrado por cada ejemplo en la tabla 14-2

1. Reforzamiento social positivo
2. Reforzamiento social positivo
3. Reforzamiento social negativo
4. Reforzamiento automático positivo
5. Reforzamiento automático negativo
6. Reforzamiento social negativo (evita la tarea); reforzamiento social positivo (consigue ver la tele)
7. Reforzamiento social positivo
8. Reforzamiento social positivo
9. Reforzamiento social positivo
10. Reforzamiento automático negativo (el trabajador deja de trabajar); reforzamiento automático negativo (el trabajador se fuma un cigarrillo y se toma una taza de café).

APÉNDICE B

Aplicación de extinción para cada ejemplo de la tabla 14-2

1. Cuando la niña dice estar enferma tiene que hacer la tarea de todos modos

2. Cuando la persona corre a la calle, el personal ya no ofrece una lata de refresco para salir de la calle.

3. Cuando el cónyuge pierde los estribos, su pareja no para la discusión.

4. Atenúa la luz para que la agitación de los dedos ya no produzca estimulación visual.

5. En este caso, no se podría aplicar la extinción fácilmente. Se trataría de no dejar que la persona escape del perro huyendo y no dejar que la respuesta de miedo disminuya cuando se escapa.

6. Cuando el niño se niega a hacer la tarea, el padre/ madre apaga el televisor y hace que el niño haga la tarea.

7. Cuando el niño se niega a hacer la tarea, el padre/ madre ignora la conducta del niño.

8. Cuando el paciente llama a la estación de enfermería, la enfermera ya no acude a la habitación.

9. Cuando el paciente se desnuda, la enfermera ya no reacciona de ninguna manera.

10. Cuando el trabajador sabotea la cadena de ensamblaje, tiene que seguir trabajando (en otra tarea tal vez) y no puede sentarse a tomar una taza de café y fumar un cigarrillo.

Reforzamiento diferencial

- ¿Cómo se utiliza el reforzamiento diferencial de conductas alternativas (RDA) para incrementar la tasa de un comportamiento deseable?

- ¿Cómo se utiliza el reforzamiento diferencial de otras conductas (RDO) y el reforzamiento diferencial de tasas bajas de respuesta (RDTB) para disminuir un comportamiento no deseado?

- ¿Cuándo se debe utilizar el RDA, el RDO y los procedimientos de RDTB?

- ¿De qué manera están implicados los principios de reforzamiento y de extinción en los procedimientos de reforzamiento diferencial?

- ¿Cómo se utiliza el reforzamiento negativo en los procedimientos de RDA y RDO?

E l Capítulo 14 describe el uso de la extinción para disminuir los comportamientos indeseables. Este capítulo describe los procedimientos de reforzamiento diferencial, lo que implica aplicar reforzamiento (véase el Capítulo 4) y extinción (véase el Capítulo 5) para aumentar la aparición de una conducta objetivo deseable o para disminuir la aparición de comportamientos indeseables. Hay tres tipos de procedimientos de reforzamiento diferencial: reforzamiento diferencial de conductas alternativas (RDA), reforzamiento diferencial de otras conductas (RDO), y reforzamiento diferencial de tasas bajas de respuesta (RDTB).

Reforzamiento diferencial de conductas alternativas

Reforzamiento diferencial de conductas alternativas (RDA) es un procedimiento conductual para incrementar la frecuencia de un comportamiento deseable y para disminuir la frecuencia de los comportamientos indeseables. El comportamiento deseable se refuerza cada vez que aparece. Esto se traduce en un aumento en la probabilidad futura de la conducta deseable. Al mismo tiempo, cualquier comportamiento indeseable que pueda interferir con el comportamiento deseable no es reforzado. Esto resulta en una disminución en la probabilidad futura de los comportamientos indeseables. Por lo tanto, RDA implica la combinación de reforzamiento para una conducta deseable y extinción de comportamientos indeseables. Veamos el siguiente ejemplo.

Cómo hacer que la señora Morente sea positiva

Hacía un año que la Sra. Morente estaba en la residencia, pero a las enfermeras les parecía una eternidad. Cada vez que la señora Morente veía a una enfermera, empezaba inmediatamente a quejarse de la comida, de su habitación, de los demás pacientes, del ruido o de su artritis. Las enfermeras siempre escuchaban amablemente y trataban de reconfortarla cuando se quejaba. Las quejas fueron empeorando a lo largo de todo el año, hasta el punto de que ya no decía nada positivo. Cuando acababa de llegar a la residencia, la señora Morente hacía muchos comentarios amables, decía cumplidos a la gente, y raramente se quejaba. Las enfermeras querían que la señora Morente se comportara así de nuevo, por lo que consultaron a un psicólogo conductual para ver si podía hacer algo.

El psicólogo les dijo a las enfermeras que podían ayudar a la señora Morente a cambiar su comportamiento cambiando la forma en que interactuaban con ella. Las enfermeras tenían tres cosas que hacer. En primer lugar, cada vez que veían a la señora Morente le tenían que decir algo positivo de inmediato. En segundo lugar, cuando la señora Morente decía cualquier cosa que fuera positiva, la enfermera tenía que parar lo que estaba haciendo, sonreír a la señora Morente, escucharla atentamente y prestar atención a lo que estaba diciendo. La enfermera tenía que seguir escuchando y prestándole atención mientras ella continuara diciendo cosas positivas. (Por supuesto, la enfermera podía empezar a trabajar de nuevo y seguir prestando atención a la Sra. Morente mientras seguía trabajando.) En tercer lugar, cada vez que la señora Morente empezaba a quejarse, la enfermera tenía que disculparse y, o bien salir de la habitación o hacerle ver que estaba demasiado ocupada como para escucharla en ese momento. Tan pronto como dejaba de quejarse y decía algo positivo, la enfermera volvía a dejar de trabajar y empezaba a prestarle atención.

Todas las enfermeras aplicaron este programa de manera consistente y, en cuestión de semanas, la señora Morente decía muchas más cosas positivas a las enfermeras y se quejaba muy poco. Parecía más feliz, y las enfermeras volvieron a disfrutar trabajando con ella.

El procedimiento conductual que las enfermeras utilizaron para que la Sra. Morente dijera más cosas positivas y se quejara menos es el procedimiento de RDA. Después de escuchar a las enfermeras describir el problema y observar a la Sra. Morente por un período de tiempo, el psicólogo postuló que la señora Morente se quejaba con frecuencia porque las enfermeras reforzaban de manera no intencionada su conducta de queja. Cuando la señora Morente se quejaba, la escuchaban atentamente, la reconfortaban, y pasaban más tiempo con ella.

Antecedente	Conducta	Consecuencia
La enfermera está presente	La señora Morente se queja.	Una enfermeda le atiende

Resultado: Es más probable que la Sra. Morente se queje cada vez que una enfermera esté presente.

El psicólogo decidió que las enfermeras debían aumentar su atención cuando la señora Morente decía cosas positivas para reforzar este comportamiento. Además, el personal de enfermería debía asegurarse de que la señora Morente no recibía atención cuando se quejaba. Como puede verse, las enfermeras utilizaron reforzamiento y extinción, los dos principios que intervienen en el RDA.

Antecedente	Conducta	Consecuencia
La enfermera está presente.	La señora morente dice cosas agradables.	Una enfermeda le atiende.

Resultado: es más probable que la Sra. Morente diga cosas agradables cuando una enfermera esté presente.

Extinción

Antecedente	Conducta	Consecuencia
La enfermera está presente.	La señora Morente se queja.	Una enfermeda le atiende.

Resultado: Es más probable que la Sra. Morente se queje cada vez que una enfermera esté presente.

En este ejemplo, cuando la señora Morente decía más cosas positivas no era sólo porque este comportamiento fuera reforzado por las enfermeras, sino también porque las quejas se redujeron a través de la extinción. Si las enfermeras no utilizaran la extinción para las quejas, seguirían produciéndose y habría menos oportunidades de aumentar la conducta de hablar positivamente. El RDA es una forma eficaz de aumentar un comportamiento deseable ya que, al disminuir un comportamiento que interfiere a través de la extinción, se crea la oportunidad para que se produzca la conducta deseable y para que se refuerce dicha conducta.

Cuando utilizar el RDA

Antes de aplicar el RDA, se debe decidir si es el procedimiento correcto en una situación particular. Para determinar si el RDA es adecuado, se deben contestar tres preguntas.

- ¿Se quiere aumentar la tasa de un comportamiento deseable?
- ¿Ocurre la conducta al menos de vez en cuando?
- ¿Podemos presentar un reforzador después de la ocurrencia de la conducta?

El RDA es un procedimiento para fortalecer una conducta deseable. Sin embargo, el comportamiento deseable debe estar ocurriendo, al menos de vez en cuando si se quiere reforzar. Si el comportamiento no se produce nunca, el RDA por sí mismo no es un procedimiento adecuado. Sin embargo, si los procedimientos, tales como el moldeamiento (ver Capítulo 9) o las ayudas (ver Capítulo 10) se utilizan inicialmente para evocar el comportamiento, entonces se puede utilizar el RDA para reforzar y mantener la conducta. Por último, es importante que se identifique un reforzador que se pueda utilizar cada vez que se produzca el comportamiento. Si no se puede identificar un reforzador o si no hay control sobre el reforzador, no se puede utilizar el RDA.

Cómo utilizar RDA

Varios pasos están involucrados en el uso eficaz del RDA. Son los siguientes:

Definir la conducta deseable. Se debe identificar con claridad y definir el comportamiento deseable que se quiere aumentar con el RDA. Una definición conductual clara de la conducta deseable, tal como se describe en el Capítulo 2, ayuda a asegurarse de que se está reforzando el comportamiento correcto y permite registrar el comportamiento para determinar si el tratamiento es eficaz.

Definir los comportamientos indeseables. También se deben definir claramente los comportamientos indeseables que se quieren disminuir con el RDA. Una definición conductual clara de los comportamientos indeseables ayuda a asegurar que no se está utilizando el reforzador cuando el comportamiento no deseado se produce y también permite registrar los comportamientos indeseables para determinar si disminuyen después de haber aplicado el RDA.

Identificar el reforzador. El procedimiento de RDA implica reforzar una conducta deseable e interrumpir el reforzamiento de las conductas indeseables. Por lo tanto, se debe identificar el reforzador que se va a utilizar en el procedimiento de RDA. Debido a que los reforzadores pueden ser diferentes para cada persona, es importante determinar un reforzador específico para la persona con quien se está trabajando.

Una posibilidad es utilizar el reforzador que está manteniendo la conducta inadecuada, puesto que ya sabemos que este reforzador es eficaz (Durand, Crimmins, Caufield y Taylor, 1989). En el ejemplo de la Sra. Morente, la atención de las enfermeras estaba reforzando la conducta de quejarse. Por lo tanto, las enfermeras decidieron utilizar su atención para reforzar la conducta de hablar de cosas positivas. Durand y colaboradores encontraron que diferentes reforzadores estaban manteniendo los problemas de comportamiento de niños con discapacidad en la clase (Durand et al., 1989). Una vez que Durand identificó el reforzador de las conductas problema de cada estudiante, utilizó estos mismos reforzadores para lograr que se incrementasen conductas alternativas más adecuadas. Esto llevó a una disminución de la conducta problema y los comportamientos alternativos adecuados empezaron a producirse con más regularidad.

Otra forma de identificar un reforzador es observar a la persona y ver qué actividades o intereses busca: ¿Qué le gusta hacer a la persona? Por ejemplo, un consejero en un programa para delincuentes juveniles quería proporcionar reforzadores para las conductas apropiadas (p.ej., hacer los deberes). Observando que Lucas jugaba con frecuencia a los videojuegos y parecía que le gustaba mucho, el consejero eligió darle la oportunidad de jugar a los videojuegos como reforzador por hacer los deberes. El consejero estaba usando el principio de Premack (Premack, 1959): aprovechó la oportunidad de adoptar un comportamiento de alta frecuencia o preferido (los videojuegos) como un reforzador para un comportamiento de baja frecuencia (hacer los deberes).

Otra forma de identificar reforzadores específicos es preguntando directamente a las personas qué les gusta, qué les gusta hacer, cómo pasan su tiempo libre, qué comprarían si tuviesen dinero, qué es lo que encuentran gratificante… La mayoría de la gente puede decir al menos un par de cosas que podrían ser útiles como reforzadores. Los padres o los profesores que conocen bien a los niños también pueden proporcionar información. Algunos investigadores han desarrollado cuestionarios para ayudar a identificar los reforzadores para las personas que tratan (Cautela, 1977).

Otra opción es probar varios estímulos y ver cuáles son los preferidos por la persona (estos estímulos probablemente funcionarán como reforzadores). Esta estrategia se conoce como **evaluación de preferencias** y puede realizarse de al menos tres maneras diferentes: evaluación de estímulo único, evaluación mediante pares de estímulos, y evaluación mediante estímulos múltiples (DeLeon& Iwata, 1996; Fisher et al., 1992, 1994; Green et al., 1988; Pace, Ivancic, Edwards, Iwata, & Page 1985). En cada uno de estos procedimientos el investigador identifica un conjunto de reforzadores potenciales y los presenta a la persona registrando los estímulos que son seleccionados o los estímulos a los que el individuo se aproxima. Por ejemplo, si se presenta un juguete, observaremos si el niño se acerca para alcanzarlo, lo toca, o intenta jugar con él. Cuando es un aperitivo lo que se presenta, observaremos si el niño lo agarra y trata de comérselo. A fin de determinar si el objeto en cuestión funciona como reforzador, deberemos presentarlo de manera contingente a una conducta y mostrar que dicha conducta se incrementa. Este proceso se conoce como **evaluación de reforzadores.**

En el **procedimiento de evaluación de estímulo único,** cada posible reforzador que se desea evaluar se pone delante del niño sobre la mesa de uno en uno y se observa si el niño se aproxima al estímulo o no. Después de que cada estímulo haya sido presentado repetidas veces, el investigador calcula el porcentaje de ocasiones en las que el individuo se acercó al estímulo para estimar qué estímulos tienen mayor probabilidad de funcionar como reforzadores (Pace et al., 1985).

En el **procedimiento de evaluación por pares de estímulos** (también conocido como procedimiento de elección por pares o de elección forzada), se presentan dos posibles reforzadores a la vez en cada ensayo y el investigador registra el estímulo al que el individuo se acerca. Cada estímulo del conjunto de estímulos evaluados se combina con cada uno de los otros estímulos del conjunto en varias ocasiones. El investigador calcula el porcentaje de ocasiones en las que el individuo se acerca a cada estímulo.

Ello permitirá estimar qué estímulos tienen mayor probabilidad de ser reforzadores (Fisher et al., 1992).

En el **procedimiento de evaluación de estímulos múltiples,** el conjunto de reforzadores potenciales se presenta al individuo a la vez (p.ej., se ponen delante de la persona ocho juguetes a la vez). El investigador debe registrar el estímulo que el individuo elije en primer lugar, o el estímulo al que el individuo se acerca en primer lugar. A continuación, el estímulo elegido se retira del conjunto de estímulos y los estímulos restantes vuelven a presentarse y a registrarse el siguiente estímulo seleccionado. Nuevamente el estímulo elegido se retira y el proceso se repite hasta que el individuo haya elegido todos los estímulos del conjunto. Para evitar posibles sesgos se modifica entre ensayo y ensayo el lugar en el que se presenta cada estímulo del conjunto. El proceso se repite en varias ocasiones a fin de identificar el orden en que los estímulos son seleccionados (DeLeon& Iwata, 1996). Los estímulos que suelen ser elegidos en primer lugar tienen más probabilidades de ser reforzadores potentes que aquellos elegidos en último lugar. Este procedimiento se conoce como **evaluación de estímulos múltiples sin reposición.**

Otra técnica para evaluar los reforzadores es hacer contingente cada reforzador potencial con una respuesta operante (Bowman, Piazza, Fisher, Hagopian y Kogan, 1997; Green, Reid, Canipe y Gardner, 1991; Wacker, Berg, Wiggins, Muldoon y Cavanaugh, 1985). Si la frecuencia o la duración de la respuesta aumentan cuando un estímulo es contingente a la respuesta, se ha demostrado que el estímulo es un reforzador. Por ejemplo, en el estudio de Wacker, los estudiantes tenían que pulsar un interruptor para activar diferentes juegos o instrumentos eléctricos (incluyendo una grabadora de música, un ventilador, y un tren). Se registró la duración de la activación del interruptor como una indicación de cuáles de los estímulos eran reforzadores para los estudiantes. Si un estudiante pulsaba el interruptor que activa la música durante mucho más tiempo que otros interruptores, el investigador podía concluir que la música era un reforzador para el estudiante.

Cómo identificar reforzadores

- Observar al cliente e identificar el reforzador de la conducta problema.
- Observar al cliente e identificar los comportamientos de tasa alta.
- Preguntar al cliente, a los padres o a los profesores.
- Utilizar los cuestionarios de evaluación de reforzadores.
- Presentar reforzadores potenciales y medir los comportamientos de acercamiento.
  - Evaluación de estímulo único.
  - Evaluación mediante pares de estímulos.
  - Evaluación mediante estímulos múltiples sin reposición.
- Presentar los reforzadores potenciales de manera contingente a una respuesta operante y medir la tasa de respuesta o la duración.

Reforzar el comportamiento deseable inmediatamente y de forma consistente. Como se ha discutido en el Capítulo 4, si queremos que aumente una conducta, es importante que se refuerce inmediatamente después de que se produzca. Consecuentemente, una demora en el reforzamiento de la conducta deseable hará que el RDA sea menos eficaz. Además, se debe reforzar el comportamiento deseado cada vez que ocurre. Una conducta que se refuerza en un programa de reforzamiento continuo, al menos inicialmente, es más propensa a aumentar hasta el nivel deseado y a reemplazar las conductas no deseadas que no están siendo reforzadas (Vollmer, Roane, Ringdahl y Marcus, 1999).

Eliminar el reforzamiento para los comportamientos no deseados. Si el RDA tiene que ser eficaz, se debe identificar y eliminar el reforzador para las conductas indeseables. Si no se puede eliminar completamente el reforzamiento para las conductas indeseables, al menos debe ser minimizado de forma que se maximiza el contraste entre el reforzamiento de los comportamientos deseables e indeseables. Los comportamientos deseables e indeseables son operantes concurrentes. Según el Capítulo 4 sabemos que cuando dos comportamientos son mantenidos por dos programas de reforzamiento concurrentes, el comportamiento que recibe un mayor reforzamiento aumentará en comparación con la otra conducta (p.ej., Borrero, Vollmer y Wright, 2002). Por ejemplo, puede que las enfermeras no puedan eliminar toda la atención que le prestan a la señora Morente cuando se queja. Puede que tengan que atender a algunas quejas para determinar si son legítimas. Sin embargo, la atención que prestarán a las quejas será mínima, mientras que la atención que prestarán a su conversación positiva será entusiasta y más larga. De esta manera, la atención para la conversación positiva es mucho mayor que la que se presta a las quejas. En otras palabras, hay mucho más reforzamiento por hablar de cosas positivas que por quejarse.

Usar el reforzamiento intermitente para mantener la conducta objetivo. El reforzamiento continuo para la conducta deseable se utiliza en las primeras etapas del RDA. Sin embargo, una vez que la conducta deseable empieza a producirse de manera constante y que los comportamientos no deseados ocurren raramente, se debería empezar a disminuir el programa de reforzamiento y reforzar el comportamiento deseado de forma intermitente. El reforzamiento intermitente mantiene la conducta deseable en el tiempo, haciéndola más resistente a la extinción.

Programa para la generalización. En el RDA, no sólo es importante programar el mantenimiento con un programa de reforzamiento intermitente, sino que también es importante programar la generalización. La generalización significa que la conducta objetivo debe ocurrir fuera de la situación de enseñanza en todas las situaciones estimulares relevantes. Si la conducta objetivo no se produce en todas las situaciones pertinentes, el procedimiento de RDA no ha sido totalmente efectivo. La conducta objetivo debe ser diferencialmente reforzada en tantas situaciones relevantes como sea posible, por el mayor número de personas relevantes como sea posible, para programar la generalización.

El uso del reforzamiento diferencial de conductas alternativas

1. Definir la conducta deseable.
2. Definir las conductas indeseables.
3. Identificar el reforzador.
4. Reforzar el comportamiento deseable inmediatamente y de forma consistente.
5. Eliminar el reforzamiento de las conductas indeseables.
6. Utilizar el reforzamiento intermitente para mantener la conducta objetivo.
7. Programar la generalización.

Usar el reforzamiento negativo diferencial de conductas alternativas

El siguiente ejemplo consiste en reforzamiento negativo diferencial de conductas alternativas (RNDA).

Jaime, un niño de 8 años con autismo, está en tercer curso. A menudo los niños con autismo prefieren estar solos y adoptar un comportamiento solitario. A veces los niños con autismo tienen conductas agresivas, destructivas o comportamientos autolesivos cuando se les hacen demandas. Cuando la maestra le pedía a Jaime que hiciera sus deberes (p.ej., completar los problemas en su libro), a menudo pegaba a la mesa con los puños y se balanceaba violentamente en la silla. Ante esto, la maestra generalmente reaccionaba permitiendo a Jaime que se tomara un descanso y se sentara sólo en una silla al fondo de la clase hasta que se calmase. Debido a que este comportamiento se producía cuatro o cinco veces al día, Jaime no llegaba a hacer muchos de los deberes. Dado que la profesora no sabía qué hacer con el comportamiento de Jaime, consultó al psicólogo escolar.

Para comprender el problema, el psicólogo de la escuela entrevistó al maestro y observó a Jaime en la clase. Se hizo evidente que el comportamiento indeseable (golpear la mesa y balancearse en la silla) estaba siendo reforzado negativamente.

Describe cómo los comportamientos problemáticos de Jaime estaban siendo reforzados negativamente.

Antecedente	Conducta	Consecuencia
El maestro le pide a Jaime que haga su trabajo.	Jaime golpea la mesa y se balancea de adelante hacia atrás.	Jaime se escapa de su tarea y se sienta sólo.

Resultado: Es más probable que Jaime presente los problemas de comportamiento cuando su maestro le pida que haga su trabajo.

Cada vez que Jaime adoptaba este comportamiento, escapaba de las demandas de hacer sus deberes. La consecuencia inmediata de la conducta inadecuada era escaparse del trabajo. El psicólogo también se observó que Jaime adoptaba el comportamiento deseable (completar las tareas escolares) al menos algunas veces durante el día. Por lo tanto, decidió utilizar reforzamiento diferencial para aumentar la conducta deseable de hacer sus deberes y reducir el comportamiento indeseable de golpear la mesa y balancearse en la silla.

En primer lugar, el psicólogo desarrolló definiciones de conducta para el comportamiento deseable e indeseable. Pidió a los maestros que empezaran a registrar todos los días el número de problemas que Jaime terminaba de su libro (el comportamiento deseado) y el número de veces que tenía un arrebato (la conducta inadecuada, que se define como golpear la mesa y balancearse en su silla). El siguiente paso fue identificar el reforzador de la conducta deseable de Jaime. Debido a que escapar de sus deberes estaba siendo el reforzador para sus arrebatos, el psicólogo decidió utilizarlo también como reforzador por hacer los deberes utilizando un procedimiento de RNDA. Aunque pueda parecer insólito usar el escape de los deberes como un reforzador para hacer los deberes, el psicólogo sabía que era un reforzador eficaz para Jaime.

Una vez que las conductas deseables e indeseables se habían definido y que el reforzador había sido identificado, el maestro estaba listo para empezar la aplicación del reforzamiento diferencial. El primer paso consistía en proporcionar el reforzador cada vez que Jaime completaba un problema del libro. Esto significaba dejarlo que se levantara y se sentara sólo en la silla al fondo de la clase durante unos minutos.

Inicialmente, el maestro le pedía a Jaime completar solamente, los problemas fáciles, por lo que era más probable que tuviera éxito y que el comportamiento fuera reforzado. Al mismo tiempo, cada vez que Jaime tenía un problema de conducta, el profesor utilizaba el procedimiento de extinción.

Describe cómo usaría el maestro la extinción con los arrebatos de Jaime.

Debido a que el escape de sus deberes reforzaba sus problemas de comportamiento, no lo dejó escapar cuando tenía un arrebato: no podía levantarse de su silla ni sentarse en el fondo de la clase. Tenía que permanecer sentado en su silla y, cuando se calmase, tenía que hacer el problema del libro. De esta manera, hacer los problemas del libro daba lugar al reforzamiento y los arrebatos no daban lugar al reforzamiento.

Una vez que Jaime completó los problemas del libro de forma consistente y sin tener ninguna conducta inadecuada, los pasos finales en el uso del reforzamiento diferencial fueron cambiar a un programa de reforzamiento intermitente y programar la generalización. Inicialmente, Jaime se sentaba en el fondo de la clase después de cada problema que completaba en su libro. Después de haber completado los problemas de manera consistente (tanto los fáciles como los difíciles) y sin tener arrebatos, el maestro comenzó a proporcionar el reforzador después de cada dos problemas terminados. Al final, Jaime hacía tres problemas antes de conseguir el reforzador, luego cuatro problemas, y luego cinco. El maestro estaba satisfecho con dejar a Jaime sentarse solo después de cada cinco problemas que había hecho. Esto no le impedía conseguir terminar su trabajo y no perjudicaba tanto a la clase, era sin duda menos disruptivo que tener cuatro o cinco arrebatos todos los días. En un intento de programar la generalización, otros profesores usaron el procedimiento de reforzamiento diferencial en las demás clases. Cuando el reforzamiento diferencial se utiliza correctamente, el comportamiento deseable debería aumentar y los comportamientos no deseados deberían disminuir. En este caso, los arrebatos de Jaime disminuyeron en frecuencia y con el uso del reforzamiento diferencial aumentó la tasa de deberes.

El RDNA se ha utilizado en una gran variedad de estudios para disminuir los problemas de comportamiento mantenidos por reforzamiento negativo y para aumentar los comportamientos apropiados, de modo que sustituyan a los problemas de comportamiento (Golonka et al., 2000; Marcus y Vollmer, 1995; Piazza, ME y Fisher, 1996, Roberts, Mace y Daggett, 1995; Steege et al., 1990). Warzak, Kewman, Stefans y Johnson (1987) le proporcionaron tratamiento a Adán, un niño de 10 años, quien informó que no podía leer después de la hospitalización por una infección respiratoria grave. Antes de la hospitalización, Adán no tenía ningún problema con la lectura. Ahora, dice que las letras están borrosas y se mueven en la página cuando trata de leer. Sin embargo, no tiene dificultad para jugar con videojuegos y participar en otras actividades que requieren buena discriminación visual.

Warzak programó un tratamiento que consistió en ejercicios de lectura terapéutica que duraban de 45 minutos a 2 horas cada día. Los ejercicios "fueron diseñados para ser excesivamente tediosos y aburridos" (pág. 173). Adán tenía que leer palabras presentadas en la página como parte del ejercicio en cada sesión de tratamiento. Cuando leía las palabras correctamente, se cancelaba el resto del ejercicio durante ese día. La lectura correcta se reforzaba negativamente por el escape de los ejercicios tediosos. Si no leía correctamente las palabras, continuaban con los ejercicios. (Esto equivale a la extinción de la lectura incorrecta.) Warzak aplicó este procedimiento de RDNA en un diseño de línea de base múltiple a través de diferentes tamaños de impresión. Los resultados muestran que la lectura correcta aumentó al 100% para todos los tamaños de impresión después de haber usado el RDNA. Los resultados se mantuvieron durante al menos 3 meses después del tratamiento.

Variaciones del RDA

Existen un par de variaciones del RDA en las que diferentes tipos de conductas alternativas se refuerzan para reemplazar la conducta problema. Una variación es el **reforzamiento diferencial de conductas incompatibles**(RDI), en el que la conducta alternativa es físicamente incompatible con la conducta problema y, por lo tanto, no se pueden producir las dos conductas al mismo tiempo. Por ejemplo, si la conducta problema es darse bofetadas en la cabeza, en la que los individuos se dan bofetadas a sí mismo a cada lado de la cabeza, cualquier conducta alternativa que implique el uso de las manos sería una conducta incompatible. Jugar con juguetes o completar tareas que impliquen la manipulación de materiales con las manos serían ejemplos de conductas incompatibles que podrían reforzarse para sustituir a las bofetadas en la cabeza en un procedimiento de RDI.

En una segunda variación del RDA, la conducta alternativa que se refuerza para reemplazar el problema de conducta es una respuesta de comunicación. Esta variación del RDA consiste en **reforzamiento diferencial de la comunicación** y se llama **entrenamiento en comunicación funcional** (Carr y Durand, 1985, Carr, McConnachie, Levin y Kemp, 1993). En este procedimiento, la persona con la conducta problema aprende a dar una respuesta de comunicación que es funcionalmente equivalente a la conducta problema. Cuando la comunicación produce el mismo resultado reforzante que la conducta problema, ya no hay ninguna razón para que se produzca el problema de conducta. En el entrenamiento en comunicación funcional, un individuo con un problema de conducta reforzado por atención aprenderá a pedir atención, una persona con un problema de conducta reforzado por escape de una situación particular aprenderá a pedir un descanso. La respuesta de comunicación que se refuerza en esta variación del RDA es más eficiente (más fácil y rápida) que el problema de conducta; es una de las ventajas de la comunicación como conducta alternativa.

La investigación sobre el RDA

Leitenberg, Burchard, Burchard, Fuller y Lysaght (1977) investigaron los procedimientos de RDA para aumentar las conductas apropiadas y disminuir los conflictos entre hermanos que implican agresión física, ataques verbales, gritos y llantos. Participaron seis familias. Las madres tenían que usar elogios y monedas para reforzar las conductas apropiadas de sus hijos (como jugar juntos, ayudarse, compartir y hablar entre ellos). Al mismo tiempo, las madres ignoraban los conflictos entre sus hijos. Los investigadores encontraron que el RDA disminuyó los conflictos entre los hermanos y aumentó la conducta apropiada.

Allen y Stokes (1987) usaron los procedimientos de RDA para aumentar la conducta cooperativa y disminuir el comportamiento disruptivo exhibido por los niños cuando iban al dentista. Los cinco niños (edades entre los 3 y 6 años) que participaban en este estudio mostraban comportamientos perturbadores tales como movimientos de la cabeza y del cuerpo, llantos, náuseas y quejas mientras el dentista intentaba trabajar con ellos. Allen y Stokes utilizaron reforzamiento positivo y negativo cuando el niño adoptaba un comportamiento cooperativo en la silla del dentista (es decir, estarse quieto y en silencio). Cuando el niño estaba tranquilo y en silencio en la silla durante un intervalo de tiempo, el dentista reforzaba negativamente este comportamiento desactivando la fresa por un breve período de tiempo. En el transcurso de las sesiones de tratamiento, se alargó de forma gradual el intervalo de tiempo en el que el niño tenía comportamientos incompatibles. El niño también recibió felicitaciones y pegatinas como reforzadores positivos por estar quieto y callado. Allen y Stokes demostraron un incremento en el comportamiento cooperativo y una reducción del comportamiento perturbador de los cinco niños con este procedimiento de RDA. En un estudio similar, Stokes y Kennedy (1980) utilizaron pequeñas baratijas para reforzar el comportamiento cooperativo de los niños pequeños durante las visitas al dentista y encontraron que su comportamiento cooperativo se incrementó y su comportamiento perturbador disminuyó.

El entrenamiento en comunicación funcional ha sido evaluado en una serie de estudios de Carr y Durand (Carr y Durand, 1985; Durand y Carr, 1987, 1991). El procedimiento es similar en todos los estudios. Los investigadores realizan un análisis funcional para identificar el reforzador del problema de comportamiento que presentan los estudiantes con trastornos del desarrollo en las clases. Cuando los problemas de comportamiento de un niño son reforzados por atención, se le enseña al niño a pedir atención como respuesta alternativa. El niño dice, "¿Como lo estoy haciendo?" y el profesor responde a este comportamiento con atención. Por lo tanto, esta conducta de comunicación aumenta y el problema de comportamiento disminuye. Si el problema de conducta es reforzado por escape cuando se presenta un material académico difícil, el niño aprende a pedir ayuda. Por ejemplo, si el niño dice "no entiendo", el profesor responde dándole ayuda. Este procedimiento hace menos probable que el niño presente un problema de conducta para escapar de la tarea académica. Los estudios de Durand y Carr han mostrado una disminución de los problemas de comportamiento mantenidos por atención y escape, y un aumento en la comunicación como comportamiento funcionalmente equivalente alternativo. Los libros de Durand y Carr describen en detalle el procedimiento de entrenamiento en comunicación funcional (Carr et al., 1994; Durand, 1990).

Muchos otros experimentos de modificación de conducta han demostrado el valor del RDA para aumentar diversos comportamientos socialmente significativos. En un estudio con niños en edad preescolar, Goetz y Baer (1973) demostraron que podían aumentar la frecuencia de los comportamientos de juego creativo de los niños a través del reforzamiento social del profesor. Cada vez que un niño jugaba de manera creativa con los bloques (definido como la creación de nuevas estructuras), el profesor mostraba interés y entusiasmo. Sin embargo, cuando los niños construían de nuevo las mismas estructuras, el maestro no mostraba interés ni entusiasmo. A consecuencia de ello, los niños crearon estructuras más novedosas con los bloques y menos estructuras idénticas (Figura 15-1). Estos resultados sugieren que la creatividad, a menudo considerada como un rasgo, podría en realidad ser una clase de respuesta que podría incrementarse a través del RDA. Similares resultados fueron reportados por Miller y Neuringer

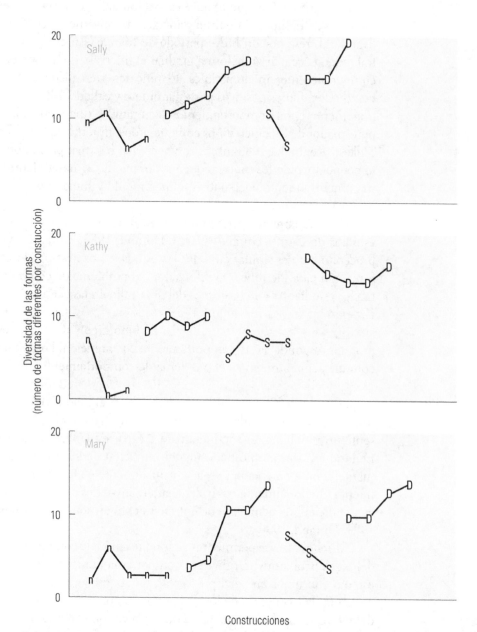

n –No reforzamiento
D –Reforzamiento formas diferentes
S –Reforzamiento mismas formas

FIGURA 15-1   Resultados de la diversidad de formas realizadas por tres niños en el curso de entrenamiento de bloques de construcción. Los puntos de datos etiquetados con una D representan los resultados producidos cuando el reforzamiento estaba programado sólo para diferentes formas (no repetitivas); los puntos etiquetados con una S representan los resultados producidos cuando el reforzamiento estaba programado sólo para la repetición de las mismas formas utilizadas anteriormente en esta sesión; y los puntos marcados con una N representan los resultados producidos sin reforzamiento (según Goetz, E., y Baer, D. [1973]. Social control of form diversity and the emergence of new forms in children's block-building. JournalofAppliedBehaviorAnalysis, 6, 209-217 ® 1973 Universityof Kansas. Reproducido con permiso del editor y el autor).

(2000) mostrando que la creatividad (variable de respuesta) exhibida por los niños, adultos y niños con autismo se puede aumentar con el reforzamiento (RDA). Muchos estudios han documentado el valor del RDA para incrementar conductas deseables en los niños (Sulzer-Azaroff et ah, 1988).

El RDA también se ha utilizado para aumentar la variedad de comportamientos de trabajadores en situaciones laborales (Hermann, Montes, Domínguez, Montes y Hopkins, 1973; Reid, Parsons y Green, 1989). Mejorar el rendimiento de los trabajadores mediante el reforzamiento diferencial es un aspecto de modificación organizativa de la conducta (Luthans y Kreitner, 1985) o de gestión del rendimiento (Daniels y Daniels, 2006).

Otros estudios han utilizado RDA con personas con discapacidad intelectual (Bailey y Meyerson, 1969; Whitman, Mercurio y Capronigri, 1970), universitarios (Azrin, Holz, Ulrich y Goldiamond, 1973), personas con enfermedad mental (Kale, Kaye, Whelan y Hopkins, 1968; Mitchell y Stoffelmayr, 1973), beneficiarios de asistencia social (Miller y Miller, 1970), estudiantes de bajo rendimiento (Chadwick y Day, 1971), y adultos hipertensos (Elder, Ruiz, Deabler y Dillenhofer, 1973). En cada caso, los investigadores estaban interesados en ayudar a las personas a aumentar las conductas deseables a un nivel más sano o más adecuado socialmente y a la vez disminuir las conductas indeseables que interfieren.

Mitchell y Stoffelmayr (1973) aplicó el principio de Premack en un programa de RDA para aumentar el comportamiento de trabajo de dos personas con esquizofrenia. Reforzaron diferencialmente el rendimiento en el trabajo (una conducta de baja probabilidad) permitiendo a los pacientes que se sentaran solos sin nada que hacer (conducta de alta probabilidad) durante un breve periodo de tiempo después de completar una cierta cantidad de trabajo. Si no completaban la tarea no se les permitía sentarse a solas y no hacer nada. Los resultados mostraron que el rendimiento en el trabajo de ambas personas aumentó drásticamente con el uso del RDA.

Reforzamiento diferencial de otra conducta

Knight y McKenzie (1974) realizaron un estudio para evaluar los efectos del reforzamiento diferencial en la disminución de la conducta de chuparse el dedo en los niños a la hora de acostarse. El procedimiento que utilizaron se llama **reforzamiento diferencial de otras conductas** (RDO). Uno de los sujetos, Sara, era una niña de 3 años que se pasaba los días en la guardería mientras sus padres trabajaban. En la guardería, Sara se echaba una siesta de una hora cada tarde y se chupaba el dedo durante la mayor parte del tiempo de la siesta. Los investigadores utilizaron un procedimiento de reforzamiento diferencial para reducir la duración de la conducta de chuparse el dedo durante la siesta. Ya que a Sara le gustaba que le leyeran cuentos a la hora de la siesta, utilizaron la lectura como un reforzador. En este procedimiento de reforzamiento diferencial, el experimentador se sentaba junto a Sara a la hora de la siesta y le leía el cuento siempre y cuando no se estuviera chupando el dedo. Se le reforzaba cuando el problema de conducta estaba ausente. Cada vez que Sara se llevaba el dedo a la boca, el investigador dejaba de leer (Figura 15-2). Debido a que el reforzador era contingente a la ausencia de la conducta de chuparse el dedo, la duración del tiempo sin chuparse el dedo aumentó hasta que desapareció durante la siesta (Figura 15-3). Este mismo procedimiento fue eficaz con otros dos niños que se chupaban el dedo. Fue aplicado por sus madres en casa a la hora de acostarse.

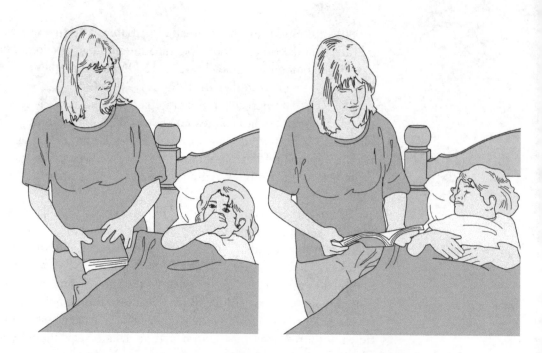

FIGURA 15-2   Cuando Sara se chupaba el dedo, el investigador no le leía el cuento. Cuando Sara no se chupaba el dedo, el investigador le leía el cuento. Esto reforzó la ausencia de la conducta.

Definición de RDO

En el RDO, el reforzador es contingente a la ausencia de la conducta problema (Reynolds, 1961). Esto significa que el reforzador ya no se entrega después de la conducta problema (extinción), pero sí se entrega después de un intervalo de tiempo en el que el problema de conducta no se ha producido. La lógica detrás del procedimiento de RDO es que si el reforzamiento se entrega sólo después de períodos en que el problema de conducta está ausente, el problema de comportamiento disminuirá por extinción, y deberían aumentar los períodos de tiempo sin la aparición del problema de conducta. Si aumentan los períodos sin problema de conducta, naturalmente la ocurrencia de la conducta problema debe disminuir.

Es importante señalar que el término de reforzamiento diferencial de otras conductas (RDO) puede ser confuso. Aunque el nombre del procedimiento sugiere reforzar otro comportamiento, en realidad se reforzará la ausencia de la conducta problema. Aunque se puedan producir otros comportamientos cuando el problema de comportamiento no se produce, no se identifica otro comportamiento a reforzar en lugar de la conducta problema. RDO también puede ser visto como reforzamiento diferencial de tasa cero de la conducta. Según Reynolds (1961), el RDO implica "el reforzamiento por no responder" (pág. 59). Recordemos el caso en que el experimentador le leía cuentos a Sara cuando ella no se estaba chupando el dedo. Leer cuentos era el reforzador, que se entregaba cuando el problema de conducta, chuparse el dedo, no estaba ocurriendo. Es importante tomar nota de esta distinción con el fin de no confundir el RDO con los otros procedimientos de reforzamiento diferencial. Examinemos la secuencia de pasos involucrados en la aplicación del procedimiento de RDO.

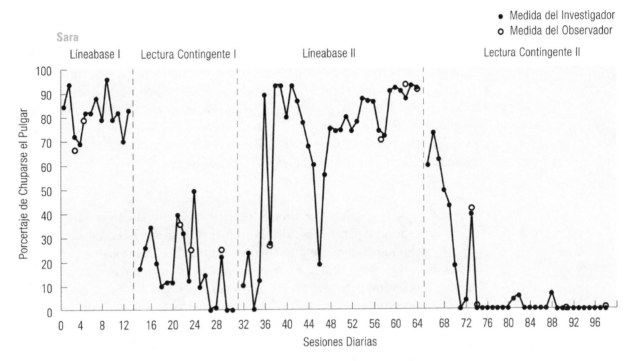

FIGURA 15-3   Este gráfico muestra el efecto del reforzamiento diferencial de otras conductas (RDO) en la conducta de chuparse el dedo de la joven Sara. Cuando Sara no se chupaba el dedo a la hora de la siesta, el investigador le leía un cuento. Cuando se chupaba el dedo, el investigador dejaba de leerle el cuento. El diseño de reversión A-B-A-B muestra que el chuparse el dedo disminuyó cuando el reforzador era contingente a la ausencia de la conducta (según Knight, M. F., y McKenzie, S. A. [1974]. Elimination of bedtime thumbsucking in home settings through contingent reading. Journal of Applied Behavior Analysis, 7, 33-38. Copyright © 1974 University of Press).

Aplicando el reforzamiento diferencial de otras conductas (DRO)

Examinemos las fases secuenciales involucradas en la aplicación del procedimiento de RDO.

Identificar el reforzador para el problema de conducta. La extinción del problema de conducta es un componente del procedimiento de RDO. Como se discutió en el Capítulo 13, se debe realizar una evaluación funcional para identificar el reforzador de la conducta problema antes de llevar a cabo un procedimiento de extinción. La investigación demuestra claramente que hay que eliminar el reforzador que mantiene la conducta problemática para que el procedimiento de RDO tenga éxito (Mazaleski, Iwata, Vollmer, Zarcone y Smith, 1993). Reforzar la ausencia de problemas de comportamiento no sería eficaz si instancias de la conducta problema siguen siendo reforzadas. Si no es posible utilizar la extinción para la conducta problema (p.ej., por las razones expuestas en el Capítulo 14), no será posible utilizar de manera eficaz el RDO. Una excepción sería el caso en que el reforzador, por la ausencia de la conducta problema, es más fuerte o más potente que el reforzador de la conducta problema en sí. En este caso, el procedimiento de RDO puede ser eficaz porque la recompensa por no presentar la conducta problema es más grande que la recompensa por tener la conducta problema (Cowdery, Iwata y Pace, 1990). Este fue el caso del RDO que se empleó con Sara por su conducta de chuparse el dedo. El reforzador por no chuparse el dedo (leerle cuentos) era más poderoso que el reforzador por chuparse el dedo (probablemente, reforzamiento automático). Otra excepción sería una situación en la que se utiliza otro procedimiento (como el control de antecedentes, tiempo fuera, u obediencia guiada) para disminuir el problema de conducta, mientras se usa el procedimiento de RDO (Repp y Deitz, 1974). Estos procedimientos se tratan en los Capítulos 16-18.

Identificar el reforzador a utilizar en el procedimiento de RDO. Si se va a reforzar la ausencia de la conducta problema, se debe utilizar una consecuencia que funcione como un reforzador para esa persona específica. Como sabemos, hay varias maneras para identificar los reforzadores que se pueden utilizar con determinadas personas: se puede preguntar a la persona cuales son sus preferencias, se puede observar cuales son las actividades u objetos que la persona elige cuando se les dan diferentes opciones, se pueden manipular experimentalmente los posibles reforzadores para observar cuáles son los que aumentan los comportamientos que siguen (Fisher et al., 1992, Green et al., 1988; Mason, McGee, Farmer-Dougan y Risley, 1989; Etak Pace, 1985). Una consecuencia que ciertamente va a funcionar como un reforzador para la persona es el reforzador de la conducta problema identificado en la evaluación funcional (Durand et al., 1989). Si un evento reforzante está manteniendo la conducta problema, este reforzador debería ser efectivo en un procedimiento de RDO cuando es contingente a la ausencia de la conducta problema.

Elegir el intervalo de tiempo inicial del RDO. El RDO implica entregar el reforzador después de un intervalo de tiempo en el que el problema de comportamiento no se ha producido. Así pues, para aplicar un RDO, se debe elegir el intervalo de tiempo inicial para entregar el reforzador. La duración del intervalo debe estar vinculada a la tasa de referencia de la conducta problema: Si la conducta problema ocurre con frecuencia, el intervalo del RDO será corto; si la conducta problema ocurre con poca frecuencia, el intervalo de RDO será más largo. Se debe elegir un intervalo de duración que de lugar a una alta probabilidad de reforzamiento (Repp, 1983). Por ejemplo, supongamos que un problema de conducta se produce a una tasa promedio de diez veces en una hora en una situación dada. Esto significa que, en promedio, transcurren 6 minutos entre cada aparición de la conducta problema. Para este problema de comportamiento específico, el intervalo de RDO debe ser establecido con menos de 6 minutos, de manera que haya una buena probabilidad de que el problema de comportamiento no se produzca durante el intervalo y que se pueda entregar el reforzador. Cuando vaya disminuyendo la frecuencia de la conducta problema, se pueden alargar los intervalos de RDO de forma gradual.

Retira el reforzador cuando se presente el problema de conducta y preséntalo cuando el problema de conducta esté ausente. Después de identificar el reforzador de la conducta problema, se elige un reforzador que se utilizará en el procedimiento de RDO, y se establece la duración del intervalo inicial y ya estamos preparados para aplicar el procedimiento de RDO. En primer lugar, se debe enseñar la forma de aplicar el procedimiento al agente de cambio (p.ej., los padres o el maestro). Se le enseña al agente de cambio a eliminar el reforzador de la conducta problema y a entregar el reforzador al final de cada intervalo en el que el problema de comportamiento no se haya producido. La persona que aplica el tratamiento tiene un cronómetro (u otro dispositivo de tiempo) para cronometrar el intervalo de tiempo del RDO. Al final de cada intervalo, el cronómetro indica al agente de cambio que debe entregar el reforzador si el problema de conducta no ha ocurrido.

Reinicia el intervalo si el problema de conducta ocurre. Si el problema de comportamiento se produce en algún momento, no se entrega el reforzador, y se vuelve a establecer el intervalo para el reforzamiento. De esta forma, la ocurrencia del problema de conducta retrasa el reforzador para la duración total del intervalo. Supongamos que el intervalo de RDO es de 10 minutos. Entonces, cada vez que se produzca el problema de comportamiento antes del final del intervalo de 10 minutos, la persona que aplica el tratamiento restablece el intervalo por 10 minutos. Después de 10 minutos, si el problema de comportamiento no se ha producido, se entrega el reforzador. Una vez entregado el reforzador, el intervalo se restablece por otros 10 minutos. Si la persona con el problema de conducta puede comprender las instrucciones, se le debería decir que el reforzador se dará cuando no se produzca la conducta objetivo durante un período de tiempo específico.

Incrementa gradualmente la duración del intervalo. Una vez que haya disminuido la conducta problema y que el cliente esté recibiendo el reforzamiento después de casi todos los intervalos, es el momento de aumentar la duración de los intervalos. La duración del intervalo se incrementa lentamente para mantener la reducción de la conducta problema. Finalmente, el intervalo de RDO se incrementa a un nivel que será manejable a largo plazo para la persona que aplica el tratamiento. Dependiendo de la persona y del problema de conducta en particular, no es infrecuente aumentar el intervalo de RDO a una hora o dos, o incluso un día entero. Esto significaría que el cliente tendría que abstenerse de presentar el problema de conducta durante todo el día para recibir el reforzador al final del día. Para muchos clientes, el procedimiento de RDO se termina eliminando después de un largo período en el que el problema de comportamiento ya no ocurre.

Aplicación del RDO

1. Identificar el reforzador de la conducta problema.
2. Identificar el reforzador a utilizar en el procedimiento de RDO.
3. Elegir el intervalo de tiempo inicial del RDO.
4. Eliminar el reforzador del problema de conducta y entregar el reforzador en la ausencia del problema de conducta.
5. Reinicia el intervalo si el problema de conducta ocurre.
6. Incrementa gradualmente la duración del intervalo.

Investigaciones que Evalúan los Procedimientos de RDO

Esta sección revisa algunas de las numerosas investigaciones sobre el RDO para el tratamiento de varias conductas problemáticas.

Bostow y Bailey (1969) aplicaron RDO con Ruth, una mujer de 58 años con discapacidad intelectual que vivía en una institución estatal y gritaba con violencia para obtener lo que quería (p.ej., la bandeja de la comida, una taza de café, ropa, objetos favoritos…). Antes de usar el RDO, el personal sin querer había reforzado esta conducta problematica llevándole las cosas cuando gritaba. En el procedimiento de RDO, el personal le proporcionaba los objetos que Ruth quería sólo después de períodos en los que ella no gritaba. Los períodos de tiempo se aumentaron gradualmente de 5 minutos a 30 minutos ya que ya no gritaba. Cuando gritaba, el personal no le daba los objetos reforzantes. En vez de eso, empujaban su silla de ruedas a un rincón de la habitación donde sus gritos no perturbaban a los otros residentes. (Este es un procedimiento de tiempo fuera, véase el Capítulo 17 para una discusión detallada del tiempo fuera.) Los gritos disminuyeron a cero con el uso de estos procedimientos (Figura 15-4).

Cowdery, Iwata y Pace (1990) trabajaron con Jerry, un niño de 9 años que presentaba un tipo de comportamiento autolesivo en el que se arañaba o se frotaba la piel hasta producirse heridas abiertas por todo el cuerpo. Jerry no tenía discapacidad intelectual, pero nunca había ido a la escuela, y el comportamiento autolesivo era tan grave que había pasado la mayor parte de su tiempo en los hospitales. Los investigadores realizaron una evaluación funcional que mostró que el comportamiento autolesivo ocurría exclusivamente cuando Jerry estaba solo. No había reforzamiento social del problema de conducta. Los investigadores llevaron a cabo un procedimiento de RDO que implicaba reforzamiento mediante fichas. Jerry recibía fichas por los períodos de tiempo en los que no presentaba la conducta autolesiva, y luego cambiaba sus fichas por tener acceso a la televisión, a los aperitivos, a los videojuegos, y varios juguetes.

Los autores dejaron a Jerry solo en una habitación y lo observaron a través de una ventana de observación de sentido único. Si Jerry estaba 2 minutos sin arañarse, entraba un experimentador en la habitación, lo miraba brevemente e inspeccionaba los arañazos, y le daba una ficha por no arañarse. Si Jerry se arañaba durante el intervalo de 2 mi-

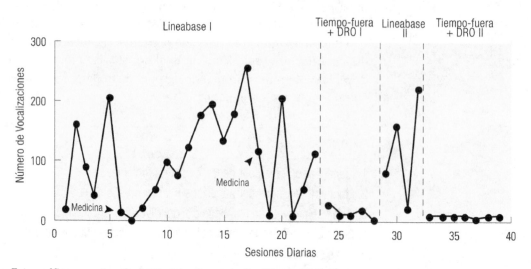

FIGURA 15-4   Este gráfico muestra el efecto del reforzamiento diferencial de otras conductas (RDO) y del tiempo fuera sobre los gritos de una mujer de 58 años con discapacidad intelectual que vivía en una institución. Cuando la paciente dejaba de gritar durante períodos breves, el personal le proporcionaba reforzadores. Cuando gritaba la llevaban a otra parte de la habitación, la dejaban sola y no se le proporcionaba ningún reforzador. Poco a poco, se alargó el intervalo de RDO y fue capaz de estar cada vez más tiempo sin gritar. Como se puede ver en el gráfico, cada vez que se aplicó el procedimiento de RDO (y de tiempo fuera) con un diseño de reversión A-B-A-B, los gritos disminuían a cero. Se indican también los momentos en los que la paciente recibía medicación (según Bostow, D. E., y Bailey, J. [1969]. Modification of severe disruptive and aggressive behavior using brief timeout and reinforcement procedures. Journal of Applied Behavior Analysis, 2, 31-33. Copyright © 1969 University of Kansas Press. Reproducido con permiso del autor).

nutos, entraba un experimentador en la habitación, le señalaba el lugar donde se había arañado, y le decía que no podía tener una ficha porque se había arañado. Sin embargo, el experimentador le animaba a intentarlo de nuevo. Cuando Jerry logró no arañarse durante el intervalo de 2 minutos, se aumentó a 4 minutos. Al final, el intervalo de RDO se aumentó a 15 minutos.

Una vez que Jerry lograba no presentar la conducta autolesiva en las sesiones cortas de tratamiento, los autores aplicaron el procedimiento de RDO durante 4-5 horas al día, mientras Jerry estaba en las áreas de actividad en la sala del hospital. El intervalo de RDO en el área de actividad era de 30 minutos. Cada vez que Jerry pasaba 30 minutos sin arañarse, recibía una ficha. Si se arañaba, se reinicializaba el intervalo de RDO de 30 minutos y tenía que abstenerse de arañarse en los próximos 30 minutos, para conseguir una ficha. Luego, se amplió el procedimiento de RDO durante todo el día. Por último, Jerry fue dado de alta del hospital y sus padres siguieron utilizando el procedimiento de RDO en casa. Este programa disminuyó en gran parte los arañazos. Era la primera vez que Jerry había estado fuera del hospital en 2 años.

En este estudio, los investigadores fueron capaces de disminuir los problemas de comportamiento de Jerry utilizando el RDO sin tener que utilizar también la extinción del problema de conducta. El reforzador de los arañazos eran sus consecuencias sensoriales. Aunque los experimentadores no eliminaron este reforzador, los reforzadores por no arañarse fueron, al parecer, lo suficientemente fuertes como para producir una disminución en el comportamiento a pesar de que seguía siendo reforzado. Siempre que sea posible, la extinción debería ser un componente del procedimiento del RDO. La investigación de Mazaleski y colaboradores (1993) mostró que la extinción era un componente importante del RDO. En este estudio, cuando el RDO incluía un componente de extinción, era más eficaz.

Repp, Barton y Brulle (1983) compararon dos variaciones de RDO: los procedimientos de intervalo total y momentáneo. En el **RDO de intervalo total**, el problema de comportamiento debe estar ausente durante todo el intervalo para que el reforzador sea entregado. En el **RDO momentáneo**, el problema de comportamiento debe estar ausente al final del intervalo para que el reforzador sea entregado. Fíjate que el término RDO se refiere al RDO de intervalo total.

Los investigadores compararon la eficacia de los dos tipos de RDO, con tres niños de 7 años con discapacidad intelectual leve que tenían comportamientos disruptivos en clase (interrupciones, levantarse, no prestar atención a la tarea). En el RDO de intervalo total, se le daba una pequeña recompensa a cada niño al final de cada intervalo de 5 minutos si la conducta disruptiva no había ocurrido en ningún momento durante el intervalo. En el procedimiento de RDO momentáneo, el niño recibía una pequeña recompensa si la conducta problema no se estaba produciendo al final de cada intervalo de 5 minutos. Los autores encontraron que el procedimiento de RDO de intervalo total era más eficaz en la reducción de la conducta disruptiva que el procedimiento de RDO momentáneo. La única vez que el procedimiento de RDO momentáneo dio lugar a una disminución del comportamiento problema fue cuando se aplicó después de que el procedimiento de RDO de intervalo total ya había disminuido el problema de conducta. Los resultados sugieren que el procedimiento de RDO momentáneo no era eficaz por sí mismo, pero puede ser útil para mantener el cambio de comportamiento producido por el procedimiento de RDO de intervalo total. Los resultados de Barton, Brulle y Repp (1986) apoyaron esta conclusión. El beneficio del RDO momentáneo es que la conducta objetivo no tiene que ser observada durante todo el intervalo.

RDO de intervalo total

- El comportamiento está ausente durante todo el intervalo.
- Se entrega el reforzador.

RDO momentaneo

- El comportamiento está ausente cuando termina el intervalo.
- Se entrega el reforzador.

Los estudios citados aquí, así como otras investigaciones, sugieren que el procedimiento de RDO es eficaz con una gran variedad de problemas de comportamiento en muchas personas (Dallery y Glenn, 2005; Kodak, Miltenberger y Romaniuk, 2003; Lindberg, Iwata, Kahng y De León, 1999; Mazaleski et al., 1993; Poling y Ryan, 1982; Repp, 1983; Vollmer y Iwata, 1992; Vollmer, Iwata, Zarcone, Smith y Mazaleski, 1993; Wilder et al., 2006; Woods y Himle, 2004; Zlutnick, Mayville y Moffat, 1975). El RDO es más eficaz cuando el reforzador de la conducta problema puede ser identificado y eliminado y cuando la duración del intervalo del RDO se basa en la tasa de referencia de la conducta. Por otra parte, el RDO es más eficaz cuando se entrega el reforzador en respuesta a la ausencia de la conducta problema por todo el intervalo (RDO de intervalo total).

LECTURA PARA AMPLIAR

Usos diversos de RDO

Los procedimientos de RDO han sido utilizados para reducir una gran variedad de problemas de comportamiento en distintos grupos de personas. Por ejemplo, Heard y Watson (1999) utilizaron el RDO para disminuir la deambulación en los residentes mayores con demencia en una residencia de ancianos. La deambulación parecía ser reforzada por atención para dos de los residentes, por la obtención de dulces para uno de los residentes, y por tener acceso a actividades estimulantes para otro residente. Durante el RDO, los residentes tenían acceso a estos reforzadores cuando no deambulaban, pero no los conseguían cuando deambulaban por la residencia. La deambulación disminuyó para los cuatro residentes cuando se aplicó el RDO. Roll (2005) y Dallery y Glenn (2005) presentaron otra aplicación interesante del RDO. Los autores intentaron ayudar a los participantes a dejar de fumar. Los fumadores debían utilizar un dispositivo que medía el monóxido de carbono (CO) cuando expiraban. Si el dispositivo detectaba CO, indicaba que el individuo había fumado hacía poco. Los autores proporcionaban dinero como reforzador por no fumar, determinado según los bajos niveles de CO. En otra investigación de RDO, Woods y Himle (2004) utilizaron la economía de fichas como reforzador para ayudar a cuatro niños con síndrome de Tourette a controlar sus tics. En este estudio, los niños recibían una ficha que podían cambiar por dinero cada 10 segundos en los que no presentaban un tic. Los resultados mostraron importantes disminuciones en la frecuencia de los tics al aplicar el RDO.

Reforzamiento diferencial de tasas bajas de respuesta

Deitz y Repp (1973) investigaron otro tipo de reforzamiento diferencial llamado **reforzamiento diferencial de tasas bajas de respuesta (RDTB)**, en el cual el reforzador se presenta contingentemente a la tasa baja de una respuesta durante un periodo de tiempo. Utilizaron el procedimiento para disminuir conductas perturbadoras en las clases de educación especial y clases de educación regular. En un experimento, utilizaron el RDTB para disminuir las discusiones (hablar en la clase sin permiso) en una clase de alumnos con discapacidad intelectual. Antes de aplicar el tratamiento, los alumnos tenían un promedio de 32 discusiones durante una clase de 50 minutos. En el procedimiento de RDTB, el profesor les dijo a los alumnos antes de la clase, que si tenían menos de cinco discusiones durante la clase recibirían todos dos trozos de caramelo al final del día. El reforzador, los caramelos, era contingente a una tasa más baja de la conducta. Emplearon el procedimiento de RDTB durante 15 días y durante este tiempo el promedio de discusiones disminuyó hasta cerca de 3 por período de 50 minutos de clase. En los 15 días que se aplicó el procedimiento de RDTB, los alumnos sólo tuvieron más de 5 discusiones durante la clase una vez y perdieron el reforzador ese día.

Definición del RDTB

En el RDTB, el reforzamiento se entrega cuando la tasa de la conducta problema se reduce a un nivel de criterio. En el procedimiento de RDTB, no se refuerza la ausencia de la conducta, como en el procedimiento de RDO, sino que se refuerza una tasa más baja de la conducta problema. Utilizamos el procedimiento de RDTB cuando una tasa baja de la conducta problema puede ser tolerada o cuando el comportamiento es un problema sólo por su alta tasa. Supongamos que un estudiante de segundo grado levanta la mano para contestar a las preguntas cada pocos minutos. El hecho de levantar la mano no es un problema de comportamiento, excepto por el hecho de que se produce con demasiada frecuencia y que los otros estudiantes no tienen la oportunidad de participar. La maestra no quiere eliminar este comportamiento, sólo quiere reducir la tasa de la conducta. El RDTB sería un procedimiento ideal a usar en este caso. Para usar el RDTB, la maestra le diría al alumno que quiere que levante la mano sólo tres veces por clase y que si lo hace le dejará leer primero en el grupo de lectura. (La maestra sabe que esto es un reforzador para el estudiante.) Si levanta la mano más de tres veces durante la clase será el último del grupo en leer ese día. La maestra puede hacer que el procedimiento de RDTB sea más eficaz diciéndole al alumno que apunte las veces que levanta la mano en un pedazo de papel sobre su mesa. Cuando apunta el comportamiento por tercera vez, él sabe que no debe levantar más la mano. Otra opción sería que la maestra marcase una raya en la pizarra cada vez que el alumno levanta la mano. Ello permitirá que el alumno veá cuando llega a tres, momento a partir del cual no deberá volver a la mano otra vez.

Las variaciones del RDTB

Los programas de RDTB pueden ser programados de dos formas principales (Deitz, 1977). En una variación, se entrega el reforzador si se producen menos de un determinado número de respuestas en un período de tiempo. Esto es un **RDTB de sesión completa**. La sesión puede ser un período de tiempo en clase o un período de tiempo apropiado en casa, en la escuela, en el trabajo o donde sea que ocurra la conducta problema. La persona que aplica el tratamiento especifica el número máximo de respuestas que pueden ocurrir durante la sesión para que se pueda entregar el reforzador. Al final de la sesión, si el número de respuestas es menor que el número especificado, la persona que aplica el tratamiento entrega el reforzador. La maestra que le dijo al alumno que no tenía que levantar la mano en clase más de tres veces para recibir el reforzador estaba usando una sesión completa de RDTB. Comparemos este procedimiento con un procedimiento de RDO, en el que el alumno tendría que abstenerse completamente de presentar la conducta durante la sesión para recibir el reforzador.

En una segunda variación del RDTB, el **reforzamiento diferencial espaciado de tasa baja,** debe haber una cantidad determinada de tiempo entre las respuestas para entregar el reforzador. En el reforzamiento diferencial espaciado de tasa baja, el objetivo es el ritmo de la conducta. Veamos otra vez el ejemplo del alumno de segundo grado que levanta la mano con demasiada frecuencia. Para utilizar este reforzamiento diferencial, la maestra interrogaría al alumno sólo si levantara la mano al menos 15 minutos después de la última vez que la levanto. (Ser interrogado por la maestra es un reforzador por levantar la mano.) Si levantase la mano antes de que este intervalo de 15 minutos hubiera terminado, la maestra no le interrogaría y el alumno tendría que esperar otros 15 minutos antes de poder levantar la mano y ser interrogado por la maestra. Cuando el comportamiento se produce después del final del intervalo de RDTB, se refuerza la conducta. Sin embargo, si el comportamiento se produce antes de finalizar el intervalo de RDTB, no se refuerza el comportamiento, y se reiniciaría el intervalo.

RDTB de sesión completa

- Se producen menos de X respuestas durante la sesión
- Se entrega el reforzador

Reforzamiento diferencial espaciado de tasa baja

- La respuesta se produce después de un intervalo de tiempo
- Se entrega el reforzador.

¿En qué se diferencian el RDO y el reforzamiento diferencial espaciado de tasa baja?

En el RDO, el reforzador se entrega por la ausencia de la conducta después de que haya pasado un intervalo de tiempo. Si el comportamiento ocurre no se entrega el reforzador. En el reforzamiento diferencial espaciado de tasa baja, el reforzador se entrega por la ocurrencia de la conducta después de un intervalo de tiempo transcurrido desde la última instancia de la conducta. El RDO se utiliza cuando se desea eliminar un problema de conducta; el reforzamiento diferencial espaciado de tasa baja se utiliza cuando se desea reducir la tasa de un comportamiento que se produce con demasiada frecuencia.

Un tercer tipo de RDTB, es el **reforzamiento diferencial de intervalo de tasa baja** que es similar al reforzamiento diferencial espaciado de tasa baja. El reforzamiento diferencial de intervalo de tasa baja consiste en dividir una sesión en intervalos y proporcionar el reforzador si no ha habido más de una respuesta en cada intervalo. Mientras que el reforzamiento diferencial espaciado de tasa baja implica un intervalo de tiempo específico entre cada respuesta, el reforzamiento diferencial de intervalo de tasa baja implica un tiempo promedio entre cada respuesta. Para simplificar la discusión de los métodos de RDTB, no daremos más detalles sobre el procedimiento de intervalo, el lector interesado puede consultar Deitz (1977).

Aplicación de los procedimientos de RDTB

- El primer paso es determinar si el RDTB es el procedimiento adecuado a utilizar. El RDTB será adecuado si el objetivo es disminuir la tasa de un comportamiento pero no eliminar la conducta.

■ El siguiente paso es determinar un nivel aceptable de la conducta. En un RDTB de sesión completa se debe decidir cuántas respuestas por sesión son aceptables. En el reforzamiento diferencial espaciado de tasa baja, se debe elegir qué intervalo de tiempo debe transcurrir entre cada aparición de la conducta.

■ Luego, se debe decidir si aplicar un RDTB de sesión completa o el reforzamiento diferencial espaciado de tasa baja. Si la cadencia de la conducta es importante y es necesario tener un intervalo de tiempo entre las respuestas, el reforzamiento diferencial espaciado de tasa baja es el más apropiado. Por ejemplo, si se está tratando de conseguir frenar el ritmo de comida de una persona obesa y se desea que transcurran 10 segundos entre cada bocado, el reforzamiento diferencial espaciado de tasa baja sería el más apropiado. Sin embargo, si el tiempo de cada respuesta es menos importante y simplemente se quiere reducir la tasa global de la conducta en una sesión, el RDTB de sesión completa sería más apropiado.

■ Antes de aplicar el procedimiento de RDTB, se debe informar al cliente sobre el procedimiento para que sepa cuál es el criterio de reforzamiento. En el RDTB de sesión completa, se debe comunicar al cliente el número máximo de respuestas aceptable durante la sesión. En el reforzamiento diferencial espaciado de tasa baja, se debe informar al cliente el tiempo que esperamos entre cada instancia de la conducta. En ambos casos, se debe anunciar al cliente cuál es el reforzador por haber logrado el criterio de respuesta.

■ Además de las instrucciones, muchas veces es útil dar retroalimentación al cliente sobre su rendimiento cuando se aplica el procedimiento. Por ejemplo, en el RDTB de sesión completa, la persona que aplica el tratamiento o el cliente pueden llevar un seguimiento del número de respuestas en la sesión para que el cliente pueda ver cuando se acerca al máximo. Por ejemplo, Antonio, un joven con discapacidad intelectual que vive en una residencia, preguntaba frecuentemente al personal qué tiempo iba a hacer al día siguiente. Cada noche, durante la cena y hasta que se iba a la cama, Antonio preguntaba al personal sobre el tiempo hasta 10-12 veces. El personal aplicó RDTB de sesión completa en el que proporcionó una actividad preferida al final de la noche si Antonio no preguntaba sobre el tiempo más de cuatro veces. Para ayudarle a seguir el número de veces que preguntaba sobre el tiempo cada noche, llevaba con él una tarjeta en la que anotaba con una raya cada vez que preguntaba. Sabía que, una vez que su tarjeta tenía cuatro marcas, no podía preguntar más sobre el tiempo esa noche. Aprendió a mirar la tarjeta cada vez que iba a hablar con el personal y a preguntar sobre algo que no sea el tiempo cuando ya tenía sus cuatro rayas. Al final, ya que Antonio había reducido sus preguntas sobre el tiempo, se redujo el criterio de cuatro a dos.

Al utilizar el reforzamiento diferencial espaciado de tasa baja es útil que el cliente disponga de un método que le permita seguir el tiempo entre las respuestas, para ayudarlo a controlar la conducta. Por ejemplo, Jenifer, una niña de 5 años, se hizo pis accidentalmente en los pantalones en la guardería un día. Aunque nadie lo había notado, ella estaba avergonzada. Empezó a ir al baño frecuentemente cuando estaba en la escuela, hasta cinco veces en una hora. El maestro llevó a cabo un procedimiento de reforzamiento diferencial espaciado de tasa baja en el que Jenifer recibía una estrella si esperaba por lo menos 30 minutos entre cada viaje al baño. Para ayudarla a llevar un seguimiento de los intervalos de tiempo, el maestro tenía un cuaderno con una gran estrella encima y ponía el cuaderno encima de su escritorio cada media hora como una señal para indicarle que ahora podía ir al baño. Cuando Jenifer veía el cuaderno con la gran estrella encima del escritorio de la maestra sabía que podía conseguir una estrella para ir al baño. Si fuera antes de que el maestro pusiera el cuaderno encima de su escritorio no conseguiría la estrella y tendría que esperar otros 30 minutos antes de poder ir al baño y recibir una estrella. Al final, como Jenifer tuvo éxito con el intervalo de 30 minutos, el maestro aumentó el intervalo a 1 hora. Al utilizar el cuaderno como una señal, en lugar de un temporizador que toda la clase podía oír, el maestro fue capaz de evitar llamar la atención de Jenifer y avergonzarla en frente de la clase.

Investigación que Evalúa los Procedimientos de RDTB

Los estudios de Deitz y Repp (1973, 1974) evaluaron los procedimientos de RDTB de sesión completa para disminuir los problemas de comportamiento de niños en edad escolar. Además del experimento descrito anteriormente, en el que se utilizó el RDTB para disminuir las discusiones en una clase de diez alumnos de primaria con discapacidad intelectual, Deitz y Repp (1973) realizaron un experimento de RDTB de sesión completa con 15 estudiantes de segundaria en una clase de negocios. La conducta objetivo era cambiar de tema, es decir, el estudiante cambiaba el tema de discusión en clase de un tema académico a un tema no académico (p.ej., un tema social). Antes de aplicar el procedimiento de RDTB, había cerca de siete cambios de tema durante un período de 50 minutos de clase.

El procedimiento de RDTB se llevó a cabo en cinco fases. En la primera fase, los estudiantes tenían que hacer menos de seis cambios de tema por clase. Si cumplían este criterio durante los 4 primeros días de la semana, recibían como reforzador un día libre sin clase, el viernes. En la segunda fase, el criterio era de menos de cuatro cambios de tema por clase. En la tercera fase, el criterio era de menos de dos cambios de tema por clase, y cero en la fase final. En cada fase, la clase cumplía el criterio y recibía el reforzador, un día libre, el viernes. En la última fase, el procedimiento RDTB había reducido el problema de comportamiento a cero. Técnicamente, la última fase era un procedimiento de RDO en lugar de un procedimiento de RDTB porque la ausencia de la conducta era necesaria para recibir el reforzamiento.

En otro estudio, Deitz y Repp (1974) utilizaron RDTB de sesión completa para disminuir el mal comportamiento en una clase de niños de primaria. Un niño de 11 años que discutía en clase con frecuencia disminuyó este comportamiento cuando se aplicó el procedimiento de RDTB. El maestro le dijo que recibiría una estrella de oro siempre que tuviera dos o menos discusiones en un período de 45 minutos de clase. El comportamiento disminuyó de un promedio de 6 discusiones por clase en la línea de base a menos de 2 (un promedio de 1,5) en un tratamiento aplicado en un diseño de investigación A-B-A-B. El mismo procedimiento fue efectivo en la reducción de comportamientos tales como levantarse de la silla y discutir con estudiantes de 11 y 12 años.

Un par de estudios han investigado el procedimiento de reforzamiento diferencial espaciado de tasa baja para disminuir la tasa de los problemas de comportamiento en personas con discapacidad intelectual. Singh, Dawson y Manning (1981) utilizaron este tipo de procedimiento de RDTB para disminuir la tasa de estereotipias en adolescentes con discapacidad intelectual que vivían en una institución. La **conducta estereotipada** es un comportamiento repetitivo que no tiene ninguna función social para la persona. Estos comportamientos se les llama muchas veces *comportamientos de auto-estimulación*, dado que producen algún tipo de estimulación sensorial para la persona. Los tres adolescentes de este estudio se balanceaban, se llevaban los objetos a la boca y hacían movimientos repetitivos con los dedos. Usaron elogios como un reforzador. Los investigadores elogiaron

elogiaron a los sujetos cuando presentaban una respuesta estereotipada, si el tiempo transcurrido desde la última respuesta era por lo menos de 12 segundos. Los 12 segundos entre las respuestas se llama **tiempo entre respuestas.** Después de que la tasa del comportamiento estereotipado disminuyó con el procedimiento de RDTB con el TIR de 12 segundos, se incrementó el TIR a 30 segundos; los sujetos recibieron elogios después de una respuesta, cada vez que había al menos 30 segundos entre las respuestas. El TIR se aumentó a 60 segundos, y finalmente a 180 segundos. Los resultados mostraron que las estereotipias disminuyeron con el uso del reforzamiento diferencial espaciado de tasa baja, e incrementó un comportamiento más aceptable (p.ej., sonreír, comunicarse o jugar con los juguetes). Los resultados de este estudio se muestran en la Figura 15-5.

Lennox, Miltenberger y Donnelly (1987) utilizaron un procedimiento de reforzamiento diferencial espaciado de tasa baja para disminuir la tasa de consumo de comida de tres personas con discapacidad intelectual profunda que comían extremadamente rápido. El hecho de comer rápido es un problema porque se estigmatiza a los clientes y hay posibles efectos negativos para la salud.

¿Qué tipo de RDTB sería el más apropiado para disminuir la conducta de comer rápido?

El reforzamiento diferencial espaciado de tasa baja sería el más apropiado ya que se quiere incrementar el tiempo entre bocados para disminuir la tasa de comer. No se quiere menos mordiscos (lo cual sería producido por RDTB en toda la sesión), simplemente se quiere conseguir más tiempo entre mordiscos.

Los investigadores observaron a otras personas comer y establecieron que 15 segundos era un tiempo medio aceptable entre cada bocado de comida (TIR). Los investigadores aplicaron el procedimiento de RDTB sentándose al lado de cada sujeto durante la hora de la comida y bloqueando al sujeto cuando intentaba comer en menos de 15 segundos después del bocado anterior. Si el tiempo transcurrido desde el último bocado de comida era al menos de 15 segundos, los experimentadores permitían al sujeto dar otro bocado. Para ayudar a los sujetos a controlar el ritmo entre cada bocado, los experimentadores ayudaron a los sujetos a dejar los cubiertos sobre la mesa y poner las mano sobre las piernas entre cada bocado. Se estableció así, una respuesta competitiva que ayudó a los sujetos a esperar 15 segundos entre cada bocado de comida. El procedimiento RDTB disminuyó la tasa de bocados en los tres sujetos. Sin embargo, un sujeto se ponía agresivo cuando los experimentadores le impedían tomar un bocado. Para este sujeto, añadieron un breve procedimiento de tiempo fuera (ver Capítulo 17) en el que se sentaban enfrente de él y le quitaban el plato cada vez que intentaba tomar un bocado de comida antes de que el TIR hubiera llegado a los 15 segundos. El hecho de añadir el tiempo fuera, también les permitió a los experimentadores aplicar con éxito el procedimiento RDTB con este sujeto. Es importante observar que el sujeto nunca fue privado de comida, siempre terminó su comida. No sería ético impedirle que terminara su comida. Wright y Vollmer (2002) también demostraron la eficacia del RDTB en la disminución de la conducta de comer rápidamente de un adolescente con discapacidad intelectual. En este estudio, se utilizó un ajuste de RDTB en el que el TIR se incrementó gradualmente a 15 segundos.

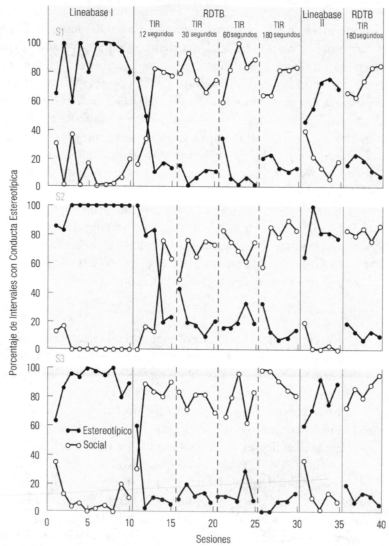

RESUMEN DEL CAPITULO

1. El RDA implica reforzar una conducta deseable y extinguir los comportamientos indeseables que puedan interferir con el comportamiento deseable. El comportamiento deseable debe estar ocurriendo al menos de vez en cuando para que pueda ser reforzado.

2. El RDO implica reforzar la ausencia de problemas de comportamiento durante intervalos de tiempo. Cuando el problema de comportamiento no se produce durante el intervalo se entrega el reforzador y cuando la conducta problema ocurre, se reinicia el

intervalo El RDTB implica reforzar una tasa más baja de la conducta. El reforzador puede ser contingente a un determinado número de respuestas que ocurren en un período de tiempo o puede ser contingente al comportamiento cuando se produce un tiempo entre respuestas especificado.

3. El RDA debe ser utilizado cuando se desea aumentar la frecuencia de un comportamiento deseable que ya existe. El RDO se debe utilizar cuando se quiere eliminar un problema de conducta. El RDTB puede ser utilizado cuando se desea reducir, pero no necesariamente eliminar una conducta objetivo.

4. El reforzamiento está indicado cuando se refuerzan la conducta alternativa (RDA), la ausencia de conducta (RDO), o una tasa más baja de la conducta (RDTB). La extinción se utiliza cuando la conducta problema ocurre (RDA y RDO) o cuando la tasa de la conducta supera el criterio de reforzamiento (RDTB).

5. El reforzamiento negativo se utiliza en RDO o RDA, cuando el hecho de que termine un estímulo aversivo sea el reforzador de una conducta alternativa (RDA), o el reforzador por la ausencia de la conducta problema (RDO).

PALABRAS CLAVE

Comportamiento estereotipado, 309
Entrenamiento en comunicación funcional, 295
Evaluación de estímulo único, 291
Evaluación de estímulos múltiples, 291
Evaluación mediante estímulos múltiples sin reposición, 291
Evaluación mediante pares de estímulos, 291
Evaluación de preferencias, 291

Evaluación de reforzadores, 291
Reforzamiento diferencial de comunicación, 295
RDTB de sesión completa, 306
RDO de intervalo completo, 304
RDO momentáneo, 304
Reforzamiento diferencial de conductas alternativas (RDA), 287
Reforzamiento diferencial de conductas incompatibles (RDI), 295

Reforzamiento diferencial espaciado de tasa baja, 307
Reforzamiento diferencial de intervalo de tasa baja, 307
Reforzamiento diferencial de tasas bajas de respuesta (RDTB), 305
Reforzamiento diferencial de otras conductas (RDO), 297
Tiempo entre respuestas (TIR), 309

TÉST PRÁCTICO

1. Define el reforzamiento diferencial de conductas alternativas (RDA) (pág. 327)

2. Proporciona un ejemplo de RDA que no esté en este libro.

3. ¿Cuáles son los dos principios conductuales implicados en el reforzamiento diferencial? Explícalos (pág. 327).

4. ¿Cuándo es apropiado utilizar el RDA? (pág. 329).

5. Proporciona un ejemplo de una situación en la que no usarías RDA (pág. 329).

6. Describe tres formas de identificar reforzadores para una persona (pág. 331).

7. Cuando se utiliza RDA, ¿En qué punto se utiliza un programa de reforzamiento continuo? ¿Por qué? (pág. 332).

8. Cuando se utiliza RDA, ¿En qué punto se utiliza un programa de reforzamiento intermitente? ¿Por qué? (págs. 336-337).

9. ¿Qué es el principio de Premack? Proporciona un ejemplo (pág. 332).

10. ¿Qué es la generalización? ¿Cómo se programa la generalización cuando se utiliza el RDA? (pág. 339).

11. ¿En qué se diferencia el RDO del RDA?

12. ¿Qué significa RDO? Describe cómo se lleva a cabo el procedimiento de RDO (pág. 339).

13. Proporciona un ejemplo de RDO.

14. ¿Por qué es importante utilizar la extinción de la conducta problema cuando se aplica el RDO? (pág. 340).

15. ¿Cómo se establece la duración del intervalo para el reforzamiento en el procedimiento de RDO? Proporciona un ejemplo (pág. 340).

16. Cuando se aplica el RDO, ¿Qué se debe hacer si la conducta problema se produce antes del final del intervalo para el reforzamiento? (pág. 341).

17. ¿En qué se diferencia un procedimiento RDO de intervalo total de un procedimiento de RDO momentáneo? ¿Cuál es preferible? ¿Por qué? (pág. 343).

18. ¿Qué significa RDTB? ¿Cuáles son los dos tipos de procedimiento de RDTB? (págs. 344-346).
19. Describe la aplicación del RDTB de sesión completa. Proporciona un ejemplo (pág. 345).
20. Describe la aplicación del reforzamiento diferencial espaciado de tasa baja. Proporciona un ejemplo (pág. 346).
21. ¿En qué difiere el objetivo del RDO del de RDTB? (pág. 346).

22. ¿En qué difiere la aplicación del RDO de la aplicación del reforzamiento diferencial espaciado de tasa baja? (pág. 346).
23. Al aplicar el procedimiento reforzamiento diferencial espaciado de tasa baja, ¿qué se debe hacer si el comportamiento se produce antes de que finalice el intervalo? (pág. 346).

APLICACIONES

1. Describe cómo podrías utilizar uno de los tres tipos de procedimientos de reforzamiento diferencial en tu proyecto de autonomía personal para incrementar la tasa de tu conducta objetivo o disminuir un problema de conducta. Si crees que el reforzamiento diferencial no es un procedimiento adecuado para tu proyecto, explica tus razones.
2. Tu amiga Beatriz sabe que estás tomando clases de modificación de conducta y viene a ti en busca de ayuda. No le va bien el curso porque se pasa muy poco tiempo estudiando. Cada noche, después de la cena, pasa el tiempo con sus amigos, hablando, viendo la televisión y videos, y jugando a juegos. Quiere tus consejos sobre cómo estudiar más por la tarde. Describe cómo aplicarías el RDA utilizando el principio de Premack para ayudar a Beatriz a estudiar más.
3. Eres un miembro del personal que trabaja en un programa residencial para menores delincuentes. Uno de los adolescentes del programa, Carlos, odia que se burlen de él por su talla (es bastante alto.) Siempre que algún adolescente se burla de él, Carlos se pelea con él. Aunque esto hace que la otra persona deje de burlarse de él, la pelea le trae problemas y puede que tenga que prolongar el tiempo que tiene que pasar en el programa. Carlos quiere que le ayudes con su problema de pelearse. Consideras usar el RDA. Contesta las siguientes preguntas para ilustrar cómo vas a utilizar el reforzamiento diferencial.

   a. Qué es lo que está reforzando las peleas de Carlos? ¿Es esto reforzamiento positivo o negativo?
   b. ¿Qué conducta deseable querrás que tenga Carlos en lugar de sus peleas?
   c. ¿Qué va a reforzar el comportamiento deseable?

   d ¿Cómo te asegurarás de que la conducta deseada se refuerce cada vez que Carlos demuestra el comportamiento?
   e. ¿Cómo vas a programar la generalización para garantizar que Carlos presente el comportamiento deseable siempre que se burlen de él?

4. Tu amiga Cristina se queja de que bebe demasiada cafeína cada día. Estima que bebe un total de diez tazas de café y latas de coca cola. Su costumbre no sólo es cara, sino que también tiene problemas para dormir por la noche. Cristina quiere limitar la cafeína a un total de cuatro tazas de café o latas de coca cola por día. Describe cómo le indicarías a Cristina cómo llevar a cabo un procedimiento de RDTB de sesión completa para disminuir su consumo diario de café y coca cola. Describe cómo le indicarías a Cristina como llevar a cabo un procedimiento de reforzamiento diferencial espaciado de tasa baja para limitar su consumo diario de café y coca cola.
5. A los Martínez les gusta salir a cenar un par de noches a la semana. Sin embargo, no van tan a menudo como quisieran, porque sus hijos, Jaime de 4 años y Joana de 5 años, presentan comportamientos perturbadores en los restaurantes mientras esperan a que llegue la comida. Los niños se hacen burla entre ellos, juegan con lo que hay en la mesa, se levantan de sus sillas y se quejan de tener que esperar. Los padres les suelen regañar por su comportamiento perturbador, pero Jaime y Joana sólo se portan bien durante un tiempo breve y luego vuelven a tener conductas perturbadoras. Describe el procedimiento de RDO que les propondrías aplicar a los Martínez para disminuir la conducta disruptiva de sus hijos en los restaurantes.

APLICACIONES INADECUADAS

1. 1. Elena fue a ver a un consejero en el Centro de Asesoramiento de la Universidad porque estaba teniendo problemas para adaptarse a la escuela. El problema principal de Elena era que no estaba segura de sí misma y no sabía qué decirle a la gente que conocía en las fiestas u otras reuniones. Decía cosas que le sonaban estúpidas. El consejero decidió utilizar RDA. Practicarían habilidades sociales apropiadas mediante role-play durante sus sesiones y reforzaría las habilidades sociales de Elena con elogios y comentarios positivos. No felicitaría ni haría comentarios positivos cuando Elena actuase insegura de sí misma o dijera cosas que parecieran estúpidas y en lugar de eso, proporcionaría una retroalimentación correctiva. Elena practicó el rol de estar hablando con la gente como si estuviera en la cafetería. Después de tres sesiones, sus habilidades sociales aumentaron durante el juego de roles. El consejero pensó que Elena lo estaba haciendo tan bien que no necesitaba venir más y trabajar sus habilidades sociales. El consejero le deseó suerte y le dijo adiós.

   a. ¿Cuál es el problema con el uso del RDA en este ejemplo?
   b. Describe lo que habrías hecho de manera diferente para que el RDA fuera más eficaz.

2. Juan estaba entusiasmado con enseñar a su perro, Puff, a dar volteretas. Su vecino le había enseñado a su perro a dar volteretas, y Juan sabía que podía utilizar el RDA para enseñar a Puff a dar volteretas, aunque nunca le había visto hacerlo antes. Sabiendo que a Puff le gustaba el beicon, Juan frió algunos trozos de beicon para usarlos como reforzador. Luego llevó a Puff al salón y le dio la orden de dar la voltereta. Tan pronto como Puff hiciera la voltereta, iba a darle un gran trozo de beicon para reforzar ese comportamiento. Luego le daría la orden de nuevo y le daría de inmediato otro trozo de beicon cuando la hiciese otra vez. ¿Esta es una aplicación adecuada del RDA? ¿Por qué sí o por qué no?

3. Lolo, un niño de 5 años, era hijo único y vivía con sus padres. Su madre, que estaba en casa con Lolo durante el día, estaba teniendo problemas con su comportamiento perturbador. Se quejaba con frecuencia, la interrumpía cuando estaba ocupada y le exigía que jugara con él. Su madre respondió de diversas maneras: a veces jugaba con él, a veces, le explicaba que estaba ocupada y a veces ignoraba el comportamiento disruptivo. Ella le describió el problema al médico de familia, quien sugirió el uso del RDO para disminuir el comportamiento perturbador. El médico le dijo a la madre que le proporcionara un reforzador (felicitaciones, atención y una recompensa) después de que Lolo estuviera 2 horas sin presentar comportamientos disruptivos. Si Lolo presentaba el comportamiento disruptivo, la madre tenía que ignorar el comportamiento y esperar 2 horas más (RDO de intervalo) y luego proporcionar el reforzador si no había mostrado el problema de conducta durante ese intervalo de tiempo. ¿Cuál es el problema de esta aplicación del procedimiento de RDO? ¿Cómo lo mejorarías?

4. María, una mujer de 39 años con discapacidad intelectual grave, estuvo viviendo durante 23 años en una institución del estado, donde empezó a presentar conductas estereotipadas que implicaban balancearse repetitivamente. María se mudó a una residencia donde seguía presentando el comportamiento estereotipado. Cuando no estaba realizando ninguna otra actividad o una tarea, se sentaba en una silla y se balanceaba de adelante hacia atrás o se ponía de pie y se balanceaba de adelante hacia atrás, de un pie a otro. María se pasaba la mayor parte del tiempo a solas, lejos de las otras personas de la residencia. El personal iba a aplicar un procedimiento de RDO en el que la felicitarían cada vez que pasaran 5 minutos sin que se balancease. Tenían previsto aumentar gradualmente el intervalo de RDO una vez que el comportamiento estereotipado fuese disminuyendo. ¿Cuál es el problema de este procedimiento de RDO? ¿Cómo podrías mejorarlo?

Procedimientos de control de antecedentes

- ¿Qué es un procedimiento de control de antecedentes?
- ¿Cómo se puede influenciar una conducta mediante la manipulación de un estímulo discriminativo de dicho comportamiento?
- ¿Qué es una operación de establecimiento y cómo influye en la conducta objetivo?
- ¿Cuál es el efecto del esfuerzo de respuesta en una conducta objetivo?
- ¿Cuáles son los tres enfoques funcionales para la intervención sobre problemas de conducta?

Los procedimientos descritos en los capítulos anteriores - el análisis funcional, la extinción, y el reforzamiento diferencial - se utilizan para incrementar conductas deseables y reducir conductas inapropiadas. Los procedimientos del análisis funcional se utilizan para identificar los antecedentes y consecuencias que mantienen las conductas objetivo deseables e inadecuadas. En los procedimientos de extinción, se elimina el reforzador de un comportamiento no deseado; en los procedimientos de reforzamiento diferencial, se refuerzan conductas alternativas deseables y la ausencia de problemas de comportamiento, o una tasa más baja de la conducta problema. Por el contrario, en los **procedimientos de control de antecedentes** (también llamados de manipulación de antecedentes), los estímulos antecedentes se manipulan para evocar las conductas apropiadas a fin de reforzarlas diferencialmente y reducir los comportamientos no deseados que interfieren con las conductas apropiadas.

Ejemplos de control de antecedentes

Cómo hacer que Mariana estudie más

Mariana estaba en la mitad de su primer semestre de universidad y había obtenido bastantes suspensos por lo que fue referida al centro de asesoramiento para que la ayudasen. Allí observaron que Mariana no estudiaba lo suficiente. El único momento en que Mariana estudiaba era la noche antes de un examen. Además, tenía muchos amigos en su residencia y, en vez de estudiar, se dedicaban a ver la tele por las noches, ir a fiestas o se hablar durante horas. Cada vez que Mariana comenzaba a estudiar, al poco se detenía y hacía algo divertido con sus amigos. A consecuencia de ello, entraba en pánico cuando tenía exámenes y se quedaba toda la noche estudiando y tratando de ponerse al día. Su asesor decidió que un procedimiento de control de antecedentes ayudaría a Mariana a estudiar más. Ambos se pusieron de acuerdo en el siguiente plan.

1. Mariana indicó las 2 horas de cada día que le venían mejor para estudiar y las apuntó en su agenda cada día de la semana.
2. Decidió que iba a estudiar en la biblioteca ya que sus amigas en el dormitorio la distraían frecuentemente por lo que si quería concentrarse tendría que estudiar en otro lugar. Se decidió por la biblioteca porque sus clases eran cerca de la biblioteca y sus amigos nunca iban allí.
3. Identificó a un amigo que estudiaba todos los días y le llamó para planear sesiones de estudio al menos un par de días a la semana.
4. Apuntó su horario de estudio en una hoja de papel y la puso en la puerta de su habitación al comienzo de cada semana. Les dijo a sus amigas que tenía la intención de estudiar en estas horas y les pidió que no la molestaran.
5. Guardó sus libros en una mochila para tenerlos a mano y poder estudiar si había algo de tiempo libre (p.ej., si una clase se cancelaba o entre las clases).
6. Apuntó las horas de todos sus exámenes y asignaturas en un calendario en su habitación. Cada noche revisaba su agenda para ver cómo se acercaba un examen o una fecha para la entrega de un trabajo.
7. Hizo un contrato escrito con su consejero en el que se comprometía a cumplir con las horas de estudio que se había programado.

Estos siete pasos ayudaron a Mariana a estudiar con más frecuencia. Cada paso implicaba la manipulación de un antecedente para estudiar o la manipulación de un antecedente para competir con los comportamientos que interferían con el estudio. Veamos otro ejemplo.

Cómo hacer que Calixto coma bien

Calixto estaba interesado en mejorar su dieta. Básicamente quería comer más carbohidratos, verduras, frutas y alimentos ricos en fibra. Solía comer muchos alimentos ricos en grasas y azúcares y bajos en fibra (tales como papas fritas, dulces, galletas, y refrescos). Para conseguirlo, tomó una serie de medidas para hacer más probable el consumo de alimentos saludables.

Identifica los pasos que crees que podría seguir Calixto para hacer más probable el consumo de alimentos saludables.

1. Se deshizo de todos los alimentos poco saludables que tenía en su apartamento y en el trabajo.
2. Hacía la compra solo cuando tenía el estómago lleno, para controlar la tentación de comprar comidas rápidas y poco saludables.
3. Hizo una lista de alimentos saludables antes de comprar y determinó no comprar nada que no estuviera en la lista.
4. Se preparó un almuerzo saludable todos los días y se lo llevó al trabajo para no estar tentado por comer comida rápida o piscolabis poco saludables a la hora del almuerzo.
5. No guardar cambio en el bolsillo cuando iba a trabajar, así evitaría comprar comida basura de máquinas expendedoras.
6. Compró varias frutas y piscolabis saludables para tener a mano en casa y sustituir los piscolabis poco saludables que solía tener en casa.
7. Le dijo a su compañero de habitación y a su novia que sólo iba a comer alimentos saludables y les pidió que se lo recordasen si lo veían comer alimentos poco saludables.
8. Se compró un libro de recetas de alimentos saludables para aprender a cocinar recetas deliciosas pero bajas en calorías.
9. Hizo un gráfico para registrar el número de días de cada mes en el que sólo comió alimentos saludables. Puso el gráfico en su nevera, donde él, su compañero de habitación y su novia lo veían todos los días.

Estos cambios, ayudaron a Calixto a modificar las condiciones antecedentes que contribuían a su conducta alimentaria. Los cambios hicieron más probable que fuera a comer alimentos saludables y menos probable que fuera a comer alimentos poco

Procedimientos de control antecedente

Los comportamientos deseables y no deseados (problemáticos) se consideran en un marco de competencia entre varias respuestas. Como vimos en el Capítulo 15, si refuerza el comportamiento deseado y no se refuerza el comportamiento problemático, es más probable que ocurra el comportamiento deseado y es menos probable que ocurra el comportamiento indeseable. Los procedimientos de control antecedente siguen el mismo enfoque. Los procedimientos de control antecedente implican la manipulación de algún aspecto del entorno físico o social para hacer más probable un comportamiento deseado o hacer menos probable un comportamiento indeseable. En otras palabras, los procedimientos de control de antecedentes se utilizan para evocar comportamientos deseados y evitar comportamientos indeseables. A continuación, describimos seis procedimientos diferentes de control de antecedentes.

Presentar el estímulo discriminativo (ED), a veces acompañado de ayudas, para facilitar la conducta objetivo.

Con frecuencia la conducta objetivo no ocurre debido a que los ED de la conducta no están presentes en el entorno del individuo. Por ejemplo, el ED para comer alimentos saludables es la presencia de alimentos saludables en la cocina o en la bolsa del almuerzo. Si estos no están presentes, es menos probable que la persona coma este tipo de alimentos. Por el contrario, si están presentes y disponibles, será más probable que la persona las coma.

Para aumentar la probabilidad de ingesta de alimentos saludables, Calixto presentó ED apropiados. ¿Cuáles fueron?

Calixto compró alimentos saludables y los mantuvo a su disposición en la cocina. También preparó un almuerzo saludable que llevarse al trabajo cada día. A consecuencia de ello, se hizo más probable que comiese alimentos saludables.
Calixto también presentó pistas para el comportamiento apropiado. Es decir, se las arregló de forma que el estímulo o las ayudas a la respuesta evocaran la conducta objetivo.

¿Qué ayudas presentó Calixto para aumentar la probabilidad de comer alimentos saludables?

Calixto hizo una lista de alimentos saludables antes de ir a comprar. La lista sirvió como ayuda para comprar alimentos saludables. También pidió a su compañero de piso y a su novia que le recordasen que tenía que comer alimentos saludables. Los avisos y recordatorios de las personas de su entorno servían como ayudas a la respuesta de comer alimentos saludables. En tercer lugar, hizo un gráfico y lo puso en la nevera. El gráfico también servía como ayuda para comer bien. Cada vez que veía al gráfico, se facilitaba la ingesta de alimentos saludables.

En el caso de Mariana, ¿qué ED y ayudas se utilizaron para facilitar su conducta de estudio?

El ED para estudiar es un escritorio o una mesa en un lugar tranquilo, con libros o apuntes disponibles. Cuando Mariana se encuentra en un escritorio con sus libros, es más probable que estudie. Se las arregló para que este ED estuviese presente al ir a estudiar a la biblioteca y al guardar sus libros en su mochila (Figura 16-1). Mariana tomó una serie de medidas para que las ayudas al comportamiento de estudio estuviesen presentes. Escribir y planificar su horario de estudio cada día en su agenda le servía de ayuda para la conducta de estudio. Colgar su horario de estudio servía también de estímulo de ayuda: el ver el horario le indicaba (recordaba) que debía de estudiar. Por último, quedar para estudiar con un amigo también servía de ayuda haciendo la conducta de estudio más probable. El amigo llegaba a la habitación de Mariana o se reunía con ella en su lugar de estudio y ello ayudaba a que Mariana se pusiera a estudiar.

Al considerar el uso de procedimientos de control de antecedentes para aumentar un comportamiento, pregúntate qué circunstancias o condiciones estimulares puedes establecer que la conducta esté bajo control de estímulos. Al presentar el ED o las ayudas se crean las condiciones adecuadas para que el comportamiento se produzca. Como se observa en los ejemplos que hemos descrito, los estímulos discriminativos y las ayudas modifican ciertos aspectos del entorno físico y social. Veamos otro ejemplo más de uso de estímulos discriminativos para que una conducta deseable compita con un comportamiento inadecuado.

Tony se peleaba a menudo en la escuela cuando creía que alguien estaba insultándolo a sus espaldas. A causa de sus peleas, lo habían remitido junto con otros niños que también se peleaban a un grupo de habilidades sociales. Los estudiantes estaban aprendiendo habilidades para responder de manera adecuada a las provocaciones y alejarse de las situaciones en las que sea probable que surjan peleas. Como parte del programa de formación, los estudiantes aprendieron a darse ayudas los unos a los otros para alejarse cuando veían que se desarrollaba un conflicto.

FIGURA 16-1 Mariana presentó el estímulo discriminativo (ED) para estudiar y eliminó los estímulos discriminativos de conductas competitivas (tele, hablar, ir de fiesta) yendo a la biblioteca con sus libros.

Cuando el amigo de Tony, Rafael, lo veía involucrarse en un conflicto, le decía, "¡Vámonos de aquí!" Esta ayuda facilitaba que Tony se alejase en lugar de pelear. Tan pronto salían de la situación conflictiva, se felicitaban mutuamente por haber evitado una pelea y hablaban de la situación en la próxima reunión del grupo. La ayuda de Rafael ejercía control de estímulos sobre la conducta alternativa de Tony, alejarse. La conducta alternativa era entonces reforzada de inmediato por Rafael y más tarde por el coordinador del grupo de habilidades sociales.

Operaciones de establecimiento para inducir la conducta objetivo

Como ya hemos visto, una operación de establecimiento es un evento del entorno o una condición biológica que incrementa el valor de un estímulo como reforzador. Cuando una operación de establecimiento está presente, el comportamiento que está ligado ese reforzador puede ser evocado, es decir, es más probable que ocurra. Por ejemplo, correr 5 millas y sudar en abundancia es una operación de establecimiento que hace que el agua sea más reforzante, y por lo tanto refuerza el comportamiento de conseguir y beber agua. Estar sin comer por un día es una operación de establecimiento que hace que los alimentos sean más reforzantes y por lo tanto evoca el comportamiento de obtener y comer alimentos. Una manera de hacer que la ocurrencia de una conducta objetivo sea más probable es favorecer la aparición de operaciones de establecimiento que evoquen la conducta o hagan más probable su aparición. Por ejemplo, si se incrementa el valor reforzante de la consecuencia de un comportamiento, es más probable que la conducta ocurra.

Calixto compró un libro de recetas saludables, lo que hizo más probable que cocinara comida que fuera a la vez sabrosa y buena para su salud. Al comprar y usar el libro de cocina logró aumentar el valor reforzante de la comida saludable e hizo más probable su ingesta.

¿Qué hizo Mariana para inducir operaciones de establecimiento ligadas al estudio?

Mariana hizo dos cosas para que el estudio fuese más reforzante. En primer lugar, anotó las fechas de sus exámenes en un calendario y tachó los días a medida que pasaban. El ver que el día de un examen se aproximaba hizo la conducta de estudio más reforzante (o la omisión de la misma más aversiva). Podemos suponer que el ver el examen cada vez más cerca en su calendario creaba un estado desagradable (ansiedad, pensar en no aprobaría el examen), y que el estudiar eliminaba dicho estado, en otras palabras, el estudio era reforzado negativamente. La sensación de ansiedad y los pensamientos desagradables de fracaso son comportamientos privados (Skinner, 1974). A pesar de que el individuo puede informar de ellos, dichas conductas no pueden ser observadas por otras personas, por lo que sólo podemos suponer que tienen un efecto en hacer el estudio más reforzante. El Capítulo 25 examina el rol de los pensamientos y los sentimientos en la modificación de conducta.

Mariana hizo un contrato con su asesor para estudiar 2 horas todos los días. El contrato hizo que el estudio fuese más reforzante ya que contaría con el apoyo de su asesor si lograba alcanzar dicha meta. También podemos suponer que el contrato crea un estado aversivo (sentimiento de ansiedad por no estudiar, pensar en la desaprobación del asesor si no alcanzamos la meta) que pueden ser eliminados si se estudia cada día. Por lo tanto, estudiar 2 horas es negativamente reforzado por el escape o la evitación del estado aversivo creado por el contrato (Malott, 1989; Malott, Malott y Troya, 2000).

Veamos otro ejemplo. Imagina que quieres enseñar una habilidad a un niño con autismo y utilizas pequeñas cantidades de alimento como reforzador. La enseñanza será mucho más efectiva antes del almuerzo que después, ya que la comida será más reforzante antes del almuerzo. En este caso estarías utilizando una operación de establecimiento que ocurre de forma natural (privación de alimento que precede a una comida) a fin de aumentar la probabilidad de que una conducta deseable se produzca durante la enseñanza (Vollmer y Iwata, 1991).

Consideramos otro ejemplo: cómo hacer que un comportamiento inadecuado sea menos probable creando una operación de establecimiento para facilitar una conducta competitiva.

Mateo, un adolescente de 13 años con discapacidad intelectual leve, tiene problemas de conducta por la noche alrededor de las 11 cuando sus padres sugieren que debería irse a la cama para que pueda levantarse e ir a la escuela al día siguiente. Cuando sus padres le piden ir a la cama, se pone a discutir con ellos y les insulta. Continúa viendo la tele y no va a la cama hasta la 1 de la mañana. Luego, al día siguiente, le cuesta mucho levantarse e ir a la escuela. Además, tan pronto llega a casa, duerme una siesta de 2 o 3 horas cada tarde después de la escuela lo que hace que no esté cansado a la hora de acostarse y se niegue a ir a la cama.

¿Qué podrían hacer los padres para crear una operación de establecimiento que incrementase la conducta alternativa (ir a la cama a tiempo)?

Para aumentar la probabilidad de la conducta alternativa, los padres dejaron de permitir que durmiese la siesta después de la escuela ocupándole con actividades hasta la hora de cenar. Al no dormir la siesta se encontraba más cansado a la hora de acostarse, en otras palabras, se había creado una operación de establecimiento que aumenta el valor reforzante irse a la cama más temprano.

Manipulación de antecedentes para evocar una respuesta deseada

- Presentación del ED o de ayudas que ejerzan control de estímulos sobre la conducta objetivo.
- Inducir una operación de establecimiento de manera que la consecuencia de la conducta objetivo sea más reforzante.
- Disminuir el esfuerzo de respuesta de la conducta objetivo.

Disminución del esfuerzo de respuesta de la conducta objetivo

Otra estrategia para hacer que la conducta objetivo sea más probable es organizar las condiciones antecedentes de manera que sea necesario un esfuerzo menor para realizar el comportamiento. Los comportamientos que requieren un esfuerzo de respuesta menor son más probables que los comportamientos que requieren un esfuerzo de respuesta mayor (asumiendo que ambos den lugar a reforzadores similares). Si te gusta tanto la Coca-Cola como la Pepsi, es mucho más probable que bebas la Pepsi que está en tu nevera en lugar de ir a comprar una Coca-Cola. En otras palabras, de dos comportamientos que general consecuencias prácticamente iguales eliges aquel que requiere un esfuerzo de respuesta menor.

¿Cómo logró Calixto disminuir el esfuerzo de respuesta de tomar alimentos saludables?

El tener alimentos saludables fácilmente disponibles en casa y deshacerse de la comida basura, redujo el esfuerzo de respuesta asociado a la ingesta de comida saludable haciéndola más probable. El cocinar comida sana y llevar la comida al trabajo, también facilito el consumo de alimentos sanos. Hubiera requerido un más esfuerzo de respuesta mayor ir a un restaurante (incluso un restaurante de comida rápida), que comer la comida que traía consigo.

¿Cómo disminuyó Mariana el esfuerzo de respuesta para facilitar la conducta de estudio?

Al llevar sus libros con ella en su mochila, Mariana tenía fácil acceso a ellos; los podía sacar de la mochila y estudiar siempre que la oportunidad se presentaba. Si hubiera guardado sus libros en su dormitorio, el esfuerzo de respuesta para ir a buscar los libros hubiera sido mucho mayor.

Veamos otro ejemplo de cómo hacer que una conducta inadecuada sea menos probable al disminuir el esfuerzo de respuesta para una conducta alternativa deseable. Para reducir la contaminación, los funcionarios municipales querían reducir el número de vehículos en la carretera. Hicieron un estudio que mostraba que a la hora punta la mayoría de los coches circulaban con un solo tripulante. Los funcionarios querían reducir el número de personas que viajaban solas en sus coches aumentando la conducta alternativa, es decir, el uso compartido del coche. Los conductores evitan el uso compartido del coche por el esfuerzo que supone; por lo tanto, para aumentar la conducta de compartir el coche, se establecieron varias medidas para reducir el esfuerzo de respuesta. En cada salida de la autopista, la ciudad construyó estacionamientos donde la gente podía dejar sus coches y viajar junto a otras personas en un mismo coche.

La ciudad designó uno de los carriles de la autopista para los vehículos que viajaban con al menos tres personas. Los coches en ese carril podían evitar gran parte del tráfico en los otros carriles, por lo que llegaban al trabajo más rápido. Después de la aplicación de estas medidas para reducir el esfuerzo de respuesta, los funcionarios de la ciudad observaron que el número de coches tripulados solo por el conductor disminuyó, mientras que el número de vehículos con varios pasajeros aumentó.

Como hemos visto, hay varias maneras de utilizar el control de antecedentes para hacer que un comportamiento sea más probable.

- Se puede presentar el ED o ayudas que ejerzan control de estímulos sobre la conducta objetivo.

- Se puede organizar una operación de establecimiento que haga que la consecuencia de la conducta sea más reforzante de manera que sea más probable que ocurra la conducta objetivo.

- Se pueden manipular las condiciones antecedentes para reducir el esfuerzo de respuesta y así hacer más probable la conducta.

Estas tres estrategias se centran en la manipulación de los antecedentes de la conducta deseable y pueden ser utilizadas individualmente o en combinación. No obstante, los procedimientos de control de antecedentes deben siempre usarse en combinación con reforzamiento diferencial para fortalecer la conducta objetivo una vez que se produzca.

A veces, un comportamiento no es tan frecuente como se desearía, ya que puede haber presentes comportamientos inadecuados que compiten o interfieren con él. Los compartimientos competitivos están bajo el control de programas concurrentes de reforzamiento. Es decir, varios programas de reforzamiento que afectan a conductas incompatibles se encuentran activos de forma simultánea. Por ejemplo, Mariana no estudiaba lo suficiente porque veía la televisión, iba a fiestas y hablaba con sus amigas. Todos estos son comportamientos competitivos altamente reforzantes. Estas conductas impedían que Mariana estudiara, ya que no podía hacer ambas cosas al mismo tiempo (e.g., estudiar e ir a fiestas). El consumo de alimentos con alto contenido en grasas (e.g., patatas fritas, donuts, hamburguesas) constituía un comportamiento competitivo que interfería con el consumo de alimentos saludables.

Una manera de hacer que una conducta deseable sea más probable es hacer que las conductas competitivas inadecuadas sean menos probables. Varios procedimientos de control de antecedentes pueden usarse con este propósito.

Eliminar el estímulo discriminativo o las señales de los comportamientos inadecuados

Una manera de disminuir la probabilidad de un comportamiento inadecuado es retirar las condiciones antecedentes que ejercen control de estímulos sobre él. Si el ED o las señales del comportamiento no deseado no están presentes, es menos probable que la persona presente el comportamiento.

?

En su intento de comer más alimentos saludables, ¿cómo hizo Calixto para eliminar los estímulos discriminativos asociados al comportamiento competitivo (comer comidas grasas)?

La presencia de comida poco saludable es un ED para comer alimentos poco saludables. Es decir, si hay comida basura disponible a su alrededor, es más probable que Calixto la coma. Calixto retiró el ED para comer alimentos poco saludables deshaciéndose de todos los alimentos poco saludables de su apartamento. Además, dejó de llevar dinero con él al trabajo, ya que cuando llevaba dinero en el bolsillo, era más probable que comprara comida basura de las máquinas expendedora. Al no llevar dinero con encima, el comportameinto competitivo se hizo menos probable y más probable que comiera los alimentos saludables que traía con él al trabajo.

En su estrategia para estudiar más ¿cómo eliminó Mariana el ED o las ayudas al comportamiento competitivo inadecuado?

La presencia de sus amigos para hablar o irse de fiesta, o la tele, eran ED para conductas incompatibles con estudiar. Para retirar los ED de estos comportamientos competitivos, Mariana se fue a estudiar a la biblioteca, donde no había tele ni era probable que apareciesen sus amigos. Además, les informó de su horario de estudio pidiéndoles que la dejaran sola en esos momentos. De este modo, Mariana eliminó los ED de los comportamientos competitivos e hizo más probable el estudiar en esos momentos.

Veamos otro ejemplo, Virginia, una alumna de primaria, presenta comportamientos molestos, tales como tirar bolitas de papel o hacer ruidos cuando se sienta en el fondo de la clase al lado de Paula, que se ríe y presta atención a las conductas molestas de Virginia. La presencia de Paula al lado de Virginia en el fondo de la clase es un ED para el comportamiento perturbador ya que Virginia refuerza este comportamiento cuando se produce y el profesor no puede ver cuando Virginia está teniendo el comportamiento.

Si fueras el profesor de la clase ¿cómo eliminarías el ED o las señales que incitan el comportamiento inadecuado de Virginia?

Una estrategia sería trasladar a Virginia al frente de la clase, lejos de Paula, de modo que Paula no proporcione más atención y deje de reforzar la conducta problema. En ese caso, Paula dejaría de estar presente como ED. Además, Virginia estaría más cerca de la maestra, que es un ED para prestar atención y trabajar (Figura 16-2).

FIGURA 16-2   Virginia muestra conductas molestas cuando está sentada en la parte de atrás de la clase al lado de Paula. El profesor elimina el ED del comportamiento molesto colocando a Virginia en la parte delantera de la clase, lejos de Paula. En consecuencia, su comportamiento perturbador disminuye.

Presentar operaciones de abolición para reducir comportamientos inadecuados

Si puedes hacer que la consecuencia de la conducta inadecuada sea menos reforzante, es menos probable que realices la conducta y, por lo tanto, más probable que realices la conducta deseable. Para reducir el valor reforzante de la consecuencia de la conducta inadecuada debemos eliminar una operación de abolición que afecte al reforzador. Esto no es siempre es posible, pero en las ocasiones en las que lo es, constituye una estrategia útil.

Calixto utilizó esta estrategia para hacer menos probable el comprar comidas basura y hacer más probable la compra de alimentos sanos cuando iba a comprar. Antes de ir a comprar, comía algo para no tener hambre en el supermercado. Esto hacía que los alimentos poco saludables fuesen menos reforzantes cuando iba a comprar, y hacía menos probable comprarlos. Si iba a comprar cuando tenía hambre, era más probable que comprara aperitivos grasos y comida basura (alimentos poco saludables), artículos que generalmente están dispuestos de forma destacada en el supermercado. Además, el azúcar, la sal y la grasa, que son los ingredientes de la comida basura, son muy reforzantes, incluso para las personas que solo tienen un poco de hambre. Al presentar la operación de abolición, era menos probable que Calixto comprara alimentos poco saludables y más probable que comprara los alimentos saludables de la lista. El hecho de haber comido antes de ir a comprar aseguraba que su lista de la compra ejerciese un control de estímulos más efectivo sobre el comportamiento que el que ejercía el ver la comida basura en el supermercado. Puedes realizar un experimento contigo mismo: ve a comprar cuando estés muy hambriento y mira si compras (o estás tentado de comprar) diferentes alimentos que cuando no tienes hambre.

Veamos otro ejemplo. Generalmente Mila va a su casa a la hora del almuerzo y corre 4 o 5 kilómetros para hacer ejercicio. Recientemente, sin embargo, se ha quedado viendo la televisión hasta tarde por la noche. A consecuencia de ello, se siente cansada cuando se va a casa al mediodía y se echa una siesta en vez de ir a correr.

Para hacer que sea menos probable dormir la siesta y hacer más probable que haga ejercicio, Mila podría presentar una operación de abolición que devalúe el efecto reforzante de echarse a dormir la siesta ¿Cómo lo haría?

¿Cuál es el reforzador para el comportamiento competitivo de dormir una siesta? El reforzador es el sueño. ¿Cuál es la operación de establecimiento que hace que el sueño sea más reforzante en un momento determinado? El hecho de haber estado sin dormir la noche anterior y la sensación de cansancio son operaciones de establecimiento que hacen que dormir sea más reforzante. Una opción sería dormir lo suficiente la noche anterior, ello funcionaría como operación de abolición haciendo menos reforzante el dormir el día siguiente. ¿Cómo haría Mila para inducir una operación de abolición que afecte el valor reforzante de dormir? Podría irse a la cama a una hora razonable la noche anterior a fin de no estar privada de sueño. Al hacerlo, dormir después de almorzar se haría menos reforzante y, en consecuencia, sería más probable que Mila fuese a correr en lugar de dormir una siesta. También podría eliminar el ED del comportamiento competitivo cambiándose en el gimnasio situado cerca de su oficina y salir corriendo desde allí. De este modo evita estar cerca de su cama que es un ED para echarse a dormir dificultando así que se del comportamiento competitivo (sería poco probable que se pusiera a dormir en el banco del vestuario).

Manipulaciónes de antecedentes que hacen menos probable la conducta indadecuada competitiva

- ■ Eliminar el ED o las ayudas que incitan las conductas competitivas.
- ■ Eliminar las operaciones de establecimiento que afectan a las consecuencias de las conductas competitivas.
- ■ Aumentar el esfuerzo de respuesta de las conductas competitivos.

Aumentar el esfuerzo de respuesta para los comportamientos inadecuados

Otra estrategia para disminuir la probabilidad de un comportamiento competitivo inadecuado es aumentar el esfuerzo de respuesta del comportamiento. Si las conductas competitivas cuestan más esfuerzo, es menos probable que interfieran con la conducta objetivo. Al ir al gimnasio a correr durante su hora de almuerzo, Mila incrementa el esfuerzo que se necesitaría para ir a dormir una siesta: Tendría que tomar su coche y conducir hasta casa para ir a la cama. Por esta razón, probablemente no tomaría una siesta e iría a correr durante su hora de almuerzo. Como se puede ver, ir al gimnasio a correr elimina el ED e incrementa el esfuerzo de respuesta de tomar una siesta.

¿Cómo hizo Mariana para aumentar el esfuerzo de respuesta del comportamiento competitivo inadecuado?

Al ir a la biblioteca a estudiar, Mariana hizo que fuese más improbable hablar y ver la televisión con sus amigos. Para adoptar este comportamiento competitivo, tendría que poner sus libros en la mochila y caminar de regreso a su dormitorio. Esto requiere esfuerzo. Cuando estudiaba en su habitación, le costaba poco esfuerzo dejar de estudiar y hablar con sus amigos o encender la televisión. Ir a la biblioteca a estudiar cumplió dos funciones. Por una parte, eliminó el ED para el comportamiento competitivo inadecuado y, en segundo lugar, aumentó el esfuerzo de respuesta de la conducta competitiva.

En su intento de comer más sano, ¿cómo hizo Calixto para aumentar el esfuerzo de respuesta del comportamiento competitivo?

Calixto se deshizo de todos los alimentos poco saludables de su apartamento. Al hacerlo, incrementó el esfuerzo de respuesta asociado al consumo de alimentos poco saludables. Mientras que antes simplemente entraba en la cocina y consumía comida con elevado contenido graso, ahora tendría que ir a la tienda a comprarla. Ello hacía más probable que comiese lo que tenía a mano en casa (alimentos sanos) en lugar de adoptar el comportamiento competitivo (comer comida basura). Además, al no llevar dinero encima cuando iba a trabajar, aumentó el esfuerzo de respuesta de comer comida basura, ya que tendría que ir a buscar dinero antes de poder usar una máquina expendedora para comprar refrescos o aperitivos altamente calóricos. Si, además, hubiera pedido a sus compañeros de trabajo que se nieguen a darle cambio, incrementaría aún más el esfuerzo de respuesta. Por tanto, deshacerse de la comida basura en casa y no llevar dinero al trabajo cumplían dos funciones: eliminar el ED para la conducta competidora de comer comida basura y aumentaba el esfuerzo de respuesta del comportamiento competidor. Consideremos otro ejemplo.

Melania fumaba tabaco desde que termino el instituto. Ahora, casada y con niños en el colegio, decidió dejar de fumar o, al menos, reducir el número de cigarrillos que fumaba al día. Para lograrlo, masticaba chicles de nicotina como conducta alternativa a la de fumar cigarrillos. Melania pasaba el día en casa durante el día, mientras que su marido se llevaba el coche al trabajo y los niños iban a la escuela del barrio. Diseñó un plan para disminuir el número de cigarrillos que fumaba: cada día antes de que los niños fueran a la escuela a las 8 de la mañana, le pedía a uno de ellos que escondiera su paquete de cigarrillos en algún lugar de la casa. A la vez, guardó un montón de chicles de nicotina en la casa, pero solo un paquete de cigarrillos a la vez. De este modo, una vez que los niños estaban en la escuela no podía fumar, a menos que registrara la casa para encontrar el paquete o bien fuese a comprar uno. Los chicles de nicotina, por el contrario, estaban directamente a su alcance. Esta estrategia aumentó considerablemente el esfuerzo de respuesta necesario para fumar en comparación al que implicaba masticar un chicle de nicotina. De este modo logró disminuir el número de cigarrillos que fumaba al día.

Como se ha visto, se pueden aplicar tres estrategias de control de antecedentes para disminuir la probabilidad de que haya respuestas competitivas inadecuadas que interfieran con la conducta objetivo.

- Se pueden eliminar el ED o las ayudas que incitan las conductas inadecuadas.
- Se pueden presentar operaciones de aboliciónpara conductas inadecuadas.
- Se puede aumentar el esfuerzo de respuesta de los comportamientos inadecuados.

Investigación sobre estrategias de control de antecedentes

La investigación ha demostrado que las estrategias de control de antecedentes son eficaces para aumentar y reducir varios comportamientos. Numerosos estudios han evaluado las estrategias con las que se presentan los ED o las ayudas que facilitan la conducta deseable.

Manipulación de los estímulos discriminativos

O'Neill, Blanck y Joyner (1980) aplicaron un procedimiento de control de antecedentes para aumentar el uso de contenedores de basura y disminuir la basura en los partidos de fútbol de la universidad. Cambiaron el aspecto de los contenedores de basura, poniendo una tapa encima que se parecía a las gorras que llevan los aficionados al equipo de fútbol de la universidad. Además, cuando alguien empujaba la tapa para tirar algo, un dispositivo mecánico mostraba la palabra "Gracias". La modificación del contenedor de basura actuaba como ayuda para tirar la basura. Ello hizo que los aficionados tirasen el doble de basura en los contenedores modificados que en los normales.

Otros estudios han demostrado que los procedimientos de control de antecedentes pueden incrementar la participación en actividades recreativas y las interacciones sociales de adultos mayores en una residencia de ancianos o un hospital. McClannahan y Risley (1975) observaron que los ancianos de una residencia apenas participaban en las actividades recreativas disponibles. Para aumentar la participación, una persona se encargó de dar materiales recreativos a los residentes o de ayudarles a participar en algunas de las actividades de ocio cada vez que se encontraban en un salón recreativo. Las ayudas hicieron que se incrementase notablemente la asistencia a las actividades recreativas entre los residentes.

En un estudio similar, Melin y Gotestam (1981) reorganizaron los muebles en la sala de café de un hospital para aumentar las interacciones sociales entre los adultos mayores con demencia o con esquizofrenia. Cuando los muebles estaban colocados para facilitar la conversación, los contactos sociales entre los residentes aumentaron considerablemente (Figura 16-3).

Otros investigadores han demostrado que los procedimientos de control de antecedentes pueden ser utilizados para aumentar el uso del cinturón de seguridad (p.ej., Barker, Bailey y Lee, 2004; Clayton, Helms y Simpson, 2006, Cox, Cox y Cox, 2005; Gras, Cunill, Planes, Sullman y Oliveras, 2003). Rogers et al. (Rogers, Rogers, Bailey, Runkle y Moore, 1988) utilizaron ayudas para aumentar el uso del cinturón de seguridad por los empleados de las agencias estatales cuando conducían los vehículos de la agencia. En cada vehículo colocaron una etiqueta en el panel de instrumentos para

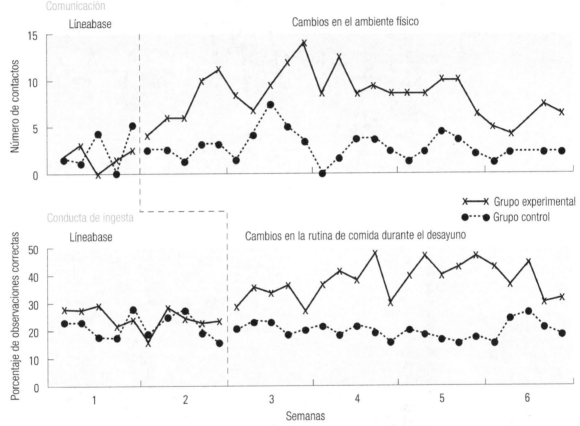

FIGURA 16-3   La parte superior del gráfico muestra el número de contactos sociales realizados por dos grupos de adultos mayores en una sala de hospital. Después de la líneabase, se cambió el entorno físico para que el grupo experimental fuese más proclive a la interacción social. El entorno no se cambió para el grupo control. El gráfico muestra que los contactos sociales aumentaron en el grupo experimental después de manipular el antecedente. La parte inferior muestra el porcentaje de conductas correctas presentadas por el grupo experimental y el grupo de control a la hora de la comida. Los del grupo control recibían sus comidas en bandejas y comían solos. Los del grupo experimental comían juntos en pequeñas mesas, la comida en las mesas esta lista para servirse. La manipulación de antecedentes tales como la disposición de la mesa al estilo de una familia, produjo una mejora de la conducta alimentaria por parte de los residentes. Este gráfico muestra un diseño con líneabase múltiple con varias conductas con datos de grupos en lugar de individuos (según Melin, L. y Gotestam, K. G. [De 1981], Theeffectsofrearrangingwardroutinesoncommunication and eatingbehaviorsofpsychogeriatricpatients. Journal of Applied Behavior Analysis, 14, 47-51. Copyright © 1981 University of Kansas Press. Reproducido con permiso del autor.)

que el conductor recordase ponerse el cinturón de seguridad, junto con una advertencia de que podría haber una reducción de la cobertura del seguro si el conductor sufría un accidente sin haber usado el cinturón de seguridad. Además, cada conductor tenía que leer una nota describiendo el reglamento sobre el uso obligatorio de cinturones de seguridad en los vehículos de la agencia. Rogers demostró un gran aumento en el número de empleados que utilizaban el cinturón de seguridad una vez el procedimiento de control de antecedentes fue introducido (Figura 16-4). Otros investigadores (p.ej., Berry y Geller, 1991) han demostrado que el uso de señales, tales como señales auditivas o visuales en el coche, pueden aumentar el uso del cinturón de seguridad.

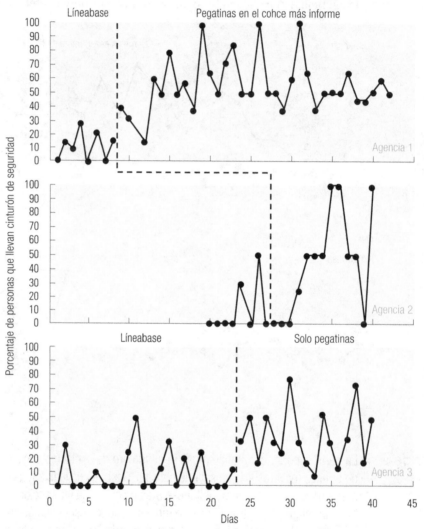

FIGURA 16-4   Este gráfico muestra el porcentaje de las personas que conducían con cinturón de seguridad antes y después de aplicar un procedimiento de control de estímulo. El porcentaje de personas que llevaba el cinturón aumentó cuando se aplicó el procedimiento con personas de tres agencias diferentes. Las dos tablas muestran los efectos de las etiquetas en los coches y las notas. La tabla inferior muestra solo el efecto de las etiquetas. El gráfico ilustra un diseño de base múltiple a través de varios sujetos de los tres organismos. Se muestra el porcentaje de las personas que adoptan el comportamiento más que el comportamiento de los sujetos individuales. (según Rogers, R. W., Rogers, J. S., Bailey, J. S., Runkle, W. y Moore, B. [1988]. Promoting safety belt use among state employees: The effects of a prompting and stimulus control intervention. Journal of Applied Behavior Analysis, 21, 263-269. Copyright © 1988 University of Kansas Press. Reproducido con permiso del autor.)

Green, Hardison y Greene (1984) utilizaron procedimientos de control de antecedentes para enriquecer la interacción entre los miembros de la familia cuando comían en un restaurante. El objetivo del estudio era evocar conversaciones significativas entre los niños en edad preescolar y sus padres mientras esperaban la comida. Los autores pensaron que sería menos probable que los niños se aburriesen o adoptasen comportamientos molestos si tenían conversaciones interesantes con sus padres. Además, las conversaciones podrían tener un valor educativo para los niños.

Se usaron manteles educativos que ayudasen a establecer conversaciones interesantes entre los miembros de la familia.Los manteles incluían fotografías, actividades y preguntas para generar temas de conversación que serían del interés de los niños y sus padres. Green et al. encontraron que las conversaciones entre los miembros de la familia aumentaban cuando se utilizaban los manteles.

En cada estudio que hemos descrito, los investigadores manipularon un estímulo antecedente o evento para incrementar la probabilidad de que se produjese una conducta deseable en las circunstancias apropiadas. En estos estudios, la manipulación de antecedentes implica un cambio en el entorno físico o social.

Manipulación del esfuerzo de respuesta

Se han estudiado diversos procedimientos de control de antecedentes para reducir problemas de conducta. Brothers, Krantz y McClannahan (1994) utilizaron una estrategia de control de antecedentes en una agencia de servicio sociales a fin de disminuir la cantidad de papel reciclable tirado en el contenedor de los envases metálicos. Con el objetivo de queque los 25 empleados de la agencia dejasen de tirar el papel en el contenedor de basura equivocado, en lugar de depositarlo en el contenedor papel para reciclaje, los investigadores colocaron un pequeño contenedor encima del escritorio de cada empleado. El contenedor cumplía dos funciones: era una ayuda para que los empleados tirasen el papel en el contenedor de reciclaje y, en segundo lugar, reducía el esfuerzo de respuesta de la conducta deseable. Era más fácil poner el papel usado en el contenedor del escritorio que tirarlo en otra papelera. Al poner los contenedores de reciclaje encima de los escritorios, la cantidad de papel reciclable tirado en los otros contenedores disminuyó drásticamente (Figura 16-5). Una estrategia de control de antecedentes como esta es fácil de aplicar y produce eficazmente cambios en la conducta problema. Ludwig, Gray y Rowell (1998) también mostraron que se podría incrementar el reciclaje colocando los contenedores cerca de los trabajadores.

Horner y Day (1991) investigaron la influencia del esfuerzo de respuesta en la ocurrencia de una conducta deseada que fuese funcionalmente equivalente a la conducta problema. Trabajaron con Pablo, un niño de 12 años de edad con discapacidad intelectual grave. Paul tenía comportamientos agresivos (golpear, morder y arañar) en situaciones de enseñanza y estos comportamientos eran frecuentemente reforzados por escapar de la situación de enseñanza. Horner y Day le enseñaron a Pablo dos comportamientos alternativos que también le permitirían escapar de la tarea. Una conducta alternativa era hacer mediante lenguaje de signos la palabra "descanso". Este sencillo comportamiento requería un menor esfuerzo de respuesta que, por ejemplo, agredir. Cuando Pablo signaba la palabra descanso, los miembros del personal terminaban de inmediato el proceso de enseñanza y le daban un descanso de unos segundos. El otro comportamiento alternativo era hacer con signos la frase "me quiero ir, por favor". Cuando Pablo signaba la frase completa, el personal detenía de inmediato la sesión de enseñanza durante unos segundos. No obstante, signar la frase completa requería más

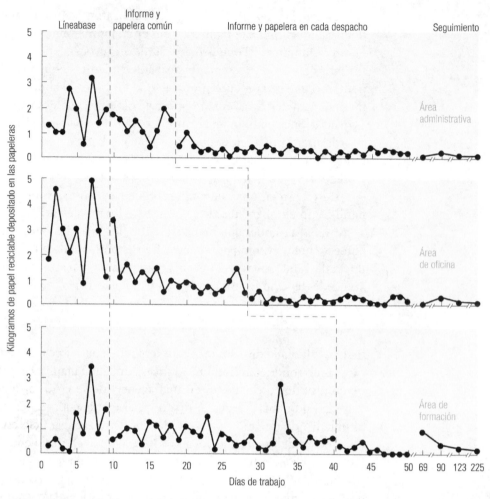

FIGURA 16-5 Este gráfico muestra la cantidad de papel reciclable (kilos) depositado en la basura durante la línea de base y dos condiciones de intervención aplicadas en un diseño de líneabase múltiple a través de varios contextos. Después de la línea de base, se envió un informe a los empleados para pedirles que reciclaran el papel, tirándolo en un contenedor grande situado en un cuarto de servicio cerca del centro del edificio. En la fase siguiente, se envió otra nota a los empleados para pedirles que recicla-ran el papel tirándolo en las cajas colocadas directamente encima de sus escritorios y mostradores. Los resultados mostraron que la cantidad de papel tirado en la basura disminuyó considerablemente cuando se colocaron las cajas encima de los escritorios de los empleados. Las cajas encima de los escritorios les daban una pista para reciclar, y redujeron el esfuerzo de respuesta implicado en el reciclaje (según Brothers, K. J., Krantz, P. J. y McClannahan, L. E. [1994]. Office paper recycling: A function of container proximity. Journal of Applied Behavior Analysis, 27, 153-160. Copyright © 1994 Universityof Kansas Press. Reproducido con permiso del autor.)

tiempo y esfuerzo que el comportamiento agresivo. Los investigadores observaron que cuando Pablo realizaba el signo de la palabra "descanso" como conducta alternativa funcionalmente equivalente, era mucho menos probable que realizase comportamientos agresivos, presumiblemente porque la conducta alternativa requería un menor esfuerzo de respuesta. Sin embargo, cuando Pablo tenía que signar la frase completa para escapar de la tarea, seguía mostrando conductas agresivas, ya que la conducta agresiva conlleva-ba un menor esfuerzo de respuesta que la conducta alternativa. Los estudios de Horner,

Sprague, O'Brien y Heathfield (1990), y Richman, Wacker y Winborn (2001) obtuvieron resultados similares que demuestran que es más probable que ocurra la conducta alternativa que se desea que sustituya a la conducta problema cuando esta requiere un esfuerzo de respuesta menor.

Manipulación de operaciones motivadoras

En algunos estudios se ha evaluado el efecto de antecedentes tales como las características del programa o los comportamientos de los maestros sobre la aparición de problemas de conducta entre los alumnos en clase (Para revisiones sobre el tema véase Miltenberger,2006;Repp y Munk, 1994). Kennedy (1994) trabajó con tres estudiantes con discapacidad que tenían problemas de comportamiento (agresividad, autolesiones y comportamiento estereotipado) en un aula de educación especial. En primer lugar realizó una evaluación funcional y encontró que los problemas de conducta se producían cuando presentaba una tasa elevada de demandas, pero no se producían cuando les hablaba de forma distendida con los estudiantes. A la luz de estos resultados, Kennedy disminuyó la demanda de trabajo y aumentó los comentarios sociales que hacía en el aula. Estas estrategias dieron lugar a una notable disminución de los problemas de comportamiento en los estudiantes ya que hicieron que las conductas de escape fuesen menos reforzantes y funcionaron como una operación de abolición. El profesor incrementó gradualmente la tasa de demandas, mientras mantenía los comentarios sociales a un nivel elevado. Los problemas de conducta se mantuvieron a un nivel bajo incluso cuando las demandas de trabajo se incrementaron de nuevo al nivel normal.

Dunlap, Kern-Dunlap, Clarke y Robbins (1991) manipularon variables del currículum para disminuir los problemas de comportamiento (patear, golpear, escupir y lanzar objetos) de un alumno de primaria al que se le había identificado trastorno emocional. En la evaluación funcional encontraron que los problemas de comportamiento de Juana eran más probables en presencia de variables específicas, tales como tareas de motricidad fina, las tareas que tomaban mucho tiempo para completar, tareas que no eran funcionales (no le aportaban nada en relación a sus intereses personales) o tareas que ella no había elegido, probablemente porque esa clase de tareas serían aversivas y el problema conductual produciría escape. El tratamiento incluía la manipulación de las variables antecedentes del currículum para hacer las tareas menos aversivas y las conductas de escape menos reforzantes (operación de abolición). El profesor le presentaba tareas académicas más cortas y más funcionales (en relación a sus intereses o a actividades diarias) y que implicaban actividades motoras gruesas en lugar de finas. Además, Juana podía elegir las tareas que le gustaban con más frecuencia. Con estos cambios de curriculum, se eliminaron los problemas de comportamiento de Juana (ver resultados similares en el estudio de Kern, Childs, Dunlap, Clarke y Falk, 1994).

Horner, Day, Sprague, O'Brien y Heathfield (1991) manipularon otros aspectos del currículum para disminuir los problemas de comportamiento (agresiones y autolesiones) de cuatro adolescentes con discapacidad intelectual grave. La evaluación funcional mostró que era más probable que estos alumnos presentasen conductas problemáticas cuando se les presentaban tareas académicas difíciles, pero no tenían conductas problemáticas cuando se les presentaba tareas fáciles. Horner utilizó una manipulación de antecedentes para disminuir los problemas de comportamiento que consistió en hacer que los profesores intercalaran las tareas fáciles con las tareas difíciles. A lo largo de las sesiones de entrenamiento, el maestro siempre daba algunas tareas fáciles después que el estudiante hubiera terminado algunas tareas difíciles. Al intercalar las tareas fáciles con las tareas más duras, se redujeron considerablemente los problemas de comportamiento. Mace et al. (1988) también demostraron que los problemas de comportamiento (desobediencia) tenían menos probabilidad de ocurrir cuando las tareas difíciles eran precedidas por tareas fáciles.

Todos los estudios de problemas de conducta en situaciones de clase cambiaron algún aspecto de la situación de enseñanza e hicieron que los problemas de comportamiento fuesen menos probables. Antes de que se instaurasen estas manipulaciones de antecedentes, los problemas de comportamiento estaban reforzados por escapar de las tareas académicas. Las manipulaciones de antecedentes permitieron que la situación académica fuese menos aversiva para los estudiantes, de manera que escapar de la situación académica ya no fuese reforzante. Como puede observarse, las manipulaciones de antecedentes que alteraban algunos aspectos de la conducta del profesor o del currículum crearon la operación de aboliciónque hacía que escapar fuera reforzante. Debido a que el escape ya no era reforzante, los estudiantes dejaron de realizar problemas de conducta para lograr escapar (véase también Smith, Iwata, Goh y Shore, 1995).

Otra manipulación de antecedentes que permite disminuir los problemas de comportamiento mantenidos por escape de situaciones de enseñanza es el escape no contingente (Coleman y Holmes, 1998; O'Callaghan, Allen Powell y Salama, 2006; Kodak, Miltenberger y Romaniuk, 2003; Vollmer, Marcus y Ringdahl, 1995; Vollmer et al., 1998; Wesolowski, Zencius y Rodríguez, 1999). Este procedimiento consiste en dar descansos frecuentes de actividades aversivas que implican instrucciones y tareas. A consecuencia de ello, es menos probable que tengan conductas problemáticas para escapar de las tareas, dado que escapar de las tareas ya no es reforzante. O'Callaghan et al. (2006) demostraron que proporcionar descansos frecuentes durante las citas con el dentista disminuía los problemas de conducta que se daban mientras el niño estaba sentado en el sillón del dentista.

Vollmer et al. (1993) manipularon el nivel de atención que se le prestaba a adultos con discapacidad intelectual profunda que tenían conductas autolesivas, en un intento de disminuir la tasa de autolesiones (Vollmer, Iwata, Zarcone, Smith y Mazaleski, 1993). La evaluación funcional mostró que la conducta autolesiva estaba reforzada por atención. Para disminuir el riesgo de conducta autolesiva, los investigadores suministraron atención no contingente, es decir, se prestaba atención independientemente de que se diese o no conducta autolesiva. Encontraron que la conducta autolesiva disminuía cuando se les daba atención no contingente al menos una vez cada 5 minutos (Figura 16-6). Prestar atención a intervalos frecuentes disminuyó la operación de establecimiento que hacía que la atención fuera un reforzador potente para la conducta autolesiva, ésta disminuía la efectividad de la atención social como reforzador en ese momento. En resumen, cuando estas personas recibían un nivel de atención considerable se suprimía la operación de establecimiento para responder (privación de atención) y las conductas autolesivas se hacían menos probables.

Otros estudios han demostrado que el reforzamiento no contingente puede ser un tratamiento eficaz para los problemas de comportamiento mantenidos por atención o por escape (Wilder y Carr, 1998; Fisher, Iwata y Mazaleski, 1997; Hagopian, Fisher y Legacy, 1994; Hanley, Piazza y Fisher, 1997; Lalli, Casey y Cates, 1997; Tucker, Sigafoos y Bushell, 1998; Vollmer et al, 1998; Vollmer, Ringdahl, Roane y Marcus, 1997).

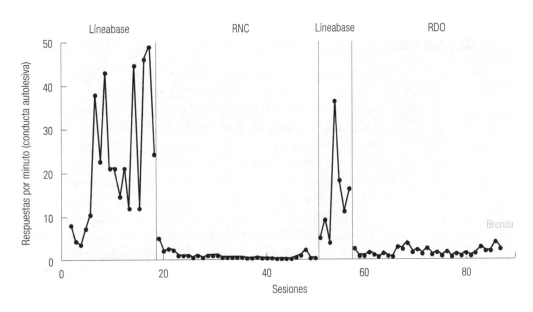

FIGURA 16-6 Este gráfico muestra la tasa de comportamiento autolesivo de un sujeto en líneabase, en una fase de reforzamiento no contingente (RNC), en una segunda fase de líneabase, y en una condición final de reforzamiento diferencial de otras conductas. La conducta autolesiva del sujeto estaba mantenida por atención. Cuando se prestaba atención con frecuencia en la condición de reforzamiento no contingente, la conducta autolesiva disminuyó casi hasta cero. La conducta autolesiva también disminuyó a casi cero en la condición de reforzamiento diferencial de otras conductas (RDO), cuando se prestaba atención en ausencia de la conducta autolesiva. Los datos sugieren que una manera de disminuir un problema de conducta mantenido por atención es proporcionar atención a intervalos frecuentes independientemente de la conducta (según Vollmer, TR, Iwata, BA, Zar-cone, JR, Smith, RG, y Mazaleski, J. L [1993]. The role of attention in the treatment of attention-maintained self-injurious behavior: Noncontingent reinforcement and differential reinforcement of other behavior. Journal of Applied Behavior Analysis, 26, 9-22. Copyright © 1993 University of Kansas Press. Reproducido con permiso del autor.)

Dyer, Dunlap y Winterling (1990) investigaron la influencia de la toma de decisiones sobre los problemas de comportamiento de niños con retraso en el desarrollo. Los tres niños que participaron en este estudio tenían varios problemas de comportamiento en clase, incluyendo agredir, lanzar objetos, gritar y realizar conductas autolesivas. Los investigadores manipularon dos condiciones antecedentes. En una primera condición, el niño podía elegir la tarea educativa en la que trabajar durante una sesión y el reforzador a recibir cuando trabajase correctamente durante la sesión. En la otra condición, el niño no tenía la opción de elegir los materiales o los reforzadores. Los investigadores encontraron que los problemas de conducta eran menos probables cuando los niños tenían la posibilidad de elegir. Estos resultados sugieren que tener la posibilidad de elegir las tareas y los reforzadores funcionaban como un operación de establecimiento que aumentaba el valor reforzante de la tarea y la probabilidad de completar las tareas en lugar de realizar problemas de conducta (Romaniuk y Miltenberger, 2001).

La función de la conducta y la elección del tratamiento

Varios autores han demostrado que poder elegir entre varias actividades reduce los problemas de comportamiento. No obstante, hay estudios que demuestran que la eficacia de la elección como intervención depende de la función del problema de conducta. Según Romaniuk et al. (2002) evaluaron estudiantes con problemas de comportamiento mantenidos por atención o por escape. Después de una líneabase en la que no podían elegir sus actividades, se le permitió a todos los estudiantes elegir sus tareas educativas. Los resultados indicaron que la posibilidad de elegir las actividades educativas permitía reducir los problemas de comportamiento únicamente en los estudiantes cuyos problemas de comportamiento estaban mantenidos por escape. Por tanto, poder elegir las actividades no disminuía los problemas de comportamiento mantenidos por atención. Según los autores, es probable que elegir las actividades disminuya el carácter aversivo de la tarea haciendo el escape menos reforzante (operación de abolición). Los resultados de este estudio muestran que es importante conocer la función del problema de comportamiento antes de decidir la intervención.

Carr y Carlson (1993) manipularon una serie de variables antecedentes para disminuir la aparición de problemas de comportamiento (agresión, destrucción de objetos, conducta autolesiva y rabietas) de tres adultos con discapacidad intelectual cuando iban de compras al supermercado. Los problemas de comportamiento eran lo suficientemente graves como para terminar las compras cuando estas se producían. Carr y Carlson querían evitar los problemas de comportamiento en la tienda manipulando los antecedentes funcionalmente relacionados con los problemas de comportamiento. Sus datos indicaron que era menos probable que ocurriesen problemas de comportamiento cuando la persona podía elegir las actividades a realizar y los artículos a comprar en cuanto llegaban a la tienda. Luego se les pedía que comprasen un artículo no preferido después de haberles solicitado que comprasen uno preferido. También, en situaciones que generalmente evocaban problemas de conducta, se presentaba un ED para una conducta alternativa deseable. Por ejemplo, cuando uno de los participantes tenía que hacer cola en la caja del supermercado, con frecuencia, realizaban alguno de los problemas de conducta. En esta situación, se le daba su revista preferida. La revista era un ED para ponerse a hojearla lo que servía como alternativa a los problemas de comportamiento. Esta es una estrategia que muchas personas utilizan para evitar la impaciencia que puede surgir mientras se espera en la fila para pagar. Estos y otros procedimientos aplicados por Carr y Carlson mostraron que los clientes podían ir a comprar sin tener problemas de comportamiento. Kemp y Carr (1995) llevaron a cabo manipulaciones similares para disminuir los problemas de comportamiento presentados por adultos con discapacidad intelectual en sus lugares de trabajo.

El uso de estrategias de control de antecedentes

Las seis estrategias de control del antecedentes que hemos descrito para hacer que las conductas deseables sean más probables y que las conductas inadecuadas sean menos probables se resumen en la Tabla 16-1. Es conveniente utilizar una o varias de estas estrategias cuando queramos aumentar la conducta objetivo o disminuir un comportamiento inadecuado. Si la persona presenta el comportamiento, aunque sea solo ocasionalmente,

TABLA 16-1   Manipulaciones de antecedentes para reducir los problemas de comportamiento y aumentar los comportamientos deseables

Manipular los estímulos discriminativos
- Eliminar los estímulos discriminativos del problema de conducta
- Presentar los estímulos discriminativos de las conductas alternativas deseables

Manipular las operaciones de establecimiento
- Eliminar o disminuir una operación de establecimiento del reforzador que está manteniendo el problema de conducta

- Crear o intensificar una operación de establecimiento que afecte al reforzador que está manteniendo los comportamientos alternativos deseables

Manipular el esfuerzo de respuesta
- Aumentar el esfuerzo de respuesta del problema de conducta
- Disminuir el esfuerzo de respuesta del comportamiento alternativo deseable

se pueden usar estrategias de control de antecedentes para hacer más probable que la persona tenga el comportamiento en los momentos adecuados. Junto a los procedimientos de control de antecedentes se utilizan procedimientos de reforzamiento diferencial para mantener el comportamiento. Del mismo modo, si una persona presenta un exceso de conducta, las estrategias de control de antecedentes pueden hacer que la aparición de este comportamiento no deseado sea menos probable. La extinción y el reforzamiento diferencial se utilizan muy a menudo en combinación con los procedimientos de control de antecedentes para reducir excesos de conducta.

¿Cómo se determina cuál de los procedimientos de control de antecedentes usar en una cada situación dada? No hay respuestas fáciles a esta pregunta. La mejor respuesta es que deberíamos conocer cómo utilizar los procedimientos de control de antecedentes y elegir los que mejor se adapten a la situación. Para comprender la situación, se debe realizar una evaluación funcional para analizar la contingencia de tres términos involucrada (los antecedentes, la conducta y las consecuencias) que participan evocando y manteniendo la conducta deseable y los comportamientos inadecuados. Tomar decisiones sobre estrategias específicas necesita de la aportación del equipo (el analista de comportamiento y los cuidadores (maestros, padres, personal, etc.) y la resolución de problemas para identificar las mejores formas de alterar los antecedentes relevantes. Al recibir aportes de las personas que implementarán los procedimientos seremos más propensos a elegir procedimientos que consideren aceptables y obtener la aceptación de los cuidadores involucrados. La resolución de problemas es el proceso en el que el equipo genera una serie de soluciones alternativas al problema (posibles manipulaciones de antecedentes) y luego evalúa los pros y los contras de cada uno para encontrar la mejor solución

Análisis de la contingencia de tres términos de la conducta deseable

Las respuestas a las siguientes preguntas proporcionan información sobre la conducta deseada, sus antecedentes y consecuencias.

- Identificar y definir la conducta objetivo que se desea aumentar. ¿Se puede reducir el esfuerzo de respuesta requerido por la conducta?

- Analizar las situaciones antecedentes relacionadas con la conducta objetivo. ¿Cuáles son los estímulos discriminativos de la conducta objetivo, y qué señales pueden evocarla? ¿Cuáles de estos estímulos discriminativos que están presentes en el entorno y cuáles no lo están? ¿Cuáles de estos estímulos discriminativos se puede manipular mediante una estrategia de control de antecedentes y cuáles están fuera de tu control?

■ Identificar el reforzador de la conducta objetivo. ¿Es el reforzador contingente la conducta objetivo?¿Es el reforzador lo suficientemente fuerte como para mantener la conducta? ¿Hay operaciones de establecimiento que se puedan manipular para aumentar la eficacia del reforzador? ¿Hay otros reforzadores que puedan ser utilizados de manera contingente la conducta objetivo?

Las respuestas a estas preguntas ayudarán a decidir qué estrategias de control de antecedentes pueden ser útiles para evocar la conducta objetivo y qué reforzadores puedan utilizarse en un procedimiento de reforzamiento diferencial.

Análisis de la contingencia de tres términos de la conducta inadecuada

Las respuestas a las siguientes preguntas proporcionan información acerca de los comportamientos competitivos inadecuados, los antecedentes y las consecuencias de estas conductas.

■ Identificar y definir las conductas competitivas inadecuadas que puedan interferir con la conducta objetivo. ¿Se puede aumentar el esfuerzo de respuesta de las conductas competitivas?

■ Analizar los estímulos antecedentes relacionados con los comportamientos inadecuados. ¿Cuáles son los estímulos discriminativos de los comportamientos competitivos, y cuáles son las señales que podrían evocar los comportamientos competitivos? ¿Cuál de estos estímulos discriminativos y señales están presentes en el entorno, y cuáles no? ¿Cuál de estos estímulos discriminativos y señales se pueden manipular en una estrategia de control de antecedentes, y cuáles están fuera de control?

■ Identificar los reforzadores de los comportamientos competitivos inadecuados. ¿Son estos reforzadores contingentes a las conductas competitivas y lo suficientemente fuertes como para mantenerlas? ¿Pueden manipularse las operaciones de abolición a fin de disminuir la eficacia de los reforzadores de las conductas competitivas? ¿Pueden eliminarse estos reforzadores para extinguir los comportamientos competitivos?

Las respuestas a estas preguntas ayudarán a decidir qué estrategias de control de antecedentes se pueden utilizar, junto con la extinción y el reforzamiento diferencial, para disminuir la probabilidad de las conductas competitivas.

Intervenciones funcionales para problemas de conducta que no requieren del uso de aversivos

Los Capítulos 14, 15 y 16 describen tres estrategias para disminuir los problemas de comportamiento: la extinción, el reforzamiento diferencial, y el control de antecedentes. Estas estrategias son **intervenciones funcionales.** Son funcionales porque disminuyen los problemas de comportamiento y aumentan otros comportamientos deseables solo modificando las variables antecedentes y consecuentes que controlan la conducta. A su vez, estas estrategias no son aversivas ya que no se basan en el castigo. Las intervenciones funcionales deberían ser siempre utilizas para disminuir un problema de comportamiento, ya que cambian las condiciones que mantienen el comportamiento (abordan la función de la conducta) y lo evocan (los antecedentes del comportamiento están implicados).

Con la extinción se elimina el reforzador de la conducta problema. Una vez que el comportamiento ya no cumple una función para la persona (no tiene un efecto reforzante), no hay razón para que el comportamiento siga ocurriendo.

Con el reforzamiento diferencial, el individuo puede lograr el mismo resultado sin recurrir a realizar los problemas de conducta. Si la persona puede acceder a la misma consecuencia funcional a través de una conducta alternativa, en ausencia de la conducta problema, o con una tasa más baja de la misma, no hay razón para que el problema de conducta siga ocurriendo.

Con las manipulaciones de antecedentes, los eventos que evocan la aparición de la conducta problema dejan de estar presentes, disminuye la eficacia del reforzador de la conducta problema, o aumenta el esfuerzo implicado en la conducta problema. Además, se presentan eventos que evocan la conducta deseable, así aumenta la eficacia del reforzador de la conducta deseable, o disminuye el esfuerzo de respuesta para la conducta deseable. Cuando las condiciones antecedentes ya no favorecen la aparición de la conducta problema, es menos probable que esta se produzca y es más probable que ocurra la conducta objetivo.

RESUMEN DEL CAPITULO

1. En las estrategias de control sobre antecedentes, los estímulos antecedentes son manipulados para evocar la aparición de conductas deseables y disminuir la probabilidad de comportamientos competitivos.
2. Si se presenta un ED para la conducta objetivo, es más probable que ocurra esta conducta, mientras que si se retira el ED para una conducta inadecuada, es menos probable que ocurra dicha conducta.
3. Las operaciones de establecimiento que inducen la conducta objetivo son condiciones que hacen más probable que ocurra el comportamiento. Si eliminamos la operación de establecimiento (presentando una operación de

establecimiento (presentando una operación de abolición) que facilita la conducta problema, es menos probable que este ocurra.
4. Cuando la conducta objetivo requiere un esfuerzo de respuesta menor que un comportamiento alternativo inadecuado, y ambos comportamientos resultan en una misma consecuencia reforzante, es más probable que ocurra la conducta objetivo.
5. Las tres estrategias funcionales para la intervención sobre problemas de conductason la extinción, el reforzamiento diferencial y las estrategias de control de antecedentes.

PALABRAS CLAVE

Intervenciones funcionales, 335

Procedimiento de control de antecedentes, 315

TÉST PRÁCTICO

1. En términos generales, ¿qué son procedimientos de control de antecedentes? (pág. 359).
2. ¿Cómo se relaciona la aparición de conductas competitivas inadecuadas con la aparición de la conducta objetivo? (pág. 365).
3. ¿Cuál es el objetivo de los procedimientos de control de antecedentes con relación a la aparición de comportamientos competitivos inadecuados? (pág. 365).
4. Identifica las tres estrategias de control de ante-

dentes que puedan ser utilizadas para evocar la conducta objetivo (págs. 361-365).
5. Identifica las tres estrategias de control de antecedentes que puedan ser utilizadas para disminuir la probabilidad de que ocurran comportamientos competitivos inadecuados (págs. 366-369).
6. Describe cómo eliminar los estímulos discriminativos de un problema de conducta. Proporciona un ejemplo (pág. 366).

7. Proporciona un ejemplo de cómo manipular los estímulos discriminativos de la conducta objetivo para que esta se produzca (págs. 361-362).

8. ¿Qué es una operación de establecimiento? Proporciona un ejemplo de cómo se eliminaría una operación de establecimiento para que sea menos probable que se produzca un problema de comportamiento (págs. 363, 367).

9. Proporciona un ejemplo de cómo manipular una operación de establecimiento para que se produzca la conducta objetivo (pág. 363).

10. Proporciona un ejemplo de cómo se podría aumentar el esfuerzo de respuesta de un problema de comportamiento para disminuir su frecuencia

11. (pág. 368).
    Proporciona un ejemplo de cómo se reduciría el esfuerzo de respuesta de la conducta objetivo para

12. que se produzca dicho comportamiento (pág. 364). El instructor de la clase de historia contemporánea ha sugerido que leas el periódico local para mantenerte al día de los acontecimientos actuales. Decides utilizar estrategias de control de antecedentes para facilitar la lectura del periódico cada día.

7. a. ¿Cómo organizarías los estímulos discriminativos para facilitar este comportamiento?

   b. ¿Cómo disminuirías el esfuerzo de respuesta de

este comportamiento?

c. ¿Cómo vas los estímulos discriminativos de posibles comportamientos competitivos que interfieren con la lectura del periódico?

13. ¿Por qué es importante utilizar el reforzamiento diferencial junto con los procedimientos de control de antecedentes cuando se desea aumentar la conducta objetivo? (pág. 379).

14. Tu hijo pequeño come a menudo hamburguesas, patatas fritas y dulces, y además se niega a comer frutas, verduras y la comida casera que cocinas en casa. Te gustaría que comiese más alimentos sanos.

    a. ¿Cómo manipularías las operaciones de establecimiento para que coma alimentos sanos?

    b. ¿Cómo incrementarías el esfuerzo de respuesta para de posibles comportamientos competitivos (p.ej., comer hamburguesas, patatas fritas y dulces)?

15. ¿Qué significa que una intervención sea funcional y que no requiera del uso de aversivos? (pág. 379).

16. Además de las manipulaciones de antecedente, ¿qué otras dos intervenciones funcionales hay disponibles para los problemas de comportamiento? (pág. 379).

APLICACIONES

1. Describe cómo podrías utilizar los procedimientos de control de antecedentes en un programa para el control de tu propia conducta. Considera cada una de las seis estrategias que hemos descrito y describe como las que aplicarías.

2. El médico de Melania le recomendó beber seis vasos de 250 ml de agua al día. Melanie va a la universidad por la mañana y regresa a casa sobre las 5 de la tarde. Cuando no está en clase pasa la mayor parte de su tiempo en una sala de lectura. Justo al otro lado del pasillo de la sala de lectura hay varias máquinas expendedoras de café y refrescos en las que compra cuatro a cinco veces al día. Describe cómo podría Melania aplicar cuatro de las seis estrategias de control de antecedentes que hemos visto para facilitar la ingesta de los seis vasos de agua al día que sugiere su médico.

3. Desde que Estanislao se fue de casa para ir a estudiar, su familia y sus amigos le han escrito varias veces, sin embargo, rara vez contesta. Quiere, pero

nunca lo hace. Está en la escuela todo el día y por las noches estudia una o dos horas más. Luego ve la televisión (tiene acceso a más de 100 canales), o va a un salón de juegos a jugar al billar, o a videojuegos. Describe de qué modo podría hacer Estanislao para aplicar procedimientos de control de antecedentes que le faciliten contestar los mensajes de sus familiares y amigos. De los seis procedimientos de control de antecedentes, describe tantos como sea posible siempre y cuando se puedan aplicar al problema de Estanislao.

4. Imagina que has comprado una cinta de correr y que la quieres usar para caminar durante media hora cinco veces por semana. Quieres utilizar los procedimientos de control de antecedentes y reforzamiento diferencial para ayudarte a cumplir tu objetivo. Antes de utilizar estos procedimientos, debes analizar primero la contingencia de tres términos que controla conducta deseable (caminar en la cinta) y la o las contingencias de tres términos

que controlan los comportamientos competitivos que puedan interferir con tu objetivo. En caso de que adaptaras este objetivo como propio, ¿podrías describir ambos tipos de contingencias en tu caso?

5. Marlo es un joven adulto con autismo que vive en un hogar tutelado con otros cinco adultos. Tiene compartimientos molestos y autolesivos (golpearse en la cabeza, gritar y mecerse de adelante hacia atrás). Los resultados de la evaluación funcional indican que el comportamiento ocurre con más probabilidad cuando se encuentra junto a otras personas en situaciones en las que se puede crear barullo o confusión. El problema ocurre con menos probabilidad cuando está a solas en su habitación escuchando música o mirando su colección de pegatinas de fútbol. Los peores momentos son los momentos de transición cuando tiene que volver al trabajo, cuando los demás residentes están todos presentes en el salón o en el comedor, cuando tiene que esperar para entrar en la furgoneta o cuando acaba justo de bajarse de la furgoneta. Cuando Merlo presenta el problema de conducta, los demás residentes generalmente se dispersan y el jaleo y la actividad disminuyen. Describe cómo aplicarías un procedimiento de control de antecedentes, presentando la operación de abolición del comportamiento. Describe cómo aplicarías una manipulación de antecedentes en la que presentas el ED para la conducta alternativa a fin de disminuir el problema de conducta.

6. Eulogio trabaja como obrero en la construcción de carreteras. En los días más calurosos, bebe hasta diez latas de refrescos cuando está en la obra. La cantidad de azúcar ingerido comenzó a preocuparle, también estaba empezando a engordar. Decidió reducir la ingesta de refrescos a tres unidades al día. Describe cómo podría Eulogio poner en práctica tres de los procedimientos de control de antecedentes descritos en este capítulo para disminuir el número de refrescos que bebe al día.

APLICACIONES INADECUADAS

1. Un profesor en un aula de educación especial estaba trabajando con un niño con discapacidad intelectual grave. El profesor estaba utilizando pequeños trozos de alimentos como reforzadores en un programa de enseñanza para ayudar al niño a discriminar correctamente las letras. El profesor decidió manipular las operaciones de establecimiento de manera que la comida fuese un reforzador más poderoso y hacer más probable que el niño responda correctamente en las sesiones de enseñanza. Debido a que las sesiones de enseñanza eran por la tarde, el maestro decidió que el niño no almorzaría al mediodía. El profesor argumentó que si el niño no comía el almuerzo, la comida sería un reforzador más eficaz en la tarde. ¿Qué hay de malo en esta estrategia de control de antecedentes? ¿Qué estrategia de control de antecedentes se podría usar en este caso?

2. Miguel quería hacer ejercicio más a menudo. Decidió que la mejor manera de entrar en una rutina de ejercicios sería apuntándose a un gimnasio y se apuntó a uno que estaba a 30 minutos en coche. Pensó que una vez pagada la cuota anual sería más probable ir y hacer ejercicio al menos un par de veces a la semana. Al pagar la cuota de todo el año creyó que iría todo el año. ¿Qué está mal con esta estrategia? ¿Qué podría hacer Miguel para hacer que esta estrategia funcione y hacer ejercicio con más regularidad?

3. La Dra. Dragó, una dentista, estaba preocupada porque muchos de sus pacientes no usaban el hilo dental regularmente y por lo tanto aumentaban el riesgo de tener problemas con las encías. Elaboró un plan para que sus pacientes usaran el hilo dental todos los días. Cada vez que los pacientes iban para un chequeo o una limpieza, les mostraba imágenes terribles de personas con enfermedades de encías y fotos de la aparatosas cirugías realizadas en personas con enfermedades gingivales debidas en parte a una higiene deficiente. Antes de que el paciente saliera de la oficina, les decía que podían evitar estas terribles enfermedades usando el hilo dental durante 2 minutos al día. ¿Qué estrategia de control de antecedente utilizó la Dra. Dragó? ¿Por qué esta estrategia, por sí sola, no es suficiente para que la gente use el hilo dental? ¿Qué otras estrategias añadirías para que sea más probable que la gente use regularmente el hilo dental?

4. Sancho, un estudiante con problemas de aprendizaje, iba a una clase de educación especial.

Generalmente, tenía conductas disruptivas en el aula cuando le tocaba hacer problemas de mate le tocaba hacer problemas de matemáticas. El maestro llevó a cabo una evaluación funcional y encontró que el solicitarle que realizase problemas de matemáticas era el antecedente principal de la conducta disruptiva. La maestra decidió utilizar una manipulación de antecedentes: dejó de pedirle que hiciese problemas de matemáticas. La maestra pensaba que si ya no le pedía hacer los problemas de matemáticas, los problemas de conducta sería menos probables. ¿Cuál es el problema con este procedimiento?

5. Felipe y Fede, dos estudiantes de medicina que vivían juntos, tenían que estudiar todos los días. A ambos les gustaba ver la tele para descansar. A Fede le gustaba ver tenis, fútbol, baloncesto y otros deportes. A Felipe le gustaba ver películas antiguas. El problema comenzó a surgir cuando Felipe dedicaba más tiempo a ver películas que a estudiar. Este comportamiento estaba perjudicando su rendimiento en la universidad, pesar de ello continuaba viendo películas y se convencía de que iba a ponerse al día con sus estudios más tarde. Por otra parte, Fede veía los partidos sólo después de haber hecho su trabajo. Felipe finalmente se dio cuenta de que tenía un problema y decidió actuar para ver la tele con menos frecuencia y estudiar más a menudo. Una forma de lograrlo sería deshacerse del servicio de televisión por cable por el que veía la mayor parte de las películas. Si se deshacía de la programación eliminaría el antecedente (disponibilidad de películas) de los problemas de comportamiento (ver películas), haciendo menos probable la conducta problema. ¿Cuál es el problema con la manipulación de antecedentes en este caso?

6. Patricio, un adulto con discapacidad intelectual, vivía en un hogar para personas con discapacidad intelectual. Un problema que tenía en el hogar era negarse a hacer actividades tales como la limpieza u otras tareas del hogar. Era más probable que se negara cuando era un miembro del personal de menor edad quien se lo pedía. Cuando la solicitud venía de un miembro del personal con más edad solía ser obediente. Debido a que las instrucciones dadas por el personal más joven parecían ser un antecedente del problema de conducta, el supervisor decidió que sólo el personal de más edad trabajara con él. ¿Cuál es el problema con este procedimiento de control de antecedentes?

Castigo, tiempo fuera y coste de respuesta

- ¿Cómo actúa el tiempo fuera para que produzca una disminución de una conducta problema?
- ¿Cuálesson los dos tipos de tiempo fuera?
- ¿Qué es el coste de respuesta? ¿Cómo se utiliza para disminuir un problema de conducta?
- ¿Por qué es importante utilizar procedimientos de reforzamiento, junto con el tiempo fuera o el coste de respuesta?
- ¿Qué cuestiones se deben tener en cuenta al utilizar el tiempo fuera o el coste de respuesta?

omo vimos en el Capítulo 6, el castigo es uno de los principios básicos del comportamiento. El castigo se produce cuando una conducta es seguida por una consecuencia que disminuye la probabilidad futura de la conducta. La consecuencia que sigue a la conducta puede implicar la presentación de un estímulo aversivo (castigo positivo) o la retirada de un estímulo reforzador (castigo negativo). En ambas formas de castigo se debilita el comportamiento.

Existen variedad de procedimientos de castigo que pueden ser utilizados para disminuir un problema de conducta. Sin embargo, los procedimientos de castigo frecuentemente son utilizados únicamente después de que una intervención funcional (p.ej, extinción, reforzamiento diferencial y manipulaciones antecedentes) hayan sido implementadas o consideradas. No obstante, si los prodecimientos funcionales son inefectivos (o no completamente efectivos) o si su uso es limitado o imposible por cualquier razón, los procedimientos de castigo pueden ser considerados.

El uso de procedimientos de castigo puede ser controvertido. Algunas personas creen la presentación contingente de un evento aversivo o la retirada de un evento reforzante pueden violar los derechos de la persona tratada (p.ej., Lavigna y Donnelan, 1986). Además, el castigo positivo requiere de la presentación de un estímulo aversivo que a menudo se percibe como doloroso o desagradable, y ello puede dar la impresión de que se inflige un dolor o molestia innecesaria a la persona que recibe tratamiento (nótese, sin embargo, que un estímulo aversivo no se define por los sentimientos dolorosos o desagradables que pueda producir). La modificación de conducta adopta una definición funcional del castigo, es decir, en términos de su efecto en la conducta: un estímulo punitivo es cualquier estímulo cuya presentación contingente disminuye la probabilidad futura de un comportamiento o cuya eliminación contingente aumenta la probabilidad futura de un comportamiento (p.ej., Reynolds, 1968).

Por estas y otras razones (ver Capítulos 6 y 18), los procedimientos de castigo, por lo general, no constituyen la intervención de elección en primera instancia para disminuir los problemas de conducta. De utilizarse un procedimiento de castigo, suele optarse por procedimientos de castigo negativo, procedimientos en los que se retira un acontecimiento reforzante después de un problema de conducta. Este capítulo describe dos procedimientos de castigo negativo comunes: tiempo fuera y coste de respuesta.

Tiempo fuera

Carla y otros niños de un jardín de infancia estaban sentados alrededor de la mesa haciendo figuras de arcilla, pintando con los dedos y recortando figuras de papel. Después de un rato, Carla tiró una de sus figuras de arcilla y rompió algunas de las de sus compañeros. Al ver esto, la maestra se le acercó con calma y dijo, "Carla, ven conmigo". La maestra tomó a Carla por el brazo y se dirigió a una silla al otro lado de la clase. Cuando llegaron, le dijo, "Carla, no se puede jugar tirando o rompiendo cosas. Siéntate aquí hasta que te diga que puedes jugar otra vez". A continuación, la maestra regresó a la mesa y felicitó a los otros niños por las figuras que habían hecho. Dos minutos después, la maestra regresó donde estaba Carla y le dijo: "Ya puedes volver a la mesa y jugar" (Figura 17-1). Cuando Carla regresó y estuvo jugando sin problemas, la maestra habló con ella y le felicitó por jugar apropiadamente. El procedimiento aplicado requería que Carla fuese retirada contingentemente de la actividad reforzante de la clase por unos minutos tras un caso de conducta problema. Este procedimiento se denomina tiempo fuera. Una vez que la maestra comenzó a aplicar el tiempo fuera, la tasa de la conducta problema de Carla disminuyó considerablemente.

Desde hace aproximadamente un año, Enrique, de cinco años, contestaba a sus padres y se negaba a hacer lo que le pedían. Por lo general, Enrique presentaba este tipo de problemas de conducta cuando estaba viendo la televisión o jugando a algo. Cuando se daba el problema, sus padres discutían con él y le advertían de las posibles consecuencias de seguir viendo la televisión o jugando en lugar de realizar la tarea que le solicitaban. Sus padres consultaron el problema con un psicólogo que decidió aplicar el siguiente

FIGURA 17-1 Cuando Carla presenta una conducta problema en el aula tiene que sentarse a un lado y ver a sus compañeros divertirse durante unos minutos. En este procedimiento, una forma de tiempo fuera llamada observación contingente, se retira a Carla de los reforzadores presentes en la clase durante unos minutos de manera contingente a la conducta problema.

plan: en primer lugar, cuando uno de los padres quisiera que Enrique hiciera algo se le acercaría, lo miraría a los ojos y le dejaría claro lo que quería que hiciera (Stephenson y Hanley, 2013). En segundo lugar, el padre se quedaría a su lado y si el niño no hacía lo solicitado en un breve periodo de tiempo (10-15 segundos), le diría "Si no haces lo que te pido, tendrás que ir a tu habitación" y después lo llevaría a su habitación de la mano en caso de que no hubiese obedecido. En la habitación de Enrique, no debía haber juguetes, ni televisión, ni otros materiales recreativos. El padre le diría que permanecería allí hasta que le dijera que podía salir. Si Enrique discutía, se quejaba o le contestaba durante este proceso, el padre no debía decirle nada. Después de unos minutos, el padre volvería a la habitación y le hacía la repetiría la petición a la que se había negado anteriormente. Si Enrique cumplía con la solicitud al instante, el padre le daba las gracias por realizar la tarea y le permitía ver la televisión o continuar con el juego. Si se volvía a negar, el padre le decía que tendría que permanecer en su habitación más tiempo y lo dejaba allí. Después de unos minutos más, el padre volvería y repetiría el proceso hasta que Enrique cumpliera finalmente con la petición. Por último, en las ocasiones en las que el niño cumpliera con la petición de sus padres sin protestar, estos le sonreirían y felicitarían con entusiasmo.

Estos dos ejemplos ilustran el uso del tiempo fuera (y de otros procedimientos) para disminuir la aparición de diferentes problemas de conducta. En cada ejemplo, después de la aparición de la conducta problema, el niño fue retirado de la situación reforzante por un breve período de tiempo. Jugar con arcilla, pintar con los dedos y relacionarse con otros niños eran actividades reforzantes para Carla; el uso del tiempo fuera requería de la retirada de la situación en la que estaban presentes dichas actividades. Ver la televisión o jugar a algo era reforzante para Enrique; el uso del tiempo fuera le privaba de la oportunidad de continuar con estas actividades.

¿Qué otros procedimientos conductuales se utilizaron en estos ejemplos, conjuntamente con el tiempo fuera?

Además del tiempo fuera, se utilizó el reforzamiento diferencial de conductas alternativas, en ambos ejemplos. Cuando Carla estaba jugando adecuadamente, la maestra reforzaba este comportamiento con atención. Cuando Enrique cumplía con las solicitudes de sus padres, estos le reforzaban el comportamiento felicitándole y dándole la posibilidad de continuar con la actividad reforzante que estaba llevando a cabo antes de la petición. Además, los padres de Enrique se quedaban justo delante del niño, mirándole a los ojos y señalando claramente lo que se esperaba de él lo que servía como procedimiento de control de estímulos. La solicitud especificada, la proximidad y el contacto visual se convirtieron en estímulos discriminativos en presencia de los cuales la conducta de obedecer era reforzada y la conducta de negarse de Enrique era castigada (con el tiempo fuera). Así, siempre que los padres realicen una petición al niño en estos términos, será menos probable que Enrique se niegue a llevarla a cabo, porque su negativa ha sido castigada mediante tiempo fuera.

Tipos de tiempo fuera

El **tiempo fuera** se define como la pérdida de acceso a reforzadores positivos durante un periodo de tiempo aplicado contingentemente a una conducta problema. El resultado es una disminución de la probabilidad futura de aparición de la conducta problema(Cooper, Heron y Heward, 1987). El tiempo fuera, tal como se utiliza en esta sección, es la abreviatura de **tiempo fuera de un reforzador positivo.** Hay dos tipos de tiempo fuera: con exclusión y sin exclusión.

El ejemplo de Carla ilustra el **tiempo fuera sin exclusión.** Aunque Carla permanecía en la clase tras su conducta problema, debía sentarse al otro lado de donde estaban los demás niños jugando. En otras palabras, era retiraba de la actividad reforzante. El caso de Enrique ilustra el **tiempo fuera con exclusión.** De manera contingente a la conducta problema, Enrique fue sacado de la habitación donde estaba viendo la televisión o jugando. A continuación, se le llevaba a una habitación donde estos reforzadores no estaban disponibles.

El tiempo fuera sin exclusión se suele usar en ocasiones en las que la persona puede ser retirada de las actividades o interacciones reforzantes permaneciendo en la misma habitación siempre que su presencia no distraiga o interrumpa a los demás. En caso de que no se cumplan estos criterios, utilizaremos el tiempo fuera con exclusión. Por ejemplo, si Carla se sienta al otro lado de la habitación y altera al resto de los estudiantes manteniendo sus conductas problema, el tiempo fuera sin exclusión no será el adecuado. Por otro lado, si ver a otros niños jugar es tan reforzante para Carla como jugar con ellos, el tiempo fuera sin exclusión tampoco será efectivo. Para que el procedimiento funcione, la persona debe ser retirada de los estímulos que están funcionando como reforzadores positivos. Podríamos llevar a cabo un tipo de tiempo fuera con exclusión para el comportamiento de Carla llevándola al despacho del director o a otra sala contigua a su clase durante unos minutos cada vez que realiza la conducta problema. También podríamos utilizar un procedimiento de tiempo fuera sin exclusión si obligáramos a Carla a sentarse mirando a la pared.

Tiempo fuera con exlusión

- La persona es retirada de la sala (ambiente reforzante) donde la conducta problema ocurre y se la lleva a otra habitación. Esto hace que el individuo deje de tener acceso a todas las fuentes de reforzamiento positivo.

Tiempo fuera sin exlusión

- La persona permanece en la sala mientras se le impide acceder a reforzadores positivos.

Uso del Reforzamiento con Tiempo Fuera.

Siempre que utilicemos un procedimiento de tiempo fuera (o cualquier otro procedimiento de castigo), también debemos utilizar un procedimiento de reforzamiento diferencial. El procedimiento de tiempo fuera disminuye la conducta problema, mientras que el reforzamiento diferencial incrementa la conducta alternativa que sustituye a la conducta problema (reforzamiento diferencial de conductas alternativas, RDA) o proporciona reforzamiento por la omisión de la conducta problema (reforzamiento diferencial de otras conductas, RDO) a la vez que la conducta problema se pone bajo extinción. Debido a que el procedimiento de tiempo fuera elimina el acceso contingente a los reforzadores tras el comportamiento problema, es importante que la persona tenga acceso a dichos reforzadores positivos a través de un procedimiento de RDA o RDO (o un procedimiento de reforzamiento no contingente). Si utilizamos el tiempo fuera sin un procedimiento de reforzamiento diferencial o un procedimiento de reforzamiento no contingente paralelo, podría haber una pérdida reforzamiento neto al que el individuo tiene acceso y ello podría incrementar la probabilidad de que la conducta problema reapareciese después del tratamiento.

Consideraciones del Tiempo Fuera

Para realizar un uso adecuado del tiempo fuera, inmediatamente después del problema de conducta, deberíamos acercarnos cercal del niño (un brazo d distancia), mandar al niño a área de tiempo fuera mientras la señalamos, dar una ayuda física si el niño no obedece con las instrucciones de ir al tiempo fuera e ignorar problemas de conducta mientras el niño esta en el tiempo fuera (Donaldson y Vollmer, 2011). Además, Donaldson y Vollmer recomiendan el uso de un temporizador con una alarma para señalar el inicio y el final del tiempo fuera. Junto con las anteriores recomendaciones debemos tener debemos tener en cuenta lo siguiente:

¿Cuál es la función de la conducta problema? El uso del tiempo fuera es apropiado con conductas problema que están mantenidas por reforzamiento positivo social o que están reforzadas por acceso a objetos preferidos. El tiempo fuera elimina el acceso a estos y otros reforzadores positivos de manera contingente a la conducta problema disminuyéndose en consecuencia la probabilidad del comportamiento problema. Además, para que funcione el procedimiento el ambiente del que el individuo es retirado (donde aparecen las conductas problema) deberá contener actividades reforzantes, de otro modo el tiempo fuera no será eficaz. Retirar a la persona de un ambiente será tiempo fuera de reforzamiento positivo sólo si el tiempo dentro del ambiente es reforzado positivamente y el tiempo fuera del mismo es menos reforzante o no es reforzante en absoluto (Solnick, Rincover y Peterson, 1977).

El uso del tiempo fuera no es apropiado para conductas problema mantenidas mediante reforzamiento negativo o por estimulación sensorial (reforzamiento automático). Debido a que mediante el uso del tiempo fuera se retira a la persona de las actividades en curso o de las relaciones que mantiene con otras personas que están en la sala, el procedimiento podría reforzar negativamente cualquier conducta mantenida por escape (Plummer, Baer y LeBlanc, 1977; Taylor y Miller 1997). Por ejemplo, supongamos que un estudiante realiza un comportamiento agresivo en el aula, este comportamiento puede ser reforzado negativamente mediante escape de las demandas educativas. Si el profesor utiliza el tiempo fuera retirando al estudiante de la clase, reforzará negativamente el comportamiento agresivo. El tiempo fuera reforzará negativamente la conducta problema cuando el ambiente de tiempo fuera sea menos aversivo que las actividades en curso.

Del mismo modo, cuando una conducta problema se mantiene mediante estimulación sensorial, el tiempo fuera no es adecuado, ya que no funcionará como tiempo fuera de reforzamiento positivo. La persona sería retirada de las actividades o las interacciones del ambiente y tendría la oportunidad de realizar la conducta problema mientras se encuentra solo en el área de tiempo fuera (Solnick et al., 1977). Debido a que la conducta problema se ve reforzada de forma automática por la estimulación sensorial que produce, el tiempo fuera sería reforzado a su vez: la persona tendrá la oportunidad de realizar la conducta problema automáticamente reforzada, sin interrupción.

| LECTURA PARA AMPLIAR | Consideraciones funcionales en el tiempo fuera |

Los estudios realizados por Plummer y colaboradores (1977), Solnick y colaboradores (1977) y Taylor y Miller (1997) establecieron que el contexto funcional en el que el tiempo fuera es utilizado influye en la eficacia de mismo. Debido a que en el tiempo fuera se retira al individuo de un entorno reforzante de manera contingente a la conducta problema, el procedimiento no funcionará si el entorno del que el individuo es retirado es aversivo, carece de reforzadores, o los reforzadores disponibles son inferiores a los presentes en el contexto de tiempo fuero. Por ejemplo, Plummer y colaboradores (1977) evaluaron los efectos del tiempo fuera en un comportamiento perturbador que ocurría durante la instrucción escolar. Los autores demostraron que el comportamiento aumentaba cuando el tiempo fuera se utilizaba debido a que éste proporcionaba escape de la instrucción (reforzamiento negativo). De la misma manera, Solnick y colaboradores demostraron que el tiempo fuera era eficaz cuando el "tiempo dentro" del ambiente se enriquecía (se añadían nuevos reforzadores), pero no era eficaz cuando el "tiempo dentro" del ambiente se empobrecía (se reducían o eliminaban los reforzadores). Solnick y colaboradores también demostraron que el tiempo fuera no funcionaba cuando la persona tenía la oportunidad de realizar la conducta de autoestimulación al mismo tiempo, pues ello hacía que el tiempo que el individuo estaba fuera del entorno del que se le retiraba fuese más reforzante que el tiempo dentro de aquel entorno. Finalmente, Taylor y Miller (1997) mostraron que el tiempo fuera fue efectivo para problemas de conducta mantenidos por la atención de los maestros, pero no fue efectivo para los problemas de conducta mantenidos por escape de las tareas académicas. Cuando los problemas estaban mantenidos por atención, el tiempo fuera eliminaba esta atención y por lo tanto funcionaba como un castigo negativo (por consiguiente, disminuía la conducta problema). Cuando el problema de conducta era mantenido por escape, el tiempo fuera funcionaba como un reforzamiento negativo (por consiguiente, incrementaba la conducta problema).

¿Bajo qué circunstancias es práctico el tiempo fuera? El tiempo fuera es práctico cuando puede ser aplicado con éxito por quien aplica la intervención y cuando existe un ambiente físico propicio para su uso. En el procedimiento de tiempo fuera, a menudo se retira a la persona de la habitación o del área donde se produce la conducta problema. La persona que aplica el tiempo fuera debe, frecuentemente, acompañar físicamente al cliente a la habitación o al área de tiempo fuera. En algunos casos, el cliente puede oponerse a ser acompañado a las zonas de tiempo fuera. Si la resistencia implica la confrontación física o agresión, especialmente si el cliente tiene rigor físico (p.ej., un adulto con discapacidad intelectual o con un trastorno psiquiátrico), se puede dificultar la aplicación del procedimiento. Este factor debe ser considerado antes de elegir el tiempo fuera como tratamiento.

La segunda consideración práctica, es si hay una sala o zona adecuada para el uso del tiempo fuera. Para el tiempo fuera con exclusión puede utilizarse otra habitación o un pasillo siempre y cuando en el lugar en cuestión el cliente no tenga acceso a ningún reforzador positivo. Si a un niño se le envía a su habitación al aplicar tiempo fuera y ésta contiene una televisión, un equipo de música y juguetes, la habitación no será un lugar apropiado para el tiempo fuera. Si otras personas pueden interactuar con el cliente durante el tiempo fuera, el lugar tampoco será adecuado. Por ejemplo, si se envía a un estudiante a sentarse en un pasillo donde están sus amigos, el tiempo fuera no será eficaz. Si no existen espacio o áreas donde el cliente puede ser retirado del reforzamiento positivo, el tiempo fuera no se podrá aplicar.

A veces se construye una habitación o se modifica específicamente una sala ya existente como uso de área de tiempo fuera. Esta habitación debe ser segura (libre de objetos puntiagudos o frágiles), bien iluminada (con una luz cenital que no pueda romperse) y estéril (vacía, salvo por una silla). Además, debe haber una ventana de observación para que el cliente pueda ser observado durante el tiempo fuera. Disponer de un espejo unidireccional es la mejor opción si se desea observar al cliente sin que el observador sea visto por este. Por último, la puerta de la sala debe poder cerrarse solo desde fuera, de otro modo el cliente podría impedir el acceso de la persona que aplica el tratamiento o salir de la sala en cualquier momento. Por supuesto, estas precauciones deben ser aplicadas solo bajo las restricciones propias del procedimiento. En ningún caso consideraríamos una aplicación adecuada del tiempo fuera el dejar al cliente encerrado y descuidado en la habitación.

¿Es seguro el tiempo fuera? Como se señaló anteriormente, la habitación de tiempo fuera no debe contener ningún objeto que los clientes puedan utilizar para hacerse daño. Además, aunque la persona que aplica el tratamiento no debe relacionarse con los clientes durante el tiempo fuera, sí debe no obstante observar a fin de asegurarse que durante la aplicación del tiempo fuera este no se inflige daño alguno. Esto es especialmente importante para los clientes que realizan en conductas violentas, agresivas o autolesivas.

¿Es breve el tiempo fuera? El tiempo fuera es una pérdida breve de acceso a los reforzadores positivos. La conducta problema debería resultar en la retirada inmediata del ambiente reforzante. Sin embargo, el cliente debe ser devuelto al ambiente reforzante tan pronto como sea posible a fin de que pueda reanudar sus actividades habituales ya sean estas educativas, profesionales o lúdicas. La duración típica del tiempo fuera suele ser de entre 1-10 minutos. Sin embargo, si el cliente realiza la conducta problema al final del periodo de tiempo fuera, éste se extenderá por un breve periodo de tiempo más (normalmente entre 10 segundos y un minuto) hasta que el cliente deje de realizar la conducta problema. La conducta problema debe estar ausente al final del periodo de tiempo fuera antes de poder finalizarlo, de otro modo estaríamos reforzando la conducta problema. Esta extensión del tiempo de espera se conoce como demora contingente. Aunque en un estudio anterior de Mace, Page, Ivancic y O'Brien (1986) y Donaldson y Vollmer (2011) encontraron que el tiempo fuera era igualmente eficaz con o sin demora contingente, no obstante, un estudio más reciente de Erford (1999) demostró que el tiempo fuera con demora contingente era más eficaz que el tiempo fuera sin demora contingente. Aunque los resultados de las investigaciones no son concluyentes, la demora contingente se recomienda a fin de que la conducta problema no sea reforzada involuntariamente mediante el escape del tiempo fuera. Cuando el cliente se libera del tiempo fuera, la persona que aplica el tratamiento deberá identificar la conducta deseable que se verá reforzada en el "tiempo dentro" del ambiente.

¿Puede prevenirse el escape del tiempo fuera? Ya sea utilizando el tiempo fuera con exclusión o sin exclusión, quien aplique el tratamiento debe evitar que el cliente salga de la habitación o zona de tiempo fuera antes de que finalice el intervalo de tiempo. Si se aplica correctamente, el tiempo fuera debe resultar aversivo para el cliente, por lo que éste puede intentar salir, pero no debe lograrlo hasta que concluya el intervalo si queremos que el procedimiento sea efectivo. Por ejemplo, si un padre utiliza una silla para aplicar el tiempo fuera con un niño de cinco años, debe mantener al niño en la silla durante todo el periodo del tiempo fuera. Si el niño se levanta, el padre (que está de pie a su lado) con calma debe dar al niño la instrucción de que vuelva a sentarse. Si el niño no cumple o si se levanta en repetidas ocasiones, los padres deberán guiarlo físicamente a fin de mantenerlo en la silla. La guía puede variar desde simplemente situar la mano en el hombro hasta la restricción física del niño en la silla (McNeil, Clemens-Mowrer, Gurwitch y Funderburk, 1994). Cuando se está aplicando el tiempo fuera, el padre deberá devolver al niño a la habitación si la deja antes de tiempo, también deberá mantener la puerta cerrada si el niño intenta abrirla. En cualquier caso, es importante evitar luchas o forcejeos que puedan servir de reforzador para el niño, haciendo por tanto menos eficaz el uso de este procedimiento. Si el padre no puede impedir el escape del área de tiempo fuera o no puede evitar forcejear con el niño, el tiempo fuera no debería usarse.

¿Pueden evitarse las interacciones durante el tiempo fuera? El tiempo fuera debe aplicarse con calma y sin ningún tipo de respuesta emocional por parte de la persona que aplica la intervención. Además, mientras se lleva al cliente al área de tiempo fuera y durante el tiempo fuera propiamente dicho, la persona que aplica el tratamiento no debe interactuar socialmente con el cliente. Deben evitarse las reprimendas, explicaciones o cualquier otra forma de atención, durante el tiempo de espera debido a que disminuye su eficacia. Por ejemplo, si un niño que está sentado en una silla de tiempo fuera se queja, da gritos, llama a los padres, o dice "te odio"; o si el niño suplica para dejar la silla o se compromete a ser bueno, el padre debe estar cerca y hacer caso omiso a la conducta hasta que el intervalo de tiempo fuera haya terminado. Si el niño se resiste a ir a la zona de tiempo fuera, el padre no debe regañarle para tratar de hacerle obedecer. Simplemente debe proporcionar el grado de guía física necesaria para hacer que el niño llegue a la zona de tiempo fuera.

¿Es aceptable el tiempo fuera en una situación dada? En algunas situaciones de intervención, tales como programas para personas con discapacidad intelectual, existen normas y reglamentos que rigen el uso del tiempo fuera y otros procedimientos de castigo. Antes de decidir si utilizarlo se debe estar seguro de que el procedimiento es aceptable en el entorno de tratamiento particular. Además, cuando se trabaja con padres, es importante evaluar el grado en que estos comprenden y aceptan el procedimiento. Los padres deben aceptar el uso del tiempo fuera si queremos tener alguna garantía de que van a ponerlo en práctica con sus hijos.

Consideraciones en el uso de tiempo fuera

- ¿Cuál es la función de la conducta problema?
- ¿Es práctico el tiempo fuera bajo las circunstancias que trabajamos?
- ¿Es seguro?
- ¿Es breve el periodo del tiempo fuera?
- ¿Se puede evitar el escape del tiempo fuera?
- ¿Se pueden evitar las interacciones durante el tiempo fuera?
- ¿Es aceptable el tiempo fuera en determinadas circunstancias?

Investigaciones sobre el procedimiento del tiempo fuera

Numerosos estudios han demostrado la eficacia del tiempo fuera con niños y personas con discapacidad intelectual (Adams y Kelley, 1992; Bostow y Bailey, 1969; Handen, Parrish, McClung, Kerwin y Evans, 1992; Hobbs, Forehand y Murray, 1978; Mace et al., 1986; McGimsey, Greene y Lutzger, 1995, Roberts y Powers, 1990; Rolider y Van Houten, 1985; Taylor y Miller, 1997).

Porterfield, Herbert-Jackson y Risley (1976), y Foxx y Shapiro (1978) investigaron dos variaciones del tiempo fuera sin exclusión. Porterfield y colaboradores evaluaron el tiempo fuera con niños que realizaban conductas agresivas y disruptivas en un programa de día. Cuando un niño realizaba una conducta problema, el cuidador lo llevaba fuera del área de juego y lo sentaba en el suelo mientras miraba a los otros niños jugar. Después de que el niño se sentara sin juguetes, sin actividades o sin poder interactuar con nadie durante un minuto, el cuidador le permitía regresar a la zona de juegos. El cuidador también felicitaba a los otros niños por jugar de forma apropiada. Porterfield llamó a este procedimiento observación contingente, ya que contingentemente a la ocurrencia de la conducta problema, el niño tenía que sentarse y observar a los otros niños jugar. El procedimiento disminuyó las conductas molestas y agresivas de los niños del programa.

Foxx y Shapiro (1978) trabajaron con cinco niños con discapacidad intelectual que realizaban una serie de conductas problema (golpear, lanzar objetos, gritar, levantarse del asiento, tirar objetos) en un aula de educación especial. Los niños se sentaban alrededor de una mesa donde el maestro trabajaba con ellos en diversas actividades educativas. El maestro les proporcionaba reforzadores comestibles y sociales a intervalos de unos 2 minutos cuando los estudiantes no exhibían una conducta problemática. Mientras los niños estaban en esta condición, cada uno llevaba una cinta de diferentes colores alrededor del cuello. Cuando el estudiante realizaba una conducta problema, el profesor le retiraba la cinta como señal de que el estudiante estaba en un periodo de tiempo fuera. Mientras el estudiante no llevaba puesta la cinta, este no podía participar en ninguna actividad y no podía recibir ningún tipo de reforzador. El tiempo fuera se prolongaba durante 3 minutos. El uso de este procedimiento de tiempo fuera sin exclusión ocasionó un descenso de las conductas problema en los cinco niños.

Mathews, Friman, Barone, Ross y Christophersen (1987) trabajaron con unas madres y sus hijos de un año de edad. Los investigadores instruyeron a las madres en el uso del tiempo fuera con exclusión cuando sus hijos hacían comportamientos peligrosos (p.ej., tocar los cables eléctricos o electrodomésticos). En primer lugar, las madres pusieron las casas a prueba de niños eliminando tantos peligros como fuera posible. Este tipo de manipulación debe llevarse a cabo por todos los padres de los niños pequeños para aumentar su seguridad. A continuación, utilizaron tiempo fuera y reforzamiento diferencial cuando los niños jugaban. Las madres felicitaban a sus hijos por jugar de forma apropiada, y cuando un niño realizaba una conducta peligrosa, la madre aplicaba inmediatamente el tiempo fuera. (Figura 17-2): primero le decía "no", luego sacaba al niño de la zona de juego y a continuación lo ponía en el parque durante un breve período de tiempo (hasta que el niño estaba en silencio durante unos segundos 5-10). Este procedimiento de tiempo fuera redujo los comportamientos peligrosos en todos los niños (Figura 17-3).

Rortvedt y Miltenberger (1994) utilizaron tiempo fuera con exclusión para disminuir la falta de obediencia de dos niñas de 4 años de edad. Las niñas se negaban a cumplir las peticiones de sus madres, en respuesta, las madres reiteraban las peticiones, amenazaban, regañaban o suplicaban a las niñas para que hiciesen lo que les habían pedido. Los investigadores trabajaron con cada pareja madre-hija en sus hogares. En primer lugar, dieron instrucciones a la madre para que elogiase a su hija cuando cumplía con la petición y para que usase tiempo fuera cuando la niña se negaba. Cuando la madre solicitaba a

FIGURA 17-2   Una madre usa el tiempo fuera con su pequeño. Cada vez que el niño realiza una conducta peligrosa pone al niño en la cuna, lejos de los reforzadores, por un breve período de tiempo.

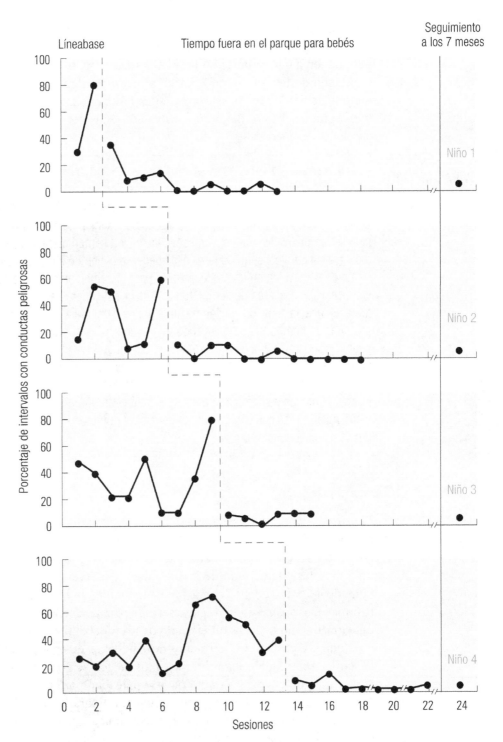

FIGURA 17-3   Este gráfico muestra el nivel de conductas peligrosas exhibidas por cuatro niños antes y después del tiempo fuera y los procedimientos de reforzamiento diferencial que se llevaron a cabo. El comportamiento peligroso de cada niño disminuyó cuando la intervención fue aplicada mediante un diseño de línea de base múltiple a través de varios sujetos (tomado de Mathews, J. R., Friman, P. C., Barone, V. J., Ross, L. V., y Christopherson, E. R. [1987]. Decreasing dangerous infant behavior through parent instruction. Journal of Applied Behavior Analysis, 20, 165-169. Copyright © 1987 Universityof Kansas Press. Reproducido con permiso del autor.)

la niña que hiciera algo y ésta no cumplía en 20 segundos, la madre se la llevaba a otra habitación y le hacía sentarse en una silla durante 1 minuto. Después de decirle a la niña por qué tenía que sentarse en la silla, la madre no interaccionaba con ella durante todo el periodo de tiempo fuera. Si la niña realizaba alguna conducta problema durante el periodo de tiempo fuera, éste se extendía hasta que la niña estaba tranquila durante 10 o más segundos. El uso del tiempo fuera con estas dos niñas redujo significativamente su conducta desobediente.

LECTURA PARA AMPLIAR   Incrementando obediencia con tiempo fuera

Aunque el tiempo fuera es una intervención efectiva, una dificultad que los padres normalmente tienen es conseguir que sus hijos obedezcan con la instrucción de ir al área de tiempo fuera. Si un niño se resiste inicialmente cuando se le indica ir a tiempo fuera, el padre puede utilizar una ayuda o guía física para conseguir que su hijo obedezca el tiempo fuera. Donaldson, Vollmer, Yakich y Van Camp (2013) evaluaron un procedimiento para incrementar la obediencia de un preescolar con la instrucción de ir al área de tiempo fuera. Los investigadores evaluaron dos variaciones del tiempo fuera. En una, la duración del tiempo fuera fue de 4 minutos y los padres utilizaban el procedimiento estándar de tiempo fuera, incluyendo una ayuda física si era necesario. En la otra variación, los padres mandaron a sus hijos a tiempo fuera durante 4 minutos y le dijeron que si se iban inmediatamente (en los siguientes 10 segundos) el tiempo fuera se reduciría a 1 minuto. Donaldson y sus compañeros encontraron que los niños obedecieron más con las instrucciones de tiempo fuera e invirtieron menos tiempo durante esta condición que durante la condición de 4 minutos de tiempo fuera. Además, las dos variaciones de tiempo fuera fueron igualmente eficaces en la reducción del problema de conducta.

Coste de respuesta

Martín tenía prisa en terminar la compra para poder llegar a casa a tiempo para ver el partido. Se detuvo frente a la tienda y aparcó en un aparcamiento reservado para personas con discapacidad. No había otras plazas más cerca, y pensó que solo estaría en la tienda unos minutos. Martín compró los artículos que necesitaba y salió corriendo por la puerta. Cuando llegó a su coche vio que había una multa de 150 euros. Después de este incidente nunca más aparcó en un lugar reservado para personas con discapacidad. La multa por estacionamiento ilegal es un ejemplo de un procedimiento de coste de respuesta.

Juan y Germán, dos hermanos de 7 y 8 años de edad, se peleaban con frecuencia. Discutían sobre quién iba primero en los juegos, se gritaban el uno al otro cuando uno tenía un juguete que el otro quería o se peleaban por el mando a distancia de la televisión. Sus padres decidieron implementar un programa para disminuir la frecuencia de los enfrentamientos. Ambos contaban con una asignación semanal de 2 euros. Los padres les dijeron que cada vez que se pelearan perderían 25 céntimos de sus pagas semanales. Las peleas fueron definidas como discusiones en voz alta, gritos, llantos muy fuertes, o cualquier confrontación física como empujar, golpear o luchar entre ellos. Los padres pusieron un registro en un tablón en la cocina. El registro tenía escritos los nombres de Juan y Germán, con ocho cuartos de euro dibujados bajo cada uno de los nombres. Cada vez que había una pelea, los padres ponían una "X" en el cuarto que correspondía al niño que iniciaba la discusión. Cada vez que un padre veía u oía una pelea, se acercaba tranquilamente a los niños y decía: "Habéis perdido un cuarto de euro por haberos peleado. Os sugiero que dejéis de pelearos para que no perdáis más dinero". El padre se dirigía al registro y tachaba la cantidad correspondiente. Además, los padres enseñaron a los niños cómo resolver problemas y a comprometerse cuando había desacuerdos. Los padres alababan a los niños cada vez que los veían solucionar un problema o llegar a acuerdos. Tras unas semanas, Juan y Germán tenían menos peleas, y rara vez perdían dinero a consecuencia de sus peleas.

Definición de coste de respuesta

Estos dos ejemplos ilustran el procedimiento conductual llamado **coste de respuesta,** que se define como la eliminación de una cantidad determinada de reforzador de manera contingente a la ocurrencia de una conducta problema. Consideramos al coste de respuesta un procedimiento de castigo negativo solo si disminuye la probabilidad futura de la conducta problema. Martín perdió 150 euros cuando aparcó en el lugar reservado para personas con discapacidad, a consecuencia de ello, redujo este tipo de comportamientos. Juan y Germán perdían un cuarto de euro cada vez que realizaban la conducta problema (pelearse). Ello disminuyó la frecuencia con la que se peleaban.

Los procedimientos de coste de respuesta son muy utilizados por los gobiernos, los organismos relacionados con el cumplimiento de leyes y otras instituciones. Los gobiernos rara vez utilizan el reforzamiento positivo para controlar la conducta de sus ciudadanos. Si no pagamos los impuestos o se nos pilla haciendo trampa, hacienda nos multará por ello. Si no aparcamos correctamente o nos pillan conduciendo con exceso de velocidad, nos multarán por ello. Si tramitamos un cheque sin fondos, el banco nos sancionará económicamente. Si se devuelven tarde los libros de la biblioteca, se nos penalizará. En cada caso, la multa es la pérdida de una cantidad de reforzador (p.ej., dinero) y se usa para disminuir la probabilidad de que volvamos a comportarnos de la misma forma en el futuro. Es muy común utilizar dinero en los procedimientos de coste de respuesta, ya que funciona como reforzador para prácticamente todo el mundo y es fácil de cuantificar. También nos permite adaptar el nivel de pérdida a la gravedad de la conducta problema. Otros reforzadores que pueden ser utilizados en el procedimiento de coste de respuesta son los objetos o comidas preferidas, tales como dulces, o juguetes, y reforzadores de actividad como ir al cine, jugar un juego, o salir fuera en el tiempo libre. Cualquier privilegio que pueda ser revocado contingentemente a la ocurrencia de una conducta problema, puede ser utilizado en un procedimiento de coste de respuesta.

Uso del Reforzamiento Diferencial y del coste de respuesta

Si se está utilizando el procedimiento de coste de respuesta para disminuir la frecuencia de una conducta problema, también debe utilizarse el reforzamiento diferencial para conseguir un aumento de frecuencia en una conducta alternativa deseable (DRA) o para reforzar la ausencia de la conducta problema (DRO). Como se dijo anteriormente, cualquier procedimiento de castigo o extinción debe ser combinado con reforzamiento diferencial o con un procedimiento de reforzamiento no contingente.

Comparación entre coste de respuesta, tiempo fuera y extinción.

El coste de respuesta, el tiempo fuera, y los procedimientos de extinción son similares en cuanto que son utilizados para disminuir las conductas problema. Sin embargo, se trata de procesos diferentes:

- En la extinción, la conducta problema deja de ser seguida por el evento reforzante que previamente mantenía el comportamiento.
- En el tiempo fuera la conducta problema es seguida por la retirada de las fuentes de reforzamiento previamente accesibles.
- En el coste de respuesta la conducta problema es seguida por la retirada de una cantidad específica de un reforzador del que la persona disponía previamente.

Aclararemos estas distinciones mediante el siguiente ejemplo:

José juega con diversos juguetes y manualidades en una mesa con otros niños de preescolar. La maestra y su ayudante juegan con los niños, les ayudan y les proporcionan atención a intervalos periódicos. Los reforzadores en este entorno incluyen juguetes, manualidades, atención por parte de los adultos y de los otros niños. De vez en cuando José realiza conductas molestas que son reforzadas por la atención de la profesora: la profesora le explica por qué su comportamiento no es bueno, lo abraza y le dice que tiene que jugar bien. Esto sucede cada vez que el José realiza las conductas disruptivas.

 A continuación, describiremos cómo tendría que hacer la maestra para aplicar extinción, tiempo fuera y coste de respuesta en el caso de José.

En la extinción, la maestra ignoraría el comportamiento perturbador de José. Dado que la atención de la maestra actúa como reforzador, si esta hace caso omiso a la conducta problema, eliminará la consecuencia que está reforzando la conducta. Probablemente la extinción no es el mejor procedimiento en este caso, ya que las conductas perturbadoras de José podrían incrementarse y afectar o herir a los otros niños.

En el tiempo fuera, la maestra retiraría a José de su mesa conduciéndole al otro extremo del aula o a una silla en el pasillo u otra sala donde permanecería unos minutos. Al poner a José en una silla lejos de la mesa, la maestra impide el acceso a todos los reforzadores presentes en su ambiente. Éste sería el procedimiento más adecuado, ya que José no podrá seguir interrumpiendo a los otros niños mientras esté lejos de la mesa durante ese periodo de tiempo.

En el coste de respuesta, la maestra retiraría algunos reforzadores que José ya posee cuando realiza el comportamiento perturbador. Por ejemplo, la maestra puede retirarle su juguete favorito durante un breve período tras la ocurrencia del comportamiento disruptivo. El juguete favorito es un reforzador que José pierde contingentemente a la conducta problema, pero no es el reforzador de la conducta problema, ya que éste es la atención. El coste de respuesta podría ser un procedimiento adecuado dependiendo de si el comportamiento perturbador de José se intensifica cuando se le quita el juguete.

Consideraciones en la utilización del coste de respuesta

Para utilizar los procedimientos de coste de respuesta con éxito, es necesario considerar las siguientes cuestiones.

¿Qué reforzador será eliminado? Debemos identificar el reforzador y la cantidad que retiraremos en el procedimiento de coste de respuesta. La persona que aplica el tratamiento debe tener acceso al reforzador para que pueda ser eliminado tras la conducta problema. La cantidad de reforzador debe ser lo suficientemente grande para que su pérdida contingente a la aparición de la conducta disminuya dicho problema conductual. Aunque un cuarto de euro puede ser un reforzador importante para un niño, la mayoría de los adultos no controlarían su exceso de velocidad si la multa consistiera solo en un cuarto de euro. Después de identificar el reforzador, debemos decidir si la pérdida del mismo es permanente o temporal. Cuando nos ponen una multa por exceso de velocidad la pérdida de dinero es permanente, en otros casos, la pérdida del reforzador puede ser temporal. Por ejemplo, un padre puede retirar la bicicleta a un niño durante una semana como castigo por alguna conducta problema. Aunque el niño no podrá montar en bicicleta durante esa semana, la bicicleta será finalmente devuelta.

La pérdida de reforzador, ¿es inmediata o diferida? En algunos casos, durante el procedimiento de coste de respuesta, el reforzador se elimina inmediatamente después de la aparición de la conducta problema. Por ejemplo, un estudiante que tiene un comportamiento disruptivo en el aula pierde una ficha de inmediato, sin embargo, cuando no se está usando un programa de fichas como reforzadores, la pérdida del reforzador en el procedimiento de coste de respuesta puede demorarse. La multa por exceso de velocidad se paga días después de haber cometido la infracción, el niño pierde dinero al final de la semana cuando recibe su paga, o realizar un problema de conducta por la mañana elimina la oportunidad de participar en una actividad reforzante por la tarde. Aunque la pérdida del reforzador en coste de respuesta normalmente es demorada, siempre se informa inmediatamente al cliente del reforzador que ha perdido. En algunos casos, se produce también una consecuencia inmediata junto con la pérdida demorada del reforzador. Por ejemplo, los padres de Germán y Juan ponen una X sobre un cuarto de euro en el gráfico para simbolizar la pérdida de dinero de su paga, el conductor con exceso de velocidad recibe el impreso de la multa indicativo de la pérdida de dinero posterior, un estudiante ve como la maestra pone una X en la pizarra al lado de su nombre para significar la pérdida del recreo, etc. La descripción verbal y la representación simbólica inmediatas relativas a la pérdida de un reforzador funcionan probablemente como castigo condicionado ya que su presencia se correlaciona con la pérdida final del reforzador. De esta manera, la pérdida real del reforzador se puede retrasar, pero sigue siendo un castigo eficaz.

Si usamos el coste de respuesta con personas con graves deficiencias intelectuales, es mejor utilizar pérdidas inmediatas de reforzadores. Para estas personas, la demora entre el problema de conducta y la pérdida del reforzador puede hacer que el procedimiento de coste de respuesta pierda eficacia. Por lo tanto, si vamos a utilizar el coste de respuesta con personas con discapacidad intelectual grave o profundo, lo más conveniente será usarlo junto con una economía de fichas. En este tipo de programas, la persona acumula fichas como reforzadores de las conductas deseables, las cuales se retirarán inmediatamente después de la ocurrencia de la conducta.

¿Es ética la pérdida de reforzadores? Es importante que la retirada de los reforzadores aplicada en el coste de respuesta no vulnere los derechos o dañe en modo alguno a las personas a las que se les aplica. Aunque los padres pueden retirar un juguete u otra posesión a sus hijos como consecuencia de una conducta problema, retirar una posesión personal a un adulto en un programa de tratamiento podría ser una violación de los derechos de esa persona. Además, privar a un niño o a un adulto en tratamiento de una comida o alimento al que normalmente tiene acceso, puede ser también una violación de los derechos de la persona. Aunque los padres podrían no permitir que su hijo se tome un postre o un aperitivo como consecuencia de una conducta problema, nunca deberían privarle de satisfacer sus necesidades nutricionales.

¿Es práctico y aceptable el coste de respuesta? El procedimiento de coste de respuesta debe ser práctico. La persona que lo aplica debe ser capaz de llevarlo a cabo sin estigmatizar o avergonzar a la persona que ha realizado la conducta problema y debe verlo como un método aceptable para reducir dicha conducta. Si el procedimiento no es práctico o quien lo aplica no lo encuentra aceptable, deberemos considerar procedimientos alternativos.

Consideraciones relativas al uso del coste de respuesta

- ¿Qué reforzador será eliminado?
- ¿La pérdida del reforzador es inmediata o diferida?
- ¿Es ética la pérdida del reforzador?
- ¿Es práctico y aceptable el coste de respuesta?

Investigaciones sobre el uso del coste de respuesta

Numerosos estudios han evaluado los programas de coste de respuesta con diferentes problemas de comportamiento en diferentes poblaciones. El coste de respuesta ha sido utilizado para disminuir el mal comportamiento de un niño fuera del hogar en un supermercado (Barnard, Christophersen y Wolf, 1977), comportamientos inadecuados en pacientes crónicos residentes en un hospital psiquiátrico (Doty, McGuinness y Paul, 1974), problemas para dormir en niños pequeños (Ashbaugh y Peck, 1998), trastornos del sueño en niños y adolescentes con discapacidad intelectual (Piazza y Fisher, 1991), comportamientos problemáticos en niños hiperactivos (Rapport, Murphy y Bailey, 1982), desobediencia (Little y Kelley, 1989), succión del pulgar y tirones de pelo (Long, Miltenberger y Rapp, 1999; Long, Miltenberger, Ellingson y Ott, 1999), comportamiento disruptivo en el aula (Barrish, Saunders y Wolf, 1969; Conyers, Miltenberger, Maki, et al., 2004) y disfunciones del habla en estudiantes universitarios (Siegal, Lenske y Broen, 1969). A continuación, presentamos algunos estudios sobre el procedimiento de coste de respuesta.

Marholin y Gray (1976) investigaron los efectos del coste de respuesta sobre la falta de dinero en la caja de un restaurante. Antes de aplicar el coste de respuesta, existían pérdidas del 4% en las ganancias del día en la caja registradora. Seis cajeros participaron en un procedimiento de coste de respuesta. Durante la intervención se calculaba si faltaba dinero de la caja al final del día; si faltaba más del 1%, la cantidad faltante se dividía entre los cajeros de ese día y se les descontaba de su paga. Durante la intervención las cantidades faltantes disminuyeron a un nivel inferior al 1% en el grupo que participó en el coste de respuesta (Figura 17-4).

Aragona, Cassady y Drabman (1975) utilizaron el coste de respuesta como componente de un programa para perder peso para niños y padres. Parejas de padres e hijos debían asistir a un total de 12 reuniones de grupo espaciadas semanalmente en las que aprenderían habilidades de control de la ingesta calórica. También aprenderían a iniciar y mantener un programa de ejercicio físico. Al inicio del programa, los padres entregaron una suma de dinero a los investigadores. El componente de coste de respuesta consistía en que los padres perdían una parte de ese dinero si no se presentaban a la reunión semanal, si no traían sus gráficos y tablas, y si su hijo no perdía la cantidad de peso establecida en el contrato de esa semana. Los resultados mostraron que todos los niños bajaron de

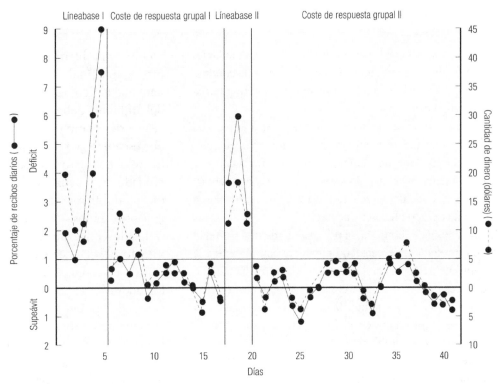

FIGURA 17-4   Este gráfico muestra los efectos de coste de respuesta sobre la falta (o excedente) de dinero en la caja registradora diaria en un pequeño negocio. La línea de puntos muestra la cantidad total de dinero que estaba por debajo o por encima de la cantidad prevista al final del día en la caja registradora. La línea continua muestra el porcentaje por encima o por debajo de ventas diarias. El coste de respuesta se ponía en marcha si faltaba más del 1% de las ventas del día. El coste de respuesta se llevó a cabo en un diseño ABAB y las faltas de la caja disminuían por debajo del criterio cuando se aplicaba (según Marholin, D. y Gray, D. [1976]. Effects of group response cost procedures on cash shortages in a small business. Journal of Applied Behavior Analysis, 9, 25-30. Copyright © 1976 Society for the Experimental Analysis of Behavior. Reproducido con permiso de Society for the Experimental Analysis of Behavior.)

peso en el transcurso del programa. En este estudio, los investigadores utilizaron coste de respuesta contingente a la pérdida de peso, efecto este (la pérdida de peso) que es resultado de una serie de conductas. Debemos tener en cuenta, no obstante, que en general el coste de respuesta es más efectivo cuando se hace contingente a una conducta especificada.

McSweeny (1978) informó sobre un ejemplo de coste de respuesta utilizado con toda la población de una gran ciudad. Antes de 1974, las llamadas al servicio de información telefónica en Cincinnati, Ohio, eran gratis. De 1971 a 1973, los operadores del servicio de información telefónica recibían entre 70.000 y 80.000 llamadas todos los días. En 1974, la compañía telefónica instauró un cargo de 20 centavos por cada llamada al servicio de información telefónica y el número de llamadas al día se redujo a cerca de 20.000, una reducción de entre 50.000-60.000 llamadas por día. Cuando los usuarios comenzaron a pagar para obtener un número de teléfono a través del servicio de atención telefónica, se produjo una reducción de este comportamiento y, presumiblemente, el comportamiento alternativo de utilizar la guía telefónica se incrementó.

RESUMEN DEL CAPITULO

1. En el tiempo fuera, la persona pierde el acceso a todas las fuentes de reforzamiento contingentemente a la conducta problema. El tiempo fuera funciona como una forma de castigo negativo.

2. Con el tiempo fuera sin exclusión se retira a la persona de todas las fuentes de reforzamiento mientras que permanece en el mismo ambiente donde ocurrió la conducta problema. En el tiempo fuera con exclusión se retira a la persona del ambiente y se la lleva a una habitación o área de tiempo fuera separada.

3. En el coste de respuesta, la persona pierde una cantidad de un reforzador específico de manera contingente a la ocurrencia de una conducta problema. Inmediatamente después de que ocurra la conducta problema, se retira el reforzador lo que reduce la probabilidad de que dicha persona se involucre en el futuro en la realización de dicha conducta problema.

4. El reforzamiento se utiliza conjuntamente con el tiempo fuera o el coste de respuesta, de esta manera se reforzará una conducta alternativa deseable para que sustituya la conducta problema que irá disminuyendo debido al procedimiento de castigo.

5. Para que el tiempo fuera sea eficaz, el tiempo dentro del ambiente debe ser reforzante. No será apropiado el uso del tiempo fuera con conductas mantenidas por escape o por estimulación sensorial. El tiempo fuera debe ser práctico, seguro, aceptado por los cuidadores, y de breve duración. Debemos evitar el escape del tiempo fuera y las posibles interacciones con otros niños. Para que el coste de respuesta sea utilizado con éxito, la persona que aplica el tratamiento debe tener control sobre el reforzador que se va a eliminar. Además, no debemos eliminar reforzadores cuya ausencia pueda inducir daño o violación de los derechos de las personas. Quien aplica el tratamiento debe elegir debe elegir el reforzador oportuno a eliminar durante el procedimiento de coste de respuesta y debe determinar si la pérdida de reforzador será inmediata o demorada. El coste de respuesta debe ser práctico y aceptado por los cui-

PALABRAS CLAVE

Coste de respuesta, 352
Observación contingente, 348
Reforzamiento, 345

Tiempo Fuera, 344
Tiempo Fuera con exclusión, 344

Tiempo Fuera de reforzamiento positivo, 344
Tiempo Fuera sin exclusión, 344

TÉST PRÁCTICO

1. ¿Qué es el castigo? ¿Cuál es la diferencia entre castigo positivo y castigo negativo? (pág. 389).

2. Describe el tiempo fuera. Explica por qué el tiempo fuera es un procedimiento de castigo negativo (pág. 391).

3. ¿Qué es el tiempo fuera sin exclusión? ¿Qué es el tiempo fuera con exclusión? Pon un ejemplo de cada tipo de tiempo fuera (pág. 392).

4. ¿Bajo qué condiciones se utiliza el tiempo fuera sin exclusión en lugar del tiempo fuera con exclusión? (pág. 392).

5. Describe cómo se relaciona la eficacia de tiempo fuera con la función del comportamiento problema y la naturaleza del ambiente (pág. 393).

6. Describe las características de una habitación o área de tiempo fuera (pág. 394).

7. ¿Por qué el tiempo fuera debe ser breve? (pág. 394).

8. Si los padres utilizan el tiempo fuera con sus hijos ¿Qué deben hacer o no hacer mientras los niños están en la zona de tiempo fuera? (pág. 395).

9. Describe el procedimiento de coste de respuesta. Explica lo que hace que el coste de respuesta sea un procedimiento de castigo negativo (pág. 399).

10. Describe dos ejemplos del procedimiento de coste de respuesta (pág. 399).

11. Describe las diferencias entre extinción, tiempo fuera y coste de respuesta (pág. 400).

12. Describe los puntos éticos involucrados en la elección del reforzador que será retirado en un procedimiento de coste de respuesta (pág. 402).

13. En el procedimiento de coste de respuesta, a menudo, el reforzador se retira de manera demorada a la ocurrencia de la conducta problema. ¿Qué sucede inmediatamente después de la conducta proble-

ma? Propón un ejemplo (pág. 401).

14. ¿Por qué se utiliza el reforzamiento diferencial conjuntamente con el tiempo fuera y el coste de respuesta? (págs. 392, 400).

APLICACIONES

1. Describe cómo se podría aplicar un procedimiento de coste de respuesta en un proyecto de autonomía personal. Explique por qué este procedimiento sería apropiado.

2. Una familia tiene tres niños pequeños, de 4, 5 y 6 años, que juegan juntos con frecuencia. A menudo, cuando uno de los niños, Inma, no se sale con la suya, o si otro niño juega con su juguete favorito, tiene una rabieta. Llora, tira los juguetes y exige salirse con la suya o que se los devuelvan. A consecuencia de ello, la niña se sale con la suya o uno de los padres pone fin a la disputa y los niños continúan jugando. Describe el procedimiento de tiempo fuera que enseñarías a los padres de Inma

3. para reducir sus rabietas.

Describe el procedimiento de coste de respuesta que se enseñaría a los padres de Inma para reducir

4. sus rabietas.

Luis es un niño de 10 años con discapacidad intelectual grave. Está en una clase de educación especial con otros 12 niños. El maestro y su ayudante llevan al grupo y realizan sesiones individuales con los niños. Luis tiene un comportamiento agresivo en el que tira del pelo a otros estudiantes. El profesor nos ha pedido recomendaciones para desarrollar un tratamiento adecuado. Observamos el aula durante unos días y notamos que tanto el profesor como su ayudante, raramente felicitan a los estudiantes o les proporcionan otras fuentes de reforzamiento. También observamos que regañan a Luis y le ponen en una silla cada vez que tira del pelo. Sin embargo, esto no ha hecho que el niño disminuya los tirones de pelo. Describe las instrucciones que le darías al profesor para que el ambiente de la clase fuese en general más reforzante. Además, describe el tiempo fuera y los procedimientos de reforzamiento diferencial que el profesor debe utilizar con el comportamiento agresivo de Luis, una vez que los otros cambios se realicen en el ambiente del aula (tiempo dentro del reforzamiento).

APLICACIONES INADECUADAS

1. Maribel era una niña de 5 años que ignoraba las peticiones de su madre para continuar jugando o viendo la televisión. Por ejemplo, cuando su madre le pedía que se lavara para comer, le hacía caso omiso o decía "más tarde", y seguía montada en el columpio. Maribel seguía negándose a hacer lo que le pedían hasta que se lo repetían 10-12 veces. Para disminuir la falta de obediencia de Maribel, su madre estableció un procedimiento de tiempo fuera. Siempre que Maribel no cumplía con una solicitud, su madre se acercaba a ella, le llevaba al comedor, y le decía que se sentara en una silla por haberla desobedecido. Durante los 2 minutos del tiempo fuera, su madre se encontraba cerca. Maribel se quejaba y discutía mientras estaba en el periodo de tiempo fuera. Como respuesta, su madre le decía que se callara, le explicaba el por qué tenía que estar allí, y la amenazaba con que tendría que estar más tiempo si no se callaba. Estas interacciones continuaban a lo largo del periodo de tiempo fuera. ¿Qué problema existe en la forma en que la madre de Maribel aplicaba el tiempo fuera? ¿Cómo podría mejorar el uso del tiempo fuera?

2. Félix, un joven de 25 años de edad con discapacidad intelectual profunda que vive en una comunidad terapéutica, cena en una mesa del comedor con otros cinco residentes con discapacidad intelectual. Félix a menudo cogía comida de los platos de sus compañeros y se la comía. Esto molestaba a los otros residentes y causaba problemas a la hora de las comidas. El personal implementó un procedimiento de coste de respuesta para disminuir el robo de alimentos. Tan pronto como Félix cogía algún alimento del plato de alguien, el personal lo sacaba de la mesa, y se perdía el resto de la comida.

Después de que fuera aplicado el procedimiento de coste de respuesta, el robo de alimentos se redujo a sólo unos pocos acontecimientos por semana. ¿Cuál es el problema en esta forma de aplicar el procedimiento de coste de respuesta?

3. Samu es un estudiante de séptimo curso que suspende la mayoría de sus clases. No suele asistir a la escuela y afirma que la odia. En el aula, Samu suele involucrarse en conductas problemáticas en las que se mete con algunos de sus compañeros. Les quita los libros o papeles de sus escritorios y les fas-dia durante la clase. La maestra decidió instaurar un programa de tiempo fuera para Samu. Cada vez que realizaba uno de las conductas problema, la maestra le hacía sentarse fuera del aula en el pasillo durante 15 minutos. Después de los 15 minutos, la maestra salía y le decía que volviera a clase. Aunque la maestra utilizó este procedimiento durante varias semanas, los problemas de comportamiento persistían. ¿Dónde está el problema en el uso del tiempo fuera?

Procedimientos de castigo positivo y aspectos éticos relacionados

- ¿Para qué sirve la aplicación de actividades aversivas?
- ¿Cuáles son los cinco procedimientos de castigo positivo que implican la aplicación de actividades aversivas?
- ¿Pará que sirva la aplicación de la estimulación aversiva?
- ¿Qué aspectos debe considerar antes de utilizar los procedimientos de castigo positivo?
- ¿Qué cuestiones éticas conlleva el uso de procedimientos de castigo?

E l Capítulo 17 describe procedimientos de castigo negativo, tiempo fuera y coste de respuestaen los que se retiran los eventos reforzantes que siguen a la ocurrencia de una conducta problema. Este capítulo describe el uso de procedimientos de castigo positivo para disminuir conductas problema. A diferencia del castigo negativo, en el castigo positivo se aplican eventos aversivos de manera contingente a la ocurrencia de una conducta problema a fin de disminuir la probabilidad futura de la conducta. Como se describe en el Capítulo 17, el uso del castigo es controvertido, especialmente en el caso del castigo positivo. Antes de considerar el uso del castigo, debemos recurrir en primer lugar a intervenciones funcionales (y no aversivas) y, en todo casojunto con

373

procedimientos de castigo siempre debemos combinar procedimientos de reforzamiento. En la parte final del capítulo revisaremos las consideraciones éticas derivadas de la utilización de procedimientos de castigo.

En los procedimientos de castigo positivo se utilizan dos categorías principales de eventos aversivos: actividades de aversivas y estimulación aversiva (**Sulzer-Azaroff y Mayer, 1991**).

Aplicación de actividades aversivas

Una mañana de sábado, Alicia, de 5 años, estaba pintando con lápices de colores en su libro para colorear, mientras su padre estaba ocupado en otra parte de la casa. Alicia estaba enfadada con su padre porque no le llevaba al parque, cogió un lápiz y comenzó a dibujar grandes círculos en la pared blanca de la cocina. Cuando había coloreado una gran parte de la pared, su padre entró en la sala y vio lo que había hecho. Ella comenzó a llorar diciendo que lo sentía. Su padre se acercó a ella con calma y le dijo con voz firme: "No se pinta en las paredes. Ahora tienes que limpiar esto". Cogió un cubo de agua y detergente, llevó a Alicia al lugar en que había marcado la pared, le dio un trapo y jabón y le dijo que limpiara la pared. Se quedó de pie observándola mientras limpiaba, pero no le dijo nada más. Hizo caso omiso de sus quejas y, si dejaba de limpiar, la guiaba físicamente para que continuase. Una vez que Alicia había limpiado las pintadas de la pared, la llevó hasta otra pared de la cocina y le mandó limpiar esa pared también. Una vez más, no interaccionó con ella, excepto para proporcionar ayuda física si se detenía. Después de 15 minutos limpiando, le dijo que había terminado y que podía volver a jugar. A consecuencia de este procedimiento, se hizo menos probable que en el futuro si Alicia se enfadada volviera a pintar en las paredes.

Eran las 2 de la mañana y la alarma junto a la cama de Simón le despertó justo cuando estaba empezando a orinarse. La alarma es activada por un sensor ubicado en una plataforma colocada debajo de las sábanas y que detecta la presencia de líquidos (orina). También despertada por la alarma, la madre de Simón fue a su habitación y le mandó cambiarse el pijama y las sábanas, llevarlos al lavadero, limpiar la plataforma y poner sábanas limpias en la cama. Una vez hecho esto, su madre le dijo que tenía que practicar el levantarse de la cama por la noche e ir al baño. De acuerdo con sus instrucciones, Simón se metió en la cama bajo las mantas y luego se destapó, se levantó, caminó hasta el baño, y se quedó de pie delante del inodoro. Aunque Simón se quejaba, su madre le hizo completar este comportamiento diez veces antes de irse a dormir. Después de haber terminado la práctica, le dio las buenas noches y le recordó levantarse e ir al baño, la próxima vez que necesitara hacerlo por la noche. Después de algunas semanas llevando a cabo este procedimiento, Simón raras veces orinaba ya en la cama.

En cada uno de estos dos casos, el problema de conducta se redujo por la aplicación contingente de actividades aversivas. Estos procedimientos requieren que el niño realice una **actividad aversiva de manera contingente a la conducta problema.** La realización de estas actividades aversivas hacía menos probable la ocurrencia del comportamiento problema en el futuro. Una actividad aversiva es una conducta de baja probabilidad en la que, normalmente, la persona no elegiría realizar. Para Alicia, la actividad aversiva era limpiar las paredes. Para Simón, fue la práctica repetida de salir de la cama e ir al baño. Esta forma de castigo positivo se basa en el principio de Premack, según el cual cuando la realización de una conducta de baja probabilidad (actividad aversiva) se presenta de forma contingente a la ocurrencia de un comportamiento de alta probabilidad (problema de conducta), el comportamiento de alta probabilidad disminuye en el futuro (Miltenberger y Fuqua, 1981).

A pesar de que un estímulo aversivo es un evento ambiental que puede ser un castigo, una actividad aversiva es un comportamiento que puede también funcionar como castigo para otro comportamiento. El individuo tratará de escapar o evitar la realización de una actividad aversiva. A consecuencia de ello, quien aplica la intervención debe utilizar a menudo ayuda física para conseguir que la persona participe en la actividad aversiva de manera contingente a la conducta problema. Las quejas de Alicia por lavar las paredes y sus intentos de dejar de hacerlo eran una prueba de que lavar paredes le resultaba aversivo. En respuesta, su padre usó ayuda física para que Alicia continuase limpiando. Cuando Simón se quejaba de practicar repetidas veces el ir al baño por la noche, también daba un indicio de que esa conducta era una actividad aversiva. A pesar de que la práctica de esta rutina fuese aversiva, Simón no se detuvo debido a que las instrucciones de su madre ejercían control de estímulos sobre su conducta.

Cuando se aplica una actividad aversiva como castigo positivo, la persona que aplica la intervención ordena al cliente realizar la actividad aversiva de manera inmediata y contingente a la conducta problema. Si el cliente no procede a realizar la actividad que se le ordena, entonces se usa guía física para hacer que el cliente realice el comportamiento. Finalmente, el cliente debería llevar a cabo la actividad ordenada para evitar la ayuda física que anteriormente siguió a la orden. Por ejemplo, Alicia dejó de limpiar las paredes y su padre utilizó guía física de inmediato para que ella continuara limpiándolas. A consecuencia de ello, Alicia siguió lavando las paredes cuando se le ordenaba para evitar la intromisión de su padre.

Los procedimientos de castigo positivo utilizan distintos tipos de actividades aversivas las cuales se presentan en las secciones siguientes.

Sobrecorrección

La **sobrecorrección** es un procedimiento desarrollado por Foxx y Azrin (1972, 1973) para disminuir las conductas agresivas y molestas exhibidas por personas institucionalizadas con discapacidad intelectual. En la sobrecorrección, se le exige al cliente llevar a cabo un comportamiento que requiere esfuerzo por su parte por un período prolongado. Esta secuencia debe ser contingente a cada ocurrencia de la conducta problema. Hay dos tipos de sobrecorrección: la práctica positiva y la restitución.

Práctica positiva. En la **práctica positiva,** el cliente debe realizar correctamente el comportamiento pertinente de manera contingente a cada ocurrencia de la conducta problema. El cliente realiza el comportamiento correcto, con ayuda física si es necesario, durante un período prolongado (p.ej., 5 a 15 minutos) o hasta que el comportamiento adecuado se ha repetido varias veces. Este se considera un procedimiento de sobrecorrección porque el cliente debe realizar la conducta apropiada repetidas veces. La técnica de la práctica positiva fue la que se llevó a cabo con Simón en nuestro ejemplo. Simón tenía que practicar el comportamiento correcto de salir de la cama e ir al baño diez veces de manera contingente a la ocurrencia de la conducta problema (orinarse en la cama).

Veamos otro ejemplo. Supongamos que una estudiante de primaria tiene muchas faltas de ortografía en los trabajos escritos que le manda su maestro. El motivo por el que esta estudiante comete tantas faltas es que hace los deberes demasiado deprisa y no los revisa al acabar.

¿Cómo podría el maestro aplicar la práctica positiva para disminuir los errores de ortografía de esta estudiante?

El profesor podría devolverle los deberes corregidos y pedirle que escriba diez veces sin faltas de ortografía aquellas palabras en las que se equivocó. Copiar las palabras sin faltas reiteradamente es un ejemplo de práctica positiva. Debido a que esta actividad aversiva es contingente a incurrir en errores ortográficos, las faltas de ortografía deberían disminuir a consecuencia de este procedimiento.

La investigación ha probado la eficacia de la modalidad de sobrecorrección que denominamos práctica positiva para disminuir problemas de comportamiento, principalmente en personas con discapacidad intelectual (Foxx y Bechtel, 1983; Miltenberger y Fuqua, 1981). Por ejemplo, Wells, Forehand, Hickey y Green (1977) evaluaron la práctica positiva para el tratamiento del comportamiento estereotipado (manipulación inapropiada de objetos y otros movimientos corporales repetitivos) en dos niños de 10 años de edad con discapacidad intelectual grave. Cada vez que uno de los niños mostraba la conducta problema en la sala de juegos, la maestra aplicaba la práctica positiva, en la que proporcionaba guía física al niño para jugar de manera apropiada con juguetes durante 2 minutos. Mediante la práctica positiva se suprimieron por completo las conductas problema en ambos niños.

Restitución. La **restitución** es un procedimiento en el que, de manera contingente a cada ocurrencia de la conducta problema, el cliente debe corregir los efectos que produce la conducta problema en el entorno y restaurar éste a una condición mejor que la que existía antes de darse la conducta problema. La ayuda física se utiliza, soli si es necesaria, para conseguir que el cliente realice las actividades que restituyan el daño causado. En la restitución, o sobrecorrección restitutiva, el cliente hace una sobrecorrección de los efectos ambientales de la conducta problema.

La restitución se usó en el caso de Alicia que vimos antes como ejemplo. Cuando dibujó en las paredes con el lápiz de color, su padre le hizo limpiar no solo la pared en la que había pintado, sino otra pared más de la cocina. En otras palabras, la corrección fue más allá de los daños causados por la conducta problema. En el otro ejemplo, Simón tuvo que realizar un procedimiento de corrección simple: quitar las sábanas mojadas, cambiarse de ropa, limpiar y poner sábanas limpias en la cama. Esta secuencia corrigió los efectos ambientales del problema de conducta, pero no requirió sobrecorrección.

Consideremos un ejemplo en el que un estudiante con un trastorno de conducta es castigado a permanecer solo en clase y durante ese periodo, en un arrebato violento, vuelca en el suelo uno de los pupitres sin haber presente otros estudiantes en el aula.

Describe cómo podría hacer el maestro para poner en práctica un procedimiento de restitución con este estudiante.

El profesor debería poner al estudiante a recoger el pupitre y colocarlo en el lugar de la fila que le corresponde. Además, podría hacer que el estudiante ordenara todas las mesas del aula hasta que estuviesen bien alineadas en sus filas. De esta manera, el estudiante corregiría el problema causado y restablecería el ambiente del aula a una condición mejor que la que existía antes de la conducta problema.

La investigación también documenta la eficacia de la restitución para disminuir los problemas de comportamiento en personas con discapacidad intelectual (Foxx y Bechtel, 1983; Miltenberger y Fuqua, 1981). Este procedimiento se ha utilizado con adultos con discapacidad intelectual como parte de un programa de entrenamiento en el aseo con el objetivo de disminuir las ocasiones en las que los pacientes accidentalmente no hacían sus necesidades en el baño (Azrin y Foxx, 1971), corregir el robo de alimentos (Azrin y Wesolowski, 1975) y para disminuir comportamientos agresivos, molestos y conducta autoestimulada (Foxx y Azrin, 1972, 1973). Algunos de los resultados obtenidos por Foxx y Azrin (1973) se resumen en la Figura 18-1.

Ejercicio contingente

El **ejercicio contingente** es otro procedimiento de castigo positivo que implica la aplicación de actividades aversivas. En el procedimiento de ejercicio contingente el cliente debe realizar algún tipo de ejercicio físico de manera contingente a la presentación de la conducta problema (Luce, Delquadri y Hall, 1980; Luce y Hall, 1981) lo que disminuye la probabilidad de la presentación del problema de conducta en el futuro. El ejercicio contingente se diferencia de la sobrecorrección en el tipo de actividad

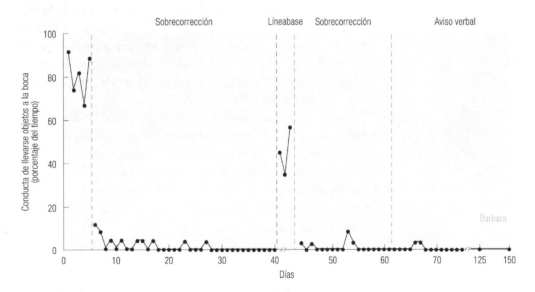

FIGURA 18-1   Este gráfico ilustra los resultados obtenidos por Foxx y Azrin (1973) mediante el uso de la sobre-corrección para disminuir un problema de comportamiento (llevarse objetos a la boca) presentado por Bárbara, una niña de 8 años de edad con discapacidad intelectual grave.El procedimiento de sobrecorrección consistió en cepillarse los dientes con una solución antiséptica y limpiarse la boca con un paño durante 2 minutos de manera contingente a la introducción de objetos en la boca. Los procedimientos fueron diseñados para producir higiene oral, con el objetivo de corregir los efectos del comportamiento de introducirse objetos en la boca. Cada vez que los investigadores llevaron a cabo el procedimiento de sobrecorrección en un diseño de investigación ABAB, el problema de conducta disminuyó de inmediato a niveles bajos, y finalmente fue eliminado. Esta disminución inmediata del problema de comportamiento es el efecto típico del castigo. Tenga en cuenta que en la última fase, la frecuencia de la conducta problema se mantuvo cercana a cero cuando sólo se utilizaba una advertencia verbal. La advertencia se convirtió en un castigo condicionado por haber sido presentada conjuntamente con la sobrecorrección (según Foxx, R. M., y Azrin, N. H. [1973]. The elimination of autistic self-stimulatory behavior by overcorrection. Journal of Applied Behavior Analysis, 6, 1-14. Copyright © 1973 Universityof Kansas Press. Reproducido con permiso del autor.)

aversiva contingente. En la sobrecorrección, como se señaló anteriormente, la actividad aversiva es una forma correcta de comportamiento relacionado con la conducta problema (la práctica positiva) o un comportamiento que corrige una alteración del ambiente ocasionada por el problema de conducta (restitución). Por el contrario, en el ejercicio contingente, la actividad implica la realización de ejercicio físico aversivo no relacionado con la conducta problema. El ejercicio debe ser una actividad física que el cliente sea capaz de realizar sin daño alguno. Al igual que en la sobrecorrección y en otros procedimientos que suponen la aplicación de actividades aversivas, la ayuda física se utiliza, cuando es necesario, para conseguir que el cliente ponga en práctica el ejercicio contingente. Veámoslo en el siguiente ejemplo.

Los padres de Juanma estaban preocupados porque este decía tacos en presencia de sus hermanos menores. Le pidieron que dejara de hacerlo y, en especial, que no lo hiciera cuando sus hermanos estaban con él. Juanma se comprometió a cumplir con la petición de sus padres, pero un día su padre le sorprendió diciendo tacos de nuevo. Inmediatamente, su padre hizo que Juanma dejara lo que estaba haciendo, le dio un trapo y un limpiacristales, y le mandó limpiar las ventanas de la casa durante los siguientes 10 minutos. Juanma limpió las ventanas a regañadientes bajo la supervisión de su padre. Cuando terminó, su padre le dijo que tendría que hacer lo mismo cada vez que le pillara diciendo tacos. Juanma dejó de decir tacos delante de su familia casi inmediatamente después de que su padre pusiera en práctica este procedimiento de ejercicio contingente (adaptado de Fisher y Neys, 1978).

Luce y sus colaboradores (1980) utilizaron ejercicio contingente para disminuir la conducta agresiva y las amenazas en el aula de dos niños con retraso en el desarrollo. Cada vez que uno de los niños mostraba una de esas conductas problema, el profesor ordenaba al niño levantarse y sentarse en el suelo diez veces seguidas. El maestro proporcionaba ayuda verbal al niño diciéndole que se levantara y se sentara, y también aplicaba guía física cuando era necesario. Las conductas problema se redujeron a niveles bajos en ambos niños.

Guía física

Cuando una persona presenta un problema de conducta en una situación en la que se le está pidiendo que haga algo, podemos usar **guía física** como procedimiento de castigo positivo para disminuir el problema de conducta. En un procedimiento de guía física, se proporciona ayuda física a la persona a lo largo de la realización de la actividad solicitada (p.ej., una tarea educativa) de manera contingente a la ocurrencia de la conducta problema. Para la mayoría de las personas, guiar físicamente la respuesta solicitada resulta aversivo. La ayuda física aplicada durante la realización de la actividad solicitada, al presentarse de manera contingente a la conducta problema, actúa como castigo. Si la ayuda física no supusiera un castigo para un cliente determinado, no podríamos usar el procedimiento en ese caso. No obstante, una vez iniciada, la guía física se retira si la persona comienza a cumplir con la actividad solicitada. Debido a que la retirada de la guía física se hace de manera contingente a la ocurrencia de la actividad solicitada (cumplimiento), el cumplimiento se refuerza negativamente. Como puede verse, la guía física tiene dos funciones. Es un castigo positivo para el problema de conducta, porque el estímulo aversivo (guía física) se aplica después de la conducta problema, y también refuerza negativamente el cumplimiento de la actividad solicitada debido a que el estímulo aversivo se retira después del cumplimiento. Además, si el problema de conducta está reforzado negativamente por escape de la actividad solicitada, el procedimiento de guía física elimina el reforzador (escape) y por lo tanto implica extinción, así como castigo positivo y reforzamiento negativo.

Veamos el siguiente ejemplo. Lina, una niña de 8 años de edad, está viendo un programa de televisión cuando sus padres le ordenan recoger sus juguetes del suelo antes de que lleguen los invitados para la cena. En respuesta a esa solicitud, Lina se queja y discute con sus padres y continúa viendo la tele. Su padre se acerca y, con calma, le vuelve a pedir que recoja sus juguetes. A continuación, guía físicamente a Lina a la zona donde se extienden sus juguetes por el suelo y usa ayuda física llevándola de la mano para hacer que recoja los juguetes. Ignora las quejas de Lina, pero en cuanto ella empieza a recoger los juguetes sin su ayuda física, él le suelta la mano y la deja seguir recogiéndolos sola. Una vez que ha terminado de recoger sus juguetes, su padre se lo agradece y le permite volver a lo que estaba haciendo. Si los padres utilizan este procedimiento cada vez Lina no cumple con lo que ellos le piden, es menos probable que adopte comportamientos problemáticos cuando se le manda hacer algo y más probable que cumpla con sus peticiones.

Antecedente	Conducta	Consecuencia

El padre de Lindsay le dice que recoja sus juguetes   Lindsay lloriquea y discute.   Su padre guía físicamente el seguimiento de la instrucción.

Resultado: Es menos probable que Linsay lloriquee y discuta cuando en futuras ocasiones su padre le pide algo, ya que lloriquear y discutir fue seguido de guía física.

Handen y sus colaboradores (Handen, Parrish, McClung, Kerwin y Evans, 1992) evaluaron la efectividad de la guía física para reducir el incumplimiento de las órdenes en niños con discapacidad intelectual. Cuando el entrenador mandaba hacer algo al niño y éste no lo hacía, este uso guía física con contacto "mano sobre mano" para que el niño llevara a cabo la actividad solicitada. Los investigadores también evaluaron el procedimiento de tiempo fuera y encontraron que la guía física y el tiempo fuera, fueron igual de eficaces en reducir el incumplimiento de órdenes en los niños que participaron en el estudio.

Restricción Física

La **restricción física** es un procedimiento de castigo en el que, de manera contingente a la aparición de un problema de conducta, la persona que aplica la intervención debe mantener inmóvil la parte del cuerpo del cliente que está involucrada en el comportamiento. De este modo se impide físicamente que el cliente realice la conducta problema. Por ejemplo, cuando un estudiante con discapacidad intelectual presenta un comportamiento agresivo (dando bofetadas al compañero de clase que tiene más cerca), el profesor puede responder sujetándole los brazos durante 1 minuto. Mientras se le contiene físicamente, el estudiante no puede realizar la conducta problema o cualquier otro comportamiento. El profesor no debe interaccionar con el estudiante mientras le aplica la restricción física (**Figura 18-2**).

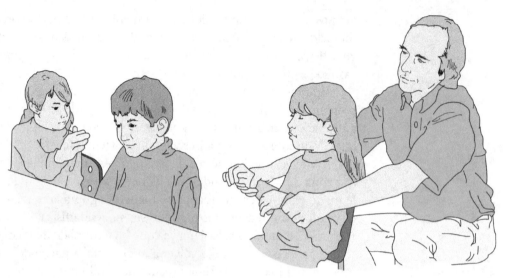

FIGURA 18-2   Cuando el estudiante golpea a otro compañero, el maestro aplica restricción física durante 1 minuto sujetando los brazos de dicho alumno. El estudiante no puede implicarse en actividades reforzantes y no puede recibir atención por parte del profesor durante este lapso de tiempo.

Para la mayoría de las personas, la restricción de la libertad de movimientos supone un evento aversivo, en tales casos, la restricción física funcionaría como un castigo. En otros casos, la restricción física puede funcionar como un reforzador (Favell, McGimsey y Jones, 1978). Por tanto, debemos determinar si la restricción física funciona como castigo o como reforzador para una persona en particular antes de usarla.

Una variación de la **restricción física** consiste en el bloqueo de respuesta. En este procedimiento, la persona responsable de la intervención impide la aparición de la conducta problema mediante el bloqueo físico de la respuesta (Lerman y Iwata, 1996a). En el momento en que el cliente inicia la conducta problema, se aplica bloqueo para que no llegue a completar la respuesta. Por ejemplo, supongamos que un estudiante con discapacidad intelectual presenta el comportamiento de introducirse la mano en la boca en una acción similar a la succión del pulgar. El bloqueo de respuesta en este caso supondría que, en el momento en que se lleva la mano a la boca, el maestro pone su propia mano frente a la boca del estudiante para evitar que éste llegue a introducírsela en la boca (Reid, Parsons, Phillips y Green, 1993). El bloqueo de respuesta también se puede utilizar con restricción breve, en este caso, la persona que aplica la intervención bloquea la respuesta y luego utiliza la restricción física durante un corto espacio de tiempo (Rapp et al., 2000).

Shapiro, Barrett y Ollendick (1980) evaluaron la restricción física como tratamiento para el comportamiento de introducirse la mano en la boca presentado por tres niñas con discapacidad intelectual. Cada vez que una chica se introducía la mano a la boca, el entrenador se la sacaba y restringía físicamente las manos de la niña sujetándoselas sobre la mesa a la que estaba sentada durante 30 segundos. Este procedimiento disminuyó el problema de conducta en las tres niñas. El procedimiento de restricción física breve también ha sido usado como una intervención efectiva para el comportamiento de pica (ingestión de objetos no alimenticios) en personas con discapacidad intelectual (Bucher, Reykdal y Albin, 1976; Winton y Singh, 1983). En el caso de un comportamiento como la pica, es preferible bloquear la respuesta a fin de que la persona no llegue a introducirse en la boca el objeto no comestible y luego aplicar una breve restricción.

Precauciones en la aplicación de actividades aversivas

A partir la discusión anterior acerca de las diversas actividades aversivas que pueden aplicarse en los procedimientos de castigo positivo, es evidente que el contacto físico entre la persona que aplica la intervención y el cliente es a menudo necesario cuando se aplican estos procedimientos. Dado que frecuentemente debemos ayudar físicamente al cliente durante el transcurso de la actividad aversiva, procede tomar una serie de precauciones.

- La aplicación de las actividades aversivas debe usarse sólo cuando la persona que aplica la intervención pueda proporcionar ayuda física.
- La persona que aplica la intervención debe prever que es posible que el cliente se oponga a la ayuda física, al menos inicialmente, y debe estar seguro de poder llevar a cabo el procedimiento si el cliente se resiste físicamente.
- Quien aplique la intervención debe estar seguro de que la ayuda física que implica el procedimiento no es reforzante para el cliente. Si ese contacto físico es reforzante, el procedimiento no funcionará como un castigo.
- También debe estar seguro de que el procedimiento puede llevarse a cabo sin causar daño al cliente o a sí mismo. Esto es particularmente importante cuando el cliente se resiste y forcejea durante la ejecución del procedimiento, existiendo riesgo de lesiones para ambos.

Para más discusión: El uso de la restricción física como procedimiento de emergencia

Como se describe en este capítulo, la restricción física es un procedimiento de modificación de conducta implementado contingente a un problema conductual para disminuirlo. Disminuye el comportamiento problemático porque funciona como castigo positivo. Antes de usar la restricción física, los cuidadores deben estar entrenados implementar el procedimiento apropiadamente y recopilar datos para demostrar que el procedimiento está disminuyendo el comportamiento problemático. A veces, sin embargo, los cuidadores usan la restricción física como una emergencia, como un procedimiento para mantener al cliente (u otros) a salvo cuando el cliente muestra comportamiento peligroso como el comportamiento autolesivo o agresivo. El uso de la restricción física como un procedimiento de emergencia está destinado a evitar que el cliente se lastime a sí mismo o a otros. Sin embargo, el uso de restricción física puede conducir a un comportamiento agresivo más intenso ya que el cliente se resiste activamente a la restricción, aumentando así el riesgo de lesiones. Debido a que el uso de emergencia de la restricción física puede causar daños graves al cliente o al cuidador si se lleva a cabo incorrectamente, los cuidadores deben estar entrenados para saber cuándo usarlo y cómo usarlo como un procedimiento de emergencia (y utilizarlo solamente una vez que estén bien entrenados). Además, las instituciones, escuelas o jurisdicciones (por ejemplo, los estados) a menudo tienen reglas, regulaciones o leyes sobre el uso de la restricción física y los cuidadores deben estar entrenados antes de usar el procedimiento.

Aplicación de estimulación aversiva

Una mujer con discapacidad intelectual profunda realiza un comportamiento llamado bruxismo, que consiste en hacer rechinar los dientes por fricción entre los dientes superiores e inferiores. Este comportamiento es tan grave que provoca un fuerte ruido y daña sus dientes. El personal al cargo le aplica un procedimiento de castigo que consistía en poner un cubito de hielo en su mandíbula cada vez que presentase bruxismo manteniendo el hielo entre 6 y 8 segundos. Gracias a este procedimiento, la frecuencia de bruxismo disminuyó considerablemente (Blount, Drabman, Wilson y Stewart, 1982).

Un bebé de 6 meses de edad ingresó fue admitido en un hospital por bajo peso y desnutrición. El bebé presentaba un peligroso comportamiento llamado rumiación y que consistía en que inmediatamente después de comer, regurgitaba la comida llevándola de nuevo a su boca. La rumiación se mantenía entre 20 y 40 minutos después de cada toma hasta que perdía la mayor parte o la totalidad de la comida que acababa de ingerir. En caso de que este comportamiento no se tratase, el bebé fallecería. En el hospital, un psicólogo aplicó un procedimiento de castigo en el que se instruyó a la enfermera a escurrir una pequeña cantidad de zumo de limón concentrado en la boca del bebé cada vez que empezaba a rumiar. Éste hacía muecas y se relamía cuando el jugo de limón agrio entraba en su boca y la rumiación se detenía. Si el bebé empezaba a rumiar de nuevo, la enfermera escurría otro chorrito de jugo de limón en su boca. Este procedimiento de castigo se llevó a cabo después de cada toma cuando el bebé rumiaba. De este modo se logró eliminar una conducta tan peligrosa. Felizmente, el bebé ganó peso de manera constante mientras estuvo en el hospital y fue dado de alta después de un par de meses (Sajwaj, Libet y Agras, 1974).

Estos dos ejemplos ilustran **procedimientos de castigo positivo** que implican la aplicación de estimulación aversiva para disminuir problemas de conducta graves. En el primer caso, el estímulo aversivo fue un cubito de hielo aplicado a la mandíbula, en el segundo, un chorrito de jugo de limón en la boca. Mientras que, en la aplicación de actividades aversivas, el cliente debe realizar un comportamiento de manera contingente a la presentación de la conducta problema, la aplicación de la estimulación aversiva consiste en administrar un estímulo aversivo después de la conducta problema. Cuando la realización de una conducta problema requiere de la aplicación de un estímulo aversivo, es menos probable que ese comportamiento se dé en el futuro. En los procedimientos de castigo positivo se han utilizado diversos estímulos aversivos. Estos incluyen descargas eléctricas, olor a amoníaco, agua pulverizada en la cara, ocultación facial, ruido y reprimendas verbales.

Las descargas eléctricas se han utilizado como castigo en problemas de conducta graves, tales como la conducta autolesiva. Linscheid, Iwata, Ricketts, Williams y Griffin (1990) evaluaron la eficacia de un dispositivo que aplicaba descargas eléctricas por control remoto a fin de disminuir el comportamiento de golpearse la cabeza (una conducta peligrosa y potencialmente mortal) exhibido por cinco niños y adultos con discapacidad intelectual profunda. Cada cliente llevaba un dispositivo detector en la cabeza. El sensor detectaba los golpes en la cabeza y enviaba una señal de radio a un generador de descargas sujeto a la pierna del cliente. Cada golpe en la cabeza producía una descarga breve e inmediata en la pierna. La descarga era dolorosa, pero no perjudicaba o hería al cliente en modo alguno. El comportamiento de golpearse la cabeza disminuyó de inmediato ostensiblemente en los cinco clientes después de usar descargas eléctricas como estímulo aversivo. Los resultados obtenidos por uno de los clientes se muestran en la Figura 18-3.

El olor del amoníaco se ha utilizado para disminuir problemas de comportamiento tales como autolesiones (Zeiler y Tanner, 1975) y conducta agresiva (Doke, Wolery y Sumberg, 1983). De manera contingente a la conducta problema, la persona que aplica la intervención rompe una cápsula de amoniaco y la agita bajo la nariz del cliente. El olor del amoníaco es un estímulo aversivo que disminuye el problema de comportamiento al que sigue. La cápsula de amoniaco tiene el mismo olor que las sales aromáticas utilizadas para recobrar a un boxeador inconsciente o a un jugador de fútbol.

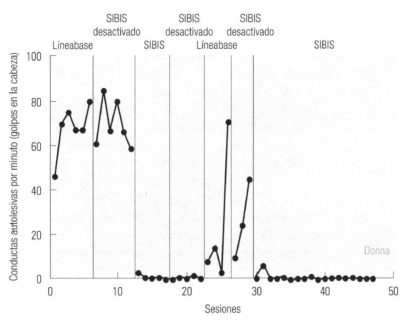

FIGURA 18-3   Este gráfico muestra el efecto del uso de descargas eléctricas contingentes como castigo a conductas autolesivas (golpearse la cabeza) presentadas por Donna, una adolescente de 17 años de
edad con discapacidad intelectual profunda. Los experimentadores utilizaron el sistema inhibidor
de conducta autolesiva (Self-InjuriousBehaviorInhibitingSystem, SIBIS). Este dispositivo detecta
cada golpe en la cabeza y aplica una descarga en la pierna. El gráfico muestra que durante la línea
de base y cuando Donna llevaba el dispositivo de descargas, pero antes de que éste se activase,
el comportamiento de golpearse la cabeza se daba a una tasa de 50-80 respuestas por minuto.
Es decir, se golpeaba la cabeza más de una vez por segundo de media. Cuando se introdujo la
descarga contingente como castigo, los golpes en la cabeza disminuyeron de inmediato a casi
cero. El número total de descargas aplicadas a Donna fue pequeño porque los golpes en la cabeza disminuyeron de manera inmediata. Observe que en la cuarta fase, cuando el aparato estuvo
inactivo, los golpes en la cabeza se mantuvieron a un nivel próximo a cero. El dispositivo, al emitir
una descarga eléctrica para cada golpe en la fase anterior, estableció control de estímulos sobre
la conducta autolesiva. Ello facilitó que la supresión del comportamiento continuase cuando Donna
llevaba puesto el dispositivo, aunque éste no estuviese emitiendo descargas en esta fase. Después
de que los golpes en la cabeza aumentaran en la segunda líneabase, el dispositivo inactivo perdió
el control de estímulos ylas descargas tuvieron que ser administradasde nuevo.El comportamiento
disminuyó rápidamente a cero de nuevo cuando se volvieron a instaurar las descargas (según
Linscheid, T., Iwata, B. A., Williams, D., y Griffin, J. [1990]. Clinical evaluation of the self-injurious
behavior inhibiting system. Journal of Applied Behavior Analysis, 23,53-78. Copyright © 1990
Universityof Kansas Press).

En el procedimiento de castigo con agua pulverizada, cuando la persona muestra
el problema de comportamiento, se le rocía brevemente la cara con agua mediante un
espray de manera contingente a la presentación de la conducta problema. El contenido del pulverizador es siempre agua limpia y no causa daño alguno. Dorsey, Iwata,
Ong y McSween (1980) utilizaron un pulverizador de agua para disminuir la conducta
autolesiva en nueve niños y adultos con discapacidad intelectual profunda.

La ocultación facial es un procedimiento de castigo en el cual el rostro del cliente
se cubre brevemente con un babero o con la mano de la persona que aplica la inter-

vencido Por ejemplo, un estudio realizado por Singh, Watson y Winton (1986) evaluó la ocultación facial en tres niñas institucionalizadas y con discapacidad intelectual que mostraban conductas autolesivas que consistían en golpearse o frotarse la cabeza y la cara. Cada niña llevaba un babero de algodón y, cuando se producía la autolesión, el investigador ponía el babero sobre la cara de la niña durante 5 segundos. El procedimiento no era doloroso y las niñas aún podían respirar sin dificultad. Este procedimiento redujo total o casi totalmente las autolesiones en las tres niñas.

Investigaciones recientes han demostrado que el ruido (p.ej., la alarma de un despertador) puede funcionar como castigo cuando se aplica de manera contingente a conductas tales como de tirarse del pelo o succionarse el pulgar (Ellingson, Miltenberger, Stricker, Garlinghouse, et al. 2000; Rapp, Miltenberger y Long, 1998; Stricker et al., 2001, 2003). Rapp, Miltenberger y Long (1998) desarrollaron un dispositivo de tratamiento con dos partes, uno llevado en la muñeca y otro llevado en el cuello de una camisa. Una mujer que presentaba un grave comportamiento que consistía en tirarse del pelo (se había arrancado la mitad del pelo de la cabeza) llevaba el dispositivo; cuando levantaba la mano para tirarse del pelo, el dispositivo hacía sonar una alarma. El ruido de la alarma no se detenía hasta que retiraba la mano de la cabeza. los tirones del pelo se redujeron a cero cuando llevaba el dispositivo. Ellingson y colaboradores (2000), y Stricker y colaboradores (2001) demostraron la aplicación contingente de ruido disminuía a cero la succión del pulgar en niños.

Van Houten y sus colaboradores evaluaron la eficacia del uso de reprimendas verbales como castigo (Van Houten, Nau, MacKenzie-Keating, Sameoto y Colavecchia, 1982). Hallaron que las reprimendas eran eficaces como procedimiento de castigo en estudiantes de educación primaria, aunque solo si estas informaban al estudiante de que detuviese una mala conducta, se daban manteniendo contacto visual y se presentaban mientras el maestro agarraba firmemente al estudiante de los hombros. Las reprimendas verbales también disminuyeron los problemas de comportamiento de los estudiantes que observaban cómo se amonestaba a sus compañeros, aunque sin que estos recibiesen las amonestaciones directamente. Doleys, Wells, Hobbs, Roberts y Cartelli (1976) también encontraron que las reprimendas eran castigos eficaces para el comportamiento de no seguir instrucciones en niños con discapacidad intelectual.

Castigo positivo: El último recurso

Aunque hemos descrito muchos ejemplos de castigo que implican la aplicación de estimulación aversiva, los procedimientos de castigo se están utilizando cada vez con menos frecuencia. La investigación sobre métodos de tratamiento funcional ha ofrecido alternativas no aversivas al castigo y ha ayudado a modificar la filosofía sobre el uso del castigo en modificación de conducta, especialmente cuando se usa con personas con discapacidad intelectual. El castigo es, por tanto, una modalidad de tratamiento cada vez menos usada y aceptada (Miltenberger, Lennox y Erfanian, 1989). Otros profesionales creen que procedimientos de castigo positivo, especialmente los que implican la aplicación de estimulación aversiva, no deberían utilizarse nunca. Tales procedimientos están reservados para problemas conductuales que son muy difíciles de tratar, la mayoría son grabes y para los cuales otros tratamientos funcionales han demostrado no dar resultado. Los procedimientos de castigo negativo, como el tiempo-fuera y el coste de respuesta, que no implican la aplicación de eventos aversivos, son mucho más aceptables y de uso más frecuente que los procedimientos de castigo positivo.

LECTURA PARA AMPLIAR ¿Es el castigo positivo un procedimiento aceptable?

Los procedimientos de castigo positivo se utilizaron con cierta frecuencia hace algunas décadas siendo su uso mucho menos habitual actualmente. Uno de los factores que condujeron a la disminución en el uso del castigo fue el desarrollo de aproximaciones funcionales de evaluación y tratamiento en las que se identifican y modifican los factores que mantienen la conducta problema. Otro factor que condujo a la disminución del uso de castigo positivo fue el desarrollo del enfoque de la validez social a finales de los años 70. En 1978, Montrose Wolf publicó un artículo en el que hacía un llamamiento a prestar atención a la validez social de las conductas que pretendemos instaurar, de las intervenciones conductuales y de los resultados que estas permiten alcanzar. La validez social se refiere a los juicios individuales acerca de las siguientes cuestiones: (a) ¿son las conductas objetivo adecuadas?, (b) ¿son las intervenciones aceptables? y (c) ¿tendrá éxito la intervención? En 1980, Alan Kazdin condujo un estudio para evaluar el grado en que varias intervenciones conductuales eran valoradas como aceptables, aspecto este que es un importante componente de la validez social. Kazdin encontró que el reforzamiento se consideró más aceptable que el castigo negativo (tiempo fuera) o el castigo positivo (descargas eléctricas) para el tratamiento de problemas de comportamiento infantil. El castigo positivo resultó ser la forma de intervención conductual menos aceptable. Este y otros estudios similares han demostrado que el castigo positivo es valorado como la intervención conductual menos aceptable. A consecuencia de ello, el uso de estos procedimientos ha disminuido enormemente.

Consideraciones sobre el uso del castigo positivo

Deben tenerse en cuenta una serie de consideraciones antes de poner en práctica un procedimiento de castigo positivo.

■ *Usar en primera instancia intervenciones funcionales* que no requieran del uso de aversivos. Si nos estamos planteando utilizar un procedimiento de castigo, primero deberíamos usar intervenciones funcionales que no requieran aversivos para disminuir el problema de comportamiento y aumentar comportamientos alternativos aceptables. Si la extinción, el reforzamiento diferencial y las manipulaciones de antecedentes no producen cambios satisfactorios en la conducta problema, podríamos entonces tomar en consideración procedimientos de castigo.

■ *Aplicar reforzamiento diferencial junto con el castigo.* El reforzamiento diferencial de conductas alternativas, o el reforzamiento diferencial de otras conductas deben utilizarse siempre junto al castigo. Ello permite que la intervención se centre en el aumento de conductas adecuadas que deben sustituir al problema de conducta, mientras este se elimina o se reduce.

■ *Tener presenta la función de la conducta problema.* Debemos siempre llevar a cabo una evaluación funcional de la conducta problema antes de decidir el tratamiento. Esto permitirá elegir la forma más apropiada detratamiento funcional (extinción, reforzamiento diferencial, manipulación de antecedentes). La información arrojada por la evaluación funcional también resulta informativa a la hora de determinar el procedimiento de castigo más apropiado. El tiempo fuera sería adecuado para un problema de conducta mantenido por atención u otros reforzadores positivos. Sin embargo, el tiempo fuera no sería apropiado para los problemas de comportamiento mantenidos por escape. Asimismo, la aplicación de actividades aversivas sería conveniente en los problemas de comportamiento mantenidos por escape, pero no sería apropiada para los comportamientos mantenidos por atención. Dado que la persona que aplica la intervención tiene que prestar cierta cantidad de atención al aplicar sobrecorrección, ejercicio contingente, guía física, o restricción física, estos procedimientos podrían contribuir a reforzar una conducta problema mantenida por atención. No obstante, si la persona que aplica la intervención aplica la actividad aversiva prestando mínima atención y si la actividad es lo suficientemente aversiva, estos procedimientos aun podrían ser eficaces para los problemas de comportamiento mantenidos por atención.

■ *Elija el estímulo aversivo cuidadosamente.* Cuando vayas a utilizar procedimientos de castigo positivo que requieran de la presentación de estímulos aversivos, debes determinar previamente si el estímulo es en efecto aversivo (Fisher et al., 1994). Diferentes estímulos funcionan como reforzadores o como castigos según para qué personas y según el contexto. Por ejemplo, una reprimenda verbal puede funcionar como un estímulo aversivo (castigo) para un estudiante y para otro puede funcionar como un reforzador. Asimismo, una reprimenda puede funcionar como un castigo en un aula en la que el profesor elogia las conductas apropiadas, o puede funcionar como un reforzador en otra clase en la que el profesor no presta atención a las conductas apropiadas. Dar cachetes es otro estímulo que puede ser aversivo, y por lo tanto funciona como un castigo para algunas personas, pero puede funcionar como reforzador o como estímulo neutro para otras. Puede que dar cachetes sea muy utilizado, pero no es recomendado como un procedimiento de modificación de conducta. Este ejemplo simplemente ilustra cómo diferentes estímulos funcionan de diferentes maneras para diferentes personas. Recordemos que un estímulo aversivo siempre se define por su efecto sobre el comportamiento al que sigue.

Para mejorar la eficacia de un estímulo aversivo en un procedimiento de castigo, puede ser útil usar castigos variados en lugar de un solo estímulo punitivo. Charlop, Burgio, Iwata y Ivancic (1988) demostraron que la alternancia de tres castigos diferentes reducía las conductas agresivas y molestas en los niños en mayor medida que si se usaba un único castigo.

■ *Disponer de datos a la hora de tomar decisiones con relación al tratamiento.* Un procedimiento de castigo debe producir un rápido descenso en la conducta problema. Si se está aplicando un procedimiento de castigo y los datos muestran que el problema de conducta no disminuye inmediatamente después de la aplicación del procedimiento, éste debe ser reevaluado y, posiblemente, interrumpido. El que el comportamiento no disminuya sugiere que el procedimiento no funciona como castigo para el cliente (posiblemente porque el estímulo aversivo no es suficientemente intenso), o bien porque el procedimiento no se está ejecutando correctamente, o el comportamiento sigue siendo reforzado y el efecto del reforzamiento es más fuerte que el efecto del castigo. En tales casos, se hará necesaria una nueva evaluación para determinar las causas de la falta de éxito del tratamiento.

■ *Prestar atención a los aspectos éticos relacionados con el uso del castigo.* A esta cuestión dedicaremos nuestro siguiente apartado.

Aspectos éticos del castigo

La decisión de utilizar un procedimiento de castigo debe tomarse con cautela y después de haber considerado tratamientos alternativos. El castigo implica la pérdida de reforzadores, la realización de una actividad de manera forzosa, la restricción de movimientos, o la aplicación de estímulos aversivos; por ello, su uso puede comprometer los derechos del cliente. Por ese motivo, los procedimientos de castigo a menudo son llamados procedimientos restrictivos. Además, un mal uso o un uso excesivo de los procedimientos de castigo puede resultar perjudicial para el cliente (Gershoff, 2002). Por último, algunos individuos y organizaciones creen que la aplicación de estímulos aversivos no es humanitaria y no está justificada en ningún caso (Lavigna y Donnellan, 1986; TheAssociationforPersonswithSevereHandicaps, 1987). Por estas razones, siempre debemos considerar las siguientes cuestiones éticas antes de decidirnos a aplicar un procedimiento de castigo.

Consentimiento Informado

El interesado debe entender el procedimiento de castigo, la justificación de su uso, cómo y cuándo va a ser utilizado, sus efectos previsibles y sus efectos secundarios, así como las posibles alternativas de tratamiento disponibles. Debe estar plenamente informado y debe voluntariamente aceptar ser el receptor del procedimiento antes de su uso. Sólo los adultos pueden dar un **consentimiento informado.** Por lo tanto, antes de practicar un procedimiento de castigo con un menor o un adulto que no puede dar su consentimiento (p.ej., algunas personas con discapacidad intelectual o trastornos psiquiátricos), el tutor o representante legal debe dar su consentimiento en nombre de la persona.El consentimiento informado es requerido para el uso de cualquier procedimiento de modificación de conducta (Bailey y Burch, 2011)

Tratamientos alternativos

Como se discutió en secciones anteriores, en la mayoría de los casos, un procedimiento de castigo no será la primera opción de tratamiento. Antes de considerar el castigo consideraremos tratamientos no aversivos menos restrictivos. En muchos casos, se pueden eliminar problemas de conducta graves con procedimientos de tratamiento no aversivos desarrollados a partir de una evaluación funcional del problema. Si se va a utilizar el castigo, deben aplicarse los procedimientos de castigo menos restrictivos, si es posible, antes de utilizar los más restrictivos. Además, junto a los procedimientos de castigo, deben aplicarse siempre estrategias de reforzamiento.

Seguridad del cliente

Un procedimiento de castigo nunca debe perjudicar al cliente. Si se utiliza la ayuda física en la aplicación de actividades aversivas, la persona que aplica la intervención no debe causar daño alguno al cliente en el proceso de guiar el comportamiento físicamente. Tampoco debemos usar un estímulo aversivo que pueda ocasionar un daño físico al cliente.

Gravedad del problema

Los procedimientos de castigo deben reservarse para los problemas de comportamiento más graves. La aplicación de un estímulo doloroso, desagradable o molesto sólo puede estar justificada si la conducta problema representa una amenaza para el bienestar del cliente, o el de otras personas.

Guías para su aplicación

Si vamos a aplicar un procedimiento de castigo, debemos disponer de estrictas directrices definidas por escrito sobre cómo aplicar el procedimiento. Estas no pueden incurrir en ambigüedad en aspectos tales como cuándo, dónde, quién y cómo se llevará a cabo el procedimiento. De hecho, debe haber pautas escritas para el uso de cualquier procedimiento de modificación de comportamiento

Capacitación y supervisión

Además de las directrices por escrito explicando la utilización del procedimiento de castigo, todo el personal que vayan a llevar a cabo el procedimiento debe recibir entrenamiento para un uso correcto del mismo. El entrenamiento debe incluir instrucciones, modelado y práctica con retroalimentación, estrategias que se mantendrán hasta que el procedimiento se lleve a cabo sin errores. Los profesionales aplicarán el procedimiento sólo después de haber demostrado su competencia en el mismo. Una vez que un procedimiento de castigo está en uso, debe haber una supervisión permanente del personal responsable para garantizar que éste se aplica correctamente en todo momento.De nuevo, estos procedimientos de entrenamiento deben ser utilizados con cualquier procedimiento de modificación de conducta.

Supervisión por parte de otros profesionales

El procedimiento de castigo debe describirse en un programa detallado y éste debe ser revisado por un grupo de expertos en análisis de conducta y ética. El grupo de expertos evaluará el programa de castigo y, en su caso, aprobará el procedimiento, si este está bien diseñado y justificado para el caso particular en el que se haya planteado. La revisión por el grupo de expertos asegura una evaluación profesional del procedimiento seleccionado y evita el mal uso del castigo.

Responsabilidad: Prevención del uso incorrecto o excesivo

Debido a que el uso del castigo puede reforzarse negativamente por la resolución del problema de conducta, siempre existe el riesgo de que el castigo pueda ser mal utilizado o usado en exceso. Por lo tanto, es importante que cada persona que aplique el procedimiento lo haga de manera responsable. Las directrices de aplicación, el entrenamiento y la supervisión contribuyen a un uso responsable. La revisión frecuente del nivel del problema de conducta mediante observación conductual y del procedimiento de castigo también contribuyen a un uso responsable. Foxx, McMorrow, Bittle y Bechtel (1986) recomiendan las siguientes medidas para garantizar el uso responsable de programas que incluyen el uso de descargas eléctricas: "(a) evaluar a todas las personas que aplicarán el programa antes de que se les permita participar en el mismo, (b) solicitar a las personas que llevarán a cabo el programa que se expongan ellos mismos a la descarga eléctrica antes de usarla, (c) asignar cada turno o jornada escolar a un individuo concreto como responsable de la aplicación del programa, y (d) tomar datos precisos sobre la aplicación del procedimiento y verificar dichos datos después de cada turno o jornada escolar por parte del supervisor del personal y el analista de conducta responsable" (pág. 184). Aunque estas medidas se han desarrollado para el uso de descargas eléctricas como procedimiento de castigo, son relevantes para el uso de cualquier técnica de castigo en la que se aplique estimulación aversiva.

RESUMEN DEL CAPÍTULO

1. En la aplicación de actividades aversivas contingentes a la ocurrencia de un problema de conducta, se requiere que la persona realice una actividad aversiva (de baja probabilidad o no preferida) para así disminuir la frecuencia del problema de conducta. Si es necesario, se proporciona ayuda física para hacer que la persona lleve a cabo la actividad aversiva de manera contingente a la conducta problema.

2. Los procedimientos de castigo que requieren de la aplicación de actividades aversivas son: la práctica positiva, la sobrecorrección restitutiva, el ejercicio contingente, la guía física y la restricción física.

3. En los procedimientos de castigo en los que se aplica estimulación aversiva, un estímulo aversivo se suministra de manera contingente a la conducta problema. La definición funcional de estímulo aversivo es: un estímulo que cuando se aplica de forma contingente a una conducta, disminuye la ocurrencia futura de esta.

4. El castigo debe ser utilizado solamente después de que se hayan aplicado enfoques funcionales que no requieran del uso de aversivos y éstos hayan demostrado ser ineficaces o solo parcialmente eficaces en la disminución de la conducta problema. Conjuntamente a los procedimientos de castigo, deben también llevarse a cabo técnicas de reforzamiento diferencial. También debemos recoger datos que documenten la efectividad del procedimiento. Un estímulo punitivo debe ser seleccionado cuidadosamente y teniendo presente la función de la conducta problema.

5. Las cuestiones éticas relativas al uso del castigo son: obtener consentimiento informado, priorizar el uso de tratamientos alternativos, velar por la seguridad del cliente, evaluar la gravedad del problema, seguir directrices específicas de aplicación, entrenar y supervisar al personal al cargo, contrastar el procedimiento con otros profesionales y garantizar un uso responsable.

PALABRAS CLAVE

Aplicación de actividades aversivas, 362	Ejercicio contingente, 364	Restitución, 363
Aplicación de estimulación aversiva, 369	Guía física, 366	Restricción física, 367
Bloqueo de respuesta, 367	Práctica positiva, 367	Sobrecorrección, 363
Consentimiento informado, 374		

TÉST PRÁCTICO

1. ¿Cuál es la diferencia entre castigo positivo y castigo negativo? Pon ejemplos que ilustren cada tipo de castigo (pág. 411).

2. Describe la aplicación de actividades aversivas como un tipo de castigo positivo. Indica de qué modo estás actividades se apoyan en el principio de Premack (pág. 412).

3. Describe el procedimiento de práctica positiva. Pon un ejemplo (pág. 413).

4. Describe el procedimiento de restitución. Pon un ejemplo (págs. 413-414).

5. Describe el procedimiento de ejercicio contingente. ¿En qué se diferencia de la sobrecorrección? Para cada ejemplo que has puesto en las preguntas 3 y 4, describe cómo se utilizaría el ejercicio contingente en lugar de procedimientos de sobrecorrección (págs. 414-415).

6. ¿Qué crees que un maestro encontrará más aceptable para su uso en el aula, la sobrecorrección o el ejercicio contingente? Razone su respuesta.

7. Describe el procedimiento de guía física. ¿Cuándo se usa? Describa cómo la guía física puede ser un componente de la sobrecorrección o de los procedimientos de ejercicio contingente (págs. 415-416).

8. Describe el procedimiento de restricción física. Pon un ejemplo. Proporciona un ejemplo del bloqueo de respuesta (pág. 417).

9. Describe la aplicación de estimulación aversiva como un tipo de castigo positivo (págs. 418-419).

10. ¿Cómo puede determinar si un estímulo particu-

lar es un estímulo aversivo para una persona? (pág. 422).

11. Identifica seis estímulos aversivos diferentes que se hayan utilizado en procedimientos de castigo positivo (págs. 418-421).

12. ¿Por qué está disminuyendo el uso de procedimientos de castigo? (pág. 421).

13. Identifique las cinco cuestiones que deben abordarse cuando se utiliza un procedimiento de castigo (págs. 422-423).

14. ¿Qué es el consentimiento informado? (pág. 423).

15. ¿Cómo se relaciona la gravedad del problema de conducta con el uso del castigo? (pág. 424).

16. ¿Qué es la contrastación por parte de otros profesionales y cómo se relaciona con el uso del castigo? (pág. 424).

17. ¿Qué medidas pueden adoptarse para garantizar un uso responsable del castigo? (págs. 424-425).

APLICACIONES

1. Describe cómo utilizar un procedimiento de castigo positivo en un proyecto para el control de tu propia conducta. Si el castigo positivo no es aplicable a tu plan, describe por qué.

2. Tomás y Ricardo cogieron media docena de huevos de la nevera antes de salir a una fiesta. Se dirigieron al colegio para lanzar los huevos a las ventanas de su clase de quinto curso. Fueron por la parte trasera del edificio de la escuela hacia la ventana del aula y cada uno le lanzó tres huevos. Después de haber cubierto la ventana con los huevos, regresaron andando alrededor del edificio y se encontraron con el Sr. Álvarez, su director. Describe el procedimiento de restitución que el Sr. Álvarez podría utilizar con ellos para disminuir la probabilidad de que realicen de nuevo este tipo comportamiento inadecuado.

3. Gertrudis es una maestra de preescolar con una clase de 20 alumnos. Realiza una serie de actividades estructuradas y no estructuradas en el aula en las que los niños trabajan individualmente y en grupos. Se ha dado cuenta de que cuando los estudiantes hacen actividades poco estructuradas en grupo (p.ej., cuando hacen manualidades alrededor de una mesa grande), algunos estudiantes se portan mal. Estos muestran comportamientos disruptivos de poca importancia que se ven reforzados por la atención de los otros niños. Aunque los comportamientos no son peligrosos, alteran la clase y suponen un mal ejemplo para los otros estudiantes. Describa cómo Gertrudis podría utilizar reprimendas verbales de manera eficaz para disminuir el comportamiento disruptivo.

4. Un hospital de una ciudad del interior atiende a cierto número de niños pequeños para un tratamiento de desintoxicación de plomo. Estos niños ingresan en el hospital porque han comido trozos de pintura hecha con plomo de las paredes de sus casas. Los propietarios de las casas no mantienen los apartamentos adecuadamente y, por tanto, a menudo hay pintura despegada en las paredes. Cuando un niño ingiere plomo (de los trozos de pintura despegada o de cualquier otro sitio), éste se acumula en el cerebro y puede causar daño cerebral y discapacidad intelectual. Los niños pasan una semana en el hospital mientras los doctores retiran el plomo de sus cuerpos mediante procedimientos médicos. Mientras los niños están en el hospital, pasan gran parte del día en una sala de juegos con otros niños, a cargo de especialistas en desarrollo infantil. Aunque la sala de juegos es limpia y segura, los niños suelen llevarse juguetes u otros objetos a la boca, un comportamiento que podría ser peligroso en un entorno inseguro. Describa cómo el personal puede utilizar la interrupción de respuesta y la contención breve con estos niños a fin de eliminar la conducta problema de llevarse objetos a la boca.

APLICACIONES INADECUADAS

1. Teo es un hombre joven con discapacidad intelectual grave y autismo que presenta un comportamiento estereotipado consistente en triturar papel. La conducta consiste en recoger un pedazo de papel (periódico, papel de escribir, una página de un informe o un programa) y hace tiras finas con él hasta que lo destroza. También, mientras corta el papel lo mira fijamente y no presta atención a otras personas o eventos en el medio ambiente. Este comportamiento ha sido motivo de preocupación desde hace años porque Teo no participa en las tareas educativas mientras está rasgando el papel. También se da la circunstancia de que a veces rompe papeles importantes. Teo no es agresivo a la hora de obtener el papel para triturarlo, pero se vuelve agresivo si intentan quitarle el pedazo de papel una vez que lo tiene en la mano. Los profesionales a su cargo han aplicado una serie de procedimientos de reforzamiento y manipulaciones de antecedentes, pero no han conseguido disminuir el comportamiento. El personal se está planteando ahora un procedimiento de castigo que implique una descarga eléctrica contingente. Teo llevará un dispositivo de descarga eléctrica en el brazo, que puede ser activado por control remoto. Un miembro del personal tendrá la caja de control del dispositivo, y en el momento en que Teo empiece a rasgar un pedazo de papel, el miembro del personal activará una breve descarga. La descarga será ligeramente dolorosa, pero no le causará ningún daño. Los miembros del personal que aplicarán las descargas, serán entrenados y supervisados, y se recogerán datos para documentar los efectos del procedimiento. ¿Qué está

2. mal en este procedimiento de castigo?

   Bea es una mujer gruesa con discapacidad intelectual grave. Vive en un hogar tutelado y va a trabajar en una furgoneta cada día. Hace trabajos de montaje de una fábrica local con un preparador laboral y un grupo de otras cinco personas con discapacidad intelectual. Bea ha comenzado a mostrar una conducta problema que consisten en negarse a subir a la furgoneta por la mañana y a abandonar la sala de descanso después de su descanso de la mañana y después del almuerzo. Debido a su tamaño, Bea intimida un poco y muchas veces consigue lo que quiere. Cuando su preparador laboral le dice que suba a la furgoneta o que vuelva a trabajar, grita "No", cierra el puño y lo agita ante él, y sigue sentada donde está. Finalmente, Bea sube a la furgoneta o regresa a trabajar, pero sólo después de que el preparador la convenza. Debido a que Bea presenta conductas de "no seguimiento" en situaciones relacionadas con el trabajo, el preparador laboral ha decidido poner en práctica un procedimiento de guía física, en el cual Bea será físicamente guiada a la furgoneta y a volver al trabajo cuando se niegue a ello. ¿Qué hay de malo en usar la guía física en esta situación?

3. Juanma es un adolescente con discapacidad intelectual que vive en un piso tutelado con otros adolescentes con discapacidad. Presenta conductas autolesivas que consisten en abofetearse la cara y darse manotazos en las orejas. A los profesionales a su cargo les preocupa que pierda audición si sigue dándose golpes en los oídos. Éstos informan que se golpea, por lo general, cuando ellos están ocupados en los programas de formación con otros residentes. El responsable principal del hogar tutelado ha leído un estudio de investigación en el que el olor del amoniaco ha demostrado ser un tratamiento eficaz para las conductas autolesivas y cree que podría funcionar con Juanma. Sin embargo, antes de esforzarse en escribir el programa, solicitar que sea revisado por una comisión de expertos y entrenar al personal en el procedimiento, decide llevar a cabo un programa piloto para ver si el procedimiento funciona. Entrega una caja de cápsulas de amoníaco al personal que trabaja con Juanma y les da instrucciones de abrir una cápsula y agitarla bajo su nariz cuando se golpee. El responsable indica al personal que ponga en práctica el procedimiento durante unos días y compruebe si disminuye el comportamiento de darse bofetadas. Si lo hace, tomará todas las medidas necesarias y aplicará formalmente el procedimiento de castigo. ¿Qué está mal en esta medida?

Promover la generalización

- ¿Qué estrategias se pueden utilizar para promover la generalización del cambio de comportamiento?
- ¿Qué papel desempeñan las contingencias naturales de reforzamiento en la generalización?
- ¿Qué aspectos de los estímulos utilizados en la formación son importantes en la promoción de la generalización?
- ¿Cómo son las respuestas funcionalmente equivalentes implicadas en la generalización?
- ¿Cuáles son los procedimientos para promover la reducción generalizada de los problemas de conducta?

E s importante programar siempre la generalización de los cambios producidos por un programa de modificación de conducta. Programar la generalización aumenta la probabilidad de que el cambio de comportamiento se produzca en todas las situaciones o circunstancias relevantes en la vida de la persona.

Ejemplos de programación de la generalización

Recordemos el caso de la señora Gutiérrez (Capítulo 15), residente en un hogar de ancianos, quien rara vez mantenía una conversación positiva y a menudo se quejaba al personal. El personal utilizó reforzamiento diferencial de conductas alternativas para aumentar la frecuencia de la conversación positiva y para disminuir la frecuencia de las quejas. El éxito en la generalización del cambio del comportamiento de la Sra. Gutiérrez se definió como un aumento de la conversación positiva y una disminución de las quejas con las personas con las que hablaba en todo tipo de situaciones. Para lograr este objetivo, todo el personal (enfermeras, auxiliares de enfermería, médicos), los visitantes y otros residentes tendrían que utilizar usar consistentemente reforzamiento diferencial con ella. En el caso de que algunas personas siguieran reforzando sus quejas con atención, las quejas continuarían y la conversación positiva ocurriría con menor frecuencia con esas personas y, posiblemente, con otras. El psicólogo que enseñó al personal a utilizar el reforzamiento diferencial con la señora Gutiérrez programó para la generalización la formación de todo el personal sobre cómo utilizar el procedimiento con éxito y en todo momento. Por otra parte, el psicólogo sostuvo una reunión con la familia de la Sra. Gutiérrez, les explicó la importancia del uso de reforzamiento diferencial y les enseñó cómo utilizarlo. Por último, enseñó a las enfermeras cómo ayudar a otros residentes a ignorar las quejas de la señora Gutiérrez y a prestar atención a la conversación positiva. La jefa de enfermeras se encargó de supervisar el uso del reforzamiento diferencial y de proporcionar más formación en caso de ser necesaria. El éxito en la generalización del cambio de comportamiento de la señora Gutiérrez se produjo porque todas las personas relevantes de su entorno llevaron a cabo el procedimiento de reforzamiento diferencial tal como había sido programado.

Recuérdese el caso de Marcia (véase el Capítulo 12), que estaba aprendiendo habilidades de asertividad mediante procedimientos de entrenamiento en habilidades de conducta. La generalización de las habilidades de asertividad de Marcia se define como la ocurrencia de una respuesta asertiva apropiada a cualquier demanda no razonable hecha por un compañero de trabajo. En otras palabras, se consideraría como evidencia de la generalización el uso de una respuesta asertiva en cualquier situación en la que ésta fuera necesaria. El psicólogo, el Dr. Mingo, programó la generalización enseñando a Marcia a responder a una amplia gama de posibles demandas no razonables. En la formación, se utilizaron todas las demandas no razonables de un compañero de trabajo que Marcia podía recordar o anticipar. Marcia ensayó con éxito el comportamiento asertivo adecuado mediante role-play realistas de todas las situaciones que pudo identificar. El Dr. Mingo programó situaciones cada vez más difíciles, con compañeros de trabajo cada vez más persistentes en sus peticiones no razonables. Cuando Marcia respondió con firmeza a todas las situaciones difíciles que el Dr. Mingo pudo simular en role-play, éste tuvo el convencimiento de que las habilidades de asertividad se generalizarían a la situación de trabajo. Sin embargo, dado que las habilidades de asertividad habían sido reforzadas sólo en el contexto de role-play, su generalización en el contexto laboral real no estaba garantizada.

Considérese el siguiente ejemplo de fallo de la generalización. Recuérdese el ejemplo del Capítulo 10, en el que el entrenador, Miguel, utilizó ayudas físicas para enseñar a Lucas a golpear una pelota de béisbol lanzada por un jugador en particular, David. Cuando David lanzaba la pelota, el entrenador ayudaba a Lucas a mover el bate correctamente para golpear la pelota. Finalmente, el entrenador fue desvaneciendo la ayuda física hasta que Lucas pudo golpear la pelota sin ninguna ayuda. Entonces, David empezó a lanzar la pelota más rápido y de formas más complicadas, para enseñar a Lucas a responder a lanzamientos más difíciles. Aunque Lucas golpeaba la pelota con éxito en los entrenamientos, no pudo hacerlo durante el partido cuando le fue lanzada por un jugador del equipo contrario. La habilidad de Lucas de golpear la pelota durante los entrenamientos no se generalizó a la situación de partido. Una de las razones por las que esa conducta no se generalizó es que los lanzadores en el partido eran distintos de aquel de quien Lucas había aprendido a recibir pelotas en los entrenamientos. Es decir, los estímulos durante el aprendizaje (durante el entrenamiento) no fueron lo suficientemente similares a los estímulos en la situación objetivo (un partido real) para que el comportamiento se generalizase. Para programar la generalización, el entrenado debería haber planeado que los lanzamientos a los que Lucas aprendiera a responder en los entrenamientos (los estímulos de aprendizaje) fueran tan similares a los que recibiría en los partidos (los estímulos objetivo) como fuera posible. El entrenador podría haberlo hecho contando con un buen número de jugadores que lanzaran a Lucas la pelota durante los entrenamientos.

Definición de generalización

Durante el aprendizaje de la discriminación, como se expone en el Capítulo 7, la ocurrencia de un comportamiento sólo se refuerza ante la presencia de un determinado estímulo (el estímulo discriminativo, ED). El control de estímulos se desarrolla a través de este proceso, de forma que es más probable que la conducta ocurra en el futuro cuando el ED está presente. La generalización se define como la ocurrencia de la conducta en presencia de estímulos que son de alguna forma similares a los ED que estuvieron presentes durante el aprendizaje. Es decir, una clase de estímulos similares desarrolla el control de estímulos sobre la conducta. En modificación de conducta, la generalización se define como la ocurrencia de la conducta en presencia de todos los estímulos pertinentes fuera de la situación de aprendizaje.

La generalización del cambio de comportamiento es una cuestión importante en modificación de conducta. Cuando los procedimientos de modificación de conducta se utilizan para desarrollar, incrementar o mantener conductas deseables, se pretende que esas conductas se produzcan más allá del ámbito de aprendizaje, en todas las situaciones en las que se den estímulos relevantes. Por ejemplo, la respuesta asertiva de Marcia a un compañero de trabajo que le hace una demanda no razonable es una muestra de generalización. Sus respuestas asertivas se desarrollaron bajo el control de estímulos de una situación de aprendizaje (role-play) y ahora se producen fuera del ámbito de aprendizaje en situaciones similares. En el caso de Lucas, si éste golpea la pelota cuando se la lanza un jugador del equipo contrario en un partido, es que la generalización se ha producido. La conducta de golpear la pelota se ha desarrollado bajo el control de estímulos del entrenamiento, con los lanzamientos de David, y ese aprendizaje no tendrá éxito hasta que la conducta se generalice a situaciones similares

Estrategias para promover la generalización del cambio de conducta

Este capítulo describe las estrategias que se pueden utilizar para programar la generalización (Cuadro 19-1), y están basadas en las expuestas por Stokes y Baer (1977) y Stokes y Osnes (1989).

Reforzamiento de las ocurrencias de generalización

Una forma de promover la generalización es reforzar la conducta cuando se produce la generalización; es decir, reforzar la conducta cuando se produce fuera de la situación de aprendizaje en presencia de estímulos relevantes. De esta manera, todos los

TABLA 19-1 Estrategias para la promoción de la generalización del cambio de conducta:

- Fortalecimiento de las ocurrencias de generalización.
- Aprendizaje de habilidades que entran en contacto con las contingencias naturales de reforzamiento.
- Modificación de las contingencias naturales de reforzamiento y castigo.
- Incorporación en el aprendizaje de una amplia gama de situaciones de estímulo relevante.
- Incorporación de estímulos comunes.
- Enseñanza de una gama de respuestas funcionalmente equivalentes.
- Incorporación de mediadores de generalización generados por el propio individuo.

estimulos pertinentes desarrollan el control de estímulos sobre la conducta. Bakken, Miltenberger y Schauss (1993) aplicaron esta estrategia de generalización al enseñar habilidades parentales a padres con discapacidad intelectual, con el objetivo de que las utilizaran en el hogar, donde les eran necesarias. Para promover la generalización de las habilidades parentales en el ámbito del hogar, los investigadores realizaron sesiones de aprendizaje en los domicilios de sus clientes y les reforzaron cada vez que mostraban dichas habilidades en este contexto. Ello permitió que las habilidades se generalizaran al ámbito del hogar.

En un curso de psicología clínica para estudiantes de postgrado, al enseñar cómo llevar a cabo las sesiones de terapia, el profesor daba instrucciones y proporcionaba modelos; a continuación, los estudiantes ensayaban las habilidades en role-play de sesiones de terapia. Después de cada ensayo, el profesor ofrecía retroalimentación: les felicitaba para reforzar la conducta correcta y les daba instrucciones para mejorarla.

¿Cómo podría el profesor promover la generalización de estas habilidades a situaciones reales de terapia?

Un método consistiría en reforzar los casos de generalización que ocurrieran. El profesor podría sentarse en la sesión de terapia con el estudiante y asentir o sonreír como forma de aprobación por cada habilidad terapéutica correcta que éste mostrara. Otra estrategia sería la de observar a través de una ventana de observación mientras el estudiante lleva a cabo una sesión de terapia con un cliente. Inmediatamente después de la sesión, el profesor elogiaría al estudiante por todas las habilidades que ejecutó correctamente durante la sesión. También se podría utilizar otro recurso técnico: el estudiante llevaría un pequeño altavoz colocado en la oreja, de forma que el profesor podría reforzarle con elogios inmediatamente después de cada habilidad que ejecutara correctamente durante la sesión. La ejecución correcta de las habilidades terapéuticas en sesiones reales de terapia es un ejemplo de generalización. El reforzamiento de los casos de generalización es, tal vez, el enfoque más directo para promover la generalización. Esta estrategia difumina la distinción entre las condiciones de aprendizaje y las de generalización, porque el aprendizaje se produce en todas las situaciones relevantes. Stokes y Baer (1977) definen la generalización como "la aparición de conductas adecuadas en diferentes condiciones fuera del ámbito de aprendizaje" (pág. 350), pero en esta estrategia, de hecho, no hay ninguna condición en la que el aprendizaje no se produzca.

Un inconveniente de esta estrategia es que no siempre es posible reforzar una conducta fuera de la situación de aprendizaje. Por ejemplo, el Dr. Mingo no podría ir a la oficina de Marcia y felicitarla por cada una de sus conductas asertivas. Igualmente, en la mayoría de los cursos de habilidades parentales, el maestro no puede ir a los domicilios de sus alumnos y reforzarles por las habilidades que muestren en ese contexto. En estos casos, cuando no es posible reforzar las ocurrencias de generalización, se deben utilizar otras estrategias para promoverla.

Entrenamiento de habilidades con contingencias naturales de reforzamiento

Otra estrategia para promover la generalización es la enseñanza de habilidades que darán lugar a **contingencias naturales de reforzamiento** en las situaciones pertinentes. Si no es posible reforzar una conducta en situaciones relevantes fuera de la situación de aprendizaje, es importante prever la presencia de reforzadores naturales. Por ejemplo, a la hora de decidir qué habilidades de ocio enseñar a jóvenes con discapacidad que acaban educación secundaria y van a vivir en viviendas tuteladas, es importante tener en cuenta cuáles de sus actividades de ocio preferidas estarán disponibles para ellos en esos nuevos entornos. De esta manera, los clientes tendrán la oportunidad de participar en actividades que les son reforzantes. Si los estudiantes son entrenados en actividades que no les resultan reforzantes o que no van a estar disponibles, es poco probable que las habilidades de ocio entrenadas se generalicen en el nuevo entorno comunitario. Al enseñar habilidades para ligar a adolescentes tímidos, es importante seleccionar aquellas estrategias a las que los miembros del otro sexo opuesto responderán favorablemente. De esta manera, esas habilidades serán reforzadas en las situaciones pertinentes en el entorno natural (debido a que darán lugar a interacciones agradables y a citas).

En algunos casos, se enseña a los estudiantes específicamente a reclamar la atención de los profesores y de otras personas para recibir reforzamiento por una conducta apropiada (p.ej, Stokes, Fowler y Baer, 1978). Por ejemplo, se puede enseñar a un estudiante a preguntar a su maestro "¿Cómo estoy trabajando?", respuesta que será seguida por la atención del profesor como reforzador por el rendimiento académico del alumno. Enseñar al alumno a conseguir reforzamiento por su trabajo puede contribuir a la generalización y al mantenimiento de su rendimiento académico (p.ej., Craft, Alber y Heward, 1998).

La investigación de Durand y Carr (1992) mostró la generalización de habilidades de comunicación fuera de la situación de aprendizaje de alumnos con trastornos del desarrollo. Los participantes en el estudio presentaban problemas de conducta que habían sido reforzados por la atención del profesor. Durand y Carr se propusieron enseñarles cómo conseguir la atención de sus maestros con una conducta más apropiada: preguntando al maestro "¿Estoy haciendo un buen trabajo?", a lo cual el maestro respondía con atención. El maestro reforzó diferencialmente la conducta comunicativa de los niños, de forma que ésta se incrementó y los problemas de conducta disminuyeron. La generalización se produjo con la intervención de nuevos maestros que ignoraban que esos alumnos habían aprendido habilidades comunicativas: cuando los niños les hicieron la misma pregunta, los nuevos maestros respondieron con atención, de la misma forma que los profesores con los que habían sido entrenados.

En un estudio posterior, Durand (1999) evaluó el aprendizaje de comunicación funcional de cinco estudiantes con discapacidades. Las conductas problemáticas de los alumnos eran mantenidas por atención, escape o acceso a alimentos, y se redujeron cuando aprendieron a pedir atención, ayuda o alimentos utilizando dispositivos aumentativos de comunicación. La generalización se produjo cuando los participantes siguieron utilizando esas respuestas comunicativas en otros entornos comunitarios y los adultos respondieron a sus peticiones, proporcionándoles lo que estaban pidiendo. En ambos estudios, la generalización se debió a que las conductas de los alumnos se mantenían por contingencias naturales de reforzamiento. La Figura 19-1 muestra los resultados del estudio de Durand (1999).

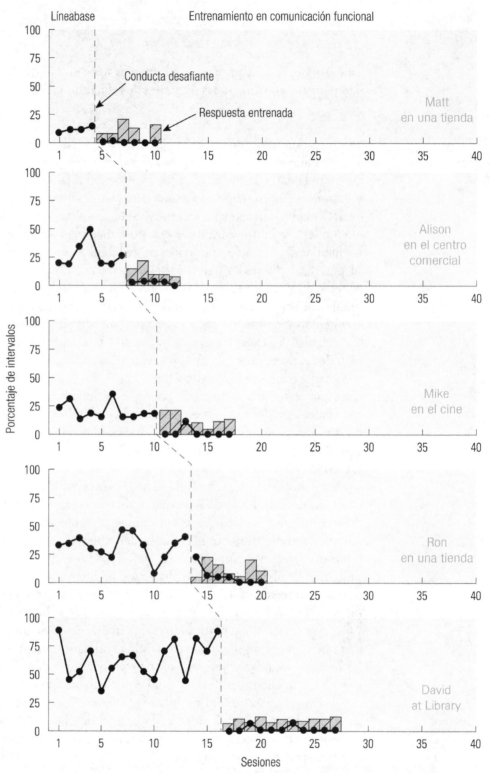

FIGURA 19-1   Porcentaje de intervalos con problemas de conducta (círculos) y porcentaje de intervalos en los que los estudiantes utilizaron respuestas comunicativas en su entorno comunitario, durante y después del entrenamiento en comunicación funcional. Los problemas de conducta disminuyeron a medida que los estudiantes fueron utilizando respuestas comunicativas después del entrenamiento en comunicación funcional. Datos basados en Durand (1999).

Sin embargo, no siempre es posible enseñar habilidades que se pondrán en contacto con contingencias naturales de reforzamiento. Por ejemplo, cuando Marcia da una respuesta asertiva a un compañero de trabajo, éste puede reaccionar con enojo o persistir en su demanda no razonable. Si un estudiante no-vocal aprende lengua de signos como forma de comunicarse con el profesor, esta habilidad puede no generalizarse a otras personas: quienes no conozcan la lengua de signos no responderán al alumno de manera que no se reforzará el uso de los signos. En este caso, el uso de signos no es una habilidad que contacte con las contingencias naturales de reforzamiento. Cuando las habilidades adquiridas no son naturalmente reforzadas fuera de la situación de aprendizaje, se deben aplicar otras estrategias de generalización.

Modificación de contingencias reforzamiento y castigo en el contexto natural

Las conductas deseables se producirán en las situaciones pertinentes fuera del ámbito del aprendizaje si la conducta se refuerza en esas situaciones (siempre que no estén presentes contingencias de castigo). Cuando el maestro no tiene posibilidad de reforzar las ocurrencias de generalización de una conducta y no existen para ella contingencias naturales de reforzamiento, la generalización puede promoverse mediante la modificación de las contingencias de reforzamiento en las situaciones en las que esa conducta sería apropiada. En otras palabras, si el maestro no puede reforzar la conducta en el contexto natural, el maestro debe enseñar a otros a reforzar la conducta en el contexto natural. Considérese el siguiente ejemplo.

Naomi, una chica de 13 años que residía en un centro de menores, exhibía a menudo conductas agresivas y disruptivas al ser provocada por otras compañeras mayores. Su tutor le enseñó habilidades para responder con calma a las provocaciones de sus compañeras: Naomi aprendió en role-play con su tutor cómo decirse a sí misma: "ignóralas, vete y no te metas en problemas", y luego alejarse sin más. Para promover la generalización, el consejero se reunió con el personal que trabajaba con Naomi y les dio instrucciones de elogiarla cada vez que la vieran ignorar una provocación. Dado que los residentes del centro trabajaban con programas de reforzamiento mediante economías de fichas (véase el Capítulo 22), el personal también se encargó de premiar con una ficha a Naomi cada vez que exhibiera esta habilidad. El reforzamiento inmediato de las habilidades de autocontrol por parte del personal facilitó que Naomi usase dichas habilidades cada vez que era provocada logrando así mantenerse al margen de los enfrentamientos con sus compañeras.

Recordemos el ejemplo de la señora Gutiérrez. Cuando se llevó a cabo un programa de reforzamiento diferencial, su tasa de conversación positiva con sus compañeros en el hogar de ancianos se incrementó.

¿Qué hizo el psicólogo para promover la generalización de la conversación positiva por parte de la señora Gutiérrez?

Enseñó al personal del centro a utilizar un procedimiento de reforzamiento diferencial con la Sra. Gutiérrez y, a su vez, el personal instruyó sobre su uso a todos aquellos que hablaban habitualmente con la señora Gutiérrez para que lo utilizaran con ella. De este modo, la conversación positiva de la Sra. Gutiérrez se vio reforzada por todas las personas que hablaban con ella. El psicólogo había modificado las contingencias naturales de reforzamiento por su conversación positiva en el contexto natural.

A veces, las contingencias naturales de castigo hacen que la generalización de una conducta apropiada sea menos probable. Aunque una persona puede aprender a realizar una conducta apropiada en situación de aprendizaje, es poco probable que esa conducta se generalice si es castigada fuera de esa situación. Una forma de promover la generalización es la eliminación de cualquier contingencia de castigo que pueda suprimir la conducta apropiada fuera de la situación de aprendizaje. Consideremos el siguiente ejemplo.

El distrito escolar decidió integrar a los estudiantes con discapacidad en aulas ordinarias. La clase de tercero de la señora Mínguez iba a recibir tres nuevos estudiantes con trastornos del desarrollo. Antes de que los nuevos estudiantes fueran a su clase, la maestra utilizó procedimientos de enseñanza de habilidades conductuales para que sus alumnos aprendieran cómo tratar a sus nuevos compañeros con respeto, cómo ayudarles y cómo hacer amistad con ellos. Después de la llegada de los nuevos estudiantes, los alumnos de tercero de la señora Mínguez interactuaban bien con ellos. Las habilidades que ella les había enseñado se fueron generalizando en el aula con los nuevos alumnos. Sin embargo, la señora Mínguez advirtió que los alumnos del otro grupo de tercero se burlaban de sus alumnos en el patio porque eran amables con los nuevos. A consecuencia de estas contingencias de castigo, los alumnos de la señora Mínguez comenzaron a interactuar cada vez menos con los nuevos. Decidió que, si quería que las interacciones con los nuevos estudiantes continuaran, necesitaba eliminar la contingencia de castigo. Es decir, tenía que conseguir que los alumnos de la otra clase dejaran de hacer bromas y de burlarse de los suyos cuando interactuaban con los alumnos con discapacidad. Una vez que eliminó los comentarios despectivos de los alumnos del otro tercero, sus alumnos reiniciaron las interacciones con los nuevos en el aula. Además, esas interacciones se generalizaron al patio de recreo.

Las tres estrategias de generalización descritas hasta el momento se centran en el reforzamiento de la conducta fuera de la situación de aprendizaje, pero la generalización puede promoverse también por la manipulación de situaciones estimulares apropiadas y variaciones de respuesta durante el aprendizaje. Estas estrategias se describen a continuación.

Incorporación de diversas situaciones de estímulos relevantes durante el aprendizaje

Si el objetivo de programar la generalización es que la conducta objetivo ocurra en todas las situaciones pertinentes una vez que el aprendizaje se haya completado, un método claro para conseguirlo es la incorporación de un buen número de situaciones relevantes en la enseñanza. Stokes y Baer (1977) y Stokes y Osnes (1989) se refieren a esta estrategia como entrenamiento con **múltiples ejemplares de estímulos.** La lógica es que si el alumno está capacitado para responder correctamente a un buen número de situaciones de estímulos relevantes (ejemplares de estímulos), es más probable que su conducta se generalice a todas las situaciones de estímulos relevantes. Por ejemplo, el Dr. Mingo enseñó a Marcia a responder con firmeza a una amplia gama de demandas no razonables en role-play durante su entrenamiento. Para ello escogió ejemplares de estímulos particulares que coincidían con las demandas que los compañeros de trabajo de Marcia le hacían más frecuentemente. Cuando Cheryl Poche enseñó técnicas de prevención de secuestro a niños en edad preescolar, incorporó multitud de señuelos entre los procedimientos de enseñanza (Poche, Brouwer y Swearingen, 1981; Poche, Yoder y Miltenberger, 1988). Poche razonó que, si los niños podían responder correctamente a diferentes señuelos durante el aprendizaje, sería más probable que sus habilidades de prevención del secuestro se generalizaran a una situación de secuestro real.

Stokes, Baer y Jackson (1974) utilizaron esta estrategia para promover la generalización cuando enseñaban respuestas de saludo a niños con discapacidad intelectual. Cuando un investigador enseñó a un grupo de estudiantes a utilizar un gesto como respuesta de saludo, la generalización de esa conducta con los 20 miembros del personal que trabajaba con los alumnos fue escasa. Sin embargo, cuando los estudiantes aprendieron a saludar de esa forma a un segundo investigador, la respuesta se generalizó al resto del personal rápidamente. Mientras que inicialmente una única persona estuvo reforzando la respuesta de saludo, esa persona desarrolló el control de estímulos sobre la conducta de saludo. Sin embargo, una vez que esa respuesta fue reforzada por una persona diferente, es decir, una vez que un segundo ejemplar fue incorporado a la enseñanza, la clase de estímulo que desarrolló el control de estímulo sobre la conducta pasó a incluir a todo el personal de la institución.

Supongamos que la respuesta de saludo no se generalizase a todo el personal después de haber sido reforzada por un segundo investigador. ¿Qué otra cosa podrían hacer a Stokes y sus colegas para promover la generalización?

Podrían haber contado con la ayuda de personal adicional que reforzara la respuesta de saludo y evaluara su generalización con los otros miembros del personal. Cada miembro del personal adicional que refuerce la respuesta de saludo será otro ejemplar de estímulos. De hecho, cuando suficientes ejemplares de estímulo se incorporan al aprendizaje, la respuesta se generaliza a todos los miembros de la clase de estímulos de la cual fueron seleccionados los ejemplares. Desafortunadamente, no se puede determinar de antemano cuantos ejemplares van a ser suficientes para que tenga lugar la generalización. Consideremos el estudio de Davis, Brady, Williams y Hamilton (1992) en el que se utilizó un procedimiento para aumentar el nivel de cumplimiento de las instrucciones o demandas realizadas por adultos a dos niños con discapacidad. En este procedimiento el maestro realizaba en un primer momento pocas demandas de alta probabilidad (demandas de fácil cumplimiento que podían ser divertidas para los chicos), y después demandas a las cuales los niños normalmente no respondían (demandas de baja probabilidad). Mientras un solo maestro estuvo utilizando este procedimiento, cada uno de los niños aumentó su nivel de cumplimiento con él, pero no con otros maestros. Es decir, no hubo generalización del aumento de nivel de cumplimiento. Davis estaba interesado en determinar cuántos maestros debían utilizar el procedimiento para que el incremento en el nivel de cumplimiento se generalizase a los maestros que no habían utilizado el procedimiento con el niño. Se encontraron con que la conducta se generalizó después de que dos maestros utilizaran el procedimiento con uno de los niños y después de que lo utilizaran tres maestros con el otro niño. Los resultados de este estudio se resumen en la Figura 19-2.

Horner ha descrito una estrategia para promover la generalización denominada **programación general de casos** (Horner, Sprague y Wilcox, 1982). La programación general de casos se define como el uso de ejemplares múltiples en el aprendizaje (ejemplares de estímulos) representativos de la gama de situaciones de estímulos relevantes y de las variaciones de respuesta. Neef y colaboradores (Neef, Lensbower, Hockersmith, Depalma y Gray, 1990) utilizaron la programación general de casos para enseñar a adultos con discapacidad intelectual a utilizar lavadoras y secadoras. Enseñaron a un grupo de alumnos con diversas máquinas, a fin de que aprendieran las distintas formas de poner en marcha lavadoras y secadoras. Otro grupo de alumnos aprendió a usar una

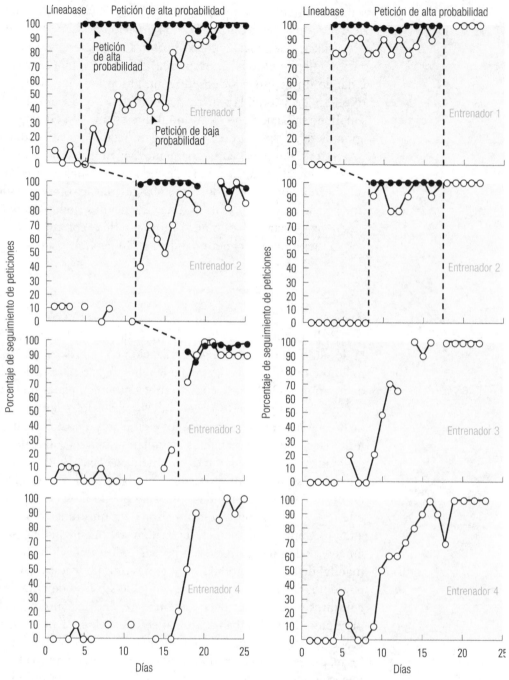

solo lavadora y una sola secadora. Los alumnos a los que se enseñó con diversas máquinas tuvieron más éxito al utilizar una máquina nueva que los alumnos a los que se les enseñó con una sola máquina. Es decir, hubo más generalización de las habilidades con el uso de la programación general de casos.

Incorporación de estímulos comunes

Otra estrategia para promover la generalización es la de incorporar los estímulos del entorno de generalización (situación objetivo) a la situación de aprendizaje. En otras palabras, si el aprendizaje y las situaciones de generalización tienen algunas características o estímulos en común, es más probable que se produzca la generalización. Esta estrategia es similar a aquella en la que una gran variedad de situaciones de estímulos relevantes se incorpora a la situación de aprendizaje. Sin embargo, en esta estrategia, algunos aspectos de la situación objetivo (un estímulo físico o social) son utilizados en la enseñanza. Por ejemplo, cuando Poche utilizó una gran variedad de señuelos para enseñar prevención del secuestro, incorporó ejemplares o situaciones de estímulos relevantes (Poche et al., 1981). Sin embargo, cuando llevó a cabo la enseñanza en el patio incorporó un estímulo físico común (estar fuera, donde era más probable que ocurriera un intento de secuestro) a la situación de aprendizaje.

¿Cómo podría el Dr. Mingo incorporar un estímulo común a las sesiones de entrenamiento con Marcia para promover la generalización de sus habilidades de asertividad?

Si el Dr. Mingo hubiera llevado a Marcia a su oficina y ensayado allí con ella sus habilidades de asertividad en role-play, habría incorporado un estímulo común (el entorno de la oficina). La lógica de esta estrategia es que el estímulo de la situación objetivo desarrollará el control de estímulos sobre la conducta durante el aprendizaje. A partir de ahí, la conducta se producirá con más probabilidad en la situación objetivo cuando este estímulo esté presente.

A veces, durante el entrenamiento en habilidades sociales otros terapeutas o ayudantes intervienen en las sesiones a fin de que el estudiante pueda poner en práctica sus habilidades con otras personas. Por ejemplo, una terapeuta puede hacer un role-play con un cliente de sexo masculino que está tratando de desarrollar habilidades para interactuar más apropiadamente con las mujeres. Si el cliente puede poner en práctica sus habilidades en un role-play con una mujer a la que conoce en la sesión, lo más probable es que sus competencias se generalicen a otras situaciones en las que le presentan a una mujer (p.ej., en una fiesta). En este caso, el estímulo común incorporado a la situación de la formación es una mujer que el cliente no conocía de antes.

Enseñanza de una clase de respuestas funcionalmente equivalentes

Además de incorporar varios ejemplos de estímulo y estímulos comunes a la situación de aprendizaje, a menudo es útil enseñar varias respuestas con las que el cliente pueda obtener un mismo resultado. Las diferentes respuestas que permiten el acceso a un mismo resultado se denominan **respuestas funcionalmente equivalentes.** Es decir, cada una de esas respuestas tiene una misma función para una persona. Por ejemplo, al enseñar a una persona con discapacidad intelectual a usar máquinas expendedoras se enseñan varias respuestas que podrían servirle para manejar estas máquinas: en algunas máquinas se presiona un botón para hacer una selección, en otras se tira de una palamca, etc. Ambas respuestas producen el mismo resultado y, por tanto, si enseñamos ambas respuestas durante el tiempo de aprendizaje, el cliente será capaz de utilizar una amplia variedad de máquinas. Es decir, habrá una mayor generalización.

Como hemos visto, la programación general de casos muestra el rango de estímulos relevantes y variaciones de respuesta necesario para que el alumno aprenda todas las variaciones que podrían serle necesarias en el entorno natural. Sprague y Horner (1984) utilizaron la programación general de casos para enseñar a adolescentes con discapacidad intelectual a usar las máquinas expendedoras y concluyeron que había más generalización cuando se utilizaba la programación general de casos que cuando se utilizaban otros métodos de enseñanza. Mediante la enseñanza general de casos, los estudiantes aprendieron las diferentes respuestas que necesitaban para utilizar cualquier máquina expendedora del mercado.

Veamos otro ejemplo. En un programa de enseñanza de habilidades sociales, los clientes aprenderán una serie de habilidades que podrán usar en situaciones diversas. Cada individuo dispondrá de un abanico de respuestas diferentes que pueden producir un mismo resultado. Por ejemplo, un joven tímido puede aprender diversas formas de pedir una cita a una mujer. Si no tiene éxito con una forma de respuesta en una situación particular, puede tenerlo utilizando otra. Si el joven hubiera aprendido a pedir una cita de una sola manera y no le hubiera funcionado en una situación determinada, sería menos probable que esa habilidad se generalizara a otras situaciones con otras mujeres. En el aprendizaje de la asertividad, Marcia aprendió a decir "no" a demandas no razonables de formas diversas. Si una respuesta asertiva no le funcionaba, podía utilizar otra y luego otra hasta conseguir un buen resultado.

Proporcionar señales en el contexto natural

Otra estrategia para promover la generalización es proporcionar señales o recordatorios en el entorno natural que pueden hacer que el comportamiento objetivo sea más probable en las circunstancias correctas. El analista de conducta (o un supervisor) proporciona señales para evocar el comportamiento cuando el contexto natural no tiene suficiente control de estímulos sobre el comportamiento deseado. Por ejemplo, los asistentes de aparcamientoque conducen los automóviles de los clientes desde la entrada del establecimiento (hotel, restaurante, etc.) a un estacionamiento alejado de la entrada. Por razones de seguridad, están capacitados para usar cinturones de seguridad cuando conducen los automóviles de los clientes. Sin embargo, debido a que no siempre lo hacen, el supervisor puede proporcionar ayudas verbales para que el uso de los cinturones de seguridad en el trabajo sea más probable (por ejemplo, Austin, Sigurdsson y Rubin, 2006).

Considere otro ejemplo,cuando los miembros del personal comienzan a trabajar en un hogar grupal para personas con discapacidad intelectual, están capacitados para lavarse las manos de determinada manera y en momentos específicos (p.ej., antes de cocinar, después de usar el baño, etc.). Se espera que el lavado de manos se generalice al contexto naturaly ocurra en todas las circunstancias relevantes. Para facilitar la generalización, el administrador del grupo puede colocar letreros recordatorios en el baño y la cocina para indicar el lavado de manos. El uso de señales se ha utilizado para promover la generalización de una serie de comportamientos, como el lavado de manos por parte de enfermeras (Creedon, 2005), el uso de cinturones de seguridad en vehículos (Rogers et al., 1988) y la participación en comportamientos seguros en el lugar de trabajo (Fellner y Sulzer-Azaroff, 1974).

Otra forma de proporcionar señales en el contexto natural para promover la generalización es usar un dispositivo electrónico para proporcionar un timbre o vibración para recordar a un padre, maestro o miembro del personal para participar en el comportamiento correcto en el momento correcto. Por ejemplo, se le puede pedir a un miembro del personal, entrenado para proporcionar interacciones positivas y frecuentes a con los clientes, que use un busca que vibra cada 60 segundos como recordatorio para participar en una interacción positiva (p.ej., Mowery, Miltenberger y Weil, 2010). Del mismo modo, un maestro entrenado para implementar un programa de comportamiento podría recibir una vibración en un busca o un mensaje de texto en su teléfono como un recordatorio para llevar a cabo un procedimiento en el momento correcto (p. ej., Petscher y Bailey, 2006).

Es importante tener en cuenta que, aunque las señales o recordatorios pueden evocar el comportamiento correcto y aumentar la generalización del comportamiento deseado, para que el comportamiento se mantenga, debe haber alguna forma de reforzador para el comportamiento en el contexto natural.

Incorporación de mediadores de generalización

Stokes y Osnes (1989) definen un mediador de generalización como "un estímulo que es mantenido y aportado por el cliente como parte del tratamiento" (pág. 349). El mediador puede ser un estímulo físico o una conducta mostrada por la persona. El mediador tiene el control de estímulos sobre la conducta objetivo, por lo que ésta se generaliza más allá de la situación de aprendizaje cuando el mediador está presente. Por ejemplo, unos padres asisten a una conferencia sobre técnicas de control de conductas del niño y toman notas. Más tarde, revisan esas notas para adecuar a ellas su conducta y aplicar las técnicas aprendidas con su propio hijo. Las notas son un **mediador de generalización generado por el propio individuo** y promueven la generalización de las habilidades para manejar la conducta del niño en el ámbito del hogar. De manera similar, los padres pueden memorizar unas cuantas reglas expuestas en la conferencia, como "Felicita a tu hijo cuando se porte bien" o "Ignora los pequeños problemas". Más tarde, en casa, al repetirse a sí mismos esas normas, es más probable que feliciten al niño cuando muestre una conducta apropiada y que ignoren los problemas de menor importancia. Las reglas que se repiten así mismos son mediadores de generalización de sus habilidades de manejo de la conducta del niño. Básicamente, los padres están proporcionando sus propias señales o recordatorios para realizar la conducta correcta en el momento apropiado.

El autoregistro es otro ejemplo de mediador de generalización. Por ejemplo, una joven está viendo a un psicólogo para que le ayude con un problema de tartamudez. El tratamiento consiste en una técnica de respiración regulada que el psicólogo le enseña y que ella debe practicar diariamente (ver Capítulo 21). La clienta utiliza bien la técnica durante las sesiones, pero no fuera de ellas. Para propiciar la generalización fuera de las sesiones de tratamiento el psicólogo le pide que lleve un registro. La clienta coloca una hoja de registro en su mesa en el trabajo y otra en el frigorífico de casa y registra en ellas los tiempos en que practica. La presencia de la hoja de registro y el propio acto de autoregistro son mediadores que hacen más probable que el cliente practique la técnica fuera de las sesiones.

La auto-instrucción es otro mediador de la generalización. Cuando una persona se recita una auto-instrucción, ello actúa como una clave para realizar conductas adecuadas en el momento apropiado. Los padres descritos anteriormente se daban las auto-instrucciones sobre técnicas para manejar la conducta de los niños que habían aprendido en la conferencia. El uso de auto-instrucciones les ayudó a generalizar sus habilidades de manejo de la conducta de los niños en el ámbito del hogar con sus propios hijos. En uno de los ejemplos anteriores, Naomi usaba autoinstrucciones cuando se decía a sí misma: "No les hagas caso, vete y no te metas en problemas", en respuesta a las provocaciones de sus compañeras. Darse estas autoinstrucciones hacía más probable que evitara las peleas; es decir, incrementaba la probabilidad de generalización de su conducta de las sesiones de aprendizaje con su consejero a la situación real de confrontación con sus compañeras.

<table>
<tr><td>LECTURA
PARA AMPLIAR</td><td>Generalización de las habilidades sociales</td></tr>
</table>

En todo proceso de enseñanza de habilidades a un individuo es importante medir la adquisición de esas habilidades durante las sesiones de aprendizaje y su generalización a situaciones en las que le son necesarias. Un estudio realizado por Ducharme y Holborn (1997) ilustra la importancia de evaluar la generalización de las habilidades sociales después del aprendizaje. Al enseñar habilidades sociales a niños en edad preescolar (jugar apropiadamente, compartir, etc.), midieron las habilidades antes y después del período de aprendizaje, tanto en el propio entorno de aprendizaje como en un contexto de generalización (otra aula en la que los niños necesitarían hacer uso de sus habilidades sociales). Los resultados del estudio mostraron que los niños aprendieron las habilidades sociales y las usaron en el entorno de aprendizaje, pero esas competencias no se generalizaron al otra aula, con otros juguetes y maestros. Entonces, los autores aplicaron estrategias para promover la generalización (p.ej., la incorporación de más situaciones de estímulo relevante en el aprendizaje, haciendo que el espacio de aprendizaje se asemejara más al entorno de generalización) y demostraron que así las habilidades se generalizaban al nuevo entorno. Este estudio y otros (p.ej., Hughes, Harmer, Killian y Niarhos, 1995) muestran que, para garantizar la generalización de habilidades la generalización debe ser evaluada y específicamente programada.

Cualquier conducta que dé lugar a una conducta apropiada en una situación objetivo puede ser considerada como mediador de generalización. Algunas de las estrategias de control de antecedentes expuestas en el Capítulo 16 pueden ser consideradas mediadores de generalización, porque comportan la aparición de una conducta que influye en otra conducta en la situación adecuada. Por ejemplo, cuando Calixto hizo la lista de la compra de alimentos saludables, esa lista fue un mediador que hizo más probable que comprara alimentos saludables. El Capítulo 20 describe los mediadores de generalización con más detalle.

Uso de estrategias para promover la generalización

Es importante considerar la generalización de un cambio de conducta antes, durante y después de la aplicación de procedimientos de modificación de conducta. En la aplicación de estrategias para promover la generalización, se deben seguir las siguientes directrices:

1. *Identificar las situaciones de estímulo objetivo para la conducta.* El objetivo de un programa de modificación de conducta es que esa conducta se generalice a todas las situaciones de estímulo relevante. Es decir, al aplicar una nueva conducta o fortalecer una conducta ya existente, lo que se pretende es que esa conducta se produzca en los momentos adecuados y en las circunstancias adecuadas (en las situaciones de estímulo objetivo). Para promover la generalización de la conducta a esas situaciones, se deben identificar las

situaciones de estímulo objetivo antes del comienzo del aprendizaje. Una vez que estén identificadas las situaciones relevantes, se pueden aplicar estrategias de generalización para aumentar la probabilidad de que la conducta se produzca en esas situaciones. Si no se identifican las situaciones de estímulo objetivo antes del aprendizaje, la generalización se deja al azar.

2. *Identificar las contingencias naturales de reforzamiento para la conducta.* Una vez identificadas las contingencias naturales de reforzamiento, el aprendizaje puede centrarse en el fortalecimiento de las conductas que entrarán en contacto con las contingencias existentes. Si las contingencias no se analizan con antelación es posible que las conductas que se marquen como objetivo no sean funcionales para la persona fuera de la situación de aprendizaje haciendo poco probable que se de generalización.

3. *Aplicar las estrategias adecuadas para promover la generalización.* Una vez que se haya analizado la contingencia de tres términos para la conducta fuera de la situación de aprendizaje se está en condiciones de elegir las estrategias adecuadas para promover la generalización.

Analizar las situaciones de estímulo objetivo permite incorporar varias de estas situaciones a las sesiones de aprendizaje. Además, permite escoger estímulos comunes que podrían incorporarse al aprendizaje y seleccionar mediadores que faciliten la generalización de la conducta a estas situaciones. Por último, si hemos identificado las situaciones a las que deseamos generalizar el aprendizaje con anterioridad al entrenamiento, sabremos cuando se dan casos de generalización y podremos reforzar la conducta cuando ocurra en estas situaciones.

El análisis de las contingencias de reforzamiento existentes ayuda a seleccionar las variaciones de la conducta que tienen más probabilidades de ser reforzadas. Mediante la enseñanza de las habilidades que con mayor probabilidad entrarán en contacto con las contingencias naturales de reforzamiento se incrementa la probabilidad de generalización. Además, se deben entender las contingencias naturales de reforzamiento y castigo para determinar cuándo y cómo modificar esas contingencias para promover la generalización.

4. *Medida de la generalización del cambio de conducta.* Es necesario tomar datos sobre la ocurrencia de la conducta en las situaciones de estímulo objetivo para determinar si los esfuerzos por promover la generalización han tenido éxito. Si la conducta se generaliza a las situaciones objetivo, se seguirá evaluando periódicamente en estas situaciones para asegurar que la generalización del cambio de conducta se mantiene en el tiempo. La evaluación también debe incluir información sobre las contingencias naturales para determinar si la conducta se sigue reforzando en las situaciones objetivo. Si la evaluación indica que la conducta no se ha generalizado a las situaciones objetivo, se deben aplicar nuevas estrategias para promover la generalización y seguir evaluando la conducta y las contingencias naturales hasta que haya pruebas de la generalización y del mantenimiento de la conducta.

Fomentar la generalización en la reducción de problemas de conducta

El resultado del tratamiento de los problemas de conducta debe ser una mejora en el funcionamiento del cliente. La mejora en el funcionamiento no sólo se define por una disminución o eliminación de la conducta problema, sino, y esto es aún más importante, por el desarrollo y el mantenimiento de nuevas habilidades o el fortalecimiento de conductas alternativas existentes y el incremento en la cantidad de reforzamiento positivo. Por ejemplo, la modificación de la conducta de un estudiante de tercero, Jaime, a quien se considera un gamberro porque se pelea a menudo con sus compañeros de clase, podría considerarse exitosa si desarrollara habilidades sociales más apropiadas y las utilizara regularmente con sus compañeros, recibiera reforzamiento social de ellos y dejara de meterse en peleas. La eliminación de los problemas de conducta de Jaime (sus peleas) no es sino un resultado deseado del tratamiento. Mejorar las habilidades sociales e incrementar el reforzamiento social que recibe de sus compañeros también son resultados deseados, porque mejoran la calidad de vida de Jaime y ayudan a prevenir la ocurrencia de la conducta problema.

Un resultado adicional que define el éxito del tratamiento de los problemas de conducta es la generalización de los cambios de conducta en todas las situaciones pertinentes y a lo largo del tiempo, después de que se interrumpa el tratamiento (Horner, Dunlap y Koegel, 1988). En este ejemplo, la generalización se produjo cuando Jaime exhibía destrezas sociales apropiadas y ya no se metía en peleas en la escuela, en casa, en las casas de sus amigos, en el parque de su barrio, en el campamento y en cualquier otra situación con los compañeros. Además, el tratamiento se considerará eficaz si Jaime se abstiene de pelear y muestra habilidades sociales en todas las situaciones pertinentes, mucho después de haberlo terminado.

Para lograr la reducción generalizada de la conducta problema, los esfuerzos de intervención deben centrarse en el desarrollo de conductas alternativas adecuadas funcionalmente equivalentes, que funcionen como sustitutos de los problemas de conducta (Carr y otros, 1994; Durand, 1990; Reichle y Wacker, 1993). Cuando una persona ha desarrollado conductas alternativas funcionalmente equivalentes, estas conductas se producirán y recibirán reforzamiento en todas las situaciones en las que la conducta problema se produjo con anterioridad. Si la intervención consistiera sólo en un procedimiento de extinción o castigo diseñado para eliminar el problema de conducta, una reducción generalizada del problema sería poco probable (Durand y Carr, 1992). Ello es debido a que un procedimiento de extinción o castigo no puede ser utilizado en todas las situaciones en las que la conducta problema se produce, por lo que esa conducta seguirá siendo reforzada al menos ocasionalmente. Además, si no se dispone de conductas alternativas funcionalmente equivalentes para que sustituyan la conducta problema, es más probable ésta se repita en situaciones en las que anteriormente fue reforzada.

Priorizar el desarrollo y el aumento de las conductas de sustitución adecuadas se conoce como el enfoque constructivista para el tratamiento de problemas de conducta (Goldiamond, 1974). El objetivo es el desarrollo de repertorios de conducta más apropiados que sean funcionales para la persona. Desarrollar un repertorio consiste en enseñar habilidades funcionales y reforzar su ocurrencia en los contextos naturales. Aunque la atención se centra en el aumento de conductas alternativas adecuadas a través de este enfoque constructivista, la extinción (y algunas veces el castigo) de la conducta problema también se utiliza y debe ser mantenida en el tiempo para que los problemas de conducta dejen de ser funcionales para la persona (Wacker y otros, 1990). Las conductas alternativas adecuadas tienen más probabilidades de sustituir la conducta problema si ésta no vuelve a ser reforzada.

Se debe prestar atención a las siguientes pautas para lograr una reducción generalizada en los problemas de conducta (Dunlap, 1993):

1. *Realizar una evaluación funcional de la conducta problema.* Como se ha visto, una evaluación funcional es siempre el primer paso en el tratamiento de los problemas de conducta. Una comprensión profunda de los antecedentes y las consecuencias del problema

de conducta y de las conductas alternativas es fundamental para el éxito de cualquier intervención de modificación de conducta. Una evaluación funcional completa es también necesaria para programar la generalización exitosa del cambio de conducta. La información obtenida en la evaluación funcional debe ser utilizada para desarrollar intervenciones apropiadas que serán aplicadas a todas las situaciones en las que se produzca la conducta.

2. *Planificar la generalización de antemano.* La intervención sobre la conducta problema se debe planificar desde el principio para maximizar la probabilidad de producir una reducción generalizada de la misma. Al planificar una intervención, se deben usar las estrategias conocidas para promover la generalización. En este capítulo se han presentado siete procedimientos diferentes para promover la generalización; todos ellos son aplicables a los problemas de conducta y deben ser aplicados para lograr su reducción generalizada.

3. *Concentrarse en conductas alternativas funcionalmente equivalentes para reemplazar las conductas problemáticas.* La reducción generalizada de los problemas de conducta se logra mejor cuando existe un aumento generalizado de las conductas alternativas que cumplen la misma función que aquellas que queremos eliminar (Carr, 1988). Así, es menos probable que Jaime se meta en peleas si ha aprendido habilidades sociales apropiadas por las que obtiene reforzamiento social de sus compañeros. Si el uso de estas habilidades sociales se generaliza a todas las situaciones relevantes con los compañeros, los problemas de conducta deberían disminuir en esas mismas situaciones.

4. *Mantener las contingencias de extinción (o castigo) para todas las situaciones y a lo largo del tiempo.* Es importante que el reforzamiento de la conducta problemática sea eliminado (o minimizado) en todas las situaciones y durante todo el tiempo en el que la persona siga presentando esa conducta. Si las contingencias de extinción (o castigo) son interrumpidas de forma prematura, existe el riesgo de que el problema de conducta se presente de nuevo y con mayor frecuencia. Una larga historia de reforzamiento de las conductas problemáticas precede a menudo el comienzo de una intervención de modificación de conducta. Por lo tanto, incluso después de que la frecuencia de la conducta problemática se haya reducido a cero, esa conducta puede producirse de nuevo en situaciones que previamente ejercieron un fuerte control estimular sobre ella (recuperación espontánea). Si esto ocurre y la conducta es reforzada porque los procedimientos de extinción o castigo se suspendieron prematuramente o se aplicaron de forma inconsistente, es posible que la frecuencia de la conducta problemática aumente de nuevo.

RESUMEN DEL CAPITULO

1. 1. Las estrategias para promover la generalización se encuentran resumidas en la Tabla 19-1. Implican la manipulación de los estímulos utilizados durante el aprendizaje, la gama de respuestas entrenadas y las contingencias de reforzamiento en los entornos de generalización.

2. Si la conducta que está siendo enseñada puede entrar en contacto con las contingencias naturales de reforzamiento en la situación objetivo, es más probable que se generalice y siga produciéndose en esa situación.

3. Los estímulos utilizados en el aprendizaje deben ser similares a los presentes en la situación objetivo para que

adquieran el control de estímulos sobre la conducta objetivo en esa situación. Cuanto más similares sean los estímulos presentes en la situación de aprendizaje a los estímulos que controlan la situación objetivo, más probable será que la conducta se generalice a la situación objetivo.

4. Si varias respuestas pueden producir un mismo reforzador en la situación objetivo, entonces es más probable que la conducta se generalice a la situación objetivo. Además, si mediante una conducta adecuada se obtiene el mismo reforzador que con un problema de conducta en la situación objetivo,

entonces es más probable que la conducta adecuada se produzca en la situación objetivo.

5. Para promover la generalización en la reducción de un problema de conducta se debe realizar una evaluación funcional de la conducta problemática: para determinar los antecedentes y consecuencias de reforzamiento, pla-

nificar la generalización con antelación utilizando las siete estrategias identificadas en este capítulo, priorizar las conductas alternativas funcionalmente equivalentes para que sustituyan el problema de conducta, y mantener los procedimientos de extinción o castigo para diferentes situaciones y a lo largo del tiempo.

PALABRAS CLAVE

Contingencias naturales de reforzamiento, 382
Ejemplares de estímulo, 386

Generalización, 380
Mediador de generalización, 390
Programación general de casos, 387

Respuesta funcionalmente equivalente, 389

TÉST PRÁCTICO

1. ¿Qué es la generalización? ¿Por qué es importante la generalización en un programa de modificación de conducta? (págs. 434-435).

2. Da un ejemplo de generalización (no de este capítulo). Proporciona un ejemplo de fracaso de la generalización (no de este capítulo).

3. En este capítulo se describen siete estrategias para promover la generalización. Identifícalas y descríbelas. Proporciona un ejemplo de cada una de ellas (págs. 435-443).

4. Una estrategia de generalización consiste en reforzar las ocurrencias de generalización; otra es enseñar habilidades que entren en contacto con las contingencias naturales de reforzamiento. ¿Cuál de ellas es preferible? ¿Por qué? (págs. 435-436).

5. Estás enseñando a un niño con discapacidad intelectual a beber agua del grifo. Describe los diferentes ejemplares de estímulo y variaciones de respuesta que deberías utilizar durante la enseñanza.

6. ¿Qué es la programación general de casos? Proporciona un ejemplo (págs. 440-442).

7. Es importante enseñar una serie de respuestas funcionalmente equivalentes para promover la generalización. ¿Por qué? (págs. 442-443).

8. ¿Cómo se usan los estímulos comunes en la enseñanza para facilitar la generalización? (pág. 442).

9. ¿Por qué es importante analizar la contingencia de tres términos de una conducta en el entorno natural antes de comenzar un programa de modificación de conducta? (pág. 445).

10. ¿Qué se puede hacer para facilitar la generalización, si no existen contingencias naturales de reforzamiento para la conducta? (pág. 437).

11. Da dos ejemplos de cómo podrías proporcionar señales en el contexto natural para promover la generalización. (pág. 443).

12. ¿Qué es un enfoque constructivista para tratar un problema de conducta? (pág. 447).

13. ¿Qué es la reducción generalizada en un problema de conducta? (pág. 446).

14. Identifica y describe las cuatro directrices para lograr la reducción generalizada de una conducta problemática (pág. 447).

15. ¿Por qué una contingencia de extinción o castigo debe mantenerse más allá del punto en que la frecuencia de la conducta problemática ha llegado a cero? (pág. 447).

APLICACIONES

1. Describe las estrategias que utilizarás para promover la generalización y mantener el cambio de conducta resultantes de tu proyecto de autonomía personal. Identifica las estrategias de generalización y describe cómo va a ponerlas en práctica.

2. La entrenadora González quiere enseñar a su equipo de baloncesto una nueva jugada para los partidos. Les hace un diagrama de la jugada y muestra a cada jugador lo que debe hacer en el partido. A continuación, hace que el equipo practique la jugada hasta que la pueda ejecutar correctamente. Describe qué estrategias puede utilizar la entrenadora para facilitar la generalización, de modo que el equipo ejecute la jugada correctamente en los partidos.

3. Tu profesor de educación especial está enseñando a la clase cómo usar la guía graduada para enseñar habilidades a niños con discapacidad intelectual. Describe las estrategias que el profesor puede utilizar para promover la generalización de modo que cada estudiante en la clase pueda utilizar la guía graduada con éxito cuando trabaje con niños con discapacidades.

4. Tu amiga, una maestra de educación especial, está enseñando a sus alumnos adolescentes a reconocer palabras. Tiene tarjetas con cada una de las palabras importantes que necesitan aprender para su vida diaria (p.ej., dentro, fuera, camine, no camine, entrada, hombres, mujeres). Para enseñarles a leer todas esas palabras, está usando ayudas y desvaneciéndolas. Describe los consejos que le darías a tu amiga para programar la generalización de la lectura de sus estudiantes.

5. Heidi puso en marcha un proyecto de autonomía personal con el objetivo de dejar de decir ciertas palabrotas. Llevó a cabo un autoregistro de la frecuencia diaria de palabrotas en una tarjeta que guardaba en el bolsillo. Se impuso objetivos diarios para reducir esa frecuencia día a día, hasta que dejó de decirlas. Si la frecuencia de sus palabrotas superaba meta diaria, tenía que depositar 2 euros en un frasco en la cocina. Al final de la semana, su compañera de habitación sacaba la cuenta de ese dinero y lo entregaba a la beneficencia. Además de este procedimiento de coste de respuesta, pidió a los compañeros de su clase de modificación de conducta que siempre que la oyeran decir una palabrota se lo hicieran notar. Consiguió alcanzar su meta todos los días, excepto los días en que jugaba al fútbol. En esos días, una vez terminado el partido, sentada en círculo con sus compañeras de equipo para comentar el juego, decía muchas palabrotas. Describe los procedimientos que Heidi podría utilizar para facilitar la generalización de la reducción del uso de palabrotas en los días de fútbol.

6. La profesora Moruno era rechazada por el personal de la oficina porque era ruda y sarcástica en muchas de sus interacciones con ellos. Nunca sonreía ni participaba en conversaciones con el personal. Cuando quería que hicieran algo, lo pedía con exigencias, sin decir jamás "por favor" ni "gracias". El personal solía interrumpir lo que estuviera haciendo para hacer inmediatamente lo que pedía la Dra. Moruno y evitar así que se enfadara. Si le decían que no podían hacer el trabajo que les pedía de inmediato, porque había otros trabajos que hacer o plazos que cumplir, la Dra. Moruno persistía en sus demandas hasta que ellos claudicaban. Si una tarea no había sido realizada correctamente o a tiempo, les hacía un comentario sarcástico o crítico, a menudo en un tono de voz airado. Después de haber sido advertida por el jefe de departamento que debía dejar de interactuar con el personal de esta manera, la Dra. Moruno buscó la ayuda de un psicólogo. Describe los procedimientos de tratamiento que el psicólogo podría usar para ayudar a disminuir las interacciones negativas de la Dra. Moruno con el personal y para garantizar su reducción generalizada.

APLICACIONES INADECUADAS

1. Durante semanas, el entrenador Antón había estado enseñando a su equipo de fútbol de la escuela a patear una serie de pelotas difíciles y quería preparar a sus jugadores para las jugadas a las que se enfrentarían en los partidos. Programó el primer partido de la temporada con el mejor equipo de

de la región. En ese equipo había jugadores mucho mejores que los suyos. Los jugadores contrarios harían algunas de las jugadas más difíciles que su equipo vería en todo el año. El entrenador Antón pensó que jugar primero contra el equipo más difícil sería bueno para sus jugadores. Identifica los aspectos positivos y negativos de la estrategia del entrenador Antón para facilitar la generalización de las habilidades de juego de sus jugadores.

2. La Dra. Nolan dirige un grupo de aprendizaje de gestión de la ira para adultos con discapacidad intelectual que viven en viviendas tuteladas. En las sesiones grupales de entrenamiento, la Dra. Nolan analiza las estrategias de manejo de la ira (p.ej., procedimientos de relajación, autoafirmaciones de calma y respuestas de afrontamiento como alejarse), ejemplifica las estrategias y hace que todos los participantes ensayen estas habilidades en diversos role-play. Después de cada ensayo, proporciona retroalimentación (reforzamiento e instrucciones para la mejora) a los participantes. Al comienzo del curso, pide a los participantes que identifiquen las situaciones en las que tienen problemas para controlar la ira, y luego las utiliza en los role-play. A veces, algunos miembros del grupo han tenido dificultades para gestionar su ira frente a los demás. Cuando esto sucede, la Dra. Nolan pide a esos alumnos en particular que practiquen sus habilidades de gestión de la ira en un role-play con los demás. El grupo se reúne durante 10 sesiones, y la Dra. Nolan alienta a todos los miembros del grupo a participar activamente en cada sesión. ¿Qué estrategias está usando la Dra. Nolan para facilitar la generalización? ¿Qué otras estrategias podría utilizar para ello?

3. Un colegio de la comunidad ofrece un curso de introducción al uso de los ordenadores portátiles. Según la descripción del curso, se pretende preparar a los alumnos para utilizar los ordenadores portátiles en la escuela, en el trabajo o en casa. El curso se imparte dos veces por semana durante 10 semanas y abarca procesamiento de textos, hojas de cálculo, algunos gráficos simples y estadística. El aula dispone de ordenadores IBM y software compatible IBM. Los alumnos practican en los ordenadores del aula lo que han aprendido en clase ¿Qué estrategia importante para promover la generalización no se utiliza en este curso?

4. Ángela es una niña de 8 años que está en un aula de segundo para niños con trastornos de conducta. En esta clase hay diez alumnos, un profesor y un ayudante. Los problemas de conducta de Ángela incluyen conductas disruptivas tales como quitarles los materiales a otros estudiantes, burlarse de ellos, empujarles, hacerles muecas, tirarles del pelo o de la ropa... Estas conductas se producen cuando el profesor presta atención a otros alumnos durante el tiempo de trabajo individual. La consecuencia que mantiene la conducta disruptiva de Ángela es la atención de los demás estudiantes, ya que lloran o le piden que pare, y del maestro, que le regaña por su mal comportamiento. El maestro pone en marcha un procedimiento de tiempo fuera contingente con la conducta problemática de Ángela: hace que se siente en una silla al fondo de la sala, lejos de los otros niños, durante 5 minutos. ¿Por qué este tratamiento es inadecuado para facilitar la generalización? ¿Qué puede agregarse al tratamiento para promover la generalización del cambio de conducta?

5. Patricia era una adolescente con discapacidad intelectual grave que vivía con sus padres. Este año empezaba secundaria. Como la escuela de secundaria estaba cerca de su casa, sus padres decidieron dejarle ir andando. Sin embargo, cuando sus padres practicaban el camino hasta la escuela con ella, Patricia cruzaba sin mirar. Los padres querían eliminar la conducta de cruzar sin mirar y reemplazarla por la de detenerse en la acera, mirar el semáforo, mirar a ambos lados y cruzar sólo si el semáforo estaba en verde y no pasaban coches. Practicaron en el semáforo entre su casa y la escuela. Cuando Patricia se acercaba al cruce, sus padres utilizaban ayudas para que realizara la conducta apropiada. Si se bajaba de la acera sin mirar o cuando el semáforo estaba en rojo su padre le decía "no" con firmeza y le cogía del brazo. Los padres desvanecieron gradualmente las ayudas hasta que la conducta de Patricia fue correcta y ya no cruzaba sin mirar, incluso cuando no estaban cerca de ella. ¿Por qué este aprendizaje en seguridad vial es insuficiente para promover la generalización? ¿Qué deberían hacer los padres para facilitarla?

Autogestión

- ¿Cómo se define un problema de autogestión?
- ¿Qué es la autogestión?
- ¿Qué es el apoyo social? ¿de qué forma puede ayudar el apoyo social como componente de la autogestión?
- ¿Cuáles son los diferentes tipos de estrategias de autogestión?
- ¿De qué pasos consta un programa de autogestión?

E ste capítulo describe los procedimientos de modificación de conducta que pueden utilizarse para influir nuestra propia conducta. En la mayoría de los casos, los procedimientos de modificación de conducta son implementados por profesionales o cuidadores para influenciar la conducta de otra persona, por ejemplo: un psicólogo que ayuda a un cliente, o el de unos padres que modifican la conducta de su hijo. Se denomina autogestión al uso de los procedimientos de modificación de conducta para cambiar la propia conducta.

Ejemplos de autogestión

El plan de Mauricio para correr regularmente

Mauricio había estado corriendo entre cinco y ocho kilómetros cinco días a la semana durante varios años. Este ejercicio aeróbico le ayudaba controlar su peso y presión arterial y le hacía sentirse mejor. Por ello, y a fin conservar su salud, decidió continuar con esta actividad durante toda su vida. Sin embargo, cuando terminó la universidad y empezó a trabajar, comenzó a dejar de ir a correr. Cuando llegaba a casa del trabajo, estaba cansado y hambriento y por lo general se sentaba delante de la tele y comía algo. Después de haber comido, ya no salía a correr. Un día decidió que necesitaba modificar esta costumbre y recordó algunos de los procedimientos de gestión de la autogestión de sus clases de modificación de conducta y decidió ponerlos en práctica.

Lo primero que hizo fue diseñar una hoja de registro en el ordenador que incluía un espacio para registrar el tiempo y la distancia que corría cada día de la semana y otro para registrar su meta para cada día. Al principio de cada semana, anotaba el número de kilómetros que iba a correr cada día. Su objetivo final era correr ocho kilómetros cinco días por semana. Empezó con cinco kilómetros tres días a la semana, luego fue aumentando la distancia cada día y después el número de carreras por semana, hasta que llegó a su meta. Después de cada carrera, registraba el tiempo y la distancia recorridos en la hoja de datos, que colocó en un lugar destacado de su mesa de estudio en casa, de forma que tuviera que fijarse en ella con frecuencia.

Hizo también un gráfico en el que representó el número de millas que corría cada semana, en el que incluyó una marca para indicar su objetivo para esa semana. Al final de cada semana, tenía el registro del número de kilómetros recorridos en su gráfico. Puso el gráfico en el tablón de corcho de su estudio, para recordarse que debía seguir corriendo. La hoja de datos y el gráfico de Mauricio se muestran en las Figuras 20-1 y 20-2.
Lo siguiente que Mauricio hizo para aumentar la probabilidad de correr después del trabajo fue comerse un bocadillo en su tiempo de descanso, a las tres de la tarde, para no estar tan hambriento a la salida. Si no tenía hambre, sería menos probable que comiera después del trabajo y más probable que saliera a correr.

Otra parte del plan de Mauricio era quedar con amigos para ir a correr juntos. A tal efecto se apuntó al club local de corredores, donde conoció a algunas personas del barrio con las que quedar para correr después del trabajo. Planeó algunas de sus carreras con otros corredores, de forma que su compromiso de salir a correr a una hora fijada era ya público, lo cual además generaba apoyo social por parte de sus compañeros corredores. Consiguió también hacer las carreras más agradables, porque mientras corría pasaba un rato con sus nuevos amigos.

Ana y su problema con la limpieza

Ana vivía con su amiga Susana, en un apartamento cerca del campus. Ana y Susana eran amigas desde que se conocieron el primer año de carrera. Dos años después empezaron a compartir piso. Después de un cuatrimestre juntas, Susana empezó a discutir con Ana por su desorden. Ana rara vez limpiaba, se dejaba los platos por ahí, no devolvía la comida al frigorífico o a los armarios, no lavaba los platos y dejaba sus cosas desordenadas en el baño. Susana a menudo le guardaba las cosas y limpiaba por ella. La habitación de Ana también era un desastre, pero Susana simplemente cerraba la puerta para no verlo.

Día	Fecha	Hora	Distancia	Objetivo (distancia)
Lunes				
Martes				
Miércoles				
Jueves				
Viernes				
Sábado				
Domingo				

FIGURA 20-1   Mauricio utilizó esta hoja de datos para registrar cada día su conducta de correr. La hoja de datos tiene un espacio para la distancia y el tiempo de carrera de cada día de la semana y un espacio para que Mauricio escriba su meta para ese día.

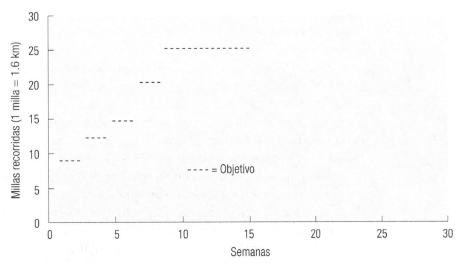

FIGURA 20-2   Este gráfico muestra el número de millas que Mauricio corrió cada semana. Las marcas en el gráfico indican las metas semanales que Mauricio se fijó.

Finalmente, Ana se dio cuenta de que su desorden le estaba causando problemas con Susana y decidió modificar su comportamiento. Para ello, puso en marcha una serie de estrategias de autogestión.

En primer lugar, se dejó notas a sí misma en la cocina al lado del frigorífico y en el baño pegadas en el espejo, para recordarse que debía limpiar lo que ensuciase. Esas notas decían: "Ana, ¡limpia ahora!"

En segundo lugar, compró platos y vasos de papel para facilitar su tarea, y dividió sus alimentos en raciones individuales, a fin de que no tener que devolver comida al frigorífico o a los armarios después de comer. También compró una cesta para todos sus artículos de baño, de modo que pudiera sacarlos y ponerlos de nuevo en el armario del baño con más facilidad.

En tercer lugar, firmó un contrato con Susana según el cual perdería dos euros cada vez que dejara la cocina, el baño o el salón hechos un desastre. Ese contrato definía claramente lo que constituía un desastre. Ana puso una hoja de datos en la cocina para supervisar su conducta. Cada vez que dejaba tras de sí un desastre, tenía que registrarlo en la hoja de datos. Si después lo limpiaba, recuperaba un euro. Si Susana se encontraba con el desastre y tenía que limpiarlo ella en lugar de Ana, lo registraba y entonces Ana perdía los dos euros. Con este contrato, Ana perdía dinero cuando armaba un desastre, pero perdía menos si finalmente lo resolvía.

Por último, Ana le pidió a Susana que le dejara un comentario positivo cuando se diera cuenta de que había limpiado. De esta manera, esperaba obtener reforzamiento social de Susana por limpiar.

Definiendo problemas en la autogestión

Estos dos ejemplos ilustran problemas y estrategias para promover la autogestión de dos personas diferentes. En cada caso, los individuos muestran déficits en su conducta, es decir, no realizan determinados comportamientos deseables. Los comportamientos en cuestión se definen como deseables porque tendrán un impacto positivo en sus vidas a medio plazo. Sin embargo, a pesar de que su resultado futuro es positivo, dichos comportamientos no se producen porque no se refuerzan de inmediato cuando se producen o porque una conducta competitiva que es inmediatamente reforzada interfiere en su ocurrencia. Debido a que el resultado positivo no es inmediato, el control del reforzador sobre la conducta es limitado. Así, Mauricio no estaba corriendo con la frecuencia o en la medida deseables y Ana no limpiaba cada vez que armaba un desastre. Correr tendrá un impacto positivo en el futuro, en términos de mejoría en la salud de Mauricio, pero las conductas competitivas de comer algo y ver la tele se refuerzan inmediatamente. Limpiar el apartamento tendrá un impacto positivo sobre la amistad entre Ana y Susana en el futuro, pero los comportamientos competitivos de alejarse del desastre y participar en actividades preferidas son inmediatamente reforzados. El objetivo de las estrategias de autogestión es incrementar el nivel actual de la conducta deficitaria, de modo que el individuo pueda alcanzar un resultado positivo en el futuro.

Otro tipo de problemas de autogestión implican el exceso de una conducta no deseable. El comportamiento no es deseable porque tendrá un impacto negativo en la vida del individuo. Algunos ejemplos de excesos de conducta pueden ser: comer demasiado, fumar, beber alcohol en exceso o jugar en exceso a juegos de azar. A pesar de que todos ellos tienen consecuencias negativas en la vida futura de una persona, los comportamientos no deseados se mantienen porque son reforzados de inmediato cuando se producen, o porque las conductas alternativas no están presentes para competir con ellos en el momento en el que ocurren. Debido a que las consecuencias negativas se darán en el futuro, estas no afectan a la ocurrencia de las conductas no deseables en el presente. El objetivo de la autogestión es disminuir o eliminar el exceso de conducta para que no se produzcan consecuencias negativas en el futuro.

La Tabla 20-1 proporciona ejemplos de déficits y excesos de comportamiento que constituyen problemas de autogestión. Para cada conducta, existe una contingencia actual que influye en su ocurrencia, mientras que las consecuencias demoradas o futuras no la afectan. Muchos problemas de autogestión reflejan este conflicto entre consecuencias a corto plazo y largo plazo (Malott, 1989; Watson y Tharp, 1993).

TABLA 20-1 Déficits y excesos de conducta en problemas de autogestión en los que las contingencias inmediatas contrastan con los resultados futuros.

Déficit conductual	Contingencia inmediata	Resultado positivo demorado
Estudiar	Ausencia de reforzador Esfuerzo de respuesta Reforzamiento de la conducta competitiva (TV, fiestas, llamadas de teléfono)	Un niño se queja de estar enfermo Buenas notas en la graduación Trabajo o escuela de postgrado
Ejercicio	Castigo (dolor muscular) Esfuerzo de respuesta reforza-miento de la conducta competitiva (comer, televisión, siestas)	Mejora de la salud Pérdida de peso Mejora de la condición física
Alimentación saludable	Valor del reforzamiento disminuido Esfuerzo de respuesta por prepa-rar alimentos saludables Reforzador de la conducta compe-titiva (comer comida basura)	Mejora de la salud Pérdida de peso Más energía Menos estreñimiento
Exceso conductual	**Contingencia inmediata**	**Resultado negativo demorado**
Fumar	Reforzador inmediato (estado de alerta,relajación) Bajo esfuerzo de respuesta Esfuerzo de respuesta por conduc-tas alternativas	Cáncer de pulmón Enfisema Enfermedades del corazón Dientes manchados
Sexo sin protección	Reforzador inmediato Menor esfuerzo de respuesta Menor reforzamiento y mayor esfuerzo de respuesta por el uso del condón	Embarazo Exposición al VIH diagnóstico de SIDA Otras enfermedades de transmisión sexual
Comer comida basura	Reforzador inmediato - Aumento del valor del reforzador - Bajo esfuerzo de respuesta - Pistas evidentes (publicidad)	Problemas de dientes - Aumento de peso - Granos

* Muchos de estos resultados demorados son también resultados inciertos, porque pueden no ocurrir para cada persona que muestra una conducta en exceso. Por ejemplo, un fumador puede no contraer cáncer de pulmón, y el sexo sin protección puede no conducir a la infección por VIH. Sin embargo, las conductas en exceso aumentan la probabilidad de resultados negativos demorados.

Reforzamiento inmediato versus reforzamiento demorado

La investigación en análisis de conducta indica que los efectos del reforzamiento inmediato son más poderosos que los del reforzamiento demorado. Cuanto más larga sea la demora entre la conducta y la consecuencia, menos probable será que la consecuencia funcione como reforzador de la conducta. Los investigadores, que llaman a este fenómeno devaluación temporal (p.ej., Critchfield y Kollins, 2001), han demostrado que incluso si los reforzadores inmediatos son mucho más pequeños que los demorados, los inmediatos siguen ejerciendo más influencia sobre la conducta. El concepto de devaluación temporal tiene implicaciones directas para la autogestión, porque las consecuencias inmediatas tienen una mayor influencia sobre la conducta que las consecuencias demoradas, aunque las demoradas puedan ser importantes para el individuo (p.ej., mejor salud, mejores notas, menor probabilidad de cáncer, etc.). Uno de los objetivos de la autogestión es conseguir que las personas tomen medidas para superar la influencia del reforzamiento inmediato en la conducta no deseada. Se han investigado procedimientos que permitan escoger entre grandes reforzadores demorados y pequeños reforzadores inmediatos. Ejemplos de estos procedimientos son el incremento gradual de la demora para los reforzadores poderosos y la presentación de actividades durante el periodo de demora (Dixon y Cummings, 2001; Dixon y Holcomb, 2000; Dixon, Homer y Guercio, 2003).

Definición de autogestión

En su forma básica, la autogestión se da cuando una persona realiza en una conducta en un momento dado, con el objetivo de controlar la ocurrencia de otra (conducta objetivo) en un tiempo posterior (Watson y Tharp, 1993; Yates, 1986). Según Skinner (1953a), la autogestión requiere de una conducta controladora y una conducta controlada. Como su nombre indica, el propio individuo realiza la **conducta controladora** para facilitar la ocurrencia futura de la **conducta controlada.** La conducta controladora requiere de estrategias de autogestión en las que los antecedentes y las consecuencias de la conducta objetivo o de la conducta alternativa son modificados. Estas estrategias hacen que la ocurrencia del comportamiento controlado (conducta objetivo) sea más probable. En el ejemplo anterior, Mauricio inició una serie de conductas controladoras, tales como fijar metas, tomar datos, comer un bocadillo en el trabajo y correr con otras personas. Estas medidas hicieron más probable que saliera a correr con frecuencia (conducta controlada). Ana también llevó a cabo conductas controladoras para aumentar la probabilidad de limpiar: dejarse notas recordatorias, utilizar platos y vasos de papel, planificar el reforzamiento social, realizar un autorregistro y redactar un contrato con su compañera de apartamento. Consideremos ahora los tipos de estrategias de autogestión que puede ser aplicados como conductas controladoras para influir en la ocurrencia futura de un comportamiento objetivo (Karoly y Kanfer, 1982; Thoreson y Mahoney, 1974).

Tipos de estrategias de autogestión

En la autogestión, el individuo identifica y define un comportamiento objetivo y dispone de uno o más procedimientos de modificación de conducta para influir en la aparición de ese comportamiento. Los siguientes tipos de procedimientos se utilizan con frecuencia en la autogestión.

Establecimiento de objetivos y autorregistros

Una persona puede influir la probabilidad de realizar una conducta específica en el futuro mediante el establecimiento de objetivos personales. El establecimiento de objetivos consiste en definir un criterio y un plazo para la ocurrencia de una conducta objetivo determinada. Por ejemplo, Mauricio se fijó un objetivo en cuanto al número de días que iba a correr y en cuanto al número de kilómetros que correría cada día de la semana. El objetivo de cada día, escrito en una hoja de datos, actuaba como un estímulo para salir a correr en esos días. Recuérdese que Mauricio también puso en marcha otras estrategias de autogestión. Aunque el establecimiento de objetivos por sí solo no siempre es una estrategia eficaz de autogestión, sí resulta eficaz cuando se combina con el autorregistro y otras estrategias de autogestión (Doerner, Miltenberger y Bakken, 1989; Suda y Miltenberger, 1993).Por ejemplo, Wack, Crosland, and Miltenberger (2014) llevaron a cabo un estudio para determinar si el establecimiento de objetivos personales junto con autorregistro podría ser efectivo incrementando la distancia que corrían unos adultos que querían incrementar su ejercicio. Wack y sus colaboradores encontraron que establecer objetivos diarios o semanales junto con autorregistro del progreso de los objetivos incrementó la distancia que corrieron todos los participantes del estudio.

Los objetivos deben ser asequibles. Cuando un objetivo es alcanzable, es más probable que se llegue al nivel deseado de conducta objetivo. Alcanzar la meta es especialmente importante al inicio de un programa de autogestión, ya que suele ser el criterio para implementar una contingencia de reforzamiento, y una vez que la conducta es reforzada generalmente incrementa la probabilidad de que el individuo persevere en el programa. Además, la consecución del objetivo es un reforzador condicionado para muchas personas o puede convertirse en un reforzador condicionado si coincide con la entrega de otros reforzadores cuando el individuo logra el objetivo.

El establecimiento de objetivos se lleva a cabo frecuentemente junto con el autorregistro, que permite tomar notas de cada ocurrencia de la conducta objetivo, lo cual permite evaluar el progreso hacia la meta. Además, a veces el autorregistro es reactivo; es decir, puede dar lugar a un cambio beneficioso en la conducta objetivo que se está registrando (p.ej., Latner y Wilson, 2002). Por ejemplo, si Ana comienza a hacer un autorregistro de su conducta de limpiar es más probable que esa conducta se incremente incluso antes de que se apliquen otras estrategias. Como se discutirá en una sección posterior de este capítulo, el establecimiento de objetivos y el autorregistro son pasos de gran importancia en el proceso de aplicación de un programa de autogestión.

Manipulación de antecedentes

En el Capítulo 16 se describen varias manipulaciones de antecedentes para aumentar o disminuir una conducta objetivo. Las manipulaciones de antecedentes a menudo son utilizadas por personas que siguen programas de autogestión para influir en su propio comportamiento. Recordemos que en el control de antecedentes se modifica de alguna forma el entorno antes de que ocurra la conducta objetivo, para influir en la ocurrencia futura de esta (Epstein, 1996). En el Capítulo 16 se describen seis tipos de manipulaciones de antecedentes para aumentar la probabilidad de que ocurra una conducta:

- Presentar el estímulo discriminativo (ED) o pistas para la conducta objetivo.
- Eliminar el ED o las pistas para las conductas competitivas no deseables.

- Disponer una operación de establecimiento para la conducta objetivo.
- Presentar una operación de abolición para las conductas competitivas.
- Reducir el esfuerzo de respuesta para la conducta objetivo.
- Incrementar el esfuerzo de respuesta para las conductas competitivas.

Referimos al lector al Capítulo 16 para obtener más detalles sobre cada una de estas estrategias.

Las manipulaciones de antecedentes que Ana llevó a cabo para aumentar la probabilidad de limpiar se describen a continuación. En primer lugar, Ana utilizó pistas para la conducta objetivo dejándose notas recordatorias en la cocina y en el baño y colocando la hoja de registro en la cocina. En segundo lugar, redujo el esfuerzo de respuesta de la conducta objetivo mediante el uso de platos y vasos de papel y de raciones individuales de comida. De esta manera, tenía menos que limpiar. También disminuyó el esfuerzo de respuesta para la limpieza del baño con la compra de un cesto para sus cosas de baño. En tercer lugar, firmó un contrato con su compañera y le pidió que le felicitara cuando hubiera limpiado. Estas manipulaciones de antecedentes aumentaron la probabilidad de que Ana limpiara inmediatamente lo que había ensuciado.

Las manipulaciones de antecedentes para disminuir la probabilidad de un comportamiento objetivo son las opuestas a las que se utilizan para aumentar la probabilidad de una conducta objetivo (véase el Capítulo 16). Estas incluyen la eliminación del ED de la conducta objetivo y la presentación del ED para conductas deseables alternativas, la eliminación de las operaciones de establecimiento para la conducta objetivo y la presentación de operaciones de establecimiento para conductas alternativas, y el incremento del esfuerzo de respuesta para la conducta objetivo y la disminución del esfuerzo de respuesta para las conductas alternativas. Estas estrategias se describen con más detalle en el Capítulo 16.

Debemos tener en cuenta que todos los procedimientos de autogestión implican la manipulación de antecedentes ya que el individuo realiza conductas controladoras antes de que la conducta objetivo sea controlada. Es decir, la persona establece su plan y organiza su puesta en marcha antes de que ocurra la conducta objetivo. Incluso en el caso de que una estrategia de autogestión implique la manipulación de las consecuencias de la respuesta en lugar de la manipulación de los antecedentes, la aplicación de la consecuencia, al haber sido prevista antes de que ocurra la conducta objetivo, sería técnicamente considerada una manipulación de antecedentes.

Contrato conductual

Un **contrato conductual** es un documento escrito en el que se identifica la conducta objetivo y se prevén consecuencias contingentes para un nivel determinado de la conducta objetivo en un período de tiempo específico. Aunque otra persona (el administrador del contrato) aplique las consecuencias, un contrato conductual se considera un tipo de estrategia de autogestión, porque la conducta de aceptación del contrato es una conducta controladora destinada a influir en la ocurrencia futura de la conducta objetivo. En un contrato conductual (véase el Capítulo 23), se identifica y define la conducta objetivo que se desea cambiar, se establece un método de recopilación de datos, se define el criterio que debe alcanzar la conducta objetivo en el plazo que establece el contrato, se organizan las contingencias y se designa a la persona que aplicará las contingencias que influirán en la conducta objetivo. Estas son las conductas controladoras que tienen lugar en un contrato conductual.

Una variación del contrato conductual que puede ser utilizada en un plan de autogestión es un contrato escrito por el individuo implicado sin la ayuda de un administrador de contratos. En esta variación, el individuo podría escribir un contrato en la forma descrita, y poner en práctica las contingencias definidas en él por sí mismo. Aunque un contrato así puede ser eficaz para ayudar a cambiar una conducta específica, es probable que sea menos eficaz que un contrato realizado con la ayuda de un administrador.

¿Qué problemas pueden surgir cuando la propia persona se aplica las contingencias de un contrato conductual sin la ayuda de un administrador?

El problema puede ser que no se apliquen las contingencias tal como están escritas. Por ejemplo, supongamos que escribes un contrato en el que decides que puede ver una hora de televisión por la noche como reforzador por haber realizado tres horas de tareas del hogar. Si no completa las tareas, todavía podría ver la televisión esa noche, y entonces habría fracasado en la aplicación de las contingencias descritas en el contrato. Martin y Pear (1992) llaman a esto cortocircuito de contingencias, o simplemente, **ignorar la contingencia.** Esto se produce cuando una persona decide acceder a un reforzador reservado a la conducta objetivo sin haberla llevado a cabo. La contingencia también puede ignorarse cuando una persona fija un castigo para una conducta objetivo, pero no lo aplica después de llevar a cabo la conducta. Esto no siempre ocurre con los contratos realizados sin administrador, pero es importante ser consciente de la posibilidad. El beneficio de tener un administrador es que aplicará las contingencias de manera coherente y será menos probable que ignoren las contingencias establecidas.

Reforzadores y castigos

Una estrategia de autogestión similar consiste en usar contingencias de reforzamiento o castigo sin escribirlas en un contrato. Uno puede, por ejemplo, fijarse una contingencia de reforzamiento o castigo, como planear que se tomará el desayuno sólo después de haber estudiado una hora por la mañana (desayunar va a ser el reforzador por estudiar). Sin embargo, si la persona aplica la contingencia de reforzamiento a sí misma, se podría dar el problema de que ignoredicha contingencia. Es decir, nos podríamos tomar el desayuno antes de terminar la hora de estudio. Más allá de la posible desventaja que supone ignorar las contingencias, la ventaja de la autogestión de contingencias es que no se depende de otra persona.

Un individuo puede también planear reforzadores o castigos que serán administrados por otra persona. Si otra persona aplica la contingencia, es menos probable que ignore las contingencias establecidas. Por ejemplo, una estudiante podría pedirle a su madre que no le dé el desayuno hasta comprobar que haya estudiado al menos una hora. Es más probable que la madre aplicase la contingencia de reforzamiento correctamente (darle el desayuno sólo después de haber estudiado una hora) que si se la aplicara ella misma.

¿Qué problemas pueden surgir al pedirle a otra persona que administre las contingencias de reforzamiento o castigo?

Es posible que el individuo en cuestión no tenga amigos o familiares dispuestos a participar en un programa de modificación de conducta. Otro posible problema es que el individuo se enoje con su amigo o familiar por retener el reforzador o por aplicar una contingencia de castigo, aunque éste actúe como se ha acordado de antemano. Dejando al margen estos posibles problemas, la incorporación de otra persona como administrador de las contingencias de reforzamiento o castigo aumenta la probabilidad de que el programa de autogestión funcione. Sin la ayuda de otra persona, uno tiende a ignorar las contingencias de reforzamiento o castigo que ha previsto para la conducta objetivo.

Además de las contingencias de reforzamiento positivo, también se pueden utilizar castigos o contingencias de reforzamiento negativo. Uno y otro implican coste de respuesta o la aplicación o retirada de actividades aversivas. Por ejemplo, una estudiante que comparte piso con dos compañeras les dice que les pagará 10 euros si fuma un cigarrillo ese día. El programa prevé la pérdida de dinero (coste de respuesta) como castigo por fumar, con el objetivo de disminuir su tasa de consumo de tabaco en el futuro. También podría haber acordado limpiar la casa si fumaba. Limpiar la casa habría actuado como actividad aversiva que disminuiría su probabilidad de fumar. La estudiante podría establecer una contingencia de reforzamiento negativo según la cual, si no estudiaba tres horas en un día concreto, debería lavar todos los platos de esa noche (o pagar 10 euros a sus compañeras). El estudiar tres horas le permitiría evitar la tarea de lavar los platos o de perder 10 euros; por lo tanto, la conducta de estudiar estaría negativamente reforzada.

Apoyo social

El apoyo social se produce cuando otras personas importantes en la vida de un individuo proporcionan señales que facilitan la ocurrencia de la conducta objetivo o aportan un contexto natural para la misma, o cuando se administran de forma natural consecuencias reforzantes a la conducta deseada. Cuando se requiere específicamente para que influya en la conducta objetivo, el apoyo social es también una estrategia de autogestión.

¿Cómo consiguió Mauricio el apoyo social necesario para salir a correr con más frecuencia?

Mauricio hizo por salir a correr algunos días a la semanacon otras personas de un club local de corredores. Al programar sus carreras con amigos del club creó un contexto natural para la ocurrencia de la conducta objetivo. Así, en los días en los que tenía programado salir a correr con amigos, era más probable que corriera. Existía también un reforzamiento natural: pasar algún tiempo con los amigos era un reforzador positivo que ocurría de forma contingente a correr con ellos. En otras palabras, programar salidas con compañeros del club creaba antecedentes y consecuencias naturales para salir a correr.

Consideremos algunos ejemplos de cómo otras personas utilizan el apoyo social como estrategia de autogestión. Marta quería reducir su consumo de cerveza, para ello empezó a programar más eventos sociales con sus amigos no bebedores y no programó ninguna actividad con los bebedores. A consecuencia de ello, se hizo menos probable que bebiera cerveza en eventos sociales, porque las contingencias naturales en compañía de sus amigos no bebedores promovían el consumo de bebidas sin alcohol. Jorge necesitaba estudiar mucho durante las últimas cuatro semanas del cuatrimestre. Tenía un grupo de amigos que estudiaba muy poco: veían la tele, jugaban con videojuegos o se sentaban a charlar. Otro grupo de amigos, que compartían un piso grande, pasaba la mayor parte de las noches entre semana estudiando. Jorge se acercó al piso de estos amigos cada noche durante la semana y, a consecuencia de las contingencias sociales naturales que se daban allí, se incrementó la probabilidad de que estudiara.

Siempre que sea posible, es una buena idea incluir un componente de apoyo social en los programas de autogestión. La participación de otras personas aumenta la probabilidad de éxito, hace menos probable que se ignoren las contingencias establecidas. Es menos probable que se ignoren las contingencias cuando otras personas las administran o vigilan al individuo para que las administre correctamente como parte de un programa de autogestión.

Redes sociales y apoyo social

Aunque el apoyo social a menudo es dado por personas a las que nos acercamos y vemos regularmente (familiares, amigos, compañeros de trabajo), el apoyo social también puede provenir de personas a través de las redes sociales. Si está tratando de cambiar su comportamiento (por ejemplo, correr más millas cada semana) puede publicar sus objetivos o sus logros en Facebook u otras redes sociales. En respuesta, otras personas (por ejemplo, amigos de Facebook) pueden publicar respuestas que implican aliento, elogios o felicitaciones. Además, otros podrían compartir sus objetivos y logros que podrían funcionar como una operación de establecimiento para que usted participe en el comportamiento que lo ayude a alcanzar sus objetivos. Algunos programas para bajar de peso o de ejercicios proporcionan enlaces a las redes sociales para facilitar esta forma de apoyo social (por ejemplo, Fitbit.com) ".

Instrucciones y elogios autoadministrados

El hablar con uno mismo de una manera específica puede influir la propia conducta (Malott, 1989). Como se verá en el Capítulo 25, se puede influir en la propia conducta mediante el uso instrucciones presentadas por el propio individuo o autoinstrucciones que nos dirijan a la conducta apropiada en el momento apropiado. En esencia, mediante las autoinstrucciones uno se dice a sí mismo qué hacer o cómo hacerlo en situaciones que exigen una conducta específica. Inmediatamente después de que se produzca la conducta apropiada, podemos felicitarnos verbalmente dándonos evaluaciones positivas sobre el comportamiento realizado. Por ejemplo, mientras Yolanda se dirigía a la oficina de su jefe, iba diciéndose: "Acuérdate de mirarle a los ojos, utiliza un tono de voz firme y haz la pregunta directamente". Una vez que Yolanda llevó a cabo estos comportamientos asertivos, se dijo a sí misma: "¡Eso es! He estado asertiva y he dicho lo que quería". Las instrucciones y los elogios autoadministrados hicieron más probable que se comportase de forma asertiva al hablar con su jefe. Sin embargo, tuvo que ensayar varias veces para ser capaz de darse instrucciones y elogiarse en la oficina de su jefe. Darse instrucciones y felicitarse son conductas y, como tales, necesitan ser aprendidas antes de realizarlas en situaciones concretas a fin de cambiar otras conductas objetivo.

Como se verá en el Capítulo 25, podemos aprender a darnos instrucciones y felicitaciones ensayando en role-plays que simulan situaciones reales en las que tenemos dificultades. Para usarlas en un programa de autogestión, se deben identificar las oraciones a usar como instrucciones o elogios, determinar el momento y el lugar más adecuados para utilizarlas, ensayarlas mediante role-play o en la forma en la que uno se imagina la situación problemática, y planear su uso sólo después de que hayan sido bien aprendidas.

Pasos a seguir en la elaboración de un programa de autogestión

Un plan de autogestión basado en una o más de las estrategias descritas anteriormente debe incluir nueve pasos básicos:

1. *Tomar la decisión de iniciar la autogestión.* Normalmente, la decisión de iniciar un programa de autogestión se toma después de un período de descontento con algún aspecto de la propia conducta. A medida que se empieza a pensar en el comportamiento insatisfactorio y a imaginar cómo ese comportamiento se podría mejorar, uno empieza a estar motivado para hacer algo al respecto (Kanfer y Gaelick-Buys, 1991). Si se sabe cómo llevar a cabo un programa de autogestión, porque se han tomado clases o se ha leído un libro, se podría comenzar el proceso de inmediato. Lo que hace que iniciemos un plan de autogestión en un momento dado es la anticipación de los cambios beneficiosos en la conducta objetivo. Es más probable que se tomen medidas para cambiar si se anticipan resultados positivos que tendrán los esfuerzos que vamos a emprender.

2. *Definir la conducta objetivo y la conducta competitiva.* El objetivo de un programa de autogestión es aumentar o disminuir el nivel de una conducta objetivo. Primero se debe definir la conducta objetivo que se desea cambiar, para poder registrarla con precisión y administrar las estrategias de autogestión correctamente. También es importante identificar y definir las conductas que compiten con la conducta objetivo. Cuando la conducta objetivo es deficitaria y debe incrementarse, se tratará de disminuir las conductas competitivas no deseables. Cuando la conducta objetivo se da en exceso y debe disminuir, se tratará de aumentar las conductas competitivas deseables.

3. *Fijar metas.* El objetivo de un plan de autogestión es alcanzar el nivel deseado en una conducta objetivo. Al marcarnos los objetivos, estableceremos un nivel adecuado de la conducta que tenga como efecto una mejora significativa en algún aspecto de nuestra vida. Una vez que se decide el objetivo, debe ponerse por escrito hacerse público, de manera que personas importantes para nosotros sean conscientes de la meta que nos hemos establecido, lo cual le dará más valor. También podrían escribirse toda una serie de objetivos intermedios, si se planea alcanzar el objetivo final de forma gradual. A veces, las metas intermedias sólo pueden desarrollarse después de un período de autorregistro para determinar la líneabase de la conducta deseada. Los objetivos intermedios se basan en la líneabase de la conducta y en aproximaciones graduales a la meta final.

4. *Autorregistro.* Después de definir el comportamiento objetivo, se desarrollará y aplicará un plan de autocontrol. Para ello usaremos una hoja de datos u otro dispositivo de registro (véase el Capítulo 2) y tomaremos datos de cada ocurrencia de la conducta

por un período de tiempo (digamos de 1 o 2 semanas) para establecer una líneabase antes de aplicar los procedimientos de autogestión. Es posible que la conducta objetivo cambie en la dirección deseada como efecto del autorregistro y de la fijación de objetivos. No debemos aplicar las estrategias de autogestión hasta que el nivel de la conducta objetivo sea estable. Si la conducta objetivo alcanza el nivel deseado como consecuencia de la fijación de objetivos y de los procedimientos de autorregistro, se puede aplazar la ejecución de cualquier estrategia de autogestión y continuar fijando metas y realizando un autorregistro. Si el comportamiento objetivo no se mantiene al nivel establecido como meta con el autorregistro, se pueden aplicar estrategias de autogestión. El autorregistro se prolonga durante todo el plan a objeto de poder juzgar la eficacia del mismo y el mantenimiento a medio y largo plazo de los cambios alcanzados.

5. *Llevar a cabo una evaluación funcional.* Simultáneamente a la aplicación del autorregistro durante la líneabase, se debe realizar una evaluación funcional para determinar los antecedentes y consecuencias de la conducta objetivo y las conductas competitivas alternativas. El propósito de la evaluación funcional es entender las variables que contribuyen a la ocurrencia o no de la conducta objetivo y de las conductas alternativas (véase el Capítulo 13). Las estrategias específicas de autogestión que alteran las variables antecedentes y consecuentes identificadas en la evaluación funcional serán seleccionadas para actuar sobre ellas durante la intervención.

6. *Elegir las estrategias de autogestión apropiadas.* En este punto del proceso, se deben elegir las estrategias de autogestión adecuadas que permitan modificar la conducta objetivo. En primer lugar, hay que elegir estrategias que manipulen los antecedentes de la conducta objetivo o de las conductas alternativas que compiten con la conducta objetivo. Los antecedentes a manipular son elegidos a partir de la información recogida en la evaluación funcional. Los tipos de manipulación de antecedentes se describen brevemente en este capítulo y en más detalle en el Capítulo 16. En segundo lugar, se escogen las estrategias que alteran las consecuencias de la conducta objetivo o de las conductas alternativas. Si se quiere disminuir un comportamiento objetivo no deseable, se debe poner en marcha una o más de las estrategias siguientes: eliminar el reforzador de la conducta objetivo, establecer castigos por la ocurrencia de la conducta objetivo, reforzar los comportamientos alternativos, eliminar las contingencias de castigo de las conductas alternativas, y enseñar las conductas alternativas. Si se desea incrementar la ocurrencia de una conducta objetivo se deben aplicar una o más de las estrategias siguientes: establecer reforzadores para la conducta objetivo, eliminar las posibles contingencias de castigo que operan sobre la conducta objetivo, eliminar los reforzadores para las conductas alternativas y castigar las conductas alternativas. Estas estrategias se resumen en la Tabla 20-2.

Como se puede apreciar, en un plan de autogestión se deben elegir las manipulaciones de antecedentes y consecuencias que afecten directamente a la conducta objetivo, en primer lugar, o a las conductas alternativas, como vía indirecta de influencia sobre la conducta objetivo.

7. *Evaluar los cambios.* Una vez que se han aplicado las estrategias de autogestión, se debe seguir recopilando datos a través del autorregistro, para evaluar si la conducta objetivo está cambiando en la dirección deseada. Si esta está cambiando según lo previsto, se mantendrán las estrategias establecidas y el autorregistro hasta alcanzar la meta. Una vez alcanzada la meta, es el momento de poner en práctica estrategias de man-

TABLA 20-2 Categorías de estrategias de autogestión utilizadas para reducir o aumentar el nivel de una conducta objetiva

Manipulaciones de antecedentes para aumentar una conducta adecuada y disminuir problemas de conducta.

- Presentar el estímulo discriminativo (ED) o señales para la conducta deseable.
- Eliminar el ED o las señales para los comportamientos no deseables.
- Introducir operaciones de establecimiento para la conducta deseable.
- Eliminar las operaciones de establecimiento de los comportamientos alternativos inadecuados.
- Reducir el esfuerzo de respuesta de la conducta deseable.
- Aumentar el esfuerzo de respuesta de los comportamientos no deseables.

Manipulaciones de consecuencias para aumentar un comportamiento adecuado y disminuir un comportamiento no adecuado.

- Proporcionar reforzadores para la conducta deseable.
- Eliminar los reforzadores para los comportamientos inadecuados.
- Eliminar los castigos asociados a la conducta deseable.
- Proporcionar castigos para los comportamientos competitivos.
- Utilizar procedimientos de enseñanza de habilidades para enseñar las conductas deseables.

tenimiento. En caso de que la conducta objetivo no esté cambiando en la dirección deseada, debemos reevaluar las estrategias que estemos utilizando e introducir los cambios que sean necesarios.

8. *Reevaluación de las estrategias de autogestión si es necesario.* Si la conducta objetivo no está cambiando en la dirección deseada después de aplicar las estrategias que hayamos considerado más adecuadas, deberemos considerar dos tipos de problemas que pueden haber contribuido a su ineficacia: En primer lugar, es posible que no se hayan aplicado correctamente los procedimientos. En el caso de aplicación incorrecta (p.ej., ignorar las contingencias), se deben tomar las medidas correctoras necesarias para que los procedimientos se apliquen adecuadamente. En caso de que la correcta aplicación de los procedimientos sea imposible, se deberán seleccionar otros procedimientos que el individuo sea capaz de aplicar. Por ejemplo, si cada vez que el individuo se escribe un contrato conductual para sí mismo ignora las contingencias establecidas, habrá que considerar la posibilidad de escribir el contrato con la ayuda de otra persona que administre las contingencias.

En segundo lugar, es posible que se hayan escogido estrategias de autogestión inapropiadas. Si se considera que se están aplicando correctamente los procedimientos, pero que ello no se traduce en el cambio de conducta deseado, se deben reevaluar los procedimientos en sí. Es posible que los antecedentes o las consecuencias seleccionados para su manipulación no sean relevantes. En estos casos será necesario volver a examinar la información obtenida en la evaluación funcional o realizar una evaluación funcional nueva para determinar cuáles son los antecedentes y consecuencias pertinentes.

9. *Aplicar estrategias de mantenimiento.* Una vez que se alcanza la meta en un programa de autogestión, han de ponerse en práctica estrategias de mantenimiento de la conducta objetivo en el nivel deseado. Idealmente, se podrían dejar de usar las estrategias aplicadas y dejar que las contingencias naturales de reforzamiento mantengan la conducta objetivo o las conductas alternativas. Por ejemplo, cuando Ana empezó a limpiar con regularidad, su compañera se lo agradeció y empezó a relacionarse con ella de forma más positiva. Estos son reforzadores naturales para la conducta de limpiar. Además, la cocina, el salón y el baño limpios se convirtieron en reforzadores condicionados porque el estado de limpieza había sido emparejado con otros reforzadores en el transcurso del programa. Para Mauricio, las contingencias naturales de reforzamiento estaban asociadas con la conducta de correr. Contaba con el apoyo social de los compañeros del club de deportes como ayuda para ir a correr y como reforzador social de esa conducta. Además, cuanto más corría en mejor forma estaba, lo que redujo el esfuerzo de respuesta e hizo la carrera más reforzadora en sí misma. Sin embargo, las contingencias naturales no podrán mantener la conducta objetivo a largo plazo en muchos casos. En otros casos, las contingencias naturales pueden ser un problema. Pensemos en el caso de una persona que está tratando de perder peso. A menudo se halla naturalmente reforzado por salir con amigos a comer pizza o hamburguesas, participar en comidas al aire libre o ir a fiestas en las que comer en exceso es la norma. Por lo tanto, le será necesario mantener la práctica de algunos procedimientos de promoción de autogestión, al menos periódicamente. En cualquier caso, es útil continuar fijándose objetivos y realizando el autorregistro. Estas estrategias de autogestión no consumen demasiado tiempo y son fáciles de llevar a cabo. A menudo, continuar marcándose objetivos y llevando un autorregistro es suficiente para mantener el comportamiento objetivo. El autorregistro es particularmente importante, ya que proporciona información sobre la ocurrencia de la conducta objetivo a lo largo del tiempo. Ello permite determinar de inmediato si hay problemas en el mantenimiento de la conducta objetivo y si es necesario poner en práctica otros procedimientos adicionales.

Problemas clínicos

Este capítulo describe las estrategias de autogestión que las personas pueden utilizar para cambiar su propio comportamiento. Estas estrategias son apropiadas para un amplio rando de excesos y déficits conductuales que una persona podría querer cambiar o mejorar. Sin embargo, algunos problemas pueden ser mas graves (por ejemplo, adicción a las drogas, alcoholismo, problemas con los juegos de azar, conducta agresiva, etc.) y pueden requerir de ayuda profesional. Para problemas clínicos graves que interfieren significativamente en tu vida, deberías buscar ayuda de un terapeuta de conducta, psicólogo u otro profesional entrenado para manejar estos problemas.

Pasos en un plan de autogestión

---

1. Tomar la decisión de participar en el plan.
2. Definir la conducta objetivo y las conductas competitivas.
3. Fijar las metas.
4. Llevar un autoregistro.
5. Realizar una evaluación funcional.
6. Escoger las estrategias de autogestión apropiadas.
7. Evaluar los cambios.
8. Reevaluar las estrategias de autogestión.
9. Aplicar estrategias de mantenimiento

RESUMEN DEL CAPITULO

1. La mayoría de los problemas de autogestión se relacionan con conductas objetivo cuyas consecuencias inmediatas están en conflicto con sus efectos a largo plazo. Concretamente, las conductas objetivo inadecuadas que precisan ser disminuidas son reforzadas por consecuencias inmediatas, aunque el resultado a largo plazo sea negativo, y las conductas objetivo deseables que se quiere aumentar son reprimidas por consecuencias inmediatas, aunque conlleven resultados positivos para la persona a largo plazo.

2. La autogestión es el uso de estrategias de modificación de conducta para cambiar la propia conducta. Se trata de un proceso en el que una persona realiza conductas controladoras que afectan a una conducta controlada. Las conductas controladoras son estrategias de autogestión, y la conducta controlada es el comportamiento objetivo a modificar.

3. El apoyo social en este contexto implica que amigos y familiares proporcionen antecedentes o consecuencias para promover la ocurrencia de la conducta apropiada. El apoyo social es beneficioso como parte de la autogestión, porque la participación de otras personas puede ayu-

dar a prevenir que el cliente ignore las contingencias que se han establecido incrementándose así las probabilidades de éxito del plan de autogestión.

4. Las estrategias principales de autogestión son: establecimiento de objetivos, el autorregistro, la manipulación de antecedentes, los contratos conductuales, la manipulación de las contingencias de reforzamiento y castigo, el apoyo social, las autoinstrucciones y los elogios autoadministrados.

5. Los programas de autogestión normalmente se implementan en una secuencia de nueve pasos: (1) comprometerse a cambiar una conducta concreta, (2) definir la conducta objetivo y las conductas competitivas, (3) establecer objetivos claros sobre el resultado del programa, (4) aplicar un plan de autorregistro, (5) llevar a cabo una evaluación funcional de los antecedentes y las consecuencias de la conducta objetivo y de las conductas alternativas, (6) seleccionar y aplicar las estrategias de autogestión, (7) evaluar los cambios en la conducta objetivo, (8) si la conducta objetivo no cambia en la dirección deseada, reevaluar la estrategias de autogestión y (9) poner en práctica estrategias de mantenimiento.

PALABRAS CLAVE

Apoyo social, 408
Autoinstrucciones, 408
Conducta controlada, 404

Conducta controladora, 404
Contrato conductual, 406
Ignorar las contingencias, 406

Elogio autoadministrado, 468
Establecimiento de objetivos, 404
Autogestión, 399

TÉST PRÁCTICO

1. ¿Qué es un déficit de conducta? Describe un problema de autogestión que consista en un déficit de conducta (pág. 459-460).
2. En tu ejemplo, identifica las contingencias inmediatas responsables del déficit de conducta y los resultados de la conducta a largo plazo.
3. ¿Qué es un exceso conductual? Describe un problema de autogestión que consista en un exceso de conducta (pág. 460).
4. En tu ejemplo, identifica las contingencias inmediatas responsables de la conducta objetivo y el resultado de la conducta a largo plazo.
5. Identifica los elementos básicos de la autogestión (pág. 461-462).
6. ¿Qué son las conductas controladoras? Proporciona un ejemplo (pág. 461).
7. ¿Qué es una conducta controlada? Proporciona un ejemplo (pág. 461).
8. ¿Cuál es la relación entre la conducta objetivo y las conductas alternativas en un problema de autogestión que implique un déficit de conducta? (pág. 460).
9. ¿Cuál es la relación entre la conducta objetivo y las conductas alternativas en un problema de autogestión que implique un exceso de conducta? (pág. 460).
10. Identifica los distintos tipos de manipulación de antecedentes que pueden ser utilizados en un programa de autogestión (pág. 463).
11. Proporciona un ejemplo en el que una persona utilice un contrato conductual en un programa de autogestión (pág. 464).
12. ¿Cuál es la diferencia entre la estrategia de establecer reforzadores o castigos y un contrato conductual? ¿Cuales son las similitudes? (págs. 464-465).
13. ¿Qué es el apoyo social? Proporciona un ejemplo de apoyo social en un programa de autogestión (págs. 465-466).
14. Proporciona un ejemplo del uso de autoinstrucciones en un programa de autogestión ¿Cómo se puede aprender a utilizar las autoinstrucciones en un programa de autogestión? (págs. 466).
15. Identifica y describe los nueve pasos para llevar a cabo un programa de autogestión (págs. 467-469).

APLICACIONES

1. Christian se ha quejado recientemente de que no consigue hacer los deberes. Dice que quiere estudiar cada día, pero simplemente no es capaz de hacerlo. Aunque hizo un curso de modificación de conducta, no cree que pueda llevar a cabo un programa de autogestión con éxito él solo. ¿Qué le dirías a Christian para aumentar la probabilidad de que aplique un programa de autogestión para cambiar su conducta de estudio?
2. Vas a ayudar a Christian a poner su programa de autogestión en marcha. Para empezar, Christian comienza a tomar datos de su conducta objetivo, estudiar. Antes de elegir las estrategias de autogestión para modificar la conducta de estudio, debes realizar una evaluación funcional de esa conducta y de las conductas alternativas que interfieren con su estudio. Identifica las preguntas que le harías a Chris para obtener información sobre la evaluación funcional de la conducta de estudiar.
3. Christian dice que estudia en su dormitorio por la noche, con la tele puesta. Al parecer, sus amigos y compañeros le visitan mientras está tratando de estudiar. Entonces se detiene, habla con ellos y de vez en cuando salen. A veces deja de estudiar para ver la tele o para comer o beber algo. Hay días en los que ni siquiera trata de estudiar y en lugar de eso pasa el tiempo con los amigos. Cuando está tratando de estudiar, sus amigos le llaman aburrido y le dicen que se está perdiendo la diversión. Identifica las estrategias de autogestión que requieren de manipulaciones de antecedentes y consecuencias y que Christian podría utilizar para aumentar su conducta de estudio.
4. Imagina que tienes el problema de morderte las uñas y lo haces cada vez que asoma la parte blanca de la uña que asoma sobre la epidermis. Luego, por lo general, no vuelves a hacerlo hasta que la uña crece y la parte blanca asoma otra vez. También las muerdes cuando están irregulares o cuando tienen los bordes ásperos por haberlas mordido. Lo haces

sobre todo cuando estás viendo la tele o una película, también durante las clases o cuando está estudiando. Describe las estrategias de autogestión (manipula- ciones de antecedentes y consecuencias) que podrías usar para dejar de morderte las uñas.

APLICACIONES INADECUADAS

1. Carmen fumaba desde que empezó en la universidad. Fumaba cuando estudiaba, cuando conducía, al levantarse por la mañana, después de las comidas, cuando estaba molesta y cuando salía con sus amigos. Desde hace un año empezó a leer sobre los efectos del tabaco en la salud y decidió dejar de fumar. Planeó dejar de fumar un lunes. Se acabaría el paquete que tenía abierto o tiraría lo que quedara de él si no lo había terminado antes del lunes. Su plan era utilizar autoinstrucciones. A partir de la mañana del lunes, cada vez que tuviera un fuerte deseo de fumar, se diría a sí misma: "¡No fumes! ¡Es malo para ti!" Pensó que, si se decía tales cosas, sería menos probable que saliera a comprar un paquete de tabaco o que cogiera el cigarrillo de un amigo. Supuso que le sería difícil durante unos pocos días, pero que después sería más fácil. ¿Qué problemas presenta el plan de Carmen? ¿Qué le propondrías que modificase?

2. Laura rara vez lavaba los platos, hasta que estos se había acumulado durante días. Dejaba ropa sucia tirada por todas partes en su apartamento más de una semana, hasta que finalmente la lavaba. Dejaba el correo en la cocina, hasta que lo abría días después. Dejaba los libros y las cosas del colegio en el suelo y en la mesa de la cocina. Aunque vivía sola, su desorden comenzaba a molestarle. Quería dejar de tenerlo todo hecho un desastre y poner las cosas en su sitio inmediatamente, pero simplemente no podía con ello. Veía mucho la tele por las tardes, después de la escuela: cuando no estaba estudiando, estaba viendo la televisión, y a veces incluso estudiaba frente al televisor. Veía tres o cuatro programas todas las noches. Decidió utilizar la televisión como un reforzador para la conducta objetivo de limpiar y ordenar. Dejaría los libros en la mesa, pondría la ropa en el cesto, lavaría los platos después de utilizarlos, colocaría los alimentos en su sitio después de prepararlos y leería el correo y lo dejaría sobre la mesa de inmediato. Podría ver la televisión sólo después de haber hecho todas estas cosas, como reforzador por estas conductas. ¿Qué problemas tiene este plan? ¿Qué tendría que hacer Laura de manera diferente para mejorarlo?

3. Jorge había bebido mucho durante años. Su consumo de alcohol había llegado al punto en el que se emborrachaba cada noche, a menudo solo, y tenía resaca casi todos los días. Algunas mañanas se tomaba una copa para tratar de sentirse mejor después de la noche anterior. Su consumo se había convertido en un problema, y se propuso aplicar un programa de autogestión para detenerlo o limitarlo. Recuperó su libro de texto de modificación de conducta de la universidad y releyó el capítulo de autogestión. Luego, diseñó un plan de autogestión basado en los pasos descritos en este capítulo. ¿Qué problema tiene este ejemplo? ¿Qué debería cambiar Jorge de su plan?

Procedimientos de reversión de hábitos

- ¿Qué es una conducta de hábito, y cuándo hacer una conducta de hábito llega a ser un trastorno del hábito?
- ¿Cuáles son las tres categorías de comportamientos de hábito?
- ¿Cuáles son los componentes del procedimiento de reversión del hábito?
- ¿Cómo se aplica el procedimiento de reversión del hábito a cada categoría de hábito de conducta?
- ¿Qué hace que los procedimientos de reversión del hábito funcionen?

Este capítulo se centra en un tipo de procedimientos que se aplican a personas con hábitos de conducta. Estos tratamientos, llamados procedimientos de reversión del hábito, se utilizan para disminuir la frecuencia de tales hábitos no deseables. Los hábitos a menudo no interfieren de forma importante con el funcionamiento social de la persona, sino que tienden a ser más una molestia para la persona o para otras personas importantes en su vida. Sin embargo, en algunos casos, la frecuencia o la intensidad de las conductas de hábito pueden llegar a ser extremas y llevar a la percepción negativa de la persona o a disminuir la aceptación social del individuo (Boudjouk, Woods, Miltenberger, y Long, 2000; Friedrich, Morgan y Devine, 1996; Friman, McPherson, Warzak y Evans, 1993; Long, Woods, Miltenberger, Fuqua y Boudjouk,

1999). Cuando la conducta de hábito se repite con frecuencia o con alta intensidad, la persona suele buscar un tratamiento para el problema. En estos casos, **una conducta de hábito puede ser vista como un trastorno** (Hansen, Tishelman, Hawkins y Doepke, 1990).

Ejemplos de conductas de hábito

Joel se sentó en su clase de psicología y escuchó atentamente lo que el profesor estaba diciendo. Durante la mayor parte de la clase, estuvo mordiéndose las uñas. Sin pensarlo, se puso el dedo en la boca y se mordió los bordes de la uña. Continuó el trabajo alrededor de la uña y estuvo mordiéndose alrededor de los bordes hasta que estaba igualada. A menudo volvía sobre la uña y se mordía en las partes que no estaban igualadas. Por lo general sólo dejaba de morderse una uña en particular cuando ya estaba tan corta que no podía morderla más. Joel no estaba particularmente preocupado por su comportamiento de morderse las uñas, pero su novia le decía a menudo lo horrible que se veían sus uñas mordidas.

José era un jugador de fútbol de la universidad que iba a la sala de pesas para desarrollar fuerza y hacía un entrenamiento extra cada día. Después de los duros entrenamientos, podía sentir la tensión en el cuello y los hombros. Cuando sentía la tensión, movía rápidamente la cabeza hacia un lado y le daba la vuelta en un movimiento de rotación. Este movimiento rápido de cabeza, por lo general, alivia la tensión al menos momentáneamente. En el transcurso de la temporada, José descubrió que estaba haciendo este movimiento con más y más frecuencia, en el campo. Al observar cintas de vídeo de los partidos se dio cuenta de lo mucho que hacía este comportamiento. Aunque los movimientos rápidos de cabeza no habían afectado a su rendimiento, le parecía que había algo anormal en la frecuencia con que se estaban produciendo.

Bárbara era una estudiante de medicina en su último año. Estaba en una rotación de pediatría en la que estaba aprendiendo los procedimientos médicos pediátricos en un hospital infantil. Durante las rondas del hospital, iba al lado de los pediatras. Después de ver a cada paciente, el pediatra le preguntaba a Bárbara y al resto de los estudiantes de medicina sobre el problema médico del paciente. Bárbara a menudo se ponía nerviosa en estas situaciones, y a veces tartamudeaba algunas de las palabras mientras respondía a las preguntas del pediatra. Cuando tartamudeaba, se quedaba atascada en una palabra y repetía la palabra o sílabas de la palabra varias veces antes de terminar la frase. Por ejemplo, podía decir, "Creo que necesitamos tomar a-a-además rayos X para confirmarlo, doctor". Aunque la tartamudez no le había afectado negativamente en la escuela, estaba cada vez más preocupada al respecto. La tartamudez podría afectar su rendimiento o sus posibilidades profesionales en el futuro.

Definición de las conductas de hábito

Los tres ejemplos anteriores ilustran tres tipos de conductas de hábito: **hábitos nerviosos,** tics motores, y la tartamudez (Woods y Miltenberger, 1995).

Hábitos nerviosos

El comportamiento en el primer ejemplo, morderse las uñas (onicofagia), es un ejemplo común de hábito nervioso. Otros ejemplos podrían ser dar vueltas o acariciarse el cabello (o un bigote o barba), dar golpecitos con un lápiz, la goma de un lápiz o un bolígrafo, chasquearse los nudillos, chuparse el pulgar, la manipulación repetitiva de un clip o un artículo similar, hacer sonar el dinero en el bolsillo, doblar o rasgar papel (como una servilleta en un restaurante), cortarse las uñas, y otras manipulaciones repetitivas de objetos o partes del cuerpo (Woods, Miltenberger y Flach, 1996). Los hábitos nerviosos implican comportamientos repetitivos, conductas manipulativas que se cree que son más probable que ocurran cuando la persona experimenta una mayor tensión nerviosa.

Los hábitos nerviosos normalmente no tienen ninguna función social para la persona; por ejemplo, no son reforzados por otros en la vida de la persona. Sin embargo, se cree que disminuyen la tensión nerviosa. En algunos casos, los hábitos nerviosos pueden tener la función de auto- estimulación (Ellingson, Miltenberger, Stricker, Garlinghouse, et al., 2000; Rapp, Miltenberger, Galensky, Ellingson y Long, 1999; Woods y Miltenberger, 1996b). Los hábitos nerviosos pueden darse al mismo tiempo que otras actividades voluntarias funcionales están ocurriendo. En la mayoría de los casos, implican el uso de las manos. También pueden implicar comportamientos con la boca como morderse los labios o el bruxismo, en el que una persona rechina o aprieta los dientes superiores e inferiores.

Muchos hábitos nerviosos no causan ningún problema a la persona a menos que la frecuencia o la intensidad de la conducta se vuelve extrema. Por ejemplo, en ocasiones morder un lápiz o abrir un clip de papel no presenta ningún problema, pero morder lápices constantemente o abrir cientos de clips de papel al día es un problema debido a la excesiva frecuencia de la conducta. Asimismo, morderse las uñas ocasionalmente o cortarse las uñas, puede no ser un problema para la mayoría de la gente, pero morderse o cortarse las uñas hasta sangrar o sentir dolor es un problema. La intensidad puede ser también un problema en los tirones de pelo: aunque dar vueltas o acariciar el cabello no sea un problema, los tirones de pelo en los que se arrancan mechones del cuero cabelludo es un problema. Asimismo, el bruxismo en el que los dientes se dañan o se produce dolor en los músculos de la mandíbula, es un problema debido a la intensidad de la conducta. Cuando la frecuencia o intensidad de un hábito nervioso llega a ser extrema, la gente suele buscar ayuda para eliminarlo. Teng, Woods, Twohig y Marcks (2002) han utilizado el término *"conducta repetitiva centrada en el cuerpo"* para referirse a los hábitos nerviosos (p.ej., morderse las uñas o la boca, arrancarse, morderse o arañarse la piel) que dan causan daños físicos o evaluaciones sociales negativas.

Conductas habituales	Ejemplos
Hábitos nerviosos	Morderse las uñas, tirarse del pelo
Tics motores	Sacudidas de cabeza, muecas faciales
Tartamudez	Repeticiones de palabras, prolongaciones

Tics motores y vocales

José, el jugador de béisbol que movía la cabeza, muestra un tic motor. Los **tics motores** son repetitivos y son movimientos bruscos de un grupo muscular particular en el cuerpo. Por lo general, implican músculos del cuello o la cara, pero también pueden afectar a los hombros, brazos,manos,piernas o tronco. Los tics motores que afectan al cuello pueden incluir los movimientos de la cabeza hacia delante, hacia atrás o hacia un lado, movimientos de rotación y torsión del cuello, o alguna combinación. Los tics faciales pueden incluir entrecerrar los ojos, fuerte parpadeo, arquear las cejas, hacer una mueca en la que una esquina de la boca se estira hacia atrás, o alguna combinación. Otros tipos de tics motores pueden incluir arquear los hombros, estirar el brazo hacia un lado, girar el torso u otros movimientos corporales repetitivos.

Los tics motores se cree que están asociados con la tensión muscular elevada (Evers y Van de Wetering, 1994). A veces el desarrollo de un tic está relacionado con una lesión o un evento que aumenta la tensión en un grupo muscular determinado, pero los movimientos de tic se siguen produciendo una vez que la lesión original o evento ha pasado (Azrin y Nunn, 1973). Por ejemplo, una persona con tensión en la parte baja de la espalda podría obtener alivio torciendo el torso de una manera particular. Sin embargo, la persona sigue girando el torso mucho después de que el problema se haya resuelto. Este podría ser un ejemplo de un tic. No es raro que los niños desarrollen tics motores simples y luego al crecer los pierdan. Los tics motores son un problema cuando son de larga duración o de frecuencia e intensidad extrema. En esos casos, las personas suelen buscar tratamiento.

Además de los tics motores, algunas personas presentan tics vocales. Un **tic vocal** es un sonido vocal repetitivo que no cumple una función social. Ejemplos de tics vocales son aclarar la garganta cuando no hay razón para hacerlo y toser cuando la persona no está enferma. Los tics vocales también pueden involucrar sonidos o palabras. En un caso, un niño de primaria que había tenido un resfriado durante un largo período de tiempo, siguió tosiendo y aclarándose la garganta con frecuencia meses después de que el resfriado se le había pasado (Wagaman, Miltenberger y Williams, 1995). Aunque la tos y el carraspeo inicialmente estaban relacionados con el resfriado, podían ser clasificados como tics vocales cuando se seguían produciendo meses más tarde.

El Síndrome de la Tourette es un trastorno motor en el que participan múltiples tics motores y vocales. El trastorno de la Tourette y otros trastornos de tics en la actualidad, se cree que están causados tanto por una interacción compleja de factores genéticos y neurobiológicos, como por eventos del medio ambiente (Leckman y Cohen, 1999). Un niño es diagnosticado con trastorno de la Tourette, cuando dos o más tics (incluyendo al menos un tic vocal) están presentes durante al menos 1 año. El trastorno de la Tourette está considerado como un trastorno que dura toda la vida, con inicio en la infancia.

Tartamudez

En nuestro tercer ejemplo, Bárbara nos mostró el **tartamudeo**, un tipo de discurso sin fluidez en que la persona repite palabras o sílabas, prolonga el sonido de una palabra o sílaba, o parte en bloques una palabra (no emite sonido alguno durante un período de tiempo al tratar de decir una palabra). La tartamudez puede ocurrir en los niños pequeños cuando están aprendiendo a usar el lenguaje. Sin embargo, la mayoría de los niños la pierden al crecer sin ningún problema. La tartamudez en ocasiones persiste en niños y adultos en diversos grados de severidad. En algunos casos, es apenas perceptible pero en otros interfiere con la producción del habla. La gente a menudo buscan tratamiento cuando su tartamudez es lo suficientemente grave como para que su habla llame la atención de los demás.

Cada uno de estos trastornos de hábitos ha sido tratado con éxito con los procedimientos de modificación de conducta llamados procedimientos de reversión del hábito (Miltenberger, Fuqua y Woods, 1998; Miltenberger y Woods, 1998; Miltenberger y Woods, 1995, 2001).

Procedimientos reversión del hábito

Azrin y Nunn (1973) desarrollaron un programa de tratamiento para eliminar los hábitos nerviosos y los tics. Lo llamaron tratamiento multicompetente de reversión de hábitos. En investigaciones posteriores, Azrin y Nunn y otros investigadores demostraron la eficacia de los procedimientos de reversión de hábitos para el tratamiento de múltiples trastornos del hábito que incluían hábitos nerviosos, tics, y tartamudez (Azrin y Nunn, 1974, 1977; Azrin, Nunn y Frantz, 1980a ; Finney, Rapoff, Hall y Christopherson, 1983; Miltenberger y Fuqua, 1985a; Piacentini et al., 2010; Twohig y Woods, 2001a, b; Wagaman, Miltenberger y Arndorfer, 1993; Woods, Twohig, Flessner y Roloff, 2003).

El procedimiento de reversión del hábito se aplica en una sesión de terapia con el cliente que presenta el trastorno del hábito. El cliente aplica fuera de sesión los procedimientos que se han enseñado en sesión para controlar el hábito. En el procedimiento de reversión del hábito, lo primero es enseñar a la persona con el hábito (tic o tartamudez) a describir los comportamientos que están involucrados en el hábito. Después de aprender la definición conductual del comportamiento del hábito, el cliente aprende a identificar cuándo se produce o cuando está a punto de ocurrir. Estos procedimientos constituyen el **entrenamiento en la toma de conciencia** de los componentes de la reversión del hábito. El cliente aprende una **respuesta incompatible** (un comportamiento incompatible con el hábito de conducta) y practica la respuesta incompatible en sesión después de la ocurrencia de cada tic. A continuación, el cliente se imagina las situaciones en las que utilizará la respuesta incompatible fuera de la sesión para inhibir el hábito. Por último, se enseña al cliente a utilizar la respuesta incompatible fuera de la sesión cada vez que el hábito se produce o está a punto de ocurrir. Estos procedimientos constituyen el **entrenamiento en respuestas incompatibles.**

Se enseña a otras personas importantes (tales como un padre o cónyuge) a ayudar al cliente a utilizar la respuesta incompatible cuando el hábito se produce fuera del período de sesiones. También se les instruye para alabar al cliente por no hacer el hábito y por usar la respuesta incompatible con éxito. La participación de las otras personas significativas se llama **apoyo social**. Por último, el terapeuta revisa con el cliente todas las situaciones en las que el hábito ocurre y cómo puede haber causado molestias o vergüenza. Esta revisión es una **estrategia de motivación,** lo que aumenta la probabilidad de que el cliente utilice la respuesta incompatible fuera de la sesión de tratamiento para controlar el hábito.

En las sesiones de terapia de reversión del hábito, el cliente aprende dos habilidades básicas: discriminar cada ocurrencia del hábito (entrenamiento en conciencia) y utilizar la respuesta incompatible contingentemente con la ocurrencia del hábito o en previsión de la ocurrencia del hábito (entrenamiento de la respuesta incompatible). La conciencia del hábito es una condición necesaria para la utilización de la respuesta incompatible. El cliente debe estar capacitado para tomar conciencia de cada vez que ocurre el hábito para que pueda iniciar la respuesta incompatible de inmediato. La respuesta incompatible normalmente es un comportamiento discreto (no se identifica fácilmente por otros) que la persona hace durante 1-3 minutos. Las personas allegadas siguen ayudando al cliente a usar estas habilidades a través de recordatorios y reforzamiento fuera del período de sesión (apoyo social).

Componentes de la reversión de hábitos

- Toma de conciencia
- Entrenamiento de la respuesta incompatible
- Apoyo social
- Procedimientos de motivación

Aplicaciones de la reversión del hábito

La principal diferencia entre los procedimientos de reversión del hábito para los diferentes tipos de trastornos del hábito es la naturaleza de la respuesta incompatible. Una respuesta incompatible debe ser elegida específicamente para un hábito particular, tics, tartamudeo o problema que presente el cliente. Vamos a considerar las diferentes maneras en que la reversión del hábito se aplica a los distintos tipos de trastornos del hábito (para una revisión de los procedimientos de reversión del hábito, véase Woods y Miltenberger, 1995, 2001.)

Hábitos nerviosos

Varios investigadores han evaluado la reversión del hábito para el tratamiento de hábitos nerviosos (Azrin, Nunn y Frantz-Renshaw, 1980, 1982; Miltenberger y Fuqua, 1985a; Nunn y Azrin, 1976; Rapp, Miltenberger, largo, Elliott y Lumley, 1998, Rosenbaum y Ayllón, 1981a, b; Twohig y Woods, 2001a; Woods, Miltenberger y Lumley, 1996b; Woods et al., 1999). Los hábitos nerviosos tratados con los procedimientos de reversión del hábito incluyen morderse las uñas, tirarse del pelo (tricotilomanía), succionarse del pulgar, rascarse la piel y hábitos relacionados con la boca, como morderse los labios y el bruxismo. En cada caso, la respuesta incompatible era un comportamiento que el sujeto podía realizar fácilmente, pero que era físicamente incompatible con el hábito nervioso. Por ejemplo, una respuesta incompatible para un estudiante que se muerde las uñas en el aula podría ser la de tomar un lápiz durante 1-3 minutos o cerrar los puños durante 1-3 minutos. El estudiante tendría que aprender primero a identificar cada vez que empezaba a morderse las uñas. Tan pronto como detectara el comportamiento de morderse las uñas (p.ej., cuando su dedo tocaba los dientes, cuando su mano se movía hacia la boca), inmediatamente debería poner fin a la conducta y agarrar el lápiz. Dado que agarrar un lápiz es una actividad natural en un aula, la respuesta incompatible no llama la atención sobre el estudiante. Una respuesta incompatible similar podría utilizarse para los tirones de pelo o cualquier hábito nervioso que implique el uso de las manos. Si la persona no está en una clase o si no hay un lápiz o un bolígrafo disponibles, una respuesta incompatible con morderse las uñas o tirarse del pelo puede ser cerrar un puño y mantenerlo al lado del cuerpo durante 1-3 minutos o poner la mano en el bolsillo durante 1-3 minutos. Otra opción sería que el estudiante se sentase sobre sus manos, cruzara los brazos, dejase las manos en su regazo, u emplease las manos en cualquier actividad que impida físicamente morderse las uñas.

Para un hábito que implique la boca, como morderse los labios o el bruxismo, una respuesta incompatible podría ser mantener los dientes de arriba y de abajo juntos ligeramente un par de minutos, lo que sería incompatible con la conducta.

Cuando la reversión del hábito se utiliza con los niños, los padres pueden usar guía física para lograr que el niño haga la respuesta incompatible. Por ejemplo, en un caso, una niña de 5 años se tiraba del pelo y se mordía las uñas, normalmente cuando estaba inactiva (p.ej., viendo la televisión o esperando sentada). La respuesta incompatible fue poner las manos juntas sobre el regazo. Su madre se encargaba de decir "las manos en el regazo", y guiaba físicamente las manos de su hija hacia el regazo cuando veía a su hija arrancarse el pelo o morderse las uñas. En poco tiempo, la hija comenzó a poner sus manos en su regazo, tan pronto como su madre le decía: "las manos en el regazo". Eventualmente, comenzó a poner las manos en su regazo tan pronto como comenzaba a morderse las uñas o a tirarse del pelo. Cada vez que estaba sentada con las manos en su regazo, su madre le alababa. Ambas conductas de hábito disminuyeron con la respuesta incompatible que se aplicó con la ayuda de los padres (apoyo social).

Tics motores y vocales

Los procedimientos de reversión del hábito han sido evaluados para el tratamiento de tics motores y vocales (Azrin y Nunn, 1973; Azrin, Nunn y Frantz, 1980b; Azrin y Peterson, 1989, 1990; Finney et al., 1983; Miltenberger, Fuqua y McKinley, 1985; Piacentini et al., 2010; Sharenow, Fuqua y Miltenberger, 1989; Woods, Miltenberger y Lumley, 1996a; Twohig y Woods, 2002). La respuesta incompatible utilizada en los procedimientos de reversión del hábito con tics motores implica tensar los músculos que intervienen en el tic de manera que la parte del cuerpo que participa se mantenga inmóvil (Carr, 1995). Por ejemplo, José, el jugador de fútbol que giraba el cuello, que tensaba los músculos de su cuello en un grado moderado, para mantener la cabeza hacia a delante primero tuvo que aprender a discriminar cada vez que exhibía el tic o anticipaba que iba a hacerlo. Entonces, contingentemente a la aparición del tic o en previsión de él, se llevaría a cabo la respuesta incompatible durante un par de minutos. Tensar moderadamente los músculos del cuello y mantener la cabeza recta no es un comportamiento que llame la atención, por lo que no debería hacer llamar la atención sobre él. Azrin y Peterson (1990) describieron una respuesta incompatible con tics vocales como la tos o el carraspeo. Los autores describieron esta respuesta como un "ritmo lento de respiración profunda por la nariz, manteniendo la boca cerrada y con una exhalación ligeramente más larga que la inhalación (p.ej., 5 segundos de inhalación, 7 segundos de exhalación)" (pág. 310). Azrin y Peterson mostraron que el procedimiento de reversión del hábito puede ser utilizado con éxito para tratar los tics motores y tics vocales asociados con el trastorno de la Tourette, que se cree que tiene una causa neurológica y se trata con medicación (Shapiro, Shapiro, Bruun y Sweet, 1978). Los tics exhibidos por la mayoría de las personas no están asociados con el trastorno de la Tourette y son tratados de manera efectiva con los procedimientos de reversión del hábito. Miltenberger y colaboradores. (1985) aplicaron el procedimientos de reversión del hábito a seis tics motores diferentes exhibidos por nueve personas. La Tabla 21-1 proporciona las definiciones de comportamiento de los seis tics motores diferentes y las respuestas incompatibles que se utilizaron con estos tics. En cada caso, la respuesta incompatible implicaba tensar los músculos opuestos para inhibir los tics.

TABLA 21-1 Definición de Respuestas y Respuestas Incompatibles

Tic	Definición de respuesta	Respuesta incompatible
Temblores de cabeza	Cualquier movimiento hacia atrás y adelante o lateral de la cabeza	Tensar los músculos del cuello mientras se sostiene la barbilla hacia abajo y hacia el cuello
Parpadeo rápido	Cualquier parpadeo que se produce en menos de 3 segundos después del parpadeo anterior	Abrir los ojos y parpadear deliberadamente cada 5 segundos, mientras que cambia la fijación de la mirada cada 10 segundos
Tic facial	Cualquier movimiento de los labios hacia fuera	Apretar o presionar los labios juntos
Tic facial	Tirar hacia atrás una o ambas comisuras de la boca	Apretar la mandíbula mientras se presiona la boca junto con el movimiento ascendente de la mejilla (s)
Agitar la cabeza	Cualquier movimiento de sacudidas de la cabeza	Igual que en temblores de cabeza
Sacudidas de los hombros	Cualquier movimiento de tracción de los hombros o el brazo, con el brazo hacia arriba o hacia el cuerpo	Presionar con fuerza los brazos contra los lados del cuerpo al tiempo que se tira de los hombros hacia abajo

Fuente: Miltenberger, Fuqua y McKinley, 1985.

LECTURA PARA AMPLIAR

Investigación conductual sobre el trastorno de la tourette

Además de evaluar los procedimientos de reversión de hábitos para el tratamiento de los tics asociados con el trastorno de la Tourette, los investigadores del comportamiento están investigando otros aspectos de este trastorno. Doug Woods y colaboradores han realizado una serie de estudios que analizan los factores que influyen en la aparición de tics, la capacidad del niño para controlar sus tics, y la influencia de la reversión del hábito en tics tratados y no tratados. En un estudio, Woods, Watson, Wolfe, Twohig y Friman (2001) evaluaron la influencia de los tics relacionados con el habla, sobre la aparición de tics exhibidos por dos niños con trastorno de la Tourette. Los autores encontraron que cuando los adultos hablaban acerca de los tics del niño en presencia del niño, el niño presentaba un nivel más alto de los tics que cuando los adultos no hablaban de los tics. En otro estudio, Woods y Himle (2001) quería saber si los niños pueden reprimir sus tics cuando así se les ordene. Los autores encontraron que decirles a los niños con trastorno de la Tourette que controlaran daba lugar a una pequeña supresión del tic. Sin embargo, cuando los niños recibieron fichas por la ausencia de tics (reforzamiento diferencial de otras conductas [RDO]) eran mucho más capaces de controlar sus tics. Estos resultados sugieren que los niños pueden controlar sus tics con las contingencias apropiadas y que tiene implicaciones directas para la intervención. En otro estudio, Woods y sus colegas (2003) evaluaron la eficacia de la reversión del hábito que se aplicó para los tics vocales exhibidos por los niños con trastorno de la Tourette y evaluaron si el tratamiento de los tics vocales se correspondía con cambios en los tics motores. Los autores encontraron que los tics vocales disminuyeron en todos los niños con el uso de la reversión del hábito, pero que los efectos generalizados a los tics motores se dieron solamente para uno de los cinco niños.

Tartamudez

Muchos estudios han documentado la eficacia de los procedimientos de reversión del hábito con la tartamudez (Azrin y Nunn, 1974; Azrin, Nunn y Frantz, 1979; Elliott, Miltenberger, Rapp, largo y McDonald, 1998; Ladoucher y Martineau, 1982; Miltenberger, Wagaman y Arndorfer, 1996; Wagaman et al, 1993; Wagaman, Miltenberger y Woods,

1995; Waterloo y Gotestam, 1988; Woods et al., 2000). La respuesta incompatible que se utiliza con la tartamudez es muy diferente a la respuesta incompatible que se utiliza con los hábitos nerviosos o tics. Debido a que la tartamudez implica interrumpir el flujo de aire de las cuerdas vocales que interfiere con la producción de discurso fluido, la respuesta incompatible implicaría la relajación y la interrupción del flujo de aire sobre las cuerdas vocales durante el habla. La respuesta incompatible en el procedimiento de reversión del hábito con el tartamudeo también se conoce como la **respiración regulada**. A los clientes primero se les enseña a detectar cada ocurrencia de la tartamudez. Los clientes aprenden a describir los tipos de tartamudez que presentan y, con la ayuda del terapeuta, identifican cada ocurrencia de la tartamudez al hablar en la sesión. Una vez que los clientes son conscientes de la mayoría de los casos de tartamudez, el terapeuta enseña la respiración regulada.

El primer componente es un procedimiento de relajación rápida llamada **respiración diafragmática**. El cliente aprende a respirar con un patrón rítmico utilizando los músculos del diafragma para sacar el aire profundamente de los pulmones. A medida que el paciente está respirando suave y rítmicamente, el terapeuta pide al cliente que diga una palabra al exhalar. Debido a que el cliente se relaja y el aire fluye sobre la laringe en una exhalación, el cliente no tartamudea al decir la palabra. Este patrón de habla es incompatible con el patrón que participa en la tartamudez. El cliente practica este modelo con una sola palabra, luego dos, luego frases cortas, y así sucesivamente. Si el cliente comienza a tartamudear, en cualquier momento, deja de hablar de inmediato, respira diafragmáticamente, se inicia el flujo de aire, y sigue hablando. Se entrena al cliente para practicar este método de habla fuera de la sesión. Una persona significativa, como un padre o cónyuge proporciona apoyo social ayudando al cliente a practicar y alabándole por hablar con fluidez. El éxito del tratamiento depende de lo que el cliente practique cada día, de si detecta la mayoría de los casos de tartamudez, y utiliza el método de respiración regulada de forma fiable (Elliott et al, 1998; Miltenberger et al., 1996; Wagaman, Miltenberger y Woods, 1995; Woods et al., 2000). En la Figura 21-1 se muestran los resultados de un tratamiento para la tartamudez de cuatro niños (de Wagaman et al., 1993).

¿Por qué funcionan los procedimientos de reversión del hábito?

Los investigadores han demostrado que los componentes del procedimiento de reversión del hábito más responsables de su eficacia en la disminución de hábitos nerviosos, tics motores y vocales y la tartamudez, son la sensibilización y el uso de una respuesta incompatible (Elliott et al., 1998; Miltenberger y Fuqua, 1985a; Miltenberger et al., 1985; Rapp, Miltenberger, Long, Elliott y Lumley, 1998; Wagaman et al., 1993; Woods et al., 1996a). La sensibilización es un componente crítico porque el cliente debe ser capaz de discriminar cada ocurrencia del hábito nervioso, tic o tartamudeo para aplicar la conducta incompatible. El uso de la respuesta incompatible tiene dos posibles funciones. Una función es inhibir el hábito de conducta y proporcionar una conducta alternativa para reemplazarlo. La segunda es que la respuesta incompatible puede servir como un castigo, como en la aplicación de las actividades aversivas, como sobrecorrección y como ejercicio contingente (véase el Capítulo 18).

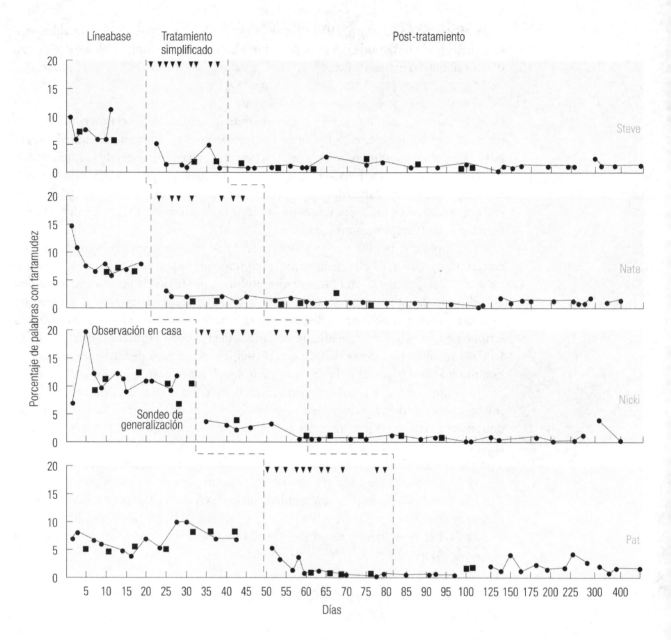

FIGURA 21-1   En este gráfico de línea de base múltiple con varios sujetos se muestra el porcentaje de palabras tartamudeadas de cuatro niños antes y después del tratamiento. El tratamiento consistió en el entrenamiento en sensibilización, entrenamiento en la respuesta incompatible, y el apoyo social de los padres. El tartamudeo disminuyó a niveles bajos en todos los niños una vez que se aplicó el tratamiento. Los puntos de datos redondos son las observaciones de la tartamudez en la casa del niño, y los puntos de datos cuadrados son de las observaciones de la escuela. Las observaciones de la escuela se llevaron a cabo para medir la generalización de los cambios en el tartamudeo de la casa a la escuela. Durante la fase de tratamiento, las flechas indican los días en que se llevaron a cabo sesiones de tratamiento (según Wagaman, J., Miltenberger, R. y Arndorfer, R. [1993]. Analysis of a simplified treatment for stuttering in children. Journal of Applied Behavior Analysis, 26, 53-61. Copyright © 1993 Universityof Kansas Press. Reproducido con permiso del autor).

La investigación de Miltenberger y colaboradores (Miltenberger y Fuqua, 1985a; Miltenberger et al., 1985; Sharenow et al., 1989; Woods et al., 1999) sugiere que la respuesta incompatible sirve como un castigo en el caso de tics motores y hábitos nerviosos. Encontraron que la respuesta incompatible fue efectiva en la disminución de los hábitos y los tics cuando era continente con el hábito o tic, pero que la respuesta que competía no tenía por qué ser incompatible con el hábito o tic. En otras palabras, si el cliente realiza un comportamiento de esfuerzo moderado (tensando un conjunto de músculos durante 3 minutos) contingente a la ocurrencia del hábito o tic, el hábito o tic disminuirá independientemente de si el comportamiento está relacionado con el hábito o tic o no. Por ejemplo, cuando una persona con un tic facial realizaba una respuesta incompatible que implicaba tensar los bíceps contingentemente cada vez que se daba el tic facial, la frecuencia de los tics faciales disminuyó (Sharenow et al., 1989). Cabe señalar, sin embargo, que el entrenamiento en sensibilización se usa siempre en relación con la respuesta incompatible. Por lo tanto, los efectos del entrenamiento en sensibilización sin la respuesta incompatible no se pueden determinar. Ladoucher (1979) sugiere que es el aumento de la sensibilización del hábito o tic el responsable del éxito del procedimiento de reversión del hábito.

La sensibilización fue eficaz en la disminución de tics motores sin la adición de una respuesta incompatible para tres personas: un estudiante universitario (Wright y Miltenberger, 1987) y dos estudiantes de la escuela de primaria (Ollendick, 1981, Woods et al., 1996a). En los tres casos, sin embargo, los sujetos tenían habilidades de auto-control, además del entrenamiento en sensibilización. Dado que el autocontrol requiere por parte del sujeto empezar una conducta contingente (registro de las TIC) cada vez que haga el tic, el autocontrol puede funcionar de la misma manera que la respuesta incompatible. Un estudio (Woods et al., 1996a) demostró que el entrenamiento en sensibilización sólo, disminuyó y prácticamente eliminó el tic de sacudir la cabeza de un niño, pero que el entrenamiento en sensibilización no fue efectivo para otros tres niños con tics motores. Se necesita más investigación para determinar los efectos del entrenamiento en sensibilización en la disminución de los hábitos y los tics.

En el caso de la tartamudez, la sensibilización y el uso de una respuesta incompatible parecen inhibir la tartamudez y proporcionar una conducta alternativa para reemplazarla. Con la tartamudez, la respuesta incompatible no es un comportamiento motor simple que implica la tensión de un grupo de músculos, sino que es un patrón de habla alternativa. Los clientes practican este modelo de discurso cada vez que hablan, como una alternativa al modelo que provoca la tartamudez. Con los hábitos y los tics, la respuesta incompatible se utiliza contingentemente a la conducta, con la tartamudez, por el contrario, la respuesta incompatible se utiliza cada vez que la persona habla, además de ser utilizada contingentemente cada vez que ocurre la tartamudez. Por lo tanto, parece que la función de la respuesta incompatible en los hábitos y los tics pueden ser diferentes de su función para la tartamudez.

Nuevas aplicaciones de procedimientos de reversión de hábito

Aunque los procedimientos de reversión de hábitos se han utilizado con éxito en muchos estudios para tratar hábitos nerviosos, tics y tartamudeo, la reversión de hábitos también se ha aplicado a otros problemas. En una nueva aplicación, Allen (1998) utilizó la inversión de hábitos para reducir los arrebatos disruptivos durante los partidos de tenis exhibidos por un niño de 14 años llamado Seth. Los arrebatos consistían en gritarse a sí mismo, golpear su raqueta en la cancha, golpearse con el sombrero y agitar los brazos. Allen usó el entrenamiento de conciencia para ayudar a Seth a identificar cuándo estaba ocurriendo el estallido o comenzando a ocurrir, y luego le enseñó a usar respuesta incompatible que involucrara una respiración relajada cuando ocurría un estallido o estaba a punto de ocurrir. Finalmente, Allen enseñó a los padres a brindar apoyo social ayudando a Seth a identificar un estallido y brindando elogios y otras recompensas cuando Seth utilizó la respuesta incompatible. Los padres usaron el coste de respuesta cuando Seth no muestra la respuesta competitiva para detener un estallido. Los resultados mostraron que estos procedimientos redujeron en gran medida la frecuencia de los arrebatos durante los partidos de tenis. En otra aplicación novedosa de inversión de hábitos, Mancuso y Miltenberger (en prensa) usaron el entrenamiento de conciencia y el entrenamiento de respuesta incompatible para ayudar a los estudiantes universitarios a disminuir el uso de "um", "uh", "eee" y otros rellenos cuando hablaban en público. En este estudio, los investigadores enseñaron a los estudiantesa usar el entrenamiento en conciencia para identificar la ocurrencia de cada relleno, y luego usar una respuesta competitiva (pausar durante 3 segundos sin decir nada cada vez que ocurrió un relleno o estaba a punto de ocurrir) para disminuir el uso de los de estos comportamientos. Después de aprender estos procedimientos de reversión de hábitos en una o dos sesiones de capacitación, los estudiantes redujeron en gran medida el uso de esas verbalizaciones en sus discursos.

Otros procedimientos para los trastornos del hábito

Los procedimientos de reversión del hábito han demostrado consistentemente su eficacia en el tratamiento de los trastornos de hábitos y son el enfoque de tratamiento preferido (Friman, Finney y Christopherson, 1984; Miltenberger, Fuqua y Woods, 1998; Miltenberger y Woods, 1995, 1996a; Woods et al., 2000). Sin embargo, algunos investigadores han demostrado que la reversión del hábito no puede ser eficaz para las conductas de hábito exhibidas por los niños pequeños o personas con discapacidad intelectual (Long, Miltenberger, Ellingson y Ott, 1999, largo, Miltenberger y Rapp, 1999; Rapp, Miltenberger, Galensky, Roberts y Ellingson, 1999; Rapp, Miltenberger y Long, 1998).

Long, Miltenberger, Ellingson y Ott (1999) y Rapp, Miltenberger y Long (1998) encontraron que la reversión del hábito no era un tratamiento eficaz para las conductas de los tirones de pelo, chuparse el dedo y morderse las uñas en adultos con discapacidad intelectual. Dado que la reversión del hábito era ineficaz, Rapp, Miltenberger y Long (1998) evaluaron un dispositivo de mejora de la sensibilización haciendo sonar una alarma cada vez que una mujer con discapacidad intelectual se tiraba del pelo. La mujer llevaba un dispositivo electrónico pequeño en la muñeca y cerca del cuello. Cuando levantaba la mano para tirarse del pelo, el dispositivo detectaba el movimiento y se activaba la alarma. La alarma se detenía cuando alejaba la mano de la cabeza. El uso de este dispositivo eliminó sus tirones de pelo. Himle, Perlman, y Lokers (2008) también mostraron que el uso de este aparato sirve para disminuir la conducta de tirar del pelo. Además, Ellingson, Miltenberger, Stricker, Garlinghouse, et al. (2000), Stricker et al. (2001), y Stricker, Miltenberger, Garlinghouse y Tulloch (2003) también demostraron que el dispositivo de mejora de la sensibilización era un tratamiento eficaz para la succión del pulgar y la succión de los dedos en los niños.

Long, Miltenberger, Ellingson y Ott (1999) utilizaron reforzamiento diferencial de otras conductas (RDO) y coste de respuesta para eliminar las conductas de succión del pulgar y morderse las uñas exhibidos por dos adultos con discapacidad intelectual después de que la reversión del hábito no eliminara los comportamientos. Observaban durante un largo periodo a los clientes a través de un vídeo desde una habitación diferente, y cuando el hábito no se producía durante un período de tiempo, Long entraba en la habitación y les daba un reforzador (p.ej., una ficha) cuando se observaba que el hábito se producía, Long entraba en la habitación y sacaba uno de los reforzadores. Long, Miltenberger y Rapp (1999) utilizaron un procedimiento similar para eliminar la succión del pulgar y los tirones de pelo exhibidos por un niño de 6 años después de que la reversión del hábito fuera ineficaz. Del mismo modo, Rapp, Miltenberger, Galensky, Roberts y Ellingson (1999) encontraron que el RDO y la desaprobación social de la succión del pulgar disminuía considerablemente la conducta en un niño de 5 años después de que la reversión del hábito no fuera eficaz.

En otros estudios, la prevención de la respuesta se mostró efectivapara eliminar los tirones de pelo y la conducta de chuparse el dedo en los niños (Deaver, Miltenberger y Stricker, 2001; Ellingson, Miltenberger, Stricker, et al., 2000). Por ejemplo, Deaver y colaboradores. (2001) utilizaron la prevención de respuesta con una niña pequeña que le daba vueltas al pelo y se daba tirones cuando estaba acostada en su cama durante la noche o durante la siesta. Cada vez que la niña se iba a la cama sus padres o el cuidador le ponía guantes finos en las manos, y los guantes impedían que pudiera torcerse o arrancarse el pelo.

Por último, Rapp y colaboradores. (2000) encontraron que el RDO, la interrupción de respuesta, y la restricción breve eran tratamientos efectivos para los tirones de pelo exhibidos por un adolescente con discapacidad intelectual. Rapp elogiaba por la ausencia de los tirones de pelo, y cada vez que el cliente comenzaba a tirarse del pelo, Rapp interrumpía la respuesta y mantenía su brazo pegado al cuerpo durante 30 segundos. Además de los procedimientos aquí descritos, varios procedimientos de modificación de conducta, basados en el reforzamiento diferencial, en el control de antecedentes, y en el castigo, han sido evaluados para el tratamiento de trastornos del hábito. En la Tabla 21- 2 se muestran ejemplos de estos procedimientos.

TABLA 21-2 Otros Procedimientos de Modificación de Conducta utilizados con los Trastornos del Hábito

Procedimiento	Trastorno del hábito	Autores
Tratamiento de gusto aversivo	La succión del pulgar	Friman y Hove (1987)
Prevención de respuesta	La succión del pulgar	Watson y Allen (1993)
Prevención de respuesta y RDO (varios reforzadores)	La succión del pulgar	Van Houten y Rolider (1984)
RDO (dulces)	La succión del pulgar	Hughes, Hughes y Dial (1979)
RDO (dinero)	Tics verbales	Wagaman, Miltenberger y Williams (1995)
Tiempo fuera	Tics verbales	Lahey, McNees y McNees (1973)
Tiempo fuera	Tartamudez	James (1981)
Tiempo fuera y economía de fichas	Tirones de pelo	Evans (1976)
Coste de respuesta	Tartamudez	Halvorson (1971)
Coste de respuesta y economía de fichas	Tartamudez	Ingham y Andrews (1973)
Bofetada contingente y economía de fichas	Tirones de pelo	Gray (1979)
Tirón de goma en la muñeca	Tirones de pelo	Mastellone (1974)
Contrato conductual	Tirones de pelo	Stabler y Warren (1974)

Fuente: Miltenberger, Fuqua y McKinley, 1985.

RESUMEN DEL CAPITULO

1. Los hábitos son comportamientos repetitivos, reforzados automáticamente, que a menudo se producen sin que la persona sea consciente de ello, es decir, la persona no discrimina cada vez que ocurre la conducta. Cuando la frecuencia o intensidad de un hábito de conducta se convierte en extremo puede ser considerado un trastorno del hábito.

2. Los hábitos nerviosos, tics y tartamudeo son tres categorías de comportamientos de hábito.

3. Los procedimientos de reversión del hábito incorporan varios componentes terapéuticos, entre ellos: el entrenamiento en sensibilización para enseñar a la persona a discriminar cada vez que ocurre la conducta de hábito, el uso de una respuesta incompatible contingente con la conducta de hábito y procedimientos de apoyo social que motivan a la persona para continuar usando la respuesta incompatible para eliminar la conducta de hábito.

4. Para cada categoría de hábitos de conducta, la respuesta incompatible es diferente. Para los tics motores, la persona utiliza una respuesta incompatible consistente en tensar los músculos que intervienen en el tic. Para un hábito nervioso, la persona realiza una conducta incompatible usando los músculos utilizados para realizar la conducta de hábito (p.ej., asir un objeto para competir con morderse las uñas). Una respuesta incompatible con la tartamudez consiste en realizar un patrón de respiración y de habla conocido como respiración regulada.

5. La eficacia de los procedimientos de reversión del hábito están relacionados con el uso de la respuesta incompatible que funciona como un castigo (para los hábitos y los tics), o como una conducta alternativa para reemplazar el hábito de conducta (en el caso de la tartamudez). La eficacia de incrementar la sensibilización por sí misma no ha sido completamente investigada.

PALABRAS CLAVE

Apoyo social, 421
Conducta de hábito, 418
Entrenamiento en la respuesta incompatible, 421
Entrenamiento en sensibilización, 420

Estrategia de motivación, 421
Hábito nervioso, 418
Reversión del hábito, 417
Respiración diafragmática, 424
Respuesta incompatible, 420

Respiración regulada, 424
Tartamudez, 420
Tics motores, 419
Tics vocales, 419
Trastorno de la Tourette, 420
Trastorno del hábito, 417

TÉST PRÁCTICO

1. ¿Qué es un trastorno del hábito? (pág. 479).
2. ¿Qué son los hábitos nerviosos? Da ejemplos de varios hábitos nerviosos (pág. 480).
3. ¿Qué son los tics motores? ¿Qué son los tics vocales? ¿En qué se diferencian los tics de los hábitos nerviosos? Da ejemplos de distintos tipos de tics motores (pág. 481).
4. Describe los diferentes tipos problemas de fluidez en el discurso involucrados en la tartamudez (pág. 482).
5. Describe el procedimiento de reversión del hábito (págs. 482-483).
6. Describe la respuesta incompatible que se utilizaría para el hábito nervioso de crujirse los nudillos (págs. 483-484).
7. Describe la respuesta incompatible que se utiliza con el bruxismo (pág. 484).
8. Describe la respuesta incompatible que se utiliza con un tic motor que implica sacudir la cabeza.

¿Qué respuesta incompatible se puede utilizar con un tic vocal como el carraspeo? (pág. 485).
9. Describe la respiración regulada, la respuesta incompatible que se utiliza con la tartamudez (pág.
10. 486).
¿Qué implica el componente de apoyo social en el procedimiento de reversión del hábito? (págs. 482-
11. 483).
Describe el entrenamiento en sensibilización.
12. ¿Cuál es su propósito? (pág. 482).
¿Cuáles son las dos posibles funciones de la respuesta incompatible en el procedimiento de reversión del hábito? ¿Cuál es la función de la respuesta incompatible para los tics nerviosos que difieren de la función para la tartamudez? (págs. 486-488).
13. Nombra otros procedimientos de reforzamiento y castigo que han sido usados para eliminar los trastornos del hábito (pág. 490).

APLICACIONES

1. Describe cómo aplicar procedimientos de reversión del hábito bajo autocontrol. Si los procedimientos de reversión del hábito no son apropiados para tu objetivo de autocontrol, explica por qué no.

2. Virginia es una estudiante universitaria con un tic de parpadeo. El tic es más frecuente cuando está con otras personas, especialmente en situaciones de evaluación, tales como clases donde se espera que participe activamente. El tic implica parpadeo rápido y movimientos estrábicos. Describe la aplicación del procedimiento de reversión del hábito en este tic motor.

3. Dominic es un niño de 4 años con hermanos y hermanas mayores. Dominic comenzó a tartamudear hace un par de meses. Su tartamudez implica la repetición de palabras o sílabas. Por ejemplo, podría decir: "es mi-mi-mi turno", o "quiero más pu- pu-puré de patata". Dominic tiende a tartamudear sobretodocuando está excitado. Sus hermanos se burlan de él cuando tartamudea y a veces sus padres terminan sus palabras o frases por él. Si esta familia viene a pedirte consejo, ¿qué le aconsejarías que hicieran para disminuir el tartamudeo de Dominic?

4. Tania es una niña de 5 años que se chupa el pulgar durante el día cuando está viendo la televisión o no participa activamente en ninguna actividad y cuando se queda dormida a intervalos durante toda la noche. Describe como los padres pueden utilizar un procedimiento de reforzamiento diferencial y un procedimiento de control previo (prevención de respuesta) para disminuir la succión del pulgar de Tania durante la noche y durante el día.

APLICACIONES INADECUADAS

1. Enrique visitó a un psicólogo por un trastorno del hábito de tirarse de pelo. Se le enseñó un procedimiento de reversión del hábito, en el que aprendió a darse cuenta de cada aparición de los tirones de pelo y aprendió una respuesta incompatible que consistía en agarrar un objeto con sus manos cada vez que se tiraba del pelo. Enrique era un estudiante de ingeniería y encontraba especialmente difíciles un par de clases. Decidió que no podía gastar tiempo o energía en hacerse consciente de los tirones de pelo y usar la respuesta incompatible en sus dos clases más difíciles. Sin embargo, utilizó los procedimientos fielmente en otras ocasiones. ¿Qué está mal en este uso de la reversión del hábito?

2. Poco después de que Daniela se mudara con su familia a otra parte del país, comenzó a toser y aclararse la garganta con frecuencia. Sus padres le dieron medicinas para el resfriado durante una semana, pero la tos y el carraspeo no disminuyó. Después de algunas semanas, Daniela todavía hacía estas conductas. Sus padres decidieron utilizar un procedimiento de reversión del hábito en el que le enseñaron a tomar conciencia de cada vez que ocurría la tos y el carraspeo y a realizar una respuesta incompatible. También se llevó a cabo un procedimiento de RDO y reforzamiento para los períodos en los que Daniela no tosía o no se aclaraba la garganta. ¿Qué está mal en el uso de la reversión del hábito y el procedimiento de RDO en este caso?

3. Marcos, un niño de 10 años con discapacidad intelectual grave, vivía en casa con su familia. Marcos realizaba una serie de conductas disruptivas que eran reforzadas por la atención de sus padres. Debido a que los problemas no eran demasiado graves, los padres no habían solicitado tratamiento. Marcos también presentaba un tic nervioso en el que se mordía las uñas. Los padres decidieron recurrir a los procedimientos de reversión del hábito para la conducta de morderse las uñas. Sin embargo, debido a la discapacidad intelectual de Marcos, sus padres tendían que ayudarle con la respuesta incompatible cada vez que se mordía las uñas. Cada vez que observaban que se mordía las uñas, uno de los padres inmediatamente se le acercaba y le decía: "no comer las uñas, Marcos", y le ponía las manos en su regazo. El padre mantenía sus manos en su regazo durante 1-2 minutos, le explicaba por qué comerse las uñas era malo para él, y le dijo que debía mantener las manos juntas en lugar de ponerse los dedos en la boca. ¿Qué está mal en el uso del procedimiento de reversión del hábito en este caso?

Economía de fichas

- ¿Qué es una economía de fichas?
- ¿Qué pasos hay que seguir para aplicar una economía de fichas?
- ¿Bajo qué circunstancias decidimos utilizar o no el coste de respuesta como parte de una economía de fichas?
- ¿Qué podrías utilizar como fichas en una economía de fichas?
- ¿Cuáles son las ventajas y desventajas de la economía de fichas?

E n este capítulo describiremos un procedimiento de modificación de conducta en el que se usan sistemáticamente reforzadores condicionados para reforzar la conducta de personas que participan en programas educativos o de tratamiento. Consideremos el siguiente ejemplo.

La rehabilitación de Samuel

Samuel, de 14 años, fue a un programa de tratamiento para menores con historial delictivo por haber estado implicado en actos de vandalismo, robo y agresiones. El objetivo del programa de tratamiento residencial era enseñar y mantener comportamientos sociales adecuados en los residentes y eliminar conductas antisociales similares a las que habían dado lugar a que estuviera en el programa. Se esperaba que cada residente realizase varias conductas sociales apropiadas al día, por ejemplo, salir de la cama a la hora, ducharse, asearse, hacer las camas, asistir puntualmente a las comidas y las clases, completar las tareas domésticas asignadas (como la preparación de la comida y la limpieza), asistir a las sesiones de terapia de grupo e ir a la cama a la hora establecida. Estos comportamientos se enumeraban en una tarjeta que los residentes llevaban con sigo y que eran supervisadas por los supervisores del programa. Cada residente recibía un punto por completar cada conducta diariamente. Cada vez que el supervisor veía al residente hacer las conductas añadía puntos a la tarjeta de residente y también a una lista maestra. Los residentes intercambiaban los puntos que ganaban por privilegios, tales como jugar a videojuegos, jugar al billar, estar en la sala de juegos, ir más tarde a la cama, realizar salidas supervisadas fuera del programa, pasar más tiempo viendo la televisión y tener más tiempo sin supervisión durante el día. Estos privilegios podían ser obtenidos únicamente mediante los puntos ganados por la realización conductas sociales adecuadas.

Además de usarse para reforzar las conductas sociales positivas, los puntos se quitaban como castigo a comportamientos antisociales exhibidos por los residentes, es decir, la economía de fichas tenía un componente de costo de respuesta. Los residentes recibieron una lista de conductas antisociales que se traducirían en la pérdida de puntos y el número de puntos que perderían por cada una de ellas. Por ejemplo, se perderían puntos por insultar, pelear, robar, mentir, hablar o realizar actividades con pandillas, mentir en la clase, amenazar o agredir a un supervisor, irse sin permiso, y regresar tarde de una salida. Cada vez que un residente realizaba una conducta antisocial, el supervisor tomaba su tarjeta y tachaba los puntos que se perdían por esa infracción. El supervisor también registraba la pérdida de puntos en la lista maestra.

Samuel realizó más conductas sociales positivas debido a que dichas conductas daban lugar a puntos y elogios por parte del personal. Inicialmente, realizaba muchas conductas antisociales, tales como insultar, amenazar, pelearse o saltarse las clases, pero estas conductas disminuyeron con el tiempo, ya que perdía puntos y, por tanto, privilegios, cada vez que ocurrían. Una vez que Samuel estaba recibiendo el máximo número de puntos durante el día sin perder ninguno durante dos semanas consecutivas, se le permitió dejar de llevar la tarjeta y se le dio libre acceso a la sala de juegos y televisión. Los orientadores siguieron vigilándolo y felicitándolo por su buena conducta. Si no continuaba con el comportamiento positivo o comenzaba a mostrar comportamientos antisociales, los privilegios serían revocados, llevaría la tarjeta de nuevo y tendría que ganar puntos para poder obtener de nuevo esos privilegios. Una vez más, después de dos semanas de obtener todos los puntos sin perder ninguno, dejó de llevar la tarjeta y tuvo libre acceso a la sala de juegos y televisión. Por cada dos semanas adicionales sin problemas, se añadían más privilegios (p.ej., permisos para pasar horas fuera del programa, salidas, permisos de todo el día, permisos durante la noche y permisos durante los fines de semana). Después de que Samuel hubiese mantenido buena conducta durante cuatro meses seguidos sin que se refiriese problema alguno, se le liberó del programa, con un seguimiento semanal en casa por parte de un orientador.

Definición de la economía de fichas

Este ejemplo ilustra una **economía de fichas** utilizada con adolescentes en un programa de intervención residencial. La economía de fichas es un sistema de reforzamiento en el que los reforzadores condicionados, llamados fichas, son entregados a la gente por conductas deseables: las fichas son intercambiadas posteriormente por reforzadores recuperables. El objetivo de una economía de fichas es reforzar conductas apropiadas que se producen con poca frecuencia y reducir comportamientos inadecuados en un ambiente de tratamiento estructurado o entorno educativo. En economía de fichas, por cada punto que se otorga por realizar las conductas objetivo se da una **ficha.** Una ficha es algo dado a la persona inmediatamente después del comportamiento deseable, que la persona guarda para ser posteriormente intercambiada por **reforzadores recuperables.** Al presentarse la ficha conjuntamente con otros reforzadores, se convierte en un reforzador condicionado que refuerza la conducta objetivo a la que sigue. Los reforzadores sólo pueden obtenerse pagando con fichas, y las fichas pueden obtenerse sólo por exhibir comportamientos adecuados. Los reforzadores se seleccionan en función de su efectividad a fin de que se mantenga la motivación del cliente necesaria para realizar las conductas objetivo y evitar las conductas problema.

Los componentes esenciales de la economía de fichas son los siguientes:

1. Las conductas objetivo que van a ser reforzadas.
2. Las fichas que se utilizaran como reforzadores condicionados.
3. Los reforzadores que serán intercambiados por fichas.
4. Un programa de reforzamiento para la entrega de fichas.
5. La frecuencia con la que las fichas serán intercambiadas por reforzadores recuperables.
6. Una hora y lugar para el intercambio de fichas por reforzadores recuperables.

Opcional:En algunos casos, se añade un componente de costo de respuesta. Por ejemplo, se identifican las conductas inadecuadas que deben ser eliminadas y se establece una tasa de pérdida de fichas que se aplica cada vez que estos comportamientos ocurran.

En la Tabla 22-1 se muestran los componentes de la economía de fichas de Samuel.

Aplicación de la economía de fichas

Una vez hayamos decidido usar una economía de fichas para reforzar conductas apropiadas en un programa de tratamiento, debemos establecer los componentes de la economía de fichas con cuidado para asegurar el éxito del programa. Vamos a examinar los componentes uno por uno.

Definición de las conductas objetivo

El objetivo de la economía de fichas es reforzar las conductas apropiadas de los clientes, por lo tanto, el primer paso en la planificación de la economía de fichas es identificar y definir las conductas apropiadas que serán reforzadas en el programa. En el caso de Samuel, el objetivo incrementar la conducta social positiva necesaria para funcionar eficazmente con su familia y sus compañeros. Las conductas objetivo pueden variar en una economía de fichas en función de las personas que reciben el tratamiento y la naturaleza del entorno de tratamiento pudiendo ser habilidades académicas en un

TABLA 22-1 Los componentes de la economía de fichas de Samuel.

Conductas objetivo (positiva)	Puntos ganados	Conductas objetivo (negativa)	Puntos ganados
Levantarse a las 7 am	2	Decir palabrotas	1
Ducha	1	Gritos, amenazas a otros	1
Peinarse	1	Luchar	4
Limpiar la ropa	1	Robo de	4
Hacer la cama	1	Mentir	4
Desayunar en el tiempo establecido	1	Hablar en contra de alguien	2
Llegar a clase a tiempo(mañana)	1	Acciones contra otros	2
Comer en el tiempo establecido	1	Hacer trampa en clase	4
Llegar a clase a tiempo(tarde)	1	Amenazar a un supervisor	1
Llegar al grupo a tiempo	1	Atacar a un supervisor	5
Completar tareas	1	Salir sin permiso	5
Dejar la sala limpia a la hora de irse a la cama	1	Volver tarde de una salida	3
Ir a la cama a la hora	1	Cada hora que no está o llega tarde	2
Completar tareas de casa	6		
Total de puntos diarios	20		

Puntos Extra

Obtener sobresaliente en un examen	10
Contestar muy bien preguntas de clase	5
Obtener notable en un examen	5
Contestar bien preguntas de clase	2

Reforzadores recuperables	Coste	Nivel del reforzador y criterio de conducta
Piscina (30 minutos)	10	1.Libre acceso a la sala de juego por estar dos semanas el máximo de puntos diarios.
Videojuegos (30 minutos)	10	2.Un pase de una hora diaria por cuatro semanas con el máximo de puntos diarios
Uso de internet (30 minutos)	10	3.Un pase de todo el día (sábado o domingo) por seis semanas con el máximo de puntos diarios
Pinball (30 minutos)	10	4.Pasar toda la noche (viernes o sábado): 8 semanas con el máximo de puntos diarios
Ping-pong (30 minutos)	10	5.Un pase de fin de semana por 10 semanas con el máximo de puntos diarios.
Televisión (30 minutos)	10	
Alquiler de películas	15	
Elegir la tarea doméstica a realizar	5	
Salidas supervisada (heladería, salón de juegos, restaurante de comida rápida, otros)	10	

contexto educativo, competencias profesionales en un entorno de trabajo, habilidades básicas de la vida diaria en un centro de rehabilitación o habilidades sociales en un entorno residencial. El principal criterio para la elección de las conductas objetivo es que deben ser socialmente importantes y significativas para las personas que participan en el programa.

Una vez que las conductas objetivo han sido identificadas debemos definirlas con cuidado. El motivo de definir las conductas objetivo es garantizar que los clientes conozcan qué conductas se espera de ellos y permitir que las personas que aplican la intervención puedan registrar y reforzar la conducta de forma fiable.

Identificar las fichas que se van a usar

La ficha debe ser algo tangible que se pueda entregar inmediatamente después de que ocurra cada conducta objetivo. Las fichas deben ser prácticas y cómodas para quien aplica la intervención a fin de poder trasportarlas y entregarlas en un entorno de tratamiento cada vez que la conducta objetivo ocurra. Deben estar en un formato que los clientes puedan acumular y, en la mayoría de los casos, llevar con ellos. En algunos casos, los clientes pueden acumular fichas, pero no mantenerlas en su poder. Los ejemplos pueden incluir marcas de verificación en un tablero, puntos en una pizarra, o fichas de póquer que se guardan en un recipiente en la sala de la enfermera. En el caso de Samuel, se utilizaron como fichas los puntos que se marcaban en una tarjeta que llevaban los adolescentes. El punto escrito en la tarjeta es tangible, fácilmente dispensado por la persona que aplica la intervención y se acumula fácilmente por el cliente.

Identifica otros elementos que podrían ser utilizados como fichas en una economía de fichas.

Algunas de las múltiples posibilidades se enumeran en la Tabla 22-2.

Las fichas elegidas no deberían estar disponibles en ninguna otra fuente que no sea la persona que aplica la intervención. Las fichas no son eficaces si los clientes pueden obtenerlas por otros medios. Esto significa que se debe evitar que los clientes roben fichas de otros clientes o del personal, que las falsifiquen o las obtengan de cualquier otra fuente interna o externa al programa.

En el caso de Samuel, los orientadores escribían los puntos en las tarjetas de los adolescentes como si fuesen fichas que se entregan por la conducta apropiada. Como medida de precaución, el orientador también marcaba el número de puntos en una lista maestra que había para cada uno de los adolescentes. De esta manera, había un registro separado de los puntos obtenidos por cada uno de los adolescentes en el programa. Si un adolescente trataba de añadir puntos a su propia tarjeta, esto podía ser detectado y solucionado por el orientador.

Identificación de reforzadores

Las fichas adquieren su efectividad como reforzadores condicionados por estar asociadas a reforzadores recuperables, por lo tanto, la eficacia de una economía de fichas depende de los reforzadores con los que se asocien las fichas. Los reforzadores deben ser elegidos específicamente para las personas que estén dentro del programa de tra-

TABLA 22-2   Algunos ejemplos de fichas

Fichas de póker
Caras sonrientes
Céntimos u otras monedas
Réplicas de billetes
Sellos, pegatinas o estrellas adhesivas
Poner marcas de verificación en una tarjeta
Poner macas de verificación en una pizarra
Cuentas, canicas
Formas geométricas de plástico o de cartón (círculos, cuadrados, etc.)
Tarjetas impresas o cupones
Agujeros en una tarjeta
Un sello de tinta en una tarjeta
Piezas de un puzle que se puede acumular y reunir en un puzle

---

tamiento, ya que distintas personas responden a diferentes reforzadores (Maag, 1999). Los reforzadores pueden incluir aperitivos o bebidas, juguetes, actividades reforzantes (videojuegos, televisión) o privilegios diversos. En el caso de Samuel, los reforzadores eran sobretodo actividades reforzantes preferidas por los adolescentes que participaban en el programa. Véanse en la Tabla 22-3 ejemplos de reforzadores para estudiantes de primaria y en la Tabla 22-4 ejemplos de reforzadores para adolescentes (Maag, 1999).

Los clientes pueden obtener los reforzadores solo si los intercambian por fichas. Limitar el acceso a los reforzadores aumenta su valor al establecerse un relativo estado de privación. Sin embargo, en ningún caso podemos privar al cliente de reforzadores básicos tales como comidas nutritivas, un entorno físico confortable, actividades de ocio y formación y libertad de movimientos, aspectos estos cuyo acceso no puede ser mediado por una economía de fichas. Los reforzadores utilizados en una economía de fichas deben estar por encima de las necesidades básicas del cliente o de los bienes que legal-

TABLA 22-3   Ejemplos de reforzadores para niños de primaria.

Escuchar música	Elegir un juego para la clase
Cortar y pegar	Mover el pupitre a otro lado
Usar pintura de dedos	Comer con el profesor
Jugar a las canicas	Tiempo extra gratis
	Visitar a la enfermera
Enseñar un objeto o actividad	Leer los anuncios de la mañana
preferida a los compañeros	Exponer a la vista un trabajo de clase
Leer un cuento en voz alta	Borrar de la pizarra
Visitar otra clase	Llevar una nota positiva a casa para los padres
Hacer un recado	Ser el portavoz en un grupo de trabajo
Ayudar a la bibliotecaria	Llamar a casa
Ser el primero en elegir los juguetes	Visitar a personas importantes
Decorar el tablón de anuncios	
Tomar prestado un libro	

TABLA 22-4 Ejemplos de reforzadores para adolescentes.

Escuchar música	Salir al terminar una actividad
Escribir una nota a un amigo	Mover el pupitre a otro lado
Coger un libro prestado	Decirle un secreto a un amigo
Ver un vídeo por internet	Hacer una llamada de teléfono
Hablar con un amigo	Comer un bocadillo o beber un refresco
Enseñar un objeto o actividad preferida a los compañeros	Tiempo libre
	Jugar a un juego
	Librarse de un examen
Comer con un amigo	Visitar otra clase
Entregarle una nota a un amigo	Reorganizar la disposición de los muebles del aula
Usar las instalaciones deportivas	Jugar a un juego de ordenador
Elegir una actividad para la clase	Realizar una actividad favorita
Usar el proyector de video	Librarse de realizar las tareas de casa
Hacer un recado	
Ayudar a un maestro	

mente les corresponden. Por ejemplo, aunque una persona no pueda ser privada de una comida nutritiva, la persona podría intercambiar fichas por una comida especial, o un postre o merienda preferidos. Asimismo, aunque una persona no puede ser privada de actividades de ocio razonables (p.ej., acceso a los libros de la biblioteca o al gimnasio), las fichas podrían reservarse para acceder a videojuegos, películas, tiempo en la mesa de billar o de ping-pong.

Establecer el programa de reforzamiento apropiado

Las fichas deben entregarse de forma contingente a la conducta objetivo. Antes de que se aplique la economía de fichas, se debe determinar el programa de reforzamiento bajo el cual se administrarán. En general, las conductas más importantes o difíciles revisen más fichas que las que lo son en menor medida. A menudo, el programa comienza con reforzamiento continuo, es decir, cada vez que se da la conducta objetivo se entrega una ficha.Más tarde, cuando la conducta objetivo ocurre con mayor regularidad, puede introducirse un programa de reforzamiento intermitente, como un programa de razón fija o un programa de razón variable, a fin de mantener la conducta. Por ejemplo, supongamos que un estudiante en una clase de educación especial recibe una ficha por cada respuesta correcta en una sesión de instrucción individual. Una vez que el rendimiento del estudiante mejora, el maestro puede poner en práctica un programa de razón fija dos y luego aumentar la proporción hasta que el estudiante recibe una ficha por cada cinco o cada diez respuestas correctas, dependiendo de la habilidad del estudiante.

Es importante garantizar que el alumno obtenga suficientes fichas en las primeras fases de la economía de fichas para que pueda cambiarlas por reforzadores regularmente. Ello permite que las fichas se establezcan rápidamente como reforzadores condicionados, y que el estudiante reciba reforzamiento por realizar la conducta apropiada.

El valor de las fichas

Los reforzadores deben cambiarse por fichas obtenidas por realizar conductas apropiadas, por tanto, los todos reforzadores recuperables deben tener un "precio", o un tipo de cambio que establezca el número de fichas necesarias para obtenerlo. Los artículos más pequeños se intercambiarán por menos fichas y los más grandes por más fichas. Además, debemos determinar el número máximo de fichas que el cliente puede ganar en un día y fijar el tipo de cambio correspondiente. El tipo de cambio debe ser tal que el cliente pueda adquirir algunos reforzadores por un nivel razonable de conducta apropiada, sin llegar a obtener un número elevado, lo cual podría inducir saciedad. El tipo del cambio debe fijar un equilibrio entre ambos aspectos que será característico de cada individuo. A veces deberemos ajustar el tipo de cambio después de iniciada la economía de fichas para optimizar los resultados.

Por ejemplo, si Samuel puede ganar un máximo de 15 puntos en un día si se comporta de forma ideal y una hora de tiempo de televisión cuesta 30 puntos, tendría que tener dos días perfectos, para ver una hora de televisión. Además, no le sobraría ningún punto para comprar otros reforzadores. Este tipo de cambio tan estricto impediría un contacto suficiente con el reforzador. Por el contrario, si una hora de televisión cuesta dos puntos y otros reforzadores cuestan uno o dos puntos, Samuel no tendría que dedicarse mucho a las conductas sociales positivas para ganar varios reforzadores al día. Este tipo de cambio sería demasiado indulgente y no motivaría a Samuel a incrementar significativamente sus conductas sociales positivas.

Establecer la fecha y el lugar para el intercambio de fichas

Los clientes van acumulando fichas por la conducta apropiada a medida que participan en el programa de tratamiento y, periódicamente, pueden intercambiar sus fichas por los reforzadores. Para ello, el tiempo y el lugar exactos para el intercambio deben ser planeados de antemano. En algunos casos, hay una tienda de reforzadores, es decir, una habitación específica donde se almacenan los reforzadores. Los clientes que participan en una economía de fichas no deberán tener acceso a esta sala, salvo en momentos determinados. A la hora designada, los clientes llegan a la tienda de reforzadores y examinan los reforzadores disponibles. Cuando deciden qué es lo que quieren comprar, intercambian el reforzador por el número apropiado de fichas y reciben los artículos en cuestión. Este proceso puede variar dependiendo de la naturaleza de la economía de fichas. En algunos casos, el almacén de fichas puede estar abierto todo el tiempo y los clientes pueden elegir cuándo quieren hacer una compra con sus fichas. A veces no hay tienda de fichas en absoluto, sino que el cliente identifica una actividad específica o un privilegio que desea adquirir y acuerda su valor con el personal que aplica el programa. Por ejemplo, cuando Samuel tenía fichas suficientes para comprar tiempo de televisión, se lo hacía saber a un miembro del personal y hacía un acuerdo para ver la televisión en el momento concreto en que ponían su programa favorito.

Veamos otros ejemplos. En un hospital psiquiátrico, los pacientes que ganen fichas por un comportamiento adecuado podrán intercambiar sus fichas por aperitivos, refrescos, cigarrillos y otros artículos en un comedor del hospital. El comedor es una pequeña tienda que está abierta unas horas al día en momentos determinados. Los pacientes guardan sus fichas y van a la cafetería durante el horario comercial para comprar los artículos (reforzadores) que quieren. Estos artículos no están disponibles en ninguna otra parte, excepto en el comedor durante el horario comercial.

En un aula de educación especial, los estudiantes reciben fichas por realizar correctamente las tareas. Dos veces al día, por la mañana y por la tarde, los estudiantes pueden llevar sus fichas a la tienda de fichas para cambiarlas por reforzadores. La tienda de fichas está situada en un almacén que contiene juguetes, juegos, aperitivos y vales para actividades concretas. Cada artículo tiene un precio adjunto. Los estudiantes tienen la oportunidad de ir uno a uno a la tienda de fichas, elegir un artículo y comprarlo previa entrega del número adecuado de fichas. Las fichas mantienen su valor como reforzadores condicionados por ser presentadas conjuntamente de forma regular con multitud de reforzadores. El intercambio de fichas, también da la oportunidad a los estudiantes de utilizar habilidades matemáticas cuando están comprando artículos en la tienda de reforzadores.

Aunque determinados aspectos de una economía de fichas pueden variar, el momento y lugar en que las fichas pueden ser canjeadas por reforzadores recuperables deben ser establecidos con antelación. La creación de esta estructura permite que el programa se aplique de forma más consistente.

Utilizar o no costo de respuesta

El costo de respuesta no siempre se usa en las economías de fichas. Si el objetivo es reforzar conductas apropiadas y no concurren conductas problema que compitan con aquellas, la economía de fichas no incluirá un componente de costo de respuesta. Si hay conductas inadecuadas que compiten con las conductas que se desean reforzar podemos incluir un componente de costo de respuesta a la economía de fichas.

Cuando se incluye un programa de costo de respuesta, debe ser establecido después de que la economía de fichas haya estado en vigor durante un período de tiempo. La pérdida de las fichas en el coste de respuesta será un castigo eficaz sólo después de que estas se hayan establecido firmemente como reforzadores condicionados.

El costo de respuesta sólo se utiliza si la persona que aplica la intervención puede recuperar las fichas luego de haberlas entregado. Si los clientes se resisten o se vuelven agresivos cuando se retiran fichas previamente adquiridas, puede ser imposible utilizar el coste de respuesta. En estos casos, podemos usar tipos de fichas que no estén físicamente en posesión del cliente (p.ej., puntos en un panel o pizarra). Esto puede evitar el forcejeo o el riesgo de agresiones durante la aplicación del coste de respuesta.

Para aplicar el coste de respuesta, debemos definir las conductas objetivo que deseamos disminuir y el número de fichas que se perderán cada vez que se de uno de los problemas de comportamiento identificados. Los problemas de comportamiento incluidos en el programa de coste de respuesta deben ser socialmente importantes para poder justificar el uso del mismo. El número de fichas perdidas cada vez que se de un problema de comportamiento estará determinado por la gravedad del problema, el número de fichas que el cliente puede ganar al día y el coste de los reforzadores. La pérdida de las fichas en el programa de coste de respuesta debe traducirse en una menor capacidad de adquirir reforzadores recuperables, sin llegar a ocasionar la pérdida de todas las fichas. La pérdida de todas las fichas a causa del coste de respuesta impediría el reforzamiento positivo de las conductas apropiadas ya que, al no disponer de fichas, el cliente no podría adquirir reforzador recuperable alguno. Además, si un cliente pierde todas las fichas acumuladas a causa del coste de respuesta, los problemas de comportamiento podrían continuar debido a que el cliente no tiene nada que perder, pues la reserva de reforzadores (fichas acumuladas) estaría agotada.

Formación de Personal y Administración

Antes de llevar a cabo una economía de fichas por primera vez, el personal debe recibir formación para un uso adecuado del procedimiento. Las instrucciones por escrito de todos los componentes del programa y el entrenamiento de las habilidades conductuales son elementos necesarios para llevar a cabo el programa según lo previsto. En el caso de que se incorporen nuevos miembros del personal y existan economías de fichas en curso, deberán recibir la misma formación que el resto del personal. Los supervisores o gerentes deben monitorizar la aplicación y poner en funcionamiento sistemas de apoyo que favorezcan el mantenimiento del programa por parte del personal (p.ej., elogio, retroalimentación, entrenamiento) a fin de garantizar una aplicación consistente a lo largo del tiempo.

La economía de fichas debe ser aplicada de manera consistente si tratamos de mejorar las conductas objetivo. Ello significa que el personal debe cumplir con las siguientes responsabilidades:

- Discriminar cada vez que ocurren las conductas de interés.
- Entregar las fichas inmediatamente después de la conducta objetivo, de acuerdo con el programa de reforzamiento correcto.
- Discriminar cada vez que ocurran los problemas de conducta.
- Aplicar el coste de respuesta inmediatamente después de que se produzca los problemas de conducta (si es posible).
- Preservar la integridad de las fichas y evitar el robo o la falsificación.
- Conocer el valor de cambio de las fichas y los momentos en los que el cliente puede canjearlas.

Consideraciones prácticas

Además de los componentes básicos de la economía de fichas que ya se han descrito, una aplicación satisfactoria depende de las siguientes consideraciones.

En primer lugar, el personal responsable del procedimiento siempre debe entregar las fichas inmediatamente después de que se produzca la conducta adecuada. La portabilidad y facilidad de entrega de las fichas permitirá que el personal pueda reforzar las conductas apropiadas de forma inmediata una vez que estas se produzcan.

En segundo lugar, la persona responsable de la intervención debe felicitar al cliente mientras le de fichas por la conducta apropiada. La felicitación funciona como reforzador condicionado para la mayoría de las personas y se vuelve más potente como reforzador si se presenta conjuntamente con fichas. Una vez que termine la economía de fichas, el personal responsable continuará dando elogio como consecuencia natural reforzante que facilitará el mantenimiento a largo plazo de la conducta apropiada.

En tercer lugar, para los niños pequeños o personas con grave discapacidad intelectual, al principio del programa, los reforzadores se deberán dar al cliente al mismo tiempo que la ficha, de modo que el emparejamiento sea inmediato y la ficha tenga más probabilidades de convertirse en un reforzador condicionado.

Finalmente, debido a que la economía de fichas es artificial y no se da en entornos cotidianos, como la escuela, el trabajo, o en el hogar, el procedimiento debe ser desvanecido antes de que el cliente abandone el programa de tratamiento. Una vez que los clientes alcanzan consistentemente los objetivos del procedimiento, la economía de fichas se suspenderá y la conducta quedará únicamente bajo el control de las contingencias naturales de reforzamiento (p.ej., felicitaciones, buenas notas). El desvanecimiento incrementa la probabilidad de que el cambio de comportamiento se generalice del programa de tratamiento a la vida cotidiana. En el ejemplo de Samuel, la economía de fichas se interrumpe cada vez que gana el máximo de puntos por la conducta apropiada durante dos semanas consecutivas. En el momento en que dejamos de usar las fichas, la conducta deberá ser mantenida por los reforzadores naturales, tales como el elogio, los logros alcanzados, o los privilegios obtenidos gracias a la conducta. Estos son los tipos de reforzadores que con mayor probabilidad el cliente encontrará en su ambiente familiar, una vez concluido el programa.

Phillips, Phillips, Fixsen y Wolf (1971) refieren un procedimiento para desvanecer el uso de fichas en un grupo de jóvenes en un centro de menores con historial delictivo. En primer lugar, entregaron fichas todos los días por limpiar la habitación diariamente durante las primeras dos semanas. Después, entregaron fichas cada dos días, luego cada tres, cada ocho y, por último, cada 12 días. Durante un año de seguimiento, los jóvenes siguieron limpiando sus habitaciones cuando la entrega de fichas se limitaba a una vez cada 12 días.

LECTURA PARA AMPLIAR

Varias aplicaciones del reforzamiento con fichas

Pese a que la literatura recoge multitud de ejemplos de economías de fichas, en algunos casos, el reforzamiento con fichas se utiliza para promover un comportamiento específico sin llegar a aplicar una economía de fichas formal que incluya todos los componentes descritos en este capítulo. Los investigadores o profesionales pueden utilizar fichas para reforzar un comportamiento específico, a veces en el contexto de otro programa de tratamiento. Por ejemplo, Kahng, Roscoe y Byrne (2003) trabajaron con un niño de cuatro años de edad que se negaba a comer y seguía alimentándose con biberón. Usaron fichas con personajes de dibujos animados para reforzar cada cucharada de comida que consumía. Una vez que el niño había recibido un número determinado de fichas suficientes para canjear por un reforzador, se interrumpía la comida y se daba acceso al reforzador. Con el tiempo, se aumentó el número de fichas necesarias para interrumpir la comida. McGinnis, Friman y Carlyon (1999) demostraron la utilidad de las estrellas adhesivas como reforzadores condicionados en el rendimiento académico de dos niños de edad escolar con bajo rendimiento académico. Cuando recibían estrellas por completar sus hojas de trabajo de matemáticas, su tiempo de trabajo y la cantidad de trabajo completado aumentaron considerablemente. Durante la intervención, podían intercambiar las estrellas por varios reforzadores. En algunos estudios, las fichas se han utilizado como parte de un procedimiento de reforzamiento diferencial de otras conductas (RDO). Cowdery, Iwata y Pace (1990) trabajaron con un chico que se autolesionaba rascándose mientras estaba solo. Se le observó a través de un espejo unidireccional y se entregaron fichas (monedas de céntimo) cuando había transcurrido un periodo de tiempo sin rascarse. Los autores fueron aumentado gradualmente el intervalo del RDO hasta que la conducta de rascarse fue eliminada. En otra aplicación del RDO con fichas, Conyers et al. (2004a) daban a niños en edad preescolar estrellas adhesivas que colocaban en un tablero en el aula cada vez que los problemas de conducta habían estado ausentes durante un determinado periodo de tiempo. Una vez que los estudiantes recibían un número determinado de estrellas, las podían intercambiar por caramelos después de la clase. El estudio demostró que el procedimiento de RDO disminuía los problemas de conducta, no obstante, la conducta disminuía aun más si se añadía un componente de coste de respuesta (los problemas de conducta ocasionaban pérdida de fichas).

Aplicaciones de la economía de fichas

La economía de fichas se ha utilizado ampliamente en modificación de conducta con varias poblaciones y en situaciones diversas (Glynn, 1990; Kazdin, 1977, 1982, Kazdin

y Bootzin, 1972). Por ejemplo, se han usado economías de fichas con pacientes psicó-
ticos hospitalizados (Ayllon y Azrin, 1965, 1968; Nelson y Cone, 1979; Paul y Lentz,
1977), con adolescentes con trastornos de conducta (Foxx, 1998), con niños hiperactivos (Ayllón, Layman y Kandel, 1975; Hupp y Reitman, 1999; Robinson, Newby y Ganzell, 1981), con niños preescolares (Swiezy, Matson y Box, 1992), con estudiantes de
primaria (McGinnis, Friman y Carlyon, 1999; McLaughlin y Malaby, 1972; Swain y
McLaughlin, 1998), con estudiantes con dificultades de aprendizaje (Cavalier, Ferretti
y Hodges, 1997), con estudiantes universitarios (Everett, Hayward y Meyers, 1974), con
internos en un centro penitenciario (Milán y McKee, 1976), con jóvenes con historial de
delincuencia en centros de menores o en programas de tratamiento (Hobbs y Holt, 1976;
Phillips, 1968; Phillips et al., 1971), con trabajadores industriales (Fox, Hopkins y Anger,
1987) y con pacientes hospitalizados (Carton y Schweitzer, 1996; Magrab y Papadopoulou, 1977). A continuación, describimos con más detalle algunos de estos ejemplos a fin
de ilustrar las variaciones posibles en el uso de la economía de fichas.

Robinson y sus colegas (1981) utilizaron reforzamiento con fichas con 18 niños hiperactivos de tercer curso de primaria a objeto de aumentar su rendimiento académico
en lectura y vocabulario. Las fichas eran discos de cartón de varios colores que cada niño
recibía por completar las tareas académicas. Una vez conseguidos, los discos se ubicaban
en una cuerda alrededor de la muñeca del niño. Las fichas podían intercambiarse por
15 minutos de videojuegos o de juegos de mesa. Los investigadores demostraron que el
número de tareas académicas completadas por los estudiantes se incrementó dramáti-
camente al usar las fichas como reforzadores. Otro estudio con tres niños hiperactivos
mostró queusando el reforzamiento con fichas en tareas de matemáticas y lectura, se lograba incrementar el número de problemas completados correctamente, descendiendo
el nivel de conducta hiperactiva en todos los niños (Ayllon et al., 1975). Los resultados
mostraron que el programa de reforzamiento con fichas disminuyó la conducta hiperactiva tanto como el uso de la medicación estimulante (metilfenidato). El reforzamiento
con fichas, y no la medicación, favoreció el aumento del rendimiento académico. En
este estudio, las fichas (marcas de verificación en una tarjeta) fueron intercambiadas por
objetos y actividades reforzantes.

Milan y McKee (1976) aplicaron una economía de fichas con 33 internos en un
centro penitenciario de máxima seguridad. Los internos recibían fichas por completar las
rutinas diarias, actividades educativas y otras tareas. Las fichas fueron puntos que se registraron en un sistema bancario de cheques. Una vez obtenidas, podían intercambiarse
por materiales y actividades reforzantes. Las conductas objetivo y los reforzadores recuperables usados en este estudio aparecen en la Tabla 22-5. Milan y McKee demostraron
que las conductas objetivo de los reclusos mejoraron con el uso de la economía de fichas.

McLaughlin y Malaby (1972) utilizaron una economía de fichas con estudiantes en
un aula de quinto y sexto grado. La economía de fichas permitía a los estudiantes ganar
puntos por su rendimiento académico. Además, se puso en práctica un programa de
coste de respuesta en virtud del cual los estudiantes perdían puntos si realizaban varios
problemas de conducta. Los autores utilizaron determinados privilegios en clase como
reforzadores. El programa de puntos utilizado en la economía de fichas se muestra en la
Tabla 22-6 y la hoja de registro en la que se reflejaron los puntos ganados y perdidos por
cada estudiante se muestra en la Figura 22-1. El rendimiento académico de los estudiantes mejoró con la aplicación de la economía de fichas.

TABLA 22-5 Valores de algunas conductas objetivo típicas y de reforzadores recuperables.

Conductas de interés	Puntos concedidos
Actividades de mañana:	
Hacer las cosas a tiempo	60
Hacer la cama	60
Tener el salón limpio y ordenado	60
Aspecto personal	60
Actividades educativasa:	
El rendimiento del estudiante	2 por minuto (aproximadamente)
El rendimiento tutor	2 por minuto (aproximadamente)
Asignación de tareas de mantenimientob:	
Barrer la sala principal (o la mitad)	60
Tener los cubos de basura vacíos en la sala de juegos	60
Fregar los escalones de la entrada	120
Limpiar el polvo y arreglar los muebles de la sala de televisión	120

Reforzadores Recuperables	Valor en Puntos
Actividades reforzantes:	
Acceso a la sala de televisión	60 por hora
Acceso a la piscina	60 por hora
Acceso al salón	60 por hora
Artículos disponibles en la tienda de reforzadoresc:	
Taza de café	50
Refresco	150
Sándwich de jamón y queso	300
Un paquete de cigarrillos	450
Tiempo libre fuera de la economía de fichas	1 por minuto

a. Se pagó a los estudiantes de forma contingente a la conducta en lugar de contingente al tiempo. El valor en puntos de una unidad didáctica dependía de una estimación exacta del tiempo de estudio requerido por unidad. Los puntos se concedían una vez se habían aprobaba la unidad didáctica.
b. Aunque sólo se presentan cuatro actividades de mantenimiento, había las suficientes para garantizar que todos los residentes podían ganar 120 puntos al completar sus tareas. Los residentes podían además presentarse como voluntarios paratareas de mantenimientocomplementarias y así poder aumentar su ingreso diario de puntos.
c. Aunque sólo cuatro se muestran en esta lista había una gran variedad de artículos disponibles en la tienda de reforzadores (según Milan, M., A., y McKee, J. M. [1976]. The cellblock token economy: Token reinforcement procedures in a maximum securirty correctional institution for adult male felons. Journal of Applied Behavior Analysis, 9, 253-275.

Otro estudio demostró el efecto a largo plazo de una economía de fichas en el número de accidentes y lesiones en un entorno industrial (Fox et al., 1987). Los participantes del estudio fueron mineros que trabajaban en minas a cielo abierto. Se aplicó una economía de fichas que les permitía ganar puntos si los miembros del grupo de trabajo no tenían accidentes, no sufrían lesiones que se tradujesen en demoras en el tiempo de producción y hacían sugerencias sobre la seguridad laboral (sugerencias que podían ser luego adoptadas por la administración de la empresa). Los miembros

TABLA 22-6 Valores en puntos de conductas objetivo y conductas problema.

Conductas objetivo	Puntos ganados
Preguntas correctas	6-12
Estudiar de 8:50 a 9:15 de la mañana	5 al día
Traer comida para los animales	1-10
Traer el serrín para los animales	1-10
Actividades plásticas	1.4
Puntos por atender en clase	1-2 por la lección
Crédito adicional	Valor asignado
Limpieza y orden	1.2
Hacer las tareas para casa	5
Tomar apuntes	1-3
Hacer pacientemente la cola del almuerzo	2
Comer tranquilamente en el comedor	2
Comportamiento apropiado en torno al mediodía	3

Conductas problema	Puntos perdidos
Tareas incompletas	25 por asignación
Traer chicle o caramelos a clase	100
Comportamiento verbal inapropiado	15
Comportamiento motor inapropiado	15
Meterse en peleas	100
Copiar en un examen	100

(Según McLaughlin, T. M, y Malaby, J. [1972]. Intrinsic reinforcers in a classroom token economy. Journal of Applied Behavior Analysis, 5, 263-270. Copyright © 1972 University of Kansas Press. Reproducido conpermisodel autor).

del grupo de trabajo perdían fichas en el caso de que se diesen demoras en el tiempo de producción, en caso de accidente, o si un accidente o lesión no era notificado. Las fichas eran sellos canjeables por miles de artículos en una tienda. La economía de fichas se mantuvo durante 10 años y dio como resultado un descenso en las pérdidas de tiempo por lesiones. Además, la economía de fichas contribuyó a reducir los gastos por accidentes y daños por valor de unos 200.000 € anuales.

Hobbs y Holt (1976) demostraron la eficacia de la economía de fichas con 125 adolescentes en un centro de menores. Las fichas fueron utilizadas para reforzar conductas como el seguimiento de normas, la finalización de tareas, los comportamientos sociales aceptables y la buena conducta (p.ej., mientras esperaban en la cola para las comidas). Al final del día, cada niño recibía un certificado donde figuraban el número de fichas que había ganado ese día. Los adolescentes podían guardar sus certificados en un banco, ganar intereses o gastar en materiales (p.ej., en bebidas gaseosas, dulces, aperitivos, juguetes, juegos, y cigarrillos) o actividades reforzantes (p.ej., actividades recreativas, permisos para ir a casa). El programa facilitó una mejora en el comportamiento de los adolescentes (Figura 22-2).

	Puntos conseguidos						Puntos perdidos
Lenguaje							Proyectos
Deletreo							
Escritura							Hablar
Ciencia							
Ciencias sociales							
Lectura							Descanso
Matemáticas							
Tomar apuntes							Chicle
Tareas para casa							
Serrín para ratas							
Comida para ratas							Biblioteca
Conducta tranquila							
Test de deletreo							
Estudio							Fuera del asiento
Otro							
						Total	Total perdidos

Nombre: _____

Fila: _____

FIGURA 22-1 Este gráfico se usó para registrar los puntos que los estudiantes ganaban o perdían durante su participación en una economía de fichas en el aula. En la lista de la izquierda se especifican las conductas objetivo, con espacios para registrar los puntos ganados. Del mismo modo, los conductas problema se enumeran, con espacios para registrar los puntos retirados. Una hoja de registro como esta le aclara a los estudiantes qué comportamientos se espera de ellos y cómo les está yendo en el programa (según McLaughlin, T. R, y Malaby, J. [1972]. Intrinsic reinforcers in a classroom token economy. Journal of Applied Behavior Analysis, 5, 263-270. Copyright © 1972 Universityof Kansas Press. Reproducido con permiso del autor).

Algunas de las primeras aplicaciones de la economía de fichas se hicieron con pacientes en hospitales psiquiátricos (Ayllón y Azrin, 1965, 1968). A menudo, estos pacientes presentan problemas de conducta graves y carecen de las habilidades necesarias para funcionar fuera del ámbito hospitalario. La economía de fichas se ha utilizado con pacientes institucionalizados a fin de disminuir los problemas de conducta y aumentar habilidades tales como la higiene y el cuidado personal, habilidades sociales, y habilidades de trabajo. La Tabla 22-7 enumera y define las conductas objetivo en cada una la áreas que se incrementaron en la economía de fichas llevada a cabo por Nelson y Cone (1979) con 16 hombres en un hospital psiquiátrico.

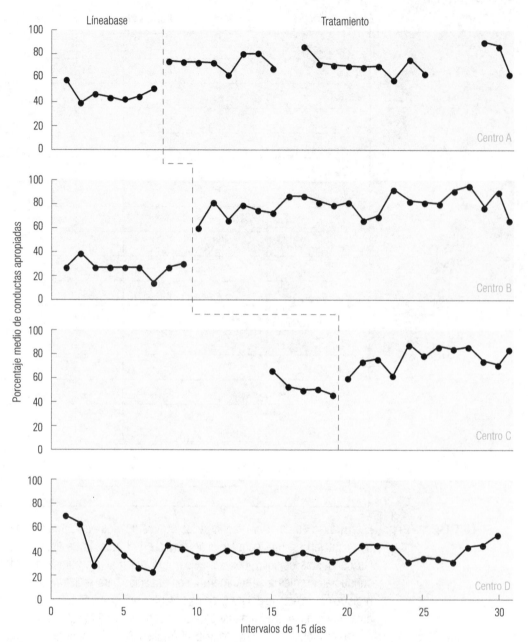

FIGURA 22-2   Este gráfico muestra el porcentaje de conducta apropiada (seguimiento de normas, comportamiento social adecuado y ausencia de comportamientos agresivo), exhibido por los adolescentes en una institución correccional antes y después de la aplicación de una economía de fichas. El gráfico muestra los efectos de la economía de fichas aplicada de forma secuencial en tres centros diferentes. La conducta de los adolescentes mejoró en cada centro sólo cuando se aplicó la economía de fichas. El comportamiento de los adolescentes en el centro D no mejoró debido a que no se inició la economía de fichas (según Hobbs, T. R., y Holt, M. M. (1976]. The effects of token reinforcement on the behavior of delinquents in cottage settings. Journal of Applied Behavior Analysis, 9, 189-198. Copyright © 1976 University of Kansas Press. Reproducido con permiso del autor).

TABLA 22-7 Definiciones y fichas a obtener por varios tipos de conductas objetivo.

Conductas objetivo	Fichas	Definición
Higiene personal		
Lavarse la cara	1	Aplicar agua al menos a dos terceras partes de la cara y, a continuación, secarse con una toalla.
Peinarse	1	Uno o más pases con un peine o cepillo que hacen que el cabello quede bien peinado.
Afeitarse	1	1. Pasar una o más veces una maquinilla de afeitar por la cara o cuello, eliminar el exceso de crema de afeitar y secarse con una toalla. 2. Aplicar una maquinilla de afeitar eléctrica en la cara o el cuello (el resultado de ambos procedimientos debe ser una apariencia limpia y presentable).
Cepillarse los dientes	1	1. Insertar un cepillo de dientes en la boca, cepillarse, enjuagarse la boca y limpiarse con una toalla. 2. Si el individuo tiene una prótesis dental, deberá lavarla adecuadamente.
Autonomía personal		
Vestir adecuadamente	1	Camisa abotonada (a excepción de botón superior) y metida por dentro; pantalones con cremallera subida y cerrados por un botón y una correa; zapatos atados con calcetines. Se hicieron excepciones para las camisas o suéteres que normalmente no se meten por dentro y para los pantalones que no requieren de cinturón.
Hacer la cama	1 o 2	Sábanas, manta y edredón deben cubrir toda la extensión de la cama; edredón plegado bajo la parte frontal de la almohada y recogido detrás de la parte posterior de la misma. Tras la aplicación del reforzamiento con fichas se otorgó una ficha adicional si el edredón estaba dispuesto de forma simétrica (menos de 10 cm de diferencia entre uno y otro lado de la cama), no tocaba el suelo por ninguno de las lados de la cama y no tenía arrugas visibles a 5 metros de distancia.
Ordenar la cómoda	1	Todos los objetos deben apilarse o colocarse en forma ordenada, la ropa debe estar doblada, sin suciedad o polvo visibles.
Hacer ejercicio	1 o 2	Actividad física de dos minutos o más de duración capaz de mejorar la aptitud física (fuerza, resistencia o flexibilidad) más allá de lo que lo haría el caminar normalmente. El reforzamiento con fichas consistió en dar una ficha por realizar al menos la mitad de los ejercicios de una sesión en grupo de 10 minutos y dos fichas si se realizaban todos los ejercicios.
Trabajo (ejemplos)		
Limpiar ceniceros	1	Actividad de al menos dos minutos de duración con efectos positivos en el manteni-
Liar cigarrillos	2	miento y limpieza de la unidad. Se definieron 25 actividades diferentes con tiempos,
Doblar sábanas	4	lugares, materiales y tareas específicos, cuyo pago osciló entre una y cuatro fichas.
Limpiar el polvo	2	
Habilidades sociales		
Saludar al personal	1	Iniciar un saludo verbal apropiado (p.ej., "Buenos días", "Hola", o "¿Cómo estás?") antes de transcurridos 30 minutos después de que el director o el ayudante entrasen en la unidad.
Responder preguntas	3	Dar una respuesta correcta a preguntas previamente seleccionadas relativas al entorno hospitalario o a noticias recientes (p.ej., "¿Cuáles son las ventajas de la nueva unidad?", "¿Quién se presente como candidato a presidente del gobierno?").
Reunión semanal	1 ó 2	Proporcionar información sobre aspectos específicos de la conducta cotidiana de otros residentes durante la reunión semanal de la unidad. Se daba una ficha por cada participación verbal y dos si se participaba dos o más veces.

(Según Nelson, G. L., y Cone, J. D. [1979]. Multiple baseline analysis for a token economy for psychiatric inpatients. Journal of Applied Behavior Analysis, 12, 255-271. Copyright © 1979 University of Kansas Press. Reproducido con permiso del autor).

Ventajas y desventajas de la economía de fichas

El reforzamiento con fichas tiene multitud de ventajas (Ayllon y Azrin, 1965; Kazdin y Bootzin, 1972; Maag, 1999).

- Las fichas pueden ser utilizadas como reforzadores de la conducta objetivo inmediatamente después de que esta se produzca.
- La economía de fichas es muy estructurada, por lo tanto, las conductas objetivo se refuerzan de forma consistente.
- Las fichas son reforzadores condicionados generalizados, ya que están emparejados con varios reforzadores. Ello hace que las fichas funcionen como reforzadores, independientemente de cualquier operación de establecimiento que pueda existir para un cliente en un momento concreto.
- Las fichas son fáciles de dar y fáciles de acumular por los destinatarios.
- El reforzamiento con fichas se puede cuantificar fácilmente, comportamientos muy diferentes puede recibir una cantidad mayor o menor del reforzador (más o menos fichas).
- El coste de respuesta es más fácil de aplicar en una economía de fichas, porque el destinatario ha acumulado fichas que se pueden retirar contingentemente al problema de conducta.
- El destinatario puede aprender habilidades de planificación y ahorro gracias a la economía de fichas, necesarias, por ejemplo, para hacer grandes compras.

Las desventajas que conlleva la utilización de una economía de fichas incluyen el tiempo y el esfuerzo necesarios para organizar y dirigir el programa y el coste de adquisición de los reforzadores. La formación del personal y la gestión son también importantes, especialmente cuando la economía de fichas tiene componentes complejos o cuando se lleva a cabo a gran escala.

Al considerar el uso de la economía de fichas, debemos abordar tres cuestiones básicas. En primer lugar, ¿podemos entrenar al personal o las personas encargadas de aplicarla para llevar a cabo el programa diariamente de forma consistente? En segundo lugar, ¿disponemos de suficientes recursos económicos para llevar a cabo el programa? Aunque el coste de los reforzadores puede ser considerable, McLaughlin y Malaby (1972) demostraron que actividades corrientes que no cuestan nada pueden utilizarse como reforzadores. Por último, ¿los efectos positivos que se esperan del programa (mejora en el comportamiento) justifican el tiempo, esfuerzo y coste de llevarlo a cabo?

RESUMEN DEL CAPITULO

1. La economía de fichas es un procedimiento de modificación de conducta en el que reforzadores condicionados llamados fichas se utilizan para reforzar las conductas apropiadas de clientes que participan en un tratamiento o programa educativo. La investigación ha demostrado que la economía de fichas puede ser utilizada con éxito con niños y adultos en varios entornos de tratamiento.

2. En una economía de fichas, las conductas objetivo se identifican y las fichas que se entregan dependen de su ocurrencia. Las fichas son intercambias más tarde por reforzadores de acuerdo a un tipo de cambio determinado.

3. El coste de respuesta en el contexto de una economía de fichas consiste en la retirada de fichas de forma contingente a la presentación de problemas de conducta. Este componente se añade cuando, además de reforzar conductas adecuadas, tenemos como objetivo disminuir la ocurrencia de conductas inadecuadas.

4. Podemos utilizar varios artículos como fichas en una economía de fichas (ver ejemplos en la Tabla 22-2). Las fichas deben ser fáciles de transportar y deben permitir

ser entregadas de forma fácil e inmediata después de que ocurra la conducta objetivo. Una vez entregada la ficha, el cliente debe ser capaz de acumular las fichas obtenidas.

5. Las ventajas de la economía de fichas son que las fichas pueden entregarse inmediatamente después de la conducta objetivo, que son fáciles de dispensar y acumular,

pueden ser cuantificadas y no pierden su valor como reforzadores. Las economías de fichas son altamente estructuradas, puede incorporar un componente de coste de respuesta y pueden fomentar la adquisición de habilidades de planificación. Las desventajas de la economía de fichas son el tiempo, el esfuerzo y el coste que requiere su aplicación.

PALABRAS CLAVE

Economía de fichas, 432   Ficha, 432   Reforzador recuperable, 432

TÉST PRÁCTICO

1. ¿Qué es una ficha? Identifica algunos elementos que pueden ser utilizados como fichas. Describe cómo se usan en una economía de fichas (págs.
2. 498-500).
   ¿Qué es un reforzador condicionado generalizado? ¿Cómo se convierte una ficha en reforzador condicionado generalizado? (pág. 513).
3. ¿Por qué es importante entregar una ficha inmediatamente después de la ocurrencia de la conducta objetivo? (pág. 500).
4. ¿Cuáles son los componentes esenciales de la economía de fichas? Identifica cada uno de estos componentes en el ejemplo de Samuel presentado al inicio del capítulo (pág. 498).
5. ¿Qué son los reforzadores recuperables? Proporciona ejemplos. ¿Cómo se eligen los reforzadores recuperables? (pág. 501).
6. ¿Bajo qué circunstancias se recomienda el uso del reforzamiento continuo en una economía de

fichas?¿y el reforzamiento intermitente? (págs. 502-503).
7. ¿Cuáles debemos tener en cuenta al establecer el tipo de cambio de los reforzadores recuperables? (págs. 503).
8. ¿Por qué es importante hacer coincidir la presentación de felicitaciones y elogios con la entrega de fichas? (pág. 505).
9. ¿Por qué es importante desvanecer el uso de las fichas con el paso del tiempo? ¿En qué momento sería adecuado desvanecer el uso de fichas? Explica cómo se desvanecieron las fichas en el caso de Samuel (pág. 506).
10. Describe las ventajas y desventajas de la economía de fichas (págs. 510, 513).
11. Describe cinco aplicaciones diferentes de la economía de fichas. Para cada una, identifica las conductas objetivo, los elementos que fueron utilizados como fichas y los reforzadores de intercambio.

APLICACIONES

1. Describe cómo se podría utilizar el reforzamiento con fichas, en caso de ser apropiada para tus objetivos, en un plan conductual para promover tu autonomía personal.
2. Estas aplicando un programa de mejora de la lectura a un grupo de cuatro estudiantes que leen por debajo del nivel propio de su curso escolar. Estas utilizando un programa de lectura estandarizado en el que los estudiantes identifican palabras y sonidos de las palabras, leen breves pasajes en voz alta y responden a preguntas de comprensión. Du-

rante una sesión típica, estás sentado en frente de los estudiantes mientras diriges la lección y estos tienen muchas oportunidades para responder en cada sesión de grupo. No obstante, los estudiantes tienden a distraerse y a prestar atención a las cosas que hay a la habitación y no a las instrucciones que se presentan. Describe la economía de fichas que se podría llevar a cabo con estos alumnos.
3. Todos los estudiantes en el grupo de mejora de la lectura tienen algunos problemas de conducta que pueden interferir con el aprendizaje, como em-

pujarse unos al otros, levantarse del sitio, hablar mientras el maestro está explicando o hacer ruidos fuertes. Describe el procedimiento de coste de respuesta que se podría poner en práctica como parte de una economía de fichas con el grupo de lectura para disminuir la frecuencia de estos problemas de comportamiento.

4. Después de un par de meses de participación en la economía de fichas, los alumnos están prestando atención, responden correctamente y se abstienen de realizar problemas de conducta. Describe cómo se desvanecería la economía de fichas con estos estudiantes.

APLICACIONES INADECUADAS

1. El Sr. Gómez comentaba con sus compañeros en la sala de profesores la dificultad que tenía con los estudiantes en su clase de educación especial en la que había seis estudiantes con problemas de conducta. Un compañero le dijo que le había ido bien usando economía de fichas en una circunstancia similar y le sugirió que pusiera los nombres de los estudiantes en la pizarra y pusiera un punto después de sus nombres cuando eran buenos, y que borrara puntos cuando presentaran problemas. Después de cada clase, el estudiante con más puntos tendría un privilegio especial. El Sr. Gómez decidió que esta era una gran idea y la ejecutó al día siguiente. ¿Qué está mal en este uso de una economía de fichas?

2. La Sra. Pérez dirigía un centro residencial de menores que habían tenido problemas con la ley. Se esperaba que todos los adolescentes hicieran un mínimo de tareas diarias sin incurrir en problemas de conducta. Para cada adolescente se habían definido sus particulares problemas de conducta. La Sra. Pérez decidió utilizar una economía de fichas para ayudar a los adolescentes a que aumentasen la conducta apropiada y disminuyesen sus problemas de conducta. Se definieron las conductas objetivo y se usaron puntos como reforzadores. La conducta apropiada se reforzó con un programa de reforzamiento específico, mientras que los puntos se retiraban si se daban problemas de conducta. La Sra. Pérez compró videojuegos para utilizarlos como reforzadores recuperables en la economía de fichas. Los videojuegos estaban en una sala de reforzadores a la que los adolescentes podían acceder por la noche cambiando las fichas por X minutos de tiempo. ¿Qué está mal en este uso de una economía de fichas?

3. El Sr. Franco es el director de una institución penitenciaria y decidió que necesitaba un sistema de motivación mejor para los internos. Después de hacer una lectura sobre el tema, decidió aplicar una economía de fichas para lograr que los presos participaran diariamente en más conductas apropiadas. Definió una serie de conductas objetivo relacionadas con la reinserción y una serie de conductas problema que interferían con la reinserción. Todos los internos recibieron una lista de los comportamientos que se esperan de ellos. Cada preso llevaría un dispositivo electrónico que podía ser utilizado para recibir puntos como fichas. Cada guardia disponía de otro dispositivo electrónico que se permitía dispensar puntos a los internos. Cada vez que el recluso realizaba alguna de las conductas objetivo, el guardia introducía el código del interno proporcionándole los puntos electrónicos correspondientes. Cada vez que el recluso tenía un problema de conducta, el guardia utilizaba el dispositivo para restar puntos. El director especificó el número de puntos para cada conducta objetivo y el tipo de cambio de los reforzadores recuperables. El director quiso elegir reforzadores recuperables intensos para facilitar que el sistema de fichas produjese cambios beneficiosos en el comportamiento de los internos. El director decidió que los presos tenían que tener un número determinado de fichas para entrar en el comedor a la hora de la comida. Estableció el número de fichas requeridas a un nivel moderado a fin de que los reclusos pudieran ganar las fichas necesarias para cada comida realizando un nivel razonable de conductas apropiadas, ya que quería que los reclusos tuvieran éxito, sobre todo al principio del programa. Si no tenían el número suficiente de fichas a la hora de comer, no podían comer y tenían que ganar las fichas suficientes para la siguiente comida. El director estaba convencido de que la comida es siempre un reforzador y que había cuatro oportunidades para reforzar cada día: tres comidas y un aperitivo por la noche. También argumentó que

los reclusos que perdían una o dos comidas estarían incluso más motivados para ganar fichas para la siguiente comida. Además, los reclusos podían comer todo lo que querían y, por tanto, podrían compensar nutricionalmente lo que perdían por la falta de una comida anterior. ¿Qué crees que es incorrecto en este uso de una economía de fichas?

Contratos conductuales

- ¿Qué es un contrato conductual?
- ¿Cuáles son los componentes de un contrato conductual?
- ¿Cuáles son los dos tipos de contratos conductuales y en qué se diferencian?
- ¿Cómo se negocia un contrato conductual?
- ¿Cómo influyen los contratos conductuales en la conducta?

C omo se discutió en el capítulo anterior, la economía de fichas es un procedimiento mediante el cual las contingencias de reforzamiento y castigo pueden ser aplicadas sistemáticamente para controlar la conducta de los clientes en un ambiente de tratamiento estructurado. Este capítulo describe el contrato conductual, otro procedimiento utilizado para aplicar las contingencias de reforzamiento y castigo para ayudar a las personas a controlar su propia conducta.

Ejemplos de contrato conductual

Conseguir que Esteban complete su tesis

Esteban era un estudiante de doctorado que había terminado todos sus cursos, pero no había terminado de escribir su tesis ni un importante documento de revisión. A pesar de que no podía graduarse hasta que terminara los dos proyectos, no había escrito nada de ellos durante más de un año. Esteban se decía a sí mismo que tenía que escribir estos documentos trabajando por las tardes y los fines de semana, pero siempre encontraba algo que hacer en su lugar. Decidió visitar la clínica de psicología de la Universidad para ver si un psicólogo podía ayudarle a terminar su trabajo. Una estudiante graduada interna en la clínica, Rita, elaboró un contrato conductual con él..

En primer lugar, Rita le pidió a Esteban que se estableciera algunas metas razonables. Esteban decidió que escribir una media de nueve páginas (mecanografiadas, a doble espacio) a la semana sería una meta razonable. Esto equivalía a una página por día de Lunes a Viernes y dos páginas cada día del fin de semana, aunque en realidad podría escribir las nueve páginas cualquier día que eligiera. Para demostrar que había escrito las nueve páginas, Esteban aceptó llevar las páginas mecanografiadas a su reunión con Rita cada semana. A continuación, tenían que ponerse de acuerdo sobre una contingencia de reforzamiento que le motivara a escribir las nueve páginas cada semana. Acordaron el siguiente sistema: Esteban tenía una colección de discos de jazz clásico que le gustaba mucho. Cada semana que viniera a la reunión, tendría que donar uno de sus álbumes a la biblioteca de la universidad si no tenía sus nueve páginas escritas.

Describe por qué se trata de una contingencia de reforzamiento negativo.

Es una contingencia de reforzamiento negativo, porque al escribir las nueve páginas y enseñárselas a Rita, Esteban evita el acontecimiento aversivo (donar un álbum). Esto debería fortalecer la conducta de escribir. Una vez que Esteban y Rita acordaron este sistema, lo plasmaron por escrito en un contrato y ambos firmaron el contrato. El modelo de contrato se muestra en la Figura 23-1.

Esteban trajo la caja de sus discos de jazz clásico a la clínica y los dejó allí para que la contingencia pudiera aplicarse si fuese necesario. Llevó nueve páginas la primera semana y Rita lo elogió por escribir por primera vez en un año. Rita le preguntó si el objetivo seguía siendo razonable, y cuando Esteban le aseguró que lo era, redactaron el

---

Contrato Conductual

Yo, Esteban García, estoy de acuerdo en escribir nueve páginas de mi tesis o un artículo de revisión durante la semana que empieza el _____ y termina el _____.

Definimos nueve páginas escritas como ocho páginas completas a doble espacio y una cantidad variable de texto en la novena página.

Además, me comprometo a llevar las nueve páginas escritas a mis reuniones semanales con Rita Jiménez (terapeuta) el día _____ a fin de documentar que las he realizado.

Si no llevo las nueve páginas a Rae en la reunión semanal, Rae podrá elegir uno de los álbumes de mi colección y donarlo a la biblioteca de la universidad.

Firmado: _____   _____
        Estevan García, Cliente   Rita Jiménez, Terapeuta

FIGURA 23-1 Contrato de una parte que Estean redactó con Rita, la terapeuta, para incrementar el número de páginas que escribía cada semana de su tesis.

mismo contrato para la semana siguiente. La semana siguiente Esteban no escribió las nueve páginas. Cuando fue a su reunión con Rita, le mostró las cinco páginas que había escrito y dio una serie de excusas de por qué no pudo terminar de escribir. Rita le mostró su contrato firmado y le recordó que acordaron que ella no aceptaría ninguna excusa. Luego cogió la caja de álbumes de la taquilla cerrada, eligió un álbum de la caja, y le dijo que lo enviaría a la biblioteca.

Después de haber aplicado la contingencia, Rita le pidió que describiera los obstáculos que habían interferido con su escritura. Quedó claro que no había obstáculos, y que Esteban había estado viendo la televisión o leyendo novelas muchas horas durante la semana, cuando podía haber estado escribiendo. Sobre la base de este debate, Esteban firmó otro contrato similar al primero. Esteban no volvió a perder otro álbum por no escribir las nueve páginas que se comprometió a escribir cada semana. De hecho, hizo un promedio de 11 páginas a la semana hasta que terminó ambos documentos. Cada reunión semanal con Rita duró sólo unos 10 minutos mientras ella comprobaba su trabajo para verificar que había completado su escritura, lo felicitaba por su éxito, y firmaba un nuevo contrato para la semana siguiente. Cada vez que Esteban pensaba sobre lo que tenía que escribir, pensaba en el álbum que había donado en la segunda sesión. Esto hizo más probable que se sentara a escribir en lugar de realizar una conducta competidora como ver la televisión. Observa otro ejemplo de contrato conductual.

Ayudar a Dani y a sus padres a llevarse mejor

Dani creció en un pueblo pequeño y nunca se había metido en muchos problemas hasta los 16 años. Cuando él y sus amigos cumplieron los 16, comenzaron a pasar el tiempo conduciendo y merodeando por la calle principal hasta altas horas de la noche. En esta época, Dani no cenaba con su familia, salía hasta tarde, se negaba a limpiar su cuarto, y no hacía sus deberes con regularidad. También discutía regularmente con sus padres y salía por la noche incluso cuando le decían que no podía salir de casa. Dani y sus padres fueron a ver a un psicólogo para resolver los problemas.

Como el Dr. Romero dijo a la familia, estaba claro que Dani era tan infeliz con sus padres como sus padres con su conducta. Dani se quejó de que sus padres le gritaban todo el tiempo sobre la limpieza de su habitación, quedarse en la calle hasta tarde, y estar en casa para la cena. También estaba disgustado de que intentaran hacerlo madurar y no le dejaran usar el coche para salir. Sus padres dijeron que no podía usar el coche mientras no les obedeciera y que era su culpa que se le gritara con frecuencia. Dani quería que sus padres cambiaran su conducta hacia él, y los padres querían que Dani cambiara su conducta. El Dr. Romero negoció un contrato conductual entre Dani y sus padres.

En primer lugar, el Dr. Romero ayudó a Dani y a sus padres a ver, que si ambos se comprometían un poco, todos ellos podrían ser más felices. Luego ayudó a identificar los cambios de conducta que querían cada uno de ellos en los otros y a llegar a acuerdos que todos pudieran aceptar. Por ejemplo, los padres querían que Dani estuviera en casa a las 9 de la noche entre semana, y Dani quería estar fuera hasta pasada medianoche. Dani ya permanecía fuera hasta después de medianoche, por lo que los padres aceptaron que las 11 de la noche fuera un compromiso razonable para alguien de 16 años. Dani quería que sus padres dejaran de molestarle sobre la limpieza de su habitación y sobre hacer sus deberes, pero sus padres querían los deberes hechos y la habitación limpia. Los padres acordaron dejar de decirle que limpiara su habitación y dejar de decirle que hiciera los deberes cada día. A cambio, Dani accedió a hacer sus deberes después

---

Contrato Conductual

Fechas del contrato _____ a _____

Yo, Dan Henderson, estoy de acuerdo en hacer lo siguiente esta semana:

1. Llegaré a casa antes de las 11 de la noche las noches del domingo al jueves.
2. Realizaré mis tareas justo después del instituto y antes de salir, y dejaré las tareas realizadas en la mesa del comedor para que mi padres puedan verlas.

A cambio, nosotros, Pete y Paula, estamos de acuerdo en que si Dan llega a casa antes de las 11 y realiza sus tareas cada día, puede usar el coche para salir las noches del viernes y el sábado. Dan podrá usar el coche solo un fin de semana si realiza una infracción (llegar tarde o no realizar sus tareas un día).

Nosotros, Pete y Paula Henderson, estamos de acuerdo en hacer lo siguiente esta semana.

1. No le pediremos a Dan que haga su tarea o limpie su cuarto.
2. No le pediremos a Dan que esté en casa a la hora de cenar.

A cambio, yo, Dan Henderson, estoy de acuerdo en que si mis padres no me preguntan por mis tareas o por mi cuarto, lo limpiaré una vez cada dos semanas. Ello se define como quitar trastos de en medio, pasar la aspiradora y limpiar el polvo. Además, llegaré a casa a la hora de cenar al menos tres días a la semana.

Todas las conductas de interés mencionadas este contrato estarán documentadas por Dan y sus padres en una hoja de datos en el momento en el que ocurran.

Firmado _____   _____

      Dan Henderson   Pete y Paula Henderson

FIGURA 23-2   Contrato de dos partes (contratos paralelos) entre Dani y sus padres. Cada parte especifica la conducta a cambiar y una consecuencia para el cambio de conducta.

del instituto y a limpiar su habitación cada 2 semanas. Acordaron que la limpieza de la habitación era menos importante que los deberes, por lo que no les importaba si no se limpiaba con mucha frecuencia. Bajo la supervisión del Dr. Romero, Dani y su padres llegaron a otros acuerdos. El Dr. Romero los ayudó a ver que todos se benefician de los cambios mutuos en la conducta. El modelo de contrato conductual que el Dr. Romero negoció con Dani y sus padres se muestra en la Figura 23-2.

Definición de contrato conductual

Un **contrato conductual** (también llamado contrato de contingencia o un contrato de ejecución) es un acuerdo escrito entre dos partes en las que una o ambas partes se comprometen a cumplir, en un nivel determinado, un objetivo u objetivos conductuales. Además, el contrato establece la consecuencia que será administrada contingentemente a la ocurrencia (o no ocurrencia) de la conducta (Homme, Csany, Gonzales, y Rechs, 1970; Kirschenbaum y Flanery, 1983; O'Banion y Whaley, 1981).

En el primer ejemplo, Esteban accedió a escribir nueve páginas a la semana (el nivel especificado del objetivo conductual). La consecuencia establecida fue la pérdida de un disco por no cumplir el objetivo conductual. Otra forma de verlo es que Esteban evitó la pérdida de un álbum al cumplir el objetivo conductual, por lo tanto, la conducta fue reforzada negativamente. Como se puede ver en este ejemplo, el contrato establece la duración del acuerdo (1 semana) e identifica a la persona responsable de administrar la consecuencia (Rita, la terapeuta).

En el segundo ejemplo, ambas partes acordaron cumplir objetivos conductuales específicos. Dani aceptó dos objetivos conductuales deseados por sus padres, y los padres aceptaron dos objetivos conductuales deseados por Dani. La conducta de una parte (Dani) es reforzada por la conducta de la segunda parte (los padres), y viceversa. En este ejemplo, como en el primero, el contrato está limitado temporalmente: se especifica un período de 1 semana. De esta manera, el contrato es renegociado y reescrito con frecuencia para que cualquier problema en el contrato puede ser corregido.

Componentes de un contrato conductual

Hay cinco componentes esenciales de un contrato conductual.

1. *Identificar los objetivos conductuales.* El primer paso para redactar un contrato conductual es definir claramente los objetivos conductuales incluidos en el contrato. Como con cualquier intervención de modificación de conducta, el objetivo conductual en el contrato deberá establecerse en términos claros y objetivos. Los objetivos conductuales pueden incluir conductas indeseables a disminuir, conductas deseables a incrementar, o ambos. Con la ayuda del supervisor del contrato, el cliente elige objetivos conductuales significativos y con necesidad de cambio. El objetivo conductual de Esteban era escribir nueve páginas cada semana. Los objetivos conductuales de Dani eran estar en casa a las 11 de la noche y hacer sus deberes cada día. Los objetivos conductuales de los padres de Dani eran no preguntarle a Dani por sus deberes o por la limpieza de su habitación y no exigirle estar en casa para cenar cada día. Un cambio en estos objetivos conductuales para estas personas mejoraría varios aspectos de sus vidas.

2. *Establecer como se medirán los objetivos conductuales.* Las personas responsables del cumplimiento del contrato conductual (el supervisor del contrato y los participantes en el contrato) deben tener pruebas objetivas de la ocurrencia de las conductas objetivo. Es decir, los clientes deben ser capaces de demostrar si los objetivos conductuales se cumplieron o no, de modo que las contingencias puedan ser aplicadas correctamente. Por lo tanto, en el momento de escribir el contrato, los clientes y el supervisor deben estar de acuerdo sobre el método para medir el objetivo conductual. Los métodos aceptables incluyen los productos permanentes de la conducta, registro automático de la conducta o la observación directa y la documentación de la conducta por el supervisor o por un tercero acordado. En el primer ejemplo, Esteban utilizó una medida de producto permanente en su contrato. Mostró a Rita, la supervisora del contrato, las páginas que había mecanografiado durante la semana. Otros tipos de medidas de productos permanentes que se pueden utilizar son el peso corporal en un contrato para la pérdida de peso, la longitud de la uña de un contrato para dejar de morderse las uñas, y el número de unidades montadas en un contrato para aumentar la productividad del trabajo.Un ejemplo de registro automático puede ser el número de pasos registrados en un podómetro o las calorías quemadas o intensidad del ejercicio registrado por un acelerómetro (p.ej., fitbit.com; myfitnesspal.com; nike.com).

En el segundo ejemplo, ¿cómo medían Dani y sus padres los objetivos conductuales acordados en el contrato?

Utilizaron la observación directa y las medidas del producto permanente. Los deberes terminados de Dani a la izquierda en la mesa del comedor era un producto permanente que demostraba la ocurrencia de la conducta. El objetivo conductual de estar en casa a tiempo por la noche era observado directamente por Dani y sus padres cuando la conducta ocurría. Los objetivos conductuales de sus padres también fueron directamente observados por Dani y sus padres. Cuando se observaban las conductas, se registraban en una ficha de datos proporcionada por el Dr. Romero.

Si los objetivos conductuales se miden objetivamente, no puede haber ambigüedad sobre su ocurrencia o no ocurrencia, y por tanto, no se darán conflictos durante la aplicación de las contingencias del contrato.

3. *Establecer cuando se debe realizar la conducta.* Cada contrato debe tener una duración que indique cuando debe ocurrir (o no ocurrir) la conducta para que las contingencias se apliquen. Esteban tenía 1 semana para escribir nueve páginas. Podía escribir las páginas en cualquier momento de la semana, pero tenía que mostrar las páginas mecanografiadas a Rita en el momento previsto de la reunión para poder evitar la consecuencia aversiva. La duración del contrato de Dani era de 1 semana. Además, debido a que los objetivos conductuales de Dani estaban relacionados con el tiempo (estar a tiempo en casa cada noche y tener los deberes terminados cada día), el marco temporal era parte de la definición de los objetivos conductuales.

4. *Identificar las contingencias de reforzamiento o de castigo.* Utiliza el reforzamiento positivo o negativo, o el castigo positivo o negativo para ayudar al cliente a realizar (o a abstenerse de realizar) el objetivo conductual establecido en el contrato. La contingencia de reforzamiento o castigo se escribe claramente en el contrato. El cliente acepta un nivel determinado de la conducta objetivo y además acepta una consecuencia determinada de reforzador o castigo que será administrada contingentemente al objetivo conductual. Los cuatro tipos posibles de contingencias en el contrato conductual se ilustran en la Tabla 23-1.

5. *Identificar quién aplicará la contingencia.* El contrato implica necesariamente dos partes. Una parte se compromete a cumplir un nivel determinado del objetivo conductual, y la otra parte aplica la contingencia de reforzamiento o castigo establecida en el contrato. El contrato establece claramente quién aplicará la contingencia para el objetivo conductual. En el primer ejemplo, Rita desempeñó la función de supervisora del contrato, la persona responsable de aplicar la contingencia. Ella determinaba si los requisitos del contrato se habían cumplido (nueve páginas escritas) y cogía uno de los discos de jazz de Esteban si él no le mostraba las nueve páginas en su reunión semanal (la contingencia acordada).

TABLA 23-1   Tipos de contingencias en un contrato conductual

Reforzamiento Positivo

Si se realiza una conducta deseable, se aplicará un reforzador para fortalecer la conducta.

Reforzamiento Negativo

Si se realiza una conducta deseable, un estímulo aversivo será eliminado o evitado para fortalecer la conducta.

Castigo positivo

Si se realiza una conducta inadecuada, se aplicará un estímulo aversivo para disminuir la conducta.

Castigo Negativo

Si se realiza una conducta inadecuada, se retirará un reforzador para disminuirla.

Componentes de un contrato conductual

1. Identificar el objetivo conductual.
2. Establecer cómo se medirá el objetivo conductual.
3. Establecer cuándo se debe realizar la Conducta.
4. Identificar las contingencias de reforzamiento o castigo.
5. Identificar quién aplicará la contingencia.

A veces, en un contrato conductual, ambas partes se comprometen a cumplir determinados niveles de un objetivo conductual, y el cambio de conducta de cada parte refuerza el cambio de conducta de la otra parte. Ese fue el caso de Dani y sus padres. Dani aceptó los dos objetivos conductuales, y los padres aceptaron permitirle utilizar el coche a cambio. Los padres aceptaron los dos objetivos conductuales y Dani aceptó limpiar su habitación y estar en casa para la cena tres veces por semana a cambio. En este caso, los padres aplicaron una contingencia para los objetivos conductuales de Dani, y Dani aplicó una contingencia para los objetivos conductuales de sus padres.

Tipos de contratos conductuales

Como se ilustra en nuestros ejemplos, hay dos tipos de contratos conductuales: de una parte y de dos partes.

Contratos de una parte

En un **contrato de una parte** (también llamado un contrato unilateral por Kirschenbaum y Flanery, 1984), una persona busca cambiar un objetivo conductual y establece contingencias de reforzamiento o de castigo con un supervisor que aplica las contingencias. Un contrato de una parte se utiliza cuando la persona quiere aumentar los comportamientos deseables (p.ej., el ejercicio, el estudio u otras conductas relacionadas con el ámbito académico, buenos hábitos de alimentación o comportamientos relacionados con el trabajo) o para disminuir comportamientos indeseables (p.ej., comer en exceso, morderse las uñas, ver televisión en exceso, o llegar tarde a clase o al trabajo). El supervisor puede ser un psicólogo, consejero, analista de conductau otro profesional, o puede ser un amigo o familiar que acepte llevar a cabo los términos del contrato.

En un contrato de una parte, el supervisor no puede beneficiarse de las contingencias del contrato. Por ejemplo, no sería ético que Rita se quedase con uno de los discos de jazz de Esteban para su propia colección cuando este no lograse escribir sus nueve páginas semanales. Si Rita pudiese quedarse el álbum se beneficiaría del contrato y como consecuencia, podría no aplicar las contingencias justamente.

El supervisor debe aplicar las contingencias como está escrito. A veces es difícil aplicar las contingencias del contrato, especialmente para la familia o amigos. Por lo tanto, puede no ser aconsejable que los amigos o miembros de la familia sirvan como supervisores. Al no cumplir con los requisitos del contrato, la persona podría rogar al amigo o miembro de la familia que no aplicara la contingencia o podría enfadarse cuando el amigo o miembro de la familia aplicara la contingencia. La súplica o la respuesta airada puede imposibilitar que el amigo o familiar siga adelante con el castigo o la retención del reforzador. Por lo tanto, la persona más adecuada para actuar como un supervisor es alguien formado en modificación de conducta que no tenga ninguna relación personal con la persona con la que escribe el contrato (el contratante). Si el supervisor tiene una relación personal con el contratante, debe estar formado para respetar los términos del contrato, a pesar de la relación. Este es un problema menor cuando el supervisor tiene alguna autoridad en la relación, como cuando un padre supervisa un contrato con un hijo o una hija.

Contratos de dos partes

A veces, un contrato conductual se redacta entre dos partes, cada una de las cuales quiere cambiar un objetivo conductual. En un **contrato de dos partes** o contrato bilateral (Kirschenbaum y Flanery, 1984), ambas partes identifican objetivos conductuales a cambiar y las contingencias que se aplicarán para los objetivos conductuales. Los contratos de dos partes se establecen entre personas que tienen alguna relación entre sí, tales como esposos, padres y un hijo, hermanos, amigos o compañeros de trabajo. Normalmente, cada parte está disgustada con alguna conducta de la otra parte, y el contrato identifica los cambios de conducta que serán agradables para ambas partes. Consideremos el ejemplo de un esposo y una esposa que están descontentos el uno con el otro porque ninguno está haciendo mucho trabajo en la casa. Pueden utilizar un contrato conductual con el formato de la Figura 23-3.

El contrato entre Juan y Berta Ramírez (ver Figura 23-3) es un contrato de dos partes en el que ambas partes identifican objetivos conductuales específicos que llevar a cabo, y el cambio de conducta de una parte actúa como reforzador para el cambio de conducta de la otra parte. Los objetivos conductuales de Juan son deseables para Berta, y los objetivos conductuales de Berta son deseables para Juan. Por lo tanto, Juan lleva a cabo sus objetivos conductuales con la expectativa de que Berta llevará a cabo sus objetivos conductuales, y viceversa. Jacobson y Margolin (1979) llaman a esto **contrato quid pro quo** (es decir, una cosa es concedida a cambio de otra). Pueden surgir problemas si una parte no lleva a cabo la conducta identificada en el contrato. Esto puede llevar a la otra parte a negarse a cumplir sus objetivos conductuales. Por ejemplo, si Juan no corta el césped y aspira las alfombras, Berta puede negarse a llevar a cabo la totalidad o parte de sus objetivos conductuales. Cuando los objetivos conductuales de una persona están ligados a los objetivos conductuales de la otra persona, el fracaso de una persona puede resultar

---

Contrato Conductual

Fechas: _____ a _____

Esta semana, yo, Bob Smith, estoy de acuerdo en las siguientes tareas:

- Sacaré la basura a la calle el día de recogida.
- Pasaré la aspiradora.
- Cortaré el cesped.

A cambio, yo, Barb Smith, estoy de acuerdo en las siguientes tareas:

- Limpiaré el baño.
- Regaré las plantas.
- Llenaré el lavavajillas a diario y haré el lavado cuando esté lleno.

Firmado: _____   _____
        Barb Smith   Bob Smith

FIGURA 23-3   Contrato de dos partes entre Juan y Berta Ramírez, en el que ambos especifican una conducta a cambiar y el cambio de conducta de una persona refuerza el cambio de conducta de la otra.

Contrato Conductual

Fechas: _____ a _____

Esta semana, yo, Bob Smith, estoy de acuerdo en las siguientes tareas:

- Sacaré la basura a la calle el día de recogida.
- Pasaré la aspiradora.
- Cortaré el cesped.

Si realizo las tareas mencionadas para el sábado, podré jugar 18 hoyos de holf el sábado por la tarde o el domingo con is amigos.

- Limpiaré el baño.
- Regaré las plantas.
- Llenaré el lavavajillas a diario y haré el lavado cuando esté lleno.

Si realizo las tareas mencionadas para el sábado, podré jugar 18 hoyos de holf el sábado por la tarde o el domingo con is amigos.

Firmado: _____   _____
           Barb Smith   Bob Smith

FIGURA 23-4   Contrato de dos partes entre Berta y Juan Ramírez reescrito en la forma de contrato paralelo.

en el fracaso de todo el contrato. Esta situación puede evitarse si se establece una contingencia separada para los objetivos conductuales de cada persona en lugar de establecer el objetivo conductual de una persona como la consecuencia del objetivo conductual de la otra. La Figura 23-4 muestra un modelo reescrito del contrato entre Berta y Juan en el que hay una contingencia separada para los objetivos conductuales de cada persona. Este tipo de contrato de dos partes se llama **contrato paralelo** (Jacobson y Margolin, 1979).

En este contrato, los objetivos conductuales de Berta y Juan son los mismos que en el contrato original. No obstante, la contingencia para los objetivos conductuales de ambas partes es la oportunidad de jugar una partida de golf durante el fin de semana con sus amigos. Tanto a Juan como a Berta les encanta jugar al golf, así que la oportunidad de jugar debe ser un incentivo para que cada parte lleve a cabo sus objetivos conductuales. Por otro lado, si una parte no cumple los objetivos conductuales, esto no debe influir en los objetivos conductuales de la otra persona, porque los objetivos conductuales de cada persona no son contingentes a los de la otra. En lugar de eso, existe

Negociar un contrato conductual

Las partes involucradas en un contrato conductual deben negociar los componentes del contrato a fin de que el contrato sea aceptable para todas las personas implicadas. En un contrato de una parte, el supervisor negocia con el cliente hasta que están de acuerdo en un nivel aceptable del objetivo conductual, las consecuencias apropiadas y la duración del contrato. El supervisor, que está formado en modificación de conducta, ayuda al cliente a elegir objetivos conductuales pertinentes y alcanzables en el marco de tiempo del contrato y ayuda al cliente a elegir una consecuencia que sea lo suficientemente fuerte como para resultar en un desempeño exitoso de los objetivos conductuales. Si negocian un nivel del objetivo conductual que el cliente pueda realizar con éxito, los esfuerzos del cliente se verán reforzados, y será más probable que el cliente acepte tomar parte en nuevos contratos. Si el nivel del objetivo conductual es demasiado difícil de alcanzar, el cliente puede desanimarse y negarse a participar en nuevos contratos. Si el nivel del objetivo conductual es demasiado fácil de alcanzar, llevará más tiempo del necesario llegar a la última meta de cambio conductual.

La negociación de un contrato de dos partes puede ser más difícil. A menudo, las partes implicadas están inmersas en un conflicto, están experimentando dificultades interpersonales o están descontentas con el comportamiento del otro. Cada parte puede pensar que la otra parte tiene la culpa de todo negando cualquier problema que pueda derivarse de las propias acciones. En este caso, puede que ambas partes esperen un cambio en la conducta de la otra parte, a la vez que no ven ninguna razón para cambiar su propia conducta. El psicólogo debe negociar un contrato que sea aceptable para ambas partes. Esto significa que el psicólogo debe ayudar a cada parte a ver que se beneficiará al cambiar algunos aspectos de su propia conducta. El psicólogo ayuda a ambas partes a entender que la situación de conflicto mejorará sólo si ambas partes están de acuerdo en participar y hacer cambios que resultan agradables a la otra persona. Sólo las personas con formación específica en este ámbito deben negociar los contratos de dos partes con personas en conflicto (Jacobson y Margolin, 1979; Stuart, 1980).

¿Por qué los contratos conductuales influyen en la conducta?

Los contratos conductuales especifican objetivos conductuales que la persona quiere cambiar y las consecuencias de esos objetivos conductuales. Sin embargo, las consecuencias de los objetivos conductuales son demoradas; no siguen inmediatamente al objetivo conductual. Recuerda que un reforzador o un estímulo aversivo debe seguir al objetivo conductual de manera inmediata para fortalecerlo o debilitarlo. Por lo tanto, los contratos conductuales no pueden producir un cambio de comportamiento a través de un proceso simple de reforzamiento o castigo por sí solo, sino que deben basarse también en otros procesos comportamentales.

Como se indica en el Capítulo 16, un contrato conductual es un tipo de manipulación de antecedentes. El contratante establece por escrito que se implicará en un determinado objetivo conductual y firma el contrato con la esperanza de influir en la ocurrencia futura del objetivo conductual. Por lo tanto, el contrato conductual puede actuar como una forma de compromiso público en el que el contratante se compromete a implicarse en el objetivo conductual. Para las personas que tienen una historia de reforzamiento para la correspondencia entre decir y hacer (por hacer lo que dicen que van a hacer), el hecho de afirmar que tienen previsto implicarse en el objetivo conductual debe aumentar la probabilidad de implicarse en el objetivo conductual (Stokes, Osnes, y DaVerne, 1993). Además, el supervisor, los participantes en el contrato, u otras personas que son conscientes del compromiso del contrato, pueden pedir o señalar al contratante que se implique en el objetivo conductual en los momentos adecuados, o proporcionar consecuencias reforzantes o de castigo cuando observen al contratante implicado en el comportamiento. De esta manera, hay señales ambientales en el momento en que se necesita el objetivo conductual, y las consecuencias del objetivo conductual son inmediatas. Esta es una forma de apoyo social.

Un segundo mecanismo por el cual un contrato puede influir en el objetivo conductual es a través de la **conducta gobernada por reglas**. El contrato establece una regla que el contratante más adelante enuncia en las circunstancias adecuadas como una petición o auto-instrucción para implicarse en el objetivo conductual. Por ejemplo, después de desarrollar su contrato, la regla de Esteban era "escribe nueve páginas esta semana o vas a perder un álbum". Cuando Esteban está en casa en un momento en que podría estar escribiendo su tesis, se enuncia la norma para sí mismo y eso le sirve de señal para empezar a escribir. La norma es una forma de auto-instrucción que señala o indica el objetivo conductual. Para decirlo de otro modo, firmar un contrato en un momento anterior hace más probable que pienses sobre el objetivo conductual y te hables sobre la implicación en el objetivo conductual en el momento adecuado.

La conducta gobernada por reglas puede funcionar de otra forma para influir en el objetivo conductual. Cuando el contratante establece la norma, esta puede crear un estado fisiológico aversivo (la ansiedad). Entonces, la implicación en el objetivo conductual resulta de escapar de este estado aversivo (Malott, 1986). Por ejemplo, cuando Esteban se dice a sí mismo, "tengo que escribir nueve páginas o voy a perder un álbum," esto genera un estado desagradable. Se pone nervioso o ansioso acerca de la escritura que se comprometió a acabar durante la semana. Tan pronto como empieza a escribir, disminuye la ansiedad, y por lo tanto su conducta de escribir se refuerza negativamente. Tan pronto como termine sus nueve páginas semanales, dejará de experimentar el estado desagradable hasta que firme un contrato para la próxima semana. En este ejemplo, establecer la regla es una operación de establecimiento que hace más probable que Esteban escriba porque la conducta de escribir disminuye el estado aversivo (ansiedad) generado al establecer la regla.

¿Por qué funcionan los contratos conductuales?

- Consecuencias de la Conducta
- Compromiso público
- Conducta Gobernada por reglas.
- Operaciones de Establecimiento

Aplicaciones de los contratos conductuales

Los contratos conductuales se han utilizado para diversos objetivos conductuales con niños y adultos (Allen, Howard, Sweeney y McLaughlin, 1993; Cams y Cams, 1994; Dallery, Meredith y Glenn, 2008; Leal y Galanter, 1995; Paxton, 1980, 1981; Ruth, 1996). Dallery y sus colaboradores (2008) utilizaron contratos conductuales para ayudar a las personas a dejar de fumar. En este estudio, los fumadores depositaron 50 dólares que luego podían recuperar, primero, disminuyendo la cantidad de cigarrillos fumados y, finalmente, dejando de fumar (abstinencia). Los autores utilizaron el monitoreo de monóxido de carbono para determinar el nivel de tabaquismo de los participantes e hicieron que su recuperación dependiera de las lecturas de monóxido de carbono que demostrasen reducciones o abstinencia. Un aspecto interesante de este estudio y otros (Dallery y Glenn, 2005; Glenn y Dallery, 2007; Reynolds, Dallery, Schroff, Patak y Leraas, 2008) es que los participantes tenían los dispositivos de monitoreo de monóxido de carbono en casa y enviaron lecturas de monóxido de carbono a los investigadores por una cámara web. De esta manera, podrían hacer un seguimiento diario en casa sin tener que viajar al sitio de investigación.

Varios investigadores han utilizado el contrato conductual para ayudar a adultos a perder peso y mantener la pérdida de peso (Jeffery, Bjornson-Benson, Rosenthal, Kurth y Dunn, 1984; Kramer, Jeffery, Snell y Forster, 1986; Mann, 1972). En el estudio de Mann (1972), los sujetos de un programa de pérdida de peso llevaron objetos de valor (p.ej., ropa, joyas, y trofeos) a la clínica para su uso en sus contratos conductuales. Los sujetos entonces, redactaron contratos conductuales con el experimentador que establecían que podían recuperar sus objetos de valor para cantidades específicas de pérdida de peso. Los contratos resultaron en pérdida de peso de todos los sujetos. Jeffery y colaboradores (1984) llevaron a los sujetos a hacer un depósito monetario de 150 dólares al comienzo del programa de pérdida de peso. Los sujetos luego firmaron contratos conductuales que establecían que podrían ganar parte del dinero cada semana por cantidades específicas de pérdida de peso en esa semana. Aunque los sujetos perdieron peso gracias a su participación en el contrato conductual, volvieron a ganar al menos parte del peso de nuevo cuando el programa concluyo. Tengamos en cuenta que estos estudios midieron el peso en lugar de comportamientos alimentarios o deportivos.

¿Por qué un contrato conductual tiene como objetivo la pérdida de peso en vez de comportamientos alimentarios o deportivos?

Aunque el cambio en la conducta alimentaria o deportiva es importante para lograr la pérdida de peso, la conducta alimentaria o deportiva no puede ser supervisada por el supervisor del contrato, que no está presente cuando el contratante come. Por eso, la contingencia del contrato se basa en la pérdida de peso, porque el peso puede ser medido por el supervisor en la sesión.Sin embargo, los avances tecnológicos recientes hacen posible registrar comportamientos deportivos llevando un acelerómetro. Un acelerómetro puede registrar el numero de pasos andando o corriendo, la distancia, intensidad del ejercicio y las calorías gastadas. Además, los programas de fitness online permiten que el acelerómetro guarde la información a un sitio web donde la información es almacenada (p.ej., fitbit.com; myfitnesspal.com; nike.com). El supervisor del contrato, por lo tanto, tiene acceso a la página web que le permite obtener los datas para poder implementar las contingencias especificadas en el contrato.

Wysocki, Hall, Iwata y RiorDani (1979) utilizaron contratos conductuales para ayudar a estudiantes universitarios a aumentar la cantidad de ejercicio aeróbico en el que participaban cada semana. Cada estudiante dejaba objetos de valor personal a los investigadores. Desarrollaron contratos conductuales que establecían que podrían recuperar

LECTURA PARA AMPLIAR

La enseñanza de las habilidades para llevar a cabo el contrato conductual

Aunque varios estudios han demostrado la eficacia del contrato conductual en diversas áreas, un estudio examinó los procedimientos para la formación en habilidades para llevar a cabo el contrato conductual. Welch y Holborn (1988) desarrollaron un manual de capacitación breve para enseñar habilidades para que los cuidadores que trabajaban con niños de 11 a 15 años con problemas emocionales y de conducta llevaran a cabo un contrato conductual en un programa residencial para jóvenes delincuentes. Los trabajadores eran los responsables de elaborar contratos conductuales con los adolescentes cuando estos presentaban problemas de conducta para disminuir la futura ocurrencia de los mismos. El manual ofrecía instrucciones para la negociación del contrato conductual y para la redacción del contrato. Los autores evaluaron los efectos del manual de capacitación en un diseño de línea de base múltiple con varios sujetos y demostraron que los cuatro trabajadores aprendieron a negociar y redactar contratos conductuales gracias a la lectura del manual. Los autores evaluaron sus habilidades para desarrollar un contrato conductual durante simulaciones en las que un investigador representaba a un adolescente y luego con los adolescentes reales con problemas conductuales. Demostraron que las habilidades para desarrollar un contrato conductual se generalizaban a situaciones reales en las que los trabajadores tenían que redactar los contratos conductuales con los adolescentes con problemas de conducta. Una implicación importante de este estudio es que un protocolo de formación eficiente (un manual de formación) puede ser efectivo en la enseñanza de habilidades de modificación de conducta para el personal que necesite utilizarlas regularmente.

los objetos al participar en cantidades específicas de ejercicio aeróbico cada semana. El ejercicio aeróbico era grabado por otro participante o por el experimentador para verificar la ocurrencia del objetivo conductual. Los estudiantes aumentaron su participación en rutinas de ejercicio aeróbico después de comenzar a usar los contratos

---

Contrato Conductual

Los siguientes materiales deben ser llevados de vuelta a casa cada día: agenda de tareas, libros de trabajo, libros de texto, lápices.

Si Ann se acuerda de llevar a casa todos estos materiales, entonces podrá elegir alguno de los siguientes premios: moneda de 20 cts., chicle.

No obstante, si Ann se olvida de llevar a casa algunos de los materiales necesarios para sus tareas, entonces no podrá tomar postre antes de ir a la cama.

Si Ann cumple entre el 90% y el 100% de sus objetivos podrá elegir entre acostarse 20 minutos más tarde o dos pegatinas y si cumple entre el 75% y 80%, entre un refresco o una pegatina.

Además, si cumple el 80% o más de sus objetivos al menos tres días a la semana, podrá elegir entre ver la película que ella elija o una visita de un amigo para jugar.

Firma del niño _____ Firma del padre _____

FIGURA 23-5 Contrato de una parte utilizado con niños para mejorar sus deberes (según Miller, D. L, y Kelley, M. L. [1994]. The use of goals setting and contingency contracting for improving children's homework. Journal of Applied Behavior Analysis, 27, 73-84. Copyright © 1994 University of Kansas Press. Reproducido con permiso del autor.)

Los contratos conductuales han sido utilizados en una serie de estudios para mejorar el rendimiento escolar en niños, adolescentes y estudiantes universitarios (Bristol y Sloane, 1974; Cantrell, Cantrell, Huddleston y Woolbridge, 1969; Kelley y Stokes, 1982, 1984, Miller y Kelley, 1994; Schwartz, 1977). Kelley y Stokes (1982) utilizaron contratos con alumnos desfavorecidos de secundaria que habían abandonado los estudios y estaban inscritos en programas educativos y de orientación profesional para ayudarles a completar el trabajo académico. Cada estudiante escribió un contrato conductual que especificaba metas diarias y semanales para completar correctamente los apartados de los libros de texto. Ganaban cantidades específicas de dinero por el logro de las metas establecidas en sus contratos. El rendimiento de todos los estudiantes mejoró con el uso de contratos.

Miller y Kelley (1994) enseñaron a padres a desarrollar contratos conductuales con sus hijos de cuarto, quinto, y sexto curso para mejorar su rendimiento en los deberes. Los contratos establecían los ejercicios que se esperaban, los premios por el desempeño exitoso de los deberes, y las consecuencias del incumplimiento de la conducta estipulada en el contrato. Todos los niños mejoraron el rendimiento de sus deberes con el uso de contratos elaborados por los padres. Un ejemplo del contrato se muestra en la Figura 23-5, los resultados del estudio se muestran en la Figura 23-6.

Otro aspecto en el que los contratos conductuales se utilizan con frecuencia es en la terapia de pareja o marital (Jacobson y Margolin, 1979; Stuart, 1980). Los contratos de dos partes son negociados por el terapeuta matrimonial entre las partes en conflicto. Cada parte accede a implicarse en conductas deseadas por la otra parte, y los acuerdos se redactan en contratos paralelos o quid pro quo. Una vez se aplican los contratos conductuales, la conducta de cada uno de los miembros de la pareja cambia, y se sienten cada vez más satisfechos con la relación.

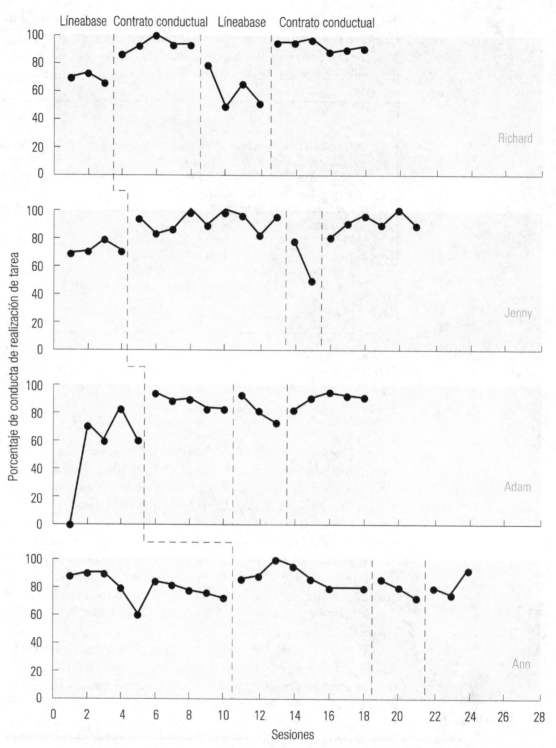

RESUMEN DEL CAPÍTULO

1. Los contratos conductuales son acuerdos escritos utilizados por la gente que quiere aumentar o disminuir el nivel de objetivos conductuales deseables o indeseables.

2. Un contrato es un documento escrito que establece el objetivo conductual, las consecuencias de la ocurrencia o no del objetivo conductual, la duración del acuerdo, cómo se medirá el objetivo conductual, y quién aplicará las consecuencias para el objetivo conductual.

3. Un contrato de una parte es un acuerdo entre el contratante, que identifica un objetivo conductual a modificar, y un supervisor de contratos, que aplica las contingencias establecidas en el contrato. En un contrato de dos partes, cada una de las dos partes identifica mutuamente objetivos de cambio conductual deseables. En los contratos quid pro quo, el cambio de conducta de una parte es el reforzador para el cambio de conducta de la otra parte. En los contratos paralelos, cada parte acepta el cambio de conducta deseado por la otra parte, y ambas partes disponen consecuencias para sus respectivos cambios de conducta.

4. Para negociar un contrato de una parte, el supervisor ayuda al contratante a identificar un nivel deseable del objetivo conductual, una consecuencia razonable, y un marco temporal para alcanzar el objetivo conductual. Para negociar un contrato de dos partes, el supervisor tiene que ayudar a ambas partes a identificar los objetivos conductuales deseables, las consecuencias, y el marco temporal del contrato. El supervisor debe ayudar a las partes a decidirse entre un contrato quid pro quo o un contrato paralelo y debe conseguir que ambas partes acepten los términos del contrato.

5. Redactar un contrato conductual es una manipulación del antecedente que hace más probable que la persona asuma el objetivo conductual especificado en el contrato. Los contratos conductuales pueden funcionar a través de un proceso de compromiso público, conducta gobernada por reglas, o la creación de una operación de establecimiento que hace más reforzante cumplir la conducta del contrato.

PALABRAS CLAVE

Contrato conductual, 453
Contrato de dos partes, 457
Contrato de una parte, 457
Conducta gobernada por reglas, 460
Contrato paralelo, 458
Contrato quid pro quo, 458

TÉST PRÁCTICO

1. ¿Qué es un contrato conductual? (pág.472).
2. Identifica y describe los componentes de un contrato conductual (págs. 472-473).
3. Identifica cada uno de los componentes del contrato conductual escrito entre Esteban y Rita en el primer ejemplo de este capítulo.
4. ¿Cuáles son las dos formas en las que un objetivo conductual puede ser medido en un contrato conductual? Pon un ejemplo de cada uno (pág. 475).
5. ¿Qué es un contrato de una parte? ¿Cuál es el otro nombre para un contrato de una parte? Pon un ejemplo (pág. 475).
6. ¿Qué es un contrato de dos partes? ¿Cuál es el otro nombre para un contrato de dos partes? Pon un ejemplo (pág. 476).

7. ¿En que se diferencia un contrato quid pro quo de un contrato paralelo? (pág. 477-478).
8. ¿Qué es el compromiso público y cómo podría el compromiso público contribuir al éxito de un contrato conductual? (pág. 479).
9. Describe el papel que la conducta gobernada por reglas puede desempeñar en la efectividad de los contratos conductuales (pág. 479).
10. Describe la forma en que los contratos conductuales se usan en programas de pérdida de peso para adultos (pág. 480).
11. Describe la forma en que los contratos conductuales pueden usarse con niños en edad escolar para mejorar su rendimiento académico (pág. 481).

APLICACIONES

1. Describe cómo podrías utilizar un contrato conductual en tu propio programa. Si el uso de un contrato conductual no es apropiado para tu programa, explica por qué.

2. Marcos es un joven de 17 años, estudiante de bachillerato que vive en una granja con sus padres. Utiliza uno de los coches de la familia cada noche del fin de semana para salir con sus amigos o acudir a sus citas. Sus padres le han encargado del cuidado de los coches. Cada semana, se supone que debe lavar los coches, aspirar los interiores, y limpiar todas las superficies interiores porque los coches se llenan de polvo subiendo y bajando el camino de tierra a su casa. Últimamente, Marcos ha estado fallando en el cumplimiento de su responsabilidad de limpiar los coches. Pon un ejemplo de un contrato conductual que sus padres podrían utilizar con Marcos para conseguir que cuide los coches cada semana.

3. En un esfuerzo por conseguir que sus estudiantes lean libros durante las vacaciones de verano del colegio, la señora Martín, la maestra de tercer curso, escribió un contrato conductual con cada alumno de la clase el último día de clase antes de las vacaciones de verano. En el contrato, cada estudiante aceptaba leer seis libros durante los 3 meses de vacaciones de verano. La Sra. Martín fue a restaurantes locales de comida rápida para donar cupones para utilizarlos como premios en los contratos. El contrato decía que si los estudiantes leían los seis libros durante el verano, recibirían un talonario de cupones de comida rápida cuando regresaran a la escuela en Otoño. Describe las formas en que la señora Martín podría medir el objetivo conductual (leer seis libros) para determinar si los niños habían ganado los cupones de comida rápida.

4. Guillermo y Ruth trabajaban los dos a jornada completa y ambos compartían las responsabilidades del hogar y las funciones de crianza de los hijos. El problema que tenían es que Guillermo a menudo no completaba sus tareas del fin de semana. Sus tareas consistían en barrer y fregar los suelos de la cocina y el baño, aspirar las alfombras de la casa, y limpiar la cocina. Cuando el fin de semana llegaba, Guillermo a menudo empleaba su tiempo en el ordenador, jugando al golf, viendo el fútbol, béisbol o baloncesto, y jugando con los niños. Por este motivo, sus tareas se quedaban sin hacer o Ruth las hacía por él. Guillermo explicó que quería hacer sus tareas, pero siempre le surgía alguna otra cosa. Estaba de acuerdo con Ruth en que era importante compartir la responsabilidad y hacer sus tareas, por lo que aceptó elaborar un contrato conductual con ella para que fuese más probable que hiciese sus tareas cada semana. Pon un ejemplo del contrato conductual que Guillermo podría desarrollar con Ruth para que sea más probable que haga sus tareas.

APLICACIONES INADECUADAS

1. El Dr. Campos puso en marcha un servicio de contratos conductuales en el centro de asesoramiento a estudiantes de la universidad. Usó los contratos conductuales para ayudar a los estudiantes a estudiar más y completar sus tareas académicas. Cada estudiante que trabajaba con él escribía un contrato de una parte cada semana; el contrato estipulaba el objetivo conductual (p.ej., la cantidad de estudio, las tareas completadas) que debía obtenerse durante la semana. El estudiante firmaba un cheque para el Dr. Campos por una cantidad acordada de dinero cada semana. Si el estudiante no cumplía el requisito del contrato, el Dr. Campos cobraba el cheque y se quedaba el dinero. Por consiguiente, los estudiantes tenían más probabilidades de cumplir las asignaciones del contrato para evitar la pérdida de dinero. La mayoría de los estudiantes mejoró su rendimiento académico y sus notas mediante su participación en contratos conductuales con el Dr. Campos. ¿Qué es inadecuado en los contratos conductuales de este ejemplo?

2. Lorenzo había librado una batalla con su peso durante años. En un reciente reconocimiento médico, su médico le dijo que tenía 25 kilos de sobrepeso, y que tenía que hacer algo al respecto. Habló con un nutricionista, que le dijo que tenía que cambiar su dieta y comer menos grasas, beber menos cerveza y comer más carbohidratos complejos. La amiga de

Lorenzo, Joana, que estaba recibiendo una clase de modificación de conducta, se ofreció a elaborar un contrato conductual con Lorenzo para ayudarle a cambiar su dieta y perder peso. Las conductas objetivo que Lorenzo identificó fueron: no beber más de seis cervezas por semana, comer sólo carne magra, dejar de tomar una segunda ración en las comidas, comer tres porciones de carbohidratos complejos (p.ej., verduras, frutas, ensalada, arroz, patata y macarrones) en el almuerzo y la cena, y reemplazar la mantequilla por margarina baja en grasa. Lorenzo escribía todo lo que comía cada día en una hoja de registro. Dio a Joana un depósito de 200 euros y escribió un contrato que decía que perdería 20 euros por cada violación de sus compromisos contractuales de cada semana. Cuando se reunía con Joana cada semana, revisaban su hoja de registro semanal para ver si tenía alguna violación. Si la tenía, Joana restaba la cantidad apropiada de dinero del depósito de Lorenzo y enviaba el dinero a una organización benéfica local. ¿Qué es inadecuado en la aplicación del contrato conductual en este ejemplo?

3. Claudia se fumaba un paquete y medio de cigarrillos cada día cuando decidió dejarlo por razones de salud. Vio a un consejero, que redactó un contrato conductual. Claudia le dio un depósito de 500 euros y firmó un contrato que afirmaba que iba a dejar de fumar por completo el lunes siguiente. Si fumaba algo cualquier día de la semana perdería 100 euros por cada infracción. Como medida de si fumaba un cigarrillo, el consejero encargaba a un laboratorio un análisis químico de la orina de Claudia, la prueba podría detectar la presencia de nicotina y otros subproductos de fumar si había fumado un cigarrillo en las últimas 24 horas. Claudia dejaba una muestra de orina en el laboratorio cada día de la semana para las pruebas. Debido a que trabajaba en el hospital que albergaba el laboratorio, no suponía ningún esfuerzo dar una muestra de orina cada día. Claudia se reunía con su consejero una vez por semana y examinaban los resultados del laboratorio para ver si se había abstenido de fumar y para determinar si la contingencia del contrato tenía que ser aplicada. ¿Qué está mal en la aplicación del contrato conductual en este caso?

Procedimientos para la reducción del miedo y la ansiedad

- ¿Qué es el miedo? ¿Qué es la ansiedad?
- ¿Cómo funciona el entrenamiento en relajación para reducir el miedo y la ansiedad?
- ¿Qué procedimientos de entrenamiento en relajación hay? ¿Qué características tienen en común?
- ¿Qué es la desensibilización sistemática? ¿De qué modo alivia el miedo?
- ¿En qué se diferencia la desensibilización en vivo de la desensibilización sistemática? ¿Cuáles son las ventajas y desventajas de cada una?

E n este capítulo se describen los procedimientos empleados para superar miedos y trastornos relacionados con la ansiedad. En primer lugar, se describen los problemas relacionados con el miedo y la ansiedad en términos de conductas operantes y respondientes. A continuación, se discuten los procedimientos empleados para tratar estos problemas. Los procedimientos de reducción del miedo y la ansiedad se apoyan en los principios del condicionamiento operante y respondiente, por lo que abordan ambos tipos de conducta, ya que ambas están implicadas en dichos trastornos.

Ejeplos de reducción del miedo y la ansiedad

El miedo de Teresa a hablar en público

Teresa asistía a una clase en la que los estudiantes tenían que hacer una presentación oral. Ella nunca había realizado una presentación en clase y cuando pensaba en ello empezaba a ponerse nerviosa. Su corazón latía más rápido, sentía náuseas y las palmas de las manos le empezaban a sudar un poco. Como no tendría que realizar la presentación hasta finales del semestre, trató de no pensar en ello. Cuando no pensaba en ello se sentía mejor. A medida que se acercaba el final del semestre, pensaba más veces en la presentación y experimentaba con mayor frecuencia las sensaciones desagradables propias del nerviosismo. En ocasiones se imaginaba a sí misma realizando la presentación delante de la clase y olvidando qué decir. Ante estas imágenes experimentaba sensaciones de nerviosismo. El día en que tuvo que realizar la presentación, el corazón de Teresa latía más rápido, tenía las manos frías y las palmas cubiertas de sudor, le dolía el estómago, y sus músculos estaban tensos. Estas sensaciones las tuvo mientras daba la charla y se decía a sí misma que todos podían ver lo nerviosa que estaba. Este pensamiento le ponía más nerviosa aun. Teresa no se sintió mejor hasta que hubo terminado y se sentó de nuevo en su sitio en la parte posterior del aula. Ésta fue su primera presentación, ya que en el pasado había renunciado a otras asignaturas según se enteraba de que requerían realizar una presentación en clase. Al renunciar a estas asignaturas se sentía aliviada por no tener que hacer presentaciones en público.

Teresa decidió acudir a un psicólogo debido a su miedo a hablar delante de la clase. En los próximos semestres tendría que acudir a una serie de asignaturas en las que se exigía a los alumnos que realizaran presentaciones en clase, y no quería experimentar la misma desagradable reacción de miedo. En primer lugar, el Dr. González le enseñó unos ejercicios de relajación que podría utilizar para relajarse cuando experimentara las sensaciones de nerviosismo que él denominaba ansiedad. Mediante una combinación de ejercicios musculares y de respiración, Teresa fue capaz de relajarse cuando experimentaba niveles bajos de ansiedad. A continuación, el Dr. González hizo que Teresa practicara sus ejercicios de relajación mientras le daba a él una charla en el despacho. Una vez que Teresa pudo dar una charla en la consulta sin experimentar ansiedad, el Dr. González hizo que Teresa diera la charla delante de una amiga suya en un aula vacía. Una vez más, Teresa fue capaz de relajarse y dar la charla con un nivel mínimo de ansiedad. A continuación, Teresa realizó su presentación delante de dos amigos en un aula vacía mientras practicaba sus ejercicios de relajación. Dado que Teresa tuvo éxito, el Dr. González hizo que diera su charla a más y más amigos en un aula, hasta que estuvo hablando ante un número de personas similar al que había en su clase. Finalmente, realizó la presentación ante sus amigos en el aula en que tenía lugar su asignatura. Cuando llegó el día en que Teresa tendría que hablar delante de la clase, usó los ejercicios de relajación, habló con poca ansiedad y se sintió con confianza delante de la clase (Figura 24-1).

El miedo de Alicia a las arañas

Alicia acudió a la Dra. Blanco en el centro de atención a estudiantes buscando ayuda por su intenso miedo a las arañas. Cada vez que veía una araña, llamaba a su marido para que viniera y se deshiciera de ella. Si estaba sola cuando veía una araña, salía corriendo de la habitación y no regresaba hasta que tuviera la certeza de que alguien había logrado eliminarla. En una ocasión salió por la ventana para alejarse de una araña que colgaba

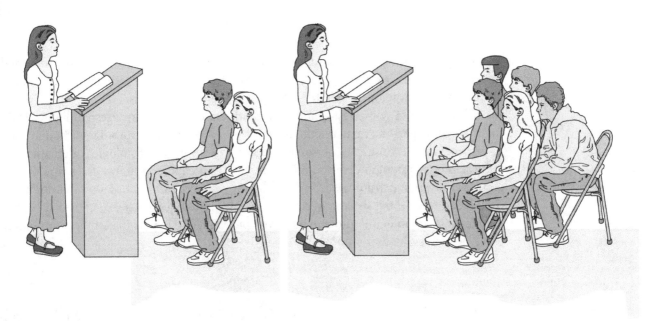

FIGURA 24-1   Teresa practica el hablar en público ante un creciente número de personas mientras se mantiene relajada.

en la entrada. Alicia dijo tener reacciones de miedo muy intensas cuando veía una araña.

Experimentaba muchas de las sensaciones que también experimentaba Teresa: elevada tasa cardiaca, tensión muscular, sudoración, malestar estomacal, náuseas, músculos tensos, mareos y sonrojo. Estas sensaciones eran extremadamente desagradables. La única manera en que Alicia encontraba alivio era alejándose de la araña o viéndola muerta.

La Dra. Blanco comenzó evaluando el miedo de Alicia. Introdujo una araña en un frasco que colocó sobre una mesa en una sala grande. Pidió entonces a Alicia que se acercara a la araña tanto como pudiera y que informara del nivel de miedo que experimentaba sobre una escala de 0 a 100 mientras se aproximaba. Antes del tratamiento podía llegar a acercarse a medio metro del frasco con la araña, pero informando de un miedo de 100. Se sentía aterrorizada permaneciendo tan cerca de la araña, pese a que ésta estuviera en un frasco y no pudiera salir. La Dra. Blanco comenzó el tratamiento enseñándole a Alicia ejercicios de relajación. Una vez que Alicia hubo aprendido estos ejercicios, los usó para relajarse mientras se aproximaba gradualmente a la araña, con la Dra. Blanco a su lado como apoyo. Primero Alicia se quedó a seis metros de la araña y se relajó. Cuando refirió sentirse bien (un 25 en la escala de miedo), avanzó un paso más hacia la araña. Con la Dra. Blanco a su lado, utilizó los ejercicios de relajación hasta que dijo sentirse bien de nuevo. Alicia y la Dra. Blanco continuaron con este proceso en las sesiones de tratamiento durante un periodo de tres meses, empleando los ejercicios de relajación y aproximándose gradualmente a la araña. Al final del tratamiento Alicia logró acercarse lo suficiente a una araña como para matarla ella misma mientras informaba de un miedo reducido. Éste fue su objetivo: ser capaz de matar una araña cuando viera una, sin experimentar las intensas reacciones de miedo (Miltenberger, Wright y Fuqua, 1986).

El miedo y los problemas de ansiedad

Muchas personas buscan tratamiento psicológico por problemas de miedo y ansiedad. Antes de hablar de los tratamientos para miedos y problemas de ansiedad, es importante proporcionar definiciones operativas de las conductas implicadas.

El **miedo** está compuesto tanto por conducta operante como respondiente. Habitualmente una persona tiene miedo de un estímulo o situación estimular particular. Ante la presencia del estímulo la persona experimenta respuestas fisiológicas desagradables (activación del sistema nervioso autónomo) y lleva a cabo conductas de escape o evitación. Las respuestas fisiológicas son conductas respondientes que denominamos **ansiedad.** La activación del sistema nervioso autónomo en la que consiste la ansiedad es una operación de establecimiento que hace más probable que la persona emita conductas de escape o evitación en ese momento.

En el caso de Alicia, identifica el estímulo condicionado (EC) y la respuesta condicionada (RC) que constituyen la conducta respondiente implicada en su miedo.

La presencia de una araña es un EC que elicita una RC de activación del sistema nervioso autónomo, consistente en una elevada tasa cardiaca, sudoración, tensión muscular, malestar estomacal, mareos y sonrojo. La RC consiste en sensaciones desagradables que la gente denomina ansiedad.

En el caso de Alicia, identifica la conducta operante y el reforzamiento de esta conducta.

La conducta operante presente en el miedo de Alicia consistía en llamar a gritos a su marido para que acudiera a hacerse cargo de la araña y salir corriendo cuando se percataba de la presencia de un arácnido. Tanto huir como llamar a gritos a su marido era reforzado por la eliminación de la araña (su marido mataba a la araña o la llevaba fuera de la casa). Cuando la araña ya no está presente tiene lugar la correspondiente reducción de ansiedad (las sensaciones fisiológicas desagradables) elicitada por la presencia de la araña. Así, las conductas de gritar y huir son reforzadas negativamente por la eliminación o el escape de la araña y la reducción de la ansiedad.

Identifica las conductas operantes y respondientes en las que consiste el miedo de Teresa a hablar en público.

En el caso de Teresa, el estar delante de la clase para dar una charla es el EC que elicita una RC de activación autónoma. Sin embargo, el pensar en la charla y el imaginarse a sí misma dándola también son ECs que elicitan la RC. Como podemos ver, su propia conducta encubierta (pensamientos, imágenes) puede funcionar como EC que elicita la **ansiedad** como RC. En este caso, la conducta operante consiste en renunciar a las asignaturas en las que tendría que dar una charla. La renuncia a las clases está reforzada por la eliminación de la ansiedad asociada a dar la charla. Además, cuando piensa en la charla que tiene que dar, el reemplazar esos pensamientos ansiógenos con otros pensamientos o conductas es reforzado negativamente por la reducción de la ansiedad. Por ejemplo, cuando Teresa está pensando en su charla y experimenta ansiedad, llama a una amiga por teléfono. En cuanto llama a su amiga cesan los pensamientos ansiógenos lo que refuerza la conducta de llamar a su amiga.

La mayoría de los problemas que etiquetaríamos como miedos o trastornos de ansiedad se caracterizan por una combinación de conducta respondiente, donde la respuesta fisiológica de ansiedad es elicitada por un EC particular, y conducta operante, donde las conductas de escape o evitación son reforzadas por la eliminación del estímulo temido y la reducción de la desagradable ansiedad. Dado que el problema consiste tanto en conductas operantes como en conductas respondientes, la mayoría de los enfoques terapéuticos tienen componentes que abordan tanto las conductas operantes como respondientes.

Describe las conductas operantes y respondientes implicadas en el miedo a la oscuridad de un niño.

El estar en una habitación con la luz apagada (oscuridad) es un EC que elicita la RC de ansiedad o activación autónoma. Cuando el niño dice estar asustado o tener miedo a la oscuridad, está identificando las respuestas fisiológicas desagradables que experimenta en la oscuridad. La conducta operante puede consistir en encender una luz o dejar la puerta abierta para que entre la luz del pasillo. El resultado de estas conductas es la reducción o eliminación de la oscuridad, y por tanto de la ansiedad. Otra conducta podría ser llorar o llamar a sus padres. Esta conducta es reforzada por la presencia de los padres, la cual reduce la ansiedad asociada a estar en la oscuridad.

Aunque es evidente que la conducta respondiente es un componente del miedo, a menudo no se sabe cómo se desarrolló el miedo a través del condicionamiento respondiente; es decir, puede no saberse cómo el EC (el estímulo temido) se convirtió en condicionado para elicitar la RC de ansiedad. En el Capítulo 8 vimos como un estímulo neutro se convierte en EC cuando es emparejado con un estímulo incondicionado (EI) u otro EC. A consecuencia de este emparejamiento el estímulo neutro se convierte en EC y elicita la misma respuesta que el EI. Por ejemplo, un niño que es empujado o mordido por un perro puede desarrollar miedo a los perros. El estímulo doloroso (ser empujado o mordido) es un EI que elicita la activación autónoma, una respuesta incondicionada (RI). El perro en sí es un estímulo neutro que se convierte en EC, dado que el perro se presenta conjuntamente con el estímulo doloroso. Por lo tanto, cuando el niño que fue mordido ve un perro (un EC), éste elicita una RC similar a la RI que fue elicitada por la mordedura del perro, el estímulo doloroso.

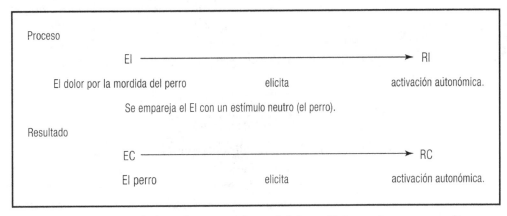

En el caso de una mordedura de perro, el papel del condicionamiento respondiente en el desarrollo del miedo es evidente. En muchos otros casos la persona con miedo no puede recordar un evento pasado que pueda haber condicionado el estímulo temido. Aunque el estímulo temido claramente elicite la ansiedad como RC, la manera en que ese estímulo temido se convirtió en EC puede ser desconocida. No obstante, el conocimiento de cómo se condicionó el miedono es necesario para ayudar a la persona a superarlo. Lo importante es identificar todos los estímulos que actualmente funcionan como EC y elicitan las respuestas de miedo (las RC).

Otra cuestión a tener en cuenta a la hora de comprender los miedos y problemas de ansiedad es que en ocasiones un problema que parece ser un miedo o problema de ansiedad simplemente es una conducta operante sin conducta respondiente o componente de miedo. Por ejemplo, un niño que grita y llora, y dice tener miedo de ir a la escuela, puede tener una fobia a la escuela o simplemente estar exhibiendo una conducta operante que está siendo reforzada positivamente (Kearney y Silverman, 1990). Si se trata de un miedo, el niño experimenta la conducta respondiente de activación autónoma que denominamos ansiedad. Esta ansiedad es elicitada por la escuela o los estímulos relacionados con ella. Gritar, llorar y negarse a ir a la escuela son conductas operantes reforzadas por el escape o la evitación de la escuela y la reducción de la ansiedad asociada a la misma. Sin embargo, puede no haber ansiedad asociada a la escuela. La conducta de gritar, llorar, asegurar estar asustado y negarse a ir a la escuela puede estar reforzada positivamente por la atención de uno de los padres, ver la televisión, picar algo de comida o jugar durante el día. Es importante llevar a cabo una evaluación funcional de la supuesta conducta de miedo para determinar qué función tiene para el niño (Lee y Miltenberger, 1996).

Otro ejemplo podría ser el miedo a la oscuridad. Un verdadero miedo incluiría una RC de activación autónoma (ansiedad) elicitada por la oscuridad y conductas de escape o evitación reforzadas por la eliminación de la oscuridad y una reducción de la ansiedad. Sin embargo, llorar por la noche y asegurar tener miedo pueden estar reforzados por la atención y consuelo proporcionados por uno de los padres. El que alguien diga tener miedo puede no ser una manera precisa de identificar una respuesta fisiológica de ansiedad.

Procedimientos para reducir el miedo y la ansiedad

Hay una serie de procedimientos de modificación de conducta que se utilizan para ayudar a las personas a superar los problemas de miedo o ansiedad. Estos procedimientos consisten en el entrenamiento en relajación, la desensibilización sistemática y la desensibilización en vivo (Masters, Burish, Hollon y Rimm, 1987; Spiegler y Guevremont, 1998, 2010) y están basados en los principios del condicionamiento respondiente, del condicionamiento operante, o una combinación de ambos.

Entrenamiento en relajación

Los procedimientos de **entrenamiento en relajación** son estrategias que las personas emplean para disminuir la activación autónoma que experimentan como componente del miedo y los problemas de ansiedad. La persona lleva a cabo conductas específicas de relajación que dan lugar a respuestas fisiológicas opuestas a la activación autónoma. Mientras que respuestas fisiológicas como la tensión muscular, una elevada tasa cardiaca, las manos frías o una respiración acelerada son parte de la activación autónoma, los ejercicios de relajación producen respuestas fisiológicas como la disminución de la tensión muscular, la tasa cardiaca y la tasa de respiración y el calentamiento de las manos. Cuando la persona produce estas respuestas fisiológicas opuestas, informa de una disminución de la ansiedad. Cuatro enfoques comunes de entrenamiento en relajación son la relajación muscular progresiva, la respiración diafragmática, los ejercicios de focalización de la atención (Davis, Eshelman y McKay, 1988) y el entrenamiento en relajación conductual (Poppen, 1988).

Relajación muscular progresiva. En la **relajación muscular progresiva** se tensa y relaja de forma sistemática cada uno de los principales grupos musculares del cuerpo. Tensar y relajar los músculos hace que estén más relajados que en su estado inicial. La relajación muscular progresiva fue descrita por vez primera por Edmund Jacobson (1938) y ha sido ampliamente utilizada desde entonces (Benson, 1975; Bernstein y Borkovec, 1973).

Para aplicar este procedimiento, en primer lugar hay que aprender cómo tensar y relajar cada uno de los principales músculos del cuerpo. Se puede aprender con un terapeuta, escuchando una grabación del procedimiento o leyendo una descripción. En la Tabla 24-1 se presenta un conjunto de grupos musculares y se describe cómo tensarlos empleando relajación muscular progresiva (Masters et al., 1987).

Una vez hemos aprendido a tensar cada uno de los grupos musculares, el cliente puede comenzar con el procedimiento de relajación. En primer lugar, el cliente se coloca en una postura cómoda en una silla cómoda, como por ejemplo un sillón reclinable. El ejercicio de relajación debería llevarse a cabo en una habitación tranquila o algún otro lugar sin distracciones. A continuación, el cliente cierra los ojos, y tensa y relaja cada uno de los grupos musculares identificados en la Tabla 24-1. Comenzando por el primer grupo muscular, la mano y el brazo dominantes, el cliente tensa ligera-

TABLA 24-1 Algunos Grupos Musculares y Métodos para Tensarlos en la Técnica de Relajación Muscular Progresiva.

Grupo muscular	Metodo para tensar el grupo muscular
Mano y brazo dominantes	Aprieta el puño, gíralo hacia el hombro y dobla el brazo hasta el codo.
Mano y brazo no dominantes	Igual que para la mano y el brazo dominantes.
Frente y ojos	Abre los ojos todo lo que puedas y eleva las cejas. Intenta arrugar la frente lo máximo posible.
Mejillas y nariz	Frunce el ceño, entrecierra los ojos y arruga la nariz.
Mandíbula, inferior de la cara y cuello	Aprieta los dientes y haz que sobresalga la barbilla. Tira hacia abajo de las comisuras de los labios.
Hombros, parte superior de la espalda y pecho	Encógete de hombros y lleva los omóplatos lo más atrás posible, como si intentaras que se tocaran.
Abdomen	Agáchate un poquito hacia delante, haz que sobresalga el estómago y tensa la barriga todo lo que puedas.
Nalgas	Aprieta las nalgas y al mismo tiempo empuja la silla hacia abajo.
Muslo dominante	Aprieta con el músculo de la parte superior del muslo contra el músculo algo más pequeño de la parte inferior. Pon duros los músculos y aprieta unos contra otros.
Pierna dominante	Tira de los dedos del pie hacia arriba hasta que señalen en dirección a la cabeza. Estira y endurece los músculos de la pantorrilla.
Pie dominante	Con los dedos del pie, apunta hacia el exterior y hacia abajo, estirando el pie.
Muslo no dominante	Igual que para el muslo dominante.
Pierna no dominante	Igual que para la pierna no dominante.
Pie no dominante	Igual que para el pie no dominante.

(Según Masters, J., Burish, T., Hollon, S. y Rimm, D. [Eds.]. [1987]. Behavior Therapy: Techniques and Empirical Findings, 3rd edition. Copyright © 1987 Harcourt BraceJovanovich. Reproducido con permiso de AcademicPress).

mente los musculos durante cinco segundos y entonces, de manera inmediata, libera la tensión. Esto permite que el cliente sienta la diferencia entre la tensión y la relajación en ese grupo muscular en particular. El cliente se centra durante 5-10 segundos en la disminución del nivel de tensión en el grupo muscular y luego pasa al siguiente grupo muscular de la lista: la otra mano y brazo. Una vez más, el cliente tensa ligeramente los músculos y entonces los relaja de manera inmediata y libera la tensión. Después de tensar los músculos el nivel de tensión reducido o estado de relajación de los músculos es placentero y fácilmente discriminable. El cliente repite este proceso hasta haber tensado y relajado todos los grupos de músculos. Al completar el proceso los músculos del cuerpo deberían estar menos tensos o más relajados que al comienzo del ejercicio de relajación.

Procedimientos de entrenamiento de relajación

- Relajación muscular progresiva.
- Respiración diafragmática
- Ejercicios centrados en la atención.
- Entrenamiento de relajación conductual

Frecuentemente la relajación progresiva se aplica por primera vez escuchando una grabación o las instrucciones de un terapeuta. Cuando una persona intenta realizarla sin la ayuda de un terapeuta o una cinta de audio, debe practicar en primer lugar la tensión y relajación de cada uno de los grupos musculares y entonces memorizar la secuencia para realizar el procedimiento correctamente.

Una vez que se ha practicado muchas veces la relajación progresiva, el cliente puede comenzar a relajarse sin tensar y relajar cada uno de los grupos musculares. Dado que el procedimiento enseña a las personas a controlar su tensión muscular, podrán disminuirla en situaciones en que sean propensas a experimentar una mayor tensión. Para facilitar este proceso la gente suele utilizar una palabra clave durante la práctica de la relajación progresiva que luego utilizan para ayudar a relajarse. Por ejemplo, mientras Teresa practicaba la relajación progresiva en su dormitorio, se repetía la palabra clave "Relájate" que de este modo se asoció a la respuesta de relajación. Más tarde, cuando Teresa se disponía a hacer la presentación en clase, se dijo "Relájate" mientras relajaba los músculos. La palabra clave se convierte en un EC que elicita la relajación como RC. Además, decir la palabra clave también ayuda a la persona a evitar pensamientos que puedan elicitar ansiedad. Si Teresa se está dienciendo "Relájate" mientras espera su turno para hablar en clase, es más difícil que piense en el fracaso o que tenga otros pensamientos ansiógenos.

La respiración diafragmática. Otro ejercicio de relajación consiste en la **respiración diafragmática** (Poppen, 1988), también denominada respiración profunda (Davis et al., 1988) o respiración relajada (Mayo ClinicFoundation, 1989) en la que la persona respira profundamente de manera lenta y rítmica. En cada inspiración la persona usa los músculos del diafragma para dirigir el oxígeno a la parte inferior de los pulmones. Dado que la ansiedad o activación del sistema nervioso autónomo conlleva frecuentemente una respiración rápida y poco profunda, la respiración diafragmática disminuye la ansiedad sustituyendo este patrón de respiración por otro más relajado. Para ilustrar este punto, valga pensar en lo que ocurre cuando las personas se sobresaltan o están asustadas: su respiración se vuelve rápida y superficial y les cuesta recuperarse. Las sensaciones son similares cuando se hiperventila. Contrasta esto con la respiración lenta y profunda de alguien a punto de dormirse, un estado extremo de relajación.

Para aprender la respiración diafragmática, hay que sentarse en una posición cómoda y colocarse una mano en el abdomen, justo debajo de la caja torácica. Ésta es la localización del músculo diafragmático. Al inspirar, debería sentirse cómo el abdomen se desplaza hacia fuera al dirigir el diafragma el aire a la parte inferior de los pulmones (Poppen, 1988). Los hombros no deberían moverse durante la respiración diafragmática. El movimiento de los hombros hacia arriba durante la inspiración indica una respiración superficial en la parte superior de los pulmones en lugar de una respiración profunda. Muchas personas creen que el abdomen debe moverse hacia dentro durante la inspiración, cuando lo cierto es lo contrario: el abdomen se mueve hacia fuera cuando se respira profundamente usando los músculos del diafragma (Mayo ClinicFoundation, 1989). Después de aprender a respirar correctamente, con el abdomen expandiéndose con cada inspiración, uno está preparado para comenzar con el ejercicio de respiración.

Para practicar la respiración profunda o diafragmática y disminuir la ansiedad, hay que permanecer de pie, sentado o tumbado en una posición cómoda, con los ojos cerrados, e inspirar lentamente durante 3-5 segundos hasta que los pulmones se llenen de aire. El músculo diafragmático extiende el abdomen con la inspiración del aire. Entonces se espira lentamente durante 3-5 segundos. El músculo diafragmático mueve el abdomen hacia dentro durante la espiración. Durante los ejercicios de respiración diafragmática lo mejor es inspirar y espirar por la nariz. Al inspirar y espirar debería centrarse la atención en las sensaciones implicadas en la respiración (p.ej., la sensación de expansión y contracción de los pulmones, la circulación del aire hacia dentro y hacia fuera y el movimiento del abdomen). Centrando la atención en estas sensaciones es menos probable tener pensamientos ansiógenos. Una vez que durante las sesiones de práctica uno es capaz de disminuir la ansiedad con la respiración diafragmática, se puede usar para disminuir la activación en situaciones ansiógenas. Por ejemplo, cuando en las sesiones de tratamiento Alicia está situada a tres metros de la araña, realiza la respiración diafragmática para disminuir su activación o mantenerla a un nivel bajo.

Ten en cuenta que los ejercicios de respiración diafragmática son un componente de la mayoría de los otros procedimientos de relajación. Por ejemplo, en la relajación progresiva se aprende en primer lugar a respirar correctamente para aumentar la efectividad de los ejercicios de tensión y relajación muscular. La relajación progresiva no es tan efectiva si se respira rápida y superficialmente. Como se verá en la siguiente sección, la respiración profunda también es un componente de los ejercicios de focalización de la atención.

Ejercicios de focalización de la atención. Los **ejercicios de focalización de la atención** producen relajación dirigiendo la atención a un estímulo neutro o placentero para eliminar la atención a un estímulo ansiógeno. Procedimientos tales como la meditación, la imaginación guiada o la hipnosis producen relajación mediante un mecanismo de focalización de la atención (Davis et al., 1988). En la meditación se centra la atención en un estímulo visual, en un estímulo auditivo o en un estímulo propioceptivo. Por ejemplo, se mira fijamente un objeto, se focaliza la atención en repetitivos mantras (sonidos o palabras) o se centra en los movimientos de la propia respiración. Una vez centrada en el objeto, mantra o respiración durante el ejercicio de meditación, la atención ya no se puede centrar en estímulos ansiógenos.

En la imaginación guiada o ejercicios de visualización, se visualizan o imaginan escenas o imágenes agradables. Una vez más, este ejercicio focaliza la atención de la persona de manera tal que no se pueda centrar en pensamientos o imágenes ansiógenas.

Se escucha una cinta o a un terapeuta que describe una escena o imagen. El cliente se sienta o tumba en una posición cómoda, con los ojos cerrados, y se imagina la escena. Al crear la imagen, la cinta de audio o el terapeuta describen lugares, sonidos y olores. Por ejemplo, al describir una escena en la playa el terapeuta podría decir: "Siente el calor del sol en tu piel, siente el calor de la arena bajo tus pies, escucha las olas romper suavemente en la playa, huele el dulce aroma del bronceador". Si se estimulan muchos sentidos, es más probable que la persona se imagine la escena en detalle y reemplace los pensamientos e imágenes ansiógenos.

En la hipnosis la persona centra la atención en las sugestiones hipnóticas del terapeuta o de una cinta. En el trance hipnótico la atención está centrada completamente en las palabras del terapeuta, de manera que la persona es menos consciente de los estímulos externos, incluidos los pensamientos e imágenes ansiógenos. Uno puede practicar la auto-hipnosis recitando las sugestiones hipnóticas de un guionpara inducir un estado de relajación.

Téngase en cuenta que los procedimientos de focalización de la atención generalmente se utilizan como componentes de otros procedimientos de relajación. En la relajación progresiva se centra la atención en cada uno de los grupos musculares que están siendo tensados y relajados. En los ejercicios de respiración diafragmática se centra la atención en las sensaciones físicas de cada inspiración y espiración. Al mismo tiempo, una postura relajada es un componente de los ejercicios de respiración diafragmática, de los ejercicios de imaginación guiada y de la respiración progresiva. Como se puede ver, estos tres enfoques de relajación tienen muchos componentes en común.

Entrenamiento en relajación conductual. En el **entrenamiento en relajación conductual** descrito por Poppen (1988) se enseña a la persona a relajar cada grupo muscular del cuerpo adoptando posturas relajadas. Esto es similar a la relajación progresiva, salvo en que no se tensa y relaja cada grupo muscular. El cliente se sienta en un sillón reclinable, con todas las partes del cuerpo apoyadas en el sillón, y el terapeuta da instrucciones para que el cliente coloque cada parte de su cuerpo en la postura correcta. En la Tabla 24-2 se presentan las diez conductas relajadas descritas por Poppen (1988).

El entrenamiento en relajación conductual incluye componentes de otros procedimientos de relajación. Se enseña a la persona a respirar correctamente y a focalizar su atención en cada una de las diez conductasde relajación que forman parte del procedimiento. Como puede verse, hay 3 componentes en el procedimiento de relajación: focalización en la tensión muscular, respiración adecuada y focalización atencional.

Componentes de un contrato conductual

Cada uno de los cuatro procedimientos de relajación descritos en este capítulo tiene un enfoque diferente; sin embargo, todos incluyen los siguientes tres componentes. Estos componentes son esenciales para la efectividad del entrenamiento de relajación porque abordan tres aspectos importantes de la ansiedad; aumento de la tensión muscular, superficial, respiración rápida y pensamientos que inducen ansiedad.

1. Reducción de la tensión muscular. Aunque el enfoque de PMR es reducir la tensión muscular, los otros tres procedimientos logran la reducción de la tensión muscular a través de posturas relajadas.
2. Respiración relajada. Aunque el enfoque del procedimiento de respiración diafragmática es la respiración relajada, Los otros tres procedimientos también comienzan con un breve componente de respiración relajada.
3. Atención centrada. Aunque los ejercicios centrados en la atención enfatizan este componente, los procedimientos de relajación centran la atención del cliente en las instrucciones del terapeuta como parte del procedimiento.

TABLA 24-2 Diez conductas relajadas

El entrenamiento en relajación conductual consiste en la descripción de diez posturas y actividades características de alguien completamente relajado y cuyo cuerpo es sostenido por un sillón reclinable o similar. Cada conducta consiste en una postura o actividad de una parte concreta del cuerpo. Con el objetivo de facilitar la discriminación, para cada ítem se presentan tanto conductas de relajación como otras que no lo son pero que ocurren con frecuencia y que debemos corregir.

1. Cabeza
Relajada. La cabeza se encuentra inmóvil y apoyada en el respaldo. La nariz se sitúa en la línea media del cuerpo. La línea media del cuerpo se puede determinar a través de elementos de la ropa como los botones de la camisa o el vértice de la V que forma el cuello de la camisa. Es posible ver los orificios de la nariz y la parte inferior de la barbilla.

No relajada. (a) Movimiento de la cabeza. (b) La cabeza está girada respecto a la línea media del cuerpo; la nariz sobrepasa esta línea. (c) La cabeza está inclinada hacia abajo; no se pueden ver la los orificios de la nariz y la parte inferior de la barbilla. (d) La cabeza no está apoyada en el respaldo. (e) La cabeza está inclinada hacia arriba; se puede ver entera la parte inferior de la barbilla.

2. Ojos
Relajados. Los párpados están suavemente cerrados, con apariencia lisa y bajo ellos no se perciben movimientos oculares.

No relajados. (a) Ojos abiertos. (b) Los párpados están cerrados pero arrugados o pestañeando. (c) Los ojos se mueven bajo los párpados.

3. Boca
Relajada. En el centro de la boca los labios están entreabiertos de 7 a 25 milímetros, con los dientes también separados.

No relajada. (a) Dientes en oclusión. (b) Los labios están cerrados. (c) La boca está abierta más de 25 milímetros; en la mayoría de los casos las comisuras de la boca se separan cuando la boca está abierta por encima del criterio. (d) Movimiento de la lengua (p.ej., relamerse).

4. Garganta
Relajada. Ausencia de movimiento.

No relajada. Cualquier movimiento en la garganta y el cuello, como tragar u otras acciones de la laringe. Movimientos espasmódicos de la musculatura del cuello.

5. Hombros
Relajados. Los hombros tienen apariencia redondeada y se sitúan en el mismo plano horizontal. Descansan sobre el respaldo sin otro movimiento que el de la respiración.

No relajados. (a) Movimiento de los hombros. (b) Los hombros se sitúan en un plano diagonal. (c) Los hombros están levantados o bajados de manera que no parecen redondeados.

6. Cuerpo
Relajado. El cuerpo está relajado cuando el torso, la cadera y las piernas descansan contra la silla sin movimiento alguno y de manera simétrica respecto a la línea media del cuerpo.

No relajado. (a) Cualquier movimiento del torso, excepto la respiración. (b) Girar el torso, la cadera o las piernas fuera de la línea media. (c) Cualquier movimiento de cadera, piernas o brazos que no tenga como consecuencia el movimiento de pies o manos (se puntúan por separado). (d) Alguna parte de la espalda, las nalgas o las piernas no está apoyada en el sillón.

7. Manos
Relajadas. Ambas manos descansan sobre el reposabrazos del sillón o en el regazo de la persona, con las palmas hacia abajo y los dedos en forma de garra. Los dedos están lo suficientemente doblados cuando es posible pasar un lápiz por debajo del punto más alto del arco que forman los dedos (excepto el pulgar).

No relajadas. (a) Las manos están agarradas al reposabrazos. (b) Los dedos están extendidos y rectos. (c) Los dedos están doblados de manera que las uñas tocan la superficie del reposabrazos. (d) Los dedos están entrelazados. (e) Movimiento de las manos.

▬ **TABLA 24-2** Diez conductas relajadas (continuación)

8. Pies

Relajados. Los pies señalan en dirección opuesta dejando un ángulo de entre 60 y 90 grados.

No relajados. (a) Movimiento de los pies. (b) Los pies miran hacia arriba o con un ángulo de menos de 60 grados. (c) Los pies señalan hacia fuera con un ángulo de más de 90 grados. (d) Los pies están cruzados. (e) Uno de los talones está adelantado o retrasado en más de 25 milímetros respecto al otro.

9. Silencio

Relajación. Ausencia de vocalizaciones o sonidos respiratorios fuertes.

No relajación. Cualquier verbalización o vocalización, como por ejemplo hablar, suspirar, resoplar, roncar, jadear o toser.

10. Respiración

Relajada. La frecuencia de respiración es menor a la observada durante la líneabase, sin interrupciones en la respiración. Una respiración equivale a un ciclo completo de inspiración y espiración. Una respiración es contabilizada cuando cualquier parte de la inhalación se produce en el momento de comenzar el intervalo de observación y cualquier parte de la exhalación se produce en el momento de terminar el intervalo.

No relajada. (a) La frecuencia de respiración es igual o mayor que durante la línea base. (b) Cualquier irregularidad que interrumpa el ritmo normal de la respiración, como toser, reír, bostezar y estornudar.

(SegúnPoppen, R. [1988]. Behavioral Relaxation Training and Assessment, págs. 30-34. Copyright © 1988 PergamonPress. Reproducido con permiso del autor.)

El entrenamiento en relajación es un componente de los procedimientos de reducción de miedo siendo de gran importancia su aprendizaje para poder aplicar satisfactoriamente procedimientos de relajación. es, por tanto, importante aprender procedimientos de relajación. Los diversos procedimientos de reducción del miedo se describen a continuación.

Desensibilización Sistemática

La **desensibilización sistemática** es un procedimiento desarrollado por Joseph Wolpe (1958, 1961, 1990) en el que la persona con **fobia** practica relajación mientras imagina escenas de estímulos que generan miedo. Una fobia es un miedo en el que el nivel de ansiedad o de escapa/evitación conductual es lo bastante grave como para afectar a la vida de la persona. Wolpe observó que una persona puede reducir sus respuestas de miedo si aprende a relajarse a la vez que se imagina escenas progresivamente más ansiógenas a medida que éstas son descritas por el terapeuta. Por ejemplo, en una sesión de desensibilización sistemática, Alicia se relajaría y escucharía la descripción de la escena por parte del terapeuta en la cual se le sugería que estaba viendo una araña a cinco metros de distancia. Después de que Alicia haya oído la descripción de la escena manteniéndose relajada, el terapeuta describirá una escena en la que la araña estaría a tres metros. Si Alicia se mantiene relajada, el terapeuta continuaría describiendo escenas en las que la araña está cada vez más cerca. El aspecto clave aquí es que Alicia logra mantener la respuesta de relajación mientras imagina estímulos que en circunstancias normales generarían siendo. Wolpe denominó a este proceso inhibición recíproca debido a que la respuesta de relajación inhibe o evita la ocurrencia de una respuesta de miedo.

El uso del procedimiento de desensibilización sistemática consta de tres pasos importantes.

1. El cliente aprende relajación utilizando uno de los procedimientos descritos anteriormente.

2. El terapeuta y el cliente desarrollan una jerarquía de estímulos que provocan miedo.

3. El cliente practica la relajación mientras el terapeuta describe las escenas de la jerarquía.

La desensibilización sistemática habrá finalizado una vez que el cliente pueda mantener la respuesta de relajación mientras se imagina cada una de las escenas de la jerarquía. Entonces el cliente no debería tener respuestas de miedo (ansiedad y conducta de evitación) cuando se encontrara en la vida real con el estímulo que produce miedo.

Construcción de la jerarquía. Una vez que el cliente aprende los procedimientos de relajación, el terapeuta y el cliente desarrollan una **jerarquía** de estímulos que generan miedo. El cliente usa una escala para evaluar el grado de miedo e identifica el miedo que le producen una serie de situaciones relacionadas con el estímulo temido. La escala de evaluación del miedo se denomina escala de Unidades Subjetivas de Ansiedad (USA; Wolpe, 1990). En la escala de 0-100, un valor de 0 se corresponde con la ausencia de miedo o ansiedad, y un 100 se corresponde con el grado máximo de miedo o ansiedad. Por ejemplo, Alicia podría informar de que una araña en su brazo es una puntuación USA de 100, el mayor miedo que podría imaginar. Podría informar que ver una araña a metro y medio de distancia es una puntuación USA de 75, verla a tres metros una puntuación USA de 50, verla a seis metros una puntuación USA de 25 y estar sentada en el salón con su marido sin arañas presentes una puntuación USA de 0 (ausencia de miedo). La jerarquía se completa cuando el cliente ha identificado de 10 a 20 situaciones diferentes que progresivamente le causan más miedo. Las situaciones que producen miedo deberían ser identificadas a lo largo de todo el rango de niveles de miedo, de manera que la jerarquía se componga de situaciones con puntuaciones bajas, medias y altas. En la Tabla 24-3 se presentan ejemplos de cuatro jerarquías empleadas en desensibilización sistemática (Morris, 1991).

Avanzar en la jerarquía. Habiendo aprendido las habilidades de relajación y construida la jerarquía con el terapeuta, el cliente está listo para comenzar la desensibilización sistemática y avanzar en la jerarquía. Al inicio de la sesión, el cliente practica los ejercicios de relajación. Cuando el cliente indica estar relajado, el terapeuta describe la primera escena de la jerarquía, la cual produce poca ansiedad. El cliente se imagina la escena sin dejar de relajarse. Una vez que el cliente ha tenido éxito imaginando la escena mientras se mantenía relajado, el cliente da el siguiente pasoen la jerarquía. El terapeuta describe una escena que produce algo más de miedo. Una vez más el cliente imagina la escena mientras mantiene la respuesta de relajación. El terapeuta puede repetir la escena unas cuantas veces para asegurarse de que el cliente es capaz de imaginársela mientras mantiene la respuesta de relajación. A continuación el terapeuta describe la siguiente escena de la jerarquía, la cual nuevamente es ligeramente más ansiógena que la anterior, y el cliente la imagina mientras mantiene la relajación. Este proceso continúa a lo largo de una serie de sesiones de tratamiento hasta que el cliente es capaz de mantener la relajación en todas las escenas de la jerarquía.

Así, en la desensibilización sistemática el cliente se relaja mientras imagina el estímulo temido, en ningún momento entra verdaderamente en contacto con el mismo. Este procedimiento contrasta con la desensibilización en vivo (en la vida real), en la que el cliente se expone gradualmente al estímulo real mientras mantiene la relajación.

Desensibilización en vivo

La **desensibilización en vivo** es similar a la desensibilización sistemática, salvo en que el cliente se aproxima o es expuesto gradualmente al estímulo real que produce miedo

TABLA 24-3 Ejemplos de jerarquías de situaciones que generan ansiedad

Miedo a estar solo

10. Estando con un grupo de personas en el laboratorio, ya sea de noche o durante el día.
20. Estando sola en una habitación con otra mujer.
30. Pensando en la posibilidad de estar sola en mi casa durante el día.
40. Caminando a clase por la mañana temprano cuando hay pocas personas en la calle.
50. Completamente sola en mi habitación en casa. Hay luz natural.
60. Sola de noche conduciendo un coche y teniendo la sensación de que un hombre me está siguiendo.
70. Caminando de noche sola con una amiga por una calle del centro de la ciudad.
80. Estando sola en la casa con un niño pequeño, haciendo de canguro.
90. Pensando en que voy a estar sola de noche, pocas horas antes de quedarme sola.
100. De noche, sentada sola en el salón de mi casa y con las puertas cerradas.

Miedo a volar en avión

10. Viendo una película de un avión que se ladea y mueve hacia arriba y abajo.
20. Sentado en un avión privado en tierra y con el motor al ralentí.
30. Sentado en un avión privado en tierra y que empieza a rodar por la pista.
40. Sentado en un avión privado en tierra, rodando por la pista y percibiendo como las revoluciones del motor se van incrementando.
50. Planificando con un amigo un viaje en vuelo comercial, tres meses antes.
60. Un mes antes del viaje en avión.
70. Tres semanas antes del viaje en avión.
80. Tres días antes del viaje en avión.
90. Despegando en un avión privado.
100. En un vuelo comercial a poca altura.

Miedo a conducir en zonas altas.

10. Entrando a un edificio con un parking elevado.
20. Subiendo del segundo al tercer piso del parking.
30. Acompañando a un amigo en su coche nos aproximamos a un puente de mediana altura que cruza el cauce de un rio pequeño.
40. Conduciendo en mi coche con un amigo y comenzando a cruzar el puente de mediana altura.
50. Conduciendo mi coche por el puente de mediana altura.
60. Llevando en coche a un amigo y cruzando un puente de gran altura que cruza un gran río.
70. Conduciendo mi coche solo por un puente de gran altura.
80. Conduciendo mi coche con un amigo por una carretera de montaña.
90. Conduciendo mi coche con un amigo por una carretera de montaña en un tramo bastante empinado.
100. Conduciendo mi coche con un amigo y subiendo hasta arriba por un tramo empinado. Llegamos arriba, salimos del coche, vemos la vista del valle, vamos a un restaurante cercano y más tarde bajamos de nuevo en coche por la carretera.

Miedo a salir de casa

10. Saliendo por la puerta de mi casa hasta el coche para ir a la tienda.
20. Subiendo al coche y arrancando el motor.
30. En el coche dejando atrás el camino de entrada.
40. En la calle y alejándome de mi casa.
50. A dos manzanas de mi casa de camino a la tienda.
60. Llegando a la tienda y aparcando.
70. Entrando en la tienda.
80. Tomo un carrito de la compra y comienzo a mirar los artículos de mi lista de la compra.
90. Termino de seleccionar todos los artículos y voy a la caja.
100. Una vez tengo todos los artículos, esperando en la caja una larga cola que avanza lentamente.

(Según Morris, R. J. [1991]. Fear reduction methods. En F.H. Kanfer y A.P. Goldstein [Eds.], Helping People Change: A Textbook of Methods, 4ª ed., págs. 161-201. Reproducido con permiso de Elsevier).

(Walker, Hedberg, Clemente y Blanco, 1981). Para emplear la desensibilización en vivo el cliente debe:

(1) Aprender habilidades de relajación.

(2) Desarrollar una jerarquía de situaciones que implican estímulos que producen miedo.

(3) Pasar por cada situación de la jerarquía mientras mantiene la relajación como una respuesta alternativa a la del miedo.

En los ejemplos de Teresa y Alicia se empleó la desensibilización en vivo para ayudarles a superar sus miedos.

Recuerda que Teresa tenía miedo a dar una charla en clase. El Dr. González le enseñó en primer lugar los ejercicios de relajación. Después desarrollaron la siguiente jerarquía de situaciones que producen miedo. La puntuación (USA) de miedo de cada ítem aparece en paréntesis.

1. Dar una charla al Dr. González en su despacho (20)
2. Dar una charla al Dr. González en un aula (25)
3. Dar una charla a un amigo en un aula (30)
4. Dar una charla a dos amigos en un aula (40)
5. Dar una charla a cinco amigos en un aula (50)
6. Dar una charla a 10 amigos en un aula (60)
7. Dar una charla a 20 amigos en un aula (75)
8. Dar una charla a 20 amigos en el aula en que tiene lugar la clase (80)
9. Dar una charla a 20 estudiantes que no conoce (90)
10. Dar una charla a los 20 estudiantes en su clase (100)

La desensibilización en vivo requirió que Teresa experimentara cada situación de la jerarquía mientras realizaba los ejercicios de relajación que el Dr. González le había enseñado. Dado que tuvo éxito en cada una de las etapas de la jerarquía, estuvo un paso más cerca de superar su miedo a dar una charla en clase.

Describe cómo se empleó la desensibilización en vivo con Alicia para ayudarle a superar su miedo a las arañas.

En primer lugar, la Dra. Blanco enseñó a Alicia a relajarse. A continuación, construyeron la jerarquía de situaciones que producen miedo. La jerarquía de Alicia estaba relacionada con la distancia respecto a la araña (su miedo era mayor cuanto más cerca se encontrase de la araña). Para comenzar la desensibilización en vivo, Alicia se relajó estando lejos de la araña, a unos seis metros. Esta situación provocó poco miedo y la relajación reemplazó cualquier miedo que pudiera haber experimentado. A continuación, Alicia avanzó un paso en la jerarquía colocándose a cinco metros y medio de la araña volviendo a practicar sus ejercicios de relajación, de manera que la respuesta de relajación reemplazó a la respuesta de miedo. Con el apoyo de la Dra. Blanco, Alicia repitió este proceso hasta que hubo avanzado hasta el último paso de la jerarquía, en el que se deshizo de la araña con sus propias manos.

Es importante que durante la desensibilización en vivo el cliente pase por los distintos pasos de la jerarquía sin que aumente la ansiedad. Como hemos visto, una manera de conseguirlo es que el cliente practique la relajación en cada uno de los pasos de la jerarquía. No obstante, no siempre se usa el entrenamiento en relajación en la desensibilización en vivo. Otras tres estrategias pueden ser usadas para prevenir un incremento en la ansiedad del cliente mientras avanza a través de la jerarquía.

(1) El terapeuta podría simplemente proporcionar reforzamiento para la conducta de aproximación en cada paso de la jerarquía. De hecho, incluso cuando se utiliza la relajación, en cada nuevo paso de la jerarquía el cliente debería recibir reforzamiento positivo en forma de elogios y felicitaciones por parte del terapeuta.

(2) De manera alternativa, el terapeuta también podría hacer que el cliente llevara a cabo otras actividades reforzantes (Croghan y Musante, 1975; Erfanian y Miltenberger, 1990) o distractoras en cada paso de la jerarquía, por ejemplo haciendo aseveraciones relativas al afrontamiento de la situación (Miltenberger et al., 1986).

(3) Por último, el terapeuta podría proporcionar contacto físico sosteniendo la mano del cliente o colocando su mano en la espalda del cliente, lo cual puede tener un efecto tranquilizador, mientras éste progresa a través de la jerarquía. Esta variante de la desensibilización en vivo se denomina **desensibilización por contacto** (Ritter, 1968, 1969).

Erfanian y Miltenberger (1990) emplearon la desensibilización en vivo con personas con discapacidad intelectual y fobia a los perros. En este estudio los clientes no aprendieron los procedimientos de relajación. En su lugar, cuando un perro era introducido en su entorno, llevaban a cabo actividades reforzantes como alternativa a salir corriendo. En el transcurso de las sesiones de tratamiento en una sala de entretenimiento de la propia residencia de los clientes, los investigadores acercaron progresivamente el perro a los clientes cuando éstos realizaban actividades reforzantes como jugar a las cartas o picar algo de comida. En la Figura 24-2 se muestran los resultados de dos clientes.

LECTURA PARA AMPLIAR   Ejemplos de desensibilización en vivo

La desensibilización en vivo ha sido empleada para varios tipos de miedos en niños y adultos con y sin discapacidades del desarrollo. En un estudio con niños con desarrollo normal, Giebenhain y O'Dell (1984) evaluaron la desensibilización en vivo llevada a cabo por los padres para tratar el miedo a la oscuridad de sus hijos. Seis padres con hijos de 3 a 11 años llevaron a cabo la desensibilización en vivo tras leer un manual con la descripción del procedimiento. En este estudio los pasos de la jerarquía consistieron en hacer que el dormitorio estuviese progresivamente más oscuro, controlado por un potenciómetro (un dial para regular la intensidad de la luz). En la líneabase los niños se fueron a cama con el interruptor fijado en un nivel suficiente. Durante el transcurso de varias semanas el niño iba fijando el potenciómetro cada vez más bajo hasta que se iba a la cama con el dormitorio a oscuras. Cada noche antes de acostarse practicaba relajarse y hacer afirmaciones positivas. El niño también recibía premios por fijar la luz a niveles más bajos e irse a la cama todas las noches. En un estudio llevado a cabo por Love, Matson y West (1990) los padres hicieron también de terapeutas llevando a cabo la desensibilización en vivo. En este estudio, un niño con autismo exhibía miedo a salir a la calle, mientras que otro niño con autismo tenía miedo a la ducha. En ambos casos la exposición gradual al estímulo temido acompañada de reforzamiento de la conducta de aproximación tuvo resultados satisfactorios. Tras el entrenamiento los dos niños llevaban a cabo las conductas que antes evitaban y dejaron de exhibir respuestas de miedo. En otro estudio, Conyers y colaboradores (2004b) emplearon desensibilización en vivo para ayudar a adultos con discapacidad intelectual a superar su miedo a ir al dentista. Los investigadores construyeron una jerarquía de conductas relacionadas con ir al dentista y proporcionaron reforzamiento cuando, de manera gradual, los individuos realizaban esas conductas en una consultasimulada. Los autores demostraron que la desensibilización sistemática fue más efectiva que el modelado en vídeo, en el que los participantes vieron un video en el que un miembro del personal realizaba cada una de las conductas de la jerarquía.

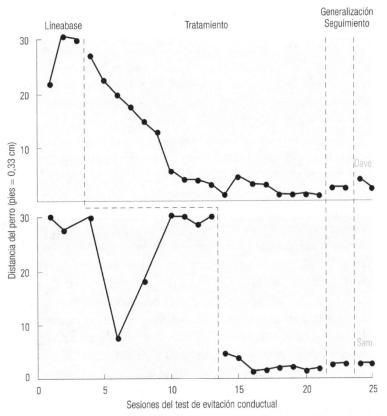

FIGURA 24-2   Este gráfico de líneabase múltiple entre sujetos ilustra el efecto de la desensibilización en vivo en la fobia a los perros de dos individuos con discapacidad intelectual. El gráfico muestra la conducta de aproximación de los dos sujetos durante las sesiones del test de evitación conductual, en el cual se le pidió al sujeto que se acercara al perro todo lo que pudiera. Al inicio de la sesión, en una habitación grande, el perro estaba a más de 9 metros de distancia. La sesión terminaba cuando el sujeto dejara de acercarse al perro, momento en el que se medía la distancia al perro. El gráfico indica cuanto lograron acercarse al perro antes y después del tratamiento. En la fase de generalización los participantes pasaron por la calle encontrándose con varios perros que habían sido colocados por los investigadores (según Erfanian, N., y Miltenberger, R. [1990]. Contact desensitization in the treatment of dog phobias in persons who have mental retardation. Behavioral-ResidentialTreatment, 5, 55-60. Reproducido con permiso del autor).

Ventajas y desventajas de la desensibilización sistemática y en vivo

La ventaja de la desensibilización en vivo radica en que el cliente entra realmente en contacto con el estímulo temido. La conducta deseable en presencia del estímulo temido, por ejemplo la de aproximación, es reforzada como conducta alternativa al escape o la evitación. No hay problemas de generalización de la imaginación a la situación temida real. Una vez que ha progresado a través de la jerarquía, el cliente ha demostrado un desempeño adecuado en la situación que produce miedo. No obstante, una de las desventajas de la desensibilización en vivo es que es más difícil, costosa y requiere más tiempo que la desensibilización sistemática. Esto se debe a que el terapeuta debe organizar el contacto real con las situaciones que producen miedo descritas en la jerarquía. El terapeuta debe salir de la consulta para acompañar al cliente cuando se exponga a estímulos reales. En algunas ocasiones puede que no sea posible establecer el contacto con el estímulo en cuestión. Por ejemplo, puede que en invierno no sea posible encontrar arañas. Sin embargo, siempre que sea posible, la desensibilización en vivo es preferible a la desensibilización sistemática en el tratamiento de un miedo o una fobia, pues la conducta objetivo se lleva a cabo en la vida real y no en la imaginación del cliente. Además, una vez se da la conducta objetivo, esta es reforzada bajo el control de estímulos de situaciones relevantes de la vida real.

La ventaja de la desensibilización sistemática radica en que al cliente le resulta más fácil y práctico imaginarse el estímulo temido que entrar en contacto con él. Si por ejemplo el cliente tiene miedo a volar, el terapeuta puede describir escenas en las que se sugiere que está en el aeropuerto, en el avión antes del despegue o en el avión en el aire. Un tratamiento en el que hubiera que entrar en contacto real con el estímulo temido conllevaría mucho más tiempo y dificultad. Sin embargo, una desventaja de la desensibilización sistemática es que los resultados pueden no generalizarse del todo a la situación real. Puede que el cliente sea capaz de mantener la relajación mientras se imagina la situación que produce miedo, pero que no sea capaz de hacerlo en la situación real.

Es importante evaluar el temor del cliente en la situación real para asegurarse de que los resultados de la desensibilización se han generalizado con éxito. Si los resultados de la desensibilización sistemática no se generalizan del todo, se puede emplear adicionalmente la desensibilización en vivo para aumentar la efectividad de la desensibilización sistemática y asegurar la generalización.

Otros tratamientos del miedo

Además de la desensibilización sistemática y en vivo, hay otros tratamientos que se han mostrado efectivos para tratar el miedo en adultos y niños.

La inundación. La **inundación** es un procedimiento en el que la persona se expone al estímulo temido en toda su intensidad durante un periodo prolongadohasta que su ansiedad disminuya en presencia del estímulo temido (Barrios y O'Dell, 1989; Houlihan, Schwartz, Miltenberger y Heuton, 1994). Inicialmente la persona experimenta una ansiedad elevada en presencia del estímulo temido, pero con el tiempo el nivel de ansiedad disminuye debido a un proceso de extinción respondiente. Por ejemplo, alguien con miedo a los perros estaría sentado en una habitación (con el terapeuta) con un perro presente durante un largo periodo. Al principio la persona estaría muy ansiosa, pero con el tiempo disminuiría la ansiedad y se sentiría más cómoda con el perro. Como el EC (el perro, el estímulo temido) está presente sin el EI (ser mordido o asustarse) durante un periodo de tiempo (por ejemplo un par de horas), el EC ya no elicita la RC (ansiedad).

Sólo un profesional debería llevar a cabo la inundación. Dado que para la persona con miedo el exponerse al estímulo temido puede ser extremadamente incómodo al principio, puede escapar de la situación durante el procedimiento de inundación y probablemente empeorar el miedo. Durante la desensibilización en vivo la persona es expuesta al estímulo temido de manera mucho más gradual, por lo que no experimenta el malestar que se experimenta en las primeras etapas de la inundación.

El modelado. El **modelado** ha sido empleado con éxito como tratamiento de miedos, especialmente en niños. En el procedimiento de modelado el niño observa a otra persona aproximarse al estímulo temido o llevar a cabo conductas temidas, ello hace más probable que el niño lleve a cabo conductas similares. La persona con el miedo puede observar un modelo en vivo (Klesges, Malott y Ugland, 1984) o un modelo en una película o vídeo (Melamed y Siegel, 1975). El modelado en vídeo ha sido utilizado extensamente para ayudar a los niños a superar el miedo a operaciones u otros procedimientos médicos u odontológicos (Melamed, 1979; Melamed y Siegel, 1975).

Problemas clínicos

Aunque puedas aprender los componentes básicos de los procedimientos de reducción del miedo y la ansiedad en una clase de modificación de conducta, no deberías intentar usar estos procedimientos para problemas clínicos en los que tú mismo experimentarías miedo o ansiedad. Estos procedimientos pueden ser empleados para miedos leves o problemas de ansiedad que no interfieran con tu vida cotidiana de manera significativa. Sin embargo, para los problemas clínicos más serios que interfieran significativamente con tu vida, deberías buscar ayuda de un terapeuta de conducta, psicólogo u otro profesional autorizado. Cuando haya dudas acerca de la seriedad de un problema, lo mejor es acudir a un profesional.

RESUMEN DEL CAPÍTULO

1. Un miedo está compuesto por conductas operantes y respondientes. Una situación estimular determinada elicita la activación autónoma como conducta respondiente. En cuanto a la conducta operante, la persona lleva a cabo respuestas de escape o evitación en presencia del estímulo que produce el miedo. Las respuestas fisiológicas en las que consiste la activación autónoma se denominan ansiedad.

2. Los ejercicios de relajación se utilizan para ayudar a reemplazar la activación autónoma con una respuesta de relajación en la situación ansiógena.

3. La relajación se puede conseguir mediante cuatro técnicas fundamentales: ejercicios de relajación muscular progresiva, en los cuales se tensa y relaja cada uno de los principales grupos musculares del cuerpo; ejercicios de respiración diafragmática, en los que se respira lenta y profundamente; ejercicios de focalización de la atención, en los que se dirige la atención lejos del estímulo ansiógeno hacia una escena relajante; y entrenamiento en relajación conductual, una técnica que se centra en asumir posturas relajadas. Todos los ejercicios de relajación abordan la tensión muscular, y la respiración y focalización atencional apropiadas.

4. La desensibilización sistemática y la desensibilización en vivo son procedimientos para ayudar a superar un miedo. En la desensibilización sistemática la persona se relaja e imagina escenas de situaciones que producen miedo, dispuestas en una jerarquía ordenada de situaciones que generan progresivamente más miedo.

5. Durante la desensibilización en vivo la persona es expuesta gradualmente a las situaciones reales que producen miedo (dispuestas también en una jerarquía de situaciones que generan progresivamente más miedo), mientras mantiene la relajación o lleva a cabo una conducta opuesta a la de escape o evitación. El componente clave de la desensibilización sistemática y en vivo es la progresión a través de una jerarquía que implica la exposición gradual a situaciones o escenas que producen cada vez más miedo. La ventaja de la desensibilización en vivo es que el cliente entra en contacto real con el estímulo temido facilitándose la generalización. Por otra parte, el tiempo y el esfuerzo que requiere llevar a cabo el procedimiento pueden ser importantes desventajas. La ventaja de la desensibilización sistemática es que es más fácil y práctica de llevar a cabo. La desventaja es que los resultados pueden no generalizarse del todo a las situaciones reales.

PALABRAS CLAVE

Ansiedad, 471
Desensibilización en vivo, 482
Desensibilización por contacto, 483
Desensibilización sistemática, 479

Ejercicios de focalización de la atención, 477
Entrenamiento en relajación conductual, 477
Entrenamiento en relajación, 474
Fobia, 479

Jerarquía de miedos, 480
Miedo, 471
Relajación muscular progresiva, 474
Respiración diafragmática, 476

TÉST PRÁCTICO

1. Describe de qué modo está implicada la conducta respondiente en un miedo o problema de ansiedad. Proporciona un ejemplo e identifica el EC y la RC en el mismo (págs. 490-492).
2. Describe de qué modo afecta la conducta operante a un miedo o problema de ansiedad. Proporciona un ejemplo, identifica la conducta operante y describe cómo se refuerza la conducta (págs. 471-473).
3. Describe la conducta respondiente mostrada por Teresa como parte de su miedo a hablar delante de la clase (pág. 490).
4. Describe la conducta operante que manifestaba Alicia como parte de su miedo a las arañas (pág. 490).
5. Describe la relajación muscular progresiva (págs. 493-494).
6. Describe la respiración diafragmática (pág. 495).
7. Describe los ejercicios de focalización de la atención (pág. 495-496).
8. Describe el entrenamiento en relajación conductual (págs. 496-498).
9. Para cada uno de los cuatro enfoques de relajación descritos en las preguntas 5 a 8, describe cómo se abordan la tensión muscular, la respiración y el foco atencional (págs. 496).
10. Describe la desensibilización sistemática. ¿En qué consiste una jerarquía de situaciones generadoras de ansiedad y de qué papel cumple en la desensibilización sistemática? (pág. 498-499).
11. Describe la desensibilización en vivo. ¿En qué se diferencia de la desensibilización sistemática? (págs. 499-503).
12. ¿Cuáles son las ventajas y desventajas de la desensibilización sistemática? (págs. 503-504).
13. ¿Cuáles son las ventajas y desventajas de la desensibilización en vivo? (págs. 503-504).
14. Para ayudar a un niño a superar el miedo a la oscuridad, ¿escogerías la desensibilización sistemática o en vivo? ¿Por qué? (págs. 502).

APLICACIONES

1. Jesús tiene miedo a las alturas. Su sistema nervioso autónomo se activa cada vez que mira por una ventana de un segundo piso o de un piso superior. Cuanto más alto está, peor es su reacción. Jesús evita las alturas todo lo que puede y esto ha tenido un impacto negativo en su vida. Por ejemplo, cuando hace poco sus amigos se reunieron en un restaurante situado en un séptimo piso, declinó salir con ellos a consecuencia de su miedo a las alturas. También se ha negado a participar en otras actividades que implican exponerse a las alturas. Describe como usarías la desensibilización en vivo para ayudar a Jesús a superar su miedo a las alturas.
2. A Marta siempre le ha puesto nerviosa volar. Su tra-

bajo nunca se ha visto interferido por su ansiedad a pesar de que le exige volar tres veces al mes. Sin embargo, experimenta un aumento de la tasa cardiaca y una respiración rápida y superficial cuando está sentada en el avión antes de despegar o justo antes de aterrizar. Le gustaría disminuir su ansiedad para que sus experiencias durante el vuelo fueran más agradables. Describe el ejercicio de respiración diafragmática que enseñarías a Marta para ayudarle a relajarse en el avión.
3. El próximo semestre tienes que asistir a una clase de psicología experimental, en la que tendrás que realizar experimentos con ratas de laboratorio. Esto conllevará transportar una rata de su jaula a

de la caja experimental. Te sientes incómodo con la idea de tener que manipular ratas de laboratorio y quieres superar este miedo antes del comienzo del semestre. Describe el proceso de desensibilización en vivo que emplearás para reducir tu miedo a las ratas de laboratorio. Supongamos que el profesor te permite tener acceso a la sala en la que están las ratas, que éstas no son agresivas y que están acostumbradas a que las personas las cojan.

APLICACIONES INADECUADAS

1. Cristina tiene 6 años y ha desarrollado miedo a la oscuridad. Por la noche, en la cama, llora y llama a sus padres para que vengan a su habitación. Si uno de ellos acude, se calma. Si el padre o la madre permanecen en el cuarto hasta que se duerme, entonces no se queja de tener miedo. Además, si sus padres por la noche dejan la luz encendida en su cuarto, dice no estar asustada y no llora ni les llama. Después de unos meses sus padres deciden que hay que hacer algo respecto a su miedo a la oscuridad. Deciden que por la noche apagarán la luz y abandonarán el cuarto de Cristina antes de que se duerma. Si llora, les llama o indica de cualquier otra manera que tiene miedo, la ignorarán y no volverán a su habitación. Los padres argumentan que con el tiempo superará su miedo a la oscuridad. ¿Qué error contiene el plan de los padres? ¿Cuál sería una manera mejor de abordar el miedo de Cristina?

2. Gabriel era estudiante de primero en la universidad. Venía de una ciudad pequeña y no estaba acostumbrado a las aglomeraciones. Se sentía nervioso e incómodo en las fiestas o grandes reuniones. Sus músculos estaban tensos, su corazón latía más rápido y en ocasiones tenía malestar estomacal. En las fiestas se quedaba un rato, pero se sentía mejor una vez que se iba.

Gabriel decidió acudir a un profesional, el cual le dijo que tenía que aprender habilidades de relajación y le dio una grabación de audio con instrucciones para realizar relajación muscular progresiva. Le dijo que escuchara la grabación y que se sentiría más relajado en las fiestas. ¿Por qué podría ser un error el empleo de la relajación progresiva en este ejemplo? ¿Cómo se podría mejorar?

3. Luis tenía miedo a ir al dentista. Llevaba casi cuatro años sin ir. Evitaba pedir cita en el dentista y la última vez que tuvo cita no se presentó. Luis acudió a un psicólogo que empleó con él desensibilización sistemática. Construyeron una jerarquía de escenas relacionadas con ir al dentista. Luis aprendió la técnica de relajación y se relajaba mientras el psicólogo describía cada una de las escenas de la jerarquía. Tras seis sesiones de desensibilización sistemática Luis fue capaz de relajarse mientras se imaginaba sentado en la silla del dentista siendo sometido a un tratamiento odontológico. Después de que Luis pudiera relajarse mientras se imaginaba la intervención odontológica, el psicólogo le dijo que habían terminado el tratamiento. ¿Dónde está el error en el uso de la desensibilización sistemática en este caso? ¿Cómo se podría mejorar?

Modificación de la conducta cognitiva

¿Qué es la conducta cognitiva?

¿Qué funciones pueden tener los comportamientos cognitivos?

¿Qué es la reestructuración cognitiva?

¿Cómo conseguirías que la gente cambiara su forma de pensar mediante procedimientos de reestructuración cognitiva?

¿Cómo llevarías a cabo el aprendizaje autoinstruccional?

L a modificación de conducta, a menudo se centra en el análisis y en el cambio del comportamiento manifiesto. En la mayoría de los capítulos de este libro, se describen procedimientos para aumentar o disminuir conductas que pueden ser observadas y registradas por un observador independiente. Sin embargo, algunos comportamientos pueden darse de forma encubierta, es decir, no ser observables para otras personas. En el Capítulo 24 se describe un tipo de objetivo conductual encubierto: las respuestas fisiológicas implicadas en los miedos y los problemas de ansiedad. Este capítulo, por su parte, se centra en el análisis y la modificación de otro tipo de conducta no manifiesta: el **comportamiento cognitivo.**

Hemos de señalar que los expertos en análisis de la conducta, no se muestran a favor de emplear el adjetivo "cognitivo" por diversas razones (Skinner, 1974, 1977). Sin embargo el término es ampliamente utilizado en psicología clínica y en terapia de conducta y con frecuencia, los estudiantes se ven expuestos a él, de ahí que lo utilicemos aquí como etiqueta para referirnos a ciertos tipos de conductas encubiertas y determinados procedimientos de cambio comportamental. En cada caso se proporcionarán definiciones operativas de los comportamientos etiquetados como cognitivos, así como de los procedimientos diseñados para el cambio de estos.

Ejemplos de modificación de conducta cognitiva

Ayudar a Diego a controlar su ira

Diego, un estudiante de secundaria, era un inmigrante recién llegado a los Estados Unidos que llevaba en ese instituto desde segundo. A veces sus compañeros le insultaban o hacían comentarios racistas sobre él, ante lo que Diego, a menudo reaccionaba metiéndose en peleas. Lanzaba palabrotas hacia su ofensor y, si éste no se callaba o se alejaba, Diego comenzaba a pegarle puñetazos o se enzarzaba en una lucha con él hasta que otros estudiantes o los profesores ponían fin al combate. Diego había sido expulsado en varias ocasiones por pelearse, así que fue derivado a una orientadora escolar, la doctora Martín, para hacer frente a este problema.

Tras diversas entrevistas con Diego, la Dra. Martín identificó una serie de antecedentes que precedían a las peleas del chico. El antecedente principal era una situación en la que otro estudiante lo insultaba o hacía un comentario racista, si bien algunos antecedentes encubiertos también estaban presentes. Diego experimentaba una activación autonómica (elevada tasa cardiaca, tensión muscular y respiración rápida) que calificó como ira. En estas situaciones también se decía toda una serie de autoafirmaciones de enfado tales como "¡no puede decirme eso a mí!" o "¡no puedo dejar que salga impune de ésta!". Los insultos o comentarios de los otros estudiantes precedían a su activación fisiológica (ira) y a las frases de enfado, que, a su vez, antecedían a la pelea. Las consecuencias de pelearse fueron varias. En algunas ocasiones el otro estudiante se amedrentaba o salía corriendo después de que Diego comenzara a pegarle. En otras ocasiones, la lucha era interrumpida por un profesor u otro alumno. En ambos casos la pelea acababa con los insultos o los comentarios racistas, al menos temporalmente, por lo que la conducta de Diego era reforzada negativamente. La disminución de la activación autonómica que el chico experimentaba después del combate actuaba asimismo como reforzador negativo.

A la Dra. Martín no le resultaría fácil utilizar con Diego procedimientos de reforzamiento o castigo, puesto que ella no estaba presente cuando se peleaba. Tampoco estaría en su mano eliminar las condiciones antecedentes iniciales, puesto que no podría estar allí para evitar que otros alumnos hicieran comentarios racistas o insultaran a Diego (el instituto carecía de normas contra el comportamiento racista y, aunque se organizaron talleres para reducir las conductas xenófobas, esto no fue suficiente para detener el problema). La Dra. Martín decidió entonces utilizar procedimientos de modificación de conducta cognitiva para ayudar a Diego a cambiar su autodiálogo y su activación autonómica, es decir, los antecedentes encubiertos de sus peleas. En primer lugar, la Dra. Martín ayudó a Diego a identificar todas las autoafirmaciones de enfado que hacía en las situaciones de enfrentamiento. El chico descubrió que estas afirmaciones (pensamientos) de ira que se daban en respuesta a los comentarios racistas, elicitaban una mayor activación autonómica que hacía más probable que la pelea ocurriera. Una vez que Diego tomó conciencia de sus pensamientos de enfado y comprendió el papel que éstos jugaban, estuvo de acuerdo en trabajar con la Dra. Martín, para cambiar sus cogniciones como manera de reducir sus peleas.

La Dra. Martín enseñó a Diego a reemplazar sus pensamientos de enfado por autoafirmaciones de afrontamiento que no lo llevarían a pelearse. Diego aprendió una serie de verbalizaciones del tipo "¡no te pelees o te van a suspender!", "vete, es un racista, ¡no merece la pena!" o "¡no te pongas a su nivel!". Usando el role-play para simular las situaciones de pelea, la Dra. Martín enseñó a Diego a decirse esas frases de afrontamiento en voz alta y a marcharse cada vez que alguien lo insultaba o hacía comentarios racistas hacia él. Cuando Diego se alejaba de las peleas en el role-play, se felicitaba a sí mismo. Aprendió a decirse, por ejemplo, "¡así se hace, te has ido!", "¡un hombre de verdad no se pelea!", o "¡yo tengo el control aquí!". Diego practicó la conducta en role-play que simulaban todos los comentarios racistas e insultos que había escuchado durante el año que llevaba en el instituto. La Dra. Martín proporcionó las instrucciones y el modelado necesarios para enseñar a Diego afirmaciones de afrontamiento adecuadas, y le alababa y daba retroalimentación sobre la actuación del chico en esos ensayos conductuales. Una vez que Diego logró decirse con éxito muchas afirmaciones de afrontamiento en voz alta durante los role-play, aprendió a decírselas en silencio, lo que resultaría más apropiado en una situación de conflicto real.

Además de este aprendizaje de verbalizaciones de afrontamiento para reemplazar sus pensamientos de ira, Diego aprendió técnicas de relajación para calmarse cuando se enfadaba. La Dra. Martín también empleó técnicas de entrenamiento en habilidades del comportamiento para enseñarle habilidades de comunicación asertiva adecuadas, es decir, mejores formas de interactuar con los otros estudiantes para reducir la probabilidad de comentarios racistas. Por último, elaboraron un contrato conductual en el que se especificaban las consecuencias reforzantes que el chico obtendría cada semana si no se peleaba. Diego disfrutó trabajando con la Dra. Martín y aprendió a controlar su comportamiento. Se convirtió en un reforzador para él alejarse de las peleas, debido a las verbalizaciones de autoelogio que él mismo se hacía y a las alabanzas que obtenía de la Dra. Martín cuando le contaba en sesión lo sucedido.

¿Qué procedimientos de modificación de conducta descritos en capítulos anteriores utiliza la Dra. Martín con Diego?

En primer lugar, llevó a cabo una evaluación funcional a través de la entrevista con Diego, con el objetivo de identificar los antecedentes y las consecuencias de las peleas. Utilizó procedimientos de entrenamiento en habilidades conductuales (instrucciones, modelado, ensayo, reforzamiento y retroalimentación), para enseñar verbalizaciones de afrontamiento y habilidades de comunicación asertiva. La Dra. Martín también enseñó a Diego técnicas de relajación para reducir su activación autonómica en las situaciones de conflicto. Por último, utilizó un contrato conducta para motivarle a evitar las peleas. En este caso, como en muchos otros, se emplearon múltiples procedimientos de modificación de conducta para resolver un problema.

Ayudar a Clara a prestar atención en clase

Clara, una niña de 7 años de segundo de primaria, a menudo tenía problemas con su maestra por levantarse continuamente de su asiento durante los periodos de clase. Si Clara se levantaba de su silla, era para estar en el pasillo y poder hablar con algún compañero de clase, molestar a otro niño, quitarle algo a otro alumno de su pupitre o participar en algún otro comportamiento disruptivo. Clara tenía un diagnóstico de trastorno por déficit de atención con hiperactividad y sus padres estaban valorando medicada. Sin embargo. antes de recurrir al tratamiento farmacológico, querían averiguar si los procedimientos de modificación de conducta podían ayudar a Clara a permanecer en su asiento y a prestar atención en clase.

La familia llevó a Clara a un psicólogo infantil, el Dr. Cruz, quien puso en marcha un entrenamiento en autoinstrucciones. Tal y como el Dr. Cruz explicó a Clara y a sus padres, el entrenamiento en autoinstrucciones es un modo de enseñar a los niños a hablarse a ellos mismos para que puedan controlar su propio comportamiento en el aula. Con este procedimiento Clara aprendería a darse instrucciones a sí misma para permanecer sentada y prestar atención a su maestra.

En su consulta, el Dr. Cruz utilizó procedimientos de entrenamiento en habilidades del comportamiento para enseñar autoinstrucciones a Clara. En primer lugar, modeló la conducta. Se sentó en una silla y fingió que estaba en clase de la señorita Pardo. Cada vez que iniciaba el comportamiento de levantarse de la silla, se detenía y decía en voz alta, "espera, estoy fuera de mi asiento, tengo que quedarme en mi silla o me meteré en líos". En cuanto se daba las autoinstrucciones, volvía a sentarse en la silla y se decía en voz alta, "¡bien, estoy en mi asiento, a la señorita Pardo le gusta esto!". Después de modelar el comportamiento y las auto-instrucciones, el Dr. Cruz le pidió a Clara que lo hiciera ella tal y como él lo había hecho. Cada vez que Clara ensayaba la conducta y las autoinstrucciones en el role-play, el Dr. Cruz le felicitaba y le daba retroalimentación sobre su actuación. Practicaron esto varias veces hasta que Clara lo hizo todo correctamente. Una vez que Clara adquirió las autoinstrucciones para sentarse cuando estaba fuera de su asiento y se sentaba inmediatamente tras ellas, el Dr. Cruz hizo que la niña repitiera las instrucciones para sí misma en voz más baja. Continuaron practicando hasta que Clara llegó a darse las instrucciones de forma encubierta, de modo que nadie podía escucharla. El Dr. Cruz le proporcionó elogios y otros reforzadores (como pegatinas y pequeños regalos) mientras Clara participó en el entrenamiento de habilidades en su despacho. Al final de la sesión, el Dr. Cruz le dijo a Clara que usara sus autoinstrucciones en clase cada vez que empezara a levantarse del asiento, que volviera a sentarse de inmediato y que se elogiara a sí misma tal y como habían practicado.

Además del entrenamiento en autoinstrucciones, el Dr. Cruz llevó a cabo otros dos procedimientos. Instruyó a la maestra para que alabara a Clara periódicamente cuando estuviera sentada prestando atención en clase. Le dijo a la señora Pardo que elogiara a Clara al menos dos veces cada hora por estar en su silla. La maestra iba a acercarse al pupitre de Clara, susurrarle "buen trabajo", y poner una cara sonriente en un pedazo de papel sobre su mesa; de este modo la señorita Pardo no distraería a la clase cada vez que le felicitara. Siempre que la niña se levantara de su asiento y no volviera de inmediato, la señorita Pardo la llevaría de vuelta a su silla lo antes posible y sin decirle nada. De esta manera, Clara regresaría a su asiento, pero no conseguiría la atención de la maestra, que podría haber reforzado la conducta de estar fuera de su sitio. El otro procedimiento utilizado por el Dr. Cruz fue la auto-observación, en el que Clara registraba en intervalos periódicos, si estaba sentada. Clara llevaba un reloj de pulsera que emitía un pitido cada 30 minutos. Si estaba sentada cuando el reloj sonaba, tenía que poner una marca de éxito en el cuadro de auto-observación de encima de su mesa. Si no estaba sentada, era un recordatorio para que permaneciera en su silla. La señorita Pardo también hizo un seguimiento cada media hora y, al final del día, Clara comparaba su registro con el de la señorita Pardo, lo que ayudó a que Clara registrara su propio comportamiento con precisión. Después de que estos procedimientos se llevaran a cabo, Clara permanecía en su asiento y prestaba mucha más atención en clase. Esto permitió mejoró su trabajo en la escuela y obtuvo calificaciones más altas.

Definiendo la modificación de conducta cognitiva

Los procedimientos de **modificación de conducta cognitiva** se utilizan para ayudar a cambiar aquellos comportamientos que se denominan cognitivos. Antes de describir los procedimientos de modificación de conducta cognitiva, es importante proporcionar una definición conductual del comportamiento cognitivo.

Definiendo la conducta cognitiva

Cuando los procedimientos de modificación de conducta se utilizan para cambiar un objetivo conductual, dicho objetivo conductual debe ser identificado y definido en términos objetivos, de modo que su ocurrencia pueda ser registrada. Esto es así para los comportamientos manifiestos, pero también para los encubiertos, como las conductas cognitivas. No podemos cambiar un objetivo conductual a menos que sepamos exactamente de qué comportamiento se trata e identifiquemos cuándo está ocurriendo. En el caso de las conductas manifiestas, esto implica la observación directa y el registro de la conducta por parte de un observador independiente o de la propia persona que exhibe el comportamiento (auto-observación). Dado que las conductas cognitivas son encubiertas, no pueden observarse directamente ni ser registradas por un observador independiente, sino que es la persona que realiza la conducta cognitiva la que debe identificar y registrar la ocurrencia de dicho comportamiento. Sólo la propia persona puede identificar la presencia de autoafirmaciones o pensamientos específicos, debido al carácter encubierto de estas conducta.

Sabemos que la gente piensa, habla consigo misma, resuelve problemas, se autoevalúa, hace planes, imagina comportamientos o situaciones específicas... Todo ello son ejemplos de *conducta cognitiva*; son respuestas verbales o imaginadas elaboradas por la persona, encubiertas y, por tanto, no observables para los demás. Para poder trabajar efectivamente con comportamientos cognitivos, debemos trabajar con el cliente para que defina objetivamente esas conductas. Por ejemplo, una persona puede informar de los pensamientos concretos que tiene en un momento determinado, puede describir las cosas que se dice, explicar la situación o el comportamiento que se estaba imaginando, o puede contar qué juicios valorativos hace de sí misma. Para tener una definición conductual de un comportamiento cognitivo, el pensamiento, la imagen o la afirmación, debe ser claramente descrita por la persona que emite la conducta. Ponerle una etiqueta al comportamiento cognitivo no es hacer una definición conductual. Así, por ejemplo, decir que una persona tiene baja autoestima no es definir el comportamiento cognitivo, se trata simplemente de ponerle una etiqueta (baja autoestima) a una clase específica de autoafirmaciones negativas del tipo "no soy capaz de hacer nada bien", "soy gorda y fea y nadie me quiere", o "nunca llegaré a nada en esta vida". Estas afirmaciones y otras como estas, son las conductas cognitivas que se etiquetan como "baja autoestima". Debemos ser capaces de identificar los comportamientos cognitivos concretos (autoafirmaciones), para ayudar al cliente a cambiarlos mediante los procedimientos de modificación de conducta cognitiva. La Tabla 25-1 muestra algunos ejemplos de definiciones conductuales de comportamientos cognitivos y algunas etiquetas posibles para dichos comportamientos.

Las conductas cognitivas que conforman los objetivos comportamentales de la modificación de conducta cognitiva incluyen tanto excesos como déficits comportamentales. Un exceso conductual es aquella conducta cognitiva no deseable, que la persona trataría de reducir (los comportamientos etiquetados en la Tabla 25-1 como pensamientos paranoicos, pensamientos suicidas, y baja autoconfianza son ejemplos

TABLA 25-1 Definiciones conductuales de comportamientos cognitivos y sus etiquetas correspondientes

Definición conductual	Etiqueta
Cuando el cliente ve gente hablando, piensa "están hablando de mí". Cuando el cliente ve a alguien caminando detrás de él, piensa "esta persona me está siguiendo".	Pensamientos paranoicos
Una persona piensa "¡Yo puedo hacerlo! Puedo tener éxito en este trabajo. Lo haré bien".	Autoeficacia
Una persona piensa "¡Ojalá me muriera! ¿Qué sentido tiene continuar? A nadie le importa; sería mejor para todo el mundo que yo estuviera muerto".	Pensamientos suicidas
Un bateador de béisbol se dice a sí mismo "puedo con este lanzador, soy mejor que él, voy a ganar este juego".	Autoconfianza
El jugador derecho en un partido de béisbol se dice a sí mismo "espero que no golpee la bola, no sé si podré pillarla, ojalá este juego acabe".	Baja autoconfianza
Mientras una conductora busca una dirección, piensa "se supone que tengo que girar a la izquierda en el primer semáforo y continuar durante tres manzanas hasta una señal de stop. Entonces giro a la derecha y sigo hasta que vea la casa blanca a la izquierda".	Autoinstrucciones

de excesos conductuales cognitivos). El déficit comportamental alude a aquella conducta cognitiva deseable, que la persona buscaría incrementar (los comportamientos etiquetados en la Tabla 25-1 como autoeficacia, autoconfianza y autoinstrucciones son ejemplos de déficits conductuales cognitivos).

Funciones de la conducta cognitiva

¿Por qué a veces estamos interesados en modificar el comportamiento cognitivo? Una razón es que dicho comportamiento cognitivo puede ser muy molesto para la persona, ya que puede funcionar como un estímulo condicionado (EC) elicitador de una respuesta condicionada desagradable (RC). Por ejemplo, los pensamientos de temor de una persona pueden funcionar como EC elicitadores de una RC de activación fisiológica (ansiedad). Los pensamientos de enfado de Diego elicitaban la activación autonómica que él calificaba de ira. Los comportamientos cognitivos que dan lugar a RC no deseadas, como la ansiedad, son excesos conductuales que se pueden reducir mediante procedimientos de modificación de conducta cognitiva.

Los comportamientos cognitivos también pueden funcionar como estímulos discriminativos (ED) de conductas deseables. Después de decirse una regla o una autoinstrucción, es más probable que una persona realice la conducta deseable especificada por esa regla o autoinstrucción. Por ejemplo, una persona que se repite una serie de indicaciones ("gira a la izquierda en la calle principal y a la derecha en la Quinta Avenida") es más probable que llegue a su destino. Las autoinstrucciones de Clara hicieron más probable que la niña permaneciera sentada en su silla y prestara atención en clase. Las autoinstrucciones o las reglas, se ven en ocasiones como los déficits comportamentales cuya frecuencia es necesario incrementar a través de los procedimientos de modificación de conducta cognitiva.

Los comportamientos cognitivos pueden, asimismo, funcionar como operaciones de establecimiento (OE) que influyen en el poder que tienen las consecuencias para actuar como reforzadores o castigos. El modo en el que nos hablamos a nosotros mismos sobre los acontecimientos de nuestras vidas, puede cambiar el valor de esos acontecimientos como reforzadores o castigos. Por ejemplo, si un empleado piensa: "Mi jefe es un tipo horrible y lo que dice no tiene ningún sentido", los elogios del jefe no funcionarán como reforzador para él. Por el contrario, si el trabajador no interpreta negativamente las acciones del jefe o piensa más positivamente sobre él y sus intenciones, es más probable que el elogio del jefe funcione como un reforzador para la conducta del empleado.

Las conductas cognitivas también pueden funcionar como consecuencias reforzantes o punitivas cuando siguen a algún otro comportamiento. Los comentarios de alabanza o las críticas de los otros pueden servir como reforzadores o castigos. Del mismo modo, las afirmaciones de elogio o crítica hechas por una persona pueden, servir como reforzadores o castigos de su propia conducta. Tanto Diego como Clara aprendieron a felicitarse tras su comportamiento deseable.

Procedimientos de modificación de conducta cognitiva

Los procedimientos de modificación de conducta cognitiva se utilizan para ayudar a las personas a cambiar sus comportamientos cognitivos. Algunos procedimientos, llamados de **reestructuración cognitiva,** están diseñados para reemplazar conductas cognitivas desadaptativas por otras más adaptativas. La reestructuración cognitiva se utiliza en caso de excesos comportamentales, es decir, cuando existen conductas cognitivas disfuncionales que contribuyen al problema. Otros procedimientos, denominados de **entrenamiento en habilidades de afrontamiento,** están diseñados para enseñar nuevas conductas cognitivas, que a su vez son utilizadas para promover otros comportamientos deseables. Estos procedimientos se utilizan en caso de que haya déficits conductuales, es decir, cuando una persona no tiene el repertorio cognitivo necesario para enfrentarse con efectividad a las situaciones problema (Spiegler y Guevremont, 2003, 2010). Veamos estos procedimientos uno por uno.

Téngase en cuenta que, a partir de ahora y durante el resto del capítulo, usaremos el término pensamiento para referirnos a cualquier comportamiento cognitivo: pensar, hacer autoafirmaciones o hablar con uno mismo de forma encubierta. La conducta cognitiva particular a la que se refiera el término deberá ser definida conductualmente en cada caso.

Reestructuración cognitiva

En los procedimientos de reestructuración cognitiva, el terapeuta ayuda al cliente a identificar las conductas cognitivas problemáticas, a deshacerse de ellas o a reemplazarlas por pensamientos más deseables. Los pensamientos perturbadores podrían ser aquellos que elicitan respuestas emocionales como miedo, ansiedad o ira, o aquellos que están asociados a estados de ánimo desagradables, problemas de comportamiento o un pobre rendimiento. Por ejemplo, cuando Tiana (del Capítulo 24) piensa "sé que voy a estar muerta de miedo cuando dé mi charla en clase", experimenta ansiedad y es más probable que emita un comportamiento de evitación (como abandonar las clases). Cuando Diego se dice "¡no puedo dejar que salga impune de esto!", es más probable que experimente activación fisiológica (ira) y se meta en una pelea. La reestructuración cognitiva consta de tres pasos básicos.

1. *Ayudar al cliente a identificar los pensamientos perturbadores y las situaciones en las que se producen.* Esto se puede lograr pidiendo a los clientes que informen de los pensamientos perturbadores que experimentan en situaciones específicas, basándose en el recuerdo por parte de la persona de las situaciones y los pensamientos a ellas asociados. Una

segunda manera de evaluar los pensamientos disfuncionales es mediante la autoobservación del cliente, es decir, a través de la descripción de las situaciones y los pensamientos que éste anota mientras unas y otros tienen lugar.

2. *Ayudar al cliente a identificar la respuesta emocional, el ánimo disfórico o el problema de comportamiento que sigue al pensamiento perturbador.* De esta manera, el cliente puede ver cómo el pensamiento desadaptativo es un antecedente de la respuesta emocional desagradable, el estado de ánimo negativo o la conducta problema. El cliente debe proporcionar esta información recurriendo a su memoria o implicarse en la autoobservación para registrar las respuestas una vez que se produzcan. La Tabla 25-2 presenta la planilla que un cliente podría utilizar para registrar sus pensamientos disfuncionales, las situaciones en las que éstos ocurren, y la respuesta emocional o la conducta que sigue a dichos pensamientos. Esta planilla incluye ejemplos introducidos por cuatro personas diferentes; en la práctica, por supuesto, únicamente una persona podría rellenar cada hoja de registro.

3. *Ayudar al cliente a abandonar esos pensamientos perturbadores mediante el desarrollo de pensamientos más racionales y deseables.* Cuando el cliente emite pensamientos racionales en lugar de los disfuncionales en la situación problema, se reduce la probabilidad de que experimente respuestas emocionales negativas o de que lleve a cabo conductas problemáticas. No es fácil ayudar a un cliente a cambiar su patrón de pensamiento. La reestructuración cognitiva generalmente la realizan psicólogos u otros profesionales, con un entrenamiento específico en estos procedimientos. El terapeuta desafía los pensamientos perturbadores planteando preguntas que hacen que el cliente analice la lógica o la racionalidad de sus pensamientos o interprete la situación de manera diferente. Consideremos el segundo ejemplo de la Tabla 25-2. Este cliente, Daniela, se siente triste, cada vez hace menos cosas fuera del trabajo y cada vez informa de más pensamientos depresivos. En el ejemplo, Daniela presentó una serie de pensamientos disfuncionales cuando se estaba preparando para salir de fiesta con sus amigas.

Inmediatamente después de estos pensamientos, se sintió más decaída y decidió no salir. Para ayudarle a detener estos pensamientos perturbadores, el terapeuta podría plantearle las siguientes cuestiones: "¿Cómo sabes que realmente no le gustas a tus amigas? ¿Dónde está la evidencia? ¿Qué pruebas tienes de que te proponen salir sólo porque te tienen lástima?" A medida que el terapeuta le plantea estas preguntas, ella se da cuenta de que no hay evidencias que apoyen lo que piensa. Finalmente, queda claro que está pensando de forma distorsionada. Las preguntas del terapeuta la obligan a pensar de manera más realista o racional y a rechazar aquellos pensamientos que no son racionales o son poco

TABLA 25-2 Ejemplo de una hoja de registro utilizada en la reestructuración cognitiva

Situación	Pensamientos	Consecuencia emocional o conductual
Voy a mi clase de historia.	- ¡Oh, Dios mío! ¡Tengo que exponer! No puede hacerlo. ¡Voy a morir!"	Experimento ansiedad.
Preparándome para salir con mis amigas.	"En realidad no les gusto. Me llaman porque sienten lástima por mí".	Me siento deprimida. No salgo con mis amigas.
Mi marido llega a casa tarde del trabajo.	"Me pregunto con quién está. Apuesto a que está en el bar coqueteando con otras mujeres".	Me enfado. Ignoro a mi marido cuando llega a casa. Le grito por haber llegado tarde.
Mi novia habla y se ríe con un jugador de fútbol en la fiesta de la universidad.	"¡Seguro que está ligando con ella! ¡Cómo puede hacerme esto!"	Me pongo celoso, enfadado. Me emborracho. Insulto a mi novia y me voy de la fiesta.

precisos (Burns, 1980; Hollon y Jacobson, 1985). La reestructuración cognitiva se produce cuando Daniela sustituye sus pensamientos distorsionados por otros más apropiados que no dan lugar a un comportamiento o a un estado de ánimo deprimido.

Pasos en la reestructuración cognitiva

1. Identificar los pensamientos y las situaciones problemáticas.
2. Identificar la respuesta emocional o la conducta que sigue a los pensamientos.
3. Trabajar para disminuir los pensamientos perturbadores y reemplazarlos por un pensamiento más racional o deseable.

Terapia Cognitiva. Diversos autores han descrito las distintas variaciones que existen de la reestructuración cognitiva. Estas variaciones incluyen la terapia racional-emotiva, la reestructuración racional sistemática, y la terapia cognitiva (Beck, 1976; Beck y Freeman, 1989; Ellis y Bernard, 1985; Ellis y Dryden, 1987; Freeman, Simon, Beutler y Arkowitz, 1989; Goldfried, 1988; Goldfried, Decenteceo y Weinberg, 1974). Este capítulo se centra en la **terapia cognitiva.** David Burns (1980) proporciona una excelente descripción de la terapia cognitiva para la depresión basada en el trabajo de Aaron Beck (Beck, 1972; Beck, Rush, Shaw y Emery, 1979).

Como parte del tratamiento para la depresión, Burns utiliza una forma de reestructuración cognitiva llamada *terapia cognitiva* para, ayudar a la gente a cambiar su comportamiento, incluyendo su autohabla o pensamientos distorsionados Las personas que afirman que están deprimidas, realizan cada vez menos actividades reforzantes y se enganchan más a un tipo de pensamiento distorsionado con el que evalúan o interpretan negativamente lo que acontece en sus vidas.

La terapia cognitiva para la depresión consiste, primero en lograr que la persona realice más actividades reforzantes. El siguiente paso, es utilizar la reestructuración cognitiva para ayudar a la persona a cambiar su pensamiento distorsionado. Cuando la persona se involucra en más actividades reforzantes y sustituye su autohabla distorsionada por un autodiálogo más racional o exacto, disminuye la probabilidad de que afirme que está deprimida.

Activación conductual: Consiguiendo que las personas realicen más actividades reforzantes

Aunque la terapia cognitiva para la depresión se centra en conseguir que las personas (a) realicen más actividades reforzantes y (b) cambiar su pensamiento distorsionado, un tratamiento para la depresión solamente se centra en incrementar las actividades reforzantes. En el tratamiento de activación conductual el terapeuta consigue que el cliente se comprometa en realizar varias conductas reforzantes cada semana (Hopko, Lejuez, Ruggiero, &Eifert, 2003; Lejuez, Hopko, &Hopko, 2001; Martell, Addis, & Jacobson, 2001). Se hipotetiza que una de las razones por las que las personas sufren depresión es que no realizan conductas que previamente era reforzantes. Por lo tanto, la activación conductual es una estrategia que combate la depresión consiguiendo que las personas realicen actividades reforzantes más variadas y en mayor cantidad. Una vez que realizan estas actividades, reportan que se sienten menos deprimidos y continúan siendo más activos."

La Tabla 25-3 enumera algunos tipos de pensamientos distorsionados que una persona deprimida puede presentar. Burns los llama **distorsiones cognitivas.**

Después de identificar los pensamientos distorsionados que alguien presenta, el siguiente paso es retar a la persona a valorar dichos pensamientos y reemplazarlos por otros más exactos o lógicos. Podemos debatir el pensamiento distorsionado de una persona a través de tres tipos de preguntas.

TABLA 25-3 Ejemplos de distorsiones cognitivas

Pensamiento todo o nada

Ver todo en términos de blanco o negro sin matices grises. Si algo no es perfecto, es inaceptable.

Sobregeneralización

Tomar un solo evento negativo como prueba de que algo es malo o de que siempre va a ir mal.

Descalificación de lo positivo.

En una situación o acontecimiento normalmente hay aspectos positivos y negativos. La descalificación de lo positivo conlleva obviar o ignorar los elementos positivos y centrarse en los negativos incluso cuando la situación o el acontecimiento resultó muy positivo.

Conclusiones precipitadas

Extraer conclusiones negativas de forma arbitraria sin que haya hechos que las apoyen. Esta distorsión podría incluir la lectura de la mente, hacer suposiciones sobre lo que piensan los demás, o predecir acontecimientos futuros negativos sin evidencia que sustente dichas predicciones.

Magnificación y minimización

Aumentar la magnitud de los acontecimientos negativos o minimizar la importancia de los positivos.

Etiquetar

Poner etiquetas negativas a los acontecimientos o a uno mismo, lo que influye en cómo se percibe el mundo o a sí mismo.

Personalización

Asumir la responsabilidad de la ocurrencia de los hechos negativos, incluso cuando no hay pruebas de ser responsable de ellos.

Fuente: Burns (1980).

- ¿Dónde está la evidencia?
- ¿Hay alguna explicación alternativa?
- ¿Cuáles son las consecuencias?

Considérese el siguiente ejemplo. Ruth fue a ver a un psicólogo porque se sentía deprimida. Recientemente había sido contratada como gerente de nivel medio en una empresa de fabricación al por mayor y a menudo se sentía preocupada por su rendimiento en el trabajo, a pesar de que nunca le habían dicho que estuviera haciendo mal sus tareas. Un día cometió un error en un pedido. Su jefe se lo dijo y le mostró cómo hacerlo correctamente en el futuro. Después de que esto sucediera, Ruth se dijo a sí misma "no soy buena en este trabajo, soy demasiado estúpida. Sé que me van a despedir porque mi jefe piensa que soy una incompetente". Ruth se decía estas y otras afirmaciones similares en el trabajo y en casa. Cuando se decía estas cosas, se sentía más deprimida.

Identificación de las distorsiones cognitivas en las autoafirmaciones de Ruth.

Ruth está sobre-generalizando a partir de un caso particular (cometer un error), y se está diciendo a sí misma que no es buena en el trabajo, se está poniendo la etiqueta de estúpida y está sacando conclusiones apresuradas cuando se dice a sí misma que su jefe cree que es incompetente y que le van a despedir. En el siguiente fragmento de una sesión de modificación de conducta cognitiva, podemos observar cómo el psicólogo (P) utiliza preguntas para forzar a Ruth (R) a cambiar sus pensamientos distorsionados. Ruth acaba de formular la afirmación "no soy buena en mi trabajo y me van a despedir", y dice que se siente deprimida cuando piensa así.

P: Ruth, ¿dónde está la evidencia de que no eres buena en tu trabajo?

R: Bueno, yo sólo sé que no soy buena en eso.

P: Sí, lo dijiste, pero, ¿dónde está la evidencia de esa afirmación?

R: Bueno, mi jefe nunca me dice que estoy haciendo un buen trabajo.

P: Vale, tu jefe no te dice que lo estás haciendo bien. ¿Significa eso que no estás haciendo un buen trabajo?

R: Debería. Si lo estuviera haciendo bien, me lo diría.

P: ¿Hay alguna otra explicación posible para el hecho de que tu jefe no te diga que estás haciendo un buen trabajo?

R: No lo sé.

P: ¿Le dice a alguien que está haciendo un buen trabajo?

R: No.

P: ¿Crees que tus compañeros hacen bien su trabajo?

R: Sí.

P: Pero tu jefe no se lo dice. ¿Es posible que tú estés haciendo un buen trabajo, incluso aunque tu jefe no te lo reconozca?

R: Supongo que sí.

P: Sí, yo también lo supongo. ¿Hay alguna otra explicación para el hecho de que tu jefe no os diga ni a ti ni a tus compañeros que estáis haciendo un buen trabajo?

R: Bueno, supongo que porque está demasiado ocupado.

P: Esa es una explicación muy razonable. ¿Hay alguna otra explicación posible?

R: Bueno, tal vez simplemente no es su estilo de supervisión felicitar a la gente cuándo lo hace bien.

P: Muy bien. Luego puede haber un par de explicaciones alternativas de por qué tu jefe no te dice que haces bien tu trabajo. Ahora dime, ¿dónde está la evidencia de que te van a despedir?

El psicólogo continuaría haciendo preguntas similares a Ruth hasta que llegase a la conclusión de que sus pensamientos iniciales no eran precisos y formulase afirmaciones más razonables o realistas que sustituyeran a esos pensamientos inexactos o distorsionados. A medida que Ruth reemplazase sus autoafirmaciones distorsionadas, negativas, por otras más razonables, se haría menos probable que informase de un estado de ánimo deprimido. Además, Rut aprendería la habilidad de cuestionar su propio pensamiento distorsionado de esta misma manera y sería capaz de usar esa habilidad en el futuro si volviera a presentar distorsiones. Es importante resaltar que el terapeuta no le dice a la persona lo que tiene que pensar en lugar de los pensamientos distorsionados. Más bien, el terapeuta pregunta al cliente unas preguntas para que este evalúe su propio pensamiento y por tanto se dé lugar al cambio.

Entrenamiento de habilidades de afrontamiento

En el entrenamiento en habilidades *cognitivas de afrontamiento*, el terapeuta enseña a los clientes frases que pueden utilizar en una situación problemática para mejorar su rendimiento o influir sobre su comportamiento en la situación. En nuestros ejemplos, tanto Diego como Clara usaron habilidades cognitivas de afrontamiento para influir sobre su conducta en una situación problemática. Diego *desarrolló afirmaciones* para hacer frente a los momentos en los que alguien lo insultaba o hacía comentarios racistas en la escuela. Cuando él formulaba esas afirmaciones de afrontamiento en esas situaciones, se reducía la probabilidad de que se enfadase y se metiera en peleas. Clara utilizó un tipo de frases de afrontamiento denominadas *autoinstrucciones* cuando se levantaba de su silla en clase. Se daba instrucciones a sí misma para volver a su asiento y prestar atención a la maestra. En cada caso, Diego y Clara aprendieron frases de afrontamiento mediante instrucciones, modelado, ensayo y retroalimentación en situaciones de role-play que simulaban las situaciones problema. Una vez que Diego y Clara comenzaron a usar estas estrategias de afrontamiento en las situaciones reales, su comportamiento mejoró.

Spiegler y Guevremont (2003) describen tres tipos de procedimientos para el entrenamiento de habilidades cognitivas de afrontamiento: el entrenamiento en autoinstrucciones, el entrenamiento en inoculación del estrés, y el entrenamiento en solución de problemas. Este capítulo se centra en el entrenamiento autoinstruccional (para informarse sobre otros tipos de entrenamiento de habilidades cognitivas de afrontamiento ver Spiegler y Guevremont, 2003, 2010; ver también D'Zurilla, 1986; D'Zurilla y Goldfried, 1971; Meichenbaum, 1977, 1985; Nezu, Nezu y Perri, 1989; Novaco, 1977).

El entrenamiento en autoinstrucciones consta de tres pasos básicos:

1. *Identificar la situación problema y definir el comportamiento deseable más apropiado en dicha situación*. También es importante identificar cualquier conducta que pueda competir o interferir con el comportamiento deseable en la situación que genera dificultades. Para Diego, el comportamiento deseado era alejarse de las provocaciones de otro estudiante. Los comportamientos con los que competía eran pelearse (conducta manifiesta) y dirigirse afirmaciones de ira (conducta encubierta). Para Clara, la conducta deseable era sentarse en su silla y prestar atención a la maestra. La conducta competidora era levantarse de la silla y molestar a sus compañeros.

2. *Identificar las autoinstrucciones que serán más útiles en la situación problema*. Diego aprendió autoafirmaciones que le indicaban que se alejara de la provocación de otro alumno. Estas afirmaciones también interfirieron sobre las que ya existían y que elicitaban activación (ira) en la situación problema. Ello hizo menos probable que Diego se pusiera furioso y más probable que se alejara. Clara aprendió autoafirmaciones en las que ella misma se daba instrucciones para permanecer en su asiento y mirar a la maestra durante la clase. Estas autoafirmaciones fueron autoinstrucciones sencillas adecuadas al nivel de desarrollo de una niña de 7 años.

3. *Usar el entrenamiento de habilidades comportamentales para enseñar las autoinstrucciones*. La persona debe practicar las autoinstrucciones en role-play simulando la situación problema para lograr su generalización al contexto real una vez que el entrenamiento haya concluido.

Pasos en entrenamiento autoinstruccional

1. Identificar la situación problema, definir la conducta que se quiere incrementar e identificar conductas alternativas.
2. Identificar las autoinstrucciones que se van a utilizar en la situación problema.
3. Utilizar el entrenamiento en habilidades conductuales para enseñar las autoinstrucciones.

Cuando se realiza el entrenamiento de habilidades conductuales, el terapeuta primero modela las autoinstrucciones y el comportamiento deseable en un contexto de role-play. Por ejemplo, mientras Clara observaba, el Dr. Cruz se sentó en una silla ante un pupitre y actuó como si fuera Clara en su clase. Cada vez que empezaba a levantarse del asiento, decía las autoinstrucciones en voz alta e inmediatamente se volvía a sentar. Cada vez que se volvía a sentar, se elogiaba a sí mismo.

Después de actuar algunas veces como modelo de autoinstrucciones y comportamiento deseable para Clara, pidió a la niña que practicara con él. Clara entonces se sentó en un escritorio y, cada vez que empezaba a levantarse, se decía las autoinstrucciones y volvía a sentarse de inmediato. En ese momento se elogiaba a sí misma por sentarse. El Dr. Cruz alabó a Clara tras cada ensayo que la niña completó con él. Después de que Clara practicara las autoinstrucciones y el comportamiento deseado con el Dr. Cruz, éste le pidió que lo hiciera ella sola. Ahora Clara recitó las autoinstrucciones en voz alta mientras se levantaba, se sentó después y se elogió a sí misma. La niña llevó a cabo esta secuencia sin ninguna ayuda del Dr. Cruz, quien elogió su actuación en cada ensayo.

El Dr. Cruz mantuvo a Clara realizando el mismo role-play algunas veces más; cada vez la niña iba diciéndose las autoinstrucciones en voz más baja. Por último, el Dr. Cruz pidió a Clara que se dijera las autoinstrucciones para sí misma, de modo que él no pudiera oírla. De esta manera, las autoinstrucciones y el autoelogio se dieron de forma encubierta, lo que permitiría que Clara no llamara la atención en clase. La secuencia de pasos del entrenamiento utilizado para la enseñanza de autoinstrucciones se recoge en la Tabla 25-4.

Una vez que el cliente aprende las autoinstrucciones en el contexto de role-play simulando la situación problema, se le instruye para que utilice este aprendizaje en las situaciones reales. Si el entrenamiento autoinstruccional es efectivo, la situación problema debería ser un estímulo discriminativo para las autoinstrucciones. Después de haberse dado las autoinstrucciones, se incrementarían las probabilidades de que el cliente lleve a cabo la conducta ya que la presencia de dicho comportamiento se ha correlacionado con la autoinstrucción en el role-play. A consecuencia de ello, la autoinstrucción se convierte en un estímulo discriminativo de la conducta deseada.

TABLA 25-4 Pasos del entrenamiento utilizado para la enseñanza de autoinstrucciones

1. El terapeuta presenta las autoinstrucciones en voz alta y lleva a cabo la conducta deseada.
2. Terapeuta y cliente recitan las autoinstrucciones en voz alta y emiten el comportamiento deseado.
3. El cliente dice las autoinstrucciones en voz alta y realiza la conducta deseable sin ayuda del terapeuta.
4. El cliente repite las autoinstrucciones en voz cada vez más baja y lleva a cabo el comportamiento deseado.
5. El cliente recita las autoinstrucciones sin producir sonido alguno y emite la conducta deseada.
6. El cliente se da las autoinstrucciones de forma encubierta sin mover los labios y realiza el comportamiento deseado.

Donald Meichenbaum desarrolló el entrenamiento autoinstruccional y evaluó su efectividad para ayudar a las personas a controlar su propio comportamiento. Así, por ejemplo, Meichenbaum y Goodman (1971) enseñaron a niños pequeños a usar autoinstrucciones para controlar su conducta impulsiva. En cualquier caso, la efectividad del entrenamiento autoinstruccional con niños ha sido demostrada también por otros investigadores (Bryant y Budd, 1982; Guèvremont, Osnes y Stokes, 1988; Kendall y Braswell, 1985). Meichenbaum ha usado además el entrenamiento autoinstruccional en adultos con esquizofrenia (Meichenbaum y Cameron, 1973), en un estudio donde los pacientes utilizaron las autoinstrucciones para aumentar la cantidad de "habla saludable" que emitían y disminuir el "habla enferma", con el objetivo de incrementar su atención y mejorar su rendimiento en diversas tareas. Otros investigadores han demostrado también la efectividad del entrenamiento autoinstruccional con adultos en distintos problemas, tanto con pacientes esquizofrénicos (Meyers, Mercatoris y Sirota, 1976) como no esquizofrénicos (Masters, Burish, Hollon y Rimm, 1987; Spiegler y Guevremont, 2003).

LECTURA PARA AMPLIAR

Control verbal de la conducta en el entrenamiento autoinstruccional

Aunque diversos estudios han demostrado que el entrenamiento en autoinstrucciones puede provocar mejoras en el rendimiento en el aula, un estudio en particular mostró la importancia de las verbalizaciones de los niños en el control de un desempeño exitoso. Guèvremont, Osnes y Stokes (1988) llevaron a cabo el entrenamiento autoinstruccional de niños de 4 y 5 años en una clase de preescolar; en concreto, los alumnos aprendieron a darse autoinstrucciones para rellenar fichas sencillas de lectura. Lo que encontraron los autores fue que cuando los niños utilizaban las autoinstrucciones en la condición de entrenamiento, obtenían muchas más respuestas correctas en sus fichas. Sin embargo, cuando los alumnos realizaban fichas similares en otra aula no entrenada, no usaban las autoinstrucciones y no obtenían tantas respuestas correctas. Una vez que se les dijo en esta segunda aula que utilizaran las autoinstrucciones y empezaron a hacerlo, el rendimiento de los niños en las fichas también mejoró. Este estudio muestra claramente que el entrenamiento autoinstruccional mejora el rendimiento académico, pero únicamente si se observa que los alumnos utilizan las autoinstrucciones, lo que pone de manifiesto el papel funcional de las mismas sobre el rendimiento.

Terapias basadas en la aceptación

Tal y como se ha descrito en este capítulo, el objetivo de la reestructuración cognitiva y de los procedimientos de entrenamiento de habilidades cognitivas de afrontamiento es ayudar a las personas a cambiar su forma de pensar para cambiar a su vez los sentimientos negativos o los comportamientos problemáticos que presentan. Sin embargo, otros enfoques de tratamiento tienen como meta ayudar a la gente a aceptar sus pensamientos y sentimientos negativos en lugar de modificarlos (Hayes, Strosahl y Wilson, 1999; Hayes y Wilson, 1994; Kohlenberg y Tsai, 1991). Las terapias basadas en la aceptación han sido desarrolladas recientemente como una alternativa a los procedimientos de modificación de conducta cognitiva tradicionales descritos en este capítulo. En una de estas formas de terapia, la denominada terapia de aceptación y compromiso (Hayes, 1995; Hayes, Strosahl y Wilson, 1999), el cliente aprende que no ha sido capaz de controlar los pensamientos y sentimientos problemáticos en el pasado y que han sido precisamente esos intentos de control de dichos pensamientos y sentimientos los que han hecho que el problema empeore. En el curso de esta terapia, el cliente también aprende a aceptar que los pensamientos y sentimientos pueden seguir dándose y, aun así, lograr objetivos de cambio comportamental significativos (Hayes, Luoma, Bond, Masuda, &Lillis, 2006; Paul, Marx, &Orsillo, 1999; Twohig, Schoenberger, & Hayes, 2007) ya que, aceptando los pensamientos y sentimientos negativos, éstos pierden su capacidad de perturbar la vida del cliente, quien puede ahora comprometerse y trabajar para alcanzar cambios conductuales de valor.

Problemas clínicos

Este capítulo es simplemente una introducción a los procedimientos de modificación de conducta cognitiva, no enseña adecuadamente a un estudiante a aplicar la modificación de conducta cognitiva en problemas clínicos reales. Cualquier persona que esté experimentando un problema emocional grave como una depresión, debería buscar la ayuda de un psicólogo u otro profesional cualificado del área de salud mental puesto que, aunque utilizar la modificación de conducta para ayudarse uno mismo es posible, los problemas graves deben ser siempre abordados por un profesional.

RESUMEN DEL CAPITULO

1. La conducta cognitiva se define como pensamientos, imágenes o autoafirmaciones que ocurren de forma encubierta.

2. Un comportamiento cognitivo puede actuar como estímulo condicionado, estímulo discriminativo u operación motivadora cuando es el antecedente de otra conducta, o actuar como reforzador o castigo cuando es la consecuencia de otro comportamiento emitido por la persona.

3. En el procedimiento de reestructuración cognitiva, el terapeuta ayuda al cliente a identificar los pensamientos perturbadores y a sustituirlos por pensamientos más deseables.

4. Para ayudar a las personas a cambiar su pensamiento, el terapeuta primero ayuda al cliente a identificar los pensamientos desadaptativos que contribuyen a las dificultades emocionales o comportamentales que presenta.. Posteriormente, el terapeuta plantea una serie de preguntas para ayudar al cliente a valorar de forma crítica la lógica o exactitud de sus pensamientos. A través de este proceso, el cliente empieza a pensar de manera más realista o lógica, lo que mitiga sus problemas emocionales o comportamentales.

5. El entrenamiento autoinstruccional incluye varios componentes básicos. Mediante la aplicación de procedimientos de entrenamiento de habilidades conductuales, el terapeuta enseña al cliente a elaborar autoafirmaciones o autoinstrucciones. Terapeuta y cliente ensayan las autoinstrucciones y los comportamientos deseables en role-play que simulan la situación problema. El cliente después se da las autoinstrucciones y emite la conducta deseada en la situación real.

PALABRAS CLAVE

Comportamiento cognitivo, 489
Entrenamiento en autoinstrucciones, 499

Entrenamiento en habilidades cognitivas de afrontamiento, 494
Modificación de conducta cognitiva, 492

Reestructuración cognitiva, 494
Terapia cognitiva, 496

TÉST PRÁCTICO

1. ¿Qué es la conducta cognitiva? Da algunos ejemplos (págs. 513-514).
2. Identifica los comportamientos cognitivos que contribuyeron al problema de Diego con las peleas (pág. 510-511).
3. Busca ejemplos de conductas cognitivas que podrían estar implicadas en lo que llamamos culpa.
4. (pág. 513) Identifica y describe brevemente las dos categorías generales de procedimientos de modificación de
5. conducta cognitiva (pág. 515). En la reestructuración cognitiva el terapeuta ayuda al cliente a identificar los pensamientos perturbadores que experimenta. ¿Cuáles son las dos formas en las que el terapeuta puede evaluar los pensa-
6. mientos del cliente? (pág. 515). ¿Qué es una distorsión cognitiva? Describe algunos de los tipos de distorsiones cognitivas identificadas por Burns (1980). Pon un ejemplo de cada
7. una de ellas (pág. 518-519). ¿Cuál es el objetivo de la reestructuración cogniti-
8. va? (pág. 515). Según Burns (1980), ¿cuáles son los tres tipos de preguntas que un terapeuta utiliza para desafiar el pensamiento distorsionado de un cliente? (pág. 518).

9. ¿Cuál es el objetivo del entrenamiento en habilidades cognitivas de afrontamiento? (pág. 520).
10. Describe los procedimientos de entrenamiento en habilidades conductuales utilizados para enseñar autoinstrucciones a un cliente (págs. 520-521).
11. En el entrenamiento autoinstruccional, ¿qué se hace para aumentar la probabilidad de que las autoinstrucciones se generalicen a la situación problema real? (pág. 521-522).
12. Nombra dos tipos de problemas para los que el entrenamiento en autoinstrucciones haya sido utilizado con éxito (págs. 521-522).
13. En el caso de Clara, ¿qué otros procedimientos de modificación de conducta, además del entrenamiento autoinstruccional, fueron empleados?
14. (pág. 512). ¿En qué difieren los procedimientos de modificación de conducta cognitiva de otros procedimientos de modificación de conducta descritos en este
15. manual? (pág. 509). ¿Cuál es el objetivo de la terapia de aceptación y compromiso? ¿En qué se diferencia del objetivo de los procedimientos de modificación de conducta cognitiva? (pág. 522-523).

APLICACIONES

1. Describe cómo llevarías a cabo un procedimiento de modificación de conducta cognitiva como parte de tu propio objetivo de autocontrol. Si un procedimiento de modificación de conducta cognitiva no es apropiado para tu proyecto, di por qué no.
2. Carlos, un joven de 22 años con discapacidad intelectual leve, tiene buenas habilidades verbales y fácilmente puede mantener una conversación y comprender instrucciones complejas. Carlos está contratado en una fábrica y hace bien su trabajo, pero ha sido sorprendido robando en las taquillas de otros trabajadores. El problema tiene lugar durante los descansos o en otros momentos en los que está cerca de las taquillas sin nadie más alrededor. Es en esas ocasiones en las que Carlos abre los casilleros de sus compañeros y les quita las latas de refresco que puedan tener en ellos, o las monedas, con als que comprar refrescos en la máquina ex-

pendedora. Cuando le sorprenden robando, dice que se arrepiente y promete no volver a hacerlo, pero el problema continúa y lo cierto es que van a despedirlo si este comportamiento no cesa. Describe cómo podrías llevar a cabo un entrenamiento en autoinstrucciones con Carlos para ayudarle a dejar de robar a sus compañeros.
3. Describe otros procedimientos de modificación de conducta que usarías junto con las autoinstrucciones para ayudar a Carlos a dejar de robar dinero y refrescos de las taquillas de otros empleados.
4. Vicki sale de la oficina cada día a las 17 h y se va conduciendo hasta su casa a las afueras de la ciudad, trayecto en el que tarda 30 minutos y que realiza en hora punta. Cuando Vicki se encuentra en un atasco, se impacienta, se enfada (experimenta excitación autonómica), y formula toda una serie de autoafirmaciones enfurecidas del tipo "¡odio

esta ciudad!" "¿Por qué la gente no puede aprender a conducir?" "¡Esos idiotas! ¿Por qué no aceleran o se apartan?" "¡Estúpidos conductores!". A medida que Vicky se dice estas frases, su enfado crece y a veces lleva a cabo conductas agresivas como gritar a otros conductores, hacerles gestos obscenos o pegarse a coches de delante. Describe el entrenamiento en habilidades cognitivas de afrontamiento que realizarías con Vicki para ayudarla a reducir la ira y el comportamiento agresivo que muestra en su coche de camino a casa desde el trabajo.

APLICACIONES INADECUADAS

1. Gema se había mostrado muy reservada desde que empezó la universidad hace unos meses. No tenía amigos allí y como se sentía incómoda entre gente nueva, no iba a actividades en las que pudiera hacer amigos. Cuando se planteaba ir a fiestas o a cualquier otra actividad, se decía: "Nadie querrá hablar conmigo. ¿Qué sentido tiene intentarlo? Es demasiado difícil conocer gente nueva. Yo no soy interesante, la gente se aburrirá si me habla"; estos pensamientos le llevaban a sentirse muy triste y entonces decidía no ir a la fiesta o actividad correspondiente. Gema recurrió a un consejero para que le ayudara a superar este problema. El consejero realizó una entrevista de evaluación para entender el problema que la chica estaba experimentando y decidió que Gema tenía una baja autoestima y que esa autoestima baja era la causa de sus problemas. El terapeuta le dijo que le ayudaría a eliminar su baja autoestima y que sería más feliz, aumentaría la probabilidad de que fuera a más actividades y haría amigos. ¿Qué es erróneo en este ejemplo? ¿Qué debería hacer el consejero de un modo diferente?

2. Armando hizo un curso sobre modificación de conducta cognitiva y en un capítulo del libro de texto se describía la reestructuración cognitiva y otros procedimientos. Una amiga de Armando le contó que estaba deprimida así que el chico le dijo que podría ayudarla a superar su depresión. Armando sacó su libro y se estudió de nuevo el capítulo sobre modificación de conducta cognitiva prestando especial atención a la sección sobre las distorsiones y las preguntas utilizadas para ayudar a una persona a cambiar su pensamiento distorsionado. Después de leer el capítulo de nuevo, se reunió con su amiga y comenzó a aplicar las estrategias estudiadas para ayudarle a salir de su depresión. ¿Qué es erróneo en este ejemplo? ¿Qué debería hacer Armando de manera diferente?

3. Carol, una niña de 4 años, había sido hija única hasta hacía poco. Después de que su hermanito naciera, comenzó a presentar rabietas: cuando su madre, Judy, atendía al bebé, se sentaba ante el ordenador o realizaba alguna otra actividad, Carol gritaba y lloraba demandando la atención de su madre. Judy normalmente dejaba lo que estaba haciendo y estaba un rato con la niña hasta que se calmaba. Después de algunos meses así, Judy decidió hacer algo con las rabietas de Carol: aplicaría el entrenamiento autoinstruccional.

Judy preparó situaciones fingidas (role-play) con su hija en las que la niña comenzaba una rabieta e inmediatamente se decía a sí misma: "mamá está ocupada", "cálmate y sé buena" o "a mamá le gusta cuando me porto bien". Judy enseñó a Carol a darse esas autoinstrucciones en las situaciones de role-play y, cuando la niña se las dio sin ninguna ayuda, su madre le pidió que las utilizara cuando estuviera realmente enfadada. ¿Qué es erróneo en este ejemplo? ¿Qué debería hacer Judy de un modo diferente?

4. Pedro era un estudiante universitario que tenía miedo a hablar en público y se ponía nervioso cuando pensaba en hacer una presentación en clase. Visitó a un consejero que empezó a utilizar la reestructuración cognitiva para ayudarlo a cambiar algunos comportamientos cognitivos que estaban contribuyendo a su ansiedad. En primer lugar, el consejero evaluó las autoafirmaciones que Pedro hacía cuando se ponía ansioso por dar una charla en clase. Un ejemplo de lo que se decía es: "la gente verá lo nervioso que estoy y creerá que soy estúpido. No puedo hacerlo tan bien como el resto de la clase". Tras esto, el consejero trabajó con Pedro para cambiar las distorsiones que aparecían en estos pensamientos. A continuación se presenta un fragmento de la transcripción de una sesión entre Pedro (P) y el consejero (C). ¿Qué es erróneo en este ejemplo? ¿Qué debería hacer el consejero de otra manera?

C: Pedro, dices que la gente verá que estás nervioso pero no hay evidencias de esto, la gente no puede decir que te encuentras así.

P: Sí, supongo que tienes razón.

C: Además, no hay pruebas de que la gente piense que eres estúpido. Probablemente no pueden decir cuándo estás nervioso y aunque pudieran, estar nervioso es normal. Con toda seguridad no van a pensar que eres estúpido.

P: ¿No?

C: Por supuesto que no, no necesitas pensar así. También dijiste que no puedes hacerlo tan bien como el resto de la clase, sin embargo, Pedro, no hay evidencia para esta afirmación tampoco. Estoy seguro de que puedes hacerlo tan bien como los otros estudiantes; ellos también están aprendiendo a hacer presentaciones en clase, estáis todos en la misma situación.

P: Sí, supongo que tienes razón.

Abscisa. Eje horizontal o eje x de un gráfico. En los gráficos conductuales representa una unidad de tiempo.

Aceptabilidad del tratamiento. Juicio subjetivo relativo a el grado en que a una o más personas les gusta un procedimiento de tratamiento particular. Generalmente se mide con escalas psicométricas.

Activación Conductual. Un tratamiento para la depresión enfocado en conseguir que el cliente realice actividades reforzantes con más frecuencia y con mayor variedad.

Acuerdo entre observadores. Se da cuando dos observadores independientes observan y registran la conducta de una persona al mismo tiempo mostrando acuerdo en que la conducta ha ocurrido.

Adquisición. Desarrollo de una nueva conducta mediante reforzamiento.

Análisis aplicado de la conducta. Este término se usa frecuentemente de forma intercambiable con el término "modificación de conducta", en los estudios de análisis aplicado de la conducta se analiza y modifica una conducta humana.

Análisis de tarea escrito. Lista en la que se especifican por escrito todos los estímulos discriminativos y respuestas de una cadena de conductas. Puede usarse un análisis de tareas escrito para guiar la conducta de un cliente a través de una cadena de conductas. También se denomina ayuda textual.

Análisis de tareas. Identificación del estímulo discriminativo y la respuesta de cada componente de una cadena de conducta.

Análisis experimental de la conducta. Estudio científico del comportamiento y de los tipos de eventos ambientales que están funcionalmente relacionados con la ocurrencia de la conducta. Requiere de investigación de laboratorio con humanos y no humanos.

Análisis funcional. Método de evaluación funcional en el que se manipulan eventos ambientales (antecedentes y consecuencias de la conducta) a objeto de demostrar una relación funcional entre los eventos ambientales y la conducta.

Análisis funcional dirigido al contraste de hipótesis. Es un tipo de análisis funcional cuyo objetivo no es evaluar todas las posibles funciones de la conducta, sino confirmar o rechazar una hipótesis concreta. En este tipo de análisis funcional se presenta una sola condición de prueba que incorpora una posible operación de establecimiento y, una vez ocurre el comportamiento, presenta el posible reforzador. Durante la condición de control se presenta una posible operación de abolición y no se presenta el posible reforzador en caso de que ocurra el problema de conducta.

Análisis funcional exploratorio. Es un tipo de análisis funcional

Análisis funcional exploratorio. Es un tipo de análisis funcional en el que el evaluador puede no disponer de hipótesis previas acerca de la consecuencia reforzante que mantiene el problema de conduta. Por ello, se exploran un conjunto de posibilidades que generalmente incluyen tres o cuatro condiciones de prueba y una condición de control. En cada condición de prueba el evaluador presenta una operación de establecimiento y un posible reforzador del problema de conducta. Por el contrario, en la condición de control se presenta una operación de abolición y no se usa reforzamiento contingente.

Ansiedad. Término usado para describir la conducta respondiente que consiste en la activación del sistema nervioso autónomo (p.ej., elevada tasa cardíaca, respiración superficial y elevada tensión muscular). La activación del sistema nervioso autónomo es una operación de establecimiento que incrementa la probabilidad de conductas operantes de escape o evitación. Generalmente un evento dado funciona como estímulo condicionado que elicita la activación autonómica como respuesta condicionada. La conducta operante permite escapar o evitar el estímulo condicionado.

Antecedente. Estímulo o evento que precede a una conducta objetivo.

Aplicación de actividades aversivas. Un procedimiento de castigo positivo en el que, de forma contingente a la conducta no deseada, se pide al cliente que realice una actividad aversiva (conducta de baja probabilidad) a fin de reducir la probabilidad futura de conductas no deseables.

Aplicación de estimulación aversiva. Procedimiento de castigo positivo en el que un estímulo aversivo se presenta de forma contingente a la ocurrencia de una conducta no deseable.

Apoyo social. Componente del procedimiento de reversión de hábito en el que un amigo o familiar felicita al cliente por el uso correcto de una respuesta competitiva y recurre al uso de ayudas para facilitar que el cliente realice la respuesta competitiva en caso de que se dé el hábito. En general, el apoyo social se da cuando un amigo o familiar está implicado en la aplicación de las contingencias en el entorno cotidiano del cliente a fin de que este alcance sus objetivos de autonomía personal.

Aproximación sucesiva. Durante el proceso de moldeamiento, cualquier conducta que se asemeja más fielmente a la conducta objetivo. El proceso de moldeamiento comienza con el reforzamiento de la primera aproximación, que no es sino la conducta más parecida a la conducta objetivo final que ya exhibía el individuo antes del inicio del procedimiento. Una vez que la primera aproximación queda firmemente establecida mediante reforzamiento, esta se extingue en espera de que surja una mejor aproximación a la conducta final que es entonces reforzada. Este proceso continúa hasta que la persona exhibe la conducta objetivo final.

Autogestión (procedimiento). Procedimientos de modificación de conducta usados por una persona para modificar su propia conducta. En un procedimiento de autogestión el individuo realiza conductas que alteran los antecedentes y consecuencias de la conducta objetivo o de las conductas alternativas a la conducta objetivo.

Autoinstrucciones. Afirmaciones que el individuo se da a sí mismo para hacer más probable que la conducta objetivo ocurra en una situación específica.

Autoclítico. Operante verbal que especifica a otra operante verbal a la que acompaña.

Autoregistro. Tipo de toma de datos mediante observación directa en el que el cliente observa y registra su propia conducta a medida que esta ocurre.

Ayuda a la respuesta. Tipo de ayuda en la que la persona que aplica la intervención induce la realización de la conducta por parte del cliente en presencia del estímulo discriminativo. Las ayudas a la respuesta pueden ser verbales, gestuales, de modelado, o físicas.

Ayuda extraestímulo. Tipo de ayuda de estímulo en el que se añade un estímulo a fin de ayudar a una persona a realizar una discriminación correctamente.

Ayuda física. Tipo de ayuda en la que la persona que aplica la intervención ayuda al estudiante a realizar la respuesta correcta en el momento adecuado. Generalmente este procedimiento requiere guiar la conducta tomando la mano del estudiante.

Ayuda gestual. Movimiento o gesto de otra persona que facilita la respuesta correcta en presencia del estímulo discriminativo.

Ayuda intraestímulo. Tipo de ayuda al estímulo en la que se modifica algún aspecto del estímulo discriminativo o del estímulo delta a fin de facilitar la discriminación correcta.

Ayuda verbal. Ayuda consistente en la conducta verbal de otra persona y que facilita que el alumno realice la conducta correcta en presencia del estímulo discriminativo.

Ayuda. Las ayudas se usan para incrementar la probabilidad de que una persona realice la conducta correcta en el momento adecuado. Una ayuda puede ser la conducta de la persona que aplica la intervención (ayuda a la respuesta) o un estímulo ambiental adicional (ayuda al estímulo).

Ayudas textuales. Ver análisis de tareas escrito.

Ayudas visuales. Tipo de ayuda en la que el cliente presenta una imagen que muestra a una persona que realiza la conducta objetivo. La imagen facilita que el cliente realice la conducta correcta en el momento adecuado. A veces se presenta una secuencia de imágenes para facilitar la realización de una cadena de conductas.

Bloqueo de respuesta. Procedimiento en el que se bloquea físicamente la conducta problema a fin de que el cliente no pueda completar la respuesta. A veces se combina el bloqueo con una contención física breve.

Cadena de conducta. Conducta compleja formada por dos o más conductas componentes que ocurren conjuntamente en una secuencia. Para cada componente de la conducta hay un estímulo discriminativo y una respuesta. A veces recibe la denominación de cadena estímulo-respuesta.

Cadena estímulo-respuesta. Ver cadena de conducta.

Castigo (estímulo). Ver estímulo punitivo.

Castigo condicionado. Estímulo que siendo inicialmente neutro llega a establecerse como castigo por haber sido emparejado muchas veces con un estímulo punitivo previamente establecido.

Castigo generalizado condicionado. Castigo condicionad que ha sido presentado conjuntamente con varios estímulos aversivos. Por ejemplo, la palabra "no" es un castigo condicionado generalizado para mucha gente.

Castigo incondicionado. Estímulo o evento que es punitivo de forma natural debido a que evitar o reducir el contacto con dicho estímulo favorece la supervivencia del individuo. No se necesita un condicionamiento previo para que un castigo incondicionado funcione como estímulo punitivo. Los estímulos dolorosos o los niveles extremos de estimulación son algunos ejemplos de castigos incondicionados.

Castigo positivo. Tipo de castigo en el que se presenta un estímulo o evento aversivo de forma contingente a la conducta con el efecto de reducir la probabilidad de la misma en el futuro.

Clase de estímulo. Grupo de estímulos que tienen el mismo efecto funcional en una conducta. Por ejemplo, todos los estímulos dentro de una clase pueden funcionar como estímulos discriminativos para una conducta particular.

Condicionamiento de demora. Tipo de condicionamiento respondiente en el que se presenta el estímulo condicionado y luego se presenta el estímulo incondicionado antes de que concluya la presentación del estímulo condicionado.

Condicionamiento de huella. Paradigma de condicionamiento respondiente en el que se presenta primero el estímulo condicionado y una vez concluido este se presenta el estímulo incondicionado.

Condicionamiento de orden superior. Proceso mediante el cual un estímulo neutro tras ser emparejado con un estímulo condicionado en numerosas ocasiones se establece como un estímulo condicionado capaz de elicitar la respuesta condicionada.

Condicionamiento hacia atrás. Paradigma de condicionamiento respondiente en el que el estímulo incondicionado se presenta antes del estímulo condicionado. Este es el procedimiento de condicionamiento respondiente menos eficaz.

Condicionamiento operante. El condicionamiento operante se da cuando una conducta que sucede en una situación particular es seguida por una consecuencia reforzante, la cual hace que la conducta sea más probable en circunstancias futuras similares.

Condicionamiento respondiente. Proceso en el que un estímulo neutro es presentado conjuntamente con un estímulo incondicionado. El estímulo incondicionado elicita una respuesta incondicionada. A consecuencia del emparejamiento de ambos estímulos el estímulo neutro se establece como un estímulo condicionado capaz de elicitar una respuesta similar a la respuesta incondicionada a la que llamamos respuesta condicionada.

Condicionamiento simultáneo. Paradigma de condicionamiento respondiente en el que un estímulo incondicionado y un estímulo condicionado se presentan al mismo tiempo en sucesivos ensayos de condicionamiento respondiente.

Condición de control. Es una condición del análisis funcional en la cual se presenta una operación de abolición para la conducta y no se da ningún reforzador si la conducta ocurre.

Conducta cognitiva. Conducta verbal o imaginada encubierta. Pensar, hablar con uno mismo, imaginar situaciones o comportamientos o recordar eventos pasados son ejemplos de conductas cognitivas. La conducta cognitiva está influida por las mismas variables ambientales que afectan a la conducta pública.

Conducta controlada. Conducta objetivo que es influenciada en los programas conductuales de desarrollo de la autonomía personal.

Conducta controladora. Uso de estrategias conductuales de autonomía personal en las que se modifican los antecedentes y las consecuencias de la conducta objetivo (o de las conductas alternativas).

Conducta de escape. Conducta que hace que finalice un estímulo aversivo. La finalización del estímulo aversivo refuerza negativamente la conducta.

Conducta de evitación. Conducta que evita la presentación de un evento aversivo. La conducta es reforzada negativamente por la evitación del evento aversivo.

Conducta encubierta. Conducta que no es observable por otras personas. También se las denomina eventos privados.

Conducta estereotípica. Conductas repetitivas que no sirven función social alguna para el individuo. También se denominan conductas auto-estimuladas debido a que con frecuencia se dan debido a que producen alguna forma de estimulación sensorial.

Conducta gobernada por reglas. Conducta controlada por una afirmación verbal o regla en la que se describe la relación de contingencia entre una conducta y una consecuencia.

Conducta gobernada verbalmente. Conduta verbal o no verbal bajo un control de estímulo de relaciones verbales complejas.

Conducta manifiesta. Conducta que puede ser observada y registrada por otras personas y no solo por el propio individuo que la realiza.

Conducta moldeada por contingencias. Conducta adquirida por moldeamiento mediante la exposición directa a las contingencias ambientales correlacionadas con las distintasaproximaciones sucesivas a una conducta final.

Conducta objetivo. En modificación de conducta, la conducta que se desea modificar.

Conducta operante. Conducta que actúa sobre el ambiente produciendo una consecuencia inmediata la cual incrementa la probabilidad futura de dicha conducta.

Conducta verbal. Conducta vocal o no vocal mantenida por reforzadores mediados socialmente.

Conducta vocal. Conducta verbal o no verbal consistente en la articulación de los músculos del aparato fonador y que tiene un producto audible.

Conducta. Objeto de estudio de la modificación de conducta. La conducta es lo que la persona dice o hace; requiere de la acción del individuo.

Conductismo. La filosofía de la ciencia de conducta. Que la conducta se rige por leyes y está controlada por los eventos ambientales que ocurren en estrecha relación temporales el principio fundamental del conductismo. observa

Consecuencia. Estímulo o evento que ocurre inmediatamente después de la conducta.

Consentimiento informado. Proceso mediante el cual el cliente es informado sobre el procedimiento de modificación de conducta que se va a aplicar y muestra su acuerdo con el mismo por escrito. Es necesario cuando se usan procedimientos de castigo positivo.

Contención física. Procedimiento de castigo positivo en el que la persona que aplica la intervención contiene alguna parte del cuerpo del cliente de forma contingente a la ocurrencia del problema de conducta a fin de que la persona no pueda seguir realizando la conducta.

Contexto análogo. Contexto de observación que no forma parte de la actividad habitual del cliente. Generalmente se refiere entornos tales como una habitación en la que todos los estímulos y actividades están bajo el control del experimentador.

Contexto natural. Contexto en el que se observa a un cliente y que constituye una parte normal de su rutina diaria. La conducta objetivo ocurre generalmente en el contexto natural.

Contingencia de reforzamiento natural. Contingencia de reforzamiento de una conducta de una persona particular en el curso normal de la vida del individuo.

Contingencia de tres términos. Antecedente presente cuando la conducta ocurre, la conducta en cuestión y la consecuencia reforzante. También se denomina contingencia de reforzamiento.

Contingencia. Relación entre una respuesta y una consecuencia en la que la consecuencia se presenta solo si se da la conducta. Cuando existe tal relación, decimos que la consecuencia es contingente a la respuesta.

Contrato conductual. Documento escrito en el que se especifica una conducta objetivo particular de un cliente y las consecuencias que se harán contingentes a la ocurrencia o no ocurrencia de la conducta durante un periodo de tiempo específico.

Contrato de dos partes. Tipo de contrato conductual en el que dos personas determinan qué conductas que deben modificar y establecen las consecuencias asociadas al cambio de conducta.

Contrato de una parte. Contrato conductual mediante el cual una persona desea cambiar una conducta objetivo. El contrato se acuerda con una persona que lo supervisará y aplicará las contingencias establecidas en el mismo.

Contrato paralelo. Contrato de dos partes en el que dos personas desean cambiar su comportamiento. Ambas personas especifican las conductas que desean cambiar y las consecuencias que seguirán a su conducta. A diferencia del contrato quid pro quo, en el que la conducta de una parte funciona como reforzador para la otra parte, en el contrato paralelo las consecuencias de las conductas de ambas partes son independientes.

Contrato quid pro quo. Contrato de dos partes en el que dos personas acuerdan las conductas que modificarán a cambio de que la otra parte modifique a su vez unas conductas específicas.

Control de estímulo. Resultado del entrenamiento en discriminación. Una conducta particular tiene más probabilidad de ocurrir en presencia de un estímulo discriminativo particular (ED) debido a que la conducta ha sido reforzada solo cuando el ED estaba presente. En esta situación decimos que el ED ha adquirido control sobre la conducta.

Coste de respuesta. Procedimiento de reforzamiento negativo en el que se retira una cantidad determinada del reforzador contingentemente a la ocurrencia de la conducta.

Criterio de estímulo. Criterio determinado por los estímulos presentes en el momento en que ocurre la conducta objetivo en las situaciones relevantes una vez concluido el entrenamiento.

Déficit conductual. Frecuencia, duración o intensidad reducidas de una conducta deseable que la persona pretende incrementar.

Demora de la ayuda. En este procedimiento la persona que aplica la intervención presenta el estímulo discriminativa (ED) y luego, después de un determinado periodo de tiempo (p.ej., cuatro segundos), presenta la ayuda. La demora entre la presentación del ED y la presentación de la ayuda permite que, a medida que progresa la intervención, el cliente realice la respuesta antes de que se presente la ayuda.

Desensibilización in vivo. Procedimiento para el tratamiento del miedo o las fobias en el que el cliente primero aprende a relajarse y, posteriormente, desarrolla una jerarquía de situaciones que producen miedo a las que debe exponerse. El cliente debe contactar realmente con las situaciones que producen miedo en cada paso de la jerarquía y mantenerse relajado en todo momento. La relajación se considera una respuesta incompatible con la respuesta de miedo.

Desensibilización por contacto. Forma de desensibilización in vivo en la que el terapeuta reconforta al cliente tomándole la mano o poniéndole la mano en la espalda a medida que el cliente progresa en la jerarquía de situaciones que producen ansiedad.

Desensibilización sistemática. Procedimiento usado para tratar miedos y fobias. La persona aprende primero a relajarse. A continuación, el cliente desarrolla una jerarquía de situaciones que producen miedo. Por último, la persona usa el procedimiento de relajación mientras imagina cada una de las situaciones de la jerarquía comenzando por aquella que produce menos miedo y progresivamente ascendiendo hasta la situación que produce más miedo. El objetivo es reemplazar la respuesta de miedo por una respuesta de relajación a medida que se imaginan cada una de las situaciones de la jerarquía.

Desvanecimiento de la ayuda. Ver desvanecimiento.

Desvanecimiento del estímulo. Eliminación gradual de una ayuda al estímulo a medida que la conducta ocurre en presencia del estímulo discriminativo.

Desvanecimiento. Retirada gradual de las ayudas a medida que la conducta ocurre en presencia del estímulo discriminativo.

Dimensión conductual. Aspecto de la conducta que puede ser medido y modificado. Algunas dimensiones importantes son la frecuencia, duración, intensidad y latencia.

Diseño AB. Diseño de investigación que consiste en una línea de base y una fase de tratamiento. El diseño AB no es un diseño experimental propiamente dicho ya que la condición de tratamiento no es replicada. Generalmente se usa para documentar un cambio de conducta en la práctica clínica.

Diseño alternante. Diseño de investigación en el que una línea de base y una o más condiciones de tratamiento se llevan a cabo sucesivamente rápido, habitualmente en sucesivos días o sesiones. Este diseño permite comparar las fases de líneabase y tratamiento durante un mismo periodo de tiempo.

Diseño de criterio cambiante. Diseño de investigación en el que se establecen varios criterios (objetivos) o niveles de conducta durante la fase de intervención. Cuando la conducta se incrementa (o se reduce) al nivel del criterio cada vez que el criterio cambia, se establece una relación funcional entre el tratamiento y la conducta objetivo.

Diseño de investigación. En modificación de conducta un diseño de investigación especifica el momento en el que deben aplicarse las fases de líneabase y tratamiento en una o mas personas a fin de demostrar una relación funcional entre la intervención y la conducta.

Diseño de líneabase múltiple con varias conductas. Diseño de investigación compuesto por secuencias de líneabase y tratamiento que se replican en dos o más conductas de una misma persona. La aplicación del tratamiento se demora en una conducta con respecto a la conducta previa. En este diseño se aplica la misma intervención en cada una de las conductas.

Diseño de líneabase múltiple con varios contextos. Diseño de investigación compuesto por secuencias de líneabase y tratamiento que se replican en dos o más contextos o situaciones diferentes para una misma conducta de una misma persona. El inicio de la intervención está escalonado en un contexto con respecto al siguiente. En este diseño se aplica la misma intervención en cada uno de los contextos.

Diseño de líneabase múltiple con varios sujetos. Diseño de investigación compuesto por secuencias de líneabase y tratamiento que se replican en dos o más participantes que presentan la misma conducta objetivo. El inicio de la intervención está escalonado en el tiempo entre un participante y el siguiente. En este diseño se aplica la misma intervención con cada participante.

Diseño de reversión ABAB. Es un diseño de investigación que consiste en una línea de base y una fase de tratamiento seguida de la fase de retirada del tratamiento (segunda línea de base) y de una última fase en la que se aplica nuevamente el tratamiento.

Distorsión cognitiva. Un tipo de pensamiento en el cual la persona evalúa negativamente o interpreta eventos de su vida o comete errores lógicos en su pensamiento que le lleva a unas emociones negativas o comportamiento depresivo.

Duración. Dimensión conductual definida por el tiempo desde el inicio hasta el término de una conducta. La duración es el periodo de tiempo que toma una ocurrencia de la conducta.

Ecoica. Operante verbal compuesta por una respuesta verbal discriminada por un ED verbal con el que guarda similitud morfológica y que es reforzada en la mayoría de los casos por reforzamiento social generalizado.

Economía de fichas. Sistema de reforzamiento en el que se otorga un reforzador condicionado o ficha por mostrar una conducta objetivo. Las fichas pueden luego intercambiarse por reforzadores recuperables.

Ejemplares múltiples. Estímulos que representan el rango de estímulos y situaciones relevantes en los que se espera que ocurra la respuesta después del entrenamiento. Entrenar una conducta objetivo bajo ejemplares múltiples favorece la generalización.

Ejercicio contingente. Procedimiento de castigo positivo que consiste en la aplicación de actividades aversivas de forma contingente al problema de conducta. La actividad aversiva consiste en realizar algún tipo de ejercicio físico.

Ejercicios de focalización atencional. Esta es una estrategia de reducción de ansiedad en la que el individuo centra su atención en estímulos agradables o neutrales a fin de retirar la atención otorgada a estímulos que producen ansiedad.

Encadenamiento con ayuda total. Procedimiento de enseñanza de cadenas de conducta en el que se guía físicamente la conducta del cliente a través de todos los pasos de la cade-

na. La persona que aplica la intervención debe ir desvaneciendo progresivamente la ayuda física y sombreando los movimientos del cliente a medida que este completa la cadena. En un momento dado, el cliente debe llegar a completar la cadena de conductas de forma independiente.

Encadenamiento hacia atrás. Tipo de procedimiento de encadenamiento en el que el último componente de una cadena se enseña en primer lugar. Una vez que la última respuesta de la cadena ocurre de forma fiable ante la presentación del último estímulo discriminativo, se enseña el penúltimo componente de la cadena hasta que los dos últimos componentes de la cadena ocurren conjuntamente. Esta secuencia de tratamiento continúa hasta que el cliente aprende todos los componentes de la cadena.

Encadenamiento hacia delante. Procedimiento de enseñanza de cadenas de conducta en el que el primer componente de la cadena se enseña mediante ayudas y desvanecimiento, y una vez que se a establecido se añade el segundo componente, luego el tercero y así sucesivamente. Esta secuencia continua hasta que todos los componentes de la cadena han sido aprendidos.

Encadenamiento. Procedimiento usado para enseñar una cadena de conductas. Puede estar compuesto de los siguientes componentes: encadenamiento hacia atrás, encadenamiento hacia adelante, encadenamiento con ayuda total, análisis de tarea escrito, ayudas visuales y autoinstrucciones.

Ensayo de aprendizaje. La secuencia de presentar el estímulo discriminativo ED, ayudando a que se de la respuesta, y dar un reforzador se conoce como un ensayo de aprendizaje.

Entrenamiento con autoinstrucciones. Tipo de procedimiento de modificación de la conducta cognitiva en el que el cliente aprende a realizar afirmaciones específicas que incrementan la probabilidad de que la conducta objetivo ocurra en una situación específica.

Entrenamiento de ejemplares múltiples. Ver programación de caso general.

Entrenamiento de habilidades cognitivas de afrontamiento. Es un procedimiento de modificación de conducta cognitiva en el que la persona aprende a decirse afirmaciones concretas a usar en situaciones difíciles a fin de mejorar su o influenciar su conducta. El entrenamiento en autoinstrucciones sería un ejemplo.

Entrenamiento de una respuesta competitiva. Componente del procedimiento de reversión del habito en el que se le enseña al cliente a realizar una respuesta competitiva de manera contingente a la ocurrencia del hábito o al deseo intenso de realizarlo.

Entrenamiento en comunicación funcional. Ver reforzamiento diferencial de la comunicación.

Entrenamiento en concienciación. Componente del procedimiento de reversión del hábito en el que se enseña a la persona a identificar cada ocurrencia de un hábito en particular.

Entrenamiento en discriminación. Proceso en el que una conducta es reforzada cuando un estímulo discriminativo (ED) está presente y es extinguida cuando un estímulo delta está presente. El procedimiento hace que la conducta sea más probable solo cuando el ED está presente.

Entrenamiento en relajación conductual. Tipo de entrenamiento en relajación en el que el individuo asume una postura relajada en todos los grupos musculares principales del cuerpo para conseguir relajarse.

Entrenamiento en relajación. Procedimiento en el que se enseña a reducir la activación autonómica (ansiedad) induciendo un estado de relajación incompatible con esta. Existen varios procedimientos para entrenar la relajación, por ejemplo, la relajación muscular progresiva, la respiración diafragmática, los ejercicios de focalización atencional o el entrenamiento en relajación conductual.

Entrenamiento in situ. Entrenamiento que ocurre en el ambiente natural después de haber realizado una evaluación in situ en la que el niño no logra usar correctamente una determinada habilidad.

Esfuerzo de respuesta. Cantidad de fuerza, energía o tiempo necesarios para la ejecución de una respuesta. Al incrementar el esfuerzo de respuesta de una conducta su probabilidad, relativa a la de otras conductas funcionalmente equivalentes, se reduce.

Establecimiento de metas. Estrategia de control de la autonomía personal mediante la cual la persona decide y pone por escrito el nivel deseado de conducta objetivo que espera alcanzar mediante el procedimiento de control de la autonomía personal.

Estímulo aversivo. Un estímulo que reduce la probabilidad futura de una conducta cuando se presenta de forma contingente a la ocurrencia de la conducta. También se le denomina "castigo".

Estímulo condicionado (EC). Estímulo inicialmente neutral que es emparejado con un estímulo incondicionado. Una vez que se establece de esta forma el estímulo condicionado elicita una respuesta condicionada similar a la respuesta incondicionada elicitada por el estímulo incondicionado.

Estímulo delta (EΔ). Estímulo que se presenta cuando la conducta no es reforzada. En el entrenamiento en discriminación la conducta se refuerza si se da en presencia de un estímulo discriminativa pero no si se da en presencia de un estímulo delta.

Estímulo discriminativo (ED). Estímulo presente cuando una conducta particular es susceptible de ser reforzada.

Estímulo incondicionado (EI). Estímulo que de forma natural elicita una respuesta incondicionada debido a que dicha respuesta favorece la supervivencia. No se necesita un condicionamiento previo para que el estímulo incondicionado elicite la respuesta incondicionada.

Estímulo punitivo. Estímulo o evento que, presentado de forma contingente a la ocurrencia de la conducta, reduce su probabilidad futura.

Estímulo. Evento ambiental que puede ser detectado por alguno de los sentidos.

Estímulos de entrenamiento. Estímulo discriminativo y otros estímulos presentes durante las sesiones de entrenamiento.

Estrategia motivacional. Componente del procedimiento de reversión de hábitos utilizado para incrementar la probabilidad de que un cliente use la respuesta competitiva fuera de las sesiones de tratamiento a fin de controlar el hábito.

Evaluación conductual. Medida de una conducta o conductas objetivo. Puede referirse también a la medida de los antecedentes y consecuencias de la conducta objetivo.

Evaluación de estímulos múltiples. En este procedimiento se presentan a la vez un conjunto de reforzadores potenciales (p.ej., se ponen delante de la persona ocho juguetes a la vez). El investigador debe registrar el estímulo que el individuo elije en primer lugar, o el estímulo al que el individuo se acerca en primer lugar. A continuación, el estímulo elegido se retira del conjunto de estímulos y los estímulos restantes vuelven a presentarse y a registrarse el siguiente estímulo seleccionado. Nuevamente, el estímulo elegido se retira y el proceso se repite hasta que el individuo haya elegido todos los estímulos del conjunto. Para evitar posibles sesgos se modifica entre ensayo y ensayo el lugar en el que se presenta cada estímulo del conjunto. El proceso se repite en varias ocasiones a fin de identificar el orden en que los estímulos son seleccionados.

Evaluación de estímulos múltiples sin reposición. Ver evaluación de estímulos múltiples.

Evaluación de estímulo único. En este procedimiento cada posible reforzador que se desea evaluar se pone sobre la mesa de uno en uno y se observa si la persona se aproxima al estímulo o no. Después de que cada estímulo haya sido presentado repetidas veces, el investigador calcula el porcentaje de ocasiones en las que el individuo se acercó al estímulo para estimar qué estímulos tienen mayor probabilidad de funcionar como reforzadores.

Evaluación de preferencias. Método de identificación de reforzadores que requiere de la presentación de un conjunto de posibles reforzadores, así como del registro del acercamiento, manipulación y consumo de dichos reforzadores potenciales. La evaluación de preferencias puede realizadrse de al menos tres maneras diferentes: evaluación de estímulo único, evaluación por pares de estímulos, y evaluación con estímulos múltiples.

Evaluación de reforzadores. Es un proceso en el que un objeto previamente identificado en una evaluación de preferencias se presenta de manera contingente a una conducta a fin de determinar si dicha conducta se incrementa. Si la conducta aumenta, es probable que el objeto en cuestión funcione como reforzador.

Evaluación directa. La evaluación conductual requiere de observación directa y registro de la conducta en tiempo real. La evaluación directa también puede referirse a la observación directa y al registro de los antecedentes y consecuencias de la conducta.

Evaluación funcional indirecta. Evaluación que se apoya en información aportada por terceras personas. La información referente al problema de conducta, y sus antecedentes y consecuencias no se obtiene por observación directa sino mediante el informe retrospectivo extraído mediante entrevistas y cuestionarios.

Evaluación funcional. Proceso mediante el cual se genera información sobre los eventos que preceden y siguen a la conducta en un intento de determinar qué antecedentes y consecuencias están asociados de forma fiable a la ocurrencia de la conducta. Son métodos de evaluación funcional la evaluación indirecta mediante entrevistas y cuestionarios, la observación directa de antecedentes y consecuencias en el entorno natural del individuo y los métodos de análisis funcional en los que se manipulan eventos ambientales.

Evaluación in situ. Evaluación de habilidades en el ambiente natural sin que la persona que es evaluada tenga conocimiento de que la evaluación se está llevando a cabo.

Evaluación por pares de estímulos. En este porcedimiento se presentan dos posibles reforzadores a la vez en cada ensayo y el investigador registra el estímulo al que el individuo se acerca. Cada estímulo del conjunto de estímulos evaluados se combina con cada uno de los otros estímulos del conjunto en varias ocasiones. El investigador calcula el porcentaje de ocasiones en las que el individuo se acerca a cada estímulo y así estimar qué estímulos tienen mayor probabilidad de ser reforzadores.

Exceso conductual. Frecuencia, duración o intensidad excesivas de una conducta objetivo inadecuada que la persona pretende reducir.

Extinción de la conducta de escape. Extinción aplicada a conductas mantenidas por reforzamiento negativo. En el reforzamiento negativo una conducta facilita el escape de un estímulo aversivo. Durante la extinción se interrumpe la posibilidad de escapar tras emitirse la conducta.

Extinción operante. Proceso en el que una conducta previamente reforzada deja de ser seguida por una consecuencia reforzante resultando en la reducción de dicha conducta.

Extinción respondiente. Proceso en el que un estímulo condicionado deja de ser presentado conjuntamente con un estímulo incondicionado resultando en un gradual cese de la respuesta condicionada.

Extinción respondiente. Ver extinción (respondiente).

Felicitarse. Hacer comentarios positivos sobre uno mismo o evaluar positivamente la propia conducta después de haber realizado un comportamiento apropiado.

Fiabilidad entre observadores. (ver acuerdo entre observadores).

Ficha. Reforzador condicionado usado en las economías de fichas. La ficha es algo que puede darse a otra persona y que esta persona puede acumular. La ficha es un reforzador condicionado porque se da a otra persona después de que haya mostrado una conducta objetivo y puede luego intercambiarse por otros reforzadores llamados reforzadores recuperables.

Fobia. Miedo en el que el nivel de ansiedad o la conducta de escape y evitación es lo suficientemente grave como para afectar negativamente a la vida del individuo.

Frecuencia. Dimensión de conducta consistente en el número de veces que una conducta ocurre en un periodo de tiempo específico. El número de respuestas (frecuencia) dividido por un periodo de tiempo estándar es igual a la tasa de conducta (p.ej., respuestas por minuto).

Generalización. Proceso mediante el cual la conducta ocurre en presencia de estímulos antecedentes similares a los estímulos discriminativos presentes cuando la conducta fue reforzada. La generalización también se define como la ocurrencia de la conducta objetivo en una situación de no entrenamiento o una vez concluido el entrenamiento.

Gráfico de dispersión. Tipo de procedimiento de evaluación funcional en el que se registra cada media hora si la conducta ha ocurrido en la media hora anterior. Se usa para establecer el patrón temporal de la conducta.

Gráfico. Representación visual de la ocurrencia de la conducta en el tiempo.

Guía física. Sinónimo de ayuda física.

Guía graduada. Ayuda usada en el procedimiento de presentación total de la tarea en la que se presenta asistencia total mano sobre mano como ayuda para que el estudiante realice la respuesta. A medida que el estudiante comienza a realizar la conducta de manera independiente, se desvanece gradualmente la asistencia pero se continua sombreando los movimientos del estudiante a fin de proporcionar ayuda en cualquier momento que sea necesario. Finalmente, el sombreado se elimina y la persona realiza la conducta de manera independiente.

Hábito (conducta). Conducta repetitiva perteneciente a alguna de las siguientes tres categorías: hábito nervioso, tics motores y vocales, y tartamudeo.

Hábito (trastorno). Conducta repetitiva que causa malestar al individuo. Hábitos nerviosos, tics motores y vocales o tartamudear pueden considerarse dentro de esta categoría.

Hábito nervioso. Conducta repetitiva o manipulativa que tiene mayor probabilidad de ocurrir cuando la persona está bajo tensión. Los hábitos nerviosos no cumplen ninguna función social para el individuo.

Ignorar la contingencia. Ocurre cuando la persona ha establecido un reforzador para una conducta dentro de un programa de promoción de la autonomía personal, pero consume el reforzador sin haber realizado la conducta objetivo. También se da cuando en el mismo contexto no se aplica un castigo especificado por la ocurrencia de una conducta objetivo.

Incremento de respuesta asociado a la extinción. Incremento temporal de la frecuencia, duración o intensidad de una conducta que ha dejado de ser reforzada previamente a su reducción. También es posible observar conductas nuevas o respuestas emocionales durante el incremento de respuesta asociado a la extinción.

Instrucciones. Descripciones verbales de la conducta que debe realizarse. Es un componente de los procedimientos de entrenamiento en habilidades conductuales. Con frecuencia, las instrucciones se usan conjuntamente con modelado. La eficacia del modelado combinado con instrucciones es mayor si la persona tiene la oportunidad de practicar la conducta en un role-play justo después de haberla observado en un modelo.

Intensidad. Dimensión de la conducta que consiste en la fuerza física o magnitud de la conducta. Puede medirse de forma objetiva con instrumentos o de forma subjetiva con una escala de valoración.

Intervalo fijo (IF). Programa de reforzamiento en el que el reforzador se presenta por la primera respuesta que ocurre después de transcurrido un intervalo de tiempo. El intervalo de tiempo es siempre el mismo.

Intervenciones funcionales. Intervenciones que reducen los problemas de conducta sin recurrir al uso de castigos. Las intervenciones funcionales modifican los antecedentes y consecuencias que controlan la conducta. La extinción, el reforzamiento diferencial, y los procedimientos de control de antecedentes están dentro de esta categoría.

Intraverbal. Operante verbal compuesta por una respuesta verbal discriminada por un ED verbal con el que no guarda similitud morfológica y reforzada por reforzamiento social generalizado o por las respuestas verbales de un oyente competente discriminadas por la propia respuesta intraverbal.

Inundación. Un procedimiento en el cual la persona es expuesta, con una intensidad total por un tiempo prolongado, al estímulo que le produce fobia, hasta que su ansiedad disminuya en presencia del estímulo.

Jerarquía de situaciones que causan miedo. Se usa en la desensibilización sistemática o en la desensibilización in vivo. La jerarquía de miedo es una lista de situaciones ordenadas de menor a mayor según el miedo que provocan. Una situación determinada dentro de la jerarquía tan solo provoca un poco más de miedo que la situación anterior.

Latencia. Dimensión conductual que está definida por el tiempo transcurrido entre la presentación de un estímulo y el inicio de la conducta.

Ley del efecto. Esta ley afirma que una conducta que produce un efecto favorable en el ambiente tiene más probabilidades de ser repetida en el futuro.

Línea de base. Condición o fase en la que no se aplica ningún tratamiento.

Mando. Operante verbal cuya condición antecedente es una operación motivacional y cuya respuesta verbal es el estímulo específico que se haya bajo la influencia de dicha operación motivacional.

Mandos y tactos impuros. Operantes verbales antecedidas por un ED adicional que se añade a la operación motivacional, en el caso del mando, y al ED no verbal, en el caso del tacto.

Mantenimiento. Continuidad del cambio de conducta durante un periodo prolongado una vez el programa de modificación de conducta ha concluido. También denominamos mantenimiento a la continuidad de una conducta operante bajo un programa de reforzamiento intermitente.

Marco autoclítico. Respuesta o conjunto de respuestas autoclíticas que especifican de una forma constante a una operante verbal primaria y que afectan también de forma constante la conducta del oyente.

Mediador de generalización. Conducta que hace más probable que uno mismo realice la conducta objetivo en el momento adecuado. Una autoinstrucción que sirve para indicar el momento apropiado para una conducta es un ejemplo.

Miedo. Respuesta que se da ante un estímulo o situación que elicita la activación del sistema nervioso autónomo y que a nivel motor se expresa como la evitación o escape de dicho estímulo o situación.

Modelado (ayuda de modelado). Tipo de ayuda en la que alguien demuestra la conducta objetivo a la persona que está aprendiendo. El modelado funciona mejor si se combina con instrucciones y si se da la oportunidad de practicar la conducta justo después mediante un role-play.

Modificación de conducta cognitiva. Procedimientos usados para ayudar a la gente a modificar algún aspecto de sus conductas cognitivas. Incluye procedimientos para ayudar a la gente a eliminar conductas cognitivas no deseables (p.ej., reestructuración cognitiva) y procedimientos para enseñar a la gente conductas cognitivas positivas (p.ej., entrenamiento de habilidades cognitivas de afrontamiento).

Modificación de conducta. Campo de la psicología referente al análisis y modificación de la conducta humana. También se denomina análisis aplicado de la conducta.

Moldeamiento verbal. Procedimiento de reforzamiento por aproximaciones sucesivas que busca el establecimiento de una respuesta o clase de respuestas verbal final.

Moldeamiento. Reforzamiento de aproximaciones sucesivas a la conducta objetivo. El moldeamiento se usa para establecer una nueva topografía o dimensión de conducta.

Naming. Repertorio verbal que permite al individuo la transferencia de respuestas de oyente como respuestas de hablante y viceversa.

Observación ABC. Método de evaluación funcional que requiere de la observación directa tanto de la conducta objetivo, como de sus antecedentes y consecuentes. Generalmente se aplica en el entorno natural en el que sucede la conducta objetivo.

Observación contingente. Tipo de tiempo fuera no excluyente en el que de forma contingente a la ocurrencia del problema de conducta la persona es retirada de una actividad reforzante por un breve periodo de tiempo a la vez que se le solicita que se siente y observe como los demás siguen realizando la actividad.

Observación directa. Ver evaluación directa.

Observación estructurada. El observador da instrucciones o hace que ocurran actividades o eventos específicos durante el periodo de observación.

Observación no estructurada. Observación en la que no se presentan eventos, actividades o instrucciones específicos.

Operación de abolición. Evento que reduce temporalmente la potencia de un reforzador particular y que hace menos probalbe la conducta que permite acceder a dicho reforzador. La saciedad es un tipo de operación de abolición. Al igual que las operaciones de establecimiento, las operaciones de abolición son un tipo de operación motivadora.

Operación de establecimiento. Un tipo de operación motivadora. Es un evento que incrementa la potencia de un reforzador particular en un momento particular y que evoca la conducta que produce el reforzador. La privación es un tipo de operación de establecimiento.

Operación motivadora. Estímulo o evento antecedente que altera el valor de un reforzador y altera la probabilidad de la conducta que produce dicho reforzador. Las operaciones de establecimiento y las operaciones de abolición son dos tipos de operaciones motivadoras.

Operantes concurrentes. Dos conductas u opciones de respuesta diferentes que están disponibles a la vez. Cada opción de respuesta está asociada a un programa de reforzamiento específico.

Ordenada. Eje vertical (eje y) de un gráfico. Representa el nivel de la conducta.

Periodo de observación. Periodo de tiempo en el que un observador observa y registra la conducta de un cliente que está participando en un programa de modificación de conducta.

Práctica positiva. Tipo de procedimiento de sobrecorrección en el que se solicita al cliente que realice la conducta relevante de forma correcta varias veces de forma contingente al problema de conducta.

Práctica. Repetición de la conducta en un role-play después de recibir instrucciones y modelado. La práctica es seguida por retroalimentación sobre la conducta realizada.

Principio de Premack. Tipo de reforzamiento positivo en el que la oportunidad de realizar una conducta altamente probable se hace contingente a la ocurrencia de una conducta escasamente probable a fin de incrementar esta última.

Privación. Situación en la que el individuo no dispone de acceso a un reforzador particular durante un periodo de tiempo. La privación es un tipo de operación de establecimiento que hace más potente para el individuo el reforzador cuyo acceso ha sido restringido.

Procedimiento de control de antecedentes. Procedimiento en el que se manipulan los antecedentes para influenciar la conducta objetivo. Este procedimiento requiere de la alteración del/los estímulos discriminativos, operaciones de establecimiento, o del esfuerzo de respuesta de la conducta objetivo o de otras conductas alternativas.

Procedimiento de entrenamiento en habilidades conductuales. Procedimiento que compuesto por instrucciones, modelado, práctica y retroalimentación usado para enseñar nuevas conductas y habilidades.

Programa de intervalo variable (IV). Programa de reforzamiento en el que se refuerza la primera respuesta que ocurre después de un intervalo de tiempo especificado. La duración del intervalo varía en torno a un valor medio.

Programa de razón variable (RV). Programa de reforzamiento en el que se necesita un número especificado de respuestas para la presentación de un reforzador. El número de respuestas necesarias varía en torno a un valor medio.

Programa de reforzamiento continuo. Programa de reforzamiento en el cual cada ocurrencia de la conducta va seguida del reforzador.

Programa de reforzamiento intermitente. Programa de reforzamiento en el que no todas las ocurrencias de la conducta son seguidas por un reforzador. Los programas de razón fija, intervalo fijo, razón variable e intervalo variable son programas de reforzamiento intermitente.

Programa de reforzamiento. El programa de reforzamiento especifica qué respuestas serán seguidas por la presentación de un reforzador. En un programa de reforzamiento continuo todas las respuestas son seguidas por un reforzador, mientras que en un programa intermitente, no todas las respuestas son reforzadas.

Programación de caso general. Estrategia para promover la generalización y que requiere del uso de múltiples ejemplares de estímulo que muestrean el rango de situaciones estimulares y variaciones de respuesta. También se denomina entrenamiento de ejemplares múltiples.

Programas de reforzamiento concurrentes. Programas de reforzamiento que coinciden en el tiempo y que operan sobre dos o más conductas diferentes, las cuales son denominadas operantes concurrentes. Qué conducta ocurre en qué momento depende del programa de reforzamiento relativo, la magnitud del reforzador, la demora del reforzamiento y el esfuerzo de respuesta de las conductas disponibles.

Razón fija (RF). Programa de reforzamiento en el que deben ocurrir un número específico de respuestas antes de que se presente el reforzador. El número de respuestas requeridas es siempre el mismo.

Reactividad. Cambio de conducta ocasionado por el proceso de registro que puede tener lugar incluso antes del inicio del tratamiento.

Recuperación espontánea (operante). Fenómeno según el cual una vez que una respuesta operante ha sido extinguida, la conducta puede volver a ocurrir en el futuro en las mismas circunstancias en las que fue reforzada previamente.

Recuperación espontánea (respondiente). Fenómeno según el cual una respuesta condicionada que ha sido extinguida vuelve a ocurrir cuando el estímulo condicionado es presentado nuevamente.

Reforzador condicionado generalizado. Reforzador condicionado que ha sido presentado conjuntamente con varios reforzadores. El dinero y recibir el aprecio por parte de otros funciona como reforzador generalizado para mucha gente.

Reforzador condicionado. Estímulo que, siendo previamente neutro, se establece como reforzador por haber sido emparejado en multitud de ocasiones con un reforzador previo.

Reforzador incondicionado. Estímulo que es reforzante de manera natural debido a que la capacidad de nuestra conducta de ser reforzada por dicho estímulo favorece la supervivencia. No se necesita un condicionamiento previo para que un reforzador incondicionado funcione como reforzador. La comida, el agua, el sexo o el escape de fuentes extremas de estimulación son ejemplos de reforzadores incondicionados.

Reforzador positivo. Estímulo que incrementa la probabilidad futura de la conducta cuando un estímulo se presenta de forma contingente a la ocurrencia de la conducta.

Reforzador recuperable. Reforzador usado en una economía de fichas. El cliente recibe fichas si ocurre la conducta deseable. Posteriormente, el cliente puede intercambiar un numero prefijado de fichas por uno o más reforzadores.

Reforzador. Estímulo o evento que incrementa la probabilidad futura de la conducta cuando ocurre de forma contingente a la ocurrencia de la conducta.

Reforzamiento diferencial de conductas alternativas (RDA). Procedimiento para reducir problemas de conducta reforzando una conducta alternativa (o competitiva) funcionalmente equivalente a la conducta problema a fin de reemplazarla.

Reforzamiento diferencial de conductas incompatibles (RDI). Tipo de procedimiento de RDA en el que se refuerza una conducta físicamente incompatible con el objetivo de reemplazar una conducta problema.

Reforzamiento diferencial de la comunicación. Tipo de procedimiento de RDA en el que se refuerza una respuesta comunicativa con el fin de que esta reemplace al problema de conducta. También se denomina entrenamiento en comunicación funcional.

Reforzamiento diferencial de otras conductas (RDO). Procedimiento en el que se presenta el reforzador después de un intervalo de tiempo sin que suceda la conducta problema. Durante el RDO se refuerza la omisión del problema de conducta.

Reforzamiento diferencial de otras conductas de intervalo total (RDO de intervalo total). Tipo de reforzamiento diferencial de otras conductas (RDO) en el que el problema de conducta debe estar ausente durante todo el intervalo para que se presente el reforzador. La mayoría de los procedimientos de RDO usan esta modalidad.

Reforzamiento diferencial de tasas bajas (RDTB). Procedimiento en el que se refuerza una tasa más baja de una conducta particular a objeto de reducir su frecuencia. Se aplica cuando se desea reducir la conducta sin eliminarla completamente.

Reforzamiento diferencial de tasas bajas de intervalo. Tipo de reforzamiento diferencial de tasas bajas en el que las sesiones están divididas en intervalos consecutivos presentándose reforzamiento si no se da la conducta más de una vez por intervalo.

Reforzamiento diferencial de tasas bajas de respuestas espaciadas. Tipo de reforzamiento diferencial de tasas bajas en el que el reforzador se presenta cuando las respuestas se encuentran separadas por un intervalo específico. Si la respuesta ocurre antes de que el intervalo termine, el reforzador no se presenta y el intervalo comienza nuevamente. El intervalo entre las respuestas se denomina tiempo entre respuestas.

Reforzamiento diferencial de tasas bajas de sesión completa. Procedimiento en el que el reforzador se presenta si se han producido un número de respuestas menor a una cantidad X durante un periodo específico (sesión). Se usa para reducir la tasa de conducta.

Reforzamiento diferencial momentáneo de otras conductas (RDO momentáneo). Tipo de reforzamiento diferencial de otras conductas (RDO) en el que el reforzador se presenta si la persona no está realizando la conducta problema al final del intervalo (recordemos que el procedimiento de RDO está dividido en intervalos). No se requiere que el problema de conducta esté ausente durante toda la duración del intervalo para dar reforzamiento, sino solo al final del mismo. El RDO momentáneo no suele ser muy eficaz a menos que se use como tratamiento de mantenimiento después de haber aplicado un procedimiento de RDO de intervalo completo.

Reforzamiento diferencial. Procedimiento en el que una conducta objetivo específica es seguida de un reforzador, mientras que otras no lo son. El resultado es el incremento de la conducta objetivo y la extinción de las otras conductas.

Reforzamiento negativo. Tipo de reforzamiento en el que la ocurrencia de la conducta es seguida por la retirada o el escape de un estímulo aversivo. El reforzamiento incrementa la probabilidad futura de la conducta.

Reforzamiento negativo automático. El reforzamiento negativo automático ocurre cuando la conducta objetivo automáticamente reduce o elimina un estímulo aversivo como consecuencia de la conducta y hace que la conducta se fortalezca.

Reforzamiento positivo. Tipo de reforzamiento en el que un estímulo o evento presentado de forma contingente a la conducta incrementa la probabilidad de esta en el futuro.

Reforzamiento positivo automático. El reforzamiento negativo automático ocurre cuando la conducta objetivo automáticamente produce una consecuencia positivamente reforzante como consecuencia de la conducta y hace que la conducta se fortalezca.

Reforzamiento. Proceso en el que la ocurrencia de una conducta es seguida por una consecuencia que incrementa la probabilidad futura de dicha conducta.

Registro continuo. Tipo de procedimiento de registro en el que se consigna algún aspecto de la conducta, ya sea frecuencia, duración, latencia o intensidad, cada vez que la conducta ocurre.

Registro de intervalos con frecuencia. Método de registro en el que el número de veces que ocurre la conducta objetivo (frecuencia) se registra dentro de cada intervalo de tiempo dentro del periodo de observación.

Registro de intervalos. Procedimiento de registro en el que el periodo de observación está dividido en una serie de intervalos consecutivos en los que se marca si la conducta estuvo o no presente.

Registro de intervalo parcial. En el registro de intervalos parciales el observador marca el intervalo si la conducta ocurre durante cualquier momento del intervalo.

Registro de muestreo temporal. Procedimiento de registro del comportamiento en el que el periodo de observación es dividido en intervalos y la conducta es registrada durante parte de cada intervalo. En el procedimiento de muestreo temporal los intervalos de observación no son continuos.

Registro de muestreo temporal momentáneo. Una variación del registro de muestreo temporal en el cual la conducta es registrado solamente si esta ocurre en el instante exacto en el cual termina el intervalo.

Registro de productos de conducta. Tipo de registro de conducta en el que los resultados o productos duraderos derivados de la conducta sirven como indicativo de la ocurrencia de la misma.

Registro en tiempo real. Método de registro en el que registramos el tiempo exacto de cada inicio y fin de la conducta objetivo durante el periodo de registro. El registro de tiempo real genera información tanto de frecuencia como de duración de la conducta, así como el tiempo exacto en el que ocurrió cada conducta en el periodo de observación.

Relación funcional. Relación entre la conducta y un evento o eventos ambientales en virtud de la cual la ocurrencia de la conducta está controlada por la ocurrencia del evento ambiental. Una relación funcional se demuestra usando diseños de investigación y manipulando eventos ambien-tales específicos a fin de demostrar que la conducta cambia solo si el evento ambiental ocurre.

Relaciones de equivalencia. Relación compleja de estímulos en virtud de la cual estímulos físicamente dispares discriminan la misma respuesta. De dos estímulos cualesquiera entre los cuales se ha establecido una relación de equivalencia se dice que son funcionalmente equivalentes.

Relajación muscular progresiva. Procedimiento de relajación en el que el cliente aprende a tensar y relajar los grupos musculares principales. Mediante este procedimiento el cliente reduce la tensión muscular y la activación autonómica.

Resistencia a la extinción. Tendencia de la persona a seguir respondiendo después de haberse iniciado una extinción operante. Los programas de reforzamiento intermitente causan una mayor resistencia a la extinción que los programas de reforzamiento continuo.

Respiración diafragmática. Tipo de ejercicio de relajación en el que el individuo realiza respiraciones lentas y rítmicas usando el diafragma para empujar el aire inspirado en los pulmones lo más profundamente posible.

Respiración regulada. Respuesta competitiva usada en los procedimientos de reversión del hábito usados para tratar el tartamudeo.

Respuesta competitiva. Conducta alternativa que ocurre en lugar de otras conductas objetivo. En la mayoría de los casos, la respuesta competitiva es físicamente incompatible con la conducta objetiva, de modo que su ocurrencia compite con la ocurrencia de la conducta objetivo.

Respuesta condicionada (RC). En condicionamiento clásico una respuesta condicionada es elicitada por un estímulo condicionado. El estímulo condicionado adquiere el poder de elicitar la respuesta condicionada por haber sido emparejado en repetidas ocasiones con un estímulo incondicionado o con otro estímulo condicionado.

Respuesta emocional condicionada. Tipo de respuesta condicionada en la que una respuesta emocional (miedo, furia, felicidad, etc.) es elicitada por un estímulo condicionado durante un proceso de condicionamiento respondiente.

Respuesta funcionalmente equivalente. Una respuesta que produce el mismo efecto reforzante que una respuesta alternativa. La respuesta sirve la misma función que la respuesta alternativa.

Respuesta incondicionada (RI). Respuesta que es elicitada por un estímulo incondicionado.

Respuesta. Ocurrencia de una conducta particular.

Restitución. Tipo de sobrecorrección en la que se solicita al cliente que corrija los efectos ambientales de la conducta problema de forma contingente a la ocurrencia de esta. El cliente debe devolver el entorno a una situación mejor a la existente antes de que sucediera el problema de conducta.

Restructuración cognitiva. Procedimiento de modificación de conducta cognitiva en el que el cliente aprende a identificar pensamientos que le causan malestar los y a continuación aprende a eliminar o reemplazar esos pensamientos aprende a eliminar esos pensamientos o a reemplazarlos por otros más apropiados.

Retroalimentación. En los procedimientos de entrenamiento de habilidades conductuales, la retroalimentación consiste en felicitar o elogiar por haber realizado correctamente una conducta o instrucción.

Reversión del hábito. Procedimiento para tratar trastornos de hábitos compuesto por entrenamiento en concienciación, entrenamiento en respuestas competitivas, apoyo social, estrategias de generalización y estrategias motivacionales. La investigación ha mostrado que el entrenamiento en concienciación y en respuestas competitivas son los componentes cruciales de la efectividad del tratamiento.

Saciedad. Perdida progresiva o total de la efectividad de un reforzador. La saciedad se da cuando el individuo ha consumido recientemente una cantidad elevada de un reforzador particular o ha estado expuesto al reforzador de forma prolongada.

Saliente. Un estímulo es saliente si es intenso o fácilmente detectable por el individuo.

Seguimiento guiado. Procedimiento de castigo positivo usado con personas que muestran conducta desobediente o negativista. Cuando la persona, después de recibir una instrucción o petición, se niega a seguirla, se guía físicamente la conducta. La ayuda física se retira una vez que la persona sigue la instrucción de forma independiente. El seguimiento guiado evita el escape de la instrucción sirviendo como procedimiento de extinción cuando el negativismo es reforzado negativamente por escape.

Síndrome de Tourette. Trastorno en el que se dan múltiples tics motores y vocales, y que debe mantenerse durante al menos un año.

Situación artificial. Situación de observación que no es parte de las rutinas diarias normales del individuo.

Sobrecorrección. Procedimiento de castigo positivo que consiste en realizar durante un tiempo breve una actividad que requiere de un considerable esfuerzo de forma contingente a la ocurrencia de un problema de conducta.

Tacto. Operante verbal compuesta por una respuesta verbal discriminada por un estímulo no verbal al que identifica y que es mantenida por reforzamiento social generalizado.

Tartamudeo. Problema de fluidez en la articulación del lenguaje en el que el individuo repite palabras o sílabas, prolonga el sonido de una palabra o e bloquea en una palabra (es decir no realiza ningún sonido durante un periodo de tiempo en el que intenta decir una palabra).

Tasa. Frecuencia de la conducta dividida por la duración del periodo de observación. Generalmente se refiere como respuestas por minuto.

Terapia cognitiva. Tipo de reestructuración cognitiva desarrollado originalmente por Beck, en el que el terapeuta enseña al cliente a identificar y cambiar sus pensamientos distorsionados.

Tic vocal. Sonido vocal repetitivo que no sirve función comunicativa alguna para la persona que lo realiza.

Tics motores. Sacudidas o movimientos repetitivos de un grupo muscular específico.

Tiempo dentro. Entorno del que el niño es retirado durante el uso del tiempo fuera. Para que el tiempo fuera sea eficaz, el contexto de tiempo dentro debe tener propiedades reforzantes.

Tiempo entre respuestas. Tiempo transcurrido entre la ocurrencia de dos respuestas consecutivas.

Tiempo fuera de exclusión. Un procedimiento de tiempo fuera en el que la persona es retirada brevemente de un ambiente reforzante (p.ej., se le lleva a otra habitación) de forma contingente a la ocurrencia del problema de conducta.

Tiempo fuera sin exclusión. Tipo de procedimiento de tiempo fuera contingente al problema de conducta. En este procedimiento se retira al individuo de todas las fuentes de reforzamiento, pero no se le retira de la habitación en la que ha sucedido el problema de conducta.

Tiempo fuera. Procedimiento de castigo negativo en el que la persona pierde acceso a reforzadores positivos durante un periodo de tiempo breve de forma contingente a la ocurrencia de la conducta. Habitualmente durante el procedimiento de tiempo fuera la persona es retirada del ambiente reforzante.

Transferencia del control de estímulo. Proceso mediante el cual se retiran las ayudas una vez que la conducta objetivo se da en presencia del estímulo discriminativo (ED). El desvanecimiento de la ayuda y la demora de la ayuda son procedimientos que se utilizan para transferir el control de estímulo de la ayuda al ED.

Variable controladora. Eventos ambientales (antecedente y consecuencias) que afectan a la probabilidad de una conducta particular. Las variables controladoras son los antecedentes y consecuencias que están relacionados funcionalmente con la conducta.

Variable dependiente. En un experimento, la variable dependiente se refiere a la conducta objetivo que se mide y que cambia cuando la variable independiente es introducida.

Variable independiente. En un experimento, la variable independiente es el evento ambiental que es manipulado para influenciar la variable dependiente.

Videomodelado. Tipo de procedimiento de encadenamiento en el que el estudiante observa un video en el que se muestran la totalidad o parte de las conductas que componen una cadena. Se usa como ayuda para involucrar al estudiante en la realización de cadenas de conducta.

kerman, A. M., y Shapiro, E. S. (1984). Self-monitoring and work productivity with mentally retarded adults. *Journal of Applied Behavior Analysis, 17*, 403-407.

lams, C. D., y Kelley, M. L. (1992). Managing sibling aggression: Overcorrection as an alternative to time out. *Behavior Therapy, 23*, 707-717.

avosius, M. P., y Sulzer-Azaroff, B. (1986). The effects of performance feedback on the safety of client lifting and transfer. *Journal of Applied Behavior Analysis, 19*, 261-267.

berto, P. A., y Troutman, A. C. (1986). *Applied behavior analysis for teachers*. Columbus, OH: Merrill.

bion, F. M. y Salzburg, C. L. (1982). The effect of self-instruction on the rate of correct addition problems with mentally retarded children. *Education and Treatment of Children, 5*, 121-131.

len, K. D. (1998). The use of an enhanced simplified habit reversal procedure to reduce disruptive outbursts during athletic performance. *Journal of Applied Behavior Analysis, 31*, 489–492.

len, K. D., y Stokes, T. F. (1987). Use of escape and reward in the management of young children during dental treatment *Journal of Applied Behavior Analysis, 20*, 381-390.

len, L. J., Howard, V. F., Sweeney, W. J., y McLaughlin, T. F. (1993). Use of contingency contracting to increase on-task behavior with primary students. *Psychological Reports, 72*, 905-906.

ndorfer, R. E., Miltenberger, R. G., Woster, S. H., Rortvedt, A. K., y Gaffaney, T. (1994). Home-based descriptive and experimental analysis of problem behaviors in children. *Topics in Early Childhood Special Education, 14*, 64-87.

ndorfer, R. E., y Miltenberger, R. G. (1993). Functional assessment and treatment of challenging behavior: A review with implications for early childhood. *Topics in Early Childhood Special Education, 13*, 82-105.

derson, C. M., y Long, E. S. (2002). Use of a structured descriptive assessment methodology to identify variables affecting problem behavior. *Journal of Applied Behavior Analysis, 35*, 137-154.

derson, C. M., y McMillan, K. (2001). Parental use of escape extinction and differential reinforcement to treat food selectivity. *Journal of Applied Behavior Analysis, 34*, 511-515.

agona, J., Cassady, J., y Drabman, R. S. (1975). Treating overweight children through parental training and contingency contracting. *Journal of Applied Behavior Analysis, 8*, 269-278.

ntzen, E., y Almas, I. K. (2002). Effects of mand-tact versus tact-only training on the acquisition of tacts. *Journal of Applied Behavior Analysis, 35*, 419-422.

hbaugh, R., y Peck, S. M. (1998). Treatment of sleep problems in a toddler: A replication of the faded bedtime with response cost protocol. *Journal of Applied Behavior Analysis, 31*, 127-129.

mus, J. M., Wacker, D. P., Harding, J., Berg, W. K., Derby, K. M., y Kocis, E. (1999). Evaluation of antecedent stimulus parameters for the treatment of escape-main-tained aberrant behavior. *Journal of Applied Behavior Analysis, 32*, 495-513.

mus, J. M., Ringdahl, J., Sellers, J., Call, N., Andelman, M., y Wacker, D. (2004). Use of a short-term inpatient model to evaluate aberrant behavior: Outcome data summaries from 1996 to 2001. *Journal of Applied Behavior Analysis, 37*, 283-304.

ne Association for Persons with Severe Handicaps. (1987, May). Resolution on the cessation of intrusive interventions. *TASH Newsletter, 5*, 3.

terita, M. F. (1985). *The physiology of stress*. New York: Human Sciences Press.

stin, J., Sigurdsson, S. O., y Rubin, Y. S. (2006). An examination of the effects of delayed versus immediate prompts on safety belt use. *Environment and Behavior, 38*, 140–149.

elrod, S., y Apsche, J. (Eds.). (1983). *The effects of punishment on human behavior*. New York: Academic Press.

llon, T, Layman, D., y Kandel, H. J. (1975). A behavioral educational alternative to drug control of hyperactive children. *Journal of Applied Behavior Analysis, 8*, 137-146.

llon, T, y Azrin, N. (1968). *The token economy: A motivational system for therapy and rehabilitation*. New York: Appleton-Century-Crofts.

llon, T, y Azrin, N. H. (1965). The measurement and reinforcement of behavior of psychotics. *Journal of the Experimental Analysis of Behavior, 8*, 357-383.

llon, T. (1963). Intensive treatment of psychotic behavior by stimulus satiation and food reinforcement. *Behaviour Research and Therapy, 1*, 53-61.

Ayllon, T. D., y Michael, J. (1959). The psychiatric nurse as a behavioral engineer. *Journal of the Experimental Analysis of Behavior, 2*, 323-334.

Ayllon, T., y Azrin, N. H. (1964). Reinforcement and instructions with mental patients. *Journal of the Experimental Analysis of Behavior, 7*, 327-331.

Azrin, N. H., Hake, D., Holz, W., y Hutchinson, R. (1965). Motivational aspects of escape from punishment. *Journal of the Experimental Analysis of Behavior, 8*, 31-57.

Azrin, N. H., Holz, W., Ulrich, R., y Goldiamond, I. (1973). The control of the content of conversation through reinforcement. *Journal of Applied Behavior Analysis, 6*, 186-192.

Azrin, N. H., Hutchinson, R. R., y Hake, D. F. (1963). Pain-induced fighting in the squirrel monkey. *Journal of the Experimental Analysis of Behavior, 6*, 620.

Azrin, N. H., Hutchinson, R. R., y Hake, D. F. (1966). Extinction produced aggression. *Journal of the Experimental Analysis of Behavior, 9*, 191-204.

Azrin, N. H., Nunn, R. G., y Frantz-Renshaw, S. E. (1980). Habit reversal treatment of thumbsucking. *Behaviour Research and Therapy, 18*, 195-599.

Azrin, N. H., Nunn, R. G., y Frantz, S. E. (1979). Comparison of regulated breathing versus abbreviated desensitization on reported stuttering episodes. *Journal of Speech and Hearing Disorders, 44*, 331-339.

Azrin, N. H., Nunn, R. G., y Frantz, S. E. (1980b). Habit reversal versus negative practice treatment of nervous tics. *Behavior Therapy, 11*, 169-178.

Azrin, N. H., y Foxx, R. M. (1971). A rapid method of toilet training the institutionalized retarded. *Journal of Applied Behavior Analysis, 4*, 89-99.

Azrin, N. H., y Holz, W. (1966). Punishment. En W. K. Honig (Ed.), *Operant behavior: Areas of research and application* (págs. 38-47). New York: Appleton-Century-Crofts.

Azrin, N. H., y Lindsley, O. R. (1956). The reinforcement of cooperation between children. *Journal of Abnormal and Social Psychology, 52*, 100-102.

Azrin, N. H., y Nunn, R. G. (1973). Habit reversal: A method of eliminating nervous habits and tics. *Behaviour Research and Therapy, 11*, 619-628.

Azrin, N. H., y Nunn, R. G. (1974). A rapid method of eliminating stuttering by a regulated breathing ap¬proach. *Behaviour Research and Therapy, 12*, 279-286.

Azrin, N. H., y Nunn, R. G. (1977). *Habit control in a day*. New York: Simon y Schuster.

Azrin, N. H., y Peterson, A. L. (1989). Reduction of an eye tic by controlled blinking. *Behavior Therapy, 20*, 461-413.

Azrin, N. H., y Peterson, A. L. (1990). Treatment of Tourette syndrome by habit reversal: A waiting list control group comparison. *Behavior Therapy, 21*, 305-318.

Azrin, N. H., y Powell, J. (1968). Behavioral engineering: The reduction of smoking behavior by a conditioning apparatus and procedure. *Journal of Applied Behavior Analysis, 1*, 193-200.

Azrin, N. H., y Wesolowski, M. D. (1975). Theft reversal: An overcorrection procedure for eliminating stealing by retarded persons. *Journal of Applied Behavior Analysis, 7*, 577-581.

Azrin, N. R, Nunn, R. G., y Frantz-Renshaw, S. E. (1982). Habit reversal versus negative practice treatment of destructive oral habits (biting, chewing or licking of the lips, cheeks, tongue or palate). *Journal of Behavior Therapy and Experimental Psychiatry, 13*, 49-54.

Azrin, N. H, Nunn, R. G., y Frantz, S. E. (1980a). Habit reversal versus negative practice treatment of nail-biting. *Behaviour Research and Therapy, 18*, 281-285.

Baer, D. M. (1960). Escape and avoidance responses of preschool children to two schedules of reinforcement withdrawal. *Journal of the Experimental Analysis of Behavior, 3*, 155-159.

Baer, D. M., Peterson, R. R., y Sherman, J. A. (1967). The development of imitation by reinforcing behavioral similarity to a model. *Journal of the Experimental Analysis of Behavior, 10*, 405-416.

Baer, D. M., Wolf, M. M., y Risley, T. R. (1968). Some current dimensions of applied behavior analysis. *Journal of Applied Behavior Analysis, 1*, 91-97.

Baer, D. M., Wolf, M. M., y Risley, T. R. (1987). Some still-current dimensions of applied behavior analysis. *Journal of Applied Behavior Analysis, 20*, 313-327.

Baer, D. M., y Sherman, J. A. (1964). Reinforcement control of generalized imitation in young children. *Journal of Experimental Psychology, 1,* 37-49.

Baer, R. A. (1990). Correspondence training: Review and current issues. *Research in Developmental Disabilities, 11,* 379–393.

Bailey, J. S. (1977). *Handbook of research methods in applied behavior analysis.* Tallahassee, FL: Copy Grafix.

Bailey, J. S., y Burch, M. R. (2002). *Research methods in applied behavior analysis.* Thousand Oaks, CA Sage.

Bailey, J. S., y Burch, M. R. (2010). *25 essential skills & strategies for the professional behavior analyst: Expert tips for maximizing consulting effectiveness.* New York: Routledge.

Bailey, J. S., y Burch, M. (2011). *Ethics for behavior analysts (2nd ed.).* New York: Routledge.

Bailey, J. S., y Pyles, D. A. (1989). Behavioral diagnostics. En E. Cipani (Ed.), *The treatment of severe behavior disorders: Behavior analysis approaches* (págs. 85-107). Washington, DC: American Association on Mental Retardation.

Bailey, J., y Meyerson, L. (1969). Vibration as a reinforcer with a profoundly retarded child. *Journal of Applied Behavior Analysis, 2,* 135-137.

Bakke, B. L., Kvale, S., Bums, T, McCarten, J. R, Wilson, L., Maddox, M., y Cleary, J. (1994). Multicomponent intervention for agitated behavior in a person with Alzheimer's disease. *Journal of Applied Behavior Analysis, 27,* 175-176.

Bakken, J., Miltenberger, R., y Schauss, S. (1993). Teaching mentally retarded parents: Knowledge versus skills. *American Journal on Mental Retardation, 97,* 405-417.

Bambara, L. M., & Kern, L. (2005). *Individualized supports for students with problem behaviors: Designing positive behavior plans.* New York: Guilford Press.

Bandura, A. (1969). *Principles of behavior modification.* New York: Holt, Rinehart, y Winston.

Bandura, A. (1977). *Social learning theory.* Upper Saddle River, NJ: Prentice Hall.

Bandura, A., Ross, D., y Ross, S. (1963). Imitation of film mediated aggressive models. *Journal of Abnormal and Social Psychology, 66,* 601-607.

Barker, M., Bailey, J., y Lee, N. (2004). The impact of verbal prompts on child safety-belt use in shopping carts. *Journal of Applied Behavior Analysis, 37,* 527-530.

Barlow, D. H., y Hersen, M. (1984). *Single case experimental designs: Strategies for studying behavior change (2a ed.).* New York: Pergamon.

Barnard, J. D., Christophersen, E. R., y Wolf, M. M. (1977). Teaching children appropriate shopping behavior through parent training in the supermarket setting. *Journal of Applied Behavior Analysis, 10,* 49-59.

Baron, A., Kaufman, A., y Stauber, K. A. (1969). Effects of instructions and reinforcement-feedback on human operant behavior maintained by fixed-interval reinforcement. *Journal of the Experimental Analysis of Behavior, 12,* 701-712.

Barrett, R. P. (Ed.). (1986). *Severe behavior disorders in the mentally retarded: Nondrug approaches to treatment.* New York: Plenum.

Barretto, A., Wacker, D., Harding, J., Lee, J., y Berg, W.(2006). Using telemedicine to conduct behavioral assessments. *Journal of Applied Behavior Analysis, 39,* 333-340.

Barrish, H. H., Saunders, M., y Wolf, M. M. (1969). Good behavior game: Effects of individual contingencies for group consequences on the disruptive behavior in a classroom. *Journal of Applied Behavior Analysis, 2,* 119-124.

Barton, L. E., Brulle, A. R., y Repp, A. C. (1986). Maintenance of therapeutic change by momentary DRO. *Journal of Applied Behavior Analysis, 19,* 277-282.

Baum, W. M. (1994). *Understanding behaviorism: Science, behavior, and culture.* New York: Harper Collins.

Beavers, G. A., Iwata, B. A., y Lerman, D. C. (2013). Thirty years of research on the functional analysis of problem behavior. *Journal of Applied Behavior Analysis, 46,* 1–21.

Beck, A. T, y Freeman, A. (1989). *Cognitive therapy of personality disorders.* New York: Guilford.

Beck, A. T. (1976). *Cognitive therapy and the emotional disorders.* New York: International Universities Press.

Becker, W. C., y Carnine, D. C. (1981). Direct instruction: A behavior theory model for comprehensive educational intervention with the disadvantaged. En S. W. Bijouf R. Ruiz (Eds.), *Behavior modification: Contributions to education* (págs. 145-210). Mahwah, NJ: Erlbaum.

Behavior Therapy and Experimental Psychiatry, 13, 301-306.

Bellamy, G. T., Homer, R. H., y Inman, D. P. (1979). *Vocational habilitation of severely retarded adults.* Austin, TX Pro-Ed.

Bentall, R. P., y Lowe, C. F. (1987). The role of verbal behavior in human learning: III. Instructional effects in children. *Journal of the Experiment Analysis of Behavior, 47,* 177-190.

Berg, W., Steege, M., Kelly, L., y Allaire, A. (1992). Use of descriptive ar experimental analyses to identify the functional properties of aberran behavior in school set-tings. *Journal of Applied Behavior Analysis, 25,* 80 821.

Berkowitz, S., Sherry, P. J., y Davis, B. A (1971). Teaching self-feeding skil to profound retardates using reinforcement and fading procedure *Behavior Therapy, 2,* 62-67.

Berry, T. D., y Geller, E. S. (1991). A single subject approach to evaluatir vehicle safety belt reminders: Back to basics. *Journal of Applied Behavi Analysis, 24,* 13-22.

Bijou, S. W, Peterson, R. F., y Ault, M. H. (1968). A method to integra descriptive and experimental field studies at the level of data and em pirical concepts. *Journal of Applied Behavior Analysis, 1,* 175-191.

Bijou, S. W, y Ruiz, R. (Eds.). (1981). *Behavior modification: Contributions to ed cation.* Mahwah, NJ: Erlbaum.

Bijou, S. W. (1957). Patterns of reinforcement and resistance to extinction a young children. *Child Development, 28,* 47-54.

Bijou, S. W. (1958). Operant extinction after fixed interval schedules wi young children. *Journal of the Experimental Analysis of Behavior, 1,* 25-29.

Bijou, S. W. (1976). *Child development The basic stages of early childhood.* Englewoc Cliffs, NJ: Prentice Hall.

Billingsley, F. F., y Romer, L. T. (1983). Response prompting and transfe of stimulus control: Methods, research, and a conceptual framewor *Journal of the Association for Persons with Severe Handicaps, 8,* 3-12.

Bimie-Selwyn, B., y Guerin, B. (1997). Teaching children to spell: Decre sing consonant cluster errors by eliminat¬ing selective stimulus co trol. *Journal of Applied Behavior Analysis, 30,* 69-91.

Bloom, S., Lambert, J., Dayton, E., & Samaha, A. (2013). Teacher- condu ted trial-based functional analyses as the basis for intervention. *Journ of Applied Behavior Analysis, 46,* 208–218.

Blount, R. L., Drabman, R. S., Wilson, N., y Stewart, D. (1982). Reducin severe diurnal bruxism in two profoundly retarded females. *Journal Applied Behavior Analysis, 15,* 565-571.

Blumenthal, J. A., y McKee, D. C. (Eds.). (1987). *Applications in behavioral mec cine and health psychology: A clinicians source book.* Sarasota, FL: Profession: Resource Exchange.

Borrero, J. C., Vollmer, T. R., y Wright, C. S. (2002). An evaluation of co tingency strength and response suppression. *Journal of Applied Behavi Analysis, 35,* 337-347.

Bostow, D. E., y Bailey, J. (1969). Modification of severe dis¬ruptive and a gressive behavior using brief timeout and reinforcement procedure *Journal of Applied Behavior Analysis, 2,* 31-37.

Boudjouk, P., Woods, D., Miltenberger, R., y Long, E. (2000). Negative pe evaluation in adolescents: Effects of tic disorders and trichotillomani *Child and Family Behavior Therapy 22(1),* 17-28.

Bowman, L. G., Piazza, C. C, Fisher, W. W., Hagopian, L. P., y Kogan, S. (1997). Assessment of preference for varied versus constant reinfo cers. *Journal of Applied Behavior Analysis, 30,* 451-458.

Braam, S. J., y Poling, A. (1983). Development of intraverbal behavior i mentally retarded individuals through transfer of stimulus contrc procedures: Classification of verbal responses. *Applied Research in Ment Retardation, 4,* 279–302.

Brigham, T. A. (1989). *Managing everyday problems.* New York: Guilford.

Bristol, M. M., y Sloane, H. N. (1974). Effects of contin¬gency contractin on study rate and test performance. *Journal of Applied Behavior Analysis,* 271-285.

Brobst, B., y Ward, P. (2002). Effect of public posting, goal setting, and or feedback on the skills of female soccer players. *Journal of Applied Behavi Analysis, 35,* 247-257.

Brothers, K. J., Krantz, P. J., y McClannahan, L. E. (1994). Office pape recycling: A function of container proximity. *Journal of Applied Behavi Analysis, 27,* 153-160.

Bucher, B., Reykdal, B., y Albin, J. (1976). Brief physical restraint to contr pica in retarded children. *Journal of Behavior Therapy and Experimental Ps chiatry, 7,* 137-140.

Call, N., Wacker, D., Ringdahl, J., y Boelter, E. (2005). Combined ante cedent variables as motivating operations within functional analyses. *Journal of Applied Behavior Analysis, 38*, 385-389.

ams, A. W, y Cams, M. R. (1994). *Making behavioral contracts successful.* School Counselor, 42, 155-160.

antrell, R. P., Cantrell, M. L., Huddleston, C. M., y Wool-bridge, R. L. (1969). Contingency contracting with school problems. *Journal of Applied Behavior Analysis, 2,* 215-220.

arbone, V. J., Sweeney-Kerwin, E. J., Attanasio, V., y Kasper, T. (2010). Increasing the vocal responses of children with autism and developmental disabilities using manual sign mand training and prompt delay. *Journal of Applied Behavior Analysis, 43,* 705-709.

arr, E. G. (1988). Functional equivalence as a means of response generalization. En R. H. Homer, G. Dunlap, y R. L. Koegel (Eds.), *Generalization and maintenance: Lifestyle changes in applied settings* (págs. 221-241). Baltimore: Paul Brookes.

arr, E. G., Levin, L., McConnachie, G., Carlson, J. I., Kemp, D. C, y Smith, C. E. (1994). *Communication-based intervention for problem behavior: A user's guide for producing positive change.* Baltimore: Paul Brookes.

arr, E. G., McConnachie, G., Levin, L., y Kemp, D. C. (1993). Communication based treatment of severe behavior problems. En R. Van Houten y S. Axelrod (Eds.), *Behavior analysis and treatment* (págs. 231-267). New York: Plenum.

arr, E. G., Newsom, C. D., y Binkoff, J. A. (1980). Escape as a factor in the aggressive behavior of two retarded children. *Journal of Applied Behavior Analysis, 13,* 101-117.

arr, E. G., y Carlson, J. I. (1993). Reduction of severe behavior problems in the community using a multicomponent treatment approach. *Journal of Applied Behavior Analysis, 26,* 157-172.

arr, E. G., y Durand V. M. (1985). Reducing behavior problems through functional communication training. *Journal of Applied Behavior Analysis, 18,* 111-126.

arr, J. E. (1995). Competing responses for the treatment of Tourette syndrome and tic disorders. *Behaviour Research and Therapy, 33,* 455-456.

arr, J. E. (2005). Recommendations for reporting multiple baseline designs across participants. *Behavioral Interventions, 20,* 219-224.

arr, J.E., y Austin, J. (Eds.). (2001). *Handbook of applied behavior analysis.* Reno, NV: Context Press.

arr, J. E., & Burkholder, E. O. (1998). Creating single-subject design graphs with Microsoft ExcelTM. *Journal of Applied Behavior Analysis, 31,* 245-251.

arroll-Rowan, L., y Miltenberger, R. G. (1994). A comparison of procedures for teaching abduction prevention to preschoolers. *Education and Treatment of Children, 17,* 113-128.

arroll, L. A., Miltenberger, R. G., y O'Neill, H. K. (1992). A review and critique of research evaluating child sexual abuse prevention programs. *Education & Treatment of Children, 15,* 335-354.

arroll, R. J., y Hesse, B. E. (1987). The effect of alternating mand and tact training on the acquisition of tacts. *The Analysis of Verbal Behavior, 5,* 55–65.

arstensen, L. L., y Erickson, R. J. (1986). Enhancing the environments of elderly nursing home residents: Are high rates of interaction enough? *Journal of Applied Behavior Analysis, 19,* 349-355.

arton, J. S., y Schweitzer, J. B. (1996). Use of a token economy to increase compliance during hemodialysis. *Journal of Applied Behavior Analysis, 29,* 111-113.

atania, A. C. (2003). Verbal governance, verbal shaping, and attention to verbal stimuli. In K. A. Lattal y P. H. Chase (Eds.), *Behavior theory and philosophy* (págs. 301-321). New York: Kluwer.

atania, A. C. (2006). Antecedents and consequences for words. *The Analysis of Verbal Behavior, 22,* 89-100.

atania, A. C. (Ed.). (1968). *Contemporary research in operant behavior.* Glenview, IL: Scott Foresman.

atania, A. C., Matthews, B. A., y Shimoff, E. (1982). Instructed versus shaped human verbal behavior: Interactions with nonverbal responding. *Journal of the Experimental Analysis of Behavior, 38,* 233-248.

autela, J. (1977). *Behavior analysis forms for clinical intervention.* Champaign, IL: Research Press.

avalier, A. R., Ferretti, R. P., y Hodges, A. E. (1997). Self-management within a token economy for students with learning disabilities. *Research in Developmental Disabilities, 18,* 167-178.

hadwick, B. A., y Day, R. C. (1971). Systematic reinforcement: Academic performance of underachieving students. *Journal of Applied Behavior Analysis, 4,* 311-319.

hance, P. (1988). *Learning and behavior (2a ed.).* Belmont, CA: Wadsworth.

harlop, M. H., Burgio, L. D., Iwata, B. A., y Ivancic, M. T. (1988). Stimulus

variation as a means of enhancing punishment effects. *Journal of Applied Behavior Analysis, 21,* 89-95.

Chiesa, M. (1994). *Radical behaviorism: The philosophy and the science.* Boston, MA: Authors Cooperative, Inc.

Chomsky, N. (1959). Verbal behavior by B. F. Skinner. Language, 35, 27-58.

Clark, H., Rowbury, T., Baer, A., y Baer, D. (1973). Time out as a punishing stimulus in continuous and intermittent schedules. *Journal of Applied Behavior Analysis, 6,* 443-455.

Clayton, M., Helms, B., y Simpson, C. (2006). Active prompting to decrease cell phone use and increase seat belt use while driving. *Journal of Applied Behavior Analysis, 39,* 341-349.

Coleman, C. L., y Holmes, P. A. (1998). The use of noncontingent escape to reduce disruptive behaviors in children with speech delays. *Journal of Applied Behavior Analysis, 31,* 687-690.

Conners, J., Iwata, B. A., Kahng, S., Hanley, G. P., Worsdell, A. S., y Thompson, R. H. (2000). Differential responding in the presence and absence of discriminative stimuli during multielement functional analyses. *Journal of Applied Behavior Analysis, 33,* 299-308.

Conyers, C., Miltenberger, R., Maki, A., Barenz, R., Jurgens, M., Sailer, A., Haugen, M., y Kopp, B. (2004a). A comparison of response cost and differential reinforcement of other behavior to reduce disruptive behavior in a preschool classroom. *Journal of Applied Behavior Analysis, 37,* 411-415.

Conyers, C., Miltenberger, R., Peterson, B., Gubin, A., Jurgens, M., Selders, A., Dickinson, J., y Barenz, R. (2004b). An evaluation of in vivo desensitization and video modeling to increase compliance with dental pro¬cedures in persons with mental retardation. *Journal of Applied Behavior Analysis, 37,* 233-238.

Cooper, J. O., Heron, T. E., y Heward, W. L. (1987). *Applied behavior analysis.* Columbus, OH: Merrill.

Cooper, J. O., Heron, T. E., y Heward, W. L. (2007). *Applied behavior analysis (2a ed.).* Upper Saddle River, NJ: Pearson.

Cope, J. G., y Allred, L. J. (1991). Community intervention to deter illegal parking in spaces reserved for the physically disabled. *Journal of Applied Behavior Analysis, 24,* 687-693.

Corte, H., Wolf, M., y Locke, B. (1971). A comparison of procedures for eliminating self-injurious behavior of retarded adolescents. *Journal of Applied Behavior Analysis, 4,* 201-213.

Cote, C, Thompson, R., y McKerchar, P. (2005). The effects of antecedent interventions and extinction on toddlers' compliance during transitions. *Journal of Applied Behavior Analysis, 38,* 235-238.

Cowdery, G. E., Iwata, B. A., y Pace, G. M. (1990). Effects and side-effects of DRO as treatment for self-injurious • behavior. *Journal of Applied Behavior Analysis, 23,* 497-506.

Cox, C, Cox, B., y Cox, D. (2005). Long-term benefits of prompts to use safety belts among drivers exiting senior communities. *Journal of Applied Behavior Analysis, 38,* 533-536.

Craft, M. A., Alber, S. R., y Heward, W. L. (1998). Teaching elementary students with developmental disabilities to recruit teacher attention in a general education class-room: Effects on teacher praise and academic productivity. *Journal of Applied Behavior Analysis, 31,* 399-415.

Creedon, S. A. (2005). Healthcare workers hand decontamination practices: Compliance with recommended guidelines. *Journal of Advanced Nursing, 51(3),* 208–216.

Critchfield, T. S., y Rollins, S. H. (2001). Temporal discounting: Basic research and the analysis of socially im¬portant behavior. *Journal of Applied Behavior Analysis, 34,* 101-122.

Cuvo, A. J., Davis, P. K., O'Reilly, M. R, Mooney, B. M., y Crowley, R. (1992). Promoting stimulus control with textual prompts and performance feedback for persons with mild disabilities. *Journal of Applied Behavior Analysis, 25,* 477-489.

Cuvo, A. J., Leaf, R. B., y Borakove, L. S. (1978). Teaching janitorial skills to the mentally retarded: Acquisition, generalization, and maintenance. *Journal of Applied Behavior Analysis, 11,* 345-355.

Cuvo, A. J., y Matt, K. P. (1992). Effects of community based, videotape, and flashcard instruction of community-referenced sight words on students with mental retarda-tion. *Journal of Applied Behavior Analysis, 25,* 499-512.

D'Zurilla, T. J., y Goldfried, M. R. (1971). Problem solving and behavior modification. *Journal of Abnormal Psychology, 78,* 107-126.

D'Zurilla, T. J. (1986). *Problem solving therapy: A social competence approach to cli-*

nical intervention. New York: Springer.

Dallery, J., 6y Glenn, I. M. (2005). Effects of an internet-based voucher reinforcement program for smoking abstinence: A feasibility study. *Journal of Applied Behavior Analysis, 38,* 349–357.

Dallery, J., Meredith, S., Glenn, I. M. (2008). A deposit contract method to deliver abstinence reinforcement for cigarette smoking. *Journal of Applied Behavior Analysis, 41,* 609–615.

Dallery, J., Raiff, B., & Grabinski, M. (2013). Internet-based contingency management to promote smoking cessation: A randomized controlled study. *Journal of Applied Behavior Analysis, 46,* 750–764.

Dancer, D. D., Braukmann, C. J., Schumaker, J. B., Kirigin, K. A., Willner, A. G., y Wolf, M. M. (1978). The training and validation of behavior observation and description skills. *Behavior Modification, 2,* 113-134.

Daniels, A. C, y Daniels, J. E. (2006). *Performance management: Changing behavior that drives organizational effectiveness (4a ed.).* Atlanta, GA: PMP.

Davis, C. A., Brady, M. P., Williams, R. E., y Hamilton, R. (1992). Effects of high probability requests on the acquisition and generalization of responses to requests in young children with behavior disorders. *Journal of Applied Behavior Analysis, 25,* 905-916.

Davis, P., y Outturn, R. (1994). A group oriented contingency to increase leisure activities in adults with traumatic brain injury. *Journal of Applied Behavior Analysis, 27,* 553-554.

Dawson, J. E., Piazza, C. C, Sevin, B. M., Gulotta, C. S., Lerman, D., y Kelley, M. L. (2003). Use of the high-probability instructional sequence and escape extinction in a child with food refusal. *Journal of Applied Behavior Analysis, 36,* 105-108.

Day, H. M., Homer, R. H., y O'Neill, R. E. (1994). Multiple functions of problem behaviors: Assessment and intervention. *Journal of Applied Behavior Analysis, 27,* 279-289.

Deaver, C, Miltenberger, R., y Strieker, J. (2001). Functional analysis and treatment of hair twirling in a young child. *Journal of Applied Behavior Analysis, 34,* 535-538.

Deitz, S. M. (1977). An analysis of programming DRL schedules in educational settings. *Behaviour Research and Therapy, 15,* 103-111.

Deitz, S. M., y Malone, L. W. (1985). Stimulus control terminology. *The Behavior Analyst, 8,* 259-264.

Deitz, S. M., y Repp, A. C. (1973). Decreasing classroom misbehavior through the use of DRL schedules of reinforcement. *Journal of Applied Behavior Analysis, 6,* 457-463.

Deitz, S. M., y Repp, A. C. (1974). Differentially reinforcing low rates of misbehavior with normal elementary school children. *Journal of Applied Behavior Analysis, 7,* 622.

DeLeon, I., & Iwata, B. (1996). Evaluation of a multiple stimulus presentation format for assessing reinforcer preferences. *Journal of Applied Behavior Analysis, 29,* 519–533.

DeLuca, R., y Holborn, S. (1992). Effects of a variable ratio reinforcement schedule with changing criteria on exercise in obese and nonobese boys. *Journal of Applied Behavior Analysis, 25,* 671-679.

Demchak, M. (1990). Response prompting and fading methods: A review. *American Journal on Mental Retardation, 94,* 603-615.

DeVries, J. E., Burnette, M. M., y Redmon, W. K. (1991). AIDS prevention: Improving nurses' compliance with glove wearing through performance feedback. *Journal of Applied Behavior Analysis, 24,* 705-711.

Dicesare, A., McCadam, D., Toner, A., y Varrell, J. (2005). The effects of methylphenidate on a functional analysis of disruptive behavior. A replication and extension. *Journal of Applied Behavior Analysis, 38,* 125-128.

Dixon, L. S. (1981). A functional analysis of photo-object matching skills of severely retarded adolescents. *Journal of Applied Behavior Analysis, 14,* 465-478.

Dixon, M. R., Homer, M. J., y Guercio, J. (2003). Self-control and the preference for delayed reinforcement: An example in brain injury. *Journal of Applied Behavior Analysis, 36,* 371-374.

Dixon, M. R., Jackson, J. W., Small, S. L., Horner-King, M., Lik, N. M. K., Garcia, Y., y Rosales, R. (2009). Creating single-subject design graphs in Microsoft ExcelTM 2007. *Journal of Applied Behavior Analysis, 42,* 277-293.

Dixon, M. R., Rehfeldt, R. A., y Randich, L. (2003). Enhancing tolerance to delayed reinforcers: The role of intervening activities. *Journal of Applied Behavior Analysis, 36,* 263-266.

Dixon, M.R., y Cummings, A. (2001). Self-control in children with autism: Response allocation during delays to reinforcement *Journal of Applied Behavior Analysis, 34,* 491-495.

Dixon, M.R., y Holcomb, S. (2000). Teaching self-control to small groups of dually diagnosed adults. *Journal of Applied Behavior Analysis, 33,* 611-614.

Doerner, M., Miltenberger, R., y Bakken, J. (1989). Effects of staff self-management on positive social interactions in a group home setting. *Behavioral Residential Treat-ment, 4,* 313-330.

Doke, L. A., Wolery, M., y Sumberg, C. (1983). Treating chronic aggression: Effects and side effects of response-contingent ammonia spirits. *Behavior Modification, 7,* 531-556.

Doleys, D. M., Wells, K. C., Hobbs, S. A., Roberts, M. W, y Cartelli, L. M. (1976). The effects of social punishment on noncompliance: A comparison with time out and positive practice. *Journal of Applied Behavior Analysis, 9,* 471-482.

Donaldson, J., y Vollmer, T. (2011). An evaluation and comparison of time-out procedures with and without release contingencies. *Journal of Applied Behavior Analysis, 44,* 693–705.

Donaldson, J., Vollmer, T., Yakich, T., y Van Camp, C. (2013). Effects of a reduced time-out interval on compliance with the time-out instruction. *Journal of Applied Behavior Analysis, 46,* 369–378.

Dorsey, M. F., Iwata, B. A., Ong, R, y McSween, T. E. (1980). Treatment of self-injurious behavior using a water mist Initial response suppression and generalization. *Journal of Applied Behavior Analysis, 13,* 343-353.

Doty, D. W, Mclnnis, T, y Paul, G. (1974). Remediation of negative side effects of an ongoing response cost system with chronic mental patients. *Journal of Applied Behavior Analysis, 7,* 191-198.

Drasgow, E., Yell, M. L., Bradley, R., y Shiner, J. G. (1999). The IDEA amendments of 1997: A school-wide model for conducting functional behavioral assessments and developing behavior intervention plans. *Education & Treatment of Children, 22(3),* 244-266.

Ducharme, D. E., y Holborn, S. W. (1997). Programming generalization of social skills in preschool children with hearing impairments. *Journal of Applied Behavior Analysis, 30,* 639-651.

Ducharme, J. M., y Van Houten, R. (1994). Operant extinc¬tion in the treatment of severe maladaptive behavior: Adapting research to practice. *Behavior Modification, 18,* 139-170.

Dunlap, G. (1993). Promoting generalization: Current status and functional considerations. En R. Van Houten y S. Axelrod (Eds.), *Behavior analysis and treatment* (págs. 269-296). New York: Plenum.

Dunlap, G., Kern-Dunlap, L., Clarke, S., y Robbins, F. (1991). Functional assessment, curricular revision, and severe behavior problems. *Journal of Applied Behavior Analysis, 24,* 387-397.

Durand, V. M. (1990). *Severe behavior problems: A functional communication training approach.* New York: Guilford.

Durand, V. M. (1999). Functional communication training using assistive devices: Recruiting natural communities of reinforcement. *Journal of Applied Behavior Analysis, 32,* 247-267.

Durand, V. M., Berotti, D., y Weiner, J. (1993). Functional communication training: Factors affecting effectiveness, generalization, and maintenance. En J. Reichle y D. P. Wacker (Eds.), *Communicative alternatives to challenging behavior. Integrating functional assessment and intervention strategies* (págs. 317-340). Baltimore: Paul Brookes.

Durand, V. M., Crimmins, D. B., Caufield, M., y Taylor, J. (1989). Reinforcer assessment I: Using problem behavior to select reinforcers. *Journal of the Association for Persons with Severe Handicaps, 14,* 113-126.

Durand, V. M., y Carr, E. G. (1987). Social influences on "self-stimulatory" behavior: Analysis and treatment application. *Journal of Applied Behavior Analysis, 20,* 119-132.

Durand, V. M., y Carr, E. G. (1991). Functional communication training to reduce challenging behavior: Maintenance and application in new settings. *Journal of Applied Behavior Analysis, 24,* 251-264.

Durand, V. M., y Carr, E. G. (1992). An analysis of maintenance following functional communication training. *Journal of Applied Behavior Analysis, 25,* 777-794.

Durand, V. M., y Crimmins, D. B. (1988). Identifying the variables maintaining self-injurious behavior. *Journal of Autism and Developmental Disorders, 18,* 99-117.

Durand, V. M., y Crimmins, D. B. (1991). Teaching functionally equivalent responses as an intervention for challenging behavior. En R. Remington (Ed.), *The challenge of severe mental handicap: A behavior analytic approach* (págs. 71-95). New York: Wiley.

Durand, V. M., y Mindell, J. A. (1990). Behavioral treatment of multiple childhood sleep disorders: Effects on child and family. *Behavior Modification, 14,* 37-49.

Dyer, K., Dunlap, G., y Winterling, V. (1990). Effects of choice making on the serious problem behaviors of students with severe handicaps. *Journal of Applied Behavior Analysis, 23,* 515-524.

Ebanks, M. E., y Fisher, W. W. (2003). Altering the timing of academic prompts to treat destructive behavior maintained by escape. *Journal of Applied Behavior Analysis, 36,* 355-359.

Edelstein, B. A. (1989). Generalization: Terminological, methodological and conceptual issues. *Behavior Therapy, 20,* 311-324.

emo-Helm, K. R., Miltenberger, R. G., Kmidson, P., Fin-strom, N., Jostad, C., y Johnson, B. (2007). An evaluation of in situ training to teach sexual abuse prevention skills to women with mental retardation. *Behavioral Interventions, 22,* 99-119.

der, J. P., Edelstein, B. A., y Narick, M. M. (1979). Adoles¬cent psychiatric patients: Modifying aggressive behavior with social skills training. *Behavior Modification, 3,* 161-178.

der, S. T, Ruiz, Z. R-, Deabler, H. L., y Dillenhofer, R. L. (1973). Instrumental conditioning of diastolic blood pressure in essential hypertensive patients. *Journal of Applied Behavior Analysis, 6,* 377-382.

lingson, S., Miltenberger, R., & Long, E. (1999). Survey of the use of functional assessment procedures in agencies serving individuals with developmental disabilities. *Behavioral Interventions, 14,* 187–198.

lingson, S., Miltenberger, R., Strieker, J., Galensky, T, y Garlinghouse, M. (2000). Functional assessment and treatment of challenging behavior in the classroom setting. *Journal of Positive Behavioral Intervention, 2,* 85-97.

lingson, S., Miltenberger, R., Strieker, J., Garlinghouse, M., Roberts, J., Galensky, T, y Rapp, J. (2000). Functional analysis and treatment of finger sucking. *Journal of Applied Behavior Analysis, 33,* 41-51.

lliott, A., Miltenberger, R., Bundgaard, J., y Lumley, V. (1996). A national survey of assessment and treatment techniques used by behavior therapists. *Cognitive and Behavioral Practice, 3,* 107-125.

lliott, A., Miltenberger, R., Rapp, J., Long, E., y McDonald, R. (1998). Brief application of simplified habit reversal to stuttering in children. *Journal of Behavior Therapy and Experimental Psychiatry, 29,* 289-302.

llis, A., y Bernard, M. E. (1985). *Clinical applications of rational-emotive therapy.* New York: Plenum.

llis, A., y Dryden, W. (1987). *The practice of rational emotive therapy.* New York: Springer.

llis, J., y Magee, S. K. (1999). Determination of environmental correlates of disruptive classroom behavior: Integration of functional analysis into public school assess-ment process. *Education Ó Treatment of Children, 22(3),* 291-316.

ngelman, K. K., Altus, D. E., Mosier, M. C., y Mathews, R. M. (2003). Brief training to promote the use of less intrusive prompts by nursing assistants in a dementia care unit *Journal of Applied Behavior Analysis, 36,* 129-132.

pstein, R. (1996). *Self help without hype.* Tucker, GA: Performance Management Publications.

rfanian, N., y Miltenberger, R. G. (1990). Contact desensitization in the treatment of dog phobias in persons who have mental retardation. *Behavioral Residential Treatment, 5,* 55-60.

rford, B. T. (1999). A modified time out procedure for children with noncompliant or defiant behaviors. *Professional School Counseling, 2,* 205-210.

tzel, B. C, LeBlanc, J. M., Schilmoeller, K. J., y Stella, M. E. (1981). Stimulus control procedures in the education of young children. En S. W. Bijou y R. Ruiz (Eds.), *Behavior modification contributions to education* (págs. 3-37). Mahwah, NJ: Erlbaum.

tzel, B. C, y LeBlanc, J. M. (1979). The simplest treatment alternative: The law of parsimony applied to choosing appropriate instructional control and errorless learning procedures for the difficult-to-teach child. *Journal of Autism and Developmental Disabilities, 9,* 361-382.

vans, B. (1976). A case of trichotillomania in a child treated in a home token program. *Journal of Behavior Therapy and Experimental Psychiatry, 7,* 197-198.

vans, W. (1962). Producing either positive or negative tendencies to a stimulus associated with shock. *Journal of the Experimental Analysis of Behavior, 5,* 335-337.

verett, P. B., Hayward, S. C, y Meyers, A. W. (1974). The effects of a token reinforcement procedure on bus rider-ship. *Journal of Applied Behavior Analysis, 7,* 1-9.

vers, R. A. R, y Van De Wetering, B. J. M. (1994). A treat¬ment model for motor tics based on a specific tension reduction technique. *Journal of Behavior Therapy and Experimental Psychiatry, 25,* 255-260.

avell, J. E., McGimsey, J, R, yJones, M. L. (1978). The use of physical restraint in the treatment of self-injury and as positive reinforcement. *Journal of Applied Behavior Analysis, 11,* 225-241.

avell, J. E., y McGimsey, J. F. (1993). Defining an acceptable treatment environment. En R. Van Houten y S. Axelrod (Eds.), *Behavior analysis and treatment* (págs. 25-45). New York: Plenum.

awcett, S. B., y Fletcher, R. K. (1977). Community applications of instructional technology: Training writers of instructional packages. *Journal of Applied Behavior Analysis, 10,* 739-746.

ellner, D. J., y Sulzer-Azaroff, B. (1974). Assessing the impact of adding assigned or participative goalsetting. *Journal of Organizational Behavior Management, 7,* 3–24.

Ferster, C. B. (1961). Positive reinforcement and behavioral deficits in autistic children. *Child Development, 32,* 347-356.

Ferster, C. B., y DeMeyer, M. K. (1962). A method for the experimental analysis of the behavior of autistic children. *American Journal of Orthopsychiatry, 32,* 89-98.

Ferster, C. B., y Skinner, B. F. (1957). *Schedules of reinforcement.* Upper Saddle River, NJ: Prentice Hall.

Finney, J. W., Rapoff, M. A., Hall, C. L., y Christopherson, E. R. (1983). Replication and social validation of habit reversal treatment for tics. *Behavior Therapy, 14,* 116-126.

Fisher, J., y Neys, R. (1978). Use of a commonly available chore to reduce a boy's rate of swearing. *Journal of Behavior Therapy and Experimental Psychiatry, 9,* 81-83.

Fisher, W., Iwata, B., y Mazaleski, J. (1997). Noncontingent delivery of arbitrary reinforcers as treatment for self-injurious behavior. *Journal of Applied Behavior Analysis, 30,* 239-249.

Fisher, W., Piazza, C. C, Bowman, L. G., Hagopian, L. P., Owens, J. C., y Slevin, I. (1992). A comparison of two approaches for identifying reinforcers for persons with severe and profound disabilities. *Journal of Applied Behavior Analysis, 25,* 491-498.

Fisher, W., Piazza, C., Bowman, L., Kurtz, P., Sherer, M., y Lachman, S. (1994). A preliminary evaluation of empirically derived consequences for the treatment of pica. *Journal of Applied Behavior Analysis, 27,* 447-457.

Fitterling, J. M, Martin, J. E., Gramling, S., Cole, P., y Milan, M. A. (1988). Behavioral management of exercise training in vascular headache patients: An investigation of exercise adherence and headache activity. *Journal of Applied Behavior Analysis, 21,* 9-19.

Fleece, L., Gross, A., O'Brien, T., Kistner, J., Rothblum, E., y Orabman, R. (1981). Elevation of voice volume in young developmentally delayed children via an operant shaping procedure. *Journal of Applied Behavior Analysis, 14,* 351-355.

Fogel, V., Miltenberger, R., Graves, R., y Koehler, S. (2010). Evaluating the effects of exergaming on physical activity among inactive children in a physical education classroom. *Journal of Applied Behavior Analysis, 43(4),* 591–600.

Forehand, R., Sturgis, E. T., McMahon, R. J., Aguar, D., Green, K., Wells, K. C, y Breiner, J. (1979). Parent behavioral training to modify child noncompliance: Treatment generalization across time and from home to school. *Behavior Modification, 3,* 3-25.

Foster, S. L., Bell-Dolan, D. J., y Burge, D. A. (1988). Behavioral observation. En A. S. Bellack y M. Hersen (Eds.), *Behavioral assessment A practical handbook* (3a ed., págs. 119-160). New York: Pergamon.

Fox, D. K., Hopkins, B. L., y Anger, W. K. (1987). The long-term effects of a token economy on safety performance in open pit mining. *Journal of Applied Behavior Analysis, 20,* 215-224.

Foxx, R. M. (1998). A comprehensive treatment program for inpatient adolescents. *Behavioral Interventions, 13,* 67-77.

Foxx, R. M., McMorrow, M. J., Bittle, R. G., y Bechtel, D. R. (1986). The successful treatment of a dually diagnosed deaf man's aggression with a program that in-cluded contingent electric shock. *Behavior Therapy, 17,* 170-186.

Foxx, R. M., y Azrin N. H. (1972). Restitution: A method of eliminating aggressive-disruptive behavior of retarded and brain damaged patients. *Behaviour Research and Therapy, 10,* 15-27.

Foxx, R. M., y Azrin, N. H. (1973). The elimination of autistic self-stimulatory behavior by overcorrection. *Journal of Applied Behavior Analysis, 6,* 1-14.

Foxx, R. M., y Bechtel, D. R. (1983). Overcorrection: A review and analysis. En S. Axelrod y J. Apsche (Eds.), *The effects of punishment on human behavior* (págs. 133-220). New York: Academic Press.

Foxx, R. M., y Rubinoff, A. (1979). Behavioral treatment of caffeinism: Reducing excessive coffee drinking. *Journal of Applied Behavior Analysis, 12,* 335-344.

Foxx, R. M., y Shapiro, S. T. (1978). The timeout ribbon: A nonexclusionary timeout procedure. *Journal of Applied Behavior Analysis, 11,* 125-136.

France, K. G., y Hudson, S. M. (1990). Behavior manage¬ment of infant sleep disturbance. *Journal of Applied Behavior Analysis, 23,* 91-98.

Franco, D. P., Christoff, K. A., Crimmins, D. B., y Kelly, J. A. (1983). Social skills training for an extremely shy young adolescent: An empirical case study. *Behavior Therapy, 14,* 568-575.

Frederickson, L. W. (Ed.). (1982). *Handbook of organizational behavior management.* New York: Wiley.

Freeman, A., Simon, K. M., Beutler, L. E., y Arkowitz, H. (Eds.). (1989).

Comprehensive handbook of cognitive therapy. New York: Plenum.

Friedrich, W, Morgan, S. B., y Devine, C. (1996). Children's attitudes and behavioral intentions toward a peer with Tourette's syndrome. *Journal of Pediatric Psychol-ogy, 21,* 307-319.

Friman, P. C, Finney, J. W, y Christopherson, E. R. (1984). Behavioral treatment of trichotillomania: An evaluative review. *Behavior Therapy, 15,* 249-265.

Friman, P. C, McPherson, K. M., Warzak, W. J., y Evans, J. (1993). Influence of thumb sucking on peer social acceptance in first grade children. *Pediatrics, 91,* 784-786.

Friman, P. C, y Hove, G. (1987). Apparent covariation between child habit disorders: Effects of successful treatment for thumb sucking on untargeted chronic hair-pulling. *Journal of Applied Behavior Analysis, 20,* 421-425.

Friman, P. O, y Poling, A. (1995). Making life easier with effort: Basic findings and applied research on response effort. *Journal of Applied Behavior Analysis, 28,* 583-590.

Fritz, J., Iwata, B., Hammond, J., y Bloom, S. (2013). Experimental analysis of precursors to severe problem behavior. *Journal of Applied Behavior Analysis, 46,* 101–129.

Fuller, P. R. (1949). Operant conditioning of a vegetative organism. *American Journal of Psychology, 62,* 587-590.

Fyffe, C, Kahng, S., Fittro, E., y Russell, D. (2004). Functional analysis and treatment of inappropriate sexual behavior. *Journal of Applied Behavior Analysis, 37,* 401-404.

Galensky, T. L., Miltenberger, R. G., Strieker, J. M., y Garlinghouse, M. A. (2001). Functional assessment and treatment of mealtime problem behaviors. *Journal of Positive Behavioral Interventions, 3,* 211-224.

Gambrill, E. D. (1977). *Behavior modification: Handbook of assessment, intervention, and evaluation.* San Francisco: Jossey-Bass.

Garcia, J., Kimeldorf, D. J., y Koelling, R. A. (1955). A conditioned aversion toward saccharin resulting from exposure to gamma radiation. *Science, 122,* 157-158.

Gast, D. L. (2009). *Single subject research methodology in behavioral sciences.* New York: Routledge.

Gatheridge, B. J., Miltenberger, R., Huneke, D. F., Satter-lund, M. J., Mattern, A. R., Johnson, B. M., y Flessner, C A (2004). A comparison of two programs to teach firearm injury prevention skills to 6- and 7-year-old children. *Pediatrics, 114,* e294-e299.

Geller, E. S., y Hahn, H. A. (1984). Promoting safety belt use at industrial sites: An effective program for blue collar employees. *Professional Psychology: Research and Practice, 15,* 553-564.

Gentry, W. D. (Ed.). (1984). *Handbook of behavioral medicine.* New York: Guilford.

Geren, M. A., Stromer, R., y Mackay, H. A. (1997). Picture naming, matching to sample, and head injury: A stimulus control analysis. *Journal of Applied Behavior Analysis, 30,* 339-342.

Gershoff, E. T. (2002). Corporal punishment by parents and associated child behaviors and experiences: A metaanalytic and theoretical review. *Psychological Bulletin, 128,* 539-579.

Giebenhain, J. E., y O'Dell, S. L. (1984). Evaluation of a parent-training manual for reducing children's fear of the dark. *Journal of Applied Behavior Analysis, 17,* 121-125.

Glynn, S. M. (1990). Token economy approaches for psychiatric patients: Progress and pitfalls over 25 yean. *Behavior Modification, 14,* 383-407.

Goetz, E., y Baer, D. (1973). Social control of form diversity and the emergence of new forms in children's block-building. *Journal of Applied Behavior Analysis, 6,* 209-217.

Goh, H., y Iwata, B. A. (1994). Behavioral persistence and variability during extinction of self-injury maintained by escape. *Journal of Applied Behavior Analysis, 27,* 173-174.

Goldfried, M. R. (1988). Application of rational restructuring to anxiety disorders. *The Counseling Psychologist, 16,* 50-68.

Goldfried, M. R., Decenteceo, E. T., y Weinberg, L. (1974). Systematic rational restructuring as a self-control technique. *Behavior Therapy, 5,* 247-254.

Goldiamond, I. (1965). Self-control procedures in personal behavior problems. *Psychological Reports, 17,* 851-868.

Goldiamond, I. (1974). Toward a constructional approach to social problems: Ethical and constitutional issues raised by applied behavior analysis. *Behaviorism, 2,* 1-85.

Goldsmith, T. R., LeBlanc, L. A., y Sautter, R. A. (2007). Teaching intraverbal behavior to children with autism. *Research in Autism Spectrum Disorders, 1,* 1-13.

Golonka, Z., Wacker, D., Berg, W, Derby, K. M, Harding, J., y Peck, S. (2000). Effects of escape to alone versus escape to enriched environments on adaptive and aber¬rant behavior. *Journal of Applied Behavior Analysis, 33,* 243-246.

Gras, M. E., Cunill, M., Planes, M., Sullman, M. J. M, y Oliveras, C. (2003. Increasing safety-belt use in Spanish drivers: A field test of person. prompts. *Journal of Applied Behavior Analysis, 36,* 249-251.

Gray, J. J. (1979). Positive reinforcement and punishment in the treatmer of childhood trichotillomania. *Journal of Behavior Therapy and Experiment. Psychiatry, 10,* 125-129.

Green, C. W, Reid, D. H., White, L. K., Halford, R. C, Brittain, D. P., Gardner, S. M. (1988). Identifying reinforcers for persons with pro found handicaps: Staff opin¬ion versus systematic assessment of pre ferences. *Journal of Applied Behavior Analysis, 21,* 31-43.

Green, C. W., Reid, D. H., Canipe, V. S., y Gardner, S. M. (1991). A con prehensive evaluation of reinforcer identification processes for pe sons with profound multiple handicaps. *Journal of Applied Behavior Anal sis, 24,* 537-552.

Green, R. B., Hardison, W. L., y Greene, B. F. (1984). Turning the tabl on advice programs for parents: Using placemats to enhance fami interactions at restaurants. *Journal of Applied Behavior Analysis, 17,* 497-50\!

Greenspoon, J. (1955). The reinforcing effect of two spoken sounds on th frequency of two responses. *American Journal of Psychology, 68,* 409-416.

Greenwood, C. R., Delquadri, J., y Carta, J. J. (1988). *Class-wide peer tutorir* (CWPT). Delray Beach, FL: Education Achievement Systems.

Greer, R. D., Stolfi, L., y Pistoljevic, N. (2007). Emergence of naming i preschoolers: A comparison of multiple and single exemplar instruc tion. *European Journal of Behavior Analysis, 8,* 109-131.

Greer, R. D., y Keohane, D. (2005). The evolution of verbal behavior i children. *Behavioral Development Bulletin, 1,* 31-47.

Greer, R. D., y Ross, D. E. (2008). *Verbal behavior analysis: Inducing and expandir new verbal capabilities in children with language delays.* Boston: Allyn & Bacor

Groskreutz, N. C., Karsina, A., Miguel, C. F., y Groskreutz, M.P. (2010 Using complex auditory–visual samples to produce emergent relatior in children with autism. *Journal of Applied Behavior Analysis, 43,* 131-136.

Guevremont, D. C, Osnes, P. G., y Stokes, T. F. (1988). The functional ro of verbalizations in the generalization of self-instructional trainin with children. *Journal of Applied Behavior Analysis, 21,* 45-55.

Guttman, N., y Kalish, H. I. (1956). Discriminability and stimulus general zation. *Journal of Experimental Psychology, 51,* 79-88.

Hagopian, L. P., Fisher, W. W, y Legacy, S. M. (1994). Schedule effec of noncontingent reinforcement on attention-maintained destructiv behavior in identical quadruplets. *Journal of Applied Behavior Analysis, 2.* 317-325.

Hagopian, L. P., Fisher, W. W., Sullivan, M. T., Acquisto, J., y LeBlanc, L. A (1998). Effectiveness of functional communication training with an without extinction and punishment: A summary of 21 inpatient case *Journal of Applied Behavior Analysis, 31,* 211-235.

Hagopian, L. P., y Thompson, R. H. (1999). Reinforcement of complian ce with respiratory treatment in a child with cystic fibrosis. *Journal Applied Behavior Analysis, 32,* 233-236.

Hake, D., y Azrin, N. (1965). Conditioned punishment *Journal of the Experimen tal Analysis of Behavior, 8,* 279-293.

Hall, C, Sheldon-Wildgen, J., y Sherman, J. A. (1980). Teaching job inte view skills to retarded clients. *Journal of Applied Behavior Analysis, 13,* 43\! 442.

Hall, R. V., Lund, D., y Jackson, D. (1968). Effects of teacher attention o study behavior. *Journal of Applied Behavior Analysis, 1,* 1-12.

Halle, J. W, y Holt, B. (1991). Assessing stimulus control in natural setting An analysis of stimuli that acquire control during training. *Journal Applied Behavior Analysis, 24,* 579-589.

Halle, J. W. (1989). Identifying stimuli in the natural environ¬ment that cor trol verbal responses. *Journal of Speech and Hearing Disorders, 54,* 500-504.

Halvorson, J. A. (1971). The effects on stuttering frequency of pairing puni hment (response cost) with reinforcement *Journal of Speech and Hearin Research, 14,* 356-364.

Hamilton, S. A. (1988). Behavioral formulations of verbal behavior in psy chotherapy. *Clinical Psychology Review, 8,* 181-193.

Handen, B. L., Parrish, J. M., McClung, T. J., Kerwin, M. E., y Evans, L. D (1992). Using guided compliance versus time-out to promote chil compliance: A preliminary comparative analysis in an analogue cor text. *Research in Developmental Disabilities, 13,* 157-170.

Handen, B. L., y Zane, T. (1987). Delayed prompting: A review of procedu ral variations and results. *Research in Developmental Disabilities, 8,* 307-330

Hanley, G. P., Iwata, B. A., y McCord, B. E. (2003). Functional analysis c problem behavior: A review. *Journal of Applied Behavior Analysis, 36,* 147 185.

Hanley, G. P., Piazza, C. C, y Fisher, W. W. (1997). Non-contingent presentation of attention and alternative stimuli in the treatment of attention-maintained de-structive behavior. *Journal of Applied Behavior Analysis*, 30, 229-237.

Hanley, G., Piazza, C., Fisher, W., y Maglieri, K. (2005). On the effectiveness of and preference for punishment and extinction components of function-based interventions. *Journal of Applied Behavior Analysis*, 38, 51-65.

Hansen, D. J., Tishelman, A. C., Hawkins, R. P., y Doepke, K. (1990). Habits with potential as disorders: Prevalence, severity, and other characteristics among college students. *Behavior Modification*, 14, 66-88.

Haring, T. G., y Kennedy, C. H. (1990). Contextual control of problem behaviors in students with severe disabilities. *Journal of Applied Behavior Analysis*, 23, 235-243.

Hartmann, D. P., y Wood, D. D. (1990). Observational methods. En A. S. Bellack, M. Herson, y A. E. Kazdin (Eds.), *International handbook of behavior modification and therapy* (2a ed., págs. 107-138). New York: Plenum.

Hasazi, J. E., y Hasazi, S. E. (1972). Effects of teacher attention on digit reversal behavior in an elementary school child. *Journal of Applied Behavior Analysis*, 5, 157-162.

Haseltine, B., y Miltenberger, R. (1990). Teaching self-protection skills to persons with mental retardation. *American Journal on Mental Retardation*, 95, 188-197.

Hayes, S. C, Barlow, D. H., y Nelson-Gray, R. O. (Eds.). (1999). *The scientist practitioner: Research and accountability in the age of managed care* (2a ed.). Boston: Allyn & Bacon.

Hayes, S. C, Strosahl, K. D., y Wilson, K. G. (1999). *Acceptance and commitment therapy: An experiential ap¬proach to behavior change*. New York: Guilford.

Hayes, S. C. (1994). Content, context, and types of psycholog¬ical acceptance. En S. C. Hayes, N. S. Jacobsen, V. M. Follette, y M. J. Dougher (Eds.), *Acceptance and change: Content and context in psychotherapy* (págs. 13-32). Reno, NV: Context Press.

Hayes, S. C. (1995). *Acceptance and commitment therapy: A working manual for the treatment of emotional avoidance disorders*. Reno, NV: Context Press.

Hayes, S. C., Brownstein, A. J., Zettle, R. D., Rosenfarb, I., y Korn, Z. (1986). Rule-governed behavior and sensitivity to changing consequences of responding. *Journal of the Experimental Analysis of Behavior*, 45, 237-256.

Hayes, S. C., y Wilson, K. (1994). Acceptance and commitment therapy: Altering the verbal support for experiential avoidance. *Behavior Analyst*, 17, 289-304.

Heard, K., y Watson, T. S. (1999). Reducing wandering by persons with dementia using differential reinforcement. *Journal of Applied Behavior Analysis*, 32, 381-384.

Hermann, J. A., Montes, A. I., Dominguez, B., Montes, F., y Hopkins, B. L. (1973). Effects of bonuses for punctuality on me tardiness of industrial workers. *Journal of Applied Behavior Analysis*, 6, 563-570.

Hersen, M., y Bellack, A. S. (Eds.). (1985). *Handbook of clinical behavior therapy with adults*. New York: Plenum.

Hersen, M., y Van Hasselt, V. B. (Eds.). (1987). *Behavior therapy with children and adolescents: A clinical approach*. New York: Wiley.

Higbee, T. S., Can, J. E., y Patel, M. R. (2002). The effects of interpolated reinforcement on resistance to extinction in children diagnosed with autism: A preliminary investigation. *Research in Developmental Disabilities*, 23, 61-78.

Hildum, D., y Brown, R. W. (1956). Verbal reinforcement and interviewer bias. *Journal of Abnormal and Social Psychology*, 53, 108-111.

Himle, M. B., Miltenberger, R. G., Flessner, C, y Gatheridge, B. (2004). Teaching safety skills to children to prevent gun play. *Journal of Applied Behavior Analysis*, 37, 1-9.

Himle, M. B., y Miltenberger, R. G. (2004). Preventing unintentional firearm injury in children: The need for behavioral skills training. *Education & Treatment of Children*, 27, 161-177.

Himle, M., Miltenberger, R., Gatheridge, B., y Flessner, C. (2004). An evaluation of two procedures for training skills to prevent gun play in children. *Pediatrics*, 113, 70-77.

Hobbs, S. A., Forehand, R., y Murray, R. G. (1978). Effects of various durations of time-out on noncompliant behavior of children. *Behavior Therapy*, 9, 652-656.

Hobbs, T. K, y Holt, M. M. (1976). The effects of token reinforcement on the behavior of delinquents in cottage settings. *Journal of Applied Behavior Analysis*, 9, 189-198.

Hoch, H., McComas, J. J., Johnson, L., Faranda, N., y Guenther, S. L. (2002). The effects of magnitude and quality of reinforcement on choice responding during play activities. *Journal of Applied Behavior Analysis*, 35, 171-181.

Hoch, H., McComas, J. J., Thompson, A. L., y Paone, D. (2002). Concurrent reinforcement schedules: Behavior change and maintenance without extinction. *Journal of Applied Behavior Analysis*, 35, 155-169.

Holland, J. G., y Skinner, B. F. (1961). *The analysis of behavior: A program for self-instruction*. New York: McGraw-Hill.

Hollon, S. D., y Jacobson, V. (1985). Cognitive approaches. En M. Hersen y A. S. Bellack (Eds.), *Handbook of clinical behavior therapy with adults* (págs. 169-197). New York: Plenum.

Holz, W. C, Azrin, N. H., y Ayllon, T. (1963). Elimination of the behavior of mental patients with response-produced extinction. *Journal of the Experimental Analysis of Behavior*, 6, 407-412.

Homer, R. D. (1971). Establishing use of crutches by a mentally retarded spina bifida child. *Journal of Applied Behavior Analysis*, 4, 183-189.

Homer, R. H., Day, H. M., Sprague, J. R., O'Brien, M., y Heathfield, L. T. (1991). Interspersed requests: A non-aversive procedure for reducing aggression and self-injury during instruction. *Journal of Applied Behavior Analysis*, 24, 265-278.

Homer, R. H., Sprague, J. R., O'Brien, M., y Heathfield, L. T. (1990). The role of response efficiency in the reduction of problem behaviors through functional equivalence training: A case study. *Journal of the Association for Persons with Severe Handicaps*, 15, 91-97.

Homer, R. H., Sprague, T, y Wilcox, B. (1982). General case programming for community activities. En B. Wilcox y G. T. Bellamy (Eds.), *Design of high school programs for severely handicapped students* (págs. 61-98). Baltimore: Paul Brookes.

Homer, R. H., y Keilitz, I. (1975). Training mentally retarded adolescents to brush their teeth. *Journal of Applied Behavior Analysis*, 8, 301-309.

Homme, L., Csany, A. P., Gonzales, M. A., y Rechs, J. R. (1970). *How to use contingency contracting in the classroom*. Champaign, IL: Research Press.

Honig, W. K (Ed.). (1966). *Operant behavior: Areas of research and application*. New York: Appleton-Century-Crofts.

Horn, J., Miltenberger, R., Weil, T., Mowery, J., Conn, M., & Sams, L. (2008). Teaching laundry skills to individuals with developmental disabilities using video prompting. *International Journal of Behavioral Consultation and Therapy*, 4, 279-286.

Horne, P. J., y Lowe, C. F: (1996). On the origins of naming and other symbolic behavior. *Journal of the Experimental Analysis of Behavior*, 65, 185-241.

Horner, R. H., Dunlap, G., y Koegel, R. L. (Eds.). (1988). *Generalization and maintenance: Lifestyle changes in applied settings*. Baltimore: Paul Brookes.

Horner, R. H., y Carr, E. G. (1997). Behavioral support for students with severe disabilities: Functional assessment and comprehensive intervention. *Journal of Special Education*, 31, 84-104.

Horner, R. H., y Day, H. M. (1991). The effects of response efficiency on functionally equivalent competing behaviors. *Journal of Applied Behavior Analysis*, 24, 719-732.

Houlihan, D., Schwartz, C., Miltenberger, R., y Heuton, D. (1994). Rapid treatment of a young man's balloon (noise) phobia using in vivo flooding. *Journal of Behavior Therapy and Experimental Psychiatry*, 24, 233-240.

Howie, P. M., y Woods, C. L. (1982). Token reinforcement during the instatement and shaping of fluency in the treatment of stuttering. *Journal of Applied Behavior Analysis*, 15, 55-64.

Hübner, M. M. C., Austin, J., y Miguel, C. (2008). The effects of praising qualifying autoclitics on the frequency of reading. *Analysis of Verbal Behavior*, 24, 55-62.

Hughes, C., Harmer, M. L., Killian, D. J., y Niarhos, F. (1995). The effects of multiple exemplar self-instructional training on high school students' generalized conversational interactions. *Journal of Applied Behavior Analysis*, 28, 201-218.

Hughes, H., Hughes, A., y Dial, H. (1979). Home-based treatment of thumb-sucking: Omission training with edible reinforcers and a behavioral seal. *Behavior Modification*, 3, 179-186.

Hume, K M., y Crossman, J. (1992). Musical reinforcement of practice behaviors among competitive swimmers. *Journal of Applied Behavior Analysis*, 25, 665-670.

Hupp, S. D., y Reitman, D. (1999). Improving sports skills and sportsmanship in children diagnosed with attention deficit/hyperactivity disorder. *Child and Family Behavior Therapy*, 21(3), 35-51.

Hussian, R. A. (1981). *Geriatric psychology: A behavioral perspective*. New York: Van Nostrand Reinhold.

Hussian, R. A., y Davis, R. L. (1985). *Responsive care: Behavioral interventions with elderly persons*. Champaign, IL: Research Press.

Ingham, R. J., y Andrews, G. (1973). An analysis of a token economy in stuttering therapy. *Journal of Applied Behavior Analysis*, 6, 219-229.

Ingvarsson, E. T., Tiger, J. H., Hanley, G. P., y Stephenson, K. M. (2007). An evaluation of intraverbal training to generate socially appropriate responses to novel questions. *Journal of Applied Behavior Analysis, 40,* 411-429.

Isaacs, W., Thomas, J., y Goldiamond, I. (1960). Application of operant conditioning to reinstate verbal behavior in psychotics. *Journal of Speech and Hearing Disorders, 25,* 8-12.

Iwata, B. A., Bailey, J. S., Neef, N. A., Wacker, D. P., Repp, A. C, y Shook, G. L. (Eds.). (1997). *Behavior analysis in developmental disabilities 1968-1995: Reprint series* (Vol. 3). Lawrence, KS: Society for the Experimental Analysis of Behavior.

Iwata, B. A., Dorsey, M. R, Slifer, K. J., Bauman, K. E., y Richman, G. S. (1982). Toward a functional analysis of self-injury. *Analysis and Intervention in Developmental Disabilities, 2,* 3-20.

Iwata, B. A., y Dozier, C. (2008). Clinical applications of functional analysis methodology. *Behavior Analysis in Practice, 1,* 3–9.

Iwata, B. A., Pace, G. M., Cowdery, G. E., y Miltenberger, R. G. (1994). What makes extinction work: Analysis of procedural form and function. *Journal of Applied Behavior Analysis, 27,* 131-144.

Iwata, B. A., Pace, G. M., Dorsey, M. P., Zarcone, J. R., Vollmer, T. R., Smith, R. G., Rodgers, T. A, Lerman, D. C, Shore, B. A., Mazaleski, J. L., Goh, H. L., Cowdery, G. E., Kalsher, M. J., McCosh, K. C, y Willis, K. D. (1994) The functions of self-injurious behavior: An experimental-epidemiological analysis. *Journal of Applied Behavior Analysis, 27,* 215-240.

Iwata, B. A., Pace, G. M., Kalsher, M. J., Cowdery, G. E., y Cataldo, M. F. (1990). Experimental analysis and extinction of self-injurious escape behavior. *Journal of Applied Behavior Analysis, 23,* 111-127.

Iwata, B. A., Vollmer, T. R., y Zarcone, J. R. (1990). The experimental (functional) analysis of behavior disorders: Methodology, applications, and limitations. En A. C. Repp y N. N. Singh (Eds.), *Perspectives on the use of nonaversive and aversive interventions for persons with developmental disabilities* (págs. 301-330). Sycamore, IL: Sycamore.

Iwata, B. A., Vollmer, T. R., Zarcone, J. R., y Rodgers, T. A. (1993). Treatment classification and selection based on behavioral function. En R. Van Houten y S. Axelrod (Eds.), *Behavior analysis and treatment* (págs. 101-125). New York: Plenum.

Iwata, B. A., Wong, S. E., Riordan, M. M., Dorsey, M. R, y Lau, M. M. (1982). Assessment and training of clinical interviewing skills: Analogue analysis and field replication. *Journal of Applied Behavior Analysis, 15,* 191-204.

Jackson, D. A., y Wallace, R. F. (1974). The modification and generalization of voice loudness in a fifteen-year-old retarded girl. *Journal of Applied Behavior Analysis, 7,* 461-471.

Jackson, J., y Dixon, M. (2007). A mobile computing solution for collecting functional analysis data on a pocket PC. *Journal of Applied Behavior Analysis, 40,* 359–384.

Jacobson, E. (1938). *Progressive relaxation.* Chicago: University of Chicago Press.

Jacobson, N. S., y Margolin, G. (1979). *Marital therapy: Strategies based on social learning and behavior exchange principles.* New York: Brunner Mazel.

James, J. E. (1981). Behavioral self-control of stuttering using time-out from speaking. *Journal of Applied Behavior Analysis, 14,* 25-37.

Jeffery, R. W, Bjornson-Benson, W. M., Rosenthal, B. S., Kurth, C. L, y Dunn, M. M. (1984). Effectiveness of monetary contracts with two repayment schedules on weight reduction in men and women from self-referred and population samples. *Behavior Therapy, 15,* 273-279.

Johnson, B. M., Miltenberger, R. G., Egemo-Helm, K., Jostad, C. M., Flessner, C., y Gatheridge, B. (2005). Evaluation of behavioral skills training for teaching abduction prevention skills to young children. *Journal of Applied Behavior Analysis, 38,* 67-78.

Johnson, B. M., Miltenberger, R. G., Knudson, R, Egemo-Helm, K, Kelso, P., Jostad, C., y Langley, L. (2006). A preliminary evaluation of two behavioral skills training procedures for teaching abduction prevention skills to school children. *Journal of Applied Behavior Analysis, 39,* 25-34.

Johnston, J. M., y Pennypacker, H. S. (1981). *Strategies and tactics of human behavioral research.* Mahwah, NJ: Erlbaum.

Johnston, J. M., y Shook, J. (1987). Developing behavior analysis at the state level. *The Behavior Analyst, 10,* 199-233.

Jones, F. H., y Miller, W. H. (1974). The effective use of negative attention for reducing group disruption in special elementary school classrooms. *Psychological Record, 24,* 435-448.

Jones, R. T, Kazdin, A. E., y Haney, J. L. (1981). Social validation and training of emergency fire safety skills for potential injury prevention and life saving. *Journal of Applied Behavior Analysis, 14,* 249-260.

Jones, R. T., y Kazdin, A. E. (1980). Teaching children how and when to make emergency telephone calls. *Behavior Therapy, 11,* 509-521.

Jostad, C. M., y Miltenberger, R. G. (2004). Firearm injury prevention skills: Increasing the efficiency of training with peer tutoring. *Child Family Behavior Therapy, 26(3),* 21-35.

Joyce, J. H., y Chase, P. N. (1990). Effects of response variability on the sensitivity of rule-governed behavior. *Journal of the Experimental Analysis of Behavior, 54,* 251-262.

Kahng, S., Boscoe, J. H., y Byrne, S. (2003). The use of an escape contingency and a token economy to increase food acceptance. *Journal of Applied Behavior Analysis, 36,* 349-353.

Kahng, S., Iwata, B. A., Fischer, S. M., Page, T. J., Treadwell, K. R. H., Williams, D. E., y Smith, R. G. (1998). Temporal distributions of problem behavior based on scatter plot analysis. *Journal of Applied Behavior Analysis, 31,* 593-604.

Kahng, S., y Iwata, B. A. (1998). Computerized systems for collecting real time observational data. *Journal of Applied Behavior Analysis, 31,* 253-261.

Kahng, S., y Iwata, B. A. (1999). Correspondence between outcomes of brief and extended functional analyses. *Journal of Applied Behavior Analysis, 32,* 149-159.

Kale, R. J., Kaye, J. H., Whelan, P. A., y Hopkins, B. L. (1968). The effects of reinforcement on the modification, maintenance, and generalization of social re-sponses of mental patients. *Journal of Applied Behavior Analysis, 1,* 307-314.

Kamps, D. M., Barbetta, P. M., Leonard, B. R., y Delquadri, J. (1994). Classwide peer tutoring: An integration strategy to improve reading skills and promote peer interactions among students with autism and general education peers. *Journal of Applied Behavior Analysis, 27,* 49-61.

Kanfer, R, y Gaelick-Buys, L. (1991). Self-management methods. En F. H. Kanfer y A P. Goldstein (Eds.), *Helping people change: A textbook of methods* (4a ed., págs. 161-201). New York: Pergamon.

Kanter, J. W., Tsai, M., y Kohlenberg, R. J. (2010). *The practice of functional analytic psychotherapy.* New York: Springer.

Karoly, P., y Dirks, M. J. (1977). Developing self-control in preschool children through correspondence training. *Behavior Therapy, 8,* 398–405.

Karoly, P., y Kanfer, F. (1982). *Self-management and behavior change: From theory to practice.* New York: Pergamon.

Kazdin, A E. (1980). Acceptability of alternative treatments for deviant child behavior. *Journal of Applied Behavior Analysis, 13,* 259-273.

Kazdin, A. E. (1977a). Assessing the clinical or applied significance of behavior change through social validation. *Behavior Modification, 1,* 427-452.

Kazdin, A. E. (1977b). *The token economy: A review and evaluation.* New York: Plenum.

Kazdin, A. E. (1982). The token economy: A decade later. *Journal of Applied Behavior Analysis, 15,* 431-445.

Kazdin, A. E. (1994). *Behavior modification in applied settings* (4a ed.). Pacific Grove, CA: Brooks/Cole.

Kazdin, A. E. (2010). *Single case research designs: methods for clinical and applied settings* (2nd ed.). Oxford University Press: New York.

Kazdin, A. E., y Bootzin, R. R. (1972). The token economy: An evaluative review. *Journal of Applied Behavior Analysis, 5,* 343-372.

Kazdin, A. E., y Mock, J. (1973). The effect of nonverbal approval on student attentive behavior. *Journal of Applied Behavior Analysis, 6,* 643-654.

Kazdin, A. E., y Polster, R. (1973). Intermittent token rein¬forcement and response maintenance in extinction. *Behavior Therapy, 4,* 386-391.

Kearney, C, y Silverman, W. (1990). A preliminary analysis of a functional model of assessment and treatment for school refusal behavior. *Behavior Modification, 14,* 340-366.

Keintz, K. S., Miguel, C. F., Kao, B., Finn, H. (2011). Using conditional discrimination training to produce emergent relations between coins and their values in children with autism. *Journal of Applied Behavior Analysis, 44,* 909-913.

Keller, F. S., y Schoenfeld, W. N. (1950). *Principles of psychology: A systematic text in the science of behavior.* New York: Appleton-Century-Crofts.

Kelley, M. L., y Stokes, T. F. (1982). Contingency contracting with disadvantaged youths: Improving classroom performance. *Journal of Applied Behavior Analysis, 15,* 447-454.

Kelley, M. L., y Stokes, T. F. (1984). Student-teacher contracting with goal setting for maintenance. *Behavior Modification, 8,* 223-244.

emp, D. C, y Carr, E. G. (1995). Reduction of severe problem behavior in community employment using an hypothesis-driven multicomponent intervention approach. *Journal of the Association for Persons with Severe Handicaps, 20,* 229-247.

endall, G., Hrycaiko, D,. Martin, G. L, y Kendall, T. (1990). The effects of an imagery rehearsal, relaxation, and self-talk package on basketball game performance. *Journal of Sport and Exercise Psychology, 12,* 157-166.

endall, P. C, y Braswell, L. (1985). *Cognitive behavioral therapy for impulsive children.* New York: Guilford.

endall, P. C. (1989). The generalization and maintenance of behavior change: Comments, considerations, and the "no-cure" criticism. *Behavior Therapy, 20,* 357-364.

ennedy, C. H. (1994). Manipulating antecedent conditions to alter the stimulus control of problem behavior. *Journal of Applied Behavior Analysis, 27,* 161-170.

ern, L., Childs, K., Dunlap, G., Clarke, S., y Falk, G. (1994). Using assessment-based curricular interventions to improve the classroom behavior of a student with behavioral challenges. *Journal of Applied Behavior Analysis, 27,* 7-19.

irschenbaum, D. S., y Flanery, R. C. (1983). *Behavioral contracting: Outcomes and elements.* En M. Hersen, R. M. Eisler, y P. M. Miller (Eds.), Progress in behavior modification (págs. 217-275). New York: Academic Press.

irschenbaum, D. S., y Flanery, R. C. (1984). Toward a psy¬chology of behavioral contracting. *Clinical Psychology Review, 4,* 597-618.

lesges, R. C, Malott, J. M., y Ugland, M. (1984). The effects of graded exposure and parental modeling on the dental phobias of a four-year-old girl and her mother. *Journal of Behavior Therapy and Experimental Psychiatry, 15,* 161-164.

night, M. F., y McKenzie, H. S. (1974). Elimination of bedtime thumbsucking in home settings through con¬tingent reading. *Journal of Applied Behavior Analysis, 7,* 33-38.

odak, T., Miltenberger, R. G., y Romaniuk, C. (2003). The effects of differential negative reinforcement of other behavior and noncontingent escape on compliance. *Journal of Applied Behavior Analysis, 36,* 379-382.

odak, T., y Clements, A. (2010). Acquisition of mands and tacts with concurrent echoic training. *Journal of Applied Behavior Analysis, 42,* 839-843.

ohlenberg, R. J., y Tsai, M. (1991). *Functional analytic psychotherapy: Creating intense and curative therapeutic relationships.* New York: Plenum.

ramer, F. M., Jeffery, R. W., Snell, M. K., y Forster, J. L. (1986). Maintenance of successful weight loss over 1 year: Effects of financial contracts for weight maintenance or participation in skills training. *Behavior Therapy, 17,* 295-301.

rantz, P. J., y McClannahan, L. E. (1993). Teaching children with autism to initiate to peers: Effects of a script-fading procedure. *Journal of Applied Behavior Analysis, 26,* 121-132.

rantz, P. J., y McClannahan, L. E. (1998). Social interaction skills for children with autism: A script-fading procedure for beginning readers. *Journal of Applied Behavior Analysis, 31,* 191-202.

uhn, S. A., Lerman, D., Vorndran, C, y Addison, L. (2006). Analysis of factors that affect responding in a two-response chain in children with developmental disabilities. *Journal of Applied Behavior Analysis, 39,* 263-280.

urtz, P. F., Chin, M. D., Huete, J. M., Tarbox, R. S. F., O'Connor, J. T, Paclawskyj, T. R., y Rush, K. S. (2003). Functional analysis and treatment of self-injurious behavior in young children: A summary of 30 cases. *Journal of Applied Behavior Analysis, 36,* 205-219.

ymissis, E., y Poulson, C. L. (1990). The history of imitation in learning theory: The language acquisition process. *Journal of the Experimental Analysis of Behavior, 54,* 113-127.

adoucher, R. (1979). Habit reversal treatment: Learning an incompatible response or increasing the subject's awareness? *Behaviour Research and Therapy, 17,* 313-316.

adoucher, R., y Martineau, G. (1982). Evaluation of regulated breathing method with and without parental assistance in the treatment of child stutterers. *Journal of Behavior Therapy and Experimental Psychiatry, 13,* 301-306.

ahey, B. B., McNees, M. P., y McNees, M. C. (1973). Control of an obscene "verbal tic" through timeout in an elementary school classroom. *Journal of Applied Behavior Analysis, 6,* 101-104.

alli, J. S., Browder, D. M., Mace, F. C, y Brown, D. K. (1993). Teacher use of descriptive analysis data to implement interventions to decrease students' problem behaviors. *Journal of Applied Behavior Analysis, 26,* 227-238.

alli, J. S., Casey, S. D., y Cates, K. (1997). Noncontingent reinforcement as treatment for severe problem behavior: Some procedural variations. *Journal of Applied Behavior Analysis, 30,* 127-137.

Lalli, J. S., Mace, F. C, Livezey, K., y Kates, K. (1998). Assessment of stimulus generalization gradients in the treatment of self-injurious behavior. *Journal of Applied Behavior Analysis, 31,* 479-483.

Lalli, J. S., Zanolli, K., y Wohn, T. (1994). Using extinction to promote response variability in toy play. *Journal of Applied Behavior Analysis, 27,* 735-736.

Lane, K. L., Umbreit, J., y Beebe-Frankenberger, M. E. (1999). Functional assessment research on students with or at risk for EBD: 1990-present. *Journal of Positive Behavioral Interventions, 1,* 101-111.

Laraway, S., Snycerski, S., Michael, J., y Poling, A. (2003). Motivating operations and terms to describe them: Some further refinements. *Journal of Applied Behavior Analysis, 36,* 407-414.

Laraway, S., Snycerski, S., Michael, J., y Poling, A. (2003). Motivating operations and terms to describe them: Some further refinements. *Journal of Applied Behavior Analysis, 36,* 407-414.

Larson, P. J., y Maag, J. W. (1999). Applying functional assessment in general education classrooms: Issues and recommendations. *Remedial and Special Education, 19,* 338-349.

Latner, J. D., y Wilson, G. T. (2002). Self monitoring and the assessment of binge eating. *Behavior Therapy, 33,* 465-477.

Lavie, T., y Sturmey, P. (2002). Training staff to conduct a paired-stimulus preference assessment. *Journal of Applied Behavior Analysis, 35,* 209-211.

LaVigna, G. W, y Donnellan, A. M. (1986). *Alternatives to punishment: Solving behavior problems with nonaversive strategies.* New York: Irvington.

Leal, J., y Galanter, M. (1995). The use of contingency contracting to improve outcome in methadone maintenance. *Substance Abuse, 16(3),* 155-167.

LeBlanc, L., Miguel, C. F., Cummings, A, Goldsmith, T., y Carr, J. E. (2003). The effects of three stimulus-equivalence conditions on emergent U.S. geography relations in children diagnosed with autism. *Behavioral Interventions, 18,* 279-289.

Leckman, J., y Cohen, D. (1999). Evolving models of patho¬genesis. En J. Leckman y D. Cohen (Eds.). *Tourette's syndrome: Ticks, obsessions, and compulsions* (págs. 155-176). New York: Wiley.

Lee, M., y Miltenberger, R. (1996). School refusal behavior: Classification, assessment, and treatment issues. *Education and Treatment of Children, 19,* 474-486.

Leitenberg, H., Burchard, J. D., Burchard, S. N., Fuller, E. J., y Lysaght, T. V. (1977). Using positive reinforcement to suppress behavior: Some experimental comparisons with sibling conflict *Behavior Therapy, 8,* 168-182.

Lennox, D. B., Miltenberger, R. G., y Donnelly, D. (1987). Response interruption and DRL for the reduction of rapid eating. *Journal of Applied Behavior Analysis, 20,* 279-284.

Lennox, D. B., y Miltenberger, R. G. (1989). Conducting a functional assessment of problem behavior in applied settings. *Journal of the Association for Persons with Severe Handicaps, 14,* 304-311.

Lerman, D. C, Iwata, B. A., Shore, B. A., y DeLeon, I. G. (1997). Effects of intermittent punishment on self-injurious behavior: An evaluation of schedule thinning. *Journal of Applied Behavior Analysis, 30,* 187-201.

Lerman, D. C, Iwata, B. A., Shore, B. A., y Kahng, S. (1996). Responding maintained by intermittent reinforcement: Implications for the use of extinction with problem behavior in clinical settings. *Journal of Applied Behavior Analysis, 29,* 153-171.

Lerman, D. C, Iwata, B. A., y Wallace, M. D. (1999). Side effects of extinction: Prevalence of bursting and aggression during the treatment of self-injurious behavior. *Journal of Applied Behavior Analysis, 32,* 1-8.

Lerman, D. C, Kelley, M. E., Van Camp, C. M., y Roane, H. S. (1999). Effects of reinforcement magnitude on spontaneous recovery. *Journal of Applied Behavior Analysis, 32,* 197-200.

Lerman, D. C, y Iwata, B. A. (1993). Descriptive and experimental analyses of variables maintaining self-injurious behavior. *Journal of Applied Behavior Analysis, 26,* 293-319.

Lerman, D. C, y Iwata, B. A. (1995). Prevalence of the extinction burst and its attenuation during treatment. *Journal of Applied Behavior Analysis, 28,* 93-94.

Lerman, D. C, y Iwata, B. A. (1996a). A methodology distinguishing between extinction and punishment effects associated with response blocking. *Journal of Applied Behavior Analysis, 29,* 231-233.

Lerman, D. C, y Iwata, B. A. (1996b). Developing a technology for the use of operant extinction in clinical settings: An examination of basic and applied research. *Journal of Applied Behavior Analysis, 29,* 345-382.

Lerman, D. C, y Vorndran, C. M. (2002). On the status of knowledge for using punishment: Implications for treating behavior disorders. *Journal of Applied Behavior Analysis, 35,* 431-464.

Lerman,"!!). C, Iwata, B. A., Zarcone, J. R., y Ringdahl, J. (1994). Assessment of stereotypic and self-injurious behavior as adjunctive responses. *Journal of Applied Behavior Analysis, 27,* 715-728.

Levy, R. L. (1987). Compliance and clinical practice. En J. A. Blumenthal y D. C. McKee (Eds.), *Applications in behavioral medicine and health psychology: A clinicians source book* (págs. 567-587). Sarasota, FL: Professional Resource Exchange.

Lewis, T. J., Scott, T. M., y Sugai, G. M. (1994). The problem behavior questionnaire: A teacher-based instrument to develop functional hypotheses of problem behavior in general education classrooms. *Diagnostique, 19,* 103-115.

Liberman, R. P., Teigen, J., Patterson, R., y Baker, V. (1973). Reducing delusional speech in chronic paranoid schizophrenics. *Journal of Applied Behavior Analysis, 6,* 57-64.

Lima, E. L., y Abreu-Rodrigues, J. (2010). Verbal mediating responses: Effects on generalization of say-do correspondence and noncorrespondence. *Journal of Applied Behavior Analysis, 43,* 411-424.

Lindberg, J. S., Iwata, B. A., Kahng, S., y DeLeon, I. G. (1999). DRO contingencies: An analysis of variable-momentary schedules. *Journal of Applied Behavior Analysis, 32,* 123-136.

Lindsley, O. R. (1968). A reliable wrist counter for recording behavior rates. *Journal of Applied Behavior Analysis, 1,* 77-78.

Linscheid, T, Iwata, B. A., Ricketts, R., Williams, D., y Griffin, J. (1990). Clinical evaluation of the self-injurious behavior inhibiting system (SIBIS). *Journal of Applied Behavior Analysis, 23,* 53-78.

Little, L. M., y Kelley, M. L. (1989). The efficacy of response cost procedures for reducing children's noncompliance to parental instructions. *Behavior Therapy, 20,* 525-534.

Lodhi, S., y Greer, R. D. (1989). The Hablante as Oyente. *Journal of the Experimental Analysis of Behavior, 51,* 353-359.

Long, E., Miltenberger, R., Ellingson, S., y Ott, S. (1999). Augmenting simplified habit reversal in the treatment of oral-digital habits exhibited by individuals with mental retardation. *Journal of Applied Behavior Analysis, 32,* 353-365.

Long, E., Miltenberger, R., y Rapp, J. (1999). Simplified habit reversal plus adjunct contingencies in the treatment of thumb sucking and hair pulling in a young girl. *Child and Family Behavior Therapy, 21(4),* 45-58.

Long, E., Woods, D., Miltenberger, R., Fuqua, R. W., y Boudjouk, P. (1999). Examining the social effects of habit behaviors exhibited by individuals with mental retardation. *Journal of Developmental and Physical Disabilities, 11,* 295-312.

Lovaas, O. I., Berberich, J. P., Perdoff, B. F., y Schaeffer, B. (1966). Acquisition of imitative speech by schizophrenic children. *Science, 151,* 705-706.

Lovaas, O. I., Newsom, C, y Hickman, C. (1987). Self-stimulatory behavior and perceptual reinforcement *Journal of Applied Behavior Analysis, 20,* 45-68.

Lovaas, O. I., y Simmons, J. Q. (1969). Manipulation of self-destruction in three retarded children. *Journal of Applied Behavior Analysis, 2,* 143-157.

Love, S. R., Matson, J. L., y West, D. (1990). Mothers as effective therapists for autistic children's phobias. *Journal of Applied Behavior Analysis, 23,* 379-385.

Lowe, C. F., Beasty, A., y Bentall, R. P. (1983). The role of verbal behavior in human learning: infant performance on fixed-interval schedules. *Journal of the Experimental Analysis of Behavior, 39,* 157-164.

Lowenkron, B. (1998). Some logical functions of joint control. *Journal of the Experimental Analysis of Behavior, 69,* 327-354.

Luce, S. C, y Hall, R. V. (1981). Contingent exercise: A procedure used with differential reinforcement to reduce bizarre verbal behavior. *Education & Treatment of Children, 4,* 309-327.

Luce, S., Delquadri, J., y Hall, R. V. (1980). Contingent exercise: A mild but powerful procedure for suppressing inappropriate verbal and aggressive behavior. *Journal of Applied Behavior Analysis, 13,* 583-594.

Luciano, M. C. (1986). Acquisition, maintenance, and generalization of productive intraverbal behavior through transfer of stimulus control procedures. *Applied Research in Mental Retardation, 7,* 1-20.

Ludwig, T. D., Gray, T. W., y Rowell, A. (1998). Increasing recycling in academic buildings: A systematic replication. *Journal of Applied Behavior Analysis, 31,* 683-686.

Ludwig, T. D., y Geller, E. S. (1991). Improving the driving practices of pi za deliverers: Response generalization and modeling effects of drivi history. *Journal of Applied Behavior Analysis, 24,* 31-44.

Luiselli, J., Woods, K., & Reed, D. (2011). Review of sports performanc research with youth, collegiate, and elite athletes. *Journal of Applied B havior Analysis, 44,* 999–1002.

Lumley, V., Miltenberger, R., Long, E., Rapp, J., y Roberts, J. (1998). Ev luation of a sexual abuse prevention program for adults with ment retardation. *Journal of Applied Behavior Analysis, 31,* 91-101.

Luthans, R, y Kreitner, R. (1985). *Organizational behavior modification and beyor An operant and social learning approach.* Glenview, IL: Scott Foresman.

Lutzker, J., y Martin, J. (1981). *Behavior change.* Pacific Grove, CA: Brook Cole.

Luyben, P. D., Funk, D. M., Morgan, J. FC, Clark, K. A., y Delulio, I W. (1986). Team sports for the severely retarded: Training a side-c the-foot soccer pass using a maximum-to-minimum prompt reductic strategy. *Journal of Applied Behavior Analysis, 19,* 431-436.

Maag, J. W. (1999). *Behavior management: From theoretical implications to practic applications.* San Diego: Singular Publishing Group.

MacDuff, G. S., Krantz, P. J., y McClannahan, L. E. (1993). Teaching ch dren with autism to use photographic activity schedules: Maintena ce and generalization of complex response chains. *Journal of Appli Behavior Analysis, 26,* 89-97.

Mace, F. C, Hock, M. L, Lalli, J. S., West, B. J., Belfiore, P., Pinter, E., Brown, D. F. (1988). Behavioral momentum in the treatment of no compliance. *Journal of Applied Behavior Analysis, 21,* 123-141.

Mace, F. C, Lalli, J. S., Lalli, E. P., y Shea, M. C. (1993). Functional analys and treatment of aberrant behavior. En R. Van Houten y S. Axelro (Eds.), *Behavior analysis and treatment* (págs. 75-99). New York: Plenum.

Mace, F. C, Page, T. J., Ivancic, M. T, y O'Brien, S. (1986). Effectivene of brief time-out with and without contingent delay: A comparativ analysis. *Journal of Applied Behavior Analysis, 19,* 79-86.

Mace, F. C, y Roberts, M. L. (1993). Factors affecting selection of behavior interventions. En J. Reichle y D. P. Wacker (Eds.), *Communicative alte natives to challenging behavior. Integrating functional assessment and interventic strategies* (págs. 113-133). Baltimore: Paul Brookes.

Mace, R C, y Lalli, J. S. (1991). Linking descriptive and experimental anal ses in the treatment of bizarre speech. *Journal of Applied Behavior Analysi 24,* 553-562.

Madler, G., y Kaplan, W. K. (1956). Subjective evaluation and reinforcin effect of a verbal stimulus. *Science, 124,* 582-583.

Madsen, C. H., Becker, W. C, y Thomas, D. R. (1968). Rules, praise, an ignoring: Elements of elementary classroom control. *Journal of Applie Behavior Analysis, 1,* 139-150.

Magrab, P. R., y Papadopoulou, Z. L. (1977). The effect of a token econom on dietary compliance for children on hemodialysis. *Journal of Applie Behavior Analysis, 10,* 573-578.

Malott, R. W, Malott, M. E., y Trojan, E. A. (2000). *Elementary principles behavior* (4a ed.). Upper Saddle River, NJ: Prentice Hall.

Malott, R. W., Whaley, D. L., y Malott, M. E. (1993). *Elementary principles behavior* (2a ed.). Upper Saddle River, NJ: Prentice Hall.

Malott, R. W. (1986). Self management, rule-governed behavior, an everyday life. En H. W. Reese y L. J. Parrott (Eds.), *Behavioral scienc Philosophical, methodological, and empirical advances* (págs. 207-228). M hwah, NJ: Erlbaum.

Malott, R. W. (1989). The achievement of evasive goals: Control by rule describing contingencies that are not direct acting. En S. C. Haye (Ed.), *Rule-governed behavior: Cognition, contingencies, and instructional contr* (págs. 269-322). New York: Pergamon.

Mann, R. A. (1972). The behavior-therapeutic use of contingency contrac ting to control an adult behavior problem: Weight control. *Journal Applied Behavior Analysis, 5,* 99-109.

Marcus, B. A., y Vollmer, T. R. (1995). Effects of differential negative reinfo cement on disruption and compliance. *Journal of Applied Behavior Analysi 28,* 229-230.

Marholin, D., y Gray, D. (1976). Effects of group response cost procedure on cash shortages in a small business. *Journal of Applied Behavior Analysi 9,* 25-30. Marholin, D., y

Martell, O, Addis, M., y Jacobson, N. (2001). *Depression in context: Strategies f guided action.* New York: Norton.

Martin, G. L., y Hrycaiko, D. (1983). *Behavior modification and coaching: Principle procedures, and research.* Springfield, IL: Charles C. Thomas.

Martin, G., y Pear, J. (1992). *Behavior modification: What itis and how to do it* (4a ed.). Upper Saddle River, NJ: Prentice Hall.

Martin, G., y Pear, J. (1999). *Behavior modification: What it is and how to do it* (6a ed.). Upper Saddle River, NJ: Prentice Hall.

Martin, N., y Shook, G. L. (2011). The behavior analyst certification board and international credentialing for behaviour analysts. *European Journal of Behavior Analysis, 12*, 41-47.

Mason, S. A., McGee, G. G., Farmer-Dougan, V., y Risley, T. R. (1989). A practical strategy for ongoing reinforcer assessment. *Journal of Applied Behavior Analysis, 22*, 171-179.

Mastellone, M. (1974). Aversion therapy: A new use for the old rubber band. *Journal of Behavior Therapy and Experimental Psychiatry, 5*, 311-312.

Masters, J., Burish, T, Hollon, S., y Rimm, D. (Eds.). (1987). *Behavior therapy: Techniques and empirical findings* (3a ed.). New York: Harcourt, Brace, Jovanovich.

Mathews, J. R., Friman, P. C, Barone, V. J., Ross, L. V, y Christophersen, E. R. (1987). Decreasing dangerous infant behavior through parent instruction. *Journal of Applied Behavior Analysis, 20*, 165-169.

Mathews, J. R., Hodson, G. D., Crist, W. B., y LaRoche, G. R (1992). Teaching young children to use contact lenses. *Journal of Applied Behavior Analysis, 25*, 229-235.

Matson, J. L, y Stephens, R. M. (1978). Increasing appropriate behavior of explosive chronic psychiatric patients with a social skills training package. *Behavior Modification, 2*, 61-76.

Matson, J. L., Sevin, J. A., Fridley, D., y Love, S. R. (1990). Increasing spontaneous language in three autistic children. *Journal of Applied Behavior Analysis, 23*, 227-233.

Mayo Clinic Foundation. (1989). *Relaxed breathing.* Rochester, MN: Mayo Clinic Foundation.

Mazaleski, J. L., Iwata, B. A., Vollmer, T. R., Zarcone, J. R., y Smith, R. G. (1993). Analysis of the reinforcement and extinction components in DRO contingencies with self-injury. *Journal of Applied Behavior Analysis, 26*, 143-156.

McClannahan, L. E., y Risley, T. R. (1975). Design of living environments for nursing home residents: Increasing participation in recreation activities. *Journal of Applied Behavior Analysis, 8*, 261-268.

McComas, J. J., Thompson, A., y Johnson, L. (2003). The ef¬fects of presession attention on problem behavior maintained by different reinforcers. *Journal of Applied Behavior Analysis, 36*, 297-307.

McComas, J. J., Wacker, D. R, Cooper, L. J., Asmus, J. M., Richman, D., y Stoner, B. (1996). Brief experimental analysis of stimulus prompts for accurate responding on academic tasks in an outpatient clinic. *Journal of Applied Behavior Analysis, 29*, 397-401.

McGill, R. (1999). Establishing operations: Implications for the assessment, treatment, and prevention of problem behavior. *Journal of Applied Behavior Analysis, 32*, 393-418.

McGimsey, J. F., Greene, B. F., y Lutzker, J. R. (1995). Competence in aspects of behavioral treatment and consultation: Implications for service delivery and graduate training. *Journal of Applied Behavior Analysis, 28*, 301-315.

McGinnis, J. C, Friman, P. C, y Carlyon, W. D. (1999). The effects of token reward on "intrinsic" motivation for doing math. *Journal of Applied Behavior Analysis, 32*, 375-379.

McKerchar, P., y Thompson, R. (2004). A descriptive analysis of potential reinforcement contingencies in the preschool classroom. *Journal of Applied Behavior Analysis, 37*, 431-444.

McLaughlin, T. F., y Malaby, J. (1972). Intrinsic reinforcers in a classroom token economy. *Journal of Applied Behavior Analysis, 5*, 263-270.

McMorrow, M. J., y Foxx, R. M. (1986). Some direct and generalized effects of replacing an autistic man's echolalia with correct responses to questions. *Journal of Applied Behavior Analysis, 19*, 289–297.

McNeil, C. B., Clemens-Mowrer, L., Gurwitch, R. H., y Funderburk, B. W. (1994). Assessment of a new procedure to prevent timeout escape in preschoolers. *Child and Family Behavior Therapy, 16(3)*, 27-35.

McSweeny, A. J. (1978). Effects of response cost on the behavior of a million persons: Charging for directory assistance in Cincinnati. *Journal of Applied Behavior Analysis, 11*, 47-51.

Meichenbaum, D. (1977). *Cognitive behavior modification: An integrative approach.* New York: Plenum.

Meichenbaum, D. (1985). *Stress inoculation training.* Elmsford, NY: Pergamon.

Meichenbaum, D., y Cameron, R. (1973). Training schizophrenics to talk to themselves: A means of developing attentional controls. *Behavior Therapy, 4*, 515-534.

Meichenbaum, D., y Goodman, J. (1971). Training impulsive children to talk to themselves: A means of develop¬ing self control. *Journal of Abnormal Psychology, 77*, 115-126.

Melamed, B. G. (1979). Behavioral approaches to fear in dental settings. En M. Hersen, R. M. Eisler, y R. M. Miller (Eds.), *Progress in behavior modification* (Vol. 7, págs. 172-205). New York: Academic Press.

Melamed, B. G., y Siegel, L. J. (1975). Reduction of anxiety in children facing hospitalization and surgery by use of filmed modeling. *Journal of Consulting and Clinical Psychology, 43*, 511-521.

Melin, L., y Gotestam, K. G. (1981). The effects of rearranging ward routines on communication and earing behaviors of psychogeriatric patients. *Journal of Applied Behavior Analysis, 14*, 47-51.

Meyer, L. H., y Evans, I. M. (1989). *Nonaversive interventions for behavior problems: A manual for home and community.* Baltimore: Paul Brookes.

Meyers, A., Mercatoris, M., y Sirota, A. (1976). Use of overt self-instruction for the elimination of psychotic speech. *Journal of Consulting and Clinical Psychology, 44*, 480-483.

Michael, J. (1982). Distinguishing between discriminative and motivational functions of stimuli. *Journal of the Experimental Analysis of Behavior, 37*, 149-155.

Michael, J. (1988). Establishing operations and the mand. *The Analysis of Verbal Behavior, 6*, 3-9.

Michael, J. L. (1991). A behavioral perspective on college teaching. *The Behavior Analyst, 14*, 229-239.

Michael, J. L. (1993a). *Concepts and principles of behavior analysis.* Kalamazoo, MI: Society for the Advancement of Behavior Analysis.

Michael, J. L. (1993b). Establishing operations. *The Behavior Analyst, 16*, 191-206.

Miguel, C. F., Petursdottir, A. I., y Carr, J. E. (2005). The effects of multiple-tact and receptive-discrimination training on the acquisition of intraverbal behavior. *The Analysis of Verbal Behavior, 21*, 27-41.

Miguel, C. F., y Petursdottir, A. I. (2009). Naming and frames of coordination. En R. A. Rehfeldt y Y. Barnes-Holmes (Eds.), *Derived relational responding: Applications for learners with autism and other developmental disabilities* (págs. 129-148). Oakland, CA: New Harbinger Publications.

Milan, M. A., y McKee, J. M. (1976). The cellblock token economy: Token reinforcement procedures in a maximum security correctional institution for adult male felons. *Journal of Applied Behavior Analysis, 9*, 253-275.

Millar, D. C., Light, J. C., y Schlosser, R. W. (2006). The impact of augmentative and alternative communication intervention on the speech production of individuals with developmental disabilities: A research review. *Journal of Speech, Language, and Hearing Research, 49*, 248-264.

Miller, D. L., y Kelley, M. L. (1994). The use of goal setting and contingency contracting for improving children's homework. *Journal of Applied Behavior Analysis, 27*, 73-84.

Miller, L. K. (1981). Principles of everyday behavior analysis (2a ed.). Pacific Grove, CA: Brooks/Cole. Miller, L. K., y Miller, O. L. (1970). Reinforcing self-helpgroup activities of welfare recipients. *Journal of Applied Behavior Analysis, 3*, 57-64.

Miller, N. y Neuringer, A. (2000) Reinforcing variability inadolescents with autism. *Journal of Applied Behavior Analysis, 33*, 151-165.

Miller, W. H. (1975). *Systematic parent training: Procedures, cases, and issues.* Champaign, IL: Research Press.

Miltenberger, R. C. (1998). Methods for assessing antecedent influences on problem behaviors. En J. Luiselli y J. Cameron (Eds.), *Antecedent control procedures for the behavioral support of persons with developmental disabilities* (págs. 47-65). Baltimore: Paul Brookes.

Miltenberger, R. G. (1999). Understanding problem behaviors through functional assessment. En N. Wieseler y R. Hanson (Eds.), *Challenging behavior in persons with mental health disorders and developmental disabilities* (págs. 215-235). Washington, DC: AAMR.

Miltenberger, R. G. (2005). The role of automatic negative reinforcement in clinical problems. *International Journal of Behavioral Consultation and Therapy, 1*, 1-11.

Miltenberger, R. G. (2006). Antecedent intervention for challenging behavior maintained by escape from instructional activities. InJ. K. Luiselli (Ed.), Antecedent assessment & intervention: *Supporting children & adults with developmental disabilities in com- munity settings* (pp. 101–124). Baltimore: Brookes.

Miltenberger, R. G., y Crosland, K. A. (2014). Parenting. In F. McSweeney (Ed.), *The Wiley-Blackwell handbook of operant and classical conditioning* (pp. 509–531). New York: Wiley.

Miltenberger, R. G., Flessner, C. A., Gatheridge, B. J., Johnson, B. M., Satterlund, M. J., y Egemo, K. (2004). Evaluation of behavioral skills training procedures to prevent gun play in children. *Journal of Applied Behavior Analysis, 37*, 513-516.

Miltenberger, R. G., Fogel, V., Beck, K., Koehler, S., Shayne, R., Noah, J., et al. (2013). Efficacy of the Stranger Safety abduction-prevention program and parent conducted in-situ training. *Journal of Applied Behavior Analysis, 46,* 817-820.

Miltenberger, R. G., Fuqua, R. W., y McKinley, T. (1985). Habit reversal with muscle tics: Replication and component analysis. *Behavior Therapy, 16,* 39-50.

Miltenberger, R. G., Fuqua, R. W., y Woods, D. W. (1998) Applying behavior analysis with clinical problems: Review and analysis of habit reversal. *Journal of Applied Behavior Analysis, 31,* 447-469.

Miltenberger, R. G., Gatheridge, B. J., Satterlund, M, Egemo-Helm, K., Johnson, B. M., Jostad, C, Kelso, P., y Flessner, C. (2005). Teaching safety skills to children to prevent gun play: An evaluation of in situ training. *Journal of Applied Behavior Analysis, 38,* 395-398.

Miltenberger, R. G., Handen, B., y Capriotti, R. (1987). Physical restraint, visual screening, and DRI in the treatment of stereotypy. *Scandinavian Journal of Behavior Therapy, 16,* 51-58.

Miltenberger, R. G., Lennox, D. B., y Erfanian, N. (1989). Acceptability of alternative treatments for persons with mental retardation: Ratings from institutional and com-munity based staff. *American Journal on Mental Retardation, 93,* 388-395.

Miltenberger, R. G., Long, E., Rapp, J., Lumley, V., y Elliott, A. (1998). Evaluating the function of hair pulling: A preliminary investigation. *Behavior Therapy, 29,* 211-219.

Miltenberger, R. G., Rapp, J., y Long, E. (1999). A low tech method for conducting real time recording. *Journal of Applied Behavior Analysis, 32,* 119-120.

Miltenberger, R. G., Thiesse-Duffy, E., Suda, K. T, Kozak, C, y Bruellman, J. (1990). Teaching prevention skills to children: The use of multiple measures to evaluate parent versus expert instruction. *Child and Family Behavior Therapy, 12,* 65-87.

Miltenberger, R. G., Wagaman, J. R., y Amdorfer, R. E. (1996). Simplified treatment and long-term follow-up for stuttering in adults: A study of two cases. *Journal of Behavior Therapy and Experimental Psychiatry, 27,* 181-188.

Miltenberger, R. G., y Fuqua, R. W. (1981). Overcorrection: Review and critical analysis. *The Behavior Analyst, 4,* 123-141.

Miltenberger, R. G., y Fuqua, R. W. (1985a). A comparison of three treatment procedures for nervous habits. *Journal of Behavior Therapy and Experimental Psychiatry, 16,* 196-200.

Miltenberger, R. G., y Fuqua, R. W. (1985b). Evaluation of a training manual for the acquisition of behavioral assessment interviewing skills. *Journal of Applied Behavior Analysis, 18,* 323-328.

Miltenberger, R. G., y Thiesse-Duffy, E. (1988). Evaluation of home-based programs for teaching personal safety skills to children. *Journal of Applied Behavior Analysis, 21,* 81-87.

Miltenberger, R. G., y Woods, D. W. (1998). Disfluencies. En S. Watson y F. Gresham (Eds.), *Handbook of child behavior therapy* (págs. 127-142). New York: Plenum.

Miltenberger, R. G,, Wright, K. M., y Fuqua, R. W. (1986). Graduated in vivo exposure with a severe spider phobic. *Scandinavian Journal of Behavior Therapy, 15,* 71-76.

Miltenberger, R., Roberts, J., Ellingson, S., Galensky, T, Rapp, J., Long, E., y Lumley, V. (1999). Training and generalization of sexual abuse prevention skills for women with mental retardation. *Journal of Applied Behavior Analysis, 32,* 385-388.

Mitchell, W. S., y Stoffelmayr, B. E. (1973). Application of the Premack principle to the behavioral control of extremely inactive schizophrenics. *Journal of Applied Behavior Analysis, 6,* 419-423.

Montesinos, L., Frisch, L. E., Greene, B. F., y Hamilton, M. (1990). An analysis of and intervention in the sexual transmission of disease. *Journal of Applied Behavior Analysis, 23,* 275-284.

Moore, J. W, Edwards, R. P., Sterling-Turner, H. E., Riley, J., DuBard, M., y McGeorge, A. (2002). Teacher acquisition of functional analysis methodology. *Journal of Applied Behavior Analysis, 35,* 73-77.

Moore, J. W, y Edwards, R. P. (2003). An analysis of aversive stimuli in classroom demand contexts. *Journal of Applied Behavior Analysis, 36,* 339-348.

Moore, K., Delaney, J. A., y Dixon, M. R. (2007). Using indices of happiness to examine the influence of environmental enhance- ments for nursing home residents with Alzheimer's disease. *Journal of Applied Behavior Analysis, 40,* 541-544.

Mowery, J., Miltenberger, R., y Weil, T. (2010). Evaluating the effects of reactivity to supervisor presence on staff response to tactile prompts and self-monitoring in a group home setting. *Behavioral Interventions, 25,* 21-35.

Munk, D. D., y Repp, A. C. (1994). The relationship between instructional variables and problem behavior. A review. *Exceptional Children, 60,* 390-401.

Ndoro, V., Hanley, G., Tiger, J., y Heal, N. (2006). A descriptive assessment of instruction-based interactions in the preschool classroom. *Journal of Applied Behavior Analysis, 39,* 79-90.

Neef, N. A. (Ed.). (1994). Functional analysis approaches to behavioral assessment and treatment [Special Issue]. *Journal of Applied Behavior Analysis, 27.*

Neef, N. A., Lensbower, J., Hockersmith, I., DePalma, V., y Gray, K. (1990). In vivo versus simulation training: An interactional analysis of range and type of training exemplars. *Journal of Applied Behavior Analysis, 23,* 447-458.

Neef, N. A., Mace, F. C., Shea, M. C., y Shade, D. (1992). Effects of reinforcer rate and reinforcer quality on time allocation: Extensions of the matching theory to educa-tional settings. *Journal of Applied Behavior Analysis, 25,* 691-699.

Neef, N. A., Mace, F. C., y Shade, D. (1993). Impulsivity in students with serious emotional disturbances: The interactive effects of reinforcer rate, delay, and quality. *Journal of Applied Behavior Analysis, 26,* 37-52.

Neef, N. A., Shade, D., y Miller, M. S. (1994). Assessing influential dimensions of reinforcers on choice in students with serious emotional disturbance. *Journal of Applied Behavior Analysis, 27,* 575-583.

Neisworth, J. T, Hunt, F. M., Gallop, H. R., y Madle, R. A. (1985). Reinforcer displacement. A preliminary study of the clinical application of the CRF/EXT effect. *Behavior Modification, 9,* 103-115.

Neisworth, J. T, y Moore, F. (1972). Operant treatment of asthmatic responding with the parent as therapist. *Behavior Therapy, 3,* 95-99.

Nelson, G. L., y Cone, J. D. (1979). Multiple baseline analysis of a token economy for psychiatric inpatients. *Journal of Applied Behavior Analysis, 12,* 255-271.

Newman, B., Reinecke, D. R., y Ramos, M. L. (2009). Is a reasonable attempt reasonable: Shaping versus reinforcing good tries in shaping language in preschoolers diagnosed with autism. *Analysis of Verbal Behavior, 25,* 67-72

Nezu, A M., Nezu, C. M., y Perri, M. G. (1989). *Problem solving therapy for depression: Theory, research, and clinical guidelines.* New York: Wiley.

Noell, G. H., Witt, J. C, LaFleur, L. H., Mortenson, B. P., Ranier, D. D., y LeVelle, J. (2000). Increasing intervention implementation in general education following consultation: A comparison of two follow up strategies. *Journal of Applied Behavior Analysis, 33,* 271-284.

Northup, J., Kodak, T.Grow, L., Lee, J., y Coyne, A. (2004). Instructional influences on analogue functional analysis outcomes. *Journal of Applied Behavior Analysis, 37,* 509-512.

Novaco, R. (1977). Stress inoculation: A cognitive therapy for anger and its application to a case of depression. *Journal of Consulting and Clinical Psychology, 45,* 600-608.

Nunn, R. G., y Azrin, N. H. (1976). Eliminating nailbiting by the habit reversal procedure. *Behaviour Research and Therapy, 14,* 65-67.

Nuthmann, A. M. (1957). Conditioning of a response class on a personality test. *Journal of Abnormal and Social Psychology, 54,* 19-23.

Nuzzolo-Gomez, R., y Greer, R. D. (2004). Emergence of untaught mands or tacts of novel adjective-object pairs as a function of instructional history. *The Analysis of Verbal Behavior, 20,* 63-76.

O'Banion, D. R., y Whaley, D. L. (1981). *Behavioral contracting: Arranging contingencies of reinforcement.* New York: Springer.

O'Callaghan, P., Allen, K., Powell, S., y Salama, F. (2006). The efficacy of noncontingent escape for decreasing children's disruptive behavior during restorative dental treatment. *Journal of Applied Behavior Analysis, 39,* 161-171.

O'Neill, G. W, Blanck, L. S., y Joyner, M. A. (1980). The use of stimulus control over littering in a natural setting. *Journal of Applied Behavior Analysis, 13,* 370-381.

O'Neill, G. W, y Gardner, R. (1983). *Behavioral principles in medical rehabilitation. A practical guide.* Springfield, IL: Charles C. Thomas.

O'Neill, R. E., Homer, R. H., Albin, R. W, Sprague, J. R., Storey, K., y Newton, J. S. (1997). *Functional assessment and program development for problem behavior. A practical handbook.* Pacific Grove, CA: Brooks/Cole.

O'Neill, R. E., Homer, R. H., Albin, R. W., Storey, K., y Sprague, J. R. (1990). *Functional analysis of problem behavior. A practical guide.* Sycamore.

IL: Sycamore.

O'Reilly, M., Sigafoos, J., Edrisinha, O, Lancioni, G., Cannella, H., Choi, H., y Barretto, A. (2006). A preliminary examination of the evocative effects of the establishing operation. *Journal of Applied Behavior Analysis, 39*, 239-242.

Oliver, C, Oxener, G., Hearn, M., y Hall, S. (2001). Effects of social proximity on multiple aggressive behaviors. *Journal of Applied Behavior Analysis, 34*, 85-88.

Ollendick, T. H. (1981). Self-monitoring and self administered overcorrection: The modification of nervous tics in children. *Behavior Modification, 5*, 75-84.

Olsen-Woods, L., Miltenberger, R., y Forman, G. (1998). The effects of correspondence training in an abduction prevention training program. *Child and Family Behavior Therapy, 20*, 15-34.

Osborne, K., Rudrud, E., y Zezoney, F. (1990). Improving curveball hitting through the enhancement of visual cues. *Journal of Applied Behavior Analysis, 23*, 371-377.

Pace, G. M., Ivancic, M. T, Edwards, G. L., Iwata, B. A., y Page, T. J. (1985). Assessment of stimulus preference and reinforcer value with profoundly retarded individuals. *Journal of Applied Behavior Analysis, 18*, 249-255.

Pace, G. M., Iwata, B. A., Cowdery, G. E., Andree, P. J., y Mclntyre, T. (1993). Stimulus (instructional) fading during extinction of self-injurious escape behavior. *Journal of Applied Behavior Analysis, 26*, 205-212.

Pace, G. M., Iwata, B. A., Edwards, G. L., y McCosh, K. C. (1986). Stimulus fading and transfer in the treatment of self-restraint and self-injurious behavior. *Journal of Applied Behavior Analysis, 19*, 381-389.

Page, T. J., Iwata, B. A., y Neef, N. A. (1976). Teaching pedestrian skills to retarded persons: Generalization from the classroom to the natural environment. *Journal of Applied Behavior Analysis, 9*, 433-444.

Parrish, J. M., Cataldo, M. F., Kolko, D. J., Neef, N. A., y Egel, A. L. (1986). Experimental analysis of response covariation among compliant and inappropriate behaviors. *Journal of Applied Behavior Analysis, 19*, 241-254.

Patterson, G. R. (1975). *Families: Applications of social learning to family life.* Champaign, IL: Research Press.

Paul, G. L., y Lentz, R. J. (1977). *Psychological treatment for chronic mental patients: Milieu versus social learning programs.* Cambridge, MA: Harvard University Press.

Paul, R. H., Marx, B. P., y Orsillo, S. M. (1999). Acceptance-based psychotherapy in the treatment of an adjudicated exhibitionist: A case example. *Behavior Therapy, 30*, 149-162.

Pavlov, I. P. (1927). *Conditioned reflexes* (G. V. Anrep, Trans.). London: Oxford University Press.

Peláez, M. (2009). Joint attention and social referencing in infancy as precursors of derived relational responding. En R. A. Rehfeldt y Y. Barnes-Holmes, *Derived relational responding: Applications for learners with autism and other developmental disabilities* (págs. 63-78). Oakland, CA: New Harbinger Publications.

Peláez, M., Virués Ortega, J., y Gewirtz, J. L. (2011). Contingent and noncontingent reinforcement with maternal vocal imitation and Motherese Speech: Effects on infant vocalizations. *European Journal of Behaviour Analysis, 12*, 277-287.

Pelaez, M., Virués-Ortega, J., y J. L. Gewirtz (2011). Reinforcement of infant vocalizations through contingent maternal vocal imitation. *Journal of Applied Behavior Analysis, 44*, 33-40.

Pérez-González, L. A. (1998) Discriminaciones condicionales y equivalencia de estímulos. En R. Ardila, W. López López, Andrés M. Pérez, R. Quiñones y F. Reyes (Eds.) *Manual de análisis experimental del comportamiento* (págs. 519-556). Madrid: Biblioteca Nueva.

Petscher, E. S., y Bailey, J. S. (2006) Effects of training, prompting, and self-monitoring on staff behavior in a classroom for students with disabilities. *Journal of Applied Behavior Analysis, 39*, 215-226.

Phillips, E. L. (1968). Achievement place: Token reinforcement procedures in a home-based style rehabilitation setting for "pre-delinquent" boys. *Journal of Applied Behavior Analysis, 1*, 213-223.

Phillips, E. L., Phillips, E. A, Fixsen, D. L., y Wolf, M. M. (1971). Achievement place: Modification of the behaviors of predelinquent boys within a token economy. *Journal of Applied Behavior Analysis, 4*, 45-59.

Piazza, C. C., Moes, D. R., y Fisher, W. W. (1996). Differential reinforcement of alternative behavior and demand fading in the treatment of escape-maintained destructive behavior. *Journal of Applied Behavior Analysis, 29*, 569-572.

Piazza, C. C., Patel, M. R., Gulotta, C. S., Sevin, B. M., y Layer, S. A (2003). On the relative contributions of positive reinforcement and escape extinction in the treatment of food refusal. *Journal of Applied Behavior Analysis, 36*, 309-324.

Piazza, C. C., Roane, H. S., Keeney, K. M., Boney, B. R., y Abt, K. A. (2002). Varying response effort in the treatment of pica maintained by automatic

reinforcement. *Journal of Applied Behavior Analysis, 35*, 233-246.

Piazza, C. C., y Fisher, W. (1991). A faded bedtime with response cost protocol for treatment of multiple sleep problems in children. *Journal of Applied Behavior Analysis, 24*, 129-140.

Pierce, W. D., y Epling, W. F. (1995). *Behavior analysis and learning.* Upper Saddle River, NJ: Prentice Hall.

Pinkston, E. M., Reese, N. M., LeBlanc, J. M., y Baer, D. M. (1973). Independent control of a preschool child's aggression and peer interaction by contingent teacher attention. *Journal of Applied Behavior Analysis, 6*, 115-124.

Place, U. T. (1988). Skinner's distinction between rule-governed and contingency-shaped behaviour. *Philosophical Psychology, 1*, 225-234.

Plummer, S., Baer, D. M., y LeBlanc, J. M. (1977). Func¬tional considerations in the use of procedural time-out and an effective alternative. *Journal of Applied Behavior Analysis, 10*, 689-705.

Poche, C., Brouwer, R., y Swearingen, M. (1981). Teaching self-protection to young children. *Journal of Applied Behavior Analysis, 14*, 169-176.

Poche, C., Yoder, P., y Miltenberger, R. (1988). Teaching self-protection skills to children using television techniques. *Journal of Applied Behavior Analysis, 21*, 253-261.

Polenchar, B. E., Romano, A. G., Steinmetz, J. E., y Patter¬son, M. M. (1984). Effects of US parameters on classical conditioning of cat hindlimb flexion. *Animal Learning and Behavior, 12*, 69-72.

Poling, A, y Grossett, D. (1986). Basic research designs in applied behavior analysis. En A Poling y R. W. Fuqua (Eds.), *Research methods in applied behavior analysis: Issues and advances* (págs. 7-27). New York: Plenum.

Poling, A., y Ryan, C. (1982). Differential reinforcement of other behavior schedules. *Behavior Modification, 6*, 3-21.

Polson, D. A., y Parsons, J. A. (1994). Precurrent contingencies: Behavior reinforced by altering reinforcement probability for other behavior. *Journal of the Experimental Analysis of Behavior, 61*, 427-439.

Poppen, R. (1988). *Behavioral relaxation training and assessment.* New York: Pergamon.

Porterfield, J. K., Herbert-Jackson, E., y Risley, T. R. (1976). Contingent observation: An effective and acceptable procedure for reducing disruptive behavior of young children in a group setting. *Journal of Applied Behavior Analysis, 9*, 55-64.

Premack, D. (1959). Toward empirical behavior laws I: Positive reinforcement. *Psychological Review, 66*, 219-233.

Pryor, K. (1985). *Don't shoot the dog: The new art of teaching and training.* New York: Bantam.

Quinn, M., Miltenberger, R., & Fogel, V. (in press). Using TAG- teach to enhance proficiency in dance movements. *Journal of Applied Behavior Analysis.*

Rachlin, H. (1976). Behavior and learning..San Francisco: WH. Freeman.

Rapp, J., Carr, J., Miltenberger, R., Dozier, C, y Kellum, K. (2001). Using real-time recording to enhance the analysis of within session functional analysis data. *Behavior Modification, 25*, 70-93.

Rapp, J., Miltenberger, R., Galensky, T, Ellingson, S., y Long, E. (1999). A functional analysis of hair pulling. *Journal of Applied Behavior Analysis, 32*, 329-337.

Rapp, J., Miltenberger, R., Galensky, T, Roberts, J., y Ellingson, S. (1999). Brief functional analysis and simplified habit reversal treatment for thumb sucking in fraternal twin brothers. *Child and Family Behavior Therapy, 21(2)*, 1-17.

Rapp, J., Miltenberger, R., Galensky, T., Ellingson, S., Long, E., Strieker, J., y Garlinghouse, M. (2000). Treatment of hair pulling and hair manipulation maintained by digital-tactile stimulation. *Behavior Therapy, 31*, 381-393.

Rapp, J., Miltenberger, R., Long, E. (1998). Augmenting sim¬plified habit reversal with an awareness enhancement device: Preliminary findings. *Journal of Applied Behavior Analysis, 31*, 665-668.

Rapp, J., Miltenberger, R., Long, E., Elliott, A, y Lumley, V. (1998). Simplified habit reversal for hair pulling in three adolescents: A clinical replication with direct ob-servation. *Journal of Applied Behavior Analysis, 31*, 299-302.

Rapport, M. D., Murphy, H. A., y Bailey, J. S. (1982). Ritalin vs. response cost in the control of hyperactive children: A within subject comparison. *Journal of Applied Behavior Analysis, 15*, 205-216.

Rasey, H. W., y Iverson, I. H. (1993). An experimental acquisition of maladaptive behavior by shaping. *Journal of Behavior Therapy 6 Experimental Psychiatry, 24*, 31-43.

Rehfeldt, R. A., y Chambers, M. R. (2003). Functional analysis and treatment of verbal perseverations displayed by an adult with autism. *Journal of Applied Behavior Analysis, 36*, 259-261.

Rehfeldt, R. A., Dahman, D., Young, A., Cherry, H., y Davis, P. (2003). Teaching a simple meal preparation skill to adults with moderate and severe mental retardation using video modeling. *Behavioral Interventions, 18*, 209-218.

Reichle, J., y Wacker, D. P. (Eds.). (1993). *Communicative alternatives to challenging behavior. Integrating functional assessment and intervention strategies.* Baltimore: Paul Brookes.

Reid, D. H., Parsons, M. B., Phillips, J. R, y Green, C. W. (1993). Reduction of self-injurious hand mouthing using response blocking. *Journal of Applied Behavior Analysis, 26*, 139-140.

Reid, D., Parsons, M, y Green, C. (1989). *Staff management in human services: Behavioral research and application.* Springfield, IL: Charles C. Thomas.

Reid, D., Parsons, M., & Green, C. (2012). *The supervisor's guide book: Evidence-based strategies for promoting work quality and enjoyment among human service staff.* Morganton, NC: Habilitative Management Consultants.

Rekers, G. A., y Lovaas, O. I. (1974). Behavioral treatment of deviant sex-role behaviors in a male child. *Journal of Applied Behavior Analysis, 7*, 173-190.

Repp, A. C, Barton, L. E., y Brulle, A. R. (1983). A comparison of two procedures for programming the differential reinforcement of other behaviors. *Journal of Applied Behavior Analysis, 16*, 435-445.

Repp, A. C, y Deitz, S. M. (1974). Reducing aggressive and self-injurious behavior of institutionalized retarded children through reinforcement of other behaviors. *Journal of Applied Behavior Analysis, 7*, 313-325.

Repp, A. C, y Homer, R. H. (1999). *Functional analysis of problem behavior: From effective analysis to effective support.* Belmont, CA: Wadsworth.

Repp, A. C, y Singh, N. N. (Eds.). (1990). *Perspectives on the use of nonaversive and aversive interventions for persons with developmental disabilities.* Sycamore, IL: Sycamore.

Repp, A. C. (1983). *Teaching the mentally retarded.* Upper Saddle River, NJ: Prentice Hall.

Repp, A. C., y Karsh, K. G. (1994). Hypothesis-based interventions for tantrum behaviors of persons with developmental disabilities in school settings. *Journal of Applied Behavior Analysis, 27*, 21-31.

Rescorla, R.A., y Wagner, A. R. (1972). A theory of Pavlovian conditioning: Variations in the effectiveness of reinforcement and nonreinforcement. En A. H. Black y W. F. Prokasy (Eds.), *Classical conditioning II.* New York: Appleton-Century-Crofts.

Reynolds, G. S. (1961). Behavioral contrast. *Journal of the Experimental Analysis of Behavior, 4*, 57-71.

Reynolds, G. S. (1968). *A primer of operant conditioning.* Glenview, IL: Scott Foresman.

Richman, D. M., Wacker, D. P., Brown, L. J. C, Kayser, K., Crosland, K., Stephens, T. J., y Asmus, J. (2001) Stimulus characteristics within directives: Effects on accuracy of task completion. *Journal of Applied Behavior Analysis, 34*, 289-312.

Richman, D., Wacker, D., y Winbom, L. (2001). Response efficiency during functional communication training: Effects of effort on response allocation. *Journal of Ap-plied Behavior Analysis, 34*, 73-76.

Richman, G. S., Reiss, M. L., Bauman, K. E., y Bailey, J. S. (1984). Training menstrual care to mentally retarded women: Acquisition, generalization, and maintenance. *Journal of Applied Behavior Analysis, 17*, 441-451.

Rincover, A. (1978). Sensory extinction: A procedure for elim¬inating self-stimulatory behavior in psychotic children. *Journal of Abnormal Child Psychology, 6*, 299-310.

Rincover, A., Cook, R., Peoples, A., y Packard, D. (1979). Sensory extinction and sensory reinforcement principles for programming multiple adaptive behavior change. *Journal of Applied Behavior Analysis, 12*, 221-233.

Ringdahl, J. E., y Sellers, J. A. (2000). The effects of different adults as therapists during functional analyses. *Journal of Applied Behavior Analysis, 33*, 247-250.

Risley, T. R., y Hart, B. (1968). Developing correspondence between nonverbal and verbal behavior of preschool children. *Journal of Applied Behavior Analysis, 11*, 267-281.

Ritter, B. (1968). The group desensitization of children's snake phobias using vicarious and contact desensitization procedures. *Behaviour Research and Therapy, 6*, 1-6.

Ritter, B. (1969). Treatment of acrophobia with contact desensitization. *Behaviour Research and Therapy, 7*, 41-45.

Roberts, M. C, y Peterson, L. (Eds.). (1984). *Prevention of problems in childhood: Psychological research and applications.* New York: Wiley.

Roberts, M. L., Mace, F. C, y Daggett, J. A. (1995). Preliminary comparison of two negative reinforcement sched¬ules to reduce self-injury. *Journal of Applied Behavior Analysis, 28*, 579-580.

Roberts, M. W, y Powers, S. W. (1990). Adjusting chair timeout procedur for oppositional children. *Behavior Therapy, 21*, 257-271.

Robinson, P. W, Newby, T. J., y Ganzell, S. L. (1981). A token system fo class of underachieving hyperactive children. *Journal of Applied Behav Analysis, 14*, 307-315.

Rogers-Warren, A. R., Warren, S. R, y Baer, D. M. (1977). A compone analysis: Modeling, self-reporting, and reinforcement of self-reporti in the development of sharing. *Behavior Modification, 1*, 307-322.

Rogers, R. W, Rogers, J. S., Bailey, J. S., Runkle, W, y Moore, B. (1988) Promoting safety belt use among state employees: The effects of prompting and stimulus control intervention. *Journal of Applied Behav Analysis, 21*, 263-269.

Rolider, A., y Van Houten, R. (1985). Movement suppression time-out f undesirable behavior in psychotic and severely developmentally del yed children. *Journal of Applied Behavior Analysis, 18*, 275-288.

Roll, J. (2005). Assessing the feasibility of using contingency manageme to modify cigarette smoking by adolescents. *Journal of Applied Behav Analysis, 38*, 463-467.

Romaniuk, C, Miltenberger, R., Conyers, C, Jenner, N., Jurgens, M., y R genberg, C. (2002). The influence of activity choice on problem b haviors maintained by escape versus attention. *Journal of Applied Behav Analysis, 35*, 349-362.

Romaniuk, C., y Miltenberger, R. (2001). The influence of preference ar choice of activity on problem behavior. *Journal of Positive Behavioral Int ventions, 3*, 152-159.

Rortvedt, A. K., y Miltenberger, R. G. (1994). Analysis of a high probabili instructional sequence and time-out in the treatment of child no compliance. *Journal of Applied Behavior Analysis, 27*, 327-330.

Rosenbaum, M. S., y Ayllon, T. (1981a). The habit reversal technique treating trichotillomania. *Behavior Therapy, 12*, 473-481.

Rosenbaum, M. S., y Ayllon, T. (1981b). Treating bruxism with the hal reversal technique. *Behaviour Research and Therapy, 19*, 87-96.

Rosenthal, T., y Steffek, B. (1991). Modeling methods. En F. Kanfer y Goldstein (Eds.), *Helping people change: A textbook of methods* (4a ed., pág 70-121). Elmsford, NY: Pergamon.

Ruscello, D. M. (1995). Speech Appliances in the Treatment of Phonolog cal Disorders. *Journal of Communication Disorders, 28*, 331-353.

Rusch, F. R., Rose, T, y Greenwood, C. R. (1988). *Introduction to behavior ana sis in special education.* Upper Saddle River, NJ: Prentice Hall.

Russo, D. C., Cataldo, M. F., y Cushing, P. J. (1981). Compliance trainir and behavioral covariation in the treatment of multiple behavior pr blems. *Journal of Applied Behavior Analysis, 14*, 209-222.

Ruth, W. J. (1996). Goal setting and behavior contracting for students wi emotional and behavioral difficulties: Analysis of daily, weekly, ar total goal attainment. *Psychology in the Schools, 33*, 153-158.

Sajwaj, T., Libet, J., y Agras, S. (1974). Lemon juice therapy: The control life threatening rumination in a six month old infant *Journal of Applie Behavior Analysis, 7*, 557-563.

Salend, S. J., Ellis, L. L., y Reynolds, C. J. (1989). Using self-instructions teach vocational skills to individuals who are severely retarded. *Educa tion and Training in Mental Retardation, 24*, 248-254.

Sarokoff, R. A., Taylor, B. A., y Poulson, C. L. (2001). Teaching childre with autism to engage in conversational exchanges: Script fading wi embedded textual stimuli. *Journal of Applied Behavior Analysis, 34*, 81-84.

Sarokoff, R., y Sturmey, P. (2004). The effects of behavioral skills training o staff implementation of discrete-trial teaching. *Journal of Applied Behavi Analysis, 37*, 535-538.

Sasso, G. M., Reimers, T. M., Cooper, L. J., Wacker, D., Berg, W.,Steeg M., et al. (1992). Use of descriptive and experimental analyses to ide tify the functional properties of aberrant behavior in school setting *Journal of Applied Behavior Analysis, 25*,809-821.

Saville, B. K., & Zinn, T. E. (2009). Interteaching: The effects of quali points on exam scores. *Journal of Applied Behavior Analysis, 42*, 369-374

Sautter, R. A., y LeBlanc, L. A. (2006). Empirical applications of Skinne analysis of verbal behavior with humans. *The Analysis of Verbal Behavi 22*, 35-48.

Schaefer, H. H. (1970). Self-injurious behavior: Shaping "head banging" monkeys. *Journal of Applied Behavior Analysis, 3*, 111-116.

Schaeffer, C. E., y Millman, H. L. (1981). *How to help children with common pr blems.* New York: Van Nostrand Reinhold.

Schleien, S. J., Wehman, P., y Kiernan, J. (1981). Teaching leisure skills severely handicapped adults: An age-appropriate darts game. *Journal Applied Behavior Analysis, 14*, 513-519.

Schlinger, H. D. (1993). Separating discriminative and function-alterin effects of verbal stimuli. *The Behavior Analyst, 16*, 9-23.

chlosser, R. W., y Wendt, O. (2008). Augmentative and alternative communication intervention for children with autism: A systematic review. En J. K. Luiselli, D. C. Russo, W. P. Christian y S. M. Wilczynski (Eds.), *Effective practices for children with autism* (págs. 325-389). New York: Oxford University Press

chreibman, L (1975). Effects of within-stimulus and extrastimulus prompting on discrimination learning in autistic children. *Journal of Applied Behavior Analysis, 8,* 91-112.

chwartz, B. (1989). *Psychology of learning and behavior* (3a ed.). New York: W.W. Norton.

chwartz, G. J. (1977). College students as contingency man¬agers for adolescents in a program to develop reading skills. *Journal of Applied Behavior Analysis, 10,* 645-655.

cott, D., Scott, L. M., y Goldwater, B. (1997). A performance improvement program for an international-level track and field athlete. *Journal of Applied Behavior Analysis, 30,* 573-575.

cotti, J. R., McMorrow, M. J., y Trawitzki, A. L (1993). Behavioral treatment of chronic psychiatric disorders: Publication trends and future directions. *Behavior Therapy, 24,* 527-550.

hapiro, A. K., Shapiro, E., Bruun, R. D. y Sweet, R. D. (1978). *Gilles de la Tourette syndrome.* New York: Raven.

hapiro, E. S., Barrett, R. P., y Ollendick, T. H. (1980). A comparison of physical restraint and positive practice overcorrection in treating stereotypic behavior. *Behavior Therapy, 11,* 227-233.

harenow, E. L., Fuqua, R. W, y Miltenberger, R. G. (1989). The treatment of muscle tics with dissimilar competing response practice. *Journal of Applied Behavior Analysis, 22,* 35-42.

himoff, E., Catania, A. C., y Matthews, B. A. (1981). Uninstructed human responding: Sensitivity of low-rate performance to schedule contingencies. *Journal of the Experimental Analysis of Behavior, 36,* 207-220.

hook, G. L. (1993). The professional credential in applied behavior analysis. *The Behavior Analyst, 16,* 87–102.

hook, J. L., Johnston, J. M., & Mellichamp, F. (2004). Determining essential content for applied behavior analyst practitioners. *The Behavbior Analyst, 27,* 67-94.

idman, M. (1971). Reading and auditory-visual equivalences. *Journal of Speech and Hearing Research, 14,* 5-13.

idman, M. (1994). *Equivalence relations and behavior. A research story.* Boston: Authors Cooperative.

iegal, G. M., Lenske, J., y Broen, P. (1969). Suppression of normal speech disfluencies through response cost. *Journal of Applied Behavior Analysis, 2,* 265-276.

ingh, N. N., Dawson, M. J., y Manning, P. (1981). Effects of spaced responding DRL on the stereotyped behavior of profoundly retarded persons. *Journal of Applied Behavior Analysis, 14,* 521-526.

ingh, N. N., Watson, J. E., y Winton, A. S. (1986). Treating self-injury: Water mist spray versus facial screening or forced arm exercise. *Journal of Applied Behavior Analysis, 19,* 403-410.

igafoos, J., O 'Reilly, M., Cannella, H., Edrisinha, C., de la Cruz, B., Upadhyaya, M., Lancioni, G. E., Hundley, A., Andrews, A., Garver, C., y Young, D. (2007). Evaluation of a video prompting and fading procedure for teaching dish washing skills to adults with developmental disabilities. *Journal of Behavioral Education, 16,* 93 –109.

igafoos, J., O 'Reilly, M., Cannella, H., Upadhyaya, M., Edrisinha, C., Lancioni, G. E., Hundley, A., Andrews, A., Garver, C., & Young, D. (2005). Computer-presented video prompting for teaching microwave oven use to three adults with developmental disabilities. *Journal of Behavioral Education, 14,* 189 -201.

kinner, B. F. (1938). *The behavior of organisms: An experimental analysis.* New York: Appleton-Cenrury-Crofts.

kinner, B. F. (1948). *Walden two.* New York: Macmillan.

kinner, B. F. (1951). How to teach animals. *Scientific American, 185,* 26-29.

kinner, B. F. (1953a). *Science and human behavior.* New York: Free Press.

kinner, B. F. (1953b). Some contributions of an experimental analysis of behavior to psychology as a whole. *American Psychologist, 8,* 69-78.

kinner, B. F. (1956). A case history in scientific method. *American Psychologist, 11,* 221-233.

kinner, B. F. (1957). *Verbal behavior.* New York: Appleton-Cenrury-Crofts.

kinner, B. F. (1958). Reinforcement today. *American Psychologist, 13,* 94-99.

kinner, B. F. (1966). What is the experimental analysis of behavior? *Journal of the Experimental Analysis of Behavior, 9,* 213-218.

kinner, B. F. (1968). *The technology of teaching.* Upper Saddle River, NJ: Prentice Hall.

kinner, B. F. (1969). *Contingencies of reinforcement: A theoretical analysis.* New York: Appleton-Century-Crofts.

Skinner, B. F. (1971). *Beyond freedom and dignity.* New York: Knopf.

Skinner, B. F. (1974). *About behaviorism.* New York: Knopf.

Skinner, B. F. (1977). Why I am not a cognitive psychologist. *Behaviorism, 5,* 1-10.

Slifer, K. J., Koontz, K. L., y Cataldo, M. F. (2002). Operant-contingency-based preparation of children for functional magnetic resonance imaging. *Journal of Applied Behavior Analysis, 35,* 191-194.

Smeets, P. M., Lancioni, G. E., Ball, T. S., y Oliva, D. S. (1985). Shaping self-initiated toileting in infants. *Journal of Applied Behavior Analysis, 18,* 303-308.

Smith, R. G., Iwata, B. A, Goh, H., y Shore, B. A. (1995). Analysis of establishing operations for self-injury maintained by escape. *Journal of Applied Behavior Analysis, 28,* 515-535.

Smith, R. G., Iwata, B. A., Vollmer, T. R., y Zarcone, J. R. (1993). Experimental analysis and treatment of multiply controlled self-injury. *Journal of Applied Behavior Analysis, 26,* 183-196.

Smith, R. G., y Iwata, B. A. (1997). Antecedent influences on behavior disorders. *Journal of Applied Behavior Analysis, 30,* 343-375.

Snell, M. E., y Gast, D. L. (1981). Applying the time delay procedure to the instruction of the severely handi¬capped. *Journal of the Association for the Severely Handicapped, 6,* 3-14.

Solnick, J. V, Rincover, A., y Peterson, C. R. (1977). Some determinants of the reinforcing and punishing effects of time-out. *Journal of Applied Behavior Analysis, 10,* 415-424.

Spiegler, M., y Guevremont, D. (1998). *Contemporary behavior therapy* (3a ed.). Pacific Grove, CA: Brooks/ Cole.

Spiegler, ML, y Guevremont, D. (2003). *Contemporary behavior therapy* (4a ed.). Belmont, CA: Wadsworth.

Spira, A. P., y Edelstein, B. A. (2007). Operant conditioning in older adults with Alzheimer's disease. *Psychological Record, 57,* 409-427.

Sprague, J. R., y Homer, R. H. (1984). The effects of single instance, multiple instance, and general case training on generalized vending machine use by moderately and severely handicapped students. *Journal of Applied Behavior Analysis, 17,* 273-278.

Sprague, J. R., y Homer, R. H. (1995). Functional assess¬ment and intervention in community settings. *Mental Retardation and Developmental Disabilities Research Reviews, 1,* 89-93.

Stabler, B., y Warren, A B. (1974). Behavioral contracting in treating trichotillomania: A case note. *Psychological Reports, 34,* 293-301.

Stajkovic, A D., y Luthans, F. (1997). A meta-analysis of the effects of organizational behavior modification on task performance, 1975-95. *Academy of Management Journal, 40,* 1122-1149.

Starin, S., Hemingway, M., y Hartsfield, F. (1993). Credentialing behavior analysts and the Florida Behavior Analyst Certification Program. *The Behavior Analyst, 16,* 153–166.

Starke, M. (1987). Enhancing social skills and self-percep¬tions of physically disabled young adults: Assertiveness training versus discussion groups. *Behavior Modification, 11,* 3-16.

Steege, M. W, Wacker, D. P., Cigrand, K. C, Berg, W. K., Novak, C. G., Reimers, T. M., Sasso, G. M, y DeRaad, A. (1990). Use of negative reinforcement in the ' treatment of self-injurious behavior. *Journal of Applied Behavior Analysis, 23,* 459-467.

Steinman, W. (1977). Stimulus control in the classroom as a function of the behavior reinforced. *Journal of Applied Behavior Analysis, 10,* 465-478.

Steinman, W. M. (1970). The social control of generalized imitation. *Journal of Applied Behavior Analysis, 3,* 159-167.

Stephenson, K. M., & Hanley, G. P. (2010). Preschoolers' compliance with simple instructions: A descriptive and experimental evaluation. *Journal of Applied Behavior Analysis, 43,* 229–247.

Stickney, M., Miltenberger, R., y Wolff, G. (1999). A descriptive analysis of factors contributing to binge eating. *Jour¬nal of Behavior Therapy and Experimental Psychiatry, 30,* 177-189.

Stickney, M., y Miltenberger, R. (1999). Evaluation of procedures for the functional assessment of binge eating. *International Journal of Eating Disorders, 26,* 196-204.

Stock, L. Z., y Milan, M. A. (1993). Improving dietary practices of elderly individuals: The power of prompting, feedback, and social reinforcement. *Journal of Applied Behavior Analysis, 26,* 379-387.

Stokes, T, Fowler, S., y Baer, D. (1978). Training preschool children to recruit natural communities of reinforcement. *Journal of Applied Behavior Analysis, 11,* 285-303.

Stokes, T. F, y Baer, D. M. (1977). An implicit technology of generalization. *Journal of Applied Behavior Analysis, 10,* 349-367.

Stokes, T. F, y Kennedy, S. H. (1980). Reducing child uncooperative behavior during dental treatment through modeling and reinforcement. *Journal of Applied Behav¬ior Analysis, 13,* 41-49.

Stokes, T. F., Baer, D. M., y Jackson, R. L. (1974). Programming the generalization of a greeting response in four retarded children. *Journal of Applied Behavior Analysis, 7*, 599-610.

Stokes, T. R, Osnes, P. G., y DaVerne, K. C. (1993). Communicative correspondence and mediated generalization. En J. Reichle y D. P. Wacker (Eds.), *Communicative alternatives to challenging behavior. Integrating functional assessment and intervention strategies* (págs. 299-315). Baltimore: Paul Brookes.

Stokes, T. R, y Osnes, P. G. (1989). An operant pursuit of generalization. Behavior Therapy, 20, 337-355.

Striefel, S., Bryan, K. S., y Aikens, D. A. (1974). Transfer of stimulus control from motor to verbal stimuli. *Journal of Applied Behavior Analysis, 7*, 123-135.

Strieker, J., Miltenberger, R., Garlinghouse, M., Deaver, C, y Anderson, C. (2001). Evaluation of an awareness enhancement device for the treatment of digit sucking in children. *Journal of Applied Behavior Analysis, 34*, 77-80.

Strieker, J., Miltenberger, R., Garlinghouse, M., y Tulloch, H. (2003). Augmenting stimulus intensity with an Awareness Enhancement Device in the treatment of finger sucking. *Education and Treatment of Children, 26*, 22-29.

Stromer, R., Mackay, H. A., Howell, S. R., McVay, A. A., y Flusser, D. (1996). Teaching computer-based spelling to individuals with developmental and hearing disabili-ties: Transfer of stimulus control to writing tasks. *Journal of Applied Behavior Analysis, 29*, 25-42.

Stromer, R., Mackay, H. A., y Remington, B. (1996). Naming, tile formation of stimulus classes, and applied behavior analysis. *Journal of Applied Behavior Analysis, 29*, 409-431.

Stuart, R. B. (1977). *Behavioral self-management: Strategies, techniques, and outcomes.* New York: Brunner Mazel.

Stuart, R. B. (1980). *Helping couples change: A social learning approach to marital therapy.* New York: Guilford.

Suda, K., y Miltenberger, R. (1993). Evaluation of staff management strategies to increase positive interactions in a vocational setting. *Behavioral Residential Treatment, 8*, 69-88.

SulzeMzaroff, B., Drabman, R., Greer, R. D., Hall, R. V., Iwata, B. A., y CLeary, S. (Eds.). (1988). *Behavior analysis in education 1967-1987: Reprint series* (Vol. 3). Lawrence, KS: Society for the Experimental Analysis of Behavior.

Sulzer-Azaroff, B., y Mayer, G. R. (1991). *Behavior analysis for lasting change. Fort Worth,* TX: Holt, Rinehart, y Winston.

Sundberg, M. L. (2007). Verbal behavior. En J. O. Cooper, T. E. Heron y W. L. Heward (Eds.), *Applied Behavior Analysis,2nd Ed.* (págs. 525-547). Pearson: New Jersey.

Sundberg, M. L., San Juan, B., Dawdy, M., y Arguelles, M. (1990). The acquisition of tacts, mands, and intraverbals by individuals with traumatic brain injury. *The Analysis of Verbal Behavior, 8*, 83-99.

Sundberg, M. L., y Partington, J. W. (1998). *Teaching language to children with autism or other developmental disabilities.* Pleasant Hill, CA: Behavior Analysts, Inc.

Sundel, S. S., y Sundel, M. (1993). Behavior modification in the human services (3a ed.). Newbury Park, CA: Sage.

Swain, J. C, y McLaughlin, T. F. (1998). The effects of bonus contingencies in a class-wide token program on math accuracy with middle school students with behav¬ioral disorders. *Behavioral Interventions, 13*, 11-19.

Swan, G. E., y MacDonald, M. L. (1978). Behavior therapy in practice: A national survey of behavior therapists. *Behavior Therapy, 9*, 799-807.

Swiezy, N. B., Matson, J. L, y Box, P. (1992). The good behavior game: A token reinforcement system for preschoolers. *Child and Family Behavior Therapy, 14(3)*, 21-32.

Taffel, C. (1955). Anxiety and the conditioning of verbal behavior. *Journal of Abnormal and Social Psychology, 51*, 496-501.

Tanner, B. A., y Zeiler, M. (1975). Punishment of self-injurious behavior using aromatic ammonia as the aversive stimulus. *Journal of Applied Behavior Analysis, 8*, 53-57.

Taylor, B. A., y McDonough, K. A. (1996). Selecting a teaching program. En C. Maurice, G. Green, & S. Luce (Eds.). *Behavioral intervention for young children with autism: A manual for parents and professionals* (pp. 63 –177). Pro-ed: Austin, TX.

Taylor, I., y O'Reilly, M. F. (1997). Toward a functional analysis of private verbal self-regulation. *Journal of Applied Behavior Analysis, 30*, 43-58.

Teng, E. J., Woods, D. W, Twohig, M. P., y Marcks, B. A. (2002). Body-focused repetitive behavior problems: Prevalence in a nonreferred population and differences in perceived somatic activity. *Behavior Modification, 26*, 340-360.

Terrace, H. S. (1963a). Discrimination learning with and without "errors" *Journal of Experimental Analysis of Behavior, 6*, 1-27.

Terrace, H. S. (1963b). Errorless transfer of a discrimination across two cont nua. *Journal of the Experimental Analysis of Behavior, 6*, 223-232.

The Association for Persons with Severe Handicaps (1987, May). Resolutio on the cessation of intrusive interven¬tions. *TASHNewsletter, 5*, 3.

Thomas, D. R., Becker, W. C, y Armstrong, M. (1968). Pro¬duction an elimination of disruptive classroom behavior by systematically varyin teacher attention. *Journal of Applied Behavior Analysis, 1*, 35-45.

Thomdike, E. L. (1911). *Animal intelligence: Experimental studies.* New York: Mac millan.

Thompson, R. H., Iwata, B. A., Conners, J., y Roscoe, E. M. (1999). Effec of reinforcement for alternative behavior during punishment of sel injury. *Journal of Applied Behavior Analysis, 32*, 317-328.

Thompson, R. H., Iwata, B. A., Hanley, G. P., Dozier, C. L, y Samaha, A. I (2003). The effects of extinction, non-contingent reinforcement, an differential reinforcement of other behavior as control procedure *Journal of Applied Behavior Analysis, 36*, 221-238.

Thompson, T. J., Braam, S. J., y Fuqua, R. W. (1982). Training and gener lization of laundry skills: A multiple probe evaluation with handicap ped persons. *Journal of Applied Behavior Analysis, 15*, 177-182.

Thoreson, C. E., y Mahoney, M. J. (1974). *Behavioral self-control.* New Yor Holt, Rinehart, y Winston.

Tiger, J., y Hanley, G. (2004). Developing stimulus control of preschoole mands: An analysis of schedule-correlated and contingency-specifyin stimuli. *Journal of Applied Behavior Analysis, 37*, 517-521.

Touchette, P. E., MacDonald, R. F., y Langer, S. N. (1985). A scatter plc for identifying stimulus control of problem behavior. *Journal of Applie Behavior Analysis, 18*, 343-351.

Tryon, W. W. (1998). Behavioral observation. En A. S. Bellack y M. Herse (Eds.), *Behavioral assessment: A practical handbook* (4a ed., págs. 79-103 Boston: Allyn & Bacon.

Tucker, M., Sigafoos, J., y Bushell, H. (1998). Use of non-contingent reir forcement in the treatment of challeng¬ing behavior: A review an clinical guide. *Behavior Modification, 22*, 529-547.

Turner, S. M., Calhoun, K. S., y Adams, H. E. (Eds.). (1981). *Handbook c clinical behavior therapy.* New York: Wiley.

Twohig, M. P., y Woods, D. W. (2001a). Habit reversal as a treatment fo chronic skin picking in typically develop¬ing adult male siblings. *Jou nal of Applied Behavior Analysis, 34*, 217-220.

Twohig, M. P., y Woods, D. W. (2001b). Evaluating the duration of th competing response in habit reversal: A parametric analysis. *Journal c Applied Behavior Analysis, 34*, 517-520.

Twohig, M. P., Schoenberger, D., & Hayes, S. C. (2007). A preliminar investigation of Acceptance and Commitment Therapy as a trea ment for marijuana dependence. *Journal of Applied Behavior Analysis, 4€ 619–632.

Ullmann, L. P., y Krasner, L. (Eds.). (1965). *Case studies in behavior modificatio* New York: Holt, Rinehart, y Winston.

Ulrich, R., Stachnilc, T, y Mabry, J. (Eds.). (1966). *Control of human behavio Expanding the behavioral laboratory.* Glenview, IL: Scott Foresman.

Van Camp, C. M., Lerman, D. C, Kelley, M. E., Roane, H. S., Contrucc S. A., y Vomdran, C. M. (2000). Further analysis of idiosyncratic an tecedent influences during the assessment and treatment of problen behavior. *Journal of Applied Behavior Analysis, 33*, 207-221.

Van Camp, C. M., & Hayes, L. (2012). Assessing and increasing physi-ca activity. *Journal of Applied Behavior Analysis, 45*, 871–875.

Vaneslow, N., y Bourret, J. (2012). Online interactive tutorials for creatin graphs with Excel 2007 and 2010. *Behavior Analysis in Practice, 5*, 40–46.

Van Houten, R., Nau, P., MacKenzie-Keating, S., Sameoto, D., y Colavec chia, B. (1982). An analysis of some variables influencing the effect veness of reprimands. *Journal of Applied Behavior Analysis, 15*, 65-83.

Van Houten, R., y Axelrod, S. (Eds.). (1993). *Behavior analysis and treatment.* Nev York: Plenum.

Van Houten, R., y Nau, P. A. (1981). A comparison of the effects of poste feedback and increased police surveillance on highway speeding. *Jou nal of Applied Behavior Analysis, 14*, 261-271.

Van Houten, R., y Rolider, A. (1984). The use of response prevention t eliminate nocturnal thumbsucking. *Journal of Applied Behavior Analysis, 17,* 509-520.

eltum, L. G., y Miltenberger, R. G. (1989). Evaluation of a self-instructional package for training initial assessment interviewing skills. *Behavioral Assessment, 11,* 165-177.

entrella, H, Albert, K. M., y Carbone, V. J. (May, 2010). Shaping vocal production of a child with autism. Paper presented at the *36th Annual Conference of the Association for Behavior Analysis International.* San Antonio, TX.

erplanck, W. S. (1955). The control of the content of conversation: Reinforcement of statements of opinion. *Journal of Abnormal and Social Psychology, 55,* 668-676.

intere, P., Hemmes, N., Brown, B., y Poulson, C. (2004). Gross-motor skill acquisition by preschool dance students under self-instruction procedures. *Journal of Applied Behavior Analysis, 37,* 305-322.

irués-Ortega, J. Shook, G. L., Arntzen, E., Martin, N., Rodríguez-García, V., y Rebollar Bernardo, M. (2009). Campo profesional y certificación en análisis de conducta: España y Europa. *Papeles del Psicólogo, 30(2),* 1-10.

irués-Ortega, J., Montaño, M., Frojan-Parga, M. X., y Calero, A. (2011). Descriptive analysis of the therapist's verbal behavior: Known-group validity analysis of the behavioral functions of clinical interaction. *Behavior Therapy.*

ollmer, T. R., Borrero, J. C., Wright, C. S., Van Camp, C, y Lalli, J. S. (2001). Identifying possible contingencies during descriptive analyses of severe behavior disorders. *Journal of Applied Behavior Analysis, 34,* 269-287.

ollmer, T. R., Iwata, B. A., Cuvo, A. J., Heward, W. L., Miltenberger, R. G., y Neef, N. A. (Eds.). (2000). *Behavior analysis: Applications and extensions 1968-1999: Reprint series* (Vol. 5). Lawrence, KS: Society for the Experimental Analysis of Behavior.

ollmer, T. R., Iwata.lj. A., Zarcone, J. R., Smith, R. G., y Mazaleski, J. L. (1993). The role of attention in the treatment of attention-maintained self-injurious behavior: Noncontingent reinforcement and differential reinforcement of other behavior. *Journal of Applied Behavior Analysis, 26,* 9-22.

ollmer, T. R., Marcus, B. A., y Ringdahl, J. E. (1995). Non-contingent escape as treatment for self-injurious behavior maintained by negative reinforcement. *Journal of Applied Behavior Analysis, 28,* 15-26.

ollmer, T. R., Progar, P. R., Lalli, J. S., Van Camp, C. M., Sierp, B. J., Wright, C. S., Nastasi, J., y Eisenschink, K. J. (1998). Fixed-time schedules attenuate extinction-induced phenomena in the treatment of severe aberrant behavior. *Journal of Applied Behavior Analysis, 31,* 529-542.

ollmer, T. R., Ringdahl, J. E., Roane, H. S., y Marcus, B. A. (1997). Negative side effects of noncontingent reinforcement. *Journal of Applied Behavior Analysis,* 161-164.

ollmer, T. R., Roane, H. S., Ringdahl, J. E., y Marcus, B. A. (1999). Evaluating treatment challenges with differential reinforcement of alternative behavior. *Journal of Applied Behavior Analysis, 32,* 9-23.

ollmer, T. R., y Iwata, B. A. (1991). Establishing operations and reinforcement effects. *Journal of Applied Behavior Analysis, 24,* 279-291.

ollmer, T. R., y Iwata, B. A. (1992). Differential reinforcement as treatment for severe behavior disorders: Procedural and functional variations. *Research in Developmental Disabilities, 13,* 393-417.

orndran, C, y Lerman, D. (2006). Establishing and maintaining treatment effects with less intrusive consequences via a pairing procedure. *Journal of Applied Behavior Analysis, 39,* 35-48.

ʹack, S., Crosland, K., y Miltenberger, R. (2014). Using a goal-setting and feedback procedure to increase running distance. *Journal of Applied Behavior Analysis, 47,*181-185.

ʹacker, D. P., Berg, W. K., Berrie, P., y Swatta, P. (1985). Generalization and maintenance of complex skills by severely handicapped adolescents following picture prompt training. *Journal of Applied Behavior Analysis, 18,* 329-336.

ʹacker, D. P., Berg, W. K., Wiggins, B., Muldoon, M., y Cavanaugh, J. (1985). Evaluation of reinforcer preferences for profoundly handicapped students. *Journal of Applied Behavior Analysis, 18,* 173-178.

ʹacker, D. P., Steege, M. W, Northup, J., Sasso, G., Berg, W., Reimers, T, Cooper, L., Cigrand, K, y Donn, L. (1990). A component analysis of functional communication training across three topographies of severe behavior problems. *Journal of Applied Behavior Analysis, 23,* 417-429.

ʹacker, D. P., y Berg, W. K. (1983). Effects of picture prompts on the acquisition of complex vocational tasks by mentally retarded adolescents. *Journal of Applied Behavior Analysis, 16,* 417-433.

Wagaman, J., Miltenberger, R., y Amdorfer, R. (1993). Analysis of a simplified treatment for stuttering in children. *Journal of Applied Behavior Analysis, 26,* 53-61.

Wagaman, J., Miltenberger, R., y Williams, D. (1995). Treatment of a vocal tic by differential reinforcement *Journal of Behavior Therapy and Experimental Psychiatry, 26,* 35-39.

Wagaman, J., Miltenberger, R., y Woods, D. W. (1995). Long-term follow-up of a behavioral treatment for stuttering in children. *Journal of Applied Behavior Analysis, 28,* 233-234.

Walker, C. E., Hedberg, A. G., Clement, P. W, y Wright, L. (1981). *Clinical procedures for behavior therapy.* Upper Saddle River, NJ: Prentice Hall.

Wallace, M. D., Iwata, B. A., y Hanley, G. P. (2006). Establishment of mands following tact training as a function of reinforcer strength. *Journal of Applied Behavior Analysis, 39,* 17-24.

Wallace, M. D., y Iwata, B. A. (1999). Effects of session dura¬tion on functional analysis outcomes. *Journal of Applied Behavior Analysis, 32,* 175-183.

Wallace, M. D., y Knights, D. J. (2003). An evaluation of a brief functional analysis format within a vocational setting. *Journal of Applied Behavior Analysis, 36,* 125-128.

Ward, S. J., Osnes, P. J., y Partington, J. W. (2007). The effects of a delay of noncontingent reinforcement during a pairing procedure in the development of stimulus control of automatically reinforced vocalizations. *The Analysis of Verbal Behavior, 23,* 103-111.

Warzak, W. J., Kewman, D. G., Stefans, V, y Johnson, E. (1987). Behavioral rehabilitation of functional alexia. *Journal of Behavior Therapy and Experimental Psychiatry, 18,* 171-177.

Warzak, W. J., y Page, T. J. (1990). Teaching refusal skills to sexually active adolescents. *Journal of Behavior Therapy and Experimental Psychiatry, 21,* 133-139.

Waterloo, K. K., y Gotestam, K. G. (1988). The regulated breathing method for stuttering: An experimental evaluation. *Journal of Behavior Therapy and Experimental Psychiatry, 19,* 11-19.

Watson, D. L., y Tharp, R. G. (1993). *Self-directed behavior: Self modification for personal adjustment* (6a ed.). Pacific Grove, CA: Brooks/Cole.

Watson, J. B. (1913). *Psychology as the behaviorist views it. Psychological Review, 20,* 158-177.

Watson, J. B. (1924). *Behaviorism.* New York: WW. Norton.

Watson, J. B., y Rayner, R. (1920). Conditioned emotional reactions. *Journal of Experimental Psychology, 3,* 1-4.

Watson, T. S., y Allen, K. D. (1993). Elimination of thumb-sucking as a treatment for severe trichotillomania. *Journal of the American Academy of Child and Adolescent Psychiatry, 32,* 830-834.

Watson, T. S., y Gresham, F. (Eds.). (1998). *Handbook of child behavior therapy.* New York: Plenum.

Watson, P. J., y Workman, E. A. (1981). The non-concurrent multiple baseline across individuals design: An extension of the traditional multiple baseline design. *Journal of Behavior Therapy and Experimental Psychiatry, 12,* 257-259.

Watson, T. S., y Allen, K. D. (1993). Elimination of thumb sucking as a treatment for severe trichotillomania. *Journal of the American Academy of Child and Adolescent Psychiatry, 32,* 830–834.

Watson, T. S., y Gresham, F. (Eds.). (1998). *Handbook of child behavior therapy.* New York: Plenum.

Welch, S. J., yHolbom, S. W. (1988). Contingency contracting with delinquents: Effects of a brief training manual on staff contract negotiation and writing skills. *Journal of Applied Behavior Analysis, 21,* 357-368.

Wells, K. C, Forehand, R., Hickey, K., y Green, K. D. (1977). Effects of a procedure derived from the overcorrection principle on manipulated and nonmanipulated behaviors. *Journal of Applied Behavior Analysis, 10,* 679-687.

Wesolowski, M. D., Zencius, A. H., y Rodriguez, I. M. (1999). Mini-breaks: The use of escape on a fixed time schedule to reduce unauthorized breaks from voca¬tional training sites for individuals with brain injury. *Behavioral Interventions, 14,* 163-170.

Whiting, S., & Dixon, M. (2012). Creating an iPhone application for collecting continuous ABC data. *Journal of Applied Behavior Analysis, 45,* 643–656

Whitman, T. L., Mercurio, J. R., y Capronigri, V. (1970). Development of social responses in two severely retarded children. *Journal of Applied Behavior Analysis, 3,* 133-138.

Whitman, T. L., Scibak, J. W, y Reid, D. H. (1983). *Behavior modification with the severely and profoundly retarded: Research and application.* New York: Academic Press.

Whitman, T. L., Spence, B. H., y Maxwell, S. (1987). A comparison of external and self-instructional teaching formats with mentally retarded adults in a vocational training setting. *Research in Developmental Disabilities, 8,* 371-388.

Wilder, D. A., Masuda, A., O'Connor, C, y Baham, M. (2001). Brief functional analysis and treatment of bizarre vocalizations in an adult with schizophrenia. *Journal of Applied Behavior Analysis, 34,* 65-68.

Wilder, D. A., y Carr, J. E. (1998). Recent advances in the modification of establishing operations to reduce aberrant behavior. *Behavioral Interventions, 13,* 43-59.

Wilder, D.A., Chen, L., Atwell, J., Pritchard, J., y Weinstein, P. (2006). Brief functional analysis and treatment of tantrums associated with transitions in preschool children. *Journal of Applied Behavior Analysis, 39,* 103-107.

Williams, C. D. (1959). The elimination of tantrum behavior by extinction procedures. *Journal of Abnormal and Social Psychology, 59,* 269.

Williams, G. E., y Cuvo, A. J. (1986). Training apartment up keep skills to rehabilitation clients: A comparison of task analysis strategies. *Journal of Applied Behavior Analysis, 19,* 39-51.

Williams, J. L. (1973). *Operant learning: Procedures for changing behavior.* Pacific Grove, CA Brooks/Cole.

Winett, R. A., Neale, M. S., y Grier, H. C. (1979). Effects of self-monitoring and feedback on residential electricity consumption. *Journal of Applied Behavior Analysis, 12,* 173-184.

Winton, A. S., y Singh, N. N. (1983). Suppression of pica using brief physical restraint. *Journal of Mental Deficiency Research, 27,* 93-103.

Wolf, M. M. (1978). Social validity: The case for subjective measurement or How applied behavior analysis is finding its heart *Journal of Applied Behavior Analysis, 11,* 203-214.

Wolf, M. M., Risley, T. R., y Mees, H. L. (1964). Application of operant conditioning procedures to the behavior problems of an autistic child. *Behaviour Research and Therapy, 1,* 305-312.

Wolko, K. L., Hrycaiko, D. W, y Martin, G. L. (1993). A comparison of two self-management packages to standard coaching for improving practice performance of gymnasts. *Behavior Modification, 17,* 209-223.

Wolpe, J. (1958). *Psychotherapy by reciprocal inhibition.* Stanford, CA: Stanford University Press.

Wolpe, J. (1961). The systematic desensitization treatment of neurosis. *Journal of Nervous and Mental Disease, 112,* 189-203.

Wolpe, J. (1990). *The practice of behavior therapy* (4a ed.). New York: Pergamon.

Woods, D. W., & Himle, M. B. (2004). Creating tic suppression: Comparing the effects of verbal instruction to differential rein- forcement. *Journal of Applied Behavior Analysis, 37,* 417–420.

Woods, D. W, Twohig, M. P., Flessner, C. A., y Roloff, T. J. (2003). Treatment of vocal tics in children with Tourette syndrome: Investigating the efficacy of habit reversal. *Journal of Applied Behavior Analysis, 36,* 109-112.

Woods, D. W, Twohig, M. P., Fuqua, R. W, y Hanley, J. M. (2000). Treatment of stuttering with regulated breathing: Strengths, limitations, and future directions. *Behavior Therapy, 31,* 547-568.

Woods, D. W., Watson, T. S., Wolfe, E., Twohig, M. P., y Friman, P. C. (2001). Analyzing the influence of tic-related talk on vocal and motor tics in children with Tourette's syndrome. *Journal of Applied Behavior Analysis, 34,* 353-356.

Woods, D. W., y Twohig, M. P. (2002). Using habit reversal to treat chronic vocal tic disorder in children. *Behavioral Interventions, 17,* 159-168.

Woods, D., Miltenberger, R., y Flach, A. (1996). Habits, tics, and stuttering: Prevalence and relation to anxiety and somatic awareness. *Behavior Modification, 20,* 216-225.

Woods, D., Miltenberger, R., y Lumley, V. (1996a). Sequential application major habit reversal components to treat motor tics in children. *Journal of Applied Behavior Analysis, 29,* 483-493.

Woods, D. W., y Miltenberger, R. (1996b). A review of habit reversal wit childhood habit disorders. *Education and Treatment of Children, 19,* 197 214.

Woods, D. W., y Miltenberger, R. (Eds.). (2001). *Tic disorders, trichotillomani and repetitive behavior disorders: Behavioral approaches to analysis and treatmer* Norwell, MA: Kluwer.

Woods, D., Murray, L., Fuqua, R., Seif, T., Boyer, L., y Siah, A. (1999). Comparing the effectiveness of similar and dissimilar competing responses in evaluating the habit reversal treatment for oral-digital habits i children. *Journal of Behavior Therapy and Experimental Psychiatry, 30,* 289-30

Woods, D., y Himle, M. (2004). Creating tic suppression: Comparing th effects of verbal instruction to differential reinforcement *Journal Applied Behavior Analysis, 37,* 417-420.

Woods, D., y Miltenberger, R. (1995). Habit reversal: A review of applica tions and variations. *Journal of Behavior Therapy and Experimental Psychiat 26,* 123-131.

Woods, D., y Miltenberger, R. (1996a). A review of habit reversal with chil hood habit disorders. *Education and Treatment of Children, 19,* 197-214.

Woods, D., y Miltenberger, R. (1996b). Are persons with nervous habits ne vous? A preliminary examination of habit function in a nonreferre population. *Journal of Applied Behavior Analysis, 29,* 123-125.

Woods, D., y Miltenberger, R. (Eds.) (2001). *Tic disorders, trichotillomania, ar repetitive behavior disorders: Behavioral approaches to analysis and treatmer* Norwell, MA: Kluwer.

Wright, C. S., y Vollmer, T. R. (2002). Evaluation of a treatment package reduce rapid eating. *Journal of Applied Behavior Analysis, 35,* 89-93.

Wright, D. G., Brown, R. A., y Andrews, M. E. (1978). Remission of chroni ruminative vomiting through a reversal of social contingencies. *Beh viour Research and Therapy, 16,* 134-136.

Wright, K M., y Miltenberger, R. G. (1987). Awareness training in th treatment of head and facial tics. *Journal of Behavior Therapy and Exper mental Psychiatry, 18,* 269-274.

Wurtele, S. K., Mans, S. R., y Miller-Perrin, C. L. (1987). Practice make perfect? The role of participant modeling in sexual abuse preventio programs. *Journal of Consulting and Clinical Psychology, 55,* 599-602.

Wurtele, S. K., Saslawsky, D. A., Miller, C. L., Mans, S. R., y Britcher, J. C (1986). Teaching personal safety skills for potential prevention of se xual abuse: A comparison of treatments. *Journal of Consulting and Clinic Psychology, 54,* 688-692.

Wysocki, T., Hall, G., Iwata, B., y Riordan, M. (1979). Be¬havioral man gement of exercise: Contracting for aerobic points. *Journal of Applic Behavior Analysis, 12,* 55-64.

Yates, B. T. (1986). *Applications in self-management* Belmont, CA Wadsworth.

Zarcone, J. R., Iwata, B. A., Hughes, C. E., y Vollmer, T. R. (1993). Momen tum versus extinction effects in the treatment of self-injurious escap behavior. *Journal of Applied Behavior Analysis, 26,* 135-136.

Zeigler, S. G. (1994). The effects of attentional shift training on the exe cution of soccer skills: A preliminary investigation. *Journal of Applic Behavior Analysis, 27,* 545-552.

Zeiler, M. D. (1971). Eliminating behavior with reinforcement *Journal of tt Experimental Analysis of Behavior, 16,* 401-405.

Zlutnick, S., Mayville, W. J., y Moffat, S. (1975). Modification of seizure d sorders: The interruption of behavioral chains. *Journal of Applied Behavi Analysis, 8,* 1-12.

Zoltan-Ford, E. (1991). How to get people to say and type what compute can understand. *International Journal of Man-Machine Studies, 34,* 527-547

ÍNDICE ANALÍTICO

CAPITULO 1 Cuestionario 1 Nombre:

1. La conducta se define como lo que la gente _____ y _____

2. La conducta tiene un impacto sobre el ambiente _____ y / o _____

3. La modificación de conducta es el campo de la psicología interesado en el _____ y _____ de la conducta humana.

4. Cuando una conducta ocurre con demasiada frecuencia, intensidad o duración se denomina "_____ conductual".

5. Cuando una conducta ocurre con una frecuencia, duración o intensidad escasa se denomina "_____ conductual".

6. La frecuencia, duración e intensidad son _____ de la conducta.

7. Empareja los siguientes nombres con sus respectivas contribuciones a la modificación de conducta

   a. Skinner   b. Watson   c. Pavlov   d. Thorndike

   _____ Fue el primero en describir el reflejo condicionado

   _____ Demostró la ley del efecto

   _____ Realizó una gran cantidad de investigación sobre los principios básicos de la conducta operante y sentó las bases para la modificación de conducta

8. _____ Inició en la psicología el movimiento llamado conductismo.

9. Una conducta _____ es aquella que puede ser observada y registrada por otra persona.

10. La conducta _____ no es observable por los demás.

CAPITULO 1	Cuestionario 1	Nombre:

1. La conducta se define como lo que la gente _____ y _____

2. La conducta tiene un impacto sobre el ambiente _____ y / o _____

3. La modificación de conducta es el campo de la psicología interesado en el _____ y _____ de la conducta humana.

4. Cuando una conducta ocurre con demasiada frecuencia, intensidad o duración se denomina "_____ conductual".

5. Cuando una conducta ocurre con una frecuencia, duración o intensidad escasa se denomina "_____ conductual".

6. La frecuencia, duración e intensidad son _____ de la conducta.

7. Empareja los siguientes nombres con sus respectivas contribuciones a la modificación de conducta

   a. Skinner   b. Watson   c. Pavlov   d. Thorndike

   _____ Fue el primero en describir el reflejo condicionado

   _____ Demostró la ley del efecto

   _____ Realizó una gran cantidad de investigación sobre los principios básicos de la conducta operante y sentó las bases para la modificación de conducta

8. _____ Inició en la psicología el movimiento llamado conductismo.

9. Una conducta _____ es aquella que puede ser observada y registrada por otra persona.

10. La conducta _____ no es observable por los demás.

1. _____ es lo que la gente dice y hace.

2. Las tres dimensiones medibles de la conducta incluyen _____ , _____ ,
   _____ y _____

3. _____ es el campo de la psicología interesado en el análisis y la modificación de
   conducta humana.

4. Carlos bebe demasiadas tazas de café al día. Esta conducta puede ser considerada un(déficit / exceso)
   _____ conductual.

5. Clara no come suficientes frutas y verduras cada día. Este comportamiento sería considerado un
   _____ (déficit / exceso) conductual.

6. John Watson inició el movimiento en psicología llamado _____

7. La principal contribución de Edward Thorndike a la psicología es la descripción de la _____

8. _____ desarrolló investigación experimental que demuestra los principios básicos de
   la conducta.

9. Una conducta manifiesta se define como _____

10. Unaconducta encubierta se define como _____

CAPITULO 1   Cuestionario 3   Nombre:

1. La conducta se define como _____

2. Ron come demasiados dulces cada día. ¿Es este un ejemplo de un déficit o de un exceso conductual?
   _____

3. Ron no hace suficiente ejercicio. ¿Es éste un ejemplo de un exceso de conducta o de un déficit conductual? _____

   Empareja cada término con su definición.

   a. Frecuencia   b. Duración   c. Intensidad

4. _____ El tiempo durante el cual ocurre una conducta.

5. _____ Las veces que ocurre una conducta.

6. _____ La fuerza física implicada en una conducta

7. Un ejemplo de una conducta manifiesta es _____

8. Un ejemplo de una conducta encubierta es _____

9. _____ descubrió la ley del efecto.

10. _____ desarrolló investigación sobre condicionamiento respondiente.

CAPITULO 2   Cuestionario 1   Nombre:

1. Hay dos tipos de evaluación conductual: evaluación _____ y evaluación _____

2. El primer paso en el desarrollo de un plan de registro de conducta es definir la _____ que quieres registrar.

3. Una _____ incluye verbos activos que describan de forma específica la conducta que la persona realiza.

4. Cuando dos personas observan de forma independiente la misma conducta y ambas registran que la conducta ha ocurrido, se llama _____

5. El _____ es el periodo específico en el que el observador registra la conducta objetivo.

6. Jason registró el número de veces que ha usado una palabrota cada día. ¿Qué dimensión de la conducta está registrando? _____

7. Kevin está registrando cuantos minutos ha corrido cada día. ¿Qué dimensión de la conducta está registrando? _____

8. El supervisor técnico de un radar está registrando cuanto tiempo tarda el técnico en detectar un avión después de aparecer en la pantalla del radar. ¿Qué dimensión de la conducta está registrando el supervisor? _____

9. En el registro de intervalo, la ocurrencia de un comportamiento se mide en intervalos _____ (consecutivos/no consecutivos) de tiempo. En el registro de muestreo temporal, la ocurrencia de una conducta se mide en intervalos _____ (consecutivos(no consecutivos) de tiempo.

10. _____ es cuando el proceso de registrar la conducta provoca que la conducta cambie.

CAPITULO 2   Cuestionario 2   Nombre:

1. La evaluación _____ (directa/ indirecta) implica registrar la conducta objetivo como ocurra.

2. La evaluación _____ (directa/indirecta) implica el uso de entrevistas o cuestionarios para obtener información.

3. Une los siguientes términos con su definición.

   a. Frecuencia   b. Duración   c. Latencia   d. Intensidad

   ___ El número de veces que la conducta ocurre en el periodo de observación.
   ___ El tiempo que transcurre desde que aparece un evento estimular hasta que comienza la conducta.
   ___ El tiempo que transcurre desde que comienza la conducta hasta que termina.

4. Registrar la conducta en breves periodos de observación separados por largos periodos se llama registro

   _____

5. Registrar la conducta en intervalos de tiempo consecutivos se llama _____

6. Cuando Marcos comenzó a registrar su conducta de morderse las uñas, su conducta comenzó a decrecer como efecto del registro. ¿Cómo se llama este fenómeno? _____

7. Registrar el tiempo exacto de cada inicio y final de la conducta objetivo se llama registro _____

8. El reloj de Bertín suena cada 10 minutos, y Bertín registra si su hijo está jugando adecuadamente o no cuando el reloj suena. Esto es un ejemplo de registro _____

9. El reloj de Carlo suena cada 10 minutos, y registra si se ha tocado la nariz en algún momento durante estos diez minutos desde que sonó por última vez. Esto es un ejemplo de registro _____

10. Linda miró a sus hojas de trabajo para registrar el número de problemas de matemáticas que su estudiante completa en un periodo de 20 minutos. Esto es un ejemplo de registro de _____

CAPITULO 2   Cuestionario 3   Nombre:

1. Joana registra el número de veces que revisa su e-mail cada día. Esto es un ejemplo de registro de

   _____

2. Joana registra el número de minutos que dedica a leer su e-mail cada día. Esto es un ejemplo de registro de _____

3. Un terapeuta respiratorio utiliza un instrumento para medir la fuerza de la exhalación del paciente. Esto es un ejemplo de registro _____

4. Simón registró cuanto tiempo tardaban sus nadadores en saltar desde que sonaba la pistola. Esto es un ejemplo de registro _____

5. Una vez cada 15 minutos, el señora Sumito observa a sus estudiantes y registra si alguno está hablando en ese momento. Esto es un ejemplo de registro _____

6. Camilo está dirigiendo un estudio en el que se aplica ruido de manera contingente a la succión del pulgar a fin de disminuir dicho comportamiento en niños con síndrome de Tourette. Está registrando cada vez que el niño realiza un tic motor en cada periodo consecutivo a través de periodos de observación de 10 segundos. Esto es un ejemplo de registro de _____

7. María usa una máquina para contar el número de manzanas que sus trabajadores recogen cada día del huerto. Esto es un ejemplo de registro _____

8. ¿Qué es probable que ocurra con la conducta objetivo una vez que empezamos a registrarla?

   _____

9. Laura observa la interacción entre los padres y el niño en un proyecto de investigación, y registra el tiempo exacto de inicio y fin para cada uno de los padres y las conductas del niño. Esto es un ejemplo de registro _____

10. ¿Qué tipo de evaluación es más exacta, la directa o la indirecta? _____

| CAPITULO 3 | Cuestionario 1 | Nombre: |

1. Un _____ es una representación visual de la ocurrencia de la conducta en el tiempo.

2. En un gráfico conductual el eje _____ representa el nivel de comportamiento.

3. En un gráfico conductual el eje _____ representa las unidades de tiempo, ya sean sesiones, ensayos, minutos, días, etc.

4. En un diseño AB, A es igual a _____ y B es igual a _____

5. Con un diseño AB no podemos demostrar una relación funcional entre tratamiento (variable independiente) y conducta (variable dependiente), porque _____

6. Estas realizandoun proyecto de investigación y has comenzado registrando una líneabase durante una semana. Después de la líneabase aplicas el tratamiento durante una semana y después de la fase de tratamiento vuelves nuevamente a la línea de base. Después de una semana en la segunda líneabase aplicas nuevamente una semana más de tratamiento. ¿Qué diseño de investigación se ilustra en esta descripción? _____

7. En un diseño de línea de base múltiple con _____ se aplica un mismo tratamiento para una misma conducta de un solo sujeto que sucede en dos o más contextos distintos.

8. Un diseño de _____ está compuesto de una líneabase y de una fase de tratamiento dividida en periodos en los que se deben alcanzar sucesivos criterios o niveles de comportamiento.

9. En un diseño de líneabase múltiple con _____ el tratamiento es aplicadopara el mismo comportamiento presentado en dos o más sujetos.

10. En un diseño de líneabase múltiple con _____ el tratamiento se aplica a dos o más comportamientos que presenta un mismo sujeto.

CAPITULO 3	Cuestionario 2	Nombre:

1. En un gráfico conductual, ¿qué representa el eje vertical o eje y? _____

2. ¿Y el eje horizontal o eje x? _____

3. ¿Qué dos fases forman parte del diseño AB? _____ y _____

4. Cuando un investigador demuestra que un procedimiento de modificación de conducta hace que una conducta cambie está demostrando una _____ entre el procedimiento y el comportamiento.

5. Un diseño de investigación en el que la líneabase va seguida por una fase de tratamiento seguida a su vez por una nueva líneabase y una fase final de tratamiento se denomina _____

6. En un diseño de líneabase múltiple con varios sujetos la intervención se inicia en momentos diferentes para cada uno de ellos, por ello se dice que la intervención está _____

7. En un diseño _____ la líneabase y una o varias fases de tratamiento se alternan en rápida sucesión y se comparan unas con otras.

8. En un diseño de líneabase múltiple con varias conductas el mismo tratamiento se aplica a dos o más _____ presentadas por la misma persona.

9. En un diseño de líneabase múltiple con _____ un tratamiento esaplicado para un mismo comportamiento de un mismo sujeto en dos o más contextos diferentes.

10. El diseño _____ no es en realidad un diseño de investigación propiamente dicho, ya que no se replican los efectos de la intervención.

CAPITULO 3   Cuestionario 3   Nombre:

1. Un gráfico es la representación visual de la ocurrencia de la _____ en el tiempo.

2. Si registras el número de refrescos que bebes cada día en un gráfico, en el eje x (horizontal) figurará el _____ y en el eje y (vertical) la _____

3. Después de registrar el número de refrescos que bebes cada día durante dos semanas pasas a aplicar un tratamiento durante dos semanas más a fin de disminuir el consumo diario de refrescos. ¿Qué tipo de diseñose ilustra en este ejemplo? _____

4. Los investigadores que trabajan en el área de modificación de conducta usan diseños de investigación para demostrar la presencia de una _____ entre un procedimiento de tratamiento y un comportamiento objetivo.

5. Un diseño AB _____ (es/no es) un auténtico diseño de investigación.

6. Un diseño de _____ comienza con una línea de base seguida de la aplicación del tratamiento durante un período de tiempo. Después del tratamiento, la línea de base se aplica nuevamente y finalmente se aplica el tratamiento otra vez.

7. En el caso de que no sea seguro eliminar el tratamiento una vez se haya producido el cambio deseado en el comportamiento no debemos usar un diseño _____

8. Imagina que estás registrando el comportamiento de un niño de decir "gracias" y "por favor". Después de una semana de líneabase comienzas a usar reforzamiento para aumentar la conducta de decir "por favor". A continuación y después de dos semanas de línea de base, comienzas a usar reforzamiento para aumentar el comportamiento de decir "gracias". ¿Qué diseño de la investigación se ilustra en este ejemplo? _____

9. Estás registrando el comportamiento de un niño de decir "gracias" y "por favor" en la guardería y también en casa. Después de una semana de líneabase comienzas a usar reforzamiento para aumentar la conducta de decir "gracias" y "por favor" en la guardería. A continuación, y después de dos semanas de líneabase, comienzas a utilizar reforzamiento para aumentar el comportamiento de decir "gracias" y "por favor" en casa. ¿Qué diseño de investigación se ilustra en este ejemplo? _____

10. Estás registrando el comportamiento de decir "gracias" y "por favor" en tres niños que van a un mismo colegio. Después de una semana de líneabase procede a usar reforzamiento con Sara a fin de aumentar la conducta. Por otra parte, en el caso de Pedro prolongas la líneabase durante dos semanas antes de iniciar el uso de reforzamiento. Por último, con Patricia no se comienza a usar reforzamiento hasta después de tres semanas de líneabase. ¿Qué diseño de investigación se ilustra en este ejemplo?

_____

CAPITULO 4   Cuestionario 1   Nombre:

1. Un comportamiento _____ se fortalece a través del proceso de reforzamiento.

2. Cuando una persona ha tenido recientemente una gran cantidad de un reforzador, ¿el reforzador se hará más o menos potente en ese momento? _____

3. El reforzamiento _____ se define como la ocurrencia de un comportamiento seguida por la un estímulo cuya retirada hace el comportamiento más probable en el futuro.

4. El reforzamiento _____ se define como la ocurrencia de un comportamiento seguida por la eliminación de un estímulo, lo que hace que dicho comportamiento sea más probable en el futuro.

5. Identifica tres de los cinco factores que influyen en la efectividad del reforzamiento _____ , _____ , _____ .

6. Un reforzador _____ se establece como tal al ser emparejado con otro reforzador.

7. Todos los programas de reforzamiento que están operando sobre las conductas de una persona en un momento dado se llaman _____
De entre los cinco programas de reforzamiento estudiados (continuo, razón fija, razón variables, intervalo fijo, e intervalo variable), indica a cuáles se refieren los siguientes ejemplos:

8. _____ El reforzador se entrega después de cada respuesta.

9. _____ El reforzador se entrega después de un promedio x de respuestas.

10. _____ El reforzador se entrega coincidiendo con la primera respuesta después de un periodo de tiempo x.

CAPITULO 4   Cuestionario 2   Nombre:

1. Una consecuencia que refuerza la conducta operante es un _____

2. Cuando una persona no ha tenido un reforzador particular durante mucho tiempo, ¿ el reforzador se hará más o menos potente en ese momento? _____

3. Cuando a Teodoro le pican los mosquitos se pone una crema que le alivia el picor. A consecuencia de ello se hace más probable que Teodoro se ponga crema en las picaduras de mosquito. Este es un ejemplo de reforzamiento _____ (positivo / negativo).

4. Cuando Frida empuja a su hermano pequeño sus padres le regañan. A consecuencia de ello tiene más posibilidades de empujar nuevamente a su hermano pequeño. Este sería un ejemplo de reforzamiento (positivo/negativo) _____

5. Los comportamientos de escape y evitación son mantenidos por reforzamiento (positivo/negativo)

   _____

6. Un programa de reforzamiento continuo se utiliza para la/el _____ (adquisición/mantenimiento) de la conducta.

7. El estímulo que se retira después del comportamiento durante el reforzamiento negativo se llama estímulo _____

8. El reforzamiento positivo y negativo son ambos casos de conducta _____
   Identifica los siguientes programas de reforzamiento (continuo, razón fija, razón variables, intervalo fijo, e intervalo variable):

9. _____ Un reforzador se da después de un número x de respuestas.

10. _____ Un reforzador se entrega por primera vez después de un intervalo de tiempo de duración x.

CAPITULO 4   Cuestionario 3   Nombre:

1. Una conducta operante se fortalece a través del proceso de _____

2. ¿Cuál es el programa de reforzamiento en el que el reforzador se entrega después de cada respuesta?

   _____

3. ¿Cómo se llaman los programas de reforzamiento en los que el reforzador no se entrega después de cada respuesta? _____

4. La privación hace que un reforzador sea (más/menos) _____ potente.

5. La saciedad hace que un reforzador sea (más/menos) _____ potente.

6. ¿En qué sentido se parecen el reforzamiento positivo y negativo? _____

7. En el reforzamiento negativo se retira un _____ después de la conducta.

8. En el reforzamiento positivo se entrega un _____ después de la conducta.

9. Carmen revisa su correo electrónico periódicamente durante todo el día. Los mensajes de correo electrónico llegan enintervalos impredecibles por lo que nunca sabe cuando llegará un nuevo e-mail. ¿Qué programa de reforzamiento refuerza el comportamiento de Carmen de comprobar su correo electrónico? _____

10. Roberto vende productos por teléfono y nunca sabe cuando alguien se comprometerá a comprar un producto. No obstante, sabe que hace una venta como media cada 13 llamadas. ¿Qué programa está reforzando el comportamiento de Roberto de hacer llamadas? _____

CAPITULO 5   Cuestionario 1   Nombre:

1. Durante la extinción, una conducta que había sido reforzada ya no es seguida por un reforzador, y el comportamiento _____ en el futuro.

2. Durante un incremento de respuesta asociado a la extinción, el comportamiento puede aumentar temporalmente en, _____ o _____

3. Durante la extinción de una conducta reforzada positivamente, el _____ no se entrega después de la conducta.

4. Durante la extinción de una conducta reforzada negativamente el _____ ya no se elimina después de la conducta.

5. Durante_____ una conducta previamente extinguida se produce de nuevo en el futuro.

6. Además de un aumento temporal en el comportamiento, ¿cuáles son las otras dos cosas que podrían ocurrir durante un incremento de respuesta asociado a la extinción? _____ y _____

7. ¿Bajo qué circunstancias ignorar la conducta sería un procedimiento de extinción?_____

8. El comportamiento disminuirá _____ (más / menos) rápidamente durante la extinción después de reforzamiento intermitente que después de reforzamiento continuo.

Un niño llora en una tienda y el padre le da un caramelo. A consecuencia de ello, el niño tiene más probabilidades de volver a llorar cuando esté nuevamente en una tienda.

9. ¿Cuál es el reforzador de llorar en este caso? _____

10. ¿Cómo extinguirían los padres la conducta de llorar en este caso? _____

_____

CAPITULO 5	Cuestionario 2 Nombre:

1. Durante la extinción, una conducta previamente reforzada _____ y el comportamiento deja de producirse en el futuro.

2. El aumento temporal del comportamiento durante la extinción se llama _____

3. Durante la extinción de un comportamiento reforzado _____ (positiva o negativamente), ya no se entrega un reforzador después de la conducta.

4. Durante la extinción de un comportamiento reforzado _____ (positiva o negativamente), el estímulo aversivo ya no se elimina después de la conducta.

5. Durante la recuperación espontánea ¿qué ocurre con un comportamiento que había dejado de producirse como consecuencia de la extinción? _____

6. Durante el incremento de respuesta asociado a la extinción, el comportamiento podría aumentar temporalmente. Además, conductas _____ o conductas _____ podrían ocurrir.

7. Dos factores que influyen en la extinción son el programa de reforzamiento antes de la extinción y _____ después de la extinción

8. El comportamiento se reducirá _____ (más/menos) rápidamente durante la extinción tras el reforzamiento continuo que tras el reforzamiento intermitente.

Un niño llora cuando su madre se cepilla los dientes. Cuando esto sucede, ella deja de cepillárselos. Ello hace que el niño tenga más probabilidades de llorar cuando su madre se cepilla los dientes.

9. ¿El ejemplo ilustra el reforzamiento positivo o negativo de llorar? _____

10. ¿Cómo podría utilizar la madre del niño la extinción para la conducta de llorar en este caso?

_____

CAPITULO 5   Cuestionario 3   Nombre:

1. Durante la extinción, ¿qué ocurre inmediatamente después de que se produzca la conducta?

   _____

2. Durante el incremento de respuesta asociado a la extinción un comportamiento _____ en la duración, la frecuencia o intensidad.

3. Durante la extinción de una conducta reforzada positivamente, el reforzador positivo es _____ tras el comportamiento.

4. Durante la extinción de una conducta reforzada negativamente, el estímulo aversivo es _____ tras el comportamiento.

5. Cuando el comportamiento se produce nuevamente a pesar de haber sido extinguido, llamamos a este fenómeno _____

6. ¿Cuáles son los dos tipos de comportamientos que pueden ocurrir durante un incremento de respuesta asociado a la extinción? _____ y _____

7. Dos factores que influyen en la extinción son el _____ antes de la extinción y la aparición del reforzador después de la extinción.

8. ¿Qué tipo de programa de reforzamiento antes de la extinción implica disminuir más rápidamente el comportamiento durante la extinción? _____

   La Sra. Gómez aprieta el botón de la puerta del garaje cada vez que llega a la entrada y la puerta se abre.

9. ¿Este es un ejemplo de un reforzamiento positivo o negativo? _____

10. Describe la extinción de la conducta de pulsar el botón para abrir la puerta del garaje.

    _____

CAPITULO 6   Cuestionario 1   Nombre:

1. En el castigo, un comportamiento es seguido de una consecuencia que hace la ocurrencia de dicho comportamiento _____ probable en el futuro.

2. Un _____ es una consecuencia que sigue a un comportamiento y hace que el comportamiento sea menos probable en el futuro.

3. En el castigo positivo un estímulo es _____ después del comportamiento

4. Un niño mete el dedo en un enchufe y recibe una descarga eléctrica. Después de ello, el niño no vuelve a meter el dedo en un enchufe de nuevo. Este es un ejemplo de castigo _____

5. El castigo negativo implica _____ (retención/eliminación) de un reforzador cuando ocurre el comportamiento y la extinción implica _____ (retención/eliminación) del reforzador de la conducta, cuando la conducta se produce.

6. _____ se considera un castigo condicionado generalizado.

7. Un _____ es un evento o condición que hace que una consecuencia sea más eficaz como castigo.

8. Proporciona un ejemplo de un castigo condicionado común. _____

9. Proporciona un ejemplo de un castigo incondicionado. _____

10. El tiempo fuera de reforzador positivo y el coste de respuesta son ejemplos de castigo _____

CAPITULO 6   Cuestionario 2   Nombre:

1. _____ se define como el proceso en el que una conducta es seguida por una consecuencia que hace que el comportamiento sea menos probable en el futuro.

2. En el castigo negativo, un estímulo se _____ después de la conducta.

3. Un niño saca la mano por la ventana de un coche mientras guarda un cromo en su puño, sin querer el cromo se le escapa de las manos. A consecuencia de ello, el niño no vuelve a sacar la mano por la ventana cuando lleva un cromo. Este es un ejemplo de castigo _____

4. El _____ implica la retención del reforzador de la conducta cuando la conducta ocurre, y consiste en eliminar un reforzador cuando se produce el comportamiento.

5. Cuando un estímulo se empareja con un castigo, se convierte en un castigo _____

6. Los estímulos dolorosos o niveles extremos de estimulación son castigos _____ .

7. Las personas que experimentan u observan el castigo, es probable que utilicen _____ (más/menos) el castigo.

8. Si el castigo se aplica en un programa intermitente, es _____ (más/menos) probable que sea efectivo.

9. El uso del castigo es _____ (positiva o negativamente)reforzante para la persona que lo aplica.

10. Identifique uno de los cinco problemas asociados con el uso del castigo.

_____

CAPITULO 6   Cuestionario 3   Nombre:

1. El castigo es un proceso mediante el cual la conducta _____ y el reforzamiento es un proceso en el que la conducta _____

2. El estímulo que se aplica después de la conducta en el un castigo positivo es un _____

3. El estímulo que se retira después de la conducta en el castigo negativo es un _____
   Empareje los siguientes términos con las frases a continuación,

   a. Reforzamiento positivo   b. Reforzamiento negativo

   c. Castigo positivo   d. Castigo negativo

4. _____ implica la entrega de un estímulo aversivo después de la conducta.

5. _____ implica la eliminación de un estímulo aversivo después de la conducta.

6. _____ implica la entrega de un reforzador después de la conducta.

7. _____ implica la eliminación de un reforzador después de la conducta.
   Empareje los siguientes términos con los ejemplos siguientes,

   a. Reforzamiento positivo   b. Reforzamiento negativo

   c. Castigo positivo   d. Castigo negativo

8. Alicia sesubió a una valla para entrar en un huerto de manzanas. La valla estabaelectrificada y le dio una descarga. Ello hizo que la frecuencia con la que Alicia se subía a la vaya _____

9. Benito pegó a su hermana y su madre le quitó la paga de la semana. A consecuenciade ello, _____ de pegar a su hermana.

10. Francine tiene una erupción que le pica mucho. Cuando se rasca, el picor disminuye. Ello hace que la frecuencia con la que se rasca la erupción _____

CAPITULO 7   Cuestionario 1   Nombre:

1. Un estímulo antecedente que está presente cuando se refuerza una conducta se llama un _____

2. Un estímulo antecedente que está presente cuando un comportamiento no se refuerza se llama

   _____

3. _____ Es cuando un comportamiento es más probable que ocurra en la presencia de un estímulo antecedente específico.

4. ¿Cómo se desarrolla el control de estímulos?_____

5. ¿Cuáles son los tres componentes de una contingencia de tres términos? _____ ,

   _____ , _____

6. En _____ , refuerzas un comportamiento cuando el ED está presente y no refuerzas el comportamiento cuando el EΔ está presente.

   Teo grita cuando pide las galletas y se le dice que no le van a dar ninguna. Después de que siga gritando, su madre finalmente le da una galleta. Su padre, por el contrario, nunca le da galletas si está gritando. Ello hace más probable que Teo grite para conseguir galletas cuando su madre está cerca.

7. ¿Cuál es el EDde la conducta de gritar de Teo? _____

8. ¿Cuál es el EΔ de la conducta de gritar de Teo? _____

9. ¿Cuál es el reforzador de la conducta de gritar de Teo? _____

10. ¿Es éste un ejemplo de un reforzamiento positivo o negativo de la conducta de gritar?

    _____

| CAPITULO 7 | Cuestionario 2 | Nombre: |

1. Un estímulo discriminativo es un antecedente que está presente cuando un comportamiento es

_____

2. Después del entrenamiento en discriminación de estímulos, ¿qué sucede en el futuro cuando un EDestá presente? _____

3. _____ se desarrolla a través del entrenamiento en discriminación de estímulos.

En el entrenamientodela discriminación, el comportamiento no es reforzado cuando el está presente.

4. _____ tiene lugar cuando un comportamiento se produce en presencia de estímulos que son similares al ED.

5. Mariana roba caramelos en la tienda cuando un empleado no está a la vista porque se sale con la suya. Pero no roba caramelos cuando algún empleado está a la vista porque no suele salirse con la suya.

6. ¿Cúal es el ED para el robo de caramelos? _____

7. ¿Cuál es el EΔ por el robo de caramelos? _____

Fernando dice "reforzamiento" cuando el profesor da un ejemplo de reforzamiento, pero no dice "reforzamiento" cuando el profesor da un ejemplo de otro principio del comportamiento.

8. ¿Cuál es el ED para decir "reforzamiento"? _____

9. ¿Cuál es el EΔ para decir "reforzamiento"? _____

10. ¿Cómo se llama cuando Fernando puede etiquetar un ejemplo novedoso de reforzamiento correctamente? _____

CAPITULO 7   Cuestionario 3   Nombre:

1. Un EΔ es un estímulo antecedente que está presente cuando un comportamiento es _____

2. Después del entrenamiento en discriminación, ¿qué pasa en el futuro, cuando un EΔ está presente?

    _____

3. El control de estímulo se desarrolla a través del proceso de _____

4. En elentrenamiento en discriminación, una conducta se ve reforzada cuando el _____
    está presente.

5. La generalización tiene lugar cuando el comportamiento se produce en presencia de estímulos que son
    _____ al ED.

    Cuando Patri oye un trueno en la escuela, llora y sus compañeros la ignoran. Cuando Patri oye un
    trueno en casa, llora y sus padres le abrazan y consuelan. A consecuencia de ello cuando oye un trueno
    en casa llora, sin embargo no llora si lo oye en la escuela.

6. ¿Cuál es el EΔ cuando Patri llora y escucha el trueno? _____

7. ¿Cúal es el ED cuando Patri llora y escucha el trueno?_____

8. ¿Qué proceso de conducta se ilustra en este ejemplo? _____

9. Si Patri lloró cuando se escuchó un trueno en la casa de sus abuelos, diríamos que se habría producido

    _____

10. Pon un ejemplo de control de estímulos _____

CAPITULO 8   Cuestionario 1   Nombre:

1. El condicionamiento _____ implica la <u>manipulación de los estí</u>mulos antecedentes, y el condicionamiento _____ implica la manipulación de las consecuencias.

2. En el condicionamiento respondiente, ¿qué significan las abreviaturas EI y EC? _____ y _____

3. En el condicionamiento respondiente un _____ es emparejado con un EI.

4. Proporcionar un ejemplo de una respuesta incondicionada (identificar el EI la y la RI). _____ Une los siguientes términos con su descripción.

   a. Condicionamiento de huella   b. Condicionamiento demorado
   c. Condicionamiento simultáneo   d. Condicionamiento hacia atrás

   _____ El estímulo neutro (EN) se presenta exactamente en el mismo momento que el EI.

   _____ El EI precede al EN. _____ El EN precede al EI. _____ El EN precede al EI y acaba antes de la presentación del EI.

5. _____ El EN ocurre exactamente al mismo tiempo que el EI.

6. _____ El EI precede al EN.

7. ¿Qué es una respuesta emocional condicionada? _____

8. Después de la extinción respondiente la _____ no volverá a ocurrir cuando se presente el EC.

9. Un profesor dispara una pistola (de fogueo) en clase. El ruido provoca un reflejo de sobresalto (activación vegetativa). Más tarde, cuando el profesor muestra el arma, pero no la disparara, provoca una respuesta de sobresalto similar. En este ejemplo, identificar los siguientes:

   EI _____   RI _____

   EC _____   RC _____

10. Identificar uno de los cinco factores que influyen en condicionamiento respondiente _____

CAPITULO 8   Cuestionario 2   Nombre:

1. Las conductas operantes están controladas por sus _____ , y las conductas respondientes están controladas (provocadas) por _____

2. En el condicionamiento respondiente, ¿qué significan las abreviaturas RI y RC? _____ y _____

3. En un condicionamiento respondiente, un estímulo condicionado (EC) provoca una _____

4. Identifica dos respuestas corporales implicadas en la activación del sistema nervioso autónomo. _____ y _____

   Haga coincidir los siguientes términos con la descripción.

   a. Acondicionamiento de trazas   b. Acondicionamiento retardado
   c. Acondicionamiento simultáneo   d. Condicionamiento hacia atrás

5. _____ El estímulo neutral (EN) precede a EI.

6. _____ El EN ocurre antes de los EI Y se superpone con los EI.

7. Propón un ejemplo de una respuesta emocional condicionada _____

8. Cuando el EC provoca una RC, más tarde, después de que ha ocurrido la extinción respondiente, el proceso se denomina _____

9. El condicionamiento respondiente será más fuerte cuando el EN _____ (precede / sigue), al EI.

10. Un niño en un zoológico camina junto a la jaula de los leones. El león ruge y el niño tiene una respuesta de sobresalto (activación autonómica). Entonces, el niño corre hacia su madre y recibe consuelo de ella. La próxima vez que el niño vea la jaula de los leones experimentará activación autonómica y correrá hacia su madre. En este ejemplo _____ es el comportamiento respondiente y _____ es el comportamiento operante.

CAPITULO 8   Cuestionario 3   Nombre:

1. En el condicionamiento respondiente un estímulo neutro (EN) se asocia con un _____ y el EN se convierte en un _____

2. Una respuesta incondicionada es provocada por un _____

3. En el condicionamiento respondiente, ¿qué es lo que ocurre con el EN después de que se empareja con un EI? _____

4. Pavlov puso polvo de carne en la boca de un perro y el perro salivó. En este ejemplo, la salivación es una _____ , y el polvo de carne en la boca es un

   Cuando el sonido de un metrónomo fue emparejado con el polvo de carne en la boca del perro, el perro empezó a salivar ante el sonido del metrónomo sólo.

5. El sonido del metrónomo es un _____

6. La salivación ante el sonido del metrónomo es un _____

7. ¿Cómo se llama este proceso? _____

8. En el condicionamiento de orden superior, un EN es emparejado con un _____

9. En la extinción respondiente el _____ se presenta en ausencia del EI.

10. Un niño en el zoológico camina cerca de la jaula de los leones. Un león ruge y el niño experimenta una respuesta de sobresalto (activación autonómica). Entonces el niño corre hacia su madre y recibe consuelo. La próxima vez que el niño vea la jaula de los leones experimentará una activación autonómica y correrá hacia su madre. En este ejemplo, identificar lo siguiente:

    EI _____   RI _____

    EC _____   RC _____

CAPITULO 9   **Cuestionario 1**   Nombre:

1. El moldeamiento implica reforzamiento diferencial de _____ hacia una conducta objetivo.

2. En el moldeamiento, el primer comportamiento elegido para ser reforzado se denomina la conducta
   _____

3. ¿Qué dos principios conductuales están implicados en el reforzamiento diferencial? _____ y
   _____

4. ¿Qué reforzador condicionado podría utilizar un entrenador durante el moldeamiento para conseguir
   que un delfín haga cabriolas en el agua? _____

5. Es importante utilizar un reforzador _____ para poder reforzar inmediatamente la
   conducta deseada durante el moldeamiento.

   El moldeamiento puede utilizarse para obtener tres resultados diferentes:

6. Para generar un comportamiento _____

7. Para restablecer un comportamiento _____

8. Para cambiar alguna _____ de un comportamiento ya existente

9. No deberíamos utilizar el moldeamiento cuando podrían utilizarse _____ para hacer que la
   persona realice el objetivo conductual.

10. Cuando juega con sus amigos, Miguel comparte sus juguetes muy ocasionalmente. Queremos que
    comparta juguetes más a menudo. ¿Sería el moldeamiento un procedimiento adecuado para hacer que
    comparta más cosas? _____

CAPITULO 9   Cuestionario 2   Nombre:

1. El moldeamiento implica _____ de las aproximaciones sucesivas a una conducta objetivo.

2. Los pasos en el procedimiento de moldeamiento se denominan _____

3. Nombra tres pasos del moldeamiento que se refuercen cuando se enseña a un niño a hablar.

   _____   _____   _____

   Es importante utilizar un reforzador condicionado durante el moldeamiento por dos razones:

4. Porque así el reforzador se puede dar _____ después de la conducta

5. Porque así el reforzador no pierde su efectividad por _____

   Aplica los siguientes usos del moldeamiento a cada uno de los ejemplos.

   a. Generar una conducta nueva   b. Restablecer un comportamiento mostrado previamente

   c. Cambiar una dimensión de un comportamiento ya existente

6. _____ Utilizar el moldeamiento para conseguir que una persona camine de nuevo después de una lesión

7. _____ Utilizar el moldeamiento para conseguir que una persona hable más alto durante las sesiones de logopedia

8. _____ Utilizar el moldeamiento para conseguir que un niño diga "papa"

9. El moldeamiento _____ (es o no es) un procedimiento adecuado que debe utilizarse si el objetivo conductual está ocurriendo al menos ocasionalmente.

10. Si la conducta objetivo ya está ocurriendo, al menos ocasionalmente, ¿qué podríamos hacer para que ocurriese más a menudo? _____

CAPITULO 9   Cuestionario 3   Nombre:

1. _____ implica reforzamiento diferencial de aproximaciones sucesivas hacia una conducta objetivo.

2. En el moldeamiento cada _____ es un comportamiento que es cada vez más similar a la conducta objetivo.

3. Si estuviésemos utilizando el moldeamiento para conseguir que una rata en una caja experimental presionase una palanca, esa respuesta se denominaría _____ _____

4. Si estuviésemos moldeando a una rata para que presione la palanca en una caja experimental, ¿qué elegiríamos como conducta inicial?_____

5. Es importante utilizar un reforzador _____ para evitar la saciedad durante el moldeamiento.

   El moldeamiento se utiliza para:

6. _____

7. _____

8. _____

   No necesitamos utilizar el moldeamiento si se puede conseguir que la conducta se produzca por medio de:

9. _____

10. _____

CAPITULO 10 **Cuestionario 1**   Nombre:

1. ¿Qué tipo de ayuda usando si le decimos a una estudiante de danza cómo hacer un paso determinado?

   _____

2. ¿Qué tipo de ayuda estamos utilizando si hacemos que una estudiante de danza nos observe mientras realizamos el paso de baile que queremos que realice? _____

3. ¿Cuáles son los dos tipos de ayuda asociada al estímulo? _____ y _____

4. El _____ requiere de la eliminación gradual de una ayuda mientras a conducta ocurre en presencia del estímulo discriminativo.

5. ¿De qué tipo son las ayudas verbales, gestuales y de modelado? _____

6. El desvanecimiento de la ayuda transfiere el control de estímulo desde la ayuda al _____

7. En el procedimiento de demora de la ayuda presentamos el ED, _____ y posteriormente, la ayuda.

8. Las ayudas asociadas al estímulo se eliminan mediante el proceso de _____ para transferir el control de estímulos desde la ayuda asociada al estímulo hacia el ED.

9. Piensa en una valla publicitaria con una luz intermitente que hace que leamos su mensaje, ¿qué tipo de ayuda asociada al estímulo sería el uso de la luz intermitente en este caso? _____

10. ¿Qué es desvanecimiento? _____

CAPITULO 10   Cuestionario 2   Nombre:

1. Las _____ son estímulos que se proporcionan antes de una conducta para facilitar que ésta se produzca.

2. Las ayudas _____ requieren de la conducta de otra persona.

3. Las ayudas _____ implican bien el cambio en un estímulo o bien la adición o la eliminación de un estímulo.

4. ¿Cuáles son los cuatro tipos de ayudas asociadas a la respuesta? _____ , _____
   _____ y _____

5. ¿Qué ayuda asociada a la respuesta es más intrusiva? _____

6. ¿Qué ayuda asociada a la respuesta es menos intrusiva? _____

7. ¿Qué tipos de ayudas son las ayudas extra-estímulo y la ayuda intra-estímulo? _____

8. El desvanecimiento de la ayuda, el desvanecimiento de estímulos, y la demora de la ayuda son tres formas de _____

9. ¿Qué es el desvanecimiento del estímulo? _____

10. En la demora de la ayuda, ¿qué se hace tras la presentación del ED? _____

CAPITULO 10	Cuestionario 3	Nombre:

1. Una ayuda se proporciona _____(antes/después) del ED.

2. Un entrenador proporciona una ayuda _____ cuando señala a un bateador dónde situarse o cómo sostener el bate.

3. Un entrenador proporciona una ayuda _____ cuando sujeta las manos del jugador sobre el bate y realiza el movimiento con él para mostrarle cómo batear.

4. Con el desvanecimiento de la ayuda, una ayuda se elimina de forma _____ mientras la conducta se da en presencia del estímulo discriminativo.

5. Con el desvanecimiento de la ayuda, el control de estímulos se transfiere desde la _____ al ED.

6. El procedimiento consistente en presentar el ED y esperar 4 segundos antes de presentar la ayuda se denomina _____

7. ¿Cuáles son las tres formas de transferir el control de estímulos?_____ , _____ ,

    _____ y _____

8. _____ se producen después del ED y se utilizan para evocar la conducta correcta en presencia del ED.

9. Las ayudas progresivas también se conocen como _____

10. ¿Cuáles son los cuatro tipos de ayudas asociadas a la respuesta? _____ , _____ ,

    _____ y _____

CAPITULO 11   Cuestionario 1   Nombre:

1. Una conducta compleja compuesta por muchos componentes conductuales que ocurren en secuencia se llama _____

2. Otro nombre para una cadena de conducta es _____

3. En una cadena de conducta, cada respuesta produce el _____ para la respuesta siguiente.

4. El proceso de dividir una cadena de conducta en su componentes estímulo-respuesta individuales se llama _____

5. En el encadenamiento hacia atrás, entrenas el _____ componente estímulo-respuesta primero.

6. En el encadenamiento hacia adelante, entrenas el _____ componente estímulo-respuesta primero.

7. ¿Cuáles son los dos procedimientos que se utilizan para enseñar cada componente estímulo-respuesta en el encadenamiento hacia atrás y en el encadenamiento hacia adelante? _____ y _____

8. En el procedimiento de _____, entrenas al alumno a emitir la cadena de conducta completa en cada ensayo.

9. El procedimiento de _____ consiste en guiar la mano del alumno y seguirla como una sombra para lograr que emita la conducta correcta.

10. En el procedimiento de _____, se utilizan imágenes de cada paso del análisis de tareas para guiar la conducta del alumno.

| CAPITULO 11 | Cuestionario 2 | Nombre: |

1. Una cadena de conducta es una conducta compleja compuesta de varios componentes de _____ y _____ que ocurren en secuencia.

2. Otro nombre para una cadena estímulo-respuesta es _____

3. En una cadena de conducta, cada _____ crea el ED para la respuesta siguiente.

4. Durante el encadenamiento hacia atrás o hacia delante, proporcionas elogios después de cada respuesta en la cadena. Por lo tanto, el resultado de cada respuesta se convierte en un _____

5. Las tres maneras de llevar a cabo un análisis de tareas son: _____ , _____ y _____

6. En el procedimiento de encadenamiento hacia _____ el último paso de la cadena se emite en cada ensayo de aprendizaje.

7. En la guía graduada, guías físicamente la mano del alumno. Una vez que comienza a emitir la conducta correcta por sí mismo, empiezas a _____ la mano del alumno.

8. El procedimiento de _____ consiste en dar al alumno una lista de los pasos involucrados en una cadena de conducta para ayudarle a emitir esta cadena.

9. El trabajo de Carlos en una empresa de publicidad consiste en llenar sobres con cuatro folletos de colores diferentes en el orden correcto. Enseñas a Carlos a decirse los pasos a seguir en la tarea ("Rojo, amarillo, azul y verde") y cómo resultado, Carlos puede hacer su trabajo correctamente. ¿Qué procedimiento has usado en este ejemplo para lograr que Carlos emita la cadena de conducta correctamente? _____

10. El trabajo de Carlos en una empresa de publicidad consiste en llenar sobres con cuatro folletos de colores diferentes en el orden correcto. Pegas cuatro imágenes en la pared que muestran a Carlos metiendo cada folleto en el sobre en el orden correcto. Cómo resultado, Carlos puede hacer su trabajo correctamente. ¿Qué procedimiento has usado en este ejemplo para lograr que Carlos emita la cadena de conducta correctamente? _____

CAPITULO 11   **Cuestionario 3**   Nombre:

1. Un análisis de tareas divide una cadena de conducta en sus componentes _____ y _____ individuales.

2. En el procedimiento de encadenamiento hacia _____ , entrenas el último componente de la cadena primero.

3. En el procedimiento de encadenamiento hacia _____ , entrenas el primer componente de la cadena primero.

4. La guía graduada suele utilizarse para evocar la respuesta correcta durante la enseñanza de una cadena de conducta por _____

5. En el procedimiento de _____ el alumno emite la cadena de conducta entera en cada ensayo de aprendizaje.

El trabajo de Pedro en una fábrica consiste en montar el manillar de un aparato. Pedro está sentado delante de una cinta transportadora con una caja de manillares a su lado. Cada vez que un aparato se acerca, Pedro toma uno de los manillares de la caja, lo coloca sobre el aparato, y lo gira una vez para apretarlo. Basándote en esta descripción, completa el análisis de tareas siguiente.

6. El primer ED es la llegada de un aparato sobre la cinta transportadora delante de Pedro (que tiene una caja de manillares a su lado). La primera respuesta es _____

7. El segundo ED es _____ y la segunda respuesta es _____

8. El tercer ED es _____ y la tercera respuesta es _____

9. Basado en el análisis de tareas de la pregunta 6, ¿qué ED presentarías primero para iniciar el proceso de encadenamiento hacia atrás? _____

10. Basado en el análisis de tareas de la pregunta 6, ¿qué ED presentarías primero para iniciar el proceso de encadenamiento hacia adelante? _____

CAPITULO 12   Cuestionario 1   Nombre:

1. Los cuatro procedimientos implicados en el entrenamiento de habilidades conductuales son

   _____ , _____ , _____ y _____

2. El componente _____ del entrenamiento de habilidades conductuales implica decirle al alumno cómo ejecutar la conducta correcta.

3. El componente _____ del entrenamiento de habilidades conductuales implica mostrarle al alumno cómo ejecutar la conducta correcta.

4. El componente _____ del entrenamiento de habilidades conductuales consiste en darle al alumno la oportunidad de practicar la conducta correcta.

5. El componente _____ de entrenamiento de habilidades conductuales implica proporcionarle al alumno elogio o corrección por la ejecución de su objetivo conductual.

6. Cuando un modelo ejecuta la conducta correcta, eso debería dar producir _____

7. Para que el modelado sea más efectivo, el modelo debería tener _____ con el alumno o alto

   _____

8. El alumno debería tener la oportunidad de _____ la conducta tan pronto como sea posible después de observar el modelo.

9. En el entrenamiento de habilidades conductuales, las instrucciones deberían ser dadas por alguien que tiene _____ con el alumno.

10. En el entrenamiento de habilidades conductuales, la retroalimentación debería ser dada _____ después de la ejecución de la conducta.

CAPITULO 12 **Cuestionario 2** Nombre:

1. El _____ es un procedimiento de entrenamiento que incluye el uso de instrucciones, modelado, ensayo y retroalimentación.

   En la enseñanza de habilidades de prevención del secuestro a los niños, ¿qué componentes del procedimiento de entrenamiento de habilidades conductuales se ilustran en los siguientes ejemplos?

2. _____ Decirle al niño que diga "no", se vaya corriendo y se lo diga a un adulto, cuando alguien le pide al niño que se vaya.

3. _____ Mostrarle al niño la conducta correcta que se debe realizar cuando alguien le pide que se vaya.

4. _____ Ponerle al niño a practicar el decir "no", correr y decirlo en un juego de rol de una tentación de secuestro.

5. _____ Felicitar al niño por su actuación correcta en un role-play de una situación de secuestro.

6. En el modelado _____ , una persona muestra la conducta apropiada, mientras que en el modelado _____ , la conducta apropiada se muestra a través de cintas de vídeo, cintas de audio, dibujos animados o películas.

7. Durante el entrenamiento de habilidades conductuales, la conducta se modela de varias maneras y en multitud de situaciones para mejorar la _____

8. Después de las instrucciones y el modelado, el alumno debería tener la oportunidad de _____ la conducta.

9. En el entrenamiento de habilidades conductuales, la retroalimentación implica tanto _____ como _____

10. Para promover la generalización de la conducta durante el entrenamiento de habilidades conductuales, los role-play deberían _____ las situaciones reales que el alumno probablemente encontrará en la vida real.

CAPITULO 12 Cuestionario 3 Nombre:

1. En el entrenamiento de habilidades conductuales las instrucciones implican _____

2. En el entrenamiento de habilidades conductuales el modelado implica _____

3. En el entrenamiento de habilidades conductuales el ensayo conductual implica _____

4. En el entrenamiento de habilidades conductuales la retroalimentación implica _____

¿Qué componentes del entrenamiento de habilidades conductuales se ilustran en los siguientes ejemplos?

5. _____ En el proceso de enseñarle a una clase de primero de primaria lo que tienen que hacer si alguna vez encuentran una pistola, el formador pone a la clase a observar cómo él camina hacia el arma que está en un estante, no la toca, sale corriendo de la habitación y le dice al profesor que ha visto una pistola.

6. _____ Después de mostrarle a la clase de primero de primaria la conducta correcta, el formador pone una pistola en un estante y luego pone a cada alumno a practicar las habilidades de no tocar el arma, salir corriendo de la habitación y decírselo a un maestro.

7. A consecuencia de una historia de reforzamiento por imitar modelos, ¿qué es probable que ocurra cuando un niño ve la conducta de un modelo durante un procedimiento de entrenamiento de habilidades conductuales? _____

8. Durante el modelado, la conducta del modelo debería ocurrir en el _____ adecuado.

9. En el entrenamiento de habilidades conductuales, el elogio por la conducta correcta y la corrección de la conducta incorrecta son dos formas de _____

10. ¿Cuáles son las dos formas de mejorar la generalización después del entrenamiento de habilidades conductuales? _____

_____

| **CAPITULO 13** | **Cuestionario 1** | Nombre: |

1. Para identificar los antecedentes y las consecuencias de un problema de conducta realizamos un/una

   _____

2. ¿Cuáles son las cuatro grandes clases de funciones (o de consecuencias reforzantes) de los problemas de comportamiento? _____, _____ , _____ y _____

3. La evaluación indirecta, la observación directa y el análisis funcional son tres métodos de _____

4. El análisis experimental también se denomina _____

5. ¿Indica dos formas de realizar una evaluación funcional indirecta? _____ y _____

6. ¿Qué método de evaluación funcional requiere solicitar información a otras personas?

   _____

7. ¿Usarías un gráfico de dispersión antes de llevar a cabo qué método de evaluación funcional?

   _____

8. ¿Qué método de evaluación funcional permite demostrar la existencia de una relación funcional entre los antecedentes y consecuencias, y el problema de conducta? _____

9. ¿Cuáles son los tres métodos de observación directa que pueden usarse para realizar una evaluación funcional? _____   _____   _____

10. En un análisis funcional, manipulamos _____ y/o _____ para determinar su efecto en el comportamiento.

1. Una evaluación funcional se realiza para identificar los _____ y las _____ de un problema de conducta.

2. Cuando un comportamiento produce una consecuencia reforzante de forma automática (la consecuencia reforzante no es administrada por otra persona), decimos que el comportamiento está mantenido por reforzamiento _____

3. Cuando una tercera persona finaliza una interacción, tarea o actividad aversivas después de que ocurra el problema de conducta decimos que la conducta está mantenida por reforzamiento_____

4. Identifica los tres métodos con los que podemos llevar a cabo una evaluación funcional

   _____ _____ _____

5. Si registramos el problema de conducta y sus posibles antecedentes y consecuencias a lo largo de varios intervalos consecutivos, ¿qué método de evaluación funcional estaremos usando? _____

6. Si disponemos de una lista de comprobación sobre la que seleccionar los posibles antecedentes y consecuencias de una conducta, y seleccionamos los antecedentes y consecuencias relevantes en cada episodio de problema de conducta, ¿qué método de evaluación funcional estaremos usando?

   _____

7. Si le pedimos a los padres de un niño con autismo que nos describan los acontecimientos que ocurren antes y después de que ocurra una conducta autolesiva, ¿qué método de evaluación funcional estaremos usando? _____

8. El método descriptivo, el método de lista de comprobación, y el método de intervalos (o de registro continuo o en tiempo real) son tres maneras de llevar a cabo un _____

9. Imagina el caso de una persona que tiene una erupción que le escuece. Si la persona se rasca la erupción para aliviar la picazón, el "rascarse" estará mantenido por reforzamiento _____

10. Imaginemos el caso de una persona que es muy exagerado cuando cuenta algo debido a que sus amigos le dan una atención considerable cuando lo hace. Este podría ser un caso de reforzamiento

    _____

CAPITULO 13   Cuestionario 3   Nombre:

1. La _____ es el proceso de recopilación de información sobre antecedentes y consecuencias que están funcionalmente relacionados con la conducta problema.

2. Cuando una conducta reduce o elimina un estímulo aversivo de forma automática decimos que dicha conducta está mantenida por reforzamiento _____

3. Cuando el acceso a una consecuencia reforzante positiva depende de la conducta de otra persona, decimos que la conducta esta mantenida por reforzamiento _____

4. ¿Qué método de evaluación funcional implica el uso de entrevistas o cuestionarios? _____

5. ¿Qué método de evaluación funcional requiere el uso de observación a fin de identificar los antecedentes y las consecuencias a medida que ocurre la conducta problema? _____

6. ¿Qué método de evaluación funcional puede realizarse de forma descriptiva o con una lista de comprobación? _____

7. ¿Qué método de evaluación funcional requiere de la manipulación de los posibles antecedentes y consecuencias de la conducta problema? _____

8. Natalia sufre frecuentes dolores de cabeza que se atenúan cuando cierra las persianas y la habitación se queda a oscuras. El comportamiento de cerrar las persianas cuando tiene dolor de cabeza está mantenido por reforzamiento _____

9. Siguiendo con el caso de Natalia, pedir a su novio que cierre las persianas cuando tiene dolor de cabeza estará mantenido por reforzamiento _____

10. ¿Qué dos métodos de evaluación funcional no permiten demostrar una relación funcional entre los antecedentes y consecuencias ,y el problema de conducta? _____ y _____

CAPITULO 14   Cuestionario 1   Nombre:

1. Para utilizar extinción en primer lugar debes identificar el _____ que mantiene el problema y eliminarlo.

2. Un problema de conducta está reforzado por _____ cuando la conducta conlleva la presentación de un estímulo.

3. Un problema de conducta es reforzado por _____ cuando la conducta permite escapar de algún estímulo aversivo.

4. Para identificar el reforzador que mantiene un problema de conducta, debes llevar a cabo una

   _____

5. Si un problema de conducta esta siendo reforzado por _____ , la extinción requerirá ignorar la conducta cuando esta ocurra.

6. Si el problema de conducta de un niño se vio reforzado por _____ , entonces la extinción implicaría no dejar que el niño escape de la tarea cuando se de el problema de conducta.

7. Clara presentaba rabietas con gritos y lloros. Cuando sus padres comenzaron a extinguir la rabieta, gritaba más fuerte y durante más tiempo antes de que la conducta disminuyera. Este es un ejemplo de

   un _____

8. La disminución del problema de conducta será más rápida cuando la extinción se aplique después de _____ (reforzamiento continuo/intermitente).

9. La disminución de la conducta problema será más gradual cuando la extinción se aplique después de _____ (reforzamiento continuo/intermitente).

10. Un procedimiento de extinción se debe utilizar en combinación con un procedimiento de _____

| **CAPITULO 14** | **Cuestionario 2** | Nombre: |

1. Con la extinción, una vez que el reforzador de la conducta problema ya no va asociado (no sigue) a la conducta, la conducta _____

2. Un niño llora cuando se le pide que se ate los zapatos, y sus padres le atan los zapatos. En este caso, ¿cómo harían los padres para extinguir el lloro? _____

3. Una niña llora cada vez que quiere galletas, y su niñera le da galletas. En este caso, ¿cómo usaría la niñera la extinción para el lloro? _____

4. En los casos en los que no se puede eliminar el reforzador de la conducta problema, frecuentemente debemos desistir en el uso de la _____ para disminuir el problema.

5. ¿Qué es probable que ocurra durante un incremento de respuesta asociado a la extinción?
   _____

6. Para que la extinción se use correctamente, el reforzador _____ debe seguir _____ la conducta problema.

7. Si el problema de conducta se refuerza aún de vez en cuando, el procedimiento equivale a un _____ de la conducta en lugar de extinción.

   ¿Cuáles son las dos condiciones en las que no deberías usar extinción?

8. _____

9. _____

10. Cuando una conducta alternativa produce la misma consecuencia reforzante que tenía el problema de conducta antes de utilizar la extinción, es _____ (menos/más) probable que el problema de conducta ocurra nuevamente después de aplicar extinción.

CAPITULO 14 Cuestionario 3   Nombre:

1. La _____ es un principio básico de la conducta según el cual la eliminación del reforzador de la conducta produce una disminución en la frecuencia de la misma.

   Un niño hace girar un plato sobre la mesa que produce un sonido que refuerza la conducta.

2. Este es un ejemplo de reforzamiento _____

3. ¿Cómo aplicarías extinción en este caso? _____

   Los investigadores han encontrado que la conducta autolesiva (p.ej., golpearse la cabeza) puede estar reforzada por atención, escape, o estimulación sensorial.

4. ¿Cómo aplicarías extinción si el golpearse la cabeza estuviera reforzado por la atención de los adultos?

   _____

5. ¿Cómo aplicarías extinción si el golpearse la cabeza estuviera reforzado por escapar de tareas académicas? _____

6. ¿Cómo aplicarías la extinción si el golpearse la cabeza estuviera reforzado por estimulación sensorial?

   _____

7. El aumento temporal de la frecuencia, la duración o la intensidad de la conducta cuando se aplica extinción se conoce como _____

8. Si la extinción se usa después de reforzamiento continuo, entonces la disminución en el problema de conducta será más _____ (rápida/gradual).

9. Si la extinción se usa después de reforzamiento intermitente, entonces la disminución en el problema de conducta será más _____ (rápida/gradual).

10. La _____ del cambio de conducta después de la extinción quiere decir que el problema de conducta se detendrá en todas las circunstancias relevantes

CAPITULO 15   Cuestionario 1   Nombre:

1. _____ es un procedimiento en el que el reforzamiento se utiliza para aumentar la frecuencia de un comportamiento deseable, y la extinción se utiliza para disminuir la frecuencia de los comportamientos indeseables.

2. Nombra dos maneras diferentes para identificar los reforzadores a usar en un procedimiento de reforzamiento diferencial _____ y _____

3. Cuando se utiliza el RDA, inicialmente se utiliza el reforzamiento continuo, y luego se usa _____ para mantener el comportamiento

4. _____ es un procedimiento en el que se proporciona un reforzador por la ausencia de la conducta problema.

5. ¿Qué significa RDO? _____

6. ¿Qué significa RDA? _____

7. ¿Qué es lo que se refuerza en un procedimiento de RDTB? _____

Iguala los siguientes procedimientos con las descripciones.

a. Reforzamiento diferencial espaciado de tasa baja   b. RDTB de sesión completa   c. RDO

8. _____ Se entrega el reforzador al final de 3 segundos si no ha ocurrido el comportamiento durante el intervalo.

9. _____ Se entrega el reforzador si el comportamiento se ha producido menos de 5 veces durante la clase

10. _____ Se entrega el reforzador si el comportamiento se ha producido al menos 30 segundos después de la última instancia de la conducta.

CAPITULO 15   Cuestionario 2   Nombre:

1. ¿Cuáles son los dos principios conductuales involucrados en el RDA? _____ y _____

2. _____ es un procedimiento adecuado a utilizar cuando se desea aumentar la tasa de una conducta deseable, el comportamiento se produce al menos ocasionalmente y hay acceso a un reforzador eficaz.

3. En el procedimiento de _____, cuando se produce la conducta problema, no se proporciona el reforzador y se reinicia el intervalo de reforzamiento.

4. En el RDO _____ se entrega el reforzador si la conducta problema ha estado ausente durante todo el intervalo.

5. En el RDO _____ se entrega el reforzador si la conducta problema ha estado ausente al terminar el intervalo.

6. En el RDTB _____ se entrega el reforzador cuando se producen menos de un determinado número de respuestas.

7. En el RDTB _____ se entrega el reforzador cuando la respuesta se produce un tiempo determinado después de la respuesta anterior.

Iguala los siguientes procedimientos con las descripciones,

a. RDA   b. RDO   c. RDTB

8. _____ Cuando Nerea levantaba la mano al menos, 10 minutos después de la última vez que levantó la mano, su maestra la pregunta.

9. _____ Cuando Nerea estaba 10 minutos sin discutir en clase su profesor la felicitaba.

10. _____ Cuando Nerea pedía las tijeras a su compañera en vez de quitárselas de la mano, su profesor la felicitaba.

CAPITULO 15   Cuestionario 3   Nombre:

1. ¿Qué procedimiento de reforzamiento diferencial utilizó el personal al reforzar a la señora Morente cuando hablaba positivamente e ignorar sus quejas? _____

2. En el reforzamiento diferencial negativo de conductas alternativas (RDNA), ¿Cuál es el reforzador de la conducta deseable? _____

   _____

   Iguala el procedimiento adecuado con los siguientes ejemplos,

   a. RDI   b. Entrenamiento en comunicación funcional

3. _____ En un intento de disminuir la conducta de Jenifer de tirar del pelo, recibe alabanzas de sus padres cuando tiene las manos encima de sus rodillas.

4. _____ Jenifer tiene conductas disruptivas para escapar de la tarea de hacer sus deberes. En un intento de disminuir la conducta disruptiva de Jenifer, cada vez que pide ayuda en vez de presentar la conducta disruptiva, sus padres le ayudan con su tarea.

5. En el procedimiento de RDO el reforzador es contingente con _____

6. Cuando la línea de base muestra una tasa alta de la conducta problema, el intervalo de RDO será _____ (más corto / más largo), y cuando la línea de base muestra una tasa baja de la conducta problema, el intervalo de RDO será _____ (más corto / más largo).

7. En el RDO, ¿Qué se hace cada vez que se produce el problema de comportamiento? _____

   Iguala los siguientes procedimientos con las descripciones,

   a. RDA   b. RDO   c. RDTB

8. _____ El personal le proporcionaba un reforzador a Pedro cuando estaba 7 minutos sin decir palabrotas.

9. _____ El personal le proporcionaba un reforzador a Pedro cada vez que utilizaba la palabra "caramelo" en lugar de una palabrota.

10. _____ El personal le proporcionaba un reforzador a Pedro cuando decía palabrotas menos de dos veces cada noche.

CAPITULO 16   Cuestionario 1   Nombre:

1. Identificar las tres intervenciones funcionales (no aversivas) para los problemas de comportamiento.

   _____ , _____ y _____

2. Para evocar la conducta objetivo, se presentaría el _____ que ejerce control de estímulos sobre la conducta deseable.

3. Para hacer que la conducta objetivo sea más probable, se podría hacer que el reforzador de la conducta sea más potente organizando un _____

4. Para hacer que una conducta deseable sea más probable, se podría _____ el esfuerzo de respuesta del comportamiento.

   Iguala los siguientes procedimientos con las descripciones en las preguntas 5, 6 y 7.

   a. Presentar el ED o señales.   b. Manipular una operación de establecimiento.

   c. Disminuir el esfuerzo de respuesta.

5. _____ Para hacer más probable que el dormir por las noches, decides programar el tiempo de estudio en tu agenda cada día.

6. _____ Para que sea más probable que duermas por la noche, vete a la cama temprano y no hagas siesta durante el día.

7. _____ Para que sea más probable que hagas ejercicio con regularidad, apúntate en un gimnasio cerca de casa.

8. Eliminar la operación de establecimiento de un comportamiento hará que sea menos probable que ocurra dicho comportamiento porque hace que el _____ sea menos potente.

9. Guarda los chicles de nicotina encima del escritorio en el trabajo aumenta la probabilidad de comer dichos chicles en lugar de fumar. ¿Cuáles son los dos procedimientos de control de antecedentes que se están utilizando en este caso? _____ y _____

10. Poner estacionamientos en las salidas de la carretera interestatal ha ayudado a que el uso compartido del coche sea más probable en algunas ciudades. ¿Qué estrategia de control de antecedentes se pone está usando en este caso? _____

CAPITULO 16 — Cuestionario 2   Nombre:

1. Los procedimientos de _____ se utilizan para evocar las conductas deseables y reducir las conductas inadecuadas.

2. Para disminuir un comportamiento no deseado, se puede eliminar el _____ que tiene control de estímulo sobre el comportamiento inadecuado.

3. Para disminuir un comportamiento no deseado, se puede reducir la potencia del reforzador de la conducta eliminando un _____

4. Para que un comportamiento inadecuado sea menos probable, se puede _____ el esfuerzo de respuesta que requiere su realización.

Iguala el siguiente procedimiento con las descripciones.

a. Eliminar los estímulos discriminativos.   b. Eliminar la operación de establecimiento.

c. Incrementar el esfuerzo de respuesta.

5. _____ Para que sea menos probable que compres comida basura en el supermercado, ve a comprar sólo después de haber comido.

6. _____ Para que sea menos probable que compres comida basura en el supermercado, no vayas por el pasillo de la comida basura.

7. _____ Para que sea menos probable que comas comida basura, no guardes ningún tipo de comida basura en tu casa o en el trabajo.

8. ¿Por qué es más probable que ocurra un comportamiento cuando se manipulan las operaciones de establecimiento? _____

Cirilo tiene conductas molestas en clase cuando tiene que hacer problemas difíciles de matemáticas. Cuando tiene un comportamiento molesto, es enviado a la directora y sale del colegio sin hacer sus problemas.

9. ¿Cuál podría ser el reforzador de las conducta molestas de Cirilo? _____

10. ¿Cómo se podría eliminar la operación de establecimiento en este ejemplo para ayudarle a disminuir sus conductas molestas? _____

CAPITULO 16   Cuestionario 3   Nombre:

1. Extinción, reforzamiento diferencial y el control de antecedentes son tres intervenciones _____ para los problemas de comportamiento

2. ¿Cuáles son los tres procedimientos de control de antecedentes que se pueden utilizar para aumentar la probabilidad de una respuesta deseada? _____

3. ¿Cuáles son los tres procedimientos de control de antecedentes que se podrían utilizar para disminuir la probabilidad de un comportamiento no deseado? _____

4. _____ el esfuerzo de respuesta para un comportamiento hará que el comportamiento sea más probable y _____ el esfuerzo de respuesta hará que el comportamiento sea menos probable.

5. Si una persona tiene una conducta problema mantenida por atención, ¿cómo se podría eliminar la operación de establecimiento del comportamiento? _____

   Iguala los siguientes procedimientos con las descripciones.

   a. Eliminar los estímulos discriminativos.   b. Eliminar una operación de establecimiento.

   c. Disminuir el esfuerzo de respuesta.   d. Presentar los estímulos discriminativos.

   e. Incrementar el esfuerzo de respuesta.   f. Manipular una operación de establecimiento.

6. _____ Para comer menos en la cena, beber mucha agua antes de la cena para no estar tan hambriento.

7. _____ Para comer más verduras, compra una salsa para las verduras que esté muy buena.

8. _____ Para usar el hilo dental con regularidad. Deja el hilo en el cuarto de baño donde se pueda ver.

9. _____ Para reciclar papel, coloca la papelera de reciclaje encima del escritorio en lugar de colocarla al final de junto al cubo de la basura en la cocina.

10. _____ Para comer menos caramelos, quítalos de la mesa de la cocina y ponlos en el armario en el que no se puedan ver.

CAPITULO 17   Cuestionario 1   Nombre:

1. Un castigo positivo implica la presentación de un _____ después de la conducta.

2. Un castigo negativo consiste en la eliminación de un _____ después de la conducta.

3. Con el uso de tiempo fuera ¿Qué sucede después de la ocurrencia de la conducta problema?

   _____

4. ¿Por qué tipo de reforzadores están mantenidas las conductas en las que es adecuado el uso del procedimiento de tiempo fuera? _____

5. ¿Por qué tipo de reforzadores están mantenidas las conductas en las que no es adecuado el uso del procedimiento de tiempo fuera? _____

6. Para que sea efectivo el tiempo fuera ¿cómo debería ser el tiempo dentro del ambiente?

   _____

7. En el coste de respuesta ¿Qué debe ocurrir después de la aparición de la conducta problema?

   _____

   Empareja los siguientes procedimientos con sus descripciones.

   a. Coste de respuesta   b. Extinción   c. Tiempo Fuera

8. _____ El comportamiento problema ya no es seguido por la consecuencia reforzante que mantenía la conducta.

9. _____ Tras la ocurrencia de la conducta problema se retira una cantidad determinada de un reforzador que la persona ya posee.

10. _____ Se retira a la persona, de manera contingente a la ocurrencia de la conducta problema, de todas las fuentes de reforzamiento

CAPITULO 17   Cuestionario 2   Nombre:

1. _____ Se define como la pérdida de acceso de manera contingente a la conducta problema de los reforzadores positivos durante un breve periodo de tiempo.

2. ¿Cuáles son los dos tipos diferentes de tiempo fuera? _____ y _____

3. El procedimiento de _____ debe ser utilizado siempre conjuntamente con el tiempo fuera.

4. El castigo _____ consiste en la presentación de un estímulo aversivo después de la conducta y el castigo _____ consiste en la eliminación de un estímulo reforzante después de la conducta.

5. ¿Cuál es la duración típica del tiempo fuera? _____

6. Si el tiempo en el ambiente es muy reforzante, el tiempo fuera será probablemente _____ (más / menos) eficaz.

7. ¿Qué procedimiento usa el Estado cuando nos multa por infringir la ley (p.ej., exceso de velocidad, estacionamiento no permitido) en un intento por conseguir que se cumpla la ley? _____

Empareja los siguientes procedimientos con sus descripciones.

a. Tiempo fuera.   b. Extinción   c. Coste de respuesta

8. _____ Sonia lloraba y gritaba cuando veía a su madre hablando por teléfono, y ésta solía colgar inmediatamente para ver que le pasaba a la niña, calmarla y consolarla. Para tratar de conseguir que Sonia dejara de gritar y llorar cuando su madre estaba al teléfono, ésta comenzó a alejarse de la niña cuando iniciaba dichos problemas de conducta.

9. _____ Sonia lloraba y gritaba cuando su madre estaba hablando por teléfono y ésta solía dejarlo inmediatamente para ver qué le ocurría a la niña, calmarla y consolarla. Para tratar de conseguir que dejara de gritar y llorar cuando estaba en el teléfono, la madre la sentaba sola en su habitación cada vez que iniciaba los problemas de conducta.

10. _____ Sonia interrumpía y gritaba cuando su madre estaba en el teléfono y ésta solía colgar inmediatamente para ver que le ocurría a la niña, calmarla y consolarla. Para tratar de conseguir que Sonia dejara de gritar y llorar cuando estaba en el teléfono, la madre se llevaba la muñeca preferida de la niña cuando iniciaba los problemas de conducta.

CAPITULO 17   Cuestionario 3   Nombre:

1. ¿De qué tipo de castigo son ejemplos los procedimientos de tiempo fuera y coste de respuesta?

   _____

2. ¿Qué tipo de procedimientos se utilizan en modificación de conducta antes de utilizar los procedimientos de castigo? _____

3. Si en modificación de conducta utilizamos el castigo, es más probable el uso del castigo _____ (positivo/negativo).

4. Cuando Bea golpea a otro niño en el aula del jardín de infancia tiene que sentarse sola en una silla al otro lado de la clase durante dos minutos. El resultado es que se disminuye la probabilidad de que golpee a otros niños en el futuro. ¿Qué tipo de tiempo fuera se muestra en este ejemplo?

   _____

5. Cuando Bea golpea a otro niño en el aula del jardín de infancia, tiene que sentarse sola en una silla en el pasillo durante 2 minutos. El resultado es que disminuye la probabilidad de que golpee a otros niños en el futuro. ¿Qué tipo de tiempo fuera se muestra en este ejemplo?

   _____

6. ¿Qué se debería hacer si el niño inicia la conducta problema al final del periodo de tiempo fuera?

   _____

7. _____ Se define como la eliminación de una cantidad de reforzador determinada de manera contingente a la ocurrencia de la conducta problema.

8. Un procedimiento de _____ debe utilizarse siempre conjuntamente con el coste de respuesta.

9. En un procedimiento de _____ el reforzador de la conducta problema se elimina después de dicha conducta y en un procedimiento de _____ se retira un reforzador que la persona ya posee.

10. En el coste de respuesta, si no se puede eliminar el reforzador inmediatamente después de la conducta problema ¿qué se debería hacer tras la ocurrencia de la conducta problema?

    _____

CAPITULO 18   Cuestionario 1   Nombre:

1. ¿Cuáles son las dos principales categorías de eventos utilizados en el castigo positivo? _____ y _____

2. En la sobrecorrección _____ se le pide a la persona que realice una forma adecuada del comportamiento objetivo de manera contingente a la ocurrencia de la conducta problema.

3. En la sobrecorrección _____ la persona debe corregir los efectos ambientales de la conducta problema.

4. En el procedimiento de guía física, ¿qué hace la persona que aplica la intervención cada vez que aparece la conducta problema? _____

5. En el procedimiento de guía física, ¿qué hace la persona que aplica la intervención cada vez que el individuo comienza a cumplir con la actividad solicitada? _____

6. Aplicar un ruido de manera contingente a la succión del pulgar para disminuir ese comportamiento es un ejemplo de castigo mediante . _____

7. Junto a los procedimientos de castigo deberían utilizarse siempre procedimientos de _____

   Elija los siguientes procedimientos para las descripciones.

   a. Restitución.   b. Práctica positiva.   c. Ejercicio contingente

   d. Guía física   e. Restricción física   f. Bloqueo de respuesta

8. En el _____ al comportamiento de gritar en la clase le seguiría (después de la orden del maestro) el levantarse y sentarse cinco veces seguidas.

9. En la _____ después de que el niño se meta la mano en la boca, el profesor sujetaría la mano del estudiante durante 30 segundos.

10. En la_____ ante la negativa a hacer una tarea solicitada, el profesor proporciona ayuda física al estudiante para hacer la tarea.

CAPITULO 18   Cuestionario 2   Nombre:

1. Los procedimientos de _____ deben usarse siempre como primera opción antes de considerar el castigo para disminuir una conducta problema.

2. ¿Cuáles son los dos tipos de procedimientos de sobrecorrección? _____ y _____

3. En el procedimiento de _____ la persona es físicamente guiada a realizar la actividad solicitada, de manera contingente a la ocurrencia de la conducta problema.

4. En el procedimiento de ejercicio contingente, ¿qué ocurre cada vez que aparece la conducta problema?

5. En el procedimiento de _____ la persona que aplica la intervención mantiene inmóvil la parte del cuerpo del cliente con la que realiza la conducta problema.

6. En _____ la persona que aplica la intervención impide la aparición de la conducta problema mediante el bloqueo físico de la respuesta.

7. ¿Cuáles son las dos cuestiones éticas que se deben tener en cuenta antes de aplicar el castigo?

   _____ y _____

   Elija uno los siguientes procedimientos para las descripciones.

   a. Restitución.   b. Práctica positiva.   c. Ejercicio contingente.

   d. Guía física.   e. Restricción física.   f. Bloqueo de respuesta.

8. En la_____ aplicada de manera contingente a un alumno que se orina en los pantalones estando en el patio, se le solicitaría que saliese del patio y entrase al cuarto de baño cinco veces seguidas.

9. En el_____ cuando una niña se lleva la mano a la boca en un intento de chuparse el pulgar, su padre le pone la mano frente a la mano de la niña para evitar que se dé la succión del pulgar.

10. En la_____ si un niño tira su comida al suelo de la cocina, se le pediría que limpiase el suelo de la cocina y también el del baño .

CAPITULO 18   Cuestionario 3   Nombre:

1. El castigo positivo consiste en la aplicación de _____ o de _____

2. La restitución y la práctica positiva son dos tipos de procedimientos de _____

3. En el procedimiento de _____ la persona debe llevar a cabo un ejercicio físico que no está relacionado con el problema de comportamiento cada vez que se presenta la conducta problema.

4. La guía física tiene dos funciones: _____ para el problema de conducta, porque se aplica la ayuda física puede funcionar como un aversivo contingente al problema de conducta, y como _____ para el comportamiento de seguir órdenes debido a que la ayuda física se retira contingentemente al seguimiento de la instrucción.

5. En el procedimiento de restricción física, ¿qué hace la persona que aplica la intervención cada vez que se da la conducta problema? _____

6. ¿Qué dos ejemplos de estímulos aversivos se han utilizado en el castigo basados en la aplicación de la estimulación aversiva? _____ y _____ .

7. El castigo positivo implica la _____ de un estímulo aversivo después de la ocurrencia de un comportamiento que se desea reducir, y el reforzamiento negativo consiste en la _____ _____ de un estímulo aversivo después de la conducta que se desea incrementar.

Asigne los siguientes procedimientos a sus descripciones correspondientes.

a. Restitución.   b. Práctica positiva.   c. Ejercicio contingente.

d. Guía física.   e. Restricción física.   f. Bloqueo de respuesta.

8. _____ Cuando un adolescente dice tacos, sus padres le hacen lavar ventanas durante 10 minutos.

9. _____ Sandra grita y llora cuando su padre le pide que deje de jugar y vaya a la cocina a cenar. En respuesta a ese comportamiento, su padre le toma de la mano y la guía físicamente a soltar el juguete y entonces la lleva de la mano a la cocina.

10. _____ Cuando Sandra trata de golpear a su hermana, su padre interpone su brazo para evitar el golpe.

CAPITULO 19   Cuestionario 1   Nombre:

1. Programar la _____ aumenta la probabilidad de que el cambio de conducta se produzca en todas las situaciones o circunstancias relevantes en la vida de una persona.

2. Cuando el maestro no es capaz de reforzar las ocurrencias de generalización y cuando no existen contingencias naturales de reforzamiento para una conducta, la generalización puede ser promovida por la modificación de _____ en las situaciones relevantes.

3. Las diferentes respuestas que permiten alcanzar un mismo resultado (que cumplen la misma función) se denominan respuestas _____

4. Si enseñamos a los padres a usar auto-instrucciones en casa como ayuda para utilizar las habilidades parentales que han aprendido en clase, ¿Qué estrategia de generalización está usando?

_____

Relacione las siguientes estrategias con sus definiciones:

a. Reforzar las ocurrencias de generalización.
b. Enseñar habilidades que entren en contacto con las contingencias naturales de reforzamiento.
c. Modificar las contingencias naturales de reforzamiento y castigo.
d. Incorporar una amplia gama de situaciones de estímulo relevantes en la formación.
e. Incorporar estímulos comunes.
f. Enseñar una serie de respuestas funcionalmente equivalentes.
g. Incorporar mediadores de generalización generados por el propio individuo.

5. _____ Enseñar conductas que darán acceso a reforzamiento en situaciones relevantes en el entorno natural.

6. _____ Utilizar en el aprendizaje tantas situaciones de estímulo relevante como sea posible.

7. _____ Reforzar la conducta cuando se produzca en el entorno natural.

8. _____ Utilizar los estímulos del entorno de generalización en el entorno de aprendizaje.

9. _____ Enseñar a las personas del entorno natural del cliente a reforzar o castigar una conducta.

10. _____ Enseñar diversas respuestas que permitan al cliente obtener un mismo resultado.

CAPITULO 19   Cuestionario 2   Nombre:

1. _____ se define como la ocurrencia de la conducta en presencia de estímulos que son de algún modo similares al ED que estuvo presente durante el aprendizaje.

2. La conducta adecuada se producirá en todas las situaciones relevantes fuera de la situación de aprendizaje si el comportamiento se _____ a esas situaciones.

3. Si el estudiante está capacitado para responder con una gama de _____ es más probable que su respuesta se generalice a todas las situaciones pertinentes.

4. _____ implica el uso de múltiples ejemplares de aprendizaje que representan el rango de situaciones estimulares relevantes y de variaciones de respuesta.

Relaciona las siguientes estrategias con los ejemplos:

a. Reforzar las ocurrencias de generalización.
b. Enseñar habilidades que contacten con las contingencias naturales de reforzamiento.
c. Modificar las contingencias naturales de reforzamiento y castigo.
d. Incorporar una amplia gama de situaciones de estímulo relevantes al aprendizaje.
e. Incorporar estímulos comunes.
f. Enseñar una serie de respuestas funcionalmente equivalentes.
g. Incorporar mediadores de generalización.

5. _____ Enseñar a una persona a autoregistrar cada ocurrencia de la conducta de morderse las uñas en casa, como ayuda para el uso de la estrategia de respuesta incompatible que se le enseñó en la sesión de aprendizaje.

6. _____ Durante el aprendizaje de habilidades sociales de un adolescente tímido, pedir a un par de compañeros que vayan a la sesión para que el cliente pueda practicar esas habilidades con ellos.

7. _____ Después de enseñar a una niña de primero a levantar la mano antes de hablar en clase, enseñar a su maestra a elogiarla cada vez que lo hace.

8. _____ Después de enseñar a un niño a compartir en sesiones de aprendizaje, felicitar al niño cada vez que se le observa compartiendo en el aula.

9. _____ Al enseñar a una persona con discapacidad intelectual cómo usar las máquinas expendedoras, enseñarle las diferentes formas de seleccionar.

10. _____ Al enseñanza habilidades de asertividad a una persona que a menudo responde "sí" a demandas no razonables, realizar role-play con tantas peticiones no razonables como sea posible y pedirle que responda a ellas asertivamente durante el entrenamiento.

| CAPITULO 19 | Cuestionario 3 | Nombre: |

1. En modificación de conducta, _____ se define como la ocurrencia de la conducta en presencia de todos los estímulos pertinentes fuera del entorno de aprendizaje.

2. Una forma de promover la generalización es _____ la conducta cuando se produce la generalización.

3. En la técnica de incorporación de estímulos comunes, los estímulos del entorno _____ se incorporan a la situación de aprendizaje para promover la generalización.

4. La programación general de casos se define como el uso de ejemplares múltiples de aprendizaje que representan el rango de _____ y _____

5. ¿Qué estrategia de generalización se usa cuando un maestro enseña al alumno diferentes formas de responder correctamente? _____

Relacione las siguientes estrategias con los ejemplos:

a. Reforzar las ocurrencias de generalización.
b. Enseñar habilidades que entren en contacto con las contingencias naturales de reforzamiento.
c. Modificar las contingencias naturales de reforzamiento y castigo.
d. Incorporar una amplia gama de situaciones de estímulo relevantes en el aprendizaje.
e. Incorporar estímulos comunes.
f. Enseñar una gama de respuestas funcionalmente equivalentes.
g. Incorporar los mediadores de generalización.

6. _____ En un intento de conseguir que los padres utilicen las habilidades parentales que han aprendido en clase, el instructor pide a cada uno de ellos que felicite al otro cuando use correctamente esas habilidades en casa.

7. _____ Para conseguir que los padres utilicen las habilidades parentales que han aprendido en clase, el instructor les enseña una simple auto-instrucción como ayuda para el uso correcto de esas habilidades.

8. _____ Para conseguir que los padres utilicen las habilidades parentales que han aprendido en clase, el instructor les visita en su casa y les felicita cuando usan esas habilidades correctamente.

9. _____ Para conseguir que los padres utilicen las habilidades parentales que han aprendido en clase, el maestro les enseña habilidades a las cuales sus hijos responderán naturalmente de forma favorable.

10. _____ Para conseguir que los padres utilicen las habilidades parentales que han aprendido en clase, el instructor les pide que lleven a sus hijos a la sesión y practiquen allí con ellos.

CAPITULO 20   Cuestionario 1   Nombre:

1. Cuando una persona utiliza la modificación de conducta para cambiar su propio comportamiento, el proceso se llama _____

2. Una persona puede utilizar los procedimientos de autogestión para aumentar un comportamiento _____ o disminuir un comportamiento _____

3. En la autogestión, una persona realiza una conducta _____ para influir en la incidencia futura de la conducta controlada.

4. _____ es un tipo de estrategia de autogestión en la que se modifica el medio de alguna manera antes de que ocurra la conducta objetivo para influir en la ocurrencia futura de la conducta deseada.

5. Si se desea disminuir la probabilidad de una conducta objetivo, se podría _____ el ED o la operación de establecimiento de la conducta, o _____ el esfuerzo de respuesta de la conducta.

6. _____ ocurre si una persona dispone un reforzador para la conducta deseada y luego lo toma sin haber realizado la conducta objetivo.

7. _____ se produce cuando otras personas significativas presentan claves para la aparición de la conducta objetivo y, una vez esta ocurre, la refuerzan espontáneamente.

8. Si se desea aumentar una conducta objetivo, se puede proporcionar _____ para la conducta o disminuir _____ para esa conducta.

9. Si se quiere disminuir la conducta objetivo, se puede eliminar _____ de la conducta o aumentar _____ de la conducta.

10. ¿Por qué es mejor tener un administrador cuando se suscribe un contrato conductual?

    _____

CAPITULO 20   Cuestionario 2   Nombre:

1. Si una persona no puede realizar una conducta deseable, la persona está exhibiendo un _____ conductual.

2. Si una persona muestra en exceso una conducta no deseada, está exhibiendo un _____ conductual.

3. En la autogestión, la conducta _____ es aquella en la que se está influyendo cuando una persona se implica en una conducta controladora.

4. La presentación del ED para una conducta deseable y el incremento del esfuerzo de respuesta de la conducta no deseable, ¿de qué tipo de procedimientos de modificación de conducta son ejemplos?

   _____

5. Un _____ es un documento escrito en el que se identifica la conducta objetivo y se planifican las consecuencias contingentes a un nivel determinado de dicha conducta objetivo.

6. _____ ocurre si una persona presenta un castigo por un comportamiento objetivo y no lo aplica después de realizar esa conducta.

7. ¿En qué consiste la manipulación de antecedentes para disminuir un comportamiento objetivo?

   _____

8. ¿En qué consiste la manipulación de antecedentes para aumentar la conducta deseada?

   _____

9. ¿Qué estrategia de autogestión consiste en decirse a uno mismo qué hacer o cómo hacerlo en situaciones que exigen un comportamiento objetivo específico? _____

10. Después de utilizar estrategias de autogestión para cambiar su comportamiento, ¿qué dos estrategias de autogestión se deben mantener en el tiempo para promover el mantenimiento del cambio de conducta?

    _____ y _____

CAPITULO 20   Cuestionario 3   Nombre:

1. _____ es el proceso de utilizar la modificación de conducta para cambiar el propio comportamiento.

2. Una persona puede utilizar los procedimientos de autogestión para _____ un déficit de conducta o _____ un exceso de conducta.

3. Un exceso conductual ocurre generalmente porque es _____ inmediatamente, mientras que un déficit conductual ocurre generalmente porque no es inmediatamente _____

4. Si se desea aumentar la probabilidad de una conducta objetivo, se podría _____ un ED o una operación de establecimiento para la conducta, o _____ el esfuerzo de respuesta para esa conducta.

5. Se dice que ocurre un _____ cuando no se aplican las contingencias que se han escrito en un contrato conductual.

6. Si organiza una contingencia para aumentar la cantidad de tareas que realiza y debe realizar 2 horas de tareas o perderá 10 $, hacer las tareas está _____ por evitar la pérdida del dinero.

7. Si se establece una contingencia para dejar de fumar en la que pierde 10 euros cada vez que fuma un cigarrillo, fumar está _____ por la pérdida del dinero.

8. Si desea _____ una conducta objetivo, puede proporcionar reforzador o eliminar los castigos para esa conducta.

9. Si desea _____ una conducta objetivo, puede proporcionar castigo o eliminar los reforzadores de esa conducta.

10. ¿Qué es probable que ocurra con la conducta objetivo una vez se inicie el autoregistro?

_____

| CAPITULO 21 | Cuestionario 1 | Nombre: |

1. ¿Cuáles son los tres tipos de conductas de hábito? _____ , _____ y _____

2. Cuando un hábito de conducta se repite con frecuencia o con alta intensidad y lleva a la persona a buscar tratamiento, el hábito de conducta puede ser visto como un _____

3. Di un problema de conducta repetitiva centrada en el cuerpo _____

4. Una _____ es un comportamiento que es incompatible con el hábito de conducta.

5. _____ es un trastorno que implica múltiples tics motores y vocales.

6. Describe la respuesta incompatible que podría ser utilizada para una persona con un tic motor que tuerce la cabeza hacia un lado. _____

7. La respuesta incompatible en el tratamiento de reversión del hábito de la tartamudez se llama también _____

8. En el procedimiento de apoyo social, ¿Qué se supone que tienen que hacer las personas significativas cuando el cliente empieza a hacer la conducta de hábito? _____

9. En el procedimiento de apoyo social, ¿Qué se supone que tienen que hacer las personas significativas cuando el cliente no hace la conducta de hábito o cuando usa la respuesta incompatible?

_____

10. La investigación ha demostrado que la reversión del hábito no puede ser eficaz para las conductas de hábito exhibidas por _____

CAPITULO 21	Cuestionario 2	Nombre:

1. Pon un ejemplo de hábito nervioso. _____ Pon un ejemplo de un tic motor. _____

2. _____ se utiliza para el tratamiento de hábitos nerviosos, tics y tartamudeo.

3. Da un ejemplo de dos respuestas incompatibles diferentes que puedan ser utilizadas en el tratamiento de morderse las uñas. _____ y _____

4. ¿Cuáles son los cuatro componentes principales del procedimiento de reversión del hábito? _____ _____ _____ y _____

5. ¿Cuándo se convierte un hábito de conducta en un trastorno del hábito? _____

6. La respuesta incompatible con _____ implica disminuir la respiración rítmica profunda a través de la nariz y mantener la boca cerrada.

7. La investigación ha demostrado que los componentes de reversión del hábito más responsable de su eficacia son _____ y _____ .

8. En el entrenamiento en la respuesta incompatible, la persona aprende a realizar la _____ cada vez que el hábito de conducta ocurre o está a punto de ocurrir.

9. ¿Qué aprende el cliente en el entrenamiento en sensibilización? _____

10. Una forma en que la respuesta incompatible puede funcionar en la reversión del hábito es inhibiendo la respuesta de hábito y dando un _____

CAPITULO 21   Cuestionario 3   Nombre:

1. Los hábitos nerviosos, los tics, y el tartamudeo, son tres tipos de _____

2. Proporciona un ejemplo de un tic vocal _____

3. ¿Qué comportamientos están involucrados en la tartamudez? _____

4. En el procedimiento de reversión del hábito, _____ es el componente del tratamiento en el cual la persona aprende a identificar cada ocurrencia del hábito de conducta.

5. En el procedimiento de reversión del hábito, _____ es el componente del tratamiento en el cual la persona aprende una respuesta incompatible contingente a la ocurrencia del hábito.

6. En el procedimiento de reversión del hábito, _____ es un componente del tratamiento que consiste en que otras personas cercanas al cliente le ayuden a utilizar la respuesta incompatible fuera de la sesión de terapia a través de recordatorios y reforzamiento.

7. En la reversión del hábito, ¿Qué es lo que hace el terapeuta como una estrategia de motivación para aumentar la probabilidad de que el cliente utilice la respuesta incompatible fuera de la sesión de tratamiento? _____

8. El uso de la respuesta incompatible en la reversión del hábito tiene dos posibles funciones. Una de ellas es para inhibir el hábito y ofrecer una alternativa de comportamiento para reemplazarlo. Por otro lado, la respuesta incompatible puede servir como un (a) _____ para la conducta de hábito.

9. Identifica dos procedimientos distintos de la reversión del hábito que pueden ser eficaces para tratar los trastornos del hábito. _____ y _____ .

10. ¿Cómo podrías usar la prevención de la respuesta para tratar los tirones de pelo de un niño mientras está en la cama por la noche? _____

CAPITULO 22   Cuestionario 1   Nombre:

1. El propósito de una _____ es reforzar las conductas apropiadas que se producen con poca frecuencia y disminuir los problemas de conducta. La intervención se aplica en un contexto de tratamiento o entorno educativo estructurados.

2. En la economía de fichas una _____ se entrega inmediatamente después de un comportamiento apropiado.

3. En la economía de fichas, ¿cómo se establece una ficha como reforzador condicionado?
   _____

4. ¿Proporciona tres ejemplos de artículos que podrían ser utilizados como fichas en una economía de fichas? _____ , _____ y _____ .

5. Un programa de reforzamiento _____ se utiliza al principio de una economía de fichas, mientras que posteriormente, cuando las conductas objetivo se están produciendo constantemente, se utiliza un programa de reforzamiento _____

6. Limitar el acceso a los reforzadores recuperables aumenta su _____ porque se establece un estado relativo de privación.

7. ¿Cuándo sería conveniente añadir un procedimiento de coste de respuesta a una economía de fichas?
   _____

8. ¿Qué hace el clientes con las fichas que se ganan en una economía de fichas? _____

9. Antonio es un recluso que se gana fichas cada día por una serie de conductas. Los guardias de la prisión utilizan dinero como fichas. Antonio puede ganar 50 céntimos por cada conducta apropiada que realice de entre diez diferentes. No obstante, no puede ganar más de 50 céntimos un mismo día por realizar una conducta adecuada particular. Al final del día, puede gastar el dinero que ha ganado ese día en una tienda de la prisión. ¿Qué aspecto es incorrecto en la economía de fichas que se describe en este ejemplo? _____

10. ¿Qué cambiarías en la economía de fichas que se describe en la pregunta 9 para solucionar el problema? _____

CAPITULO 22 | Cuestionario 2 — Nombre:

1. Entregamos una ficha por la conducta apropiada que más tarde podrá ser canjeada por_____

2. Da tres ejemplos de artículos que puedan ser utilizados como fichas. _____ , _____ ,

   _____

3. ¿Cómo consigue un cliente los reforzadores recuperables en una economía de fichas?_____

4. Cuando una economía de fichas empieza las fichas se entregan según un programa de reforzamiento

   _____

5. Si los reforzadores recuperables están disponibles ad libitum para el cliente, su valor como reforzadores en una economía de fichas será _____ (mayor/menor).

6. En un procedimiento de _____ las fichas se quitan cuando ocurren problemas de conducta.

7. ¿Cuál es el objetivo del coste de respuesta en una economía de fichas? _____

8. Indica una ventaja de la economía de fichas _____

9. Indica una desventaja de la economía de fichas _____

10. El director de un programa de tratamiento de jóvenes con historial delictivo inició una economía de fichas en la que los residentes recibían fichas por realizar conductas sociales positivas durante el día pudiendo intercambiar las fichas por reforzadores recuperables al final del día. Se añadió también un componente de coste de respuesta según el cual cualquier comportamiento inadecuado causaba la pérdida de todas las fichas de todos los residentes ese día. ¿Qué es incorrecto en este programa?

    _____

CAPITULO 22   Cuestionario 3   Nombre:

1. Una _____ es un algo tangible que se entrega cada vez que ocurre la conducta objetivo.

2. Los clientes utilizan sus fichas para pagar _____ en una economía de fichas.

3. Identifica tres cosas diferentes que podrían ser utilizadas como fichas en una economía de fichas.
   _____ , _____ y_____ .

4. En una _____ , el cliente gana fichas por realizar las conductas apropiadas y las intercambia más tarde por reforzadores.

5. ¿Cómo se puede aumentar el valor reforzante de los reforzadores recuperables de una economía de fichas? _____

6. Cuando un procedimiento de costo de respuesta se utiliza en una economía de fichas, ¿qué ocurre cuando se produce una conducta inadecuada? _____

   Juan está en un aula de educación especial y cada vez que responde a las preguntas correctamente en clase, su profesor mete una ficha en una lata de café que tiene a su lado. Juan va acumulando fichas a lo largo del día hasta que, al final de la jornada escolar, utiliza sus fichas para comprar artículos tales como dulces, juguetes pequeños, pegatinas, o tiempo para realizar actividades preferidas.

7. En este ejemplo, ¿cuál es la ficha? _____

8. ¿Cuáles son los reforzadores finales? _____

9. ¿Cuál es la conducta objetivo? _____

10. ¿Qué programa de reforzamiento se utiliza?_____

CAPITULO 23   Cuestionario 1   Nombre:

1. Un _____ es un acuerdo escrito entre dos partes en el que una o ambas partes se comprometen a participar en un nivel específico de un objetivo conductual.

2. El primer paso para redactar un contrato conductual es definir claramente la_____ a modificar.

3. Cuando Rita contaba el número de páginas que Esteban había escrito cada semana para comprobar su objetivo conductual del contrato conductual estaba usando una medida _____

4. ¿Cuáles son los dos tipos de contratos conductuales? _____ y _____ .

5. En un contrato _____ , el supervisor llevará a cabo la contingencia del contrato.

6. En un contrato _____ si una parte no cumple con la conducta identificada en el contrato, la otra parte puede negarse a cumplir sus objetivos conductuales, resultando en un fracaso de todo el contrato.

   Une los siguientes términos a la descripción de la contingencia del contrato.

   a. Reforzamiento positivo   b. Reforzamiento negativo

   c. Castigo positivo   d. Castigo negativo

7. _____ Si el contratante realiza la conducta inadecuada, tendrá lugar un estímulo aversivo.

8. _____ Si el contratante realiza la conducta deseable, se retira un estímulo aversivo.

9. _____ Si el contratante realiza la conducta inadecuada, se quita un reforzador.

10. Si una persona escribe un contrato conductual y después se enuncia la contingencia del contrato para sí misma y se siente ansiosa, la persona tiene más probabilidades de participar en el objetivo conductual para reducir la ansiedad. En este caso, enunciar la contingencia del contrato y ponerse ansioso es un _____ que hace más probable que la persona se implique en el objetivo conductual.

CAPITULO 23 | Cuestionario 2   Nombre:

1. ¿Cuál es el otro nombre para un contrato conductual? _____

2. Identifica dos tipos de consecuencias que podrías poner en práctica en un contrato conductual para incrementar el objetivo conductual. _____ y _____.

3. Además de la utilización de medidas de producto permanente, puedes medir el objetivo conductual en un contrato de comportamiento a través de _____ por el supervisor del contrato o por un tercero acordado.

4. ¿Cuáles son los dos tipos de contratos de dos partes? _____ y _____.

5. ¿Cuál es un problema potencial con el uso de un contrato quid pro quo? _____

6. En un contrato _____, una persona trata de cambiar un objetivo conductual y establece contingencias de reforzador o castigo con un supervisor.

   Une los siguientes términos a la descripción de la contingencia del contrato.

   a. Reforzamiento positivo   b. Reforzamiento negativo

   c. Castigo positivo   d. Castigo negativo

7. _____ Aceptas cortar el césped cada fin de semana, y si lo haces, tu pareja acepta librarte de la limpieza del cuarto de baño durante la semana.

8. _____ Aceptas que si fumas algún cigarrillo durante la semana, perderás los 10 euros que has dado a tu compañero de piso para que te los guarde.

9. _____ Aceptas cortar el césped cada fin de semana, y si lo haces, tu pareja acepta darte un masaje.

10. ¿De que otra forma puede un contrato conductual influir en la conducta que no sea a través de un proceso de reforzamiento o castigo? _____

CAPITULO 23   Cuestionario 3   Nombre:

1. Un contrato conductual identifica uno o más objetivos conductuales y la _____ de realizar o no en la conducta objetivo (s).

2. Identifica dos tipos de consecuencias que podrías aplicar en un contrato conductual para disminuir un objetivo conductual. _____ y _____ .

3. En un contrato de una parte, ¿quién lleva a cabo la contingencia del contrato? _____

4. Un contrato _____ es un contrato de dos partes en el que el cambio de conducta de una parte, sirve como reforzador para el cambio de conducta de la otra parte y viceversa.

5. Un contrato _____ es un contrato de dos partes en el que ambas partes tienen contingencias separadas para sus objetivos conductuales.

¿Qué tipo de contrato se ilustra en cada uno de los ejemplos siguientes?

a. De una parte   b. Quid pro quo   c. Paralelo

6. _____ Marta acepta cortar el césped cada semana, a cambio, Manu acepta limpiar los dos baños cada semana.

7. _____ Marta acepta cortar el césped cada semana y si lo hace consigue ir a animar el Domingo. Manu acepta limpiar los dos baños cada semana, y si lo hace, consigue ir a pescar el Domingo.

8. _____ Margarita acepta realizar dos pruebas prácticas cada semana mientras estudia para el carné de conducir y si lo hace, no pierde los 10 euros que dio al supervisor para que los guardara.

Une los siguientes términos a la descripción de la contingencia del contrato.

a. Reforzamiento positivo   b. Reforzamiento negativo

c. Castigo positivo   d. Castigo negativo

9. _____ Sara acepta perder medio kilo por semana y si lo hace evita perder el depósito de 10 euros que dio a su terapeuta.

10. _____ Samuel acepta un contrato en el que pierde 10 euros cada vez que grita a sus hijos

CAPITULO 24   Cuestionario 1   Nombre:

1. La respuesta de miedo está compuesta tanto de conducta operante como _____ .

2. La conducta operante en el miedo consiste en _____ del estímulo temido.

3. Las respuestas fisiológicas que acompañan al miedo, como la elevada tasa cardiaca, la tensión muscular o una respiración rápida y superficial, se denominan _____ .

4. En el miedo a las arañas, la araña es un _____ que elicita una respuesta de activación del sistema nervioso autónomo.

5. En la relajación _____ la persona tensa y relaja de manera sistemática cada uno de los principales grupos musculares del cuerpo.

6. En la relajación _____ se le enseña a la persona a relajar cada grupo muscular adoptando posturas relajadas.

7. Durante la desensibilización _____ el cliente es expuesto al estímulo real que provoca miedo mientras avanza en la jerarquía de situaciones que lo producen.

8. Durante la desensibilización _____ el cliente imagina el estímulo que provoca miedo mientras avanza en la jerarquía de situaciones que lo producen.

9. ¿Cuál es una de las ventajas de la desensibilización en vivo frente a la desensibilización sistemática?

   _____

10. En la _____, la persona es expuesta al estímulo temido en toda su intensidad durante un tiempo prolongado.

CAPITULO 24   Cuestionario 2   Nombre:

1. ¿Cuál es la conducta operante que acompaña frecuentemente a las reacciones de miedo?.

   _____

2. ¿Cuál es la conducta respondiente implicada en un miedo? _____

3. Una persona con miedo a las arañas ve una araña y experimenta una activación del sistema nervioso autónomo. En este ejemplo, la respuesta condicionada es _____ y el estímulo condicionado

4. ¿Cuál es el reforzador de la conducta de escape y evitación implicada en el miedo? _____

5. Identifica dos de las técnicas de relajación descritas en el capítulo. _____ y _____

6. _____ es un procedimiento de relajación en el que se aprende a respirar de manera lenta, rítmica y profunda.

7. El procedimiento de _____ produce relajación dirigiendo la atención a un estímulo neutral o placentero, distrayendo así la atención del estímulo ansiógeno.

8. Una _____ es una serie de estímulos temidos ordenados del que produce menos miedo al que produce más.

9. En la desensibilización sistemática, ¿qué hace el cliente mientras el terapeuta describe cada una de las escenas de la jerarquía de miedos? _____

10. ¿Cómo se denomina el procedimiento de desensibilización en vivo en el que el terapeuta toma la mano del cliente o coloca su mano en la espalda del cliente para darle seguridad mientras progresa en la jerarquía de situaciones que producen miedo? _____

CAPITULO 24   Cuestionario 3   Nombre:

1. En el miedo a hablar en público, estar delante de una audiencia elicita activación autonómica. En este ejemplo el estímulo condicionado es _____ y la respuesta condicionada es _____

2. ¿Cuáles son las respuestas fisiológicas en las que consiste la ansiedad? _____

3. La activación del sistema nervioso autónomo implicada en el miedo es una _____ que hace más probable que la persona lleve a cabo conductas de escape o evitación.

4. La conducta de escape y evitación en una situación temida es reforzada _____ (positivamente/negativamente).

5. Los procedimientos de _____ son estrategias que las personas emplean para disminuir la activación autónoma que experimentan como parte de un miedo y problemas de ansiedad.

6. ¿Qué hace la persona durante el procedimiento de relajación muscular progresiva para conseguir relajarse? _____

7. ¿Qué hace la persona en la técnica de relajación conductual para conseguir relajarse?

_____

8. ¿Cuáles son los tres pasos en el empleo de la desensibilización sistemática? _____

_____ y _____

9. ¿En qué tipo de desensibilización la persona se expone al estímulo temido real? _____

10. ¿Qué ocurre durante la inundación? _____

CAPITULO 25   Cuestionario 1   Nombre:

1. Puesto que los comportamientos cognitivos son _____ , no pueden ser directamente observados y registrados por observadores independientes.

2. Una conducta cognitiva funciona como un estímulo condicionado cuando _____

3. Una conducta cognitivas funciona como operación de establecimiento cuando _____.

4. Los comportamientos cognitivos funcionan como consecuencias _____ o _____ cuando siguen a otra conducta.

5. La terapia cognitiva es un tipo de procedimiento de _____ (reestructuración y entrenamiento de habilidades cognitivas de afrontamiento).

6. En la _____ cognitiva (reestructuración / entrenamiento de habilidades cognitivas de afrontamiento), el terapeuta ayuda al cliente a identificar las conductas cognitivas que son perturbadoras y a deshacerse de ellas o reemplazarlas por pensamientos más deseable.

7. El objetivo de las terapias _____ es ayudar a los clientes a aceptar sus pensamientos y sentimientos negativos más que a cambiarlos.

8. En el entrenamiento autoinstruccional el terapeuta utiliza procedimientos _____ para enseñar las autoinstrucciones.

9. El primer paso en la reestructuración cognitiva es identificar los _____ y _____

10. Si un cliente emite en la situación problema _____ en lugar de pensamientos disfuncionales, disminuye la probabilidad de que aparezcan respuestas emocionales negativas o conductas problemáticas.

CAPITULO 25   Cuestionario 2   Nombre:

1. Los comportamientos _____ son respuestas verbales o imaginadas elaboradas por una persona y que no son observables por los demás.

2. La conducta cognitiva puede funcionar como una _____ cuando influye en el poder de las consecuencias reforzantes o punitivas.

3. Los procedimientos de _____ cognitiva (reestructuración y entrenamiento en habilidades cognitivas de afrontamiento) son usados en casos de excesos conductuales cuando las conductas cognitivas desadaptativas influyen en el problema.

4. En los procedimientos de _____ cognitiva (reestructuración y entrenamiento en habilidades cognitivas de afrontamiento) el terapeuta enseña a los clientes autoafirmaciones concretas que pueden elaborarse en una situación problemática para mejorar el rendimiento o influir sobre el comportamiento en esa situación.

5. _____ es un tipo de procedimiento de reestructuración cognitiva.

6. _____ es un tipo de procedimiento en el entrenamiento en habilidades cognitivas de afrontamiento.

7. En el procedimiento de _____ el terapeuta plantea tres tipos de preguntas al cliente para desafiar sus pensamientos distorsionados.

8. _____ es un ejemplo de distorsión cognitiva que un terapeuta buscaría para ayudar al cliente a cambiar en la terapia cognitiva.

9. En el procedimiento de _____ el cliente aprende autoafirmaciones o autoinstrucciones para guiar su propia conducta en una situación problema.

10. La terapia cognitiva para la depresión consiste, primero en lograr que el cliente se involucre en _____ . El siguiente paso es utilizar la reestructuración cognitiva para ayudar a la persona a cambiar su pensamiento distorsionado.

CAPITULO 25   **Cuestionario 3**   Nombre:

1. Un comportamiento cognitivo puede implicar _____ o respuestas.

2. Una conducta cognitiva funciona como un _____ cuando elicita una respuesta condicionada desagradable.

3. Los procedimientos de _____ cognitiva (reestructuración y entrenamiento en habilidades cognitivas de afrontamiento) se usan en casos de déficits comportamentales cuando la persona no dispone de las conductas cognitivas necesarias para abordar la situación problemática.

4. Identifica dos posibles funciones antecedentes del comportamiento cognitivo: _____ y

   _____

5. El entrenamiento autoinstruccional es un tipo de procedimiento de _____ cognitivas (reestructuración y entrenamiento en habilidades cognitivas de afrontamiento).

6. Los tres pasos incluidos en la reestructuración cognitiva son: (1) identificar los pensamientos y las situaciones perturbadoras, (2) identificar las respuestas emocionales o las conductas que siguen a los

   pensamientos, y (3) _____

7. El pensamiento todo o nada, la sobregeneralización, y la descalificación de lo positivo son ejemplos de

   _____

8. Identifica dos de las tres cuestiones que el terapeuta le plantea al cliente para desafiar sus pensamientos

   distorsionados durante la terapia cognitiva: _____ y _____

9. En el entrenamiento autoinstruccional la autoinstrucción se convierte en un _____ para la conducta deseable.

10. El objetivo de las terapias basadas en la aceptación es que los clientes _____ sus pensamientos y sentimientos negativos en lugar de cambiarlos.